Kohlhammer
Deutscher Gemeindeverlag

Schriftenreihe
Verwaltung in Praxis und Wissenschaft (vpw)

Herausgegeben von
Prof. Gerhard Banner, vorm. Vorstand der Kommunalen Gemeinschaftsstelle für Verwaltungsvereinfachung, Köln

Prof. Dr. Ernst Pappermann, vorm. Geschäftsführendes Präsidialmitglied des Deutschen Städtetages, Köln

beide Honorarprofessoren an der Deutschen Hochschule für Verwaltungswissenschaften Speyer

Allgemeines Verwaltungsrecht

mit Bescheidtechnik, Verwaltungsvollstreckung und Rechtsschutz

Prof. Dr. Harald Hofmann

Prof. Dr. Jürgen Gerke

beide Fachhochschule für öffentliche Verwaltung Nordrhein-Westfalen

9., neubearbeitete Auflage

© 2005
9., neubearbeitete Auflage
Deutscher Gemeindeverlag GmbH und Verlag W. Kohlhammer GmbH
Verlagsort: Stuttgart
Gesamtherstellung Deutscher Gemeindeverlag GmbH
Umschlag: Gestaltungskonzept Peter Horlacher
Nachdruck, auch auszugsweise, verboten – Alle Rechte vorbehalten
Recht zur fotomechanischen Wiedergabe nur mit Genehmigung des Verlages
Buch-Nr. G 0/611
ISBN 3–555–01353-X

Vorwort zur 9. Auflage

Im Rahmen der Vorbereitung für die vorliegende, völlig überarbeitete Neuauflage wurden neben der aktuellen Rechtsprechung und Literatur u.a. eingebarbeitet: die Regelungen zum elektronischen VA (des VwVfG, des SGB X und der AO) und die – im Wesentlichen seit 2005 in Kraft befindlichen – neuen Gesetze bzw. Gesetzesänderungen des Bundesrechts (z.B. SGB II, SGB XII, Zuwanderungsgesetz/Aufenthaltsgesetz) und des Landesrechts (z.B. Änderungen des VwVfG-NRW und der Gemeindeordnung-NRW).

Das Buch orientiert sich weiterhin an dem bisherigen Konzept, der Leserschaft das Allgemeine Verwaltungsrecht unter besonderer Berücksichtigung examensrelevanter und praxisrelevanter Themen darzustellen. Wie bisher finden – neben anderen wichtigen Bereichen des Allgemeinen Verwaltungsrechts – auch die oft vernachlässigten Themen „Widerspruchsverfahren" und „Vollstreckung von Verwaltungsakten" das Gewicht, das ihnen zunehmend in Ausbildung und Prüfungspraxis zukommt.

Wie in den Vorauflagen, erlauben wir uns folgendes Zitat – zum Wissenschaftsbetrieb im Allgemeinen und im Besonderen zu dem von den Autoren erfahrenen Spannungsverhältnis zwischen den Zielen „Umfangbegrenzung" und „Tiefe der Darstellung":

> „Die Wissenschaft, sie ist und bleibt,
> was einer ab vom andern schreibt.
> Doch trotzdem ist, ganz unbestritten,
> sie immer weiter fortgeschritten.
>
> Der Leser, traurig aber wahr,
> ist häufig unberechenbar:
> Hat er nicht Lust, hat er nicht Zeit,
> dann gähnt er: „Alles viel zu breit!"
> Doch wenn er selber etwas sucht,
> was ich, aus Raumnot, nicht verbucht,
> wirft er voll Stolz sich in die Brust:
> „Aha, das hat er nicht gewusst!"
> Man weiß, die Hoffnung wär' zum Lachen,
> es allen Leuten recht zu machen."
> (Eugen Roth,
> Grosses Tierleben,
> Vorwortgedicht „Zum Geleit",
> 3. + 4. Absatz)

Weiterhin sind Anregungen und Verbesserungsvorschläge sehr willkommen; sie werden berücksichtigt, selbst wenn sie sich nicht unmittelbar im Text der nachfolgenden Auflage niederschlagen. Die Briefanschrift lautet: c/o Fachhochschule für öffentliche Verwaltung NRW, Abteilung Köln, Postfach 13 02 28, 50496 Köln.

Köln, April 2005   Prof. Dr. Harald Hofmann/Prof. Dr. Jürgen Gerke

Zu den Autoren:

Nach einem Studium in Bonn und München und einer Tätigkeit bei der Bezirksregierung Münster lehrte **Prof. Dr. Harald Hofmann** ab 1984 öffentlich-rechtliche Fächer an verschiedenen Abteilungen der Fachhochschule für öffentliche Verwaltung NRW. 1987 wechselte er zur Fachhochschule des Bundes für öffentliche Verwaltung, Fachbereich Finanzen, in Münster. Seit 1991 lehrt er wieder an der Fachhochschule für öffentliche Verwaltung NRW, Abteilung Köln, wo er die Fächer Allgemeines Verwaltungsrecht und Kommunalrecht in den Fachbereichen Kommunalverwaltung und staatliche Verwaltung vertritt.

Er berät seit 1994 bis heute Kommunal-, Regional- und Staatsverwaltungen in Ost- und Südosteuropa im Rahmen von Verwaltungsreformprozessen. Außerdem ist er Mitautor der Bücher „Hofmann/Muth/Theisen, Kommunalrecht in NRW", z. Zt. 12. Auflage und „Hofmann/Beckmann, Praktische Fälle aus dem Kommunalrecht", z. Zt. 7. Auflage.

Nach seiner Ausbildung für den gehobenen Verwaltungsdienst, Abitur am staatl. Abendgymnasium in Hannover und Studium in Göttingen war **Prof. Dr. Jürgen Gerke** als Richter in der niedersächsischen Justiz tätig. Inzwischen lehrt er an der Fachhochschule für öffentliche Verwaltung NRW, Abteilung Köln. In seiner Freizeit nimmt er einige ehrenamtliche Tätigkeiten wahr, z. B. als Schiedsmann und bereitet sich auf den einen oder anderen Marathonlauf vor.

Jürgen Gerke ist seit vielen Jahren Lehrbeauftragter an der Deutschen Hochschule für Verwaltungswissenschaften in Speyer, Arbeitsgemeinschaftsleiter für juristische Referendare bei der Bezirksregierung Köln und Mitglied im Prüfungsausschuss für den höheren Verwaltungsdienst. Er berät Gemeinden über Korruptionsprävention. Sein Lehrbuch „Strafrecht mit Bezügen zum Strafverfahrens- und Ordnungswidrigkeitenrecht" ist inzwischen in der 4. Auflage (2004) im gleichen Verlag erschienen.

Anteile an der Bearbeitung:

Einleitung . . . . Hofmann

Abschnitte 1–9 . . . . Hofmann

Abschnitte 10–19 . . . . . Gerke

Inhaltsverzeichnis

	Seite
Vorwort	V
Zu den Autoren / Anteile an der Bearbeitung	V
Verzeichnis der abgekürzt zitierten Literatur	XXI
Abkürzungsverzeichnis	XXVII

1. Abschnitt: Die öffentliche Verwaltung *(Hofmann)*

1.	Die Bedeutung der öffentlichen Verwaltung	1
2.	Der Begriff der öffentlichen Verwaltung	2
2.1	Öffentliche Verwaltung als staatliche Verwaltung	2
2.2	Die Gewaltenteilungslehre als Grundlage für die Begriffsbestimmung der Verwaltung	3
2.3	Regierung und Verwaltung	6
2.4	Organisatorischer Begriff der Verwaltung	6
3.	Arten und Unterscheidungen der öffentliche Verwaltung	6
3.1	Nach dem Inhalt der Aufgaben	6
3.2	Eingriffs- und Leistungsverwaltung	6
3.3	Ordnende Verwaltung und Leistungsverwaltung. Weitere Verwaltungsbereiche	7
3.4	Hinweise auf weitere Unterscheidungsmöglichkeiten	9
4.	Aufgaben der öffentlichen Verwaltung	9
5.	Hinweise zur Geschichte der Verwaltung und des Verwaltungsrechts	10

2. Abschnitt: Die Organisation der öffentlichen Verwaltung *(Hofmann)*

1.	Organisation und Organisationsrecht	11
2.	Der Staat als Träger öffentlicher Verwaltung	12
3.	Die Aufgliederung des Staates in eine Mehrzahl von Verwaltungsträgern; Körperschaften, Anstalten, Stiftungen	13
3.1	Dezentralisierung der Verwaltung	13
3.2	Die Träger der öffentlichen Verwaltung	14
3.3	Gründe für unterschiedliche Organisationsformen	14
3.4	Körperschaften des öffentlichen Rechts	14
3.5	Anstalten des öffentlichen Rechts	16
3.6	Stiftungen des öffentlichen Rechts	17
4.	Die Organisation innerhalb eines Trägers öffentlicher Verwaltung. Organe, Behörden, Ämter, Amtswalter	17
4.1	Organe	17
4.2	Behörden	17
4.3	Untergliederungen innerhalb der Behörde	23
4.4	Organwalter	23
4.5	Besondere Beauftragte	23
5.	Aufsicht. Einheit der Verwaltung	24
5.1	Selbständigkeit dezentraler Entscheidungen und Einheit der Staatswillenbildung	24
5.2	Die Arten der Aufsicht	24

5.3	Organwalter	25
5.4	Aufsicht innerhalb eines Verwaltungsträgers	26
6.	Staatsunmittelbare und staatsmittelbare Verwaltung. Selbstverwaltung. Eigen- und Fremdverwaltungsaufgaben	26
6.1	Staatsunmittelbare Verwaltung	26
6.2	Staatsmittelbare Verwaltung	26
6.3	Selbstverwaltungsträger	27
7.	Der Aufbau der öffentlichen Verwaltung in der Bundesrepublik Deutschland	28
7.1	Die Bundesverwaltung	29
7.2	Die Landesverwaltung	29
7.3	Übersichten zum Verwaltungsaufbau	30
7.4	Europäische Gemeinschaft als Träger öffentlicher Verwaltung	30
8.	Die Schaffung und Änderung der staatlichen Organisation. Organisationsgewalt und Organisationsakte	32
8.1	Organisationsgewalt	32
8.2	Organisationsakte	33
9.	Öffentliche Verwaltung durch Private und Privatrechtssubjekte	33

3. Abschnitt: Recht und Rechtsordnung als Grundlage des Verwaltungshandelns und der Beziehungen zwischen Bürger und Verwaltung *(Hofmann)*

1.	Einführung	36
2.	Öffentliches Recht und Privatrecht	36
2.1	Die Unterscheidung und ihre Bedeutung	36
2.2	Die Theorien für die Abgrenzung des öffentlichen Rechts vom Privatrecht	38
2.3	Die praktische Prüfungsfolge	40
2.4	Einordnung der Leistungsverwaltung	41
2.5	Gemischte öffentlich-rechtlich – privatrechtliche Rechtsverhältnisse: Zwei-Stufen-Theorie und Verwaltungsprivatrecht	42
2.5.1	Die Zwei-Stufen-Theorie	42
2.5.2	Das Verwaltungsprivatrecht	43
2.5.3	Beschaffungsverwaltung	44
2.6	Grundsatz der Trennung öffentlich-rechtlicher und privatrechtlicher Befugnisse	45
3.	Rechtsquellen und Rechtsnormen	45
3.1	Die Fragestellung: Was ist Recht?	45
3.2	Recht als Summe von Rechtsnormen	45
3.3	Die grundlegenden Rechtsnormarten	46
3.3.1	Verfassungsrecht	46
3.3.2	Formelles Gesetz	46
3.3.3	Rechtsverordnung	46
3.3.4	Satzung	47
3.4	Völkerrecht und EG-Recht	47
3.5	Weitere Rechtsquellen	49
3.5.1	Tarifvertragsrecht	49
3.5.2	Verfassungsrechtliche Grundentscheidungen	49
3.5.3	Öffentlichrechtliche Vereinbarungen	51
3.5.4	Gewohnheitsrecht	51

3.5.5	„Richterrecht"	52
3.6	Die Bedeutung von Inhalt und Form für das begriffliche Vorliegen einer Rechtsnorm	53
3.7	Das materielle Gesetz	55
4.	Rechtmäßigkeit, Gültigkeit und Anwendbarkeit der Rechtsnormen	55
4.1	Voraussetzungen für den rechtmäßigen Erlass	55
4.2	Rangordnung der Rechtsnormen	56
4.3	Folgen des Verstoßes gegen höherrangiges Recht	57
4.4	Anwendbarkeit der Rechtsnormen im Falle von Normenkonkurrenzen und Normenkollisionen	58
5.	Gesetzmäßigkeit der Verwaltung: Vorrang und Vorbehalt des Gesetzes	59
5.1	Der Vorrang des Gesetzes	59
5.2	Vorbehalt des Gesetzes. Grundsätzlich zur Bedeutung und zum Anwendungsbereich. Totalvorbehalt?	60
5.3	Der Anwendungsbereich des Gesetzesvorbehalts, insbesondere bei Grundrechtseingriffen und wesentlichen Entscheidungen	62
5.4	Die Rechtsfolgen des Gesetzesvorbehalts. Das Problem der Regelungsdichte	63
5.5	Einzelne Konkretisierungen der Lehre vom Gesetzesvorbehalt, insbesondere bei der Leistungsgewährung	64
6.	Verwaltungsvorschriften	67
6.1	Gründe und praktische Bedeutung	67
6.2	Rechtsgrundlagen	68
6.3	Begriff	68
6.4	Verwaltungsvorschriften als Innenrecht	69
6.5	Rechtmäßigkeit der VV. Verhältnis der VV zum Gesetz	70
6.6	Außenwirkung der Verwaltungsvorschriften gegenüber dem Bürger?	70
6.7	Bekanntgabe der Verwaltungsvorschriften	73
6.8	Sonderfälle	74
7.	Die Gesetze des allgemeinen Verwaltungsrechts. Das VwVfG und seine Anwendbarkeit	75
7.1	Hinweis auf das besondere Verwaltungsrecht	75
7.2	Das allgemeine Verwaltungsrecht: VwVfG, AO, SGB	75
7.3	Anwendungsbereiche der drei Gesetze	76
7.4	Bundes- und Landes-VwVfG	76
7.5	Anwendbarkeit des VwVfG	77
7.6	Allgemeine Grundsätze des Verwaltungsrechts	78
7.7	Verhältnis von VwVfG und VwGO	78
8	Formelles und materielles Recht	79

4. Abschnitt: Objektives Recht und subjektive Rechte. Pflichten. Verwaltungsrechtliche Rechtsverhältnisse
(Hofmann)

1.	Die Bedeutung des objektiven Rechts. Rechtmäßigkeit und Rechtswidrigkeit	81
2.	Das subjektive öffentliche Recht: Bedeutung, Begriff und Voraussetzungen	82

2.1	Bedeutung	82
2.2	Die Voraussetzungen für ein subjektives öffentliches Recht	83
2.3	Subjektive Rechte im Ermessensbereich	85
2.4	Drittbeteiligungsfälle	85
3.	Weitere Rechtspositionen des Bürgers	87
4.	Subjektive Rechte des Staates und innerhalb des Staates	88
5.	Die öffentlich-rechtlichen Pflichten	90
5.1	Pflichten des Staates	90
5.2	Pflichten des Bürgers	90
6.	Das Verwaltungsrechtsverhältnis	90
6.1	Begriff und Bedeutung	90
6.2	Arten	91
6.3	Verwaltungsrechtliche Sonderverhältnisse	92
6.4	Dingliche Rechtsverhältnisse	93
7.	Entstehen, Veränderung und Erlöschen von Verwaltungsrechtsverhältnissen	94
7.1	Entstehungsgründe	94
7.2	Entstehung durch verwaltungsrechtliche Willenserklärungen	94
7.3	Erlöschensgründe	95
7.4	Verjährung	95
7.5	Verwirkung	96
8.	Der Übergang von Rechten und Pflichten im Verwaltungsrecht (Rechts- und Pflichtennachfolge)	96
8.1	Allgemeine Grundsätze	96
8.2	Übergang von Rechten und Pflichten der Verwaltungsträger	97
8.3	Der Übergang von Rechten und Pflichten auf Seiten der Privaten	97
8.3.1	Unterscheidungen bei gesetzlicher Regelung	97
8.3.2	Kein Übergang von Pflichten	97
8.3.3	Gesamtrechtsnachfolge	98
8.3.4	Dingliche Rechte und Pflichten	98
8.4	Rechtsübergang auf Behörde zum Zwecke des Regresses	99

5. Abschnitt: Verwaltungshandeln dargestellt am Verwaltungsakt *(Hofmann)*

1.	Bedeutung des Verwaltungsakts als typische Handlungsform öffentlicher Verwaltung	100
1.1	Einführung in die Handlungsformen der Verwaltung	100
1.2	Sechs Funktionen des VA	100
2.	Gesetzliche Grundlagen und Allgemeines zum Begriff des Verwaltungsakts	103
2.1	Gesetzliche Begriffsbestimmung	103
2.2	Formelle Aspekte	104
2.3	Stellung des Verwaltungsakts im System des Verwaltungshandelns	105
3.	Maßnahme einer Behörde auf dem Gebiet des öffentlichen Rechts	106
3.1	Behörde	106
3.2	Maßnahme	106
3.3	Auf dem Gebiet des öffentlichen Rechts	107
4.	Regelung; Abgrenzung zum schlichten Verwaltungshandeln	108

4.1	Begriff der Regelung	108
4.2	Sieben Arten der Regelung	108
4.3	Feststellung der Regelung durch Auslegung	108
4.4	Abgrenzung der Regelung von den nichtregelnden Maßnahmen, insbesondere vom schlichten Verwaltungshandeln (Realakt)	109
5.	Außenwirkung der Regelung; Abgrenzung zu verwaltungsinternen Maßnahmen	111
5.1	Abgrenzung des VA zu verwaltungsinternen Maßnahmen gegenüber Beamten	111
5.2	Maßnahmen in sonstigen verwaltungsrechtlichen Sonderverhältnissen	112
5.3	Verwaltungsakte unter Mitwirkung einer weiteren Behörde (mehrstufige VAe)	113
6.	Einzelfallregelung, Allgemeinverfügung; Abgrenzung zur Rechtsnorm	114
6.1	Inhaltsbestimmung nach dem geregelten Fall und den Adressaten der Regelung	114
6.2	Die Allgemeinverfügung	115
6.2.1	Personenbezogene Allgemeinverfügung	116
6.2.2	Regelung der Sacheigenschaft	116
6.2.3	Regelung der Sachnutzung	117
7.	Hinweise zur Anfertigung eines schriftlichen VA(Bescheides)	118
7.1	Bescheid-Technik	118
7.2	Aufbauschemata für die Anfertigung schriftlicher VAe (Bescheide)	119
7.2.1	Grobschema für (Erst-)Bescheid	119
7.2.1	Feinschema für (Erst-)Bescheid	120
7.3	Drei Varianten mit Anmerkungen	123
7.4	Widerspruchsbescheid	131
7.5	Aufbauschemata für die Anfertigung von Widerspruchsbescheiden	132
7.5.1	Grobschema für Widerspruchsbescheid	132
7.5.2	Feinschema für Widerspruchsbescheid	133

6. Abschnitt: Rechtmäßigkeit des Verwaltungsaktes
(Hofmann)

1.	Rechtsgrundlagen und Befugnis zum Erlass eines VA	145
1.1	Rechtmäßigkeit als Übereinstimmung mit geltendem Recht	145
1.2	VA-Befugnis	145
2.	Anforderungen an die Rechtmäßigkeit des VA	147
2.1	Rechtsgrundlage als Mehrzahl von Vorschriften/Aufbauschema	147
2.2	Erlassener belastender VA	149
2.2.1	Erlassener begünstigender VA	149
2.2.2	Ablehnung eines begünstigenden VA	149
2.2.3	Noch zu erlassender VA	149
2.3	Besondere materielle Fehlerquellen	150
2.3.1	Bestimmtheit	150
2.3.2	Tatsächliche oder rechtliche Unmöglichkeit	151

2.3.3	Verhältnismäßigkeit	153
2.3.4	Ausgangsproblematik zu gebundenen Entscheidungen und Entscheidungsspielräumen	155
3.	Ermessen und Ermessensfehler	157
3.1	Ermessenseinräumung	157
3.2	Arten des Ermessens	160
3.3	Wesen des Ermessens	161
3.4	Ermessensfehler	162
3.4.1	Ermessensüberschreitung	162
3.4.2	Ermessensfehlgebrauch	162
3.4.3	Nichtgebrauch des Ermessens	164
3.4.4	Ermessensreduzierung auf Null	165
3.4.5	Besonderheiten bei der Überprüfung von Ermessensentscheidungen	166
4.	Entscheidungsspielraum bei den Tatbestandsvoraussetzungen; Beurteilungsspielraum	167
4.1	Unbestimmte Rechtsbegriffe in der praktischen Rechtsanwendung	168
4.2	Fallgruppen des Beurteilungsspielraums	169
4.3	Rechtmäßigkeitskontrolle	173
5.	Fehlerfolgen	175
5.1	Einfluss der Rechtswidrigkeit auf die Wirksamkeit des VA	175
5.2	Nichtigkeit des VA	177
5.2.1	Sonderregelungen der Nichtigkeit	178
5.2.2	Generalklausel	178
5.2.3	Teilnichtigkeit	180
5.2.4	Praxis	180
5.3	Berichtigung offenbarer Unrichtigkeit	181
5.4	Heilung, Nichtaufhebung trotz Fehlern. Umdeutung	181
5.4.1	Heilung von Verfahrens- und Formfehlern	182
5.4.2	Nichtaufhebung trotz Verfahrens- und Formfehlern	184
5.4.3	Umdeutung	187

7. Abschnitt: Bestandskraft des Verwaltungsaktes. Rücknahme und Widerruf. Wiederaufgreifen *(Hofmann)*

1.	Bestandskraft des Verwaltungsaktes	189
1.1	Wirksamkeit des VA	189
1.2	Unanfechtbarkeit des VA (Bestandskraft)	190
1.3	Umfang der Bindungswirkung	191
1.3.1	Bindung des Adressaten (und Drittbetroffener)	191
1.3.2	Bindungswirkung gegenüber anderen Behörden bzw. Gerichten	191
2.	Einführung zu Rücknahme und Widerruf	193
2.1	Interessenkonstellationen	194
2.2	Abgrenzungen	194
2.3	Überblick über die gesetzlichen Regelungen	195
2.4	Rechtliche Eigenschaften des aufzuhebenden VA	196
2.4.1	Wirksam/unwirksam	196
2.4.2	Rechtmäßig/rechtswidrig	197
2.4.3	Belastend/begünstigend	197
2.4.4	Anfechtbar/unanfechtbar	197

3.	Rücknahme des VA gemäß § 48 VwVfG	198
3.1	Rücknahme belastender Verwaltungsakte	198
3.2	Rücknahme begünstigender Verwaltungsakte	198
3.2.1	Auf Geld- oder Sachleistung gerichtete Verwaltungsakte	199
3.2.2	Sonstige begünstigende Verwaltungsakte	200
3.2.3	Jahresfrist des § 48 Abs. 4 VwVfG	202
3.3	Rücknahme gemeinschaftsrechtswidriger Verwaltungsakte	202
4.	Widerruf des VA gemäß § 49 VwVfG	206
4.1	Widerruf belastender Verwaltungsakte	206
4.2	Widerruf begünstigender Verwaltungsakte	206
4.2.1	Widerrufsgründe des § 49 Abs. 2 VwVfG	207
4.2.2	Sonstige Einzelheiten und Folgen	209
4.2.3	Widerrufsgründe des § 49 Abs. 3	209
4.2.4	Erstattung und Verzinsung	210
5.	Sonderfälle von Rücknahme und Widerruf	211
5.1	VA mit Drittwirkung	211
5.2	Privatrechtsgestaltender VA	211
5.3	Ungünstige Änderung eines belastenden VA	212
6.	Wiederaufgreifen des Verwaltungsverfahrens	212
6.1	Wiederaufgreifen nach § 51 Abs. 1–4 VwVfG	213
6.1.1	Wiederaufgreifens-Gründe	213
6.1.2	Weitere Voraussetzungen	214
6.2	Wiederaufgreifen außerhalb der Regelung des § 51 Abs. 1–4 VwVfG	215
6.3	Wiederholende Verfügung und Zweitbescheid	216
6.4	Besonderheiten bei Ablehnungsbescheiden	218
7.	Aufhebung von Verwaltungsakten nach dem SGB X	219
8.	Hinweise zur Aufhebung von VAen nach AO	224

8. Abschnitt: Besondere Arten der Verwaltungsakte. Verwaltungsakte mit Nebenbestimmungen *(Hofmann)*

1.	Verwaltungsakte mit Drittwirkung	227
2.	Verwaltungsakte, bei denen ein Dritter oder eine Behörde mitzuwirken hat	228
2.1	Mitwirkungsbedürftiger VA	228
2.2	Mehrstufiger VA	228
3.	Erlaubnisse	228
3.1	Kontrollerlaubnis	228
3.2	Ausnahmebewilligung	229
3.3	Zuteilungserlaubnis	229
4.	Verwaltungsakte vor der endgültigen und abschließenden Regelung	229
4.1	Die Zusicherung des VA (§ 38 VwVfG)	229
4.2	Teilgenehmigung	229
4.3	Vorbescheid	231
5.	Verwaltungsakte mit Nebenbestimmungen	231
5.1	Arten und begriffliche Einordnung der Nebenbestimmungen	231
5.2	Die Rechtmäßigkeit der Nebenbestimmungen	233
5.3	Rechtsschutz gegenüber belastenden Nebenbestimmungen zum begünstigenden VA	235

9. Abschnitt: Das Verwaltungsverfahren *(Hofmann)*

1.	Einleitung	237
1.1	Bedeutung des Verwaltungsverfahrensrechts	237
1.2	Begriff des Verwaltungsverfahrens	238
1.3	Arten der Verwaltungsverfahren	238
1.4	Grundsatz der Nichtförmlichkeit	239
2.	Die Behörde als Verfahrenspartner	239
2.1	Zum Begriff der Behörde	239
2.2	Zuständigkeit	239
2.2.1	Sinn der Zuständigkeitsregelung	239
2.2.2	Arten der Zuständigkeit	240
2.2.3	Keine enge Auslegung	241
2.2.4	Praxishinweise	241
2.2.5	Zuständigkeitsabweichungen	242
2.2.6	Zuständigkeit und Ermächtigung	243
2.3	Unparteilichkeit der Amtsführung	243
2.3.1	Ausgeschlossene Personen	245
2.3.2	Besorgnis der Befangenheit	245
2.3.3	Rechtsfolgen	246
3.	Die Verfahrenspartner der Behörde	247
3.1	Beteiligungsfähigkeit	247
3.2	Handlungsfähigkeit	248
3.3	Beteiligte	249
3.4	Bevollmächtigte und Beistände	250
4.	Verfahrensablauf	251
4.1	Einleitung des Verwaltungsverfahrens	251
4.2	Amtssprache	253
4.3	Ermittlung des Sachverhalts	254
4.3.1	Untersuchungsgrundsatz	254
4.3.2	Beweismittel	255
4.4	Beratung und Auskunft	256
4.5	Anhörung	257
4.5.1	Voraussetzungen	258
4.5.2	Durchführung	259
4.5.3	Ausnahmen	261
4.5.4	Folgen unterlassener Anhörung	262
4.6	Akteneinsicht	262
4.6.1	Voraussetzungen und Umfang	263
4.6.2	Ausnahmefälle	264
4.6.3	Rechtsschutz	265
4.6.4	Umweltinformationsanspruch	266
4.6.5	Informationsfreiheitsgesetz	267
4.6.6	Systembrüche	270
4.7	Geheimhaltung und Datenschutz	271
4.8	Verfahrenspflichten der Beteiligten	275
5.	Verfahrensabschluss	277
5.1	Form	277
5.2	Bekanntgabe	279
5.2.1	Normalfall	280
5.2.2	Öffentliche Bekanntgabe	281
5.2.3	Förmliche Zustellung	281

5.3	Begründung	284
5.3.1	Ausgangsregelung	284
5.3.2	Umsetzungsprobleme	285
5.3.3	Ausnahmen	286
5.3.4	Begründung als formelles Erfordernis	287
5.4	Rechtsbehelfsbelehrung	288
6.	Besondere Verfahrensarten	290
6.1	Förmliches Verwaltungsverfahren	291
6.2	Planfeststellungsverfahren	292
6.3	Plangenehmigung	294
6.4	Genehmigungsbeschleunigung	295
6.5	Umweltverträglichkeitsprüfung	296
7.	Hinweise zum Verwaltungsverfahren nach SGB und AO	297
7.1	Einige Besonderheiten des Verfahrens nach SGB	297
7.2	Einige Besonderheiten des Verwaltungsverfahrens nach Abgabenordnung (AO)	303

10. Abschnitt: Die Kontrollen der Verwaltung *(Gerke)*

1.	Allgemeine Bedeutung von Verwaltungskontrollen	306
2.	Formlose und förmliche Rechtsbehelfe	307
2.1	Formlose Rechtsbehelfe	308
2.1.1	Die Verwaltungspetition	308
2.1.2	Die Gegenvorstellung	308
2.1.3	Die Fachaufsichtsbeschwerde	309
2.1.4	Die Dienstaufsichtsbeschwerde	309
2.2	Förmliche Rechtsbehelfe	310
3.	Externe Kontrollen	311
3.1	Kontrollen durch besondere Beauftragte	311
3.2	Parlamentarische Kontrollen	312
3.3	Kontrollen durch Rechnungshöfe	314
3.4	Kontrollen durch die Öffentlichkeit, insbesondere die Medien	315

11. Abschnitt: Das Widerspruchsverfahren *(Gerke)*

1.	Gesetzliche Grundlagen des Widerspruchsverfahrens	317
2.	Ziele des Widerspruchsverfahrens	319
3.	Die Auslegung der Eingabe des Bürgers	319
4.	Die Zuständigkeit zur Entscheidung über einen Widerspruch	320
4.1	Die Entscheidung der nächst höheren Behörde	321
4.2	Die Entscheidung der Ausgangsbehörde	321
4.3	Die Entscheidung von Widerspruchsausschüssen	322
5.	Die Zulässigkeit eines Widerspruches	322
5.1	Die öffentlich-rechtliche Streitigkeit	322
5.2	Die Statthaftigkeit	327
5.3	Widerspruchsbefugnis	329
5.3.1	Der Drittwiderspruch	331
5.4	Die formgerechte Einlegung des Widerspruches	331
5.4.1	Die schriftliche Einlegung	331
5.4.2	Die mündliche Einlegung	332
5.4.3	Die Nichtbeachtung der Form für die Widerspruchseinlegung	333
5.5	Die fristgerechte Einlegung des Widerspruches	334
5.5.1	Die Berechnung der Frist	335

5.6	Die Wiedereinsetzung in den vorigen Stand	337
5.7	Verwirkung	341
5.8	Einlegung des Widerspruches bei einer unzuständigen Behörde	342
5.9	Sachentscheidung trotz Fristablaufs	343
5.10	Beteiligten- und Verfahrensfähigkeit	343
5.11	Das Widerspruchsinteresse	344
5.12	Beendigung des Widerspruchsverfahrens	345
6.	Die Begründetheit des Widerspruches	345
6.1	Die Klärung der Eingriffsgrundlage	345
6.2	Die formelle Rechtmäßigkeit des Ausgangsbescheides	346
6.3	Die materielle Rechtmäßigkeit des Ausgangsbescheides	348
6.4	Der Zeitpunkt für die Beurteilung der Rechtmäßigkeit	348
6.5	Der Prüfungsmaßstab	349
6.6	Aufsichtsrechtliche Einflussnahmen	350
6.7	Die Verschlechterung der Ausgangsentscheidung	351
6.8	Die Entscheidungsreife des Widerspruches	353
7.	Prüfungsschema für das Gutachten im Widerspruchsverfahren	353
8.	Die Wirkung der Widerspruchseinlegung	356
8.1	Die Anforderung von öffentlichen Abgaben und Kosten	357
8.2	Die Anordnungen von Polizeivollzugsbeamten	358
8.3	Spezielle bundes- und landesgesetzliche Regelungen	358
8.4	Die Anordnung der sofortigen Vollziehung	359
9.	Die Kostenentscheidung im Widerspruchsverfahren	360
9.1	Die Kostenlastentscheidung beim Erlass eines Widerspruchsbescheides	361
9.1.2	Die Hinzuziehung eines Bevollmächtigten	363
9.2	Die Kostenentscheidung bei anderweitiger Erledigung des Widerspruches	365
10.	Die Verwaltungskostenentscheidung	365

12. Abschnitt: Der Widerspruchsbescheid *(Gerke)*

1.	Der Widerspruchsbescheid in Bescheidform	368
2.	Der Widerspruchsbescheid in Beschlussform	370
3.	Der Tenor des Widerspruchsbescheides	371
3.1	Die Entscheidung bei unzulässigem Widerspruch	371
3.2	Die Entscheidung bei unbegründetem Widerspruch	372
3.3	Die Entscheidung bei Heilung eines Form- oder Verfahrensfehlers	372
3.4	Die Entscheidung bei zulässigem und begründetem Widerspruch	373
3.5	Die Entscheidung bei teilweise begründetem Widerspruch	374
3.6	Die Entscheidung bei zurückgenommenem oder sonst erledigtem Widerspruch	374
4.	Die Begründung des Widerspruchsbescheides	375
4.1	Die Sachverhaltsdarstellung	375
4.2	Die rechtliche Würdigung	377
5.	Die Rechtsbehelfsbelehrung	380
6.	Die Zustellung des Widerspruchsbescheides	381
6.1	Fehler bei der Zustellung	383

7.	Die Begleitverfügung	384
8.	Aktenvermerke	385
9.	Geschäftsvermerke	385
10.	Schlussverfügungen	386

13. Abschnitt: Der Abhilfebescheid *(Gerke)*

1.	Allgemeines	388
2.	Der Abhilfebescheid im Einzelnen	390

14. Abschnitt: Der Vorlagebericht *(Gerke)*

1.	Allgemeines	392
2.	Formulierungsvorschlag für einen Vorlagebericht:	394

15. Abschnitt: Verwaltungsgerichtlicher Rechtsschutz *(Gerke)*

1.	Einführung	397
2.	Die geschichtliche Entwicklung des Verwaltungsrechtschutzes	397
3.	Der Aufbau der allgemeinen Verwaltungsgerichtsbarkeit	399
4.	Grundsätze des verwaltungsgerichtlichen Verfahrens	400
4.1	Der Verfügungsgrundsatz	400
5.	Der Ablauf eines Verwaltungsgerichtsverfahrens	402
6.	Zulässigkeitsvoraussetzungen für eine verwaltungsgerichtliche Klage	404
6.1	Die Eröffnung des Verwaltungsrechtsweges	405
6.1.1	Ausdrückliche Zuweisungen an die Verwaltungsgerichtsbarkeit	405
6.1.2	Öffentlich-rechtliche Streitigkeit	406
6.1.3	Abdrängende Verweisungen	406
6.2	Die ordnungsgemäße Klageerhebung	406
6.3	Die statthafte Klageart	407
6.4	Die Klagebefugnis	408
6.5	Die Klagefrist	408
6.6	Das Rechtsschutzbedürfnis	409
7.	Durchführung und Ablauf der mündlichen Gerichtsverhandlung	410
8.	Das verwaltungsgerichtliche Urteil	410
9.	Die Anfechtungsklage	414
9.1	Die Zulässigkeit der Anfechtungsklage	414
9.1.1	Statthaftigkeit der Anfechtungsklage	414
9.1.2	Klagebefugnis	415
9.1.3	Vorverfahren	416
9.1.4	Klagefrist	416
9.2	Exkurs: Der Konkurrenzstreit	416
9.3	Die Begründetheit der Anfechtungsklage	417
9.3.1	Der maßgebliche Zeitpunkt der Entscheidung	417
9.3.2	Der Umfang der gerichtlichen Überprüfung	418
9.3.3	Aufhebung eines Verwaltungsaktes ohne Entscheidung in der Sache	420
10.	Die Verpflichtungsklage	421
11.	Die Abgrenzung von Anfechtungs- und Verpflichtungsklagen	422

12.	Zusammenfassung: Anfechtungs- oder Verpflichtungsklagen	423
13.	Die Fortsetzungsfeststellungsklage	425
13.1	Klagefristen	425
13.2	Feststellungsinteresse	425
13.2.1	Wiederholungsgefahr	426
13.2.2	Vorbereitung eines Amtshaftungs- oder Entschädigungsverfahrens	426
13.2.3	Rehabilitationsinteresse des vom Verwaltungsakt Betroffenen	426
13.3	Klagebefugnis	427
13.4	Vorverfahren	428
14.	Die allgemeine Feststellungsklage	428
14.1	Das festzustellende Rechtsverhältnis	429
14.2	Die festzustellende Nichtigkeit eines Verwaltungsaktes	429
14.3	Klagebefugnis	430
14.4	Das berechtigte Feststellungsinteresse	430
14.5	Die Subsidiarität der allgemeinen Feststellungsklage	430
15.	Die allgemeine Leistungsklage	432
16.	Die verwaltungsgerichtliche Normenkontrolle	433
16.1	Die Zulässigkeit des Normenkontrollantrages	433
16.2	Die Begründetheit des Normenkontrollantrages	434
17.	Der einstweilige Rechtsschutz	435
18.	Der einstweilige Rechtsschutz nach § 80 Abs. 5 VwGO	437
18.1	Die Zulässigkeit des Antrages	438
18.2	Die Begründetheit des Antrages	439
19.	Der Antrag nach § 80 a VwGO	443
20.	Die einstweilige Anordnung	444
20.1	Die Zulässigkeit des Antrages	445
20.2	Die Begründetheit des Antrages	446
20.2.1	Die Glaubhaftmachung eines Anordnungsanspruches	446
20.2.2	Die Glaubhaftmachung des Anordnungsgrundes	446
20.2.3	Grundsätzliches Verbot der Vorwegnahme der Hauptsache	446
20.2.4	Entscheidung	447
21.	Einstweiliger Rechtsschutz gegen EU-Recht	447
22.	Rechtsmittel	448

16. Abschnitt: Die Verwaltungsvollstreckung *(Gerke)*

1.	Allgemeines	450
2.	Die Durchsetzung privatrechtlicher Forderungen	450
3.	Die Durchsetzung öffentlich-rechtlicher Forderungen	451
4.	Die Vollstreckung von Verwaltungsakten mit denen eine Geldleistung gefordert wird	452
4.1	Vollstreckungsorgane	452
4.2	Vollstreckungsschuldner	453
4.3	Vollstreckungsvoraussetzungen	453
4.3.1	Vollstreckungsanordnung	454
4.3.2	Leistungsbescheid	454
4.3.3	Fälligkeit	454
4.3.4	Schonfrist	454
4.3.5	Mahnung	454
5.	Die Durchführung der Vollstreckung	455

6.	Der Verwaltungszwang	456
7.	Allgemeine Vollstreckungsvoraussetzungen für den Verwaltungszwang	458
7.1	Die Wirksamkeit der Grundverfügung	458
7.2	Die materielle Vollstreckbarkeit der Grundverfügung	459
7.3	Die formelle Vollstreckbarkeit der Grundverfügung	459
8.	Zwangsmittel	460
8.1	Die Ersatzvornahme	461
8.2	Das Zwangsgeld	462
8.3	Der unmittelbare Zwang	463
8.4	Abgrenzung von Ersatzvornahme und unmittelbarem Zwang	465
9.	Die Arten des Verwaltungszwanges	465
9.1	Der Normalvollzug	465
9.1.1	Die Androhung des Zwangsmittels	466
9.1.1.1	Formelle Rechtmäßigkeitsvoraussetzungen der Zwangsmittelandrohung	467
9.1.1.2	Materielle Rechtmäßigkeitsvoraussetzungen der Zwangsmittelandrohung	468
9.1.1.3	Wirksamkeitsbedingungen der Zwangsmittelandrohung	469
9.1.1.4	Formulierungsbeispiele	469
9.1.2	Die Festsetzung des Zwangsmittels	470
9.1.3	Die Anwendung des Zwangsmittels	470
9.2	Prüfungsschema für die Anwendung von Verwaltungszwang im gestreckten Verfahren	471
9.3	Der Sofortvollzug	473
9.3.1	Ursachen des Sofortvollzuges	474
9.3.1.1	Eilfall	474
9.3.1.2	Notwendigkeit der Maßnahmen	475
9.3.3.3	Handeln innerhalb der Befugnisse	476
9.4	Kosten für die Durchführung des Sofortvollzuges	476
9.5	Prüfungsschema für die Anwendung von Sofortvollzug	477
10.	Der Rechtsschutz gegen Vollstreckungsmaßnahmen	478
10.1	Rechtsschutz gegen das gestreckte Verfahren	479
10.2	Rechtsschutz gegen den Sofortvollzug	479
11.	Die Beendigung des Verwaltungszwanges	480
12.	Die Heranziehung zu den Kosten des Verwaltungszwanges	480
13.	Verwaltungszwang gegen Behörden	481
14	Ordnungsbehördliche bzw. polizeiliche Standardmaßnahmen	482
15.	Die Rechts- bzw. Pflichtennachfolge im öffentlichen Recht	483

17. Abschnitt: Der öffentlich-rechtliche Vertrag *(Gerke)*

1.	Allgemeines	485
2.	Der öffentlich-rechtliche Vertrag als Abgrenzung zum Verwaltungsakt	487
3.	Der öffentlich-rechtliche Vertrag als Abgrenzung zum zivilrechtlichen Vertrag	487
4.	Die Arten verwaltungsrechtlicher Verträge	489
4.1	Vergleichsverträge	489
4.2	Austauschverträge	490
4.3	De lege ferenda: Kooperationsverträge	492
5.	Die Rechtswidrigkeit des Vertrages	492

5.1	Die Nichtigkeitsgründe des § 59 Abs. 2 VwVfG	492
5.2	Die Nichtigkeitsgründe des § 59 Abs. 1 VwVfG i. V. m. den Vorschriften des Bürgerlichen Gesetzbuches	493
5.3	Die Nichtigkeitsgründe des § 58 VwVfG	493
6.	Die Abwicklung verwaltungsrechtlicher Verträge	493

18. Abschnitt: Öffentliche Sachen *(Gerke)*

1.	Staatliches Vermögen	497
2.	Eigentum an Sachen	497
3.	Die öffentlichen Sachen	498
3.1	Sachen im Verwaltungsgebrauch	498
3.2	Straßen	498
3.2.1	Der Gemeingebrauch an Straßen	499
3.2.2	Der Anliegergebrauch	500
3.2.3	Sondernutzung an Straßen	501
4.	Öffentliche Einrichtungen	503
4.1	Entgelte und Benutzungsgebühren	505
5.	Verkehrssicherungspflichten	505
6.	Das Hausrecht	506

19. Abschnitt: Staatshaftung *(Gerke)*

1.	Allgemeines	508
2.	Voraussetzungen der Amtshaftung	509
2.1	Die Ausübung eines öffentlichen Amtes	509
2.2	Die Verletzung einer Amtspflicht	511
2.3	Die einem Dritten gegenüber obliegende Amtspflicht	511
2.4	Das Verschulden	513
2.5	Kausal verursachter Schaden	513
2.6	Die Subsidiarität	514
2.7	Die fehlende Rechtsmitteleinlegung	514
2.8	Die Verjährung	515
2.9	Das Spruchrichterprivileg	515
2.10	Sonstige Haftungsbeschränkungen	515
2.11	Der Umfang des Anspruches	516
2.12	Anspruchsgegner	516
2.13	Zusammenfassung: Prüfungsschema für einen Amtshaftungsanspruch	516
3.	Europarechtliche Aspekte der Amtshaftung	516
4.	Öffentlich-rechtliche Entschädigungsansprüche	518
5.	Der öffentlich-rechtliche Erstattungsanspruch	519
6.	Der Folgenbeseitigungsanspruch	519

Stichwortverzeichnis.. 521

Verzeichnis der abgekürzt zitierten Literatur

Bovermann/Dünchheim	Examinatorium – Allgemeines Verwaltungsrecht, 2. Aufl. 2001
Bruns/Möller	Verwaltungsrecht, 4. Aufl. 1998
Büchner/Joerger	Übungen zum Allgemeinen Verwaltungsrecht und zur Bescheidtechnik, 3. Aufl. 1994
Büter/Schimke	Anleitung zur Bescheidtechnik, 2. Aufl. 1993
Bull	Allgemeines Verwaltungsrecht, 6. Aufl. 2000
Diering/Timme/Waschull	Sozialgesetzbuch X, 2004
Eyermann	Verwaltungsgerichtsordnung, Kommentar, 11. Aufl. 2000
Faber	Verwaltungsrecht, 4. Aufl. 1995
Finke/Sundermann/Vahle	Allgemeines Verwaltungsrecht, 9. Aufl. 2002
Fischer	Europarecht, 3. Aufl. 2001 (Verlagswechsel 1. Aufl. 2005)
Frings/Spahlholz	Das Recht der Gefahrenabwehr in NRW, 2. Aufl. 2002
Giese	Sozialgesetzbuch, Allgemeiner Teil und Verfahrensrecht, (SGB I und X), Loseblattkommentar
Götz	Allgemeines Polizei- und Ordnungsrecht, 13. Aufl. 2001
Gunkel/Pilz	Beamtenrecht in NRW und Tarifrecht für Angestellte im öffentlichen Dienst, 4. Aufl. 2003
Günther/Blum	Das Widerspruchsverfahren, 3. Aufl. 1994
Habermehl	Polizei- und Ordnungsrecht, 2. Aufl. 1993
Hamann	Bescheidtechnik, 2. Aufl. 1991
Hendler	Allgemeines Verwaltungsrecht, 3. Aufl. 2001
Hofmann/Muth/Theisen	Kommunalrecht in Nordrhein-Westfalen, Fachbuch mit Übungsaufgaben und Lösungen, 12. Aufl. 2004
Hofmann/Beckmann	Praktische Fälle aus dem Kommunalrecht, 7. Aufl. 2004
Kittner/Reinhard	Basiskommentar zum Sozialgesetzbuch, Allgemeiner Teil, Gemeinsame Vorschriften, Verwaltungsverfahren, 1997
Knack	Verwaltungsverfahrensgesetz, Kommentar, 8. Aufl. 2004

Kopp/Schenke	Verwaltungsgerichtsordnung, Kommentar, 13. Aufl. 2003
Kopp/Ramsauer	Verwaltungsverfahrensgesetz, Kommentar, 8. Aufl. 2003
Linhart	Schreiben, Bescheide und Vorschriften in der Verwaltung, Loseblatt
Martens	Die Praxis des Verwaltungsverfahrens, 1985
Maunz/Dürig	Grundgesetz, Kommentar, Loseblatt
Maurer	Allgemeines Verwaltungsrecht, 15. Aufl. 2004
Möller/Wilhelm	Allgemeines Polizei- und Ordnungsrecht, 5. Aufl. 2003
Mrozynski	Sozialgesetzbuch I, 3. Aufl. 2003
Pietzner/Ronellenfitsch	Das Assessorexamen im öffentlichen Recht, 11. Aufl. 2004
Rabe/Heintz	Bau- und Planungsrecht, 5. Aufl. 2002
Redeker/v. Oertzen	Verwaltungsgerichtsordnung, 14. Aufl. 2004
Schliesky	Öffentliches Wirtschaftsrecht 2000
Schmalz	Allgemeines Verwaltungsrecht und Grundlagen des Verwaltungsrechtsschutzes, 3.Aufl. 1998
Schmalz	Grundrechte, 4. Aufl. 2001
Schmalz	Methodenlehre für das juristische Studium, 4. Aufl. 1998
Schoch/ Schmidt-Assmann/Pietzner	Verwaltungsgerichtsordnung, Loseblattkommentar
Schwacke/Stolz/Schmidt	Staatsrecht, 4. Aufl. 1999
Schwacke	Juristische Methodik mit Technik der Fallbearbeitung, 4. Aufl. 2003
Schweickhardt/Vondung	Allgemeines Verwaltungsrecht, 8. Aufl. 2004
Stelkens/Bonk/Sachs	Verwaltungsverfahrensgesetz, Kommentar, 6. Aufl. 2001
Theisen	Allgemeines Verwaltungsrecht, 7. Aufl. 2002
Tipke/Kruse	Abgabenordnung/Finanzgerichtsordnung, Kommentar, Loseblattausgabe
Treutner	Kooperativer Rechtsstaat, 1998
Weides	Verwaltungsverfahren und Widerspruchsverfahren, 3. Aufl. 1993
Wind/Schimana/Wichmann Langer	Öffentliches Dienstrecht, 5. Aufl. 2002

Wolff/Bachof/Stober I	Verwaltungsrecht Bd. I, 11. Aufl. 1999
Wolff/Bachof/Stober II	Verwaltungsrecht Bd. II, 6. Aufl. 2000
Wolff/Bachof/Stober III	Verwaltungsrecht Bd. II, 5. Aufl. 2004
Wüstenbecker	Allgemeines Verwaltungsrecht I, 10. Aufl. 2005
v. Wulffen	Sozialgesetzbuch X, 4. Aufl. 2001
Zimmerling/Brehm	Der Prüfungsprozess, 2004

Abkürzungsverzeichnis

a.A.	=	anderer Auffassung
aaO	=	am angegebenen Ort (= Verweisung auf vorherige Zitierung)
Abs.	=	Absatz
AcP	=	Archiv für civilistische Praxis (Zeitschrift)
AFG	=	Arbeitsförderungsreformgesetz (SGB III)
AjS	=	Arbeitskreis juristische Studienliteratur
aM	=	anderer Meinung
Anm	=	Anmerkung
AO	=	Abgabenordnung
AöR	=	Archiv des öffentlichen Rechts (Zeitschrift)
Art	=	Artikel
AT	=	Allgemeiner Teil
Aufl.	=	Auflage
AVA	=	Arbeitsmaterialien zur Verwaltungsausbildung
B	=	Bund(es) – in Verbindung mit Gesetzesbezeichnung
Bad-Württ.	=	Baden-Württemberg, baden-württembergisch
BauR	=	Zeitschrift für das gesamte öffentliche und zivile Baurecht
BAGE	=	Entscheidungen des Bundesarbeitsgerichts
BauGB	=	Baugesetzbuch
Bay	=	Bayern, bayerisch
BayObLG	=	Bayerisches Oberstes Landesgericht
BayVBl	=	Bayerische Verwaltungsblätter (Zeitschrift)
BB	=	Der Betriebs-Berater (Zeitschrift)
BBG	=	Bundesbeamtengesetz
Bbg	=	Brandenburg
BDG	=	Bundesdisziplinargesetz
BDSG	=	Datenschutzgesetz des Bundes
Betr	=	Der Betrieb (Zeitschrift)
BFH	=	Bundesfinanzhof
BFHE	=	Entscheidungen des Bundesfinanzhofs
BGB	=	Bürgerliches Gesetzbuch
BGH	=	Bundesgerichtshof
BGHZ	=	Entscheidungen des Bundesgerichtshofes in Zivilsachen
BGHSt	=	Entscheidungen des Bundesgerichtshofes in Strafsachen
BImSchG	=	Gesetz zum Schutz vor schädlichen Umwelteinwirkungen durch Luftverunreinigungen, Geräusche, Erschütterungen und ähnliche Vorgänge (Bundes-Immissionsschutzgesetz)
BRRG	=	Beamtenrechtsrahmengesetz
BSG	=	Bundessozialgericht
BSGE	=	Entscheidungen des Bundessozialgerichts
BVerfG	=	Bundesverfassungsgericht
BVerfGE	=	Entscheidungen des Bundesverfassungsgerichts
BVerfGG	=	Bundesverfassungsgerichtsgesetz
BVerwG	=	Bundesverwaltungsgericht
BVerwGE	=	Entscheidungen des Bundesverwaltungsgerichts
BVwVfG	=	Verwaltungsverfahrensgesetz des Bundes

Abkürzungsverzeichnis

BVwVG	=	Verwaltungs-Vollstreckungsgesetz des Bundes
BVwZG	=	Verwaltungszustellungsgesetz des Bundes
BW/BadWürtt.	=	Baden-Württemberg
bzw.	=	beziehungsweise
Diss.	=	Dissertation
DJT	=	Deutscher Juristentag (Veröffentlichung des DJT)
DÖD	=	Der öffentliche Dienst (Zeitschrift)
DÖV	=	Die öffentliche Verwaltung (Zeitschrift)
DRV	=	Deutsche Rentenversicherung
DSG	=	Datenschutzgesetz
DV	=	Die Verwaltung (Zeitschrift)
DVBl	=	Deutsches Verwaltungsblatt (Zeitschrift)
E	=	Entscheidung in der amtlichen Sammlung des davor genannten Gerichts
EG	=	Europäische Gemeinschaft
ESVGH	=	Entscheidungssammlung des Hessischen und des Baden-Württembergischen VGH
EuGH	=	Europäischer Gerichtshof
EWG	=	Europäische Wirtschaftsgemeinschaft
EWGV	=	Vertrag über die Europäische Wirtschaftsgemeinschaft
f	=	folgende Seite
FeV	=	Fahrerlaubnis-Verordnung
ff	=	folgende Seiten
FGO	=	Finanzgerichtsordnung
FStrG	=	(Bundes-) Fernstraßengesetz
FN	=	Fußnote
FVG	=	Finanzverwaltungsgesetz
G	=	Gesetz – in Verbindung mit Gesetzesbezeichnung
GastG	=	Gaststättengesetz
GemS OGB	=	Gemeinsamer Senat der obersten Gerichtshöfe des Bundes
GewArch	=	Gewerbearchiv (Zeitschrift)
GG	=	Grundgesetz für die Bundesrepublik Deutschland
ggfs	=	gegebenenfalls
GO	=	Gemeindeordnung
GoA	=	Geschäftsführung ohne Auftrag
GVBl	=	Gesetz- und Verordnungsblatt
GVG	=	Gerichtsverfassungsgesetz
GWB	=	Gesetz gegen Wettbewerbsbeschränkungen
Hess	=	Hessen, hessisch
hM	=	herrschende Meinung
HS	=	Halbsatz
idR	=	in der Regel
ieS	=	im engeren Sinn
IFG	=	Informationsfreiheitsgesetz
iVm	=	in Verbindung mit
iwS	=	im weiteren Sinn
JA	=	Juristische Arbeitsblätter (Zeitschrift)
JR	=	Juristische Rundschau (Zeitschrift)
Jura	=	Jura (Zeitschrift)
JuS	=	Juristische Schulung (Zeitschrift)
JZ	=	Juristenzeitung (Zeitschrift)

KAG	=	Kommunalabgabengesetz
KG	=	Kammergericht (= OLG) Berlin
KJ	=	Kritische Justiz (Zeitschrift)
L	=	Land(es) – in Verbindung mit Gesetzesbezeichnung
LBauO	=	Landesbauordnung
LG	=	Landgericht
LOG NRW	=	Landesorganisationsgesetz des Landes Nordrhein-Westfalen
Lit.	=	Literatur
LS	=	Leitsatz (einer gerichtlichen Entscheidung)
LVwVfG	=	Landesverwaltungsverfahrensgesetz
LZG/LVwZG	=	Landes(verwaltungs)zustellungsgesetz
MDR	=	Monatsschrift für Deutsches Recht (Zeitschrift)
MRK	=	Konvention zum Schutze der Menschenrechte und Grundfreiheiten
mwN	=	mit weiteren Nachweisen
Nds	=	Niedersachsen, niedersächsisch
NJ	=	Neue Justiz (Zeitschrift)
NJW	=	Neue Juristische Wochenschrift (Zeitschrift)
Nr.	=	Nummer
NRW (NW)	=	Nordrhein-Westfalen, nordrhein-westfälisch
NWVBl	=	Nordrhein-Westfälische Verwaltungsblätter
NuR	=	Natur und Recht (Zeitschrift)
O	=	Ordnung–in Verbindung mit Gesetzesbezeichnung
OBG	=	Ordnungsbehördengesetz (Nordrhein-Westfalen)
OLG	=	Oberlandesgericht
OVG	=	Oberverwaltungsgericht
OVGE	=	Entscheidungen der Oberverwaltungsgerichte für das Land Nordrhein-Westfalen in Münster sowie für die Länder Niedersachsen und Schleswig-Holstein in Lüneburg
OWiG	=	Gesetz über Ordnungswidrigkeiten
P/R	=	Pietzner/Ronellenfitsch
PolG	=	Polizeigesetz
R	=	Recht
RdNr.	=	Randnummer
RG	=	Reichsgericht
Rspr.	=	Rechtsprechung
RuStAG	=	ehemals Reichs- und Staatsangehörigkeitsgesetz, jetzt StAG
RVO	=	Reichsversicherungsordnung
S.	=	Satz oder Seite
SGB	=	Sozialgesetzbuch
SGG	=	Sozialgerichtsgesetz
sog.	=	sogenannte(r)
SOG	=	Gesetz über die öffentliche Sicherheit und Ordnung
S/S/P	=	Schoch/Schmidt-Assmann/Pietzner Verwaltungsgerichtsordnung
StAG	=	Staatsangehörigkeitsgesetz
StGB	=	Strafgesetzbuch
StGH	=	Staatsgerichtshof
StPO	=	Strafprozessordnung
st.Rspr.	=	ständige Rechtsprechung

Abkürzungsverzeichnis

str.	=	streitig
StVG	=	Straßenverkehrsgesetz
StVO	=	Straßenverkehrsordnung
StVZO	=	Straßenverkehrszulassungsordnung (jetzt teilweise in FeV)
TÜV	=	Technischer Überwachungsverein
u.s.w.	=	und so weiter
UVPG	=	Umweltverträglichkeitsprüfungsgesetz
UZwG	=	Gesetz über den unmittelbaren Zwang bei Ausübung öffentlicher Gewalt durch Vollzugsbeamte (des Bundes)
VA	=	Verwaltungsakt
VerfGH	=	Verfassungsgericht
VersR	=	Versicherungsrecht (Zeitschrift)
VerwArch	=	Verwaltungsarchiv (Zeitschrift)
VerwR	=	Verwaltungsrecht
VerwRspr	=	Verwaltungsrechtsprechung in Deutschland (Entscheidungssammlung)
VG	=	Verwaltungsgericht
VGH	=	Verwaltungsgerichtshof
vgl.	=	vergleiche
VO	=	Verordnung
VR	=	Verwaltungsrundschau (Zeitschrift)
VVDStRL	=	Veröffentlichungen der Vereinigung der Deutschen Staatsrechtslehrer
VV	=	Verwaltungsvorschrift
VwGO	=	Verwaltungsgerichtsordnung
VwVfG	=	Verwaltungsverfahrensgesetz (des Bundes und der Länder)
VwVfG NRW	=	Verwaltungsverfahrensgesetz des Landes Nordrhein-Westfalen
VwVG	=	Verwaltungsvollstreckungsgesetz
VwZG	=	Verwaltungszustellungsgesetz
WHG	=	Gesetz zur Ordnung des Wasserhaushalts (Wasserhaushaltsgesetz)
WM	=	Wertpapiermitteilungen (Zeitschrift)
WPflG	=	Wehrpflichtgesetz
z.B.	=	zum Beispiel
ZfS	=	Zentralblatt für Sozialversicherung
ZPO	=	Zivilprozessordnung
ZRP	=	Zeitschrift für Rechtspolitik
ZUR	=	Zeitschrift für Umweltrecht

1. Abschnitt: Die öffentliche Verwaltung

1. Die Bedeutung der öffentlichen Verwaltung

Das Verwaltungsrecht befasst sich mit dem Handeln der öffentlichen Verwaltung. Um zu erkennen, inwieweit jeder Mensch täglich von der öffentlichen Verwaltung betroffen ist, betrachten wir den Tageslauf eines Bürgers oder einer Bürgerin, den/die wir „den[1] Bürger B" nennen wollen: **1**

> Nach dem Aufstehen schaltet B das Licht an und nutzt den von einem öffentlichen Elektrizitätswerk verteilten Strom. Das anschließend benötigte Wasser wird von einem gemeindlichen Wasserwerk geliefert und durch die von der Gemeindeverwaltung unterhaltene Kanalisation abgeleitet. Währenddessen leert die gemeindliche Müllabfuhr die Mülltonne. Fährt B mit dem Auto zur Arbeit, ist er auf die von der Verwaltung gebauten und unterhaltenen Straßen und auf Verkehrsregelungen angewiesen. Seine Kinder fahren mit öffentlichen Verkehrsmitteln zur Schule und werden von beamteten Lehrern unterrichtet. Im Berufsleben kommt B am intensivsten mit der Verwaltung in Berührung, wenn er – wie ca. 4,8 Millionen[2] – selbst dort Dienst tut. Aber auch als Arbeitnehmer in einem privatwirtschaftlichen Betrieb verlässt er sich darauf, dass die von ihm benutzten Maschinen von den staatlichen Ämtern für Arbeitsschutz überwacht und für sicher befunden worden sind. Vor Straftaten schützt ihn, so gut es geht, die Polizei. Wird er krank, kann er im städtischen Krankenhaus oder in einer staatlichen Universitätsklinik behandelt werden. Die Kosten zahlt die Krankenkasse, meist ein Verwaltungsträger wie beispielsweise die Allgemeine Ortskrankenkasse. Wird er arbeitslos, unterstützt ihn die Arbeitsagentur finanziell und hilft ihm bei der Suche nach einem neuen Arbeitsplatz. Ob die Behörden in dem nötigen Umfang verhindern, dass der Wald, durch den sein Spaziergang oder sein Waldlauf führt, nicht abgeholzt und nicht durch Abgase zerstört wird, ist bekanntlich zweifelhaft; immerhin bemühen sich eine Reihe von Behörden um den Schutz der Umwelt. Für die Freizeitgestaltung sorgt die Gemeinde durch Anlage und Unterhaltung von Sportplätzen, Schwimmbädern, Theatern und Museen. Ein intensiver Kontakt weniger angenehmer Art sei nicht verschwiegen: Im Auftrag der Finanzverwaltung und der Sozialversicherungsträger zieht der Arbeitgeber Steuern und Beiträge vom Entgelt ab. Dafür sichert z. B. die Deutsche Rentenversicherung[3] im Alter den Lebensunterhalt durch Zahlung einer Rente.

Nimmt man hinzu, dass der Mensch meist in einem von der Gemeinde, vom Kreis oder Land betriebenen Krankenhaus geboren wird und auf einem gemeindlichen Friedhof seine letzte Ruhe findet, wird deutlich, wie sehr jeder von **2**

---

[1] Männliche Bezeichnungen stehen in diesem Buch aus Vereinfachungsgründen zugleich für weibliche (vgl. § 12 GO NRW).
[2] Hierbei sind zusammengefasst die Vollzeit- und Teilzeitbeschäftigten des Bundes, der Länder, der Gemeinden – einschließlich Gemeindeverbänden und Zweckverbänden – und des „mittelbaren öffentlichen Dienstes" (Quelle: Statistisches Bundesamt Deutschland, www.destatis.de).
[3] Ehemals: Bundesversicherungsanstalt für Angestellte (BfA) und Landesversicherungsanstalten (LVA)

der öffentlichen Verwaltung begleitet wird und in welch vielfältiger Weise er von ihr abhängig ist[4].

2. Der Begriff der öffentlichen Verwaltung

3 Bei der obigen Betrachtung des Tagesablaufs des „Bürgers B" wurde davon ausgegangen, dass so unterschiedliche Dinge wie Müllabfuhr, AOK, Polizei, Schule und Friedhof zur öffentlichen Verwaltung gehören. Das bedarf der Begründung und Abgrenzung, zumal es auch Privat-Krankenkassen, private Müllentsorger und neben den öffentlich-rechtlichen Fernsehanstalten auch kommerzielle Fernsehanbieter gibt. Manche Verkehrsunternehmen und die meisten Energieversorgungsunternehmen sind Aktiengesellschaften oder GmbHs – gehören auch diese zur öffentlichen Verwaltung?

2.1 Öffentliche Verwaltung als staatliche Verwaltung

4 Die öffentliche Verwaltung als Gegenstand des Verwaltungsrechts ist gleichbedeutend mit „staatlicher" Verwaltung, wobei „staatlich" in einem weiten Sinn verstanden wird und insoweit auch die Gemeinde-(Kommunal-) Verwaltung mit einschließt. Der erste Schritt zur Bestimmung dessen, was öffentliche Verwaltung bedeutet, dient deshalb der Abgrenzung der staatlichen Verwaltung von der nichtstaatlichen, privaten Verwaltung, zu der beispielsweise die Personal- und Finanzverwaltung großer Unternehmen, die Geschäftsführung eines Vereins, die Verwaltung privaten Vermögens gehören.

Betrachtet man allein die Tätigkeit, lässt sich nicht hinreichend präzise abgrenzen, was Aufgabe des Staates ist und welche Tätigkeiten dem privaten Bereich zuzuordnen sind. Zwar gibt es einen Kernbereich ausschließlich staatlicher Aufgaben. Hierzu gehören die Aufgaben der Polizei und anderer Behörden, die Zwang ausüben dürfen (z. B. der Finanzämter); zur Zwangsanwendung ist nur der Staat befugt (Gewaltmonopol des Staates). Die meisten anderen Tätigkeiten sind aber auch als Handlungsweisen Privater denkbar: Auch Privatpersonen, gewerbliche Unternehmen und Vereine können beispielsweise öffentliche Verkehrsmittel oder Rundfunksender betreiben, Strom erzeugen und verteilen, Schulen (Privatschulen) und Krankenhäuser (Privatkliniken) unterhalten, können Hilfsbedürftige unterstützen. Deshalb lässt sich der Bereich der Staatstätigkeit allgemein nur so bestimmen, dass er alle gesetzlich übertragenen sowie die zulässigerweise freiwillig übernommenen Aufgaben umfasst. Prinzipiell kann der Staat Aufgaben aller Art übernehmen; sein Wirkungsbereich ist gegenständlich (fast) unbegrenzt.

Das ergibt sich aus den Vorschriften des Grundgesetzes: Art 30 GG spricht nur allgemein von der „Ausübung der staatlichen Befugnisse" und der „Erfüllung der staatlichen Aufgaben", ohne diese näher zu bestimmen. In Art 87 Abs. 3 S. 2 GG ist ausdrücklich vorgesehen, dass dem Bund neue Aufgaben erwachsen können, ohne dass näher bestimmt ist, wann das der Fall ist. Aus

---

[4] Vgl. Hofmann/Muth/Theisen, Kommunalrecht, Einleitung zu Abschnitt 2, zum besonders vielfältigen Bezug der Bürger zur „ihrer" jeweiligen Kommunalverwaltung

Art 28 Abs. 2 S. 1 GG ergibt sich, dass die Gemeinden „alle Angelegenheiten der örtlichen Gemeinschaft ... in eigener Verantwortung regeln"[5].

Wichtige rechtliche Schranken staatlicher Tätigkeit bilden die Grundrechte (z. B. verbietet Art 6 Abs. 1 GG dem Staat, durch eine „Ehevermittlungsbehörde" den Ehepartner zu suchen). Für die einzelnen organisatorischen Gliederungen des Staates (z. B. Bund, Länder, Gemeinden) ergeben sich Schranken ihres Wirkungsbereichs aus den Zuständigkeitsvorschriften bzw. der Verbandskompetenz[6]. Weitere Grenzen bilden sonstige Gesetze, die Haushaltsvorschriften und – faktisch – die nur beschränkt vorhandenen finanziellen, personellen und technischen Möglichkeiten. In diesem Bereich ist auch das später zu behandelnde Stichwort „Privatisierung"[7] von Bedeutung. 5

2.2 Die Gewaltenteilungslehre als Grundlage für die Begriffsbestimmung der Verwaltung

Nach der Lehre von der Dreiteilung der Gewalten (auch: Funktionen) ist zu unterscheiden: 6

- Erste Gewalt: Gesetzgebung, Legislative;
- Zweite Gewalt: Vollziehende Gewalt, Regierung und Verwaltung, Exekutive;
- Dritte Gewalt: Rechtsprechung, Judikative.

Die Gewaltenteilung als organisatorisches Grundprinzip des Rechtsstaates ergibt sich aus Art 1 Abs. 3, 20 Abs. 2 S. 2, 70, 83, 92 GG. Ihre Behandlung im einzelnen gehört in das Staatsrecht[8].

Jeder der dabei verwandten drei Begriffe – Gesetzgebung, Verwaltung, Rechtsprechung – hat einen doppelten Sinn: Im Vordergrund steht der materielle Sinn, der eine bestimmte Art der Staatstätigkeit beschreibt. Beispielsweise umfasst die Gesetzgebung im materiellen Sinn den „Erlass von Gesetzen und anderen Rechtsnormen". Der organisatorische Sinn beschreibt jeweils ein bestimmtes Staatsorgan oder eine Organgruppe: Bei der 1. Gewalt sind es die Parlamente (die gesetzgebenden Körperschaften und Organe), bei der 2. Gewalt Regierung und Verwaltungsbehörden, bei der 3. Gewalt die Gerichte. 7

Naturgemäß decken sich grundsätzlich der materielle und der organisatorische Bereich, d. h. die Gesetzgebung im materiellen Sinn obliegt den Gesetzgebungsorganen, die Verwaltungstätigkeit den Verwaltungsbehörden und die Rechtsprechung den Gerichten. Es gibt aber Abweichungen, insbesondere dürfen Organe der 2. Gewalt unter den Voraussetzungen des Art 80 GG Rechtsverordnungen erlassen und damit materielle Gesetzgebungsaufgaben wahrnehmen. Auch wegen solcher Diskrepanzen hat die Unterscheidung der Gewalten im materiellen und im organisatorischen Sinn Bedeutung.

Aufgrund dieser Überlegungen ist der **Begriff der Verwaltung** materiell und organisatorisch näher zu bestimmen:

---

5 Vgl. Eingehend zur kommunalen Selbstverwaltung: Hofmann/Muth/Theisen, Kommunalrecht 2.2–2.2.8.
6 Zur Verbandskompetenz vgl. unten RdNr. 624
7 Zur Privatisierungsdiskussion RdNr. 25
8 Vgl. beispielsweise: Schwacke/Stolz/Schmidt, 3. Teil 2.4.2.1; Schmalz, RdNr. 88 ff.

2.2.1 Welche Tätigkeit unter den weitgefassten Begriff des „Verwaltens" (Verwaltung im **materiellen** Sinn) fällt, lässt sich nicht mit einer Kurzdefinition beschreiben.

8 1. Am einfachsten ist die Bestimmung nach der sog. Subtraktionsformel. Sie geht von der Überlegung aus, dass sich eher entscheiden lässt, was „Gesetzgebung" und was „Rechtsprechung" ist. Das, was übrig bleibt, ist die Verwaltungstätigkeit. Folglich ist Verwaltung im materiellen Sinne jede Staatstätigkeit, die weder Gesetzgebung noch Rechtsprechung ist[9].

Diese Begriffsbestimmung erhält ihren Inhalt durch die Bestimmung dessen, was Gesetzgebung und was Rechtsprechung ist:

– **Gesetzgebung** ist der Erlass allgemeiner Regelungen für das Zusammenleben der Personen in der Gesellschaft, wobei die Gesetze die grundlegenden Entscheidungen für das Gemeinwesen treffen.

– **Rechtsprechung** ist die Entscheidung von Rechtsstreitigkeiten durch einen neutralen Dritten sowie die Verhängung von Strafen.

Allerdings sind die Begriffe von Gesetzgebung und Rechtsprechung keineswegs eindeutig. Beispielsweise lässt sich kaum ausreichend begründen, weshalb der Erlass des für den Staat geltenden Haushaltsplanes durch Haushaltsgesetz (Art 110 Abs. 2 GG) erfolgt und somit Gesetzgebung ist, während der Erlass entsprechender Haushaltssatzungen durch die Gemeinden[10], ferner auch die Aufstellung von Bebauungsplänen und zahlreiche andere (Verwaltungs-) Planungen zur Verwaltungstätigkeit gehören. Immerhin ermöglicht die Subtraktionsformel in den Fällen eine Entscheidung, in denen Gesetzgebung oder Rechtsprechung eindeutig vorliegt oder nicht vorliegt.

9 2. Es gibt auch positive Definitionen von Verwaltung, die aber sehr abstrakt sind. Danach ist Verwaltung „die planmäßige, in ihren Zielen und Zwecken durch die Rechtsordnung und innerhalb dieser durch die politischen Entscheidungen der Regierung bestimmte und zugleich begrenzte Tätigkeit öffentlicher Gemeinwesen zur Gestaltung und Gewährleistung des sozialen Zusammenlebens durch konkrete Maßnahmen."[11]

Oder etwa: „Verwaltung im materiellen Sinne kann …definiert werden als mannigfaltige, zweckbestimmte, idR organisierte, fremdnützige und verantwortliche, nur teilplanende, selbstbeteiligt ausführende und gestaltende Wahrnehmung von Angelegenheiten, insbesondere durch Herstellung diesbezüglicher Entscheidungen."[12]

10 3. Schließlich besteht die Möglichkeit einer Begriffsbestimmung durch Aufzählen. Danach fallen in den Bereich der 2. Gewalt folgende Tätigkeiten:

– Das Setzen bestimmter politischer Ziele (z. B. in der Außenpolitik, der Verkehrspolitik, der Energiepolitik), wobei allerdings politische Entscheidungen des Parlaments Vorrang haben.

– Der Vollzug der Gesetze, aber auch die Mitwirkung bei der Vorbereitung der Gesetze.

– Das Beheben von Notlagen und Missständen in den von den Gesetzen (noch) nicht geregelten Bereichen (z. B. Subventionsgewährung bei plötzlichem starken Anstieg der Energiekosten).

---

9 Dieser Formel folgte vor allem die ältere Verwaltungsrechtslehre (Otto Mayer, Walter Jellinek).
10 Vgl. Hofmann/Muth/Theisen, Kommunalrecht, 2.4.1.5
11 Bachof, Evangelisches Staatslexikon, 2. Auflage, Spalte 2772/3
12 Wolff/Bachof/Stober I § 2 RdNr. 12

- Die Schaffung und Unterhaltung von Einrichtungen, die für das gesellschaftliche Zusammenleben unentbehrlich oder doch nützlich sind (z. B. Verkehrs- und Versorgungseinrichtungen, Bildungseinrichtungen, Theater, Sportanlagen).
- Das Beobachten der gesellschaftlichen Entwicklung durch Sammeln von Informationen und Daten, u. a. um dem Gesetzgeber Unterlagen für Regelungen an die Hand zu geben.

Offensichtlich handelt es sich hier aber nicht um eine abschließende Aufzählung, sondern nur um einige besonders wichtige und typische Tätigkeitsbereiche der Verwaltung.

Zusammenfassend kann der **Begriff der Verwaltung** so bestimmt werden, dass erstens durch Anwendung der Subtraktionsformel die eindeutig zur Gesetzgebung und Rechtsprechung gehörenden Tätigkeiten ausgeschieden werden; zweitens wird eine der positiven Begriffsbestimmungen herangezogen; drittens erfolgt eine Konkretisierung durch die typischen Tätigkeitsbereiche der Verwaltung. 11

2.2.2 Was **organisatorisch** unter Verwaltung zu verstehen ist, lässt sich klarer bestimmen: 12

1. Zunächst gibt es Vorschriften in der Verfassung, nach denen bestimmte Organe und Organgruppen der Exekutive zugeteilt werden. Nach Art 87 Abs. 1 und 2 GG sind das beispielsweise der Auswärtige Dienst, die Bundesfinanzverwaltung und bestimmte Sozialversicherungsträger.
2. Für andere Organe, insbesondere für die Gemeinden (vgl. Art 28 Abs. 2 S. 1 GG), fehlt eine ausdrückliche verfassungsrechtliche Einordnung in den Bereich der 2. Gewalt (ob allein die Bezeichnung als Selbst"verwaltung" in Art 28 Abs. 2 S. 2 GG ausreicht, ist fraglich). Als Kriterien für die Zuordnung zur 2. Gewalt kommen in diesen Fällen (also auch hinsichtlich der Gemeinden) in Betracht:

- In Abgrenzung zur Rechtsprechung: Die Organe der Verwaltung sind weisungsgebunden, die Richter sind unabhängig und weisungsfrei (Art 97 GG).

Jedoch ist dieses Merkmal allenfalls als Indiz zu werten. Denn es gibt auch weisungsfreie Verwaltung, wozu insbesondere die Rechnungshöfe gehören (Art 114 Abs. 2 GG). Auch die zur 2. Gewalt gehörende Regierung ist nicht weisungsgebunden.

- In Abgrenzung zur 1. Gewalt: Die Parlamentsabgeordneten werden gewählt, während die Mitglieder der Verwaltung ernannt werden.

Jedoch werden einerseits die Mitglieder des Bundesrats, eines Gesetzgebungsorgans, nicht gewählt, sondern von den Landesregierungen entsandt. Andererseits werden die Mitglieder des Gemeinderats, eines Organs der Selbst"verwaltung", mit gleicher demokratischer Legitimation wie Bundestags- und Landtagsabgeordnete gewählt. Also hat auch dieses Merkmal nur Indizfunktion.

Deshalb lässt sich in den Fällen, in denen eine verfassungsrechtliche Zuordnung fehlt, nur auf die Tätigkeit des jeweiligen Organs abstellen. **Verwaltungsorgane** sind diejenigen Staatsorgane, deren hauptsächliche Tätigkeit Verwaltungstätigkeit im materiellen[13] Sinne ist. 13

---

13 Erläutert oben 2.1.1 (RdNr. 8 ff)

Danach gehört die gesamte Kommunalverwaltung einschließlich ihrer Vertretungskörperschaften (Gemeinde-/Stadtrat, Bezirksvertretung, Kreistag) zur Verwaltung im organisatorischen Sinne. Bei ihnen überwiegt die Verwaltungstätigkeit. Das gilt auch für die Vertretungskörperschaften, da auch diese in wichtigen Verwaltungsangelegenheiten entscheiden. Ihre Rechtsetzungstätigkeit (Erlass von Satzungen) tritt dahinter zurück[14].

2.3 Die Begriffsbestimmungen für die Verwaltung im materiellen und im organisatorischen Sinn bedürfen noch einer Korrektur. Innerhalb der 2. Gewalt sind zu unterscheiden:

14 1. Die Tätigkeit der Regierung umfasst – unbeschadet der Vorrangstellung des Parlaments – die politische Staatsleitung, insbesondere die Bestimmung der Richtlinien der Politik und die Vorbereitung der Gesetze. Organisatorisch gehören zur Regierung die Bundes- und Landesregierungen als Kollegialorgane sowie die Minister als Mitglieder der Regierungen.

Tätigkeit und Organisation der Regierung sind Gegenstand des Verfassungsrechts und nicht des Verwaltungsrechts. Die Regierung in diesem Sinne wird auch als Gubernative bezeichnet.

15 2. Der übrige Teil der 2. Gewalt ist die Verwaltung im engeren Sinne (**Exekutive ieS**), der vor allem der Vollzug der Gesetze dem Bürger gegenüber obliegt.

Die Ministerien haben eine Doppelstellung: In erster Linie unterstützen sie den Minister in seiner Eigenschaft als Mitglied der Regierung, gehören insoweit in den Regierungs- und damit Verfassungsbereich (vgl. Art 65 S. 2 GG). Außerdem sind sie oberste Bundes- bzw. Landesbehörden und gehören zum Bereich der Verwaltung ieS. Vor allem in den Ländern ist dieser Tätigkeitsbereich der Ministerien umfassender als der der Beteiligung an der Staatsleitung.

2.4 Zur Bestimmung dessen, was als öffentliche Verwaltung Gegenstand des Verwaltungsrechts ist, wird zweckmäßigerweise an den organisatorischen Begriff der Verwaltung angeknüpft. Danach gehören zur Verwaltung alle Organe der 2. Gewalt, ausgenommen die Regierung. Also befasst sich das Verwaltungsrecht umfassend mit der Tätigkeit der Exekutive ieS.

3. Arten und Unterscheidungen der öffentliche Verwaltung

16 **3.1** Am nächsten liegt eine Unterscheidung nach dem konkreten **Inhalt der Verwaltungsaufgaben.** Danach gibt es beispielsweise die Polizei- und Ordnungsverwaltung, die Bauverwaltung, die Finanzverwaltung.

Die Aufzählung weiterer Beispiele würde einen langen Katalog ergeben, der überdies nicht vollständig wäre. Sein systematischer Wert wäre gering. Einen jeweils konkretisierten Überblick geben die Aufgabengliederungspläne der Ministerien, der Bezirksregierungen und der Kommunalverwaltungen.

3.2 In der früheren Verwaltungsrechtslehre stand im Vordergrund die Unterscheidung zwischen **Eingriffsverwaltung** und **Leistungsverwaltung.**

---

14 Vgl. Hofmann/Muth/Theisen, Kommunalrecht, 2.1.2.2.2

3.2.1 Ausgangspunkt ist dabei die Betrachtung der einzelnen Verwaltungsmaßnahme und ihrer Auswirkung auf die Rechtssphäre des Bürgers.

1. Es handelt sich um **Eingriffsverwaltung**, wenn die einzelne Verwaltungsmaßnahme in Rechte des Bürgers eingreift. Das ist wegen der gebotenen weiten Auslegung des Art 2 Abs. 1 GG bei jeder belastenden Maßnahme der Fall. Kennzeichen der Eingriffsverwaltung sind „Befehl" und „Zwang". 17

Beispielsweise gehören hierzu: Polizei- und Ordnungsverfügungen, Steuerbescheide, nichtgerichtliche Disziplinarmaßnahmen im Beamtenrecht.

2. Davon zu unterscheiden sind **begünstigende** Verwaltungsmaßnahmen, insbesondere soweit Leistungen erbracht werden. 18

Beispielsweise gehören hierzu: die Erteilung von Erlaubnissen, die Gewährung von Sozialleistungen oder von Wirtschaftssubventionen.

Diese Unterscheidung zwischen Eingriffs- und Leistungsverwaltung hat ihre hauptsächliche Bedeutung bei der Frage, inwieweit für die unterschiedlichen Maßnahmen gesetzliche Grundlagen erforderlich sind, und ist später noch genauer beim Prinzip vom Vorbehalt[15] des Gesetzes zu behandeln.

3.2.2 Eine Systematisierung ganzer Verwaltungsbereiche aufgrund der vorgenannten Unterscheidung ist nur sehr begrenzt möglich. In keinem Verwaltungsbereich wird nur mit dem Mittel des Eingriffs gearbeitet; umgekehrt gibt es kaum Bereiche, in denen auf den Erlass belastender Maßnahmen verzichtet werden kann. 19

Beispielsweise handelt eine typische Eingriffsbehörde wie die Polizei nicht mit dem Mittel des Eingriffs, wenn sie im Straßenverkehr liegengebliebene Fahrzeuge abschleppen lässt oder auf der Autobahn vor einem Stau warnt. Die Ordnungsverwaltung handelt zwar typischerweise durch belastende Verfügungen, erteilt vielfach aber auch Erlaubnisse und Genehmigungen (Fahrerlaubnis, Baugenehmigung), handelt also mit dem Mittel des begünstigenden Verwaltungsakts. Die Finanzverwaltung, ebenfalls eine typische Eingriffsverwaltung, kann für die Gewährung von Investitionszulagen, also die Entscheidung über die Erbringung von Leistungen, zuständig sein. Umgekehrt kann das für Aufgaben der Leistungsverwaltung zuständige Sozialamt zuviel gezahlte Sozialhilfeleistungen durch belastenden Verwaltungsakt zurückverlangen. Die Sozialversicherungsverwaltung, eine typische Leistungsverwaltung, bedarf für die von ihr zu erbringenden Leistungen einer Aufbringung der Mittel durch die Versicherten; die Beitragspflicht kann durch Erlass von (belastenden) Bescheiden und durch Vollstreckung durchgesetzt werden.

3.3 Also ist eine systematische Einordnung ganzer Verwaltungsbereiche besser in der Weise möglich, dass auf den **typischen Gehalt und Zweck** der Verwaltungstätigkeit im ganzen abgestellt wird. Das führt zu folgender Unterscheidung:

1. Als **ordnende Verwaltung** werden diejenigen Verwaltungsbereiche bezeichnet, deren typischer Zweck auf die Verhinderung und Beseitigung von Störungen und Missständen gerichtet ist. Sie arbeitet idR mit dem Mittel des Eingriffs. 20

Beispielsweise sind hier vor allem zu nennen die Bereiche der Polizeiverwaltung und (kommunale) Ordnungsverwaltung.

Wie eng hier Eingriff und Begünstigung zusammenhängen, zeigt das mögliche Verhalten der Baubehörde im Falle eines Bauantrages: Wird dem Antrag durch Erteilung einer Baugenehmigung stattgegeben, so handelt es sich im Regelfall

---

15 Erläutert unten in RdNr. 178 ff

um eine ausschließlich begünstigende Maßnahme. Wird der Antrag abgelehnt, bedeutet dies im Grunde ein Bauverbot, das als Eingriff qualifiziert werden kann. In gleicher Weise entscheidet die Straßenverkehrsbehörde über den Antrag auf eine Fahrerlaubnis entweder durch Erteilung oder durch Ablehnung; eine erteilte Fahrerlaubnis kann entzogen und später wieder erteilt werden. Sämtliche genannten Maßnahmen dienen aber der Ordnung des Soziallebens im Bereiche des Bauens bzw. des Straßenverkehrs.

21 2. Erbringt ein Verwaltungszweig typischerweise Leistungen, handelt es sich um **Leistungsverwaltung**.

Beispielsweise gehören hierhin die Sozialverwaltung (Sozialversicherung, Sozialhilfe, Wohngeld), die (Subventionen gewährende) Wirtschaftsverwaltung und die Schul- und Hochschulverwaltung. Vor allem die Gemeinden erbringen gegenüber der Bürgerschaft Leistungen aller Art durch „gemeindliche Einrichtungen"[16] wie Versorgungsbetriebe (Wasser, Strom, Gas), Verkehrsbetriebe, Krankenhäuser, Theater, Museen, Sportanlagen.

Allerdings ist auch diese Unterscheidung zwischen 1. und 2. nicht unproblematisch. Einerseits erbringt auch die „ordnende Verwaltung" im Grunde eine erhebliche „Leistung" gegenüber der Gesellschaft, wobei man beispielsweise nur daran zu denken braucht, welche planerischen, technischen und juristischen Aufwendungen erforderlich sind, um sicheres und geordnetes Bauen zu gewährleisten. Andererseits gibt es Verwaltungsbereiche, deren Tätigkeit von dem dadurch begünstigten Bürger als Leistung empfunden wird, die aber in die Umweltgüter der Allgemeinheit eingreifen, wie das z. B. der Fall ist beim Bau von Verkehrswegen (Straßen, Flughäfen, Schienenwegen, Kanälen), der Wasserversorgung durch Inanspruchnahme von Grundwasser, die Anlage von Mülldeponien und die Erteilung von Kraftwerksgenehmigungen nach dem Bundes-Immisionsschutzgesetz. Bei der Schaffung von Verkehrswegen, die früher als Leistungsverwaltung angesehen wurde, ist mittlerweile anerkannt, dass es sich hierbei um „Eingriffe in Natur und Landschaft" handelt (§ 18 BNatSchG), die einen derartigen Umfang angenommen haben, dass ihr Eingriffscharakter teilweise den Leistungscharakter überwiegt. Ähnlich zu beurteilen ist der Aufbau von Datensammlungen: Er ist teils Leistung, teils aber auch Gefährdung der Rechtssphäre des Bürgers und damit ein Eingriff in dessen Rechtsstellung[17].

Es ist nicht möglich, mit der Alternative „Eingriffs-/Leistungsverwaltung" die gesamte Verwaltungstätigkeit zu erfassen, da viele Verwaltungsbereiche außerhalb dieser Unterscheidung liegen. Beispielsweise arbeitet die Finanzverwaltung zwar überwiegend mit dem Mittel des Eingriffs, bezweckt aber nicht die Ordnung des Soziallebens, sondern die Beschaffung von Geldmitteln für den Staat.

Diesen Zuordnungsschwierigkeiten hat man dadurch zu begegnen versucht, dass man neue Aufgabenkategorien eingeführt hat (z. B. Daseinsvorsorge, planende Verwaltung, lenkende Verwaltung, Verwaltung durch Kooperation zwischen Staat und Wirtschaft, Verwaltung durch „mittelbares Einwirken"), oder dass man Aufgaben als Querschnittsaufgaben bezeichnet (z. B. den Umweltschutz). Keiner dieser Begriffe hat bisher so feste Konturen erhalten, dass er die obigen Unterscheidungen ablösen oder im Rahmen einer befriedigenden Systematik ergänzen könnte[18].

Folgende Arten der Verwaltung haben einen so weitgehend selbständigen Charakter, dass sie von der Ordnungsverwaltung und der Leistungsverwaltung zu unterscheiden sind:

---

16 Grundlegend: Mohl, Die kommunalen öffentlichen Einrichtungen, Diss., 1988; vgl. Hofmann/Muth/Theisen, Kommunalrecht, 2.3.4.1
17 Vgl. das Spannungsverhältnis zwischen Geheimhaltung und Datenschutz RdNr. 711 ff
18 Vgl. auch Treutner, Kooperativer Rechtsstaat – Das Beispiel Sozialverwaltung, 1998.

3. Die **Abgabenverwaltung**, insbesondere die Finanzverwaltung. Ihr typischer Gehalt und Zweck ist auf die Deckung des Finanzbedarfs des Staates gerichtet. Sie ist ein Unterfall der Eingriffsverwaltung.

4. Die **Bewirtschaftungsverwaltung** bewirtschaftet und verteilt knappe Güter. Ihre Tätigkeit ist weitgehend Eingriffsverwaltung.

5. Die **Beschaffungsverwaltung** beschafft das für die Tätigkeit der Verwaltung benötigte Personal und die benötigten Sachmittel (Grundstücke, Räume, Büro- und Heizmaterial, Fahrzeuge, EDV-Anlagen).

6. Die **erwerbswirtschaftliche Verwaltung** betrifft den Bereich, in dem der Staat wie ein Privater am Wirtschaftsleben teilnimmt.

Beispiele: Verkauf von Gelegenheit zur Werbung an die Wirtschaft durch öffentlich-rechtliche Rundfunkanstalten. Verkauf von Holz aus dem Staatsforst.

3.4 Folgende weitere Unterscheidungen sind in einem späteren Zusammenhang zu behandeln (oder haben keine größere selbständige Bedeutung, so dass die nachfolgenden Hinweise ausreichen):

– Unterscheidung nach dem Träger der Verwaltung: Bundesverwaltung, Landesverwaltung einschließlich der Gemeinde- und Kreisverwaltung.

– Unterscheidung nach der Weisungsabhängigkeit von der Regierung: Unmittelbare Staatsverwaltung und mittelbare[19] Staatsverwaltung; ähnlich: Staatsverwaltung (ieS) und Selbstverwaltung; in diesem Zusammenhang hat auch der Unterschied zwischen Selbstverwaltung und Fremdverwaltung (Auftragsverwaltung) Bedeutung.

– Unterscheidung nach dem anwendbaren Recht: Öffentlich-rechtliche[20] (hoheitliche) und privatrechtliche (fiskalische) Verwaltung.

– Innerhalb der öffentlich-rechtlichen Verwaltung kann nach den angewandten rechtstechnischen Mitteln unterschieden werden: Verwaltung durch Erlass einseitiger Regelungen (Verwaltungsakte, Rechtsverordnungen und Satzungen) und durch sonstige, nicht regelnde Maßnahme[21] (schlichte Hoheitsverwaltung).

– Nach dem Verhältnis des Verwaltungshandelns zum Gesetz unterscheidet man einerseits die gesetzesabhängige (gesetzesakzessorische) Verwaltung, die sich wiederum aufteilen lässt in gebundene Verwaltung und Ermessensverwaltung[22], und andererseits die nicht-gesetzesakzessorische, frei gestaltende Verwaltung (z. B. im kulturellen Bereich: Das städtische Symphonieorchester „spielt nach Noten, nicht nach gesetzlichen Vorschriften").

4. Die Auffassung darüber, welche **Aufgaben** solche der **öffentlichen Verwaltung** sind, hat im Laufe der Zeit stark geschwankt. Der absolutistische Staat (16.-18. Jahrhundert) nahm in Anspruch, sich um das gesamte Wohlergehen der Bevölkerung zu kümmern und beispielsweise sogar die Kleidung

---

19 Vgl. Hofmann/Muth/Theisen, Kommunalrecht, 2.1.2.1 und 2.1.2.2
20 Dazu unten RdNr. 294 ff
21 Dazu unten RdNr. 299 ff
22 Dazu unten RdNr. 412 ff

durch Kleiderordnungen vorzuschreiben[23]. Im 19. Jahrhundert forderte hingegen z. B. Wilhelm von Humboldt „im Namen der Freiheit, dass sich die staatliche Tätigkeit auf die Gewährleistung der öffentlichen Sicherheit zu beschränken habe". Jedoch führten die sozialen Probleme, welche die Industrialisierung mit sich brachte, aber auch die Weltkriege des 20. Jahrhunderts und ihre Folgen zu einer expandierenden Verwaltungstätigkeit des Staates. Diese Entwicklung nimmt heute – je nach Aufgabengebiet – noch zu, ist teilweise aber auch beendet oder sogar rückläufig.

25 Eine der Grenzlinien zwischen den Aufgaben des Staates und denen der Privatpersonen bzw. der Privatwirtschaft wird sei einiger Zeit unter dem **Stichwort „Privatisierung"** erörtert. Teilweise aus praktischen Gründen, teilweise aus ideologischen Gründen wird zunehmend versucht, Aufgaben von der öffentlichen Hand auf die Privatwirtschaft zu verlagern. Beispiele hierfür sind die Müllentsorgung, der öffentliche Nahverkehr, das Fernsehen und andere Bereiche, deren partielle Privatisierung eingeleitet worden ist.

Dabei ergibt sich die Problematik, dass durch die Privatisierung der Einfluss des öffentlichen Interesses immer gemindert wird, die Stellung der Beschäftigten oft verschlechtert wird und außerdem durch „verschlankte Standards" zum Teil auch die Leistungen für die Bürgerschaft reduziert werden. Hinsichtlich der Notwendigkeit der – allein demokratisch legitimierten – staatlichen Tätigkeit darf hierbei nicht unbeachtet bleiben, dass Private bzw. „der Markt" beispielsweise die Bereiche „Soziales" oder „Umweltschutz" in der Regel nur unzureichend berücksichtigen.

26 5. Die **Geschichte der Verwaltung**[24] **und des Verwaltungsrechts** soll in diesem Buch nicht dargestellt werden; insoweit sei hingewiesen auf: Jeserich/Pohl/v. Unruh, Deutsche Verwaltungsgeschichte (6 Bände); Maurer § 2; Bull RdNr. 73 ff; Stelkens/Bonk/Sachs, Einleitung RdNr. 5 ff.

---

23 Menger, Deutsche Verfassungsgeschichte der Neuzeit, RdNr. 97
24 Zur Geschichte der Kommunalverwaltung: Hofmann/Muth /Theisen, Kommunalrecht, 1.–1.1.5, mit weiteren Nachweisen.

2. Abschnitt: Die Organisation der öffentlichen Verwaltung

1. Organisation und Organisationsrecht

1.1 Öffentliches Verwalten – als materielle Staatstätigkeit – ist nur möglich, wenn die organisatorischen Voraussetzungen hierfür erfüllt sind, wenn also eine Verwaltungsorganisation vorhanden ist. Was das Verhältnis der materiellen Verwaltungstätigkeit zur Verwaltungsorganisation betrifft, steht die materielle Seite, die Verwaltungsaufgabe, im Vordergrund; denn um ihrer Erfüllung wegen wird die Organisation geschaffen. Dementsprechend ist es gerechtfertigt, wenn viele Gesetze zuerst die sachliche Aufgabe regeln und sich erst danach der Organisation zuwenden. Faktisch muss aber erst die Organisation vorhanden sein, ehe Verwaltung ausgeübt werden kann; von daher ist verständlich, wenn beispielsweise das OrdnungsbehördenG (OBG) NRW in §§ 1–13 zunächst die Organisation der Ordnungsbehörden und erst danach (§§ 14 ff) das Handeln der Ordnungsbehörden regelt. 27

Möglich ist auch, dass Aufgaben und Organisation in unterschiedlichen Gesetzen geregelt werden: Das PolG regelt in den Bundesländern die materielle Tätigkeit der Polizei. Ihre Organisation ist z. B. in NRW im PolizeiorganisationsG (POG NRW) geregelt.

1.2 Das **Organisationsrecht** umfasst alle die Organisation regelnden Rechtsvorschriften. Es ist jedoch kein einheitliches Rechtsgebiet. Das Staatsorganisationsrecht findet sich in den Verfassungen. Diese enthalten auch Vorschriften über die Organisation der Verwaltung (z. B. Art 87 GG über die Bundesverwaltung, Art 28 Abs. 2 GG über die kommunale Selbstverwaltung). Da Verwaltung im wesentlichen Angelegenheit der Bundesländer ist (Art 30 GG), enthalten auch die Landesverfassungen Vorschriften über die Organisation der Verwaltung. Organisationsrecht findet sich ferner in den Gesetzen, in denen die Tätigkeit bestimmter Verwaltungsträger geregelt ist, beispielsweise die Organisation der Gemeinden in der Gemeindeordnung, der Handwerkskammern in der Handwerksordnung. Zahlreiche Verwaltungsgesetze enthalten organisationsrechtliche Regelungen. 28

Soweit ein landesrechtliches Landesorganisationsgesetz erlassen ist (so in NRW: das LOG), regelt dieses nur den Aufbau der (staatlichen) Landesverwaltung und nicht etwa das gesamte Organisationsrecht. 29

Zahlreiche Fragen des Organisationsrechtes sind gesetzlich nicht geregelt. Hierfür gelten „allgemeine Grundsätze", die von der Verwaltungsrechtslehre erarbeitet wurden und nachstehend genauer zu behandeln sind.

Organisationsrechtliche Vorschriften gibt es auch im Privatrecht (Vereins- und Handelsgesellschaftsrecht), wobei zahlreiche Parallelen zum öffentlichen Recht bestehen. Am deutlichsten ist das bei den gemeinsamen Begriffen der Körperschaft und der Stiftung. – Die Rechtsordnung kann für die Organisationen nur einen äußeren Rahmen bieten. Dafür, dass die Organisation im einzelnen sinnvoll ist und effektiv arbeitet, bedarf es der Organisationswissenschaft bzw. Organisationslehre[1].

---

1 Hierzu Siepmann/Siepmann, Verwaltungsorganisation.

2. Der Staat als Träger öffentlicher Verwaltung

30 Öffentliche Verwaltung ist, wie im 1. Abschnitt ausgeführt wurde, „staatliche" Verwaltung (staatlich iwS, vgl. unten RdNr. 37). Also ist der Staat die Organisation, die durch ihre Organe öffentliche Verwaltung ermöglicht. Hierfür bedarf der Staat rechtlicher Eigenschaften, die genauer zu behandeln sind.

2.1 Der Staat muss Inhaber von Rechten und Pflichten sein können.

Beispielsweise muss er Dienstherr von Beamten, Angestellten und Arbeitern sein können mit der Folge, dass er gegenüber den Beamten u. s. w. Rechte auf Arbeitsleistung erwirbt; dementsprechend obliegen ihm Pflichten zur Entgeltzahlung. Der Staat muss Adressat (Verpflichteter) aus den Grundrechten des Bürgers sein. Ihm müssen Rechte auf Zahlung von Abgaben (Steuern, Gebühren, Beiträge), auf Erfüllung der Schul-, Wehr- und anderer Pflichten des Bürgers zustehen.

Wer über die Eigenschaft verfügt, Inhaber von Rechten und Pflichten sein zu können, wird als **Rechtssubjekt, Rechtsträger** oder **(Rechts-)Person** bezeichnet. Ihm kommt **Rechtsfähigkeit** zu.

31 **2.2** In erster Linie ist der Mensch rechtsfähig und Rechtssubjekt (vgl. § 1 BGB). In der Rechtssprache sind Menschen „**natürliche Personen**" (so die Überschrift vor § 1 BGB). Andere Rechtssubjekte sind von der Rechtsordnung geschaffen und werden deshalb als „juristische Personen" bezeichnet. Juristische Personen, deren Rechtsverhältnisse sich nach dem Privatrecht richten, sind juristische Personen des Privatrechts. Die wichtigsten sind eingetragene Vereine, Aktiengesellschaften, Gesellschaften mit beschränkter Haftung (GmbHs), Genossenschaften. Der Staat als juristische Person unterliegt in erster Linie dem Verfassungsrecht und damit dem öffentlichen Recht; er ist deshalb eine **juristische Person des öffentlichen Rechts** (vgl. § 1 Abs. 1 VwVfG).

32 Die Bezeichnungen als juristische Person „des Privatrechts" oder „des öffentlichen Rechts" besagen nur, dass die Entstehungsbedingungen und andere wesentliche Fragen im Privatrecht bzw. öffentlichen Recht geregelt sind. Sie bedeuten keine Beschränkung bezüglich der möglichen Rechte und Pflichten: Auch die juristische Person des Privatrechts kann öffentliche Rechte (vgl. Art 19 Abs. 3 GG) und öffentliche Pflichten haben (z. B. Pflicht einer GmbH zur Zahlung von Körperschaftssteuer). Umgekehrt kann der Staat als Körperschaft des öffentlichen Rechts Inhaber von privaten Rechten und Pflichten sein (z. B. als Eigentümer von Grundstücken).

33 **2.3** Als juristische Person ist der Staat Inhaber zahlreicher Rechte und Pflichten. Er hat insbesondere

– Herrschaftsrechte über die Staatsangehörigen und die sich auf seinem Staatsgebiet aufhaltenden Fremden („Staatsgewalt");

– Rechte und Pflichten im Verhältnis zu fremden Staaten, z. B. aus völkerrechtlichen Verträgen;

– Rechte auf Erhebung von Steuern und Sozialabgaben, auf Heranziehung zum Wehr- und Zivildienst;

– Pflichten zur Beachtung der Grundrechte des Bürgers, zur Erteilung von Genehmigungen und Erlaubnissen aller Art, zur Gewährung von Sozialleistungen.

– Er kann Eigentümer und Besitzer von Sachen, Gläubiger und Schuldner aus Kauf-, Werk-, Mietverträgen, kann insbesondere Arbeitgeber sein.

Im Vergleich zum Menschen als natürliche Person hat der Staat zahlreiche weitergehende (Hoheits-) Rechte. Andererseits hat er auch weniger Rechte, beispielsweise keine familienrechtlichen Rechte, kann nicht Ehegatte sein und nicht in einem Eltern-Kind-Verhältnis stehen. Um diesen – an sich selbstverständlichen – Aspekt hervorzuheben, wird dem Staat nur „Teilrechtsfähigkeit" zuerkannt[2].

3. Die Aufgliederung des Staates in eine Mehrzahl von Verwaltungsträgern; Körperschaften, Anstalten, Stiftungen

3.1 Die Organisation des Staates und seiner Verwaltung tritt dem Bürger äußerst vielgestaltig gegenüber: Aus dem Bundesstaatsprinzip folgt, dass es den Bund und 16 Bundesländer gibt, d. h. 17 Staaten. In der Organisation der Länder gibt es erhebliche Unterschiede, die u. a. der unterschiedlichen Einwohnerzahl Rechnung tragen; so umfasst das mit Abstand einwohnerstärkste Land Nordrhein-Westfalen gut 18-Millionen Einwohner, Bayern gut 12-Millionen, Baden-Württemberg knapp 11-Millionen, aber etwa Mecklenburg-Vorpommern nur 1,7-Millionen und das Saarland nur gut 1-Million[3].

Ferner gibt es Gemeinden (der Begriff Gemeinden umfasst sowohl Kleinstgemeinden als auch – soweit sie keine Stadtstaaten sind – Millionenstädte wie München oder Köln) und Kreise, Industrie- und Handelskammern, Landwirtschafts- und andere Kammern, öffentliche Rundfunkanstalten, Universitäten, Landesämter, Stiftungen etc.

3.1.1 Die Verteilung von Verwaltungsaufgaben auf eine Mehrzahl von organisatorischen Einheiten („Dezentralisation der Verwaltung") ist überwiegend durch die Verfassung und durch die Gesetze vorgeschrieben. Dahinter stehen folgende Gründe:

1. Die Rechtfertigung des Bundesstaatsprinzips (Art 20 Abs. 1, Art 28 Abs. 1 GG) ergab sich ursprünglich aus dem Bedürfnis, regionalen („landsmannschaftlichen") Besonderheiten gerecht zu werden. Dieser Gesichtspunkt tritt infolge der fortschreitenden Vereinheitlichung der Lebensverhältnisse mehr und mehr in den Hintergrund. Heute ergibt sich der Sinn des Bundesstaatsprinzips daraus, die Gewaltenteilung des Art 20 Abs. 2 S. 2 GG zwischen Gesetzgebung, vollziehender Gewalt und Rechtsprechung („horizontale Gewaltenteilung") durch eine Aufteilung der Macht zwischen Bund und Ländern („vertikale Gewaltenteilung") zu ergänzen. Gleichzeitig werden dadurch die Einflussmöglichkeiten der Bürger auf die Ausübung der Staatsgewalt verbessert, was dem Demokratieprinzip entspricht. Die gleichen Gründe gelten für die verfassungsrechtliche Anerkennung der kommunalen Selbstverwaltung (Art 28 Abs. 2 GG)[4].

2. Unterschiedliche Verwaltungszwecke können unterschiedliche Verwaltungsstrukturen erfordern. Der Zwang zu fortschreitender Spezialisierung

---
2 Vgl. Maurer § 21 RdNr. 6
3 Zu den Einwohnerzahlen der übrigen Bundesländer vgl. www.destatis.de (Statistisches Bundesamt Deutschland) bzw. www.statistik-portal.de (Statistische Ämter des Bundes und der Länder)
4 Vgl. Hofmann/Muth/Theisen, Kommunalrecht 2.2

besteht auch für die öffentliche Verwaltung und erzwingt eine ständige Differenzierung auch innerhalb der Verwaltungsorganisation.

3. Es kann das Bedürfnis bestehen, betroffene Bürger stärker an der Willensbildung innerhalb der Verwaltung zu beteiligen, so dass hierfür geeignete Organisationsformen geschaffen werden müssen.

4. Einer stärkeren Beteiligung der Bürger muss eine Verminderung der Weisungsbefugnisse der Staatsregierung entsprechen, so dass gewisse selbständige organisatorische Einheiten (wie z. B. Hochschulen und öffentlich-rechtliche Rundfunkanstalten) über eine größere „Staatsferne" verfügen.

37 3.1.2 Alle organisatorisch selbständigen Verwaltungseinheiten, die öffentliche (= staatliche) Verwaltung ausüben, leiten ihre Befugnisse aus der Staatsgewalt ab, sind also in den Staat eingegliedert. Sie gehören deshalb zum „Staat im weiteren Sinn". „Staat im engeren Sinn" sind Bund und Länder. Wird von „Staatsverwaltung" gesprochen, ist im Zweifel nur die Verwaltung von Bund und Ländern gemeint, nicht dagegen beispielsweise die Verwaltung der Gemeinden und Kreise (Kommunalverwaltung)[5].

38 3.2 Wird zwischen Staat ieS und anderen, Verwaltung ausübenden Subjekten unterschieden, bedarf es des Oberbegriffs **Träger öffentlicher Verwaltung**. Verwaltungsträger sind vor allem die oben 3.1 aufgeführten Organisationen (Staat, Gemeinden u. s. w.). Ihnen stehen die Befugnisse zur Verwaltung und die damit verbundenen Rechte und Pflichten zu, d. h. sie verfügen über Verwaltungskompetenzen (Zuständigkeiten im weiteren Sinne). Um diese von den – noch zu behandelnden – Behördenzuständigkeiten abzugrenzen, werden sie als Verbandskompetenzen bezeichnet. Jeder Verwaltungsträger verfügt also über eine **Verbandskompetenz**.

Ein Beispiel für die Zuweisung einer Verbandskompetenz an die Gemeinden enthält § 2 Abs. 1 BauGB, wenn dort bestimmt ist, dass die Bauleitpläne „von der Gemeinde in eigener Verantwortung aufzustellen" sind.

Da den Verwaltungsträgern Rechte und Pflichten zustehen müssen, sind sie rechtsfähig, sind sie juristische Personen.

Es gibt allerdings Verwaltungseinheiten, die einem (anderen) Verwaltungsträger zugeordnet und deshalb nicht rechtsfähig sind, aber über eine gewisse organisatorische Selbständigkeit verfügen. Sie erfüllen praktisch die gleichen Funktionen wie die Verwaltungsträger und werden deshalb im folgenden mitbehandelt. Das betrifft in erster Linie die nichtrechtsfähigen öffentlichen Anstalten.

3.3 Die oben 3.1.1 genannten Gründe für die Dezentralisation durch Schaffung selbständiger Verwaltungsträger und ähnlicher Verwaltungseinheiten gelten für die einzelnen Verwaltungsgebiete unterschiedlich. Deshalb stellt die Rechtsordnung unterschiedliche Organisationsformen zur Verfügung: Körperschaft, Anstalt, Stiftung. Aufgeführt sind sie in § 1 Abs. 1 Nr. 1 BVwVfG und in § 89 BGB. Sie werden im folgender genauer behandelt.

3.4 Körperschaften des öffentlichen Rechts

39 3.4.1 Körperschaft des öffentlichen Rechts ist ein zur Erfüllung öffentlicher Aufgaben geschaffener Personenzusammenschluss, dessen Bestand vom

---
5 Vgl. Hofmann/Muth/Theisen, Kommunalrecht 2.1.2.

Wechsel der Mitglieder unabhängig ist und bei dem die Mitglieder wesentlichen Einfluss auf die Willensbildung haben. Ihre Entstehung und ihre Organisation ist in Vorschriften des öffentlichen Rechts geregelt. Wichtigste Körperschaft des öffentlichen Rechts ist der Staat (sowohl der Bund als auch das jeweilige Land). Dass seine Willensbildung von den Mitgliedern, von den Staatsangehörigen, wesentlich bestimmt wird, ergibt sich aus Art 20 Abs. 2 (und aus Art 28 Abs. 1) GG, wonach die Staatsgewalt vom Volke ausgeht und im wesentlichen durch Wahlen ausgeübt wird.

Weitere wichtige Körperschaften sind z. B. auch die Gemeinden/Städte, Kreise und anderen Gemeindeverbände; hier üben die Bürger die erforderliche „mitgliedschaftliche Willensbildung" durch die Wahlen von Rat, Bezirksvertretung, Kreistag, Bürgermeister, Landrat, etc. und durch Bürgerbegehren und Bürgerentscheide aus.

3.4.2 Körperschaften sind normalerweise rechtsfähig. Soweit sie Verwaltung ausüben, sind sie Verwaltungsträger.

Ausnahmsweise nichtrechtsfähige Körperschaften sind Parlamente (z. B. wird der Bundestag als „gesetzgebende Körperschaft" bezeichnet; er übt allerdings keine Verwaltung aus) und die „internen" Fachhochschulen für öffentliche Verwaltung[6] des Bundes und der Länder.

3.4.3 Bei **Personalkörperschaften** richtet sich die Mitgliedschaft nach Eigenschaften, die mit der Person verbunden sind.   40

Beispielsweise sind Personalkörperschaften vor allem diejenigen Verbände, bei denen die Mitgliedschaft von einer berufsbezogenen Tätigkeit abhängt; das gilt für die verschiedenen Kammern (Industrie- und Handelskammern, Landwirtschafts-, Rechtsanwalts-, Ärztekammern), ferner die Hochschulen und die Sozialversicherungsträger.

Um **Gebietskörperschaften** handelt es sich, wenn die Mitgliedschaft vom   41
Wohnsitz oder Aufenthaltsort abhängt. Zu den Gebietskörperschaften gehören in erster Linie der Staat (Bund und Länder), ferner die Gemeinden[7], Städte und Kreise.

Zwar ergibt sich die Staatsangehörigkeit nach deutschem Recht aus der Abstammung, also einem persönlichen Merkmal (§§ 3, 4 StAG). Jedoch ist hierfür letztlich entscheidend, dass die Mehrzahl der deutschen Staatsangehörigen sich auf deutschem Staatsgebiet aufhält (und dort eine Sprach- und Kulturgemeinschaft bildet). Die Mitglieder[8] der Städte, Gemeinden und Kreise sind die Einwohner und die Bürger (also die Wahlberechtigten unter den Einwohnern).

Als **Verbands- oder Bundkörperschaften** werden diejenigen bezeichnet,   42
deren Mitglieder ausschließlich juristische Personen sind.

Beispielsweise bestimmt § 1 LandschaftsverbandsO NRW, dass die „zum Lande Nordrhein-Westfalen gehörenden kreisfreien Städte und Kreise" die beiden Landschaftsverbände Westfalen-Lippe und Rheinland (sog. höhere Gemeindeverbände) bilden[9].

---

6 Für die Fachhochschule des Bundes: Schelo VR 83, 239 und für die Fachhochschule NRW: Hofmann/Muth/Theisen, Kommunalrecht 2.1.2.2.1; zum Körperschaftsstatus BVerwG NJW 97, 2396 – Dazu Huster, JuS 98, 117
7 Zu den kommunalen Gebietskörperschaften: Hofmann/Muth/Theisen, Kommunalrecht 2.3.1.1 und 2.3.1.2
8 Zu den Mitgliedern der Kommunalkörperschaften: Hofmann/Muth/Theisen, Kommunalrecht 2.3.3
9 Zu Einzelheiten der Landschaftsverbände vgl. Hofmann/Muth/Theisen, Kommunalrecht 2.3.1.3 und 2.3.1.4

2. Abschnitt

3.5 Anstalten des öffentlichen Rechts

43 **3.5.1** Anstalt des öffentlichen Rechts ist eine im Verhältnis zum Staat (ieS) verselbständigte Organisation, der eine bestimmte Aufgabe öffentlicher Verwaltung (= Anstaltszweck) übertragen ist. Als Organisation verfügt die Anstalt über für sie tätige Personen und über sächliche Hilfsmittel. Ihre Entstehung und Organisation richtet sich nach öffentlichem Recht. In Abgrenzung zur Körperschaft hat sie keine ihren Willen entscheidend bildenden Mitglieder; benutzbare Anstalten haben Benutzer. Der mit der Bildung einer Anstalt verfolgte Zweck besteht stets darin, dass der Staat eine Aufgabe nicht durch seine vorhandenen Organe und Behörden erfüllen will, sondern dass er die Schaffung einer ausgegliederten, mehr oder weniger selbständigen Organisation für zweckmäßig hält.

Bisher ist es nicht gelungen, dem Anstaltsbegriff schärfere Konturen zu geben. BVerwGE 32, 302: „Wesentlich für den Begriff der Anstalt ist die Verbindung von persönlichen und sächlichen Mitteln zur Erfüllung einer aus dem Bereich der zuständigen Behörden ausgegliederten besonderen Sachaufgabe, die in der Darbietung einer Leistung gegenüber einem meist nicht näher bestimmbaren Personenkreis besteht. Die öffentlichen Anstalten sind aus diesem Grunde eine typische Erscheinungsform der Leistungsverwaltung." Jedoch ist dieser Begriff etwas zu eng, da auch die Justizvollzugsanstalten (Haftanstalten) hierzu gehören[10].

Öffentliche Anstalten können rechtsfähig und damit Verwaltungsträger sein. Die meisten Anstalten sind aber nur organisatorisch verselbständigt und nicht rechtsfähig. Rechtlich sind sie dann Bestandteil eines anderen Verwaltungsträgers, meist des Staates oder einer Gemeinde, der als Anstaltsträger bezeichnet wird.

3.5.2 Beispielsweise sind rechtsfähige Anstalten: die Bundesanstalt für Immobilienaufgaben[11], die Deutsche Bundesbank, die öffentlichen Sparkassen, die öffentlich-rechtlichen Rundfunkanstalten. Bei den Rundfunkanstalten sind also die Teilnehmer (Hörfunk- und Fernseh-Teilnehmer) keine Mitglieder des Rundfunks, sondern (nur) Benutzer.

Soweit ein Gremium (z. B. ein Rundfunkrat) oberstes Willensbildungsorgan ist, wird es nicht von den Rundfunkteilnehmern gewählt, sondern aus anderen Gremien (z. B. vom Landtag), oder seine Mitglieder werden von Verbänden entsandt. Dieser Gesichtspunkt macht deutlich, dass der Unterschied zwischen Körperschaften und Anstalten gering sein kann.

44 **3.5.3** Beispiele für **nichtrechtsfähige** Anstalten sind vor allem die Schulen, ferner kommunale Badeanstalten, Schlachthöfe, Kläranlagen.

Hierbei entsteht eine eigenartige Mischung der Organisationsformen, wie sich am Beispiel der Gemeinde zeigt: Unter dem Aspekt der Rechtsfähigkeit (des Verwaltungsträgers) handelt es sich um Verwaltung durch die Körperschaft Gemeinde. Deshalb entscheiden die Bürger bei Kommunalwahlen und Bürgerentscheiden auch über die Geschicke der kommunalen Anstalten. Der gewählte Gemeinderat ist auch zuständig, über die Besetzung der Anstaltsleitung und über die grundlegenden Bedingungen für die Benutzung der Anstalten (z. B. Tarife für Wasser, Kanalisation, Strom und Gas) zu entscheiden. Während diese Verwaltung also körperschaftlich erfolgt, werden die laufenden Verwaltungsaktivitäten, insbesondere die Erbringung von Leistungen gegenüber dem Bürger, anstaltlich vorgenommen.

Öffentlichen Anstalten gemeinsam ist eine gewisse Selbständigkeit im Verhältnis zum Staat, die bei nichtrechtsfähigen Anstalten weniger ausgeprägt, bei rechtsfähigen Anstalten stärker ist. Soll die Organisation ein noch stärkeres Eigenleben entfalten, empfiehlt sich die Form der Stiftung.

---

10 Vgl. auch zur öffentlichen Anstalt: Bull RdNr. 845 ff.
11 Seit 1.1.2005 (BImA-Errichtungsgesetz vom 9.12.2004, BGBl 2004, I, Nr. 66)

3.6 Stiftung des öffentlichen Rechts ist ein rechtlich verselbständigter Bestand von Kapital und Sachen (= Vermögensmasse), der einem öffentlichen Zweck (= Stiftungszweck) dient. In Abgrenzung zum Parallelinstitut der privatrechtlichen Stiftung (§§ 80 ff BGB) richtet sich ihre Entstehung und ihre Organisation nach öffentlichem Recht[12]. Stiftungen sind zwingend rechtsfähig. 45

Beispiele: Stiftung Hilfswerk für behinderte Kinder, Stiftung Preußischer Kulturbesitz, Stiftung Mutter und Kind. – Die „örtliche Stiftungen" in Nordrhein-Westfalen regelt § 100 GemeindeO NRW.

4. Die Organisation innerhalb eines Trägers öffentlicher Verwaltung. Organe, Behörden, Ämter, Amtswalter

4.1 Organe

Juristische Personen und andere Organisationen sind (in ihrer Gesamtheit) selbst nicht handlungsfähig. Sie können jedoch durch ihre Organe handeln. Organ ist eine Einrichtung einer juristischen Person oder einer ähnlichen Organisation, deren Handeln als das Handeln der juristischen Person oder der Organisation gilt. Das Handeln des Organs wird der juristischen Person, für die das Organ handelt, zugerechnet. Diese Zurechnung muss grundsätzlich gesetzlich bestimmt sein. 46

Ebenso wie das Sprechen eines Menschen durch sein Organ „Mund" als Sprechen des Menschen selbst gilt, gilt ein Gesetz, welches das Bundesorgan Bundestag unter Mitwirkung des Bundesorgans Bundesrat erlässt, als Gesetz der Bundesrepublik Deutschland. – Organe gibt es auch bei juristischen Personen des Privatrechts; z. B. ist der Vorstand eines Vereins das für den Verein handelnde Organ (§ 26 BGB).

Genaugenommen ist auch das Organ nicht handlungsfähig. Für dieses muss ein **Mensch als „Organwalter"** handeln. Es erfolgt also eine doppelte Zurechnung: vom Organwalter an das Organ und vom Organ an die juristische Person. 47

Im öffentlich-rechtlichen Bereich werden Organe nicht „im fremden Namen" tätig, sondern sie handeln als Staatsorgan im eigenen Namen. Im privatrechtlich geregelten Bereich (BGB) ist das Handeln im fremden Namen nötig, um deutlich zu machen, dass die Rechtsfolgen einen anderen treffen sollen. Beim Staat besteht hierfür kein Bedürfnis. Sagt beispielsweise der Polizeibeamte „Ich muss Ihnen leider den Zutritt verbieten", oder schreibt der Sachbearbeiterin beim Bauamt „Hiermit erteile ich Ihnen die Baugenehmigung", so bedarf es keines weiteren Hinweises, um deutlich zu machen, dass diese Maßnahmen durch die Behörde (mit Wirkung für und gegen den Verwaltungsträger) erlassen werden.

4.2 Behörden

4.2.1 „Behörde" ist der im Verwaltungsrecht am meisten verwandte organisatorische Begriff und von zentraler Bedeutung. Zwar stehen, wie ausgeführt, die verwaltungsrechtlichen Rechte und Pflichten letztlich einem Verwaltungsträger zu. Verwirklicht werden sie aber durch dessen Behörden. Deshalb sprechen viele Vorschriften des VwVfG davon, „die Behörde" sei zu einem bestimmten Verhalten berechtigt oder verpflichtet. Im einzelnen kommt es in folgendem Zusammenhang auf die Behörde an: 48

---

12 Zu kommunalen Stiftungen: Twehues, Rechtsfragen kommunaler Stiftungen, Köln 1996; zu den parteinahen Stiftungen: Merten NWVBl 97, 44; zu gemeinnützigen Stiftungen Pfeifer: KommunalPraxis N 98, 108; zur steuerlichen Umwidmung von Stiftungen des öffentlichen Rechts in solche des Privatrechts: Neuhoff, DÖV 2004, 289; zur Reform der Landesstiftungsgesetze: Schulte/Risch, DVBl 2005, 9

2. Abschnitt

1. Verwaltungszuständigkeiten werden auf Behörden bezogen. Die „zuständige" Behörde kann vielfach nur dann herausgefunden werden, wenn Klarheit über den Behördenbegriff besteht.

Beispiel: Die Handelsgesellschaft H hat ein altes Kinogebäude erworben und will dies zu einem Supermarkt umbauen. Ob die Baugenehmigung hierfür erteilt werden soll, ist politisch umstritten. H hat bereits mit dem Bauamt der Stadtverwaltung verhandelt. Hier wird erklärt, die Frage müsse im Bauausschuss des Rates behandelt werden. Bleibe sie dort umstritten, werde sie voraussichtlich dem Rat zur Entscheidung vorgelegt. Was ist die zuständige Behörde: Der Bauausschuss? Der Rat? Das Bauamt der Stadtverwaltung? Der (Ober-)Bürgermeister? Die Antwort ergibt sich aus den folgenden Abschnitten. (Zur – vom Behördenbegriff zu trennenden – Frage der Zuständigkeit siehe unten: RdNr. 623 ff)

2. Das VwVfG ist nach dessen § 1 Abs. 1 nur anwendbar, wenn eine Behörde handelt. Insbesondere ein Verwaltungsakt oder ein öffentlich-rechtlicher Vertrag kann nur von einer Behörde erlassen bzw. abgeschlossen werden (§§ 35, 54 VwVfG). Dementsprechend definiert das VwVfG im letzten Absatz des § 1 den Begriff der Behörde.

Beispielsweise könnte in diesem Zusammenhang der Behördenbegriff bedeutsam werden, wenn der Rat über die Erteilung der Baugenehmigung diskutiert und die Handelsgesellschaft H verlangt, in der Ratssitzung gemäß § 28 VwVfG angehört zu werden: Die Anhörungspflicht nach § 28 besteht nur, wenn das VwVfG anwendbar ist. Eine Anhörungspflicht des Rates würde somit voraussetzen, dass dieser Behörde ist. Da das aber nicht der Fall ist, hat der Rat die H nicht anzuhören; ausreichend ist eine Anhörung durch das Bauamt der Stadtverwaltung[13].

3. Bedeutung hat der Behördenbegriff schließlich für die verwaltungsgerichtlichen[14] Verfahren, sofern die Anfechtungs- oder Verpflichtungsklage gegen die Behörde zu richten ist (vgl. § 78 VwGO).

49 **4.2.2** Da der Begriff der Behörde typisch für die Verwaltung, die zweite Gewalt ist, wird er grundsätzlich im Sinne von „Verwaltungsbehörde" verwandt: **Behörde** ist ein Organ des Staates ieS oder eines anderen Trägers öffentlicher Verwaltung, das mit Zuständigkeiten zur Erfüllung von Verwaltungsaufgaben dem Bürger gegenüber ausgestattet ist.

(Verwaltungs-)Organe ohne Behördencharakter sind Gremien, die für einen Verwaltungsträger „lediglich" die Willensbildung vornehmen, aber noch keine Entscheidung dem Bürger gegenüber treffen. Hierzu gehören insbesondere der Rat der Gemeinde und Ratsausschüsse; ihre (Haupt-) Aufgabe ist die kommunale Willensbildung.

Zum Beispiel bedarf der Beschluss des Gemeinderates oder eines Ausschusses etwa, wonach ein ortsansässiger Verein jährlich 10.000 € als Förderung erhält, dann noch der Umsetzung durch einen verbindlichen Bescheid der Gemeinde*verwaltung* (**Bürgermeister**). Dieser ist Behörde, der Rat oder der Ausschuss ist (Willensbildungs-)Organ.

Beispielsweise aber hat der Rat dagegen ausnahmsweise Behördencharakter bei der Abberufung eines Beigeordneten oder bei der Bestellung des Leiters des Rechnungsprüfungsamtes[15].

50 Stellen ohne Behördencharakter sind auch solche, die lediglich fachliche Aufgaben wahrnehmen, ohne über Zuständigkeiten zu Verwaltungsmaßnahmen dem Bürger gegenüber zu verfügen.

Wird beispielsweise ein Wasserwirtschaftsamt eingerichtet, hat dieses Behördencharakter, sobald ihm Zuständigkeiten zu Maßnahmen dem Bürger gegenüber zugewiesen werden (z. B. die Berech-

---

13 Vgl. unten RdNr. 677 ff
14 Vgl. unten 15. Abschnitt (RdNr. 926 ff)
15 Einzelheiten hierzu bei Hofmann/Muth/Theisen, Kommunalrecht, 2.8.3

tigung zur Einholung von Auskünften). Nimmt es dagegen nur Messungen vor und berät es die zuständigen Wasserbehörden gutachtlich, ist es eine Stelle ohne Behördencharakter.

Bei obiger Definition handelt es sich um den organisationsrechtlichen Behördenbegriff. Da er die Zuständigkeitszuweisung zu seinem Inhalt macht, hat er seine Bedeutung vor allem im Rahmen der Zuständigkeitsordnung[16].

Für den Anwendungsbereich des VwVfG bestimmt § 1 letzter Absatz VwVfG: „Behörde ... ist jede Stelle, die Aufgaben öffentlicher Verwaltung wahrnimmt". Das Verhältnis dieses verwaltungsverfahrensrechtlichen Behördenbegriffs zum organisationsrechtlichen wird nicht ganz klar. Sicher ist, dass jede organisationsrechtliche Behörde auch Behörde iSd VwVfG ist. Weiterhin erspart die absichtlich weite Fassung die Prüfung, welcher organisatorischen Einheit die Zuständigkeiten zugewiesen sind.

Beispiel: Eine Maßnahme wurde vom „Gesundheitsamt -Amtsarzt-" erlassen. Organisationsrechtlich kann zweifelhaft sein, ob die wahrgenommenen Zuständigkeiten dem Amtsarzt, dem Gesundheitsamt oder der Stadt- bzw. Kreisverwaltung zugewiesen sind. Geht es nur darum, ob das VwVfG anwendbar ist oder ob ein Verwaltungsakt vorliegt, braucht das nicht geprüft und entschieden zu werden. Vielmehr genügt die Feststellung, dass eine Aufgabe öffentlicher Verwaltung wahrgenommen wurde. – Wegen dieser Bezugnahme auf die öffentliche Verwaltung „als Funktion" wird dieser Begriff auch als „funktionaler" Behördenbegriff bezeichnet.

4.2.3 Die Eigenschaft als Behörde hängt von der Erfüllung des Begriffs und nicht von der Bezeichnung ab: Meist wird diese nicht einmal ausdrücklich als „...-behörde" bezeichnet. Behörden sind beispielsweise die Ministerien (Oberste Bundes- oder Landesbehörden), Finanzämter, Bezirksregierungen. 51

Bei den Kommunalverwaltungen treten die Behörden teilweise unter einer „personalisierten" Bezeichnung auf: Beispiel hierfür ist in NRW der/die (Ober-)Bür-germeister/in, der/die Landrat/Landrätin. Das Wort „Bürgermeister" ist hier also nicht nur die Bezeichnung der betreffenden Person („Herr Bürgermeister Müller", „Frau Landrätin Meier") sondern auch die der Behörde („Bürgermeister der Stadt XY", „Landrätin Z"), also der gesamten Stadtverwaltung der Stadt XY bzw. Kreisverwaltung des Kreises Z[17].

Einige Gesetze erweitern für ihren speziellen Anwendungsbereich den Behördenbegriff. 52

Beispielsweise bezieht das nordrhein-westfälische Informationsfreiheitsgesetz (IFG NRW) seinen in § 2 Abs. 1 S. 2 verwendeten (allgemeinen) Behördenbegriff in Abs. 4 auch auf Private: „Sofern eine natürliche oder juristische Person des Privatrechts öffentlich-rechtliche Aufgaben wahrnimmt, gilt sie als Behörde im Sinne dieses Gesetzes"[18].

4.2.4 Zur Klärung des **Behördenbegriff**s bedarf es noch einiger Abgrenzungen. 53

a) Vielfach verwenden die Gesetze Bezeichnungen wie „Polizeibehörde, Ordnungsbehörde, Straßenverkehrsbehörde, Baugenehmigungsbehörde, Ausländerbehörde, Widerspruchsbehörde, Vollstreckungsbehörde, höhere Ver-

---

16 Zum organisationsrechtlichen Behördenbegriff: Maurer § 21 RdNr. 32; zur (verneinten) Behördeneigenschaft eines Prüfungsausschusses BVerwGE 70, 4; zum Behördenbegriff bei Rat und Bürgermeister vgl. Hofmann/Muth/Theisen, Kommunalrecht 2.6.1.3.1.3 und 2.7.2.4.
17 Details bei: Hofmann/Muth/Theisen, Kommunalrecht 2.3.1, 2.7.2.5, 2.9.1 und 4.1.
18 Zu den Informationsfreiheitsgesetzen siehe unten RdNr. 697 ff.

waltungsbehörde". Keiner dieser Ausdrücke bezeichnet unmittelbar eine real existierende Behörde, erfüllt also den organisationsrechtlichen oder den verwaltungsverfahrensrechtlichen Behördenbegriff. Es handelt sich um eine Funktionsbezeichnung. Diese Funktion wird von einer gesetzlich bestimmten, aber anders benannten Behörde wahrgenommen.

Beispielsweise ist Baugenehmigungsbehörde oder Ausländerbehörde die Behörde der kreisfreien Stadt oder des (Land-)Kreises. Wer Widerspruchsbehörde ist, ergibt sich aus § 73 VwGO. Kommunalaufsichtsbehörde kann die Kreisbehörde, die Bezirksregierung oder das Innenministerium sein, vgl. § 120 Gemeindeordnung NRW.

Hauptgrund für diese – scheinbar umständliche – Ausdrucksweise ist die bundesstaatliche Kompetenzverteilung: Nach Art 83 GG werden die Bundesgesetze grundsätzlich von den Ländern ausgeführt. Nach Art 84 Abs. 1 GG bestimmen die Länder auch, welche Behörden zuständig sind. Mit der Funktionsbezeichnung verweisen die Bundesgesetze auf die Bestimmungen der Länder.–"Baugenehmigungsbehörde" bedeutet also „die nach landesrechtlicher Vorschrift für die Erteilung der Baugenehmigung zuständige Behörde". Diese Vorgehensweise hat den Vorteil, dass der Bundesgesetzgeber nicht weiter auf die Eigenarten des Behördenaufbaus in den einzelnen Bundesländern einzugehen braucht.

54 Wird eine Funktionsbezeichnung verwandt, so bedarf es für die Feststellung der danach zuständigen Behörde stets einer weiteren Vorschrift, in der bestimmt ist, welche reale Behörde diese Funktion wahrnimmt.

55 b) Behörde ist stets nur die „Gesamtbehörde" ohne Rücksicht auf die (noch unter RdNr. 63 zu behandelnde) interne Aufgliederung und Geschäftsverteilung. Die einzelnen Untergliederungen einer Behörde haben selbst keine Behördeneigenschaft. Insbesondere die einzelnen Ämter/Fachbereiche/Dezernate einer Gemeinde-, Stadt-, Kreis- oder Landesverwaltung sind keine eigenständigen Behörden, sondern Teile einer Behörde (die z. B. „Bürgermeister", „Landrat" oder „Bezirksregierung" heißt).

Beispielsweise gilt das für das Ordnungsamt, Bauordnungs- oder Bauverwaltungsamt, Straßenverkehrsamt, Sozialamt, Gesundheitsamt, Amt für Wohnungswesen. Die Geschäftsverteilung spiegelt häufig die unterschiedlichen Funktionen – vgl. oben a) – wider: Weil der kreisfreien Stadt die Funktionen Ordnungsbehörde, Baugenehmigungsbehörde, Straßenverkehrsbehörde u. s. w. zugewiesen sind, gibt es als Teil der Behörde „Bürgermeister" bzw. „Oberbürgermeister" ein Ordnungsamt, Bauamt, Straßenverkehrsamt u. s. w. Soweit in kreisangehörigen Gemeinden diese Funktionen nicht von der Gemeinde wahrgenommen werden, obliegen sie der Kreisbehörde „Landrat" bzw. „Landratsamt".

Praktische Bedeutung hat dies beispielsweise für die Anmeldung eines Kraftfahrzeugs: Während der Bürger einer kreisangehörigen Gemeinde für die Anmeldung seines Kraftfahrzeugs in der Regel zur Straßenverkehrsbehörde „Landrat"/"Landratsamt" in die Kreisstadt fahren muss, kann der Bürger einer kreisfreien Stadt dies in der Regel bei der Straßenverkehrsbehörde „(Ober-)Bürgermeister" an seinem Wohnort erledigen.

Bei den Bezirksregierungen bzw. den Regierungspräsidien, die u. a. die Funktionen der höheren/mittleren (Landes-)Polizeibehörde, höheren/mittleren Ordnungsbehörde, der höheren/mittleren Wasserbehörde wahrnehmen, gibt es entsprechende Dezernate.

56 c) Abschließend ist darauf hinzuweisen, dass der Verwaltungsträger und seine Behörden zwar zusammengehören, begrifflich aber zu unterscheiden sind. Die Körperschaften, Anstalten und Stiftungen sind keine Behörden, sondern handeln durch Behörden (die Körperschaft Stadt durch den (Ober-)Bürgermeister, das Land u. a. durch Ministerien, Bezirksregierungen).

4.2.5 Behörden gibt es auf verschiedenen Ebenen der Verwaltung. Dadurch entsteht eine **instanzielle Gliederung**.

Sie wird zunächst am Beispiel der Finanzverwaltung aufgezeigt (§§ 1, 2 FinanzverwaltungsG; vgl. § 6 Abs. 2 AO):

Die Organisation der öffentlichen Verwaltung

§ 1 (Bundesfinanzbehörden):	§ 2 (Landesfinanzbehörden):
Bundesfinanzbehörden sind z. B.: 1. als **oberste** Behörde: Bundesministerium der Finanzen; 2. als **Ober**behörden: das Bundesamt für Finanzen; 3. **Mittel**behörde: das Zollkriminalamt, die Oberfinanzdirektionen; 4. als **örtliche** Behörden: die Hauptzollämter (einschl. Zollämter, Zollkommissariate), die Zollfahndungsämter.	**Landes**finanzbehörden sind z. B.: 1. als **oberste** Behörde: „die für die Finanzverwaltung zuständige oberste Landesbehörde" (z. B. Landesfinanzministerium); 2. ggfs. Rechenzentrum; 3. **Mittel**behörde: die Oberfinanzdirektionen; 4. als **örtliche** Behörden: die Finanzämter.

57

Das obige Beispiel zeigt, dass der typische Verwaltungsaufbau drei Instanzen umfasst, bei Hinzuzählen der Oberbehörden vier Instanzen. Das gilt für den Bund und die größeren Flächenstaaten. Abweichungen bestehen in den kleineren Ländern.

Im folgenden sollen die einzelnen, im obigen Schaubild genannten Behördeninstanzen erläutert werden:

Oberste Bundes- und Landes**behörden** sind vor allem die (Staats-)Regierungen als Kollegien sowie die einzelnen Ministerien (fünf klassische Ministerien: Auswärtiges, Verteidigung, Inneres, Finanzen, Justiz). Die Ministerien haben typischerweise eine doppelte Aufgabe: 58

a) Zusammenwirken mit dem politisch-parlamentarischen Bereich, insbesondere durch die Ausarbeitung von Gesetzesvorlagen,

b) Leitung und Beaufsichtigung der Verwaltungsbehörden, an deren Spitze sie stehen (z. B. durch Erlass von Verordnungen, Verwaltungsvorschriften und durch organisatorische und personelle Grundsatzentscheidungen); ausnahmsweise obliegt ihnen auch die Entscheidung einzelner Verwaltungsvorgänge.

Obere Behörden (Oberbehörden) stehen unterhalb der Ministerialebene, ihr Zuständigkeitsbereich erstreckt sich aber auf das gesamte Staatsgebiet[19]. 59

Beispiele finden sich zahlreich beim Bund, der in Ausübung seiner Befugnisse nach Art 87 Abs. 1 S. 2 und Abs. 3 S. 1 GG zahlreiche Bundesoberbehörden eingerichtet hat: das Bundeskriminalamt, das Bundesamt für Verfassungsschutz, das Kraftfahrtbundesamt, das Bundesamt für Finanzen, das Bundesverwaltungsamt und das Statistische Bundesamt.

Beispiele für Landesoberbehörden benennt z. B. für NRW der § 6 LOG: Landeskriminalamt, Landesamt für Besoldung und Versorgung, Landesumweltamt.

Mittelbehörden sind beispielsweise die Bezirksregierungen bzw. Regierungspräsidien, Wasser- und Schifffahrtsdirektionen und die Oberfinanzdirektionen; letztere waren bisher (untypischerweise) gleichzeitig Mittelbehörden der Bun- 60

---
19 Vgl. unten 7.1.1, RdNr. 82

2. Abschnitt

des- und der Landesfinanzverwaltung, in der also sowohl Bundes- als auch Landesbedienstete arbeiten (jeweils im Bereich der Bundes- bzw. Landessteuern); derzeit ist diese (Doppel-)Struktur, je nach Bundesland unterschiedlich, im Umbruch.

In den Ländern – außer in den Stadtstaaten, den kleineren Ländern – gibt es in der Regel Bezirksregierungen (bzw. Regierungspräsidien) als allgemeine Mittelbehörde.

Beispielsweise bestimmt hierzu § 8 LOG NRW: „(1) Die Bezirksregierung ist die allgemeine Vertretung der Landesregierung in ihrem Bezirk. Sie hat die Entwicklung auf allen Lebensbereichen in ihrem Bezirk zu beobachten und den zuständigen obersten Landesbehörden darüber zu berichten. (2) Die Bezirksregierung ist eine Bündelungsbehörde. (3) Die Bezirksregierung ist zuständig für alle Aufgaben der Landesverwaltung, die nicht ausdrücklich anderen Behörden übertragen sind."

In Bundesgesetzen wird die Bezirksregierung vielfach als „höhere Verwaltungsbehörde" bezeichnet.

Bei den Bezirksregierungen laufen, obwohl es auf der unteren Ebene verschiedene Behörden gibt und auf der obersten Ebene verschiedene Ministerien zuständig sind, grundsätzlich alle Aufgaben zusammen (Aufgabenbündelung oder Aufgabenkonzentration).

Beispielsweise sind sie Kommunalaufsichtsbehörde und Widerspruchsbehörde gegenüber den kreisfreien Städten und den Kreisen[20]. Weitere Aufsichts-Aufgabenbereiche sind z. B.: Polizeiangelegenheiten, Bauaufsicht, Gewerbeaufsicht, sonstige Ordnungsangelegenheiten, Planung im Bezirk, Wasser- und Abfallangelegenheiten, Landschaftsschutz, Enteignung, Schulwesen.

61 Der Hauptteil der Verwaltungstätigkeit wird von den **unteren (örtlichen) Behörden** bürgernah durchgeführt.

Grundsätzlich werden auf der unteren Ebene die Behörden der kommunalen Selbstverwaltung tätig (Gemeinde- und Kreisbehörden). Ihnen sind auch zahlreiche staatliche Aufgaben übertragen (dazu noch unten RdNr. 73ff, insbesondere RdNr. 77).

Auch staatliche Sonderbehörden gibt es auf der unteren Ebene.

Beispiele: Untere (örtliche) Behörden der Bundesverwaltung sind etwa die Hauptzollämter, Wasser- und Schifffahrtsämter. Untere (örtliche) Landesbehörden sind z. B. die Finanzämter, die örtlichen Polizeidienststellen und die Staatlichen Umweltämter (Aufzählung beispielsweise für NRW in § 9 LOG).

62 4.2.6 In der Regel wird die Behörde nach außen hin durch eine Person, den Behördenleiter, repräsentiert. Es handelt sich dann um eine „monokratisch verfasste" Behörde.

Teilweise wird dies bereits an den Behördenbezeichnungen deutlich: der (Ober-)Bürgermeister, der Landrat, der Polizeipräsident. Gleiches gilt aber für die Ministerien, die Oberfinanzdirektionen, die Bezirksregierungen, für die Gemeinde- und Kreisverwaltungen in den meisten Ländern.

Da der Behördenleiter [die männliche Bezeichnung steht – wie oben auf Seite 1 erwähnt – zusammenfassend auch für die weibliche] nur die wenigsten Aufgaben selbst erledigen kann, handeln für ihn ein Vertreter (er zeichnet: „in Vertretung" = „i.V.") oder – meist – ein Sachbearbeiter (er zeichnet: „im Auftrag" = „i.A.").

Es gibt aber auch Kollegialbehörden. Beispiele sind: der kommunale Magistrat sowie die aus mehreren Werkleitern bestehende Werkleitung eines kommunalen Eigenbetriebes. Vgl. auch § 88ff VwVfG (Ausschüsse, kollegiale Einrichtungen).

---

20 Vgl. Hofmann/Muth/Theisen, Kommunalrecht 3.3.1 und 3.3.2

4.3 Sofern die Behörde eine gewisse Größe überschreitet, besteht das Bedürfnis nach einer **Untergliederung**:

4.3.1 Die Untergliederungen heißen bei den Ministerien und den Bezirksregierungen Abteilungen, die wiederum in Unterabteilungen, Dezernate und Referate gegliedert sein können. Die Kommunalverwaltung wird üblicherweise in Ämter gegliedert, wovon mehrere zu Dezernaten zusammengefasst sind. Welche Untergliederung (Stelle) innerhalb der Behörde tätig zu werden hat, ist eine Frage der **Geschäftsverteilung** (und keine der Zuständigkeit, da sich diese nur auf die Behörde bezieht). 63

4.3.2 Letztlich muss alle Verwaltungsarbeit vom einzelnen Menschen geleistet werden. Es ist deshalb auch Aufgabe der Geschäftsverteilung, konkrete, auf die Leistungsfähigkeit eines einzelnen Menschen zugeschnittene Aufgabenbereiche zu schaffen. Diese kleinste organisatorische Einheit wird als **Amt**[21] oder Stelle oder Dienstposten bezeichnet.

Der Begriff „Amt" kann also einen dreifachen Sinn haben: Bezeichnung für eine Behörde („Finanzamt"), für eine Untergliederung innerhalb der Behörde („Straßenverkehrsamt"), für den Tätigkeitsbereich eines einzelnen, allerdings abstrakt und nicht individuell bezeichneten Menschen innerhalb der Verwaltung („Pressereferent des Umweltbundesamtes").

4.4 Der konkrete Beamte, Angestellte oder Arbeiter im öffentlichen Dienst, der für ein Organ, eine Behörde oder ein Amt tätig wird, wird als **Organwalter** oder **Amtswalter** bezeichnet. Das Handeln des Amtswalters wird seinem Amt, seiner Behörde und letztlich dem Verwaltungsträger zugerechnet (vgl. bereits oben RdNr. 47). Persönlich treffen den Handelnden keine Rechte und Pflichten. 64

Beispiel: Ruft ein Polizeibeamter ein Abschleppunternehmen an, damit dieses ein auf der Straße liegengebliebenes Fahrzeug abschleppt, muss für die Bezahlung der Kosten allein das Land oder der Abgeschleppte aufkommen, nicht dagegen der Polizeibeamte. Fügt ein Beamter jemandem einen Schaden zu, trifft die Haftung den Verwaltungsträger (Art 34 GG).

Diese Rechtslage bedeutet aber nicht, dass den Amtswalter überhaupt keine Pflichten treffen. Vielmehr ist er für die Rechtmäßigkeit seiner Amtshandlungen persönlich verantwortlich (§ 38 BRRG); außerdem trifft ihn eine strafrechtliche Verantwortlichkeit. Fügt er einer Person einen Schaden zu und muss deshalb sein Dienstherr Ersatz leisten, kommt ein Rückgriff gegen den Beamten in Betracht (§ 46 BRRG).

Ein Handeln als Amtswalter liegt nur vor, wenn der Beamte deutlich gemacht hat, dass er als solcher handelt. Das ist nicht der Fall, wenn er auf einer Dienstreise ein Hotelzimmer mietet und dabei nur seinen Namen angibt; in solchem Fall haftet er persönlich.

4.5 Besondere Beauftragte werden bestellt, um Aufgaben zu erfüllen, die in die bisherige Organisationsstruktur des Verwaltungsträgers oder der Behörde nicht passen, insbesondere bei Grundsatz- oder Querschnittsaufgaben sowie zu Kontrollzwecken. 65

---

21 Vgl. Maurer § 21 RdNr. 37.

Beispiele sind die Bundesbeauftragten für den Zivildienst und für Asylangelegenheiten, die Datenschutzbeauftragten des Bundes und der Länder, die kommunalen Gleichstellungsbeauftragten[22].

5. Aufsicht. Einheit der Verwaltung

5.1 Die Vielgestaltigkeit der Verwaltungsträger, der Organe und Behörden gewährleistet, dass für fachliche und verwaltungsmäßige Aufgaben ausreichend organisatorische Formen zur Verfügung stehen. Damit wird aber auch die Gefahr heraufbeschworen, dass die Aufgabenerledigung unkoordiniert oder sogar widersprüchlich erfolgt. Denn grundsätzlich entscheidet jede Stelle der öffentlichen Verwaltung selbständig und ohne Bindung an Entscheidungen anderer Stellen. Mit den Gesetzen allein lassen sich unkoordiniertes Vorgehen und widersprüchliche Entscheidungen nicht verhindern.

Beispiel: Die Naturschutzbehörde weist ein größeres Feuchtbiotop als Naturschutzgebiet aus und kauft die in der Kernzone gelegenen Grundstücke an. Die Wasserbehörde erteilt einem Wasserwerk in der Nähe die Genehmigung, Grundwasser zu fördern. Folge: Der Grundwasserspiegel sinkt, das Feuchtbiotop vertrocknet.

66 Den negativen Folgen der Vielgestaltigkeit und Aufgliederung der Verwaltung entgegenwirken soll das **Prinzip von der Einheit der Verwaltung**. Die Staatswillensbildung soll möglichst einheitlich und widerspruchsfrei erfolgen.

Dieses Prinzip hat aber keine unmittelbaren Rechtsfolgen, sondern bezeichnet nur ein anzustrebendes Ziel[23].

Der Einheit der Verwaltung dienen eine Reihe konkreter Rechtsinstitute. In erster Linie ist das die nachfolgend zu behandelnde Aufsicht.

Beispiele weiterer Faktoren, die auf eine einheitliche Staatswillensbildung zielen: die Beteiligung anderer Verwaltungsträger und Behörden („Träger öffentlicher Belange") im Verwaltungsverfahren; die Konzentrationswirkung von Genehmigungsentscheidungen; die Tatbestands- und die Feststellungswirkung sowie die Bestandskraft der Verwaltungsakte bzw. die Rechtskraft gerichtlicher Urteile. Diese Rechtsinstitute werden noch später in anderen Zusammenhängen behandelt.

5.2 Die Arten der Aufsicht

67 **5.2.1** Jede Aufsicht hat zumindest die Funktion, die Rechtmäßigkeit des Verwaltungshandelns zu gewährleisten. Wird von „Rechtsaufsicht" oder „allgemeiner Aufsicht" gesprochen, so bedeutet das, dass die Aufsicht auf eine bloße Rechtmäßigkeitskontrolle beschränkt ist („Nur-Rechtsaufsicht").

Beispiele: Rechtsaufsicht gegenüber den Städten und Gemeinden (durch die Bezirksregierung oder den Landrat). – Rechtsaufsicht gegenüber der Fachhochschule für öffentliche Verwaltung NRW in Fragen von Lehre und Forschung: § 29 Abs. 1, 2. Halbsatz und Abs. 3 Fachhochschulgesetz für den öffentlichen Dienst (FHGöD) NRW.

68 **5.2.2** Die **Fachaufsicht** geht darüber hinaus. Sie berechtigt nicht nur zu einer Rechtmäßigkeitskontrolle, sondern auch zur Kontrolle und Steuerung der Zweckmäßigkeit des Verwaltungshandelns (gegebenenfalls unter politischen Gesichtspunkten oder mit dem Ziel einer Deeskalation).

---

22 Vgl. für NRW: § 5 GemeindeO (dazu: Hofmann/Muth/Theisen, Kommunalrecht 2.5.1 und Kremer, VR 2002, S. 15 ff).
23 Vgl. Faber § 5 I; kritisch Bull vgl. RdNr. 156, 177, 184

Beispiele: vgl. Art 85 Abs. 4 GG („...erstreckt sich auf die Gesetzmäßigkeit und Zweckmäßigkeit der Ausführung . . .") und § 13 LOG NRW („Die Fachaufsicht erstreckt sich auf die rechtmäßige und zweckmäßige Wahrnehmung der Aufgaben . . .").

5.2.3 Die **Dienstaufsicht** umfasst zusätzlich zur Fachaufsicht die Personalangelegenheiten sowie den Aufbau der Behörde, ihre innere Ordnung und ihre allgemeine Geschäftsführung. 69

Beispielsweise formuliert dies § 12 LOG Nordrhein-Westfalen („Die Dienstaufsicht erstreckt sich auf den Aufbau, die innere Ordnung, die allgemeine Geschäftsführung und die Personalangelegenheiten der Behörde").

Die Unterscheidung von Dienstaufsicht und Fachaufsicht findet ihre Parallele in der beamtenrechtlichen Unterscheidung von Dienstvorgesetzten (§ 3 Abs. 2 S. 1 BBG) und Vorgesetzten (§ 3 Abs. 2 S. 2 BBG).Die Aufsicht kann auch je nach Tätigkeitsbereich differenziert ausgestaltet werden, teilweise Dienst- und Fachaufsicht, teilweise nur Rechtsaufsicht (so z. B. in § 29 Abs. 1 FHGöD NRW). – Im Folgenden ist genauer zu behandeln, wann die einzelnen Fälle der Aufsicht eingreifen.

5.3 Im Verhältnis der selbständigen Verwaltungsträger Bund, Länder, Gemeinden, sonstige Verwaltungsträger, gilt:

5.3.1 Der **Bund** kann keiner Aufsicht unterliegen. Die Länder unterliegen bei Ausführung der Bundesgesetze einer Rechtsaufsicht des Bundes (Art 84 Abs. 3 GG); „für besondere Fälle" (Art 84 Abs. 5 GG) können auch Einzelweisungen vorgesehen werden (Fachaufsicht). Nehmen die Länder Verwaltungsaufgaben im Auftrage des Bundes wahr (Auftragsverwaltung, z. B. Fernstraßen gemäß Art 90 Abs. 2 GG), unterliegen die Länder der Fachaufsicht des Bundes (Art 85 Abs. 3 und 4 GG). 70

5.3.2 Die **sonstigen Verwaltungsträger,** die Körperschaften, Anstalten und Stiftungen, unterstehen einer **Rechtsaufsicht,** die von Bund und Ländern im Rahmen ihrer allgemeinen Zuständigkeiten ausgeübt wird. Die Aufsicht der Länder über die Gemeinden und Gemeindeverbände wird als **Kommunalaufsicht** bezeichnet[24]. Soweit den Verwaltungsträgern Selbstverwaltungsbefugnisse zustehen (das ist meist der Fall, dazu noch unten RdNr. 76), ist die Aufsicht grundsätzlich auf eine Rechtsaufsicht beschränkt. 71

Beispielsweise sind die kommerziellen Rundfunkanbieter aufgrund der Rechtsaufsicht (der entsprechenden Landesanstalten) zur Aufzeichnung aller Sendungen für Zwecke der Rechtsaufsicht verpflichtet[25].

Der Rechtsaufsicht unterliegt jede organisatorische Einheit der Staatsverwaltung. Das ist eine zwingende verfassungsrechtliche Folgerung aus Art 20 Abs. 3 GG („... an Gesetz und Recht gebunden"). Soweit nichts anderes bestimmt ist, obliegt die Rechtsaufsicht letztlich der Regierung. Diese ist dem Parlament dafür verantwortlich, dass jedes Handeln im Bereich der Exekutive gesetzmäßig verläuft.

5.3.3 Eine **Fachaufsicht** im Verhältnis zwischen selbständigen Verwaltungsträgern besteht in den Fällen der Fremdverwaltung (Auftragsverwaltung).

Als Beispiel hierfür wurde bereits oben auf Art 85 Abs. 3 und 4 GG hingewiesen; allgemein hierzu noch unten RdNr. 77 ff.

---

24 Vgl. Hofmann/Muth/Theisen, Kommunalrecht 3. bis 3.5
25 BVerfG, DÖV 97, 503

72 **5.4 Innerhalb eines Verwaltungsträgers**, z. B. innerhalb der Bundes- oder Landesverwaltung, besteht grundsätzlich **Fach- und Dienstaufsicht**. Es ist ein typisches Kennzeichen der deutschen Verwaltung, dass an der Spitze eines Verwaltungsträgers ein (meist monokratisches[26]) Organ steht, das mit Weisungsbefugnissen gegenüber den nachgeordneten Organen, Behörden und Amtswaltern ausgestattet ist. Das bedeutet beispielsweise bei der Landesverwaltung, dass die Ministerien Weisungsbefugnisse gegenüber den Landesoberbehörden und den Mittelbehörden (Bezirksregierungen) haben. Diese Weisungsbefugnisse setzen sich „nach unten" fort, d. h. die Mittelbehörden haben Aufsichtsbefugnisse gegenüber den örtlichen staatlichen Behörden des Landes.

Beispiele: Ein bis auf die Ortsebene durchgehender Aufsichts- und Weisungszug besteht etwa bei der Finanzverwaltung (Finanzministerium – Oberfinanzdirektion – Finanzämter), den Polizeibehörden (Innenministerium – Bezirksregierung – Kreispolizeibehörden/Polizeipräsidenten).

Fachaufsicht besteht auch innerhalb eines Selbstverwaltungsträgers, z. B. innerhalb der Gemeinde: Der „Hauptkommunalbeamte" der Gemeinde (Bürgermeister/Oberbürgermeister) ist weisungsbefugt gegenüber den Beamten, Angestellten und Arbeitern der Gemeindeverwaltung[27]; andererseits ist er der Gemeindevertretung (dem Rat) gegenüber verantwortlich für das gesetzmäßige und zweckmäßige Verhalten sämtlicher Gemeindebediensteten. Rechtsgrundlage der innerhalb eines Verwaltungsträgers bestehenden Rechts-, Fach- und Dienstaufsicht können zunächst speziellere organisationsrechtliche Vorschriften sein (z. B. in der GemeindeO).

Für Beamte ist bestimmt, dass diese die Weisungen ihrer Vorgesetzten auszuführen haben (vgl. § 37 BRRG). Bei den Angestellten und Arbeitern greift die arbeitsrechtliche Direktionsbefugnis ein.

Beispiele für gesetzlichen Ausschluss der Fachaufsicht sind die Rechnungshöfe; ihren Mitgliedern ist – obwohl sie zur Zweiten Gewalt, der Exekutive gehören – richterlich Unabhängigkeit zugebilligt (vgl. Art 114 Abs. 2 GG).

6. Staatsunmittelbare und staatsmittelbare Verwaltung. Selbstverwaltung. Eigen- und Fremdverwaltungsaufgaben

73 **6.1** Als staatsunmittelbare Verwaltung oder „**unmittelbare Staatsverwaltung**" wird die Verwaltung bezeichnet, deren Träger der Staat ieS selbst ist, also die Verwaltung des Bundes oder eines Landes (durch eigene Bundes- oder Landes-Bedienstete), bei der also keine andere Körperschaft, Anstalt oder Stiftung zwischengeschaltet ist. Die oben[28] aufgeführten Behörden gehören im wesentlichen zur staatsunmittelbaren Verwaltung.

74 **6.2** Ist Verwaltungsträger nicht der Staat ieS, sondern eine andere Körperschaft, Anstalt oder Stiftung, handelt es sich um staatsmittelbare Verwaltung oder „**mittelbare Staatsverwaltung**".

Beispiel für ungenaue gesetzliche Begriffsverwendung ist, dass Art 87 Abs. 2 GG bei der staatsmittelbaren Verwaltung im Bundesbereich von „bundesunmittelbaren Körperschaften" spricht. Das GG hat hier offenbar nicht den Gegensatz unmittelbare – mittelbare Verwaltung im Auge gehabt,

---
26 Vgl. oben RdNr. 62
27 Vgl. Hofmann/Muth/Theisen, Kommunalrecht 2.7.2.4
28 4.2.5, RdNr. 57 ff

sondern zum Ausdruck bringen wollen, dass diese Körperschaften dem Bundesbereich (im Unterschied zum Landesbereich) zuzurechnen sind.

Die Begriffsbildung „staatsmittelbare Verwaltung"/"mittelbare Staatsverwaltung" bringt einerseits zum Ausdruck, dass eine gewisse Distanz zum Staat ieS besteht, dass aber andererseits auch diese Verwaltungsträger ihre Befugnisse aus der Staatsgewalt ableiten und daher zum Staat iwS gehören. Sie bleiben „an den Staat angebunden"[29].

6.3 Zur mittelbaren Staatsverwaltung (staatsmittelbaren Verwaltung) gehören im wesentlichen die **Selbstverwaltungsträger**.

6.3.1 Das sind in erster Linie die Träger der **kommunalen Selbstverwaltung:** 75 Gemeinden, Kreise und höhere Gemeindeverbände (z. B. Landschaftsverbände). Sie sind verfassungsrechtlich abgesichert durch Art 28 Abs. 2 GG[30]. Ferner gibt es Selbstverwaltung im Bereich der Wirtschaft durch Industrie- und Handelskammern, Landwirtschaftskammern, Rechtsanwalts- und Ärztekammern. Selbstverwaltung im Bereich von Wissenschaft und Kultur wird ausgeübt durch die Hochschulen.

Die aufgeführten Selbstverwaltungsträger bilden die Selbstverwaltung im organisatorischen Sinn. Nachfolgend werden ihre Aufgaben behandelt:

6.3.2 Den Selbstverwaltungsträgern obliegen in erster Linie **Selbstverwal-** 76 **tungsaufgaben**. Ihr Wesen besteht darin, dass bestimmte öffentliche Aufgaben in eigener Verantwortung und unter verstärkter Beteiligung der Betroffenen erledigt werden (vgl. Art 28 Abs. 1 S. 2, Abs. 2 GG). Der eigenverantwortlichen Wahrnehmung der Selbstverwaltungsaufgaben entspricht, dass der Staat grundsätzlich auf eine Rechtsaufsicht beschränkt[31] ist. Eine Fachaufsicht wäre mit der speziellen Form von Eigenständigkeit im Rahmen der Selbstverwaltung unvereinbar.

Da Selbstverwaltung aber immer nur „im Rahmen der Gesetze" gewährleistet ist (so in Art 28 Abs. 2 GG), widerspricht es dem Wesen der Selbstverwaltung nicht, wenn der Selbstverwaltungsträger zur Wahrnehmung bestimmter Aufgaben gesetzlich verpflichtet wird. Es gibt also freiwillige und Pflicht-Selbstverwaltungsaufgaben.

Beispiele: a) für freiwillige Selbstverwaltungsaufgaben: Museen, Theater, Büchereien, Sporteinrichtungen, Wirtschaftsförderung; b) für Pflicht-Selbstverwaltungsaufgaben: Sozialhilfe, Gemeindestraßenbau, Bauleitplanung.

Die Selbstverwaltungsaufgaben lassen sich zur Unterscheidung von den nachfolgend behandelten Aufgabenarten als „eigene Aufgaben" oder „eigene Angelegenheiten" bezeichnen.

6.3.3 Ferner gibt es **Fremdverwaltungsaufgaben**, zu denen die Fälle der 77 Auftragsverwaltung gehören. Wesentlich hierfür ist eine grundsätzlich unbeschränkte Fachaufsicht (vgl. Art 85 Abs. 3 und 4 GG). Auftragsverwaltung gibt es bereits im Verhältnis des Bundes zu den Ländern.

Beispiel: Fernstraßenverwaltung, Art 90 Abs. 2 GG

---

29 Maurer § 21 RdNr. 8. Weiter zur Unterscheidung von unmittelbarer und mittelbarer Verwaltung vgl. Hofmann/Muth/Theisen, Kommunalrecht 2.1.2.
30 Vgl. Hofmann/Muth/Theisen, Kommunalrecht 1.2.2.1 und 2.2.1
31 Vgl. oben 5.3.2

Hauptsächlicher Anwendungsbereich der Auftragsverwaltung war früher die Gefahrenabwehr, die den kommunalen Verwaltungsträgern kraft staatlichen Auftrags und weisungsabhängig zugewiesen war. Sie gehörte zum „übertragenen Wirkungskreis" der Gemeinden und Kreise. Seit Entstehen der Bundesrepublik verlief die Rechtsentwicklung in den einzelnen Ländern unterschiedlich. Die allgemeine Tendenz ging aber in Richtung auf einen Abbau staatlichen Einflusses. Es entstand die Mischform der „Pflichtaufgabe nach Weisung".

78 In der Form der **„Pflichtaufgabe (zur Erfüllung) nach Weisung"**, verbunden mit einer „Sonderaufsicht", werden z. B. in NRW und Brandenburg zahlreiche Aufgaben erledigt.

Beispiele für NRW: die allgemeinen Ordnungsangelegenheiten nach § 3 OBG („... die Aufgaben ... nehmen die Gemeinden ... als Pflichtaufgaben zur Erfüllung nach Weisung wahr ..."); die Bauaufsicht nach §§ 60/85 der BauO. Die Behandlung des Themas „Pflichtaufgaben zur Erfüllung nach Weisung" im einzelnen gehört in das Kommunalrecht[32].

In sämtlichen Bundesländern gibt es aber noch Fremdverwaltungsangelegenheiten (**Auftragsangelegenheiten**) kraft Bundesrechts.

79 Beispiele für Bundesauftragsangelegenheiten sind die Aufgaben der Standesämter nach dem Personenstandsgesetz, die Wehrerfassung nach dem Wehrpflichtgesetz, die Ausbildungsförderung nach dem BAFöG, die Durchführung der Bundestagswahlen nach dem BundeswahlG und die Erfüllung der Aufgaben des Zivilschutzes nach dem ZivilschutzG (§ 2 Abs. 1 S. 1 ZivilschutzG: „Soweit die Ausführung dieses Gesetzes den Ländern einschließlich der Gemeinden und Gemeindeverbände obliegt, handeln sie im Auftrag des Bundes"). Vgl. ferner zu Auftragsangelegenheiten kraft Bundesrecht: § 16 LOG NRW.

Beispiel für Auftragsangelegenheit nach Landesrecht ist die Mitwirkung der Gemeinden bei der Vorbereitung und Durchführung der Landtagswahlen nach den Landeswahlgesetzen.

80 6.3.4 Ein gegenüber der Auftragsverwaltung verstärkter Fall ist die **Organleihe**. Bei ihr wird der Verwaltungsauftrag nicht dem Verwaltungsträger, sondern einem Organ des Verwaltungsträgers erteilt. Dieses Organ wird gleichsam „ausgeliehen" und unterliegt insoweit der Fachaufsicht. Wird der Verwaltungsauftrag vom Staat an ein kommunales Organ erteilt, handelt das kommunale Organ „als verlängerter Arm des Staates".

Beispiel: Landrat „als untere staatliche Verwaltungsbehörde" gem. § 59 Abs. 3 KreisO NRW.

Bei der Organleihe wird das Organ eines (anderen) Verwaltungsträgers beliehen. Davon zu unterscheiden ist die Beleihung eines Privaten mit öffentlichen Aufgaben; dazu noch unten RdNr. 94f.

7. Der Aufbau der öffentlichen Verwaltung in der Bundesrepublik Deutschland

81 Nach der bundesstaatlichen Verfassung gibt es zwei staatliche Ebenen: die des Bundes und die der Länder. Deshalb ist jede Verwaltung Bundesverwaltung oder Landesverwaltung. Als Grundprinzip für die Kompetenzverteilung bestimmt Art 30 GG, dass die Ausübung der staatlichen Befugnisse und die Erfüllung der staatlichen Aufgaben Sache der Länder ist, soweit das GG keine andere Regelung trifft oder zulässt.

In welchen Fällen das GG eine Bundesverwaltung vorsieht, wird nachfolgend unter 7.1 behandelt. Anders als bei der Gesetzgebung, verfügt der Bund im Bereich der Verwaltung nur über wenige Kompetenzen. Das Schwergewicht

---

32 Vgl. Hofmann/Muth/Theisen, Kommunalrecht 2.5.3 und 3.2

der Verwaltung liegt eindeutig bei den Ländern (unter Einbeziehung der Städte und Gemeinden); vgl. dazu nachfolgend 7.2[33].

7.1 Die Bundesverwaltung

7.1.1 Die wichtigsten Bereiche **unmittelbarer** Bundesverwaltung sind in Art 87 Abs. 1 GG aufgeführt, beispielsweise: der Auswärtige Dienst, die Bundesfinanzverwaltung. Konkretisierungen zur Bundesfinanzverwaltung finden sich in Art 108 Abs. 1 GG. Häufig vertreten ist bei der Bundesverwaltung die Form der Oberbehörde (gemäß Art 87 Abs. 3 S. 1 GG).

82

Beispiele: Bundesgesundheitsamt, Bundeskartellamt, Bundeskriminalamt, Bundesamt für Verfassungsschutz, Bundesverwaltungsamt, Bundesamt für Finanzen, Umweltbundesamt, Statistisches Bundesamt. Kennzeichen einer Oberbehörde des Bundes ist, dass sie einerseits einem Ministerium untersteht, andererseits aber für das ganze Bundesgebiet zuständig ist, ohne dass sie nachgeordnete Behörden hat. Sie eignet sich daher nur für Aufgaben, die zentral, ohne örtliche Behörden erfüllt werden können.

7.1.2 Beispiele für **mittelbare** Bundesverwaltung (gemäß Art 87 Abs. 2 und 3 GG) sind: die Bundesagentur für Arbeit, die Deutsche Rentenversicherung[34], die Physikalisch-Technische Bundesanstalt oder die Bundesanstalt für Immobilienaufgaben[35].

83

7.2 Die Landesverwaltung

7.2.1 Zur **unmittelbaren** Landesverwaltung gehören vor allem folgende Bereiche: Finanzverwaltung, Polizei, Schulverwaltung (mit Ausnahme der Trägerschaft über die Schulen, die bei den Kommunen liegt), Berg(bau)verwaltung, Forstverwaltung.

84

Bei der Landesverwaltung lässt sich die Unterscheidung von unmittelbarer und mittelbarer Verwaltung vielfach nicht für einen ganzen Verwaltungszweig durchführen, weil die Aufteilung der Verwaltungskompetenzen meist folgendem Prinzip folgt: Die Erfüllung der Aufgaben auf örtlicher und Kreis-Ebene geschieht durch die Kommunalverwaltung (dazu nachfolgend 7.3.2), während ein Teil der grundsätzlicheren und der fachlichen Aufgaben, ferner die Aufsicht von den Behörden der unmittelbaren Landesverwaltung (Bezirksregierung, Ministerien) wahrgenommen wird.

7.2.2 Zur **mittelbaren** Landesverwaltung gehören die berufsständischen Kammern (Industrie- und Handelskammern, Landwirtschaftskammern, Rechtsanwalts- und Ärztekammern), die Hochschulen (Universitäten, Fachhochschulen), vor allem aber die kommunalen Selbstverwaltungsträger[36] (Städte, Gemeinden, Kreise, sonstige Gemeindeverbände).

85

---

33 Vgl. Schunk/De Clerck/Guthardt, Kap. 18 I 1
34 Ehemals Bundesversicherungsanstalt für Angestellte (BfA)
35 Seit 1.1.2005 (BImA-Errichtungsgesetz vom 9.12.2004, BGBl 2004, I, Nr. 66)
36 Dazu vgl. oben RdNr. 75 und 76

7.3 Übersichten zum Verwaltungsaufbau

86 7.3.1 Unmittelbare und mittelbare Bundes- und Landesverwaltung

Verwaltung	Bundes	Landes
unmittelbare	• Ministerien: Außen-, Innen-, Verteidigungs-, Verkehrs- • Bundesämter: Bundeskriminalamt, Umweltbundesamt • Wasser- und Schifffahrtsdirektion	• Ministerien: Innen-, Finanz-, Kultus- • Landesämter: für Besoldung und Versorgung, Landeskriminalamt • Bezirksregierungen
	Oberfinanzdirektion	
	• Hauptzollämter	• Finanzämter, Staatliche Umweltämter
mittelbare	• Bundesagentur für Arbeit • Deutsche Rentenversicherung • Bundesanstalt für Immobilienaufgaben	• Industrie- und Handelskammern, Landwirtschaftskammern • Hochschulen • Kommunale Selbstverwaltung: Gemeinden, Kreise, höhere Gemeindeverbände

87 7.3.2 Die verschiedenen Verwaltungsebenen

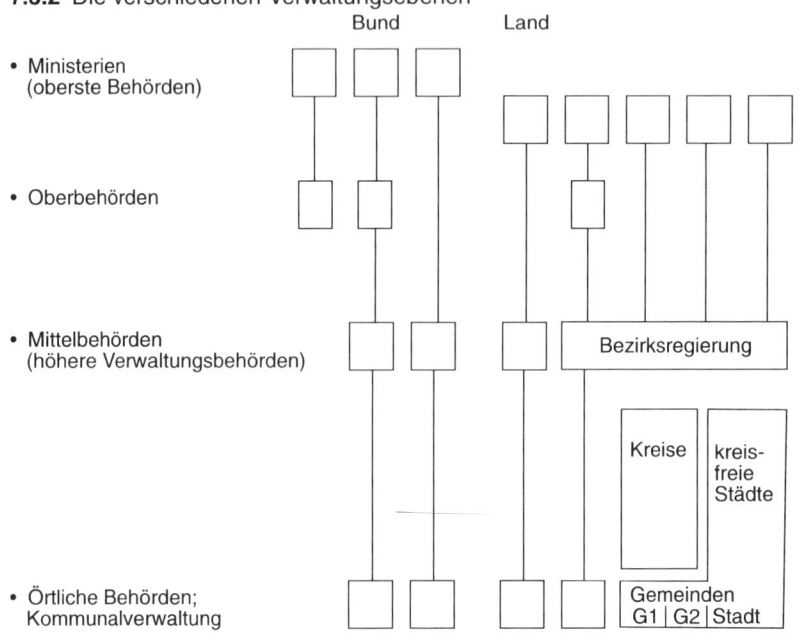

- Ministerien (oberste Behörden)

- Oberbehörden

- Mittelbehörden (höhere Verwaltungsbehörden) — Bezirksregierung

  Kreise | kreisfreie Städte

- Örtliche Behörden; Kommunalverwaltung — Gemeinden G1 | G2 | Stadt

Die Organisation der öffentlichen Verwaltung

7.4 Träger öffentlicher Verwaltung innerhalb der Bundesrepublik kann auch die **Europäische Gemeinschaft** sein. Zu den Rechtsquellen (primäres und sekundäres Gemeinschaftsrecht) sei unten auf RdNr. 140 ff verwiesen.   **88**

7.4.1 Organisatorisch entstanden nach der zeitlichen Reihenfolge: die Europäische Gemeinschaft für Kohle und Stahl (EGKS, gegründet 1951, inzwischen erloschen), die Europäische Wirtschaftsgemeinschaft (EWG) und die Europäische Atomgemeinschaft (EURATOM), beide gegründet 1957. Wichtigste Rechtsgrundlage ist nach wie vor der EWG/EG-Vertrag. Durch den Maastrichter Vertrag über die Europäische Union von 1992 wurde die EWG in „Europäische Gemeinschaft" (EG) umgewandelt; gleichzeitig wurde die „Europäische Union" (EU) gegründet, mit welcher der „Prozess der europäischen Integration auf eine neue Stufe" (Präambel) gehoben wird. Der **EG-Vertrag** gilt nunmehr in der Fassung des Vertrages von Nizza[37].

EG und EU sind somit nicht identisch: Die EG ist Hoheitsträger mit Rechtssetzungsbefugnissen, die EU ist dagegen nur eine Art Rahmen für institutionalisierte Kooperation (ohne Hoheitsbefugnisse).

7.4.2 In der Regel hat die Europäische Gemeinschaft keine unmittelbaren Verwaltungsbefugnisse innerhalb ihrer Mitgliedsländer. Die Rechtssetzungen und Anordnungen werden grundsätzlich von den nationalen Behörden vollzogen, in der Bundesrepublik also von der Bundes- und Landesverwaltung (sog. mittelbarer Vollzug des EG-Rechts). Die EG verfügt aber auch über unmittelbare Verwaltungskompetenzen (sog. unmittelbarer Vollzug). Insoweit ist dann die EG, für welche die Kommission mit dem Sitz in Brüssel als Behörde handelt, ein Träger öffentlicher Verwaltung auch im Gebiet der Bundesrepublik Deutschland.   **89**

Beispielsweise bestimmt im Wettbewerbsrecht die gemäß Art 83 Abs. 1 EG-Vertrag erlassene EG-KartellVO in Art 15, 16, dass die Kommission bei Verletzung der EG-Wettbewerbsregeln Geldbußen und Zwangsgelder unmittelbar gegenüber Unternehmen festsetzen kann[38].

Mit zunehmender europäischer Integration erlangen die Vorschriften des EG-Rechts (vgl. unten RdNr. 140 ff) immer stärkeren Einfluss auf die öffentliche Verwaltung in den Mitgliedstaaten und auf das nationale Verwaltungsrecht[39].

Auch durch die **Rechtsprechung des EuGH** mit ihren darin entwickelten „allgemeinen Grundsätzen eines europäischen Verwaltungsverfahrensrechts" wird das nationale Verfahrensrecht z.T. erheblich modifiziert; hierdurch wird das Recht der Mitgliedstaaten de facto insoweit außer Kraft gesetzt, als seine Anwendung „... die Durchsetzung des Gemeinschaftsrechts praktisch unmöglich machen oder wesentlich erschweren würde ..." (effet-utile-Prinzip).   **90**

---

[37] Vom 21.2.2001, BGBl 2001 II, S. 1667, 1671; vgl. unten RdNr. 140 ff und Fischer, Europarecht § 1 RdNr. 26
[38] Zur unmittelbaren Anwendung von EG-Richtlinien in der öffentlichen Verwaltung Fischer NVwZ 92, 635; Dünchheim VR 96, 181. Ausführlich zu dem gesamten Themenbereich: Fischer, Europarecht.
[39] Vgl. Hofmann, DVP 99, 237; Kadelbach, Allgemeines Verwaltungsrecht unter europäischem Einfluss (Habilitationsschrift, 1999). Zum Einfluss des europäischen Gemeinschaftsrechts auf die Verwaltung der Städte und Gemeinden: Hofmann/Muth/Theisen, Kommunalrecht 1.2.1; zur „Europäisierung des nationalen Verwaltungsverfahrensrechts am Beispiel der Rückabwicklung gemeinschaftsrechtswidriger staatlicher Beihilfen": Suerbaum, VerwArchiv, 91. Band, 2000, 149; Bonk, NVwZ 2001, 636, 638; zur „Notwendigkeit europäischer Gerichtskooperation" Dünchheim, VR 2003, 361

Beispiel dafür ist die Rechtsprechung des EuGH zur Rücknahme gemeinschaftsrechtswidriger VAe, wonach die Eingrenzungen des § 48 VwVfG – wie Rücknahmeermessen, Vertrauensschutz und Jahresfrist – bei Rückforderung von gemeinschaftsrechtswidrigen Subventionen praktisch außer Kraft gesetzt werden[40].

8. Die Schaffung und Änderung der staatlichen Organisation. Organisationsgewalt und Organisationsakte

91 Die Verwaltungsorganisation in der Bundesrepublik Deutschland ist im Wesentlichen vorhanden. Sie bedarf aber ständiger Fortentwicklung. Die organisatorischen Strukturen müssen an Veränderungen der gesellschaftlichen Verhältnisse und der Verwaltungsaufgaben angepasst werden. Für die Vornahme organisatorischer Maßnahmen bedarf es einer hierauf gerichteten rechtlichen Befugnis; sie wird als Organisationsgewalt bezeichnet (dazu nachfolgend RdNr. 92). Auf der Grundlage der Organisationsgewalt wird die Organisation durch Organisationsakte gestaltet und verändert (dazu RdNr. 93).

Beispiele dafür, wie neue Aufgaben eine Fortentwicklung der Verwaltungsorganisation erfordern, bilden der Natur- und Umweltschutz.

Beispiele für verwaltungsorganisatorische Anpassungen sind: die Schaffung der Bundesagentur für Arbeit (ehemalige Bundesanstalt für Arbeit), die Bundesanstalt für Immobilienaufgaben (ehemals Bundesvermögensämter und Bundesforstämter), die Deutsche Rentenversicherung (ehemals Bundesversicherungsanstalt für Angestellte).

Beispiele für neue organisatorische Maßnahmen sind die Regelungen zur elektronischen Kommunikation im Verwaltungsverfahrensrecht[41] und die Informationsfreiheitsgesetze[42].

92 **8.1 Organisationsgewalt** ist die Befugnis des Staates und seiner Organe zur Schaffung und Änderung der staatlichen Organisation, insbesondere zur Schaffung, Aufhebung und Änderung von Verwaltungsträgern, Behörden und Ämtern, sowie zur Bestimmung ihrer Zuständigkeiten und ihrer inneren Ordnung[43].

„Organisationsgewalt" ist zunächst nur ein beschreibender Begriff; seine Verwendung löst keine unmittelbaren Rechtsfolgen aus. Insbesondere ist die Organisationsgewalt keine neben der Gesetzgebung, Verwaltung und Rechtsprechung stehende eigenständige Staatsfunktion. Deshalb sagt der Begriff „Organisationsgewalt" nichts darüber aus, welche Staatsorgane im einzelnen Träger der Organisationsgewalt sind. Vielmehr gilt auch hier die Kompetenzverteilung der Verfassung, wonach der Gesetzgeber zu Regelungen aller Art befugt ist und die grundlegenden Regelungen selbst treffen muss (dazu noch im 3. Abschnitt, insbesondere RdNr. 178 ff).

Beispielsweise wird in fast jedem Gesetz eine Regelung darüber getroffen, von welchen Behörden das Gesetz ausgeführt wird. Soweit allerdings gesetzliche Regelungen nicht vorhanden sind, organisatorische Maßnahmen aber notwendig sind, um eine Verwaltungsaufgabe zu erfüllen, darf die für die Verwaltung zuständige Stelle nach pflichtgemäßem Ermessen die von ihr für

---

40 Vgl. dazu unten RdNr. 532 ff. – Zu den Auswirkungen des EG-Rechts auf die Kommunalkörperschaften: Hofmann DVP 99, 273. – Zur „Europäisierung des Verwaltungsprozessrechts" Dünchheim, VR 2003, 361
41 Vgl. unten RdNr. 320 ff und 726 ff
42 Vgl. unten RdNr. 697 ff
43 Vgl. Maurer § 21 RdNr. 57 ff.

erforderlich gehaltenen organisatorischen Regelungen treffen. In diesem gewohnheitsrechtlich anerkannten Satz liegt die rechtliche Bedeutung der „Organisationsgewalt".

Beispiele: Organisationsermessen im Schulbereich; Organisationsgewalt bei der Besetzung von Notarstellen[44].

8.2 Die Organisationsgewalt wird durch **Organisationsakte** ausgeübt. Für die rechtliche Behandlung der Organisationsakte gilt prinzipiell dasselbe wie für die Organisationsgewalt: „Organisationsakt" ist nicht etwa ein eigenständiger Typ des Verwaltungshandelns, sondern ein Begriff, der Staatsakte mit einem bestimmten Inhalt beschreibt und auf damit verbundene spezifische Probleme hinweist. Organisationsakte müssen unter Verwendung der allgemeinen Handlungstypen (Rechtsnorm, Verwaltungsvorschrift, Verwaltungsakt usw.) erlassen werden. 93

Deshalb ist auf die Rechtsnatur, Anfechtbarkeit und Rechtmäßigkeit von Organisationsakten noch bei der allgemeinen Behandlung des Verwaltungshandelns (ab 5. Abschnitt) einzugehen.

9. Öffentliche Verwaltung durch Private und Privatrechtssubjekte

9.1 Natürliche oder juristische Personen des Privatrechts können vom Staat mit der hoheitlichen Wahrnehmung von Verwaltungsaufgaben im eigenen Namen betraut werden. Sie werden als **Beliehene** bezeichnet. Die Beleihung Privater mit Aufgaben öffentlicher Verwaltung hat den Vorteil, dass der Staat von Verwaltungsaufgaben entlastet und auf die Aufsicht beschränkt wird, ferner dass Sachkunde und Initiative der Privaten im öffentlichen Interesse eingesetzt wird. Nachteil ist die Gefahr, dass private Interessen Einfluss auf die Erfüllung öffentlicher Aufgaben nehmen. 94

Hauptbeispiel für den Beliehenen ist der Notar. Er übt einen freien Beruf aus, ist insbesondere nicht Beamter. Ihm ist aber durch die Bestellung auf der Grundlage des § 1 BNotarO die Aufgabe übertragen, Rechtsvorgänge hoheitlich zu beurkunden, was durch Gebrauch des Landessiegels und des Landeswappens auf einem Schild vor der Kanzlei deutlich wird.

Weitere Beispiele[45]: Sachverständige der technischen Überwachungsvereine im Falle des § 29 Abs. 2 S. 2 StVZO; private Sicherheitsdienste bei Fluggast- und Gepäckkontrollen (§ 29 c LuftVerkG); Privatschulen als staatlich anerkannte Ersatzschulen[46]; anerkannte Beschäftigungsstellen des Zivildienstes[47]; Deutsche FlugsicherungsGmbH[48].

Verwaltungsträger sind zwar in der Regel juristische Personen des öffentlichen Rechts; § 1 Abs. 4 BVwVfG (und entsprechend die Landes-VwVfG'e, z. B. § 1 Abs. 2 VwVfG-NRW) enthalten aber keine Beschränkung auf Staatsorgane, sondern umfassen „... jede Stelle, die Aufgaben der öffentlichen Verwaltung wahrnimmt". Die Beleihung ermöglicht dementsprechend eine Übertragung von Hoheitsrechten an Private. Sie bedarf aber stets einer **gesetzlichen Grundlage**, d. h. sie muss ausdrücklich durch ein Gesetz oder aufgrund einer gesetzlichen Ermächtigung erfolgen. 95

---

44 Vgl. Maurer § 21 RdNr. 66; BVerfGE 40, 250; 8, 155; BVerwGE 36, 91; Schmidt/De Caluwe JA 93, 77,115,143.
45 Vgl. Schliesky, Öffentliches Wirtschaftsrecht, S. 128
46 BVerwGE 45, 117
47 BGHZ 87, 253, 255; BVerwGE 90, 320, 328)
48 VG Frankfurt a.M. NVwZ 95, 410

Beispielsweise enthält § 85 Abs. 2 Nr. 3 BauO NRW (als Landesgesetz) die Ermächtigung an die „... oberste Bauaufsichtsbehörde ..., durch Rechtsverordnung Vorschriften zu erlassen über ... die Übertragung von Prüfaufgaben der Bauaufsichtsbehörde ... auf Sachverständige ...".[49]

Beispiel einer besonders weitgehenden Ermächtigung war, dass die Kanalbaugesellschaft Rhein-Main-Donau-AG sogar über Weisungsbefugnisse gegenüber staatlichen Behörden verfügte[50], eine – soweit ersichtlich – einmalige Konstruktion in der Bundesrepublik Deutschland (und rechtlich nicht unproblematisch).

Bei der Beleihung werden durch einen förmlichen Akt hoheitliche Befugnisse zur eigenverantwortlichen Ausübung übertragen.

Fehlt es daran, kommt einer der nachfolgend behandelten Tatbestände in Betracht:

9.2 Wirken Privatpersonen bei der Erfüllung öffentlicher Aufgaben mit, ohne Beliehene zu sein, kann es sich um folgende Fälle handeln:

96 **9.2.1 Verwaltungshelfer** unterstützen die Verwaltungsbehörden bei der Erfüllung öffentlicher Aufgaben durch Übernahme von Hilfstätigkeiten.

Beispiele sind: Schülerlotsen; Schüler, die vom Lehrer im Unterricht zu Hilfeleistungen bei Versuchen oder beim Turnen herangezogen werden; Bauunternehmer beim Bau öffentlicher Straßen[51]; Testinstitut bei BSE-Schnelltests[52].

97 **9.2.2** Der Staat kann Privatpersonen gesetzlich verpflichten, bestimmte, im öffentlichen Interesse liegende Handlungen vorzunehmen. Diese Fälle werden als **Indienstnahme** oder Inpflichtnahme Privater für öffentliche Zwecke bezeichnet. In Abgrenzung zu den bisher behandelten Fällen der Beleihung und der Verwaltungshilfe wird die Erfüllung dieser Aufgaben vom Gesetz im Wege der Bürgerpflicht verlangt.

Hauptbeispiel ist die Verpflichtung der Arbeitgeber zur Einbehaltung der Lohnsteuern und der Sozialbeiträge[53].

Weitere Beispiele: Vorratshaltung durch Unternehmer, z. B. Erdölbevorratung[54]. – Um eine spezielle Fallgruppe handelt es sich, wenn das Gesetz die Bestellung besonderer betrieblicher Beauftragter vorschreibt, wie z. B. die Immissionsschutzbeauftragten (§ 53 BImSchG), Gewässerschutzbeauftragten (§ 21 a WHG), Betriebsbeauftragten für Abfall (§§ 54, 55 Kreislaufwirtschafts-/AbfG).

Den bisher behandelten Fällen ist gemeinsam, dass bereits vorhandene natürliche oder juristische Personen zusätzlich mit Aufgaben öffentlicher Verwaltung oder einer damit in Zusammenhang stehenden Tätigkeit beauftragt werden. Bei der folgenden Fallgruppe wird ein privatrechtliches Rechtssubjekt für Zwecke der öffentlichen Verwaltung gegründet:

98 **9.3** Der Staat oder ein anderer Verwaltungsträger kann **privatrechtliche Gesellschaften** (z. B. Aktiengesellschaften, Gesellschaften mit beschränkter

---

49 Beispielsfall bei Bovermann/Dünchheim, Examinatorium Allgemeines Verwaltungsrecht, Fall Nr. 26. – Zur Unzulässigkeit der Übertragung von Geschwindigkeitsmessungen im Straßenverkehr an Privatfirmen mangels gesetzlicher Ermächtigung für Beleihung: BayObLG, DÖV 97, 601. – Zur Unzulässigkeit der Übertragung der Prüfung der erforderlichen Sachkunde für Halter gefährlicher Hunde an Tierschutzvereine: OVG Münster NWVBl 97, 431. – Zum Verhältnis von Public Private Partnership und Beliehene vgl. Tettinger NWVBl 2005, 1
50 VGH München NVwZ 82, 509
51 Vgl. Maurer § 23 RdNr. 60; Peine DÖV 97, 357.
52 BGH DVBl 2005, 247 (VR 2005, 104)
53 BSG NJW 78, 1175
54 BVerfGE 30, 292

Haftung) zu dem Zweck gründen, mit ihrer Hilfe öffentliche Aufgaben zu erfüllen. Das gilt vor allem für Verkehrs- und Versorgungsbetriebe der Kommunen, die vielfach als AG oder GmbH organisiert sind. Sie werden als Eigengesellschaften bezeichnet.

Beispiele sind Stadtwerke-AG oder -GmbH[55]; Lufthansa AG; Flughafen Frankfurt AG; Bahn AG; Deutsche Entwicklungsdienst GmbH. Möglich ist auch eine bloße Beteiligung (Mehrheits- oder Minderheitsbeteiligung) an einer privaten Gesellschaft oder eine der vielfältigen Formen der PPP (Public Private Partnership)[56].

9.4 Zur Abgrenzung: Um öffentliche Verwaltung durch Private und Privatrechtssubjekte anzunehmen, ist **nicht ausreichend**,

- dass die öffentliche Hand an einer Gesellschaft beteiligt ist, deren Tätigkeit allein der Gewinnerzielung dient (Beispiel: Fernsehwerbegesellschaften der öffentlich-rechtlichen Rundfunkanstalten);

- dass eine private Firma aufgrund freiwillig geschlossener Verträge und im eigenen Interesse an der Versorgung des Staates mit Gütern oder Dienstleistungen teilnimmt (Beispiel: Das VW-Werk liefert einem Land Autos für den Polizeidienst);

- dass ein Privatunternehmen Daseinsvorsorge betreibt, insbesondere lebenswichtige Güter und Dienstleistungen anbietet (Beispiele: Lebensmittelversorgung durch Einzelhandelsgeschäfte; Krankenversorgung durch private Krankenhäuser);

- dass Vereine oder Privatpersonen gemeinnützige Zwecke verfolgen (Beispiele: Aufbau einer Kunstsammlung durch privaten Mäzen; Natur- und Umweltschutz durch Vereine).

---

55 Vgl. Hofmann/Muth/Theisen, Kommunalrecht, 7.2.3
56 Vgl. Tettinger, NWVBl 2005, 1

3. Abschnitt: Recht und Rechtsordnung als Grundlage des Verwaltungshandelns und der Beziehungen zwischen Bürger und Verwaltung

1. Einführung

100 **1.1** Das Handeln der Verwaltung bedarf der Steuerung und Lenkung. Das wichtigste Steuerungsmittel sind die **Gesetze.** Durch sie werden der Verwaltung von den Parlamenten Aufgaben zugewiesen (dazu bereits oben im 1. Abschnitt), und es wird die für das Verwaltungshandeln benötigte Organisation geschaffen (dazu im oben 2. Abschnitt). Vor allem regeln die Gesetze fast alle Aktivitäten der Verwaltung. Durch das Recht erhält die Verwaltung ihren Auftrag und ihre **demokratische Legitimation** zum Handeln, wichtig insbesondere für Belastungen und Eingriffe in die Rechtssphäre der Bürger. Im Unterschied zum Zivil- und Strafrecht wird das Recht für die Verwaltung nicht erst im Streitfall relevant, sondern es begleitet bereits den alltäglichen Verwaltungsvorgang[1].

101 **1.2** Richtschnur für jedes Verwaltungshandeln ist das **öffentliche Interesse**, das auch als öffentliches Wohl, Wohl der Allgemeinheit, Gemeinwohl bezeichnet wird. Hierbei handelt es sich aber nicht um einen zur Rechtsordnung hinzutretenden Gesichtspunkt. Vielmehr bestimmen die Gesetze in der Regel selbst, welches Verwaltungshandeln im öffentlichen Interesse vorgenommen und welches unterbleiben soll. Soweit die Gesetze aber auslegungsbedürftig sind und soweit der Verwaltung ein Ermessensspielraum bleibt, erhält die Orientierung am öffentlichen Interesse ein selbständiges Gewicht. Seine Hauptbedeutung hat das Gebot zur Verwirklichung des öffentlichen Interesses im Bereich der gesetzlich nicht näher geregelten, frei gestaltenden Verwaltung. Allerdings gibt es keine allgemeingültige Formel, was – außerhalb des gesetzlich geregelten Bereichs – als „öffentliches Interesse" anzusehen ist. Vielfach wird ein Unterschied zwischen dem öffentlichen Interesse und dem Interesse des einzelnen bestehen. Notwendig ist das aber nicht.

Beispielsweise liegt die Zahlung öffentlicher Abgaben idR nur im öffentlichen Interesse, nicht im Interesse des Pflichtigen. Handelt es sich aber um einen Erschließungsbeitrag, der zur Verbesserung der Zufahrt zum Grundstück des Pflichtigen verwandt wird, liegt dessen Zahlung auch im Eigeninteresse des Pflichtigen.

2. Öffentliches Recht und Privatrecht

2.1 Die Unterscheidung und ihre Bedeutung

Der gesamten Rechtsordnung in der Bundesrepublik Deutschland liegt die Unterscheidung zwischen öffentlichem und privatem Recht zugrunde.

Beispiele zur uneinheitlichen Ausdrucksweise: Im wesentlichen gleichbedeutend sind einerseits die Begriffe öffentlich-rechtlich, hoheitlich, Ausübung öffentlicher Gewalt, andererseits privatrechtlich, zivilrechtlich, bürgerlich-rechtlich, auch fiskalisch.

---

1 Vgl. oben RdNr. 1

Zum öffentlichen Recht gehören insbesondere das Verfassungs- und das Verwaltungsrecht. Kernbereich des Privatrechts ist das BGB. Die Unterscheidung zwischen öffentlichem und privatem Recht bezieht sich in erster Linie auf die einzelnen Rechtsnormen. Sind die einzelnen Vorschriften eines Gesetzes im wesentlichen gleich zuzuordnen, kann dementsprechend auch das ganze Gesetz dem öffentlichen oder dem privaten Recht zugeordnet werden. Hierbei ist aber Vorsicht geboten; letztlich kommt es auf den Rechtscharakter der einzelnen Vorschrift oder eines zusammenhängenden Vorschriftenkomplexes an.

Beispielsweise gehören die §§ 1–3 StVG, in denen vor allem die Erteilung und Entziehung der Fahrerlaubnis geregelt ist, zum öffentlichen Recht, während §§ 7ff StVG (Haftung des Fahrzeughalters und -führers) zum Privatrecht gehören. Selbst im BGB gibt es öffentlich-rechtliche Vorschriften, z. B. ist § 43 BGB eine Ermächtigungsgrundlage zum Erlass eines Verwaltungsakts (Entziehung der Rechtsfähigkeit eines Vereins).

Bevor die Abgrenzung des öffentlichen Rechts zum Privatrecht genauer behandelt wird, ist auf die **Bedeutung der Unterscheidung** einzugehen: **103**

1. Bei gerichtlichen Streitigkeiten muss der Rechtsweg bestimmt werden. Für privatrechtliche (bürgerlich-rechtliche) Streitigkeiten ist der Zivilrechtsweg gegeben (der Rechtsweg zu den „ordentlichen Gerichten", § 13 GVG), bei öffentlich-rechtlichen Streitigkeiten der Verwaltungsrechtsweg (§ 40 Abs. 1 VwGO).

2. Die Vorschriften des Verwaltungsverfahrensgesetzes gelten nach dem **104** Wortlaut des § 1 VwVfG nur „ ... für die öffentlich-rechtliche Verwaltungstätigkeit" der Behörden. Das gilt auch für zahlreiche andere Gesetze.

3. Im öffentlich-rechtlichen und im privatrechtlichen Bereich gelten unter- **105** schiedliche Befugnisse und Rechtsinstitute: Kraft öffentlichen Rechts besteht für die Behörden die Befugnis zu einseitigen Regelungen, insbesondere zum Erlass von Verwaltungsakten und auch zur eigenen Vollstreckung; andererseits unterliegen die Behörden starken rechtlichen Bindungen, insbesondere durch die Grundrechte. – Im Privatrecht sind dagegen Verträge und andere Rechtsgeschäfte die wesentlichen Handlungsformen; für die Durchsetzung und gegebenenfalls Vollstreckung bedarf es der Anrufung des Gerichts und eines Gerichtsvollziehers; es besteht Privatautonomie und damit eine größere Gestaltungsfreiheit.

4. Bei Ausübung eines „öffentlichen Amtes" (Art 34 GG), was gleichbedeutend ist mit öffentlich-rechtlicher Tätigkeit, greift Staatshaftung[2] anstelle der Eigenhaftung des Handelnden ein.

5. Nach Art 33 Abs. 4 GG ist die „Ausübung hoheitsrechtlicher Befugnisse ... **106** in der Regel Angehörigen des öffentlichen Dienstes zu übertragen, die in einem öffentlich-rechtlichen Dienst- und Treueverhältnis stehen", d. h. Beamten (Funktionsvorbehalt). Davon zu unterscheiden sind die Angestellten und Arbeiter im öffentlichen Dienst, die in einem privatrechtlichen Dienstverhältnis (Arbeitsverhältnis) zum Staate stehen[3].

---

[2] Vgl. unten RdNr. 1122ff
[3] Vgl. umfassend: Wind/Schimana/Wichmann/Lange, Öffentliches Dienstrecht

2.2 Die Theorien für die Abgrenzung des öffentlichen Rechts vom Privatrecht

107 Unterschieden wurde schon im römischen Recht zwischen „publicum ius" und „privatum ius". In voller Schärfe entwickelte sich die Unterscheidung aber erst mit der Trennung von Staat und Gesellschaft im liberalen Rechtsstaat des 19. Jahrhunderts. Seit längerem läuft die Entwicklung wieder auf eine engere Verbindung von Staat und Gesellschaft hinaus, eine Folge des demokratisch-sozialen Rechtsstaates, aber auch der Entwicklung von Großorganisationen im Bereich der Industriegesellschaft. Damit wird die Unterscheidung zwischen öffentlichem und privatem Recht zunehmend fragwürdig. Denknotwendig war diese Unterscheidung nie, was sich auch daran zeigt, dass das anglo-amerikanische Recht sie nicht kennt. Es gibt auch keine gesetzliche Vorschrift über die Voraussetzungen für öffentliches oder privates Recht. Von zahlreichen daran anknüpfenden Gesetzen wird die Abgrenzung allerdings vorausgesetzt.

Damit liegt auf der Hand, dass erhebliche Schwierigkeiten auftreten müssen, wenn ohne Fortbestehen der historischen Ausgangslage, ohne gesetzliche Regelung und ohne zwingende, logische Notwendigkeit das Recht in zwei große Bereiche – das öffentliche und das private Recht – aufgeteilt werden muss. Eine allgemeingültige Formel gibt es infolgedessen nicht.

108 2.2.1 Die einfachste und rechtsgeschichtlich früheste Unterscheidung fragt nach den durch die Rechtsnorm geschützten Interessen **(Interessentheorie)**. Danach gehören zum öffentlichen Recht diejenigen Rechtsnormen, die überwiegend dem öffentlichen Interesse dienen; das Privatrecht wird gebildet von den die privaten Interessen schützenden Rechtsnormen.

So die Ulpianstelle in den Digesten (I, 1, 1): Publicum ius est quod ad statum rei Romanae spectat, privatum quod ad singulorum utilitatem (Öffentliches Recht ist, was sich auf den Zustand von Rom als Gemeinwesen bezieht, privates Recht ist, was den Einzelnen nützlich ist). Zum Problem der Definition des Begriffs „öffentliches Interesse" vgl. oben RdNr. 101.

Damit ist sicher ein Wesenszug des öffentlichen Rechts erfasst. Nimmt man als Beispiel die Vorschrift des Art 48 Abs. 3 S. 2 GG, wonach alle Bundestagsabgeordneten das Recht der freien Benutzung aller staatlichen Verkehrsmittel haben, so dient diese Regelung allein der Erleichterung der Mandatsausübung und besteht im öffentlichen Interesse, nicht dagegen zum privaten Nutzen der Abgeordneten; die Vorschrift gehört zum öffentlichen Recht.

109 Jedoch sind öffentliches und privates Interesse oft miteinander verbunden: Die im Staat organisierte Gesellschaft nimmt sich wichtiger Privatinteressen an und erhebt sie dadurch in den Rang des öffentlichen Interesses. Die Interessentheorie ist deshalb für die Abgrenzung des öffentlichen Rechts vom Privatrecht zumindest in schwierigeren Fällen nicht ausreichend.

Beispiele für die vielen privatrechtlichen Vorschriften, bei denen nicht zu verkennen ist, dass bei ihnen wichtige öffentliche Interessen mitbestimmend sind, finden sich z. B. im Arbeitsrecht oder im Mieterschutzrecht; vgl. auch § 679 BGB, in dem ausdrücklich vom „öffentlichen Interesse" ausgegangen wird.

2.2.2 Ausgangspunkt für die weiteren Theorien ist folgende Überlegung: Das öffentliche Recht regelt die Rechtsbeziehungen des Staates zu den Bürgern (z. B. die Erhebung von Steuern) sowie die Rechtsbeziehungen innerhalb des Staates (z. B. die Weisungsbefugnisse der vorgesetzten Behörden gegenüber den nachgeordneten). Das Privatrecht regelt die Beziehungen zwischen den Bürgern als Privatpersonen. Allerdings kann das Privatrecht auch für Beziehungen gelten, an denen der Staat beteiligt ist: Ebenso wie der Private, kann der Staat kaufen, mieten, eine GmbH gründen, durch seine Organe unerlaubte Handlungen begehen. Deshalb regelt das öffentliche Recht nur einen Ausschnitt aus dem Tätigkeitsbereich des Staates und der Verwaltung, und es geht nun darum, das Spezifische gerade öffentlich-rechtlicher Rechte, Pflichten und Handlungen des Staates herauszufinden.

Nach der **Subjektions- oder Subordinationstheorie** regelt das öffentliche Recht diejenigen Rechtsbeziehungen, bei denen ein Über- und Unterordnungsverhältnis besteht, das sich daraus ergibt, dass ein mit Hoheitsgewalt ausgestatteter Träger öffentlicher Verwaltung beteiligt ist. Das Privatrecht regelt dagegen die auf dem Boden der Gleichordnung, der Partnerschaft, bestehenden Verhältnisse. 110

<small>Diese Auffassung war lange Zeit ganz herrschend. Man kann sagen, dass sich auf ihrem Boden im Wesentlichen die Ausdifferenzierung des öffentlichen Rechts vom Privatrecht in der zweiten Hälfte des 19. Jahrhunderts und der ersten Hälfte des 20. Jahrhunderts abgespielt hat[4].</small>

Richtig ist, dass in den klassischen Bereichen der Eingriffsverwaltung ein auf demokratischer Legitimation begründetes Über- und Unterordnungsverhältnis besteht, wonach die Verwaltung die Rechtsbeziehungen zum Bürger einseitig durch Verwaltungsakt regeln darf. Jedoch sind im Zuge der Ausfüllung des Sozialstaatsgebotes zahlreiche Aufgabenbereiche der Verwaltung entstanden (z. B. gemeindliche Versorgungsunternehmen, Schulen, Hochschulen), bei denen die Rechtsverhältnisse öffentlich-rechtlich geregelt sind, ohne dass ein Über- und Unterordnungsverhältnis feststellbar wäre. Deshalb passt die Subjektionstheorie nur dort, wo wirklich eine Über- und Unterordnung feststellbar ist; in anderen Fällen ermöglicht sie keine zuverlässige Abgrenzung. 111

<small>Beispiel für Gleichordnung im öffentlichen Recht sind die §§ 54 ff VwVfG, in denen der öffentlich-rechtliche Vertrag als zweiseitige Regelung zwischen gleichberechtigten Partnern anerkannt wird. Ferner ist unverkennbar, dass es auch im Zivilrecht Über- und Unterordnungsverhältnisse gibt, z. B. zwischen Arbeitgeber und Arbeitnehmer oder zwischen Kunden und Unternehmen mit großer Marktmacht. Wenn also (auch) Gleichordnungsverhältnisse im Bereich des öffentlichen Rechts festzustellen sind und (auch) zahlreiche Über- und Unterordnungsverhältnisse im Bereich des Privatrechts, zeigt sich, dass die dargestellte Subjektions- oder Subordinationstheorie zur eindeutigen Trennung beider Bereiche heute nicht mehr zu vertreten ist.</small>

2.2.3 Nicht verwechselt werden mit der dargestellten Subjektionstheorie darf – trotz ähnlichen Namens – die Subjektstheorie (auch Sonderrechtstheorie genannt). Nach der **Subjektstheorie** gehören zum öffentlichen Recht diejenigen Rechtsnormen, bei denen der aus dem konkret anwendbaren Paragraphen Berechtigte oder Verpflichtete (= „Zuordnungs*subjekt*") ausschließlich und notwendig der Staat (ieS) oder ein anderer Träger öffentlicher Gewalt ist. – Zum Privatrecht gehören hingegen die Rechtsnormen, aus denen alle, sowohl Private als auch der Staat, Rechte und Pflichten haben können. Das öffentliche Recht ist danach ein Sonderrechtsgebiet innerhalb der allgemeinen Rechtsordnung, weshalb diese Theorie auch als **Sonderrechtstheorie** bezeichnet wird. 112

<small>4 Vgl. z. B. RGZ 166, 226; BGHZ 14, 227; 35, 117; BVerwGE 29, 161; wieder in diesem Sinne BGHZ 67, 81, 86.</small>

Beispiel zur Verdeutlichung dieser Theorie: Die verschiedenen Befugnisse zur Enteignung[5] von Grundstücken (z. B. für Zwecke des Städtebaus, des Straßenbaus, der Verteidigung) stehen *nur* dem Staat zu; nur dieser ist (auf der Berechtigungsseite) Zuordnungssubjekt der die Enteignung regelnden Vorschriften; sie sind also öffentliches Recht. Dagegen kann nach §§ 925, 873 BGB jeder Grundstücke erwerben (sowohl Private als auch der Staat); diese Vorschriften sind also Privatrecht.

113 Dieser Subjekts- oder **Sonderrechtstheorie wird heute überwiegend gefolgt**[6].

Auch diese Theorie ist freilich Einwänden ausgesetzt. Sie stellt strikt auf den anwendbaren Rechtssatz ab und ermöglicht daher keine Lösung in den Fällen, in denen es gerade um die Frage geht, ob auf den Fall öffentlich-rechtliche oder privatrechtliche Rechtsnormen anwendbar sind.

Beispielsweise wegen der sich dann anschließenden Frage, ob der Benutzer einer gemeindlichen Einrichtung ein privatrechtliches Entgelt oder eine öffentlich-rechtliche Gebühr schuldet[7]. Weitere Beispiele, bei denen auch die Sonderrechtstheorie nicht recht passt, sind diejenigen arbeitsrechtlichen Vorschriften, die privatrechtlicher Natur sind, aber nur für den öffentlichen Dienst gelten, wie das z. B. beim Bundes-Angestelltentarifvertrag der Fall ist; obwohl dieser nur mit öffentlichen Arbeitgebern abgeschlossen wird, gehört er zum Privatrecht.

114 2.3 Kommt es in einem praktischen Fall auf die Abgrenzung öffentliches Recht – Privatrecht an, so empfiehlt sich die **Prüfung** folgender Gesichtspunkte:

1. Bei den allermeisten gesetzlichen Vorschriften gibt es eine feste Auffassung, zu welchem Rechtsgebiet sie gehören. Die Einordnung dieser Vorschriften bedarf keiner Begründung.

Ohne Begründung können also folgende Gesetze als öffentliches Recht behandelt werden: GG, VwVfG, SGB, AO, die Beamtengesetze, BauGB, BauO, BImSchG, WHG, die haushaltsrechtlichen Gesetze. Auf diese Weise erledigt sich in den meisten Fällen die Abgrenzungsfrage, ohne dass dies einer Erwähnung in der Falllösung bedarf.

2. Für spezielle Fallgruppen wurden besondere Grundsätze entwickelt; sie werden unten ab 2.4 (RdNr. 117ff) behandelt.

3. Vielfach hilft der Sachzusammenhang: Fast jede gesetzliche Vorschrift und jedes Verwaltungshandeln steht mit einer anderen gesetzlichen Vorschrift und mit anderen Verwaltungsmaßnahmen im Zusammenhang. Lässt sich einigermaßen sicher feststellen, dass die andere Vorschrift bzw. Verwaltungsmaßnahme öffentlich-rechtlich ist, so sind auch die hiermit in einem engen äußeren und inneren Zusammenhang stehenden Vorschriften und Maßnahmen öffentlich-rechtlich.

Beispiel: Beamter B hat öffentlich (z. B. in einer Pressemitteilung) behauptet, A habe sich auf Kosten der Allgemeinheit ungerechtfertigt bereichert. A hält dies für unzutreffend und verlangt Widerruf. Stand die Behauptung des B im Zusammenhang mit einer öffentlich-rechtlichen Verwaltungstätigkeit (z. B. im Zusammenhang mit polizeilichen oder staatsanwaltschaftlichen Ermittlungen), ist der Widerrufsanspruch des A öffentlich-rechtlich zu beurteilen. Erfolgte die Behauptung dagegen im Zusammenhang mit einem privatrechtlichen Auftrag (z. B. Vergabe eines Bauauftrags durch die Gemeinde an A), unterliegt der Widerruf dem Privatrecht[8].

115 4. Erst wenn sämtliche vorangegangenen Gesichtspunkte keine Lösung ermöglichen, sind die oben 2.2 (RdNr. 107ff) behandelten Theorien heranzu-

---

5 Z.B. §§ 104ff BauGB
6 Vgl. Wolff/Bachof/Stober I § 22 RdNr. 24ff; Kopp/Ramsauer VwVfG § 1 RdNr. 15; Stelkens/Bonk/Sachs § 1 RdNr. 77; instruktiv dazu: Fall Nr. 1 bei Bovermann/Dünchheim, Examinatorium – Allgemeines Verwaltungsrecht.
7 Vgl. Hofmann/Muth/Theisen, Kommunalrecht 2.3.4.1.2
8 Vgl. BVerwGE 18, 35/6; 50, 282; BSGE 37, 292; BGHZ 78, 274; 81, 24; 89, 252.

ziehen. Dabei braucht nicht entschieden zu werden, welche Theorie „richtig" ist, weil sämtliche Theorien einen richtigen Kern enthalten und sich idR auch nicht widersprechen. Es kann die Theorie angewandt werden, die am ehesten eine Lösung ermöglicht; als Ausgangspunkt empfiehlt sich die Subjekts-/Sonderrechtstheorie. Auch können die einzelnen Theorie-Argumente miteinander kombiniert[9] werden.

5. Ermöglichen auch die Theorien keine Lösung, kommt eine Vermutungsregel zur Anwendung: Wird von der Behörde eine wichtige öffentliche Aufgabe erfüllt, ist im Zweifel anzunehmen, dass hierfür öffentliches Recht maßgebend ist. Denn dieses enthält in der Regel eine genauere und sachgerechtere Regelung der Rechtsbeziehungen zwischen Staat und Bürger und gestaltet auch den Rechtsschutz des Bürgers effektiver (vgl. Art 19 Abs. 4 GG). **116**

2.4 Als erste **spezielle Fallgruppe** zu behandeln ist die Gewährung von **Leistungen** durch die öffentliche Verwaltung.

2.4.1 Zunächst ist festzustellen, wie der unmittelbare Leistungsträger organisiert ist. Die **Organisationsform** ist öffentlich-rechtlich, wenn der Staat die Leistung selbst erbringt (z. B. Vergabe einer Subvention durch Bescheid des Wirtschaftsministers) oder wenn eine rechtsfähige oder nichtrechtsfähige Anstalt oder Stiftung (des öffentlichen Rechts) Leistungsträger ist. Eine im kommunalen Bereich häufige öffentlich-rechtliche Organisationsform ist der Eigenbetrieb. **117**

Beispielsweise erfolgt die Lieferung von Wasser durch einen öffentlich-rechtlich organisierten Leistungsträger, wenn sie von den Stadtwerken erbracht wird und diese als Eigenbetrieb geführt werden[10].

Privatrechtliche Organisationsformen sind vor allem die Aktiengesellschaft und die GmbH.

Beispielsweise können die Verkehrsbetriebe einer Stadt als AG oder GmbH organisiert sein, wobei die Aktien bzw. Geschäftsanteile ganz oder überwiegend in den Händen der Stadt liegen.

Von der Organisationsform zu unterscheiden ist das Rechtsverhältnis zu dem die Leistung in Anspruch nehmenden Bürger (**Leistungsverhältnis**). Dieses kann öffentlich-rechtlich sein (z. B. ein durch Verwaltungsakt begründetes Anstaltsbenutzungsverhältnis oder ein öffentlich-rechtlicher Vertrag) oder auch privatrechtlich (z. B. Kaufvertrag über Wasserlieferung, Werkvertrag über die Beförderung mit Straßenbahn oder Bus). Jedoch besteht ein Zusammenhang zwischen der Organisationsform und dem Leistungs- bzw. Benutzungsverhältnis: **118**

Bei privatrechtlicher Organisationsform scheiden öffentlich-rechtliche Beziehungen zum Benutzer (Leistungsempfänger) aus. Denn eine AG oder GmbH kann ihre Leistungen nur durch Abschluss privatrechtlicher Verträge vergeben. (Die Rechtsfigur des Beliehenen ist auf Fälle beschränkt, bei denen Hoheitsbefugnisse notwendig sind, und kommt hier nicht zur Anwendung.) Sind also die Stadtwerke einer Stadt als AG oder GmbH organisiert, so steht fest, dass die von ihnen den Bürgern gegenüber erbrachten Leistungen den Regeln des privaten Vertragsrechts unterliegen.

---

9 Zu dieser „Kombinationstheorie" BVerwGE 13, 47ff vgl. Faber § 16 III.
10 Vgl. oben RdNr. 44 und Hofmann/Muth/Theisen, Kommunalrecht 7.2.1

119 **2.4.2** Ist der Leistungsträger öffentlich-rechtlich organisiert, wird insbesondere die Leistung unmittelbar von einer Verwaltungsbehörde erbracht, so kann die hierfür zuständige Stelle je nach Zweckmäßigkeit das Leistungs- bzw. Benutzungsverhältnis öffentlich-rechtlich oder privatrechtlich regeln.

Verwaltungspraxis und die hM in Literatur und Rechtsprechung gehen von dieser „Wahlfreiheit" aus[11].

In den Fällen der Wahlfreiheit sollte die handelnde Behörde klarstellen, ob sie öffentlich-rechtliche oder privatrechtliche Rechtsbeziehungen begründen will. Geschieht das nicht, so ist das Rechtsverhältnis (Leistungs-, Benutzungsverhältnis) anhand von Indizien auf seine Rechtsnatur zu überprüfen. Indizien für öffentliches Recht sind:

– Die Existenz oder der Erlass einer Satzung,

– das Bestehen eines Anschluss- oder Benutzungszwangs (z. B. bei der gemeindlichen Kanalisation),

– die Bezeichnung des vom Bürger zu leistenden Entgelts als „Gebühr" oder „Beitrag".

2.5 Gemischte öffentlichrechtlich – privatrechtliche Rechtsverhältnisse: Zwei-Stufen-Theorie und Verwaltungsprivatrecht

120 Grundsätzlich ist ein Rechtsverhältnis einheitlich (entweder privatrechtlich oder öffentlich-rechtlich) zu beurteilen. Davon gibt es aber Ausnahmen. Eine einfache Ausnahme bildet der Fall, dass eine Leistung aufgrund öffentlichen Rechts zu erbringen ist, die Erfüllung aber eine Übereignung voraussetzt.

Beispielsweise ist die Erfüllung einer öffentlich-rechtlichen (Steuer-, Gebühren-, Beitrags-) Schuld durch Barzahlung nur dadurch möglich, dass der Bürger dem Staat einen entsprechenden Geldbetrag übereignet. Da es keine öffentlich-rechtliche Übereignung gibt, muss diese nach § 929 BGB erfolgen.

Zwei weitere, praktisch bedeutsame Fallgruppen sind nachfolgend zu behandeln:

2.5.1 Die Zwei-Stufen-Theorie

121 Im geltenden Recht ist anerkannt, dass ein Rechtsverhältnis zweistufig begründet und abgewickelt werden kann. Voraussetzung hierfür ist, dass sich zwei getrennte Verfahrensabschnitte feststellen lassen, wobei der erste sich nach öffentlichem Recht und der zweite nach Privatrecht richtet. Anwendungsbereich ist die Gewährung von Leistungen. Im einzelnen handelt es sich um folgende Gestaltung:

1. Aufgrund einer öffentlich-rechtlichen Vorschrift ergeht eine gesonderte Entscheidung über das Ob der Leistung (1. Stufe, „Bewilligungsstufe"). Diese Entscheidung ist ein Verwaltungsakt. In diesem muss zumindest geregelt werden, wer eine Leistung erhält und unter welchen Bedingungen.

Beispiel: Das Amt für Wohnbauförderung der Stadt S bewilligt dem A auf seinen Antrag hin für den Bau eines Eigenheims ein hypothekarisch gesichertes Darlehen in bestimmter Höhe, im Range nach einer 1. Hypothek, das von einer Bank ausgezahlt und verwaltet wird.

---

11 Maurer § 3 RdNr. 9; Mohl, Die kommunalen öffentlichen Einrichtungen, Diss. Gießen 1988; Hofmann/Muth/Theisen, Kommunalrecht 2.3.4.1.2; vgl. Fall Nr. 5 bei Bovermann/Dünchheim, Examinatorium – Allgemeines Verwaltungsrecht; kritisch Unruh, DÖV 97, 653, 658 ff.

2. Nach positiver Entscheidung auf der 1. Stufe schließt sich ein privatrechtliches Rechtsverhältnis an (2. Stufe, „Erfüllungs- und Abwicklungsstufe").

Im obigen Beispiel wird im Anschluss an den Bewilligungsbescheid ein Darlehensvertrag abgeschlossen, das bewilligte Darlehen tatsächlich ausgezahlt und durch Tilgungs- und Zinszahlungen rückabgewickelt. Mögliche Rechtsformen auf der 2. Stufe sind auch Brgschaften, Werkverträge, Mietverträge[12].

Wichtigste Rechtsfolge einer zweistufigen Gestaltung ist, dass für die Streitigkeiten auf der 1. Stufe der Verwaltungsrechtsweg gegeben ist (insbesondere: Verpflichtungsklage auf Erlass eines Bewilligungsbescheids), während Streitigkeiten auf der 2. Stufe vor die Zivilgerichte gehören (insbesondere der Anspruch der das Darlehen verwaltenden Bank auf Tilgungen und Zinsen).[13] **122**

2.5.2 Das Verwaltungsprivatrecht

Im Privatrecht (des BGB etc.) verfügen die Beteiligten über Privatautonomie, d. h. sie entscheiden völlig frei, ob überhaupt und mit wem sie Verträge schließen und welchen Inhalt Verträge haben. Eine solche Freiheit kann es für die in privatrechtlichen Formen handelnde öffentliche Verwaltung nicht geben, denn für jedes Verwaltungshandeln gilt nach Art 20 Abs. 3 GG die Gesetzesbindung. Unter diesem Aspekt würde völlige Privatautonomie nämlich bedeuten, dass sich die Verwaltung durch eine „Flucht ins Privatrecht" ihren Bindungen entziehen könnte. Dem beugt die (einschränkende) Rechtsfigur des Verwaltungsprivatrechts[14] vor, wonach in solchen Fällen die Grundrechte und weitere öffentlich-rechtliche Bindungen gelten. **123**

Erste Voraussetzung ist, dass ein Träger öffentlicher Verwaltung in privatrechtlichen Formen handelt. Dazu gehört auch das Handeln einer juristischen Person des Privatrechts (GmbH, AG), wenn sich ihre Anteile ganz oder doch überwiegend in der Hand einer öffentlichen Körperschaft befinden. **124**

Beispiele: Die Stadt S betreibt ihre Verkehrsbetriebe in Form einer GmbH oder AG. Diese schließt mit den Fahrgästen privatrechtliche Werkverträge. – Die Stadt S hat ein größeres Baugelände erworben und verkauft die einzelnen Parzellen an Familien mit mehreren Kindern, um diesen die Errichtung von Eigenheimen zu ermöglichen.

Weitere, entscheidende Voraussetzung ist, dass unmittelbar öffentliche Aufgaben erfüllt werden. Das sind in erster Linie durch Gesetz übertragene, außerdem aber auch freiwillig übernommene Aufgaben.

Beispielsweise gehören hierzu Leistungen der Daseinsvorsorge wie die Bereitstellung von Energie und Wasser, die Abfall- und Abwasserbeseitigung, der Betrieb von Sparkassen. Nicht ausreichend ist, dass es sich um wichtige, ja lebenswichtige Aufgaben handelt. Andernfalls würde einerseits der Betrieb von städtischen Theatern und kommunalen Tennisplätzen nicht darunter fallen, wohl aber der Verkauf von Brot und Milch, der aber gerade keine öffentliche, sondern eine Aufgabe der Privatwirtschaft ist.

Kommt Verwaltungsprivatrecht zur Anwendung, hat das mehrere Rechtsfolgen:

1. In erster Linie gelten die **Grundrechte**, vor allem der Gleichheitssatz des Art 3 GG. **125**

---
12 Grundlegende Entscheidung hierzu ist BVerwGE 1, 308; kritisch Bull RdNr. 329
13 vgl. RdNr. 821
14 Grundlegend hierzu die Rechtsprechung des BGH: BGHZ 29, 76, 80; 52, 325, 329; 65, 284, 287; 91, 84, 96 f; BGH DÖV 2004, 439; vgl. Fall Nr. 7 bei Bovermann/Dünchheim, Examinatorium – Allgemeines Verwaltungsrecht; vgl. Unruh DÖV 97, 653, 662.

Beispiele: Vom BGH[15] wurde entschieden, dass eine Stadtwerke-GmbH bei der Ausgabe verbilligter Schülermonatskarten keine Schule (z. B. eine Privatschule) davon ausnehmen darf; ebenfalls wurde vom BGH[16] ein für den Bahnhofsbereich einer privatrechtlich betriebenen Berliner U-Bahn verhängtes Rauchverbot an Art 2 GG gemessen (und für rechtmäßig gehalten); auch die Kündigung eines Girokontos einer Partei durch ein „staatlich beherrschtes Kreditinstitut" wurde vom BGH als nichtig eingestuft[17].

2. Ferner gelten das Gebot, nur notwendige und angemessene Mittel einzusetzen (**Verhältnismäßigkeitsprinzip**[18]), und das Verbot, eine von der Verwaltung zu erbringende Leistung von einer Gegenleistung des Bürgers abhängig zu machen, die in keinem sachlichen Zusammenhang mit der Leistung steht (**Koppelungsverbot**[19]). Weiterhin sind die öffentlich-rechtlichen Zuständigkeitsvorschriften zu beachten.

3. Für Streitigkeiten im Bereich des Verwaltungsprivatrechts bleibt die Erwägung maßgebend, dass das „Basisrecht" Privatrecht ist, woraus die Zulässigkeit des Zivilrechtswegs folgt, selbst wenn die öffentlich-rechtlichen Bindungen eingeklagt werden[20].

126 **2.5.3** Vom ursprünglichen Anwendungsbereich des Verwaltungsprivatrechts wird üblicherweise unterschieden die **Bedarfsdeckungs-Verwaltung** (Beschaffungsverwaltung).

Beispiele: Kauf von Grundstücken zur Errichtung von Verwaltungsgebäuden, Kauf von Fahrzeugen, Maschinen, Büromaterial. Vergabe von Aufträgen (z. B. Aufträge zum Abschleppen von liegengebliebenen Fahrzeugen durch die Polizei, zum Bau von Verwaltungsgebäuden, zum Bau von Straßen).

In diesen Fällen greift die Zwei-Stufen-Theorie nicht ein, weil keine formalisierte öffentlich-rechtliche Entscheidung ergeht. Zwar erfolgt die Vergabe von Aufträgen nach Vergabeordnungen. Diese sind jedoch keine öffentlich-rechtlichen Vorschriften, sondern privatrechtliche „Allgemeine Geschäftsbedingungen", im übrigen auch nur verwaltungsinterner Natur. Die Entscheidung durch einen Vergabeausschuss der Gemeinde hat ebenfalls bloß eine verwaltungsinterne Bedeutung.

127 Umstritten ist aber, ob auch hier Verwaltungsprivatrecht eingreift und die öffentliche Hand deshalb an die Grundrechte, insbesondere an Art 3 GG gebunden ist.

Die überwiegende Rechtsprechung hält bisher an der Auffassung fest, Verwaltungsprivatrecht greife nur ein, wenn unmittelbar öffentliche Aufgaben erfüllt werden. Das ist aber (noch) nicht der Fall, wenn die Polizei ein Fahrzeug kauft, sondern erst dann, wenn sie das Fahrzeug verwendet. Beim Kauf des Fahrzeugs wird dem liefernden Unternehmen gegenüber keine Verwaltungsaufgabe erfüllt. Der Kauf schafft lediglich die Voraussetzungen dafür, dass öffentliche Aufgaben gegenüber dem Bürger erfüllt werden können und dient daher nur mittelbar öffentlichen Zwecken. Hinter dieser Auffassung steht die Überlegung, dass die öffentliche Hand bei der Auswahl ihrer Lieferanten nach Zweckmäßigkeit und Wirtschaftlichkeit entscheiden kann, ebenso wie die Privatwirtschaft.

---

15 BGHZ 52, 325
16 BGHZ 79, 111, 115
17 BGH DÖV 2004, 439
18 Im Detail unten RdNr. 400
19 Z.B. Bay VGH DVBl 2004, 975
20 So BGHZ 92, 94/6. – Auch Ersatzansprüche richten sich nach Privatrecht, nicht nach Art 34 GG (BGH NJW 81, 976).

Jedenfalls darf die öffentliche Hand niemals willkürlich[21] handeln. Infolge dieses Willkürverbots besteht kein wesentlicher Unterschied mehr zu der Auffassung, nach der Art 3 GG anzuwenden ist.

128

Da die Verwaltung in diesem Bereich am Wirtschaftsverkehr teilnimmt, unterliegt sie auch dem Kartellrecht. Vielfach ist sie hierbei sogar marktbeherrschend iSd § 19 Abs. 2 des Gesetzes gegen Wettbewerbsbeschränkungen. Sie unterliegt deshalb dem Diskriminierungsverbot[22].

2.6 Abschließend zur Behandlung der Unterscheidung öffentliches Recht – Privatrecht ist darauf hinzuweisen, dass die Träger öffentlicher Verwaltung ihre **öffentlich-rechtlichen und ihre privatrechtlichen Befugnisse** grundsätzlich zu trennen haben. Ohne gesetzliche Grundlage dürfen sie nicht hoheitlich, etwa durch Verwaltungsakte, in privatrechtliche Beziehungen eingreifen. Umgekehrt dürfen sie nicht privatrechtliche Verträge über die öffentlich-rechtlichen (hoheitlichen) Befugnisse schließen.

129

Beispielsweise ist deshalb ein privatrechtlicher Vertrag, in dem sich eine Gemeinde zur Erteilung einer Baugenehmigung oder zum Erlass eines Bebauungsplanes verpflichtet, nichtig[23]. Nichtig ist auch ein Vertrag, in dem sich eine Gemeinde, die einen Betrieb verpachtet, vom Pächter versprechen lässt, dass dieser die betrieblichen Verhältnisse in bestimmter Weise gestaltet, damit die Gewerbesteuern der Gemeinde zufließen[24].

3. Rechtsquellen und Rechtsnormen

3.1 Nach Art 20 Abs. 3 GG ist die Verwaltung „an Gesetz und Recht" gebunden. Der Bürger kann sich gegenüber der Verwaltung auf „sein Recht" berufen. Welche Anforderungen müssen erfüllt sein, damit etwas „Recht" in diesem Sinne ist?

130

In weiten Bereichen ist dies nicht problematisch. So besteht kein Zweifel, dass ein Verwaltung und Bürger bindendes Recht vorliegt, wenn in einem Gesetz über die Ablegung einer Prüfung bestimmt ist, dass die Prüfung bei Nichtbestehen nur einmal wiederholt werden darf. Andererseits liegt sicherlich kein verbindliches Recht vor, wenn eine Fraktion im Rat der Stadt den Beschluss fasst, auf einen Einstellungsstop hinzuwirken. Bestimmt aber das Kultusministerium in einem Erlass, dass eine Prüfung wiederholt oder nicht wiederholt werden darf oder dass bestimmte Lehrerstellen nicht besetzt werden dürfen – ist das für Behörden, Betroffene und Gerichte verbindliches „Recht"?

3.2 Was für Behörde und Bürger verbindlich ist, ergibt sich nicht schlechthin aus „Recht und Gesetz", sondern aus **einzelnen Rechtsnormen**.

131

Beispiele zu sinngleichen Begriffen für „Rechtsnorm": „Rechtssatz", „Norm", „Rechtsvorschrift", „Gesetz in einem weiteren Sinne". Auch der Begriff der „Rechtsquelle" wird in einem ähnlichen Sinne verwandt. Rechtsquelle ist eine „Rechtserkenntnisquelle": Aus Rechtsquellen ergibt sich, dass etwas den Verbindlichkeitsanspruch einer Rechtsnorm hat.

Für die Verwendung des Begriffs „(Rechts-)Norm" spricht, dass sich dieser bei vielen damit zusammenhängenden Begriffen eingebürgert hat, wie z. B. bei Normenkontrolle, Normzweck, Normadressat. – Die genauere Beschreibung und Deutung der Rechtsnormen und die Unterscheidung insbe-

---

21 BGHZ NJW 77, 628, 629 und DÖV 2004, 439 (dort insbesondere zum Willkürverbot).
22 BGHZ 36, 102; 69, 59; vgl. Fall Nr. 8 bei Bovermann/Dünchheim, Examinatorium Allgemeines Verwaltungsrecht
23 BGHZ 76, 16
24 BGHZ 66, 199

sondere in vollständige und unvollständige Normen, Antwort-, Hilfs- und Gegennormen ist Gegenstand der juristischen Methodenlehre[25].

132 **3.3** Also besteht das Recht, das für Bürger und Verwaltung verbindlich ist, aus Rechtsnormen. Wird dementsprechend eine Definition des Begriffs der Rechtsnorm gesucht, zeigt sich, dass es keine einheitliche Deutung gibt. Eine Rechtsnorm liegt vor, wenn die Voraussetzungen für eine der Rechtsnormarten gegeben sind. Diese **Arten der Rechtsnormen** unterscheiden sich wie folgt:

133 **3.3.1** Das **Verfassungsrecht** der Bundesrepublik Deutschland ergibt sich aus dem Grundgesetz (Bundesverfassungsrecht) und den Verfassungen der Länder (Landesverfassungsrecht). Es ist auch für die Beziehungen zwischen der Verwaltung und den Bürgern von großer Bedeutung: Zahlreiche Vorschriften des Verwaltungsrechts konkretisieren verfassungsrechtliche Leitvorschriften (z. B. konkretisiert das Sozialgesetzbuch das Sozialstaatsprinzip des Art 20 Abs. 1 GG).

Das wird üblicherweise so ausgedrückt: **Verwaltungsrecht ist konkretisiertes Verfassungsrecht**[26]. Deshalb sind Verwaltungsgesetze mit Blick auf die Grundprinzipien der Verfassung auszulegen und anzuwenden (verfassungskonforme Auslegung der Gesetze).

134 **3.3.2** Die wichtigste Rechtsquelle ist das **formelle Gesetz** (in Abgrenzung zur Verfassung auch: „einfaches Gesetz"). Formelles Gesetz ist jede Regelung, die von den verfassungsmäßigen Gesetzgebungsorganen auf dem in der Verfassung für Gesetze vorgesehenen Weg erlassen wurde. Die verfassungsmäßigen Gesetzgebungsorgane sind im demokratischen Rechtsstaat die Parlamente. Formelles Gesetz ist deshalb jedes vom Parlament „im Wege der Gesetzgebung" beschlossene Gesetz. Die meisten formellen Gesetze werden auch in ihrem Namen als „Gesetz" bezeichnet (z. B. das VwVf**G**, Bau**GB**, St**GB**). Die Bezeichnung ist aber nicht entscheidend; förmliche Gesetze sind auch die Zivilprozessordnung (ZP**O**), Verwaltungsgerichtsordnung (Vw**GO**), Abgabenordnung (A**O**), Gemeindeordnung (G**O**).

Demgegenüber ist die Straßenverkehrsordnung (StV**O**) nur eine Rechtsverordnung (vgl. nachfolgend RdNr. 135).

Sinngleich mit dem „formellen Gesetz" ist der in Art 104 Abs. 1 GG verwandte Begriff „förmliches Gesetz".

Zum begrifflichen Gegenstück „materiellen Gesetz" noch unten RdNr. 167.

135 **3.3.3 Rechtsverordnung** (Rechts**VO** oder **VO**) ist eine Regelung, die von einer Regierungs- oder Verwaltungsbehörde aufgrund einer (im formellen Gesetz enthaltenen) Ermächtigung erlassen worden ist. Es handelt sich um eine Rechtsetzung durch die Exekutive. Dies bedeutet deshalb eine Abweichung vom strengen Gewaltenteilungsprinzip, ist aber in den Verfassungen (Art 80 GG, Art 70 LandesverfNRW) ausdrücklich vorgesehen und unentbehrlich, um das Parlament von weniger grundlegenden, meist mehr technischen

---

25 Vgl. Schwacke, Juristische Methodik (vpw), 1. Abschnitt, 3.2 und 3.3; Schmalz, Methodenlehre für das juristische Studium RdNr. 89ff und 102ff.
26 Im Anschluss an Werner DVBl 58, 527

Regelungen zu entlasten[27]. Das bedeutet aber nicht, dass Rechtsverordnungen keine größere Bedeutung hätten.

<small>Beispiele für in der Praxis besonders wichtige Verordnungen sind z. B. die Fahrerlaubnisverordnung (FeV), die Straßenverkehrsordnung (StVO), die Straßenverkehrszulassungsordnung (StVZO), die Baunutzungsverordnung (BauNVO). Der Zahl nach werden weit mehr Rechtsverordnungen als Gesetze erlassen, die zum Teil auch die Rechtsprechung beschäftigen[28]. Zur Vertiefung sei auf die Kommentarliteratur zu Art 80 GG verwiesen.</small>

3.3.4 Satzung ist eine öffentlich-rechtliche Regelung, die ein selbständiger, dem Staate eingegliederter Verwaltungsträger kraft der ihm verliehenen Satzungsautonomie zur Regelung seiner eigenen Angelegenheiten in dem dafür vorgesehenen förmlichen Verfahren erlassen hat. Ebenso wie für die (Rechts)-VO ist auch für den Erlass einer Satzung eine gesetzliche Ermächtigung erforderlich, die aber in einer allgemein gehaltenen Generalklausel bestehen kann. 136

Die Satzung ist die typische Rechtssetzungsform der Gemeinden; es gibt z. B. Bürgerbegehrenssatzungen, Steuersatzungen, Satzungen über die Nutzung gemeindlicher Anstalten wie Freibad, Kanalisation, Müllabfuhr, Friedhof und Erschließungsbeitragssatzungen. Eine typische Ermächtigung hierfür ist § 7 Abs. 1 GemeindeO NRW: „Die Gemeinden können ihre Angelegenheiten durch Satzung regeln, soweit Gesetze nichts anderes bestimmen."[29] 137

3.4 Bisher wurde nur das von Organen der Bundesrepublik Deutschland, insbesondere von Bund und Ländern einschließlich der Gemeinden, erlassene Recht behandelt: (staatlich-)nationales Recht. Daneben gibt es überstaatliche Rechtsquellen. Aus ihnen kann sich innerstaatlich wirkendes, die Beziehungen zwischen Verwaltungsbehörden und Bürger regelndes Recht nur ergeben, wenn eine solche Wirkung durch die staatliche Rechtsordnung angeordnet ist. Es bedarf also einer innerstaatlichen normativen Grundlage. 138

3.4.1 Normative Grundlage für die Geltung von **Völkerrecht** kann zunächst Art 25 GG sein. Danach sind „die allgemeinen Regeln des Völkerrechts... Bestandteil des Bundesrechts". Eine solche allgemeine Regel ist der Satz: Pacta sunt servanda[30]. 139

Das sonstige Völkerrecht gilt dagegen nicht ohne weiteres, sondern nur dann, wenn es durch ein staatliches Gesetz in deutsches Recht transformiert worden ist (vgl. hierzu Art 59 Abs. 2 S. 1 GG). So ist beispielsweise die Konvention zum Schutz der Menschenrechte und Grundfreiheiten (MRK), die im Jahre 1950 durch Vertrag zwischen zwölf europäischen Staaten vereinbart wurde, durch Bundesgesetz[31] in innerdeutsches Recht transformiert worden und hat seitdem die Wirkung eines (einfachen) Bundesgesetzes.

<small>27 Zur Abgrenzung zwischen Verordnung und Allgemeinverfügung: VGH Bad.-Württ. DÖV 2005, 126 ; vgl. auch unten RdNr. 313ff
28 Vgl. als Beispiele: HambOVG DVBl 2005, 259; VHG Bad.-Württ. DVBl 2005, 259
29 Beispiele und Vertiefungen bei: Hofmann/Muth/Theisen, Kommunalrecht 2.4 bis 2.4.6.
30 BVerfGE 31, 145, 178; 6, 309, 363
31 Vom 7. 8. 1952, BGBl II S. 685</small>

140 **3.4.2** Das als **supranationales Recht** bezeichnete Recht der Europäischen Gemeinschaft (EG) findet sich zunächst in den Gründungsverträgen[32] und dem **EG-Vertrag** – in der Fassung des Vertrages von Nizza (vgl. Art 23 GG).

141 Diese bilden das **primäre Gemeinschaftsrecht**. Es ist nach denselben Regeln in Kraft getreten wie (sonstiges) Völkerrecht, nämlich durch ein den Vertrag in deutsches Recht transformierendes Bundesgesetz[33].

> Beispiel für eine unmittelbar anwendbare Rechtsnorm des primären EG-Rechts ist das Verbot, zwischen den Mitgliedstaaten Ein- und Ausfuhrzölle und Abgaben gleicher Wirkung zu erheben (Art 23 Abs. 1 EG-Vertrag)[34].

142 Im EG-Vertrag ist der Gemeinschaft die Befugnis eingeräumt, selbst Recht zu setzen **(sekundäres Gemeinschaftsrecht)**. Grundlegend hierfür ist Art 249 Abs. 1 EG-Vertrag:

„Zur Erfüllung ihrer Aufgaben und nach Maßgabe dieses Vertrages erlassen das Europäische Parlament und der Rat gemeinsam, der Rat und die Kommission Verordnungen, Richtlinien und Entscheidungen, sprechen Empfehlungen aus oder geben Stellungnahmen ab".

143 Die hier genannten **Verordnungen** haben allgemeine Geltung; sie sind „in allen ihren Teilen verbindlich und gelten unmittelbar in jedem Mitgliedstaat" (Art 249 Abs. 2 EG-Vertrag).

> Beispiel für eine frühe Verordnung[35] ist die EWG-KartellVO von 1962, aufgrund derer die EG-Kommission unmittelbare Verwaltungsbefugnisse auch in der Bundesrepublik Deutschland hat und z. B. bei Verletzung von EG-Wettbewerbsregeln Bußgelder gegenüber Unternehmen festsetzen kann (was inzwischen wiederholt – und pressewirksam – geschehen ist).

144 Eine **Richtlinie** ist nach Art 249 Abs. 3 EG-Vertrag für die betroffenen Mitgliedstaaten „hinsichtlich des zu ereichenden Ziels verbindlich, überlässt jedoch den innerstaatlichen Stellen die Wahl der Form und der Mittel". Das bedeutet, dass Richtlinien jeweils der Transformation durch nationale Rechtsvorschriften bedürfen.

> Beispiel für eine Richtlinie: Richtlinie über Umweltverträglichkeit bei bestimmten öffentlichen und privaten Projekten, umgesetzt durch das deutsche „Gesetz zur Umsetzung der Richtlinie über die Umweltverträglichkeitsprüfung" (vgl. auch – als Ergebnis – das UmweltverträglichkeitsprüfungsG).[36]

145 Eine **Entscheidung** im Sinne von Art 249 Abs. 4 EG-Vertrag ist „für diejenigen verbindlich, die sie bezeichnet". Sie entfaltet somit individuelle Wirkung für den

---

32 Vgl. oben RdNr. 88, insbesondere Vertrag zur Gründung der Europäischen Wirtschaftsgemeinschaft von 1957 (EWG-Vertrag), jetzt in der Fassung des Vertrages von Nizza (EG-Vertrag) vom 21.2.2001, BGBl 2001 II, S. 1667, 1671; vgl. Fischer, Europarecht § 1 RdNr. 26
33 Vgl. zum EWG-Vertrag das Gesetz vom 27. 7. 1957, BGBl II S. 753
34 Dazu BVerwGE 54, 285 – bezogen auf § 9 EG-Vertrag in der früheren Fassung. Beispielsfall zum Verbot von Einfuhrbeschränkungen nach Art 28 EG-Vertrag und dem Reinheitsgebot für Bier bei Bovermann/Dünchheim, Examinatorium Allgemeines Verwaltungsrecht, Fall Nr. 13. Umfassend und mit zahlreichen Beispielen zu unmittelbar anwendbaren Vertragsnormen: Fischer, § 6 RdNr. 8
35 Vgl. auch Fischer, § 5 RdNr. 30 f
36 Zur Feststellung von EG-Vertrags-Verstößen der Bundesrepublik Deutschland wegen Nichtumsetzung von EG-Richtlinien oder nicht-fristgemäßer Umsetzung vgl. die Urteile des EuGH NVwZ 97, 369, 370, 371. Zum Schadensersatz eines Bürgers, wenn ein Mitgliedstaat es unterlässt, eine EG-Richtlinie national umzusetzen: EuGH NJW 92, 165 ; EuGH NVwZ 97, 1205; Bestätigung der EuGH-Rechtsprechung durch BVerwG, DVBl. 99, 44 und BVerfG, DVP 2000, 302; DVBl. 2000, 900; BGH NVwZ 2001, 465. Zur den Folgen einer Nichtumsetzung von EG-Recht durch die Legislative allgemein: v. Danwitz NWVBl 97, 7; Fischer, JA 2000, 348; Gundel, DVBl. 2001, 95.

Adressaten und ähnelt insoweit dem VA nach deutschem Recht. Die Entscheidung ist für den Betroffenen unmittelbar bindend, ohne dass es hierzu eines innerstaatlichen Umsetzungsaktes bedarf; an der Durchsetzung der Entscheidung wirken die innerstaatlichen Stellen allerdings mit (z. B. in der Vollstreckung). Adressat einer solchen Entscheidung nach Art 249 Abs. 4 EG-Vertrag kann ein Mitgliedstaat oder jede Privatperson (natürliche oder juristische Person) sein.

Beispiel für eine Entscheidung gegenüber einem Mitgliedstaat ist die Entscheidung nach Art 88 Abs. 2 EG-Vertrag, eine einem Unternehmen unter Verstoß gegen Art 87/88 EG-Vertrag gewährte Beihilfe aufzuheben oder umzugestalten. – Beispiel für eine gegenüber einer Privatperson (meist Unternehmer oder Unternehmen) erlassene Entscheidung ist die (hauptsächlich im Bereich des Kartellrechts nach Art 81ff EG-Vertrag vorkommende) Festsetzung von Geldbußen oder Anordnung von Prüfungen und Durchsuchungen. Hiergegen können die Betroffenen sich mit einer Klage beim EuGH nach Art 230 Abs. 4 EG-Vertrag zur Wehr setzen.

146 Insgesamt bilden somit das primäre und das sekundäre Gemeinschaftsrecht eine neben den staatlichen Rechtsquellen stehende supranationale Rechtsquelle von praktisch erheblicher und ständig zunehmender Bedeutung. Die konkreten Einflüsse auf Normen des Verwaltungsrechts werden in diesem Buch im jeweiligen Einzelzusammenhang erörtert.

Vgl. etwa zur Rücknahme gemeinschaftsrechtswidriger VAe unten RdNr. 532 ff. [37]

3.5 Weitere Rechtsquellen

147 **3.5.1** Eine auf das Arbeitsrecht beschränkte, wegen der Angestellten und Arbeiter im öffentlichen Dienst aber auch für die öffentliche Verwaltung bedeutsame Rechtsquelle ist das Tarifrecht. Nach § 1 TarifvertragsG enthält der **Tarifvertrag** „Rechtsnormen, die den Inhalt, den Abschluss und die Beendigung des Arbeitsverhältnisses sowie betriebliche und betriebsverfassungsrechtliche Fragen ordnen können." Diese Rechtsnormen gelten nach § 4 Abs. 1 TarifvertragsG „unmittelbar und zwingend zwischen den beiderseits Tarifgebundenen . . ." . Eine darüber hinausgehende Geltung besteht im Fall der Allgemeinverbindlichkeitserklärung (§ 5 TVG[38]).

Vorbemerkung zu RdNr. 148–161: Das bisher behandelte Recht besteht aus geschriebenen Rechtsnormen, deren Geltung und Inhalt prinzipiell nicht zweifelhaft ist. Bei den folgenden Rechtsquellen ist entweder zweifelhaft, ob sie überhaupt Geltungsgrund für Rechtsnormen sind, oder es ist ihr Inhalt problematisch, d. h. Voraussetzungen oder Rechtsfolgen sind mehr oder weniger unbestimmt.

148 **3.5.2** Es gibt grundlegende **Rechtsprinzipien**, deren Geltung außer Zweifel steht. Sie werden bezeichnet als „verfassungsgestaltende Grundentscheidungen".

In erster Linie gehören hierzu die in Art 20 GG niedergelegten obersten Verfassungsprinzipien, von denen für die öffentliche Verwaltung die folgenden bedeutsam sind:

---

[37] Zahlreiche Beispiele des stetig wachsenden Einflusses bei: Fischer, Europarecht, § 6ff; Kadelbach, Allgemeines Verwaltungsrecht unter europäischem Einfluss, S. 108ff, S. 150ff, S. 296ff. Zum Einfluss des EG-Rechts auf das nationale Verwaltungsverfahrensrecht: EuGH NVwZ 98, 45 mit Anmerkung von Happe, NVwZ 98, 26. Zum Einfluss des EG-Rechts auf die Verwaltungspraxis der Städte und Gemeinden vgl. Hofmann, DVP 99, 237; Hofmann/Muth/Theisen, Kommunalrecht 1.2.1; zur Europäisierung des Verwaltungsprozessrechts Dünchheim, VR 2003, 361ff
[38] Dazu BVerfGE 44, 322

149 1. Demokratie (Art 20 Abs. 1 GG): Auch die Mitglieder der Verwaltung sind sämtlich (mittelbar[39]) demokratisch legitimiert, indem sie letztlich von der Verwaltungsspitze (Regierung) ernannt und kontrolliert werden und die Regierung ihrerseits nach dem Prinzip der parlamentarischen Demokratie vom Vertrauen des vom Volke gewählten Parlaments abhängt. Dem entspricht, **dass jeder Amtswalter letztlich dem Volke gegenüber verantwortlich** ist, was durch die (bereits im 2. Abschnitt behandelte) Aufsicht der Regierung gewährleistet wird und in die politische Verantwortung der Regierung gegenüber dem Parlament mündet.

150 2. Rechtsstaat: Hervorzuheben sind die **strikte Bindung der öffentlichen Verwaltung an Gesetz und Recht** (Art 20 Abs. 3 GG), an die Grundrechte und das Verhältnismäßigkeitsprinzip.

151 3. Sozialstaatsprinzip (Art 20 Abs. 1 GG): Innerhalb der der Verwaltung eingeräumten Handlungs- und Entscheidungsspielräume hat jede Verwaltungsbehörde **auf soziale Gerechtigkeit hinzuwirken**.

4. Aus dem Prinzip der **Bundesstaatlichkeit** (Art 20 Abs. 1 GG) ergibt sich vor allem die Trennung der Bundes- und der Landesverwaltung sowie ihr Zusammenwirken.

Als weitere Prinzipien sind anzuerkennen:

152 5. Das **Vertrauensschutzprinzip**. Danach muss jeder Teilnehmer am Rechtsverkehr, der bei einem anderen das Vertrauen in ein bestimmtes Verhalten oder in einen bestimmten Zustand erweckt hat, sein Verhalten in dem Maße an dem erweckten Vertrauen ausrichten, als dieses Vertrauen schutzwürdig ist.

Beispiel ist hierfür die detaillierte Ausgestaltung des Vertrauensschutzabwägungen in § 48 Abs. 2 Satz 1–3 VwVfG.

153 6. Das **Prinzip von Treu und Glauben** (z. B. im BGB: § 242) und das Missbrauchsverbot. Danach darf keine Rechtsposition geltend gemacht oder ausgeübt werden, soweit dies treuwidrig ist oder eindeutig im Widerspruch zu ihrem Zweck steht.

Beispiel: Umweltschützer protestieren in einem Landschaftsschutzgebiet, das durch den geplanten Bau einer Straße zerstört werden könnte, gegen das Vorhaben durch einen Info-Stand und durch Plakate . Gegen sie wird durch Verbotsverfügung und Bußgeldbescheid eingeschritten, weil ihr Verhalten im Landschaftsschutzgebiet verboten sei – Fall eines Missbrauchs der zum Schutz der Landschaft erlassenen Vorschriften.

154 7. Das Gebot zum Schutze der natürlichen Lebensgrundlagen und der sonstigen Umwelt. Rechtsgrundlage ist vor allem Art 20 a GG; auch die Landesverfassungen haben teilweise ausdrückliche Umweltschutzgebote aufgenommen[40].

Beispiele: Art 29 a Verf NRW; Art 141 Verf Bay. – Letztlich kann das Gebot zum Umweltschutz auch aus Art 1 Abs. 1 GG (Würde des Menschen) hergeleitet werden. Denn hierzu gehört auch, dass die gegenwärtig lebenden Menschen nicht die Güter gefährden, ohne die künftige Generationen kein Leben in Menschenwürde führen können (Prinzip der Nachhaltigkeit[41]).

---

39 Zur **un**mittelbaren demokratischen Legitimation der (Ober-)Bürgermeister als Hauptkommunalbeamte vgl. Hofmann/Muth/Theisen, Kommunalrecht 2.7.3
40 Vgl. Schink, DÖV 97, 221
41 Vgl. Ketteler NuR 2002, 513; Sieben NvwZ 2003, 1173

Besondere Bedeutung hat das im Verwaltungsrecht, weil bei den meisten Umweltschädigungen die Verwaltung mitwirkt, sei es durch eigenes Verwaltungshandeln (z. B. Straßenbau), sei es durch Erteilung von Genehmigungen (z. B. für emittierende Anlagen).

Die grundlegenden Rechtsprinzipien sind trotz ihrer unzweifelhaften Geltung und ihres hohen Ranges keine ohne weiteres anwendbaren Rechtsnormen. Dafür sind ihre Voraussetzungen und ihre Rechtsfolgen teilweise zu unbestimmt.

Beispielsweise kann der einzelne Bürger nicht allein nach dem Vertrauensschutzprinzip einen Anspruch darauf haben, dass ein Gebietsentwicklungsplan durchgeführt oder ein Bebauungsplan nicht geändert wird. „Vertrauensschutz" allein ist kein rechtsbegründender oder rechtsändernder Tatbestand. – Die finanzielle Unterstützung eines traditionsreichen Fußballvereins durch die öffentliche Hand lässt sich nicht etwa allein damit begründen, dies entspreche dem Willen der Mehrheit der Bürger und sei daher vom Demokratieprinzip geboten. – Aus der Pflicht des Staates zum Umweltschutz allein lässt sich nicht herleiten, dass eine bestimmte Autobahnstrecke nicht gebaut werden darf.

Vielmehr ist es erforderlich, aus einem Rechtsprinzip konkret gefasste Rechtsnormen abzuleiten. Soweit dies bereits durch eine (oben behandelte, unter RdNr. 130 ff fallende) Rechtsnorm, insbesondere durch ein Gesetz, geschehen ist, geht diese Rechtsnorm vor. Rechtsprinzipien haben daher **nur subsidiäre Geltung** gegenüber den Gesetzen, Rechtsverordnungen und Satzungen. Soweit es aber für die Lösung eines Rechtsproblems keine Regelung in einem Gesetz, einer (Rechts-)VO oder Satzung gibt, ist es zulässig, aus einem allgemein geltenden Rechtsprinzip konkrete Rechtsfolgen abzuleiten. 155

Beispielsweise hat das Bundesverfassungsgericht festgestellt: „Aus dem Grundsatz der Rechtsstaatlichkeit lässt sich der Verfassungsrechtsatz ableiten, dass belastende Steuergesetze grundsätzlich ihre Wirksamkeit nicht auf abgeschlossene Tatbestände erstrecken dürfen."[42]

3.5.3 Gewisse **öffentlich-rechtliche Vereinbarungen** können normsetzende Kraft haben. 156

Beispielsweise gilt das für eine öffentlich-rechtliche Vereinbarung zwischen zwei Gemeinden gemäß § 23 Gesetz über kommunale Gemeinschaftsarbeit NRW, wonach sich eine Gemeinde gegenüber einer anderen verpflichtet, bestimmte Aufgaben auch für die andere Gemeinde durchzuführen[43].

3.5.4 Das **Gewohnheitsrecht** ist die älteste Rechtsquelle, denn ursprünglich gab es nur Gewohnheitsrecht. Es ist zu unterscheiden vom staatlich gesetzten Recht[44]. 157

Gewohnheitsrecht besteht (nur) unter folgenden Voraussetzungen:

1. Rechtssatzmäßige Formulierbarkeit. – Beispiel ist der Aufopferungsgrundsatz: „Wird jemand durch Hoheitsakt im öffentlichen Interesse ein Nachteil an seinen nichtvermögenswerten Rechtsgütern wie Leben, Gesundheit, Körper und Freiheit zugefügt, so hat er gegen den Begünstigten einen Anspruch auf Entschädigung."

2. Langdauernde und allgemeine Übung. Zum angesprochenen Beispiel der Aufopferung lässt sich feststellen, dass zumindest seit der Formulierung des Aufopferungsgrundsatzes in § 75 der Einleitung zum Allgemeinen Landrecht für die preußischen Staaten von 1794 (Einl ALR) auch in Gebieten, in

---

42 BVerfGE 13, 261
43 Dazu im einzelnen: Hofmann/Muth/Theisen, Kommunalrecht 6.1
44 Wolff/Bachof/Stober I § 25 RdNr. 12 ff; Faber § 11 I.

denen das Preußische ALR nicht galt, Entschädigung verlangt und gewährt worden ist.

3. Allgemeine Überzeugung der Beteiligten, dass diese Übung rechtlich geboten ist. In den Aufopferungsfällen lag den Entschädigungsverlangen und -gewährungen die Überzeugung zugrunde, dass ein finanzieller Ausgleich von der Gerechtigkeit gefordert wird. Somit ist der Aufopferungsgrundsatz gewohnheitsrechtlich anerkannt.

158 In der Praxis ist es allerdings sehr schwierig, anhand vorstehender Kriterien zu entscheiden, ob Gewohnheitsrecht vorliegt. Zunächst gibt es keine Hilfsmittel, um in schwierigen Fällen die Voraussetzungen 2) und 3) zuverlässig festzustellen. Selbst bei einem so einhellig anerkannten Gewohnheitsrechtssatz wie dem oben behandelten Aufopferungsgrundsatz wäre ein außerordentlicher Aufwand erforderlich, um die „langdauernde und allgemeine Übung in der Überzeugung rechtlicher Gebotenheit" wirklich zweifelsfrei festzustellen. Im Grunde begnügt man sich mit der allgemeinen Überzeugung, es bestehe ein Gewohnheitsrecht.

Beispiele für verwaltungsrechtliches Gewohnheitsrecht : Kurtaxe (die ohne gewohnheitsrechtliche Akzeptanz mit Art 11 GG unvereinbar wäre); Gemeingebrauch am Meeresstrand. – Eine (Kommunal-)Verfassungsbeschwerde kann sogar gegen Gewohnheitsrecht gerichtet werden[45]. – Gewohnheitsrecht, das nur örtlich gilt, wird als „Observanz" bezeichnet[46].

159 3.5.5 Problematisch ist, inwieweit Präjudizien als **sog. Richterrecht** als allgemeinverbindliche Rechtsquellen anzuerkennen sind. Grundsätzlich ist es Aufgabe der Gerichte, Recht anzuwenden, um im Einzelfall aus den Rechtsvorschriften eine Entscheidung zum Abschluss des vorliegenden Falls zu finden – also eine Rechtsfolge festzustellen. Die Rechtsanwendung auf den Einzelfall ist naturgemäß etwas anderes als das Setzen allgemeinverbindlicher Rechtsnormen. Jedoch regeln die Gesetze nicht alle auftretenden Probleme, sondern lassen Auslegungszweifel und Lücken. Auch und gerade in solchen Fällen sind die Gerichte zu einer Entscheidung verpflichtet; „Rechtsverweigerung" ist ihnen untersagt. Die Entscheidung bei Auslegungszweifeln oder Gesetzeslücken geschieht ähnlich wie die Rechtsetzung. Deshalb könnte es sich, soweit solche Entscheidungen auch auf andere Fälle übertragen werden können, um etwas ähnliches wie eine Rechtsquelle handeln.

In einigen Fällen wird dies ausdrücklich gesetzlich angeordnet: Nach § 31 Abs. 2 BVerfGG haben gewisse Entscheidungen des Bundesverfassungsgerichts Gesetzeskraft (und sind deshalb im Bundesgesetzblatt zu veröffentlichen). Das gilt insbesondere für Normenkontrollentscheidungen nach Art 93 Abs. 1 Nr. 2 GG.

Weitere Beispiele: Auch Normenkontrollentscheidungen der Oberverwaltungsgerichte sind allgemeinverbindlich (§ 47 Abs. 5 Satz 2 VwGO).[47] – Steht in mehr als 20 Verwaltungsgerichtsverfahren die Rechtmäßigkeit einer behördlichen Maßnahme in Frage, so kann das Gericht durch eines (oder einzelne) der Gerichtsverfahren als **Musterverfahren** durchführen und die anderen Verfahren vorerst aussetzen (so § 93 a VwGO).

160 Von solchen – gesetzlich festgelegten – seltenen Sonderfällen abgesehen kommen als verbindlich die allgemeinen Regeln in Betracht, mit denen die

---

45 Nach VerfGH NRW DÖV 83, 28
46 BVerwG DVBl 79, 116; vgl. Hofmann/Muth/Theisen, Kommunalrecht 1.2.3.2.
47 Vgl. – mit Tenorierungsbeispiel – unten RdNr. 993

Gerichte ihre Urteile begründen müssen, sofern klare gesetzliche Vorschriften nicht vorhanden sind. Diese Regeln werden häufig rechtssatzmäßig formuliert und bei einem Abdruck in juristischen Zeitschriften oder in der amtlichen Sammlung als sog. **Leitsätze** vorangestellt. Das zeigt eine gewisse Ähnlichkeit mit Rechtsnormen.

Es besteht aber Einigkeit darüber, dass weder Gerichte noch Verwaltungsbehörden oder Bürger an solche Leitsätze (vorhergehender Entscheidungen) wie an Gesetze gebunden sind.

Beispielsweise ist es deshalb formal nicht zu beanstanden – wenngleich bedenklich –, dass das Bundesfinanzministerium seit jeher in sog. Nichtanwendungserlassen bestimmt, dass gewisse, näher bezeichnete Urteile des Bundesfinanzhofes „über den Einzelfall hinaus nicht anzuwenden sind".[48]

Die Gerichte entscheiden (bis auf die genannten gesetzlich geregelten Ausnahmen) immer nur mit Wirkung für den konkret vorliegende Einzelfall; sie „setzen" also kein – allgemeinverbindliches – Recht. Andererseits wird eine Verwaltungsbehörde von einer (möglicherweise ständigen) höchstrichterlichen) Rechtsprechung nicht ohne besonderen Grund abweichen. Dies verbieten (wenn die Sachlage wirklich identisch ist):

a) das (aus dem Rechtsstaatsprinzip abzuleitende) Gebot der Rechtssicherheit

(tatsächlich verlassen sich ja Bürger und Behörden weitgehend auf die Entscheidungen der Gerichte)

sowie

b) der Gleichheitssatz des Art 3 GG.

„Richterrecht" bedeutet also nur, dass die von einem Gericht (bei der Entscheidung eines vorhergehenden Einzelfalles) vertretene Meinung als gewichtiges Argument bei der Entscheidung einer vom Gesetz nicht eindeutig geregelten Frage zu behandeln ist. Eine weitergehende Bindung besteht nicht. Deshalb ist, sofern sich aus dem konkret zu entscheidenden Falle ein hinreichender Grund ergibt, (für ein Gericht, für eine Verwaltungsbehörde oder für einen sonstigen Rechtsanwender) eine Abweichung auch von einer ständigen höchstrichterlichen Rechtsprechung möglich. 161

Insoweit hat „Richterrecht" jedenfalls **nicht die gleiche Bedeutung**[49], wie sie die (anderen) Rechtsquellen haben. Ob im übrigen der Ausdruck Richter-"recht" zutreffend ist, ist mehr eine semantische Frage; korrekter ist es, hier von Präjudizien zu sprechen.

3.6 Die Bedeutung von Inhalt und Form für das begriffliche Vorliegen einer Rechtsnorm

3.6.1 Rechtsnormen werden wegen ihres **Inhalts** erlassen, also mit Rücksicht auf die darin enthaltene materielle Regelung. Inhaltlich sind Rechtsnormen sehr unterschiedlich. Sie reichen 162

– von den „unverletzlichen und unveräußerlichen Menschenrechten als Grundlage jeder menschlichen Gemeinschaft" (Art 1 Abs. 2, Art 2 ff GG),

---

48 Vgl. Leiner, Die allgemeine Bindung der Finanzverwaltung an die Rechtsprechung.
49 Vgl. im einzelnen: Schmalz, Methodenlehre für das juristische Studium RdNr. 49 ff.; Schwacke, Juristische Methodik, 1. Abschnitt 5.5.4 und 6.

- über die Gesetze, die etwa das Bauen oder die Ausübung des Gewerbes regeln,
- über Haushaltsgesetze (mit €-Beträgen im zwölfstelligen Bereich),
- bis zu den Prüfungsfragen bei der Fischerprüfung („Wodurch unterscheidet sich ein Spinner von einem Blinker?"[50]).

163 Als besonders wichtige Staatsakte bedürfen die Rechtsnormen bestimmter **formeller Erfordernisse.** Dazu können gehören: die Bezeichnung (z. B. als Gesetz, Satzung), der Erlass durch eine bestimmte Stelle (z. B. durch das Parlament), ein bestimmtes Verfahren (z. B. durch Mehrheitsbeschluss des Bundestages unter Mitwirkung des Bundesrates), die förmliche Verkündung (z. B. im Bundesgesetzblatt – BGBl, im Gesetz- und Verordnungsblatt des Landes – GVBl oder im Amtsblatt der Gemeinde); auch die ausdrückliche Bezugnahme auf eine gesetzliche Ermächtigung im Text einer (Rechts)VO oder Satzung ist ein formelles Erfordernis.

164 3.6.2 Im folgenden ist der Frage nachzugehen, inwieweit es für die Einordnung in eine der oben behandelten Rechtsnormarten auf materielle (inhaltliche) und inwieweit es auf formelle Merkmale ankommt.

Zunächst kann eine gesetzliche Festlegung eingreifen, die eine bestimmte Gestaltung vorschreibt.

Beispielsweise ist der Bundes-Haushaltsplan durch „Hauhalts*gesetz*" (Art 110 Abs. 2 GG), ein Bebauungsplan durch „*Satzung*" (§ 10 BauGB) zu erlassen. – Fehlt eine solche vorgegebene Regelung und geht es um die Einordnung einer erlassenen Norm, kann es auf materielle und auf formelle Merkmale ankommen.

165 Ob ein **formelles Gesetz** vorliegt, richtet sich, wie sich bereits aus dessen Definition ergibt (oben RdNr. 134), ausschließlich nach formellen Merkmalen. Es kommt nicht darauf an, ob das Gesetz einen allgemeinverbindlichen Inhalt hat.

Beispielsweise ist deshalb auch das Haushaltsgesetz ein formelles Gesetz, obwohl es sich lediglich auf Einnahmen und Ausgaben eines bestimmten Haushaltsjahres bezieht und keine Regelungen gegenüber dem Bürger enthält. Auch ein sog. Maßnahmegesetz[51], wie z. B. ein Gesetz über die Verstaatlichung bestimmter Industrieunternehmen (vgl. Art 15 GG), ist ein formelles Gesetz.

Liegt also ein Staatsakt in der Form des Gesetzes vor, so richten sich sowohl seine Rechtmäßigkeitsvoraussetzung als auch seine Rechtsfolgen nach den Regeln, die für Gesetze gelten; insbesondere greift (nur) der gegenüber Gesetzen mögliche Rechtsschutz ein.

166 Bei der **Rechtsverordnung und der Satzung** ist die Frage, inwieweit die Einordnung nach formellen oder nach materiellen Merkmalen zu erfolgen hat, schwieriger zu beantworten als beim formellen Gesetz, weil diese Rechtsnormen nicht vom ordentlichen Gesetzgeber erlassen werden und deshalb das Privileg des Parlaments zum Erlass von Gesetzen nicht eingreift. Auch hier geht die hM aber zutreffend dahin, dass bei Vorliegen eindeutiger formeller Merkmale auf diese abzustellen ist[52].

---

50 Vgl. GVBl NRW 73, 170, Nr. 33:
51 BVerfGE 25, 371 LS 1 („Der Begriff des Maßnahmegesetzes ist verfassungsrechtlich irrelevant"); 36, 70 und 400.
52 Maurer § 4 RdNr. 10 ff für RechtsVOen, RdNr. 14 ff für Satzungen

3.7 Das materielle Gesetz

Materielle Gesetze sind alle Rechtsnormen, die allgemeinverbindliche Regelungen für das Verhalten von Personen enthalten. 167

Da diese Begriffsbestimmung vom Vorliegen einer „Rechtsnorm" ausgeht, ist das „materielle Gesetz" keine weitere Rechtsnormart. Vielmehr wird dadurch der Gesetzesbegriff auf die meisten Rechtsnormarten ausgedehnt. Ein solch weiter Gesetzesbegriff wird in der Rechtsordnung vielfach verwandt. Wenn beispielsweise Art 20 Abs. 3 GG bestimmt, dass die Verwaltung an „Gesetz" (und Recht) gebunden ist, so sind damit nicht nur die formellen Gesetze gemeint, sondern z. B. auch Rechtsverordnungen. Grundsätzlich gilt, was in Art 2 des Einführungsgesetzes zum BGB folgendermaßen formuliert ist: „Gesetz im Sinne des Bürgerlichen Gesetzbuches und dieses Gesetzes ist jede Rechtsnorm."

Dass auch das GG einem weiten Gesetzesbegriff folgt, ergibt ein Gegenschluss aus Art 104 Abs. 1 GG. Wenn dort verlangt wird, die Freiheit der Person dürfe nur auf Grund eines „förmlichen Gesetzes" beschränkt werden, bedeutet das offenbar eine Ausnahme von der sonst geltenden Regel, wonach unter „Gesetz" jede Rechtsnorm zu verstehen ist, nicht nur das formelle Gesetz.

Formelles und materielles Gesetz bilden deshalb keine Gegensätze. Vielmehr sind die meisten formellen Gesetze zugleich materielle Gesetze (z. B. das BGB, StGB, VwVfG, die VwGO, das BauGB, die GemeindeO). Materielle Gesetze sind darüber hinaus aber auch die meisten Rechtsverordnungen und Satzungen.

Beispiel: Der das Fahrerlaubnis-Punktsystem regelnde § 4 StVG ist ein formelles und zugleich ein materielles Gesetz, weil darin (in Abs. 3, Satz 1, Ziff. 3) geregelt ist, unter welchen Voraussetzungen ein Bürger gegenüber der Verwaltungsbehörde eine Entziehung der Fahrerlaubnis hinzunehmen hat. Der (mit § 3 Abs. 1, S. 1 StVG insoweit übereinstimmende) § 46 Abs. 1 S. 1 Fahrerlaubnisverordnung (FeV) ist dagegen nur ein materielles Gesetz, denn es handelt sich formell um eine VO, die aber allgemeinverbindliche Regelungen enthält[53].

4. Rechtmäßigkeit, Gültigkeit und Anwendbarkeit der Rechtsnormen

4.1 Die **Voraussetzungen für den rechtmäßigen Erlass der Rechtsnor-** 168
men sind verschieden, je nach ihrer Art gewisse gemeinsame Anforderungen bestehen aber für alle Arten der Rechtsnormen.

4.1.1 Überblick über die Voraussetzungen für den rechtmäßigen Erlass einer Rechts**norm**:

- Formelle Voraussetzungen:
  - Zuständigkeit der erlassenden Stelle (Kompetenz zur Rechtssetzung);
  - Beachtung der für das Rechtssetzungsverfahren bestehenden Vorschriften;
  - Wahrung der vorgeschriebenen Form, zumindest Schriftform;
  - ordnungsgemäße Verkündung (vgl. unten RdNr. 169).

---

53 Vgl. OVG Münster, NJW 2001, 3427

- Materielle Voraussetzungen:
  - Jede Rechtssetzung, die nicht formelles Gesetz und nicht Gewohnheitsrecht ist, bedarf einer formell-gesetzlichen Ermächtigung und muss sich im Rahmen der Ermächtigung halten; das gilt insbesondere für RechtsVO und Satzung.
  - Für jede Rechtsnorm gilt, dass kein Verstoß gegen höherrangiges Recht, insbesondere gegen die Grundrechte (Art 2ff GG), vorliegen darf (vgl. unten RdNr. 170ff).

169 4.1.2 Von besonderer Bedeutung für den Erlass der Rechtsnormen ist die richtige **Verkündung**. „Die hinlängliche Publizität von allgemeinverbindlichen, mit Außenwirkung ausgestatteten Rechtsregeln ist ein für alle Normsetzungsakte geltendes rechtsstaatliches Erfordernis"[54]. Zu verkünden ist alles, was Inhalt der Regelung wird. Die Verkündung muss ihren Regelungsinhalt hinlänglich klar zum Ausdruck bringen.

Beispielsweise muss bei einem Landschaftsschutzgebiet die räumliche Abgrenzung eindeutig sein. Wird der Grenzverlauf auf einer Karte im Maßstab 1 : 25.000 durch eine 1 mm dicke Linie eingetragen, so können sich daraus Unklarheiten ergeben, welche die Gültigkeit ausschließen[55]. Problematisch ist, wenn nicht-normative, technische Regeln einbezogen werden sollen (z. B. DIN-Regeln). Hierbei genügt eine Bestimmung, wie sie sich z. B. in § 7 Abs. 5 BImSchG findet: „Wegen der Anforderungen nach Absatz 1 Nr. 1–4 (d. h. wegen der Anforderungen an die zu genehmigende technische Anlage) kann auf jedermann zugängliche Bekanntmachungen sachverständiger Stellen verwiesen werden . . .".

170 4.2 Den verschiedenen Arten der Rechtsquellen und Rechtsnormen wird eine unterschiedlich starke Geltungskraft zugelegt. Daraus ergibt sich eine **Rangordnung** der Rechtsnormen, zugleich das Prinzip der „Rechtsordnung in verschiedenen Normstufen" (Normenpyramide).

4.2.1 Grundlegend ist folgende „absteigende" Rangordnung: Verfassung – (einfaches) formelles Gesetz – Rechtsverordnung – Satzung.

Die Einordnung der weiteren Rechtsquellen ist entweder nicht einheitlich möglich (so beim Gewohnheitsrecht) oder problematisch (so beim EG-Recht[56]).

Im Verhältnis von Bundes- zu Landesrecht wird die obige Rangfolge verdrängt durch Art 31 GG, wonach Bundesrecht vorrangig ist („Bundesrecht bricht Landesrecht").

171 4.2.2 Die Rangverschiedenheit der Rechtsnormen hat mehrere Konsequenzen: Zunächst darf die rangniedere Norm nicht gegen die ranghöhere verstoßen; anderenfalls ist sie rechtswidrig. Ferner ergeben sich die (formellen und materiellen) Voraussetzungen für den Erlass einer Rechtsnorm aus dem höherrangigen Recht, z. B. für formelle Bundesgesetze aus Art 70ff GG, für gemeindliche Satzungen z. B. aus § 7 GemeindeO-NRW. Diese beiden Folgen der Rangverschiedenheit werden als **Geltungsvorrang** der höherrangigen Norm bezeichnet.

Beispiel einer weiteren Folge ist bei der Auslegung das methodische Gebot, die rangniedere Norm nach der ranghöheren Norm auszulegen. In erster Linie bedeutet dies das Gebot zur verfassungs-

---

54 BVerfGE 44, 350
55 OVG Münster DÖV 78, 53
56 Umfassend dazu: Fischer § 6

konformen Auslegung allen Rechts, das unter der Verfassung steht[57]. Eine (Rechts-)VO und eine Satzung ist außerdem gesetzeskonform im Sinne der (gesetzlichen) Ermächtigungsnorm auszulegen.

4.3 Muss somit jede Rechtsnorm mit dem höherrangigen Recht in Einklang stehen, so stellt sich die weitere Frage, welche Rechtsfolgen sich ergeben, falls dieser Grundsatz nicht beachtet wird, d. h. welche Folgen der Verstoß gegen höherrangiges Recht für die betroffene Rechtsnorm hat.

4.3.1 Vorweg bedarf es der grundsätzlichen Unterscheidung zwischen den Begriffspaaren rechtmäßig/rechtswidrig und rechtswirksam/unwirksam. Ob eine Maßnahme des Staates **rechtmäßig oder rechtswidrig** ist, betrifft die Frage, ob sie mit dem geltenden Recht übereinstimmt – dann rechtmäßig – oder nicht übereinstimmt – dann rechtswidrig.

Beispielsweise können Bezugspunkte dieser Frage sein: der Erlass oder Nichterlass von Rechtsnormen, der Erlass oder Nichterlass von Verwaltungsakten, aber auch die Vornahme oder Nichtvornahme tatsächlicher Handlungen.

Die (weitere) Unterscheidung **rechtswirksam oder unwirksam** betrifft dagegen nur Maßnahmen, die auf die Herbeiführung von Rechtsfolgen gerichtet sind („Regelungen"). Bei ihnen muss (zusätzlich) entschieden werden, ob die angestrebte Rechtsfolge eintritt. 172

Ist dies – wie in der Praxis überwiegend – der Fall, so ist die Regelung wirksam, was gleichbedeutend ist mit gültig, effektiv wirkend; anderenfalls ist sie unwirksam (gleichbedeutend: ungültig, nichtig).

Zwischen beiden Unterscheidungen besteht ein Zusammenhang: Rechtmäßig erlassene Rechtsnormen und Verwaltungsakte sind grundsätzlich auch wirksam. Umgekehrt liegt nahe, dass rechtswidrige Regelungen unwirksam sind. Jedoch ist dies keineswegs selbstverständlich und bedarf im folgenden für die Rechtsnormen und noch später für Verwaltungsakte genauerer Behandlung. Es können nämlich Gründe bestehen – etwa die Autorität der erlassenden Stelle oder Gründe der Rechtssicherheit und Rechtsklarheit –, die zur vorläufigen oder sogar endgültigen Rechtswirksamkeit (trotz Rechtswidrigkeit) führen.

Beispiel: Bestandskraft eines Verwaltungsakts (nach Ablauf der Rechtsbehelfsfrist), auch wenn dieser (schlicht) rechtswidrig ist, nach § 43 Abs. 2 VwVfG[58].

4.3.2 Recht**unwirksam ist eine Rechtsnorm** zunächst dann, wenn sie gewisse Mindestanforderungen nicht erfüllt, insbesondere von einer absolut unzuständigen Stelle erlassen worden ist und nicht in dem vorgeschriebenen Gesetzesblatt verkündet worden ist. Nach hM führt aber auch in anderen Fällen ein Rechtsverstoß grundsätzlich zur Rechtsunwirksamkeit der Rechtsnorm. 173

Beispielsweise hebt deshalb das BVerfG ein verfassungswidriges Gesetz nicht auf, sondern stellt dessen Nichtigkeit fest[59]. Nach § 78 BVerfGG, „erklärt" das Bundesverfassungsgericht „das Gesetz für nichtig" (und nicht etwa: „hebt es auf"); ähnlich § 76 Abs. 1 Nr. 1 BVerfGG, wonach ein Normenkontrollantrag zulässig ist, wenn ein Antragsberechtigter Bundes- oder Landesrecht „für nichtig hält".

---

57 BVerfGE 48, 45
58 Vgl. unten RdNr. 499
59 Z. B. BVerfGE 61, 151

4.3.3 Verstöße gegen formelle Vorschriften können allerdings **folgenlos** bleiben. Das ist der Fall, wenn die Verfahrensvorschrift eine bloße Ordnungsvorschrift oder sonst ein unwesentliches Verfahrenserfordernis enthält.

Beispiel: Die Bundesregierung hat eine Gesetzesvorlage nicht, wie Art 76 Abs. 2 S. 1 GG verlangt, „zunächst" dem Bundesrat, sondern gleichzeitig dem Bundesrat und dem Bundestag zugeleitet. Der Bundesrat hat aber ausführlich Stellung nehmen können. Der Verstoß ist unwesentlich und berührt die Gültigkeit des Gesetzes nicht. – Bei Bauleitplänen ist die Wirkung und Geltendmachung von Fehlern nach §§ 214, 215 BauGB beschränkt; ähnlich zu fehlerhaften Satzungen § 7 Abs. 6 GemeindeO NRW[60].

Zur eventuellen Unbeachtlichkeit von Verfahrens- und Formfehlern nach § 46 VwVfG vgl. unten RdNr. 486.

174 **4.4** Die Anwendbarkeit der Rechtsnormen im Falle von **Normenkonkurrenzen** und **Normenkollisionen**

Angesichts zunehmender Regelungsdichte („Normenflut") ist manchmal zweifelhaft, welche von mehreren konkret in Betracht kommenden Rechtsvorschriften letztlich zur Anwendung kommt.

Von vornherein unproblematisch und auszuklammern sind die Fälle, in denen verschiedene Normen nebeneinander zur Anwendung kommen, insbesondere weil sie verschiedene Sachverhalte oder einen Sachverhalt unter verschiedenen Gesichtspunkten regeln.

Beispielsweise gelten, wenn jemand mit dem Auto fahren will, selbstverständlich die Vorschriften der FeV über die Zulassung des Fahrers durch Fahrerlaubnis einerseits und die StVZO über die Zulassung des Fahrzeugs andererseits nebeneinander. Ein – privatrechtlicher oder öffentlich-rechtlicher – Anspruch kann auf mehrere, nebeneinander eingreifende Anspruchsgrundlagen gestützt sein.

Im folgenden geht es hingegen nur um das Verhältnis solcher Vorschriften zueinander, die sich möglicherweise widersprechen und daher nicht ohne weiteres nebeneinander angewandt werden können.

Beispielsweise soll angenommen werden, Vorschrift A bestimmt: „Bei der Errichtung von Gebäuden muss pro 20 qm Gebäudefläche ein Stellplatz für Kraftfahrzeuge geschaffen werden". Vorschrift B bestimmt: „Die Zahl der zu schaffenden Stellplätze ergibt sich aus der Zahl der voraussichtlich ständig beschäftigten Personen x 0,66". Man sieht, dass bei einem Betrieb, der 600 qm Gebäudefläche hat und voraussichtlich 30 Personen beschäftigen wird, nach der Vorschrift A 30 Stellplätze, nach der Vorschrift B nur 20 zu schaffen sind.

Da die Rechtsordnung auf *eine* Rechtsfrage nur *eine* Antwort geben darf (Einheit der Rechtsordnung), muss es Regeln geben, wie im Falle von derartigen Kollisionen zu verfahren ist.

4.4.1 Zunächst ist für jede Vorschrift zu prüfen, ob sie nach den Grundsätzen, die oben[61] dargestellt worden sind, gültig erlassen ist:

Beispielsweise kann die Vorschrift A Bundesrecht, die Vorschrift B Landesrecht sein, so dass – bei im übrigen gleichem Anwendungsbereich – die Vorschrift B nach Art 31 GG nicht gültig erlassen ist. Es kann auch die Vorschrift A Bestandteil eines (höherrangigen) formellen Gesetzes sein, B dagegen nur eine (Rechts-)VO; dann ist ebenfalls B ungültig und nur Vorschrift A anzuwenden.

---
60 Vgl. Hofmann/Muth/Theisen, Kommunalrecht 2.4.3.1
61 RdNr. 168 ff, bei 4.1–4.3

4.4.2 Da jede Rechtsnorm durch eine spätere aufgehoben oder abgeändert werden kann, gilt folgender Grundsatz: Bei gleichem Anwendungsbereich, aber verschiedenem Regelungsinhalt, insbesondere bei Verschiedenheit der Rechtsfolgen, **gilt die jüngere Norm**; die ältere ist nicht mehr anwendbar (lex posterior derogat legi priori). 175

Im obigen Beispiel gilt, wenn die Vorschriften A und B den gleichen Anwendungsbereich haben, aber B neueren Datums ist, nur die Vorschrift B, die später erlassen wurde – auch wenn dabei die frühere Vorschrift A nicht ausdrücklich aufgehoben worden ist.

4.4.3 Besonders wichtig ist das **Spezialitätsprinzip**. Besteht zwischen den kollidierenden Normen das Verhältnis von allgemeiner zu spezieller Vorschrift, so hat die speziellere Vorschrift den Vorrang (lex specialis derogat legi generali). Die allgemeinere Vorschrift bleibt in Kraft und erfasst die von der spezielleren Vorschrift nicht geregelten Fälle. 176

Beispielsweise könnte im obigen Beispielsfall die Vorschrift B für alle gewerblichen Gebäude, Vorschrift A dagegen nur für Bürogebäude gelten. Dann würde im Falle der Errichtung eines Bürogebäudes Vorschrift A vorgehen. – Hauptanwendungsbereich dieser Regel ist das Recht der Gefahrenabwehr. Dort gehen die spezielleren Vorschriften des Baurechts, Gewerberechts (z. B. Gewerbeuntersagung nach § 35 GewerbeO) oder des Straßenverkehrsrechts etc. den in den allgemeinen Ordnungs- und Polizeigesetzen enthaltenen Generalklauseln (z. B. § 14 OBG NRW; § 8 PolG NRW) vor.

Für eine Reihe weiterer Fragen im Zusammenhang mit den Rechtsnormen, auch zur Vertiefung des Problemkreises der Normenkonkurrenzen und Normenkollisionen darf auf die Darstellungen der juristischen Methodenlehre verwiesen werden[62].

5. Gesetzmäßigkeit der Verwaltung: Vorrang und Vorbehalt des Gesetzes

5.1 Der Vorrang des Gesetzes

Das Prinzip vom Vorrang des Gesetzes ergibt sich unmittelbar aus der Formulierung des Art 20 Abs. 3 GG: „…die vollziehende Gewalt und die Rechtsprechung sind an Gesetz und Recht gebunden." Der Anwendungsbereich dieses Prinzips ist unbeschränkt. Der Vorrang des Gesetzes gilt also für jede Staatstätigkeit, für die Staatstätigkeit in öffentlich-rechtlichen Formen ebenso wie für die Verwaltung unter Verwendung privatrechtlicher Formen. Seinem Inhalt nach besagt dieses Prinzip etwas im Grunde Selbstverständliches: Man kann es so aufgliedern, dass die Verwaltung danach 177

– soweit für den zu bearbeitenden Sachverhalt Gesetzregelungen vorliegen, diese Gesetze **anzuwenden** hat (Anwendungsgebot) und

– sie **richtig** anzuwenden hat (Abweichungsverbot).

Als Kurzformel brauchbar ist: „**Kein Handeln gegen Gesetz!**".

Der Ausdruck „Vorrang" erklärt sich daraus, dass der in Rechtsnormen, insbesondere im formellen Gesetz geäußerte Staatswille **Vorrang** hat gegenüber anderen Willensäußerungen des Staates (wie Verwaltungsakten, tatsächlichen Erklärungen u. s. w.). – Zur Rechtsfolge ergibt sich aus dem Vor-

---

62 Schwacke, Juristische Methodik, 1. Abschnitt, 2.2.3; Schmalz, Methodenlehre RdNr. 64 ff.

rangprinzip (nur), dass im Falle seiner Verletzung Rechtswidrigkeit vorliegt. Die weiteren Fragen, ob z. B. rechtswidrige Rechtsnormen und Verwaltungsakte nichtig sind, beantworten sich nicht nach diesem Prinzip, sondern nach anderen (unten in RdNr. 461 ff zu behandelnden) Grundsätzen[63].

5.2 Der Vorbehalt des Gesetzes. Grundsätzlich zur Bedeutung und zum Anwendungsbereich, Totalvorbehalt?

178 5.2.1 Das soeben angesprochene Prinzip vom Gesetzesvorrang kann nur eingreifen, wenn ein Gesetz oder eine andere Rechtsnorm auch tatsächlich vorhanden ist. Es betrifft nicht den Bereich, der gesetzlich nicht geregelt ist. Angesichts der Vielzahl vorhandener Rechtsnormen ist dieser Bereich nicht groß; er ist aber auch nicht ganz unbedeutend:

Beispielsweise gibt es keine allgemeinen Vorschriften darüber, welche Unternehmen im Falle wirtschaftlicher Schwierigkeiten vom Staat durch Bürgschaften und Zuschüsse unterstützt werden dürfen, obwohl solche Unterstützungen durchaus üblich sind.

Der Vorbehalt des Gesetzes steigert den sich aus dem Vorrang des Gesetzes ergebenden Mitbestimmungsanspruch der Parlamente zu einem Entscheidungsmonopol.

In der Verwaltungspraxis betrifft die aufgeworfene Frage das Verhältnis der Verwaltung zum Gesetzgeber und hat in erster Linie für die Verwaltung Bedeutung, weil von ihr das Tätigwerden der Behörden im gesetzlich nicht näher geregelten Bereich abhängt. Zugleich ist aber der Gesetzgeber angesprochen, da dieser sich die Frage stellen muss, welche Bereiche er gesetzlich regeln muss und welche er ungeregelt lassen darf, weil er erwarten kann, dass die Verwaltung auch ohne gesetzliche Regelung nicht untätig bleiben wird[64].

179 5.2.2 Das die aufgeworfene Frage behandelnde Prinzip vom **Vorbehalt des Gesetzes** besagt, dass

– im Falle seiner Anwendbarkeit

– eine Verwaltungsbehörde nur handeln darf, wenn dieses Handeln in einer Rechtsnorm (Rechtsgrundlage) für zulässig erklärt worden ist.

Als Kurzformel brauchbar ist: „**Kein Handeln ohne Gesetz!**"

Der Ausdruck „Vorbehalt" des Gesetzes leitet sich aus dem Gedanken ab, dass die Initialzündung zum Handeln dem Gesetzgeber „**vorbehalten**" ist.[65]

Vorrang und Vorbehalt des Gesetzes sind zwar grundsätzlich zu unterscheiden, können aber ineinander übergehen, wie sich am Beispiel des § 31 SGB I zeigt. Danach dürfen Sozialleistungen nur gewährt werden, soweit ein Gesetz es vorschreibt oder zulässt. Diese Regelung ist im Gesetz mit „Vorbehalt des Gesetzes" überschrieben. Wird aber eine Leistung ohne Gesetz gewährt, verstößt dies gegen § 31 SGB I, so dass bereits das Vorrangprinzip eingreift.

Ähnlich beispielsweise liegt es beim gesetzlich nicht vorgesehenen Erlass einer Steuer (z. B. Erlass künftiger Grundsteuer gegenüber einem ansiedlungswilligen Unternehmen). Geht man davon aus, für jeden Fall eines Steuererlasses bedürfe es einer gesetzlichen Regelung und diese fehle, so wird der Vorbehalt des Gesetzes verletzt. Man könnte aber auch dem Steuerrecht eine Rechtsnorm entnehmen, wonach die dort geregelten Möglichkeiten des Steuererlasses abschließend seien; dann wird der Vorrang des Gesetzes verletzt.

---

63 Vgl. Fälle Nr. 9–13 bei Bovermann/Dünchheim, Examinatorium – Allgemeines Verwaltungsrecht.
64 Vgl. wegen der problematischen Zuordnung der „staatlichen Planung" zur Legislative bzw. zur Exekutive: BVerfG JuS 98, 364.
65 Vgl. zum Gesetzesvorbehalt: Faber § 13 IV; Maurer § 6 RdNr. 3ff; Wölfl, NVwZ 2002, 49. Einzelne Nachweise aus der Rechtsprechung folgen noch später.

5.2.3 Eine gesetzliche Regelung des Vorbehaltsprinzips gibt es im Bereich 180
der Grundrechte, insbesondere für Freiheitsbeschränkungen, die nach Art 104
Abs. 1 GG „nur auf Grund eines förmlichen Gesetzes" zulässig sind. Im übrigen fehlt eine Regelung der Vorbehaltsproblematik. Umstritten ist, ob man den Gesetzesvorbehalt dem Art 20 Abs. 3 GG entnehmen kann oder er in dieser Vorschrift wenigstens vorausgesetzt wird[66]. Unmittelbar ergibt sich aus dieser Vorschrift weder etwas über den Anwendungsbereich noch über den Inhalt des Gesetzesvorbehalts. Hierzu sind deshalb noch zahlreiche Fragen ungeklärt.

Beispielhaft ist die Regelung des Art 2 der Verfassung des Saarlandes: „Der Mensch ist frei und darf nicht zu einer Handlung, Unterlassung oder Duldung gezwungen werden, zu der ihn das Gesetz nicht verpflichtet."

5.2.4 Wendet man sich genauer dem **Anwendungsbereich** des Gesetzesvorbehalts zu, so fragt sich zunächst, ob dieser für die gesamte Verwaltungstätigkeit gilt.

Teilweise wird dies bejaht (Lehre vom Totalvorbehalt). – Allerdings wird nicht immer deutlich, ob es sich dabei nur um eine eher rechtspolitische Forderung an den Gesetzgeber handelt oder ob wirklich die Konsequenz in Kauf genommen wird, dass Aktivitäten der Verwaltung ohne normative Grundlage rechtswidrig sind.

Nach hM[67] gilt das Prinzip vom Vorbehalt des Gesetzes nicht für jede Art von 181
Verwaltungstätigkeit (Lehre vom **Teilvorbehalt** oder Lehre des begrenzten Gesetzesvorbehalts).

Auch hiernach gilt zwar für den weitaus größten Teil des Verwaltungshandelns der Gesetzesvorbehalt. Die Ablehnung des „Totalvorbehalts" durch die hM bedeutet allerdings ein Gebot sachgemäßer Differenzierung, wie im folgenden noch ausgeführt wird.

Beispiele zur Verdeutlichung der praktischen Konsequenzen sollen bereits hier auf Bereiche hinweisen, bei denen nach hM eine gesetzliche Regelung nicht erforderlich ist (vorbehaltlich der haushaltsmäßigen Deckung der Kosten): Einrichtung einer Forschungsstelle ohne Rechtsfähigkeit; Einsetzung eines Beauftragten für Energiesparberatung; Hilfeleistung in Notfällen, z.B. nach Naturkatastrophen; Ausstellung von Unbedenklichkeitsbescheinigungen durch das Finanzamt zur Vorlage bei der Bewerbung um öffentliche Aufträge; Zuweisung von Schülern an eine ausländische Schule im Bundesgebiet wegen besonderer Gründe hierfür; Informationsrecht der Verwaltung über glykolhaltige Weine[68]; Rechtschreibereform[69].

Für die Lehre vom Teilvorbehalt spricht (mit der hM), dass der Totalvorbehalt 182
weder in der Verfassung noch an anderer Stelle gesetzlich verankert ist. Er würde auch der historischen Entwicklung widersprechen. Die Verwaltung hat sich weithin entwickelt, ohne dass ihr für jede Aufgabe ein ausdrücklicher gesetzlicher Auftrag erteilt worden ist. Erst im bürgerlichen Rechtsstaat ist es gelungen, (zunächst) für Eingriffe in Freiheit und Eigentum eine gesetzliche Grundlage zu fordern. Auch heute noch übt die Verwaltung eigenständige Staatsfunktionen aus. Es fragt sich jedoch, ob für die öffentliche Verwaltung der freiheitliche Gedanke gilt, wonach alles, was nicht verboten ist, erlaubt ist; dieser Satz kann – wie auch seine Anwendung auf Bürger untereinander – nicht gelten, wenn in die Sphäre andere eingegriffen wird:

---

[66] So BVerfGE 40, 249
[67] Z.B.: BVerwGE 48, 305, 308: „Keinesfalls kann jedoch angenommen werden, dass jedes Verwaltungshandeln der gesetzlichen Grundlage bedarf."; vgl. Zimmerling VR 93, 257
[68] BVerwG DVBl 91, 699
[69] BVerfG NJW 98, 2512

5.3 Der Anwendungsbereich des Gesetzesvorbehalts, insbesondere bei Grundrechtseingriffen und wesentlichen Entscheidungen

5.3.1 Jeder Eingriff in ein Grundrecht, insbesondere jede Beschränkung von Freiheit und Eigentum, ist nur rechtmäßig, wenn er durch ein Gesetz gestattet wird. Eingriffe in Grundrechte unterliegen also dem Vorbehalt des Gesetzes.

Das ergibt sich daraus, dass die Grundrechte bestimmte Freiheiten sehr weitgehend schützen und nach ihrem ausdrücklichen Wortlaut Eingriffe nur „durch Gesetz" oder „auf Grund eines Gesetzes" zulassen (z. B. Art 2 Abs. 2 GG). Es handelt sich hierbei um den Gesetzesvorbehalt in der Form des „Grundrechtsvorbehalts."[70]

183 Da Art 2 Abs. 1 GG nach der Rechtsprechung des BVerfG[71] die allgemeine Handlungsfreiheit schützt, bedeutet jede Belastung einen Eingriff zumindest in dieses Grundrecht und bedarf daher einer gesetzlichen Grundlage. Daher unterliegt **jede belastende Maßnahme** dem Gesetzesvorbehalt.

Beispielsweise gilt deshalb für Eingriffe in die Freiheitsrechte ein **Analogieverbot**: Wegen des Gesetzesvorbehalts ist es unzulässig, eine gesetzliche Ermächtigung über ihren Wortlaut hinaus auf (vergleichbare) andere Fälle anzuwenden[72].

Der grundrechtliche Gesetzesvorbehalt ist aber nicht auf Belastungen beschränkt. Der Grundrechtsbereich kann auch durch neutrale oder begünstigende Maßnahmen berührt werden, so dass diese Maßnahmen dem Gesetzesvorbehalt unterliegen.

Beispiel hierfür sind Pressesubventionen: Soweit sie überhaupt zulässig sind, können sie bewirken, dass die Presse vom staatlichen Einfluss abhängig wird, was eine Gefährdung der in Art 5 Abs. 1 S. 2 GG geschützten Pressefreiheit zur Folge hat. Sie unterliegen daher selbst dann dem Gesetzesvorbehalt, wenn man sie als Begünstigung ansieht[73].

5.3.2 Bedenkt man, dass es um das grundsätzliche Verhältnis zwischen dem unmittelbar demokratisch legitimierten Gesetzgeber und der Verwaltung geht, so müssen zur Bestimmung des Anwendungsbereichs des Gesetzesvorbehalts auch die Staatsformmerkmale der Demokratie und des Rechtsstaates herangezogen werden. Nach diesen Prinzipien ist der Gesetzgeber verpflichtet, die für die Gesellschaft **wesentlichen Entscheidungen** selbst zu treffen und nicht der Verwaltung zu überlassen. Die sog. **Wesentlichkeitstheorie** ist vor allem von der Rechtsprechung entwickelt worden[74].

184 Diese Wesentlichkeitstheorie ist allerdings in ihrem Ansatz so unbestimmt, dass sie nur als Grundlage oder Ausgangspunkt für weitere Konkretisierungen dienen kann. Das gesteht auch das BVerfG[75] zu: Die Wesentlichkeitstheorie enthält nur die „Binsenweisheit . . ., dass die wirklich wichtigen Dinge in einem parlamentarisch-demokratischen Staatswesen vor das Parlament gehören." Eine erste Konkretisierung nimmt das BVerfG in der Weise vor, dass auf die Grundrechtsrelevanz einer Maßnahme abgestellt wird. Wesentlich sind in

---

70 Vgl. hierzu z. B. BVerwGE 57, 130 LS 3; BVerfG NJW 96, 3146 und BVerfG DÖV 97,117; Wölfl, NVwZ 2002, 49.
71 E 6, 32
72 So BVerfG NJW 96, 3146 (vgl. Konzak, NVwZ 97, 872)
73 Vgl. OLG Frankfurt/M. NVwZ 93, 706
74 BVerfGE 47, 46, 78; 49, 89, 1267; 58, 257, 268ff; BVerwGE 47, 194, 197/8; 52, 193, 197; BVerfG NJW 97, 1975, 1977. Vgl. Bull, RdNr. 261ff mit weiteren Nachweisen; Maurer § 6 RdNr. 11; instruktiv die Fälle Nr. 14, 17, 22 bei Bovermann/Dünchheim, Examinatorium Allgemeines Verwaltungsrecht.
75 Nach BVerfGE 47,79

erster Linie diejenigen Entscheidungen, bei denen es um die Verwirklichung der Grundrechte geht[76].

Beispiele aus der Rechtsprechung: Für das BVerfG[77] ist (im Gegensatz zum aufgehobenen vorhergehenden Urteil des BVerwG) die Regelung, ob Lehrkräften in Schule und Unterricht verboten werden kann, ein Kopftuch zu tragen „... dem Parlament vorbehalten, um sicher zu stellen, dass Entscheidungen von solcher Tragweite aus einem Verfahren hervorgehen, das der Öffentlichkeit Gelegenheit bietet, ihre Auffassung auszubilden und zu vertreten und die Volksvertretung dazu anhält, Notwendigkeit und Ausmaß von Grundrechtseingriffen in öffentlicher Debatte zu klären ..." (a.A. Sondervotum der Senatsminderheit[78]); für den Berliner VerfGH ist die Schließung eines Theaters kein Anwendungsfall der Wesentlichkeitstheorie[79]; dagegen ist für den Brandenburgischen VerfGH nach der Wesentlichkeitslehre eine gesetzliche Grundlage für den Fall erforderlich, dass das gesamte Gebiet einer Gemeinde zum Braunkohleförderungsgebiet werden soll[80]; nach dem nordrhein-westfälischen VerfGH soll die Entscheidung über eine Zusammenlegung des Landesinnenministeriums und des Landesjustizministeriums wesentlich im Sinne des Vorbehalts des Gesetzes sein[81].

185 Soweit die Rechtsprechung die Wesentlichkeitstheorie verantwortungsbewusst handhabt, dient sie durch die Stärkung der Parlamentsbefugnisse der Demokratie. „Und es wäre nicht das erste Mal, dass eine Leerformel durch geduldige und sorgfältig differenzierende Kasuistik der Rechtsprechung zu einem brauchbaren Regelungsinstrument geläutert wird"[82].

186 **5.3.3** Bei den beiden vorangegangenen Begründungen für den Gesetzesvorbehalt wurde auf Inhalt und Wirkungen der Maßnahme abgestellt. Die Notwendigkeit des Gesetzesvorbehaltes kann sich aber auch aus der Form der Maßnahme ergeben. Das gilt für untergesetzliche Rechtssetzungen, insbesondere für Rechtsverordnungen und Satzungen. Jede im Range unter dem förmlichen Gesetz stehende Rechtssetzung – mit Ausnahme des Gewohnheitsrechts – bedarf einer formell-gesetzlichen Ermächtigungsgrundlage.

Für Rechtsverordnungen ergibt sich das bereits aus der Verfassung (Art 80 GG für bundesrechtliche Rechtsverordnungen; für landesrechtliche gilt entsprechendes: vgl. z. B. Art 70 Verf NRW). Für Satzungen gelten nicht dieselben engen Grenzen wie für Rechtsverordnungen, vielmehr kann dem Selbstverwaltungsträger zur Regelung seiner eigenen Angelegenheiten durch Satzung ein weiterer Spielraum eingeräumt werden[83].

5.4 Die Rechtsfolgen des Gesetzesvorbehalts. Das Problem der Regelungsdichte

5.4.1 Besteht ein Gesetzesvorbehalt, so stellt sich zunächst die Frage, ob ein förmliches Gesetz erforderlich ist oder eine sonstige Rechtsnorm (RechtsVO, Satzung) ausreicht.

187 Für folgende Fallgruppen gibt sich bereits aus der Verfassung, dass ein förmliches Gesetz erforderlich ist: Für Ermächtigungen zu Rechtsverordnungen (Art 80 GG), ähnlich bei Ermächtigungen zu Satzungen; für Freiheitsbeschränkungen (Art 104 Abs. 1 GG); für zahlreiche Regelungen im Finanz- und Haushaltsbereich, vor allem für die Feststellung des Haushaltsplans (Art 110 Abs. 2

---

76 BVerfGE 47, 49 und 58, 268/9; vgl. auch Wölfl, NVwZ 2002, 49
77 BVerfG DVBl 2003, 1526
78 Abweichende Meinung, DVBl 2003, 1533
79 NJW 95, 858; vgl. Selmer, JuS 95, 644
80 DVBl 96, 37; vgl. Degenhardt, DVBl 96,773
81 NWVBl 99, 176; vgl. Menzel, NWVBl 99, 201
82 So Faber, § 13 IV d, zur Wesentlichkeitstheorie
83 Vgl. Hofmann/Muth/Theisen, Kommunalrecht 2.4.1.1 und 2.4.1.3.

GG). Im Übrigen geht die Rechtsprechung des BVerfG dahin, dass die wesentlichen Entscheidungen vom Gesetzgeber selbst getroffen werden müssen. Der Gesetzesvorbehalt ist daher grundsätzlich auch ein Parlamentsvorbehalt[84]. Auch für den Bereich der Grundrechtseingriffe geht heute die hM dahin, dass ein förmliches Gesetz erforderlich ist. Das folgt auch aus dem Gesichtspunkt, dass Rechtsverordnungen und Satzungen einer formellgesetzlichen Ermächtigungsgrundlage bedürfen, also nicht ohne vorangegangenen Erlass eines formellen Gesetzes möglich sind.

Jedoch ist das Gebot zum Erlass eines formellen Gesetzes auf die wirklich wesentlichen Entscheidungen und auf die zum Erlass untergesetzlicher Rechtsnormen erforderlichen Ermächtigung beschränkt (vgl. oben RdNr. 184). Im Übrigen sind Rechtsnormen jeder Art ausreichend. Auch Eingriffe in Grundrechte können durch – im übrigen verfassungsmäßige – Rechtsverordnungen und Satzungen erfolgen. Selbst die Auferlegung von Geldstrafen und Geldbußen durch RechtsVO ist möglich; Art 103 Abs. 2 enthält keinen Parlamentsvorbehalt[85].

Nicht ausreichend sind allerdings Verwaltungsvorschriften; zu ihnen und den damit zusammenhängenden Problemen noch unten RdNr. 196 ff.– Bei der staatlichen Planung gibt es ein Spannungsverhältnis zwischen Legislative und Exekutive[86].

188 **5.4.2** Die Rechtsnormen, welche die Rechtsgrundlage bilden, müssen hinreichend **bestimmt** sein, so dass das Handeln des Staates für den Bürger vorhersehbar und berechenbar wird. Auch dies ergibt sich aus dem Rechtsstaatsprinzip. Das Maß der Bestimmtheit und damit das Maß der vom Normgeber herbeizuführenden Rechtsdichte ist unterschiedlich: Je stärker Grundrechte betroffen sind und je wesentlicher die geregelte Frage ist, desto genauer muss der Gesetzgeber das Rechtsverhältnis zwischen Bürger und Behörde regeln.

Nicht einfach zu erreichen ist beispielsweise die hinreichende Bestimmtheit einer Naturschutzverordnung oder einer Baumschutzsatzung[87].

Stets zulässig bleibt die Verwendung von unbestimmten Rechtsbegriffen und Generalklauseln, soweit diese sich mit Hilfe der üblichen juristischen Methode näher bestimmen lassen[88]. Auch Ermessen darf der Verwaltungsbehörde in gewissem Rahmen eingeräumt werden; unzulässig ist es aber, einen Eingriff in Grundrechte ganz dem Ermessen der Verwaltung zu überlassen[89].

5.5 Es folgen Beispiele und ein Überblick über Konkretisierungen der Lehre vom Gesetzesvorbehalt auf einzelnen Sachgebieten:

189 **5.5.1** Keine grundsätzlichen Probleme gibt es im Bereich der herkömmlichen **Eingriffsverwaltung**. Soweit eine Bewirtschaftung knapper Güter erfolgt oder der Zugang zu einem Beruf oder Gewerbe beschränkt wird, bilden die Grundzüge der Verteilung eine *wesentliche* Frage, die gesetzlich geregelt werden muss.

---

84 BVerfGE 58, 268
85 BVerfGE 58, 272 ff, 276/7; BVerwGE 57, 130, 137
86 BVerfG DÖV 97, 117
87 Vgl. VGH Mannheim NVwZ 93, 909; zu Baumsatzungen OLG Hamm NWVBl 93, 314, Mampel NWVBl 93, 447
88 BVerfGE 48, 56; 49, 133
89 BVerwGE 18, 250; BVerfGE 49, 145

Beispiele: das Prüfungsverfahren bei einem berufsbezogenen Examen[90]; die Auswahl der Bewerber bei der Verteilung der Güterfernverkehrsgenehmigungen[91] und bei der Verteilung von Taxigenehmigungen nach PersonenbeförderungsG[92]; Kopftuchverbot bei Beamtenbewerberinnen[93]

5.5.2 Für den Bereich der **Sozialleistungen** bleibt das Problem des Gesetzesvorbehalts zwar auf der Ebene des Verfassungsrechts bestehen, ist aber für die verwaltungsrechtliche Ebene entschieden durch § 31 SGB I. Wegen dieser ausdrücklichen (einfach-gesetzlichen) Regelung gilt hier das Prinzip vom Vorbehalt des Gesetzes. Die Gewährung von Sozialleistungen ohne gesetzliche Grundlage, etwa lediglich auf Grund von Ermessen, Art 3 GG oder Verwaltungsvorschriften, ist nicht zulässig. In Notfällen wird der Verwaltung allerdings eine Art „Notkompetenz" zur Erbringung sozialstaatlich unbedingt gebotener Leistungen zuerkannt[94]. Der Generalermächtigung für Eingriffe zur Gefahrenabwehr entspricht eine Generalermächtigung zu Leistungen in Notfällen.

190

5.5.3 Nach wie vor problematisch ist der Gesetzesvorbehalt bei **sonstigen Geldleistungen**, insbesondere bei Wirtschaftssubventionen. Sie werden in der Praxis vielfach nach Bereitstellung der Finanzmittel im Haushaltsplan auf Grund von Richtlinien der obersten Landesbehörden gewährt[95].

Diese Form der Gewährung entspricht jedenfalls nicht den Anforderungen, die oben für den Fall aufgestellt wurden, dass der Gesetzesvorbehalt eingreift. Hierin zeigen sich noch deutlich die Auswirkungen der Lehre, die früher ganz allgemein vertreten wurde, wonach der Gesetzesvorbehalt für reine Begünstigungen nicht gilt. Andererseits hat hier aber der Ruf nach einer Ausdehnung des Gesetzesvorbehalts sein stärkstes Gewicht, da es schwer verständlich ist, wenn Steuergelder in Millionenhöhe, die nicht ohne Einfluss auf die Wettbewerbsverhältnisse und die Marktstrukturen sind, ohne genauere gesetzliche Regelung verteilt werden.

Die Forderung nach weitgehender Unterstellung auch dieses Bereichs unter den strengen Gesetzesvorbehalt wird damit begründet, die „Vorenthaltung einer staatlichen Leistung" könne „den Bürger nicht weniger gravierend treffen als ein Eingriff in Freiheit und Eigentum"[96].

In der Praxis werden gleichwohl Subventionen nach wie vor in großem Umfang ohne genauere gesetzliche Regelung gewährt. Dabei hat auch kaum jemand Interesse daran, diese Gewährung als verfassungswidrig anzugreifen. Vielmehr versuchen die Beteiligten idR, selbst etwas zu bekommen. Dann kommt der Grundsatz zum Zuge: „Wo kein Kläger, da kein Richter".

Die Rechtsprechung verfolgt eine mittlere Linie, die sich als praktisch vernünftiger Kompromiss darstellt[97]. Danach ist zu unterscheiden:

1. Für die Gewährung der Leistung insgesamt (für das Ob der Leistung) muss eine gesetzliche Grundlage vorhanden sein. Diese muss den Gesamtumfang der Leistung sowie vor allem auch ihren Zweck näher bestimmen.

192

---

90 BVerwG NVwZ 93, 682 LS 4
91 BVerfGE 51, 235
92 BVerwGE 64, 238
93 BVerfG DVBl 2003, 1526
94 Maurer § 6 RdNr. 15
95 Vgl. BVerwGE 58, 45
96 Vgl. z. B. Maurer § 6 RdNr. 14
97 BVerwGE 58, 45; OVG Münster NVwZ 82, 381; OVG Berlin NVwZ 91, 798; vgl. Fall Nr. 22 bei Bovermann/Dünchheim, Examinatorium Allgemeines Verwaltungsrecht

Hierbei ist aber das Haushaltsgesetz iVm dem Haushaltsplan ausreichend, da dieses sowohl die Mittel als auch den Zweck festlegt.

Wird eine Leistung ohne eine derartige gesetzliche Grundlage gewährt, ist sie wegen Verstoßes gegen den Vorbehalt des Gesetzes verfassungswidrig. Allein die Berufung auf Art 3 GG reicht nicht aus, um die Leistungsgewährung zu legitimieren[98].

2. Nicht erforderlich ist dagegen eine „normative Basis für die Abwicklung des Förderungsprogramms"[99]. Es bedarf also keiner gesetzlichen Regelung der Frage, wie die Mittel im einzelnen verteilt werden. Hier greifen die Grundsätze des pflichtgemäßen Ermessens, des Gleichheitssatzes (Art 3 GG) sowie – in Verbindung damit – der Verwaltungsvorschriften ein (dazu noch unten RdNr. 195 ff).

193 **5.5.4** Einen besonderen Problembereich bilden seit jeher die **verwaltungsrechtlichen Sonderverhältnisse**[100] („besondere Gewaltverhältnisse", vgl. dazu noch unten RdNr. 257 f). Seit der „Strafvollzugsentscheidung" des Bundesverfassungsgerichts[101] ist anerkannt, dass die Grundrechte auch in derartigen (Sonder-)Rechtsverhältnissen nur durch Gesetz oder auf Grund eines Gesetzes beschränkt werden können.

Auch im verwaltungsrechtlichen Sonderverhältnis gilt dementsprechend das Analogieverbot[102].

Inzwischen ist speziell im Hinblick auf das **Schul**verhältnis die Geltung des Gesetzesvorbehalts anerkannt und genauer bestimmt worden.

Beispielsweise **gilt** danach der Gesetzesvorbehalt (aber nur teilweise als Parlamentsvorbehalt, teilweise reichen Rechtsverordnungen aus) : für den zwangsweisen Ausschluss aus der Schule; für die Regelung der Versetzung bzw. Nichtversetzung[103]; für den Ausschluss von Einrichtungen des zweiten Bildungsweges[104]; für die Feststellung der Pflichtfremdsprache[105]; für die Untersagung politischer Werbung in der Schule[106]; für die Einführung eines neuen Unterrichtsfaches, z. B. der Sexualerziehung[107]; für das Verbot des Kopftuchtragens für Lehramts-Beamtenbewerberinnen[108].

Beispielweise **gilt** der Gesetzesvorbehalt **dagegen nicht** : für die Einführung der Mengenlehre im Mathematikunterricht und die Einführung der Fünf-Tage-Woche in der Schule[109]; für die Regelung, wonach eine Prüfung nach einem schweren Täuschungsversuch als nicht bestanden gilt[110].

Zur dem Gesetzgeber vorbehaltenen Ausgestaltung des „Überdenkens" der Prüfungsentscheidung in berufsbezogenen Prüfungsverfahren[111] vgl. unten RdNr. 457 ff.

---

98 OVG Münster NVwZ 82, 381; vgl. OVG Berlin NVwZ 91, 798
99 BVerwGE 58, 48
100 Sachs NWVBl 1004, 209 ff
101 BVerfGE 33, 1
102 BVerfG NJW 96, 3146 (vgl. Konzak, NVwZ 97, 872)
103 BVerfGE 58, 257 ff
104 BVerfGE 41, 251
105 BVerwG DVBl 82, 414
106 BayVerfGH DÖV 82, 691
107 BVerwGE 47, 194; BVerfGE 47, 46
108 BVerfG DVBl 2003, 1526
109 BVerwGE 47, 201
110 BVerwGE 52, 193
111 BVerwG NVwZ 93, 682 LS 4

5.5.5 Im Bereich der **Verwaltungsorganisation** gilt der Gesetzesvorbehalt 194

- für die Bildung neuer rechtsfähiger Körperschaften und Anstalten (vgl. Art 87 Abs. 3 GG),
- für die Schaffung einer neuen Behördenart,
- für die Zuweisung neuartiger Zuständigkeiten an vorhandene Behörden.

Entsprechend gilt der Gesetzesvorbehalt auch für das Umgekehrte: Aufhebung einer Körperschaft, Abschaffung einer Behördenart u. s. w., da dies nicht ohne Änderung von Rechtsvorschriften möglich ist.

Überwiegend wird dagegen eine gesetzliche Regelung für nicht erforderlich gehalten

- für die bloß innerorganisatorische Aufgabenverteilung (Geschäftsverteilung);
- für die Bestimmung des (im Gesetz nicht näher festgelegten) örtlichen Zuständigkeitsbereichs vorhandener Behörden;
- für die Einrichtung und Aufhebung einer einzelnen Behörde innerhalb eines fortbestehenden Behördensystems (z. B. Auflösung des Finanzamtes in X und Eingliederung dieses Bezirks in das Finanzamt Y[112]).

Auch im Bereich des Organisationsrechts gilt, dass eine gesetzliche Regelung stets erforderlich ist, wenn in Rechte eingegriffen wird. Ein Eingriff in Rechte ergibt sich aber idR weder aus den beamtenrechtlichen oder arbeitsrechtlichen Folgen für die bei der Behörde Beschäftigten, noch daraus, dass der Bürger seine Verwaltungsangelegenheiten nunmehr an einer anderen Stelle erledigen und deshalb einen weiteren Weg zurücklegen muss[113].

6. Verwaltungsvorschriften

6.1 Die Verwaltungspraxis arbeitet mit zahlreichen Vorschriften, die nicht 195 unter die oben behandelten Rechtsquellen und Rechtsnormen fallen, die insbesondere weder formelle Gesetze noch Rechtsverordnungen oder Satzungen sind. Sie werden Verwaltungsvorschriften genannt (veraltete Bezeichnung: „Verwaltungsverordnung"). Ihre große Anzahl und ihre **erhebliche Bedeutung** sind eine Folge bestimmter Notwendigkeiten der Verwaltungspraxis: Die vorhandenen gesetzlichen Bestimmungen reichen den Verwaltungsbehörden nicht immer aus. Wie oben[114] ausgeführt, setzt nicht jedes Verwaltungshandeln eine gesetzliche Regelung voraus. Auch enthalten die Gesetze vielfach unbestimmte Rechtsbegriffe oder stellen das Handeln in das Ermessen der Verwaltung.

Im einzelnen besteht das Bedürfnis,

- den Verwaltungsmitarbeitern bei der Auslegung der Gesetze zu helfen, 196

z. B. den Gemeindebediensteten durch Konkretisierung ihrer gesetzlichen „Service-Pflichten" gegenüber den Einwohnern gem. § 22 GO NRW, oder den Ordnungsbehörden bei der Definition dessen, was auf ihrem Spezialgebiet „Gefahr" im Sinne der Eingriffsermächtigung des § 14 OGB NRW ist,

---

112 BVerfGE 40, 237, 250; OVG Münster DÖV 80, 528; Maurer § 6 RdNr. 21 und § 21 RdNr. 66.
113 Vgl. Fall Nr. 24 bei Bovermann/Dünchheim, Examinatorium – Allgemeines Verwaltungsrecht.
114 Insbesondere unter RdNr. 190, 5.5.3

– durch Ermessensrichtlinien die richtige Ermessensausübung zu steuern,

z. B. für die nach § 8 StaatsangehörigkeitsG im Ermessen stehende Einbürgerung zu bestimmen, wie lange der Antragsteller in der Bundesrepublik ansässig sein sollte,

– den internen Dienstbetrieb näher zu regeln,

z. B. die Geschäftsverteilung durch Geschäftsverteilungspläne, das Verwaltungsverfahren durch Vorschriften über die zu verwendenden Formulare, über die an einer Entscheidung zu beteiligenden Dienststellen, über die Zeichnungsbefugnis.

197 **„Verwaltungsvorschriften"** (im folgenden „VV") ist der Oberbegriff, der auch im GG verwandt wird (Art 84 Abs. 2, 85 Abs. 2, 86 S. 1). **In der Verwaltungspraxis heißen sie z. B.:** Richtlinien, (Rund-)Erlasse, (Rund- oder allgemeine) Verfügungen, Durchführungsbestimmungen, Ausführungsvorschriften, Dienstanweisungen, allgemeine Weisungen; manchmal sind sie auch in einfachen Schreiben enthalten. Auch konkretere Bezeichnungen sind üblich wie z. B. Prüfungsordnung, Benutzungsordnung, Subventionsrichtlinie, Gnadenordnung, Beihilferichtlinien, technische Anleitung, Beurteilungsrichtlinie, Förderprogramm. Wie stets, ist auch hier die Bezeichnung letztlich nicht entscheidend.

Wenn einerseits auf die große praktische Bedeutung der VV hingewiesen wurde, soll andererseits auch nicht in Abrede gestellt werden, dass zahlreiche VV über das praktische Bedürfnis hinausgehen, d. h. dass viele VV schlicht unnötig sind, z. B. wenn in den (inzwischen geänderten) „Richtlinien über die Haltung und Benutzung von Dienstkraftfahrzeugen im Lande NW"[115] bestimmt wurde, dass zu den Pflegearbeiten an Kraftfahrzeugen die „regelmäßige Leerung der Aschenbecher" gehört.

198 **6.2** Die **Grundlage** zum Erlass von Verwaltungsvorschriften ergibt sich daraus, dass der Staat eine Einheit bildet und – was die Verwaltung betrifft – von der Regierung als oberster Behörde geleitet wird; eine Fortsetzung dieser **Leitungsbefugnis** findet sich im Verhältnis der mittleren zu den unteren Behörden. Aus dieser „Geschäftsleitungsgewalt" oder auch „inneren Organisationsgewalt" ergibt sich die Befugnis zum Erlass von Einzelweisungen und auch von allgemeinen Weisungen, damit also Verwaltungsvorschriften. Dem entspricht die beamtenrechtliche Regelung (vgl. § 37 S. 2 BRRG), wonach der Beamte die Pflicht hat, die von den Vorgesetzten „erlassenen Anforderungen auszuführen und ihre *allgemeinen Richtlinien* zu befolgen". Eine weitergehende oder spezielle Ermächtigung zum Erlass von VV ist nicht erforderlich. Soweit VV sich an Arbeitnehmer (Angestellte und Arbeiter im öffentlichen Dienst) richten, ergibt sich deren Verpflichtung zu ihrer Beachtung aus der arbeitsrechtlichen Direktionsbefugnis des Arbeitgebers.

199 **6.3** Nunmehr kann der **Begriff** der VV dahin bestimmt werden: Verwaltungsvorschriften sind allgemeine Regelungen, die innerhalb einer Verwaltungsorganisation von vorgesetzten Regierungs- oder sonstigen Verwaltungsstellen an die nachgeordneten Behörden, Ämter oder Amtswalter gerichtet werden und die unmittelbar nur die Organisation, das Verfahren oder das innerdienstliche Verhalten der innerhalb der Verwaltung Tätigen regeln.

Der Begriff der VV, die rechtlichen Grundlagen und die Rolle der VV in der Verwaltungs- und insbesondere in der Kommunalpraxis sollen an dieser Stelle nicht weiter vertieft werden.[116]

---

115 JMBl NW 83, 20
116 Vgl. Bull RdNr. 304 ff; Maurer § 24. Zur Rolle der VV in der Verwaltungs- und insbesondere in der Kommunalpraxis: Hofmann/Muth/Theisen, Kommunalrecht 1.2.2.1 und 1.3 (Fall 3).

6.4 Für das Verständnis und die rechtliche Behandlung der VV ist es erforderlich, sie genauer in das Normensystem des Verfassungs- und Verwaltungsrechts einzuordnen:

6.4.1 Grundlegend ist die **Unterscheidung zwischen Außenrecht und Innenrecht.** Das Außenrecht regelt die Beziehungen zwischen dem als Einheit betrachteten Staat und den Bürgern sowie zwischen den Gliedern des Staates, die selbständige Rechtspersönlichkeit haben (wie z. B. zwischen einzelnen Bundesländern). Das Innenrecht regelt die Rechtsbeziehungen innerhalb des Staates, insbesondere zwischen den Behörden unterschiedlicher Ebenen. Da das Außenrecht die Beziehungen zwischen (Rechts-)Personen behandelt, wird es auch als interpersonales Recht bezeichnet im Unterschied zum Innenrecht als intrapersonales Recht. 200

6.4.2 Die oben[117] behandelten Rechtsnormen gelten stets als **Außenrecht.**

Beispielsweise ist die Vorschrift des Art 43 GG, wonach die Mitglieder des Bundesrates und der Bundesregierung zu allen Sitzungen des Bundestages und seiner Ausschüsse Zutritt haben, Bestandteil des Grundgesetzes als eines formellen (Verfassungs-)Gesetzes und als solches Außenrecht.

6.4.3 Verwaltungsvorschriften sind dagegen **Innenrecht.** Damit verbunden ist zunächst die Feststellung, dass es sich auch bei den VV auch um eine Art „Recht" handelt. 201

Das ist heute allgemein anerkannt. Dagegen erkannte die frühere Lehre Rechtsbeziehungen nur zwischen verschiedenen Personen an, nicht dagegen innerhalb des Staates. Dessen Innenbereich wurde mit dem des Menschen verglichen, bei dem ja zwischen Haupt und Gliedern auch keine Rechtsbeziehungen möglich sind (sog. Impermeabilität des Staates).

Aus der Einordnung der VV als „Rechtsnormen des Innenrechts" dürfen aber keine zu weitgehenden Schlüsse gezogen werden. Soweit die Gesetze die Begriffe „Recht", „rechtmäßig" oder „rechtswidrig" verwenden, bezieht sich das fast immer nur auf das Außenrecht. Insbesondere ist Rechtswidrigkeit iSd Verwaltungsrechts (z. B. § 48 VwVfG) und des Verwaltungsprozessrechts (z. B. § 113 VwGO) grundsätzlich nur die Außenrechtswidrigkeit. Auf eine Innenrechtswidrigkeit kommt es nicht an; vgl. unten RdNr. 205 ff.

Deshalb führt „ein Verstoß gegen Subventionsrichtlinien ... allein nicht zur Rechtswidrigkeit des Bewilligungsbescheides"[118].

VV können auch **keine Ermächtigung** für belastende Verwaltungsakte sein[119]. Ansprüche des Bürgers gegen die Verwaltung können sich aus VV nicht unmittelbar ergeben. Versteht man aus diesen Gründen unter Rechtsnormen, zumindest bei der praktischen Rechtsanwendung, nur die Außenrechtsnormen, so ist die Feststellung nach wie vor zutreffend, dass Verwaltungsvorschriften **keine Rechtsnormen**[120] sind. 202

6.5 Rechtmäßigkeit der VV. Verhältnis der VV zum Gesetz

6.5.1 Wie jedes Verwaltungshandeln, unterliegt auch der Erlass von VV dem Prinzip vom Vorrang des Gesetzes (vgl. oben RdNr. 177). VV müssen formell und materiell rechtmäßig sein.

---

117 RdNr. 130–167
118 BVerwG, DVP 2004, 85 – mit Anm. von Vahle
119 BVerwGE 58, 285
120 Vgl. z. B. BVerwGE 58, 49 und BVerwG DÖV 97, 732.

In **formell**er Hinsicht ist erforderlich, dass die zuständige Stelle gehandelt hat, dass Mitwirkungserfordernisse und formale Mindesterfordernisse beachtet sind.

<small>Beispielsweise: Zustimmung des Bundesrates bei VV der Bundesregierung gemäß Art 84 Abs. 2 GG; VV müssen den Adressaten bekannt gegeben werden, wobei aber keine besondere Verkündungsart vorgeschrieben ist.</small>

203 In **materiell**er Hinsicht sind VV rechtswidrig, wenn sie gegen einfache Gesetze oder gegen das Grundgesetz, insbesondere gegen Grundrechte verstoßen. Norminterpretierende VV sind rechtswidrig, wenn sie eine mit dem Gesetz nicht im Einklang stehende Gesetzesauslegung vornehmen[121]. Ausführungen zu den Ermessensrichtlinien folgen noch unter RdNr. 207.

VV dürfen keine Regelungen enthalten, für die der Gesetzesvorbehalt gilt. Sie dürfen also weder wesentliche Entscheidungen (im Sinne der obigen[122] Ausführungen) enthalten, noch dürfen sie Belastungen des Bürgers anordnen[123].

204 6.5.2 Für das Verhalten des Amtswalters, der Adressat der VV ist, sind die VV allerdings dienstrechtlich (grundsätzlich) bindend. Auch soweit für das Verhältnis zwischen Verwaltung und Bürger ausschließlich das Gesetz maßgebend ist, hat der Amtswalter das Gesetz in der Weise anzuwenden, wie dies in den VV bestimmt ist. Denn die VV haben gerade die Aufgabe, den Inhalt des Gesetzes für die Verwaltungsmitarbeiter verbindlich festzulegen.

<small>Hält der Amtswalter (Beamte) die VV für rechtswidrig und daher für ungültig, greift folgende beamtenrechtliche Regelung ein: Er hat die Bedenken auf dem Dienstwege geltend zu machen und die Entscheidung durch den Vorgesetzten einzuholen (vgl. § 38 Abs. 2 BRRG). Diese Regelung ist – über den Wortlaut der §§ 37, 38 BRRG hinaus – nicht nur bei Einzelweisungen, sondern auch bei Verwaltungsvorschriften anzuwenden. Muss der Beamte danach die VV ausführen, obwohl sie wegen Verstoßes gegen das Gesetz objektiv rechtswidrig und ungültig sind, handelt er im Innenverhältnis zu seinem Dienstherrn rechtmäßig, während die Maßnahmen im (Außen-)Verhältnis zwischen Bürger und Staat rechtswidrig sind. Die persönliche Verantwortung trifft in solchem Fall den Vorgesetzten.</small>

6.6 Außenwirkung der Verwaltungsvorschriften gegenüber dem Bürger?

205 Nach Begriff und Zweck der VV drfte es das Problem einer Außenwirkung der VV gar nicht geben. Jedoch hat eine Vorschrift, die sich unmittelbar nur an die Amtswalter innerhalb der Verwaltung richtet und ihr dienstliches Verhalten beeinflusst, **mittelbar auch Wirkungen gegenüber dem Bürger**, der von dem dienstlichen Verhalten betroffen ist. Dies gilt für alle Arten von VV, insbesondere aber für „Ermessensrichtlinien".

<small>Beispielsweise wird in der VV zu der Ermessensvorschrift § 8 StAG bestimmt, dass für eine Einbürgerung grundsätzlich ein zehnjähriger Aufenthalt in der BRD erforderlich ist; hier wartet der die Einbürgerung begehrende Ausländer zweckmäßigerweise den Ablauf dieser Frist ab, weil sein Antrag vorher normalerweise keine Aussicht auf Erfolg hat.–Noch deutlicher ist das in der Praxis der Subventionsverwaltung: Nur der Antrag des Antragstellers, der die jeweiligen Subventionsrichtlinien kennt und ihre Voraussetzungen erfüllt, hat Aussicht auf Erfolg.</small>

Gleichwohl ist es nicht zulässig, etwa einer „Richtlinie" oder einer „allgemeinen Verfügung" allein auf Grund ihres Inhalts und ihrer praktischen Bedeutung

---
<small>121 Vgl. BVerwGE 34, 278, BVerfGE 56, 216
122 RdNr. 184
123 Vgl. Fall Nr. 20 bei Bovermann/Dünchheim, Examinatorium – Allgemeines Verwaltungsrecht.</small>

Außenwirkung zuzusprechen und sie unvermittelt als (Außen-) Rechtsnorm einzustufen. Das würde dagegen verstoßen, dass die Arten allgemeinverbindlicher Rechtsnormen im Rechtsstaat grundsätzlich geschlossen sind (Typenzwang für Außenrechtsnormen).

Vielmehr ist eine Lösung der Problematik nur durch eine differenzierende Betrachtungsweise möglich, welche die grundsätzliche Unterscheidung von Außenrechtsnormen und VV nicht aufhebt:

6.6.1 In dem Bereich, der durch **zwingendes Recht** geregelt ist, darf die Verwaltung durch VV keine abweichende Regelung treffen. Sie ist nur zu norminterpretierenden VV berechtigt. Bei diesen bleibt es bei dem Grundsatz, dass VV nur verwaltungsinterne Bedeutung haben; Grundlage für eine Selbstbindung im Außenverhältnis können sie nicht sein. **206**

Nach einer hierzu grundlegenden Entscheidung des Bundesverwaltungsgerichts[124] scheiden Verwaltungsvorschriften „als Grundlage für eine mit Außenwirkung versehene Selbstbindung der Verwaltung schon ihrer Natur nach aus. Da die Befugnis zur letztverbindlichen Auslegung des objektiven Rechts (anders als die gerade ihr eingeräumte Befugnis zur Ermessensausübung) nicht der Verwaltung, sondern durch Art 19 Abs. 4 GG, den Gerichten übertragen ist, steht auch die in Verwaltungsvorschriften enthaltene Rechtsauslegung unter dem Vorbehalt, dass sie die Billigung durch die Rechtsprechung findet. Die Wirkung norminterpretierender Verwaltungsvorschriften bleibt deshalb auf den internen Bereich der Verwaltung beschränkt mit der Folge, dass ihre Beachtung oder Nichtbeachtung auf die Rechtmäßigkeit oder Rechtswidrigkeit eines in ihrer Anwendung ergangenen Verwaltungsaktes keinen Einfluss hat."[125]

Bei den norminterpretierenden VV gibt es nur zwei Möglichkeiten: Sie stimmen mit dem Gesetz überein, so dass bereits auf Grund der Gesetzesbindung so zu verfahren ist. Oder sie verstoßen gegen das Gesetz und sind deshalb ungültig. (Die verwaltungsinterne Bindung – vgl. oben RdNr. 204 – besteht aber auch in diesem Fall.) Allerdings haben VV in diesem Bereich die Bedeutung einer von der vorgesetzten Behörde vertretenen Rechtsauffassung und sind deshalb (ähnlich wie eine in Rechtsprechung oder Literatur vertretene Meinung) als Argument bei der Auseinandersetzung um die richtige Auslegung und Anwendung des Gesetzes mit zu berücksichtigen. In der Verwaltungspraxis wird der in VV niedergelegten Auffassung regelmäßig besonderes Gewicht beigelegt.

6.6.2 Soweit ein Handeln der Verwaltung zulässig, aber nicht näher gesetzlich geregelt ist, insbesondere im Bereich des **Ermessens**, darf die Verwaltung nach selbstgesetzten Maßstäben unter Berücksichtigung des Einzelfalles handeln. Diese Maßstäbe können in VV allgemein niedergelegt werden. Da die Behörden ihre eigenen VV idR befolgen, ist davon auszugehen, dass die VV die Verwaltungsübung wiedergeben. Nach Art 3 GG hat jeder Bürger ein Recht darauf, dass die Behörde in seinem Fall nicht grundlos von der bisherigen Verwaltungspraxis abweicht. Damit ist die Behörde dem Bürger gegenüber zur Gleichbehandlung entsprechend ihren VV verpflichtet. Es erfolgt eine **Selbstbindung** der Verwaltung, die wegen Art 3 GG dem Bürger gegenüber eine **mittelbare** normative **Außenwirkung** hat. **207**

---

124 BVerwGE 34, 281/2
125 Ebenso BVerwGE 51, 359 LS 5; 66, 81 (mit dem Hinweis, dass in VV Erfahrungssätze enthalten sein können, die auch das Gericht mit in seine Betrachtungen einzubeziehen hat); BVerfGE 49, 168, 183; Maurer § 24 RdNr. 29.

Zur Begründung einer mittelbaren Außenwirkung der VV ist gelegentlich auch der Vertrauensgrundsatz herangezogen worden[126]. Hierfür reicht aber das Vorliegen von VVen gerade nicht aus, da sich diese nicht an den Bürger wenden und deshalb ihm gegenüber keinen Vertrauenstatbestand begründen. Vielmehr ist erforderlich, dass eine VV „in Anbetracht der konkreten Umstände als eine Art Zusicherung an bestimmte Personen gewertet werden kann"[127].

Mittelbare Außenwirkung haben also vor allem VV im Ermessensbereich. Sie werden als Ermessensrichtlinien bezeichnet[128].

Beispielsweise gibt es Ermessensrichtlinien im Bereich der leistenden Verwaltung (z. B. Subventionsrichtlinien[129]), im Einbürgerungs- und Ausländerrecht, im Beamten- und Schulrecht. Es gibt auch VV, die teilweise norminterpretierenden und teilweise ermessenssteuernden Charakter haben.

208 Um nicht gegen den Zweck der das Ermessen einräumenden Gesetze zu verstoßen, dürfen die Ermessensrichtlinien nur typische Fälle behandeln. Sie dürfen das Einzelfallermessen der entscheidenden Behörde nicht ausschließen. Das bedeutet, dass VV – anders als Rechtsnormen des Außenrechts – keine strikte Bindung bewirken, sondern stets unter dem Vorbehalt stehen, dass nicht die Besonderheiten des Einzelfalles eine andere Behandlung rechtfertigen.

Auch kann die zum Erlass der VV zuständige Behörde diese VV (nach sachlichen Kriterien) jederzeit abändern und damit für die Zukunft der Bindungswirkung einen anderen Inhalt geben. Stets unzulässig bleibt wegen der Selbstbindung aber, im Einzelfall ohne hinreichende Gründe von den VV abzuweichen[130].

209 **6.6.3** In den vorhergegangenen Ausführungen wurde die Problematik unter dem Gesichtspunkt des Verwaltungshandelns betrachtet. Aus der Sicht des Bürgers, der eine lediglich in VV vorgesehene Leistung beantragt, stellt sich die **Frage, inwieweit** er einen **Anspruch** auf eine Gewährung haben kann. Aus den VV allein kann er keinen Anspruch haben, weil diese keine Außen-Rechtsnormen sind. Art 3 GG ist zwar Außen-Rechtsnorm, besagt aber selbst nichts über die Voraussetzung für die konkret begehrte Leistung. Die Anspruchsgrundlage des Bürgers kann sich daher nur aus einer Verbindung beider Gesichtspunkte ergeben, wobei das Ermessen die Brücke zwischen den beiden Elementen bildet. Danach hat der Antragsteller aus Art 3 GG einen **Anspruch auf eine ermessensfehlerfreie Entscheidung** unter Berücksichtigung der Selbstbindung durch VV und bisherigen Verwaltungspraxis.

Beispiel für den Bereich der Subventionsverwaltung: Danach haben die Verwaltungsgerichte zu prüfen, ob „bei Anwendung der Richtlinien in Einzelfällen, in denen die begehrte Leistung versagt worden ist, der Gleichheitssatz verletzt oder der Rahmen, der durch die gesetzliche Zweckbestimmung gezogen ist, nicht beachtet worden ist."[131] – Nicht zulässig ist jedenfalls, die VV wie ein Gesetz zu behandeln und allein auf ihre Anwendung abzustellen. – Fraglich ist ein Vertrauensschutz

---

126 BVerwGE 35, 162; OVG Münster NJW 80, 1406/8
127 So Maurer § 24 RdNr. 24; vgl. BVerwG DÖV 97, 732
128 Z. B. BVerwGE 58, 51; vgl. Lange NJW 92, 1193
129 Vgl. BVerwG, DVP 2004, 85 mit Anm. von Vahle
130 BVerwG DÖV 97, 732
131 BVerwGE 58, 45

auf Fortbestand von Förderungsrichtlinien[132]. – Die Rechtswidrigkeit eines Subventionsbescheides „kann aus einem Verstoß gegen die in den ...Richtlinien fixierte Verwaltungspraxis und damit aus dem Gleichbehandlungsgebot des Art 3 Abs. 1 GG folgen"[133].

6.6.4 Einer genaueren Betrachtung bedarf das Verhältnis zwischen dem Erklärungsgehalt (Inhalt) der VV und ihrer **tatsächlichen Handhabung in der Verwaltungspraxis.**

Im Regelfall ist davon auszugehen, dass die Verwaltungspraxis dem Inhalt der VV entspricht. Es können daher in der Regel die VVen als schriftlich niedergelegte Verwaltungspraxis angewandt werden, ohne dass eine selbständige Ermittlung der Verwaltungsübung erforderlich wäre („VV als Indiz der Praxis")[134].

Liegt eine Divergenz zwischen den geschriebenen VV und gelebter Verwaltungspraxis vor, so ist – im Rahmen der gesetzlichen Festlegung des Leistungszwecks – die tatsächlich geübte Verwaltungs**praxis** maßgebend.

Beispiele: Einerseits kann sich der Bürger nicht auf für ihn günstige (aber nur auf dem Papier stehende) VV berufen, wenn die Verwaltungspraxis tatsächlich ständig anders (und für ihn ungünstig) verfährt[135]. – Umgekehrt ist ihm gegenüber eine über die VV hinausgehende, günstigere, ständige Verwaltungsübung maßgebend[136]. – Die Behörde darf sogar eine den VV entsprechende ständige Verwaltungspraxis (aus sachlichen Gründen) für die Zukunft allgemein ändern, ohne den Wortlaut der VV ändern zu müssen; dann ist allein die geänderte Verwaltungspraxis maßgebend[137].

Anders liegt es, wenn der Bürger sich gerade auf den Wortlaut der VV verlassen hat, etwa weil – ausnahmsweise – der Text der VV ihm von der Behörde mit der Erklärung übersandt worden ist, er sei verbindlich. Dann hat der Vertrauensschutz Vorrang, gegebenenfalls unter dem Gesichtspunkt der Zusicherung[138].

6.6.5 Sind die VV bisher noch nicht angewandt worden, handelt es sich also um den „ersten Fall", so kann auf eine Verwaltungspraxis noch nicht abgestellt werden. Dann wird davon ausgegangen, dass die Verwaltung künftig gemäß den VV verfahren wird, so dass bereits dieser erste Fall der Selbstbindung gemäß den VV unterliegt.

„Vorwirkung der Verwaltungspraxis" oder „VV als antizipierte Verwaltungspraxis"[139]. Kommt es zu einem Prozess, wird es meist so liegen, dass inzwischen weitere Fälle aufgetreten sind, so dass es sich nicht mehr um den ersten und einzigen Fall handelt, sondern tatsächlich eine ständige Verwaltungspraxis feststellbar ist.

6.7 Wie ausgeführt, werden VV nicht – wie Außenrechtsnormen – in einer der Allgemeinheit zugänglichen Weise veröffentlicht, sondern vielfach verwaltungsintern bekannt gegeben. Soweit sie aber mittelbare Wirkung gegenüber dem Bürger haben, wird die Auffassung vertreten, die VV müssten bekannt gegeben werden. Die Veröffentlichung ist jedoch keine Wirksamkeitsvoraussetzung, sondern nur eine sich aus der faktischen Außenwirkung der VV ergebende „Folgepflicht". Nach der Rechtsprechung des BVerwG[140] gibt es

---

132 BVerwG DÖV 97, 732
133 BVerwG, DVP 2004, 85 mit Anm. von Vahle
134 BVerwG DVBl 81, 1149:
135 BVerwG NJW 79, 280
136 BVerwGE 57, 290
137 BVerwG DÖV 79, 793; DÖV 82, 81
138 Vgl. unten RdNr. 599 ff
139 BVerwGE 52, 199; Maurer § 24 RdNr. 22
140 BVerwGE 61, 15 und 40

keinen allgemeinen Anspruch auf Veröffentlichung von VV. Jedoch sollte die Verwaltung bei einem einigermaßen begründeten Wunsch eines Bürgers oder eines Anwalts keine Geheimniskrämerei betreiben. Die an einem konkreten Verwaltungsverfahren Beteiligten können ohnehin Auskunft verlangen, wie die für das Verfahren bedeutsamen VV lauten und welche Verwaltungspraxis besteht.

212 **6.8** Es gibt einige weitere Fallgruppen, in denen ein hinreichender rechtsdogmatischer Grund dafür besteht, Verwaltungsvorschriften eine gewisse Außenwirkung beizulegen:

Soweit für weniger bedeutsame Regelungen der Verwaltungsorganisation und des Verwaltungsverfahrens der Gesetzesvorbehalt nicht eingreift[141] und die Verwaltung deshalb VV erlassen darf, haben solche Organisations- und Verfahrensvorschriften Außenwirkung gegenüber dem Bürger.

Beispiele: Die Übertragung von Zuständigkeiten nach § 126 Abs. 3 Nr. 2 BRRG sowie die Bestimmung von Zuständigkeiten nach § 22 Abs. 4 S. 2 FStrG[142]. – Auch kann dem Bürger durch VV vorgeschrieben werden, welche Formulare er in einem Verwaltungsverfahren zu verwenden hat.

In einigen Entscheidungen ist zugelassen worden, dass eine bewusst unvollständige Rechtsnorm (Blankettvorschrift) durch VV ausgefüllt wird, falls es sich dabei nur um unwesentliche Ergänzungen handelt[143], oder dass eine gesetzliche Vorschrift sonst durch VV in unwesentlicher Hinsicht konkretisiert wird[144]. Hält man dies für richtig, müssen solche Ausfüllungs- und Konkretisierungsvorschriften Außenwirkung haben.

213 Für die Verwaltungspraxis bedeutsame Sonderfälle bilden die als VV ergangenen technischen Regelwerke, genannt **„Technische Anleitung"** (TA), z. B. TA-Luft, TA-Lärm[145]. Sie erläutern die in den Gesetzen gebrauchten Begriffe, deren Feststellung im Einzelfall nicht ohne eine besondere Sachkunde möglich ist. Nach der Rechtsprechung des BVerwGs haben solche Regelwerke die Funktion von vorweggenommenen (antizipierten) Sachverständigengutachten[146]. Sie haben also ähnliche Wirkung, als wenn im Verfahren ein konkretes Gutachten erstattet worden wäre. Da dieses von der Behörde bzw. vom Verwaltungsgericht zu beachten wäre, wird zum Teil auch den (solche Gutachten ersetzenden) VV eine Art Außenwirkung beigelegt.

Unmittelbare Außenwirkung gilt, soweit die bisherige „TA-Siedlungsabfall" in eine „Verordnung über die umweltverträgliche Ablagerung von Siedlungsabfällen" umgewandelt wird; diese Verordnung der Bundesregierung ist Rechtsnorm (vgl. oben RdNr. 135), zu deren Erlass § 12 Abs. 1 des Kreislaufwirtschafts- und Abfallgesetzes ermächtigt[147].

---

141 BVerfGE 40, 250
142 Vgl. auch BVerwGE 36, 91
143 BVerfGE 40, 237, 255
144 BVerwGE 52, 193
145 Vgl. VGH Bad.-Württ. DÖV 2005, 169
146 BVerwGE 55, 256; vgl. für VOL und VOB: BGH NJW 92, 827
147 Vgl. Mitteilungen des Städte- und Gemeindebundes vom 5.3.2001

7. Die Gesetze des allgemeinen Verwaltungsrechts. Das VwVfG und seine Anwendbarkeit

Bisher war überwiegend nur allgemein von „Rechtsnormen", „Gesetzen" u. ä. die Rede. Es war aber auch schon deutlich geworden, dass es bei der Rechtsanwendung im Einzelfall stets nur um die Anwendung ganz bestimmter gesetzlicher Vorschriften gehen kann. Sie finden sich für die Verwaltung insbesondere in den Gesetzen des (allgemeinen und des besonderen) Verwaltungsrechts. 214

Wichtig für die Verwaltungspraxis und für die Bürger ist die Funktion des Verwaltungsrechts im demokratischen Rechtsstaat; sie lässt sich mit der – in den Aufbaujahren der Bundesrepublik Deutschland geprägten – Kurzformel zusammenfassen:

> „Verwaltungsrecht ist konkretisiertes Verfassungsrecht".

So Werner, schon 1959[148]; Battis entwickelt diesen Gedanken im europäischen Rahmen weiter unter der Formel „Verwaltungsrecht als konkretisiertes Gemeinschaftsrecht"[149].

7.1 Zu den Vorschriften des **besonderen Verwaltungsrechts** – als Spezialgesetz für die jeweiligen Verwaltungszweige – gehören z. B. die Gesetze des Polizei- und Ordnungsrechts, das Baugesetzbuch, die Landesbauordnungen, die Gemeindeordnungen, die Umweltschutzgesetze, die Gewerbeordnung, die zahlreichen Gesetze des Sozialrechts. 215

7.2 Das allgemeine Verwaltungsrecht

Hierzu rechnet man die für alle Gebiete des Verwaltungsrechts geltenden grundlegenden Rechtsnormen und Regeln. Es findet sich zunächst in drei bedeutsamen Gesetzen, die als die drei Säulen des allgemeinen Verwaltungs- (Verfahrens-) Rechts bezeichnet werden[150]. 216

– Die allgemeinste Regelung enthält das **Verwaltungsverfahrensgesetz (VwVfG).**
  Das VwVfG ist das „Grundgesetz der Verwaltung"[151].

– Das allgemeine Steuerverfahrensrecht findet sich in der **Abgabenordnung (AO)**, deren verfahrensrechtliche Regelungen teilweise mit denen des VwVfG übereinstimmen (vgl. unten RdNr. 783 ff und 586 ff).

– Das allgemeine Verwaltungsrecht der Sozialverwaltung findet sich im **Sozialgesetzbuch**, teilweise im Ersten Buch **(SGB I)**, auch als SGB AT bezeichnet: §§ 30–67, im übrigen im Zehnten Buch **(SGB X)**: §§ 1–66.

  Für bestimmte „besondere Teile" des SGB gilt dies gemäß § 1 Abs. 1 Satz 2 SGB X allerdings nur, soweit diese besonderen Teile die Vorschriften des SGB X „... für anwendbar erklären ...".

Beispiele solcher ausdrücklichen Regelung: § 40 Abs. 1 S. 1 SGB II[152]; § 46 Abs. 2 S. 4 SGB XI; § 22 Abs. 1 BundeserziehungsgeldG

---
148 DVBl 59, 527
149 DÖV 2001, 988
150 Bonk, NVwZ 2001, 636, 637
151 So z. B. Schily, NVwZ 2000, 883, 887
152 Vgl. Münder, Sozialgesetzbuch II § 40 RdNr. 1 und 2

In ähnliche Richtung zielt § 37 SGB I, wonach „Das Erste und das Zehnte Buch ..." nur gelten, „... soweit sich aus den übrigen Büchern nichts Abweichendes ergibt."

Die verfahrensrechtlichen SGB I- und SGB X- Regelungen stimmen weitgehend mit denen des VwVfG überein; Abweichungen finden sich z. B. bei der Bestandskraft der Verwaltungsakte (vgl. unten RdNr. 772 ff und 573 ff).

217 **7.3** Der **Anwendungsbereich** dieser drei allgemeinen Verwaltungsgesetze im Verhältnis zueinander ergibt sich aus den jeweiligen Anwendbarkeitsbestimmungen dieser Gesetze:

– § 1 SGB X verweist auf die „öffentlich-rechtliche Verwaltungstätigkeit der Behörden, die nach diesem Gesetzbuch ausgeübt wird", praktisch also auf die einzelnen Sachbereiche der Sozialverwaltung.

– Nach § 1 Abs. 1 AO gilt dieses Gesetz für alle Steuern, die durch Bundesrecht oder EG-Recht geregelt sind, soweit sie durch Bundesfinanzbehörden oder Landesfinanzbehörden verwaltet werden.

– Das VwVfG gilt grundsätzlich für die übrigen Bereiche (vgl. Abgrenzung zum SGB und zur AO in § 2 Abs. 2 Nr. 1 und 3 VwVfG). Die Anwendbarkeit des VwVfG bedarf aber im folgenden einer genaueren Betrachtung:

218 **7.4** Ein **VerwaltungsverfahrensG** gibt es im **Bund** (BVwVfG) und in jedem **Land** (LVwVfG); in Schleswig-Holstein heißt es „Landesverwaltungsgesetz". Das Verhältnis des BVwVfG zum LVwVfG ist gemäß § 1 BVwVfG folgendermaßen zu bestimmen:

Das BVwVfG gilt zunächst dann, wenn Bundesbehörden tätig werden (§ 1 Abs. 1 Nr. 1 BVwVfG).

Werden Landesbehörden tätig,

a) so müsste nach der in § 1 Abs. 1 Nr. 2 und Abs. 2 BVwVfG getroffenen Regelung das BVwVfG anwendbar sein, wenn die Landesbehörden Bundesrecht ausführen.

b) Jedoch gilt nach § 1 Abs. 3 das BVwVfG für die Landesbehörden nicht, „soweit die öffentlich-rechtliche Verwaltungstätigkeit der Behörden landesrechtlich durch ein Verwaltungsverfahrensgesetz geregelt ist." Da dies in allen Ländern der Fall ist, schließt es die Anwendbarkeit des BVwVfG auf die Tätigkeit von Landesbehörden aus.

219 Dementsprechend gilt das **Behördenprinzip**: Wird eine Bundesbehörde tätig, gilt das VwVfG des Bundes, handelt eine Landesbehörde, gilt das VwVfG des Landes.

Im übrigen lauten das BVwVfG sowie die VwVfGe der Länder weitgehend gleich, was teilweise durch eine die Bundesfassung übernehmende Vollregelung („Parallelgesetze"), teilweise durch Verweisung auf die Bundesfassung erreicht wird („Verweisungsgesetze"). Eine Ausnahme besteht in Schleswig-Holstein, wo zwar der rechtliche Gehalt des Landesverwaltungsgesetzes im wesentlichen der gleiche ist, die Paragraphenfolge aber von der in den übrigen VwVfGen abweicht. Bedeutsamere inhaltliche Unterschiede zwischen der Bundesfassung und den Länderfassungen gibt es z. B. bei der Anwendbarkeit; hier enthalten die Länderfassungen weitere Ausschlussgründe in § 2, insbesondere für die Bereiche Schulen, Hochschulen und Rundfunk.

Beispiele zu Abweichungen: Zur Geheimhaltung (§ 30 BVwVfG bzw. § 3 b – neu – VwVfG NRW) vgl. unten RdNr. 711 ff. – Zu Abweichungen bei den Regelungen über Heilung von Verfahrensmängeln vgl. unten RdNr. 477 ff. – Im Bereich der Erstattung von Leistungen und Verzinsung nach dem Widerruf von VAen, hat das BVwVfG erst nach längerer Zeit unterschiedlicher Regelungen die vorherigen Reformen der LVwVfGe nachvollzogen[153].

Bei einer Fallbearbeitung braucht, falls Abweichungen nicht in Betracht kommen, nicht ausdrücklich kenntlich gemacht zu werden, ob das BVwVfG oder das LVwVfG angewandt wird. Dementsprechend wird auch in dieser Darstellung lediglich von „VwVfG" gesprochen und die Bundesfassung zugrunde gelegt, soweit nicht Unterschiede in den Länderfassungen eine abweichende Behandlung gebieten.

7.5 Die **Anwendbarkeit des VwVfG** – insgesamt sowie im Hinblick auf seine einzelnen Vorschriften – richtet sich nach vier Voraussetzungen: 220

1. Zunächst muss **öffentlich-rechtliche Verwaltungstätigkeit einer Behörde** vorliegen (§ 1 Abs. 1 VwVfG). Hierfür gilt der oben[154] entwickelte Begriff der Verwaltung, mit dem zu wiederholenden Hinweis, dass es sich um öffentlich-rechtlich ausgeübte Tätigkeit – im Unterschied zur Verwaltung auf Grund privaten Rechts – handeln muss. Die Anwendung öffentlich-rechtlicher Vorschriften ist daher Voraussetzung für die Anwendung des VwVfG, nicht etwa Folge davon.

2. Das VwVfG darf nicht gemäß § 2 VwVfG insgesamt ausgeschlossen sein. Hauptsächlich geht es hier um die Abgrenzung zur Abgabenordnung und zum Sozialgesetzbuch.

Beispielsweise ist für die Verwaltungspraxis besonders hinzuweisen auf die Fälle, in denen auch die allgemeine Verwaltung und die Kommunalverwaltung die AO anzuwenden haben, nämlich:

– wenn es um die Verwaltung von Realsteuern (Gewerbesteuer, Grundsteuer) geht (§ 1 Abs. 2 AO);

– wenn im KommunalabgabenG auf die AO verwiesen wird (z. B. in § 12 KAG NRW).

Somit **hat die Kommunalverwaltung mit allen drei allgemeinen Verwaltungs(verfahrens)gesetzen zu tun**, z. B. das Bauamt mit dem VwVfG, das Sozialamt und die Wohngeldstelle mit dem SGB, das Stadtsteueramt mit der AO. 221

Beispielsweise gilt in der Kommunalverwaltung für die Rücknahme von als rechtswidrig erkannten Baugenehmigungen der § 48 VwVfG, von Erschließungsbeitragsbescheiden § 130 Abs. 1 AO und von Wohngeldbescheiden § 45 SGB X (vgl. unten RdNr. 573 ff, 586 ff und allgemein 772 ff, 783 ff).

3. Für das Verhältnis des VwVfG zum übrigen Recht, insbesondere zum besonderen Verwaltungsrecht, gilt das **Subsidiaritätsprinzip**. 222

Beispiel: § 1 Abs. 1 und 2 BVwVfG, wonach das VwVfG nur zur Anwendung kommt, „soweit nicht Rechtsvorschriften des Bundes inhaltsgleiche oder entgegenstehende Bestimmungen enthalten".

Hierzu kommt es für die Anwendbarkeit des VwVfG darauf an, ob nicht in einem anderen verwaltungsrechtlichen Gesetz eine inhaltsgleiche oder entgegenstehende Bestimmung enthalten ist. Dies lässt sich nur dadurch entscheiden, dass man die Regelungsbereiche der beiden Bestimmungen durch Auslegung näher herausarbeitet und miteinander vergleicht. Die andere, spe-

---

153 Vgl. Hofmann, VR 95, 7 ff und Baumeister NVwZ 97, 19.
154 RdNr. 3 ff

zielle Bestimmung geht vor, wenn sie entweder denselben Anwendungsbereich wie das VwVfG hat oder wenn sie eine abschließende Regelung enthält.

Beispielsweise enthält § 11 BBG eine abschließende Regelung der Nichtigkeit von Beamtenernennungen und verdrängt § 44 VwVfG. § 12 BBG regelt die Zurücknahme der Ernennung und verdrängt §§ 48, 49 VwVfG.–Ebenso gehen die Vorschriften der landesrechtlichen Polizei- und Ordnungsgesetze über Rücknahme und Widerruf von Erlaubnissen den §§ 48, 49 VwVfG vor, auch soweit die Regelung inhaltlich gleich ist.

223   4. Als (weitere) Anwendungsbeschränkung wirkt § 9 VwVfG, wonach ein **Verwaltungsverfahren** iSd VwVfG nur die auf **Erlass eines Verwaltungsaktes** oder auf den **Abschluss eines öffentlich-rechtlichen Vertrages** gerichtete Tätigkeit der Behörde ist[155].

Deshalb ist das VwVfG nicht anwendbar auf ein Verwaltungsverfahren, das

– auf Erlass einer Rechtsvorschrift (z. B. Satzung),

– auf faktische Maßnahmen (z. B. Aufstellung von Parkbänken),

– auf verwaltungsinterne Vorgänge (wie den Erlass von Verwaltungsvorschriften)

gerichtet ist.

Jedoch gelten § 3 (örtliche Zuständigkeit), §§ 4 ff (Amtshilfe), wie sich aus ihrer Stellung *vor* § 9 ergibt, nicht nur für Verfahren iSd § 9, sondern allgemein. §§ 35, 54 müssen im Rahmen des § 9 ohne weiteres gelten, weil sich ohne ihre Heranziehung gar nicht entscheiden lässt, ob das VwVfG gemäß dessen § 9 gilt. Einige Vorschriften sind Ausdruck allgemeiner Rechtsgedanken, und daher auch bei anderen Verwaltungsverfahren anzuwenden, z. B. §§ 20, 21 (Ausschluss befangener Amtswalter), § 29 (Anspruch auf Akteneinsicht).

224   7.6 Soweit das allgemeine Verwaltungsrecht nicht gesetzlich geregelt ist, haben sich **allgemeine Grundsätze des Verwaltungsrechts** entwickelt, die vor Erlass des VwVfG einen Großteil des allgemeinen Verwaltungsrechts ausmachten. Einige dieser Grundsätze gelten auch nach dem Erlass des VwVfG weiter, beispielsweise für die Frage, inwieweit öffentlich-rechtliche Rechte und Pflichten übertragbar sind. Die Grundsätze des Verwaltungsrechts sind aber keine selbständige Rechtsquelle. Vielmehr stammen sie aus konkretisierten Rechts-(Verfassungs-) Prinzipien, aus Lückenausfüllung (analoge Anwendung anderer Rechtsnormen) und aus der Rechtsprechung (ungenau „Richterrecht", vgl. oben RdNr. 159). Dabei kann ein „Grundsatz" auf Elemente aller drei Rechtsquellenarten gestützt werden.

225   7.7 Das **Verhältnis des VwVfG zur Verwaltungsgerichtsordnung (VwGO)** wird nur deutlich, wenn einerseits die Entstehungszeitpunkte und andererseits die unterschiedlichen Normierungszwecke beider Gesetze berücksichtigt werden[156]: Die VwGO ist 1960 in Kraft getreten, also wesentlich früher als das VwVfG (des Bundes und das der meisten Länder: 1976). Manche der Regelungen über das Widerspruchsverfahren, das an sich ein reines Verwaltungsverfahren („zweiter Instanz") ist, sind primär wegen dieser Entstehungsreihenfolge in die VwGO gelangt und nicht etwa wegen der Gesetzgebungszustän-

---

155 Vgl. Bonk, NVwZ 2001, 636, 638, 642
156 Vgl. Bonk, NVwZ 2001, 636

digkeit des Bundes zur Regelung von gerichtlichen Verfahren (Art 74 Abs. 1 Nr. 1 GG).

Allein aus der (an Sachurteilsvoraussetzungen orientierten) Optik einer Prozessordnung ist auch die Bezeichnung des Widerspruchsverfahrens in § 68 VwGO als „*Vor*verfahren" zu verstehen; aus der Sicht des Verwaltungsverfahrensrechts handelt es sich dagegen um ein „*Nach*verfahren" im Sinne der Überprüfung einer getroffenen Entscheidung durch eine (in der Regel zweite) Verwaltungsinstanz[157]. **226**

Das Verhältnis des VwVfG und der VwGO im Rechtsbehelfsverfahren ist in § 79 VwVfG dahingehend geregelt, dass die VwGO durch subsidiäre Geltung des VwVfG – zur Auffüllung von Lücken – ergänzt wird.

Beispiel für eine solche notwendige Ergänzung ist die Regelung zur Kostentragung des VwVfG bei Rechtsbehelfen: Während § 73 Abs. 3 Satz 2 VwGO lediglich bestimmt, dass der Widerspruchsbescheid eine Kostenlastentscheidung enthalten muss, ergibt sich erst aus § 80 VwVfG, wem konkret die Erstattungspflicht aufzuerlegen ist.

8 Die Unterscheidung zwischen **formellem und materiellem Recht** ist für das Verständnis des Verwaltungsrechts und seine Anwendung von großem Nutzen (z. B. zum Verständnis der §§ 45, 46 VwVfG):

8.1 Das **materielle Recht** enthält die inhaltliche Regelung für die Entscheidung „in der Sache" (vgl. diese Formulierung in § 46 VwVfG). Ob eine Norm zum materiellen Verwaltungsrecht gehört, kann man daran erkennen, dass ihre Anwendung die **Entscheidung selbst** – bei einem Verwaltungsakt also dessen Ausspruch – unmittelbar **beeinflusst**. **227**

Beispiele: „Sache" in diesem Sinne ist im Baugenehmigungsverfahren die Frage, ob auf einem bestimmten Grundstück ein ganz konkreter Bau (genaue Lage auf dem Baugrundstück, Zahl und Höhe der Geschosse, tragende Wände, Fenster, Dachgestaltung) errichtet werden darf. – Im Abgabenrecht ist „Sache" die Frage, ob, in welcher Höhe, wann und von wem eine Steuer, Gebühr oder ein Beitrag zu zahlen ist. – Im Prüfungsrecht ist „Sache" die Entscheidung, unter welchen Voraussetzungen eine bestimmte Prüfung bestanden ist, welche Noten dabei möglich sind und von welchem Maßstab die Benotung abhängt.

8.2 Das **formelle Recht** betrifft die Vorschriften über **228**

a) die Zuständigkeit (z. B. die Regelung der örtlichen Zuständigkeit in § 3 VwVfG);

b) das Verfahren (§§ 9ff VwVfG; z. B. §§ 20, 21 über die im Verwaltungsverfahren ausgeschlossenen Personen);

c) die Form der Entscheidung (z. B. ob mündlich, elektronisch, schriftlich, durch Aushändigung einer Urkunde, vgl. § 37 Abs. 2 VwVfG);

d) die der Entscheidung beizufügende Begründung (§ 39 VwVfG) und die Rechtsbehelfsbelehrung;

e) die Art der Bekanntgabe (vgl. § 41 VwVfG).

Diese Regelungen haben **keinen unmittelbaren Einfluss auf die Entscheidung in der Sache**. So ist der Inhalt der Baugenehmigung unabhängig davon, ob das Bauamt in A oder das in B entscheidet, in welcher Form die Ge- **229**

---

[157] Zum Begriff „Vorverfahren": Fluck/Theuer VR 95, 361; OVG Münster NWVBl 98, 107

nehmigung erteilt wird, ob ihr eine Begründung beigefügt und wie sie bekannt gegeben wird.

Dass die formellen Vorschriften gleichwohl wichtig sind, folgt aus ihrer mittelbaren Bedeutung: Einem befangenen Amtswalter fällt es möglicherweise schwer, die rechtmäßige Entscheidung zu treffen. Muss eine Begründung beigefügt werden, so überdenkt der Sachbearbeiter bei Anfertigen der Begründung nochmals die Entscheidung und korrigiert sich möglicherweise.

230   8.3 Das VwVfG kann nicht pauschal in das Schema formelles – materielles Recht eingeordnet werden. Die meisten Vorschriften sind allerdings verfahrensrechtlich-formeller Natur, wie sich schon aus der Bezeichnung Verwaltungsverfahrensgesetz ergibt.

Zahlreiche Vorschriften über Verwaltungsakte (insbesondere §§ 35, 36, 38, 43, 44, 48, 49) und über den öffentlich-rechtlichen Vertrag (§§ 54, 55, 56, 59 ff) sind aber „inhaltlicher", materiell-rechtlicher Natur[158].

231   Beispielsweise bei der Fallbearbeitung können sich aber dann besondere Zuordnungsprobleme ergeben, wenn der Gesetzgeber **in *einer* Vorschrift sowohl formelle als auch materielle Fragen** behandelt; dies gilt z. B. für § 37 VwVfG, der in seinen Absätzen 2–4 die Form von Verwaltungsakten regelt – also insoweit zum formellen Recht zählt –, aber in seinem Abs. 1 die Bestimmtheit von Verwaltungsakten behandelt – also insoweit inhaltsbezogen ist und damit zum materiellen Recht gehört (Vgl. unten RdNr. 384 und 391).

Die Unterscheidung zwischen materiellem und formellem Recht ist bedeutsam, da formelle Fehler und Verfahrensfehler möglicherweise geheilt werden können oder unbeachtlich bleiben, materielle Rechtsmängel jedoch nicht (Vgl. unten RdNr. 477–491).

---

[158] Umfassend zum Thema „Verfahrensrecht und materielles Recht": Wolff VR 96, 367

4. Abschnitt: Objektives Recht und subjektive Rechte. Pflichten. Verwaltungsrechtliche Rechtsverhältnisse

1. Die Bedeutung des objektiven Rechts. Rechtmäßigkeit und Rechtswidrigkeit

1.1 Die bisher behandelten Rechtsnormen – Verfassungsrecht, einfaches (formelles) Gesetz, (Rechts-)VO u. a. – bilden das **objektive Recht.** Zweck des objektiven Rechts ist in erster Linie, das Verhalten von Personen durch Verbote und Gebote zu regeln. „Personen" sind auch die juristischen Personen des öffentlichen Rechts – die Verwaltungsträger – einschließlich ihrer Organe und Behörden. Entspricht ein Verhalten den Anforderungen des objektiven Rechts, ist es rechtmäßig; entspricht es ihnen nicht, ist es rechtswidrig. Daraus ergibt sich die allgemeine Begriffsbestimmung für Rechtmäßigkeit und Rechtswidrigkeit: **Rechtmäßig** ist ein Verhalten, das mit dem objektiven Recht übereinstimmt. Stimmt ein Verhalten mit dem objektiven Recht nicht überein, ist es **rechtswidrig.**

232

Die Begriffe „rechtmäßig" und „rechtswidrig" bilden sich ausschließende (kontradiktorische) Gegensätze. Ein Verhalten kann also nur rechtmäßig oder rechtswidrig sein. Eine dritte Möglichkeit gibt es ebenso wenig wie ein Sowohl-als-auch. Möglich ist aber, dass ein Verhalten zum Teil rechtmäßig und zum Teil rechtswidrig ist.

1.2 Das objektive Verwaltungsrecht ist inhaltlich überwiegend so ausgestaltet, dass es Zuständigkeitszuweisungen und Handlungsermächtigungen an die Verwaltungsbehörden enthält und dadurch bestimmt, welches Verhalten der Behörden geboten ist. Damit verbunden ist stets auch eine Begrenzung des möglichen Verwaltungshandelns, d. h. die Aufstellung von Handlungsverboten. Die Begrenzung findet sich teilweise ausdrücklich in den Gesetzen (z. B. in den Grundrechten, im Verhältnismäßigkeitsprinzip[1]). Im übrigen ergibt sie sich aus dem Prinzip vom Vorbehalt[2] des Gesetzes: Belastungen und für das Leben in der Gesellschaft wesentliche Entscheidungen sind nur rechtmäßig, wenn sie gesetzlich vorgesehen sind; anderenfalls sind sie untersagt. Damit ermöglicht das Verwaltungsrecht ein Rechtmäßigkeits- bzw. Rechtswidrigkeitsurteil über jedes Verhalten der Verwaltungsbehörden.

233

Die Rechtmäßigkeit bzw. Rechtswidrigkeit des Verwaltungshandelns ist rein objektiv zu bestimmen, unabhängig von einem eventuellen Verschulden des handelnden Amtswalters.

Beispielsweise ist ein Steuerbescheid objektiv rechtswidrig, wenn die Steuer auf Grund falscher Angaben des Steuerschuldners zu niedrig festgesetzt worden ist, selbst dann, wenn der Veranlagungsbeamte die Angaben nicht zu überprüfen brauchte oder die Unrichtigkeit nicht feststellen konnte. Dann hat der Beamte weder pflichtwidrig noch schuldhaft gehandelt. Gleichwohl ist der Bescheid objektiv rechtswidrig, weil die Steuerfestsetzung der Gesetzeslage widerspricht.

---

1 Z.B. § 15 OBG NRW
2 Vgl. oben RdNr. 178ff

234 **1.3** Die Beurteilung eines Verhaltens als objektiv rechtmäßig oder rechtswidrig reicht nicht aus, um sämtliche im öffentlichen Recht auftauchenden Fragestellungen zu behandeln, insbesondere nicht, um zu entscheiden, wer ein bestimmtes Verhalten der Verwaltung verlangen kann. Vielmehr ist es erforderlich, das gebotene oder verbotene Verhalten in einen spezifischen Bezug zu bestimmten Personen (Rechtssubjekten) zu setzen. Zu diesem Zweck werden aus dem objektiven Recht **subjektive** (d. h. subjektbezogene) **Rechte** und (subjektbezogene) Pflichten entwickelt.

Sie sind im folgenden unter RdNr. 235 ff näher zu behandeln. Die subjektiven Rechte und Pflichten werden unter dem noch allgemeineren Oberbegriff des Rechtsverhältnisses zusammengefasst, der Gegenstand der Darstellung unter RdNr. 254 ff ist.

2. Das subjektive öffentliche Recht: Bedeutung, Begriff und Voraussetzungen

235 **2.1 Subjektive Rechte** können dem Bürger gegenüber dem Staat und dem Staat gegenüber dem Bürger zustehen. Seine wesentliche Bedeutung hat das subjektive Recht als Recht des Bürgers. Es bildet das rechtsstaatlich notwendige Gegengewicht zu der dem Staat zustehenden Hoheitsgewalt.

Fragt man nach der wesentlichen praktischen Bedeutung der subjektiven öffentlichen Rechte, so ist zunächst hervorzuheben, dass das subjektive Recht Bestandteil des objektiven Rechts ist und deshalb sämtliche Funktionen des objektiven Rechts erfüllt und dass es darüber entscheidet, ob ein bestimmtes Verhalten geboten oder verboten, rechtmäßig oder rechtswidrig ist. – Zusätzlich haben die subjektiven Rechte aber vor allem folgende Funktionen:

236 1. Sie beantworten die Frage, **welches Verhalten der Bürger** vom Staat und seinen Organen **verlangen kann**.

Beispielsweise fragt sich, ob er verlangen kann, dass eine Straße gebaut oder nicht gebaut wird. Hat er gegen die Polizei einen Anspruch, dass diese ihm den Namen einer Person mitteilt, die ihn denunziert hat? Kann er verlangen, dass der Sozialversicherungsträger seine persönlichen Daten niemand anderem übermittelt? Hat er ein Recht auf Benutzung oder gar Schaffung einer kommunalen Einrichtung?[3] Hat er ein Recht auf Aufrechterhaltung eines straßenrechtlichen Gemeingebrauchs?[4]

Hierbei wird vorausgesetzt, dass der Bürger ein Verhalten des Staates nicht schon deshalb verlangen kann, weil es gesetzlich vorgeschrieben ist. Das wird üblicherweise so formuliert: „Es gibt keinen allgemeinen Gesetzesvollziehungsanspruch ...jedermanns"[5].

2. Liegt ein Eingriff in Rechte vor, so bedarf es nach dem Prinzip vom Vorbehalt des Gesetzes einer in bestimmter Weise beschaffenen Rechtsgrundlage (Ermächtigung).

3. Soll ein VA erlassen werden, der in die Rechte eines Beteiligten eingreift, so muss dieser idR zuvor angehört werden (§ 28 VwVfG).

---

3 Vgl. Hofmann/Muth/Theisen, Kommunalrecht 2.3.4.1
4 Vgl. VGH Bad.-Württ. DÖV 2004, 492
5 So Wolff/Bachof/Stober I § 43 RdNr. 10; differenzierend: Bull RdNr. 230 ff. – Zum subjektiv-öffentlichen Recht unter dem Einfluss des EG-Rechts: Ruffert DVBl 98, 69. – Zur Fragwürdigkeit abstrakter Interessenqualifikation als Basis subjektiv-öffentlicher Rechte: Reiling, DÖV 2004, 181. – Zu den Grenzen des subjektiv-öffentlichen Rechts: OVG RP, DVBl. 2004, 332

4. Macht jemand geltend, durch die öffentliche Gewalt in seinen Rechten **237**
verletzt zu sein, hat er die Möglichkeit, ein Gericht anzurufen (vgl. Art 19
Abs. 4 GG). Die **Berufung auf ein subjektives Recht gewährleistet also
den Rechtsschutz**, idR vor den allgemeinen Verwaltungsgerichten, den
Sozial- und Finanzgerichten. Bei Grundrechtsverletzungen kommt außerdem eine Verfassungsbeschwerde in Betracht (Art 93 Abs. 1 Nr. 4a GG).

Andererseits wird dadurch der Rechtsschutz eingegrenzt: Wer sich nicht auf
ein subjektives Recht berufen kann, hat die aufgeführten Möglichkeiten grundsätzlich nicht, kann insbesondere keine verwaltungsgerichtliche Anfechtungs-
oder Verpflichtungsklage erheben (vgl. §§ 42, 113 VwGO).

Nicht zulässig ist insbesondere eine sog. Popularklage, d. h. eine Klage, bei der jemand als Sprecher lediglich allgemeiner Interessen auftritt (als „quivis ex populo" = irgendeiner aus dem Volke). – Der im folgenden vorwiegend zu behandelnden sachlich-rechtlichen Seite des subjektiven Rechts entspricht die prozessuale Problematik der sog. Klagebefugnis gemäß § 42 Abs. 2 VwGO.

Die grundsätzliche Anbindung der Klagemöglichkeit an das subjektive Recht **238**
ist dort am problematischsten, wo es um die Durchsetzung lebenswichtiger
Belange der Allgemeinheit geht, insbesondere im Bereich des Natur- und
Umweltschutzes. Da in solchen Fällen meist „nur" objektiv-rechtliche Vorschriften verletzt werden (wie z. B. § 2 Abs. 2 Nr. 8 RaumordnungsG, § 1 a Abs. 1
WHG, §§ 1 und 2 BNatSchG und die entsprechenden Landschaftsgesetze der
Länder), greift der Grundsatz ein „Wo kein Kläger, da kein Richter". Es entstehen Vollzugsdefizite; diese Situation verbessert sich, soweit Verbänden die
Befugnis zur Klage gegen bestimmte umweltschädliche Verwaltungsentscheidungen eingeräumt wird (sog. altruistische **Verbandsklage**).

Aus dem an die Verletzung subjektiver Rechte anknüpfenden Rechtsschutzsystem lässt sich diese Verbandsklage nicht herleiten; § 42 Abs. 2 VwGO lässt
jedoch eine Klagebefugnis **ohne** subjektive Rechtsverletzung zu, wenn ein
Gesetz dies bestimmt. Das ist im Naturschutzrecht – wo die Länder die Gesetzgebungskompetenz besitzen (Art. 70 Abs. 1 und 75 Abs. 1 S. 1 Nr. 3 GG) –
mit unterschiedlichen Voraussetzungen geschehen.

Beispielsweise sei hierzu § 12 b) des nordrhein-westfälischen Landschaftsgesetzes (LG) zitiert: „Ein nach den Vorschriften des Bundesnaturschutzgesetzes anerkannter Verband kann, ohne eine Verletzung eigener Rechte darlegen zu müssen, Rechtsbehelfe gegen einen Verwaltungsakt … einlegen, wenn …"[6].

2.2 Die Voraussetzungen für ein subjektives öffentliches Recht

2.2.1 Das Vorliegen eines subjektiven öffentlichen Rechts ergibt sich vielfach **239**
bereits unmittelbar aus dem Gesetz. Das gilt für die Grundrechte und die
grundrechtsgleichen Rechte der Verfassung, die Rechte aus der (europäischen) Menschenrechtskonvention, die sozialen Rechte nach § 3–10 SGB I,
die Ansprüche auf öffentlich-rechtliche Entschädigung (z. B. wegen Amtspflichtverletzung, Enteignung), die Rechte der Beamten (vgl. die Überschrift
vor § 48 BRRG). Auch bei den grundrechtsverwirklichenden Genehmigungen
und Erlaubnissen (z. B. Baugenehmigung, gewerberechtliche und berufsrechtliche Genehmigungen, Fahrerlaubnis) besteht kein Zweifel, dass sowohl der

---

[6] Vgl. zur Verbandsklage im Naturschutzrecht: Kunig Jura 96, 497; Harings NVwZ 97, 538; zur Antragsbefugnis anerkannter Naturschutzverbände nach § 47 VwGO: Kopp NuR 94, 76; BVerwG, DÖV 98, 73. – Zur Verbandsklage nach § 12 b des nordrhein-westfälischen Landschaftsgesetzes (LG): Rühl, NWVBl 2001, 87; Stollmann, VR 2001, 365.

Anspruch auf die Erteilung als auch die im Falle der Erteilung sich daraus ergebenden Befugnisse subjektive Rechte sind.

<small>Inzwischen wird auch von einer „Europäisierung" des subjektiv-öffentlichen Rechts ausgegangen – als Folge von zwingend in nationales Recht umzusetzendem Gemeinschaftsrecht[7].</small>

240 **2.2.2** Lässt sich nicht ohne weiteres eindeutig feststellen, dass eine Rechtsnorm ein subjektives Recht begründet, so bedarf es hierzu einer genaueren **Auslegung der Rechtsnorm**. Diese Auslegung hat sich an den allgemeinen Voraussetzungen für ein subjektives öffentliches Recht auszurichten.

<small>Beispiel: E will sein Grundstück teilen, um die eine Hälfte zu veräußern. Die Teilung ist genehmigungsbedürftig nach § 19 BauGB. E fragt, ob er ein – gegebenenfalls durch verwaltungsgerichtliche Verpflichtungsklage einklagbares – Recht auf Erteilung der Genehmigung hat.</small>

1. Es muss eine Rechtsnorm des öffentlichen Rechts vorliegen, in der das Verhalten eines Trägers öffentlicher Gewalt, insbesondere einer Behörde, geregelt ist[8]. In der Regel muss eine Verpflichtung eines Trägers öffentlicher Gewalt bestehen.

<small>Für das Ausgangsbeispiel gilt, dass die für die Genehmigungsbedürftigkeit und die Genehmigungserteilung maßgebenden §§ 19, 20 BauGB Rechtsnormen des öffentlichen Rechts sind, in denen geregelt ist, unter welchen Voraussetzungen die zuständige Behörde zur Erteilung oder Versagung der Genehmigung verpflichtet ist.</small>

Geht es nicht nur abstrakt um die Frage, ob sich aus einer Vorschrift generell ein Recht ergeben kann, sondern – wie stets im praktischen Fall – um das Bestehen eines konkreten Rechts, so ist weiterhin erforderlich, dass die Voraussetzungen dieser Rechtsnorm erfüllt sind.

<small>Im Ausgangsbeispiel ist erforderlich, dass die Behörde zur Erteilung der Genehmigung konkret verpflichtet ist. Wäre die Behörde zur Ablehnung der Genehmigung berechtigt, wäre ein subjektives Recht auf Erteilung von vornherein ausgeschlossen. – Im praktischen Fall wird man dies allerdings erst dann prüfen, wenn abstrakt feststeht, dass Voraussetzung 2) gegeben ist. Denn andernfalls würde die Verpflichtung der Behörde kein subjektives öffentliches Recht begründen.</small>

241 2. Die Rechtsnorm muss

– das Interesse einer bestimmten Person oder eines abgrenzbaren Personenkreises objektiv begünstigen (schützen) und

– nach ihrer Zweckbestimmung auf den Schutz dieser Interessen gerichtet sein. Es muss sich also um eine **Norm mit Schutzzweck** gegenüber bestimmten oder bestimmbaren Personen handeln; dann steht diesen Personen aus der Norm ein subjektives Recht zu (**Schutznormtheorie**).

<small>Im Ausgangsbeispiel wird der Eigentümer E durch die Genehmigung der Teilung objektiv begünstigt. Die sich daran anschließende entscheidende Frage nach dem Schutzzweck ergibt sich manchmal aus einer ausdrücklichen Erwähnung der geschützten Personen (z. B. §§ 3 und 4 BImSchG: „...die Nachbarschaft..."). Vielfach fehlt es hier aber an klaren Kriterien, so dass eine überzeugende Lösung nur schwer möglich ist[9].</small>

Der ein subjektives Recht begründende Interessenschutz braucht nicht der einzige Zweck der Vorschrift zu sein; **ausreichend ist, dass** die Vorschrift *auch* **diesen Zweck verfolgt**.

<small>7 Vgl. Wolff/Bachof/Stober I, § 43 RdNr. 42 ff; v. Danwitz, DÖV 96, 481 und Triantafyllou, DÖV 97, 192; Fischer, JA 2000, 348; Gundel, DVBl 2001, 95; Weber, NVwZ 2001, 287.
8 BVerfGE 51, 211
9 Zur Fragwürdigkeit abstrakter Interessenqualifikation als Basis subjektiv-öffentlicher Rechte: Reiling, DÖV 2004, 181</small>

Eine bestimmte Person hat aus einer Vorschrift aber kein subjektives Recht, wenn

– die Vorschrift lediglich im öffentlichen Interesse (Allgemeininteresse) erlassen ist oder

– den Schutz eines Personenkreises bezweckt, zu dem diese Person nicht gehört, also zum Schutze Dritter erlassen ist.

Im Ausgangsbeispiel besteht kein Zweifel, dass die Teilungsgenehmigung, d. h. eine positive Bescheinigung des Antrags, das Interesse des Grundstückseigentümers an der selbständigen Verwertung des Grundstücksteils schützen will. Unerheblich ist, dass §§ 19ff BauGB in erster Linie dem Schutz der Allgemeinheit vor einer bauplanungswidrigen Zersplitterung des Grundbesitzes dienen und außerdem einen Dritten davor schützen wollen, dass er ein zu Zwecken der Bebauung ungeeignetes Grundstück erwirbt. Letzteren Zwecken dient die Versagung der Genehmigung, während die von E erstrebte Erteilung den Schutz des E bezweckt; somit hat E ein subjektives Recht auf die Erteilung der Genehmigung[10].

2.3 Ob die dem subjektiven Recht zugrundeliegende Rechtsnorm auf ein striktes Verwaltungshandeln gerichtet ist oder auf eine Ermessensentscheidung, ist für die Frage des subjektiven Rechts unerheblich. Durch die Einräumung von Ermessen wird ein subjektives Recht nicht ausgeschlossen. Beruht das subjektive Recht auf einer Ermessensnorm, so betrifft das ausschließlich die Rechtsfolge: Das **Recht** geht dann nicht auf ein striktes Verhalten, sondern lediglich **auf eine ermessensfehlerfreie Entscheidung**. Auch in diesem Fall muss geprüft werden, ob die Norm den Schutz bestimmter Personen bezweckt[11]. **242**

2.4 Die meisten Schwierigkeiten bereitet die Feststellung des subjektiven Rechts in den sog. **Drittbeteiligungsfällen**. Bei ihnen hat das Verwaltungshandeln einen unmittelbaren, primären Adressaten. Betroffen durch den Erlass oder den Nichterlass des VA fühlt sich aber ein anderer („Dritter"). Es fragt sich dann, ob der Dritte geltend machen kann, in seinen Rechten verletzt zu sein. **243**

Beispiele für möglicherweise verletzte Rechte in solchem Fall:

– Die verwaltungsrechtlichen Regelungen, die Grundlage des vom Dritten abgewehrten oder erstrebten Verwaltungshandelns sind. Bei ihnen ist jedoch häufig fraglich, ob sie subjektive Rechte des Dritten begründen; damit befassen sich die nachfolgenden Ausführungen.

– Außerdem kommt idR die Verletzung von Grundrechten in Betracht. Bei diesen ist der subjektivrechtliche Charakter nicht zweifelhaft. Hier ist aber vielfach problematisch, ob sie (möglicherweise) verletzt sind. Diese Frage gehört ins Verfassungsrecht und soll hier nicht näher behandelt werden[12].

2.4.1 Bei der wichtigsten Fallgruppe der Drittbeteiligung ist gegenüber dem unmittelbaren Adressaten ein begünstigender VA erlassen worden; dieser VA wirkt zugleich dem Dritten gegenüber nachteilig. Er wird als begünstigender VA mit **drittbelastender Doppelwirkung** oder als VA mit Drittwirkung bezeichnet.

---

10 Vgl. grundsätzlich zu der dargestellten sog. Schutznormtheorie: Bull RdNr. 232ff; Faber § 28 IIIa; BVerfGE 27, 297, 307; BVerwGE 52, 122, 128. Zu einem eventuellen „Anspruch des Bürgers auf gefahrenabwehrbehördliches Einschreiten": vgl. Fall Nr. 47 bei Bovermann/ Dünchheim, Examinatorium – Allgemeines Verwaltungsrecht.
11 BVerwGE 39, 235
12 Im einzelnen hierzu Ramsauer AöR 111.Bd, S. 501 ff

Beispiele für gesetzliche Besonderheiten sind §§ 80 Abs. 1 S. 2 und § 80 a VwGO, sowie § 50 VwVfG[13].

244 Hauptbeispiel ist die sog. **baurechtliche Nachbarklage**, der im Normalfall folgende Konstellation zurunde liegt: Grundstückseigentümer E erhält von der Baubehörde eine Baugenehmigung. Nachbar N wendet sich gegen diese Baugenehmigung mit der Begründung, sie verletze baurechtliche Vorschriften (z. B. über den seitlichen Grenzabstand, über die Zahl der zulässigen Geschosse, über die Zulassung eines störenden Gewerbebetriebes). Da eine Klage des N nur Erfolge hat, wenn er sich auf **sein** Recht beruft (§§ 42, 113 VwGO), kommt es darauf an, ob die möglicherweise verletzten Vorschriften Rechte des N begründen. Das ist nach den oben (RdNr. 240 f) entwickelten Grundsätzen der Fall, wenn die Vorschriften zumindest *auch* den Schutz der Interessen des Nachbarn N bezwecken, d. h. wenn sie **nachbarschützenden Charakter** haben.

Beispielsweise haben nachbarschützenden Charakter die Vorschriften über den seitlichen Grenzabstand („Bauwich"), die Geschosszahl, die Art der Nutzung – nicht jedoch die Vorschriften über Einstellplätze oder Dachgestaltung. Im einzelnen gehört dieser Problemkreis ins Baurecht[14].

245 Eine ähnliche Fallgestaltung liegt der **immissionsschutzrechtlichen Nachbarklage** zugrunde. Mit ihr wenden sich die in der Umgebung einer genehmigten umweltbeeinträchtigenden technischen Anlage Wohnenden gegen diese Genehmigung.

Beispiel: Die §§ 4, 5 BImschG haben nachbarschützenden Charakter, wie der mehrfachen Erwähnung der „Nachbarschaft" in diesen Vorschriften zu entnehmen ist[15].

Mit der **gewerberechtlichen Konkurrentenklage**, wendet sich ein Gewerbetreibender dagegen, dass einem anderen Gewerbetreibenden eine bestimmte Genehmigung erteilt wird.

Beispiel: Zulassung eines Taxiunternehmers[16]. Ähnlich liegt die Klage, mit der sich ein Unternehmer gegen die (Presse-)Subventionierung seines Konkurrenten wendet[17]. Umstritten ist die Frage eines subjektiven Rechts zur Abwehr kommunaler Wirtschaftsbetätigung[18].

Bei der **beamtenrechtlichen Konkurrentenklage** sind die Fälle besonders problematisch, in denen es um die Vergabe einer nur einmal vorhandenen Stelle geht und der abgewiesene Bewerber sich gegen die Ernennung des vorgesehenen Bewerbers wehrt.

Hier kann die Schaffung vollendeter Tatsachen dadurch verhindert werden, dass der Behörde durch einstweilige Anordnung nach § 123 Abs. 1 S. 1 VwGO untersagt wird, den vorgesehenen Bewerber zu ernennen[19].

---

13 Vgl. Laubinger, Der Verwaltungsakt mit Doppelwirkung. – Zur uneinheitlichen Terminologie: Stelkens/Bonk/Sachs § 50 RdNr. 12f.
14 Vgl. grundsätzlich Rabe/Heintz, Bau- und Planungsrecht (vpw), Abschnitt F 3.1. Vgl. Fälle Nr. 50 und 51 bei Bovermann/Dünchheim, Examinatorium – Allgemeines Verwaltungsrecht. – Zur drittschützenden Wirkung der Sperrzeitregelung des § 18 GaststättenG für die Nachbarn einer Gaststätte BVerwG DÖV 97, 253.
15 Vgl. Schmalz, Verwaltungsrecht RdNr. 1013. – Zum Atomrecht vgl. § 1 Nr. 2 und § 7 AtomG; BVerwG DVBl 97, 53.
16 Vgl. BVerwGE 16, 187; OVG Münster NJW 80, 2323
17 BVerwGE 30, 191; OLG Frankfurt/M NVwZ 93, 706 wegen unzulässiger Pressesubvention für Mitbewerber
18 Bovermann/Dünchheim, Examinatorium Allgemeines Verwaltungsrecht, Fall Nr. 48 und 49; Hofmann/Muth/Theisen, Kommunalrecht 7.5.
19 Vgl. Schmalz, Verwaltungsrecht RdNr. 1018ff und Wind/Schimana/Wichmann, Öffentliches Dienstrecht Teil I, 11. Abschnitt, 3; Habermalz KommunalPraxis-Nord, 2001 S. 310

2.4.2 Bei einer weiteren Fallgruppe **verlangt ein Dritter von der Behörde** 246
das Einschreiten gegenüber einer anderen Person.

Beispielsfall ist, dass der von einer Störung Betroffene von der Polizei oder der Ordnungsbehörde das Einschreiten gegen einen (angeblichen oder tatsächlichen) Störer begehrt. Die grundsätzliche Interessenlage ist ähnlich wie bei den Fällen oben RdNr. 244, 245, jedoch wendet sich dort der Dritte gegen den Erlass eines VA (daher prozessual: Anfechtungsklage), während er hier den Erlass eines VA begehrt (prozessual deshalb: Verpflichtungsklage).

Auch in diesen Fällen kommt es darauf an, ob die mögliche Ermächtigungsnorm (zumindest „auch") den Schutz der Interessen des Dritten bezweckt. Das ist bei der polizei- und ordnungsrechtlichen Generalklausel dann der Fall, wenn die Gefahr für die öffentliche Sicherheit darin besteht, dass gewichtige Individualgüter des Einzelnen (Leben, Gesundheit, Freiheit, Ehre, Eigentum) gefährdet sind. Steht das Einschreiten im Ermessen der Behörde, hat der gefährdete Dritte (nur) einen Anspruch auf eine ermessensfehlerfreie Entscheidung über das Einschreiten.

Unter engen Voraussetzungen ist ein subjektives Recht auf polizeiliches oder ordnungsbehördliches Einschreiten anzuerkennen bei „Ermessensreduktion auf Null" wegen hoher Intensität der Störung oder Gefährdung[20].

3 Der rechtliche Schutz der Bürger setzt nicht stets ein subjektives Recht 247 voraus. In einigen Fällen ist eine schwächere Position ausreichend. Beispiele für derartige **weitere Rechtspositionen der Bürger** ergeben sich aus folgenden gesetzlichen Regelungen:

– Eine Feststellungsklage kann nach § 43 Abs. 1 VwGO bereits erheben, wer „ein berechtigtes Interesse an der baldigen Feststellung" des Bestehens oder Nichtbestehens eines Rechtsverhältnisses hat (vgl. unten RdNr. 985 ff).

– Die Verwaltungsbehörde kann im Verwaltungsverfahren Personen beiladen, das Verwaltungsgericht kann im Prozess Personen beiladen, „deren rechtliche Interessen durch den Ausgang des Verfahrens/durch die Entscheidung berührt werden" (§ 13 Abs. 2 S. 1 VwVfG[21]; § 65 Abs. 1 VwGO).

– Im (behördlichen) Planfeststellungsverfahren ist nach § 73 Abs. 4 VwVfG anzuhören, wessen „Belange durch das Vorhaben berührt werden" (vgl. unten RdNr. 759 ff).

– Praktisch jedermann ist befugt, im Verfahren der Bauleitplanung „Anregungen" vorzubringen (§ 3 Abs. 2 BauGB[22]).

– Ausdrücklich „jeder" hat das Recht, sich nach § 24 GemeindeO NRW mit „Anregungen und Beschwerden" an den Rat oder die Bezirksvertretung zu wenden[23].

Als weitergehende Entwicklung ist die „Europäisierung" des subjektiv-öffentlichen Rechts als Folge von zwingend in nationales Recht umzusetzenden Gemeinschaftsrechts zu sehen[24].

---

20 Zur Ermessensreduktion: unten RdNr. 437. – Vgl. Fall Nr. 47 bei Bovermann/Dünchheim, Examinatorium – Allgemeines Verwaltungsrecht; BVerwG NVwZ 98, 395
21 Vgl. Bonk, NVwZ 2001, 636, 639
22 Vgl. Beckmann, NWB 10/97, S. 689
23 Hierzu und zu zahlreichen weiteren kommunalen Rechten der Einwohner und Bürger: Hofmann/Muth/Theisen, Kommunalrecht, speziell 2.3.3.1.1.5 und allgemein 2.3.3–2.3.3.2.2
24 Wolff/Bachof/Stober I, § 43 RdNr. 42 ff; v. Danwitz DÖV 96, 481 und Triantafyllou DÖV 97, 192; Fischer, JA 2000, 348; Gundel, DVBl 2001, 95; Weber, NVwZ 2001 I, 287.

4. Abschnitt

4. Subjektive Rechte des Staates und innerhalb des Staates

248 Oben (RdNr. 235 f) wurde ausgeführt, dass das subjektive Recht seine Hauptbedeutung auf Seiten des Bürgers hat, dass aber auch auf Seiten des Staates subjektive Rechte möglich sind. Der Staat kann subjektive Privatrechte haben.

Beispielsweise kann das (Bundes-)Land L ein Grundstück an die Bundesrepublik Deutschland (oder an einen Privaten) verkaufen; dann steht dem Land L ein Kaufpreisanspruch nach § 433 BGB zu, der ein subjektives Privatrecht ist. Durch die Erfüllung des Kaufvertrages geht das privatrechtliche Eigentum von einem Verwaltungsträger auf den anderen (bzw. den Privaten) über.

Im folgenden geht es nicht um privatrechtliche Ansprüche sondern um **subjektiv-öffentliche Rechte des Staates**.

4.1 Die Befugnisse, die der Staat gegenüber den Bürgern hat (Zuständigkeiten, Handlungsermächtigungen) sind keine subjektiven Rechte, weil sie nicht zum Schutz des Individualinteresses des Staates geschaffen sind, sondern zur Wahrnehmung im allgemeinen Interesse. Sie sind deshalb eher Pflichten als Rechte. Es gibt aber Befugnisse, die ähnlich wie subjektive Rechte behandelt werden können. Beispielsweise spricht § 37 AO vom Steueranspruch des Staates. Die gerade für subjektive Rechte typischen Besonderheiten, insbesondere die Befugnis zur Geltendmachung nach Belieben, treffen aber auch auf solche Rechtsstellungen nicht zu.

249 **4.2** Auch innerhalb der staatlichen Organisation werden Rechtsbeziehungen grundsätzlich nur durch objektives Recht und nicht durch subjektive Rechte geregelt.

Insbesondere stehen den Verwaltungsträgern die **Grundrechte nach Art 2ff GG grundsätzlich nicht** zu. Zwar sind die rechtsfähigen Verwaltungsträger „inländische juristische Personen" iSd Art 19 Abs. 3 GG, jedoch ist diese Vorschrift in erster Linie auf juristische Personen des Privatrechts zugeschnitten. Verwaltungsträger haben öffentliche Aufgaben wahrzunehmen und sind in dieser Eigenschaft Adressaten der Grundrechte und nicht Grundrechtsinhaber[25].

Das gilt nach BVerfG[26] insbesondere auch für die Gemeinden: Eine Gemeinde befinde sich nicht in der „grundrechtstypischen Gefährdungslage". Eigentum in der Hand der Gemeinde diene „nicht der Funktion, derentwegen es durch das Grundrecht geschützt ist, nämlich dem Eigentümer als Grundlage privater Initiative und in eigenverantwortlichem privatem Interesse von Nutzen zu sein …Art 14 als Grundrecht schützt nicht das Privateigentum, sondern das Eigentum Privater."[27]

Es gibt aber eine Reihe von Fällen, in denen organisatorischen Einheiten des Staates subjektive Rechte zustehen:

250 **4.2.1** Auf bestimmte Grundrechte berufen können sich „solche juristische Personen des öffentlichen Rechts …, die wie Universitäten und Fakultäten

---

25 So die stRspr des BVerfG, BVerfGE 21, 362, 369ff; 45, 63, 78ff; 61, 82, 105ff; ferner BVerwGE 64, 202. Zur Grundrechtsträgereigenschaft der „Studentenschaft als Teilkörperschaft der Universität" VGHBerlin, DÖV 2001, 337.
26 BVerfGE 61, 82, 108 und BVerfG NVwZ 2005, 82
27 Vgl. Hofmann/Muth/Theisen, Kommunalrecht 2.2.2.3, 2.2.6 und 2.3.2.1; Bleckmann DVBl 92, 9, 14.

oder Rundfunkanstalten von der ihnen durch die Rechtsordnung übertragenen Aufgabe her unmittelbar einem durch bestimmte Grundrechte geschützten Lebensbereich zugeordnet sind oder wie die Kirchen und andere mit dem Status einer Körperschaft des öffentlichen Rechts versehene Religionsgesellschaften kraft ihrer Eigenart ihm von vornherein zugehören"[28].

Beispielsweise können sich deshalb die Rundfunkanstalten auf Art 5 Abs. 1 S. 2 GG, die Universitäten auf Art 5 Abs. 3 GG und die Kirchen auf Art 4 GG berufen.

4.2.2 Das wichtigste Recht, das einem Verwaltungsträger ausdrücklich eingeräumt ist, ist das **Selbstverwaltungsrecht der Gemeinden und Gemeindeverbände** nach Art 28 Abs. 2 GG. Dieses kann durch verwaltungsgerichtliche Klage (etwa gegenüber Aufsichtsmaßnahmen) oder durch Verfassungsbeschwerden nach Landesrecht oder nach Art 93 Abs. 1 Nr. 4 b GG geltend gemacht werden. 251

Beispiel: Eine Gemeinde hat eine baurechtliche Beseitigungsverfügung erlassen, weil das Bauvorhaben ohne Baugenehmigung und unter Verstoß gegen das Bauplanungsrecht errichtet worden ist. Die Widerspruchsbehörde hat die Verfügung aufgehoben. Gegen diesen (die Beseitigungsverfügung aufhebenden) Widerspruchsbescheid kann die Gemeinde unter Berufung auf eine Verletzung ihres – die Bauplanungshoheit umfassenden – Selbstverwaltungsrechts klagen[29].

Aus dem Selbstverwaltungsrecht fließt auch das Namensrecht der Gemeinde, einschließlich des Städtenamens als Internet-Adresse[30].

Beispiele für weitere mögliche Rechte zwischen Verwaltungsträgern sind Ersatz- und Ausgleichsansprüche, z. B. aus einem öffentlich-rechtlichen Vertrag, aus Geschäftsführung ohne Auftrag, wegen Finanzausgleichszahlungen ohne Rechtsgrund (vgl. auch § 50 Abs. 1 Nr. 1 VwGO).

4.2.3 Ob innerhalb eines Verwaltungsträgers einzelne Organe subjektive Rechte gegeneinander oder gegen den Verwaltungsträger haben können, hat für die Zulässigkeit von **Organstreitverfahren** Bedeutung. Ausdrücklich geregelt sind Organstreitverfahren im Verfassungsrecht (Art 93 Abs. 1 Nr. 1 GG). – Aber auch ohne ausdrückliche Regelung sind sie im Verwaltungsprozess möglich und von der Rechtsprechung anerkannt: 252

Beispielsfall sind Kommunalverfassungsstreitverfahren. Eine Ratsfraktion hat z. B. ein Recht darauf, dass von ihr gestellte Anträge in die Tagesordnung der Ratssitzung aufgenommen werden. Wird dem vom Bürgermeister oder von der Ratsmehrheit nicht entsprochen, kann dieses Recht durch verwaltungsgerichtliche Klage geltend gemacht werden. Gleiches gilt für die von der Rechtsprechung allgemein anerkannte Möglichkeit der Durchsetzung eines Rauchverbots während der Ratssitzung durch ein einzelnes Ratsmitglied.

Die genauere Behandlung gehört ins Kommunalrecht [31].

---

28 BVerfGE 61, 102
29 BVerwG DÖV 82, 283; vgl. auch BVerwGE 31, 263, 22, 342: hierzu und zur Klagebefugnis bei Maßnahmen der Raumordnung und Landesplanung Hofmann/Muth/Theisen 2.2.5.5
30 Vgl. BVerwGE 44, 351. – Zum Schutz des Städtenamens auch als Internet-Adresse: OLG Karlsruhe, VR 2000, 320; Hofmann/Muth/Theisen, Kommunalrecht 2.3.2.2
31 Umfassend dazu: Hofmann/Muth/Theisen, Kommunalrecht 2.8.4.

5. Die öffentlich-rechtlichen Pflichten

253 **5.1 Auf Seiten des Staates** lässt sich aus jeder Rechtsnorm eine – zumindest abstrakt bestehende – Pflicht desjenigen Staatsorgans herleiten, dessen Verhalten durch die Norm geregelt wird. Selbst Rechtsvorschriften, die ausschließlich den Staat begünstigen (wie z. B. die ein Recht zur Erhebung einer Abgabe einräumenden Vorschriften) sind mit der Verpflichtung verbunden, diese Befugnis geltend zu machen, die Abgabe also auch zu erheben. Letztlich sind alle Staatsorgane nach dem Grundsatz der Gesetzmäßigkeit der Verwaltung verpflichtet, die Gesetze nicht nur zu beachten sondern auch auszuführen. Deshalb gibt es keinen Grund, das Verwaltungsrecht gesondert unter dem Gesichtspunkt der Pflichten der Verwaltung darzustellen. Eine Aufgliederung der Pflichten nach ihrer Art wäre praktisch identisch mit einer Aufgliederung des Verwaltungsrechts insgesamt.

5.2 Auf Seiten des Bürgers lässt sich jedes objektiv-rechtliche Verbot und Gebot sowie jede normative Belastung als Pflicht darstellen.

Beispiele der sog. Grundpflichten sind: die allgemeine Pflicht, die Gesetze zu befolgen und die Rechte anderer zu achten; die Steuer- und Schulpflicht; die Pflicht, keine Gefahren für die öffentliche Sicherheit und Ordnung herbeizuführen (Nichtstörungspflicht) und die Umwelt nicht zu schädigen.

6. Das Verwaltungsrechtsverhältnis

254 6.1 Begriff und Bedeutung des Verwaltungsrechtsverhältnisses

Ein **Rechtsverhältnis** entsteht dadurch, dass

– auf einen konkreten Lebenssachverhalt

– bestimmte Rechtsnormen angewandt werden,

– so dass zwischen zwei oder mehr Rechtssubjekten

– eine Rechtsfolge entsteht.

Zu betonen ist, dass die drei entscheidenden Elemente – Sachverhalt, Rechtsnorm, Rechtssubjekte – konkret vorhanden sein müssen; dann ist ohne weiteres auch die Rechtsfolge, wie erforderlich, eine konkrete[32]. – Die (abstrakten) Pflichten z. B. des Unternehmers, auf seine Umsätze Umsatzsteuer zu zahlen, des Schülers, Hausaufgaben zu machen, der Verkehrsteilnehmer zur Beachtung der Verkehrsregeln begründen kein Rechtsverhältnis. Hat aber ein bestimmter Unternehmer einen konkreten Umsatz getätigt, so ergibt sich aus der Anwendung des Umsatzsteuergesetzes ein konkretes Rechtsverhältnis („Steuerschuldverhältnis" iSd § 37ff AO).

Öffentlich-rechtlich ist ein Rechtsverhältnis, wenn die angewandten Rechtsnormen zum öffentlichen Recht[33] gehören. **Verwaltungsrechtlich** ist es, wenn die öffentlich-rechtlichen Rechtsnormen nicht dem Verfassungsrecht oder dem Völkerrecht angehören.

255 Zu dem Begriff des Rechtsverhältnisses gehören insbesondere alle (konkreten) Rechte und Pflichten. Die Entstehung von Verwaltungsrechtsverhältnissen wird ausgelöst u. a. durch Verwaltungsakte, öffentlich-rechtliche Verträge oder durch schlichtes Verwaltungshandeln. Das „Verwaltungsrechtsverhältnis"

---

32 Beispiele zu den einzelnen, unterschiedlichen Begriffsbestimmungen zum Verwaltungsrechtsverhältnis bei Maurer § 8 RdNr. 16; Bull RdNr. 710ff; Faber § 7 IV.
33 Vgl. oben RdNr. 102

steht also systematisch weder neben den bisher behandelten „Rechten und Pflichten", noch neben den später zu behandelnden Arten des Verwaltungshandelns (RdNr. 277ff). Im Verhältnis zu diesen grundlegenden Institutionen des Verwaltungsrechts hat es keine selbständige Bedeutung. Die **Bedeutung des Verwaltungsrechtsverhältnisses** besteht im folgenden:

- Mit Hilfe dieses Begriffs können gewisse, sonst nicht näher einzuordnende allgemeine Erscheinungen behandelt werden (wie z. B. der Übergang öffentlich-rechtlicher Rechte und Pflichten, vgl. noch RdNr. 267ff).

- Die Eigenart bestimmter Beziehungen zwischen Verwaltung und Bürger, insbesondere der „verwaltungsrechtlichen Sonderverhältnisse" (vgl. unten RdNr. 257ff), lässt sich unter Bezugnahme auf den allgemeinen Begriff des Verwaltungsrechtsverhältnisses darstellen.

- Für eine Feststellungsklage iSd § 43 VwGO ist ein Streit um das Bestehen oder Nichtbestehen eines (Verwaltungs-) Rechtsverhältnisses erforderlich, (vgl. unten 985ff).

Die Bedeutung des Verwaltungsrechtsverhältnisses als einer Grundfigur des Verwaltungsrechts ist umstritten[34].

6.2 Bei den **Arten der Verwaltungsrechtsverhältnisse** kann differenziert werden nach ihrer Dichte und Intensität. 256

1. Bereits erwähnt wurde, dass jedes Recht, jede Pflicht sowie jede sonstige konkrete Rechtsbeziehung auf dem Gebiet des Verwaltungsrechts dem Begriff des Verwaltungsrechtsverhältnisses unterfällt.

2. Wird bei der praktischen Rechtsanwendung von „Verwaltungsrechtsverhältnis" gesprochen, so sind zumeist Rechtsverhältnisse mit mehreren Rechten und Pflichten, also solche von größerer Dichte und Regelungsintensität gemeint. Hierzu gehören:

- Öffentlich-rechtliche Verträge (vgl. unten RdNr. 1088ff);

- öffentlich-rechtliche, auf eine bestimmte Tätigkeit innerhalb der Verwaltung gerichtete Rechtsverhältnisse, die keine Beamtenverhältnisse sind, wie z. B. das Verhältnis zwischen Ratsmitglied und Gemeinde bzw. Gemeinderat, zwischen einem ehrenamtlichen Richter und dem Staat, das Lehrauftragsverhältnis[35];

- Anstaltsbenutzungsverhältnisse[36];

- das Sozialversicherungsverhältnis zwischen dem Sozialversicherungsträger und dem Versicherten (vgl. die Mitwirkungspflichten §§ 60ff SGB I)[37];

- Steuerschuldverhältnis (§§ 33 – 50 AO; vgl. unten RdNr. 783ff);

---

34 Vgl. einerseits zurückhaltend Maurer § 8 RdNr. 24; andererseits Achterberg, Vorwort unter 4.: „Die folgende Darstellung des Verwaltungsrechts gründet sich durchgehend auf die Erkenntnisse der Rechtsverhältnistheorie".
35 BVerwGE 49, 137
36 Vgl. Hofmann/Muth/Theisen, Kommunalrecht 2.3.4.1.2. – Zum öffentlich-rechtlichen Benutzungsverhältnis an Kindertageseinrichtung VG Düsseldorf; NMVBl 2004, 33
37 Zum „sozialrechtlichen Herstellungsanspruch" im Sozialrechtsverhältnis bei Verletzung von Beratungspflichten etc. vgl. unten RdNr. 775

- das Subventionsrechtsverhältnis (vgl. das SubventionsG; § 49 a VwVfG);
- die öffentlich-rechtliche Geschäftsführung ohne Auftrag[38].

3. Noch engere und meist länger andauernde Beziehungen werden als verwaltungsrechtliche Sonderverhältnisse (früher: „besondere Gewaltverhältnisse") bezeichnet; dazu nachfolgend:

6.3 Verwaltungsrechtliche Sonderverhältnisse

257 **6.3.1** Zwischen dem Staat und jeder der Staatsgewalt unterworfenen Person besteht eine Rechtsbeziehung, die als **allgemeines Gewaltverhältnis** bezeichnet wird. Viele Personen stehen zum Staat aber darüber hinaus in einem weit engeren Verhältnis. Dieses wurde früher als „besonderes Gewaltverhältnis" bezeichnet. Da die ursprünglich hinter diesem Begriff stehende Theorie nicht mit dem Grundgesetz vereinbar ist, spricht man statt dessen besser von **verwaltungsrechtlichen Sonderverhältnissen**[39]. Sämtliche dieser Rechtsverhältnisse sind verfassungsrechtlich anerkannt.

Es handelt sich um die Rechtsverhältnisse des Staates zum

- Beamten (Art 33 Abs. 5 GG),
- Richter (Art 97, 98 GG),
- Soldaten und Zivildienstleistenden (Art 17 a, 12 a GG),
- Schüler (Art 7 GG und Landesverfassungen),
- Studenten (Art 5 Abs. 3, 12 Abs. 1 GG und Landesverfassungen),
- Strafgefangenen, Untersuchungsgefangenen und den aus sonstigen Gründen zwangsweise Untergebrachten (z. B. im Polizeigewahrsam).

258 **6.3.2** Wesentlich für derartige Sonderverhältnisse ist, dass sie der Erreichung bestimmter Zwecke dienen und dass zur Erfüllung des jeweiligen Zweckes zahlreiche Rechte und Pflichten (mit einem im einzelnen nicht in jeder Hinsicht vorherbestimmbaren Umfang) erforderlich sind.

Nach *früherer* Rechtsauffassung folgte daraus,

- dass die Grundsätze über den Gesetzesvorbehalt nicht in vollem Umfange gelten könnten. Es sei nicht möglich, die einzelnen Pflichten des Gewaltunterworfenen in Außen-Rechtsnormen niederzulegen, vielmehr seien hierfür Verwaltungsvorschriften ausreichend. Auch als Ermächtigungsgrundlage für Einzelanordnungen bedürfe es nicht stets einer normativen Grundlage, vielmehr müsse die Berufung auf den Zweck des „besonderen Gewaltverhältnisses" ausreichen.
- Eine uneingeschränkte Geltung der (auf das allgemeine Gewaltverhältnis zugeschnittenen) Grundrechte sei mit dem Wesen des „besonderen Gewaltverhältnisses" unvereinbar.
- Nur begrenzt anwendbar sei die auf das allgemeine Gewaltverhältnis zugeschnittene Handlungsform des Verwaltungsakts und der sich daran anknüpfende spezifische Rechtsschutz.

---

38 Vgl. OVG Lüneburg NVwZ 91, 81
39 Grundsätzlich zu diesen Rechtsverhältnissen: Loschelder, Vom besonderen Gewaltverhältnis zur öffentlich-rechtlichen Sonderbindung, 1982; Maurer § 6 RdNr. 17ff und § 8 RdNr. 26ff; Bull RdNr. 766ff; Faber § 22 III. Weitere Sonderrechtsverhältnisse: Mitglieder der Freiwilligen Feuerwehr (so OVG Lüneburg, NVwZ-RR 2001, 419). – Zur (problematisierten) Frage einer „Wiederbelebung des besonderen Gewaltverhältnisses": Sachs NWVBl 2004, 209

Hinter diesen Einzelthesen stand die Vorstellung, die in einem „besonderen Gewaltverhältnis" Stehenden befänden sich im Innenbereich des Staates und könnten daher die Rechtsstellung des normalen, dem Staat im Außenverhältnis gegenüber stehenden Bürgers nicht haben. Diese Grundvorstellung gilt heute nur noch für Beamte, Richter, Soldaten u. s. w., soweit sie als Amtswalter, d. h. in ihrem Dienst angesprochen werden; im übrigen ist sie aufgegeben. Grundrechtseinschränkungen sind (spätestens seit dem Strafvollzugs-Beschluss des Bundesverfassungsgerichts[40]) allein wegen des Bestehens eines sog. besonderen Gewaltverhältnisses nicht mehr zulässig[41].

Die nach dem Zweck dieser Rechtsverhältnisse unbedingt nötigen Einschränkungen der Grundrechte lassen sich durch Spezialvorschriften (Art 17 a GG) und im Wege normaler Grundrechtsinterpretation rechtfertigen. Die Normsetzungsprobleme sind durch Ausdehnung des Gesetzesvorbehalts und durch eine dementsprechend verdichtete Rechtssetzung gelöst.

6.4 Entsprechend dem Sinn der Rechtsordnung, das Verhalten von Personen zu regeln, bestehen Rechtsverhältnisse **zwischen Personen** und beziehen sich auf das Verhalten dieser Personen. 259

Davon zu unterscheiden sind die sich auf **Sachen** beziehenden **(dinglichen) Rechtsverhältnisse**. Hauptfall ist die behördliche Widmung einer Grundstücksfläche zur öffentlichen Straße (vgl. unten RdNr. 317). Hierdurch entsteht ein Rechtsverhältnis zwischen dem durch die Behörde vertretenen öffentlich-rechtlichen Sachherrn und der Straße als öffentlicher Sache[42], kraft dessen z. B. die Benutzung der öffentlichen Sache geregelt werden darf; andererseits bestehen Pflichten zur Unterhaltung und zur Sicherung des Verkehrs. Eine der Behörde gegenüberstehende Person als konkreten Adressaten dieser Rechtsbeziehungen gibt es nicht. 260

Beispielsweise gehören zu den sachbezogenen (dinglichen) Rechtsverhältnissen auch diejenigen Erlaubnisse, die sich zwar formal an eine andere Person richten, für deren Erteilung aber vorrangig Zustand und Lage einer Sache maßgeblich sind und persönliche Eigenschaften des Erlaubnisinhabers keine Rolle spielen (Baugenehmigung, wasserrechtliche Genehmigung, Anlagengenehmigung nach § 4 BImSchG). – Dass sich eine Regelung (auch) auf eine Sache bezieht, reicht aber nicht aus. Insbesondere enthalten Verwaltungsakte, die das Verhalten einer Person zu einer Sache betreffen, keine dinglichen Regelungen. Deshalb liegt keine dingliche, sondern eine personale Regelung vor, wenn einem Unternehmer untersagt wird, eine bestimmte Maschine weiter zu betreiben.

Letztlich ist die Frage, ob eine dingliche Regelung vorliegt, im Zusammenhang mit den Vorschriften zu beurteilen, bei denen es auf diese Einordnung ankommt. Das sind vor allem der die Allgemeinverfügung regelnde § 35 S. 2 VwVfG (vgl. unten RdNr. 314 ff) sowie die unten (RdNr. 267) zu behandelnden Grundsätze über den Übergang von verwaltungsrechtlichen Rechten und Pflichten.

Der Unterschied zwischen personalen und dinglichen Regelungen darf nicht überbetont werden. Letztlich geht es auch bei der dinglichen Regelung mittelbar um die Herbeiführung von Rechtsfolgen gegenüber Personen (z. B. begründet die – eingangs als Hauptfall genannte – Widmung einer Straße das Benutzungsrecht der künftigen Benutzer kraft Gemeingebrauchs). Nur werden diese personalen Rechtsfolgen in der Regelung nicht unmittelbar bezeichnet, sondern sie ergeben sich daraus, dass

---

40 BVerfGE 33, 1
41 Vgl. Sachs NWVBl 2004, 209
42 Eingehend unten RdNr. 1109

Personen in eine Beziehung zu der Sache treten und damit der für diese Sache geltenden Rechtslage unterfallen[43].

7. Entstehen, Veränderung und Erlöschen von Verwaltungsrechtsverhältnissen

261 7.1 **Entstehungsgründe** für Verwaltungsrechtsverhältnisse sind:

- Gesetz, genauer: der Eintritt der für eine gesetzliche Rechtsfolge erforderlichen tatsächlichen Voraussetzungen (Beispiel: Das Vorhandensein von Abfällen, das nach § 13 Kreislaufwirtsch/AbfG die Verpflichtung des Besitzers zur Überlassung an den Beseitigungspflichtigen auslöst);
- Verwaltungsakt;
- Öffentlich-rechtlicher Vertrag;
- Verwaltungsrechtliche Willenserklärung (dazu noch unten RdNr. 262);
- Erfüllung des Tatbestandes, an den ein Gesetz die Leistungspflicht knüpft (§ 38 AO, Steuerschuldverhältnis);
- Tatsächliches Handeln eines Bürgers, z. B. die Inanspruchnahme einer von der öffentlichen Hand angebotenen Leistung[44];
- Tatsächliches Handeln der Verwaltung, z. B. die Inbesitznahme einer fremden Sache, wodurch ein öffentlich-rechtliches Verwahrungsverhältnis ausgelöst wird.

Die Fallgruppen überschneiden sich, zumal man in sämtlichen Fällen als Entstehungsgrund (auch) das Gesetz (z. B. die Regelungen des VwVfG über den VA, den öffentlich-rechtlichen Vertrag u. s. w.) ansehen kann.

262 7.2 Soweit die Entstehung eines Verwaltungsrechtsverhältnisses auf dem erklärten Willen eines Beteiligten beruht und die Verwaltungsbehörde nicht durch Verwaltungsakt handelt, bedarf es einer **verwaltungsrechtlichen Willenserklärung.** Diese Rechtsfigur entspricht der in §§ 116ff BGB geregelten (privatrechtlichen) Willenserklärung.

Beispiele für verwaltungsrechtliche Willenserklärungen sind:

- die Vertragserklärungen beim öffentlich-rechtlichen Vertrag;
- rechtserhebliche Anträge im Verwaltungsverfahren (§ 22 S. 2 VwVfG);
- die Einlegung von Rechtsbehelfen, z. B. die „Erhebung" eines Widerspruchs (§ 69 VwGO);
- die Mitwirkungserklärung des Bürgers beim mitwirkungsbedürftigen VA (dazu noch unter RdNr. 595).

Für verwaltungsrechtliche Willenserklärungen gelten, soweit Sondervorschriften nicht eingreifen, die Vorschriften des BGB analog. Jedoch sind stets die Besonderheiten des öffentlichen Rechts zu beachten.

Beispielsweise gilt für Verfahrenshandlungen, dass sie keinen rechtlichen Schwebezustand dulden. Deshalb kann die Rücknahme eines Widerspruchs durch den Bürger nicht wegen Willensmangel angefochten werden[45]. Im übrigen sind auch verwaltungsrechtliche Willenserklärungen analog

---

43 Vgl. Weidemann, VR 2002, 104
44 Vgl. VG Düsseldorf, NVWBl 2004, 33; VGH Bad-Württ. DÖV 2004, 492
45 BVerwGE 57, 342

§§ 119ff BGB anfechtbar. Auch § 118 BGB kann anwendbar sein: So ist die Anmeldung einer Sammlung „Freiheit für den Osterhasen" nicht ernstlich gemeint und analog § 118 BGB nichtig. Die Schaffung einer Ermächtigung für hoheitlich Eingriffe in die Rechte des Bürgers durch analoge Anwendung von Aufrechnungsregeln ist jedoch unzulässig[46].

7.3 Die **Erlöschensgründe** für Verwaltungsrechtsverhältnisse entsprechen den Entstehungsgründen: Gesetz, Verwaltungsakt, verwaltungsrechtliche Willenserklärung (z. B. Kündigung[47]) u. s. w. Hinzu kommt der normale Beendigungsgrund für Rechte und Pflichten: die Erfüllung. Soweit allerdings eine vermögenswerte Leistung erbracht wird, führt die Erfüllung nicht zu einer vollständigen Beseitigung des Rechtsverhältnisses, sondern nur zur Umwandlung des Erfüllungsanspruchs in einen Rechtsgrund zum Behaltendürfen der Leistung. Dieser Rechtsgrund hindert die Rückforderung im Wege eines Bereicherungs- oder Erstattungsanspruchs. **263**

Beispielhaft sind die Erlöschensgründe für Ansprüche aus dem Steuerschuldverhältnis in § 47 AO aufgeführt. – Die allgemein im Verwaltungsrecht geltenden Erlöschensgründe bedürfen im folgenden gesonderter Hinweise:

7.4 Verjährung eines Rechts liegt vor, wenn dieses infolge Zeitablaufs aufgrund einer gesetzliche Regelung nicht mehr geltend gemacht werden kann. Das Rechtsinstitut der Verjährung ist auch im Verwaltungsrecht anerkannt[48], wie z. B. § 53 VwVfG zeigt, der die Hemmung einer Verjährung durch Verwaltungsakt regelt. **264**

Beispiele für weitere gesetzliche Regelungen finden sich für das Abgabenrecht in §§ 228ff AO, für das Sozialrecht in § 45 SGB I . Verjährungsvorschriften gibt es auch im Bereich des Staatshaftungsrechts (z. B. § 852 BGB für den Anspruch aus § 839 BGB). Soweit Sonderregelungen fehlen, werden die §§ 194ff BGB analog angewandt.

Im Zivilrecht hat die Verjährung zur Folge, dass der Schuldner die Leistung durch Einrede verweigern kann (§ 214 BGB). Grundsätzlich gilt dies auch für öffentlich-rechtliche Ansprüche (so ausdrücklich z. B. § 45 Abs. 2 SGB I). Eine bedeutsame Ausnahme bestimmt aber § 232 AO, wonach Ansprüche aus dem Steuerschuldverhältnis durch Verjährung direkt erlöschen.

Der Ablauf der Verjährungsfrist wird hinausgeschoben

- durch **Hemmung** der Verjährung. Das bedeutet, dass der Zeitraum, während dessen die Verjährung gehemmt ist, in die Verjährungsfrist nicht eingerechnet wird. Nach § 53 VwVfG hemmt ein VA, der zur Feststellung oder Durchsetzung des Anspruchs eines öffentlich-rechtlichen Rechtsträgers erlassen wird, die Verjährung dieses Anspruchs (vgl. § 205–211 BGB). Nach § 230 AO ist die Verjährung gehemmt, solange der Anspruch wegen höherer Gewalt innerhalb der letzten sechs Monate der Verjährungsfrist nicht verfolgt werden kann.

- Ein **Neubeginn** der Verjährung (vgl. § 212 BGB) bedeutet Stop oder „Unterbrechung" (so der frühere Begriff in § 212 BGB) der Verjährung, in der Form, dass die Verjährungsfrist ab einem bestimmten Zeitpunkt wieder neu zu laufen beginnt.

---

46 BVerfG NJW 96, 3146; dazu Konzak NVwZ 97, 872
47 Z.B. Kündigung eines Betreuungsvertrages einer städtischen Kindertageseinrichtung VG Düsseldorf, NWVBl 2004, 33
48 Vgl. Dötsch, DÖV 2004, 277

265 Von der Verjährung unterschieden werden verfahrensrechtliche Ausschlussfristen (z. B. **Antragsfristen**, die **Rechtsbehelfsfristen** nach §§ 70, 74 VwGO); sie haben allerdings eine ähnliche Wirkung.

Außerdem gibt es gesetzliche Bestimmungen, wonach eine Berechtigung wegen Nichtausübung innerhalb einer bestimmten Frist erlischt (z. B. **Erlöschen** einer Baugenehmigung, wenn nicht innerhalb von drei Jahren mit der Bauausführung begonnen wird, vgl. § 77 BauO NRW).

266 7.5 Ein Recht kann auch unter besonderen Voraussetzungen durch **Verwirkung** erlöschen. Für die Verwirkung gibt es keine bestimmte Frist und keine gesetzlich konkret festgelegten Kriterien. Vielmehr wird die Verwirkung auf Grund des Grundsatzes von Treu und Glauben (Rechtsgedanke des § 242 BGB) aus den wesentlichen Umständen des Einzelfalles hergeleitet. Eine Verwirkung liegt vor, wenn eine Rechtsposition trotz Veranlassung zur Rechtsausübung längere Zeit hindurch nicht ausgeübt worden ist und Umstände die Annahme des Verpflichteten rechtfertigen, der Berechtigte werde von seinem Recht keinen Gebrauch mehr machen, und er sich darauf eingerichtet hat.

An die Verwirkung sind relativ strenge Anforderungen zu stellen[49]. Auch ist nicht jedes Recht verwirkbar.

Beispielsweise wird das Recht aus der Fahrerlaubnis nicht dadurch verwirkt, dass jemand jahrelang nicht Auto fährt. – Auch wer lange Jahre hindurch sein Wahlrecht nicht ausübt, verwirkt dieses selbstverständlich nicht.

8. Der Übergang von Rechten und Pflichten im Verwaltungsrecht (Rechts- und Pflichtennachfolge)

8.1 Allgemeine Grundsätze

267 Voraussetzungen für den Übergang öffentlich-rechtlicher Rechte und Pflichten (**Rechts- und Pflichtennachfolge**) sind:

– erstens, dass das Recht oder die Pflicht nachfolge-/übergangsfähig (übertragbar, abtretbar, vererblich) ist und

– zweitens, dass ein Nachfolge-/Übergangstatbestand gegeben ist, der den Übergang bewirkt.

268 Im Vordergrund steht die Frage, ob öffentlich-rechtliche Rechte und Pflichten überhaupt **übergangsfähig** sind. Diese Frage kann für bestimmte Arten von Rechten und Pflichten gesetzlich geregelt sein. Ist das nicht der Fall, kommt es auf die Eigenart des Rechts bzw. der Pflicht an. Im Zweifel sind nichtvermögenswerte Rechte und Pflichten „höchstpersönlich", d. h. sie sind nicht übergangsfähig.

Beispiele zu höchstpersönlichen Rechten: Fahrerlaubnis und sonstige sich aus Prüfungen ergebende Berechtigungen, Zulassungen zu einem Beruf oder Gewerbe (wie Gaststättengenehmigung).

---

49 Beispiele in BVerwGE 44, 339, 343 f; BVerwG NVwZ 91; zur Verwirkung des Widerspruchsrechts allgemein vgl. unten RdNr. 853; zur Verwirkung im Abgabenrecht OVG Münster NJW 81, 185; zur Verwirkung im Disziplinarrecht BVerwG NVwZ 98, 289; zur Verwirkung im Prüfungsrecht Zimmeling/Brehm, Der Prüfungsprozess, 2004, RdNr. 40

Dagegen sind sachbezogene oder vermögenswerte (insbesondere auf Geldzahlung gerichtete) Rechte und Pflichten regelmäßig nicht höchstpersönlich, also übergangsfähig.

Beispielsweise gilt die Baugenehmigung „auch für und gegen die Rechtsnachfolgerin oder den Rechtsnachfolger der Bauherrin oder des Bauherrn" (so § 75 Abs. 2 BauO NRW). – Für Erlaubnisse und Bewilligungen zur Benutzung eines Gewässers ist gesetzlich bestimmt, dass sie mit dem Eigentum am Grundstück verbunden sind und mit dem Übergang des Eigentums an dem Grundstück auf den neuen Grundstückseigentümer übergehen (§§ 7 Abs. 2, 8 Abs. 6 WHG).[50]

Weiterhin kommt es darauf an, wie ein Übergang bewirkt wird. Es bedarf eines **Übergangstatbestandes**. Dieser kann spezialgesetzlich geregelt sein. Ist das nicht der Fall, können die Vorschriften des BGB über die Abtretung (§§ 398ff, 413), die Schuldübernahme (§§ 414ff) und insbesondere über den Übergang von Rechten und Pflichten im Todesfall kraft Erbrechts (§§ 1922, 1967) anwendbar sein.

269

8.2 Die den **Verwaltungsträgern** (Bund, Ländern, Gemeinden) **zustehenden Rechte und Pflichten** sind grundsätzlich **nicht übertragbar**. Um einen Ausnahmefall handelt es sich, wenn eine Körperschaft oder Anstalt mit einer anderen zusammengelegt oder in eine andere eingegliedert wird, z. B. bei der kommunalen Neugliederung[51]. Dann gehen die Rechte und Pflichten des Verwaltungsträgers, der seine Selbständigkeit verliert, auf den Verwaltungsträger über, der die Funktionen fortführt (Übergang kraft Funktionsnachfolge).

8.3 Der Übergang von Rechten und Pflichten auf Seiten der Privaten

8.3.1 Als Beispiel für eine **gesetzliche Regelung des Übergangs** öffentlich-rechtlicher **Rechte** können §§ 46 AO, 53 SGB I herangezogen werden. Diese Vorschriften unterscheiden nach Art des Rechts:

270

1. Weitgehend zulässig ist die Abtretung von Geldansprüchen. Nach § 46 Abs. 1 AO gilt dies uneingeschränkt für Ansprüche auf Erstattung von Steuern. § 53 Abs. 2 und 3 SGB I enthält eine differenzierende Regelung.
2. Demgegenüber können Ansprüche auf Dienst- und Sachleistungen nach § 53 Abs. 1 SGB I nicht übertragen werden.

8.3.2 Öffentlich-rechtliche **Pflichten** sind in der Regel personenbezogen und deshalb nicht übertragbar. Ausnahmen gibt es im Ordnungsrecht. Dort ist vorgesehen, dass bestimmte, der öffentlichen Sicherheit oder Ordnung dienende Pflichten (z. B. die Pflicht zum Reinigen und Streuen der Straße) vom an sich Pflichtigen (z. B. dem Eigentümer) mit Zustimmung der Ordnungsbehörde auf einen anderen (z. B. den Hausverwalter, einen Mieter) übertragen werden können.

271

Beispiele für gesetzliche Regelungen zu solchen Übertragungen: Ermächtigung zu ordnungsbehördlichen Maßnahmen „gegen den Inhaber der tatsächlichen Gewalt" über Sachen, von denen eine Gefahr ausgeht: (§ 18 Abs. 2 S. 2 OBG NRW[52]); Gewässerunterhaltung „durch Dritte" (§§ 95 Abs. 1 S. 1 und 109 LWasserG NRW).

---

50 Zur Rechtsnachfolge im Zwangsverfahren: Bovermann/Dünchheim, Examinatorium Allgemeines Verwaltungsrecht, Fall Nr. 155.
51 Zu den Folgen kommunaler Neugliederung und Gebietsänderung Hofmann/Muth/Theisen, Kommunalrecht 2.3.2.3.2.
52 Vgl. Frings/Spahlholz RdNr. 266

272 **8.3.3** Von dem vorstehend behandelten Übergang der Rechte und Pflichten im Wege der **Einzelnachfolge** zu unterscheiden ist der Fall, dass der Berechtigte oder Verpflichtete verstirbt und dessen Erbe (auch: eine Mehrzahl von Miterben) als **Gesamtnachfolger** in die Rechte und Pflichten eintritt.

Beispiele für gesetzliche Regelungen beim Eintritt der Gesamtrechtsnachfolge enthalten die AO und das SGB I : Für den Anwendungsbereich der AO bestimmt § 45 Abs. 1 S. 1: „Bei Gesamtrechtsnachfolge gehen die Forderungen und Schulden aus dem Steuerschuldverhältnis auf den Rechtsnachfolger über." Allerdings haften die Erben für Steuerschulden nur beschränkt (§ 45 Abs. 2 S. 1 AO iVm §§ 1967 ff BGB).

Beispiel einer differenzierenden Regelung ist SGB I: § 56 regelt den Übergang fälliger Ansprüche auf laufende Geldleistungen auf diejenigen, die mit dem Verstorbenen in einem gemeinsamen Haushalt gelebt haben, insbesondere auf den Ehegatten und die Kinder. – Nach § 58 sind fällige Ansprüche auf Geldleistungen grundsätzlich vererblich, während nach § 59 Ansprüche auf Dienst- und Sachleistungen nicht vererblich sind, sondern mit dem Tode des Berechtigten erlöschen.

Außerhalb der AO und des SGB I findet verwaltungsrechtliche Gesamtrechtsnachfolge nur in besonderen Fällen statt.

273 Auch bei der Gesamtrechtsnachfolge müssen die (oben unter RdNr. 267–269 genannten) Voraussetzungen – Übergangstatbestand und Übergangsfähigkeit – vorliegen. Während sich der Übergangstatbestand problemlos aus der Gesamtrechtsnachfolge durch Erbfall ergibt (§§ 1922, 1967 BGB; § 45 Abs. 1 S. 1 AO; §§ 56, 58 SGB I), ist bei der Frage der Übergangsfähigkeit auch hier zwischen höchstpersönlichen und sachbezogenen Rechten und Pflichten bzw. solchen, die von der Person des Inhabers (Erblassers) abtrennbar sind, zu unterscheiden.

8.3.4 Ein besonderer Grund für den Übergang von Rechten und Pflichten besteht dann, wenn diese sich auf eine Sache beziehen (sachbezogene, **dingliche Rechte** und Pflichten; vgl. oben RdNr. 260).

Beispielsweise ist für Erlaubnisse und Bewilligungen zur Benutzung eines Gewässers gesetzlich bestimmt, dass sie mit dem Eigentum am Grundstück verbunden sind und mit dem Übergang des Eigentums an dem Grundstück auf den neuen Grundstückseigentümer übergehen (§§ 7 Abs. 2, 8 Abs. 6 WHG). – Nach § 75 Abs. 2 BauO NRW gilt die Baugenehmigung „auch für und gegen die Rechtsnachfolgerin oder den Rechtsnachfolger der Bauherrin oder des Bauherrn" (auch soweit sie Auflagen enthält).

Beispielsfall für den Übergang **sachbezogener Pflichten** ist § 134 Abs. 2 BauGB. Danach wirkt der Erschließungsbeitrag als öffentliche auf dem Grundstück ruhende Last auch gegenüber einem Erwerber des Grundstücks[53].

Problematisch ist bei Altlastenfällen die auftretende Frage nach der „Gesamtrechtsnachfolge in die abstrakte Polizeipflicht"[54].

274 Fraglich ist, ob auch eine baurechtliche Beseitigungsverfügung dinglichen Charakter hat und Rechtswirkungen gegenüber einem Rechtsnachfolger auslöst. Für den Übergang einer durch Verfügung begründeten Verpflichtung spricht, dass die Pflicht ihren Grund ganz überwiegend in dem Zustand des Bauwerks hat; dagegen spricht, dass der Verfügung eine Ermessensentscheidung zugrunde liegt, bei der auch persönliche Gesichtspunkte eine Rolle spielen können. Nach hM reicht es für die Annahme eines Übergangstatbestandes aus, dass die Pflicht dinglichen Charakter hat, mit dem Eigentum an dem Grundstück verbunden ist und ein Übergangstatbestand im Hinblick auf

---
53 Hierzu BVerwGE 47, 49; ferner 64, 105, 110
54 Vgl. Papier DVBl 96, 125 und OVG Münster NWVBl 97, 175.

das Grundstückseigentum vorhanden ist. – Auch im Naturschutzrecht wirken Beseitigungsanordnungen gegenüber dem Rechtsnachfolger des Adressaten[55].

Für diese Auffassung spricht entscheidend die praktische Überlegung, dass andernfalls der durch VA zur Beseitigung eines illegalen Bauwerks Verpflichtete die Durchsetzung dieser Pflicht (zumindest theoretisch) dadurch vereiteln oder deutlich verzögern könnte, dass er das Grundstück veräußert. Die Behörde müsste nach jeder Veräußerung erneut eine Verfügung erlassen, deren Unanfechtbarkeit abwarten oder die sofortige Vollziehung anordnen. Auch geht die sich aus dem Gesetz ergebende materielle Beseitigungspflicht (Zustandshaftung) ohnehin auf den neuen Eigentümer über. Falls sich beim Rechtsnachfolger eine besondere Lage ergeben sollte, kann dieser eine erneute Prüfung (gegebenenfalls durch Wiederaufgreifen des Verfahrens nach § 51 Abs. 1 Nr. 1 VwVfG) und entsprechend eine Abänderung der Verfügung verlangen.

275 Die Rechtsnachfolge betrifft jedoch nur die (sachbezogene) Beseitigungsanordnung, nicht aber Vollstreckungsmaßnahmen; soweit etwa dem Erblasser gegenüber eine Androhung von Zwangsgeld erfolgt ist, ist diese personenbezogen und damit nicht übergangsfähig. Deshalb muss gegebenenfalls dem Rechtsnachfolger gegenüber ein erneutes Vollstreckungsverfahren in Gang gesetzt werden[56].

276 **8.4** Ein durch Gesetz oder Verwaltungsakt bewirkter Übergang des (einem Privaten zustehenden) Rechts auf eine Behörde findet vielfach statt, um der Behörde einen Ersatz- oder Rückgriffsanspruch zu gewähren. Dies sind die **Regressfälle**.

Beispiel: A ist bei einem Unfall verletzt worden. Da B den Unfall verschuldet hat, müsste eigentlich B an A aus § 823 BGB Schadensersatz zahlen. Weil A aber sozialversichert ist, erbringt seine Krankenkasse alle nötigen Leistungen. In diesen Fällen greifen regelmäßig gesetzliche Vorschriften ein, die den Zweck verfolgen, einerseits dem die Kosten tragenden Verwaltungsträger einen Rückgriff (Regress) bei dem Dritten zu ermöglichen, andererseits dem Dritten keine stärkere Belastung aufzuerlegen, als sie ihm auf Grund seiner Verpflichtung gegenüber dem Leistungsempfänger (Verletzten) obliegt. Dies wird dadurch erreicht, dass der – meist privatrechtliche – Anspruch des Leistungsempfängers (im Beispiel: A gegen den Dritten B) auf die leistende Verwaltungsbehörde übergeht. Hierfür ist stets eine gesetzliche Regelung erforderlich.

Beispiele für entsprechende Regelungen sind §§ 115, 116 SGB X; §§ 37, 38 BAföG.

---

55 VGH Mannheim NVwZ 92, 392
56 Instruktiver Beispielsfall zur Rechtsnachfolge im Zwangsverfahren: Bovermann/Dünchheim, Examinatorium Allgemeines Verwaltungsrecht, Fall Nr. 155.

5. Abschnitt: Verwaltungshandeln dargestellt am Verwaltungsakt

1. Bedeutung des Verwaltungsakts als typische Handlungsform öffentlicher Verwaltung

277 1.1 In den bisherigen Ausführungen kam bereits zum Ausdruck, dass die öffentliche Verwaltung gegenüber dem Bürger in äußerst vielgestaltiger und unterschiedlicher Weise handeln kann. Diesen Unterschieden wird durch unterschiedliche **Handlungsformen** Rechnung getragen:

Beispielsweise ist für einen Schüler ebenso wie für die Schulverwaltung die Änderung des Stundenplans von anderer Bedeutung als die Erteilung des Abiturzeugnisses oder z. B. der Ausschluss von der Schule. – Erteilt die Verwaltung dem X eine Fahrerlaubnis, so unterscheidet sich dies in der Handlungsform von dem Verwaltungshandeln der Polizeibeamten, die etwa für X ein Verkehrshindernis von der Straße räumen oder auch von einer Verwaltungsmitteilung an X, für die Entscheidung über die Entziehung der Fahrerlaubnis das Gutachten einer medizinisch-psychologischen Untersuchungsstelle beizubringen. – Im Zusammenhang mit einem Eigenheimbau des E ist die Aufstellung des Bebauungsplans durch die Gemeinde von anderer Qualität als die Erteilung der Baugenehmigung an E, ein Erschließungsbeitragsbescheid oder die vertragliche Ablösung von der Verpflichtung zur Schaffung von Autostellplätzen.

Die unterschiedliche Gestalt und Bedeutung des Verwaltungshandelns spiegelt sich in dem jeweiligen Rechtscharakter der Handlungsform wider. Ohne dass an dieser Stelle bereits auf Einzelheiten eingegangen werden soll, darf darauf hingewiesen werden, dass von den genannten Beispielen nur die Erteilung der Fahrerlaubnis und des Abiturzeugnisses, die Schulverweisung, die Baugenehmigung und der Erschließungsbeitragsbescheid Verwaltungsakte sind.

278 Unter den vielfältigen Handlungsformen der Verwaltung spielt der **Verwaltungsakt (VA) eine zentrale Rolle.** Er ist in der Verwaltungspraxis das wichtigste Mittel, mit dem die Behörden effektiv, rasch und kostengünstig die gesetzlichen Ziele – notfalls auch gegen den Willen eines betroffenen Bürgers – umsetzen können.

Die einseitige Regelungsbefugnis der Behörde zeugt dabei nicht etwa von obrigkeitsstaatlichem Verwaltungsverständnis, sondern ist unverzichtbares Gestaltungsmittel für ein sozial- und rechtsstaatlich geregeltes Miteinander in einer Massengesellschaft. Die (teilweise relativ weitgehenden) behördlichen Entscheidungsbefugnisse sind **gesetzlich legitimiert** und werden durch demokratische Kontrollmechanismen, mittelbare parlamentarische Legitimation der Verwaltungsspitzen und vor allem durch **umfassenden Rechtsschutz** (Art 19 Abs. 4 GG; § 40 VwGO; § 51 SGG; § 33 FGO) aufgewogen.

Beispiele für VAe (neben den bereits genannten Fällen) sind etwa auch: Bewilligung oder Ablehnung einer Sozialleistung, Einberufung zum Wehr- oder Zivildienst, Ordnungs- oder Polizeiverfügung, Rentenbescheid, Steuer- oder Gebührenbescheid, Ernennung zum Beamten, Enteignung eines Grundstücks, Zulassung zu einem Gewerbe, Abbruchverfügung, Gewährung einer Subvention. – Muster von VAen sind unten[1] wiedergegeben. – Besondere Arten von VAen werden unten[2] behandelt.

1.2 Die aufgezeigte zentrale Rolle des VA im Verwaltungsverfahren äußert sich in **sechs Funktionen.** Hierbei ist sowohl einerseits auf Gesichtspunkte der Adressaten als auch andererseits der „Produzenten" von VAen – also der Verwaltungspraxis – abzustellen:

---

[1] RdNr. 323, 335, 339 und 343
[2] RdNr. 592–616

1. Gesetzesvollzugs- und Konkretisierungsfunktion (materiell-rechtliche Regelungsfunktion)

279

Die Mehrzahl der Gesetze ist so abstrakt gefasst, dass bei der Anwendung auf den Einzelfall eine Entscheidung über das Vorliegen der gesetzlichen Voraussetzungen und über den Eintritt der Rechtsfolge erforderlich ist. Der VA verdichtet die vorher aufgrund des Gesetztes gegebene allgemeine Rechtslage zu einer konkreten Rechtsbeziehung zwischen Bürger und Verwaltung; er schafft insoweit Klarheit über die für den einzelnen Bürger bestehenden Rechte und Pflichten. Der VA ist die notwendige Zwischenstufe zwischen dem Gesetz und der Herbeiführung des erstrebten Erfolges im tatsächlichen Einzelfall.

Beispielsweise erfolgt die Ernennung eines Beamten laut Gesetz „nach Eignung, Befähigung und fachlicher Leistung" (vgl. § 7 BRRG). Geht es um die Besetzung eines bestimmten Amtes, so bedarf es der Feststellung dieser Voraussetzungen (= Konkretisierung) im Hinblick auf einen bestimmten Bewerber (= Individualisierung).

Der VA ordnet das Verhältnis zwischen Bürger und Staat in dem jeweiligen Sachzusammenhang konkret, eindeutig und verlässlich; durch seine Regelungsfunktion wird er zu einem „rechtsfolgeerzeugenden Tatbestand".

Beispiel für die Funktion des VA als rechtsfolgeerzeugender Tatbestand: Ist eine Subventionsvergabe als Ermessensentscheidung vorgesehen, hat ein Interessent (I), der eine derartige Subvention erstrebt, zunächst nur einen Anspruch auf ermessensfehlerfreie Entscheidung. Ist I aber durch Bescheid (VA) die Subvention bewilligt worden, hat er aus dem VA einen Anspruch auf Zahlung des bewilligten Betrages.

2. Bestandskraftsfunktion

Die eben dargestellte Konkretisierungsfunktion wird dadurch verstärkt, dass der VA (mit Einschränkungen) auch dann wirksam ist, wenn er mit dem Gesetz nicht übereinstimmt (§ 43 Abs. 2 und 3 VwVfG, § 39 Abs. 2 und 3 SGB X und § 124 Abs. 2 und 3 AO). Er besitzt insoweit eine begrenzte Fehlerunempfindlichkeit, die als Wirksamkeit bezeichnet wird und ihre eigentliche Bedeutung mit dem Eintritt der Unanfechtbarkeit als Bestandskraft[3] des VA erlangt.

280

Beispielhaft sei zur Verdeutlichung dieser Wirkung das obige Subventionsbeispiel fortgeführt: Ist dem I die Subvention von der Behörde durch VA bewilligt und ausgezahlt worden, so kann die Behörde diesen Betrag später nicht einfach mit der Begründung zurückverlangen, I hätte die Subvention nach den gesetzlichen Vorschriften nicht erhalten dürfen. Denn der Subventionsbescheid rechtfertigt die Zahlung; er ist Rechtsgrund. Erst nach seiner Aufhebung kann ein Rückforderungsanspruch bestehen.

Sinn dieser grundsätzlichen Rechtswirksamkeit (auch des fehlerhaften) VA ist es, einmal ergangene VAe als Äußerungen staatlicher Autorität – ähnlich wie gerichtliche Urteile – im Interesse der Rechtssicherheit zu schützen[4]. Auch mängelbehaftete VAe müssen in der Regel befolgt werden; die Betroffenen haben aber die Möglichkeit, dagegen Rechtsbehelfe (§§ 40 ff, 68 ff VwGO; 78 ff, 87 ff SGG; 40 ff, 44 FGO; 347 ff AO) zu ergreifen, und die Verwaltung hat unter bestimmten Voraussetzungen die Möglichkeit der Rücknahme des VA (§§ 48 VwVfG, 44, 45, 48 SGB X, 130 ff AO).

Daneben stehen den Betroffenen die in der Praxis sehr effektiven Möglichkeiten des vorläufigen Rechtsschutzes z. B. nach §§ 80, 80 a VwGO bzw.

281

---
3 Vgl. unten RdNr. 499
4 Zum Einfluss der EuGH-Rechtsprechung auf bestandskräftige VAe: EuGH NVwZ 2004, 459; Beaucamp DVBl 2004, 352

§§ 86 a) 1 SGG (vgl. §§ 69 FGO, 361 AO) gegen Nachteile, die aus der Umsetzung des VA entstehen könnten, zur Verfügung. Sie können als rechtliches Korrelat zur Anerkennung der grundsätzlichen Wirksamkeit auch des fehlerhaften VA angesehen werden. Durch die Bestandskraftfunktion wird das Verhältnis des VA zum Gesetzmäßigkeitsprinzip modifiziert: Gleichberechtigt neben das Bestreben nach inhaltlicher Übereinstimmung von VA und Gesetz (Gesetzmäßigkeit) tritt – konkurrierend – der Gedanke der Rechtssicherheit (Interesse am Fortbestand einmal getroffener Entscheidungen).

3. Verfahrensrechtliche Funktion

282   Die Bedeutung des VA für das vorlaufende Verwaltungsverfahren ergibt sich aus § 9 VwVfG und § 8 SGB X. Danach ist der VA (neben dem in der Praxis nicht ebenso bedeutsamen öffentlich-rechtlichen Vertrag) Ziel und Abschluss des Verwaltungsverfahrens. Die verfahrensrechtliche Funktion liegt darin, dass das typische Verwaltungsverfahren auf den Erlass eines VA gerichtet ist und dass es durch den Erlass des VA (zunächst einmal) abgeschlossen wird.

Ob die unten[5] dargestellten Regelungen über das Verwaltungsverfahren eingreifen, hängt somit in der Regel vom Verwaltungsaktscharakter der erstrebten Maßnahme ab. Auch für die Vorschriften über das Rechtsbehelfsverfahren nach §§ 68ff VwGO, 78ff SGG, 44 FGO, 347ff AO als nachgeschaltetes Verwaltungsverfahren ist der VA Anknüpfungskriterium[6].

4. Akzeptanzfunktion

283   Sowohl unter dem Gesichtspunkt der Bürgerorientierung als auch unter dem Aspekt, Doppelarbeit der Verwaltung wegen Rechtsbehelfen zu vermeiden, ist es wichtig, einen VA so abzufassen und zu begründen, dass der Adressat ihn vollständig verstehen kann und möglichst auch von seiner Rechtmäßigkeit und Notwendigkeit überzeugt wird (Akzeptanzfunktion). Dann wird der betroffene Bürger den VA im Regelfalle freiwillig befolgen und nicht zu den „Abwehrmitteln" der behördlichen Rechtsbehelfsverfahren bzw. der verwaltungsgerichtlichen Klagen greifen, selbst wenn die von der Behörde getroffene Regelung seinen Wünschen nicht entspricht.

Verwaltungspraxis und Gerichte sind auf diese Akzeptanzfunktion in hohem Maße angewiesen: Würde den Betroffenen in einem erheblichen Teil der millionenfach erlassenen Steuerbescheide oder sonstigen VAe die Regelung nicht akzeptabel erscheinen und würden in diesen Fällen Rechtsbehelfsverfahren eingeleitet, wäre ein ordnungsgemäßes Arbeiten der Verwaltung nicht mehr möglich. Die dann entstehende Belastung durch Widerspruchsentscheidungen, Vorlageberichte und Klageerwiderungen würde den Behörden kaum noch ausreichend Zeit für die kontinuierliche Bearbeitung neuer Fälle lassen.

Abgesehen von dem „verwaltungs-egoistischen" Aspekt der Arbeitsbelastung und dem Gesichtspunkt des Rechtsfriedens ist es gerade in einer bürgerorientierten Staatsform wie der parlamentarischen Demokratie als selbstverständlich anzusehen, dass die Verwaltungsbediensteten bei der Abfassung ihrer VAe auf Verständlichkeit und überzeugende Begründung achten. VAe, in denen der Adressat „mit Paragraphen erschlagen" wird, und VAe, die nicht aus sich heraus verständlich sind, oder bei denen der Verfasser allein an Verwaltungsgerichte gedacht hat, nicht aber an den Bürger, „rächen sich" in der Praxis durch Abwehrhaltungen selbst ansonsten williger Betroffener, durch Umsetzungsprobleme und durch Vollzugsdefizite.

---

5 Ab RdNr. 617
6 Vgl. unten RdNr. 351ff und 808ff

5. Prozessrechtliche Funktion

Die Klageart und andere Modalitäten des verwaltungsgerichtlichen Rechts- 284
schutzes richten sich danach, ob die angegriffene oder begehrte Verwaltungsmaßnahme ein VA ist oder nicht. Die Qualifizierung als VA ist zwar keine Bedingung für den Rechtsschutz, jedoch Anknüpfungspunkt für spezielle Rechtsschutzmöglichkeiten wie Rechtsbehelfsverfahren (§§ 68ff VwGO, 78ff SGG, 347ff AO), Anfechtungs- und Verpflichtungsklage (§§ 42, 113 VwGO, 54, 131 SGG, 40, 100 FGO), sowie die aufschiebende Wirkung (§ 80 VwGO, 86 a) SGG, vgl. §§ 69 FGO, 361 AO).

Für die Verwaltungspraxis darf diese prozessrechtliche Funktion nicht überbewertet werden: Nur die allerwenigsten VAe werden Gegenstand einer gerichtlichen Entscheidung, während täglich eine Vielzahl einfacher und auch schwieriger Sachverhalte durch VA einer abschließenden Regelung zugeführt wird.

6. Vollstreckungsrechtliche Funktion

Anders als der Bürger, der zur Durchsetzung seiner Ansprüche grundsätzlich 285
darauf angewiesen ist, sich durch zeitraubende und risikobehaftete Inanspruchnahme von Gerichten einen Vollstreckungs-"Titel" (in der Regel in Form eines Urteils) zu erstreiten, kann die Verwaltung einen von ihr erlassenen VA selbst durchsetzen (vgl. §§ 3, 6 VwVG des Bundes sowie die entsprechenden Landes-VwVGe).

Die Behörde braucht nicht etwa das Verwaltungsgericht anzurufen, wenn der Adressat den VA nicht befolgen will, sondern sie schafft sich schon durch Erlass des VA selbst einen solchen Vollstreckungstitel. Nach Hinzutreten weiterer rechtlicher Voraussetzungen (etwa der Unanfechtbarkeit des VA und der vorherigen Androhung eines Zwangsmittels) kann sie den VA selbst vollstrecken und dadurch ihre eigene Regelung relativ schnell und einfach zwangsweise durchsetzen. Dies gilt sowohl für Zahlungspflichten als auch für Handlungs-, Duldungs- oder Unterlassungspflichten.

Für die Verwaltungspraxis ist die vollstreckungsrechtliche Funktion des VA in Fällen, in denen sich der Adressat hartnäckig verweigert, von nicht zu unterschätzender Bedeutung; gleichwohl hat diese Funktion in der Behördenpraxis nur begrenztes Gewicht, da die allermeisten VAe nicht vollstreckt, sondern freiwillig befolgt werden.

2. Gesetzliche Grundlagen und Allgemeines zum Begriff des Verwaltungsakts

2.1 Gesetzliche Begriffsbestimmung

Die gesetzliche Bestimmung des VA-Begriffs ergibt sich aus **§§ 35 VwVfG, 31** 286
SGB X, 118 AO. Die wortgleichen Legaldefinitionen gelten nicht nur für die Anwendungsbereiche dieser Gesetze, sondern allgemein, insbesondere auch für §§ 42, 113 VwGO; 54, 131 SGG; 40, 100 FGO. Bei der Anwendung der Begriffsbestimmung kann nicht unbesehen vom Gesetzeswortlaut ausgegangen werden. Zunächst müssen die doppelt enthaltenen Merkmale zusammengefasst werden; außerdem muss die im Gesetz aus sprachlichen Gründen gewählte Reihenfolge in eine logische Rangordnung gebracht werden. Die Einzelheiten hierzu sind allerdings nicht unstreitig.

Die folgende Aufgliederung hat sich bei der Anwendung auf eine Vielzahl von Fällen bewährt:

1. Verwaltungsmaßnahme (= Handeln einer Behörde),
2. auf dem Gebiet des öffentlichen Rechts (= hoheitliche Maßnahme),
3. zur Regelung (= auf Rechtswirkung gerichtet),
4. mit Außenwirkung,
5. im Einzelfall.

2.2 Formelle Aspekte

287 Fragt sich der betroffene Bürger bei den unterschiedlichen Handlungen der Verwaltung, ob sie VAe sind – ob er also etwa eine Widerspruchsfrist zu beachten hat oder nicht -, so werden sich ihm die vom Gesetz benannten inhaltlichen Kriterien nur schwer erschließen. Er wird vielmehr versuchen, anhand der Form des Schreibens (oder des elektronischen Dokuments nach § 3a VwVfG) zu ermitteln, ob ein VA gegeben ist. Dieses Vorgehen ist durchaus sinnvoll, da es eine typische Form des VA (die **Bescheidform**) gibt. Vergleiche hierzu auch die unten bei RdNr. 335, 339 und 343 dargestellten Musterbescheide.

288 Ohne dass hier bereits auf die Frage eingegangen werden soll, welche Form nach dem Gesetz für den rechtmäßigen Erlass des VA erforderlich ist, sollen die wesentlichen formellen Merkmale des als Bescheid ergehenden VA aufgeführt werden:

1. Je nach Sachgebiet werden folgende Bezeichnungen verwandt: Verfügung (Polizei- oder Ordnungsverfügung), Bescheid (Steuer-, Gebühren-, Beitrags-, Heranziehungsbescheid), Entscheidung, Anordnung, Beschluss, Genehmigung, Erlaubnis – oder auch noch konkreter: Zwangsgeldandrohung, Ernennung (zum Beamten), Immatrikulation.

2. Bezeichnung der Beteiligten: Im Briefkopf findet sich die erlassende Behörde; anschließend folgen Name und Anschrift des Empfängers, der bei einem VA in Form des persönlichen Schreibens auch persönlich angesprochen werden sollte.

3. Der Ausspruch (verfügender Teil, Fachausdruck „Tenor") enthält die für den VA wesentlichen Regelungen.

4. Je nach seiner Eigenart enthält der Bescheid eine zum Teil recht eingehende rechtliche und tatsächliche Begründung.

5. Dem belastenden VA wird eine Rechtsbehelfsbelehrung beigefügt.

6. Möglich sind auch: Kostenentscheidung, Zwangsmittelandrohung, Anordnung der sofortigen Vollziehung.

7. Der Bescheid wird dem Adressaten individuell bekannt gemacht; unter bestimmten Voraussetzungen muss eine förmliche Zustellung erfolgen.

Zur Gegenüberstellung sei auf die Form der Rechtsnorm hingewiesen, die als „Gesetz", „(Rechts-) VO", „Satzung" bezeichnet wird, allgemeine Vorschriften (in aller Regel in Paragraphen gefasst) enthält und öffentlich (z. B. in einem Gesetz- oder Amtsblatt) verkündet wird. Es fehlen: individueller Empfänger, Einzelbegründung, Rechtsbehelfsbelehrung, Zwangsmittelandrohung, Anordnung der sofortigen Vollziehung und individuelle Bekanntmachung. – Andere Maßnahmen wie Anfragen, Hinweise, Mitteilungen u. s. w. ergehen formlos als schlichte Schreiben. Bei ihnen wäre es irreführend, etwa Tenor und Begründung zu unterscheiden und eine Rechtsbehelfsbelehrung beizufügen.

2.3 Stellung des Verwaltungsakts im System des Verwaltungshandelns

2.3.1 Bei der begrifflichen Erfassung des VAs geht es gleichzeitig um die **funktionsgerechte Abgrenzung zu den anderen Arten der behördlichen Handlungen.** Zur Verdeutlichung soll hier ein graphischer Überblick über die Stellung des VA im System des Verwaltungshandelns unter Bezugnahme auf die gesetzlichen Definitionsmerkmale der §§ 35 VwVfG, 31 SGB X, 118 AO gegeben werden. Die behördlichen Maßnahmen, die nicht durch VA erfolgen – und in der Graphik unten nur als „Gegensatz-Begriffe" (in den rechteckigen Kästchen) erscheinen – haben in der Verwaltungspraxis große Bedeutung; in ihrer Summe übersteigen sie auch die Zahl der erlassenen VAe. Es soll der systematischen Klarheit dienen, wenn diese anderen Handlungsarten im Zusammenhang mit den Begriffsmerkmalen des VA behandelt und in Gegenüberstellung zum VA in ihrer konkreten Funktion für die Verwaltung betrachtet werden: 289

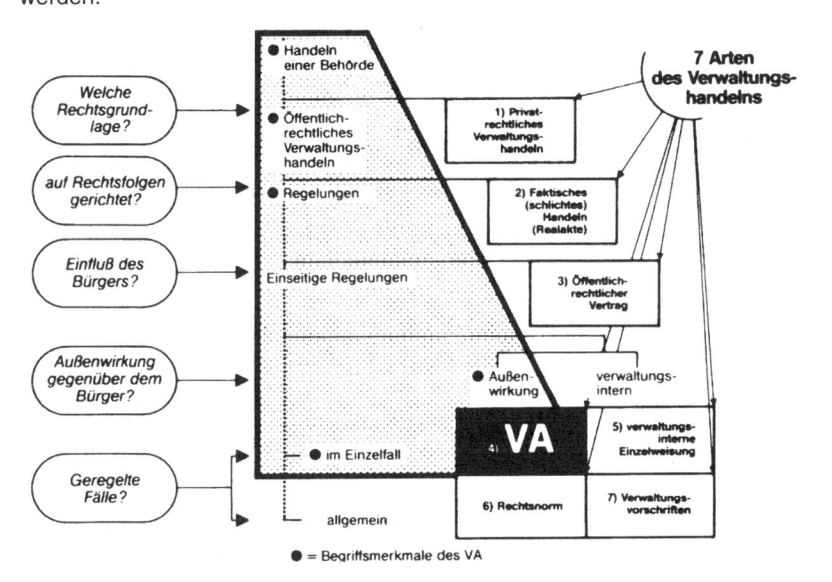

[Graphik: 7 Arten des Verwaltungshandelns – Begriffsmerkmale des VA mit Gegensatz-Begriffen: 1) Privatrechtliches Verwaltungshandeln, 2) Faktisches (schlichtes) Handeln (Realakte), 3) Öffentlich-rechtlicher Vertrag, 4) VA, 5) verwaltungsinterne Einzelweisung, 6) Rechtsnorm, 7) Verwaltungsvorschriften]

● = Begriffsmerkmale des VA

2.3.2 Sinn der Unterscheidung verschiedener Arten des Verwaltungshandelns ist es, jede Art den ihrer Eigenart und Funktion entsprechenden gesetzlichen Regelungen zuzuordnen, insbesondere unter den Aspekten: Rechtmäßigkeitsvoraussetzungen, Bindungswirkung, Rechtswidrigkeitsfolgen und Rechtsschutzmöglichkeiten. Damit ist es grundsätzlich **nicht** vereinbar, Verwaltungsmaßnahmen **Doppelnatur** zuzuerkennen oder die Rechtsnatur in personeller Beziehung zu relativieren, indem etwa eine Maßnahme dem A gegenüber als VA, dem B gegenüber als schlichtes Verwaltungshandeln angesehen wird. Vielmehr ist die Rechtsnatur einer Maßnahme einheitlich und mit Wirkung für und gegen jedermann festzustellen. 290

2.3.3 Aus den gleichen Gründen ist Zurückhaltung gegenüber der Möglichkeit geboten, Einordnungsschwierigkeiten dadurch auszuweichen, dass man eine Maßnahme als **Hoheitsakt sui generis** („eigener Art") ansieht. Zwar ist die 291

Anerkennung neuer Arten des Verwaltungshandelns nicht von vornherein ausgeschlossen. Jedoch hat sich das vorhandene System des Verwaltungshandelns bislang als ausreichend erwiesen, auch neuere Entwicklungen aufzunehmen. Bei einer solchen Zuordnung sollte vom Gesamtbild des neuen Handlungstyps ausgegangen werden und eine Zuordnung zu der am nächsten liegenden Rechtsform versucht werden[7].

Beispiel eines anerkannten Falls einer Maßnahme sui generis ist der Raumordnungsplan, speziell der Flächennutzungsplan (§§ 5ff BauGB). Dieser hat als bloß vorbereitender Bebauungsplan keine Außenwirkung, ist also weder Rechtsnorm noch VA. Er bindet aber andere Verwaltungsträger, geht also über eine bloße verwaltungsinterne Regelung hinaus.[8]

3. Maßnahme einer Behörde auf dem Gebiet des öffentlichen Rechts

292 **3.1 Behörde** ist jede Stelle, die Aufgaben der öffentlichen Verwaltung wahrnimmt (§ 1 Abs. 4 VwVfG des Bundes bzw. § 1 Abs. 2 VwVfG mehrerer Länder, § 1 Abs. 2 SGB X, § 6 Abs. 1 AO). Aufgrund der weiten Fassung dieser Legaldefinitionen entstehen in der Praxis bei dem VA-Merkmal Behörde[9] selten Probleme.

Beispielsweise fehlt es am „Handeln einer Behörde", wenn eine Privatperson tätig geworden ist, es sei denn, es handelt sich um Beliehene[10]. Maßnahmen einer Behörde sind daher weder die Anordnungen des „Hauptmanns von Köpenick" noch die privater Sicherheits- und Bewachungsfirmen. – Die Voraussetzungen für eine Verkehrszeichenaufstellung durch private Bauunternehmer sind in § 45 Abs. 6 StVO geregelt. – Fehlt es am Handeln einer Behörde, so spielen auch formelle Merkmale keine Rolle; aus dem Schein allein lässt sich die Maßnahme einer Behörde nicht herleiten.[11]

Äußeres Indiz der Behördeneigenschaft ist z. B. die Führung eines eigenen Briefkopfes (z. B. „Finanzamt X-Stadt", „Innenministerium des Landes L"). Erforderlich ist, dass die Maßnahme der Behörde **zugerechnet** wird. Die Zurechnung erfolgt, wenn der Handelnde allgemein (generell) befugt ist, für die Behörde tätig zu werden. Für die Zurechnung ist es unerheblich, ob die Behörde selbst zuständig war, ob der Handelnde nach der verwaltungsinternen Geschäftsverteilung zum Handeln befugt war und ob das Handeln rechtmäßig oder rechtswidrig war.

Aber beispielsweise wird man (wegen extremen Ausnahmefalls) die Zurechnung verneinen müssen, wenn etwa der Amtsbote bei der Stadtverwaltung den Bauschein unterschreibt, mit dem die Baugenehmigung für ein Kaufhaus erteilt wird.

293 **3.2** Bei der praktischen Rechtsanwendung bereitet der Begriff der **Maßnahme** selten Schwierigkeiten. Maßnahme ist jedes **zweckgerichtete Handeln mit Erklärungscharakter**. Meist enthält es eine ausdrückliche Erklärung; die Maßnahme kann aber auch in einem schlüssigen (konkludenten) Verhalten zu sehen sein. Ob eine schlüssige Rücknahme eines Subventionsbescheides

---

7 So auch Maurer § 9 RdNr. 21
8 Zur Rechtsnatur gerichtlicher Geschäftsverteilungspläne als Maßnahmen „sui generis" vgl. BVerwGE 50, 14; zur Anerkennung ausländischer Titel vgl. OVG Münster, DVP 2001, 213.
9 Vgl. zum Behördenbegriff RdNr. 48ff
10 Zu den Beliehenen RdNr. 94
11 Zur Unzulässigkeit von Verkehrs-Geschwindigkeitsmessungen durch Privatfirmen (mangels gesetzlicher Ermächtigung für Beleihung): BayObLG, DÖV 97, 601.–Zur Unzulässigkeit der Prüfung der erforderlichen Sachkunde für Halter gefährlicher Hunde durch Tierschutzvereine: OVG Münster NWVBl 97, 431.

durch bloße Rückforderung der Geldleistung eintritt, ist problematisch[12]. Ein bloßes Unterlassen (Untätigkeit) reicht für eine Maßnahme jedenfalls nicht aus. Die ausdrückliche Ablehnung eines Antrages ist aber kein bloßes Unterlassen, sondern ein VA.

Maßnahmen sind auch automatisch, durch EDV-Anlagen gefertigte Erklärungen und durch Automaten (etwa Verkehrsampeln) gegebene Zeichen, soweit sie auf behördliches Handeln zurückführen.

Beispiele von Sonderregelungen für VAe, die „mit Hilfe automatischer Einrichtungen erlassen" werden, sind: §§ 28 Abs. 2 Nr. 4, 37 Abs. 5, 39 Abs. 2 Nr. 3 VwVfG, §§ 33 Abs. 4, 35 Abs. 2 Nr. 3 SGB X, §§ 91 Abs. 2 Nr. 4, 119 Abs. 3, 121 Abs. 2 Nr. 3 AO.

Die elektronische Kommunikation wird durch § 3 a VwVfG für zulässig erklärt, „soweit der Empfänger hierfür einen Zugang eröffnet; dementsprechend ermöglicht § 37 Abs. 2 VwVfG auch den **„elektronischen VA"** (vgl. dazu unten RdNr. 726)[13].

3.3 Auf dem Gebiet des öffentlichen Rechts ergeht eine Maßnahme, wenn die Behörde dabei von öffentlich-rechtlichen Befugnissen Gebrauch macht. Der Begriff „öffentliches Recht" ist für die VA-Definition zu umfassend, da etwa Völkerrecht, Verfassungsrecht und Prozessrecht nicht zum Anwendungsbereich der §§ 35 VwVfG, 31 SGB X, 118 AO gehören, sondern allein „Verwaltungs"-recht. Die wesentliche Bedeutung dieses „Gebiets"-merkmals liegt in der **Abgrenzung zu privat-rechtlichen** [14] **Maßnahmen** in der Verwaltung, wie Dienstverträgen mit Arbeitern und Angestellten des öffentlichen Dienstes oder Kauf- und Mietverträgen.

294

Eine Maßnahme auf dem Gebiet des öffentlichen Rechts liegt zunächst dann vor, wenn die Behörde zum öffentlich-rechtlichen Handeln berechtigt ist, weil die Rechtsbeziehungen zwischen ihr und dem Bürger öffentlich-rechtlich geregelt sind (so z. B. im Abgabenrecht, Polizei- und Ordnungsrecht, Schulrecht). Sie liegt auch vor, wenn die Behörde aufgrund öffentlich-rechtlicher Befugnisse in privatrechtliche Beziehungen eingreift.

Beispielsweise ist das der Fall beim privatrechtsgestaltenden VA, wie Teilungsgenehmigung nach § 19 BauGB, Genehmigung einer Stiftung nach § 80 BGB.

Ferner gibt es VAe, die aufgrund gesetzlicher Regelung privatrechtliche Nebenwirkungen haben.

295

Beispiele: Ausschluss von Unterlassungs- und Schadensersatzansprüchen etc. bei Vorliegen einer wasserrechtlichen Bewilligung gemäß § 11 WHG; Ausschluss privatrechtlicher Abwehransprüche gemäß § 14 BImSchG; Ausschluss von Unterlassungs-, Beseitigungs- oder Änderungsansprüchen bei unanfechtbarem Planfeststellungsbeschluss nach § 75 Abs. 2 S. 1 VwVfG.

Es kommt also nicht darauf an, in welchem Bereich die Wirkungen (Rechtsfolgen) der Maßnahme eintreten, vielmehr ist es erforderlich und ausreichend, dass die Maßnahme kraft öffentlichen Rechts ergeht, dh dass die Behörde ihre Befugnis zum Handeln aus öffentlich-rechtlichen Vorschriften ableitet.

Ein Handeln auf dem Gebiet des öffentlichen Rechts liegt auch dann vor, wenn zwischen Behörde und Bürger zwar privatrechtliche Beziehungen bestehen, die Behörde aber eindeutig von (vermeint-

---

12 Vgl. BVerwG NVwZ 85, 488
13 Zum **„elektronischen VA"**: Kremer, VR 2003, 114, 115; Rossnagel, NJW 2003, 469; Skrobotz, VR 2003, 397
14 Vgl. hierzu die Abgrenzung des öffentlichen Rechts zum Privatrecht oben RdNr. 102 ff und die Fälle Nr. 60–63 bei Bovermann/Dünchheim, Examinatorium – Allgemeines Verwaltungsrecht.

lichen) Hoheitsbefugnissen Gebrauch macht, was sich in der Regel aus formellen Gesichtspunkten ergibt: Ergeht eine Maßnahme in Bescheidform, so ist anzunehmen, dass dabei von öffentlich-rechtlichen Befugnissen Gebrauch gemacht werden sollte. Eine Maßnahme, mit der die Verwaltung in für den Adressaten objektiv erkennbarer Form einen Einzelfall unter Berufung auf (angebliche) öffentlich-rechtliche Befugnisse hoheitlich regelt, „ist ein (anfechtbarer) VA, auch wenn sich die geltend gemachte Befugnis nicht aus öffentlichem Recht, sondern aus Privatrecht herleitet"[15].

4. Regelung; Abgrenzung zum schlichten Verwaltungshandeln

296 Der VA erfüllt seine spezifische Funktion in erster Linie durch seine Regelungswirkung (vgl. oben RdNr. 279). Sie kennzeichnet ihn als Rechtsakt, der sich nicht nur nach dem Recht richtet, sondern auch selbst Rechtsfolgen auslöst. Die **Regelung** ist deshalb das für den VA-Begriff wichtigste Merkmal.

4.1 Regelung ist jede Maßnahme, die nach ihrem Erklärungsinhalt auf **Herbeiführung einer Rechtsfolge gerichtet** ist. Dabei darf eine Regelung nicht etwa mit der Begründung verneint werden, die von der Maßnahme ausgesprochene Rechtsfolge ergäbe sich schon aus dem Gesetz, denn der VA hat gerade die Aufgabe, die sich aus dem Gesetz allgemein ergebenden Rechtsfolgen zu konkretisieren und zu individualisieren.

297 **4.2** In der Verwaltungspraxis gibt es im wesentlichen **sieben Arten** der Regelung:

- **Verbot** eines Verhaltens (z. B. Versammlungsverbot, Benutzungsverbot)
- **Gebot** eines Verhaltens (z. B. Zahlungsgebot durch Steuerbescheid oder Abbruchgebot für Bauwerk)
- **Rechtsgewährung** (z. B. Bewilligung einer Rente, Erteilung einer Fahrerlaubnis)
- **Versagung** einer solchen Rechtsgewährung
- **Rechtsgestaltung** ieS (Beamtenentlassung, privatrechtsgestaltender VA)
- **dingliche Regelung** (z. B. Widmung einer Straße; § 35 S. 2, 2. Alternative VwVfG,)
- **Feststellung** einer Rechtslage (z. B. Steuermessbescheid, Dienstalterfestsetzung, Feststellung der (Un-)Zulässigkeit eines kommunalen Einwohnerantrags oder Bürgerbegehrens[16].

298 **4.3** Bestehen Zweifel am Vorliegen einer Regelung, so bedarf die behördliche Maßnahme der **Auslegung**. Die Auslegung einer behördlichen Maßnahme kann auch für die Feststellung der anderen Begriffsmerkmale des VA (auf dem Gebiet des öffentlichen Rechts, mit Außenwirkung, im Einzelfall) notwendig sein, hat aber ihre größte praktische Bedeutung beim Merkmal der Regelung. Dort greift sie nicht nur ein, wenn es um die Frage geht, ob überhaupt eine Regelung vorliegt, sondern auch dann, wenn es um den Inhalt und den Umfang einer getroffenen Regelung geht (Auslegung des VA).

---

15 So BVerwG NVwZ 85, 264
16 Vgl. zu letzterem Hofmann/Muth/Theisen, Kommunalrecht 2.3.3.2.1.2; zu Feststellung des Mandatsverlustes vgl. OVG Münster NWVBl 98, 58.

Grundsätzlich kommt es für die Auslegung einer Verwaltungsmaßnahme darauf an, wie der von ihr Betroffene sie verstehen durfte[17]. Es gilt also Gleiches wie nach §§ 133, 157 BGB. Dabei ist auch auf die gesetzliche Ausgestaltung der Maßnahme zu achten. So ist die behördliche Festsetzung des Wertes eines Grundstückes dann eine Regelung und damit ein VA, wenn der festgesetzte Wert verbindlich ist; anderenfalls handelt es sich nur um eine gutachtliche Stellungnahme.

4.4 Abgrenzung der Regelung von den nichtregelnden Maßnahmen, insbesondere vom schlichten Verwaltungshandeln (Realakt)

4.4.1 Gegensatz zum Verwaltungshandeln mit Regelungscharakter ist in erster Linie das bloß faktische, **schlichte Verwaltungshandeln**, das zum Teil auch als Realakt bezeichnet wird[18]. Schlichte Verwaltungshandlungen sind zunächst behördliche Maßnahmen ohne Erklärungsgehalt und ohne Rechtsfolgen (z. B. Ausbesserungsarbeiten an einer Straße, Heizen einer Schule, Streifenfahrten der Polizei). 299

Auch Maßnahmen mit Erklärungsgehalt und nur mittelbaren Rechtsfolgen können schlichtes Verwaltungshandeln sein (z. B. Auskünfte, Mahnungen, Geldzahlungen), wobei hier eine Abgrenzung zum VA vielfach problematisch ist. Dass eine Maßnahme zu einer Rechtsbeeinträchtigung oder gar Rechtsverletzung führt, ist für den Regelungscharakter nicht entscheidend. Denn es kann sich dabei auch um eine bloße faktische Rechtsverletzung handeln, die entweder überhaupt nicht auf den Erklärungsgehalt (Ausspruch) der Maßnahme zurückgeht oder jedenfalls nicht von ihr herbeigeführt werden sollte.

Beispielsweise liegt, wenn X zufällig von einem abirrenden Schuss eines Polizeibeamten getroffen wird, darin sicherlich eine schwerwiegende Verletzung des Rechts des X auf körperliche Unversehrtheit, gleichwohl kein VA.

Ein äußerlich bloß faktisches Verwaltungshandeln (z. B. Wegnahme einer Sache, Geldzahlung) kann zugleich eine Regelung und damit einen VA – der nach §§ 37 Abs. 2 VwVfG, 33 Abs. 2 SGB X, 119 Abs. 2 AO auch mündlich oder formlos möglich ist – enthalten, etwa wenn darin eine rechtserhebliche Entscheidung gegenüber dem Bürger über die Zulässigkeit der Maßnahme zum Ausdruck kommt (z. B. Beschlagnahme der Sache, Bewilligung des Geldes). Da auch bei rein faktischen Verwaltungsmaßnahmen meist eine – zumindest verwaltungsinterne – Entscheidung über die Zulässigkeit ergeht, ist die Grenzziehung vielfach problematisch. 300

Beispielsweise hat das BVerwG[19] die Auskunftsverweigerung des Landesamtes für Verfassungsschutz über einen Informanten – im Gegensatz zur Melderegisterauskunft des Einwohnermeldeamtes – als VA qualifiziert, da vor der Erteilung dieser Auskunft „hätte ...eingehend geprüft werden müssen, ob sie mit der Erfüllung der gesetzlichen Aufgaben der Behörde vereinbar" war. Darin erblickte das BVerwG eine Regelung, was nicht nur unter Rechtsschutzgesichtspunkten im gegebenen Fall problematisch war (Fristversäumung für die Verpflichtungsklage), sondern in der Literatur mit nachvollziehbarer Begründung als „falsch" bewertet wird[20].

Beispiele für **Regelung und damit VA anzunehmen**: Auskunftsverlangen durch das Finanzamt[21]; Schulentlassung[22]; die von einem Amtsgerichtspräsidenten gegenüber einem Rechtsbeistand erteilte Rüge wegen überhöhter Gebührenrechnung[23]; die „Bezeichnung" eines Verteidigungsvorha- 301

---

17 BVerwGE 12, 87, 91; 29, 310, 312, 313; BVerwG NVwZ 85, 264
18 Maurer § 15
19 E 31, 301, 306
20 So Bull RdNr. 527
21 BFH JuS 85, 68
22 VGH Mannheim NVwZ 85, 593
23 BVerwG JuS 84, 648

bens gegenüber der davon betroffenen Gemeinde[24]; Mitteilung über beabsichtigtes Zwangspensionierungsverfahren wegen Dienstunfähigkeit[25]; Mitteilung der Handwerkskammer über die beabsichtigte Löschung in der Handwerksrolle[26]; die Entscheidung des Rates über die Zulässigkeit eines Bürgerbegehrens[27]; Entscheidung über Annahme und Führen ausländischer Titel[28]; Suspendierung eines Mitgliedes der Freiwilligen Feuerwehr vom Einsatzdienst[29]; bestimmte Prüfungsnoten[30].

Beispiele für **Verneinung einer Regelung und damit VA abzulehnen:** dienstliche Beamtenbeurteilungen[31], die deshalb etwa geändert werden können, ohne dass §§ 48, 49 VwVfG gelten[32]; einfache Ladung eines Wehrpflichtigen zur Musterung, weil sie nur den Termin bekannt gibt[33]; Ankündigung eines VA[34]; Verweigerung einer positiven Kontrollbescheinigung[35]; Stellungnahme einer Landesregierung zu Landbeschaffung für Verteidigungszwecke[36]; Abwicklung einer Einrichtung gemäß Art. 13 des Einigungsvertrages[37]; Anordnung der Beibringung eines medizinisch-psychologischen Gutachtens[38]; die Sicherstellung eines Altkleidercontainers[39]; die an einen Ruhestandsbeamten gerichtete Aufforderung gemäß § 45 Abs. 1 Satz 1 BBG, einer erneuten Berufung in das Beamtenverhältnis Folge zu leisten[40]; dienstliche Beurteilungen[41]; Prüfungsankündigungen des Bundesrechnungshofes[42].

302 **4.4.2** Zum Begriff der Regelung gehört die **einseitig-hoheitliche** Herbeiführung der Rechtsfolge. Unter dem Aspekt der Mitwirkung des Bürgers handelt es sich (noch) um einen VA, wenn der Bürger lediglich um seine Zustimmung zum Erlass gefragt wird (mitwirkungsbedürftiger VA). Beteiligt er sich dagegen im Rahmen einer Übereinkunft als gleichberechtigter Partner der Behörde an einer gemeinsamen Regelung, liegt kein VA, sondern ein öffentlich-rechtlicher Vertrag vor.

Vgl. unten RdNr. 1088ff; umfassende Regelungen zu öffentlich-rechtlichen Vertrag in §§ 54ff VwVfG und §§ 53ff SGB X; die AO regelt den öffentlich-rechtlichen Vertrag zwar nicht detailliert, erwähnt ihn aber in § 78 Nr. 3 AO.

303 **4.4.3** Die Regelung im Sinne des VA-Begriffes ist grundsätzlich nur die **endgültige Regelung**. Deshalb sind die einen VA vorbereitenden Maßnahmen, insbesondere Verfahrenshandlungen, keine VAe. – Ebenso wenig ist VA die sog. „wiederholende Verfügung" (vgl. unten RdNr. 566), die im Nachhinein nur eine schon früher getroffene Regelung ohne erneute Sachprüfung wiedergibt. Hingegen sind Vorab- und Teilregelungen (wie Vorbescheide und Teilgenehmigungen) VAe im Rahmen des gestuften Verwaltungsverfahrens; auch vorläufige Regelungen sind VAe.

---

24 BVerwG NJW 86, 2447
25 BVerwG DVBl 90, 1232
26 BVerwG NVwZ 91, 1189
27 Hofmann VR 97, 156, 161
28 OVG Münster DVP 2001, 213 mit Anm. von Vahle
29 OVG Lüneburg, NVwZ-RR 2001, 419
30 OVG Münster DÖV 2002, 218
31 BVerwGE 49, 351
32 BVerwG DVBl 84, 1221, 1223
33 BVerwG NJW 84, 2541
34 OVG Hamburg DVBl 82, 849, 852
35 BVerwG NJW 85, 1302
36 BVerwG NJW 86, 2451
37 BVerwG DVBl 92, 1298
38 OVG Münster NJW 2001, 3427
39 OVG Münster, DVP 2001, 129
40 BVerwG NVwZ 2001, 436, 438
41 Vgl. Strauch/Jung DVP 2002, 95
42 Hauser, DÖV 2004, 786

Beispiele: vorläufige Steuerfestsetzung (vgl. unten RdNr. 588); „Ruf" eine Professors (im Berufungsverfahren)[43]

VAe sind auch **Zweitbescheide**, die nach neuer Prüfung eine schon geregelte Sache erneut entscheiden.

Die oben unter RdNr. 277 erwähnte, gegenüber dem Bürger B als Inhaber einer Fahrerlaubnis ergangene „Mitteilung" der Straßenverkehrsbehörde, gemäß § 11 Abs. 6, Satz 2 Fahrerlaubnisverordnung (FeV, früher in § 15 b Abs. 2 Nr. 2 StVZO) ein Gutachten einer medizinisch-psychologischen Untersuchungsstelle über seine Fahreignung beizubringen, ist lediglich eine vorbereitende Maßnahme der Beweiserhebung im Fahrerlaubnis-Entziehungsverfahren und kein anfechtbarer VA[44].

5. Außenwirkung der Regelung; Abgrenzung zu verwaltungsinternen Maßnahmen

Außenwirkung hat eine Regelung, wenn sie auf die Herbeiführung von Rechtsfolgen gegenüber einer **außerhalb der Verwaltung** stehenden natürlichen oder juristischen Person – insbesondere gegenüber dem Bürger – gerichtet ist. 304

Sie fehlt, wenn eine Maßnahme nur verwaltungsinterne Bedeutung hat.

Beispiele für derartige, nur **verwaltungsinterne** Maßnahmen sind etwa: Anordnungen zwischen Dienststellen desselben Rechtsträgers (z. B. Anordnung der Bezirksregierung an eine Polizeidienststelle wegen Verkehrskontrollen); auch Maßnahmen in verwaltungsrechtlichen Sonderverhältnissen (vgl. oben RdNr. 257 ff) können unter Umständen lediglich betriebsinternen Innenmaßnahmen der Verwaltung sein (z. B. Weisung an Beamten zur Aktenbearbeitung, zur einheitlichen Gesetzesauslegung, zu bürgerorientiertem Verhalten bei Publikumsverkehr oder als Zugangs- und Nutzungsregelung für EDV-Datenbestände). Keine Außenwirkung hat auch die Aufforderung im Sinne von § 45 Abs. 4 BBG an einen Ruhestandsbeamten, sich einer ärztlichen Untersuchung zu unterziehen[45].

Außenwirkung besitzt hingegen auch die Feststellung der (Un-)Zulässigkeit eines Bürgerbegehrens (feststellender VA) im Verhältnis zwischen Rat und Begehrensunterzeichnern[46].

Die Außenbeziehungen zwischen Staat und Bürger gehören zum Anwendungsbereich des VA und damit der §§ 9 VwVfG, 8 SGB X und 118 AO; im Innenbereich gibt es dagegen verwaltungsspezifische Regelungen. Die erforderliche Abgrenzung von Außen- und Innenbereich kann dort problematisch werden, wo der von einer Regelung Betroffene zu der Verwaltung in einem besonders engen Verhältnis steht oder selbst in ihr tätig ist:

5.1 Abgrenzung des VA zu verwaltungsinternen Maßnahmen gegenüber Beamten

305

Auch die Anordnungen im Innenbereich der Verwaltung müssen letztlich von den bei der öffentlichen Verwaltung Tätigen, insbesondere den Beamten, ausgeführt werden; sie sind für die Beamten – und damit für Personen – verbindlich. Es kommt deshalb darauf an, in welcher Eigenschaft der Adressat (Beamte) von der Regelung angesprochen wird. **Außenwirkung** hat eine Maßnahme nur dann, **wenn sie auf die Regelung persönlicher Rechte und Pflichten des Beamten gerichtet ist**; bloß verwaltungs-intern ist hingegen eine Regelung, die den Beamten als Organwalter (Amtsträger, „aus-

---

43 Reich, DÖV 2004, 413
44 Vgl. Fall Nr. 71 bei Bovermann/Dünchheim, Examinatorium – Allgemeines Verwaltungsrecht; so auch (zum dem, den früheren § 15 b Abs. 2 Nr. 2 StVZO ersetzenden) § 11 Abs. 6, Satz 2 Fahrerlaubnisverordnung (FeV): OVG Münster NJW 2001, 3427
45 BVerwG NVwZ 2001, 436, 438
46 Hofmann, VR 97, 156, 161

tauschbaren Bediensteten") betrifft und persönliche Wirkungen ihm gegenüber nur durch Konkretisierung der Gehorsamspflicht hat.

Beispiele für bloß **verwaltungsinterne** Maßnahmen im Beamtenverhältnis: die Weisung, bestimmte Arbeiten zu verrichten oder in einer Sache in einer bestimmten Weise zu entscheiden; Dienstzeit- oder Gleitzeitregelung; Umsetzung[47];Textverarbeitungsanordnung; Dienstanweisung für EDV-Nutzungsberechtigung; Aufforderung im Sinne von § 45 Abs. 4 BBG an einen Ruhestandsbeamten, sich einer ärztlichen Untersuchung zu unterziehen[48].

Beispiele für Fälle, in denen der Beamte **wie ein Außenstehender** in eigener Stellung als eine dem Dienstherrn mit selbständigen Rechten gegenüberstehende Rechtspersönlichkeit betroffen wird (**so dass ein VA vorliegt**) : Ernennung, Entlassung, Gehaltsfestsetzung und Einverständnis des aufnehmenden Dienstherrn bei Versetzung in anderes Bundesland[49]; Weisung des Dekans an einen Professor, eine bestimmte Lehrveranstaltung durchzuführen[50].

306 Eine **Prüfformel** für die Abgrenzung lautet: Maßnahmen sind dann bloß innerdienstlich, wenn sie bei Erkrankung oder Urlaub des Beamten auch für den Urlaubsvertreter bzw. den sonstigen Vertreter im Amt gelten sollen. Gilt eine Anordnung nur für den Beamten persönlich, so ist sie – bei Vorliegen der übrigen Voraussetzungen – VA.

Die genannten Grundsätze lassen sich am Beispiel von Veränderungen im Tätigkeitsbereich des Beamten konkretisieren: VAe sind die Versetzung (dh die auf Dauer angelegte Übertragung eines anderen Amtes bei einer anderen Behörde) und die (vorübergehende) Abordnung an eine andere Dienststelle desselben oder eines anderen Dienstherrn. Andere Veränderungen im Tätigkeitsbereich – wie insbesondere die Umsetzung innerhalb derselben Behörde – sind bloß innerdienstliche Weisungen; sie lassen das statusrechtliche Amt unberührt[51].

5.2 Maßnahmen in sonstigen verwaltungsrechtlichen Sonderverhältnissen

307 Eine ähnliche Problematik wie bei Beamten gibt es in den (sonstigen) verwaltungsrechtlichen Sonderverhältnissen (vgl. oben RdNr. 257ff, z. B. bei Wehrdienstleistenden und Strafgefangenen, wo es allerdings spezialgesetzliche Regelungen gibt). In der Verwaltungspraxis hat das Problem der Außenwirkung besondere Bedeutung im **Schulverhältnis.** Für die Abgrenzung Außenwirkung/Innenverhältnis stellt die noch hM darauf ab, ob die Maßnahme die persönliche Rechtsstellung des Schülers und damit sein Grundverhältnis zur Schule regelt (dann VA) oder ob es sich nur um eine Maßnahme des laufenden Schulbetriebes (Betriebsverhältnis) handelt. Zunehmend wird in-

---

47 OVG Hamburg NVwZ-RR 2005, 125
48 BVerwG NVwZ 2001, 436, 438
49 Vgl. auch die umfangreiche Aufzählung bei Wagner VR 86, 226 und BVerwG JuS 97, 759; zur Außenwirkung von Prüfungsanordnungen des Bundesrechnungshofs VGH Mannheim, DVBl 2001, 938.
50 VG Darmstadt NVwZ-RR 2005, 117
51 So BVerwGE 60, 144 – Zur Abgrenzung von Versetzung und Umsetzung bei Überlassung von Beamtendienstleistungen an Gesellschaften privaten Rechts BVerwG NVwZ 85, 197, 198; zum Anspruch auf Rückumsetzung vgl. OVG Münster NVwZ 85, 923; zu Umsetzung und Übertragung höherwertiger Dienstposten Wagner VR 86, 227; zum Funktionswechsel OVG Münster NWVBl 93, 299; zur Außenwirkung einer aufsichtlichen Weisung an einen öffentlich bestellten Vermessungsingenieur VGH Mannheim NVwZ-RR 98, 152; zur Umsetzung eines Polizeibeamten wegen des Vorwurfs eines Verrats von Dienstgeheimnissen OVG Koblenz NVwZ 2001, 1316; Umsetzung bei der Deutsche Bahn AG: OVG Hamburg NVwZ-RR 2005, 125

zwischen darauf abgestellt, ob die Maßnahme „in wesentlicher Weise die persönliche Rechts- und Pflichtenstellung betrifft"[52].

Die Terminologie „Grundverhältnis/Betriebsverhältnis" basiert auf der überholten Theorie vom „besonderen Gewaltverhältnis", die in ihrer ursprünglichen Fassung nicht mit dem GG vereinbar ist [53].

Wichtiger als der terminologische Aspekt ist – für die praktische Anwendung – die Unterscheidung, ob die Maßnahme die Stellung des Schülers als Rechtspersönlichkeit unmittelbar betrifft oder ob insoweit nur indirekte Ausstrahlungen (von in der Regel geringerem Gewicht) dahinterstehen. In der Klausur und in der Verwaltungspraxis aber kann man ohne Kenntnis der einschlägigen obergerichtlichen Rechtsprechung die Zuordnung nicht bewältigen[54]. Da die Unterscheidung Grundverhältnis/Betriebsverhältnis wenig präzise Kriterien enthält, gibt es zum Rechtscharakter der Regelungen im Schulverhältnis eine umfangreiche Rechtsprechung und Literatur. 308

Beispielsweise werden als Schulbetriebsregelungen **ohne** Außenwirkung betrachtet: unterrichtsleitende Anordnungen des Lehrers, Beginn und Ende des Unterrichts, Stellung einzelner Aufgaben, Versetzung eines Schülers in eine andere Klasse, sofern dies nicht strafweise geschieht. –
Der **VA-Charakter** ist hingegen z. B. anerkannt bei Schulstrafen (wie Anordnung des Nachsitzens, Schulentlassung[55]), Anordnung zur Durchsetzung der Schulpflicht[56]; Gesamtnote in einer berufsqualifizierenden Prüfung, in besonderen Ausnahmefällen auch Einzelnote „wenn sie Chancen im Berufsleben verbessert oder verschlechtert ..." (wie die Englisch-Note als Aussage über eine berufsrelevante, fremdsprachliche Qualifikation)[57].

5.3 Verwaltungsakte unter Mitwirkung einer weiteren Behörde (mehrstufige VAe)

In der Verwaltungspraxis sind vor dem Erlass eines VA durch die Behörde häufig andere Behörden zu beteiligen (mehrstufige VAe). Teilweise ist gesetzlich nur „Anhörung" oder „Benehmen" vorgeschrieben, also zwingende Beteiligung mit unverbindlichem Charakter. In anderen Fällen wird „Zustimmung" oder „Einvernehmen" verlangt, so dass dann die Ablehnung der anderen Behörde bindend ist[58]. 309

In diesen Fällen fragt sich, ob der Beteiligungsakt der „zweiten" Behörde Außenwirkung hat. Dies ist nur (ausnahmsweise) der Fall, wenn der Mitwirkungsbehörde die selbständige und ausschließliche Geltendmachung bestimmter Gesichtspunkte dem Bürger gegenüber übertragen ist. Im Normalfall bleibt die Gesamtverantwortung der „ersten" Behörde unberührt, so dass die Beteiligung der Mitwirkungsbehörde ein rein interner Vorgang ist.

Beispiele: Erfordernis der Zustimmung der Straßenbaubehörde bei Bauten längs der Bundesfernstraßen nach § 9 Abs. 2 FStrG ; Erfordernis des Einvernehmens der Gemeinde oder der höheren Verwaltungsbehörde bei Baugenehmigungen § 36 BauGB[59].

---

52 Beispielsweise OVG Lüneburg NVwZ-RR 2001, 419
53 Vgl. oben RdNr. 257 ff; kritisch Faber § 22 III; Sachs NWVBl 2004, 209
54 So zu Recht: Theisen 3.1.1.1 „zu 6"
55 VGH Bad-Württ. DÖV 2004, 349
56 VGH München NVwZ 92, 1224
57 OVG Münster DVBl 2001, 823, 824
58 Vgl. BVerwG DÖV 96, 963/4; Lange, DVP 2004, 314; BVerwG DBVl. 2005, 196
59 Vgl. Lange, DVP 2004, 314; BVerwG, DVBl 2005, 196.

Die Regelung gegenüber dem Bürger wird dann von der „ersten" Behörde getroffen, auch wenn etwa die Ablehnung einer Genehmigung ihren Grund allein in der fehlenden Zustimmung der Mitwirkungsbehörde hat[60]. – Vgl. zum mehrstufigen VA auch: unten RdNr. 596[61].

6. Einzelfallregelung, Allgemeinverfügung; Abgrenzung zur Rechtsnorm

310 Bei hoheitlichen Regelungen mit Außenwirkung handelt es sich meist entweder um allgemeine Regelungen (Rechtsnormen) oder um Einzelfallregelungen (VAe). Die verwaltungspraktische Relevanz der am **Kriterium des Einzelfalls** orientierten **Unterscheidung zwischen VA und Rechtsnorm** ergibt sich einerseits für die Behörde z. B. daraus, dass das VwVfG, das SGB X bzw. die AO zwar für VAe, aber nicht für Rechtsnormen gelten (§§ 9 VwVfG, 8 SGB X) und andererseits für den Bürger daraus, dass z. B. seine Rechtsschutzmöglichkeiten gegenüber VAen direkter sind als gegenüber Normen.

Für die Abgrenzung können formelle Gesichtspunkte maßgebend sein. So kann etwa durch Gesetz bestimmt sein, dass ein Hoheitsakt in einer bestimmten Form zu erlassen ist; dann richtet sich der Rechtscharakter allein nach der gesetzlich vorgeschriebenen Form:

Beispielsweise ist ein Bebauungsplan nach der gesetzlichen Vorgabe des § 10 BauGB als Satzung (also als Rechtsnorm) zu beschließen und ist auch dann kein VA, wenn er nur ein Grundstück betrifft.

Wenn formelle Gesichtspunkte nicht eingreifen oder nicht eindeutig sind, kommt es für die Abgrenzung von Einzelfallregelung und allgemeiner Regelung entscheidend auf inhaltliche Aspekte an:

6.1 Inhaltsbestimmung nach dem geregelten Fall und den Adressaten der Regelung

311 In der Verwaltungspraxis sind Einzelfallregelung und allgemeine Regelung typischerweise deutlich unterschieden, so dass ihre Abgrenzung in der weitaus größten Zahl der Fälle keine Schwierigkeiten bereitet.

Beispielsweise handelt es sich unschwer erkennbar um eine allgemeine Regelung, wenn für alle Autobahnen eine Höchstgeschwindigkeit eingeführt wird, dagegen um eine Einzelfallregelung, wenn ein Polizeibeamter nach einem Unfall mit zahlreichen Verletzten den Autofahrer A anhält und ihm gebietet, in irgendeiner bestimmten Form zu helfen.

Da Einzelfallregelung und allgemeine Regelung in Grenzbereichen ineinander übergehen, kann ihre Unterscheidung aber in Sonderfällen recht schwierig werden. Die Abgrenzung orientiert sich nach der hM[62] an zwei Kriterien, dem geregelten Fall und der Bestimmung der Adressaten:

312 Der geregelte **Fall** ist der Sachverhalt in Gestalt der Regelung. Dieser ist **konkret**, wenn er nach Zeit, Ort, sonstigen Umständen und auch nach den Personen derart bestimmt ist, dass er sich in dieser Konstellation nur einmal ereignen kann; hingegen ist der Fall **abstrakt**, wenn er nur begrifflich erfasst (gedacht, hypothetisch) ist, wenn also etwa nicht feststeht, wie oft er sich ereignen kann (unbestimmte Vielzahl von Fällen).

Bei den **Adressaten** ist zu unterscheiden: Richtet sich die Maßnahme an bestimmte Personen, die mit Namen bezeichnet werden können und zahlen-

---
60 Maurer 9 RdNr. 30 ; vgl. BVerwG NVwZ 2005, 213
61 Vgl. auch Wiedemann, VR 2000, 95
62 Z. B.: Bull RdNr. 496 ff; Maurer § 9, RdNr. 14 ff

mäßig feststehen, handelt es sich um eine **individuelle** Regelung; betrifft sie dagegen einen persönlich noch nicht bestimmten, insbesondere – zur Zeit des Maßnahmenerlasses – der Zahl nach noch nicht feststehenden Adressatenkreis, handelt es sich um eine **generelle** Regelung.

Kombiniert man nun die Aspekte „geregelter Fall" und „Adressatenkreis", so ergeben sich vier Konstellationen. Die beiden ersten (abstrakt-generelle bzw. konkret-individuelle Regelung) ermöglichen schon für die in der Verwaltungspraxis überwiegende Zahl der Regelungen eine klare Unterscheidung zwischen Norm und VA:

1. Die **abstrakt-generelle** Regelung ist allgemeiner Natur und erfolgt durch Rechtsnorm. 313

   Beispiel: Gewerbetreibenden ist bei Unzuverlässigkeit die Gewerbeausübung gemäß § 35 GewO zu untersagen.

2. Die **konkret-individuelle** Regelung ist typische Form der Einzelfallregelung und damit VA.

   Beispiel: Dem Gewerbetreibenden G wird durch Bescheid die Ausübung seines bisherigen Gewerbes untersagt.

3. Die abstrakt-individuelle Regelung wird – letztlich aus praktischen Gründen – ebenfalls als VA angesehen.

   Beispiel: Dem Gewerbetreibenden G, der ein Veranstaltungsgelände besitzt, wird durch Bescheid aufgegeben, „jedesmal wenn eine Veranstaltung stattgefunden hat, den auf dem Gelände befindlichen Abfall zu beseitigen".

4. Die konkret-generelle Regelung richtet sich an einen größeren Personenkreis. Auch sie ist (nach der gesetzlichen Festlegung der §§ 35 S. 2 VwVfG, 31 S. 2 SGB X, 118 S. 2 AO als „Allgemeinverfügung") ein VA und wird unter RdNr. 314 ff näher dargestellt.

   Beispiel: Allen Gewerbetreibenden, die in den Kreisen X, Y und Z Gemüsehändler sind, wird der Verkauf von Endiviensalat verboten, da dieser Quelle einer Typhusepidemie ist.

6.2 Die Allgemeinverfügung

In der Verwaltungspraxis ergibt sich nicht selten der Bedarf, mehrere Einzelfälle, die an sich durch eine Vielzahl von Einzel-VAen geregelt werden müssten, unter dem „Dach" eines VA zusammenzufassen. Rechtsprechung und Literatur hatten hierzu schon recht früh die Figur der Allgemeinverfügung entwickelt, um dem praktischen Bedürfnis nach einer solchen Bündelung zu genügen. Es wäre unökonomisch und auch keinesfalls rechtlich geboten, bei einem größeren Kreis von Betroffenen alternativ nur den Erlass einer Vielzahl von Einzel-VAen oder den umständlicheren, „oft praktisch nicht gangbaren Weg der Verordnungsgebung" vorzusehen[63]. Der Gesetzgeber hat daher die Figur der Allgemeinverfügung in § 35 S. 2 VwVfG, 31 S. 2 SGB X, 118 S. 2 AO aufgegriffen. Die gesetzlichen Formulierungen zur Allgemeinverfügung sind zwar missglückt, aber eine sinnvolle Interpretation ist möglich und geboten. 314

Die genannten Vorschriften erfassen als konkret-generelle Regelungen eine Vielzahl von Adressaten „in einem nach allgemeinen Merkmalen bestimmten

---

63 So zutreffend Bull RdNr. 535. – Zur Abgrenzung zwischen Verordnung und Allgemeinverfügung: VGH Bad.-Württ. DÖV 2005, 126

oder bestimmbaren Personenkreis" für einen räumlich bzw. zeitlich (im wesentlichen) konkreten Sachverhalt. Trotz der Besonderheiten beim Adressatenkreis sieht das Gesetz in der Allgemeinverfügung einen VA.

Beispielsweise hat dies in der Verwaltungspraxis für die Behörde die Folge, dass die Verwaltungsverfahrensgesetze Anwendung finden und etwa die Sonderregelungen der *Verordnungs*gebung (z. B. Art 80 Abs. 1 GG und die entsprechenden landesverfassungsrechtlichen Normen z. B. Art 70 Verfassung NRW) *nicht* eingreifen.

Verfahrenserleichterungen für die Verwaltungspraxis im Zusammenhang mit Allgemeinverfügungen enthalten z. B. §§ 28 Abs. 2 Nr. 4, 39 Abs. 2 Nr. 5, 41 Abs. 3 S. 2 und Abs. 4 S. 4 VwVfG. Deshalb ist die Allgemeinverfügung nicht nur von der (generell-abstrakten) Rechtsnorm, sondern auch vom (individuell-konkreten) „normalen" VA im Sinne von §§ 35 S. 1 VwVfG, 31 S. 1 SGB X, 118 S. 1 AO abzugrenzen.

315 **6.2.1** Die **personenbezogene Allgemeinverfügung** nach S. 2 **Fall 1** der §§ 35 VwVfG, 31 SGB X, 118 AO ist der Normalfall der Allgemeinverfügung. Hierzu gehören zunächst solche Regelungen, bei denen der Adressatenkreis objektiv feststeht, auch wenn die Personen der Behörde nicht namentlich bekannt sind, so dass sie die Adressaten unter Verwendung allgemeiner Merkmale bezeichnen muss.

Beispiel: Verfügt etwa die Verwaltung wegen akuter Dachlawinengefahr Schutzmaßnahmen durch Verfügung gerichtet „an jeden Hauseigentümer der Stadt", so steht der Adressatenkreis aufgrund des allgemeinen Merkmals „Hauseigentümer der Stadt" fest. Wegen der aktuellen Gefahrenlage ist es für die Behörde durchaus sinnvoll, die Eigentümer-Namen nicht durch EDV-Auszug aus der Grundsteuerdatei zu ermitteln und dann jeden mit individuellem VA anzuschreiben, sondern etwa Lautsprecherdurchsagen, Rundfunk und Zeitungen zu nutzen. – Dagegen handelt es sich um keine Allgemeinverfügung, sondern um „normale" VAe im Sinne von S. 1 der §§ 35 VwVfG, § 31 SGB X, 118 AO, wenn die Regelung sich zwar an mehrere Personen richtet, diese aber jeweils namentlich angeschrieben werden.

Außerdem werden zur personenbezogenen Allgemeinverfügung solche Regelungen gezählt, die sich aus Anlass eines konkreten Falles an jedermann richten.

Beispiel: Verfügt die Verwaltung etwa wegen extremen Glatteises für einen Tag in der Stadt X ein Fahrverbot gegenüber allen Rad-, Motorrad- und Autofahrern, so ist noch eine Allgemeinverfügung anzunehmen.

316 Mit dem Fahrverbot für einen Tag in X ist ein ausreichend konkreter Fall umschrieben. Unschwer erkennbar ist aber, dass hier einerseits das Merkmal des „bestimmbaren Personenkreises" problematisch ist; andererseits richtet sich die Verfügung an eine einigermaßen individualisierte Gruppe von Adressaten. Deshalb wird überwiegend auch hier der Personenkreis als noch ausreichend bestimmbar anerkannt; dies wohl nicht zuletzt unter dem Gesichtspunkt, dass ein praktisches Bedürfnis für eine solche – wegen der Einmaligkeit des Falles nicht durch Rechtsnorm mögliche – Regelung bestehen kann.

Weitere Beispiele: Räumungsgebot an sämtliche Hausbesetzer eines konkreten Gebäudes; Auflösung einer unfriedlich werdenden Versammlung; Ablehnung aller Anträge eines bestimmten Zeitraums im Zusammenhang mit der EG-Einfuhrregelung für Bananen[64].

317 **6.2.2** Die **Regelung der Sacheigenschaft** („dingliche Allgemeinverfügung", „dinglicher VA") nach § 35 S. 2 **Fall 2** der §§ 35 VwVfG, 31 SGB X, 118 AO muss eine konkrete Sache betreffen, es darf sich also nicht etwa um „alle

---

64 Bundesanzeiger 196/10826 vom 15. 10. 94 – Zur umstrittenen Rechtsnatur der Bekanntgabe des Smogalarms ausführlich Schmalz, AVR, RdNr. 230–233

Straßen der Stadt" handeln. Diese Regelung beinhaltet die Bestimmung der öffentlich-rechtlichen Eigenschaft der Sache.

Zum „dinglichen Rechtsverhältnis" vgl. bereits oben RdNr. 260.

Beispiel ist die **Widmung** zur öffentlichen Sache, etwa eines Grundstücks zur öffentlichen Straße (z. B. nach § 2 FStrG). Diese hat zur unmittelbaren Folge, dass für die betreffende Grundfläche die Vorschriften der Straßengesetze gelten und insbesondere Gemeingebrauch besteht; mittelbar bezieht sich dies auch auf Personen, da nunmehr alle (etwa nach § 7 FStrG) die Straße nutzen dürfen[65].

Weitere Beispielsfälle: Eintragung in Denkmallisten; Entwidmung bzw. Außerdienststellung eines Friedhofs[66]; Entwidmung von Betriebsanlagen der Eisenbahn[67]; Militärische Schutzbereichsanordnungen[68]. – Auch der Lehrstuhl einer Hochschule wird gewidmet[69].

Vgl. auch § 6 StrWG NRW, der die Widmung ausdrücklich bezeichnet als „Allgemeinverfügung, durch die Straßen, Wege und Plätze die Eigenschaft einer öffentlichen Straße erhalten"[70]; ähnlich §§ 7 und 8 StrWG NRW zu Einziehung, Teileinziehung und Umstufung von Straßen etc.

6.2.3 Die in S. 2 **Fall 3** der §§ 35 VwVfG, 31 SGB X, 118 AO benannte **Regelung der Sachnutzung** (Benutzungsregelung) betrifft in der Praxis im wesentlichen Verkehrszeichen – soweit sie Gebots- und Verbotszeichen sind – und Benutzungsvorschriften für öffentliche Anstalten und sonstige allgemein zugängliche Einrichtungen wie Badeanstalten, Museen, Parks, Bibliotheken. 318

Die Einordnung der Verkehrszeichen (Gebots-, Verbotsschilder) als Allgemeinverfügungen wird zwar zum Teil kritisiert („bei unbefangener Betrachtung …Rechtsverordnungen …aber …de lege lata als Allgemeinverfügung zu behandeln . . ."[71]), entspricht jedoch der hM[72].

Beispiel zu den Praxisauswirkungen der Zuordnung dieser Verkehrszeichen zu § 35 S. 2 vor allem: Der Rechtscharakter der Gebots- und Verbotszeichen als Allgemeinverfügung (und damit als VA) bewirkt, dass auch rechtswidrige Verkehrszeichen zu beachten sind (soweit sie nicht ausnahmsweise nichtig sind). Die aufschiebende Wirkung eines Widerspruchs wird durch § 80 Abs. 2 Nr. 2 VwGO analog verhindert[73]. 319

---

65 Instruktiver Fall zur Widmung (mit Muster einer Widmungsverfügung): Weidemann, VR 2002, 104, 107
66 BVerwG NVwZ 93, 674
67 BVerwG NVwZ 97, 920
68 BVerwG NVwZ 85, 39 – unter Abwendung von seiner früheren Auffassung ; ebenso OVG Münster DVBl 2001, 1307
69 Zur „Umwidmung" eines Hochschul-Lehrstuhls OVG Münster NWVBl. 2004, 232
70 Zur Frage der Nichtigkeit einer Widmung: VGH München, DÖV 2001, 743. – Zum Umfang der straßenrechtlichen Widmung (Parken „mit Verkaufsofferte" als zulässiger Gemeingebrauch): OVG Münster, NVwZ 2002, 218.
71 So Maurer § 9 RdNr. 36 a. – Zur Abgrenzung zwischen Verordnung und Allgemeinverfügung: VGH Bad.-Württ. DÖV 2005, 126
72 BVerwGE 59, 221; BGH NJW 83, 1071; OVG Münster NWVBl 97, 434, 435; BVerwG DVBl 98, 93. – Vgl. Bovermann/Dünchheim, Examinatorium Allgemeines Verwaltungsrecht, Fall Nr. 80.
73 Vgl. Kopp/Schenke VwGO § 80 RdNr. 64 mit zahlreichen Nachweisen. – Zu den Folgen umgedrehter bzw. verstellter Halteverbotsschilder: OVG Münster NJW 98, 331.

7. Hinweise zur Anfertigung eines schriftlichen VA (Bescheides)

320 7.1 Neben den bisher behandelten rechtlichen Aspekten des VA ist für die Verwaltungspraxis (und zunehmend auch für die Ausbildung und die Prüfungspraxis) die **Bescheid-Technik** bedeutsam: Der Bescheid muss zahlreiche Anforderungen erfüllen – die zum Teil in einem Spannungsverhältnis stehen oder gar gegenläufig sind –, d. h. er

– muss nicht nur inhaltlich richtig (bestimmt, widerspruchsfrei, rechtmäßig) sein,

– sondern muss auch den gesetzlichen Gestaltungsvorschriften für schriftliche VAe entsprechen

– und vor allem für den Bürger verständlich und überzeugend sein.

Im Gegensatz zu verwaltungsgerichtlichen Urteilen, für die § 117 VwGO detaillierte Regeln über Aufbau und Inhalt enthält, gibt es für Bescheide keine derartige gesetzliche Vorschrift, die Form und Mindestinhalt umfassend regelt. Die VwVfGe des Bundes und der Länder und die VwGO geben aber eine Reihe – auf verschiedene Vorschriften verstreute – Hinweise zu Bescheiden, die ihrerseits von spezialgesetzlichen Regelungen ergänzt oder überlagert werden; einige Beispiele im folgenden:

321 Beispiele zu **Einzelregelungen in den VwVfGen und in der VwGO**: zur (u. a. auch elektronischen) Form des Bescheides und zur Erkennbarkeit der Behörde, Unterschrift bzw. Namenswiedergabe §§ 37 Abs. 2 +3 VwVfG, 33 Abs. 2+3 SGB X, 119 Abs. 2+3 AO; zur Begründung des VA §§ 39 VwVfG, 35 SGB X, 121 AO; zu Formalien des Planfeststellungsbeschlusses § 74 Abs. 4 VwVfG. – § 59: VwGO Pflicht zur Rechtsbehelfsbelehrung bei Bescheiden von Bundesbehörden (vgl. §§ 36 SGB X und 157 Abs. 1 S. 3 AO); § 72 VwGO: Abhilfebescheid mit Kostenentscheidung; § 73 Abs. 3 VwGO zu Begründung, Rechtsbehelfsbelehrung und Kostenlastentscheidung im Widerspruchsbescheid; § 80 Abs. 3 VwGO zur gesonderten Begründung der Anordnung der sofortigen Vollziehung.

Beispiele zu **spezialgesetzlichen Regelungen** vgl. § 113 Abs. 2 BauGB: Form und Inhalt des Enteignungsbeschlusses; § 211 BauGB: Rechtsbehelfsbelehrung bei baurechtlichen VAen; § 5 Abs. 2 BRRG: Inhalt der Ernennungsurkunde; §§ 4 Abs. 2, 25 FeV: Fahrerlaubnis durch Führerschein; § 16 StAG: Einbürgerungsurkunde; § 10 Abs. 7 BImSchG: Anlagengenehmigungsbescheid; § 50 Abs. 2 OwiG: Rechtsbehelfsbelehrung bei Bescheiden in Ordnungswidrigkeitssachen; § 20 Abs. 2 S. 2 OBG NRW: Rechtsbehelfsbelehrung bei Ordnungsverfügung; § 63 Abs. 4 VwVG NRW: Angabe der voraussichtlichen Kosten bei Androhung der Ersatzvornahme; § 63 Abs. 6 VwVG NRW förmliche Zustellung für Androhung.

322 Da die Gesetze nur zu Einzelaspekten des Bescheidaufbaus Vorschriften enthalten, verbleibt in der Verwaltungspraxis ein erheblicher **Gestaltungsspielraum.** Diesen haben die Behörden durch eine Vielzahl von Mustern, Bescheid-Vorlagen, Simile-Sammlungen, Verwaltungsvorschriften und „ungeschriebenen Regeln der Bescheidtechnik" ausgefüllt. Dabei werden die übergeordneten Ziele, Bescheide erstens rechtmäßig, zweitens klar und überzeugend und drittens ökonomisch herzustellen, in recht unterschiedlicher Qualität erreicht. Zum Teil gerät die Akzeptanzfunktion des VA in den Hintergrund, da sich die Verwaltungspraxis manchmal einseitig darauf konzentriert, den Bescheid so abzufassen, dass er einer eventuellen verwaltungsgerichtlichen Nachprüfung standhält.

Als Hilfestellungen für die Anfertigung von Bescheiden sollen die nachfolgenden Aufbauschemata dienen, zum allgemeinen Überblick das „Grobschema" (RdNr. 324/325), zur Konkretisierung das „Feinschema" (RdNr. 326–330). Als Beispiele mit vorformulierten Texten stehen die drei Bescheidvarianten

(RdNr. 334–346) zur Verfügung[74]. Anschließend folgen Schemata und Hinweise zum Widerspruchsbescheid (RdNr. 353–376).

7.2 Aufbauschemata für die Anfertigung schriftlicher VAe (Bescheide)

Zum Widerspruchsbescheid vgl. unten RdNr. 352 ff und 808 ff[75].   323

7.2.1 Grobschema für (Erst-)Bescheid

324

Absende**behörde**	Absenderadresse
Amt/Dezernat	Datum
Aktenzeichen	Bearbeiter
	Durchwahl/Zimmer

Anschrift des Empfängers (ggfs mit Zustellungsvermerk)

Betreff/Bezug/Anlage

   Überschrift (z. B. „Ordnungsverfügung")

Sehr geehrte(r) Frau/Herr . . .

[Tenor:]

1. **Hauptentscheidung(en)** (Grundverfügung), ggfs mit Nebenbestimmung(en)	[§ 36 VwVfG]
2. ggfs Anordnung der sofortigen Vollziehung	[§ 80 Abs. 2 Nr. 4 VwGO]
3. ggfs Zwangsmittelandrohung	[z. B. § 63 VwVG NRW]
4. ggfs Gebührenfestsetzung	[Spezialgesetz]

Begründung: 325

I. Sachverhaltsdarstellung

II. Rechtliche Gründe (ggfs zu jedem Tenorteil)

 1. formell (Zuständigkeit und ggfs Verfahrensfragen)

 2. materiell (Rechtsgrundlage + Subsumtion, einschließlich ggfs Ermessens- und Verhältnismäßigkeitserwägungen)

Rechtsbehelfsbelehrung [vgl. § 59 VwGO, § 36 SGB X; §§ 157, 355 f AO] (ggfs Rat, Ergänzungshinweis, Informationsquelle)

---

[74] Literatur zur Bescheidtechnik: Büter/Schimke, Anleitung zur Bescheid-Technik; Büchner/Joerger, Übungen zum Allgemeinen Verwaltungsrecht und zur Bescheidtechnik, S. 36 ff, 130 ff; Schwacke, Juristische Methodik, 2. Abschnitt 3.1; Hamann, Bescheidtechnik 2. Auflage und VR 87, 420; Schweickhardt/Joerger RdNr. 799 ff; Institut für öffentliche Verwaltung NRW, Arbeitsunterlagen, Einführung für juristische Referendare in die Verwaltungsausbildung, Hilden, S. 25 ff; Schmitz VR 91, 84; Linhart, Schreiben, Bescheide und Vorschriften in der Verwaltung; Frings/Spahlholz, Das Recht der Gefahrenabwehr, 2. Auflage, 2002, Anhang B und D und Musterfälle; Rüssel/Sensburg VR 2004, S. 37

[75] Vgl. ferner Günther/Blum, Das Widerspruchsverfahren; Frings/Spahlholz, Das Recht der Gefahrenabwehr, 2. Auflage, 2002, RdNr. 614; Rüssel/Sensburg VR 2004, S. 37, 46 ff

Grußformel
im Auftrag (i. A.)/in Vertretung (i. V.)
Unterschrift oder Namenswiedergabe

326 7.2.2 Feinschema für (Erst-)Bescheid

Absender mit Adresse
(§§ 37 Abs. 3, 44 Abs. 2 Nr. 1 VwVfG)
– Stadt XY – Der/Die (Ober-)Bürgermeister(in)
– Kreis XY – Der/Die Landrat(-rätin)
– Bezirksregierung XY

Dienststelle und Aktenzeichen
– Ordnungsamt – Az.: 32 . . .
– (Dezernat 54) Az: 54.1–1/87

Ort, Datum und Bearbeiter
XY-Stadt, den . . .Name und Telefonnummer des Bearbeiters . . .

ggfs **Zustellungsvermerk**(wenn vorgeschrieben – z. B. § 63 Abs. 6 VwVG NRW – oder zweckmäßig);
– Mit Postzustellungsurkunde (PZU)
– [Einschreiben gegen Rückschein]
– [Übergabe-Einschreiben]
– Gegen Empfangsbekenntnis (EB)

§§ 3 ff VwZG; vgl. RdNr. 736 ff; in der Praxis bei Eingriffen häufig ist die – relativ teure – PZU ua wegen der Möglichkeiten der Ersatzzustellung;

bei anwaltlicher Vertretung idR EB § 5 Abs. 2 VwZG.

Empfänger ggfs Bevollmächtigter (§§ 13 ff, 41 Abs. 1 VwVfG, § 8 Abs. 1 S. 2 VwZG), ggfs gesetzlicher Vertreter (z. B. bei juristischen Personen und Minderjährigen)
– Name, Vorname und Anschrift . . .
– Herrn/Frau Rechtsanwalt/ Rechtsanwältin . . .
– . . ., vertreten durch Herrn/Frau . . .

Betreff
– Ihre Gaststätte in . . .
– Erteilung der Fahrerlaubnis . . .
– Antrag Ihres Mandanten . . .

Bezug
– Anhörung vom . . .
– Ihr Schreiben/Antrag vom . . .
– Ortsbesichtigung am . . .

Anlagen:
ggfs Überschrift
(Zahl und Art)
– **Ordnungsverfügung**
– **Bewilligungsbescheid**
– **Erlaubnis**

Anrede
Sehr geehrte(r) Frau/Herr . . .

327 Tenor
Hauptsachenentscheidung und Nebenbestimmungen (unter besonderer Beachtung der §§ 36 und 37 Abs. 1 VwVfG)
– Hiermit gebe ich Ihnen auf, bis zum . . . (etwas Konkretes zu tun, zu dulden oder zu unterlassen).
– Auf Ihren Antrag vom . . . bewillige ich Ihnen . . .
– Das Bauvorhaben wird (unter
– folgenden Auflagen) genehmigt . . .
– Ihren Antrag vom . . . auf . . . lehne ich ab.

ggfs **Anordnung der sofortigen Vollziehung** (§ 80 Abs. 2 Nr. 4 VwGO)	Ich ordne die sofortige Vollziehung dieses Bescheides an.
ggfs **Zwangsmittelandrohung** (§ 63 VwVG NRW; zu beachten, dass dann gemäß § 63 Abs. 6 VwVG NRW Zustellung des Bescheides zwingend ist)	Für den Fall, dass Sie dieser Aufforderung nicht bis zum … nachkommen, drohe ich Ihnen an … (konkretes Zwangsmittel: Ersatzvornahme, Zwangsgeld, unmittelbarer Zwang) …
ggfs **Gebührenentscheidung** (§§ 2, 14 GebührenG NRW iVm Gebührenordnung und Tarifstelle des allg. Gebührentarifs; vgl. aber auch § 64 SGB X)	Für diese Entscheidung erhebe ich eine Gebühr von € …[Den Betrag bitte ich bis zum … unter Angabe des obenstehenden Zeichens an die … -kasse zu zahlen.]
Begründung (Inhalt z. B. § 39 Abs. 1, Ausnahmen z. B. § 39 Abs. 2 VwVfG; vgl. unten RdNr. 742 ff.	– Begründung – Gründe

328

I. Der wesentliche Sachverhalt in der Reihenfolge:	
1. unbestrittene Tatsachen	– Anlässlich einer Überprüfung wurde festgestellt, dass … – Mit Schreiben vom … haben Sie die Erteilung einer Erlaubnis zum … beantragt …
2. Vorbringen der Beteiligten	Zur Begründung haben Sie vorgetragen, (Tatsachenbehauptungen und Rechtsansichten)
3. Verfahrensgang	Meine Ermittlungen hierzu haben ergeben, dass … Demgemäss habe ich …

329

II. Die wesentlichen rechtlichen Gründe:	
1. ggfs formelle Rechtmäßigkeit (Aussagen zur Zuständigkeit in der Praxis nur, wenn problematisch)	Für die Erteilung der …-Erlaubnis/den Erlass der …-Maßnahme ist/bin (Bezeichnung der Behörde) gemäß § … sachlich und örtlich zuständig …
2. materielle Rechtmäßigkeit der Hauptsachenentscheidung (und ggfs der Nebenentscheidungen) werden, wenn …	– Gemäß § … bin ich verpflichtet, … wenn … – Gemäß § …kann die von Ihnen beantragte Erlaubnis (nur) erteilt
insbesondere:	
a) Ermächtigungsgrundlage (Eine Begründung erfolgt bei antragsgemäßer Entscheidung nur in Sonderfällen, z. B. bei Drittbelastung, vgl. § 39 Abs. 2 Nr. 1 VwVfG)	– Diese Voraussetzungen liegen vor. – Diese Voraussetzungen liegen nicht vor, denn …
b) sofern Ermessen besteht, Angabe der Ermessensgesichtspunkte und Darstellung der Abwägung	Unter Abwägung folgender maßgeblicher Umstände …Der Umstand dass …, rechtfertigt die Versagung der Erlaubnis, denn es überwiegt …, da …

c) falls sofortige Vollziehung angeordnet wird, ist das besondere Interesse speziell zu begründen (§ 80 Abs. 3 VwGO)

Die Anordnung der sofortigen Vollziehung er o. g Maßnahmen ist nach Abwägung folgender Gesichtspunkte geboten, ... (besonderes öffentliches Interesse an der Vollziehung bzw. überwiegendes Interesse eines Beteiligten) ...

d) falls Verwaltungszwang angedroht wird, ist die Androhung zu begründen

Die Androhung des ...(Bezeichnung des konkreten Zwangsmittels) beruht auf § ... VwVG NRW. (Das Zwangsmittel) ...ist erforderlich, denn . . .

e) falls eine Gebühr erhoben wird, sind die Rechtsgrundlagen und die Voraussetzungen im einzelnen zu benennen (vgl. § 14 Abs. 1, § 15 GebG NRW)

Die Gebührenerhebung beruht auf § ... des Gebührengesetzes NRW iVm ... Tarifstelle ... des Allgemeinen Gebührentarifs.Die Festsetzung von ... € rechtfertigt sich mit Rücksicht darauf, dass . . .

330 Rechtsbehelfsbelehrung (RBB)

Rechtsbehelfsbelehrung

(vgl. § 70, 58 VwGO; Pflicht zur RBB beim Bescheid einer Bundesbehörde gemäß § 59 VwGO, beim Bescheid einer Landesbehörde soweit vorgesehen,z. B. § 3 VwVfG Berlin; uU aus Spezialregelung z. B. § 211 BauGB, § 20 Abs. 2 S. 2 OBG NRW – aber auch sonst wegen Bürgerorientierung geboten; vgl. auch § 36 SGB X, § 66 SGG, §§ 157, 355 AO und § 55 FGO)

Gegen diesen Bescheid (Verfügung, Anordnung, Untersagung, Ablehnung, Entscheidung) kann innerhalb eines Monats nach Bekanntgabe (bei Zustellung: „nach Zustellung") Widerspruch erhoben werden. Der Widerspruch ist bei (Name und volle Anschrift der Behörde, die den Verwaltungsakt erlassen hat) schriftlich einzureichen oder zur Niederschrift zu erklären.

In der Praxis werden der RBB teilweise der nebenstehende (nicht zwingend erforderliche, aber für den Bürger hilfreiche) Zusätze angefügt:

Die Frist ist auch gewahrt, wenn der Widerspruch bei ...(Widerspruchsbehörde mit Adresse) eingelegt wird. Falls die Frist durch das Verschulden eines von Ihnen Bevollmächtigten versäumt werden sollte, würde dessen Verschulden Ihnen zugerechnet werden.

Vgl. § 15 Abs. 3, S. 2 und 3 GebG NRW

Sie werden darauf hingewiesen, dass für ein (ganz oder teilweise) erfolgloses Widerspruchsverfahren (gegen eine gebührenpflichtige Sachentscheidung) besondere Gebühren erhoben werden.

Falls ein Fall des § 80 Abs. 2 VwGO gegeben (insbesondere Anordnung der sofortigen Vollziehung gemäß § 80 Abs. 2 Nr. 4), Hinweis auf § 80 Abs. 4 und 5 VwGO (Erforderlichkeit umstritten – aber für bürgerorientierte Verwaltung geboten)

Gegen die Anordnung der sofortigen Vollziehung/bei (sonstigem Entfallen) der aufschiebenden Wirkung kann gemäß [§ 80 Abs. 5 VwGO] die Wiederherstellung/Anordnung der aufschiebenden Wirkung des Widerspruchs beantragt werden. Der Antrag ist beim Verwaltungsgericht in ...(volle Adresse) zu stellen. Die Vollziehung kann auf Antrag [gemäß § 80 Abs. 4] auch von der Widerspruchsbehörde ... (Behördenbezeichnung und Adresse) ausgesetzt werden.

Grußformel	Mit freundlichem Gruß (oder Hochachtungsvoll)
Unterschrift bzw. Namenswiedergabe	– Unterschrift des Behördenleiters oder seines Vertreters (mit Zusatz „In Vertretung") oder eines – Beauftragten (mit Zusatz „Im Auftrag") Name in Maschinenschrift, ggfs unterhalb der Unterschrift
Beim **elektronischen VA** muss auch das der Signatur zugrunde liegende qualifizierte Zertifikat (oder ein zugehöriges qualifiziertes Attribut-Zertifikat) die erlassende Behörde erkennen lassen.(§§ 37 Abs. 3 VwVfG, 33 Abs. 5, 1. Satz, 2. Halbsatz SGB X, 119 Abs. 3 Satz 3 AO)	
bzw. falls ohne Unterschrift oder Namenswiedergabe, da EDV-Bescheid**:** Hinweis auf § 37 Abs. 5 VwVfG bzw. § 33 Abs. 5 SGB X oder § 119 Abs. 3, S. 2 AO	Hinweis: Dieser Bescheid wurde maschinell erstellt und ist gemäß § …ohne Unterschrift und Namenswiedergabe gültig.

7.3 Auf der Basis der obigen Aufbauschemata sollen nunmehr **drei Bescheid-Varianten** zu einem gleichbleibenden Sachverhalt dargestellt werden. Sie unterscheiden sich nicht nur in Form, Stil und Sprache, sondern lassen auch unterschiedliche Auffassungen über das Verhältnis zwischen Verwaltung und Bürger im demokratischen Rechtsstaat erkennen. 331

Sinn der hierin dargestellten Bescheid-Technik ist es nicht, „Bürokratismus zu pflegen" oder übertrieben zu „vereinheitlichen"; sondern so, wie Verwaltungshandeln praktische Umsetzung des Grundgesetzes ist, realisiert sich in akzeptanz-fördernder, bürgernaher Bescheid-"Technik" ein demokratie-würdiger Umgang der Verwaltung mit der Bürgerschaft. – Salopp gesagt geht es darum, „das rechtlich Gebotene überzeugend zu verkaufen"[76].

a) Die nachfolgende **Variante I** basiert auf einer (nicht vorbildlichen) Originalakte und berücksichtigt einzelne der in Bayern durch „Allgemeine Geschäftsordnung" vorgegebenen Regelungen[77]. Die zugrunde gelegte Originalakte ist kein Ausnahmefall, sondern derartige Beispiele lassen sich in der Praxis ohne große Schwierigkeiten auffinden[78]. 332

b) Die anschließende **Variante II** entspricht der in der staatlichen Verwaltung und der Kommunalverwaltung Nordrhein-Westfalens weitgehend verbreiteten Übung[79]. 333

c) Die **Variante III** enthält bürgerorientierte Elemente, die Büter/ Schimke (zum Teil weit über den Horizont bisheriger Verwaltungspraxis hinausblickend) mus- 334

---

[76] Vgl. Hamann VR 87, 420; Schmitz VR 91, 84
[77] AGO – Bay.GVBl 2000, S. 873; dazu Wiedemann/Fritsch, AGO-Kommentar; vgl. Linhart, Schreiben, Bescheid und Vorschriften in der Verwaltung, § 22 RdNr. 14
[78] Vgl. hierzu auch das Beispiel 5 bei Pippke VR 80, 160, 162; Büchner/Joerger S. 40f. Zu einer Projektforschung über bürgerfreundliche Bescheide: Schaa DVP 93, 354.
[79] Vgl. dazu z. B. Hamann RdNr. 355ff; Günther/Blum, Das Widerspruchsverfahren, S. 55; Runderlass des Innenministers des Landes Nordrhein-Westfalen II C 2 vom 25.9.1986 „Schriftverkehr mit dem Bürger"; Rüssel/Sensburg VR 2004, S. 37

5. Abschnitt

terhafterweise und mit zahlreichen praktischen Beispielen zusammengestellt haben in: Büter/Schimke „Anleitung zur Bescheidtechnik – Wie Verwaltungsakte verständlich geschrieben werden".

335 **Variante I** (nicht empfohlenes Beispiel)

Stadt Großdorf Großdorf, den 11. 11. ...
Der Oberbürgermeister Adresse
Ordnungsamt – Az: . . .

PZU

Herrn Peter Wirt

Weingasse 3

00000 Großdorf

Betr.: Vollzug des Gaststättengesetzes
hier: Rücknahme der Erlaubnis zum Betrieb einer Schankwirtschaft im Anwesen Weingasse 3, Großdorf

Der Oberbürgermeister Großdorf erlässt folgenden Bescheid:

1. Gemäß § 15 Abs. 1 iVm § 4 Abs. 1 Nr. 1 Gaststättengesetz in der Fassung der Neubekanntmachung vom ... (BGBl. I S. ...) wird der Bescheid des Oberbürgermeisters Großdorf vom 1.4. ... zurückgenommen.

2. Gemäß § 31 Gaststättengesetz iVm § 15 Abs. 2 Gewerbeordnung in der Fassung der Neubekanntmachung vom ... (BGBl. I S. ..., zul. geänd. durch G. vom ... , BGBl. I S. ...) wird die Betriebsschließung mit dem Zustellungstage angeordnet.

3. Zugleich erfolgt gemäß § 80 Abs. 2 Nr. 4 Verwaltungsgerichtsordnung in der Fassung der Neubekanntmachung vom ... (BGBl I S. 686, zul. geänd. durch G. vom ... , BGBl I S. ...) die Anordnung der sofortigen Vollziehung der Rücknahme und der Schließungsanordnung.

4. Für den Weigerungsfall wird hiermit gemäß §§ 55 ff Verwaltungsvollstreckungsgesetz in der Fassung der Bekanntmachung vom ... (GV NW S. ..., zul. geänd. durch G. vom ..., GV NW S. ...) die Anwendung unmittelbaren Zwangs angedroht.

336 Gründe:

Der Oberbürgermeister Großdorf hat Herrn Peter Wirt mit Bescheid vom 1. 4. ... die Erlaubnis zum Betrieb einer Schankwirtschaft erteilt. Nachträglich ist bekannt geworden, dass Herr Wirt schon zum Zeitpunkt der Erlaubniserteilung dem Trunke ergeben war. Laut eingeholtem Gutachten ... ist er auch jetzt noch trunksüchtig und eine Besserung seines Zustands in absehbarer Zeit nicht zu erwarten . . .

Der Oberbürgermeister Großdorf ist als sachlich und örtlich zuständige Behörde zur Erlaubnisrücknahme verpflichtet, denn nach §§ 15 Abs. 1, 4 Abs. 1 Nr. 1 Gaststättengesetz ist die Erlaubnis zum Betriebe eines Gaststättengewerbes insbesondere zurückzunehmen, wenn bekannt wird, dass bei ihrer Erteilung der Versagungsgrund mangelnder Zuverlässigkeit wegen Trunksucht gegeben war . . .

Die Schließungsanordnung folgt aus § 31 Gaststättengesetz iVm § 15 Abs. 2 Gewerbeordnung. Herr Wirt hat die Gaststätte zwar nicht ohne Erlaubnis betrieben, aber § 15 Abs. 2 Gewerbeordnung greift auch dann ein, wenn wie hier . . .

Das für die Anordnung der sofortigen Vollziehung der Rücknahme und der Schließungsanordnung nach § 80 Abs. 2 Nr. 4 Verwaltungsgerichtsordnung erforderliche besondere öffentliche Interesse folgt aus folgenden Gründen ... Die wirtschaftlichen Interessen des

Herrn Wirt an der Fortführung des Betriebes treten hinter diesem besonderen öffentlichen Interesse zurück, da . . .

Die Androhung des unmittelbaren Zwangs stützt sich auf §§ 62, 63, 58 Abs. 3 Verwaltungsvollstreckungsgesetz, wobei eine bloße Zwangsgeldandrohung hier ausschied, weil . . .

Rechtsbelehrung [wie in obigem Schema RdNr. 330]

a) Gegen Rücknahme/Schließungsanordnung

b) Gegen Anordnung der sofortigen Vollziehung

Im Auftrag

Unterschrift

Stadtamtsrat

Anmerkungen zu Variante I:

Derartige Bescheide sind schwer verständlich und wenig bürgerorientiert. Sie sind auch nicht etwa „behördenorientiert", da sie Rückfragen provozieren und zu Mehrarbeit durch Einlegung von Rechtsbehelfen führen können. Weil die Einzelheiten optimaler Bescheidgestaltung umstritten sind, sollten die folgenden Anmerkungen als Diskussionsbeiträge verstanden werden: 337

— Zum Betreff: Die Formulierung „Vollzug des Gaststättengesetzes" ist überflüssig und ein recht „obrigkeitlicher" Beginn des Schreibens (zum Teil aber in Dienstordnungen vorgesehen). Der Betreff ist zu lang und daher nicht optimal übersichtlich.

— Zum Einleitungssatz: Die unpersönliche Form („Der Oberbürgermeister ... erlässt") ist stilistisch in einem Schreiben des Oberbürgermeisters problematisch, aber im Bereich einiger süddeutscher Bezirksregierungen/Regierungspräsidien nicht selten, zum Teil sogar vorgeschrieben. Mancher Bürger wird einen solchen Stil als „mittelalterlich" empfinden.

— Zu Nr. 1 des Tenors: Was mit „Bescheid ...vom 1. 4. ..." gemeint ist, ist für den Adressaten möglicherweise nur schwer zu verstehen und wird erst unter Heranziehung des Betreffs und der Gründe deutlich. Der Kernsatz des Tenors („Entscheidungssatz") sollte aus sich heraus verständlich sein.

— Zu Nr. 1–4 des Tenors: Die Angabe der Rechtsgrundlagen (mit Fundstellen) im Tenor bläht diesen auf und macht ihn schwer verständlich (insbesondere für solche Bürger, denen weder „BGBl" noch „iVm" etwas sagt). Die Verwendung des Passivs („wird zurückgenommen", „wird angeordnet") wirkt hölzern; besser ist es, das Aktiv zu verwenden („nehme zurück", „ordne an").

— Zu Nr. 3 und 4 des Tenors: Juristische Fachausdrücke wie „Anordnung der sofortigen Vollziehung" oder „unmittelbarer Zwang" ohne Erläuterung zu verwenden, fördert weder die Verständlichkeit des VA noch die Akzeptanz des Bürgers. Eventuelle Erläuterungen im Tenor müssen allerdings knapp gehalten werden, um ihn nicht – in dem Bemühen um mehr Verständlichkeit – zu lang und damit unübersichtlich werden zu lassen. 338

— Zu den „Gründen" des Bescheides: Es ist unter dem Aspekt der Bürgerorientierung problematisch, in einem Bescheid, der sich an Peter Wirt richtet, von „Herrn Peter Wirt" in der dritten Person zu schreiben. Dies schafft künstliche Distanz (die auch nicht etwa durch den Charakter des VA als hoheitliche Maßnahme einer Behörde legitimiert oder gar erfordert wird); daneben läuft es dem Bemühen um Höflichkeit, Normalität und Akzeptanz zuwider, wird aber von einem Teil der Literatur empfohlen.

– Auch der Abschluss des Schreibens ohne Grußformel (dementsprechend ohne Anrede im Eingang des Schreibens) erscheint im vorliegenden Fall unangemessen „obrigkeitlich". Dies sollte allenfalls in Extremfällen genutzt werden (etwa zur Vermeidung von „Sehr geehrter Herr Rauschgifthändler").

– Eine lesbare (maschinenschriftliche) Wiedergabe des Namens des Unterschreibenden ist für den Bürger wichtiger als dessen Amtsbezeichnung.

339 Variante II (besseres Beispiel)

Stadt Großdorf   Großdorf, den 11. 11. …

Der Oberbürgermeister   Adresse
Ordnungsamt – Az.: . . .   Name und Durchwahl-Telefon
                                        Bearbeiters

Mit Postzustellungsurkunde

Herrn Peter Wirt

Weingasse 3

00000 Großdorf

Ihre Gaststätte in . . .

Anhörung vom . . .

Ordnungsverfügung

Sehr geehrter Herr Wirt,

1. Die Ihnen am 1. 4. … erteilte Erlaubnis zum Betrieb einer Schankwirtschaft nehme ich hiermit zurück.
2. Die Schließung Ihres Betriebes ordne ich mit dem Tage der Zustellung dieser Verfügung an.
3. Zugleich ordne ich die sofortige Vollziehung der Rücknahme und der Schließungsanordnung an.
4. Für den Fall der Nichtbefolgung der Schließungsanordnung drohe ich die Schließung durch unmittelbaren Zwang (Versiegelung) an.

340 Begründung:

Am 1. 4. … erteilte ich Ihnen die Erlaubnis einer Schankwirtschaft in … Inzwischen habe ich erfahren, dass Sie bereits damals alkoholabhängig waren … und laut Gutachten des … heute noch . . .

Bei einer Anhörung[80] haben Sie am … hierzu erklärt, dass Sie sich trotz Ihrer Alkoholabhängigkeit in der Lage sehen, einen ordnungsgemäßen Betrieb . . .

Die Ihnen erteilte Erlaubnis ist gemäß §§ 15 Abs. 1, 4 Abs. 1 Nr. 1 Gaststättengesetz in der Fassung der Neubekanntmachung vom … (BGBl. I S. …) von mir – als sachlich und örtlich zuständig – zurückzunehmen, weil . . .

---

80 Vgl. Muster eines Anhörungsschreibens unten bei RdNr. 683

Die Schließungsanordnung nach § 31 Gaststättengesetz in Verbindung mit § 15 Abs. 2 Gewerbeordnung in der Fassung der Neubekanntmachung vom ... (BGBl. I S. ..., zuletzt geändert durch Gesetz vom ..., BGBl. I S. ...) ist erforderlich, denn ...

Die Anordnung der sofortigen Vollziehung beruht auf § 80 Abs. 2 Nr. 4 Verwaltungsgerichtsordnung in der Fassung der Neubekanntmachung vom ... (BGBl I S. ..., zul. geändert durch Gesetz vom ... , BGBl I S. ...). Das besondere öffentliche Interesse hieran folgt aus den Gründen ... Ihre entgegenstehenden wirtschaftlichen Interessen treten dahinter zurück, weil . . .

Die Androhung des unmittelbaren Zwangs stützt sich auf §§ 62, 63, 58 Abs. 3 Verwaltungsvollstreckungsgesetz für das Land Nordrhein-Westfalen in der Fassung der Bekanntmachung vom ... (GV NW ... , zuletzt geändert durch Gesetz vom ... , GV NW S...). Die besonderen Gründe, die eine Androhung von Zwangsgeld als milderes Mittel untunlich erscheinen lassen, ergeben sich daraus, dass . . .

Rechtsbehelfsbelehrung [wie in obigem Schema RdNr. 330]

a) Gegen Rücknahme/Schließungsanordnung

b) Gegen Anordnung der sofortigen Vollziehung

Mit freundlichem Gruß

Im Auftrag

Unterschrift

(Name in Maschinenschrift)

Anmerkungen zu Variante II:

– Zur Einleitung: Die Einfügung der Überschrift „Ordnungsverfügung" wird unterschiedlich gehandhabt (teilweise vor, teilweise nach der Anrede); dies sollte dem Stilempfinden des Einzelnen überlassen bleiben. Ob sie überhaupt sinnvoll ist, ist strittig; teilweise ist eine derartige Überschrift aber vorgeschrieben[81].

– Zu Nr. 1–4 des Tenors: Die Ansprache des Empfängers in der zweiten Person („Ihnen", „Ihr Betrieb") ist empfehlenswert. Der „Ich-Stil" des Schreibers ist zwar nicht unumstritten, aber zur Minderung verbaler Distanz zwischen Bürger und Verwaltung zu befürworten[82]. Er breitet sich inzwischen auch in Süddeutschland aus, wo wegen der nichtpersonalisierten Behördenbezeichnung (z. B. „Landratsamt") andere Grundlagen als z. B. in Nordrhein-Westfalen („Der Landrat/Die Landrätin") gegeben sind.

– Zu Nr. 3 und 4 des Tenors: Auch hier überfordern die juristischen Fachausdrücke („sofortige Vollziehung" und „unmittelbarer Zwang") den juristisch nicht vorgebildeten Adressaten, wenn keine Erläuterungen beigefügt werden.

– Zur Begründung: Die weitgehend übliche Anfügung der Fundstellen hinter den angegebenen Rechtsgrundlagen mindert die Lesbarkeit und Verständlichkeit der Begründung. Sie ist auch für die Bürger von geringem Wert, da die wenigsten von ihnen Gesetzbücher besitzen oder etwa Zugang zu einer

---

[81] Z. B. in Ziffer 20.11 (zu § 20 OBG) der VV zum OBG NRW
[82] Zum „Ich-Stil" als angemessene Bescheidform Hamann RdNr. 31 ff; vgl. Rüssel/Sensburg VR 2004, S. 37 ff

5. Abschnitt

Sammlung des Bundesgesetzblattes haben. Nur für eventuelle juristische Berater oder Verwaltungsrichter sind derartige Angaben von gewisser Bedeutung; dies sollte jedoch in einem an den Bürger gerichteten Bescheid nicht derart im Vordergrund stehen, dass Lesbarkeit und Verständlichkeit der Begründung darunter leiden[83]. Allerdings ist die Benennung der Rechtsgrundlagen (also der betreffenden Gesetze und §§) für eine ordnungsgemäße Begründung des Bescheides unverzichtbar.

341 Variante III (Diskussionsvorschlag)

Stadt Großdorf Großdorf, den 11. 11. …
Der Oberbürgermeister Adresse

Ordnungsamt – Az.: . . . Name und Durchwahl-Telefon des Bearbeiters

Mit Postzustellungsurkunde

Herrn Peter Wirt

Weingasse 3

00000 Großdorf

Sehr geehrter Herr Wirt,

1. Hiermit **nehme ich die Schankerlaubnis** für Ihre Gaststätte Weingasse 3 **zurück**.
2. **Sie müssen die Gaststätte** am gleichen Tage **schließen**, an dem Ihnen dieser Bescheid zugestellt wird.
3. Gleichzeitig ordne ich die sofortige Vollziehung der Erlaubnisrücknahme (obige Nr. 1) und der Schließungsordnung (obige Nr. 2) an; das heißt, Sie müssen Ihre Gaststätte – auch falls Sie Widerspruch einlegen sollten – sofort schließen.
4. Falls Sie die Gaststätte nicht selbst am gleichen Tage schließen, an dem Ihnen dieser Bescheid zugestellt wird, haben Sie zu erwarten, dass ich unmittelbaren Zwang festsetze und anwende – das heißt, dass ich dann Ihre Gaststätte durch Verwaltungsbedienstete zwangsweise schließen und versiegeln lasse.

344 Begründung:

a) **Sachverhalt** – Damit Sie wissen, von welchen Tatsachen ich ausgehe, fasse ich das Wesentliche zum Sachverhalt noch einmal zusammen:

Am 1. 4. … habe ich Ihnen eine Erlaubnis zum Betriebe einer Schankwirtschaft in Großdorf, Weingasse 3 erteilt. Inzwischen ist mir bekannt geworden, dass Sie bereits damals alkoholabhängig waren … und laut Gutachten des … auch heute noch …

Bei Ihrer Anhörung[84] am … haben Sie erklärt, dass Sie sich trotzdem zutrauen, ordnungsgemäß …

b) **Rechtliche Gründe** – Folgende rechtliche Erwägungen haben mich zu meiner Entscheidung geführt:

---

83 Anderer Auffassung: Bayerische Allgemeine Geschäftsordnung § 22 Abs. 3; dazu Wiedemann/Fritsch, AGO-Kommentar
84 Vgl. Muster eines Anhörungsschreibens unten bei RdNr. 683

Ich muss eine erteilte Schankerlaubnis dann zurücknehmen (obige Nr. 1), wenn mir im Rahmen meiner Zuständigkeit bekannt wird, dass … Es kommt hier nicht darauf an, ob ich Ihre Selbsteinschätzung, den Betrieb trotzdem ordentlich fortführen zu können, teile; ich habe insoweit keinen Entscheidungsspielraum, sondern bin gesetzlich verpflichtet …, wenn …

Es ist auch notwendig, Ihre Gaststätte sofort zu schließen (obige Nr. 2), denn …

Die Anordnung der sofortigen Vollziehung (obige Nr. 3) ist erforderlich, um zu verhindern, dass Sie in der Zeit eines eventuellen Widerspruchsverfahrens Ihren Betrieb doch noch weiterführen. Es besteht nämlich ein besonderes öffentliches Interesse daran, dass …, weil … Ihr verständliches wirtschaftliches Interesse, den Betrieb zwischenzeitlich doch aufrechtzuerhalten, tritt bei Abwägung gegenüber … zurück, denn …

Für den Fall, dass Sie Ihre Gaststätte nicht sofort selbst schließen, beabsichtige ich, sie zwangsweise durch Verwaltungsbedienstete zu schließen und zu versiegeln (obige Nr. 4). Ich kündige Ihnen dieses jetzt schon an, um Ihnen den Ernst der Situation vor Augen zu führen und um die rechtlichen Voraussetzungen für die spätere Festsetzung und Durchführung dieser Zwangsmaßnahmen zu schaffen …

Es wäre untunlich, als milderes Mittel ein Zwangsgeld zu wählen, da …

c) **Gesetzliche Grundlagen** – Bei meiner Entscheidung beziehe ich mich auf folgende **345** gesetzliche Vorschriften, die ich zu Ihrer Orientierung nachfolgend auszugsweise zitiere:

Die Rücknahme der Schankerlaubnis (obige Nr. 1) stützt sich auf § 15 Abs. 1 und § 4 Abs. 1 Nr. 1 des Gaststättengesetzes. Diese beiden Sätze haben in der aktuellen Fassung folgenden Wortlaut: „ … "

Die Schließungsanordnung (Nr. 2) beruht auf § 31 Gaststättengesetz und § 15 Abs. 2 S. 1 Gewerbeordnung. Diese beiden Sätze lauten: „ … "

Zur Anordnung der sofortigen Vollziehung (Nr. 3) ermächtigt § 80 Abs. 2 Nr. 4 Verwaltungsgerichtsordnung mit folgendem Wortlaut: „ … "

Die Ankündigung des unmittelbaren Zwangs (Nr. 4) findet ihre rechtlichen Grundlagen in den §§ 58 Abs. 3, 62 Abs. 1, 63 Abs. 1 S. 1, 67 Abs. 1 des nordrhein-westfälischen Verwaltungsvollstreckungsgesetzes; deren Sätze lauten: „ … "

Die vollständigen Gesetzestexte können Sie bei mir … einsehen.

d) **Was Sie jetzt machen können (Rechtsbehelfsbelehrung):** **346**

Gegen diesen Bescheid können Sie Widerspruch einlegen. Den Widerspruch müssen Sie innerhalb eines Monats nach Zustellung entweder schriftlich einreichen oder mündlich zur Niederschrift erklären bei der Stadt Großdorf, Oberbürgermeister, Adresse . . .

Da ich die sofortige Vollziehung (obige Nr. 3) angeordnet habe, hat dieser Widerspruch – wie oben näher erläutert – keine aufschiebende Wirkung. Diese kann aber das Verwaltungsgericht (Adresse …) auf Ihren Antrag hin wiederherstellen; abgesehen davon kann die … – Behörde (Adresse …) die Vollziehung aussetzen.

Ich stehe Ihnen für Auskünfte unter der Durchwahl-Telefonnummer … zur Verfügung.

Mit freundlichem Gruß
Im Auftrag
Unterschrift
(Name in Maschinenschrift)

5. Abschnitt

Anmerkungen zu Variante III:

347 Der vorstehende Bescheid soll weder als „allein richtig" verstanden werden, noch soll seine Übernahme dem Berufsanfänger in der Verwaltung ohne Rücksprache mit seinen Vorgesetzten empfohlen werden!

Diese Variante III weicht gezielt von den in zahlreichen behördlichen Muster-Sammlungen enthaltenen Vorbildern ab, um als **Diskussionsvorschlag**[85] zum Vergleichen und Überdenken anzuregen.

– Dabei werden die schlichtere Sprache und die Annäherung an den Stil privater Briefe (z. B. Wegfall von Betreff, Bezug und Überschrift) bewusst eingesetzt, um für den Bürger eine möglichst weitgehende Verständlichkeit und Akzeptierbarkeit zu erreichen. Die Verwendung schlichter Sprache ist in der Behördenpraxis nicht allgemein üblich und wird zum Teil als laienhaft belächelt. Manche Verwaltungsmitarbeiter haben sich derart an die juristische Fachsprache gewöhnt, dass sie nicht mehr in der Lage sind, in ihren Bescheiden etwa gesetzestechnisch bedingte Kurzformeln und Fachausdrücke in allgemein verständliches Deutsch zu übersetzen. Diese sprachliche Unfähigkeit, die nicht nur im juristischen Bereich, sondern auch z. B. bei Technikern, Soziologen und Medizinern durchaus verbreitet ist, wirkt sich insbesondere zum Nachteil ohnehin schon sozial Benachteiligter aus.

Der Hinweis, den das Bayerische Staatsministerium des Innern gibt[86], dass der Briefstil für Bescheide „in der Regel nicht angebracht" sei, da sie „im Vollzug der vom Parlament beschlossenen Gesetze" ergehen und sich dies „auch sprachlich" ausdrücken sollte, vermag nicht zu überzeugen: Der demokratisch legitimierte, hoheitliche Gesetzesvollzug äußert sich im jeweiligen Inhalt der Maßnahme (etwa hier in der recht einschneidenden Anordnung, die Gaststätte zu schließen) und bedarf nicht einer Verstärkung durch distanzierten Sprachstil[87].

348 – Zu Nr. 3 und 4 des Tenors: Die Erläuterung der Fachausdrücke „sofortige Vollziehung" und „unmittelbarer Zwang" erfolgt hier, damit der Tenor auch für juristisch nicht vorgebildete Bürger aus sich heraus verständlich wird. Derartige „Übersetzungs"-Bemühungen dürfen den Tenor allerdings nicht überfrachten; kurze Erläuterungs-Halbsätze („das heißt ...") machen ihn aber noch nicht unübersichtlich sondern klarer.

349 – Zu Nr. 4 des Tenors: In der Androhung des Zwangsmittels ist statt der verbreiteten Formulierung, „... drohe ich ..." die sprachlich weniger aggressive, aber dennoch klare Formulierung „... haben Sie zu erwarten ..." verwendet worden. Auch wenn der Gesetzeswortlaut in § 13 Abs. 1 BVwVG, bzw. in § 63 Abs. 1 VwVG NRW verlangt, dass die „... Zwangsmittel ... schriftlich anzudrohen ..." sind, zwingt das in einem an den Bürger gerichteten Bescheid nicht zur Verwendung des recht aggressiven Wortes „drohen". – Zweck der Regelung ist es, dem Betroffenen zu Beugezwecken ein für den Weigerungsfall konkret zu befürchtendes Zwangsmittel ernsthaft anzukün-

---

[85] Vgl. Büter/Schimke, Anleitung zur Bescheidtechnik – Wie Verwaltungsakte verständlich geschrieben werden.
[86] In der Broschüre „Bürgernahe Sprache in der Verwaltung", Dez. 1999, Anm. 4.2.4, Abs. 2
[87] Zur Überzeugungsfunktion von Form und Sprache des Bescheides vgl. Schweickhardt/Joerger RdNr. 799, 860. – Zur Brauchbarkeit der „gewohnten alltäglichen Schriftsprache" Pippke VR 80, 160, 161. – Zur Frage, „ob sich die Verwaltung überhaupt verständlich machen will", vgl. Büchner/Joerger, S. 55. – Zum „Verdacht einer Vernebelungs- und Einschüchterungsstrategie" Schmitz VR 91, 84, 87. – Zum Verhältnis von Sprache und Recht unter Einbeziehung ausländischer Erfahrungen: Vidal, VR 2002, 55ff. – Zum „Niedergang der Verwaltungssprache" Vahle DVP 2005, 58

digen, um ihn so zur (möglichst freiwilligen) Vornahme des Gebotenen zu bewegen, so dass es dann nicht zur Festsetzung des Zwangsmittels kommt[88]; dies wird hinreichend deutlich gemacht durch Formulierungen wie „haben sie zu erwarten" oder „kündige ich Ihnen an" (ohne „drohen" zu müssen).

Auch die Verwaltungsvorschriften zum VwVG NRW[89] konkretisieren[90] die „Androhung" in vielerlei Hinsicht, geben aber nicht vor, dass die Worte „Androhung" oder „drohe" verwendet werden müssten; vielmehr heißt es in dieser VV[91]: „Der Betroffene soll durch die Androhung unterrichtet werden, welche Folgen er zu erwarten hat, falls er das behördliche Gebot nicht fristgemäß erfüllt oder einem Verbot zuwiderhandelt".

Die Wortwahl ist somit weder durch den Gesetzestext noch durch VV festgelegt; notwendig ist allerdings, dass den Betroffenen für den Weigerungsfall das beabsichtigte, bestimmte Zwangmittel konkret vor Augen geführt wird.

- In der Begründung der Variante III wird zur Verstärkung der Überzeugungskraft (entgegen einer verbreiteten Verwaltungspraxis) auch auf rechtlich nicht relevante Argumente eingegangen, die der Bürger bei seiner Anhörung vorbrachte, da sie ihm jedenfalls bedeutsam erschienen[92]. **350**
- Die Gesetzestext-Zitierung (einzelner Sätze der die Entscheidung tragenden Rechtsvorschriften) ist bisher nicht allgemein üblich, kann aber bei EDV-Verwendung problemlos bewältigt werden.

Das vollständige Zitieren der wichtigsten Sätze weniger Paragraphen wäre auch im Diktatverfahren nicht wesentlich aufwendiger, als die bisher übliche umfangreiche Gesetzes- und Fundstellenangabe im laufenden Bescheidtext.

Für die Akzeptierbarkeit eines belastenden VA macht es durchaus einen Unterschied, ob der Bescheid „Paragraphenziffern" enthält (die von den allerwenigsten Bürgern mit eigenem Gesetzestext nachgeprüft werden können), oder ob der Wortlaut einer zentralen Vorschrift wiedergegeben wird, der die Behörde etwa zu einer gebundenen Entscheidung (z. B. Erlaubnisrücknahme wegen Alkoholabhängigkeit ohne Ermessensspielraum) zwingt. – Hierbei darf zwar nicht angenommen werden, dass jeder Bürger dies dann alles verstehen oder auch nur alles lesen wird. Die Verwaltung sollte jedoch (im angemessenen Rahmen) das ihr Mögliche leisten, um Verständnis und Akzeptanz zu fördern[93].

---

[88] Vgl. unten RdNr. 1047ff und Frings/Spahlholz RdNr. 332
[89] Gemäß Runderlass des Finanzministers I B 2 Tgb. Nr. 1197/63 und des Innenministers I C 1/17 – 21.112
[90] In den Ziffern 63.1 bis 63.34
[91] In 63.3
[92] Zur „richtigen Begründung" von VAen vgl. Foerster VR 84, 265ff, insbesondere 271.
[93] Zum „Schriftverkehr mit dem Bürger" vgl. Runderlass des Innenministers des Landes Nordrhein-Westfalen II C 2 vom 25. September 1986; Pippke VR 80, 160; Heidemann VR 80, 164; Lüdenbach VR 87, 9; zu „bürger(un)freundlichen Bescheiden" Schaa, DVP 93, 354. Umfassend: Bundesverwaltungsamt, Arbeitshandbuch „Bürgernahe Verwaltungssprache". Zum Verhältnis von Sprache und Recht unter Einbeziehung ausländischer Erfahrungen: Vidal, VR 2002, 55ff. Vgl. auch Rüssel/Sensburg VR 2004, S. 37, 38

5. Abschnitt

7.4 Widerspruchsbescheid

351 Ist es der Ausgangsbehörde (als „erster Verwaltungsinstanz") nicht gelungen, den Adressaten von der Notwendigkeit und Rechtmäßigkeit ihres Bescheides zu überzeugen, wird er gegebenenfalls Widerspruch einlegen. Soweit die Ausgangsbehörde nicht „abhilft" (gem. § 72 VwGO, vgl. unten RdNr. 913ff), prüft dann die Widerspruchsbehörde die Recht- und Zweckmäßigkeit (§ 68 Abs. 1 S. 1VwGO) des VA nochmals in vollem Umfang.

Als Ergebnis dieser Prüfung erlässt sie den Widerspruchsbescheid (§ 73 VwGO, § 85 Abs. 2 SGG; vgl. § 367 AO); dieser ist die letzte Möglichkeit der Verwaltung, durch klare Aussagen und faire Begründungen zu bewirken, dass der Adressat die – für ihn oft unerfreuliche – Regelung des Bescheides akzeptiert. Gelingt das nicht, können bei einem eventuell nachfolgenden verwaltungsgerichtlichen Rechtsstreit erhebliche „Reibungsverluste" auf beiden Seiten entstehen.

Deshalb wird zu Recht zunehmend sowohl in den Behörden als auch in der Ausbildungs- und Prüfungspraxis Wert auf die Qualität der Widerspruchsbescheide gelegt. Hierzu sei im folgenden mit zwei Aufbauschemata („Grobschema", RdNr. 353 und „Feinschema", RdNr. 355ff) beigetragen und mit einem vorformulierten Widerspruchsbescheids-Muster (RdNr. 366ff), das sich an die Ausgangsbescheids-Varianten (oben RdNr. 335, 339.343) anschließt.

Zu Einzelfragen siehe unten RdNr. 808ff[94].

352 ## 7. 5 Aufbauschemata für die Anfertigung von Widerspruchsbescheiden

353 ### 7.5.1 Grobschema für Widerspruchsbescheid

Widerspruchsbehörde	Datum
Amt/Dezernat	Absenderadresse
Aktenzeichen	Bearbeiter
	Durchwahl/Zimmer

Anschrift des Widerspruchsführers + Zustellungsvermerk

Betreff/Bezug/Anlage

Widerspruchsbescheid

Sehr geehrte(r) Frau/Herr . . .

---

[94] Vgl. zum Aufbau eines Widerspruchsbescheides auch: Günther/Blum, Das Widerspruchsverfahren, 3. S. 56ff; Schwacke, Juristische Methodik, 2. Abschnitt 3.1; Pietzner/Ronellenfitsch, Das Assessorexamen im öffentlichen Recht, § 50; Hamann, Bescheidtechnik, RdNr. 273ff; Schweickhardt/Joerger RdNr. 799; Theisen 7.1.3; Institut für öffentliche Verwaltung NRW, Arbeitsunterlagen – Einführung für juristische Referendare in die Verwaltungsausbildung S. 29ff; Möller/Wilhelm, 8. Abschnitt; Finke/Sundermann/Vahle S. 394ff; Linhart, Schreiben, Bescheide und Vorschriften in der öffentlichen Verwaltung, Loseblatt, § 23, § 25; Weides, Verwaltungsverfahren und Widerspruchsverfahren, S. 217ff; Büter/Schimke, Anleitung zur Bescheidtechnik, 7. Abschnitt; Linhart, Der Bescheid 2002; Büchner/Schlotterbeck, Bescheidtechnik auf dem Gebiet des Baurechts, 2003; Rüssel/Sensburg VR 2004, S. 37, 46ff
– Zur Kostenentscheidung im Widerspruchsverfahren vgl. Vahle, DVP 2003, 429
– Zum Verhältnis von Ausgangs- und Widerspruchsbehörde Pache/Knauff, DÖV 2004, 656
– Zu den übrigen rechtlichen Aspekten: Unten RdNr. 808ff; Frings/Spahlholz, Das Recht der Gefahrenabwehr, 2. Auflage, 2002, RdNr. 614ff

[Tenor:]
1. Entscheidung in der Sache   [des Widerspruchs gegen den GrundVA]
2 ggfs Anordnung der sofortigen Vollziehung   [§ 80 Abs. 2 Nr. 4 VwGO]
3. a) Kostenlast-Entscheidung   [§ 73 Abs. 3, S. 2 VwGO iVm § 80 Abs. 1 VwVfG]
   b) ggfs Entscheidung über Notwendigkeit der Zuziehung eines Bevollmächtigten   [§ 80 Abs. 3 S. 2 VwVfG]
4. ggfs Gebührenfestsetzung   [§ 15 Abs. 3 GebG bzw. § 5 Abs. 3 KAG NRW]

Begründung: 354

[§ 73 Abs. 3 VwGO – in Praxis nur bei Widerspruchszurückweisung ausführlich]

I. Sachverhaltsdarstellung

[Anknüpfung an Sachverhaltsdarstellung des Erstbescheides zulässig]

II. Rechtliche Gründe

1. Zuständigkeit der Widerspruchsbehörde
2. Zulässigkeit des Widerspruchs
3. Begründetheit des Widerspruchs
4. ggfs Begründung gem. § 80 Abs. 3 VwGO
5. Begründung der Kostenlast-Entscheidung(en)
6. ggfs Begründung der Gebührenentscheidung

Rechtsbehelfsbelehrung [§ 73 Abs. III VwGO]

(ggfs Rat, Ergänzungshinweis, Informationsquelle)

Grußformel
im Auftrag (i. A.)/in Vertretung (i. V.)
Unterschrift oder Namenswiedergabe

7.5.2 Feinschema für Widerspruchsbescheid 355

Absender mit Adresse
§§ 79, 37 Abs. 3, 44 Abs. 2 Nr. 1 VwVfG
iVm § 73 Abs. 1 VwGO

z. B.
– Bezirksregierung X-Stadt
– Der Landrat Y-Stadt als untere staatliche Verwaltungsbehörde
oder bei Selbstverwaltung:
– Der Bürgermeister Z-Stadt

5. Abschnitt

Dienststelle und Aktenzeichen	– Dezernat 35 – Az.: 35.1.-1/XY – Amt für …– Az.: 32 …
Ort, Datum und Bearbeiter	XY-Stadt, den …Name und Telefonnummer des Bearbeiters … z. B.:
Zustellungsvermerk § 73 Abs. 3 VwGO schreibt förmliche Zustellung vor; Zustellungsarten: § 56 Abs. 2 VwGO iVm z. B. § 1 LZG NRW iVm §§ 3ff VwZG; in der Praxis meist PZU u. a. wegen der Möglichkeiten der Ersatzzustellung; bei Rechtsanwälten idR EB § 5 Abs. 2 VwZG.	– Mit Postzustellungsurkunde (PZU) – (Einschreiben gegen Rückschein) – Gegen Empfangsbekenntnis (EB)
Empfänger, ggfs Bevollmächtigter (§§ 79, 13ff, 41 Abs. 1 VwVfG; § 8 Abs. 1 S. 2 VwZG, insbesondere bei schriftlich Bevollmächtigten)	– Name, Vorname und Anschrift … – Herrn/Frau Rechtsanwalt/Rechtsanwältin … – …, vertreten durch Herrn/Frau …
Betreff	– Abbruchverfügung des … – Ausweisungsverfügung des …
Bezug	Ihr Widerspruchsschreiben vom …
ggfs Anlagen	– 1 Kopie für Ihren Mandanten – 1 Vordruck „Empfangsbekenntnis"

356 Überschrift   **Widerspruchsbescheid**

Anrede   Sehr geehrte(r) Frau/Herr …

Ggfs Einleitungssatz   Auf Ihren Widerspruch vom … ergeht folgender Widerspruchsbescheid …
[oder] … bedauere ich, Ihnen folgenden Widerspruchsbescheid zu erteilen …

Tenor
(Unter besonderer Beachtung der §§ 79, 37 Abs. 1 VwVfG)
Dabei sind 5 Konstellationen zu unterscheiden:

I. erfolgreicher Anfechtungswiderspruch

II. erfolgreicher Verpflichtungswiderspruch

III. erfolgloser Widerspruch

IV. teilerfolgreicher Anfechtungswiderspruch

V. teilerfolgreicher Verpflichtungswiderspruch

357 I. Tenor **bei erfolgreichem Anfechtungswiderspruch**

1. Hauptsachenentscheidung	1. Auf Ihren Widerspruch vom … hebe ich die Verfügung des … vom … auf.
2. ggfs – soweit „Antrag" nach § 80 Abs. 4 VwGO gestellt wurde (bzw. der Widerspruch so ausgelegt wird)	(2. Ihr Antrag auf Aussetzung der Vollziehung ist damit gegenstandslos geworden.)

3. Kostenentscheidung gemäß § 73 Abs. 3 S. 2 VwGO iVm § 80 Abs. 1 S. 1 VwVfG

ggfs gemäß § 80 Abs. 3 S. 2 VwVfG

4. ggfs Hinweis darauf, dass keine Gebührenerhebung (wegen Stattgebens) z. B. Umkehrschluss aus § 15 Abs. 3 S. 1 GebG NRW

3. Die Kosten des Widerspruchsverfahrens trägt ...(der Rechtsträger, dessen Behörde den angefochtenen VA erlassen hatte). Die Zuziehung eines Rechtsanwalts/ sonstigen Bevollmächtigten war (nicht) notwendig.

(4. Diese Entscheidung ergeht gebührenfrei.)

II. Tenor bei erfolgreichem Verpflichtungswiderspruch 358

1.a) Hauptsachenentscheidung soweit Widerspruchsbehörde den beantragten VA nicht selber erlässt – **Normalfall**

oder

1.b) Hauptsachenentscheidung soweit Widerspruchsbehörde ausnahmsweise den beantragten VA selbst erlässt (Zulässigkeit umstritten, vgl. Pietzner/ Ronellenfitsch § 42 RdNr. 16; Günther/ Blum S. 72)

2. Kostenentscheidung gemäß § 73 Abs. 3 S. 2 VwGO iVm § 80 Abs. 1 S. 1 VwVfG

ggfs gemäß § 80 Abs. 3 S. 2 VwVfG

3. ggfs Gebühr falls ausnahmsweise Widerspruchsbehörde – iSv oben 1. b) – selbst den beantragten VA erlässt, ansonsten ggfs Hinweis darauf, dass keine Gebührenerhebung (wegen Stattgebens) z. B. Umkehrschluss aus § 15 Abs. 3 S. 1 GebG NRW

1.a) Die Verfügung des ... (Ausgangsbehörde) hebe ich auf. Ich werde ver anlassen, dass ... Ihnen gemäß Ihrem Antrag ... erteilt (bzw.: ... über Ihren Antrag erneut entscheidet)

oder

1.b) Unter Aufhebung der Verfügung des ... (Ausgangsbehörde) erteile ich Ihnen hiermit wie beantragt ... (genaue Regelung durch Widerspruchsbehörde).

2. Die Kosten des Widerspruchsverfahrens trägt ...(der Rechtsträger, dessen Behörde den ablehnenden VA erlassen hatte). Die Zuziehung eines Rechtsanwalts/ sonstigen Bevollmächtigten war (nicht) notwendig.

3. Für diese Entscheidung erhebe ich eine Gebühr von .. €. (falls oben 1. b) sonst (falls oben 1. a)

(Diese Entscheidung ergeht gebührenfrei.)

III. Tenor bei erfolglosem Widerspruch 359

1. Hauptsachenentscheidung (sowohl bei Anfechtungsals auch bei Verpflichtungswiderspruch; sowohl bei Unzulässigkeit als auch bei Unbegründetheit)

1. Ihren Widerspruch vom ... gegen Bescheid des ... vom ... weise ich zurück.

2. ggfs soweit „Antrag" nach § 80 Abs. 4 VwGO gestellt wurde (bzw. der Widerspruch so ausgelegt wird)	2. Ihren Antrag auf Aussetzung der Vollziehung lehne ich ab. oder Hiermit setze ich die Vollziehung aus. oder Gleichzeitig ordne ich die sofortige Vollziehung an.
ggfs soweit Widerspruchsbehörde (erstmalig) gemäß § 80 Abs. 2 Nr. 4 VwGO anordnet	
3. Kostenentscheidung gemäß § 73 Abs. 3 S. 2 VwGO iVm § 80 Abs. 1 S. 3 VwVfG (Sonderfall des § 80 Abs. 1 S. 2 VwVfG beachten).	3. Die Kosten des Widerspruchsverfahrens sind von Ihnen/Ihrem Mandanten zu tragen.
4. ggfs Gebührenentscheidung (z. B. gemäß § 15 Abs. 3 GebG NRW), sofern nicht sachliche oder persönliche Gebührenfreiheit (vgl. §§ 7, 8 GebG NRW)	4. Für diese Entscheidung erhebe ich eine Gebühr von … €. Der Betrag ist innerhalb von …Tagen nach Zustellung dieses Widerspruchsbescheides unter Angabe des …(Az) an … zu zahlen.

360 IV. Tenor **bei teilerfolgreichem Anfechtungswiderspruch**

1. Hauptsachenentscheidung	1. Die Verfügung des … (Ausgangsbehörde) hebe ich insoweit auf, als …; im übrigen weise ich Ihren Widerspruch vom … zurück.
2. ggfs soweit „Antrag" nach § 80 Abs. 4 VwGO gestellt wurde (bzw. der Widerspruch so ausgelegt wird)	2. Ihr Antrag auf Aussetzung der Vollziehung hat sich insoweit erledigt, als …; im übrigen lehne ich Ihren Antrag auf Aussetzung der Vollziehung ab (bzw. wie oben III. 2.).
3. falls Zwangsmittelandrohung	3. Insoweit als … hebe ich auch die Androhung des … (Zwangsmittels) auf; im übrigen bleibt …
4. Kostenentscheidung gemäß § 73 Abs. 3 S. 2 VwGO iVm § 80 Abs. 1 S. 1 und S. 3 VwVfG („soweit").	4. Die Kosten des Widerspruchsverfahrens sind zu … (1/3; 80%) von Ihnen/ Ihrem Mandanten zu tragen und zu (2/3; 20%) von … (Rechtsträger, dessen Behörde den angefochtenen VA erlassen hatte)
ggfs gem. § 80 Abs. 3 S. 2 VwVfG	Die Zuziehung eines Rechtsanwalts/ sonstigen Bevollmächtigten war (nicht) notwendig.
5. ggfs Gebührenentscheidung (z. B. gemäß § 15 Abs. 3 GebG NRW: „… soweit … zurückgewiesen wird …")	5. Für diese Entscheidung erhebe ich eine Gebühr von …€ [dem Teilerfolg entsprechend]. (Der Betrag ist innerhalb von … Tagen nach Zustellung dieses Widerspruchsbescheides unter Angabe des … (Az) an … zu zahlen.)

V. Tenor bei teilerfolgreichem Verpflichtungswiderspruch 361

1.a) Hauptsachenentscheidung soweit Widerspruchsbehörde den beantragten VA nicht (teilweise) selbst erlässt – **Normalfall** (vgl. oben II. 1. a)

1.a) Die Verfügung des ... (Ausgangsbehörde) hebe ich insoweit auf, als ... Ich werde veranlassen, dass ... Ihrem Antrag insoweit entspricht, als ... Im übrigen weise ich Ihren Widerspruch vom ... zurück.

oder

oder

1.b) Hauptsachenentscheidung soweit Widerspruchsbehörde **ausnahmsweise** den beantragten VA (teilweise) selbst erlässt (umstritten, vgl. oben II. 1. b)

1.b) Die Verfügung des ... (Ausgangsbehörde) hebe ich insoweit auf, als ... Ihrem Antrag auf ... entspreche ich insoweit (teilweise), als ... (genaue Regelung durch Widerspruchsbehörde). Im übrigen weise ich Ihren Widerspruch zurück.

2. Kostenentscheidung

2. wie oben IV. 4.

3. ggfs Gebührenentscheidung

3. wie oben IV. 5.

Begründung 362

Gemäß § 73 Abs. 3 VwGO ist jeder Widerspruchsbescheid zu begründen. Da dies beim voll stattgebenden Bescheid wenig sinnvoll ist, verzichtet die Verwaltungspraxis hier – zu Recht – meist auf eine ausführliche Begründung (soweit durch den Widerspruchsbescheid nicht in Rechte Dritter eingegriffen wird). Zur Unanwendbarkeit des § 39 Abs. 2 VwVfG wegen der Spezialregelung des § 73 VwGO: Günther/Blum S. 81; Hamann RdNr. 325; Pietzner/Ronellenfitsch § 43 RdNr. 3; LinhArt § 20 RdNr. 368

– Begründung

I. Der wesentliche Sachverhalt (zwar in § 73 Abs. 3 VwGO nicht ausdrücklich erwähnt, aber nach §§ 79, 39 Abs. 1 S. 2 VwVfG geboten und sinnvoll): Teilweise Verweisung auf Sachverhalt des Erstbescheides, bzw.:

1. Unstreitige Tatsachen

Sie sind Eigentümer des Grundstücks ...

2. Ausgangsverfahren

Mit Schreiben vom ... beantragten sie unter Berufung auf § ...

3. Tenor des angegriffenen Bescheides

Mit Bescheid vom ...lehnte der ... ab/gab der ... Ihnen auf, bis zum ...

4. Wesentliche Gründe des Bescheides

Zur Begründung führte der ... aus ...

5. Einlegung des Widerspruchs

Hiergegen legten Sie am ... Widerspruch ein.

6. Vorbringen im Widerspruchsverfahren

Gegenüber dem Bescheid des ... tragen Sie nunmehr vor, ...

7. ggfs Verfahren der Widerspruchsbehörde

Eine Ortsbesichtigung/Anhörung/Gutachten des ... hat ergeben, dass ...

363 **II. Die wesentlichen rechtlichen Gründe:**

1. ggfs **Umdeutung** bzw. Auslegung	Ihre als „Protest" bezeichnete Eingabe fasse ich als Widerspruch auf.
2. **Entscheidungskompetenz**	Zur Entscheidung über Ihren Widerspruch bin ich gemäß § 73 VwGO (iVm § 7 AG-VwGO NRW/§ 126 BRRG) berufen.
3. **Zulässigkeit** des Widerspruchs (nähere Ausführungen nur, soweit Zulässigkeit verneint wird oder zweifelhaft ist, z. B. wegen Fristablaufs)	– Ihr Widerspruch ist unzulässig, denn … – Ihr Widerspruch ist zulässig, obwohl …
4. **Begründetheit** des Widerspruchs	– Ihr Widerspruch ist (zulässig und) begründet: – Ihr Widerspruch ist (zulässig aber) nicht begründet:
a) **formelle** Rechtmäßigkeit des angegriffenen VA (z. B.: Zuständigkeit der erlassenden Behörde, Verfahren oder Form des VA)	Der/die …(Ausgangsbehörde) war gemäß § … zum Erlass des … (VA) zuständig.
b) **materielle** Rechtmäßigkeit des angegriffenen VA **(hier liegt in der Praxis und in der Klausur idR der Schwerpunkt):** Übereinstimmung mit gesetzlicher Grundlage falls Ermessen (geboten gemäß § 73 Abs. 3 VwGO iVm §§ 79, 39 Abs. 1 S. 3 VwVfG)	Der Bescheid hat seine rechtliche Grundlage in § … Die Voraussetzungen dieser Vorschrift sind in Ihrem Falle (nicht) gegeben, denn … Daher musste/konnte der/die … (Ausgangsbehörde) … Die von Ihnen hiergegen vorgetragenen Einwendungen …greifen nicht durch, da … Die von … (der Ausgangsbehörde) getroffenen Ermessensabwägungen zwischen …und … (Abwägungsgesichtspunkte) sind fehlerfrei/fehlerhaft, denn es überwiegt …, weil …
Übereinstimmung mit höherrangigem Recht	– Spezialgesetzliche/verfassungsrechtliche Gesichtspunkte … stehen dieser Entscheidung (nicht) entgegen, denn … – Die in Frage stehende Satzung/Rechtsverordnung beruht ihrerseits (nicht) auf hinreichender gesetzlicher Grundlage, weil …

364 c) **Zweckmäßigkeit** des angegriffenen VA, gemäß § 68 Abs. 1 S. 1 VwGO ebenfalls zu prüfen, soweit konkrete Veranlassung (bei Ermessensentscheidungen); vgl. Günther/Blum S. 21 ff.

– Angesichts dessen, dass … kann auch nicht von der von Ihnen behaupteten Unzweckmäßigkeit des … (VA) ausgegangen werden, denn …
oder
– Gleichwohl hat der … (VA) aus folgenden Zweckmäßigkeitsgründen … (teilweise) keinen Bestand, weil . . .

d) falls Anordnung der sofortigen Vollziehung aufrecht erhalten wird oder „Antrag" gemäß § 80 Abs. 4 VwGO auf Aussetzung der Vollziehung gestellt war (beachte besondere Begründungserfordernis nach § 80 Abs. 3 VwGO) wurde zu Recht/wird abgelehnt, weil ...

Die Anordnung der sofortigen Vollziehung war nach Abwägung ... (besonderes öffentliches Interesse an Vollziehung/ überwiegendes Interesse eines Beteiligten gegenüber Interesse des Widerspruchsführers) gerechtfertigt, denn ... Der Antrag auf Aussetzung der Vollziehung

e) falls Verwaltungszwangsandrohung aufrecht erhalten wird

Die Androhung des ... (Zwangsmittels) ist gemäß § ...zu Recht erfolgt, weil ...

f) Kostenlast-Entscheidung

Die Kostenentscheidung ergibt sich aus (§ 73 Abs. 3 S. 2 VwGO iVm § 80 VwVfG, bzw.:) § 80 ... VwVfG; danach sind die Kosten (teilweise) von Ihnen selbst/Ihrem Mandanten zu tragen, weil ... danach sind die Kosten (teilweise) dem ... (Rechtsträger der Behörde, die den angegriffenen VA erlassen hatte) aufzuerlegen, denn ...

falls Bevollmächtigter

Die Zuziehung eines Rechtsanwalts/ sonstigen Bevollmächtigten war aus Sicht einer verständigen Partei notwendig im Sinne von § 80 Abs. 3 S. 2 VwVfG, denn ...

g) falls **Gebühren**

Die Gebührenentscheidung (Gebührenfreiheit) beruht auf ... (z. B. § 15 Abs. 3 GebG NRW iVm ...).

Rechtsbehelfsbelehrung (RBB)
- notwendiger Inhalt gemäß §§ 58 Abs. 1, 79 VwGO (vgl. § 85 Abs. 3 SGG, §§ 356, 357 AO). RBB vorgeschrieben durch § 73 Abs. 3 VwGO; bei voll erfolgreichem Widerspruch (ohne Belastung eines Dritten) jedoch in der Regel sinnwidrig und deshalb insoweit entbehrlich (so auch Hamann RdNr. 351; Finke/ Sundermann/Vahle S. 389; a.A. Günther/ Blum S. 102; Pietzner/Ronellenfitsch § 48 RdNr. 8)
- teilweise werden in der Verwaltungspraxis folgende fakultative Inhalte angefügt; es ist u. U. sinnvoller, diese Informationen gesondert unter der Überschrift „Ergänzende Hinweise" anzufügen.

Rechtsbehelfsbelehrung   365

Gegen den/die Bescheid/Entscheidung/ Verfügung der/des ... (Ausgangsbehörde) vom ... (ggfs: in der Fassung, die er/sie durch diesen Widerspruchsbescheid gefunden hat) können Sie/kann Ihr Mandant innerhalb eines Monats nach Zustellung dieses Widerspruchsbescheides Klage erheben.Die Klage ist beim Verwaltungsgericht in ..., ...-Straße, Nr. ... schriftlich einzureichen oder zur Niederschrift des Urkundsbeamten der Geschäftsstelle zu erklären.Wird die Klage schriftlich eingereicht, sollen ihr ... (Anzahl) Abschriften beigefügt werden. Falls die Frist durch Verschulden eines von Ihnen Bevollmächtigten versäumt werden sollte, würde dieses Verschulden Ihnen zugerechnet.

5. Abschnitt

ggfs zusätzliche Rechtsbehelfsbelehrungen:

– im Falle einer Gebührenerhebung für die Widerspruchsentscheidung (vgl. § 22 GebG NRW)

Gegen die Gebührenentscheidung dieses Widerspruchsbescheides können Sie/ kann Ihr Mandant innerhalb eines Monats nach Zustellung Widerspruch erheben. Dieser Widerspruch ist schriftlich einzureichen oder zur Niederschrift zu erklären bei ... (Name und volle Anschrift der Widerspruchsbehörde).

– in Fällen des § 80 Abs. 2 VwGO: Hinweis auf Antragsmöglichkeit gem. § 80 Abs. 5 VwGO

Die Wiederherstellung/Anordnung der aufschiebenden Wirkung können Sie/kann Ihr Mandant beim Verwaltungsgericht in ..., ...-Straße, Nr. ... beantragen.

Grußformel

Mit freundlichem Gruß (oder Hochachtungsvoll)

Unterschrift bzw. Namenswiedergabe (§§ 79, 37 Abs. 3 VwVfG)

– Unterschrift bzw. Namenswiedergabe des Behördenleiters oder seines
– Vertreters (mit Zusatz „In Vertretung")
– oder eines Beauftragten (mit Zusatz „Im Auftrag")

Beim **elektronischen VA** muss auch das der Signatur zugrunde liegende qualifizierte Zertifikat (oder ein zugehöriges qualifiziertes AttributZertifikat) die erlassende Behörde erkennen lassen. (§§ 37 Abs. 3 VwVfG, 33 Abs. 5, 1. Satz, 2. Halbsatz SGB X, 119 Abs. 3 Satz 3 AO)

Name in Maschinenschrift, ggfs unterhalb der Unterschrift

366 7.6 Auf der Basis der obigen Aufbauschemata sei nachfolgend das **Muster eines Widerspruchsbescheides** dargestellt. Es ist die Fortführung des oben (RdNr. 335, 339 und 341) gebildeten Erstbescheides zur Rücknahme einer Schankerlaubnis; dabei wird der Sachverhalt jetzt insofern erweitert, dass inzwischen ein Rechtsanwalt für den betroffenen Wirt Widerspruch eingelegt hat.

Zum „Bescheid-Stil" wird (wie in der obigen Variante II, RdNr. 339) der Übung gefolgt, die z. B. in der staatlichen Verwaltung und Kommunalverwaltung Nordrhein-Westfalens verbreitet ist. Die Fundstellenangaben der genannten Gesetze sind – zur besseren Lesbarkeit – nicht in den Text eingefügt. Auf sie kann gegenüber einem Rechtsanwalt noch eher verzichtet werden, als gegenüber „Normalbürgern", denen die Fundstellen eher Verwirrung als Hilfe bereiten (aA: Bayerische Allgemeine Geschäftsordnung[95]).

Zum Widerspruchsbescheid allgemein siehe unten RdNr. 892[96].

---

[95] Bay.GVBl 2000, S. 873 § 22 Abs. 3; vgl. dazu Wiedemann/Fritsch, Bay.-AGO-Kommentar
[96] Vgl. auch: Günther/Blum S. 120; Hamann S. 106ff (Mustersammlung); Finke/Sundermann/Vahle, Abschnitt H RdNr. 44; Pietzner/Ronellenfitsch § 50 RdNr. 1; Schwacke 2. Abschnitt, 3.1; Büter/Schimke S. 159ff (Mustersammlung); instruktives Beispiel bei: Möller, DVP 2002, 25, 29. Vgl. Rüssel/Sensburg VR 2004, S. 37, 46ff

Bezirksregierung Regionalstadt.	Regionalstadt, den 5. 1. …	**367**
Dezernat …/Aktenzeichen ..	Adresse …	
	Name und Durchwahltelefon	
	des Bearbeiters	

Gegen Empfangsbekenntnis

Rechtsanwalt Hilf
Gerichtsstr. 2

00000 Großdorf

(Betr.:) Rücknahme der Schankerlaubnis des Herrn Wirt

(Bezug:) Ihr Widerspruch vom 5. 12. …

(Anlagen:) −1 Vordruck „Empfangsbekenntnis" gegen Rückgabe
 1 Kopie für Ihren Mandanten

Widerspruchsbescheid **368**

Sehr geehrter Herr Rechtsanwalt Hilf,

den von Ihnen im Namen des Herrn Wirt gegen die Ordnungsverfügung des Oberbürgermeisters Großdorf vom 11. 11. … – Az.: …– eingelegten Widerspruch weise ich zurück.

Ihren Antrag auf Aussetzung der Vollziehung lehne ich ab.

Die Kosten des Widerspruchsverfahrens sind von Ihrem Mandanten, Herrn Wirt, zu tragen.

Begründung **369**

Am 1. 4. … erteilte der Oberbürgermeister Großdorf Ihrem Mandanten die Erlaubnis zum Betrieb einer Schankwirtschaft in … Da nachträglich bekannt wurde, dass Ihr Mandant bereits damals alkoholabhängig war und laut Gutachten des … noch heute ist, hat der Oberbürgermeister Großdorf diese Erlaubnis mit Ordnungsverfügung vom 11. 11. … zurückgenommen; gleichzeitig ordnete er die Betriebsschließung und die sofortige Vollziehung an; darüber hinaus drohte er für den Fall der Nichtbefolgung unmittelbaren Zwang (die Schließung der Wirtschaft durch Versiegelung) an.

Zur Begründung führte der Oberbürgermeister im wesentlichen aus, dass Ihr Mandant … und dass … Zu den weiteren Einzelheiten verweise ich auf die Seiten … bis … der Ordnungsverfügung.

Hiergegen legten Sie mit Schriftsatz vom 5. 12. … Widerspruch ein. Zur Begründung tragen Sie im wesentlichen vor, dass die Ermessensentscheidungen fehlerhaft seien, da die Wirtschaft für Ihren Mandanten die alleinige Existenzgrundlage sei und da er inzwischen auch beabsichtige, sich im nächsten Jahr zu einer Entziehungskur anzumelden. Außerdem wenden Sie sich gegen die Anordnung der sofortigen Vollziehung und tragen darüber hinaus vor, dass die Androhung des unmittelbaren Zwangs unverhältnismäßig sei . . .

Der Oberbürgermeister Großdorf hat Ihrem Widerspruch nicht abgeholfen und ihn mir zur Entscheidung vorgelegt. Eine Ortsbesichtigung durch den Außendienstmitarbeiter … hat ergeben, dass Ihr Mandant seine Wirtschaft z.Zt. geschlossen hält und ein Schild mit der Aufschrift „Wegen Renovierung vorübergehend geschlossen" angebracht hat.

Zur Entscheidung über Ihren Widerspruch bin ich gemäß § 73 Abs. 1 S. 2 Nr. 1 VwGO iVm § 7 AG zur VwGO NRW als Aufsichtsbehörde gemäß § 7 Abs. 2 OBG berufen in Angelegenheiten, welche die Gemeinden gemäß §§ 1 Abs. 1, 3 Abs. 1 OBG iVm § 1 Abs. 1 GaststättenVO zur Gefahrenabwehr im Gaststättenbereich wahrnehmen.

5. Abschnitt

370 Ihr Widerspruch ist **zulässig, aber nicht begründet**:

Der Oberbürgermeister Großdorf hat beim Erlass der Ordnungsverfügung als örtlich und sachlich zuständige Ordnungsbehörde gemäß §§ 1 Abs. 1, 4 Abs. 1, 5 OBG iVm § 1 Abs. 1 GaststättenVO gehandelt.

Die erforderliche Anhörung Ihres Mandanten war am ... erfolgt; Verfahrens- oder Formfehler sind nicht ersichtlich.

Mit Nr. 1 der Ordnungsverfügung wurde die **Schankerlaubnis** gemäß §§ 15 Abs. 1, 4 Abs. 1 Nr. 1 GaststättenG zu Recht zurückgenommen, da Ihr Mandant bereits bei Erlaubniserteilung alkoholabhängig war. Insoweit kann auch – im Gegensatz zu Ihrem Vortrag – kein Ermessensfehler gegeben sein, da § 15 Abs. 1 GaststättenG gar kein Ermessen einräumt, sondern die Rücknahme zwingend vorschreibt, wenn ... Hieran ändert auch die Absicht Ihres Mandanten nichts, sich demnächst zu einer Entziehungskur anzumelden, weil Ihr Mandant derzeit laut Gutachten des ... immer noch alkoholabhängig ist ...

Aber auch soweit § 15 Abs. 2 GewO iVm § 31 GaststG für die **Schließungsanordnung** (Nr. 2 der Ordnungsverfügung) eine Ermessensentscheidung fordert, ist ein von Ihnen behaupteter Ermessensfehler nicht ersichtlich: Die in der Begründung zu Nr. 2 der Ordnungsverfügung vorgenommene Abwägung zwischen ... einerseits und ... andererseits ist nicht zu beanstanden, da ... überwiegt, weil ... Die genannten Schutzzwecke des Gaststättenrechts ... lassen sich im vorliegenden Fall nur durchsetzen, wenn bei Rücknahme der Erlaubnis auch die Fortführung des Betriebs durch Ihren Mandanten verhindert wird.

Soweit sich Ihr Widerspruch auch gegen die in Nr. 3 der Ordnungsverfügung angeordnete **sofortige Vollziehung** richtet, fasse ich dies als Antrag auf Aussetzung der Vollziehung nach § 80 Abs. 4 S. 1 VwGO auf. Ich lehne diesen Antrag jedoch unter folgender Abwägung ab: Das Interesse der Allgemeinheit an rascher Beseitigung der Gefahren, die von der durch Ihren alkoholabhängigen Mandanten geführten Gaststätte ausgehen, überwiegt das private Interesse Ihres Mandanten, unter Umständen durch eine Anfechtungsklage aufschiebende Wirkung herbeizuführen, weil ...

Zur Androhung des **unmittelbaren Zwangs** (Versiegelung) in Nr. 4 der Ordnungsverfügung war der Oberbürgermeister Großdorf gemäß § 56 Abs. 1 VwVG NRW zuständig. Die dabei gemäß §§ 58 Abs. 3, 62 Abs. 1 VwVG NRW vorgenommene Abwägung zwischen unmittelbarem Zwang und Zwangsgeld (als möglicherweise milderes Mittel) ist nicht zu beanstanden, da es wegen der Alkoholabhängigkeit Ihres Mandanten geboten schien, rasch und ohne etwaige Zahlungsfristen für Zwangsgeld ...

Über die bisher dargestellten Rechtmäßigkeitsgesichtspunkte hinaus sind auch keine Bedenken gegenüber der **Zweckmäßigkeit** (iSv § 68 Abs. 1 S. 1 VwGO) der Ordnungsverfügung des Oberbürgermeisters Großdorf ersichtlich ...

Die **Kostenentscheidung** beruht auf (§ 73 Abs. 3 S. 2 VwGO iVm) § 80 Abs. 1 S. 3 VwVfG, wonach der Widerspruchsführer, also Ihr Mandant, die Kosten des Verfahrens zu tragen hat, da der Widerspruch erfolglos geblieben ist.

371 Rechtsbehelfsbelehrung

Gegen die Ordnungsverfügung des Oberbürgermeisters Großdorf vom 11. 11. ... (in der Fassung, die sie durch diesen Widerspruchsbescheid gefunden hat) kann Ihr Mandant innerhalb eines Monats nach Zustellung dieses Widerspruchsbescheides Klage erheben. Die Klage ist beim Verwaltungsgericht in AB-Stadt, CD-Straße, Nr. 123 schriftlich einzureichen oder zur Niederschrift des Urkundsbeamten der Geschäftsstelle zu erklären.

Darüber hinaus kann Ihr Mandant dort einen Antrag auf Wiederherstellung der aufschiebenden Wirkung nach § 80 Abs. 5 VwGO stellen.

Mit freundlichem Gruß
Im Auftrag
Unterschrift
(Name in Maschinenschrift)

Anmerkungen:

Die Ansichten darüber, wie Widerspruchsbescheide optimal gestaltet werden, gehen recht weit auseinander; das Spektrum von „obrigkeitlich" bis „partnerschaftlich" entspricht den oben (unter RdNr. 335, 339 und 343) dargestellten unterschiedlichen drei Varianten zur Gestaltung einer Ordnungsverfügung (erste „Verwaltungsinstanz"). Bei allem Bemühen auf diesem Gebiet ist es ratsam, zu berücksichtigen, dass jeder **Widerspruchsbescheid in einem mehrpoligen Spannungsverhältnis** verschiedener (zum Teil gegenläufiger) Interessen steht:

372

Widerspruchsbescheide

- müssen die (wenigen) gesetzlichen Gestaltungsvorschriften erfüllen,
- müssen dem Menschenbild des Grundgesetzes angemessen sein,
- sollen nicht zu lang und trotzdem ausreichend begründet sein,
- entstehen in der Verwaltungspraxis oft unter Zeitdruck,
- sollen verständlich, überzeugend, fair und bürgerfreundlich
- und (trotzdem/zusätzlich) auch noch „gerichtsfest" sein.

Dies alles ist ohnehin nur möglich, wenn „die Verantwortlichen in den Schlüsselpositionen der Praxis ihre Mitarbeiter entsprechend führen und motivieren und nicht ihrerseits als Hemmschuh wirken"[97].

Im Einzelnen sei zu dem obigen Muster eines Widerspruchsbescheides angemerkt:

– Zum Adressaten und Zustellungsvermerk: Soweit Rechtsanwälte oder sonstige Bevollmächtigte schriftliche Vollmacht vorgelegt haben, muss an sie (und nicht an den von ihnen vertretenen Adressaten des Grund-VA) zugestellt werden (§ 8 Abs. 1 S. 2 VwZG). Bei Rechtsanwälten (und den übrigen in § 5 Abs. 2 VwZG genannten) kann zwar auch mit Postzustellungsurkunde zugestellt werden; in der Verwaltungspraxis wird hier Zustellung gegen Empfangsbekenntnis vorgezogen, da dies erheblich preiswerter und ähnlich sicher ist. Die Rechtsanwälte sind aufgrund anwaltlicher Standespflicht zur umgehenden Rücksendung des unterzeichneten Empfangsbekenntnis-Formulars verpflichtet.

373

– Zur Überschrift: Teilweise wird in der Praxis – anders als im obigen Muster – nicht die Überschrift („Widerspruchsbescheid") vorangestellt, sondern mit der Anrede („Sehr geehrte(r) . . .") begonnen und dann fortgeführt: „…auf Ihren …Widerspruch vom …ergeht folgender Widerspruchsbescheid: . . .". Diese beiden Formen sind sowohl inhaltlich als auch stilistisch gleichwertig.

---

97 So Schmitz VR 91, 84, 90

374 – Zur Hauptsachenentscheidung des Tenors: Ihr Umfang steht in Wechselbeziehung zum Umfang von Betreff/Bezug; soweit in der Praxis die Hauptsachenentscheidung des Tenors nur lautet: „Ihren Widerspruch weise ich zurück", müssen alle detaillierten Angaben und Daten im Betreff/Bezug enthalten sein. Im obigen Muster soll dagegen der Tenor aus sich selbst heraus verständlich sein; deshalb enthält er auch die entscheidenden Identifikationsangaben. Dagegen sind Betreff und Bezug knapp gehalten; sie sollen hier nur einer ersten Orientierung des Empfängers dienen.

– Dem zurückweisenden Tenor werden in der Verwaltungspraxis teilweise die Zusätze „als unzulässig" bzw. „als unbegründet" zugefügt. Dies ist nicht zu empfehlen, da es für die Lesbarkeit und Verständlichkeit sinnvoll ist, den Tenor zwar komplett, aber auch knapp zu halten. Deshalb wird hier die Frage der Unzulässigkeit bzw. Unbegründetheit allein in der Begründung des Widerspruchsbescheides angesprochen[98].

– Zur Sachverhaltsdarstellung: Sie wird in der Praxis der Widerspruchsbehörden oft (unter weitgehender Verweisung auf den Ausgangsbescheid) sehr kurz formuliert; dies vermeidet Doppelarbeit und ist (nicht nur gegenüber Rechtsanwälten) durchaus vertretbar.

375 – Teilweise wird in der Verwaltungspraxis bei der rechtlichen Begründung nicht auf die Entscheidungsbefugnis als Widerspruchsbehörde und die formelle Rechtmäßigkeit des angegriffenen GrundVAs eingegangen. Das ist vertretbar, soweit diese Fragen im konkreten Falle unproblematisch sind.

– Zur Behandlung der Anordnung der sofortigen Vollziehung: Hier erscheint unter dem Aspekt der Bürgerfreundlichkeit idR eine Auslegung bzw. Umdeutung des (insoweit wegen des vom Gesetz vorgegebenen Sonderrechtsbehelfs nicht möglichen) „Widerspruchs" in einen Antrag nach § 80 Abs. 4 VwGO auf Aussetzung der Vollziehung geboten. Im gleichen Sinne wird (im Bemühen, fair zu „verfahren") in der Rechtsbehelfsbelehrung auf die Möglichkeit eines weiteren Antrages gemäß § 80 Abs. 5 VwGO hingewiesen.

376 – Zur Rechtsbehelfsbelehrung: Der in § 73 Abs. 3 VwGO verwendete Begriff „Rechtsmittel" ist ein redaktionelles Versehen des Gesetzgebers, wie sich unter Berücksichtigung der Überschrift zu Teil III (vor § 124 VwGO) ergibt[99] (vgl. unten RdNr. 754).

– Zu verschiedenen Mustern von Rechtsbehelfsbelehrungen vgl. Stelkens/Bonk/Sachs § 37 RdNr. 5, insbesondere Muster 2 und 3[100].

---

98 Vgl. Linhart § 20 RdNr. 240; Pietzner/Ronellenfitsch § 41 RdNr. 21; Günther/Blum S. 70
99 So auch Linhart § 20 RdNr. 400; Pietzner/Ronellenfitsch § 48 RdNr. 2. – Vgl. darüber hinaus zum „Begriff des Rechtsbehelfsverfahrens ...in der AO": BFH NVwZ-RR 97, 571.
100 Auflistung von Ländermustern bei Pietzner/Ronellenfitsch § 48 RdNr. 17. Vgl. auch: OVG Schleswig NVwZ 92, 385; zur Rechtsbehelfsbelehrung nach AO (Einspruch) vgl. §§ 356 Abs. 1 AO; zur Rechtsbehelfsbelehrung im Sozialrecht: BSG NVwZ 98, 109.

6. Abschnitt: Rechtmäßigkeit des Verwaltungsaktes

1. Rechtsgrundlagen und Befugnis zum Erlass eines VA

Wichtigste Aufgabe des Verwaltungsrechts ist es, die Rechtmäßigkeit des Verwaltungshandelns zu gewährleisten. Die Ausgangsfrage für die folgenden Ausführungen lautet daher: „Ist ein – erlassener oder beabsichtigter – VA rechtmäßig?"

1.1 Ein VA ist **rechtmäßig**, wenn er mit dem geltenden Recht – seiner Rechtsgrundlage – übereinstimmt. Falls es sich um einen belastenden VA handelt oder aus sonstigen Gründen der Gesetzesvorbehalt[1] gilt, bedarf es einer ihn rechtfertigenden Ermächtigung (Befugnisnorm, Eingriffsgrundlage); andernfalls ist er rechtswidrig (fehlerhaft). Für die Rechtmäßigkeit des VA ist vor allem erforderlich, dass es für das in ihm enthaltene Gebot, Verbot u. s. w. eine **Rechtfertigung in einer Rechtsnorm** gibt. Wird beispielsweise in einem VA eine Geldleistung des Bürgers gefordert, so muss sich aus einer Rechtsnorm eine materiell-rechtliche Verpflichtung des Bürgers zu dieser Geldleistung ergeben. 377

In der Praxis bedeutsame Voraussetzung für einen rechtmäßigen VA ist neben der korrekten Anwendung und Auslegung der Rechtsnormen auch die **zutreffende Sachverhaltsermittlung.** Ein VA kann nämlich trotz richtiger abstrakter Auslegung der Ermächtigungsnorm fehlerhaft sein, wenn die entscheidungserheblichen Tatsachen unzureichend ermittelt oder unzutreffend bewertet worden sind. Diese Sachverhalts- oder Tatsachenseite bildet in der Verwaltungspraxis meist das Hauptproblem; sie ist deshalb sowohl hier unter dem Aspekt der Rechtmäßigkeit des VA anzusprechen als auch (unten bei RdNr. 667ff) unter dem Aspekt des Verwaltungsverfahrens[2]. 378

1.2 Allgemeine Voraussetzung für die Rechtmäßigkeit ist, dass die Behörde überhaupt befugt ist, die materiell-rechtliche Rechtsfolge gerade durch VA geltend zu machen **(VA-Befugnis)**. Im Beispiel einer Geldforderung muss sie etwa berechtigt sein, einen Abgaben- oder Zahlungsbescheid zu erlassen. 379

Dass es keine Selbstverständlichkeit ist, öffentlich-rechtliche Rechte und Pflichten durch VA geltend zu machen und zu verwirklichen, ergibt sich aus den oben unter RdNr. 277ff aufgeführten materiell-rechtlichen und verfahrens-rechtlichen Aspekten, ferner aus anderweitigen Handlungs- und Durchsetzungsmöglichkeiten, die es für die Behörde gibt: z. B. Erhebung einer gerichtlichen Klage (vgl. § 1 Abs. 2 VwVG des Bundes), Abschluss eines öffentlich-rechtlichen Vertrages (nach §§ 54ff VwVfG, 53ff SGB X).

Beispielsweise besteht nach ständiger Rechtsprechung des Bundesverwaltungsgerichts die VA-Befugnis ohne gesonderte Anerkennung, soweit zwischen Behörde und Bürger ein konkretes Über- und Unterordnungsverhältnis

---

1 Zum Gesetzesvorbehalt vgl. oben RdNr. 178ff
2 Vgl. zu rechtswidriger Sachverhaltsermittlung und rechtmäßiger Nachermittlung: Erfmeyer, VR 2000, 325; zu vereinfachter Sachverhaltsermittlung bei „intendiertem Ermessen": Borowski, DVBl 2000, 149 und unten 6. Abschnitt 3.1; zur Sachverhaltsermittlung bei Schulverweisung: OVG Münster, NWVBl 2001, 36/37; zur Zugrundelegung eines unzutreffenden Sachverhalts bei einer Prüfung: Vahle, DVP 2001, 40; zum Umfang der Sachverhaltsermittlungspflicht bei verbotswidrig abgestelltem Fahrzeug bei Zettel mit Handynummer auf dem Armaturenbrett: VG Hamburg VR 2002, 107; zu Grenzen der Sachverhalts-Ermittlungspflicht vgl. Wölfl DÖV 2004, 433.

besteht. Damit hat das BVerwG gerechtfertigt, dass ein Beamter, der sich nach Beamtenrecht (z. B. § 78 BBG) ersatzpflichtig gemacht hat, von seinem Dienstherrn zur Leistung von Schadensersatz durch VA (Leistungsbescheid) verpflichtet werden kann.

Grundlegend führt das BVerwG[3] hierzu aus: „Nach einem allgemeinen Rechtsgrundsatz des deutschen Verwaltungsrechts sind die Organe der vollziehenden öffentlichen Gewalt befugt, zur hoheitlichen Erfüllung ihrer Verwaltungsaufgaben Verwaltungsakte ... zu erlassen, sofern nicht ausnahmsweise etwas anderes vorgeschrieben ist." Nach dem BVerwG[4] gilt dies, wenn „die Verwaltung dem auf Schadensersatz in Anspruch Genommenen bezüglich des Anspruch im Verhältnis hoheitlicher Überordnung gegenübersteht."

380 Die **Befugnis der Verwaltungsbehörde, durch VA zu handeln**, besteht zunächst dort, wo im Gesetz ausdrücklich auf einen VA hindeutende Begriffe gebraucht werden.

Beispielsweise folgt die Zulässigkeit von VAen im Steuerrecht aus §§ 155, 218 Abs. 1 AO (die „Steuerbescheide" ausdrücklich erwähnen), im Vereinsgesetz aus § 3 (Verbote von Vereinen „durch Verfügung"). Auch in den Ordnungs- und Polizeigesetzen ist der Erlass von „Verfügungen" vorgesehen (vgl. § 20 OBG NRW). VAe sind ebenfalls dort vom Gesetz vorgegeben, wo die Begriffe „Genehmigung", „Erlaubnis" oder ähnliches in einer Norm enthalten sind.

381 Auch im Bereich der Leistungsverwaltung ist der Erlass von VAen grundsätzlich zulässig. So wird über die Gewährung von Sozialhilfe, Ausbildungsförderung oder Subventionen durch VA entschieden. Ersatzansprüche im Sozialrecht werden durch Leistungsbescheid geltend gemacht; die Erstattung zu Unrecht erbrachter Leistungen wird durch VA durchgesetzt.

Beispielsweise § 50 Abs. 3 SGB X: „Die zu erstattende Leistung ist durch schriftlichen Verwaltungsakt festzusetzen".

Kein Zweifel an der Möglichkeit, VAe zu erlassen, besteht auch im Hinblick auf solche Vorschriften, die der Gefahrenabwehr dienen und deren Überwachung in die Zuständigkeit der Ordnungs- und Polizeibehörden (einschließlich der Sonderordnungsbehörden wie Straßenverkehrsbehörden, Gewerbeaufsichtsbehörden, Staatliche Umweltämter etc.) fallen.

In Zusammenhang mit der dem VA nachfolgenden **Verwaltungsvollstreckung** ist zu unterscheiden: Ob diese Verwaltungsvollstreckung zulässig ist, hängt grundsätzlich davon ab, ob rechtmäßigerweise ein VA ergangen ist. Die Verwaltungsvollstreckungsgesetze (vgl. § 1 Abs. 2 VwVG des Bundes) setzen daher die VA-Befugnis voraus, räumen dagegen keine VA-Befugnis ein (auch nicht § 3 VwVG des Bundes). Besteht eine Berechtigung zur Verwaltungsvollstreckung, dann können die im Verwaltungsvollstreckungsverfahren erforderlichen Regelungen ohne weiteres durch VA getroffen werden; z. B. können die Kosten der Ersatzvornahme vom Pflichtigen durch Leistungsbescheid verlangt (und ggfs im Wege der Verwaltungsvollstreckung geltend gemacht) werden.

382 Auf bestimmten Rechtsgebieten besteht die Befugnis zum Erlass von VAen gewohnheitsrechtlich. Es handelt sich um die Rechtsbeziehungen, die in verwaltungsrechtlichen Sonderverhältnissen bestehen und die früher als besondere Gewaltverhältnisse bezeichnet wurden (vgl. RdNr. 257 ff und RdNr. 305 ff).

Beispielsweise gilt dies grundsätzlich im Beamtenrecht: Über die den Beamten persönlich betreffenden Rechte und Pflichten, auch über Versetzungen und Beförderungen, wird durch VA entschieden. – Dies ist problematisch für die Heranziehung des Beamten zur Leistung von Schadensersatz wegen Pflichtverletzung (z. B. nach § 78 BBG). Nach ständiger Rechtsprechung des Bundesverwaltungsgerichts darf die Behörde in solchem Fall durch VA (Leistungsbescheid) vorgehen[5].

---

[3] E 28, 1, 2
[4] E 24, 225, 228
[5] Vgl. BVerwG DVBl 84, 1224. – Zur VA-Befugnis für Leistungsbescheide gegen Dritte und für Leistungsbescheide nach öffentlich-rechtlichem Vertrag vgl. Martens, NVwZ 93, 27.

Innerhalb öffentlich-rechtlicher Anstaltsverhältnisse darf der Anstaltsträger kraft Anstaltsgewalt die zur Erreichung des Anstaltszwecks erforderlichen Maßnahmen durch VA erlassen.

<small>Beispiele sind die Zulassung zur Anstalt sowie der Ausschluss davon, ferner etwa die Durchsetzung des Anschluss- und Benutzungszwangs[6]. – Entsprechendes gilt auch für das Schulrecht und das Hochschulrecht, wo z. B. über die Zulassung zu einer Wiederholungsprüfung oder über eine Schulverweisung durch VA entschieden wird.</small>

Die VA-Befugnis kann sich aus einer Auslegung des die materiell-rechtlichen Pflichten regelnden Gesetzes ergeben, insbesondere wenn das Gesetz nur durch VA verwirklicht werden kann. Dazu gehören die Fälle, bei denen eine Entscheidung erforderlich ist, da diese nur durch VA getroffen werden. Insbesondere wenn Ermessen eingeräumt ist, zwingt dies zu einer durch VA zu treffenden Entscheidung. Ist eine Leistung (z. B. eine Subvention) durch VA bewilligt und gewährt worden und liegen die materiellen Voraussetzungen für den Widerruf oder die Rücknahme vor, so können der Widerruf oder die Rücknahme sowie die Rückforderung der Leistung (auch nur) durch VA erfolgen („Kehrseitentheorie").

Die **Befugnis** zum Handeln durch VA **fehlt dagegen**,   **383**

– wenn die Begriffsvoraussetzungen des VA nicht gegeben sind, z. B. weil es sich um privatrechtliche Beziehungen handelt;
– wenn kein Über- und Unterordnungsverhältnis besteht (wie z. B. zwischen dem Land Bayern und einem Landrat als Kommunalbeamten[7]),
– wenn Ansprüche aus einem öffentlich-rechtlichen Vertrag durchgesetzt werden sollen, weil sich die Parteien insoweit in einem Gleichordnungsverhältnis befinden.

In diesen Fällen muss die Behörde ihre Ansprüche im Klagewege geltend machen, bei öffentlich-rechtlichen Ansprüchen vor dem Verwaltungsgericht (vgl. unten RdNr. 926 ff).

2. Anforderungen an die Rechtmäßigkeit des VA

2.1 Wenn bisher allgemein von „der **Rechtsgrundlage**" zum Erlass eines VA   **384**
die Rede war, so ist dies nunmehr dahin zu ergänzen, dass die Rechtsgrundlage in aller Regel aus einer **Mehrzahl von Vorschriften** besteht. Hier soll zunächst ein Überblick über die verschiedenen Anforderungen an den rechtmäßigen Erlass eines VA gegeben werden.

Der folgende Überblick kann zugleich als **Aufbauschema** für die Fallprüfung dienen:

<small>6 Vgl. Hofmann/Muth/Theisen, Kommunalrecht 2.3.4.2.2
7 Vgl. BVerwGE 24, 225. – Zum Verhältnis zwischen dem Landesrechnungshof und einem Klinikdirektor, vgl. OVG Lüneburg DVBl 84, 837, 838.</small>

385	**Aufbauschema für Fallbearbeitung (VA-Rechtmäßigkeitsprüfung):** **I. Formelle Seite der Rechtmäßigkeitsanforderungen** 1. **Zuständigkeit der handelnden Behörde**, z. B. § 3 VwVfG (§ 2 SGB X; §§ 16 ff AO) 2. Beachtung eventueller spezialgesetzlicher **Fristen** 3. Beachtung der **Verfahrensvorschriften**, §§ 9 ff VwVfG (§§ 8 ff SGB X; §§ 78 ff AO) – z. B. ausgeschlossene Personen, Befangenheit, Anhörung 4. Beachtung der **Formvorschriften**, § 37 Abs. 2–4 VwVfG (§ 33 Abs. 2–4 SGB X; § 119 Abs. 2–4 AO) oder sondergesetzlich, z. B. § 20 OBG NRW 5. **Begründung**, § 39 VwVfG (§ 35 SGB X; § 121 AO) 6. **Bekanntgabe**, § 41 VwVfG (§ 37 SGB X; § 122 AO)
386	**II. Materielle Seite der Rechtmäßigkeitsanforderungen** 1. Eingreifen einer **Rechtsgrundlage** (beim belastenden VA: Ermächtigung), d. h. einer Rechtsvorschrift über das Handelndürfen oder Handelnmüssen der Verwaltung. Hier liegt meist der Schwerpunkt in der Fallbearbeitung. (Die Rechtsgrundlage/Ermächtigung findet sich meist im besonderen Verwaltungsrecht – z. B. in der ordnungsrechtlichen Generalklausel (§ 14 OBG NRW) bzw. in Spezialgesetzen. Manchmal besteht sie wiederum aus mehreren zusammengehörigen Vorschriften. Einige allgemeine Rechtsgrundlagen gibt es auch in den Verwaltungsverfahrensgesetzen – z. B. im VwVfG für Nebenbestimmungen in § 36, für Rücknahme und Widerruf in §§ 48, 49). 2. Ergänzende oder einschränkende Vorschriften sind z. B. solche über den richtigen **Adressaten** des VA (im Polizei-/Ordnungsrecht: „Störer-Begriff"). 3. **Grundrechte oder andere subjektive Rechte** des VA-Adressaten oder Dritter dürfen nicht verletzt werden. 4. Falls die Rechtsgrundlage eine Ermessensvorschrift ist: richtige **Ermessensausübung**, § 40 VwVfG (§ 39 SGB I, § 5 AO), vgl. unten RdNr. 407, 412 ff 5. Das **Verhältnismäßigkeitsprinzip** ist allgemein zu beachten, z. B. ausdrücklich genannt in § 15 OBG, § 58 VwVG NRW (vgl. unten RdNr. 400 ff) 6. **Bestimmtheit** des VA (Sie wird in §§ 37 VwVfG, 33 SGB X, 119 AO mißverständlicherweise in einem Paragraphen jeweils zusammen mit der Form behandelt; bei der Bestimmtheit handelt es sich – im Gegensatz zum formellen Merkmal „Form" – aber um eine inhaltsbezogene, die Rechtsfolge betreffende, also materielle Voraussetzung.) Vgl. unten RdNr. 391 ff 7. Gebote und Verbote, deren Erfüllung **unmöglich** ist, sind rechtswidrig (vgl. unten RdNr. 395)

Für die Praxis sind die eingangs im Aufbauschema genannten formellen Aspekte des VA bedeutsam im Verwaltungsverfahren und werden deshalb unten (bei RdNr. 617 ff, insbesondere RdNr. 659 ff) eingehend behandelt.

Die formelle und materielle Seite der Rechtsmäßigkeit des VA darf nicht verwechselt werden mit den Begriffen „formelles und materielles Recht": zum „formellen Recht" vgl. oben RdNr. 227; zum „materiellen Recht" oben RdNr. 228.

2.2 Der obige Überblick ist zugeschnitten auf den Normalfall eines **erlassenen belastenden VA.** In solchem Fall müssen bei einer (nachträglichen) rechtlichen Rechtmäßigkeits-Überprüfung die, nach Lage des einzelnen Falles in Betracht kommenden, formelle und materielle Anforderungen untersucht werden. Nur wenn alle Voraussetzungen gemeinsam (kumulativ) gegeben sind, ist der VA rechtmäßig. Fehlt eine Voraussetzung, ist er rechtswidrig. 387

Für andere Prüfungssituationen sind Besonderheiten zu beachten:

2.2.1 Geht es um die Rechtmäßigkeit eines **erlassenen begünstigenden VA**, so ist auf die Ausgestaltung der Rechtsgrundlage zu achten. Meist sind dort die Voraussetzungen für den Erlass des VA aufgeführt (z. B. in § 8 StAG; § 6 BImSchG; § 75 BauO NRW). Dann ist die Prüfung die gleiche wie beim belastenden VA. Nicht selten ist aber (nur) geregelt, wann eine Genehmigung zu versagen ist (so z. B. in § 4 GastG; § 6 WHG; § 20 BauGB). Dann ist der VA rechtmäßig, wenn die Voraussetzungen, die das Gesetz für die Versagung der Genehmigung aufstellt, nicht gegeben sind. 388

2.2.2 Geht es um die Rechtmäßigkeit einer (bereits erfolgten) **Ablehnung eines begünstigenden VA,** so liegt dieselbe Ausgangslage vor; d. h. wie die Rechtsgrundlage zu prüfen ist, richtet sich nach ihrer Ausgestaltung. Fehlt überhaupt eine Rechtsnorm, so darf die Ähnlichkeit dieser Situation mit der beim belastenden VA nicht dazu verleiten, die Ablehnung deshalb als rechtswidrig anzusehen, weil es an einer „Ermächtigung zur Ablehnung" fehlt. Vielmehr kann beispielsweise die Ablehnung eines Antrags auf eine Geldleistung gerade deshalb rechtmäßig sein, weil es für die Leistung keine Rechtsgrundlage gibt. Es kommt hier also entscheidend auf das materielle Recht an. Bei Prüfung der anderen Voraussetzungen ist die Begründung der Behörde für die Ablehnung mit heranzuziehen: Ist z. B. die Behörde nicht zuständig, so ist die Ablehnung, die mit fehlender Zuständigkeit begründet wird, rechtmäßig; eine Ablehnung des VA in der Sache selbst wäre dagegen rechtswidrig. 389

2.2.3 Soll die Rechtmäßigkeit eines **noch zu erlassenden VA** geprüft werden, so ist die im obigen Überblick gewählte Reihenfolge dahin abzuändern, dass von den formellen Voraussetzungen zunächst nur die Zuständigkeit und das einzuhaltende Verfahren geprüft werden – soweit überschaubar (die Notwendigkeit einer Anhörung kann z. B. erst geprüft werden, wenn geklärt ist, ob es sich bei dem VA um einen Eingriff (oder ähnliches)[8] handelt.

Danach folgt die materielle Seite. Erst im Anschluss daran sind die weiteren, den Erlass des VA betreffenden formellen Erfordernisse wie Form u. s. w. zu behandeln.

---

8 Vgl. unten RdNr. 678

2.3 Besondere materielle Fehlerquellen

390 Wesentliche Rechtsgrundlagen für die Tätigkeit der Verwaltung ergeben sich aus **materiell-rechtlichen** Normen des **besonderen** Verwaltungsrechts und sind daher hier – im allgemeinen Verwaltungsrecht – nicht darzustellen. Nachfolgend sollen aber einige wichtige materielle Anforderungen behandelt werden, die für alle VAe bzw. für viele Ermächtigungsnormen gemeinsam gelten:

391 2.3.1 Jeder VA muss „inhaltlich hinreichend bestimmt sein" (so §§ 37 Abs. 1 VwVfG, 33 Abs. 1 SGB X, 119 Abs. 1 AO). Die **Bestimmtheit** des VA wird in den genannten Paragraphen zwar zusammen mit der „Form" des VA geregelt; es handelt sich jedoch um eine inhaltsbezogene, die Rechtsfolge der Ermächtigung betreffende und damit materielle Voraussetzung[9]. Diese Unterscheidung ist bedeutsam, denn formelle Fehler und Verfahrensfehler können u. U. geheilt werden können oder unbeachtlich bleiben, materielle Rechtsmängel jedoch nicht (vgl. unten RdNr. 477–485).

Das Bestimmtheitsgebot folgt aus der Gesetzesvollzugsfunktion[10] des VA, für den konkreten Einzelfall detailliert zu regeln, was das Gesetz bloß allgemein vorschreiben kann. Der VA muss deshalb unmissverständlich erkennen lassen, wer was von wem will (oder erhält). Das gilt insbesondere: für die Bezeichnung der erlassenden Behörde (vgl. z. B. §§ 37 Abs. 3, 44 Abs. 2 Nr. 1 VwVfG), für die Bezeichnung des Adressaten, sowie für den Ausspruch des VA (Inhalt des Tenors[11]).

Bei der in Zweifelsfällen erforderlichen Auslegung ist aber auch die Begründung des VA mit heranzuziehen[12]. Welches **Maß an Eindeutigkeit** im Inhalt des Tenors erforderlich ist, richtet sich nach dem Sachgebiet und der Art der Maßnahme.

Beispiele: Bei einem auf Geldzahlung gerichteten VA muss der Betrag durch Ziffern genau angegeben werden, während bei der Widmung einer öffentlichen Einrichtung der Zweck der Einrichtung nur grob umschrieben zu werden braucht. Soll durch Erlass einer Verfügung eine Gefahr bekämpft werden, so muss in der Verfügung zumindest der mit ihr beabsichtigte Erfolg (das heißt der herbeizuführende ordnungsgemäße Zustand) bezeichnet werden. – Die Rechtsprechung hat hierzu eine umfassende Kasuistik entwickelt, die für die Verwaltungspraxis Maßstäbe setzt[13].

392 Der VA muss aus sich heraus so klar sein, dass der Betroffene (bzw. die Widerspruchsbehörde, ein Gericht oder gegebenenfalls auch ein Vollstreckungsbeamter) ohne weitere Hilfen erkennen kann, was gelten soll bzw. was von dem Betroffenen verlangt wird. – Die Frage, ob nur der von der Behörde angestrebte Zustand anzugeben ist oder auch die Mittel, mit denen er erreicht werden soll, muss unterschiedlich beantwortet werden:

---

9 So auch Fings/Spahlholz RdNr. 351; Maurer § 10 RdNr. 18; Schmalz AVR RdNr. 282; Stelkens/Bonk/Sachs § 37 RdNr. 10 und § 45 RdNr. 168
10 Vgl. oben RdNr. 279
11 Beispiele zum „Tenor" eines Bescheides: oben RdNr. 324, 327, 339, 356 -361
12 OVG Münster NWVBl 2004, 314
13 Vgl. z. B.: zu den Anforderungen an die Bestimmtheit einer Auflage BVerwG NVwZ 90, 855; zur Bestimmtheit des Bescheid-Tenors vgl. Hamann RdNr. 79ff, 88ff; zum Bestimmtheitserfordernis einer Ordnungsverfügung OVG Münster NVwZ 93, 1000; zur Auslegung eines mehrdeutigen VAs BFH NVwZ-RR 97, 571; zur Bestimmtheit eines Abgabenbescheides OVG Weimar, DÖV 2001, 137; zum Bestimmtheitserfordernis bei kartellrechtlichen Entscheidungen OLG Düsseldorf NVwZ-RR 2002, 146; zur Bestimmtheit des an einen Wohnungseigentumsverwalter gerichteten Kommunalabgabenbescheides VG Aachen NWVBl 2004, 34.

Zielt der VA auf die Verhinderung oder Beseitigung einer Störung, genügt grundsätzlich die bestimmte Bezeichnung der herbeizuführenden, störungsfreien Sachlage, also des Ziels der Maßnahme. Das Mittel ist hingegen anzugeben, wenn dies durch Gesetz vorgeschrieben ist (z. B. § 3 Abs. 2 S. 1 PolG, § 21 OBG NRW), oder auch wenn nur durch die Beschreibung des Mittels der Adressat Klarheit über das von ihm geforderte Verhalten bekommt oder wenn die Behörde im Falle einer Vollstreckung ein ganz bestimmtes Mittel anwenden will.

Beispiele: Wird vom Adressaten eine Unterlassung verlangt (z. B. von Lärm oberhalb eines bestimmten Db(A)-Wertes), braucht nicht positiv beschrieben zu werden, wie er dies erreicht, ob er z. B. die lärmende Maschine durch Baumaßnahmen abschirmt oder gegen eine leisere austauscht[14]. Andererseits genügt es nicht, einem Hauseigentümer aufzugeben, „die Einsturzgefahr des Schornsteins zu beseitigen"; vielmehr ist hier etwa anzugeben, dass „die Steine der oberen 50 cm des Schornsteins abzutragen und neu aufzumauern" sind.

Beispielsweise sind folgende Anordnungen **zu unbestimmt:** An einem Haus 393 „alle ohne Genehmigung errichteten Bauteile abzubrechen", einen Ventilator „geräuscharm" zu betreiben, „auf dem Baugrundstück oder in der Nähe" Parkplätze zu schaffen, bei einer Striptease-Vorführung „sexuelle körperliche Kontakte zu unterlassen". Den jeweiligen Verwaltungen ist in der Regel die fachgebietsbezogene Rechtsprechung bekannt, so dass durch diese umfassende Kasuistik der Gerichte[15] der relativ unbestimmte Begriff „Bestimmtheit" hinreichend bestimmt und handhabbar wird.

Sowohl für die Behörde als auch für die Betroffenen hilfreich ist die in der 394 Verwaltungspraxis anzutreffende Lösung, neben dem Ziel ein bestimmtes Mittel anzuordnen, das gegebenenfalls auch vollstreckt werden soll, dem Adressaten aber zu gestatten, das gleiche Ziel durch ein alternatives (Austausch-)Mittel zu erreichen (vgl. § 21 S. 2 OBG NRW).

Wird das Bestimmtheitsgebot verletzt, kommen **verschiedene Rechtsfolgen** in Betracht: Meist wird schlichte Rechtswidrigkeit (Anfechtbarkeit) gegeben sein. Nichtigkeit liegt in dem Spezialfall vor, dass der schriftliche VA nicht „die erlassende Behörde … erkennen lässt" (jeweils Abs. 2 Nr. 1 der §§ 44 VwVfG, 40 SGB X, 125 AO). Im übrigen kann in (den selteneren) Fällen besonders schwerwiegender, offenkundiger Unklarheit Nichtigkeit gemäß §§ 44 Abs. 1 VwVfG, 40 Abs. 1 SGB X, 125 Abs. 1 AO gegeben sein[16]. Wird nicht einmal deutlich, dass eine Regelung getroffen ist, liegt überhaupt kein VA vor.

2.3.2 Kein VA darf etwas Unmögliches verlangen. Hierbei sind zu unterscheiden: tatsächliche und rechtliche **Unmöglichkeit**.

---

14 BVerwGE 31, 15, 18
15 **Beispiele**: für einen unverständlichen EDV-Bußgeldbescheid: AG Hersbruck NJW 84, 2426. Vgl. zur Unbestimmtheit der Auflage, bei einer Demonstration „Nötigungen iSd § 240 StGB zu unterlassen" VGH München NJW 84, 2116. Zur Unbestimmtheit der Zuweisung eines Asylbewerbers VGH Kassel NVwZ 86, 69; zur Unbestimmtheit eines Abgabenbescheides, der nicht erkennen lässt, „für welche Konfessionszugehörigkeit Kirchensteuer erhoben wird" BFH NVwZ 86, 792. Zur Unbestimmtheit einer Auflage BVerwG NVwZ 90, 855. Vgl. Fall Nr. 89 a) bei Bovermann/Dünchheim, Examinatorium – Allgemeines Verwaltungsrecht; zur Bestimmtheit einer Bauordnungsverfügung OVG Münster DVP 2001, 42 mit Anm. von Vahle; zur Konkretisierung des Tenors eines VA durch Heranziehung der Begründung: OVG Münster NWVBl 2004, 314.
16 Zur Frage einer eventuellen Nichtigkeit bei (umstrittener) fehlender Bestimmtheit einer Bauordnungsverfügung: OVG Münster DVP 2001, 42 mit Anm. von Vahle.

395 a) Eine **aus tatsächlichen Gründen**[17] gegebene, für jedermann bestehende (objektive) Unmöglichkeit führt nach §§ 44 Abs. 2 Nr. 4 VwVfG, 40 Abs. 2 Nr. 3 SGB X, 125 Abs. 2 Nr. 2 AO zur Nichtigkeit.

Beispiele: Gebot, eine „Baumaschine geräuschlos" zu betreiben; Abbruchanordnung für ein bereits zusammengestürztes Gebäude; Gebührenbescheid, der auf eine nicht mehr gültige Währung ausgestellt ist. Weiteres Beispiel für tatsächliche objektive Unmöglichkeit ist die Auflage, bei einer Demonstration auf öffentlichen Straßen weder den Fahr- noch den Fußgängerverkehr zu beeinträchtigen, denn „jeder Aufzug beeinträchtigt nämlich notwendigerweise den Straßenverkehr"[18].

Der Fall, dass die Befolgung nur dem Adressaten (subjektiv) unmöglich ist, ist im Gesetz nicht geregelt[19]. Es besteht aber Übereinstimmung, dass hier zumindest (schlichte) Rechtswidrigkeit, bei Vorliegen der (selteneren) besonderen Voraussetzungen des Abs. 1 der §§ 44 VwVfG, 40 SGB X, 125 AO sogar Nichtigkeit vorliegt.

Beispiele für tatsächliche subjektive Unmöglichkeit sind: Anordnungen persönlicher Leistungen, die der Betroffene etwa wegen Alters oder Krankheit nicht erfüllen kann; Unvermögen aus Geldmangel, den Abbruch eines Gebäudes durchzuführen.

396 b) Liegt **rechtliche Unmöglichkeit** [20] vor, weil das von dem VA verlangte Verhalten eine Straftat oder Ordnungswidrigkeit wäre, ist der VA nach §§ 44 Abs. 2 Nr. 5 VwVfG, 40 Abs. 2 Nr. 4 SGB X, 125 Abs. 2 Nr. 3 AO nichtig. In anderen Fällen rechtlicher Unmöglichkeit ist nur sehr selten (bei Vorliegen der schwerwiegenden Voraussetzungen des Abs. 1 der §§ 44 VwVfG, 40 SGB X, 125 AO) Nichtigkeit gegeben. Die meisten Fälle rechtlicher Unmöglichkeit führen zu schlichter Rechtswidrigkeit (= Anfechtbarkeit).

Beispiele: sämtliche Situationen, in denen etwa wegen zivilrechtlicher oder sonstiger öffentlichrechtlicher Hinderungsgründe das verlangte Tun oder Unterlassen nicht ausgeführt werden darf, etwa wegen Verstoßes gegen naturschutzrechtliche Bestimmungen[21].

397 Ein wichtiger Sonderfall liegt vor, wenn der Befolgung des VA die privaten **Rechte eines Dritten** entgegenstehen. Der Dritte wird als Nebenberechtigter bezeichnet. Da die Beseitigung einer Störung nicht am (zufälligen) Vorhandensein eines Nebenberechtigten scheitern darf, muss die Behörde gegenüber diesem eine **Duldungsverfügung** erlassen.

Beispiel ist das Gebot gegenüber dem Eigentümer E, ein im Landschaftsschutzgebiet ohne Genehmigung errichtetes Wochenendhaus abzubrechen, wenn das Haus an den M vermietet und das Mietverhältnis nicht alsbald kündbar ist. Die Duldungsverfügung ist rechtmäßig, wenn der Besitzer (hier Mieter) einer störenden Sache als Zustandsstörer verantwortlich ist.

398 Muss der Nebenberechtigte das Verhalten des primär Verpflichteten dulden, so entfällt dessen rechtliche Unmöglichkeit. Fehlt die Duldungsverfügung, so führt das nach der Rechtsprechung allerdings nicht zur Rechtswidrigkeit des VA, sondern nur zum Ausschluss der Vollstreckbarkeit[22].

Die Behörde darf also im obigen Beispielsfall des vermieteten Wochenendhauses zunächst die (Haupt-) Verfügung erlassen und abwarten, ob der Nebenberechtigte freiwillig zustimmt. Wenn das nicht der Fall ist, muss sie – vor der Vollstreckung – die Duldungsverfügung erlassen. Rechtsgrundlage für die Duldungsverfügung sind idR dieselben Vorschriften wie die für die Hauptverfügung. Die

---

17 Beispielsfälle bei Vahle, DVP 2005, 109 ff
18 So VGH München NJW 84, 2116. – Vgl. Fall Nr. 89 bei Bovermann/Dünchheim, Examinatorium – Allgemeines Verwaltungsrecht.
19 Beispiel: BVerwG NVwBl. 2004, 389
20 Beispielsfälle bei Vahle, DVP 2005, 109 ff
21 Zur Unzulässigkeit der Durchquerung des geschützten Bereichs eines Naturdenkmals mit Anschlussleitungen OVG Münster, Eildienst Städtetag, 97, 30.
22 BVerwGE 40, 101, 103; aA Maurer § 10 RdNr. 19

Behörde hat dadurch eine Möglichkeit, schrittweise vorzugehen, kann in dringenden Fällen beide Bescheide aber auch parallel erlassen.

In der Verwaltungspraxis hat der Gesichtspunkt der Unmöglichkeit als selbständige Fehlerquelle für den VA wenig Bedeutung: Denn zuvor ist die Übereinstimmung des VA mit Voraussetzungen und Rechtsfolge der Rechtsgrundlage zu prüfen. Verlangt das Gesetz etwas Unmögliches, ist es nichtig; es fehlt dann bereits die Rechtsgrundlage. Verlangt das Gesetz nichts Unmögliches, wohl aber der VA, stimmt dieser mit der Rechtsgrundlage nicht überein. Praktische Bedeutung behält dieser Gesichtspunkt in Zweifelsfällen der Gesetzesauslegung und im Ermessensbereich.

Eng verwandt mit der Unmöglichkeit ist die **Unzumutbarkeit**. Auch sie führt zur Rechtswidrigkeit des VA. 399

Beispiel: Einem Gastwirt kann nicht zugemutet werden, alle 30 Minuten seine Gäste durch Lautsprecher darauf hinzuweisen, dass sie im Falle des Verlassens des Lokals keinen unnötigen Kraftfahrzeuglärm verursachen dürfen.

2.3.3 Das Prinzip der **Verhältnismäßigkeit** ist bei allen Staatsakten zu beachten. Es hat z. B. wesentliche Bedeutung im Verfassungsrecht, wo es als Grenze für Grundrechtseingriffe wirkt. Für das Verwaltungsrecht hat der Verhältnismäßigkeitsgrundsatz im Ordnungs- und Polizeirecht erhebliche Bedeutung. Das Prinzip der Verhältnismäßigkeit ist vielfach gesetzlich geregelt. 400

Beispiele: Art 5 Abs. 3 EG-Vertrag, § 9 Abs. 2 VwVG des Bundes, § 15 BGSG, § 58 VwVG NRW; in den Polizei- und Ordnungsgesetzen, z. B. § 15 OBG NRW, Art 4 bayPAG, § 2 PolG NRW. – Im übrigen gilt er immer als Ausfluss des Rechtsstaatsprinzips und gegebenenfalls eines von der Maßnahme berührten Grundrechts.

Zahlreiche Beispiele sind dementsprechend auch – ohne spezialgesetzliche Grundlage – von der Rechtsprechung entwickelt worden[23].

Gegenüber VAen ist das Verhältnismäßigkeitsprinzip (nur) **anwendbar**, soweit die Behörde einen Spielraum hat, insbesondere einen Ermessens- oder Beurteilungsspielraum, nicht jedoch gegenüber einer sich aus dem Gesetz zwingend ergebenden Rechtsfolge[24]. Die Beurteilung der Verhältnismäßigkeit steht allerdings nicht im Ermessen der Behörde; die „Verhältnismäßigkeit bindet vielmehr die Behörde bei ihrer Ermessensausübung"[25]. Die Alltagsweisheit, dass es sinnvoll ist „nicht mit Kanonen auf Spatzen zu schießen", konkretisiert sich im Gebot der Verhältnismäßigkeit zu einer Rechtspflicht, deren Verletzung beim VA in der Regel zur Rechtswidrigkeit (Anfechtbarkeit) führt. 401

Das Verhältnismäßigkeitsprinzip gebietet, dass eine staatliche **Maßnahme** (= das angewandte **Mittel**) und der mit ihr verfolgte **Zweck** in einem bestimmten („vernünftigen") **Verhältnis** zueinander stehen (Mittel-Zweck-Relation)[26]. 402

---

[23] Vgl. z. B. zur Verhältnismäßigkeit des Abschleppens eines zunächst erlaubtermaßen geparkten Kraftfahrzeugs BVerwG DVBl 98, 93; zur Verhältnismäßigkeit der (Beendigung) polizeilichen Einschreitens bei Anscheinsgefahr OLG Karlsruhe, DVP 2001, 85 (mit Anm. von Vahle); zur Verhältnismäßigkeit bei Abwägung von Verfassungsgütern BVerfG NJW 2004, 47; zur Verhältnismäßigkeit des Widerrufs einer Gaststättenerlaubnis wegen mehrfacher Hehlerei VG Gießen VR 2005, 33, 34
[24] Vgl. Fall Nr. 33 bei Bovermann/Dünchheim, Examinatorium – Allgemeines Verwaltungsrecht
[25] So Habermehl, POR RdNr. 233; vgl. Möller/Wilhelm, 3. Abschnitt, 5.3.2.
[26] Vgl. Heintzen DVBl 2004, 721 ff

Beispiel: Einzusetzen sind – wenn sie den Verwaltungszweck erreichen – mildere Maßnahmen („Minusmaßnahmen") als Ausdruck des Verhältnismäßigkeitsgrundsatzes[27]; Rechtsprechung und Literatur enthalten zahlreiche Beispiele[28].

Die „vernünftige" Mittel-Zweck-Relation ist in dreifacher Weise näher zu bestimmen: Die Maßnahme muss erstens für den angestrebten Zweck geeignet und zweitens erforderlich sein; drittens muss die mit ihr verbundene Belastung muss bezweckten Vorteil angemessen sein.

Die genannten drei Ausprägungen (Prüfungsstufen) „geeignet, erforderlich, angemessen" lassen sich nicht immer klar trennen[29], und ihre Bezeichnungen werden vereinzelt unterschiedlich verwandt; im wesentlichen besteht jedoch über folgendes Übereinstimmung:

403 1. **Geeignet** ist eine Maßnahme, wenn anzunehmen ist, dass sie den erstrebten Erfolg herbeiführt oder doch wenigstens fördert (Tauglichkeit). Vorausgesetzt wird dabei, dass die Maßnahme überhaupt einen Zweck verfolgt, also nicht willkürlich ergeht, und dass die Verfolgung dieses Zwecks rechtlich zulässig ist[30].

Beispiel: Ungeeignetheit des Mittels liegt vor, wenn für eine ohne Erlaubnis in einem Landschaftsschutzgebiet errichtete Party-Hütte ein bloßes Nutzungsverbot erlassen wird, da nicht allein das Abhalten von Parties, sondern vor allem die Existenz der Hütte dem Landschaftsschutz zuwiderläuft.

404 2. Nach dem Grundsatz der **Erforderlichkeit** ist, wenn mehrere Maßnahmen möglich und geeignet sind, diejenige Maßnahmen zu wählen, die den einzelnen und die Allgemeinheit am wenigsten beeinträchtigt (**mildestes** Mittel). Voraussetzung ist also, dass mehrere Möglichkeiten zur Erreichung des Verwaltungszwecks bestehen und dass ihre Nachteile verschieden groß sind.

Beispiele: (1) Bei einem im Wasserschutzgebiet unerlaubt angelegten Keller-Heizöltank genügt ein durch Verplombung gesichertes Benutzungsverbot anstelle eines (an sich auch geeigneten) Beseitigungsgebots, wenn die bauliche Beseitigung (Zerschweißen) sehr aufwendig ist[31]. Hier stört (im Unterschied zum obigen Beispiel der Party-Hütte im Landschaftsschutzgebiet) nicht die Existenz eines ungenutzten Tanks, sondern nur die Einlagerung von Heizöl[32].

(2) Der Abriss eines die Passanten gefährdenden, aber reparaturfähigen Hauses wäre als äußerstes Mittel zwar auch geeignet, die Gefahr zu beseitigen, aber nicht die erforderliche (am wenigsten beeinträchtigende) Maßnahme, da die Gefahr einfacher durch Reparatur-Anordnung abzuwenden ist[33].

405 3. Eine Maßnahme darf keinen Nachteil herbeiführen, der bei einer Gesamtabwägung in grobem Missverhältnis, also erkennbar außer Verhältnis, zu dem beabsichtigten Erfolg steht (Verhältnismäßigkeit im engen Sinne, **Angemessenheit**, Proportionalität). Unangemessen in diesem Sinne ist eine Maßnahme, wenn die mit ihr bezweckten Vorteile nicht deutlich die mit ihr verbundenen Nachteile überwiegen.

---

27 Bei Schnur, VR 2000, 114
28 Z. B.: VG Hamburg VR 2002, 107. – Zum Verhältnismäßigkeitsgrundsatz beim Verbot rechtsextremistischer Versammlungen BVerfG DVBI 2001, 897; vgl. Schörnig, NVwZ 2001, 1246; OVG Münster NWVBl. 2004, 389; Heintzen DVBI 2004, 721; VGH Bad.-Württ. DÖV 2004, 349
29 Vgl. dazu den Fall BVerfGE 55, 249, 258 ff
30 BVerfGE 30, 292, 317, 318
31 OVG Münster NJW 80, 2210
32 Vgl. Fall Nr. 31 bei Bovermann/Dünchheim, Examinatorium – Allgemeines Verwaltungsrecht
33 Zur Erforderlichkeit als Kriterium der – am Verhältnismäßigkeitsgrundsatz zu messenden – Dauer einer polizeilichen Speicherung personenbezogener Daten (je nach Gewicht der Delikte): VG Bayreuth, DVP 2001, 261 (mit Anm. von Vahle)

Beispiele: (1) Die Zulassung von politischen Informationsständen in der Fußgängerzone der Stadt führt erfahrungsgemäß zu Diskussionen der politischen Gruppen untereinander oder mit Passanten und zu Ansammlungen. Hieraus folgende Störungen des Passantenverkehrs könnte man nur dann völlig verhindern, wenn Informationsstände nicht mehr erlaubt würden. Der damit herbeigeführte „Vorteil der Störungsfreiheit" hätte aber eindeutig geringeres Gewicht als der damit verbundene Nachteil, dass eine politische Kommunikation und Information unterbleiben würde. Ein vollständiges Verbot wäre daher unangemessen.

(2) Beispielsweise ist auch eine entsprechende Abwägung erforderlich bei Nichtverlängerung der Aufenthaltserlaubnis eines volljährigen Ausländers, der bereits im Vorschulalter in das Bundesgebiet eingereist war – wobei die strengen Maßstäbe der Angemessenheit einer Aufenthaltsbeendigung nachdem BVerfG[34] z. B. erfüllt sind, wenn nach mehrfachen Straftaten die verbüßte Strafhaft den betreffenden Ausländer „nicht jeweils von weiteren Straftaten abhielt" und eine „tragfähige Prognose" besteht, er werde „in gleicher Weise wie bisher Straftaten begehen"[35].

406 Für die Abwägung gilt die „Je-desto-Formel": Je größer die zu bekämpfenden Gefahren sind, desto stärker sind die Nachteile, die mit dem Erlass der Maßnahme in Kauf genommen werden dürfen[36].

Beispiele fragwürdiger Anwendung des Verhältnismäßigkeitsgrundsatzes gibt es aber auch, z. B. ohne jedes Eingehen auf Geeignetheit, Erforderlichkeit oder Angemessenheit (offenkundig mit dem – im konkreten Fall verständlichen – Ziel, ein unerwünschtes Urteil zu vermeiden)[37]. –

Deshalb gibt es Kritik an der in der Praxis teilweise anzutreffenden **Überbeanspruchung** des Verhältnismäßigkeitsgrundsatzes als „großer Weichmacher des öffentlichen Rechts"[38].

2.3.4 Ausgangsproblematik zu gebundenen Entscheidungen und Entscheidungsspielräumen

407 Die Funktion des Behördenhandelns besteht nicht in erster Linie im Vollzug von Gesetzen, sondern in der Erfüllung öffentlicher Aufgaben. Das Verwaltungsrecht ist also nicht Selbstzweck, sondern dient als juristisches Instrumentarium zur Erfüllung sozial-, ordnungs-, wirtschafts-, umwelt- und kulturpolitischer Zwecke.

Wegen der Vielfalt der Verwaltungsaufgaben und -ziele kann der Normgeber dieses Behördenhandeln – auch unter Beachtung des Gesetzesvorbehaltes – nicht für jeden denkbaren Fall detailliert und abschließend durch Gesetz regeln. Vielmehr muss er in zahlreichen Ermächtigungsnormen **Spielräume** gewähren, die der Verwaltung ein elastisches Handeln zur Umsetzung der Gesetzesziele je nach tatsächlicher Situation ermöglichen.

Im folgenden geht es um solche Fälle, in denen der Verwaltung vom Gesetzgeber ein Entscheidungsspielraum eingeräumt wird. Dabei stellt sich neben der Frage nach der verfassungsrechtlichen Zulässigkeit derartiger Entscheidungsspielräume (vgl. hierzu wegen des Vorbehalts des Gesetzes oben RdNr. 178 ff) und dem Kontrollumfang durch die Verwaltungsgerichte (vgl. unten RdNr. 439 ff), insbesondere die im folgenden zu behandelnde Frage

---

[34] BVerfG NVwZ 86, 821
[35] Vgl. auch zur fehlenden Angemessenheit aussichtsloser Pfändungsversuche des Finanzamtes „ins Blaue" unter dem Gesichtspunkt des Schuldners, „dass anderen seine Steuerschulden nicht bekannt werden": BFH, NVwZ-RR 2001, 629.
[36] So Habermehl POR RdNr. 65; vgl. auch Möller/Wilhelm 3. Abschnitt, 5.3.2.3
[37] VGH Mannheim NJW 91, 1698
[38] Vgl. Heintzen DVBl 2004, 721; kritisch auch Bull RdNr. 240. – Vgl. z. B. zu Zweifeln an der Verhältnismäßigkeit einer Schulentlassung „ohne vorausgehende Androhung" wegen (Schutz-) Gelderpressung und Körperverletzung: OVG Münster, NVwBl. 2001, 36; zur Frage der Verhältnismäßigkeit der Anordnung einer Ersatzzwangshaft zur Klärung der Identität und Nationalität eines Ausländers OVG Münster, NWVBl. 2004, 389.

nach den Rechtmäßigkeitsgrenzen solcher „Spielraumentscheidungen". Zur richtigen systematischen Einordnung der Entscheidungsspielräume ist vom Ablauf der praktischen Rechtsanwendung in den Behörden auszugehen:

408 Zunächst bestimmt das Gesetz die **Voraussetzungen** für das Handeln der Verwaltungsbehörde. Da das Gesetz sich des Mediums Sprache bedienen muss, die Sprache aber viele offene, unscharfe Begriffe besitzt, enthalten auch die Gesetze zahlreiche unscharfe, konkretisierungsbedürftige Begriffe. Die gesetzlichen Voraussetzungen für das Handeln der Verwaltung bestehen somit vielfach aus „**unbestimmten Rechtsbegriffen**".

Beispiele: Gefährdung der „öffentlichen Sicherheit und Ordnung" durch eine Versammlung (§ 15 VersG); „Unzuverlässigkeit" des Gewerbetreibenden (§ 35 GewO); „ungeeignet" zum Führen eines Kraftfahrzeugs (§ 4 Abs. 3, S. 1, Ziff. 3 StVG); „Verunstaltung des Landschaftsbildes" nach § 35 Abs. 3, Satz 1, Ziff. 5 BauGB[39]. – Vgl. unten RdNr. 445ff.

Derartige unbestimmte Rechtsbegriffe sollen in der Regel keinen „Spielraum" gewähren. Ob ein unbestimmter Rechtsbegriff im Einzelfall vorliegt, wird von der Verwaltungsbehörde durch Auslegung und Anwendung dieses Rechtsbegriffes entschieden. Es kann nicht bestritten werden, dass hierbei rein tatsächlich, insbesondere in Grenzfällen, verschiedene Entscheidungsmöglichkeiten bestehen können – was ja gerade die Schwierigkeit der Rechtsanwendung ausmacht – und dass deshalb faktisch ein gewisser Spielraum besteht. Dennoch hat sich die Verwaltungsbehörde darum zu bemühen, diejenigen Entscheidungen zu finden, die am ehesten dem Wortlaut, der Systematik und vor allem dem Sinn des Gesetzes entsprechen.

409 In der Regel dient die Unbestimmtheit der gesetzlichen Begriffe nicht dem Zweck, der Verwaltung die Verwirklichung eigener Maßstäbe zu ermöglichen, sondern ist eine Folge davon, dass der Gesetzgeber angesichts der Vielzahl der zu regelnden Lebenssachverhalte – bei der gebotenen Kürze eines Paragraphen – keine präzise Fassung gefunden hat. Kommt es in Zusammenhang mit einem unbestimmten Rechtsbegriff zu einer verwaltungsgerichtlichen Klage, so ist das **Verwaltungsgericht zu einer uneingeschränkten Rechtskontrolle verpflichtet**; bei den Rechtsbegriffen nimmt es eine Selbstprüfung (Eigenentscheidung) vor und beschränkt sich nicht auf eine (etwa eingeschränkte) Überprüfung (Fehlerkontrolle) der Verwaltungsentscheidung. Bei unbestimmten Rechtsbegriffen liegt also eine Zuständigkeit zur letztverbindlichen Auslegung beim Gericht.

Ob und inwieweit es auch bei den Voraussetzungen der Norm ausnahmsweise einen (nur begrenzt gerichtlich nachprüfbaren) Entscheidungsspielraum der Behörde gibt („Beurteilungsspielraum"), ist noch unter RdNr. 446ff zu behandeln.

Liegen die Voraussetzungen der Rechtsnorm vor,

410 – so kann der Verwaltungsbehörde die zu verwirklichende Rechtsfolge zwingend vorgeschrieben sein. Es handelt sich um die Fälle der **gebundenen** Verwaltung.

Beispielsweise sind bei zahlreichen Erlaubnissen Erteilung und Ablehnung zwingend vorgeschrieben, etwa bei der Baugenehmigung im Geltungsbereich von Bebauungsplänen (§ 75 BauO NRW: „… ist zu erteilen …"), bei den meisten gewerberechtlichen und berufsrechtlichen Erlaubnissen, bei Erteilung und Entziehung der Fahrerlaubnis (§ 2 Abs. 2 StVG: „… ist zu erteilen …"; § 4 Abs. 3 S. 1 Ziff. 3 StVG: „… hat zu entziehen …"). Zum Steuer- und Abgabenrecht bestimmt § 85 S. 1 AO: „Die Finanzbehörden haben die Steuern … festzusetzen und zu erheben …".

---
39 Dazu OVG Münster, NWVBl. 2002, 67

– In anderen Fällen wird der Verwaltungsbehörde **Ermessen** eingeräumt. Das bedeutet, dass das Gesetz unterschiedliche Rechtsfolgen (Handlungsalternativen) für möglich hält und die Auswahl der Behörde überlässt[40]. Insoweit unterliegt die behördliche Entscheidung nur einer beschränkten Überprüfung durch die Verwaltungsgerichte[41].

Weil das Handeln der Verwaltung sowohl auf bindenden Vorgaben beruht als auch Elemente mit Entscheidungsfreiheit aufweist, ist die begriffliche Erfassung des Problemkreises „Bindung und Freiheit der Verwaltung" nur durch eine differenzierende Betrachtung möglich. Dabei ist an die Struktur der Rechtsgrundlagen für das Verwaltungshandeln anzuknüpfen und einerseits zwischen Voraussetzungen (Tatbestand) und andererseits Rechtsfolge zu unterscheiden, weiterhin auch zwischen der Entscheidung über Rechtsbegriffe und der Ermessensausübung. Auf der Voraussetzungs(Tatbestands-)seite gibt es ausschließlich (bestimmte oder unbestimmte) Rechtsbegriffe. Ermessen gibt es nur auf der Rechts**folgen**seite der Norm. Ermessen ist deshalb stets **Rechtsfolgeermessen** (auch „Verhaltens-" oder „Handlungsermessen")[42]. **411**

3. Ermessen und Ermessensfehler

3.1 Die **Ermessenseinräumung** erfolgt in den Gesetzen in recht unterschiedlicher Form:

1. Sie kann durch ausdrückliche Erwähnung des Wortes „Ermessen" erfolgen (z. B. §§ 22 S. 1, 55 VwVfG: „… **nach pflichtgemäßem Ermessen** …"). Meist gebraucht der Gesetzgeber allerdings Formulierungen wie „**kann**", „**ist befugt**", „**darf**", „**hat die Wahl**", „**ist berechtigt**". **412**

Ermessen ist idR aber auch anzunehmen, wenn die Behörde zum Handeln befugt ist, ohne dass der Wortlaut des Gesetzes ein „kann" oder „darf" oder ähnliches enthält und ohne dass das Gesetz dafür nähere Voraussetzungen aufstellt.

Beispielsweise: bei der Sondernutzungserlaubnis gemäß § 8 FStrG (Die Sondernutzung „… bedarf der Erlaubnis der Straßenbaubehörde…") oder hinsichtlich der Aufstellung von Verkehrszeichen etc. gemäß § 45 Abs. 3 StVO („Im übrigen bestimmen die Straßenverkehrsbehörden, wo und welche …"), sowie bei Vergabe einer ohne spezialgesetzliche Grundlage zulässigen Leistung.

2. Von Ermessen ist auch auszugehen, wenn gesetzlich bestimmt ist: „Auf Leistungen nach diesem Gesetz besteht kein Rechtsanspruch".

Beispiele: § 2 Abs. 2 des Gesetzes über die Stiftung „Mutter und Kind"; § 5 Abs. 1 S. 2 Graduiertenförderungs G NRW).

3. Dagegen ist kein Ermessen anzunehmen, wenn von „muss", „hat/ist zu erteilen" bzw. „zu versagen" die Rede ist (gebundene, pflichtige Entscheidung, „Muss-Entscheidung") oder wenn Voraussetzungen und (bestimmte) Rechtsfolgen ohne nähere Zusätze miteinander verbunden sind (z. B. Art 35 Abs. 1 GG: „Alle Behörden des Bundes und der Länder leisten sich gegenseitig Rechts- und Amtshilfe"). **413**

---

40 Vgl. unten RdNr. 421 ff
41 Vgl. RdNr. 439 ff
42 Vgl. auch zu den Themen unbestimmter Rechtsbegriff, Ermessen und Beurteilungsspielraum Schmalz, AVR RdNr. 295 ff; Maurer § 7 RdNr. 1 ff; Bull RdNr. 365 ff; Faber § 14.

Beispiel für besondere Gründe, die zu gebundener Entscheidung bei einer Abweichung vom (scheinbaren Ermessens-)Wortlaut zwingen: Ausnahmsweise kann eine zwingende Rechtsfolge trotz Gebrauch des Wortes „kann" anzunehmen sein, wenn dieses nur als Hinweis auf die Befugnis der Behörde zu verstehen ist und andere Gründe (z. B. eine grundrechtskonforme Auslegung) ein Ermessen ausschließen (so z. B. das Bundesverwaltungsgericht zu § 35 Abs. 2 BauGB[43]).

414 **4.** Bei „**Soll-Vorschriften**" und „**in-der-Regel-Vorschriften**" ist eine Abweichung von der im Gesetz für den „Normalfall" vorgesehenen Rechtsfolge nur bei atypischer Sachlage möglich. Derartige Vorschriften sind im Grundsatz ebenso verbindlich wie Muss-Vorschriften, sie lassen jedoch in Ausnahmefällen wegen besonderer Umstände ein Abweichen zu. Diese Vorschriften räumen also einen engen Ermessensspielraum ein.

Beispiele für Vorschriften, die auf dem Verb „soll" basieren: § 89 Abs. 2 SGB IX, § 9 StAG, § 5 ParteiG; Beispiele für Vorschriften mit der gesetzlichen Vorgabe „in der Regel": § 2 Abs. 3 BRRG, § 48 Abs. 2 S. 2 und S. 4 VwVfG.[44]

415 **5.** Zwischen den Soll-Vorschriften (oben 4.) und den „reinen" Ermessensvorschriften (oben 1. und 2.) steht eine Konstruktion des Bundesverwaltungsgerichts, die das Gericht als „gelenktes bzw. **intendiertes Ermessen**" bezeichnet. Hierbei wird davon ausgegangen, dass einigen Ermessensvorschriften eine bestimmte Ausrichtung für den Regelfall (also eine bestimmte „Intention") innewohne – allerdings ohne dass dies im ihrem Gesetzeswortlaut formuliert wäre:

„Ist eine ermessenseinräumende Vorschrift dahin auszulegen, dass sie für den Regelfall von einer Ermessensausübung in einem bestimmten Sinne ausgeht, so müssen besondere Gründe vorliegen, um eine gegenteilige Entscheidung zu rechtfertigen. Liegt ein vom Regelfall abweichender Sachverhalt nicht vor, versteht sich das Ergebnis der Abwägung von selbst. Versteht sich aber das Ergebnis [der Anwendung der Ermessensnorm in diesem vom Gesetz intendierten, „bestimmten Sinne"] von selbst, so bedarf es ... auch keiner das Selbstverständliche darstellenden Begründung ... Nur dann, wenn der Behörde außergewöhnliche Umstände des Falles bekannt geworden oder erkennbar sind, die eine andere Entscheidung [als die für den Regelfall „intendierte"] möglich erscheinen lassen, liegt ein rechtsfehlerhafter Gebrauch des Ermessens vor, wenn diese Umstände von der Behörde nicht erwogen worden sind."

So die mehrfach vom Bundesverwaltungsgericht fast wortgleich wiederholte Formulierung[45] (mit Einfügungen in eckigen Klammern vom Autor).

416 Problematisch ist diese Konstruktion des Bundesverwaltungsgerichts deshalb, weil erstens der Anwendungsbereich dieses „intendierten Ermessens" unscharf ist und weil zweitens im Ergebnis hierdurch die Grenze zwischen Ermessenvorschriften einerseits und den oben (unter 4.) genannten „Soll-Vorschriften" bzw. „in-der-Regel-Vorschriften" andererseits verwischt wird.

---

43 BVerwGE 18, 247
44 Vgl. zu Einzelheiten der Sollvorschriften: Maurer § 7 RdNr. 11; Borowski, DVBl 2000, 149, 156
45 Vgl. zu dieser Formel des BVerwGs: Beckmann, VR 99, 357; Borowski, DVBl 2000, 149, 150. – Die Konstruktion des „intendierten Ermessens" ist vom BVerwG inzwischen in einer Reihe Entscheidungen angewendet worden (z. B. in: NJW 87, 1565; DVBl 98, 145, 146; NJW 98, 1166, 1168) und auch von zahlreichen anderen Gerichten übernommen worden (z. B. BSG NVwZ 91, 407; VGH München NVwZ 2001, 931, 933; OVG Münster, DVBl 2001, 1307).

Dementsprechend ist die Judikatur zum „intendierten Ermessen" in der rechtswissenschaftlichen Literatur nur von wenigen unterstützt worden[46], überwiegend aber auf Widerstand gestoßen[47].

Beispiele für Anwendungsfälle des „intendierten Ermessens":

- § 49 Abs. 3 Satz 1 Ziff. 2 VwVfG („... darf widerrufen werden ..."): „intendiertes Ermessen" angenommen vom BVerwG im Sinne einer tendenziellen Ausrichtung dieser Vorschrift auf einen regelmäßigen Widerruf einer Subventionsbewilligung bei Zeckverfehlung der Subvention[48]; 417

- § 43 Abs. 2 BGB („... kann die Rechtsfähigkeit entzogen werden ..."): „intendiertes Ermessen" angenommen vom BVerwG im Sinne einer tendenziellen Ausrichtung auf eine regelmäßige Entziehung der Rechtsfähigkeit eines Vereins bei Gemeinwohlgefährdung durch rechtswidriges Verhalten des Vorstandes oder gesetzwidrigen Beschluss der Mitgliederversammlung[49];

- § 31 GastG iVm § 15 Abs. 2 S. 1 GewerbeO („... kann die Fortsetzung des Betriebes ... verhindert werden ..."): „intendiertes Ermessen" angenommen vom VGH Kassel im Sinne einer tendenziellen Ausrichtung auf eine regelmäßige Anordnung der Betriebseinstellung nach Widerruf einer Gaststättenerlaubnis[50].

- Soweit der VGH München auf § 48 Abs. 2 S. 4 VwVfG(Bay) die Konstruktion des „intendierten Ermessens" anwendet, ist dies allerdings fehlerhaft, da § 48 Abs. 2 S. 4 ein Fall der – bereits oben unter Nr. 4 dargestellt – „in-der-Regel-Vorschrift" ist: Hier ist nämlich die Norm-Ausrichtung ausdrücklich im Wortlaut des Gesetzestextes enthalten; das Besondere der Konstruktion des „intendierten Ermessens" ist hingegen, dass die Rechtsprechung eine solche Tendenzausrichtung auch *ohne* Hinweis im Wortlaut der Norm annimmt[51].

Praxisrelevant ist die Konstruktion des „intendierten Ermessens" für die Verwaltungsbehörden **in hohem Maße** und zwar **in zweifacher Hinsicht:**

a) Einerseits wird das ordnungsrechtliche Opportunitätsprinzip, das für die Behörden gilt, durch die Entscheidungen des BVerwGs und der übrigen Judikatur zum „intendierten Ermessen" eingeschränkt; der vom Gesetzgeber gewollte „taktische Freiraum der Behörde" wird damit verringert[52]. 418

b) Für die tägliche Verwaltungspraxis stellt das „intendierte Ermessen" andererseits eine nicht unerhebliche Arbeitserleichterung dar, da**:**

- hiernach die Pflicht zur **Sachverhaltsermittlung** der Behörde reduziert wird, denn in Richtung eventueller „atypischer Umstände" muss die Be- 419

---

46 Z. B. Schwabe, DVBl 98, 147: „uneingeschränkt zuzustimmen"; Beckmann, VR 99, 357: „hat sich etabliert"
47 Z. B.: Maurer § 7 RdNr. 12: „abzulehnen ... überflüssig"; Bull RdNr. 412 a: „was nur Verwirrung stiftet"; Schoch/Schmidt-Aßmann/Pietzner, § 114 RdNr. 20: „Zurückhaltung ist angebracht"; Stelkens/Bonk/Sachs § 40 RdNr. 30: „größte Zurückhaltung geboten"; Borowski, DVBl 2000, 149, 160: „kommt das Verwaltungsrecht besser ohne sie aus". Vgl. Erbguth JuS 2002, 333.
48 DVBl 98, 145, 146
49 NJW 98, 1166, 1168 Weitere Beispiele: bei Stelkens/Bonk/Sachs § 40 RdNr. 28–29a und Borowski, DVBl 2000, 149 FN 6.
50 VGH Kassel DÖV 96, 973
51 Vgl. VGH München, NVwZ 2001, 931, 933
52 Vgl. Gerhardt in Schoch/Schmidt-Aßmann/Pietzner, § 114 RdNr. 20

hörde nämlich nur noch ermitteln, wenn sie vorgebracht werden oder sich gleichsam aufdrängen,

420 • es bei der **Ermessensabwägung** – für den nicht atypischen Fall – keiner umfangreichen Erörterung des Für und Wider bedarf, da die Richtung für die „Normalfälle" im Gesetz durch das „intendierte Ermessen" (angeblich) vorgezeichnet ist,

421 • es in der **Begründung** der Abwägungsentscheidung ausreichend ist, dass die Behörde die Rechtsgrundlage nennt, dazu ausführt, dass das Gesetz für den Regelfall eine bestimmte (intendierte) Rechtsfolge vorsieht und atypische Umstände nicht vorgebracht und auch nicht ersichtlich sind.

Vgl. zur (gerichtlichen) Überprüfung der Abwägung und der Begründung von Ermessensentscheidungen unten RdNr. 439 ff.[53]

422 Diese für die Verwaltungspraxis relevanten Erleichterungen bei Anwendung des „intendierten Ermessens" bergen jedoch die **Gefahr** einer vorschnellen Immunisierung gegen besondere Umstände des Einzelfalles und auch dementsprechend das Problem einer Versuchung für die Behörden zu „inadäquater schematischer Behandlung der zu entscheidenden Fälle"[54].

In der Verwaltungspraxis kann problematisch sein, ob bei einer Ermessensermächtigung in einer Rechtsnorm (vgl. oben RdNr. 412) der Fall des „intendierten Ermessens" oder „normales Ermessen" vorliegt; es empfiehlt sich dann, „vorsichtshalber" dem § 39 Abs. 1 S. 3 VwVfG Genüge zu tun und in der Begründung des VAs die Abwägungsgesichtspunkte darzulegen, von denen die Behörde bei Ausübung ihres Ermessens ausgegangen ist, um nicht später vor dem Verwaltungsgericht in Erklärungsnot zu geraten und gegebenenfalls die Begründung ergänzen zu müssen oder gar zu unterliegen[55].

423 3.2 Als **Arten des Ermessens** lassen sich unterscheiden: Das Ermessen bei der Frage, ob überhaupt gehandelt wird (**Entschließungsermessen**), und im Falle einer positiven Entscheidung das Ermessen im Hinblick auf die Auswahl der konkreten Maßnahmen (**Auswahlermessen**). Kommt nur eine Maßnahme in Betracht, fällt beides zusammen.

Beispiel für das Aufeinanderfolgen von a) Rechtsanwendung, b) Entschließungs- und c) Auswahlermessen in Anwendungsfällen der ordnungsrechtlichen Generalklausel: Ob eine Gefahr für die öffentliche Sicherheit und Ordnung vorliegt, ist eine Rechtsfrage. Ist diese entschieden, stellt sich die Frage, ob überhaupt eingeschritten werden soll (Entschließungsermessen), und wenn ja, mit welchen Mitteln (Auswahlermessen). – Ob die Entschließung zum Einschreiten und die Auswahl der Mittel verhältnismäßig sind, ergibt sich wiederum aus einer (das Ermessen begrenzenden) Rechtsanwendung. – Ist ein Einschreiten gegenüber mehreren Personen rechtlich möglich, so besteht Auswahlermessen bezüglich des Adressaten der Verfügung[56].

Beispiel für die Beschränkung auf ein Auswahlermessen: Da nach dem UmweltinformationsG (vgl. unten RdNr. 695) Auskunftsansprüche bestehen, hat die Behörde insoweit kein Entschließungsermessen, aber hinsichtlich der Frage, wie die Auskunft erteilt wird ein (begrenztes) Auswahlermessen[57].

---

53 Vgl. Bovermann/Dünchheim, Examinatorium Allgemeines Verwaltungsrecht, Fälle Nr. 92 und 181.
54 So zu Recht Borowski DVBl 2000, 149, 160
55 Ähnlich Theisen 2.2.2.3.1
56 Zur Auswahl des Adressaten eines Subventions-Rückforderungsbescheides OVG Magdeburg NVwZ 2001, 214.
57 BVerwG VR 97, 285 mit Anmerkung von Schmittmann und JuS 98, 87 mit Anmerkung von Murswiek

Von dem auf die Sachentscheidung bezogenen Ermessen ist das **Verfahrensermessen** zu unterscheiden.

<small>Beispiele: § 22 VwVfG („... Ermessen, ob und wann sie ein Verwaltungsverfahren durchführt..."); § 28 Abs. 2 VwVfG („Von der Anhörung kann abgesehen werden ...").[58]</small>

Ist ein begrenzter Vorrat an Gütern zu verteilen, greift ein Bewirtschaftungs- oder **Zuteilungsermessen** ein.

<small>Beispiele zum Zuteilungsermessen: Erlaubnisse oder Bewilligungen zur Benutzung des Wassers (§§ 7, 8 WHG) sowie zur Inanspruchnahme anderer Umweltgüter; Vergabe knapper Stellplätze bei Märkten[59].</small>

424 Das Ermessen kann auf verschiedene Arten des Verwaltungshandelns bezogen sein. Die Vorschriften über Ermessen und Ermessensausübung in den §§ 40 VwVfG, 39 SGB I, 114 VwGO, 54 Abs. 2 S. 2 SGG, 5 AO, 102 FGO beziehen das Ermessen auf den Erlass von VAen; hierauf beschränken sich im wesentlichen auch die folgenden Ausführungen.

<small>Ermessen gibt es aber auch bei der Rechtsetzung als gesetzgeberisches Ermessen, beim faktischen Verwaltungshandeln sowie bei Abschluss und inhaltlicher Ausgestaltung öffentlich-rechtlicher Verträge. Besonderheiten bestehen beim Planungsermessen[60].</small>

3.3 Für eine **behördliche** Ermessens**entscheidung** ist wichtig,

425 – dass die verschiedenen Verhaltensmöglichkeiten (Alternative/Varianten) erkannt werden;

– dass die für und gegen ein bestimmtes Verhalten sprechenden Argumente (auch Zweckmäßigkeitsargumente) zusammengestellt werden; dazu gehört auch, die Folgen zu bedenken, die jeweils eintreten würden;

– dass die Argumente nach dem Gesetzeszweck und nach ergänzendem selbstgesetzten Maßstab bewertet/gewichtet werden und sich daraus die Entscheidung ergibt (Abwägung) und

– dieser Abwägungsvorgang in einer Begründung deutlich gemacht wird (so § 39 Abs. 1 S. 2 und S. 3 VwVfG und § 35 Abs. 1 S. 2 und S. 3 SGB X; abweichend: § 121 Abs. 1 AO).

426 Für die Praxis bedeutet dies allerdings nicht, dass auch bei einfach liegenden, möglicherweise außerdem noch massenhaft vorkommenden Entscheidungen stets eine aufwendige Begründung erforderlich wäre. Beispielsweise zweifelhaft ist allerdings die Zulässigkeit einer Festsetzung des nach § 152 AO im Ermessen stehenden Verspätungszuschlags durch EDV-Bescheid.

<small>Für die Behördenpraxis ergibt sich hier ein nicht unwichtiges Spannungsverhältnis (zum Umfang der Begründung einer Ermessensentscheidung) zwischen effizientem Verwaltungshandeln und dem Interesse des Bürgers an umfassender Begründung[61].</small>

<small>58 Zur Frage, wie weit das Verfahrensermessen einer Prüfungsbehörde geht vgl. BVerfG NJW 93, 917 und Anm. von Vahle zu BVerfG, DVP 2001, 43.
59 Vgl. Hofmann/Muth/Theisen, Kommunalrecht 2.3.4.1.2
60 Vgl. dazu Bull RdNr. 391 ff und 413
61 Vgl. VGH Mannheim mit Anm. von Schwab JA 85, 112; zur reduzierten Begründungspflicht in Fällen „intendierten Ermessens" vgl. oben 3.1 Nr. 5; Borowski, DVBl 2000, 149, 159 und VGH München, NVwZ 2001, 931, 933</small>

3.4 Ermessensfehler

427 Bei der Untersuchung von Ermessensfehlern ist auszugehen von §§ 40 VwVfG, 39 Abs. 1 SGB I und 5 AO. Dabei lässt sich abstrakt nur schwer darstellen, wann – entsprechend der positiven Fassung dieser Vorschriften – eine Behörde ihr Ermessen zweckgerecht ausübt und die Ermessensgrenzen einhält. Praktikabler ist die Prüfung in der negativen, von §§ 114 VwGO, 54 Abs. 2 S. 2 SGG, 102 FGO gewählten Fassung: Ein VA ist rechtswidrig, wenn die „Grenzen des Ermessens überschritten" oder vom Ermessen „in einer dem Zweck der Ermächtigung nicht entsprechenden Weise Gebrauch gemacht" ist.

Hiernach lassen sich Ermessensfehler in folgenden Gruppen zusammenfassen (wobei darauf hinzuweisen ist, dass in Literatur und Rechtsprechung die einzelnen Ermessensfehler recht unterschiedlich benannt werden[62]:

428 3.4.1 Eine **Ermessensüberschreitung** liegt vor, wenn die „gesetzlichen Grenzen des Ermessen" (§§ 40 VwVfG, 39 SGB I, 5 AO) nicht eingehalten werden.

Beispiel: In einer Bußgeldvorschrift ist ein Bußgeld zwischen 500 und 3.000 € vorgesehen. Liegt das im Einzelfall von der Behörde verhängte Bußgeld unter oder über dieser Grenze (z. B. 400 € oder 6.000 €), so hat die Behörde ihre Ermessensgrenzen überschritten (sofern nicht die Sondervoraussetzungen von § 17 Abs. 4 OWiG vorliegen)[63].

Die Grenzen des Ermessens ergeben sich aus der Ermessensnorm selbst, aber auch aus anderen Vorschriften, insbesondere aus den Grundrechten und dem Prinzip der Verhältnismäßigkeit. Allerdings wird in diesen Fällen meist nicht ausdrücklich von Ermessensüberschreitung gesprochen, sondern konkreter und korrekter, beispielsweise von einem Verstoß gegen Art 12 GG, gegen das Prinzip der Verhältnismäßigkeit usw.[64]

429 3.4.2 Ein **Ermessensfehlgebrauch** (auch: Ermessensmissbrauch) liegt vor, wenn die Behörde bei der Entscheidung nicht „entsprechend dem Zweck der Ermächtigung" (§§ 40 VwVfG, 39 SGB I, 5 AO) handelt. Beim Ermessensfehlgebrauch ist der gedankliche Weg, auf dem die Behörde zu ihrer Entscheidung kommt, fehlerhaft. Deshalb lässt sich ein Ermessensfehlgebrauch nicht durch Subsumtion des Sachverhalts unter das Gesetz feststellen, sondern ergibt sich aus der Begründung des VA oder aus Begleitumständen (z. B. aus den Akten, aus Äußerungen der Beteiligten).

Der Erkennbarkeit des gedanklichen Weges und damit eines etwaigen Ermessensfehlgebrauchs dient die in § 39 Abs. 1 S. 3 VwVfG (durch das Wort „soll") und § 35 Abs. 1 S. 3 SGB X (durch das Wort „muss") ausdrücklich normierte Pflicht zur Begründung der Ermessensentscheidung, die auch die Gesichtspunkte erkennen lässt, „von denen die Behörde bei der Ausübung ihres Ermessens ausgegangen ist".

Ausnahmsweise besteht nach der Rechtsprechung des Bundesverwaltungsgerichts nur eine reduzierte Begründungspflicht in Fällen des „intendierten Ermessens"; vgl. dazu oben RdNr. 415ff, insbesondere 418–422[65].

---

[62] Wie hier: Maurer § 7 RdNr. 20ff; Schmalz RdNr. 297ff; Frings/ Spahlholz RdNr. 233ff
[63] Vgl. Fall Nr. 28 bei Bovermann/Dünchheim, Examinatorium – Allgemeines Verwaltungsrecht
[64] Vgl. VGH München NVwZ 85, 207; OVG Münster NWVBl. 2001, 36.
[65] Borowski, DVBl 2000, 149, 159 und OVG Münster, DVBl 2001, 1307

Rechtmäßigkeit des Verwaltungsaktes

Die in §§ 40 VwVfG, 39 SGB I, 5 AO zugrunde gelegte „Ermächtigung", aus der sich der bei der Ermessensausübung zu berücksichtigende **Zweck** ergibt, ist in erster Linie die konkrete Ermessensnorm selbst, also die (oben in RdNr. 412) angesprochene „Kann/darf-Vorschrift". Ferner sind andere gesetzliche Vorschriften bei der Ermessensausübung zu berücksichtigen. Stets zu beachten sind die von einer Maßnahme berührten Grundrechte.

Ermessensfehlgebrauch liegt insbesondere vor, wenn die Entscheidung auf **sachfremden Erwägungen** beruht. Hierzu gehören etwa Freundschaft, Feindschaft oder etwa die – positive oder negative – Berücksichtigung der (für das Ermessen irrelevanten) Tatsache, dass der Antragsteller grüngefärbte Haare trägt. Es kann sich aber – differenzierend – auch aus dem Gesetzeszusammenhang ergeben, welche Erwägungen nach dem Ermessenszweck noch bzw. nicht mehr sachgemäß sind. 430

Beispiele: Nach § 36 BBG können sogenannte politische Beamte jederzeit in den einstweiligen Ruhestand versetzt werden. In einem Fall vor dem Bundesverwaltungsgericht[66] war ein 62 Jahre alter Generalkonsul mit der Begründung den einstweiligen Ruhestand versetzt worden, es müsse der Überalterung im auswärtigen Dienst entgegengewirkt werden. Das BVerwG hat den Zweck des § 36 BBG darin gesehen, die Amtsführung des „politischen Beamten" in fortdauernder Übereinstimmung mit der Regierungspolitik zu halten. Deshalb seien nur solche Erwägungen sachgemäß, aus denen sich Bedenken gegen die Fähigkeit oder Bereitschaft des betroffenen Beamten ergeben, die Übereinstimmung seiner Amtsführung mit der Regierungspolitik zu gewährleisten. Allein das Alter sei kein (hier passender) sachlicher Grund. Die Versetzungsverfügung wurde deshalb wegen Ermessensfehlers aufgehoben.

Bei der Gefahrenabwehr, also vor allem im Polizei- und Ordnungsrecht, sind rein fiskalische Erwägungen unzulässig; vielmehr müssen Motive der Gefahrenabwehr zugrunde liegen. Geboten ist aber auch hier, die Leistungsfähigkeit der Verwaltung zu berücksichtigen.

Problematisch ist, inwieweit außerhalb des Straßenrechts liegende Gründe im Rahmen einer Ermessensentscheidung über eine Sondernutzungserlaubnis sachfremd sind[67].

Da in der Verwaltungspraxis sowohl nach dem Gesetz als auch nach Zweckmäßigkeit zu entscheiden ist, sind politische, soziale, wirtschaftliche und menschliche Erwägungen (z. B. bei beamtenrechtlichen Entscheidungen) zulässig und unter Umständen geboten; die finanziellen Auswirkungen der Maßnahmen sind ebenfalls zu bedenken. 431

Ein Ermessensfehlgebrauch liegt insbesondere vor bei Missachtung gewisser allgemeiner Entscheidungsanforderungen, etwa wenn

– unlogische, widersprüchliche, unzutreffende Erwägungen zugrunde liegen;
– wenn eine Scheinbegründung offenkundig die wahren Gründe verdeckt;
– wenn die Tatsachen falsch festgestellt worden sind;
– wenn wesentliche Abwägungsgesichtspunkte außer acht bleiben („Heranziehungsdefizit", „Abwägungsdefizit").

In der Verwaltungspraxis ist diese letztgenannte Art von Ermessensfehlern am häufigsten und beruht oft auf unzulänglicher Beweis- und Tatsachenermittlung, die dann typischerweise in der Begründung des VA hinter „allgemeinen Erwägungen", Leerformeln und schematischen Argumenten versteckt wird. 432

---

66 BVerwGE 52, 33
67 Vgl. VGH München NVwZ 85, 207; VGH Kassel NVwZ 85, 208 mit ablehnender Besprechung von Schmidt NVwZ 85, 167; vgl. Fall Nr. 29 bei Bovermann/Dünchheim, Examinatorium – Allgemeines Verwaltungsrecht.

Beispiel zum Abwägungs-/Heranziehungsdefizit ist der „offenbar formularmäßig abgefasste Bescheid" ohne sorgfältige Ausübung des Ermessens[68]. Bei falscher Tatsachenfeststellung ist die Ermessensausübung in der Regel falsch, da ein „unrichtiger Sachverhalt" zugrunde gelegt wird[69].

433 Auch ein Verstoß gegen den **Gleichbehandlungsgrundsatz** des Art 3 GG führt zu einem Ermessensfehlgebrauch. Insbesondere darf die Verwaltungsbehörde von einer ständigen Praxis nicht ohne hinreichenden Grund abweichen[70].

Obwohl Grundrechte in der Regel dem Ermessen äußere Grenzen setzen und ihre Verletzung daher im Prinzip ein Fall der Ermessensüberschreitung ist, ist das bei Art. 3 GG anders, weil es für die Rechtfertigung der Ungleichbehandlung darauf ankommt, welche Gründe die Behörde hierfür hat. – Soweit sich die Gleichbehandlungspflicht aus VV (Ermessensrichtlinien) ergibt, wurde sie bereits oben bei RdNr. 207 behandelt.

Beispielsweise häufig ergibt sich in der Verwaltungspraxis die Situation, dass die Behörde es mit einer Mehrzahl mehr oder weniger gleichliegender Fälle zu tun hat, ein Einschreiten wegen der begrenzten Verwaltungskraft aber nicht zugleich in allen Fällen, sondern erst nach und nach geschehen kann. Dann ist erforderlich, dass dem Einschreiten bzw. Nichteinschreiten eine bestimmte Systematik zugrunde liegt und die einzelne Maßnahme diesem System entspricht. Unzulässig wäre es hingegen, wenn die Behörde sich willkürlich einen Einzelfall herausnähme, um zu zeigen, dass sie „nicht untätig bleibt", um diesen als „Testfall durchzuziehen" oder gar „ein Exempel zu statuieren"[71].

Zulässig ist jedoch, einzelne Sachverhalte als repräsentative Musterfälle auszuwählen, um nach – voraussichtlich von den Bescheidadressaten veranlasster – gerichtlicher Überprüfung die übrigen Sachverhalte entsprechend zu bearbeiten[72]. Die Ergebnisse dieser „Pilotverfahren" sind Leitlinien für die künftige Ermessensausübung[73].

434 **3.4.3** Ein **Nichtgebrauch des Ermessens** (auch: Ermessensmangel, Ermessensunterlassung, Ermessensausfall, Ermessensunterschreitung) liegt vor, wenn die Behörde gar nicht erkannt hat, dass ihr ein Ermessen zusteht, etwa weil sie sich für gebunden gehalten hat. Er führt zur Rechtswidrigkeit des VA. Ein Nichtgebrauch liegt nahe, wenn in der Begründung des VA behauptet wird, nach dem Gesetz „müsse" die Entscheidung in der getroffenen Weise erfolgen oder wenn die nähere Ausübung des Ermessens in Verwaltungsvorschriften (Ermessensrichtlinien) geregelt ist und die Behörde sich bei der praktischen Normanwendung allein pauschal auf die Richtlinien beruft.

Hier besteht folgende Problematik: Einerseits ist die Behörde verwaltungsintern an die Richtlinien gebunden; andererseits darf dadurch das gesetzlich eingeräumte Ermessen nicht ausgeschlossen werden. In solchem Fall ist die Ermessensausübung aufgeteilt: Die grundsätzlichen Ermessenserwägungen nimmt die vorgesetzte Behörde bei Erlass der Verwaltungsvorschriften vor. Die zusätzlich den Einzelfall betreffenden Erwägungen muss die Behörde anstellen, die den VA erlässt[74].

435 Deshalb ist eine in Anwendung von Verwaltungsvorschriften ergehende Ermessensentscheidung rechtmäßig, wenn die Verwaltungsvorschriften für sich

---

[68] BVerwG DVBl 97, 189
[69] OVG Lüneburg NVwZ-RR 97, 573 und BVerwG (mit Anm. von Vahle) DVP 2001, 40.
[70] BVerwGE 57, 290; BVerwG DVP 2004, 85 (mit Anm. von Vahle)
[71] Vgl. Schmalz AVR RdNr. 304. – Zu den Anforderungen des Gleichheitssatzes im Zusammenhang mit Ermessensentscheidungen über baurechtliche Beseitigungsgebote vgl. OVG Bremen NVwZ 86, 61 und OVG Saarlouis NVwZ 86, 61. – Zur (sachlich gerechtfertigten) unterschiedlichen Behandlung von Grundstücken im „beplanten" und im „unbeplanten Innenbereich" BVerwG DÖV 2005, 256
[72] BVerwG DÖV 92, 748
[73] OVG Kassel, NVwZ 95, 394
[74] Vgl. BVerwG DVBl 97, 165

Rechtmäßigkeit des Verwaltungsaktes

genommen rechtmäßig (ermessensfehlerfrei) sind, insbesondere Raum für Besonderheiten des Einzelfalles lassen, und wenn die entscheidende Behörde sich bewusst ist, dass sie bei besonderer Lage ein (weiteres) Ermessen ausüben darf und gegebenenfalls auch fehlerfrei ausübt.

Beispiele zum Nichtgebrauch des Ermessens finden sich in Urteilen der Rechtsprechung[75]. Insbesondere wird der Vorwurf des Nichtgebrauchs des Ermessens nicht selten im Zusammenhang mit Fällen des „intendierten Ermessens" (vgl. dazu oben RdNr. 415 ff) gegenüber der Behörde erhoben; dazu in einem Fall vor dem VGH München[76] wörtlich: „Entgegen der Auffassung des Klägers kann aus dem Fehlen von Ermessenserwägungen im Rücknahmebescheid nicht auf das Nichtvorliegen einer Ermessensentscheidung geschlossen werden ...".

436 Für die Verwaltungspraxis wichtig ist, dass fehlende Begründungen und mangelnde Abwägungen nach § 45 Abs. 1 Ziff. 2 VwVfG nachträglich gegeben werden können und diese Fehler damit **geheilt** werden können – auch im Widerspruchsverfahren (vgl. unten RdNr. 479 ff). Nach § 114 Satz 2 VwGO kann die Verwaltungsbehörde die in der Begründung des VA enthaltenen Ermessensabwägungen selbst im Verfahren vor den Verwaltungsgerichten noch ergänzen. Von einem solchen Ergnzen – im Sinne von Vervollständigung vorhandener Begründungselemente – ist jedoch der Fall zu unterscheiden, dass im VA gar keine Abwägung erkennbar war[77], was regelmäßig auf den materiellen Fehler des Ermessensnichtgebrauchs schließen lässt.

Bespiele zur Formulierung der Abwägung in Bescheiden oben (vorformulierte Musterentwürfe) RdNr. 329, 340, 370.

437 **3.4.4** Aufgrund der besonderen Umstände des Einzelfalles ist es möglich, dass bei der konkreten Entscheidung alle Ermessensentscheidungen bis auf eine ermessensfehlerhaft wären. Da dann im praktischen Ergebnis ein Ermessensspielraum nicht mehr besteht, spricht man von **Ermessensreduzierung auf Null** (Ermessensschrumpfung).

Beispielsweise liegt es im Polizei- und Ordnungsrecht manchmal so, dass – wegen einer schwerwiegenden Gefahr – zu der Frage, ob eingeschritten wird, nur eine positive Entscheidung möglich ist, dass also das Entschließungsermessen auf Null reduziert ist, während für das Auswahlermessen (wie eingeschritten werden soll) weiterhin ein erheblicher Spielraum verschiedener Möglichkeiten besteht.

Beispielsfall ist die Pflicht zum Einschreiten der Ordnungsbehörde (trotz des „kann" in § 14 Abs. 1 OBG-NRW) bei Entstehen einer Lebensgefahr[78].

Weiteres Beispiel: Das Aufstellen von Plakatständern bedarf einer straßenrechtlichen Sondernutzungserlaubnis, die grundsätzlich im Ermessen der Behörde steht. Unter Berücksichtigung von Art 21 Abs. 1 S. 1 GG und § 1 Abs. 1

---

[75] Z.B.: BVerwGE 68, 274; VGH München NuR 82, 108; VGH Kassel NVwZ 84, 262; OVG Schleswig NVwZ 93, 911; BVerwG NVwZ 93, 977, BVerwG DÖV 2004, 2523; vgl. Fall Nr. 39 bei Bovermann/Dünchheim, Examinatorium – Allgemeines Verwaltungsrecht.
[76] NVwZ 2001, 931, 933
[77] Beispiel zu den Grenzen einer Ergänzung von Ermessenserwägungen: OVG Münster NVwZ 2001, 1424; OVG Münster, NWVB. 2002, 384
[78] Beispiele: Fall bei Frings/Spahlholz RdNr. 232. Vgl. VGH Kassel NJW 84, 2305. – Zu den Grenzen einer auf Ermessensreduzierung zurückzuführenden Pflicht zu verwaltungsbehördlichem Tätigwerden vgl. OVG Bremen NVwZ 86, 61 und OVG Saarlouis NVwZ 86, 61; Dietlein DVBl 91, 685. – Zur Ermessensreduzierung auf Null bei Sozialhilfe vgl. VGH Kassel NVwZ 86, 860. – Zum Nachbaranspruch auf behördliches Einschreiten BVerwG NVwZ 98, 395. – Zur (verneinten) Ermessensreduzierung der Schulaufsichtsbehörde OVG Münster NWVBl. 2004, 200. – Vgl. auch zu Einbürgerungsermessen bei Scheinehe BVerwG DÖV 2004, 252

und 2 ParteiG reduziert sich der Ermessensspielraum jedoch, wenn es sich um Erlaubnisanträge von politischen Parteien handelt, in angemessenem Maße[79].

In Wahlkampfzeiten findet (soweit von den Plakatständern keine Behinderungen oder Gefährdungen ausgehen) sogar eine Ermessensreduzierung auf Null statt, so dass die Erlaubnis zu erteilen ist[80].

438 In der Verwaltungspraxis[81] (und auch in Klausuren) ist die Ermessensreduzierung auf Null ein Ausnahmefall. Hier darf also zur Zurückhaltung aufgefordert werden, denn sie wird „oft voreilig angenommen, um die Ermessensausübung zu umgehen"[82].

3.4.5 Besonderheiten bei der Überprüfung von Ermessensentscheidungen

439 Wenn ein Gesetz Ermessen einräumt, darf und soll die Verwaltungsbehörde **eigene Entscheidungsmaßstäbe** anwenden; dh, sie unterliegt zwar hinsichtlich der Rechtmäßigkeit, aber nicht wegen ihrer Zweckmäßigkeitsüberlegungen der gerichtlichen Kontrolle (im Sinne einer Eigenabwägung durch das Gericht). Ermessen ist immer nur **Verwaltungs**ermessen. Deshalb ist ein Gericht auch nicht berechtigt, das Ermessen einer Behörde, selbst wenn es fehlerhaft ausgeübt wurde, durch eine eigene Ermessensentscheidung zu ersetzen sondern „nur" den VA gegebenenfalls aufzuheben (§§ 113, 114 VwGO)[83].

440 Diese Beschränkung der Kontrolle gilt aber nicht im Widerspruchsverfahren, da dort – im Unterschied zur gerichtlichen Kontrolle – die Widerspruchsbehörde (als „zweite Instanz" der Verwaltung) auch die „... Zweckmäßigkeit des Verwaltungsakts ..." (so ausdrücklich § 68 Abs. 1 S. 1 VwGO) und damit auch das Ermessen voll zu überprüfen hat.

441 Erweist sich ein mit der **Anfechtungsklage** angegriffener (belastender) VA als ermessensfehlerhaft, wird er vom Gericht aufgehoben. Dadurch wird aber nicht ausgeschlossen, dass – was aber in der Praxis ab und zu vorkommt – die Behörde einen VA mit gleichem Tenor nochmals erlässt, wenn dies aufgrund neuer ermessensfehlerfreier Abwägung möglich ist.

442 Ist ein beantragter, im Ermessen stehender, begünstigender VA abgelehnt worden und richtet sich dagegen die **Verpflichtungsklage** des Antragstellers, so bestehen zwei Besonderheiten:

Der Kläger wird nur dann in seinen Rechten verletzt, wenn er zumindest einen Anspruch auf ermessensfehlerfreie Entscheidung hat. Das ist in der Regel der Fall, wenn er berechtigtermaßen[84] einen Antrag auf Erlass eines VA gestellt hat (vgl. § 39 Abs. 1 S. 2 SGB I: „Auf pflichtgemäße Ausübung des Ermessens besteht ein Anspruch"). Im übrigen richtet sich diese Frage nach denselben

---

79 Restriktiver: Grünning VR 85, 223
80 BVerwGE 47, 280, 283
81 Beispiel zur Ermessensreduzierung bei Wiederaufgreifen des Verfahrens über Abschiebungshindernisse: BVerwG DVBl 2005, 317
82 So zu Recht Frings/Spahlholz RdNr. 232
83 Instruktives Beispiel zur (nur) eingeschränkten gerichtlichen Kontrolle von Ermessensentscheidungen: BVerwG NVwZ 2001, 436, 437.
84 Beispielsweise kein Anspruch auf ermessensfehlerfreie Entscheidung über vorzeitige Zurruhesetzung einem Berufssoldaten: OVG RP DVBl. 2004, 332

Voraussetzungen, wie sie allgemein für subjektive Rechte gelten (vgl. oben 4. Abschnitt 2.2.1 ff): Die mögliche Rechtsgrundlage muss also (zumindest auch) den Schutz des Antragstellers bezwecken.

Ist die Ablehnung ermessensfehlerhaft erfolgt, so steht bereits fest, dass die Verpflichtungsklage begründet ist. Verbleibt der Behörde aber ein Ermessensspielraum, kommt etwa noch eine Ablehnung des VA aus anderen Gründen in Betracht, so ist eine vom Kläger beantragte Verurteilung der Behörde zum Erlass des VA nicht „spruchreif" (vgl. § 113 Abs. 5 S. 1 VwGO). Das Verwaltungsgericht kann die Spruchreife auch nicht herbeiführen, da es keine eigenen Überlegungen an die Stelle des Ermessens der Behörde setzen kann (keine Eigenabwägung). In solchem Falle wird die Behörde verurteilt, den Antrag des Klägers erneut und ermessensfehlerfrei (also „unter Beachtung der Rechtsauffassung des Gerichts") zu bescheiden (§ 113 Abs. 5 S. 2 VwGO, Bescheidungsurteil). Auch bei einer Ermessensnorm ist allerdings ein Vornahmeurteil möglich, wenn der Fall einer Ermessensreduzierung auf Null vorliegt[85].

Die Konstruktion des „**intendierten Ermessens**" (vgl oben RdNr. 415ff) führt nicht zu wesentlichen Besonderheiten bei der gerichtlichen Überprüfung der Ermessensentscheidung; aus ihr ergibt sich allerdings, dass die Anzahl der von den Gerichten aufgehobenen VAe in der Praxis geringer wird, da in Fällen des „intendierten Ermessens" die Pflicht der Behörde zur Sachverhaltsermittlung reduziert wird und sich schon insoweit weniger Beanstandungen ergeben können. 443

Außerdem bedarf es bei der Ermessensabwägung in Fällen des „intendierten Ermessens" in der Regel keiner umfangreichen Erörterung des Für und Wider durch die Behörde, da die Ausrichtung für die „Normalfälle" in einer bestimmten Weise vorgezeichnet ist. Gerichtliche Beanstandungen von Ermessensentscheidungen werden auch deshalb zusätzlich seltener, da es in der Verwaltungspraxis für die Begründung der Abwägungsentscheidung (wegen „intendierten Ermessens") ausreichend ist, dass die Behörde die Rechtsgrundlage nennt, dazu ausführt, dass das Gesetz für den Regelfall eine bestimmte Rechtsfolge vorsieht und dass atypische Umstände nicht vorgebracht und auch nicht ersichtlich sind[86].

4. Entscheidungsspielraum bei den Tatbestandsvoraussetzungen; Beurteilungsspielraum

Bei der Formulierung von Gesetzen ist es vielfach unvermeidbar, neben relativ eindeutigen Begriffen auch solche mit mehrdeutigem (offenem) Inhalt, sog. **unbestimmte Rechtsbegriffe**, zu verwenden. 444

Beispielsweise ist das Wort „Zuverlässigkeit" eines Gastwirts[87] iSd § 4 Abs. 1 GastG ebenso unbestimmt wie die Formulierung „erhebliche Belästigung" in § 3 Abs. 1 BImSchG, der Begriff „befähigt"

---

85 Vgl. oben 3.4.4; Frings/Spahlholz RdNr. 232; Möller/Wilhelm 3. Abschnitt 5.2.2
86 Hierzu oben RdNr. 418 ff; vgl. Borowski, DVBl 2000, 149, 158, 159; BVerwG NJW 98, 1166, 1168; OVG Münster, DVBl 2001, 1307
87 Beispiel: Unzuverlässigkeit eines Gastwirts bei Verurteilung wegen Hehlerei, vgl. VG Gießen, VR 2005, 33

als Voraussetzung für die Erteilung einer Fahrerlaubnis gemäß § 2 Abs. 5 StVG oder die Formulierung „ein dienstliches Bedürfnis" für die Versetzung eines Beamten nach § 18 Abs. 1 BRRG.[88]

445 4.1 Beispiel zum Vorgehen in der Verwaltungspraxis bei einer Norm, die einen unbestimmten Rechtsbegriff enthält: Als erster Schritt der praktischen Rechtsanwendung muss der unbestimmte Rechtsbegriff durch Auslegung präzisiert werden. Ist das geschehen, wird als nächster Gedankenschritt geprüft, ob der konkret zu entscheidende Lebenssachverhalt unter die (durch Auslegung präzisierte) Norm zu subsumieren ist. Bei dem ersten Schritt der Rechtsanwendung (Auslegung) kann an sich immer nur „eine einzige" Auslegung des unbestimmten Rechtsbegriffs rechtmäßig sein; aber bereits hier bestehen häufig Zweifel. Erst recht kann man oft bei dem zweiten Schritt (Subsumtion) geteilter Meinung sein. Letztlich entschieden werden Zweifelsfragen beider Gedankenschritte durch die Gerichte (Art 19 Abs. 4 GG). Die behördliche Auslegung eines unbestimmten Rechtsbegriffs ist in **vollem Umfang gerichtlich nachprüfbar** und auch bei der Subsumtion steht der Verwaltung nur selten ein Beurteilungsspielraum zu, der dann gerichtlicher Nachprüfung entzogen wäre.

Beispielsweise sind **unbeschränkt gerichtlich überprüfbar** die vielfach verwendeten unbestimmten Rechtsbegriffe „Notwendigkeit" und „(Un-) Zuverlässigkeit"; „schädliche Umwelteinwirkungen" oder „sonstige Gefahren, erhebliche Nachteile oder erhebliche Belästigungen" iSd §§ 3ff BImSchG; „besonderes pädagogisches Interesse" iSd Art 7 Abs. 5 GG; „besondere Sachkunde" iSd § 36 Abs. 1 GewO[89].

Soweit bei derartigen Entscheidungen besondere Kenntnisse erforderlich sind, kann sich das Verwaltungsgericht durch Heranziehung von Sachverständigen kundig machen. Bei der Tatsachenermittlung mit Hilfe von Sachverständigen auftretende „praktische Schwierigkeiten allein sind kein ausreichender Grund, den durch Art 19 Abs. 4 GG gewährleisteten Rechtsschutz einzuschränken"[90].

446 **Beispielsweise anders** ist es hingegen bei der für den Erwerb der Fahrerlaubnis abzulegenden Fahrprüfung, durch die der Antragsteller nachzuweisen hat, ob er nach § 2 Abs. 5 und 7 StVG „befähigt" zur Führen von Kraftfahrzeugen ist. Hier kann allein der Prüfer, der die gesamte Fahrprüfung selbst miterlebt hat, entscheiden, ob leichte Fahrfehler oder Unsicherheiten durch die Fahrweise im übrigen ausgeglichen werden. Dies spricht dafür, hierbei einen **Beurteilungsspielraum** anzuerkennen. In welchen Fällen den Verwaltungsbehörden (ausnahmsweise) ein derartiger, eigener Beurteilungsspielraum (mit der Folge einer nur beschränkten gerichtlichen Nachprüfbarkeit) zukommt, wird in Rechtsprechung und Literatur unterschiedlich[91] beurteilt. Dies dürfte seinen Grund zum Teil darin haben, dass es für den behördlichen

---

88 Zur Frage, was nach § 35 Abs. 3, Satz 1, Ziff. 5 BauGB das „Landschaftsbild verunstaltet": OVG Münster, NWVBl. 2002, 67. – Vgl. oben RdNr. 407ff.
89 Weiter Beispiele: Unzuverlässigkeit eines Fahrlehrers (vgl. OVG Münster NWVBl 97, 144); Ungeeignetheit zum Führen von Kraftfahrzeugen (wegen Verweigerung der Haaranalyse beim Drogenscreening: OVG Hamburg, DÖV 98, 254); Begriff der Unsittlichkeit nach § 4 Abs. 1 GastG (als Kriterium der für die Gaststättenkonzession erforderliche Zuverlässigkeit: VG Berlin, mit Anm. von Vahle, DVP 2001, 174)
90 So BVerfG NJW 91, 2005/2008; ähnlich Herzog NJW 92, 2601/2602). Vgl. auch DVBl 2002, 356
91 Auf die recht divergierenden Ansichten zu diesem Problem soll hier lediglich verwiesen werden; vgl. Maurer § 7 RdNr. 26; Bull RdNr. 376; Hamann/Vahle VR 90, 17; Herzog NJW 92, 2601; BVerfG NJW 91, 1471; 2005; 2008; BVerwG NVwZ 93, 677; 681; 686; 689; Kutscheidt NWVBl 95, 121; Bertrams NWVBl 97, 3; BVerwG NVwZ 99, 1232; Beaucamp DÖV 2002, 24.

Beurteilungsspielraum – anders als für das Ermessen – keine ausdrückliche gesetzliche Anerkennung und Regelung gibt.

Die Rechtsprechung und die hM im rechtswissenschaftlichen Schrifttum erkennen einen Beurteilungsspielraum zu Recht **nur in begrenztem Umfange** an, da das Gewaltenteilungsprinzip (Art 20 Abs. 2 S. 2, Abs. 3 GG) und die Rechtsweggarantie (Art. 19 Abs. 4 GG) eine hinreichende Kontrolldichte und ein grundsätzliches Letztentscheidungsrecht der Verwaltungsgerichte im Bereich der Rechtsanwendung durch die Verwaltung verlangen. Deshalb sind weder Unbestimmtheiten noch Prognosecharakter eines Rechtsbegriffs allein ein ausreichender Grund für die Anerkennung eines – nur noch eingeschränkt gerichtlich nachprüfbaren – Beurteilungsspielraums der Verwaltung.

447

Schon einige Zeit vor der stark eingrenzenden Rechtsprechung des Bundesverfassungsgerichts[92] haben deshalb Hamann/Vahle zu Recht davor „gewarnt ... , den Anwendungsbereich der Lehre vom Beurteilungsspielraum expandieren zu lassen"[93].

4.2 Vom Gesetz ausdrücklich normierte Beurteilungsspielräume finden sich nur sehr selten.

Beispiel: § 71 Abs. 5 S. 2 des Gesetzes gegen Wettbewerbsbeschränkungen (GWB): „Die Würdigung der gesamtwirtschaftlichen Lage ... ist hierbei der Nachprüfung des Gerichts entzogen".

Im übrigen haben die Rechtsprechung und die rechtswissenschaftliche Literatur durch Auslegung relevanter Vorschriften einige Fallgruppen erarbeitet: Als anerkannt können heute folgende **Fallgruppen des Beurteilungsspielraums** gelten:

– Prüfungsentscheidungen, sowie (sonstige) pädagogische und wissenschaftliche Beurteilungen (RdNr. 448)
– Eignungsbeurteilungen bei Beamten und anderen öffentlich Bediensteten (RdNr. 453) und
– unvertretbare Entscheidungen pluralistisch besetzter Gremien (RdNr. 454).

Hierzu im einzelnen:

4.2.1 Prüfungsentscheidungen sowie (sonstige) pädagogische und wissenschaftliche Beurteilungen (z. B. Versetzungs- und Zeugnisentscheidungen in Schule und Hochschule; Entscheidung über das Bestehen der Fahrprüfung). Trotz erheblicher Einschränkungen erkennt das BVerfG einen Beurteilungsspielraum der Prüfungsbehörden an[94], soweit es sich um „prüfungsspezifische Wertungen" handelt.

448

Was derartige „**prüfungsspezifische Wertungen**" im einzelnen sind, lässt das BVerfG offen. Hierzu zu zählen sein dürften u. a.: Wertungen, die weniger

449

---

92 BVerfG zur Mutzenbacher-Indizierung NJW 91, 1471, 1474; zu berufsbezogenen Prüfungen NJW 91, 2005, 2008. – Zur inzwischen geänderten Rechtslage (mit entsprechendem Ergebnis hinsichtlich des Beurteilungsspielraums) zu einem aktualisierten Fall Mutzenbacher: Wüstenbecker, 10. Auflage, 2005, 203
93 In VR 90, 17, 18. – Vgl. Fall Nr. 41 bei Bovermann/Dünchheim, Examinatorium – Allgemeines Verwaltungsrecht
94 BVerfG NJW 91, 2005, 2007; 2008, 2010; ähnlich auch BVerwG NVwZ 93, 677; 681; 686; 689; zur Entwicklung des Prüfungsverfahrensrechts vgl. Zimmerling/Brehm NVwZ 97, 45; zur nachträglichen Klarstellung einer „mehrdeutigen Einzelbewertung": BVerwG NVwZ 2001, 922. – Zum gesamten Prüfungsbereich umfassend: Zimmerling/Brehm, Der Prüfungsprozess, 2004

auf fachlichen Fragen als auf Prüfungserfahrung beruhen und den Bewertungsvorgang selbst betreffen, etwa ob eine Klausur „schwach-befriedigend" oder „voll-ausreichend" ist, ob ein Prüfling seine Lösung (sei sie richtig oder nur „vertretbar") mit Überzeugungskraft und schlüssiger Argumentation dargelegt hat, ob eine Examensaufgabe verhältnismäßig „leicht" oder „schwer" ausgefallen ist (was für die nach dem Grundsatz der Chancengleichheit gebotenen gleichmäßigen Beurteilung von Bedeutung ist) oder ob ein Prüfling seine mündlichen Ausführungen flüssig und selbständig entwickelt hat oder ob ihm seine Antworten bruchstückweise in einem „quälenden Gespräch" entlockt werden mussten[95].

Richtiger Ausgangspunkt der früher hM zum Beurteilungsspielraum war und ist, dass Prüfungsentscheidungen stark situations- und personengebunden sind: Die Wertung beruht – jedenfalls bei mündlichen Prüfungen, Fahrprüfungen oder ähnlichem – auf einer einmaligen und unwiederholbaren Prüfungssituation; sie führt insoweit zu einer „höchstpersönlichen" Entscheidung des Prüfers, die kein Gericht rekonstruieren oder ersetzen kann.

450 Das früher vorherrschende Argument der Einmaligkeit der Prüfungssituation war aber schon bisher in solchen Fällen nicht passend, in denen es sich um schriftliche Leistungen (Klausuren, Hausarbeiten, Multiple-Choice-Tests) handelt; hier sind die Prüfungsleistungen Bestandteil der Akten und damit auch nachträglich jederzeit einer neuen Begutachtung zugänglich.

Beispielsweise ist dementsprechend der Lösungsaufbau einer juristischen Hausarbeit „gerichtlich voll überprüfbar"[96].

Aber auch, soweit es sich um mündliche oder praktische Prüfungen handelt, ist ein späteres Nachvollziehen nicht völlig ausgeschlossen[97].

Beispielsweise verlangt das BVerwG in verschiedenen Entscheidungen eine angemessene (mündliche oder schriftliche) Begründung auch für mündliche Prüfungsbeurteilungen[98]. Entsprechend ist es für schriftliche Prüfungsleistungen „verfassungsrechtlich geboten", dass der Prüfer seine Beurteilung (zumindest kurz) schriftlich begründet[99]. Im übrigen gibt es hierzu eine umfangreiche Rechtsprechung[100].

451 Eine **Korrektur der ausufernden Praxis des Beurteilungsspielraums** war auch insoweit geboten, als das BVerwG früher sogar fachliche Irrtümer der Prüfer für nicht gerichtlich angreifbar hielt, da es „nicht ... einen allgemeingültigen Bewertungsgrundsatz" gäbe, „dass Richtiges nicht als falsch gewertet werden dürfe"[101].

Diese verblüffende Argumentation ist durch das BVerfG als „mit der Rechtsschutzgarantie des Art 19 Abs. 4 GG unvereinbar" vom Kopf auf die Füße gestellt worden: „Aus Art 12 Abs. 1 GG ergibt sich für berufsbezogene Prüfungen der allgemeine Bewertungsgrundsatz, dass eine vertretbare und mit gewichtigen Argumenten folgerichtig begründete Lösung nicht als falsch be-

---

95 Vgl. Herzog NJW 92, 2601, 2602
96 So OVG Münster NWVBl 97, 380;
97 Zum „Nachprüfverfahren" vgl. Zimmerling/Brehm, Der Prüfungsprozess, 2004, RdNr. 23 ff
98 NJW 96, 2670
99 OVG Münster DVP 96, 85 mit Anmerkung
100 Zum begrenzteren Umfang der Begründungspflicht eines Zweitkorrektors: OVG Münster NWVBl 97, 434. – Zur Frage der Begründungspflicht für die Vergabe von „Sozialpunkten" im juristischen Staatsexamen: Schnapp/Henkenötter NWVBl 98, 41. – Zur nachträglichen Feststellung, dass ein Prüfer die schriftlichen Ausführungen eines Prüflings in seiner Hausarbeit missverstanden hatte: BVerwG, mit Anm. von Vahle, DVP 2001, 40. – Umfassend zur „Begründung von Prüfungsentscheidungen": Müller-Franken, VerwArchiv 2001, 507. – Zur Neubewertung einer schriftlichen Prüfungsarbeit: OVG Münster DVBl 2002, 212.
101 So BVerwG DöV 80, 380

wertet werden darf"[102]. Der Grundrechtsschutz erfordert auch eine wissenschaftliche Richtigkeitskontrolle der Prüfungsentscheidung durch die Gerichte; soweit die Richtigkeit der Prüfungsleistung „nicht eindeutig bestimmbar" ist, „gebührt zwar dem Prüfer ein **Bewertungsspielraum**, andererseits muss aber auch dem Prüfling ein angemessener **Antwortspielraum** zugestanden werden". Dieser hat zur Folge, dass z. B. Lösungen, die jedenfalls noch **vertretbar** sind oder folgerichtig begründete Mindermeinungen darstellen, von der Prüfungsbehörde nicht als falsch bewertet werden dürfen[103].

Für mündliche Prüfungen verneinen BVerfG und BVerwG zu Recht die Notwendigkeit einer wörtlichen Protokollierung. Wegen des Grundrechts der Berufsfreiheit aus Art 12 Abs. 1 GG und wegen der Rechtschutzgarantie des Art 19 Abs. 4 GG sind jedoch hinreichende verfahrensmäßige Vorkehrungen zu treffen, um das Prüfungsgeschehen auch nachträglich aufklären zu können. Dies ist durch die Teilnahme von „sachkundigen Dritten" – vor allem von weiteren Mitgliedern der Prüfungskommission – oder einer begrenzten Prüfungsöffentlichkeit gewährleistet[104]. Das Ergebnis der mündlichen Prüfung muss begründet werden; wird diese Begründung mündlich erteilt, ist sie in die Niederschrift über die Prüfung aufzunehmen – mit der Folge, dass die Prüfung ohne eine solche Begründung in der Niederschrift an einem Begründungsmangel leidet, der zur Aufhebung der Prüfungsentscheidung führt[105]. **452**

4.2.2 Eine weitere anerkannte Fallgruppe des Beurteilungsspielraums sind **Eignungsbeurteilungen** bei Beamten und anderen öffentlich Bediensteten (z. B. Einstellungs- und Beförderungsentscheidungen[106]); die Einstellung beruht auf einem Akt wertender Erkenntnis auf Grundlage der Vorstellungsgespräche, die Beförderungsentscheidung auf Bewertungen aus einem längeren Beobachtungszeitraum. **453**

Beispiele hierzu finden sich zahlreich in der obergerichtlichen Rechtsprechung[107], z. B. auch zur Frage, ob Lehrkräften in Schule und Unterricht verboten werden kann, ein Kopftuch zu tragen bzw. ob solche Lehrerinnen eingestellt werden müssen [108].

4.2.3 Unvertretbare Entscheidungen pluralistisch besetzter Gremien sind ebenfalls als Fallgruppe des Beurteilungsspielraums anerkannt; hier **454**

---

102 So BVerfG NJW 91, 2005, 2008
103 Vgl. auch Redeker NVwZ 92, 305; Seebass NVwZ 92, 609; Herzog NJW 92, 2601; von Mutius/Sperlich DÖV 93, 45; Becker NVwZ 93, 1129; Fall Nr. 43 bei Bovermann/Dünchheim, Examinatorium – Allgemeines Verwaltungsrecht; Zimmerling/Brehm NVwZ 97, 451. – Zur „uneingeschränkten gerichtlichen Kontrolle", ob eine Prüfungsfrage den von der Prüfungsordnung vorgegebenen Rahmen verlässt: BVerfG NVwZ 98, 285. Zur „vollen gerichtlichen Nachprüfung", ob eine Prüfungsaufgabe fachlich Unmögliches verlangt oder in sich widersprüchlich ist: BVerfG NVwZ-RR 98, 176. Zum Prüfungsverfahren: BVerfG, mit Anm. von Vahle, DVP 2001, 43. – Zimmerling/Brehm, Der Prüfungsprozess, 2004, RdNr. 44
104 BVerfG NVwZ 97, 263. – Zur „beantragten Begründung für die Bewertung einer mündlichen Prüfung: OVG Münster DVBl 2002, 212. – Zur nachträglichen Feststellung der Befangenheit eines Prüfungsvorsitzenden in einer mündlichen Prüfung durch Hörung von Zeugen: VGH Mannheim, NVwZ 2002, 235.
105 OVG Münster, NWVBl. 2004, 482
106 Fälle Nr. 44, 45 bei Bovermann/Dünchheim, Examinatorium – Allgemeines Verwaltungsrecht. – Umfassend zum Beurteilungswesen: Riotte/Kunz, NWVBl 2002, 8.
107 BVerwGE 68, 109, 110; BVerwGE NJW 83, 1922; BAG NJW 83, 782; BVerwG NVwZ 85, 587, 588; BVerwG NVwZ 90, 974; BVerwG NVwZ 91, 170, 171; BVerfG DVP 2004, 516; NDS OVG, DVP 2004, 302
108 Zur Frage der Einstellung einer Lehrerin mit Kopftuch: BVerfG DVBl 2003, 1526.

beruht die Entscheidung auf einer richtungsweisenden, repräsentativen Wertung, die vom Gesetz allein dem Gremium vorbehalten ist.

Beispiele: Aufnahme in die „Baueignungsliste" für Künstler wegen „Kunst-am-Bau"-Aufträgen[109]; Entscheidungen eines Ausschusses des Bundessortenamtes gemäß § 38 Abs. 2 SaatgutverkehrsG über den „landeskulturellen Wert" einer Getreidesorte (nach § 34 SaatgutverkehrsG).[110]

Beispiele von besonderer Praxisrelevanz sind die Entscheidungen der Bundesprüfstelle für jugendgefährdende Medien. Diese Bundesprüfstelle ist ein nach § 19 JugendschutzG zusammengesetztes pluralistisches Gremium (welches seit dem 1. 4. 2003 die frühere „Bundesprüfstelle" nach dem „Gesetz über die Verbreitung jugendgefährdender Schriften und Medieninhalte" ersetzt). Das Gremium entscheidet gemäß § 18 Abs. 1 JugendschutzG eigenständig über die Aufnahme in eine „Liste jugendgefährdender Medien" und ist dabei gemäß § 19 Abs. 4 JugendschutzG „... an Weisungen nicht gebunden".

Damit überantwortet der Gesetzgeber dieser Bundesprüfstelle die Aufgabe, die „Träger- und Telemedien" (§§ 11–16 JugendschutzG) zu sichten und anschließend einen unbestimmten Rechtsbegriff im Rahmen ihres **eigenständigen Beurteilungsspielraums** auszufüllen, den § 18 Abs. 1 S. 1 JugendschutzG enthält, nämlich ob die geprüften Medien „ ... geeignet sind, die Entwicklung ..." junger Menschen oder „ihre Erziehung zu einer eigenverantwortlichen und gemeinschaftsfähigen Persönlichkeit zu gefährden ...". – Hinsichtlich einer im konkreten Fall gegebenenfalls vorzunehmenden Abwägung zwischen Kunstfreiheit und Jugendschutz bleibt es allerdings (wie bisher[111]) bei der vollen gerichtlichen Überprüfbarkeit.

Beispielsfall zur Bundsprüfstelle: bei Wüstenbecker, AVR AT 1, 2005, 3.4.2

455 **4.2.4** Umstritten ist die Anerkennung verwaltungspolitisch wertender **Prognoseentscheidungen**, bei denen das Gesetz die Prognose bzw. die behördliche Bewertung als maßgeblich betrachtet (z. B. Rückkehrprognose bei Entscheidung über Strafgefangenenurlaub; wirtschaftspolitische Maßnahmen zur Wiederherstellung des gesamtwirtschaftlichen Gleichgewichts). Ein Beurteilungsspielraum wird hier nur anzuerkennen sein, soweit das Gesetz der Verwaltung autonome Steuerungsbefugnisse verleiht.

---

109 OVG Lüneburg NJW 83, 1218
110 Zum „naturschutzfachlichen Beurteilungsspielraum" im Zusammenhang mit der Flora-Fauna-Habitat-EG-Richtlinie: BVerwG DVBl 2001, 375
111 Inwieweit für die Indizierungsentscheidungen der ehemaligen Bundesprüfstelle nach §§ 1, 6, 8, 11 des Gesetzes über die Verbreitung jugendgefährdender Schriften noch ein entsprechender Beurteilungsspielraum angenommen werden konnte, war nach dem Mutzenbacher-Beschluß des BVerfG umstritten. Einerseits forderte das BVerfG (NJW 91, 1471, 1474): „Die Gerichte dürfen den Umfang ihrer Prüfung, ob die Indizierung mit der Kunstfreiheit zu vereinbaren ist, nicht dadurch schmälern, dass sie der Bundesprüfstelle einen ... Beurteilungsspielraum einräumen"; andererseits: „Damit ist nicht gesagt, dass der Bundesprüfstelle überhaupt kein Beurteilungsspielraum verbleiben könnte". Dies nannte Redeker (NVwZ 92, 305, 306) zu Recht „ungewöhnlich unklar, ... geradezu dunkel formuliert", Würkner (NVwZ 92, 309, 311) „orakelhaft". Die Ungenauigkeit der Begründung des Mutzenbacher-Beschlusses führte dazu, dass das VG Köln (NVwZ 92, 402, 403) unter ausdrücklicher Bezugnahme hieraus das Fortbestehen eines Beurteilungsspielraums ableitete, das OVG Münster (NVwZ 92, 396) jedoch das Gegenteil entnahm („volle gerichtliche Prüfungsdichte"). Gemeint war in der Entscheidung wohl, dass die Abwägung zwischen Kunstfreiheit und Jugendschutz voller richterlicher Kontrolle unterliegt, dass der Bundesprüfstelle jedoch Beurteilungsspielraum verbleibt zur Frage, ob eine Jugendgefährdung vorliegt.

Weiter Beispiele bei Stelkens/Bonk/Sachs[112] und Wüstenbecker, AVR AT 1, 2005, 3.4.2, S. 207. – Die Fallgruppe der Prognoseentscheidungen nicht anerkennend: Hamann/Vahle[113].

4.3 Rechtmäßigkeitskontrolle

456 Die gerichtliche Überprüfung einer im Rahmen eines Beurteilungsspielraums ergangenen Entscheidung ähnelt entfernt der einer Ermessensentscheidung. Sie unterscheidet sich aber von der richterlichen Kontrolle einer Ermessensentscheidung vor allem darin , dass – trotz vorhandener Parallelen – den Beurteilungsspielraumsentscheidungen ein **unbestimmter Rechtsbegriff** zugrunde liegt (beim Ermessen nicht) und darin, dass bei Ermessensentscheidungen Zweckmäßigkeitsgesichtspunkte berücksichtigt werden dürfen bzw. müssen, während beim Beurteilungsspielraum Zweckmäßigkeitserwägungen gerade nicht zulässig sind.

Im Beispiel der Fahrprüfung (oben bei RdNr. 448 angesprochen) mag es schwierig sein, objektiv und nachvollziehbar zu entscheiden, ob der Prüfling „befähigt" zum Führen eines Kraftfahrzeugs ist (= unbestimmter Rechtsbegriff). Der Prüfer hat sich aber zu bemühen, die Entscheidung über den Nachweis oder den Nichtnachweis der Befähigung so sorgfältig und richtig wie möglich zu fällen. Ihm ist **nicht gestattet, dabei Zweckmäßigkeitserwägungen einfließen zu lassen**, etwa folgendermaßen: Zwar ist die Befähigung zu bejahen; jedoch hat der Prüfling erzählt, dass ihm sein Vater einen Ferrari schenken will. Der Prüfer hält es für unzweckmäßig, dass ein Fahranfänger ein solches Auto fährt, und verweigert deshalb die Aushändigung des Führerscheins. (Das wäre nur rechtmäßig, wenn das Gesetz bestimmen würde, dass die Prüfung für bestanden erklärt werden „kann".)

457 **4.3.1** Bei der Rechtmäßigkeitskontrolle werden **Prüfungsentscheidungen und ähnliche Beurteilungen** verwaltungsgerichtlich (unter Aussparung allein von „prüfungsspezifischen Wertungen" der Behörde) daraufhin überprüft,

- ob das Verfahren ordnungsgemäß durchgeführt worden ist,
- ob Chancengleichheit bestand (Art 3 GG),
- ob die Entscheidung auf zutreffend ermittelten Tatsachen beruht,
- ob sachfremde Erwägungen zugrunde liegen,
- ob allgemein anerkannte Bewertungsmaßstäbe beachtet sind,
- ob in Fachfragen eine vertretbare und mit gewichtigen Argumenten folgerichtig begründete Lösung als falsch gewertet worden ist[114].

Beispielsweise ist „fehlende Anerkennung" der Lehrbemühungen eines Dozenten ein sachfremdes Beurteilungskriterium bei der Fachnotenvergabe[115]. – Ein Prüfer, der Prüfungsaufgaben verwechselt oder sich über den Aufgabeninhalt irrt, geht von einem unrichtigen Sachverhalt aus[116]. – Chancengleichheit verlangt geordnete und gleiche äußere Umstände[117] und ist auch bei Wiederholungsprüfungen zu beachten[118].

---

112 § 40 RdNr. 205.
113 VR 90, 17, 18. – Zur Frage von Beurteilungsspielräumen der Verwaltung bei „Einspeisungsentscheidungen" für kommerzielle Fernsehprogramme ins Kabelnetz: Ladeur DÖV 97, 983. – Zum Beurteilungsspielraum im Gentechnik-Recht: Beaucamp DÖV 2002, 24.
114 Insbesondere zu letzterem: BVerfG NJW 91, 2005; BVerwG NVwZ 93, 677, 678
115 Vgl. Fall Nr. 42 bei Bovermann/Dünchheim, Examinatorium – Allgemeines Verwaltungsrecht
116 BVerwG, mit Anm. von Vahle, DVP 2001, 40
117 BVerwG NVwZ 84, 307
118 BVerwG NJW 83, 407 – Zur Fehlerhaftigkeit einer „Musterlösung" OVG Münster NWVBl 97, 434. – Zum geordneten Prüfungsverfahren gehört auch, dass es in „angemessener Zeit" durchgeführt wird: BVerfG, mit Anm. von Vahle, DVP 2001, 43.

458 Bei einer **Klage gegen eine Prüfungsentscheidung** kann das Verwaltungsgericht zwar nicht überprüfen, ob die Leistung in Klausur, Hausarbeit oder mündlicher Prüfung gut oder mittelmäßig war, da diese prüfungsspezifischen Bewertungen allein dem Beurteilungsspielraum des Prüfers vorbehalten sind. – Rügt der Prüfling hingegen, dass er als einziger ohne Gesetzestext oder ohne Taschenrechner arbeiten musste, dass der Prüfer von einer anderen als der tatsächlich gestellten Aufgabe ausgegangen ist, dass er einen Fehler doppelt bewertet habe, dass er eine von ihm als an sich für bestanden beurteilte Prüfung aus Arbeitsmarktgründen doch als nicht bestanden erklärt habe oder dass in Fachfragen eine angewendete, richtig begründete Mindermeinung als falsch gewertet worden ist, so gehört dies zu dem Bereich, in dem die Verwaltungsgerichte – trotz anerkannten Beurteilungsspielraums der Prüfungsbehörde – doch zu eigenen Feststellungen befugt sind.

Stellt das Verwaltungsgericht einen Prüferfehler fest, so kommt nach dem Bundesverfassungsgericht[119] „eine gerichtliche Korrektur ... nur dann in Betracht", wenn er sich „auf die Notengebung ausgewirkt haben kann. Ist die Ursächlichkeit des Fehlers nicht auszuschließen, kann das Gericht die Leistungsbewertung grundsätzlich nicht ersetzen, sondern den Prüfungsbescheid nur aufheben. Das hat dann zur Folge, dass die zuständigen Prüfer eine neue fehlerfreie Bewertung nachholen müssen. Je nach Art des Fehlers sind auch Fälle denkbar, in denen dem Prüfling eine Wiederholungsmöglichkeit einzuräumen ist". – Nur in besonderen Fällen wird die Prüfungsbehörde durch das Verwaltungsgericht ausnahmsweise „verpflichtet, ... ein Zeugnis über das Bestehen der ... Prüfung ... zu erteilen"[120]. – Entsprechend sieht es das Bundesverwaltungsgericht als einen „Einbruch in den Bewertungsspielraum der Prüfer", wenn ein Gericht die fehlerhafte Korrektur einer Prüfungsleistung bei Auffinden eines anderen (übersehenen) Fehlers durch einen „Fehleraustausch" ausgleicht.[121]

459 Für die **Verwaltungspraxis der Prüfungsbehörden** ergeben sich hieraus Konsequenzen: Da den Prüfern bei „prüfungsspezifischen Wertungen" (vgl. oben RdNr. 449) ein gerichtlich nicht überprüfbarer Beurteilungsspielraum verbleibt, müssen die Prüflinge das Recht haben, „substantiierte Einwände gegen die Bewertungen" im behördlichen Prüfungsverfahren vorzubringen, um damit ein „Überdenken" dieser Wertungen zu erreichen. Dieser Anspruch der Prüflinge gegenüber der Behörde auf **„Überdenken"** der Prüfungsentscheidung stellt einen Ausgleich für die nur eingeschränkt mögliche Kontrolle durch das Verwaltungsgericht dar. Das „Überdenken", das in einem Widerspruchsverfahren oder auch in einem speziellen verwaltungsinternen Kontrollverfahren[122] stattfinden kann, erstreckt sich auch und gerade auf die prüfungsspezifischen Wertungen[123].

Für die insoweit erforderliche Neubewertung der Leistung sind „grundsätzlich die ursprünglichen Prüfer ... zuständig", neue Prüfer aber z. B. dann, wenn die ursprünglichen sich „bereits dahin festgelegt haben, dass eine Änderung der Note nicht in Betracht komme"[124].

---

119 BVerfG NJW 91, 2005, 2008
120 So z. B. OVG Münster DVBl 93, 58
121 BVerwG, mit Anm. von Vahle, DVP 2001, 40
122 Zimmerling/Brehm, Der Prüfungsprozess, 2004, RdNr. 18 ff
123 BVerwG NVwZ 93, 681, 683 und NJW 98, 323. – Zum verwaltungsinternen Kontrollverfahren mit „Überdenken" von Einwänden eines Prüflings durch den Prüfer OVG Münster 97, 377. – Zum Anspruch auf „Überdenken der Prüfungsentscheidung": Müller-Franken, VerwArchiv 2001, 507, 511.
124 So BVerwG NVwZ 93, 686, 688. Zum „Überdenken" durch einen speziellen Prüfer bei Beurteilung durch mehrere Prüfer: OVG Münster NWVBl 97, 377. – Zum Verfahren bei Neubewertung einer schriftlichen Prüfungsarbeit durch neue Prüfer: OVG Münster DVBl 2002, 212.

Da dieses behördliche „Überdenken" der Prüfungsbewertungen auch noch während eines verwaltungsgerichtlichen Verfahrens nachholbar ist, ist das gerichtliche Verfahren (gegebenenfalls auf Antrag) hierzu auszusetzen[125].

4.3.2 In den **sonstigen Fällen des Beurteilungsspielraums** ist die gerichtliche Nachprüfung darauf beschränkt, ob die Behörde 460

– das Gesetz prinzipiell zutreffend ausgelegt hat;

– die sich bei der abstrakten Auslegung ergebenden Grenzen und Wertmaßstäbe beachtet hat;

– von einem vollständig ermittelten und zutreffenden Sachverhalt ausgegangen ist (kein Beurteilungsspielraum bei der Feststellung der Tatsachen);

– ihre Subsumtion so weit begründet und in nachvollziehbarer Weise verdeutlicht hat, wie das nach der Eigenart der Entscheidung (unter Berücksichtigung der Grenzen angemessen-ökonomischen Verwaltungshandelns) möglich ist.

Letztlich kommt es auf die Ausgestaltung der konkreten Beurteilungsermächtigung im jeweiligen Gesetz an, die unter Berücksichtigung der Grundrechte, insbesondere des Art 19 Abs. 4 GG, auszulegen ist. Die Entscheidung ist **nicht überprüfbar, soweit sie auf einer (allein) der Behörde übertragenen und mit vertretbarem Ergebnis vorgenommenen Wertung oder Prognose beruht**; erforderlich ist allerdings, dass die „Grenzen des der Behörde eingeräumten Beurteilungsspielraums nicht überschritten" werden.

5. Fehlerfolgen

Unter den täglich erlassenen Tausenden von VAen finden sich in der Verwaltungspraxis relativ nur wenige, die fehlerhaft sind oder deren Fehlerhaftigkeit von einem Betroffenen geltend gemacht wird. Auszuschließen sind Fehler allerdings nirgendwo, und bei der Masse von VAen, die in der Behördenwirklichkeit meist unter Zeitdruck erlassen werden müssen, sind Fehlleistungen unvermeidbar. Deshalb soll nunmehr – im Gegensatz zu den bisherigen Ausführungen, die im wesentlichen darauf abzielten, einzelne Voraussetzungen für rechtmäßige VAe aufzuzeigen – untersucht werden, welche Folgen die Fehlerhaftigkeit eines VA für seine Wirksamkeit hat. 461

5.1 Dabei ist gemäß §§ 43 VwVfG, 39 SGB X und 124 AO von dem Grundsatz auszugehen, dass selbst der **rechtswidrige** (= fehlerhafte) VA – zumindest erst einmal – **wirksam** ist, dass er also die in ihm geregelten Rechtsfolgen bewirkt. Unwirksamkeit liegt (nach dem jeweiligen Abs. 3 dieser Vorschriften) nur im Ausnahmefall der Nichtigkeit (vgl. unten RdNr. 467ff) vor. 462

Beispielsweise verpflichtet ein „schlicht" oder „einfach" rechtswidriger (= nicht nichtiger) Steuerbescheid jedenfalls erst einmal zur Zahlung der geforderten Steuer. Eine (einfach/schlicht) rechtswidrige Fahrerlaubnis berechtigt zum Führen eines Kraftfahrzeuges.

---

125 BVerwG NVwZ 93, 689. – Zur verwaltungsgerichtlichen Praxis infolge der Eingrenzungen des prüfungsrechtlichen Beurteilungsspielraums durch das BVerfG: Wortmann NWVBl 93, 324. – Zum vorläufigen Rechtsschutz im Prüfungsrecht: Brehm, DVBl 2001, 27. – Umfassend zum verwaltungsgerichtlichen Rechtsschutz bei Prüfungen etc. Zimmerling/Brehm, Der Prüfungsprozess, 2004, RdNr. 62ff.

Die **rechtstechnische Begründung** hierfür ergibt sich daraus, dass der §§ 43 VwVfG, 39 SGB X und 124 AO die Rechtswidrigkeit nicht als Unwirksamkeitsgrund aufführen, sondern vielmehr ausdrücklich im jeweiligen Abs. 2 festlegen, der „ ... Verwaltungsakt bleibt wirksam ... ".

Auch wären die Aussagen zur Unwirksamkeit bei Nichtigkeit in §§ 43 Abs. 3, 44 VwVfG, 39 Abs. 3, 40 SGB X und § 124 Abs. 3, 125 AO sonst unverständlich; ebenso ist die Anfechtungsklage, deren Ziel die Aufhebung des VA ist, nur sinnvoll, wenn der rechtswidrige VA zunächst wirksam ist.

463 **Rechtspolitischer Grund** für die (zumindest vorläufige) Wirksamkeit auch rechtswidriger VAe ist, dass andernfalls der mit dem Erlass des VA verfolgte Zweck, Klarheit über die Rechte und Pflichten zwischen Staat und Bürger zu schaffen, nicht erreicht werden könnte. Ein Klärungsinteresse besteht ja vor allem dann, wenn Behörde und Bürger verschiedener Meinung über die Rechtslage sind, was gleichbedeutend damit ist, dass der Bürger Maßnahmen der Behörde für rechtswidrig hält. Würde die Rechtswidrigkeit „automatisch" zur Unwirksamkeit führen, dürfte der Bürger die (vermeintliche) Rechtswidrigkeit zeitlich unbegrenzt durch einfaches Nichtbeachten des VA geltend machen; auch müsste die Behörde stets (auch noch nach Jahren) mit der Unwirksamkeit des VA rechnen. Der normale VA hätte dann kaum größere Bedeutung als ein bloßer Hinweis auf die Rechtslage.

464 Noch deutlicher ist dies beim begünstigenden VA: Eine Baugenehmigung, Fahrerlaubnis, Ernennung zum Beamten, eine bestandene Prüfung, bei welcher der Adressat stets damit rechnen müsste, dass sie wegen eines Fehlers unwirksam ist, wäre keine brauchbare Vertrauensgrundlage für das weitere Verhalten des Adressaten. Die grundsätzliche Wirksamkeit auch rechtswidriger VAe dient also sowohl dem Interesse der Verwaltung als auch dem des Bürgers.

Auch beim gerichtlichen Urteil ist es nicht zulässig, dass der Verurteilte mit der Behauptung, das Urteil sei rechtswidrig (falsch), bereits dessen Unwirksamkeit geltend machen kann. Die Eigenschaft, auch bei Fehlerhaftigkeit grundsätzlich wirksam zu sein, kommt also VAen (**Bestandskraft**", vgl. dazu unten RdNr. 499) und gerichtlichen Urteilen (**Rechtskraft**", vgl. RdNr. 506) zu, somit den wichtigsten einen Einzelfall regelnden Staatsakten. Andere Staatsakte haben diese Eigenschaft aber nicht, vor allem nicht Rechtsnormen (dazu oben RdNr. 173) und auch nicht andere Einzelfallregelungen wie beispielsweise Gemeinderatsbeschlüsse, die keine VAe sind; diese sind bei Rechtswidrigkeit in der Regel zugleich nichtig.

Beispielsweise ergibt sich hieraus für die Verwaltungspraxis die Konsequenz, dass auch der rechtswidrige VA Rechtsgrund für eine im VA festgesetzte Leistung (bzw. Forderung) ist; eine Rückabwicklung kann also erst nach Aufhebung des zugrundeliegenden VAs erfolgen. Dies gilt sowohl für den Bürger als auch für die Behörde.

465 Folge der Rechtswidrigkeit eines VAes ist in der Regel (nur) dessen **Aufhebbarkeit**: Gegenüber einem belastenden VA kann der Betroffene durch **Widerspruch** und **Anfechtungsklage** die Aufhebung erzwingen (§§ 68, 42, 113 VwGO; 78, 54, 131 SGG; 347ff AO; 40, 100 FGO; vgl. unten RdNr. 808ff und 926ff). Der Bürger hat allerdings gewisse formelle Voraussetzungen zu beachten, insbesondere muss er den richtigen Rechtsbehelf fristgemäß erheben. Er wird hierdurch in eine „Klägerrolle" gedrängt und trägt das Risiko der Klage[126]. Will die Behörde von sich aus initiativ werden, hat sie beim rechts-

---

126 Maurer § 10 RdNr. 30

widrigen VA die Möglichkeit der Rücknahme nach Spezialvorschrift bzw. nach §§ 48 VwVfG; 44, 45 SGB X; 130 AO (vgl. unten RdNr. 518).

466 Wird gegenüber einem (schlicht) rechtswidrigen VA innerhalb der vorgesehenen Frist kein Rechtsbehelf eingelegt oder bleibt der Rechtsbehelf endgültig ohne Erfolg, so wird der VA **unanfechtbar** (vgl. RdNr. 499). Die Rechtswirkungen der Unanfechtbarkeit beschränken ausschließlich die Möglichkeit der Adressaten, sich gegen den VA zur Wehr zu setzen. Die Befugnisse der Behörde zur Änderung des VAes bleiben unberührt (§§ 48, 49, 51 Abs. 5 VwVfG; 44–47 SGB X; 130–132, 172–177 AO).

Wenn in der Verwaltungspraxis von einem „bestandskräftig gewordenen VA" die Rede ist, so ist damit in der Regel der unanfechtbare VA gemeint. Auch bei Ablehnungsbescheiden spricht man von „unanfechtbar", obwohl diese nicht mit der Anfechtungs-, sondern der Verpflichtungsklage angegriffen werden.

5.2 Nichtigkeit des VA

467 Unter den in der Verwaltungswirklichkeit vorkommenden fehlerhaften VAen spielen die Fälle der (schlichten/einfachen) Rechtswidrigkeit (= Aufhebbarkeit) die weitaus größte Rolle; dies gilt sowohl für die Überprüfung von VAen durch behördliche Widerspruchsverfahren als auch durch die Verwaltungsgerichte. **Nur ausnahmsweise** führt die Rechtswidrigkeit des VA zu seiner Nichtigkeit, so dass der VA unwirksam (§§ 43 Abs. 3 VwVfG; 39 Abs. 3 SGB X, 124 Abs. 3 AO) ist; er löst dann keine Rechtsfolgen aus. Die Behörde kann die Nichtigkeit jederzeit von Amts wegen feststellen und ist hierzu verpflichtet, wenn dies beantragt wird und der Antragsteller ein berechtigtes Interesse an der Feststellung hat (jeweils Abs. 5 der §§ 44 VwVfG, 40 SGB X, 125 AO).

Der Unwirksamkeit des nichtigen VA entspricht es, dass eine verwaltungsgerichtliche Klage auf „Feststellung" der Nichtigkeit des VA möglich ist (§§ 43 Abs. 1 VwGO, 55 Abs. 1 Nr. 4 SGG, 41 Abs. 1 FGO. Aus praktischen Gründen sind aber auch gegenüber einem nichtigen VA Widerspruch und Anfechtungsklage möglich.

Praktisch erforderlich ist dieses, zunächst inkonsequent erscheinende Ergebnis unter der Überlegung, dass der Betroffene andernfalls die häufig schwierige Frage entscheiden müsste, ob der VA bloß einfach rechtswidrig (aufhebbar) oder darüber hinaus nichtig ist. Dies wäre aber unnötig, weil nach durchgeführtem Rechtsbehelfsverfahren der rechtswidrige VA in jedem Fall unwirksam ist: sei es wegen der von vornherein bestehenden Nichtigkeit, sei es wegen erfolgter Aufhebung.

Mittelbar ergibt sich das auch z. B. aus § 43 Abs. 2 S. 2 VwGO, da andernfalls kein Grund ersichtlich wäre, die Subsidiarität der Feststellungsklage im Verhältnis zur Anfechtungsklage für den Fall des nichtigen VA auszuschließen.[127]

468 Die Frage der Nichtigkeit kann sich allerdings nur stellen, wenn überhaupt ein VA vorliegt; das ist nicht der Fall beim sogenannten **Nicht-Akt** (oder Schein-VA[128]). Solche Fälle sind in der Behördenpraxis jedoch ausgesprochen selten.

Beispiele sind etwa „Beförderungen" bei Behörden-Karnevalsfeier oder Maßnahmen von Automaten, die sich wegen technischen Defekts völlig von ihrer Programmierung gelöst haben, so dass praktisch kein menschlicher Wille mehr dahintersteht (z. B. Dauer-Rot bei Verkehrsampeln).

---

127 Vgl. Fall Nr. 89 bei Bovermann/Dünchheim, Examinatorium – Allgemeines Verwaltungsrecht
128 Zum schriftlichen Schein-VA vgl. BFH NVwZ 85, 519; problematisch zum Verhältnis von Schein-VA und Nichtigkeit OVG Münster NVwZ 86, 580. Vgl. Schnapp DVBl 2000, 247

5.2.1 Die Voraussetzungen, unter denen ein VA nichtig ist, können sich zunächst aus (seltenen) **Spezialvorschriften** ergeben (z. B. § 8 BRRG zur Nichtigkeit der Beamtenernennung).

469 Die in **§ 44 Abs. 2** VwVfG (ähnlich §§ 40 Abs. 2 SGB X, 125 Abs. 2 AO) geregelten Sonderfälle der Nichtigkeit lassen sich so zusammenfassen:

Nr. 1: Nichterkennbarkeit der erlassenden Behörde

Nr. 2: Nichtaushändigung der vorgeschriebenen Urkunde

Nr. 3: Verletzung der sich aus der ortsgebundenen Lage einer Sache oder eines Rechts („Belegenheit") ergebenden örtlichen Zuständigkeit

Nr. 4: Tatsächliche Unmöglichkeit

Nr. 5: Gebot einer Straftat oder Ordnungswidrigkeit

Nr. 6: Verstoß gegen die guten Sitten.

In Abgrenzung zu den Fällen des jeweiligen Abs. 1 der §§ 44 VwVfG, 40 SGB X, 125 AO (vgl. dazu unten RdNr. 471 ff) spricht man in diesen Fällen des jeweiligen Abs. 2 von **evidenzunabhängiger Nichtigkeit**.

Beispiele zu den einzelnen Nummern der jeweiligen Absätze 2 (wegen der begrenzten Relevanz dieser Sonderfälle in der behördlichen und gerichtlichen Praxis sollen hier nur wenige Hinweise genügen):

VAe, die unter **Nr. 1** fallen, können sich z. B. bei automatischer Textverarbeitung durch Fortfall des „Bausteines Briefkopf" ergeben. – Beispiel zu **Nr. 2** ist die Einbürgerung ohne Aushändigung der Einbürgerungsurkunde (§ 16 Abs. 1 StAG). – Zu **Nr. 3**: Die für den Bezirk A zuständige Baubehörde erteilt eine Genehmigung für ein in B gelegenes Grundstück. – **Nr. 4** erfasst etwa die Abbruchverfügung für ein bereits beseitigtes Gebäude[129]. – **Nr. 5** betrifft Fälle „rechtlicher Unmöglichkeit" (vgl. oben RdNr. 396). – Die Einbeziehung von Verstößen „gegen die guten Sitten" durch **Nr. 6** ist bedenklich und führt in Praxis und Rechtsprechung zu Unsicherheiten[130].

470 In **§ 44 Abs. 3** VwVfG (ähnlich §§ 40 Abs. 3 SGB X, 125 Abs. 3 AO) sind – umgekehrt – einige Sonderfälle aufgeführt, in denen die Nichtigkeit **nicht** gegeben ist. Es handelt sich um die Verletzung einzelner formeller Vorschriften:

Nr. 1: Nichteinhalten der (allgemeinen) örtlichen Zuständigkeit

Nr. 2: Mitwirkung bestimmter ausgeschlossener Personen

Nr. 3: Fehlende Mitwirkung eines Ausschusses

Nr. 4: Fehlende Mitwirkung einer anderen Behörde.

Hier ist zu beachten, dass Nr. 1 nur die örtliche Zuständigkeit betrifft und dies im Rahmen des VwVfG auch nur soweit, als nicht ein Fall des § 44 Abs. 2 Nr. 3 VwVfG gegeben ist. – Die §§ 40 Abs. 3 Nr. 1 SGB X, 125 Abs. 3 Nr. 1 AO erfassen hingegen alle Verstöße gegen die örtliche Zuständigkeit.

471 **5.2.2** Nach den für alle sonstigen Fälle geltenden **Generalklauseln** der §§ 44 Abs. 1 VwVfG, 40 Abs. 1 SGB X, 125 Abs. 1 AO ist ein Verwaltungsakt in sogenannten **Evidenzfällen** nichtig, soweit er an einem besonders schwerwiegenden Fehler leidet und dies bei verständiger Würdigung aller in Betracht

---

129 Vgl. BVerwG NVwZ 92, 564
130 So auch Bull RdNr. 594; Discher JuS 91, 642; BVerwG NVwZ 90, 668; VG Berlin, mit Anm. von Vahle, DVP 2001, 174

kommenden Umstände „offensichtlich" ist (so das BVwVfG; im VwVfG NRW und einigen anderen LVwVfGen: „offenkundig").

Wegen der hiernach erforderlichen Offensichtlich-/Offenkundigkeit wird z.T. in der rechtswissenschaftlichen Literatur zu diesem Nichtigkeitsgrund (verkürzend und ungenau) das Stichwort „Evidenztheorie" verwendet.

1. Eine **besonders schwerwiegende Rechtswidrigkeit** liegt vor, wenn der VA in besonders starkem Maße gegen die der Rechtsordnung insgesamt oder auf Teilgebieten zugrundeliegenden Wertvorstellungen und Zwecksetzungen verstößt. – Abgrenzungshilfen bieten die in Abs. 2 und Abs. 3 der §§ 44 VwVfG und 40 SGB X geregelten Fälle: Der Fehler muss größeres Gewicht haben als die in Abs. 3 genannten Mängel und mit den in Abs. 2 aufgeführten Fällen (fast) vergleichbar sein. 472

Beispiel: Erteilt das Gewerbeamt der Stadtverwaltung einem Lebensmittelhändler die Erlaubnis zum Verkauf von Medikamenten, handelt es sich um die Gestattung eines gegen das Gesetz verstoßenden Tuns, also um einen den Fällen des § 44 Abs. 2 Nr. 5 und 6 VwVfG ähnlichen Fall.

Mit dem Wort „**besonders**" in Abs. 1 (der §§ 44 VwVfG, 40 SGB X, 125 AO) werden strenge Anforderungen an die Schwere[131] des Fehlers gestellt. Die Nichtigkeit des VAes soll ein Ausnahmefall bleiben. Nicht ausreichend für einen besonders schwerwiegenden Verstoß ist, dass ein VA keine Ermächtigungsgrundlage hat oder dass die Ermächtigungsgrundlage – z. B. nichtige Satzung – ungültig ist (sog. gesetzloser VA). Auch ein Verstoß gegen Vorschriften der Verfassung, insbesondere gegen Grundrechte, erfüllt nicht ohne weiteres die Voraussetzungen der Nichtigkeit. Zwar verstößt ein solcher VA gegen grundlegende Wertvorstellungen der Rechtsordnung, jedoch nicht unbedingt in einem für die Nichtigkeit ausreichend starkem Maß.

Beispielsweise führen grobe Schätzfehler der Finanzbehörde bei der Ermittlung der Besteuerungsgrundlagen regelmäßig nicht zur Nichtigkeit des Bescheides sondern nur zur [schlichten] Rechtswidrigkeit. – Nichtigkeit hier nur, wenn das Finanzamt „bewusst und willkürlich zum Nachteil des Steuerpflichtigen schätzt"[132].

2. Dass der VA an einem besonders schwerwiegenden Fehler leidet, muss **offensichtlich** sein (so § 44 Abs. 1 BVwVfG; § 44 Abs. 1 VwVfG NRW und einige andere LVwVfGe: „offenkundig"). Üblicherweise wird dies so umschrieben, dass nach Lage des Einzelfalles die schwere Fehlerhaftigkeit dem VA für einen unvoreingenommenen, mit den in Betracht kommenden Umständen vertrauten, verständigen Beobachter „ohne weiteres ersichtlich" sein muss, dh dass sie sich geradezu aufdrängen muss. Jedoch besagt diese Formel fast nichts: Da in der Regel das, was ist, auch einsichtig ist, hat das Merkmal der Offensichtlichkeit/Offenkundigkeit nur dann eine die Nichtigkeitsfälle eingrenzende Funktion, wenn bestimmte Fehlerquellen ausgenommen werden. Nicht offenkundig sind Fehler, die nur aufgrund fachlichtechnischer oder juristischer Spezialkenntnisse herausgefunden werden können. An der Offenkundigkeit fehlt es auch, wenn sich die Fehlerhaftigkeit (Rechtswidrigkeit) erst aus genaueren Überlegungen ergibt, insbesondere die rechtliche Beurteilung umstritten ist. 473

Beispiel für einen nach § 44 Abs. 1 VwVfG nichtigen VA ist eine „Baugenehmigung", die für ein Bauvorhaben die Feststellung, dass es statisch sicher und abwassermäßig erschlossen ist, ausdrücklich nicht trifft, vielmehr einer gesonderten Entscheidung vorbehält, vor der mit den Bauarbeiten

---

131 Beispiele: BVerwG NJW 84, 2113, 2114; OVG Münster (mit Anm. von Vahle) DVP 2001, 42.
132 So BFH NVwZ 2001, 1326

nicht begonnen werden darf[133]. – Nichtigkeit auch wegen schweren und offenkundigen Mangels bei fehlender Bestimmtheit[134].

474 3. Angesichts des großen Auslegungsspielraums, den die in §§ 44 Abs. 1 VwVfG, 40 Abs. 1 SGB X, 125 Abs. 1 AO enthaltenen unbestimmten Gesetzesbegriffe eröffnen, darf auch vom Ergebnis her argumentiert werden: Einerseits sind die Nichtigkeitsfälle im Interesse der Rechtssicherheit in engen Grenzen zu halten, andererseits muss Nichtigkeit dort angenommen werden, wo der VA im Falle seiner Wirksamkeit untragbare Folgen auslösen würde.

Beispiel: Für den Verkauf eines Grundstücks ist eine Teilungsgenehmigung nach § 19 BauGB erforderlich. Würde die Behörde die Genehmigung (unzulässigerweise) unter der Bedingung erteilen, dass die Gemeinde einen Weg ausbaut, so würde das zu unzumutbaren Unklarheiten bei den privatrechtlichen Beziehungen führen und das Grundbuchamt vor unlösbare Schwierigkeiten stellen[135]. Hier muss Nichtigkeit angenommen werden.

Darüber hinaus zwingt die Betrachtung vom Ergebnis her dazu, an bestimmte schwere Fehler die Folge der Nichtigkeit ohne Rücksicht auf konkrete Offenkundigkeit zu knüpfen. Das sind in erster Linie die Fälle, bei denen die Regelung gegenstandslos ist, etwa weil sie sich an eine nicht-existente Person richtet, sich auf eine nicht existierende Sache bezieht, oder weil die Genehmigung einen privatrechtlichen Vertrag betrifft, der bereits aus privatrechtlichen Gründen, beispielsweise wegen Nichtbeachtung der Form, nichtig ist. Dass der VA in solchen Fällen keine Rechtsfolgen hat, also nichtig sein muss, ist bereits abstrakt so offenkundig, dass es nicht gerechtfertigt wäre, im einzelnen Fall zu prüfen, ob sich dem Durchschnittsbetrachter nach den Umständen die Rechtswidrigkeit aufdrängen muss.

475 5.2.3 §§ 44 Abs. 4 VwVfG, 40 Abs. 4 SGB X und 125 Abs. 4 AO gehen – im Gegensatz zu § 139 BGB – davon aus, dass bei **Teilnichtigkeit** im Normalfall der fehlerfreie Teil des VA aufrechterhalten bleiben soll.

Diese Regelung entspricht der Gesamttendenz des Verwaltungsverfahrensrechts, die der Rechtssicherheit und dem staatlichen Interesse am Fortbestand des VA einen hohen Stellenwert einräumt. Gesamtnichtigkeit tritt nur dann ein, „wenn der nichtige Teil so wesentlich ist, dass die Behörde den VA ohne den nichtigen Teil nicht erlassen hätte", wenn also der Rest nicht mehr aus sich heraus verständlich wäre, wenn der VA einen anderen Sinn erhalten würde oder wenn der nichtige Teil nicht abtrennbar ist.

5.2.4 Zur sachgerechten Wertung der Rolle, welche die Nichtigkeit von VAen in der **Praxis** spielt, ist abschließend darauf hinzuweisen, dass die Gerichte in den letzten Jahren nur in recht wenigen Fällen Nichtigkeit angenommen haben, wobei einige Entscheidungen hierbei noch durchaus umstritten sind[136].

---

133 VGH Kassel NVwZ 86, 315. – Zur Nichtigkeit eines baurechtlichen Vorbescheids vgl. OVG Münster NVwZ 86, 50. – Zur Nichtigkeit eines Bußgeldbescheids wegen Verstoßes gegen das „Verbot widersprüchlichen Verwaltungshandelns" OLG Oldenburg NVwZ 92, 607. – Zur Frage der Nichtigkeit einer Widmung VGH München DÖV 2001, 743.
134 Offen gelassen von OVG Münster, DVP 2001, 42, aber bejaht von BFH NVwZ 2001, 599
135 BVerwGE 24, 129, 132
136 Vgl. Bull RdNr. 592; a.A. für das Steuerrecht („gar nicht so selten"): Herden/Gmach NJW 86, 2921, 2922 (vgl. dazu BFH NVwZ 2001, 599 und BFH NVwZ 2001, 1326).

5.3 Berichtigung offenbarer Unrichtigkeit

Ebenso wie die Nichtigkeitsfälle sind auch die Fälle „offenbarer Unrichtigkeit" des VA durch Evidenz gekennzeichnet. Nach der in den §§ 42 VwVfG, 38, SGB X, ähnlich § 129 AO, getroffenen besonderen Folgenregelung führt hierbei der Fehler jedoch nicht zur Rechtswidrigkeit, sondern nur zur Berichtigungsbefugnis der Behörde (S. 1) bzw. zu einem Berichtigungsanspruch des Beteiligten (S. 2). Der Grund liegt darin, dass „der Widerspruch zwischen dem, was die Behörde gewollt hat, und dem, was sie in dem VA zum Ausdruck gebracht hat, ohne weiteres erkennbar ist"[137]. **476**

Neben den im Gesetz erwähnten Schreib- und Rechenfehlern gehören als „ähnliche offenbare Unrichtigkeiten" hierher auch z. B. versehentliche Auslassungen und – in der Behördenpraxis inzwischen am bedeutsamsten – Mängel bei EDV-gefertigten Bescheiden.

Die Berichtigung ist weder Rücknahme noch Widerruf; bei der durch sie erfolgenden Klarstellung greift – im Gegensatz zu den (unten bei RdNr. 518 ff und 540 ff dargestellten) Regelungen über Widerruf und Rücknahme von VAen – auch kein Vertrauensschutz ein, da eine offenbare („ins Auge springende") Unrichtigkeit keinen Vertrauenstatbestand begründen kann.

Beispielsweise ist, wenn dem bauwilligen Eigentümer der Grundstücksparzelle 516 wegen eines Diktat- oder **Schreibfehlers** eine Baugenehmigung für die (fremde) Parzelle 615 erteilt wird, die Geltung des § 42 VwVfG unproblematisch.

Nicht ganz so eindeutig wie bei Schreibfehlern ist das bei den ebenfalls im Gesetz erwähnten **Rechenfehlern**, da diese sowohl einerseits offensichtliche Additionsfehler sein können als auch andererseits Willensbildungsfehler; inhaltliche Mängel, die auf Irrtümern bei der Überlegung, Subsumtion, Prüfung oder Abwägung beruhen, fallen nämlich nicht unter §§ 42 VwVfG, 38 SGB X, 129 AO. Eine Grenzziehung ist hier zuweilen schwierig:

Die Praxis der Gerichte erkennt die fehlerhafte Berechnung öffentlicher Leistungen in weitem Umfang als „Rechenfehler" an[138]. Soweit auch Fehler im Bereich der Datenverarbeitung einbezogen werden, birgt dies die Gefahr, dass die Risiken der Verwaltungsautomation weitgehend auf den Bürger abgewälzt werden; Beispiel: Berichtigung einer offenbaren Unrichtigkeit eines Steuerbescheides[139].

5.4 Heilung, Nichtaufhebung trotz Fehlern. Umdeutung

Neben inhaltlichen Mängeln des VA führen auch Form- und Verfahrensfehler zur Rechtswidrigkeit und damit grundsätzlich zur Aufhebbarkeit. Für die Verwaltungspraxis nicht unbedeutende Sonderregelungen sind in den §§ 45, 46 VwVfG; 41, 42 SGB X; 126, 127 AO enthalten. Diese Vorschriften beruhen auf dem Gedanken, dass die formellen Vorschriften gegenüber der Entscheidung in der Sache selbst eine dienende Funktion haben und dass es aus verfahrensökonomischen Gründen zweckmäßig sein kann, eine Fehler-Heilung vorzusehen – oder die Verletzung sanktionslos zu lassen. Allerdings ist die darin **477**

---

137 BVerwGE 40, 212/216; ähnlich BVerwG NVwZ 86, 198. Umfassend zu § 42 VwVfG und § 129 AO: Musil, DÖV 2001, 947 ff.
138 Bull RdNr. 589
139 Etwa BFH NVwZ 93, 511; vgl. BFH NVwZ 97, 103. – Beispiel zur Berichtigung einer offenbaren Unrichtigkeit eines Planfeststellungsbeschlusses: BVerwG NVwZ 2000, 533. – Zur VA-Qualität der Berichtigung offenbarer Unrichtigkeiten: Musil, DÖV 2001, 947.

zum Ausdruck kommende Geringschätzung formeller Erfordernisse problematisch[140].

478 Richtig ist zwar, dass ein VA trotz (verfahrensmäßig) fehlerhaften Zustandekommens ein in der Sache (inhaltlich) richtiges Ergebnis enthalten kann. Es darf aber nicht übersehen werden, dass laut BVerfG sogar **„Grundrechtsschutz weitgehend auch durch die Gestaltung von Verfahren zu bewirken ist"**[141]. Die verfahrensrechtliche Gesetzesbindung der Verwaltung darf daher nicht zur Disposition stehen, um etwa Verwaltungsabläufe zu beschleunigen, Reibungsverluste zu vermindern oder die Effektivität und Manövrierfähigkeit der Behörde zu verbessern. In der Behördenpraxis ist die Einhaltung formeller Vorschriften schwerer zu gewährleisten, wenn ihre Verletzung sanktionslos bleibt.

Werden an die formelle Fehlerhaftigkeit des Handelns der Verwaltung nur in beschränktem Umfang Konsequenzen geknüpft, so birgt dies die Gefahr, als „eine gewisse Ermunterung" missverstanden zu werden, „Verfahrens- und Formvorschriften nicht so ernst zu nehmen"[142] oder als „Signal, ... dass Verfahrens- und Formvorschriften erst dann beachtet werden müssen, wenn es zu gerichtlichen Auseinandersetzung kommt"[143]. Es steht hier jedenfalls die Grundfrage nach der Verbindlichkeit von (Verfahrens-)Rechtsvorschriften in Rede[144].

In der Verwaltungspraxis entstehen gegenüber dem Bürger zudem besondere Akzeptanz- und Legitimationsprobleme: Oft sieht der Betroffene eine für ihn ungünstige Entscheidung als sachlich falsch bzw. rechtswidrig an. Ist der Behrde dabei nachweislich ein formeller Fehler unterlaufen, so wird das als eine Bestätigung des vermeintlichen sachlichen Fehlers angesehen. Der Betroffene ist dann in der Praxis kaum noch davon zu überzeugen, dass die Entscheidung (trotzdem) inhaltlich rechtmäßig ist. Auch deshalb sind die hier behandelten Sondervorschriften behutsam anzuwenden und eng auszulegen.

479 5.4.1 Voraussetzungen für die **Heilung von Verfahrens- und Formfehlern** (§§ 45 VwVfG, 41 SGB X, 126 AO) sind:

– Erlass eines (belastenden oder begünstigenden) VA;

– Nichtbeachtung bestimmter formeller Erfordernisse („reparierbarer Mängel"), unter anderem fehlende Anhörung oder Begründung (§ 45 Abs. 1 Nr. 1–5 VwVfG, § 41 Abs. 1 Nr. 1–6 SGB X, 126 Abs. 1 Nr. 1–5 AO);

– keine Nichtigkeit;

– nachträgliche Erfüllung dieser Erfordernisse („Nachbesserung");

---

140 Ein Teil der in der rechtswissenschaftlichen Literatur vertretenen Auffassungen wertet § 45 VwVfG als verfassungswidrig (vgl. Hatje DÖV 97, 477, 484; Sodan DVBl 99, 729, 736; Erbguth UPR 2000, 81, 85). Zu den verfassungsrechtlichen Vorgaben der Verfahrensbeschleunigung: Steinbeiß-Winkelmann, DVBl 99, 809. – Die wohl hM bedauert die rechtliche Problematik der „erheblichen Entwertung von Verfahrensnormen", hält aber eine „verfassungskonforme Auslegung und Anwendung" für möglich (vgl. Bonk NVwZ 2001, 636, 641). Vgl. zur Verwaltungspraxis Gühlstorf DVP 2004, 313
141 So BVerfGE 53, 30, 65
142 Alberts VR 85, 126, 129
143 Hatje DÖV 97, 477, 480
144 So auch Bonk NVwZ 2001, 636, 641. – In der Verwaltungspraxis wird teilweise eine – auf den späteren Heilungsmöglichkeiten basierende – Tendenz beobachtet, „ ... für den Bürger belastende Entscheidungen unter Missachtung der formellen Voraussetzungen zu erlassen." So Gühlstorf DVP 2004, 313.

- innerhalb einer bestimmten Frist; die gesetzlichen Formulierungen der VwVfG'e hierzu unterscheiden sich; gemeinsam ist ihnen jedoch, dass eine Heilung selbst noch im gerichtlichen Verfahren erfolgen kann.
- Nach § 45 Abs. 2 **BVwVfG** und § 41 Abs. 2 **SGB X** dürfen Heilungshandlungen **„bis zur letzten Tatsacheninstanz"** eines sozial- oder verwaltungsgerichtlichen Verfahrens nachgeholt werden; nach §126 Abs. 2 **AO** „bis zum **Abschluss der Tatsacheninstanz** eines finanzgerichtlichen Verfahrens...". Nach § 45 Abs. 2 **VwVfG NRW** dürfen Heilungshandlungen „**nur bis zum Abschluss der ersten Instanz** eines verwaltungsgerichtlichen Verfahrens nachgeholt werden". 480

Während die Heilung nach den früheren Fassungen der VwVfG'e nur möglich war, solange das Verfahren noch in den Händen einer Verwaltungsbehörde (Ausgangs- oder Widerspruchsbehörde) lag, ist hiernach Heilung des – an sich abgeschlossen – behördlichen *Verwaltungs*verfahrens auch noch im *Gerichts*verfahren möglich.

Mit der Nachholung der Verfahrenshandlung ist die vorherige Verletzung nach dem Wortlaut des jeweils 1. Satzes der §§ 45 VwVfG, 41 SGB X, 126 AO „unbeachtlich"; damit tritt hinsichtlich des Fehlers „Heilung" der sich aus der Verletzung ergebenden Rechtswidrigkeit ein, wie es die Überschrift der §§ 45 VwVfG, 41 SGB X, 126 AO ausdrückt.

Die **in der Praxis wichtigsten Fälle** der Heilung sind die nachträgliche Begründung (Abs. 1 Nr. 2) und die nachträgliche Anhörung (Abs. 1 Nr. 3):

1. Das **Nachholen der Begründung** obliegt zunächst der Ausgangsbehörde. 481
– Findet ein Widerspruchsverfahren (bzw. Einspruchsverfahren nach AO) statt, so kann die Nachholung außerdem durch die für diesen Rechtsbehelf zuständige Behörde erfolgen. Da der dieses Rechtsbehelfsverfahren abschließende Bescheid gemäß §§ 73 Abs. 3 VwGO, 85 Abs. 3 SGG, 366 AO zu begründen ist, enthält dann der – nunmehr „in zweiter Instanz" ergehende – Widerspruchsbescheid (bzw. die Einspruchsentscheidung nach AO) stets die Heilung im Sinne des jeweiligen Abs. 1 Nr. 2.

Nach § 114 Satz 2 VwGO kann die Verwaltungsbehörde selbst die in der Begründung des VA enthaltenen Ermessensabwägungen auch im Verfahren vor den Verwaltungsgerichten noch ergänzen (vgl. unten RdNr. 749)[145].

2. Die **Nachholung der Anhörung** liegt im Rechtsbehelfsverfahren meist 482 darin, dass der Betroffene durch die Einlegung etwa des Widerspruchs zum entscheidungserheblichen Sachverhalt Stellung nimmt und die Behörde diese Stellungnahme in ihre Erwägungen über ihre Rechtsbehelfsentscheidung einbezieht. Jedenfalls hat der Widerspruchsführer im Rahmen des Widerspruchsverfahrens die in den Anhörungsvorschriften geforderte „ ... Gelegenheit ..., sich zu den ... erheblichen Tatsachen zu äußern" (vgl. § 28 Abs. 1 VwVfG). – Die Nachholung erfolgt dabei in der Regel zunächst durch die Ausgangsbehörde bei der Entscheidung darüber, ob dem Widerspruch (iSv § 72 VwGO) abgeholfen werden kann. Danach geht die Befugnis, durch nachträgliche Anhörung eine Heilung herbeizuführen, auf die Widerspruchsbehörde über.

Ein Nachholen der Anhörung gemäß Abs. 1 Nr. 3 scheidet (nur) aus, wenn eine gesetzliche Vorschrift die Anhörung zwingend *vor* Erlass vorsieht.

---

145 Kritisch: Redeker NVwZ 97, 627; Schenke NJW 97, 81, 88–90. – Vgl. OVG Münster NVwZ 2001, 1424

Beispielsweise muss nach dem Bundesverwaltungsgericht der Personalrat vor der fristlosen Entlassung eines Beamten auf Probe angehört werden[146]. Diese Entscheidung ist allerdings zweifelhaft: § 45 Abs. 1 VwVfG greift hier unmittelbar gar nicht ein (Nr. 3 nicht, da der Personalrat kein Beteiligter i. S. d. § 13 VwVfG ist, Nr. 5 nicht, da er keine Behörde ist, sondern intern mitwirkt) und ist nach dem Sinn dieser Anhörungsregelung wohl auch nicht analog anwendbar.

483 In der Verwaltungspraxis ist – insbesondere bei der Anhörung – **zweifelhaft, ob** eine nach Erlass des VA erfolgte **Nachholung** dieses unterlassenen Verfahrensschrittes mit der an sich vorab erforderlichen Anhörung **gleichwertig ist** – besonders hinsichtlich ihrer Wirkung auf die Behördenentscheidung.

Immerhin hat sich die Behörde ja bereits (vor der Nachholung) festgelegt und nach der Einlegung des Rechtsbehelfs durch den Betroffenen sind die Standpunkte in der Verwaltungswirklichkeit manchmal schon verhärtet. Die Schutz- und Beteiligungsfunktion der Anhörung wird offenkundig nicht allein dadurch gefährdet, dass der Verfahrensschritt ganz unterbleibt, sondern auch dann, wenn der zum VA führende Willensbildungsprozess – jedenfalls in einer ersten Stufe der „Ausgangsbehörde" – abgeschlossen ist und zum Teil nur noch die Bereitschaft zu „Nachkorrekturen" unter Beibehaltung des Kerns der getroffenen Entscheidung vorhanden sein wird[147].

484 Die **dritten Absätze** der §§ 45 VwVfG, 41 SGB X, 126 AO beseitigen darüber hinaus die mögliche Nebenwirkung, dass wegen des Fehlens einer Begründung oder der Anhörung eine Anfechtungsfrist versäumt wurde.

485 Rechtsfolge der heilenden Nachholung ist, dass der VA insoweit rechtmäßig wird. Die **Kostenfolgen** eines eventuellen Widerspruchs, der zwar bei seiner Einlegung (etwa wegen einer fehlenden Anhörung) erfolgversprechend war, der aber im Ergebnis erfolglos ist, da durch die Heilung der Mangel zwischenzeitlich (etwa im Widerspruchsverfahren) beseitigt wurde, regelt § 80 Abs. 1 Satz 2 VwVfG: Hiernach trägt der Rechtsträger, dessen Behörde den angefochtenen VA erlassen hatte, die Kosten „auch, wenn der Widerspruch nur deshalb keinen Erfolg hat, weil die Verletzung einer Verfahrens- oder Formvorschrift nach § 45 unbeachtlich ist"[148].

Holt die Behörde die unterlassene Handlung nicht oder fehlerhaft nach, so besteht die Rechtswidrigkeit des VA (mit der Folge der Aufhebbarkeit) fort, es sei denn, es greifen für Verfahrens- oder Formfehler die im folgenden zu behandelnden §§ 46 VwVfG, 42 SGB X, 127 AO ein:

486 5.4.2 Gemäß § 46 VwVfG kann es unter folgenden Voraussetzungen zur **Nichtaufhebung trotz Verfahrens- und Formfehlern** kommen (§ 42 SGB X, vgl. § 127 AO):

– Erlass eines VA;

– Verletzung einer Vorschrift über das Verfahren, die Form oder die örtliche (nicht jedoch: sachliche) Zuständigkeit;

– keine Nichtigkeit des VA;

– Offensichtlichkeit, dass der Fehler „die Entscheidung in der Sache nicht beeinflusst hat".

---

146 BVerwG NJW 83, 2516
147 Ähnlich Schenke NJW 97, 81, 87: „... Bemäntelung eines schon vorher gefundenen Ergebnisses ..." ; Hatje DÖV 97, 477, 484: „... den angefochtenen Bescheid möglichst erfolgreich zu verteidigen ...".
148 Zur Verwaltungspraxis: Gülstorf DVP 2004, 313

Nach § 127 AO gilt hingegen (wie früher auch im VwVfG und im SGB X) als Voraussetzung: dass „keine andere Entscheidung in der Sache hätte getroffen werden können" (Fehlen einer Entscheidungsalternative).

- Die §§ 46 VwVfG, 42 SGB X, 127 AO beziehen sich also in jedem Falle ausschließlich auf **ergebnisneutrale Formverstöße**; in § 46 VwVfG und § 42 SGB X wird nicht mehr nur auf die Alternativlosigkeit des Entscheidungsinhalts sondern auf die Kausalität des Verfahrens- oder Formfehlers für die Entscheidung abgestellt. **487**

§ 42 S. 2 SGB X nimmt die fehlende Anhörung vom Geltungsbereich der Vorschrift aus; das heißt, dass das SGB (im Gegensatz zu den anderen VwVfGen) der Anhörung einen höheren Stellenwert als übrigen Verfahrensregeln beimisst, mit der Folge, dass in seinem Anwendungsbereich ein Verstoß gegen die Anhörungspflicht nicht unbeachtlich bleibt.

Einerseits müsste bei strenger rechtsstaatlicher Betrachtungsweise an sich jeder Gesetzesverstoß – auch ein solcher im Verfahren oder in der Form – eines VA zur Aufhebung führen. Andererseits ist als Grund für die abweichende Gesetzesregelung anzuerkennen, dass es in der Verwaltungspraxis unökonomisch wäre, einen VA wegen eines formellen Fehlers aufzuheben, wenn er sofort mit gleichem Inhalt wieder (diesmal aber formgerecht) erlassen werden könnte oder gar müsste.

Die vom Gesetzgeber zur Auflösung dieses Spannungsverhältnisses gewählten Formulierungen werden im Schrifttum vielfach als verfehlt beurteilt. Wesentliches Kriterium einer verfassungskonformen Auslegung und Anwendung der Vorschriften ist der Einfluss des Form- oder Verfahrensfehlers auf die Sachentscheidung[149].

Die maßgebliche Voraussetzung der **offensichtlichen Nichtbeeinflussung** der Entscheidung (nach § 46 VwVfG, § 42 SGB X) ist dann gegeben, wenn es sich um einen VA handelt und dessen sonstige formelle und materielle Voraussetzungen vorliegen. Bei Prüfung dieser Voraussetzung ist zu unterstellen, dass der „privilegierte Fehler" nicht unterlaufen ist, und auf dieser Grundlage ist der Inhalt der dann zu treffenden Entscheidung zu ermitteln. **488**

Beispielsweise fallen unter § 46 VwVfG die in § 45 Abs. 1 VwVfG aufgeführten, im Einzelfall aber nicht nachgebesserten Versäumnisse (fehlende Anhörung des Betroffenen, unzureichende Begründung, fehlende Mitwirkung einer anderen Behörde), aber auch etwa die Mitwirkung eines befangenen Amtsträgers.

§ 42 S. 2 SGB X nimmt (abweichend von §§ 46 VwVfG, 127 AO) den Fall der unterlassenen Anhörung ausdrücklich von den „privilegierten Fehlern" aus. Hiernach ist im Bereich der Sozialleistungsverwaltung eine Verletzung der Anhörungspflicht stets beachtlich und führt – sofern keine Heilung nach § 41 SGB X eintritt – stets zur Aufhebung des VA.

1. Nach § 46 VwVfG, § 42 SGB X ist entscheidendes Kriterium, dass „... **offensichtlich ist, dass** die Verletzung ... der Verfahrens- oder Formvorschrift ... die Entscheidung in der Sache **nicht beeinflusst hat**." Offensichtlichkeit liegt vor, wenn die fehlende Kausalität klar erkennbar ist, gleichsam „ins Auge springt". Soweit die Frage einer eventuellen Ursächlichkeit oder Nichtursächlichkeit des Fehlers nur nach aufwendigen Überprüfungen beantwortet werden kann, ist die geforderte „Offensichtlichkeit" und damit die Anwendung des § 46 VwVfG zu verneinen. **489**

---

[149] Vgl. Redeker NVwZ 97, 625, 626; Hatje DÖV 97, 477, 479; Schenke NJW 97, 81, 87; Bonk, NVwZ 2001, 636, 641.

Die Auswirkungen des § 46 VwVfG auf die Verwaltungspraxis werden in der rechtswissenschaftlichen Literatur unterschiedlich eingeschätzt[150].

490 2. Soweit nach § 127 AO noch die (früher auch im VwVfG und im SGB X enthaltene) Formulierung gilt, dass „... **keine andere Entscheidung ... hätte getroffen werden können**", besteht bei Ermessen oder Beurteilungsspielraum abstrakt immer die Möglichkeit einer „anderen Entscheidung in der Sache". Da es für die Nichtanwendung dieser Vorschrift ausreicht, dass eine andere Entscheidung „hätte getroffen werden können", und nicht erforderlich ist, „dass sie getroffen worden wäre", genügt hier die bloße Möglichkeit einer anderen Entscheidung. Unerheblich ist, wie die Behörde – oder bei Verletzung der örtlichen Zuständigkeit die andere Behörde – im einzelnen Fall entschieden hätte.

An das Vorliegen des Merkmals „Fehlen einer Entscheidungsalternative" sind also strenge Anforderungen zu stellen. Insbesondere im behördlichen Widerspruchsverfahren empfiehlt sich deshalb, die Möglichkeit einer alternativen Entscheidung auch dann anzuerkennen, wenn zwar kein Ermessens- oder Beurteilungsspielraum besteht, praktisch aber, weil es sich um einen Grenzfall handelt, eine andere Entscheidung vertretbar gewesen wäre. Auch bei Entscheidungen aufgrund eines Ermessens- oder Beurteilungsspielraums ist aber ausnahmsweise das Fehlen einer Entscheidungsalternative denkbar, z. B. wenn bei einer Prüfung lediglich das Prüfungsprotokoll nicht unterschrieben worden ist; denkbar ist auch der Fall einer Ermessensreduzierung auf Null.

491 3. Die **Rechtsfolgen** der §§ 46 VwVfG, 42 SGB X, 127 AO zeigen sich im Rechtsbehelfsverfahren und im gerichtlichen Verfahren: Beim offensichtlich vom Verfahrens- oder Formfehler unbeeinflussten bzw. alternativlosen VA kann die Behörde nach einem Rechtsbehelf die Aufhebung ablehnen (ist hierzu jedoch nicht verpflichtet); das Verwaltungs-, Sozial- bzw. Finanzgericht kann den offensichtlich davon unbeeinflussten bzw. alternativlosen VA nicht allein wegen eines Form- oder Verfahrensfehlers aufheben.

Da § 42 S. 2 SGB X die fehlende Anhörung vom Geltungsbereich der Vorschrift ausnimmt, gelten diese Folgen bei Verletzung der Anhörungspflicht nicht im Anwendungsbereich des SGB.

Nach hM lässt § 46 VwVfG die Rechtswidrigkeit des belastenden VA unberührt, so dass die Behörde den VA im Widerspruchsverfahren oder gemäß § 48 Abs. 1 S. 1 VwVfG nach Ermessen aufheben darf. Will die Behörde einen begünstigenden VA, bei dessen Erlass formelle Vorschriften iSd § 46 VwVfG verletzt worden sind, nach § 48 VwVfG zurücknehmen, steht nach hM § 46 ebenfalls nicht entgegen. Das entspricht sowohl dem Gesetzeswortlaut als auch dem Normzweck, der die Befugnisse der Behörde nicht beschränken soll.

Hat die Behörde dagegen den Antrag auf Erlass eines begünstigenden VA abgelehnt und sind ihr dabei Fehler iSd § 46 unterlaufen, handelt es sich um einen ähnlichen Fall wie beim Erlass eines belastenden VA. Deshalb ist § 46 auf diesen Fall analog – weil über seinen Wortlaut („Aufhebung") hinausgehend – anzuwenden, mit der Folge, dass eine Verpflichtungsklage, die sich allein auf einen Form- oder Verfahrensfehler stützt, unbegründet ist.

---

[150] Einerseits Schließky DVP 96, 47, 49 („... in der Realität keine Aufhebung wegen eines Verfahrens- oder Formfehlers mehr in Betracht kommen ..." , andererseits Hatje, DÖV 97, 477, 479 Fußnote 20 („... keine fundamentale Änderung ..."). Verwaltungspraktische Folge der Änderung könnte jedenfalls eine künftig weniger sorgfältige Beachtung der Verfahrens- und Formvorschriften durch die Behörde sein. Vgl. auch Schmitz/Wessendorf NVwZ 96, 955, 958 und Bonk NVwZ 97, 320, 326 und NVwZ 2001, 636, 641.

5.4.3 Ein Heilungs-Effekt tritt auch durch **Umdeutung** eines VA gemäß §§ 47 VwVfG, 43, SGB X, 128 AO ein. Die Umdeutung unterscheidet sich von der Heilung eines verfahrens- oder formfehlerhaften VAes (nach §§ 45 VwVfG, 41 SGB X, 126 AO) aber dadurch, dass bei ihr auch die Regelung (der Ausspruch) verändert wird.

492

Voraussetzungen für die Umdeutung eines VAes sind nach den Voraussetzungen der jeweiligen Absätze 1–3:

– Vorliegen eines fehlerhaften (= sowohl schlicht rechtswidrigen als nach hM auch nichtigen) VA,

– Zielgleichheit des VA, in den umgedeutet werden soll,

– dessen Erlassvoraussetzungen vorliegen,

– der in gleichem Verfahren und gleicher Form hätte erlassen werden können,

– der zur Absicht der Behörde nicht im Widerspruch steht,

– der keine ungünstigeren Rechtsfolgen für den Betroffenen enthält,

– falls eine Rücknahme des fehlerhaften VAes zulässig ist,

– falls es sich nicht um die Umdeutung einer gebundenen Entscheidung in eine Ermessensentscheidung handelt und

– falls der Betroffene vorher angehört worden ist.

In der Verwaltungspraxis führt nicht allein diese Vielzahl von positiven und negativen gesetzlichen Voraussetzungen dazu, dass die Umdeutung wenig Relevanz hat. Auch die (dem verfahrensökonomischen Gesetzeszweck entsprechende) Tatsachenkonstellation, dass nämlich in einem fehlerhaften VA ein anderer, rechtmäßiger VA mehr oder weniger schon „mitenthalten" ist, tritt in der Behördenpraxis **selten** auf. Soweit die Rechtsprechung mit den §§ 47 VwVfG, 43 SGB X, 128 AO überhaupt befasst wird, verneint sie das Vorliegen der Umdeutungsvoraussetzungen in den meisten Fällen.

493

Beispiele, in denen die Voraussetzungen **anerkannt** worden sind: Umdeutung eines Vorausleistungsbescheides in einen endgültigen Beitragsbescheid[151]; einer nicht erforderlichen und deshalb auch nicht zulässigen Genehmigung in eine Unbedenklichkeitsbescheinigung[152]; eines „ins Leere" gehenden Widerrufsbescheides in einen feststellenden VA[153]; eines fehlerhaften Straßenbaubeitragsbescheides in einen rechtmäßigen Erschließungsbeitragsbescheid[154].

Beispiele in denen die Voraussetzungen **verneint** worden sind: Keine Umdeutung eines Abhilfebescheides nach § 72 VwGO in einen Rücknahmebescheid nach § 48 VwVfG[155]; keine Umdeutung eines Vorauszahlungsbescheides in einen Beitragsbescheid[156].

---

151 VGH München NVwZ 84, 184
152 BVerwGE 57, 158
153 VGH Mannheim NVwZ 85, 349; Besprechung in JA 87, 103
154 BVerwG NVwZ 91, 999. Vgl. auch Fall Nr. 90 bei Bovermann/Dünchheim, Examinatorium – Allgemeines Verwaltungsrecht.
155 BVwerG NVwZ 2000, 196
156 BayVGH BayVBl 92, 401; weitere Beispiele: VGH Mannheim NVwZ 90, 789; OVG Münster NWVBl 92, 142; OVG Münster NWVBl 97, 183; OVG Brandenburg DVBl 99, 57.

494 Im Gesetz nicht geregelt ist, wer zur Umdeutung befugt ist. Unstreitig ist hierzu die Ausgangsbehörde befugt; in diesem Fall erfolgt die Umdeutung durch VA. Eine Umdeutung kann aber auch die Widerspruchsbehörde im Widerspruchsbescheid vornehmen. Nicht zur Umdeutung befugt ist der Adressat. Nach hM darf die Umdeutung auch vom Verwaltungsgericht vorgenommen werden, wenn ein fehlerhafter VA angefochten wird[157].

---

157 So BVerwG DÖV 85, 152; VGH Mannheim NVwZ 85, 349; vgl. Windthorst/Lüdemann NVwZ 94, 244.

7. Abschnitt: Bestandskraft des Verwaltungsaktes. Rücknahme und Widerruf. Wiederaufgreifen

495 1. Mit dem Erlass des VA kommt das vorausgegangene Verwaltungsverfahren gemäß §§ 9 VwVfG, 8 SGB X zu einem Abschluss. Für das Verhältnis zwischen Bürger und Behörde sind dabei besonders wesentlich die Regelungs- und die Bestandskraftfunktion des VA (vgl. oben RdNr. 280). Der Begriff **Bestandskraft des Verwaltungsaktes** findet sich z. B. als Abschnitts- bzw. Titelüberschrift vor den §§ 43ff VwVfG, 39ff SGB X, 172ff AO und im Wortlaut des § 48 Abs. 3 SGB X und des Art 19 Abs. 2 des Einigungsvertrages, wird jedoch im Gesetz nirgends näher erläutert; er ist in Literatur und Rechtsprechung trotz vielfacher Verwendung unklar und umstritten geblieben.

Da die Abgrenzungs-Diskussion für die Verwaltungspraxis und die Ausbildung weitgehend ohne Bedeutung ist, wird hier auf eine Darstellung der einzelnen Standpunkte verzichtet. Auch Vergleiche mit der Rechtskraft gerichtlicher Entscheidungen, die zu einer Differenzierung zwischen „formeller Bestandskraft" (= Unanfechtbarkeit) und „materieller Bestandskraft" (= Abweichungsverbot, Bindung der Behörde und der Beteiligten an die Regelung) führen, sind nur begrenzt aussagekräftig, da VAe in Wirkung, Bindung und Aufhebbarkeit ihrem eigenen Regelungssystem unterliegen[1].

1.1 Wirksamkeit des VA

496 Mit Bekanntgabe wird der VA wirksam, dh er führt die in ihm geregelte Rechtsfolge herbei (Abs. 1 u. 2 der §§ 43 VwVfG, 39 SGB X, 124 AO). Grundsätzlich ist auch ein rechtswidriger VA (erst einmal) wirksam; Wirksamkeit tritt ausnahmsweise aber nicht ein, wenn der VA nichtig ist (vgl. oben RdNr. 467ff).

Praktisch noch nicht wirksam ist der gemäß § 80 Abs. 1 VwGO, §§ 86 a Abs. 1 SGG, § 69 Abs. 2 und 3 FGO suspendierte VA.

Der wirksame VA bindet die Beteiligten, und die Behörde darf ihn nur unter bestimmten Voraussetzungen wieder aufheben (vgl. unten RdNr. 507–591).

Beispiele: Ist dem B von der Behörde eine Subvention bewilligt und ausgezahlt worden, so kann die Behörde diesen Betrag nicht einfach mit der Begründung zurückverlangen, B hätte die Subvention nach den gesetzlichen Vorschriften nicht erhalten dürfen. Denn der Subventionsbescheid rechtfertigt die Zahlung; er ist Rechtsgrund für sie. Erst nach seiner Aufhebung kann ein Rückforderungsanspruch bestehen (vgl. § 49 a VwVfG: „... soweit ein Verwaltungsakt ... zurückgenommen oder widerrufen worden ... ist, sind bereits erbrachte Leistungen zu erstatten."). Unter besonderen Umständen ist sogar eine stillschweigende Aufhebung bei der Rückforderung möglich. – Hat die Bauaufsichtsbehörde einen Bau genehmigt, so darf sie, solange die Genehmigung wirksam ist, nicht den Abbruch verfügen oder eine der Genehmigung entsprechende Nutzung untersagen.

497 Soll bei einem VA die Rechtsfolge abweichend vom Zeitpunkt der Bekanntgabe eintreten, so ist zwischen **äußerer und innerer Wirksamkeit** zu unterscheiden:

Beispiel: Am 24. 6. wird einem Beamten die Urkunde ausgehändigt, wonach er mit Wirkung zum 1. 7. befördert wird. Äußere Wirksamkeit erlangt dieser VA bereits am 24. 6., während die innere Wirksamkeit erst am 1. 7. eintritt. Für die Bindung der Beteiligten, den Beginn der Rechtsbehelfsfristen und für die Anwendung der Rücknahmevorschriften ist die äußere Wirksamkeit maßgebend.[2]

---

1 Vgl. Maurer § 11 RdNr. 7; Bull RdNr. 581ff
2 Zur inneren Wirksamkeit rechtsgestaltender belastender Verwaltungsakte: Beckmann VR 98, 123.

Nicht unbedingt mit der Wirksamkeit (allein) verbunden ist die Vollziehbarkeit, da sie noch von weiteren vollstreckungsrechtlichen Voraussetzungen abhängt (vgl. unten RdNr. 1028).

498 Die **Wirksamkeit des VA endet** mit seinem Erlöschen. Erlöschensgründe sind:

- gesetzliche Regelung (Beispiel: Erlöschen einer Gaststättenerlaubnis wegen Nichtgebrauchs nach § 8 GastG),
- Eintritt einer auflösenden Befristung oder Bedingung (Beispiele unter RdNr. 605 f),
- Tod des Adressaten beim höchstpersönlichen VA (Beispiele: bei der Einberufung zum Wehrdienst, bei der Fahrerlaubnis; vgl. oben RdNr. 270 ff),
- Fortfall einer (vorgeschriebenen) dauernden Bekanntgabe (Beispiel: Beseitigung oder Unkenntlichmachung eines Verkehrszeichens),
- nachträgliche Unmöglichkeit der in einem VA mit Dauerwirkung getroffenen Regelung (Beispiele oben RdNr. 395 f),
- Aufhebung durch die Verwaltungsbehörde im Rechtsbehelfsverfahren oder durch Rücknahme bzw. Widerruf (zahlreiche Beispiele unten RdNr. 507 ff),
- Aufhebung durch die Verwaltungsgerichte gemäß §§ 113 VwGO, 131 SGG, 100 FGO (Tenorierungsbeispiele unten RdNr. 974),
- (sonstige) Erledigung des VA ,vgl. Abs. 2 der §§ 43 VwVfG, 39 SGB X, 124 AO (Beispiel: Ablauf des Tages, an dem eine geplante Veranstaltung stattfinden sollte).

Trotz Erledigung des VA kann der Betroffene gemäß §§ 113 Abs. 1 S. 4 VwGO, 131 Abs. 1 S. 3 SGG, 100 Abs. 1 S. 4 FGO auf Feststellung klagen, „dass der Verwaltungsakt rechtswidrig gewesen ist" (Fortsetzungsfeststellungsklage; vgl. unten RdNr. 977 ff). In diesem Zusammenhang hat der Begriff der Erledigung des VA seine hauptsächliche Bedeutung.

1.2 Unanfechtbarkeit des VA (Bestandskraft)

499 Wenn ein – nicht nichtiger – VA unanfechtbar geworden ist, kommt ihm („formelle") **Bestandskraft** zu. Diese Unanfechtbarkeit tritt vor allem ein, wenn die Fristen für Rechtsbehelfe bzw. Rechtsmittel abgelaufen sind, aber auch wenn der Betroffene auf ihre Einlegung verzichtet hat (vgl. § 354 AO), wenn eine Klage rechtskräftig abgewiesen worden ist, der Rechtsweg erschöpft ist.

Die Bestandskraft bedeutet:

- Rechtsbehelfe sind unzulässig. Dies beschränkt ausschließlich die Möglichkeit des Adressaten, sich gegen den VA zur Wehr zu setzen; die Befugnisse der Behörde zur Änderung oder Aufhebung des VA (im Rahmen von Rücknahme und Widerruf) bleiben unberührt.
- Das Verwaltungsverfahren ist abgeschlossen. Die Behörde kann Anträge auf Änderung oder Neuprüfung grundsätzlich ablehnen. Allerdings ist ein Wiederaufgreifen des Verwaltungsverfahrens möglich (dazu noch unten RdNr. 557).

VAe der ehemaligen DDR bleiben auch nach dem Beitritt zur Bundesrepublik wirksam, können aber „aufgehoben werden, wenn sie mit rechtsstaatlichen Grundsätzen oder den Regelungen des Einigungsvertrages unvereinbar sind (so Art 19 des Einigungsvertrages).

1.3 Umfang der Bindungswirkung

In der behördlichen Praxis ergibt sich manchmal die Frage, inwieweit ein gegenüber einem Adressaten erlassener VA in ein weiteres Verwaltungsverfahren hineinwirkt oder inwieweit andere staatliche Stellen an einen erlassenen VA gebunden sind.

1.3.1 Die **Bindung** des Adressaten korrespondiert mit der Regelungswirkung des VA (vgl. oben RdNr. 279) und ist in Zweifelsfällen durch Auslegung zu ermitteln. Dabei kann in der Praxis problematisch sein, inwieweit die Bestandskraft eines unanfechtbaren Ablehnungsbescheids in ein weiteres Verwaltungsverfahren zwischen denselben Beteiligten ausstrahlt. 500

Beispiel: B hat im Außenbereich ohne Baugenehmigung eine Blockhütte gebaut. Der Antrag auf nachträgliche Erteilung der Genehmigung wurde abgelehnt; der Widerspruch blieb erfolglos; Klage erhob B nicht. Später erließ die Baubehörde eine Abbruchverfügung, gegen die B nach erfolglosem Widerspruch jetzt Anfechtungsklage erhob. Das BVerwG[3] hat hierzu entschieden, „dass die Bestandskraft insoweit in das nachfolgende Verfahren nicht hineinwirkt". Diese Entscheidung ist nicht ohne Kritik geblieben (vgl. noch unten RdNr. 570). Soweit die beiden Verwaltungsverfahren nicht denselben Verfahrensgegenstand haben (hier: einerseits Baugenehmigung, andererseits Abbruchgebot), ist der Auffassung des BVerwGs zuzustimmen.

Soweit es sich um denselben Verfahrensgegenstand handelt, ist von Bestandskraft auszugehen, so dass keine neue Überprüfung erfolgt.

Beispiel: gleicher Verfahrensgegenstand zu bejahen für den Fall, dass ein Ausländer unanfechtbar ausgewiesen worden ist und nun nachträgliche Befristung der Ausweisung erstrebt.

Die **Bindung eines Drittbetroffenen** durch den VA entspricht der des Adressaten, wobei allerdings der Lauf von Rechtsbehelfsfristen für den Dritten zu einem anderen Zeitpunkt einsetzen kann, wenn der VA nicht beiden gleichzeitig bekannt gegeben worden ist. 501

1.3.2 Grundsätzlich entfaltet der VA nur Rechtsfolgen zwischen den unmittelbar vom Verwaltungsverfahren Berührten, also der Behörde und dem VA-Adressaten. – Handelt es sich hingegen um eine darüber hinausgehende Bindungswirkung **gegenüber anderen Behörden oder Gerichten**, so spricht man von Tatbestands- und Feststellungswirkung. 502

Werden mehrere Verwaltungsbehörden oder eine Verwaltungsbehörde und ein Gericht zur Regelung desselben Lebenssachverhalts tätig, so kann die früher ergangene Entscheidung eine gewisse Bindungswirkung für die später ergehende Maßnahme haben.

Die im folgenden zu erläuternden Grundsätze zur Tatbestandswirkung und Feststellungswirkung haben nicht die Bedeutung von rechtsfolgeerzeugenden Regelungen und sind auch nicht im Gesetz erwähnt. Die beiden Begriffe beschreiben lediglich eine Bindung, die sich bei einer richtigen Anwendung des Gesetzes von selbst ergibt. Ihre Funktion besteht darin, die systematische Darstellung der verschiedenen Fallgruppen und die Erfassung der jeweiligen Besonderheiten zu erleichtern. In Literatur und Rechtsprechung besteht zwar keine Einigkeit über die Terminologie, in der Sache besteht jedoch weitgehend Übereinstimmung:

1. In den Fällen der **Tatbestandswirkung** wird das Handeln einer Behörde oder eines Gerichts davon abhängig gemacht, dass eine (andere) Behörde oder ein Gericht eine bestimmte Regelung getroffen oder nicht getroffen hat. 503

---
3 BVerwGE 48, 271, 274; zustimmend BGHZ 90, 22, 23

Die andere (fremde) Regelung erlangt als Tatbestandsvoraussetzung Einfluss auf die zu treffende Entscheidung und löst dadurch eine Bindung aus.

Beispiele: B bewirbt sich um eine Anstellung als Beamter. Nach den gesetzlichen Vorschriften ist erste Voraussetzung, dass er Deutscher bzw. Unionsbürger ist (vgl. § 4 Abs. 1 Nr. 1 BRRG). B war ursprünglich Brasilianer, ist aber eingebürgert worden. Die Anstellungsbehörde (z. B. die Finanzverwaltung) hat von dem Tatbestand auszugehen, dass die Einbürgerungsbehörde (Bezirksregierung) die Einbürgerung ausgesprochen hat und muss deshalb B als Deutschen behandeln. Weitere Voraussetzung ist, dass B die Laufbahnprüfung bestanden hat (vgl. § 4 Abs. 1 Nr. 3 BRRG). Auch an die Entscheidung der Laufbahn-Prüfungsbehörde ist die Anstellungsbehörde gebunden, so dass diese ebenfalls für sie Tatbestandswirkung auslöst.[4]

Weitere Beispiele: Entscheidung über die Voraussetzungen der Rundfunkgebührenbefreiung durch das örtliche Sozialamt bindet Rundfunkanstalt; Fußgängerzonen-Beschilderung der Straßenverkehrsbehörde bindet Strafgericht; Bindung der Ausländerbehörde an arbeitsmarkt-fachliche Entscheidungen des Agentur für Arbeit zugunsten eines Ausländers.[5]

Bei Straftaten gegen die Umwelt (§§ 324 ff StGB) wird vielfach zur Voraussetzung gemacht, dass das Verhalten „unbefugt" erfolgte oder eine „Verletzung verwaltungsrechtlicher Pflichten" vorliegt („Verwaltungsaktsakzessorietät"). In diesem Zusammenhang hat die Tatbestandswirkung von Genehmigungen und Auflagen der Verwaltungsbehörden für das strafgerichtliche Verfahren große praktische Bedeutung.

Beispiele: § 324 StGB „Wer unbefugt ein Gewässer verunreinigt ..."; § 324 a StGB „Wer unter Verletzung verwaltungsrechtlicher Pflichten Stoffe in den Boden einbringt ...".[6]

504 Für die Tatbestandswirkung **kommt es nur darauf an, ob der fremde Akt vorliegt und wirksam ist**, nicht dagegen auf dessen Rechtmäßigkeit oder Zweckmäßigkeit. Auch ein fehlerhafter (aber nicht nichtiger) VA begründet daher Tatbestandswirkung. Dies rechtfertigt sich daraus, dass es sich bei der Tatbestandswirkung um eine selbstverständliche Folgerung aus der staatlichen Zuständigkeitsverteilung handelt: Wenn die verschiedenen Aufgaben auf verschiedene Staatsorgane verteilt werden, dann muss jedes Staatsorgan die Regelung, die ein anderes Organ im Rahmen seiner Zuständigkeit getroffen hat, anerkennen.

Beispiele: Etwa darf im obigen ersten Beispiel die Anstellungsbehörde nicht nachprüfen, ob die bei der Laufbahnprüfung getroffenen Beurteilungen zutreffend waren. Würde die Anstellungsbehörde bei einem Bewerber, der durch die Prüfung gefallen ist, zum Ergebnis kommen, er hätte die Prüfung eigentlich bestehen müssen und werde angestellt, so wäre dies ein Eingriff in die Zuständigkeit der Prüfungsbehörde. – Entsprechend hat ein Strafgericht den X wegen Fahrens ohne Fahrerlaubnis zu verurteilen, selbst wenn dieser geltend macht, er habe früher eine Fahrerlaubnis gehabt, die ihm zu Unrecht entzogen worden ist. Umgekehrt darf, wenn X Inhaber einer Fahrerlaubnis ist, eine Verurteilung auch dann nicht erfolgen, wenn die Fahrerlaubnis rechtswidrig erteilt worden war, denn der Erlaubnis-VA wirkt so lange, bis er aufgehoben ist. – Tatbestandswirkung kann auch von Entscheidungen eines EU-Organs, etwa von unanfechtbar gewordenen EuGH-Urteilen, ausgehen[7].

---

4 Vgl. auch Fall Nr. 82 bei Bovermann/Dünchheim, Examinatorium – Allgemeines Verwaltungsrecht.
5 Zur Anerkennung von VAen anderer Bundesländer Bleckmann NVwZ 86, 1; zur Tatbestandswirkung ausländischer VAe vgl. VGH Mannheim NVwZ 86, 397; zur eingeschränkten Bestandskraft von VAen der DDR nach dem Beitritt zur Bundesrepublik: Art 19 Einigungsvertrag; zur Tatbestandswirkung einer Steuerfestsetzung im Widerrufsverfahren für Fahrschulerlaubnis wegen Unzuverlässigkeit des Inhabers BVerwG NVwZ-RR 97, 284. – Zur Frage, ob Verwaltungsbehörden an strafrechtliche Verurteilungen gebunden sind: Wölfl, DÖV 2004, 433
6 Vgl. Heine NJW 90, 2425; Bloy JuS 97, 584; zur polizeirechtlichen Legalisierungswirkung wirtschaftsverwaltungsrechtlicher Genehmigungen zur „gewerbsmäßigen Schaustellung von Personen" Voß, VR 97, 80
7 Vgl. Fall Nr. 98 bei Bovermann/Dünchheim, Examinatorium – Allgemeines Verwaltungsrecht; EuGH NVwZ 98, 45

Da, wie ausgeführt, die Tatbestandswirkung den Zweck verfolgt, die gesetzliche Zuständigkeitsverteilung zu verwirklichen, kommt sie nicht zum Zuge, wenn der erste Akt unter Überschreitung der Zuständigkeit ergangen ist und gerade in die Zuständigkeit der später entscheidenden Behörde eingreift.

In den Fällen der Tatbestandswirkung besteht eine Bindung nur an die Regelung, die im Ausspruch (Tenor) zum Ausdruck kommt. Gleiches gilt von der Tatbestandswirkung (Rechtskraft) gerichtlicher Urteile. Keine Bindung besteht hingegen an die (rechtliche oder tatsächliche) Begründung.

Beispielsweise kann eine Dienstbehörde einen Beamten, der die Laufbahnprüfung bestanden hat, aber mit schlechter Note in einem bestimmten Fach, ihn bei abweichender Würdigung dennoch gerade in diesem Gebiet einsetzen.

2. Anders ist es hingegen, wenn ein Fall der **Feststellungswirkung** gegeben ist. Feststellungswirkung liegt vor, wenn eine Bindung auch an die tragenden, tatsächlichen oder rechtlichen Feststellungen der Begründung des anderen Aktes (VA oder gerichtliches Urteil) besteht. Sie existiert **nur dort, wo sie vom Gesetz vorgeschrieben** ist, beispielsweise : **505**

– Bindung im beamtenrechtlichen Disziplinarverfahren an ein Urteil im Strafverfahren oder Bußgeldverfahren (§ 23 Abs. 1 BDG),

– Bindung der Straßenverkehrsbehörde bei Entziehung der Fahrerlaubnis an die Feststellungen in einem Strafurteil (§ 3 Abs. 4 StVG),

– Bindung der Gewerbebehörde bei der Gewerbeuntersagung wegen Unzuverlässigkeit an die Feststellungen in einem Strafurteil (§ 35 Abs. 3 GewO).

Die **Rechtskraftwirkung**, die gerichtlichen Urteilen zukommt, ist kein Aspekt des hier zu behandelnden allgemeinen Verwaltungsrechts, sondern des Prozessrechts. An dieser Stelle soll aber auf die für das Verwaltungsrecht bedeutsame Rechtsprechung des BGH hingewiesen werden, wonach das Zivilgericht bei Entschädigungs- und Schadensersatzklagen an ein verwaltungsgerichtliches Urteil gebunden ist, durch das ein VA wegen Rechtswidrigkeit aufgehoben worden ist[8]. Dadurch steht fest, dass die Behörde dem Kläger gegenüber (rechtswidrig) eine Pflicht verletzt hat. **506**

Beispielsweise ist aber weder die Ordnungsbehörde noch das Verwaltungsgericht an die Beurteilungen in strafgerichtlichen Entscheidungen (hinsichtlich der persönlichen Zuverlässigkeit eines Inhabers einer Waffenbesitzkarte) gebunden. Insbesondere besteht bei Einstellung des Strafverfahrens (gegen Auflagen und Weisungen gemäß § 153 a StPO) keinerlei Bindung der Ordnungsbehörde, da die strafprozessualen und die ordnungsrechtlichen Maßstäbe nicht identisch sind; entscheidend für die Beurteilung der Zuverlässigkeit ist der ordnungsrechtliche Zweck der verwaltungsrechtlichen Norm[9].

2. Einführung zu Rücknahme und Widerruf

Die Behörden benötigen – sowohl unter dem Aspekt der Bürgerorientierung als auch der Effizienz ihres Handelns und der Rechtsstaatlichkeit – gesetzliche Instrumente, einmal getroffene Entscheidungen zu überprüfen und gegebenenfalls den Veränderungen in der Verwaltungswirklichkeit und dem all- **507**

---

8 BGHZ 20, 379 – Zur Frage der Überprüfbarkeit bestandskräftiger Verwaltungsakte durch die Zivilgerichte: Beaucamp DVBl 2004, 352
9 BVerwG DÖV 97, 338 – Zum „Verwaltungsakt-Wiederholungsverbot" nach rechtskräftig aufgehobenem Erstbescheid Gotzen, VR 98, 109.

gemeinen gesellschaftlichen Wandel entsprechend anzupassen oder um Fehler zu beseitigen.

508 In der Verwaltungspraxis kommt es zwar nur relativ selten vor, dass ein VA nach Unanfechtbarkeit durch die Behörde wieder aufgehoben wird. Bei den täglich erlassenen Tausenden von VAen besteht dennoch immer wieder einmal die Notwendigkeit, die von dem VA herbeigeführte Rechtsfolge – vor und selbst nach Unanfechtbarkeit – aufzuheben oder abzuändern, z. B. weil die Regelung nicht (mehr) dem Gesetz entspricht oder weil sich wesentliche Umstände geändert haben. Dem wird vom Gesetz dadurch Rechnung getragen, dass die Behörde unter bestimmten Voraussetzungen das Recht oder sogar die Pflicht hat, den VA wieder aufzuheben. Der Oberbegriff „Aufhebung" umfasst – wie sich aus Abs. 2 der §§ 43 VwVfG, 39 SGB X, 124 AO ablesen lässt – die Rücknahme und den Widerruf eines VA.

Eine **Aufhebung** liegt vor, wenn die Behörde zu erkennen gibt, dass sie die durch einen VA herbeigeführte Rechtsfolge nicht mehr gelten lassen will. Sie kann ausdrücklich erfolgen oder auch schlüssig. In einer dem ursprünglichen VA widersprechenden Regelung kann aber nur dann eine Aufhebung gesehen werden, wenn sich die Behörde des Widerspruchs bewusst war.

509 2.1 Hilfreich zum Verständnis der Regeln über Rücknahme und Widerruf von VAen ist das Erkennen der **unterschiedlichen Interessenkonstellationen**: Die Interessenlagen (der Behörde einerseits und des VA-Adressaten andererseits) sind bei Vorliegen eines rechtmäßigen oder rechtswidrigen VA sowie einer Begünstigung oder Belastung jeweils unterschiedlich.

Beispielsweise wird der Bürger die Rücknahme eines rechtswidrigen, ihn belastenden VA durch die Behörde auch nach Unanfechtbarkeit durchaus begrüßen oder sogar verlangen. Von der Rücknahme eines **rechtswidrigen** begünstigenden VA dürfte er hingegen weniger angetan sein, während sich die Behörde hierzu aufgrund des Gebots der Gesetzmäßigkeit des Verwaltungshandelns geradezu verpflichtet fühlen wird. – Ebenso divergierend sind die Interessen, wenn die Behörde einen **rechtmäßigen** begünstigenden VA etwa wegen Änderung der Verhältnisse widerrufen will, während der Bürger mit dem Widerruf eines rechtmäßigen, ihn belastenden VA auch nach Unanfechtbarkeit durchaus einverstanden sein wird.

Diese gegensätzlichen Interessen lassen sich jeweils auf Rechtsstaatsprinzipien stützen (wie die Gebote der Rechtssicherheit, des Vertrauensschutzes, der Sozialstaatlichkeit und der Gesetzmäßigkeit des Verwaltungshandelns) und auf einzelne Grundrechte (Art 2 Abs. 1 und Art 14 Abs. 1 GG). Vergröbernd lassen sich die in den Vorschriften über Rücknahme und Widerruf von VAen geregelten Interessenkonflikte mit der Formel „Vertrauensschutz gegen Gesetzmäßigkeit" beschreiben[10].

2.2 Die hier zu behandelnde Aufhebung durch Rücknahme und Widerruf ist **abzugrenzen** von der Neuregelung, dem Erlöschen, der bloßen Berichtigung und der Aufhebung im Rechtsbehelfsverfahren:

---

10 Vgl. die Einführungen bei Bull RdNr. 622; Maurer § 11 RdNr. 22; Schmalz AVR, RdNr. 463 ff.

Eine **Neuregelung** ist gegeben, wenn die Regelung im Hinblick auf einen Sachverhalt erfolgt, der von dem zunächst erlassenen VA noch gar nicht erfasst wurde. 510

<small>Beispiele: Wird dem A nach Entzug der Fahrerlaubnis eine neue Fahrerlaubnis erteilt, so liegt darin keine Aufhebung des Entzuges, sondern eine Neuregelung der Frage, ob A ein Kraftfahrzeug führen darf. – Besteht ein Kandidat, der eine Prüfung beim ersten Male nicht bestanden hat, die Wiederholungsprüfung, enthält der Bescheid über das Bestehen der Prüfung keine Abänderung des früheren negativen Prüfungsbescheids.</small>

Keine Aufhebung liegt vor beim **Erlöschen** des VA kraft Gesetzes oder kraft einer ihm beigefügten Bedingung oder Befristung. Jedoch kann in derartigen Fällen unter besonderen Umständen ein Vertrauensschutz ähnlich wie bei Rücknahme oder Widerruf geboten sein[11].

Die bloße **Berichtigung** von Schreibfehlern, Rechenfehlern oder ähnlicher offenbarer Unrichtigkeiten folgt eigenen Regelungen (§§ 42 VwVfG, 38 SGB X, 129 AO, vgl. oben RdNr. 476), so dass die Vorschriften über Widerruf und Rücknahme nicht eingreifen. 511

Die **Aufhebung des VA im Rechtsbehelfsverfahren** (vgl. unten RdNr. 808 ff und 926 ff) richtet sich nur in zweiter Linie nach den Verwaltungsverfahrensgesetzen (§§ 79 VwVfG, 62 SGB X); in erster Linie gelten die §§ 68 ff VwGO, 78 ff SGG (anders §§ 347 ff AO); die §§ 48, 49 VwVfG, 44 – 48 SGB X, 130 ff, 172 ff AO gelten nicht.

Die Behörde muss deshalb klarstellen, ob eine Aufhebung durch Widerruf bzw. Rücknahme oder eine Aufhebung im Rechtsbehelfsverfahren gewollt ist, sofern beides in Betracht kommt.

2.3 In der Verwaltungspraxis ist der Anwendungsbereich der §§ 48, 49 VwVfG wesentlich kleiner als der manch anderer Regelung des VwVfG, weil zahlreiche **Spezialvorschriften** Vorrang haben. Viele verwaltungsrechtliche Sondergesetze enthalten auch Vorschriften über Widerruf und Rücknahme des VA. Der Grund hierfür liegt nicht etwa (nur) in mangelhafter Abstimmung der einzelnen gesetzlichen Vorschriften, sondern ergibt sich auch daraus, dass 512

a) die Voraussetzungen für den Erlass der VAe naturgemäß nicht sämtlich einheitlich geregelt werden können, sondern den Besonderheiten der jeweiligen Materie angepasst werden müssen, und dass

b) Widerruf und Rücknahme als Gegenstück zum Erlass (actus contrarius) ebenfalls den Besonderheiten des Sachgebiets angepasst werden sollten.

<small>Beispielsweise ist es nicht nur erforderlich, die Erteilung der Fahrerlaubnis zu regeln (§ 2 StVG, §§ 21 ff FeV), sondern auch die Entziehung (§ 3 Abs. 1, § 4 Abs. 3, S. 1 Ziff. 3 StVG und § 46 FeV) und zweckmäßigerweise auch die Neuerteilung der Fahrerlaubnis nach vorangegangener Entziehung (§ 20 FeV).</small>

<small>11 BVerfGE 49, 168; BVerwGE 52, 201, 212, 213</small>

Weitere Beispiele für Spezialvorschriften: § 15 GastG (Rücknahme und Widerruf einer Gaststättenerlaubnis); § 9 BRRG (Zurücknahme einer Ernennung); § 22 OBG NRW (Fortfall der Voraussetzungen einer Ordnungsverfügung).[12]

Auch die **AO** und das **SGB X** enthalten Vorschriften über Widerruf und Rücknahme, die im Vergleich zum VwVfG einen eigenständigen, den Besonderheiten dieser Sachgebiete angepassten Regelungsgehalt haben; hierzu noch unten RdNr. 573ff und 586ff.

513 Trotz dieser zahlreichen Spezialregelungen besitzen die §§ 48ff VwVfG erhebliche praktische Bedeutung. Diese gründet sich insbesondere auf die allgemeine, vom Gesetzgeber mit Erlass des Gesetzes angestrebte längerfristige Konzentrations- und Vereinfachungsfunktion des VwVfG. Ferner haben die §§ 48ff VwVfG Modellcharakter für das gesamte Rücknahme- und Widerrufsrecht, an dem sich Verständnis und Auslegung auch der Spezialvorschriften orientieren[13]. Sie sind vor allem zum Einstieg in das Regelwerk der Rücknahme und des Widerrufs von VAen gut geeignet und werden daher im folgenden zugrundegelegt.

Im Anwendungsbereich der §§ 48ff VwVfG verbleiben z. B. das Prüfungsrecht, das Besoldungs- und Versorgungsrecht der Beamten sowie weite Bereiche des Polizei-, Ordnungs-, Ausländer-, Subventions- und Baurechts.

Beispiele: Anwendbarkeit von § 48 auf durch falsche Angaben erschlichene rechtswidrige Einbürgerung[14]; Rücknahme eines VA im Baurecht, der auf Bestechung beruht[15]. – Widerruf einer Anerkennung als politisch Verfolgter[16]; Widerruf einer Gaststättenkonzession wegen Hehlerei[17].

2.4 Für die richtige Anwendung der §§ 48ff VwVfG ist es erforderlich, einige rechtliche **Eigenschaften des aufzuhebenden VA** zu bestimmen.

514 **2.4.1** Der VA muss **wirksam erlassen** sein. Bei einem nichtigen VA sind Widerruf und Rücknahme im eigentlichen Sinne weder nötig noch möglich. – Wäre der VA aber im Falle seiner Wirksamkeit rücknehmbar, so ist er (falls die Behörde dies will) erst recht bei Nichtigkeit – deklaratorisch – aufhebbar.

Dies ist allerdings nicht unumstritten; nach aA soll hier nur eine „Feststellung der Nichtigkeit" durch die Behörde in Frage kommen[18].

Zum Zeitpunkt der Wirksamkeit kommt es auf die äußere und nicht auf die innere Wirksamkeit (vgl. obern RdNr. 497) an[19].

---

12 Wegen der Verpflichtung zur Rücknahme einer waffenrechtlichen Erlaubnis vgl. BVerwG NJW 86, 2066; zum Widerruf einer Anerkennung als Kriegsdienstverweigerer BVerwG NVwZ 92, 63; zur Nichtanwendung der Jahresfrist nach §§ 48, 49 VwVfG bei Aufhebung waffenrechtlicher Erlaubnisse BVerwG DÖV 97, 338; zur abschließenden Sonderregelung von Widerruf und Rücknahme im Schornsteinfegergesetz BVerwG DVBl 98, 139; zum Widerruf der Bestellung als Wirtschaftsprüfer OVG Münser, NWVBl. 2005, 108
13 „§§ 48, 49 VwVfG ... rechtlich und praktisch besonders bedeutsame Vorschriften ..." so Bonk, NVwZ 2001, 636, 641.
14 BVerwG NVwZ 2004, 489.
15 OVG Münster, NWVBl. 2005, 71
16 BVerwG DÖV 2005, 77
17 VG Gießen VR 2005, 33
18 So Maurer § 11 RdNr. 16
19 BVerwGE 55, 212

2.4.2 §§ 48 und 49 VwVfG unterscheiden sich danach, ob der **aufzuhebende** 515
VA
- **rechtswidrig** war: dann **Rücknahme** nach § 48, oder
- ob er **rechtmäßig** war: dann **Widerruf** nach § 49.

Ob ein VA rechtmäßig oder rechtswidrig ist, richtet sich nach den oben unter RdNr. 177 und vor allem in RdNr. 377 ff behandelten Grundsätzen.

Beispielsweise kann sich hier die Frage stellen, ob ein bei Erlass rechtmäßiger VA später rechtswidrig werden kann mit der Folge, dass eine Rücknahme nach § 48 VwVfG möglich ist. Eine spätere Rechtswidrigkeit kann nur durch eine Änderung der Sach- oder Rechtslage eintreten. Diese Fälle sind in § 49 Abs. 2 Nr. 3 und 4 VwVfG geregelt; offensichtlich geht also das VwVfG davon aus, dass hier ein rechtmäßiger VA widerrufen wird. Deshalb ist für die Anwendung der §§ 48, 49 normalerweise der Zeitpunkt des Erlasses des VA maßgebend[20]. Wenn ein Widerspruchsverfahren stattgefunden hat, ist hier in der Regel der Erlasszeitpunkt des Widerspruchsbescheides entscheidend[21].

Abweichend hiervon ist bei Dauerverwaltungsakten auf die spätere Entwicklung der Sach- und Rechtslage abzustellen – mit der Folge, dass sich die Aufhebung eines ursprünglich rechtmäßigen Dauer-VA, der durch Änderung der Sach- oder Rechtslage rechtswidrig wird, nach § 48 und nicht nach § 49 richtet; dies gilt sowohl bei Geldleistungsbescheiden[22] als auch bei sonstigen[23] Verwaltungsakten mit Dauerwirkung.

2.4.3 Bei § 48 und § 49 VwVfG kommt es weiterhin darauf an, ob der aufzuhebende (rechtswidrige oder rechtmäßige) VA **belastend** oder **begünstigend** war. 516

Dieser Gesichtspunkt gestaltet die Interessenlagen unterschiedlich: Handelt es sich um die Aufhebung eines begünstigenden VA, so geht es in der Regel um die Frage, ob die Behörde hierzu berechtigt ist. Bei der Aufhebung eines belastenden VA kommt hinzu, ob der Betroffene hierauf einen Anspruch hat.

Welche VAe begünstigend bzw. belastend sind, richtet sich nach der Legaldefinition in § 48 Abs. 1 S. 2 VwVfG. Danach ist begünstigend ein VA, „der ein Recht oder einen rechtlich erheblichen Vorteil begründet oder bestätigt hat". Ein VA, der nicht unter diese Definition fällt, ist in der Regel belastend. Hat ein VA begünstigende und zugleich belastende Wirkungen und sind diese nicht trennbar (z. B. bei der Beamtenernennung), so gelten die „strengeren" Regeln, praktisch also die für begünstigende VAe.

2.4.4 Ob ein VA noch **anfechtbar** oder bereits **unanfechtbar** ist, hat keine 517
Bedeutung für §§ 48, 49 VwVfG (vgl. jeweils Abs. 1 S. 1 „ ... auch nachdem er unanfechtbar geworden ist ..."). Aus der Sicht des Bürgers besteht die Hauptbedeutung der §§ 48, 49 in der Möglichkeit, dass eine Änderung des VA durch die Behörde auch noch nach Unanfechtbarkeit erfolgen kann – gegebenenfalls nach Anregung durch den Bürger[24].

---

20 Vgl. auch BVerwG NVwZ-RR 97, 284 und OVG Münster NWVBl 97, 145 „... Zeitpunkt der letzten Verwaltungsentscheidung maßgebend ..."
21 So VGH BW, mit Anm. von Vahle: DVP 2004, 347
22 Vgl. BVerwG E 84, 111 ff
23 So VGH BW DÖV 2004, 347
24 Roters VR 82, 226, 228: „zentraler Anwendungsbereich ... gerade jenseits der Rechtsschutzfristen".

3. Rücknahme des VA gemäß § 48 VwVfG

518 Gemäß § 48 Abs. 1 S. 1 VwVfG steht die Rücknahme eines **rechtswidrigen** VA im Ermessen der Verwaltung. Dieser Grundsatz rechtfertigt sich aus der Erwägung, dass es der Behörde ermöglicht werden soll, ihre (fehlerhafte) Regelung wieder mit dem Gesetz in Übereinstimmung zu bringen. Ob die Rücknahme erfolgt, ob der VA ganz oder teilweise, mit Wirkung nur für die Zukunft oder auch für die Vergangenheit, mit sofortiger Wirkung oder erst nach Ablauf einer Schonfrist zurückgenommen wird, soll dabei grundsätzlich im pflichtgemäßen **Ermessen der Behörde** bleiben. Dieser Grundsatz erfährt jedoch in den nachfolgenden Absätzen des § 48 zum Teil Einschränkungen, die dem Interessenausgleich dienen; der jeweils unterschiedlichen Interessenkonstellation entsprechend unterscheidet das Gesetz zwischen der Rücknahme belastender und begünstigender VAe:

519 3.1 Bei der **Rücknahme belastender VAe** (§ 48 Abs. 1 S. 1 VwVfG) gibt es keine Einschränkungen des Ermessens der Behörde, außer den allgemeinen Ermessensschranken wie z. B. zur Gleichbehandlung[25] (Art 3 GG). Zur Rücknahme von dem EG-Recht widersprechenden deutschen VAen vgl. unten RdNr. 532 ff.

Beispiel zu der hier notwendigen (in der Praxis oft schwierigen) Ermessensbetätigung: Im Zusammenhang mit der unproblematischen Rücknahme einer durch Täuschung herbeigeführten Einbürgerung eines Elternteils (wegen Scheinehe) erfordert die Rücknahme Einbürgerung des (mit-)eingebürgerten, minderjährigen Kindes eine „eigenständige Ermessensentscheidung"[26].

Dementsprechend zahlreich sind in der Praxis die Fälle, in denen das Unterlassen der Abwägung oder nicht ausreichende Abwägungen im Rahmen der gemäß § 48 Abs. 1 VwVfG erforderlichen Ermessensentscheidung zur Aufhebung der Rücknahmeentscheidung durch die Verwaltungsgerichte führt[27].

In der Verwaltungspraxis spielt im Rahmen der **Ermessensausübung** der mit der Rücknahme verbundene zusätzliche Verwaltungsaufwand eine nicht unerhebliche Rolle.

Beispiele für Gründe, die – trotz Rechtswidrigkeit des belastenden VA – ein ermessensfehlerfreies Absehen von der Rücknahme gestatten können, sind: eine bloß geringfügige Belastung des Betroffenen, der Ablauf einer langen Zeit seit Erlass des VA, ein andernfalls erforderliches massenhaftes Wiederaufgreifen abgeschlossener Verfahren. – Andererseits können etwa die Schwere des Fehlers oder gravierende Auswirkungen für den Betroffenen oder für die Allgemeinheit das Ermessen zu einer Rücknahmepflicht verdichten[28].

Die Frage nach den Grenzen der Befugnis der Behörde hat hier wegen der „elastischen" gesetzlichen Regelung bei der Rücknahme belastender VAe insgesamt nur geringe praktische Bedeutung. Problematischer ist, inwieweit der Betroffene die Rücknahme verlangen kann (dazu unten RdNr. 557).

520 3.2 Bei der **Rücknahme begünstigender VAe** unterscheidet § 48 einerseits zwischen VAen, die eine einmalige oder laufende Geld- oder teilbare Sach-

---
25 Vgl. BVerwG DVBl 2004, 126; ThürOVG DÖV 2005, 36
26 So BverwG NVwZ 2004, 487; vgl. auch BVerwG NVwZ 2004, 489
27 Z.B. OVG Lüneburg NVwZ-RR 97, 572; OVG Münster NVwZ-RR 97, 585; BVerwG DVBl 2004, 126
28 Vgl. Maurer § 11 RdNr. 48

leistung gewähren oder hierfür Voraussetzung sind (Abs. 2) und andererseits sonstigen begünstigenden VAen (Abs. 3).

Beispiele: Eine „einmalige **Geldleistung**" im Sinne von **Abs. 2** wird etwa durch den Bewilligungsbescheid für eine einmalige Subventionszahlung gewährt, „laufende Geldleistungen" z. B. durch die Festsetzung einer beamtenrechtlichen Besoldung oder Versorgung. – „Voraussetzung" für einen Geldleistungs-VA ist die beamtenrechtliche Festsetzung des Besoldungsdienstalters. – Um eine „teilbare Sachleistung" handelt es sich beispielsweise bei der Gewährung einer Mehrzahl von Sachgütern (wie Heizmaterial, Bekleidung).

Beispiele für **sonstige begünstigende VAe** im Sinne von **Abs. 3** sind Einbürgerung, Erteilung der Fahrerlaubnis, Baugenehmigung, gewerbliche Genehmigung, Zulassung zur Hochschule, Zurückstellung vom Wehrdienst.

3.2.1 Ein rechtswidriger, auf eine **Geldleistung** oder teilbare **Sachleistung** 521 gerichteter VA „darf nicht zurückgenommen werden, soweit der Begünstigte auf den Bestand des VA vertraut hat und sein Vertrauen unter Abwägung mit dem öffentlichen Interesse an der Rücknahme schutzwürdig ist" (§ 48 Abs. 2 S. 1 VwVfG).

1. Es besteht also ein Rücknahmeverbot unter zwei Voraussetzungen:

– **Vertrauen** des Begünstigten auf den Bestand des VA. Es ist in der Regel zu bejahen, jedoch beispielsweise dann nicht, wenn der Begünstigte bei seinen Dispositionen vom Vorhandensein des VA keine Kenntnis hatte oder wenn feststeht, dass er auch ohne den VA so disponiert hätte.

– **Schutzwürdigkeit** des Vertrauens nach **Abwägung** mit dem öffentlichen Interesse an der Rücknahme.

Die Schutzwürdigkeit des Vertrauens wird in § 48 Abs. 2 S. 2 u. 3 positiv und negativ näher konkretisiert: Nach S. 2 ist das Vertrauen **in der Regel schutzwürdig**, „wenn der Begünstigte gewährte Leistungen verbraucht oder eine Vermögensdisposition getroffen hat, die er nicht mehr oder nur unter unzumutbaren Nachteilen rückgängig machen kann".

Zu Einschränkungen bei gemeinschaftsrechtswidrigen VAen unten RdNr. 532 ff.

Nach S. 3 kann sich der Begünstigte **auf Vertrauen nicht berufen**, wenn er 522 den VA durch unlauteres Verhalten (Nr. 1) oder durch unrichtige oder unvollständige Angaben (Nr. 2) erwirkt hat oder die Rechtswidrigkeit des VA kannte oder infolge grober Fahrlässigkeit nicht kannte (Nr. 3).

Zum Begriff der „groben Fahrlässigkeit" vgl. die Legal-Definition in § 45 Abs. 2 Satz 3 Nr. 3 SGB X.

Zu beachten ist, dass die arglistige Täuschung, die unrichtigen Angaben u. s. w. allein für die Rücknahmen nicht ausreichen, vielmehr muss der VA zugleich rechtswidrig sein. Bei Ermessensakten führen arglistige Täuschungen u. s. w. aber regelmäßig zur Rechtswidrigkeit des VA[29], da die auf falscher Tatsachenbasis beruhende Ermessensentscheidung fehlerhaft ergeht (vgl. oben RdNr. 431 und 434).

Für die Behördenpraxis ergibt sich aus § 48 RdNr. 2 S. 3 VwVfG ein besonderer Grund, in Fragebögen alle erforderlichen Angaben (etwa über anzurechnende Einkünfte) aufzunehmen.[30]

Soweit kein Ausschluss eines schutzwürdigen Vertrauens gemäß § 48 Abs. 2 523 Satz 3 VwVfG vorliegt, ist eine Abwägung auf der Basis des Satz 2 („in der Regel schutzwürdig …") vorzunehmen. Dabei wird nur ein gravierendes öffentliches Interesse die Rücknahme gebieten. Dies ist etwa für den Fall der

---

29 Vgl. BVerwG DVBl 2004, 126 ; ThürOVG DÖV 2005, 36
30 Zum Begriff des „Erwirkens" im Sinne von Satz 3 Nr. 1: Erfmeyer DÖV 97, 629

Rücknahme von EG-rechtswidrigen Subventionsbescheiden anzunehmen (vgl. unten RdNr. 532).

Greifen Satz 3 und 2 nicht ein, erfolgt die Abwägung nach den Kriterien des eingangs wiedergegebenen § 48 Abs. 2 Satz 1 VwVfG („soweit"). Ergibt sich nach § 48 Abs. 2 kein Rücknahmeverbot, so bleibt es bei der Befugnis der Behörde gemäß § 48 Abs. 1 S. 1 VwVfG zur Rücknahme nach Ermessen.

Da jedoch die entscheidenden Abwägungsgesichtspunkte – das Vertrauensinteresse des Betroffenen an der Aufrechterhaltung des VA und das öffentliche Interesse an seiner Rücknahme – bereits bei den vorangegangenen Voraussetzungen zu prüfen waren, besteht für weitergehende Ermessenserwägungen wenig Raum.

524 2. Die Frage, auf welchen **Zeitpunkt** bezogen der VA zurückgenommen werden soll, beantwortet § 48 Abs. 2 **Satz 4** VwVfG für die Fälle des Satz 3 dahingehend, dass der VA „in der Regel mit Wirkung für die Vergangenheit" zurückzunehmen ist.

Im übrigen ist bei VAen mit Dauerwirkung, bei denen eine Rücknahme für die Zukunft oder die Vergangenheit möglich ist, eine doppelte Abwägung vorzunehmen:

– zunächst für die Vergangenheit, wobei oft die Voraussetzungen des § 48 Abs. 2 S. 2 VwVfG vorliegen (verbrauchte Leistungen oder Vermögensdispositionen);

– außerdem für die Zukunft, wobei nur ausnahmsweise ein überwiegend schutzwürdiges Interesse des Betroffenen anzuerkennen ist; dieser kann sich in der Regel auf eine durch die Rücknahme des VA geänderte Lage einstellen (z. B. auf die niedrigere, jetzt gesetzmäßige Besoldung).

In der Praxis greifen die Behörden je nach Gegebenheit auch zu flexiblen Lösungen etwa dergestalt, bei der Rücknahme für die Zukunft Übergangszeiten (Schonfristen) zu gewähren. Durch zeitlich oder sachlich beschränkte Rücknahmen können variable, der jeweiligen Schutzwürdigkeit angepasste Lösungen erreicht werden.

525 3. Eine in die Vergangenheit wirkende Rücknahme lässt die rechtlichen Grundlagen für bereits erbrachte Leistungen entfallen; dementsprechend sind nach **§ 49 a** Abs. 1 bereits **gewährte Leistungen zurückzuzahlen**. Es handelt sich hier um einen gesetzlich geregelten Fall des „öffentlich-rechtlichen Erstattungsanspruchs". Nach § 49 a Abs. 2 VwVfG sind dabei die Regeln des BGB über die Herausgabe ungerechtfertigter Bereicherung analog anwendbar.

In der Praxis ist zu beachten, dass diese Rückforderung der Leistungen nicht im Ermessen der Verwaltung steht, sondern dass die Behörde im Falle der Rücknahme des zugrundeliegende VAs zur Geltendmachung des Erstattungsanspruchs verpflichtet ist.

Zur Verzinsung des Erstattungsanspruchs nach § 49 a Abs. 3 und 4 VwVfG vgl. unten RdNr. 553.

526 3.2.2 Bei den **sonstigen begünstigenden VAen** – also denen, für die § 48 Abs. 2 VwVfG nicht gilt – trägt § 48 Abs. 3 VwVfG dem Vertrauensschutz in der Weise Rechnung, dass ein Ausgleichsanspruch für Vermögensnachteile eingeräumt wird.

Beispielsweise zählen zu diesen sonstigen begünstigenden Verwaltungsakten: Baugenehmigung, Fahrerlaubnis, Namensänderung oder Einbürgerung.

Für diese VAe ergeben sich die Rücknahmevoraussetzungen aus dem Grundsatz der „Rücknehmbarkeit nach pflichtgemäßem Ermessen" (§ 48 Abs. 1 S. 1 VwVfG).

Auf der Voraussetzungsseite gibt es bei diesen sonstigen VAen (im Sinne von § 48 Abs. 3 VwVfG) keine Rücknahmeschranken. Allerdings sind auch hier „Vertauensschutzgesichtspunkte ... bei der Ermessensausübung nach § 48 Abs. 1 S. 1 zu berücksichtigen"[31].

Begründet hat der Gesetzgeber die Regelung des § 48 Abs. 3 VwVfG mit der Überlegung, dass derartige, nicht auf vermögenswerte Leistung gerichteten VAe „stärker staatsbezogen" seien, weshalb ihr Fortbestand im Falle der Rechtswidrigkeit schwerer erträglich sei. – Wenn nach dem Wortlaut des § 48 Abs. 1 S. 2 VwVfG auch für diese Fallgruppe „Einschränkungen" der Rücknahme gelten sollen, so ist das Wort irreführend: Die hier anwendbare Regelung des § 48 Abs. 3 VwVfG (Ausgleichsanspruch) enthält keine Einschränkung der Rücknahme, sondern lediglich eine an die Rücknahme geknüpfte Rechtsfolge.

Bei Rücknahme eines solchen VA wird das vermögensbezogene Vertrauensinteresse durch den **Ausgleichsanspruch** (Entschädigung) nach § 48 Abs. 3 VwVfG geschützt. Satz 2 des Abs. 3 ist so zu verstehen, dass der Anspruch unter den gleichen Voraussetzungen besteht, unter denen bei Anwendung des § 48 Abs. 2 VwVfG ein Bestandsschutz erfolgt. Bezüglich der Einzelheiten des Ausgleichs sei auf § 48 Abs. 3 S. 2–5 VwVfG verwiesen[32]. 527

In der Verwaltungspraxis hat diese Vermögensausgleichspflicht dazu geführt, dass vielfach rechtswidrige, begünstigende VAe, die keine Geld- oder Sachleistungs-VAe sind, bestehen bleiben, weil die zuständigen Behörden eine Entschädigungspflicht im Falle einer Rücknahme scheuen[33].

Da, wie ausgeführt, für die Rücknahme selbst keine weiteren Voraussetzungen aufgestellt sind, wird hier das der Behörde durch § 48 Abs. 1 S. 1 VwVfG eingeräumte **Ermessen** in den Fällen des Abs. 3 begrenzt. Dabei scheiden die vermögensbezogenen Interessen des Begünstigten als gegen die Rücknahme anzuführende Gesichtspunkte aus, weil ihnen im Rahmen des Ausgleichsanspruchs nach § 48 Abs. 3 VwVfG Rechnung getragen wird. 528

Vom Gesetz nicht ausdrücklich entschieden ist die Frage, ob ein sonstiges Interesse des Begünstigten am Fortbestand des VA („Bestandsinteresse"), das gerade bei den nicht vermögensbezogenen VAen im Vordergrund steht, zu berücksichtigen ist. Wenn ein Ermessen hier überhaupt einen Sinn haben soll, muss *dieses* Interesse zu berücksichtigen sein. Bei den nicht unter § 48 Abs. 2 VwVfG fallenden begünstigenden rechtswidrigen VAen erfolgt daher Vermögensschutz nur durch den Ausgleichsanspruch nach § 48 Abs. 3, Bestandsschutz dagegen im Rahmen der Ermessensausübung nach § 48 Abs. 1 S. 1 VwVfG (wobei allerdings das öffentliche Interesse an der Rückgängigmachung des VA nach hM[34] in der Regel überwiegt).

Für die hM spricht, dass kaum vorstellbar ist, dass z. B. bei der Rücknahme einer Einbürgerung nach mehreren Jahren das Interesse des Betroffenen daran, als Deutscher in Deutschland leben zu dürfen, völlig außer Betracht zu bleiben hätte, zumal in derartigen Fällen ein Anspruch aus § 48 Abs. 3 VwVfG keinen Ausgleich bieten kann.[35]

---

31 OVG Münster, NWVBl. 2005 , 71
32 Zur Begrenzung des Entschädigungsbetrages auf das „negative Interesse" vgl. VGH Mannheim NVwZ-RR 97, 582
33 Ähnlich: Bonk, NVwZ 2001, 636, 641
34 Strittig: Zur hier vertretenen hM z. B. Maurer § 11 RdNr. 34.
35 Zu Rücknahme von Einbürgerungen vgl. Nettersheim DVBl 2004, 1144 ff

529 3.2.3 Für die Rücknahme gilt die **Jahresfrist des § 48 Abs. 4** VwVfG. Abgestellt wird auf den „Zeitpunkt der Kenntnisnahme" von „Tatsachen", die eine Rücknahme „rechtfertigen". Innerhalb eines Jahres muss hiernach die Behörde also handeln; sonst ist die Rücknahme ausgeschlossen. Diese Ausschlussfrist gilt (gemäß Satz 2) nicht in Fällen der Unlauterkeit; sie gewährt hingegen dem schutzwürdigen Adressaten einen zusätzlichen Schutz.

Voraussetzung für das Eingreifen der Fristregelung ist allerdings, dass das VwVfG nicht durch Spezialgesetz verdrängt wird, etwa durch die insoweit abschließenden Regelungen des Waffengesetzes[36]. – Der Anwendungsbereich des § 48 Abs. 4 VwVfG sowie der Beginn der Frist sind problematisch und waren zeitweise selbst zwischen einzelnen Senaten des BVerwGs umstritten. Eine Klärung hat ein Beschluss des Großen Senats des Bundesverwaltungsgerichts[37] ergeben, wie folgt:

530 § 48 Abs. 4 VwVfG gilt nicht nur in Fällen, in denen neue Sachverhaltskenntnisse auftreten, sondern auch dann, wenn die Behörde nachträglich erkennt, dass sie einen bei Erlass des VA „vollständig bekannten Sachverhalt unzureichend berücksichtigt oder unrichtig gewürdigt und deswegen rechtswidrig entschieden hat", also auch bei schlichten Rechtsanwendungsfehlern. Hinsichtlich des Fristbeginns gilt: Die Frist beginnt erst zu laufen, wenn die Behörde die Rechtswidrigkeit des Verwaltungsakts erkannt hat und ihr außerdem **die für die Rücknahmeentscheidung erheblichen Tatsachen vollständig bekannt** sind.

In der Rechtswirklichkeit tritt diese Kenntnis gelegentlich bei einer Behörde recht spät ein, z. B. erst „aufgrund eingehender Darlegungen der Aufsichtsbehörde" über den Rechtsirrtum[38]. Die Jahresfrist kann aber auch schon durch Kenntnis der Widerspruchsbehörde in Lauf gesetzt werden[39].

531 Für die Verwaltungspraxis bedeutet das jedenfalls, dass die Frist nicht schon bei „ersten Zweifeln" eines Mitarbeiters beginnt, sondern erst nach der Aufarbeitung des Falles. Dadurch wird vermieden, dass VAe, bei denen ein schlichter Rechtsfehler unterlaufen ist, praktisch nur innerhalb eines Jahres zurückgenommen werden können. Das (de facto) verwaltungsfreundliche Hinausschieben des Fristbeginns begründet der Große Senat des BVerwGs unter anderem damit, dass andernfalls der drohende Fristablauf die Behörde zu einer Entscheidung zwingen könnte, obwohl ihr dies mangels vollständiger Kenntnis der rücknahmeerheblichen Gesamtumstände noch nicht möglich ist.

In der Praxis erfolgt hierdurch eine Erweiterung der behördlichen Bewegungsfreiheit in Rücknahmesachen. Trotz erheblicher Kritik an dieser Entscheidung[40], ist der Streit um § 48 Abs. 4 hierdurch für die Praxis entschieden[41].

3.3 Rücknahme gemeinschaftsrechtswidriger Verwaltungsakte

532 Für die Praxis der Subventionsverwaltung hat – nicht zuletzt aufgrund der Rechtsprechung des EuGH – der Einfluss des europäischen Gemeinschaftsrechts besondere Bedeutung gewonnen. Dies betrifft auch die Anwendungsfälle des § 48 VwVfG erheblich: Nach Art 87 EG-Vertrag „sind staatliche oder aus staatlichen Mitteln gewährte" Subventionen, „die durch Begünstigung

---

36 Vgl. BVerwG DÖV 97, 338
37 In BVerwGE 70, 356
38 OVG Münster DÖV 2001, 965
39 So OVG LSA DÖV 2004, 398
40 Kopp DVBl 85, 525; Schoch NVwZ 85, 880; Maurer § 11 RdNr. 35; Bull RdNr. 654
41 Beispiele der inzwischen zahlreich ergangenen entsprechenden Entscheidungen: BVerwG DVBl 2001, 1221; VGH München NVwZ 2001, 931; vgl. auch den instruktiven Fall von Pünder, VR 2001, 129, 132; BVerwG DVBl 2002, 355.

bestimmter Unternehmen oder Produktionszweige den Wettbewerb verfälschen oder zu verfälschen drohen, mit dem Gemeinsamen Markt unvereinbar", soweit nicht eine der besonders benannten Ausnahmen vorliegt.

Da gemeinschaftsrechtliche Regelungen für die Rücknahme solcher nationalen Subventionsbescheide weder erforderlich noch vorhanden sind, richtet sich die Rücknahme eines dem Art 87 EG-Vertrag widersprechenden deutschen Bewilligungsbescheides und die Rückforderung der erbrachten Leistungen nach §§ 48, 49 a VwVfG.

<small>Grundvoraussetzung ist dabei, dass es sich bei der Subvention um eine Beihilfe im Sinne von Art 87 EG-Vertrag handelt, was z. B. zu verneinen ist bei Abnahmepflicht für Strom aus erneuerbaren Energiequellen[42].</small>

Für die Anwendung des § 48 VwVfG auf gemeinschaftsrechtswidrige Beihilfen ergeben sich nach der Rechtsprechung des BVerfGs, BVerwGs und des EuGHs vor allem unter folgenden fünf Gesichtspunkten **Besonderheiten**:

1. Die in **§ 48 Abs. 1 S. 1** VwVfG vorgesehene **Ermessensentscheidung** 533 über die Rücknahme (vgl. oben RdNr. 519) verwandelt sich nach der Rechtsprechung des EuGH bei gemeinschaftsrechtswidrigen Subventionen in eine Pflicht zur Rücknahme des Bescheides. Dem öffentlichen Interesse an der Durchsetzung des Gemeinschaftsrechts und an der Erfüllung des EG-Vertrages wird eine praktisch alle anderen Abwägungsgesichtspunkte überragende Bedeutung zugewiesen. Durch entsprechende Ermessensreduktion auf Null[43] soll erreicht werden, dass der in der Subventionsvergabe liegende Gemeinschaftsrechtsverstoß nicht noch durch nationalrechtlich begründeten Verzicht auf Rücknahme bestätigt wird[44].

<small>Beispiel: Wenn die Rücknahme eines Subventionsbescheides ansteht, weil die EG-Kommission durch bestandskräftige Entscheidung die „Beihilfe für mit dem Gemeinsamen Markt unvereinbar erklärt" hat und von der Bundesrepublik Deutschland ihre Rückforderung verlangt, ist selbst grobes Mitverschulden der Subventionsbehörde (bei der Bescheiderteilung) im Rahmen einer Ermessensentscheidung nach § 48 Abs. 1 S. 1 VwVfG nicht zugunsten des Subventionsempfängers berücksichtigungsfähig[45].</small>

<small>Während bei rein innerdeutschen Sachverhalten ein Mitverschulden der Behörde eine Ermessensentscheidung zugunsten des Subventionsempfängers nahelegen kann, überwiegt nach der Rechtsprechung des EuGH bei gemeinschaftsrechtswidrigen Beihilfen das öffentliche Interesse an der Durchsetzung des Gemeinschaftsrechts und an der Erfüllung des EG-Vertrages[46].</small>

Im Ergebnis führt die Pflicht der Mitgliedstaaten, dem Gemeinschaftsrecht größtmögliche Wirksamkeit zu verschaffen („**effet utile**") dazu, dass ihnen untersagt ist, sich auf eigene Versäumnisse (im obigen Beispiel: Mitverschulden der Begörde) bei der Umsetzung von Gemeinschaftsrecht berufen zu können[47].

2. Auch die **Schutzwürdigkeit des Vertrauens** des Begünstigten nach **§ 48** 534 **Abs. 2 S. 1 und 2** VwVfG wird gemeinschaftsrechtlich zuungunsten des Subventionsempfängers beeinflusst: Aufgrund der Rechtsprechung des BVerfGs, BVerwGs und des EuGHs tritt faktisch zu den – ein schutzwürdiges Vertrauen ausschließenden – Tatbeständen des § 48 Abs. 2 S. 3 Nr. 1–3

<small>42 EuGH DÖV 2001, 554
43 Vgl. oben RdNr. 437
44 Vgl. EuGH NVwZ 98, 45, 47 – Nr. 43 und EuGH NVwZ 2004 , 459
45 Vgl. Dünchheim VR 96, 181, 185
46 Vgl. Happe NVwZ 98, 26; Fischer, Europarecht § 29 RdNr. 52 ff
47 So Dünchheim VR 2003, 362</small>

VwVfG als weiterer Grund das vorrangige öffentliche Interesse an der Durchsetzbarkeit der gemeinschaftlichen Wettbewerbsordnung hinzu[48].

Beispiel: Hat ein Subventionsempfänger bei gemeinschaftsrechtswidriger Beihilfe über die ausgezahlten Mittel bereits irreversibel disponiert und ist keiner der Tatbestände des § 48 Abs. 2 S. 3 Nr. 1–3 VwVfG erfüllt, so liegt gem. § 48 Abs. 2 S. 2 ein Regelfall schutzwürdigen Vertrauens vor. Dieses Ergebnis nationalen Verwaltungsverfahrensrechts könnte allerdings die Durchsetzung des gemeinschaftsrechtlichen Beihilfeverbots aus Art 87 EG-Vertrag gefährden. In dieser Konfliktsituation bleibt § 48 Abs. 2 S. 2 VwVfG zwar „anwendbar", wird aber durch das Gemeinschaftsrecht derart überlagert, dass eine Vertrauensbetätigung, die dem Gemeinschaftsrecht widerspricht, regelmäßig nicht schutzwürdig ist[49].

Verkürzt bedeutet dies, dass die in § 48 Abs. 2 S. 2 VwVfG als Regelfall vorgesehene größere Gewichtung des Vertrauensschutzes bei Rücknahme von gemeinschaftsrechtswidrigen Beihilfebescheiden in ihr Gegenteil verkehrt wird[50].

535 3. Zur **„groben Fahrlässigkeit"**, die nach **§ 48 Abs. 2 S. 3 Nr. 3** VwVfG schutzwürdiges Vertrauen ausschließt, ist nach der Rechtsprechung des EuGHs auch zu zählen, dass ein Gewerbetreibender es unterlässt, „sich zu vergewissern", dass das in Art. 88 Abs. 3 EG-Vertrag zwingend vorgesehene Informations- und Kontrollverfahren für Beihilfen vor der Kommission („Notifizierungsverfahren") durchlaufen worden ist[51].

Für die Praxis aller Unternehmen, die eine hier relevante Subvention erhalten, bedeutet das im Ergebnis, dass sie überprüfen müssen, ob die Verwaltung wegen der Beihilfe ihrer „Notifizierungspflicht" aus Art. 87 Abs. 3 EG-Vertrag entsprochen hat und ob eine entsprechende positive Stellungnahme der Kommission vorliegt. Wurde das unterlassen und deshalb die Gemeinschaftsrechtswidrigkeit vom Beihilfeempfänger nicht erkannt, soll dies wegen grober Fahrlässigkeit nach § 48 Abs. 3 S. 3 Nr. 3 VwVfG zum Ausschluss schutzwürdigen Vertrauens führen[52].

536 Das faktische Beiseiteschieben nationalen Verfahrensrechts durch diese Rechtsprechung zum Zwecke der europäischen Wettbewerbsgleichheit mag bei juristisch gut beratenen Großunternehmen angemessen sein; bei mittelständischen oder bei kleineren Unternehmen – etwa im Bereich der kommunalen Wirtschaftsförderung – kann die Pflicht, selbst zu prüfen, ob von der zuständigen Behörde ein Notifizierungsverfahren durchgeführt worden ist, eine Überforderung darstellen.

Die kommunale Wirtschaftsförderung im Bereich der Gemeinden, Städte und Kreise gehört zum grundgesetzlich garantierten Selbstverwaltungsrecht[53].

Im Übrigen bleibt zu berücksichtigen, dass der § 48 VwVfG nach seinem Normzweck nicht in erster Linie für Großunternehmen geschaffen worden ist, sondern vorrangig konzipiert ist als Regelung des Interessens- und Vertrauensausgleichs zwischen der Behörde und einem (Einzel-) Bürger, an den ein VA gerichtet war, welcher inzwischen zu Disposition steht.

---

48 Vgl. Kadelbach, Allgemeines Verwaltungsrecht unter europäischem Einfluss, S. 470 ff, 481; Bull RdNr. 294 und Happe NVwZ 98, 26; BVerfG DVP 2000, 302
49 Vgl. Maurer § 11 RdNr. 33a; Fall Nr. 98 bei Bovermann/Dünchheim, Examinatorium – Allgemeines Verwaltungsrecht; EuGH NVwZ 90, 1161; BVerwG NVwZ 95, 703, 706
50 So auch Fischer, Europarecht, § 20 RdNr. 56
51 Vgl. EuGH NVwZ 98, 45, 46 – Nr. 25
52 Bull RdNr. 651; Schmalz AVR RdNr. 503 – Zum Notifizierungsverfahren: Fischer, Europarecht § 20 RdNr. 38 ff
53 Zur kommunalen Wirtschaftsförderung im EG-Rahmen: Hofmann/Muth/Theisen, Kommunalrecht in Nordrhein-Westfalen, 1.2.1.2.5

Bestandskraft des Verwaltungsaktes. Rücknahme und Widerruf. Wiederaufgreifen

In dem der dargestellten Rechtsprechung des EuGH zu § 48 VwVfG zugrundeliegenden[54] Verfahren handelte es sich um einen – für die Konzeption den § 48 nicht typischen – Rechtsstreit zwischen der Aluminiumhütte Alcan Deutschland GmbH, dem Land Rheinland Pfalz, der Bundesrepublik Deutschland und der EG-Kommission über eine Beihilfe von damals 8 Millionen DM[55].

4. Die **Jahresfrist** des **§ 48 Abs. 4** VwVfG wird bei der Rücknahme von gegen Art 87 EG-Vertrag verstoßenden Subventionsbescheiden in zweifacher Hinsicht gemeinschaftsrechtlich berührt: **537**

a) Da zu den in § 48 Abs. 4 VwVfG genannten „Tatsachen ...", welche eine Rücknahme des rechtswidrigen Verwaltungsakts rechtfertigen", auch die Entscheidung der EG-Kommission über die Gemeinschaftsrechtswidrigkeit zählt, beginnt die Jahresfrist frühestens mit Bestandskraft der Entscheidung zu laufen bzw. mit der Zustellung dieser bestandskräftigen Kommissionsentscheidung[56].

b) Außerdem hat der EuGH seine frühere[57] Rechtsprechung zur Frage der Rücknahmefrist weiter verschärft: Nunmehr geht der EuGH davon aus, dass die zuständige nationale Behörde „gemeinschaftsrechtlich verpflichtet ist", den Bewilligungsbescheid für die rechtswidrige Subvention gemäß einer entsprechenden Entscheidung der EG-Kommission „selbst dann noch zurückzunehmen, wenn sie die nach nationalem Recht dafür ... bestehende Ausschlussfrist hat verstreichen lassen"[58].

Für die Praxis der Verwaltungsbehörde bedeutet diese Rechtsprechung des EuGH, dass die Rücknahme immer möglich bleiben muss; die Rücknahmebehörde wird insoweit zum Weisungsempfänger der EG-Kommission („... die nationale Behörde nicht berechtigt, irgendeine andere Feststellung zu treffen ..."[59]). Im Ergebnis soll hiernach die deutsche Rücknahmebehörde bei gemeinschaftsrechtswidrigen Subventionsbescheiden überhaupt nicht mehr die abgelaufene Frist des § 48 Abs. 4 berücksichtigen[60].

5. Auch die **Schutzfunktion** des **„Wegfalls der Bereicherung"** nach § 818 Abs. 3 BGB, der bei Gutgläubigkeit gemäß § 49 a Abs. 2 VwVfG anzuwenden ist, wenn das Geld zweckentsprechend im öffentlichen Interesse ausgegeben wurde, wird durch die Rechtsprechung entscheidend modifiziert: Die Rückforderung der gemeinschaftsrechtswidrig geleisteten Beträge ist von der jeweiligen Verwaltungsbehörde nach EuGH selbst dann vorzunehmen „wenn dies nach nationalem Recht wegen Wegfalls der Bereicherung mangels Bösgläubigkeit des Beihilfeempfängers ausgeschlossen" wäre[61]. **538**

In der Praxis ist ein derartiger „Wegfall der Bereicherung" im Sinne von § 818 Abs. 3 BGB regelmäßig gegeben, da diese Beihilfen oft solchen Unternehmen gewährt werden, die sich in wirtschaftlichen Schwierigkeiten befinden; bei diesen ist der aus der Beihilfe resultierende Vermögenszuwachs im Zeitpunkt der Subventionsrückforderung selten identifizierbar. Deshalb hat der EuGH die Anwendung der §§ 49 a Abs. 2 VwVfG und 818 Abs. 3 BGB praktisch ausgeschlossen, weil sie sonst dazu führen würde, die EG-rechtlich gebotene Rückforderung in fast allen Fällen unmöglich zu machen[62].

Fasst man die Besonderheiten, die sich aus den genannten Entscheidungen des EuGH ergeben, zusammen, so werden dadurch **für die Rückforderung** **539**

---

54 Verfahren „Alcan", am 17.2.2000 durch Beschluss des BVerfGs beendet
55 Vgl. Gündisch NVwZ 2000, 1125
56 BVerwG DVBl 93, 727, 729
57 EuGH NVwZ 90, 1161
58 EuGH, NVwZ 98, 45, 47 – Nr. 38; problematisierend OVG LSA DÖV 2004, 398. Zur Rücknahme von bestandskräftigen VAen vgl. auch EuGH NVwZ 2004, 459
59 So EuGH NVwZ 98, 45, 47 – Nr. 34
60 Vgl. Dünchheim, VR 96, 181, 185; Bull RdNr. 654; BVerfG DVP 2000, 302
61 So EuGH NVwZ 98, 45, 47 – Nrn. 44 und 54
62 Vgl. Schmalz AVR, RdNr. 504

von gemeinschaftsrechtswidrigen Subventionen praktisch alle hier relevanten VwVfG-spezifischen Eingrenzungen (wie Rücknahmeermessen, Vertrauensschutz, Jahresfrist, Treu und Glauben) **beseitigt** [63].

4. Widerruf des VA gemäß § 49 VwVfG

540 § 49 VwVfG fasst unter den Begriff Widerruf die Aufhebung eines **rechtmäßigen** (belastenden oder begünstigenden) VA. Der Widerruf ermöglicht, einen ursprünglich rechtmäßigen VA außerhalb eines Rechtsbehelfsverfahrens geänderten Verhältnissen auch noch nach Unanfechtbarkeit anzupassen[64].

541 4.1 Der **rechtmäßige belastende VA** kann gemäß § 49 **Abs. 1** VwVfG nach pflichtgemäßem Ermessen mit Wirkung für die Zukunft widerrufen werden. Jedoch ist der Widerruf ausgeschlossen,

- wenn ein VA gleichen Inhalts erneut erlassen werden müsste (also darf ein rechtmäßiger gebundener VA nicht widerrufen werden);
- wenn aus anderen Gründen ein Widerruf unzulässig ist (z. B. wegen der wirksamen Zusicherung gegenüber einem Dritten, den VA nicht zu widerrufen).

Für die übrigen Fälle wird mit dem Wort „kann" in § 49 Abs. 1 VwVfG eine Ermessensentscheidung zur Voraussetzung gemacht. In bestimmten Fällen kann sich das Ermessen dabei zu einer Widerrufspflicht verdichten, z. B. wenn sich die Verhältnisse derart geändert haben, dass der VA jetzt, etwa wegen Grundrechtseinschränkungen, nicht mehr erlassen werden dürfte[65].

542 4.2 Beim Widerruf **begünstigender VAe** besitzt der Vertrauensschutz wegen der Rechtmäßigkeit der ursprünglichen Regelung noch stärkeres Gewicht als bei der Rücknahme. In § 49 **Abs. 2** VwVfG sind die Abwägungen im wesentlichen bereits gesetzlich vorgeformt. Ein Widerruf ist hiernach nur in engen Grenzen zulässig.

Für die Erlaubnisse, die eine wichtige Gruppe solcher VAe bilden, folgt das daraus, dass die normale Erlaubnis (z. B. Baugenehmigung, Gewerbeerlaubnis, Sondernutzungserlaubnis) der Aktualisierung von Grundrechtspositionen dient. Deshalb nimmt diese Erlaubnis am grundrechtlichen Schutz teil, so dass die Entziehung durch eine Schranke des Grundrechts gedeckt sein muss. Das gilt auch für die weitere Gruppe der leistungsgewährenden VAe, soweit sie unter den Schutzbereich des Art 14 GG fallen. Aber auch wenn das nicht der

---

63 Ähnlich auch Happe NVwZ 98, 26; insgesamt kritisch zur Rechtsprechung des EuGH in Bezug auf das nationale Verwaltungsverfahrensrecht Classen JZ 97, 724; Scholz, DÖV 98, 261. – Zu den Auswirkungen des EG-Rechts auf die Kommunalkörperschaften: Hofmann, DVP 99, 273. Vgl. insgesamt Fischer, Europarecht § 20, RdNr. 52 ff. Zur „Europäisierung des nationalen Verwaltungsverfahrensrechts am Beispiel der Rückabwicklung gemeinschaftsrechtswidriger staatlicher Beihilfen": Suerbaum, VerwArchiv, 91. Band, 2000, 149; 179; vgl. auch Gündisch NVwZ 2000, 1125 ; BVerfG DVP 2000, 302; OVG LSA DÖV 2004 , 398. Zur Rücknahme von bestandskräftigen VAen vgl. auch EuGH NVwZ 2004 , 459
64 Zur Entstehungsgeschichte der heutigen Fassung: vgl. Hofmann VR 95, 7 ff.
65 So auch Maurer § 11 RdNr. 52. – Instruktiver Fall mit unterschiedlichen Argumentationen zur Ausübung des Widerrufsermessens: Möller, DVP 2002, 25, 28. Vgl. auch VG Gießen VR 2005, 33 und BVerwG DÖV 2005, 77

Fall ist, erwirbt der Begünstigte aus einem solchen VA ein Recht, das nach rechtsstaatlichen Grundsätzen nicht ohne weiteres entzogen werden kann.

4.2.1 Begünstigende VAe, die rechtmäßig erlassen worden sind, können nur bei Vorliegen folgender in § 49 Abs. 2 VwVfG abschließend aufgezählter Widerrufsgründe widerrufen werden (soweit nicht spezialgesetzliche Regelungen eingreifen):

Nr. 1: Zulassung des Widerrufs in Rechtsvorschrift oder **Widerrufsvorbehalt**   543

In der Verwaltungspraxis ist der Widerrufsvorbehalt der wichtigste Widerrufsgrund. Er verhindert, dass ein Vertrauen in den dauernden Fortbestand des VA überhaupt entstehen kann. Seine Zulässigkeit richtet sich nach § 36 VwVfG (vgl. unten RdNr. 607), soweit er nicht sondergesetzlich geregelt ist oder der Widerruf durch Gesetz zugelassen ist.

Beispiele zu sondergesetzlichen Regelungen oder Ermächtigungen: etwa zur straßenrechtlichen Sondernutzungserlaubnis § 8 Abs. 2 FStrG („... darf nur ... auf Widerruf erteilt werden ...") oder zur wasserrechtlichen Erlaubnis gemäß § 7 Abs. 1 WHG („Die Erlaubnis gewährt die widerrufliche Befugnis ...").

Der Widerruf darf nur auf solche Gründe gestützt werden, die durch den ursprünglichen Zweck des Widerrufsvorbehalts gedeckt sind.

Für die behördliche Anwendungspraxis ist wichtig, dass bei der Ausübung des Widerrufs der bloße Hinweis auf den Vorbehalt nicht ausreicht; der Widerruf muss selbst durch sachliche Gründe gerechtfertigt sein. Bei einer pflichtgemäßen Ausübung des Widerrufsermessens ist eine entsprechende Abwägung und die Angabe dieser sachlichen Gründe erforderlich (§ 39 Abs. 1 S. 3 VwVfG). Nach hM muss der Widerrufsvorbehalt auch selbst rechtmäßig sein[66].

Nr. 2: Nichterfüllung einer mit dem VA verbundenen **Auflage**   544

Ausschlaggebend ist hier, dass der Begünstigte selbst Anlass zum Widerruf gibt, sich also insoweit auf ein Vertrauen in den Fortbestand des VA nicht berufen kann. Auf ein Verschulden des Begünstigten kommt es dabei nicht an[67].

Für die Verwaltungspraxis spielt dabei der Grundsatz der Verhältnismäßigkeit eine gewichtige Rolle: Er wird der Behörde oft gebieten, zunächst eine Frist zu setzen und die Durchsetzung der Auflage zu versuchen. Auch rechtfertigt der Verstoß gegen eine geringfügige Auflage in der Regel nicht den Widerruf einer bedeutenden Vergünstigung.

In diesem Rahmen oder beim Ermessen kann auch berücksichtigt werden, wenn der Betroffene die Rechtswidrigkeit der Auflage geltend macht. Da eine Auflage – anders als ein Widerrufsvorbehalt – in der Regel selbständig anfechtbar ist (vgl. RdNr. 608 und 613), kommt es, falls die Auflage bestandskräftig ist, nach der hM nicht auf ihre Rechtmäßigkeit an[68].

---

[66] Maurer § 11 RdNr. 41; differenzierend Stelkens/Bonk/Sachs § 49 RdNr. 40 ff; vgl. Fall Nr. 91 bei Bovermann/Dünchheim, Examinatorium – Allgemeines Verwaltungsrecht; BVerwG NVwZ 2001, 556; BVerwG DVBl 2001, 1873.
[67] Vgl. VGH München NJW 97, 2255; BVerwG NVwZ 2001, 672.
[68] Strittig: Vgl. Fall Nr. 92 bei Bovermann/Dünchheim, Examinatorium – Allgemeines Verwaltungsrecht; OVG Münster, NVwZ 2001, 693.

545 **Nr. 3: Sachlagenänderung** und Gefährdung des öffentlichen Interesses

VAe mit Dauerwirkung kann die Behörde bei nachträglicher Änderung der Sachlage widerrufen, wenn sie nunmehr berechtigt wäre, den VA nicht zu erlassen, und wenn zugleich ohne Widerruf das öffentliche Interesse gefährdet wäre. Berechtigt, „ ... den VA nicht zu erlassen ...", ist die Behörde bei gebundenen VAen, wenn die tatbestandlichen Voraussetzungen der entsprechenden Norm nicht mehr gegeben sind, bei Ermessensentscheidungen außerdem, wenn die Begünstigung ermessensfehlerfrei versagt werden könnte.

Beispiele für „nachträglich eingetretene Tatsachen" sind Sachverhaltsänderungen und auch die aus einer durch neue wissenschaftliche Erkenntnisse gebotene abweichende Bewertung (wie neuerdings feststehende Schädlichkeit bestimmter Stoffe oder Verfahren); hierzu zählen nicht jedoch bloße „Meinungsänderungen" der Behörde.

Die praktische Bedeutung des § 49 Abs. 2 Nr. 3 ist relativ gering, da bei den meisten begünstigenden VAen (insbesondere den Genehmigungen) gesetzliche Spezialregelungen den typischerweise eintretenden Änderungen der Sachlage Rechnung tragen.

Beispielsweise erfolgt bei Wegfall der Eignung zum Führen von Kraftfahrzeugen die Entziehung der Fahrerlaubnis nach § 3 StVG iVm § 46 FeV. – Der Erlaubnisentzug bei Wegfall der für eine gewerberechtliche Erlaubnis erforderlichen persönlichen Eigenschaften richtet sich nach § 15 Abs. 2, 3 GastG[69] oder § 25 Abs. 1, 2 PBefG.

546 **Nr. 4: Rechtslagenänderung** bei nicht ausgenutztem VA und Gefährdung des öffentlichen Interesses

Grundvoraussetzung ist, dass die Behörde wegen einer geänderten Rechtsvorschrift nunmehr berechtigt wäre, den VA nicht zu erlassen. Anders als bei § 48 Abs. 2 SGB X (vgl. unten RdNr. 583) reicht eine abweichende Rechtsprechung hier nicht aus. „Rechtsvorschriften" sind nur Außenrechtssätze wie förmliche Gesetze oder Satzungen (in diesem Zusammenhang besonders praxisrelevant: Bebauungsplanänderungen durch Änderungssatzungen).

Neben der Rechtsänderung und der Gefährdung des öffentlichen Interesses ist – im Unterschied zu § 49 Abs. 2 Nr. 3 VwVfG – erforderlich, dass der Begünstigte von dem VA noch keinen Gebrauch gemacht hat bzw. noch keine Leistungen empfangen hat.

Beispielsweise darf noch kein „Vertrauen investiert" oder durch „Ins-Werk-Setzen" manifestiert sein, wie etwa durch den Baubeginn bei einer Bauerlaubnis.

Nr. 5: Verhütung oder Beseitigung schwerer Nachteile für das Gemeinwohl

Bei diesem Widerrufsgrund handelt es sich um ein rechtspolitisch nicht unbedenkliches Notstandsrecht der Behörden[70], das in der Verwaltungspraxis kaum anwendbar ist. Vorrangig sind die sachlich-rechtlichen Vorschriften über den Erlass und Fortbestand des VA. Bei deren Anwendung ist der VA meist entweder von vornherein rechtswidrig gewesen (dann § 48 VwVfG), oder es liegt eine nach § 49 Abs. 2 Nr. 3 oder 4 VwVfG wesentliche Änderung vor.

---

69 Vgl. z. B. VG Gießen VR 2005, 33
70 So Bull RdNr. 667

4.2.2 Zu den sonstigen Einzelheiten beim Widerruf begünstigender VAe gehört, dass die Behörde auch bei Vorliegen eines der Gründe des § 49 Abs. 2 VwVfG nicht etwa zum Widerruf verpflichtet ist, sondern dass sie „ganz oder teilweise" widerrufen **„darf"**. Es besteht somit – anders als bei einigen spezialgesetzlichen Regelungen (z. B. § 15 Abs. 2 GastG, § 48 Abs. 1 und 2 SGB X) – ein **Ermessen**, in dessen Rahmen insbesondere zu berücksichtigen ist, ob und inwieweit durch den Widerruf Grundrechtspositionen beeinträchtigt werden. 547

Das Ermessen ermächtigt aber nur, ganz oder teilweise zu widerrufen, „nicht aber nur dem Grunde nach" zu widerrufen[71].

Der Widerruf ist nach § 49 Abs. 2 S. 2 nur **innerhalb eines Jahres** nach Kenntnisnahme aller rücknahmerelevanten Tatsachen zulässig (vgl. oben RdNr. 529), soweit nicht sondergesetzliche Regelungen eingreifen[72].

Sämtliche Widerrufsgründe des § 49 Abs. 2 VwVfG sind **auch bei rechtswidrigen VAen** denkbar. Da der Fortbestand eines rechtswidrigen VA nicht stärker geschützt sein kann als der eines rechtmäßigen VA, sind die Vorschriften des § 49 Abs. 2 VwVfG nach ständiger rechtsprechung des Bundesverwaltungsgerichts erst recht auf rechtswidrige VAe (analog) anwendbar[73]. 548

Beispielsweise kann die Behörde, wenn der Begünstigte einer der Erlaubnis beigefügten Auflage hartnäckig zuwider handelt, die Erlaubnis nach § 49 Abs. 2 Nr. 2 widerrufen, ohne dabei die Frage entscheiden zu müssen, ob die Erteilung der Erlaubnis seinerzeit rechtmäßig oder rechtswidrig war.

Als Folge des Widerrufs ist die Behörde nach § 49 Abs. 6 VwVfG in den Fällen des Abs. 2 Nr. 3 – 5 zu **Entschädigung** verpflichtet. Gesetzliche Voraussetzungen sind: Antrag des Betroffenen innerhalb Jahresfrist (nach entsprechendem Hinweis) und schutzwürdiges Vertrauen auf den Bestand des VA, das für den Vermögensnachteil ursächlich war. Streitigkeiten über diese Entschädigung sind den Zivilgerichten zugewiesen (§ 49 Abs. 6 S. 3 VwVfG). 549

Für die Verwaltungspraxis wichtig ist, dass nur in den Fällen von § 49 Abs. 2 Nr. 3–5 Entschädigung zu leisten ist, nicht jedoch in den Fällen der Nr. 1 und 2; hieraus ergibt sich noch ein zusätzlicher Grund für die oben (unter RdNr. 543) angesprochene Rolle des Widerrufsvorbehalts: Auch dem Widerruf nach entsprechendem Vorbehalt liegt typischerweise eine Änderung rechtlicher oder tatsächlicher Verhältnisse zugrunde. Er ist jedoch – im Unterschied zu Fällen der Nr. 3 und 4 – wegen des Vorbehalts in der Regel für die Behörde problemloser durchsetzbar und löst keine Entschädigungsverpflichtung aus.

4.2.3 Für rechtmäßige Verwaltungsakte, die eine zweckbestimmte Leistung gewähren oder dafür Voraussetzung sind, ermöglicht **§ 49 Abs. 3** den Widerruf auch **für die Vergangenheit** (ex tunc) ganz oder teilweise. 550

Hierbei geht es in der Praxis meist um Subventionsbewilligungsbescheide. Voraussetzung ist, dass die Leistung vom Empfänger von vornherein nicht, nicht alsbald oder nicht mehr für den im VA bestimmten Zweck verwendet wird oder dass eine Auflage nicht bzw. nicht fristgerecht erfüllt wird. Dabei hat die Behörde gemäß § 49 Abs. 3 S. 2 VwVfG die Jahresfrist (entsprechend § 48 Abs. 4 VwVfG) zu beachten[74].

---

71 So BVerwG DÖV 2001, 384
72 Vgl. BVerwG DÖV 97, 338
73 Z.B. BVerwG DÖV 2005, 77
74 Vgl. oben 3.2.3 und Baumeister NVwZ 97, 19, 22

Die Widerrufstatbestände des § 49 Abs. 3 VwVfG entsprechen im wesentlichen den früheren Regelungen der Haushaltsgesetze (beispielsweise § 8 Abs. 4 Landeshaushaltsgesetz NRW – zuletzt 1992 GVBl 91, 571 – bzw. auf Bundesebene § 44 a Abs. 1 BHO – zuletzt 1995 BGBl I, 1824).[75]

4.2.4 Erstattung und Verzinsung

551 Der § 49 a VwVfG regelt die Erstattung und Verzinsung gewährter Leistungen im Falle der Aufhebung des bewilligenden VA mit Wirkung für die Vergangenheit[76]. Er gilt sowohl für den Widerruf rechtmäßiger (§ 49 Abs. 3 VwVfG) als auch für die Rücknahme rechtswidriger VAe (§ 48 Abs. 1 VwVfG) und erfasst auch die Erstattung von Leistungen im Fall des Eintritts einer auflösenden Bedingung.

Die Entstehung des Anspruchs ist unabhängig von einem Verschulden des erstattungspflichtigen früheren Begünstigten (anders zum Umfang des Anspruchs: vgl. unten RdNr. 552 zu Abs. 2). Die zu erstattende Leistung wird durch schriftlichen VA[77] (Leistungsbescheid) zurückgefordert (Satz 2)[78]; es muss also nicht etwa eine verwaltungsgerichtliche Klage vorausgehen.

Ob nach dem Wortlaut des 49 a Abs. 1 VwVfG die bisherige recht großzügige Praxis „konkludenter" Aufhebungen von VAen durch schlichte Rückforderung der Beträge[79] weiter vor der Rechtsprechung Bestand haben kann, erscheint zweifelhaft[80].

552 Der **Umfang des Erstattungsanspruchs** ist in § 49 a Abs. 2 VwVfG durch Rechtsfolgeverweisung auf die Vorschriften des BGB über ungerechtfertigte Bereicherung geregelt. Eine Abweichung (von § 818 Abs. 3 BGB) enthält § 49 a Abs. 2 S. 2 VwVfG zugunsten der Behörde: Der Begünstigte kommt nur dann wegen Wegfalls der Bereicherung von seiner Erstattungspflicht frei, wenn er die Umstände, die zur Aufhebung oder Unwirksamkeit des VAs führten, weder kannte noch infolge grober Fahrlässigkeit nicht kannte. Schuldner des Erstattungsanspruchs ist regelmäßig der Adressat des früheren Zuwendungsbescheides[81].

553 Die (gegebenenfalls rückwirkende) **Verzinsung** der Erstattungsbeträge regelt § 49 a Abs. 3 VwVfG: Von Eintritt der Unwirksamkeit des VAs an sind die Erstattungsbeträge mit 5% über dem Basiszinssatz zu verzinsen. Hiervon kann abgesehen werden – vor allem, wenn den Begünstigten kein Verschulden trifft und wenn er zugleich fristgemäß erstattet.

---

75 Zu den früheren insoweit unterschiedlichen Regelung in den VwVfGen des Bundes und der Länder vgl. Hofmann VR 95, 7ff. – Zum Widerruf einer Subventionsbewilligung wegen Zweckverfehlung: BVerwG DVBl 98, 145. – Zur Ausübung des Widerrufsermessens: Möller, DVP 2002, 25, 28. – Zum „Erst-recht-Widerruf" eines rechtswidrigen VA: BVerwG DÖV 2005, 77.
76 Vgl. Fraund/Rach DVP 2004, 231
77 Vgl. OVG Münster, NWVBl. 2004, 314
78 Die früher in § 48 Abs. 2 S. 8 VwVfG enthaltene Regelung, nach der die Leistung „zugleich mit der Rücknahme" des VAs festgesetzt werden soll, ist fortgefallen (vgl. Hofmann VR 95, 7, 8). – Für die Verwaltungspraxis war es bereits früher in Einzelfällen zweckmäßiger, von einer solchen Verbindung davon abzusehen, wenn etwa die Rücknahme wegen der Jahresfrist des § 48 Abs. 4 VwVfG vorab ausgesprochen werden musste, weil die Berechnung des Umfangs der Erstattung noch Nachforschungen erforderte.
79 Vgl. BVerwG NVwZ 84, 518 und NVwZ 85, 488
80 AA Baumeister NVwZ 97, 19, 24
81 Vgl. zum Schuldner bei Abtretung der Forderung: OVG Magdeburg NVwZ 2001, 214.

Mit dem variablen Zinssatz weicht der § 49 a VwVfG von den früheren 6-%-Regelungen der Haushaltsgesetze ab. Dies trägt Zinsschwankungen Rechnung, die auf dem Kapitalmarkt für die Wiederbeschaffung von Finanzmitteln durch die öffentliche Hand gelten[82]. Außerdem wird verhindert, dass Zuwendungsempfänger hier ungerechtfertigt Zinsgewinne erwirtschaften.[83]

Eine entsprechende Verzinsungspflicht ist in § 49 a Abs. 4 VwVfG für den Fall vorgesehen, dass die Leistung „nicht alsbald nach der Auszahlung für den bestimmten Zweck verwendet" wird. Hierdurch können die Behörden verhindern, dass ein Begünstigter aus verzögertem Einsatz der erhaltenen Leistung auch noch wirtschaftliche Vorteile zieht; dies ermöglicht der Verwaltungspraxis, steuernd einzuwirken, ohne sogleich zum Mittel des Widerrufs auf Grund des neuen § 49 Abs. 3 S. 1 Nr. 1 VwVfG wegen „Nicht-alsbaldiger-Verwendung" greifen zu müssen[84].

Für die „alsbaldige Verwendung" der Fördermittel gilt für die Praxis als „Faustformel", dass sie innerhalb von zwei Monaten nach dem Auszahlungstage erfolgen muss[85].

5. Sonderfälle von Rücknahme und Widerruf

5.1 Beim **VA mit (drittbelastender) Doppelwirkung** (vgl. oben RdNr. 244) besteht eine spezielle Interessenkollision, in der Regel wie folgt: Erhaltungsinteresse des Begünstigten, Allgemeininteresse der Behörde, Beseitigungsinteresse des Dritten. Deshalb trifft § 50 VwVfG eine – die §§ 48, 49 VwVfG modifizierende – Sonderregelung: **554**

Solange ein zulässiger Rechtsbehelf (Widerspruch, Klage) des Dritten läuft, kommen die zugunsten des VA-Adressaten bestehenden Beschränkungen der Rücknahme und des Widerrufs nicht zur Anwendung, soweit dem Widerspruch oder der Klage abgeholfen wird. Der Rechtsschutz, der dem Dritten gewährt werden muss, ist dem Vertrauensschutz des Begünstigten gleichrangig und verbietet eine „Bevorzugung" des Begünstigten durch einseitigen Schutz seines Vertrauensinteresses.

Beispiel: Dem E ist eine Baugenehmigung erteilt worden, einen Bau auf der Grenze zum Nachbarn N zu errichten. Dadurch ist in rechtlich geschützte Interessen des N eingegriffen worden (Bau im Bauwich). Legt N gegen die Baugenehmigung einen Rechtsbehelf ein, so kann die Baubehörde die Baugenehmigung zurücknehmen bzw. widerrufen und dadurch „abhelfen" (im Sinne von § 50 VwVfG). Eine Einschränkung ergibt sich aber aus dem mit „außer" eingeleiteten Satzteil des § 49 Abs. 1 VwVfG (also kein Widerruf einer gebundenen rechtmäßigen Baugenehmigung); ferner besteht das Gebot zur pflichtgemäßen Ermessensausübung.

In der Verwaltungspraxis findet diese, dem Aspekt der Verfahrensökonomie dienende, Regelung des § 50 VwVfG nur selten Anwendung; sie ist auch wegen ihrer Negierung jeglichen Vertrauensschutzes nicht unproblematisch.[86]

5.2 Beim **privatrechtsgestaltenden VA** können Besonderheiten bestehen, welche die Rücknahme oder den Widerruf einschränken oder ausschließen. **555**

---

[82] Vgl. NRW-LT-Drucksache 11/3080 S. 27; BT-Drucksache 13/1534 S. 7
[83] Vgl. im Zusammenhang mit der Verzinsung auch § 50 Abs. 2a SGB X (siehe unten 7.6), §§ 233–239 AO, Runderlass des Finanzministers NRW I D 5 – 0125–3 vom 27. 1. 93; Sachs/Wermeckes NVwZ 96, 1187; Baumeister NVwZ 97, 19, 24. – Zum Verzinsungszeitraum: VGH München, NVwZ 2001, 931, 933.
[84] Vgl. Hofmann VR 95, 7, 9
[85] Vgl. OVG Magdeburg NVwZ-RR 2001, 284
[86] Vgl. Fall Nr. 97 bei Bovermann/Dünchheim, Examinatorium – Allgemeines Verwaltungsrecht

Der negativ privatrechtsgestaltende VA ist nicht rücknehmbar oder widerruflich; der positiv privatrechtsgestaltenden VA nur eingeschränkt:

Beispiel zum negativ privatrechtsgestaltenden VA: Ist bei der Veräußerung eines landwirtschaftlichen Grundstücks nach § 2 GrdstVG eine Grundstücksverkehrsgenehmigung erforderlich, so ist vor der Entscheidung über die Genehmigung der genehmigungsbedürftige Kaufvertrag schwebend unwirksam. Wird die Genehmigung unanfechtbar versagt, so wird dieser Vertrag endgültig unwirksam. Eine Rücknahme oder ein Widerruf der Versagung ist unzulässig, weil sie keine Rechtsfolgen haben könnten. Keinesfalls könnte dadurch der unwirksame Vertrag wieder wirksam oder auch nur wieder schwebend unwirksam gemacht werden. Also ist der negativ privatrechtsgestaltende VA nicht rücknehmbar oder widerruflich.

Beispiel für den positiv privatrechtsgestaltenden VA ist – als Gegenstück zur Versagung der Grundstücksverkehrsgenehmigung aus dem vorangehenden Beispiel – die Erteilung einer Grundstücksverkehrsgenehmigung. Hier ist eine Rücknahme nicht schlechthin ausgeschlossen[87]. Zwar besteht dabei die Besonderheit, dass ein Rückgängigmachen der Genehmigung in die Rechtssphäre Dritter eingreifen kann (z. B. des Grundstückskäufers, falls der Verkäufer den Genehmigungsantrag gestellt hat). Dadurch kann sich das Gewicht der gegen eine Rücknahme sprechenden Gesichtspunkte beträchtlich erhöhen[88]. Gleichwohl sind hier grundsätzlich §§ 48, 49 VwVfG anwendbar, so dass beispielsweise eine Rücknahme nach § 48 Abs. 1 iVm Abs. 3 VwVfG möglich ist, sofern sie sich durch eine Interessenabwägung im Rahmen des Ermessens rechtfertigen lässt[89].

556 **5.3** Probleme bestehen auch bei der Einordnung der für den Betroffenen **ungünstigen Änderung eines belastenden VA**.

Beispiel: Das Unternehmen U erhält für die Untersuchung von Fleisch einen Gebührenbescheid, wonach pro Kilogramm 0,10 € zu zahlen sind[90]. Später wird der Bescheid mit der Begründung, es sei ein falscher Gebührensatz angewandt worden, dahin geändert, dass pro Kilogramm 0,40 € zu zahlen sind. Handelt es sich hier um die Rücknahme eines belastenden oder eines begünstigenden VA?

Sieht man in dem zur Zahlung verpflichtenden (belastenden) VA zugleich die (begünstigende) Regelung, „dass eine höhere Belastung nicht erfolgt", so greift § 48 Abs. 1 S. 2 ein, mit der Folge, dass bei der nachträglichen Erhöhung die hieraus folgenden Rücknahmevoraussetzungen und – Schranken zu berücksichtigen sind. Die hM wendet hier jedoch § 48 Abs. 1 S. 1 VwVfG an, so dass der rechtswidrige belastende VA nach pflichtgemäßem Ermessen auch mit dem Ziel zurückgenommen werden kann, ihn durch einen stärker belastenden zu ersetzen. Ein im Einzelfall bestehendes schutzwürdiges Vertrauen ist dabei im Rahmen der korrekten Ermessensausübung, die ja auch im Falle des § 48 Abs. 1 S. 1 VwVfG („kann") geboten ist, zu berücksichtigen[91].

6. Wiederaufgreifen des Verwaltungsverfahrens

557 Der Bürger kann sich gegen einen belastenden VA durch Rechtsbehelf – Widerspruch (nach § 68 VwGO, § 83 SGG) bzw. Einspruch (nach §§ 347 AO) – oder Klage wehren. Unterlässt er das innerhalb der vorgesehenen Fristen, so muss er den VA grundsätzlich hinnehmen. Es ist nämlich gerade Sinn der Fristen, Rechtssicherheit dadurch zu gewähren, dass Zweifel an der Zweck- und Rechtmäßigkeit alsbald geklärt werden und nur begrenzt geltend gemacht werden können[92]. Die anschließende Unanfechtbarkeit muss jedoch

---

87 BVerwGE 54, 257
88 BVerwGE 54, 261
89 Vgl. BVerwGE 54, LS und 263, 264
90 Beispiel nach BVerwGE 30, 132
91 BVerwGE 67, 129, 130; 30, 132; vgl. Fall Nr. 96 bei Bovermann/Dünchheim, Examinatorium – Allgemeines Verwaltungsrecht. – Zum Widerruf des Widerrufs Ibler NVwZ 93, 451.
92 Vgl. BVerfGE 60, 253, 270

in begründeten Ausnahmefällen überwindbar sein; selbst die Rechtskraft des eine frühere Klage abweisenden Urteils schließt die Möglichkeit eines späteren Wiederaufgreifens des Verwaltungsverfahrens nicht aus.[93]

Oben (unter RdNr. 499) wurde bei der Darstellung der durch die Unanfechtbarkeit des belastenden VA bewirkten Bestandskraft schon darauf hingewiesen, dass dies keine der Rechtskraft gerichtlicher Urteile entsprechende Unabänderlichkeit bedeutet. Im folgenden ist nun der sich daran anschließenden, in § 51 VwVfG (vgl. §§ 48 SGB X, 173 AO) geregelten Frage nachzugehen, welche Möglichkeiten es gibt, einen VA trotz Unanfechtbarkeit abzuändern, wie das Verfahren zu gestalten ist und welche Rechte dem Betroffenen insoweit zustehen.

Beispiel zur Veranschaulichung: E ist Inhaber eines Schweinemastbetriebes mit 600 Mastschweineplätzen, von dem erhebliche Geruchsbelästigungen ausgehen. Durch Verfügung nach §§ 22, 24 BImSchG wurde ihm aufgegeben, zur Vermeidung der Geruchsbelästigung nicht mehr als 400 Schweine zu halten. E hat innerhalb der Frist keinen Rechtsbehelf eingelegt, aber ein Ingenieurbüro mit dem Einbau von Entlüftungsfiltern beauftragt. Später verlangt E, wegen der Filter die Beschränkung auf 400 Schweine wiederaufzuheben.

Geht es um die Abänderung eines unanfechtbaren belastenden VA, so sind zwei Schritte auseinander zu halten:

– Zunächst muss eine Verfahrensentscheidung über das Wiederaufgreifen des abgeschlossenen Verwaltungsverfahrens getroffen werden (dazu unten RdNr. 558 und RdNr. 562).
– Fällt diese positiv aus, dann kann der ursprüngliche VA zurückgenommen und widerrufen oder es kann auch von einer Rücknahme bzw. einem Widerruf abgesehen werden. Die insoweit ergehende Sachentscheidung wird, weil sie eine bereits durch unanfechtbaren VA – den Erstbescheid – getroffene Regelung betrifft, als Zweitbescheid bezeichnet (dazu unten RdNr. 568).

6.1 Als erstes ist hier das **Wiederaufgreifen nach § 51 Abs. 1–4 VwVfG** zu behandeln. Bei Vorliegen der Voraussetzungen hat der Betroffene einen Anspruch auf Wiedereintritt in das Verwaltungsverfahren, also ein Recht auf Entscheidung über die Frage, ob der unanfechtbare VA eventuell aufgehoben oder abgeändert werden soll. Besteht ein Anspruch auf Wiederaufgreifen, so bedeutet das nicht, dass deshalb auch schon der Erstbescheid abgeändert werden muss, sondern nur, dass das Verfahrenshindernis der Bestandskraft des VA beseitigt ist. 558

6.1.1 Voraussetzung ist – neben dem entsprechenden Antrag des Betroffenen – vor allem, dass einer der gesetzlichen Wiederaufgreifens-Gründe § 51 Abs. 1 Nr. 1 bis 3 vorliegt:

Der in der Verwaltungspraxis am häufigsten geltend gemachte Grund ist die Änderung der Sach- oder Rechtslage (§ 51 Abs. 1 Nr. 1 VwVfG). Eine **Sachlagenänderung** ist gegeben, wenn sich entscheidungserhebliche tatsächliche Verhältnisse oder Vorgänge verändert haben. 559

Eine **Rechtslagenänderung** liegt (nur) vor bei Änderung von Rechtsvorschriften (praxisrelevant neben formellen Gesetzen hier insbesondere Satzungen).

---
93 BVerwG NVwZ 86, 293; NJW 85, 280; OVG Münster NVwZ 83, 431; vgl. Sachs JuS 85, 447

Ein Wandel von Rechtsauffassungen oder eine Änderung in der Rechtsprechung stellt keine Rechtslagenänderung dar; dies selbst dann nicht, wenn das BVerwG eine „Rechtsprechung im nachhinein aufgegeben hat. [Dies steht] ... einer nachträglichen Änderung der Rechtslage im Sinne von § 51 Abs. 1 VwVfG [auch] nicht gleich"[94].

<small>Praktische Bedeutung hat dieser Wiederaufgreifensgrund für VAe mit Dauerwirkung bzw. noch nicht vollzogene VAe. – Da der VA mit Dauerwirkung infolge einer Änderung der Sach- oder Rechtslage rechtswidrig wird, ist es nicht gerechtfertigt, gerade diesen VA aus dem Anwendungsbereich des § 51 Abs. 1 Nr. 1 VwVfG herauszunehmen[95].</small>

<small>Beispielsweise kann im Eingangsfall (oben RdNr. 557, Einschränkung der Schweinemasthaltung nach BImSchG) E ein Wiederaufgreifen verlangen, wenn er inzwischen Entlüftungsfilter eingebaut hat (Sachlagenänderung gemäß § 51 Abs. 1 Nr. 1 VwVfG). Im wieder aufgegriffenen Verfahren wird dann geprüft, ob die Geruchsbelästigung unter die Schädlichkeitsgrenze zurückgegangen ist. Bejahendenfalls wird die Verfügung widerrufen[96].</small>

560 § 51 Abs. 1 **Nr. 2** VwVfG stellt auf **neue Beweismittel** ab, die eine für den Betroffenen günstigere Regelung herbeigeführt haben würden. Der Begriff Beweismittel wird in § 26 VwVfG erläutert. Neue Beweismittel sind keine „neuen Tatsachen" (die unter Nr. 1 fallen würden), sondern beziehen sich auf vorgetragene, „alte" Tatsachen, die beim Erlass des VA schon vorgelegen haben, aber nicht bekannt oder beweisbar waren. Neu sind nicht nur solche Beweismittel, die erst nach Abschluss des Verwaltungsverfahrens entstehen, sondern auch solche, die zwar schon vorhanden waren, aber ohne Verschulden des Betroffenen nicht oder nicht rechtzeitig beigebracht werden konnten.

<small>Für die Behördenpraxis hat die Einbeziehung der zivilprozessualen Wiederaufnahmegründe (§ 580 ZPO) durch § 51 Abs. 1 Nr. 3 VwVfG kaum Bedeutung, teils deshalb, weil diese Gründe im wesentlichen Unterfälle von Nr. 1 und Nr. 2 sind. – § 580 ZPO stellt unter anderem ab auf Eides-Straftaten, gefälschte Urkunden oder strafbare Falschaussage als Urteilsgrundlage, Rechtsbeugung und Auffinden einer Urkunde oder eines früher rechtskräftig gewordenen Urteils.</small>

561 **6.1.2 Weitere Voraussetzungen** für das Wiederaufgreifen sind, dass der Betroffene den Antrag innerhalb einer **Frist von drei Monaten** nach Kenntniserlangung von dem Wiederaufgreifensgrund stellt (§ 51 Abs. 3 VwVfG) und dass er **ohne grobes Verschulden** außerstande war, den Grund im früheren Verfahren geltend zu machen (§ 51 Abs. 2 VwVfG).

<small>Beispielsweise ist grobes Verschulden gegeben, wenn dem Betroffenen „das Vorhandensein einer Urkunde bekannt war, oder sich den ihm bekannten Umständen nach aufdrängen musste und er sich trotzdem unter Verletzung der einem Verfahrensbeteiligten zumutbaren Sorgfaltspflicht nicht weiter darum kümmerte"[97].</small>

<small>Ein Wiederaufgreifensantrag der auf solche – durch § 51 Abs. 2 VwVfG ausgeschlossene – Gründe gestützt wird, ist (bereits) unzulässig[98] – und nicht, wie teilweise vertreten, unbegründet[99].</small>

Unzulässig wäre auch ein Wiederaufgreifensantrag, der sich gegen einen noch anfechtbaren VA richtet (dieser ließe sich in einen Widerspruch umdeu-

---

<small>94 So OVG Münster, NVwZ 86, 134
95 Zutreffend Möller VR 84, 112, 114. Vgl. auch BVerfG NVwZ-RR 94, 119; Schmalz AVR RdNr. 538
96 Vgl. Fall Nr. 99 bei Bovermann/Dünchheim, Examinatorium – Allgemeines Verwaltungsrecht
97 So VGH Mannheim NVwZ 86, 225; vgl. auch BVerwG NVwZ 86, 822
98 So auch Stelkens/Bonk/Sachs § 51 RdNr. 24 und 127; Hendler RdNr. 367; Bovermann/Dünchheim, Examinatorium Allgemeines Verwaltungsrecht, Fall Nr. 99
99 So jedoch Kopp/Ramsauer § 51 RdNr. 44). Vgl. dazu das nachfolgende Aufbauschema unter RdNr. 565.</small>

ten). Die in § 51 Abs. 3 VwVfG genannte Frist läuft für jeden einzelnen Wiederaufgreifensgrund gesondert.

Umstritten ist die Zulässigkeit des Nachschiebens von Wiederaufgreifensgründen im gerichtlichen Verfahren ohne vorherige Antragstellung bei der Behörde[100].

6.2 Die bisher erörterten Tatbestandsvoraussetzungen stellen für den Antragsteller relativ schwer zu überwindende Hürden dar. **§ 51 Abs. 5 VwVfG** verweist auf die Möglichkeit des Wiederaufgreifens außerhalb der Regelung des § 51 Abs. 1–4 VwVfG: Durch die Bezugnahme auf §§ 48 Abs. 1 S. 1, 49 Abs. 1 VwVfG wird an das (ohnehin bestehende) Recht der Behörde erinnert – unabhängig von Fristen und Anträgen –, das Verfahren aus eigenem Antrieb wiederaufzugreifen, natürlich auch nach Anregung durch den Betroffenen und auch zu seinen Gunsten. 562

In der Verwaltungspraxis ist diese Konstellation des „Wiederaufgreifens außerhalb des § 51 VwVfG" **häufiger und bedeutsamer** als das Wiederaufgreifen nach § 51 Abs. 1–4 VwVfG. Dabei ist erster Schritt, dass die Behörde zunächst über das Wiederaufgreifen des mit der Unanfechtbarkeit des VAs abgeschlossenen Verfahrens nach §§ 48 Abs. 1 S. 1 , 49 Abs. 1 VwVfG entscheidet. Da das Wiederaufgreifen auch im Interesse des Betroffenen erfolgt, hat dieser einen Anspruch auf fehlerfreie Ermessensausübung. 563

Das Gesetz bestimmt allerdings nicht näher, nach welchen Gesichtspunkten dieses **Ermessen** auszuüben[101] ist. Grundsätzlich darf die Behörde sich auf die Unanfechtbarkeit berufen und ein Wiederaufgreifen ablehnen. Das gilt insbesondere, wenn der Betroffene noch nicht einmal die Rechtswidrigkeit des VA geltend macht. Für ein Wiederaufgreifen können – als Elemente der hier erforderlichen Ermessensbetätigung – folgende Gesichtspunkte sprechen: 564

– Wenn die Rechtswidrigkeit geltend gemacht wird, wobei es auf das Gewicht der rechtlichen Bedenken ankommt (Wiederaufgreifen kommt eher in Betracht, wenn die Rechtswidrigkeit in die Nähe der Nichtigkeit rückt);
– wenn der VA eine besonders starke Belastung des Betroffenen enthält;
– wenn der VA noch zukünftige Rechtswirkungen hat, also eine zukünftige Belastung enthält (im Gegensatz zu einem VA, der einen abgeschlossenen, vielleicht sogar länger zurückliegenden Sachverhalt regelt).
– Schließlich ist ein Wiederaufgreifen eher möglich in einem einzelnen, atypischen Fall, als bei Vorliegen einer Vielzahl gleichzubehandelnder VAe.

Eine erneute Sachbehandlung ist nach Auffassung des Bundesverwaltungsgerichts[102] jedenfalls erforderlich, wenn die Aufrechterhaltung des Erstbescheides „schlechthin unerträglich" und eine Berufung auf die Unanfechtbarkeit als „Verstoß gegen die guten Sitten oder Treu und Glauben" zu würdigen wäre.[103]

---

100 Vgl. dazu VGH München NVwZ 90, 269
101 Zur Ermessensreduzierung auf Null im Rahmen des § 51 Abs. 5 VwVfG vgl. BVerwG DVBl 2005, 317
102 BVerwGE 44, 333, 336
103 Nach Rupp, Festschrift für Bachof, S. 152 sind diese Kriterien allerdings „für die Praxis unbrauchbar". Zum Ermessen vgl. Möller VR 84, 112, 327; BVerwG NVwZ 85, 265; OVG Münster NVwZ 86, 134, 135 und Fall Nr. 99 bei Bovermann/Dünchheim, Examinatorium – Allgemeines Verwaltungsrecht.

Beispielsweise würde im obigen Fall (RdNr. 557, Einschränkung der Schweinemasthaltung nach BImSchG) für ein Wiederaufgreifen sprechen, wenn die Verfügung grob unverhältnismäßig wäre, etwa weil schon geringfügige Änderungen der Entlüftung Abhilfe schaffen würden. Hinzu kommt die starke Belastung des E (eingeschränkte Rentabilität des Betriebs). Auch hat die Verfügung noch künftige nachhaltige Wirkungen. Es handelt sich im Übrigen um einen Einzelfall, bei dem Weiterungen im Hinblick auf gleichliegende Fälle nicht zu befürchten sind. Unter diesen Voraussetzungen könnte eine Ermessensentscheidung im Sinne eines Wiederaufgreifens ergehen.

Für die praktische Fallbearbeitung bietet sich wegen der Doppelgleisigkeit der Möglichkeiten des Wiederaufgreifens folgendes **Aufbauschema** an:

565
> A **Wiederaufgreifen gemäß § 51 VwVfG**
>
> Anspruch auf Wiedereintritt in das Verwaltungsverfahren, wenn:
>
> I. zulässig
>
> 1. Antrag auf Änderung eines bestandskräftigen VAs (Abs. 1)
>
> 2. bei der zuständigen Behörde (Abs. 4)
>
> 3. ohne grobes Verschulden (Abs. 2)
>
> 4. innerhalb der Dreimonatsfrist (Abs. 3)
> und
>
> II. begründet
>
> Wiederaufgreifensgrund gegeben (Abs. 1 Nr. 1–3)
>
> B **Wiederaufgreifen außerhalb § 51 VwVfG**
>
> Anspruch auf fehlerfreie Ermessensentscheidung
>
> aus § 48 Abs. 1 S. 1 VwVfG („… kann … zurückgenommen werden"),
> bzw. aus § 49 Abs. 1 VwVfG („… kann … widerrufen werden");
> vgl. § 51 Abs. 5 VwVfG („… § 48 … und § 49 … bleiben unberührt.")
>
> – auch bei Nichtvorliegen der Voraussetzungen von § 51 Abs. 1–4 VwVfG

6.3 Bei der behördlichen Entscheidung über das Wiederaufgreifen ergeht im Ablehnungsfall eine „wiederholende Verfügung", andernfalls ein „Zweitbescheid":

566 6.3.1 Eine das Wiederaufgreifen ablehnende Entscheidung kann ausdrücklich erfolgen, kann aber auch darin liegen, dass die Behörde einfach auf den Erstbescheid verweist oder ihn lediglich – ohne inhaltliche Prüfung – nochmals wiedergibt. Eine solche **„wiederholende Verfügung"** ist dann nur eine Entscheidung über den geltend gemachten verfahrensrechtlichen Wiederaufgreifensanspruch, aber keine Regelung „in der Sache" des ursprünglichen VAs.

Sie führt nicht zur Wiedereröffnung des Verwaltungsrechtsweges hinsichtlich des GrundVAs selbst; soweit der Betroffene einen Antrag auf Wiederaufgreifen gestellt hat, liegt darin aber die Ablehnung einer positiven Verfahrensentscheidung über das Wiederaufgreifen. Ihr gegenüber sind Rechtsbehelfe (Widerspruch, Verpflichtungsklage) möglich[104].

---

104 Vgl. BVerwG NVwZ 2002, 482

Ob der Begriff der „wiederholenden Verfügung" als überholt [105] oder als unverzichtbar [106] anzusehen ist, wird hier als weniger relevant erachtet, als der Hinweis, dass er **unpräzise** ist und zu Missverständnissen Anlass gibt: Genau genommen wird hier gerade keine „Verfügung" (= Bescheid oder VA) „wiederholt", also gerade nicht der ursprüngliche SachVA erneut erlassen; vielmehr ergeht eine erstmalige Ablehnungsentscheidung über den (eventuellen) Anspruch auf Wiederaufgreifen, wobei der ursprüngliche SachVA ist hierzu nur „Hintergrundmaterial" ist.

Für die Verwaltungspraxis sei darauf hingewiesen, dass bei der „wiederholenden Verfügung" besondere Aufmerksamkeit geboten ist: Wenn nur die Ablehnung der Neufassung gewollt ist, dürfen in dem entsprechenden Ablehnungsschreiben keine Formulierungen verwendet werden, die bei objektiver Auslegung auf eine nochmalige Entscheidung in der Sache schließen lassen. Ein erneutes Eingehen auf tatsächliche Verhältnisse, auf Rechtsfragen des Erstbescheides oder die Würdigung des neuen Vortrags des Betroffenen könnten dazu führen, dass ungewollt doch ein – über den bloßen Verfahrensverwaltungsakt – hinausgehender Zweitbescheid entsteht, der den Verwaltungsrechtsweg in der Sache selbst wiedereröffnen würde. 567

Da auch der in der wiederholenden Verfügung liegende, bloße Ablehnungsbescheid ein – über den verfahrensrechtlichen Anspruch entscheidender – VA ist[107], bedarf es in jedem Falle der Anfügung einer Rechtsbehelfsbelehrung[108].

6.3.2 Wenn das Verfahren aufgrund gesetzlicher Verpflichtung (§ 51 Abs. 1 VwVfG) oder kraft Ermessens (§§ 51 Abs. 5, 48 Abs. 1 S. 1, 49 Abs. 1 VwVfG) wiederaufgegriffen werden soll, formulieren die Behörden in der Verwaltungspraxis hierzu meist keine gesonderte Entscheidung, sondern gehen sogleich zu der Frage über, inwieweit der Erstbescheid aufrecht erhalten bleibt oder zurückgenommen bzw. widerrufen wird. Deshalb liegt im Erlass eines solchen – positiven oder negativen – **Zweitbescheids** stets ein Wiederaufgreifen des Verwaltungsverfahrens[109]. 568

Beim Zweitbescheid steht die Prüfung im Vordergrund, ob der Erstbescheid rechtmäßig war. Selbstverständlich muss dabei das einschlägige materielle Recht richtig angewendet werden. Ob das der Fall ist, kann später im Widerspruchsverfahren oder vom Verwaltungsgericht im Rahmen einer Klage gegen den Zweitbescheid überprüft werden.

Wurde im obigen Beispielsfall (RdNr. 557: Einschränkung der Schweinemasthaltung nach BImSchG) das Verfahren aufgrund der Behauptung des E, die Geruchsbelästigungen seien in Wahrheit geringfügig, wiederaufgegriffen und der Umfang der Geruchsbelästigung überprüft, so müssen nicht nur die dahingehenden tatsächlichen Feststellung richtig sein, sondern es muss auch die rechtliche Beurteilung, welche Geruchsbelästigungen iSd §§ 3, 22 BImSchG schädliche Umwelteinwirkungen sind, zutreffend sein. Andernfalls würde das Verwaltungsgericht einen der ursprünglichen Verfügung ganz oder teilweise aufrechterhaltenden Zweitbescheid aufheben.

Ob und inwieweit der Behörde noch ein Ermessensspielraum verbleibt, ist umstritten. In der Praxis ist jedenfalls für den Anwendungsbereich des § 51 Abs. 1 VwVfG nur in Ausnahmefällen vorstellbar, dass die Behörde (bei Vorliegen aller Voraussetzungen für das Wiederaufgreifen) die Rücknahme eines belastenden VA sollte ablehnen können. Im Übrigen kann vom Bürger schwer- 569

---

[105] So Maurer § 11 RdNr. 56
[106] So Stelkens/Bonk/Sachs § 51 RdNr. 63
[107] So auch Maurer § 11 RdNr. 56; Hendler RdNr. 363; a.A. Stelkens/Bonk/Sachs § 51 RdNr. 57
[108] Vgl. auch den instruktiven Fall Nr. 100 bei Bovermann/Dünchheim, Examinatorium – Allgemeines Verwaltungsrecht
[109] Zur Frage, inwieweit dies rechtlich als einteiliges oder zweiteiliges Verfahren zu würdigen ist, vgl. Möller VR 84, 329.

lich Verständnis dafür erwartet werden, dass in einem eigens dafür eingerichteten Wiederaufgreifens-Verfahren die Rechtswidrigkeit eines Verwaltungsakts festgestellt, aber trotzdem keine Konsequenzen daraus gezogen werden[110].

> Beispiele für Ausnahmefälle, in denen der Erstbescheid gleichwohl selbst bei Rechtswidrigkeit aufrechterhalten bleiben könnte, wären: Es hat sich herausgestellt, dass nicht der geltend gemachte (schwere) Fehler vorliegt, sondern lediglich eine leichtere Rechtswidrigkeit, die auch in zahlreichen anderen Fällen vorliegt, und dass die Zurücknahme aller dieser VAe nicht erfolgen kann. – Oder: Der VA betrifft ein so komplexes Rechtsverhältnis, vielleicht unter Beteiligung Dritter, dass durch die Rücknahmen kein angemessener Rechtszustand herbeigeführt wird. – Bei einem VA mit Dauerwirkung ist möglich, dass der VA nur für die Zukunft zurückgenommen wird.

570 **6.4** Besonderheiten können sich bei **Ablehnungsbescheiden** ergeben. Nach ihrem Wortlaut können §§ 51, 49, 48 VwVfG auch dann Anwendung finden, wenn ein Antrag auf einen begünstigenden VA abgelehnt und die Ablehnung infolge Nichteinlegung eines Rechtsbehelfs (Widerspruch, Verpflichtungsklage) unanfechtbar geworden ist. Denn auch die Ablehnung eines VA ist selbst ein VA, der nach Fristablauf gemäß §§ 68 Abs. 2, 70, 74 Abs. 2 VwGO bestandskräftig wird und verhindert, dass ohne weiteres eine entgegengesetzte Entscheidung ergeht.

Jedoch ist hierbei zu unterscheiden zwischen einem Wiederaufgreifensantrag und einem Neuantrag. Dabei ist darauf abzustellen,

571 – ob ein neuer Lebenssachverhalt vorgebracht wird, „der sich mit dem der ablehnenden Entscheidung zugrundeliegenden allenfalls am Rande berührt, ... und daraus erstmals ein ... Anspruch aus Gründen hergeleitet wird, über die bisher noch nicht entschieden worden ist" (**Neuantrag**),

– oder ob der Antrag an die ursprüngliche Verwaltungsregelung in derselben Angelegenheit und an den dafür gelten gemachten Sachverhalt anknüpft, um eine „neue ... Entscheidung über den seinerzeit gestellten Antrag zu erreichen" (**Antrag auf Wiederaufgreifen**)[111].

In der Praxis ist hier zu beachten, dass eine Ablehnungsentscheidung meist eine schwächere Bindungswirkung hat, weil sie ihre Regelung nur auf der Grundlage der derzeitigen Lage trifft. Sie steht dann sozusagen unter dem stillschweigenden Vorbehalt, dass nicht ein neuer Antrag mit geänderter Begründung gestellt wird und dass sich nicht sonstige entscheidungsrelevanten „Verhältnisse" ändern. Man wird bei Ablehnung daher eher zu einem Wiederaufgreifen und zur Möglichkeit einer nunmehr positiven Entscheidung kommen können.

572 Zu dem Sonderfall, dass ein bestandskräftig abgelehnter Baugenehmigungsantrag neu gestellt wird, hat das BVerwG „mehrfach entschieden, dass die Bestandskraft insoweit in das nachfolgende Verfahren nicht hineinwirkt"[112]. Danach wäre § 51 VwVfG nicht anwendbar.

> Das BVerwG nimmt also einen Antrag auf Neuregelung an, auch wenn dem Antrag eine unveränderte Sachlage bei gleicher Rechtslage zugrunde liegt. Dies ist nicht nur unter dem Praxisaspekt doppelter Verwaltungsarbeit problematisch, sondern verstößt gegen §§ 68 Abs. 2, 70, 70 Abs. 4 VwGO, wonach auch Ablehnungsbescheide bestandskräftig werden. Art 14 GG, worauf das BVerwG

---
110 So Maurer § 11 RdNr. 61
111 Vgl. die beiden Entscheidungen des BVerwGs in NVwZ 1985, 889 u. 889 f
112 E 48, 271, 274

sich stützt, schließt die Bestandskraft einer Baugenehmigungsentscheidung nicht aus, vielmehr sind die genannten Vorschriften der VwGO im Interesse der Rechtssicherheit erforderlich und fallen unter Art 14 Abs. 1 S. 2 GG.

Vielmehr ist auch hier anhand der aufgezeigten Kriterien zwischen Neuantrag und Wiederaufgreifensantrag zu unterscheiden. In der Verwaltungspraxis wird bei Baugenehmigungssachverhalten relativ oft ein Neuantrag anzunehmen sein, weil dabei zwei Konstellationen typisch sind: Zum einen kann der Bürger für dasselbe Grundstück (auch nach früherer Ablehnung eines anderen Vorhabens) jederzeit mit einem abweichenden Bauplan einen neuen Baugenehmigungsantrag stellen. Zum anderen kann er aber auch für ein Vorhaben, das bereits durch bestandskräftigen VA wegen eines entgegenstehenden Bebauungsplans abgelehnt worden ist, nach Abänderung dieses Bebauungsplan den gleichen Antrag erneut stellen. In beiden Fällen entscheidet die Behörde nur über den ihr vorliegenden Antrag und nicht etwa gleichzeitig über den Bestand ihrer früheren ablehnenden Bescheide.

7. Aufhebung von Verwaltungsakten nach dem SGB X

Wie bereits oben (unter RdNr. 512) angesprochen wurde, folgt die Aufhebung von VAen, für die das SGB X gilt, besonderen Regeln. Diese entsprechen dem VwVfG nur teilweise, **weichen überwiegend ab**, zum Teil sogar erheblich. Beispielsweise enthält das SGB X zu dem zuletzt beim VwVfG dargestellten „Wiederaufgreifen" keine dem § 51 VwVfG entsprechende, gegebenenfalls zum Wiedereintritt in das Verfahren verpflichtende Vorschrift, obwohl gerade in der Praxis der Sozialverwaltung VAe mit Dauerwirkung typisch sind und sich die Frage der Durchbrechung der Bestandskraft im Behördenalltag hier häufiger stellt als im Geltungsbereich des VwVfG.

573

Andererseits normieren §§ 44 und 48 SGB X – soweit die anwendbar sind und ihre Voraussetzungen vorliegen – sogar eine Pflicht zur Aufhebung selbst unanfechtbarer VAe, was erkennbar macht, dass das Gesetz auch von einer Verpflichtung der Behörde zu entsprechendem Wiederaufgreifen ausgeht. Der Inhalt des insoweit erforderlichen Zweitbescheides richtet sich dann nach den nunmehr zu behandelnden Regelungen der §§ 44ff SGB X. Die nachfolgende Darstellung beschränkt sich wegen der Parallelität zu §§ 48ff VwVfG im wesentlichen auf die Erörterung der Abweichungen.

Beachtet werden muss, dass die Anwendbarkeit der §§ 44ff SGB X auf das besondere Sozialrecht nur begrenzt ist: Nach § 1 Abs. 1 Satz 2 SGB X gilt dies nur, soweit diese „besonderen Teile" des SGB die Vorschriften des SGB X „ ... für anwendbar erklären ...".

Beispiele solcher ausdrücklichen Regelung: § 40 Abs. 1 S. 1 SGB II[113]; § 46 Abs. 2 S. 4 SGB XI; § 22 Abs. 1 BundeserzieungsgeldG

Daneben ist § 37 SGB I zu beachten, wonach „Das Erste und das Zehnte Buch ..." nur gelten, „ ... soweit sich aus den übrigen Büchern nichts Abweichendes ergibt."

---
113 Vgl. Münder, Sozialgesetzbuch II § 40 RdNr. 1 und 2

Beispiele: § 44 SGB X findet (mit seiner ersten Variante: „ ... soweit ... Sozialleistungen zu Unrecht nicht erbracht worden sind ...") im Leistungsrecht der Sozialhilfe keine Anwendung, da hier § 18 SGB XII (mit dem Strukturprinzip „Keine Sozialhilfe für die Vergangenheit")[114] entgegensteht. § 44 SGB X gilt im Sozialhilferecht nur, wenn (im Sinne seiner zweiten Variante) „Beiträge zu Unrecht erhoben worden sind". – 40 Abs. 1 SGB II erklärt zwar das SGB X in Satz 1 für anwendbar, weicht hiervon aber schon in Satz 2 ab, indem er mit der Verweisung auf das SGB III Sonderregelungen im Sinne von § 37 S. 1 SGB I enthält.

Zum sozialrechtlichen **Herstellungsanspruch** und zu weiteren Besonderheiten des Verfahrens nach dem Sozialgesetzbuch vgl. auch unten RdNr. 772 ff.

574 **7.1** Ein wesentlicher Unterschied des § 44 SGB zu § 48 VwVfG ist die **Verpflichtung zur Rücknahme eines rechtswidrigen, nicht begünstigenden VA** (auch nach Unanfechtbarkeit): Eine solche „ex-tunc-Rücknahme" rechtswidriger, belastender VAe muss aber dann nicht erfolgen, wenn der VA „auf Angaben beruht, die der Betroffene vorsätzlich in wesentlicher Beziehung unrichtig oder unvollständig gemacht hat". Soweit § 44 Abs. 1 nicht eingreift, kommt der Auffangtatbestand des § 44 Abs. 2 zur Anwendung, mit einer Rücknahmepflicht „mit Wirkung für die Zukunft".

Beispiele für die in Abs. 2 genannten „übrigen" Fälle sind Verbote, Auferlegung von Pflichten, Aufhebung oder Änderung von Rechten, Feststellungsbescheide[115]. – § 44 Abs. 1 bezieht sich nur auf Sozialleistungen. Sie sind in § 11 SGB I definiert als Dienstleistungen (z. B. Hilfe zur Weiterführung des eigenen Haushalts), Sachleistungen (z. B. Heilbehandlung in der Unfallversicherung) und Geldleistungen (z. B. Rente, Übergangsgeld, Krankengeld).

Nimmt die Sozialverwaltung einen VA, aufgrund dessen Sozialleistungen zu Unrecht nicht erbracht worden sind, mit Wirkung für die Vergangenheit zurück, sind die Leistungen längstens für einen Zeitraum von vier Jahren zu gewähren (§ 44 Abs. 4 SGB X)[116].

Mit der ausdrücklichen Verpflichtung zur rückwirkenden Neuregelung in § 44 Abs. 1 SGB X hat der Gesetzgeber eine Begünstigung des Bürgers im Sozialrecht normiert und die Wirkung der Bestandskraft beim rechtswidrigen nicht begünstigenden VA erheblich zurückgedrängt. – Anders sieht es hingegen bei der im folgenden zu behandelnden Rücknahme des rechtswidrigen begünstigenden VA aus; hier wird der Bestandskraft auf der Basis des Vertrauensschutzes ein weitgehender Vorrang eingeräumt.

575 **7.2** Die Regelung der **Rücknahme rechtswidriger begünstigender VAe** in § 45 SGB X ähnelt nur teilweise § 48 Abs. 2–4 VwVfG. Beispielsweise fehlt die in Abs. 2 und Abs. 3 des § 48 VwVfG enthaltene Unterscheidung zwischen auf Geld- bzw. Sachleistung gerichteten und sonstigen VAen. Die Hinderungsgründe für Vertrauensschutz des § 45 Abs. 2 SGB X stimmen dagegen weitgehend mit § 48 Abs. 2 VwVfG überein.

576 Die in § 45 Abs. 3 SGB X enthaltene einschränkende Sonderregelung für **VAe mit Dauerwirkung** findet keine Entsprechung in § 48 VwVfG. Ein VA mit Dauerwirkung erschöpft sich nicht in einem einmaligen Ge- oder Verbot oder einer einmaligen Gestaltung der Rechtslage, sondern erstreckt seine Wirkung bis zum Ablauf seiner Geltungsdauer oder seiner Aufhebung.

Beispiele im Sozialverwaltungsrecht: Rentenbewilligungsbescheide, Gewährung von Zeitrenten, Bewilligungsbescheide über Kinderzuschuss, Übergangsgeld gewährende Bescheide oder von der Versicherungspflicht befreiende Bescheide. – Keine Dauerwirkung besitzen dagegen z. B.:

---

114 So insbesondere BVerwG E 68, 285, 289; vgl. dazu Rothkegel ZFSH/SGB 2002, 8; diese Rechtsprechung fortführend: BVerwG DVBl. 2005, 976
115 Vgl. auch BVerwG ZfS 91, 208.
116 Vgl. Bull Beispielsfall Nr. 2 vor 622, 672

Bewilligungsbescheide über Witwenrentenabfindung oder Anerkennungsbescheide für Beitrags-, Ersatz- und Ausfallzeiten.

Auf Sozialhilfe-VAe ist § 45 Abs. 3 SGB X nach der (nicht unumstrittenen[117]) Rechtsprechung des BVerwGs nicht anwendbar, da die Sozialhilfe – mit Ausnahme der Grundsicherung – gemäß §18 Abs. 1 SGB XII keine „rentengleiche Dauerleistung", sondern nur „zeitabschnittsweise" Hilfe bei aktueller Notlage gewährt und „ständig wechselnden Bedarfslagen gerecht zu werden" hat[118].

In diesem Rahmen sind **unterschiedliche Fristen** zu berücksichtigen: Ein rechtswidriger, begünstigender VA mit Dauerwirkung – soweit er mangels schutzwürdigen Vertrauens nach § 45 Abs. 2 SGB X überhaupt rücknehmbar ist – kann gemäß § 45 Abs. 3 SGB X

1. nach Satz 1 nur bis zum Ablauf von **zwei Jahren** nach Bekanntgabe zurückgenommen werden. Der Gutgläubige soll nach Ablauf von zwei Jahren Schutz vor Rücknahme genießen; hier gibt der Gesetzgeber dem Interesse am Fortbestand des VAs, also der Rechtssicherheit, den Vorzug vor Beseitigung der Rechtswidrigkeit.

2. Dies gilt nach Satz 2 aber dann nicht, wenn einer der (in der Verwaltungspraxis seltenen) Wiederaufnahmegründe entsprechend § 580 ZPO („Restitutionsklage") vorliegt.

Beispiele: Gründe hierfür sind etwa gegeben, wenn die Entscheidung auf einer Urkundenfälschung (§ 580 Nr. 2 ZPO), strafbar falscher Zeugenaussage oder falschem Gutachten (§ 580 Nr. 3 ZPO) oder ähnlichem beruht.

Die Rücknahmefrist beträgt aber dann (nach einer nicht unumstrittenen Ansicht) analog § 586 Abs. 2 S. 2 ZPO **fünf Jahre** [119], gerechnet von dem Tag der Bestandskraft des VAs; zum Teil wird hier auch von einer unbefristeten Rücknahmemöglichkeit ausgegangen[120].

3. Satz 3 erweitert die Rücknahmemöglichkeit bis zum Ablauf von **zehn Jahren** nach VA-Bekanntgabe, wenn eine der Voraussetzungen von Abs. 2 S. 3 Nr. 2 oder 3 (z. B. unrichtige Angaben, Kenntnis der Rechtswidrigkeit) gegeben ist oder der VA zulässigerweise mit Widerrufsvorbehalt erlassen wurde.

4. Für die hinsichtlich der Frist nicht ausdrücklich geregelten Fälle der arglistigen Täuschung, Drohung oder Bestechung (§ 45 Abs. 2 S. 3 Nr. 1 SGB X) wird teilweise vertreten, dass die Rücknahme ohne zeitliche Begrenzung möglich sei, überwiegend eine Grenze von **dreißig Jahren**[121] angenommen.

Sowohl für VAe mit Dauerwirkung als auch für andere VAe gilt gemäß § 45 Abs. 4 SGB X, dass sie für die **Vergangenheit** nur in den (oben angesprochenen) Fällen des Abs. 2 S. 3 und Abs. 3 S. 2 zurückgenommen werden.

---

117 Wahrendorf in Giese, § 45 SGB X RdNr. 13; Schroeder-Printzen/Wiesner, § 48 RdNr. 2; Erlenkämper/Fichte SGB X 1.10.6; a.A. Giese in Giese, § 48 SGB X RdNr. 6; Kittner/Reinhard § 48 SGB X RdNr. 1. Vgl. auch Rothkegel ZFSH/SGB 2002, 8
118 BVerwGE 68, 285, 289; BVerwG DVBl 2004, 976
119 Kittner/Reinhard § 45 RdNr. 7; Wahrendorf in Giese, § 45 RdNr. 13.2 SGB X
120 Wiesner in v. Wulffen, SGB X § 45 RdNr. 30
121 Vgl. Wahrendorf in Giese, § 45 RdNr. 13.3 SGB X; Kittner/Reinhard § 45 RdNr. 6.

Dies muss – ähnlich wie in § 48 Abs. 4 S. 1 VwVfG vorgesehen – innerhalb der **Frist** eines Jahres ab behördlicher Kenntnis von den rücknahmerechtfertigenden Tatsachen geschehen (§ 45 Abs. 4 S. 2 SGB X)[122].

579 **7.3** Die Regelung über den **Widerruf eines rechtmäßigen, nicht begünstigenden VA** in § 46 SGB X entspricht § 49 Abs. 1 und 4 VwVfG. Der Widerruf steht im pflichtgemäßen Ermessen der Behörde, soweit der VA nicht aufgrund gebundenen Rechts zu erteilen ist oder ein Widerruf

aus anderen Gründen unzulässig ist. In der Sozialverwaltung überwiegen allerdings gebundene Entscheidungen. – Da bei dieser Norm ohnehin nur rechtmäßige VAe in Frage stehen, ist in der Praxis der lediglich unzweckmäßige VA das Hauptanwendungsgebiet von § 46 SGB X.

Beispiele zu den seltenen Ermessensentscheidungen im Sozialrecht : § 13 Abs. 1 SGB VI, §§ 48 Abs. 1, 51, 52, 66 Abs. 2 SGB I.

580 **7.4** Der **Widerruf eines rechtmäßigen, begünstigenden VA** ist nach § 47 Abs. 1 SGB X unter Voraussetzungen möglich, die denen des § 49 Abs. 2 S. 1 Nr. 1 und 2 VwVfG entsprechen: Hiernach kann der VA für die Zukunft widerrufen werden, wenn ein Gesetz dies zulässt, wenn der Widerruf (nach § 32 Abs. 2 Nr. 3 SGB X) im VA vorbehalten ist oder wenn der Begünstigte eine Auflage nicht oder nicht rechtzeitig erfüllt.

Beispielsweise kann im Rehabilitationsrecht ein Widerruf (Abbruch der Kur) erfolgen, wenn er für den Fall vorbehalten war, dass der Begünstigte kurunfähig wird oder am Ende der Maßnahme nicht mehr mitarbeitet.

Für die Vergangenheit kann nach § 47 Abs. 2 SGB X widerrufen werden, der in seinen Ausgangsvoraussetzungen dem § 49 Abs. 3 VwVfG (vgl. oben RdNr. 550) ähnelt: Bei einem auf Geld- oder Sachleistung gerichteten VA kann ein Widerruf rückwirkend erfolgen, wenn die Leistung vom Empfänger von vornherein nicht, nicht alsbald oder nicht mehr für den im VA bestimmten Zweck verwendet wird oder wenn er eine Auflage nicht bzw. nicht fristgerecht erfüllt. Dabei hat die Behörde die Jahresfrist (entsprechend § 45 Abs. 4 S. 2 SGB X) zu beachten. Ein Unterschied gegenüber § 49 Abs. 3 VwVfG besteht darin, dass § 47 Abs. 2 S. 2–4 SGB X auch für diese Konstellationen eine Vertrauensschutzregelung enthält, die den Widerruf fr die Vergangenheit ausschließen kann.

Beispiele für Anwendungsfälle des § 47 Abs. 2 SGB X: Leistungen wie Einarbeitungszuschuss oder Leistungen im Rahmen von AB-Maßnahmen.[123]

581 **7.5** Die umfassende Regelung der Aufhebung eines **VA mit Dauerwirkung bei Änderung der Verhältnisse** in § 48 SGB X enthält Elemente, die zum Teil § 49 Abs. 2 S. 1 Nr. 3 und 4 VwVfG entsprechen, aber auch Teile der in § 51 VwVfG normierten Regelung erfassen. Sie gibt Anpassungsmöglichkeiten, die gerade im – wesentlich auf Dauerregelungen ausgerichteten – Sozialrecht unverzichtbar sind. Aus der Verwendung des Oberbegriffs „Aufhebung" ist zu entnehmen, dass diese Anpassungsmöglichkeiten sowohl für rechtmäßige

---

122 Zur Vertiefung: Oben RdNr. 529 (zur Frist des § 48 Abs. 4 VwVfG); Wahrendorf in Giese, § 45 SGB X RdNr. 14.2. – Vgl. BVerwG NWVBl 97, 293.
123 Zur Vertiefung: Wahrendorf in Giese, § 47 SGB X RdNr. 13f.

VAe gelten als auch für rechtswidrige VAe, die nicht oder nicht mehr zurückgenommen werden können.

Beispiele für VAe mit Dauerwirkung sind Renten, Pflegegeld, Ausbildungsförderung, Arbeitslosengeld, Kindergeld.

Für die Praxis bedeutsam ist, dass Sozialhilfe gemäß § 18 SGB XII nach der (nicht unumstrittenen) Rechtsprechung des BVerwGs nur zur Beseitigung einer gegenwärtigen Notlage gewährt wird und „keine rentengleiche, wirtschaftliche Dauerleistung" darstellt, dass also § 48 SGB X nicht auf Sozialhilfe[124] Anwendung findet – mit Ausnahme der Grundsicherung (vgl. § 44 Abs. 1, S. 1 SGB XII).

582 § 48 SGB X betrifft die **nachträgliche, wesentliche Änderung** sowohl der tatsächlichen als auch rechtlichen Verhältnisse; dabei überwiegen in der Verwaltungspraxis die Fälle einer nachträglichen **Sachverhaltsänderung**.

Beispiele von Sachverhaltsänderungen sind etwa bei Unfallrenten: Änderung des Prozentsatzes einer Minderung der Erwerbsfähigkeit durch Verschlimmerung oder Heilung; bei Kindergeld: Änderung der Zahl der Kinder; bei Erwerbsunfähigkeitsrente: Aufnahme einer Erwerbstätigkeit.

583 Eine **Änderung der rechtlichen Verhältnisse** iSd § 48 Abs. 1 S. 1 SGB X erfolgt durch Wegfall oder Inkrafttreten neuer gesetzlicher Vorschriften z. B. bei Änderung der Anrechnungsverordnung, wegen der eine andere Berechnung einkommensabhängiger Versorgungsleistungen erforderlich wird. Als „wesentliche" Änderung kann z. B. eine Besserung oder Verschlimmerung von Schädigungs- oder Unfallfolgen angesehen werden, durch die sich der Grad der Minderung der Erwerbsfähigkeit um mehr als 5 % senkt oder erhöht[125].

Bei nachträglicher wesentlicher Änderung der Verhältnisse muss der Leistungsträger den VA mit Wirkung für die Zukunft aufheben (§ 48 Abs. 1 S. 1 SGB X); rückwirkend soll der VA (vom Zeitpunkt der Änderung der Verhältnisse) aufgehoben werden, wenn sich dies zugunsten des Betroffenen auswirkt oder er aus den in § 48 Abs. 1 S. 2 Nr. 2–4 SGB X genannten Gründen keinen Vertrauensschutz genießt, z. B. wegen Verletzung einer Mitteilungspflicht gemäß § 60 Abs. 1 Nr. 2 SGB I.

Abweichend von §§ 49 Abs. 2 S. 1 Nr. 4 bzw. § 51 Abs. 1 Nr. 1 VwVfG wird einer Tatsachen- oder Rechtslagenänderung in § 48 Abs. 2 SGB X der Fall **gleichgesetzt**, dass ein zuständiger oberster Gerichtshof des Bundes (hier: BVerwG oder BSG) „in ständiger **Rechtsprechung** nachträglich das Recht anders auslegt als die Behörde bei Erlass" des VA, falls sich dies günstig für den Berechtigten auswirkt. Die nachträglich geänderte Auslegung kann darin bestehen, dass sie die bisherige korrigiert, weiterentwickelt oder klarstellt.

584 Eine besonders praxisrelevante „**Aussparung**s-Regelung" enthält § 48 Abs. 3 SGB X für den Fall, dass ein rechtswidriger, begünstigender VA mit Dauerwirkung – beispielsweise eine zu hohe Rentenfestsetzung – nach § 45 (wegen ursprünglicher Rechtswidrigkeit) nicht zurückgenommen werden kann (etwa wegen Vertrauensschutzes), so dass für die Zukunft nur z. B. die fehlerhafte Bemessungsgrundlage, nicht aber der festgesetzte Rentenbetrag korrigiert werden kann: Hier ist bei einer Änderung der Verhältnisse nicht von der durch die Bestandskraft gedeckten Höhe der Leistung auszugehen, sondern es ist

---

[124] Wahrendorf in Giese, § 45 SGB X RdNr. 13; a.A. Giese in Giese, § 48 SGB X RdNr. 6; Kittner/Reinhard § 48 RdNr. 1. Vgl. BVerwGE 68, 285, 289 und BVerwG in DVBl 2004, 976
[125] Vgl. Wahrendorf in Giese, § 48 SGB X, RdNr. 7

bei einer Erhöhung darauf abzustellen, was sich bei richtiger Rechtsanwendung ergeben würde. Erhöhungen sind somit solange „auszusparen", bis der bei einer Erhöhung zutreffend errechnete Betrag erstmals den zuletzt gezahlten „Besitzstandsbetrag" übertrifft[126].

585 **7.6** Die in § 50 SGB X enthaltene Regelung der **Erstattung zu Unrecht erbrachter Leistungen** betrifft neben Leistungen, die auf der Grundlage eines VA erbracht worden sind (Abs. 1), auch solche, die von der Behörde ohne VA zu Unrecht erbracht wurden (Abs. 2). Derartige Leistungen kommen in der Praxis der Sozialverwaltung häufiger vor als in anderen Bereichen. Gemäß Abs. 1 S. 2 hat die Behörde den Wert von Sach- und Dienstleistungen (z. B. bei Heimbetreuung) zu ermitteln und in Geld festzusetzen. Darüber hinaus bezieht Abs. 5 auch die Fälle offenbarer Unrichtigkeiten (§ 38 SGB X) in den Anwendungsbereich des Erstattungsanspruchs ein und schließt damit eine im VwVfG vorhandene Lücke.

Nach Abs. 2 a) sind die Leistungen zur Förderung von Einrichtungen oder ähnliche Leistungen vom Eintritt der Unwirksamkeit des VA mit 5% über dem Basiszinssatz **zu verzinsen**. Diese Regelung ist § 49 a VwVfG nachgebildet (vgl. oben RdNr. 551 f).

Die Verjährungsregelung des Abs. 4 entspricht den im Sozialrecht geltenden Verjährungsfristen des SGB I (§ 45) und des SGB IV (§§ 25, 27). Liegen die Voraussetzungen des Abs. 1, 2 oder 5 vor, so muss die Behörde die zu Unrecht erbrachten Leistungen zurückfordern, ohne dass ihr in § 50 SGB X ein Ermessen eingeräumt wäre[127].

8. Hinweise zur Aufhebung von VAen nach AO

586 Die in der Praxis der Steuerverwaltung zu bewältigenden Massen von Verwaltungsverfahren erfordern in besonderem Maße Möglichkeiten nachträgliche Korrekturen vorzunehmen. Deshalb gehören die Vorschriften über die Aufhebung und Änderung von VAen in der Abgabenordnung (AO) zu den wichtigen Bestimmungen des Steuerverfahrensrechts. Die AO enthält in den §§ 130, 131 – den §§ 48, 49 VwVfG teilweise ähnelnde – Regelungen über die Aufhebung **allgemeiner (Steuer-) Verwaltungsakte**; diese sind einfacher und klarer als die des VwVfG[128].

In den §§ 164, 165 und 172 ff finden sich die für die Praxis bedeutenderen Spezialvorschriften über die Aufhebung von **Steuerbescheiden**.

Zu weiteren Besonderheiten des Verfahrens nach Abgabenordnung vgl. unten RdNr. 783 ff.

587 **8.1** Die **§§ 130, 131 AO** differenzieren (dem Vorbild des VwVfG entsprechend[129]) zwischen rechtswidrigen und rechtmäßigen VAen. Darüber hinaus behandelt jeweils Abs. 1 belastende VAe, die regelmäßig ohne besondere Voraussetzungen korrigiert werden können, während dies für begünstigende

---
126 Giese in Giese, § 48 SGB X, RdNr. 14; Kittner/Reinhard § 48 SGB X RdNr. 7
127 Zur Vertiefung: Wahrendorf in Giese, § 50 SGB X, RdNr. 15.
128 So auch Schmalz AVR RdNr. 459.
129 Zu Abweichungen von den Regelungen des VwVfGes in einzelnen Tatbestandsmerkmalen vgl. Kruse in Tipke/Kruse § 130 RdNr. 1 f.

VAe nur unter den jeweils in Abs. 2 aufgeführten – an Abs. 2 der §§ 48, 49 VwVfG angelehnten – Voraussetzungen möglich ist.

Beispiel: Die Rücknahme der Ermäßigung eines Wasserentnahmeentgeltes richtet sich nach § 130 Abs. 2 AO[130].

Hier ist die Regelung über die Rücknahme rechtswidriger, begünstigender VAe in § 130 Abs. 2 AO einfacher und klarer als die in § 48 VwVfG.

Da für Steuerbescheide die – nachfolgend behandelten – Spezialvorschriften bestehen, gelten die §§ 130, 131 AO nur für andere Steuer-VAe wie z. B.: Bewilligung von Erleichterungen für Buchführungspflichten (gemäß § 148 AO), Festsetzung von Verspätungszuschlägen und Erzwingungsgeldern, Fristverlängerungen und für Haftungs- und Duldungsbescheide.

8.2 Die in der Praxis wichtigsten Aufhebungs- und Änderungsvorschriften sind in **§§ 164, 165 AO** enthalten. Die Steuerfestsetzung **unter Vorbehalt der Nachprüfung** und die **vorläufige** Steuerfestsetzung dienen einem möglichst effektiven Arbeitseinsatz in den Finanzämtern. 588

Dabei ist § 164 Abs. 2 AO, wonach solange der Vorbehalt wirksam ist, die Steuerfestsetzung praktisch jederzeit „aufgehoben oder geändert werden" kann, die zentrale Korrekturvorschrift der AO.

Gemäß §§ 164 Abs. 2 und 165 Abs. 2 AO können Vorbehaltsbescheide und vorläufige Festsetzungen innerhalb der Festsetzungsverjährungsfrist (§§ 169, 171 AO) jederzeit ohne spezielle Voraussetzungen aufgehoben oder verändert werden[131].

8.3 Die §§ 172 ff gelten für **Steuerbescheide** und die ihnen **gleichgestellten Bescheide**. Steuerbescheide sind VAe, durch die verbindlich „festgesetzt" (festgestellt) wird, wie hoch die Steuer ist, die ein bestimmter Steuerpflichtiger schuldet (§ 155 Abs. 1 S. 1 AO). Die Anwendung auf andere als Steuerbescheide ergibt sich aus speziellen Verweisungen auf die Vorschriften über die Steuerfestsetzung. In diesem Sinne „gleichgestellte Bescheide" sind z. B.: Freistellungsbescheide (§ 155 Abs. 1 S. 3 AO), Steuervergütungsbescheide (§ 155 Abs. 4 AO), bestimmte Einspruchsentscheidungen (§ 172 Abs. 1 S. 2 AO) und Ablehnungsbescheide (§ 172 Abs. 2 AO). 589

§ 172 Abs. 1 AO unterscheidet zwischen Verbrauchsteuern (Nr. 1) und „anderen" Steuern (Nr. 2).

In der Praxis werden **Verbrauchsteuern** oft massenweise in Verfahren mit summarischer Abfertigung festgesetzt; deshalb sind weitgehende Korrekturmöglichkeiten hier praxisgerecht. Dementsprechend sind solche Bescheide gemäß § 172 Abs. 1 S. 1 **Nr. 1** AO uneingeschränkt korrigierbar.

Da in der Praxis die Behörden Verbrauchsteuern im übrigen weitgehend unter dem Vorbehalt der Nachprüfung festsetzen, wird § 172 Abs. 1 S. 1 Nr. 1 AO insoweit in der Rechtswirklichkeit oft von § 164 Abs. 2 AO überlagert.

---

[130] So VGH BW DVBl 2005, 63
[131] Vgl. BFH NVwZ 97, 103

"**Andere**" **Steuerbescheide**, also solche, die Besitz- und Verkehrsteuern betreffen, dürfen nach § 172 Abs. 1 S. 1 **Nr. 2** AO nur dann aufgehoben oder geändert werden, wenn

– der Steuerpflichtige zustimmt oder seinem Antrag entsprochen wird,
– sie von einer sachlich unzuständigen Behörde erlassen worden sind,
– sie durch unlautere Mittel erwirkt worden sind oder
– soweit eine Aufhebung oder Änderung sonst gesetzlich zugelassen[132] ist.

590 Nach **§ 173 AO** sind Steuerbescheide bei Bekanntwerden **neuer Tatsachen oder Beweismittel** in der Regel sowohl zugunsten wie zuungunsten des Steuerpflichtigen aufzuheben oder zu ändern.

Umstritten ist die Frage, wann Tatsachen oder Beweismittel im Sinne von § 173 AO „bekannt" werden und auf wessen Kenntnisstand dabei abzustellen ist[133].

§ 174 AO, der keinerlei Entsprechung im VwVfG oder im SGB X hat, eröffnet bei **widerstreitenden Steuerfestsetzungen** zur Lösung des Kollisionsfalles den Weg für eine erneute Sachprüfung unter Durchbrechung der Bestandskraft.

§ 175 AO betrifft die **Korrektur von „Folgebescheiden"** bei Veränderungen eines Grundlagenbescheides (S. 1 Nr. 1) sowie Änderungen wegen eines rückwirkenden steuersachverhaltsbeeinflussenden Ereignisses (S. 1 Nr. 2).

Beispielsfälle für den Begriff „rückwirkendes Ereignis"[134]: Werden dem Steuerpflichtigen Aufwendungen, die zunächst als außergewöhnliche Belastung anerkannt worden waren , später erstattet oder erhält er Schadensersatzzahlungen, so liegt darin ein steuerlich rückwirkendes Ereignis. – Werden bestimmte Einkünfte zunächst im Inland besteuert und danach im Ausland der Steuer unterworfen, so kann dies ein steuerlich rückwirkendes Ereignis darstellen.

591 Nach **§ 176** AO wird das **Vertrauen des Steuerpflichtigen** insoweit geschützt, als bei Aufhebung bzw. Änderung eines Steuerbescheides eine zwischenzeitliche, festsetzungsrelevante Änderung **gerichtlicher oder oberbehördlicher Rechtsauffassungen** nicht zu seinen Ungunsten berücksichtigt werden darf.

§ 177 AO verpflichtet die Behörde zu einer (gegebenenfalls begrenzten) **Fehlersaldierung**, wenn bei der Überprüfung eines Steuerbescheides anlässlich einer Aufhebung oder Änderung ein „mit-zu-berichtigender" Rechtsfehler aufgedeckt wird[135].

---

132 Zahlreiche Beispiele bei Loose in Tipke/Kruse § 172 RdNr. 45
133 Hierzu: Loose in Tipke/Kruse § 173 RdNr. 25 ff und 43 ff
134 Vgl. auch BFH NVwZ 2001, 1007
135 Vgl. das Beispiel bei Martens RdNr. 518 und Loose in Tipke/Kruse § 177 RdNr. 7 und 8.

8. Abschnitt: Besondere Arten der Verwaltungsakte. Verwaltungsakte mit Nebenbestimmungen

1. Verwaltungsakte mit Drittwirkung

Der normale VA löst Rechtsfolgen nur im Verhältnis der Behörde zum Adressaten des VA aus. Zahlreiche VAe haben außerdem Rechtswirkungen gegenüber einem Dritten oder gegenüber mehreren („dritten") Personen. Diese Wirkungen können von der Behörde und den zugrundeliegenden Rechtsvorschriften bezweckt sein, sie können aber auch unbeabsichtigt eintreten. Je nach dem, ob der Dritte belastet oder begünstigt wird, ergeben sich die nachfolgenden Unterscheidungen: 592

1.1 Um einen **begünstigenden VA mit drittbelastender Wirkung (belastender Drittwirkung)** handelt es sich beispielsweise, wenn dem Bauherrn B eine Baugenehmigung erteilt wird, welche die Nutzung des Nachbargrundstücks des N verschlechtert (Wegnahme von Licht, Lärmbeeinträchtigung, Zufluss von Wasser oder Absenkung des Grundwassers). Rechtsbehelfe (Widerspruch, Anfechtungsklage) werden in solchem Fall idR nicht vom Adressaten, sondern von dem Dritten (Nachbarn) erhoben. 593

Soll der VA widerrufen oder zurückgenommen werden, kommt § 50 VwVfG in Betracht. Ob die beschriebenen Rechtsfolgen eintreten, hängt aber nicht vom Begriff des „VA mit drittbelastender Wirkung (mit belastender Drittwirkung)" ab, sondern von den für diese Rechtsfolgen bestehenden Voraussetzungen:

– im Fall der Drittanfechtung[1] vom Vorliegen des § 42 Abs. 2 VwGO, also der Frage einer möglichen Verletzung eigener Rechte des Dritten,

– im Fall des § 50 VwVfG von den in dieser Vorschrift enthaltenen Voraussetzungen[2].

Beispiel für eine wichtige Folge dieser Dreiecksbeziehung ist § 80 a VwGO: Er enthält Regelungen zum vorläufigen Rechtsschutz im Bereich der VAe mit Drittwirkung[3]. (Die hier weitgehend verwendete – nicht zum Gesetzestext gehörende (nicht-amtliche) – Paragraphenüberschrift „VA mit Doppelwirkung" ist sprachlich inkorrekt[4].)

1.2 Belastende VAe mit drittbegünstigender Wirkung (begünstigender Drittwirkung) sind seltener. Beispiel ist eine Verfügung der Gewerbeaufsichtsbehörde (Staatliches Amt für Arbeitsschutz) gegenüber einem Unternehmer, wonach dieser Schutzvorrichtung zugunsten der Arbeitnehmer (begünstigte Dritte) anzubringen hat. Auch in solchem Fall entsteht ein dreiseitiges Rechtsverhältnis zwischen Behörde, VA-Adressaten und Dritten. 594

---

1 Vgl. RdNr. 244
2 RdNr. 554
3 Vgl. unten RdNr. 1012
4 So auch Schmidt in Eyermann, § 80 a RdNr. 4 (ähnlich Kopp/Schenke § 80 a RdNr. 2). – **Doppel**wirkung liegt etwa vor, wenn ein VA für den Adressaten sowohl begünstigende als auch belastende Wirkungen hat; **Dritt**wirkung ist hingegen gegeben, wenn – wie oben dargestellt – neben dem Adressaten auch ein Dritter (oder mehrere Dritte) betoffen sind.

2. Verwaltungsakte, bei denen ein Dritter oder eine Behörde mitzuwirken hat

595 **2.1** Von einem **mitwirkungsbedürftigen VA** wird gesprochen, wenn es der Mitwirkung des Adressaten (Bürgers) bedarf. Die Mitwirkung erfolgt meist in Form eines Antrages (vgl. § 22 S. 2 VwVfG).

Beispiele: Mitwirkung erforderlich bei der Ernennung zum Beamten und bei der Erteilung von Erlaubnissen aller Art ; nach § 18 Abs. 1 SGB XII jedoch nicht für die Gewährung von Sozialhilfe.

Fehlt die erforderliche Mitwirkung, ist der VA rechtswidrig, jedoch besteht die Möglichkeit einer Heilung nach § 45 Abs. 1 Nr. 1 VwVfG (vgl. oben RdNr. 479).

Beispielsweise ist jedoch die Pflicht, einen vom VA Betroffenen nach § 28 VwVfG anzuhören, nicht ausreichend für die Annahme eines mitwirkungsbedürftigen VA. – Auch die „allgemeine Pflicht des Betroffenen, an der Aufklärung des ... Sachverhalts mitzuwirken" ist nur ein generelles Element eines jeden Verwaltungsverfahrens (etwa zur Beibringung eines medizinisch-psychologischen Gutachtens im Rahmen der Sachverhaltsermittlung zur Entziehung einer Fahrerlaubnis)[6].

596 **2.2** Bedarf es der Mitwirkung einer **anderen Behörde,** handelt es sich um einen **mehrstufigen VA.** Der VA wird in zwei Stufen[7] erlassen: Zunächst wird die andere Behörde (z. B. die Gemeindebehörde) beteiligt; danach entscheidet die für den Erlass des VA zuständige Behörde (z. B. Erteilung der Baugenehmigung durch die Kreisverwaltung[8]).

Beispielsfall ist die Mitwirkung der Gemeinde (und der höheren Verwaltungsbehörde) bei der Erteilung einer Baugenehmigung im Fall des § 36 BauGB. Fehlt die Mitwirkung, ist der VA rechtswidrig; jedoch ist eine Heilung nach § 45 Abs. 1 Nr. 5 VwVfG möglich[9].

597 **3** Eine besondere Art des VA ist die **Erlaubnis** (gleichbedeutend: Genehmigung). Mit ihr verbunden ist ein typisches rechtliches Instrumentarium, das vor allem im Baurecht, Gewerberecht, Straßenverkehrsrecht, Immissionsschutzrecht und Wasserrecht Bedeutung hat. Je nach dem vom Gesetz verfolgten Zweck sind folgende Fallgruppe zu unterscheiden[10]:

3.1 Im Normalfall bezweckt das Gesetz nicht, das erlaubnisbedürftige Verhalten insgesamt zu unterbinden. Vielmehr sollen Missstände verhindert und vorab Voraussetzungen eingehalten werden. Dieser Fall wird als präventives Verbot mit Erlaubnisvorbehalt bezeichnet. Die Erlaubnis ist eine sog. **Kontrollerlaubnis.**

Beispielsweise gehören hierzu gewerberechtliche Erlaubnisse wie die Gaststättengenehmigung, die Fahrerlaubnis und die Bauerlaubnis für Bauten innerhalb eines Baugebiets. Wenn Versagungs-

---

5 Zu den mehrpoligen Verhältnissen: Stelkens/Bonk/Sachs § 9 RdNr. 25 ff, § 13 RdNr. 38 ff und § 50 RdNr. 12 ff. – Vgl. Fälle Nr. 50 und 51 bei Bovermann/Dünchheim, Examinatorium – Allgemeines Verwaltungsrecht. Zur drittschützenden Wirkung der Sperrzeitregelung des § 18 GaststättenG für die Nachbarn einer Gaststätte BVerwG DÖV 97, 253.
6 Vgl. OVG Münster NJW 2001, 3427; vgl. auch VGH Mannheim DÖV 2002, 216
7 Beispiele bei Lange, DVP 2004, 314
8 Zur Mitwirkungslast des gemeindlichen Einvernehmens BVerwG NVwZ 2005, 213
9 Vgl. Stelkens/Bonk/Sachs § 35 RdNr. 91 ff; Kluth NVwZ 90, 608; BVerwG NJW 90, 1495; OVG Münster NWVBl 92, 176.
10 Vgl. auch Gromitsaris, DÖV 97, 401

gründe nicht vorliegen, hat der Bürger einen Anspruch auf Erteilung der Erlaubnis (gebundene Erlaubnis, Legaldefinition z. B. in § 23 OGB NRW).

3.2 Stuft das Gesetz dagegen das Verhalten als sozial schädlich oder sonst unerwünscht ein, dient die Erlaubnisbedürftigkeit letztlich der Verhinderung oder Zurückdrängung des Verhaltens. Bei diesem repressiven Verbot mit Befreiungsvorbehalt (**Ausnahmebewilligung**, Befreiung, Dispens) soll die Erlaubnis nur ausnahmsweise, bei atypischer Lage erteilt werden. 598

Beispiele hierzu sind: Bauplanungsrechtliche Ausnahmen (§ 31 Abs. 1 BauGB) und Befreiungen (§ 31 Abs. 2 BauGB). In diesen Fällen besteht idR kein Anspruch auf die Erlaubnis, sondern deren Erteilung steht im pflichtgemäßen Ermessen der Behörde.

3.3 Zwischen den beiden genannten Gruppen steht die Zuteilungserlaubnis bei Inanspruchnahme eines nur begrenzt vorhandenen Gutes. Die Regelung soll weder die Inanspruchnahme allgemein verhindern noch grundsätzlich frei geben.

Beispielsweise gehören in diese Fallgruppe wasserrechtliche Erlaubnisse nach §§ 2, 6, 7 WHG und immissionsschutzrechtliche Genehmigungen.

4. Verwaltungsakte vor der endgültigen und abschließenden Regelung

4.1 Die Zusicherung des VA (§ 38 VwVfG)

4.1.1 Aus einer Zusicherung ergibt sich ein Anspruch des Begünstigten, dass die Behörde sich der Zusicherung entsprechend verhält. Nach der Legaldefinition in § 38 VwVfG und § 34 SGB X liegt eine Zusicherung vor, wenn die Behörde die Zusage erteilt, einen bestimmten VA zu erlassen oder nicht zu erlassen. „Zusage" ist der weitere Begriff. Bezieht sich die Zusage auf einen VA, handelt es sich um eine Zusicherung iSd § 38 VwVfG und § 34 SGB X. Erfolgt die Zusage im Hinblick auf ein anderweitiges Verwaltungshandeln, beispielsweise im Hinblick auf eine Auskunft (schlichtes Verwaltungshandeln), handelt es sich um eine sonstige Zusage. 599

In der Praxis oft problematisch ist die Abgrenzung bei sog. bauaufsichtlichen Duldungszusagen[11].

Eine Zusicherung setzt voraus, dass eine **verbindliche Zusage gewollt** („**Bindungswille**") ist. Nicht ausreichend ist das bloße Inaussichtstellen eines VA. Für die Abgrenzung maßgebend ist, was die Behörde erklärt hat; bei der hier gegebenenfalls erforderlichen Auslegung kommt es auf den (objektivierten) Empfängerhorizont des Erklärungsadressaten an. Nicht entscheidend sind bloß interne Aktenvermerke, Gespräche oder gar die bloß innerlich gebliebenen Vorstellungen eines behördlich Beteiligten. – Die Abgrenzung wird dadurch beträchtlich erleichtert, dass das Gesetz eine **schriftliche** Erteilung der Zusicherung verlangt (§ 38 Abs. 1 S. 1 VwVfG).

---

11 Hierzu: OVG Münster NWVBl 92, 205. – Zur Zusicherung als „Muster ohne Bindungswert" Baumeister, DÖV 97, 229. – Umfassend: Guckelsberger DÖV 2005, 357

Beispiele für Zusage **mit Bindungswillen**: Die Einbürgerungsbehörde sichert für den Fall, dass der Antragsteller auf seine bisherige Staatsangehörigkeit verzichtet, die Einbürgerung zu. – Der Bundesverteidigungsminister sichert einem Soldaten zu, ihm nach Bestehen der Fachhochschulprüfung ein Studium an der Technischen Universität zu genehmigen[12]. – Der Rat einer Gemeinde sichert zu, ein Bauvorhaben abschnittsweise zu subventionieren[13].

Beispielsfall ohne Bindungswillen: Wird in einer „Bescheinigung zur Vorlage bei einer ausländischen Botschaft" ausgeführt, den Familienmitgliedern eines Antragstellers „... kann im Rahmen der Härtefallregelung für ausländische Familien mit langjährigem Aufenthalt eine Aufenthaltserlaubnis bei gültigem Reisepass erteilt werden ...", enthält diese Erklärung keinen Bindungswillen der Behörde zum späteren Erlass einer Aufenthaltsgenehmigung sondern einen bloßen aufklärenden Hinweis für die ausländische Botschaft; dieser ist zusätzlich (mit dem Ermessensbegriff „kann") offen gehalten[14].

600 **4.1.2 Rechtmäßig** ist die Zusicherung, wenn der Erlass des VA rechtmäßig wäre, wobei der Zeitpunkt maßgebend ist, zu dem der VA nach dem Inhalt der Zusicherung erlassen werden soll. Mitwirkungserfordernisse beim Erlass des VA gelten auch für die Zusicherung (§ 38 Abs. 1 S. 2 VwVfG). Eine rechtswidrige Zusage ist aber nicht ohne weiteres nichtig; vielmehr gelten die Grundsätze über die Rücknahme, den Widerruf und die Nichtigkeit von VAen (§ 38 Abs. 2 VwVfG).

Eine wirksame, insbesondere schriftlich erteilte und nicht nichtige Zusicherung begründet also zunächst einen Anspruch des Begünstigten auf Erlass oder Nichterlass des VA. Die Zusicherung kann aber zurückgenommen werden, sofern die Voraussetzungen nach §§ 38 Abs. 2, 48 VwVfG vorliegen. Ist die Rücknahme unanfechtbar erfolgt, entfällt der Anspruch aus der Zusicherung.

Ein weiterer Grund für den Wegfall der Bindung an die Zusicherung ist die Änderung der Sach- oder Rechtslage iSd § 38 Abs. 3[15].

Die Bindungswirkung der Zusicherung ist insoweit schwächer als die des endgültigen VA, auch schwächer als die eines öffentlich-rechtlichen Vertrages (vgl. § 60 VwVfG).

601 **4.2** Eine **Teilgenehmigung** bezieht sich auf einzelne, real trennbare Teile des zu genehmigenden Gesamtvorganges. Eine solche Aufspaltung der Gesamtgenehmigung ist bei Großanlagen üblich und wird als Genehmigungserteilung im „gestuften Verwaltungsverfahren" bezeichnet.

Beispielsweise wird zunächst die Errichtung einer Anlage und anschließend der Betrieb der Anlage genehmigt, so dass sich die Berechtigung zum Betrieb einer errichteten Anlage aus einer Errichtungsgenehmigung und einer Betriebsgenehmigung ergibt (z. B. „Teilgenehmigung" nach § 8 BImSchG). Beispiel zur gesetzlichen Anerkennung der baurechtlichen „Teilbaugenehmigung": § 76 BauO NRW.[16]

---

12 BVerwGE 53, 182
13 VGH Mannheim DVBl 81, 265. – Zur steuerrechtlichen Zusage im Anschluss an eine Außenprüfung vgl. § 204 AO. – Vgl. auch Fall Nr. 111 bei Bovermann/Dünchheim, Examinatorium – Allgemeines Verwaltungsrecht. Zur Abgrenzung der bindenden Erklärung von bloßer Chancen-Einschätzung VGH Mannheim NVwZ-RR 97, 357.
14 Vgl. Guckelberger DÖV 2005, 357
15 Beispiel zur Änderung der Sach- und Rechtslage bei Zusicherung: BVerwG DÖV 2002, 82. – Zur Aufhebung steuerrechtlicher Zusagen vgl. § 207 AO. – Zur Frage einer Haftung aus Amtspflichtverletzung nach Zusage: BGH DÖV 2002, 88.
16 Vgl. allgemein Schenke DÖV 90, 489; Wieland DVBl 91, 616; BVerwG DVBl 90, 58 und DVBl 92, 52 und zur Teilbaugenehmigung: Rabe/Heintz, Bau- und Planungsrecht, Abschnitt E, 7.5. Zur Teilgenehmigung für Sichtflugbetrieb auf Flugplatz: BVerwG NVwZ 2002, 350.

4.3 Ein **Vorbescheid** bezieht sich auf eine einzelne Voraussetzung des Genehmigungstatbestandes. Hauptanwendungsbereich ist das Baurecht. Ein Bauwerk darf nur errichtet werden, wenn es sowohl bauplanungsrechtlich als auch bauordnungsrechtlich unbedenklich ist. Durch einen Vorbescheid kann zunächst die planungsrechtliche Zulässigkeit festgestellt werden. Ein positiver Vorbescheid dieser Art wird als Bebauungsgenehmigung bezeichnet.

602

Beispiele: § 9 BImSchG („... Vorbescheid über einzelne Genehmigungsvoraussetzungen ..."), § 71 BauO NRW („... kann zu Fragen des Bauvorhabens ein Bescheid (Vorbescheid) beantragt werden ...").[17]

5. Verwaltungsakte mit Nebenbestimmungen

In der Verwaltungspraxis sind Nebenbestimmungen zu VAen außerordentlich **häufig**. Es gibt heute kaum mehr bedeutsame Baugenehmigungen, technische Genehmigungen, Subventionsbescheide, denen nicht (oft zahlreiche) Auflagen oder Bedingungen beigefügt sind oder die befristet erteilt werden. – Aber auch schlichte Fahrerlaubnisse können Nebenbestimmungen enthalten, beispielsweise bei Brillenträgern die Auflage, nicht ohne Brille zu fahren (§ 23 Abs. 2 FeV).

603

Grundsätzliche Regelungen zu Nebenbestimmungen enthalten §§ 36 VwVfG, 32 SGB X, 120 AO.

Bei der praktischen Fallbearbeitung lautet die erste Frage im Recht der Nebenbestimmungen: Um welche Art von Nebenbestimmung handelt es sich? Diese Frage steht in Verbindung mit der Thematik der obigen RdNr. 277ff („Verwaltungsakt") und wird nachfolgend unter ab RdNr. 604 behandelt. –

Die zweite Frage geht dahin, ob das Beifügen einer bestimmten Nebenbestimmung rechtmäßig ist: Sie hängt mit der obigen RdNr. 377ff („Rechtmäßigkeit") zusammen und wird nachfolgend unter RdNr. 611f behandelt. Unter RdNr. 613ff wird noch die in Verbindung mit der ersten Frage stehende Problematik des Rechtsschutzes gegen Nebenbestimmungen angesprochen.

5.1 Arten und begriffliche Einordnung der Nebenbestimmungen

Sofern Anlass besteht, ist vorab zu klären, wie weit die den Inhalt des VA bestimmende Regelung geht. Denn eine Inhaltsbestimmung des VA kann keine Nebenbestimmung sein.

604

Beispielsweise ergibt sich, dass der Inhaber einer normalen Fahrerlaubnis keinen Autobus fahren darf, aus dem Inhalt der Fahrerlaubnis und kann keine Nebenbestimmung (weder eine Auflage noch eine Bedingung) sein. – Fährt er dennoch einen Bus, verstößt er nicht gegen eine Auflage oder Bedingung, sondern fährt ohne Fahrerlaubnis (§ 21 StVG).

Die Arten der Nebenbestimmungen sollen am Beispiel der Definitionen der Nrn. 1, 2 und 4 des § 36 Abs. 2 VwVfG (entsprechend § 32 SGB X und § 120 AO) dargestellt werden. Diese Begriffsbestimmungen gelten für alle Fälle, in denen die dort definierten Begriffe verwandt werden, also auch für Spezialgesetze.

In der Verwaltungspraxis werden Nebenbestimmungen oft ungenau bezeichnet oder (Formblätter mit) Überschriften wie „Genehmigungszusätze" oder „Bedingungen und Auflagen" verwandt. Ausschlaggebend für den Rechtscharakter ist nicht die Benennung, sondern der Inhalt des Zusatzes[18]:

---

17 Vgl. BVerwGE 69, 1; OVG Münster NuR 90, 88; OVG Münster NVwZ 97, 1006.
18 Vgl. Beckmann, VR 99, 301; Beckmann VR 2003, 148; Braun/Kettner VR 2005, 25

605 **5.1.1** Für die **Befristung** (§ 36 Abs. 2 Nr. 1 VwVfG) ist entscheidend, dass vom Eintritt eines Zeitpunktes die Rechtsfolge abhängt, sei es, dass die Rechtsfolge damit beginnt (Anfangstermin) oder endet (Endtermin). Der Eintritt muss gewiss sein, wobei die Gewissheit ausreicht, dass er überhaupt eintritt; der Zeitpunkt braucht noch nicht festzustehen.

<small>Beispiel: Dem Grundstückseigentümer E wird aufgegeben, das Befahren seines Grundstückes durch Baufahrzeuge bis zum 31. 10. des Jahres (oder: bis zur Beendigung der Umbauarbeiten am städtischen Krankenhaus) zu dulden. – Ist der Umstand, von dem eine Rechtsfolge abhängen soll, der Tod eines Menschen, so handelt es sich um eine Befristung, weil der Tod eines Menschen ein gewisses Ereignis ist (und nicht um einen Fall der nachfolgend behandelten Bedingung).</small>

606 **5.1.2 Die Bedingung** (§ 36 Abs. 2 Nr. 2 VwVfG) kommt in zwei Formen vor: führt das Ereignis zum Eintritt der Rechtsfolge, handelt es sich um eine **aufschiebende** Bedingung, führt es zum Wegfall, um eine **auflösende** Bedingung; Definitionen zu den Begriffen „aufschiebende" und „auflösende" Bedingung finden sich in § 158 BGB.

<small>Beispiele: A erhält die Genehmigung zur Einleitung von Abwässern in den F-Fluss unter der (aufschiebenden) Bedingung, dass er in das Einleitungsrohr zusätzliche Filter und Kontrollvorrichtungen einbaut und diese in bestimmter Weise funktionieren. – B erhält einen Zuschuss, bis er (auflösend) eine feste Anstellung findet.[19]</small>

607 **5.1.3** Der Begriff des **Widerrufsvorbehalts** wird in § 36 Abs. 2 Nr. 3 VwVfG nicht näher bestimmt, ergibt sich aber bereits aus dem Wortlaut: Die Behörde behält sich vor, den VA wieder aufzuheben. In einem solchen Falle kann der VA gemäß § 49 Abs. 2 Nr. 1 widerrufen werden.

<small>Beispiele und Details zu den Voraussetzungen des Widerrufs nach Widerrufsvorbehalt oben bei RdNr. 543.</small>

608 **5.1.4** Die wichtigste Nebenbestimmung ist die **Auflage** (§ 36 Abs. 2 Nr. 4 VwVfG). Sie ist nur bei einem begünstigenden VA möglich. Das Wesen der Auflage besteht darin, dass der Begünstigung ein Gebot oder Verbot (Tun, Dulden oder Unterlassen) hinzugefügt wird. Beim begünstigenden VA unter Auflage verfährt die Behörde nach dem Prinzip: „Ja, aber …". Dabei besteht zwischen VA und Auflage ein innerer Zusammenhang dergestalt, dass die Auflage nur so lange sinnvoll ist, wie der VA Bestand hat und von ihm Gebrauch gemacht wird.

<small>Beispiel: Eine Baugenehmigung wird unter der Auflage erteilt, dass auf dem Baugrundstück fünf Einstellplätze für Kraftfahrzeuge geschaffen werden. Die Auflage enthält ein Gebot. Dieses ist in seinem rechtlichen Bestand von der Baugenehmigung abhängig, weil die Errichtung der Einstellplätze entfällt, wenn von der Baugenehmigung kein Gebrauch gemacht wird, dh der Bau selbst nicht errichtet wird.</small>

<small>Begrifflich lässt sich die Auflage selbst unter die Merkmale des VA gemäß § 35 VwVfG subsumieren, somit ist die Auflage selbst VA. Sie ist aber nur ein „unselbständiger" VA, der nach dem insoweit differenzierenden Wortlaut des Gesetzestextes des § 36 Abs. 2 VwVfG „mit" dem Haupt-VA erlassen wird.[20]</small>

§ 36 VwVfG geht davon aus, dass die Auflage dem VA bei dessen Erlass beigefügt wird. Es ist aber auch möglich, dass sie später hinzugefügt wird. Sofern hierfür keine spezielle Rechtsgrundlage vorhanden ist, kann sich die

---

<small>19 Zur aufschiebenden Bedingung bei einer sanierungsrechtlichen Genehmigung OVG Berlin NVwZ 2001, 1059.
20 Vgl. Störmer DVBl 96, 83; Beckmann VR 2003, 148</small>

Behörde die Möglichkeit zur Beifügung einer nachträglichen Auflage durch einen Auflagenvorbehalt nach § 36 Abs. 2 Nr. 5 VwVfG schaffen[21].

Keine Auflage im vorgenannten Sinn ist die sog. „**modifizierende Auflage**". In der Verwaltungspraxis finden sich z. B. Erlaubnisse „mit der Einschränkung, dass ..." oder Genehmigung „nach Maßgabe ..." ; diese Zusätze oder andere Modifikationen, die oft in der äußeren Form einer Auflage ergehen, sind in Wirklichkeit inhaltliche Abänderungen[22] oder Einschränkungen des VAs. Es handelt sich also in einem solchen Fall nicht um eine Auflage im Sinne von § 36 Abs. 2 Nr. 4 VwVfG, die idR isoliert anfechtbar ist (vgl. unten RdNr. 613), sondern (soweit sie nicht bloß konkretisierende Inhaltsbestimmung des VA sind) um eine gegebenenfalls vom beantragten VA abweichende „**modifizierte Genehmigung**". 609

Beispiel: Enthält die Baugenehmigung eine „Auflage", dass das Dach in einer vom Genehmigungsantrag völlig abweichenden Form errichtet werden soll, so liegt darin eine Ablehnung des ursprünglichen Antrages und eine „modifizierende Genehmigung"/"modifizierte Gewährung" eines „anderen" Gebäudes.[23]

Obwohl die Arten der Nebenbestimmungen begrifflich-theoretisch klar voneinander zu trennen sind, ist in der Verwaltungspraxis oft zweifelhaft, ob eine Auflage oder ob eine Befristung bzw. eine Bedingung gegeben ist. Für die **Abgrenzung** ist entscheidend, dass Bedingung und Befristung die Wirksamkeit der in dem VA vorgesehenen Rechtsfolge betreffen. Bei einer aufschiebenden Bedingung/Befristung tritt die Rechtsfolge zunächst nicht ein; bei einer auflösenden entfällt sie später wieder. Ein Gebot oder Verbot, das vollstreckt werden könnte, ergibt sich aus einer Bedingung nicht. 610

Bei der Auflage ist es genau umgekehrt: Ihre Beachtung oder Nichtbeachtung wirkt sich auf die im VA enthaltene Regelung nicht aus (jedenfalls nicht unmittelbar, sondern höchstens mittelbar über § 49 Abs. 2 Nr. 2 VwVfG). Das in der Auflage enthaltene Gebot oder Verbot ist aber vollstreckbar.

Beispiele für Kriterien der Abgrenzung sind: Ist die Nebenbestimmung für die Behörde so wichtig, dass hiervon der Fortbestand des VA abhängen soll, so ist eine Befristung oder Bedingung anzunehmen[24]. – In aller Regel will die Behörde keine rechtswidrige Nebenbestimmung beifügen; also ist im Zweifel diejenige Nebenbestimmung anzunehmen, die rechtmäßig ist („gesetzeskonforme Auslegung der behördlichen Maßnahme"). – Meist ist die Auflage für die Behörde günstiger, weil sie vollstreckt werden kann und für den Adressaten weniger belastend, weil von ihr der Fortbestand des VA idR nicht unmittelbar abhängt; danach ist im Zweifel eine Auflage anzunehmen.[25]

5.2 Die Rechtmäßigkeit der Nebenbestimmungen

5.2.1 Die Rechtmäßigkeit der Beifügung von Nebenbestimmungen kann sich aus Spezialvorschriften ergeben (z. B. § 7 Abs. 2 AufenthaltsG). Soweit Spe-

---

21 Vgl. Leiner NVwZ 91, 844. – Zum Auflagenvorbehalt im Planfeststellungsrecht: BVerwG DÖV 2001, 691.
22 Vgl. OVG Münster, NWVBl 2004, 307
23 Vgl. Maurer § 12 RdNr. 16; Bull RdNr. 556. – Zur „modifizierten Gewährung" in der Behördenpraxis Möhres/Bremer VR 89, 405. Vgl. Fall Nr. 84 bei Bovermann/Dünchheim, Examinatorium – Allgemeines Verwaltungsrecht; Brenner JuS 96, 284. – Zur Terminverlegung für eine Versammlung als „nachträglich modifizierende Auflage": Schörnig NVwZ 2001, 1246, 1247. – Zahlreiche Beispiele zur bloßen „Inhaltsbestimmung" bei Beckmann VR 2003, 148, 149. – Vgl. Fall von Braun/Kettner VR 2005, 25.
24 Maurer § 12 RdNr. 17
25 Zum oft ungenauen Gebrauch des Begriffs „Auflage" in der Verwaltungspraxis: BVerwG DVBl 2002, 211.

zialvorschriften nicht vorhanden sind, ist § 36 VwVfG anzuwenden. Die Vorschrift unterscheidet in ihren ersten beiden Absätzen danach, um welche Art von VA es sich unter dem Blickwinkel der Rechtsgrundlage (für den VA) handelt:

611 5.2.2 § 36 **Abs. 1** VwVfG behandelt den VA, „auf den ein Anspruch besteht". Gemeint ist damit der **gebundene VA** (vgl. oben RdNr. 410). In diesem Fall sind Nebenbestimmungen grundsätzlich nicht zulässig. Formal macht § 36 Abs. 1 VwVfG hiervon zwei Ausnahmen:

Davon ist die erste – wenn die Nebenbestimmung „durch Rechtsvorschrift zugelassen ist" – eine Selbstverständlichkeit, zumal es sich hierbei nur um eine Spezialvorschrift handeln kann, die ohnehin § 36 VwVfG verdrängt. Die zweite Ausnahme betrifft den Fall, dass die Erfüllung der gesetzlichen Voraussetzungen des VA sichergestellt werden soll. Sie dient dem „Ausräumen von Versagungsgründen". Dadurch soll der Erlass des VA zu einem Zeitpunkt ermöglicht werden, in dem noch nicht alle gesetzlichen Voraussetzungen erfüllt sind, aber angenommen werden kann, dass sie noch erfüllt werden.

Beispielsweise darf eine Gaststättenerlaubnis unter der Bedingung erteilt werden, dass die für den Betrieb notwendigen baulichen Veränderungen der Betriebsräume (z. B. Einbau einer zusätzlichen Toilette) vorgenommen werden.

Hier dürfen aber die wesentlichen Voraussetzungen für die Erteilung des VA nicht offen bleiben. So darf beispielsweise eine Fahrerlaubnis nicht unter der Bedingung erteilt werden, dass der Inhaber die Fahrprüfung besteht; eine Baugenehmigung darf nicht unter dem Vorbehalt erteilt werden, dass das Bauvorhaben „statisch sicher und abwassermässig erschlossen ist"[26]. – Bedingungsfeindlich sind auch Genehmigungen von Satzungen[27].

612 5.2.3 Bei **Ermessensakten** ist die Beifügung einer Nebenbestimmung nach pflichtgemäßem Ermessen zulässig (§ 36 Abs. 2 VwVfG). Dem liegt der Gedanke zugrunde, dass der Ermessens-VA vollständig versagt werden darf, so dass die im Erlass des VA unter einer Nebenbestimmung liegende geringere Belastung des Bürgers erst recht möglich sein muss. Das Verhältnismäßigkeitsprinzip kann geradezu verlangen, dass statt einer Ablehnung des beantragten VA dieser (nur) unter einer Nebenbestimmung erteilt wird.

Beispielsweise verlangt der Verhältnismäßigkeitsgrundsatz eine Abwägung zwischen Verbot und Verlegung einer politisch-extremistischen Versammlung[28].

Im Falle des § 36 Abs. 2 VwVfG ist eine Nebenbestimmung rechtswidrig, wenn ihre Beifügung ermessensfehlerhaft ist iSd § 40 VwVfG. In keinem Fall darf die Nebenbestimmung dem Zweck des VA zuwiderlaufen (§ 36 Abs. 3 VwVfG).

Beispiel für dieses „Verbot des Zweckwiderspruchs": Die Arbeits- und Aufenthaltserlaubnis für einen Ausländer, der in der Bundesliga Fußball spielen soll, darf nicht mit der Auflage verbunden werden, dass der Ausländer sich nur im Bundesland L aufhält und dieses nicht verlässt. – Zulässig aber Auflage zur naturschutzrechtlichen Ausgleichszahlung bei Baugenehmigung[29].

---

26 Vgl. VGH Kassel NVwZ 86, 315
27 OVG Koblenz DÖV 95, 250
28 BVerfG DVBl 2001, 897; vgl. Schörnig, NVwZ 2001, 1246
29 VGH Kassel NuR 92, 240

5.3 Rechtsschutz gegenüber belastenden Nebenbestimmungen zum begünstigenden VA

Häufiges Praxisbeispiel zur hier zu behandelnden Problematik ist folgende Situation: Dem Antragsteller wurde ein begünstigender VA (z. B. eine Erlaubnis) gewährt, jedoch unter einer belastenden Nebenbestimmung (z. B. befristet oder bedingt, unter Auflage). Der Antragsteller hält die Nebenbestimmung für rechtswidrig und möchte dagegen Widerspruch einlegen oder – nach erfolglosem Widerspruchsverfahren – vor dem Verwaltungsgericht klagen. **613**

Sein Interesse geht also dahin, dass der VA selbst (z. B. die Erlaubnis) aufrechterhalten bleibt und nur die Nebenbestimmung zum Wegfall kommt. Hierfür bietet sich eine auf die Nebenbestimmung beschränkte Teilanfechtung an, die in § 113 Abs. 1 S. 1 VwGO (mit dem Wort „soweit") ausdrücklich vorgesehen ist. Dafür ist aber Voraussetzung, dass der VA teilbar ist:

> Die früher hM[30] ging davon aus, dass VA und Auflage immer teilbar sind und dass insoweit eine Teilanfechtung grundsätzlich möglich sei. Bei Befristung und Bedingung (ähnlich: beim Widerrufsvorbehalt) wurde demgegenüber die Teilbarkeit abgelehnt: Aus der Befristung und der Bedingung ergebe sich, ob der VA wirksam geworden oder noch wirksam sei. Der VA und die Frage seiner Wirksamkeit könnten nicht voneinander getrennt werden, d. h. es könne keinen VA geben, bei dem nicht gleichzeitig entschieden wird, ob er wirksam ist. Danach könnten Befristung und Bedingung nicht angefochten werden, sondern der Antragsteller müsste einen unbefristeten bzw. unbedingten, also weitergehenden VA durch Verpflichtungsklage erstreiten.

Es hat sich gezeigt, dass es nicht in jedem Fall zu einer sachgemäßen Lösung führt, wenn allein auf den Rechtscharakter der Nebenbestimmung abgestellt wird. Einerseits gibt es Auflagen, die in einem so engen Zusammenhang mit dem begünstigenden VA stehen, dass Bedenken gegen ihre selbständige Anfechtung bestehen. Andererseits kann der Kläger einen Anspruch beispielsweise auf eine unbedingte Erlaubnis haben; dann ist nicht einzusehen, weshalb das Verwaltungsgericht diesem Anspruch nicht in der Weise zur Durchsetzung verhelfen darf, dass es die rechtswidrig beigefügte Bedingung aufhebt[31]. **614**

Nunmehr findet deshalb neben der früheren Differenzierung (Auflage oder Bedingung/Befristung) eine Einteilung weitere Verbreitung, wonach beim gebundenen VA eine selbständige Anfechtung aller Nebenbestimmungen idR möglich sei, bei Ermessensakten jedoch nicht.

> Die Rechtsprechung des BVerwGs ist schwankend[32]; in der Literatur findet sich ein breites Spektrum von Ansichten[33].

Die Tendenz in Rechtsprechung und Literatur geht heute im wesentlichen dahin, eine **Teilanfechtung weitgehend zuzulassen**, der Klage aber nur dann als begründet stattzugeben, wenn der verbleibende VA einen Inhalt hat, der der Rechtsordnung entspricht, oder wenn feststeht, dass die Behörde **615**

---

30 Zu dieser früheren hM: BVerwGE 36, 145, 153/3; DÖV 74, 563
31 So auch OVG Münster NWVBl 92, 103, NVwZ 93, 488 (Anderes wäre eine „überflüssige Förmelei"). – Für eine weitgehende isolierte Anfechtbarkeit Remmert VerwArch 1997 (Band 88) 112, 134. – Vgl. Beckmann VR 2003, 253
32 Vgl. Stelkens/Bonk/Sachs § 36 RdNr. 89 und Sturm VR 2004, 15, 19
33 Vgl. Maurer § 12 RdNr. 22; Bull RdNr. 559; Stadie DVBl 91, 613 und Pietzcker NVwZ 95, 15, jeweils mit weiteren Nachweisen. – Vgl. auch Fall von Braun/Kettner VR 2005, 25

den VA ohne die Nebenbestimmung hätte erlassen müssen oder rechtmäßigerweise erlassen hätte[34].

616 Dies gilt jedoch nicht für die sog. „modifizierende Auflage" (vgl. oben RdNr. 609), also der modifizierenden Genehmigung/modifizierten Gewährung: Da in diesen Fällen gerade keine Nebenbestimmung iSv § 36 VwVfG vorliegt, sondern eine vom beantragten VA abweichende Regelung („modifizierte Genehmigung"), ist eine isolierte Aufhebung nicht denkbar; will der Antragsteller diese „Abänderung" aufheben lassen, muss er damit den ganzen VA zur Disposition stellen, dh er muss Verpflichtungswiderspruch bzw. Verpflichtungsklage auf den ursprünglich beantragten VA erheben[35].

---

34 Vgl. Fall Nr. 85 bei Bovermann/Dünchheim, Examinatorium – Allgemeines Verwaltungsrecht und z. B. OVG Münster NWVBl 92, 103; BSG NJW 92, 2981; BVerwG NVwZ-RR 96, 20; BVerwG DVBl 97, 165; OVG Berlin NVwZ 2001, 1059; BVerwG DÖV 2001, 691. – Vgl. Sturm VR 2004, 15, 19

35 Vgl. Beckmann VR 99, 301; Schörnig NVwZ 2001, 1246; Braun/Kettner VR 2005, 25.

9. Abschnitt: Das Verwaltungsverfahren

1. Einleitung

Die Frage, ob es den Behörden gelingt, ihre Verwaltungsentscheidungen so zu treffen, dass die beteiligten Bürger sie akzeptieren, ist von nicht zu unterschätzender Bedeutung für die Stabilität und Überzeugungskraft der demokratischen Ordnung. Ihre Strukturen sind nur in dem Maße innerlich stabil, in dem der Bürger die staatliche Entscheidungsorganisation grundsätzlich für sachgerecht hält und von der Angemessenheit der (Summe der) Einzelentscheidungen überzeugt ist.   617

Das Meinungsbild hierüber wird vorrangig durch die zahlreichen persönlichen Erfahrungen des Bürgers mit den Verwaltungen geprägt; dabei ist nicht allein die Schlussentscheidung ausschlaggebend, sondern auch der Eindruck, **ob bei der Entscheidungsfindung „fair verfahren"** worden ist.

Die für die Demokratie notwendige Bereitschaft des Bürgers, auch für ihn negative Entscheidungen zu akzeptieren und mitzutragen, hängt nicht zuletzt davon ab, ob er vorher ein Verfahren erlebt hat, bei dem er sich als „Partner in dem Bemühen um die gerechte Entscheidung" beteiligt sehen konnte[1]. Die Funktion des Verwaltungsverfahrens und des Verwaltungsrechts im demokratischen Rechtsstaat lässt sich mit der (in den Aufbaujahren der Bundesrepublik Deutschland geprägten) Kurzformel zusammenfassen: „**Verwaltungsrecht ist konkretisiertes Verfassungsrecht**"[2]. – Oder anders ausgedrückt: Der Verfassungstext steht erst einmal nur auf dem Papier; die Verfassungswirklichkeit der Bürger ergibt sich aus den alltäglichen, individuellen Verwaltungsentscheidungen (gegebenenfalls kontrolliert und korrigiert durch die Widerspruchsbehörden oder die Verwaltungsgerichte).

1.1 Die Bedeutung des Verwaltungsverfahrensrechts liegt deshalb nicht in erster Linie darin, Regeln für eine möglichst effiziente und reibungslose Behördentätigkeit aufzustellen, sondern in der Schaffung von Rahmenbedingungen für einen demokratiewürdigen Umgang zwischen der entscheidungsbefugten Verwaltung und den Betroffenen. Je schwererwiegend bzw. je weniger genau gesetzlich vorherbestimmbar eine Sachentscheidung ist, desto wichtiger ist die Festlegung von Verfahrensregeln.   618

Dabei darf als verwaltungswissenschaftlich gesichert gelten, dass dem Entscheidungsprozess unmittelbare Auswirkungen auf den Inhalt des Entscheidungsergebnisses zukommen. – Wegen der verfahrensrechtlichen Ausstrahlungen der Grundrechte ist es auch möglich, dass Verletzungen wesentlicher, dh grundrechtsgebotener Verfahrensgarantien zugleich Grundrechtsverstöße bilden[3].

---

1 Martens RdNr. 189 S. 124
2 So Werner, DVBl 59, 527; zum weitergehenden Gedanken im europäischen Rahmen unter der Formel „Verwaltungsrecht als konkretisiertes Gemeinschaftsrecht" vgl. Battis, DÖV 2001, 988. Zur „Reanimation des Verfahrensrechts": Ziekow, NVwZ 2005, 263
3 Vgl. BVerfGE 50, 30, 65 f, 74 ff; Held, Der Grundrechtsbezug des Verwaltungsverfahrens, 1984. – Zu Verfahrensbindung und Sanktionslosigkeitsregelungen vgl. Hofmann/Muth/Theisen, Kommunalrecht in Nordrhein-Westfalen, 2.4.3.1; zur Erweiterung der Sanktionslosigkeitsregelungen im VwVfG vgl. unten RdNr. 684 und Redeker NVwZ 97, 625, 626; Hatje DÖV 97, 477, 479; Schenke NJW 97, 81, 87. Es „steht die Grundfrage nach der ... Verbindlichkeit von Verfahrensnormen in Rede" (so Bonk NVwZ 2001, 636, 641). – Vgl. Himmelmann/Höcker VR 2003, 79 und Vahle DVP 2004, 187.

619 **1.2** Der allgemeine **Begriff des Verwaltungsverfahrens** (Verwaltungsverfahren im weiteren Sinne) umfasst jede Tätigkeit einer Verwaltungsbehörde, die auf Erlass einer Verwaltungsmaßnahme gerichtet ist.

Wesentlich enger ist der die Anwendbarkeit des VwVfG und des SGB X abgrenzende Begriff des Verwaltungsverfahrens iSd §§ 9 VwVfG, 8 SGB X (ohne Parallelvorschrift in der AO): Er erfasst nur Verfahren, die

– unter den allgemeinen Geltungsbereich dieser Gesetze fallen (§§ 1, 2 VwVfG, 1 SGB X; vgl. § 1 AO) und

– auf **Erlass eines VA oder auf Abschluss eines öffentlichen Vertrages** bzw. deren Vorbereitung gerichtet sind.

Ausgeschlossen vom Anwendungsbereich der „Verfahrensgrundsätze" des VwVfG, des SGB X und der AO sind hiernach z. B. bloß verwaltungsinterne Vorgänge, schlichtes Verwaltungshandeln sowie die Normsetzung durch die Verwaltung (vgl. RdNr. 223).

Der Wortlaut der §§ 9 VwVfG, 8 SGB X könnte nahelegen, dass nach Erlass des VA (oder nach Abschluss des öffentlich-rechtlichen Vertrages) kein Raum mehr für ein Verwaltungsverfahren in dieser Sache besteht. Dies ist jedoch nicht der Fall: Jede Überprüfung oder Abänderung des VA, unter Umständen selbst während eines Verwaltungsprozesses, ist wieder „auf Erlass eines VA" gerichtet. – Auch die Verwaltungsvollstreckung betrifft den Erlass von VAen. – Für das behördliche Rechtsbehelfsverfahren gelten zwar teilweise zunächst die Vorschriften der Verwaltungsgerichtsgesetze (§§ 68ff VwGO, 78ff SGG; vgl. § 44 FGO), subsidiär aber auch die der Verwaltungsverfahrensgesetze (§§ 79 VwVfG, 62 SGB X; anders §§ 347ff AO).

Neben den hier zuerst zu behandelnden Bestimmungen des VwVfG gibt es zahlreiche Verfahrensregelungen im SGB I und X, in der AO (die unten bei RdNr. 772ff und 783ff angesprochen werden).

Beispiele für **Teilnormierungen in Spezialgesetzen**: § 2a) und § 3 BauGB (Umweltbericht und Bürgerbeteiligung bei Planung), § 104ff BauGB (Enteignungsverfahren), § 207ff BauGB (Besonderheiten des baurechtlichen Verwaltungsverfahrens); §§ 10ff BImSchG (immissionsschutzrechtliches Genehmigungsverfahren); §§ 77ff AufenthaltsG (aufenthaltsrechtliches Verfahren)[4].

620 **1.3** Man kann folgende **Arten des Verwaltungsverfahrens** unterscheiden:

1. In Anwendung der allgemeinen Verfahrensgesetze, insbesondere des VwVfG:

– das normale, **nichtförmliche** Verwaltungsverfahren,

– das **förmliche** Verwaltungsverfahren,

– das (noch förmlichere) **Planfeststellungs-** bzw. das **Plangenehmigungsverfahren;**

2. das in erster Linie besonderen Vorschriften unterliegende **Verwaltungsvollstreckungsverfahren**;

3. das **Rechtsbehelfsverfahren** vor den Verwaltungsbehörden, insbesondere das Widerspruchsverfahren. Es ist echtes Verwaltungsverfahren („zweiter Instanz"), dient aber auch bereits dem Rechtsschutz des Bürgers und der Entlastung der Gerichte.

Beispiele zu speziellen Verfahrenstypen sind Anzeigeverfahren und Genehmigungsfreistellungsverfahren nach einigen Landesbauordnungen und §§ 15, 16 BimschG[5].

---

[4] Vgl. Kippels VR 2005, 76
[5] Vgl. Schmitz NVwZ 2002, 1238, 1239

Im folgenden werden die allgemeinen, für das nichtförmliche Verwaltungsverfahren geltenden Regeln nach VwVfG behandelt (RdNr. 623ff). Im Anschluss daran wird auf das förmliche Verwaltungsverfahren (RdNr. 758) und das Planfeststellungs-/Plangenehmigungsverfahren (RdNr. 759ff) eingegangen.

Beispiele zu Besonderheiten des Verfahrens nach SGB und AO finden sich unter RdNr. 772ff. Zum Widerspruchsverfahren und Verwaltungsvollstreckungsverfahren vgl. RdNr. 808ff und RdNr. 1025ff.

1.4 Soweit nicht eine andere Verfahrensart durch Rechtsvorschrift angeordnet ist, gilt der bürgerfreundliche und auch „verwaltungsfreundliche" Grundsatz der **Nichtförmlichkeit**. Nach diesem Grundsatz ist das Verwaltungsverfahren an bestimmte Formen nicht gebunden und einfach, zweckmäßig und zügig durchzuführen (§ 10 VwVfG, § 9 SGB X, vgl. §17 Abs. 1 SGB I). **621**

Beispielsweise zählen zum Aspekt der Zweckmäßigkeit ua die (zum Teil gegenläufigen) Erfordernisse der Situationsgerechtigkeit, Flexibilität, Sparsamkeit, Effizienz und Beschleunigung. Es steht weitgehend im Ermessen der Behörde, wie sie dabei die Prioritäten setzt und das Verwaltungsverfahren gestaltet. Dadurch unterscheidet sich das Verwaltungsverfahren grundlegend von einem gerichtlichen Verfahren (vgl. unten RdNr. 926ff). – § 17 Abs. 1 Nr. 1 SGB I verpflichtet die Leistungsträger, die Verfahren „in zeitgemäßer Weise, umfassend und zügig" durchzuführen.

Der mit dem Genehmigungsbeschleunigungsgesetz (erstmalig) in § 10 BVwVfG eingefügte (und später in die übrigen VwVfG'e übernommene) Begriff „zügig" war schon vorher ungeschriebener Inhalt und Bestandteil jeden rechtsstaatlichen Verwaltungsverfahrens; seine Hinzufügung hat somit mehr deklaratorischen Charakter[6]. **622**

2. Die Behörde als Verfahrenspartner

2.1 Zum Begriff der Behörde vgl. oben RdNr. 48ff und RdNr. 292ff.

2.2 Zuständigkeit

Die Zuständigkeit betrifft die Frage, welches Organ eine bestimmte Aufgabe erfüllen darf bzw. muss (Kompetenz). Diese Frage stellt sich bei jeder Staats- oder Verwaltungstätigkeit und ist nicht auf den Regelungsbereich der Verwaltungsverfahrensgesetze beschränkt. Jedes Organ hat sich vor jedem Tätigwerden von Amts wegen seiner Zuständigkeit zu vergewissern. **623**

Selbst die Parlamente dürfen in ihrem Bereich der Gesetzgebung nur insoweit tätig werden, wie sie Gesetzgebungskompetenz besitzen.

Bei der Einleitung eines dem VwVfG, SGB X oder der AO unterliegenden Verwaltungsverfahrens gehört die Zuständigkeitsprüfung zu den regelmäßigen Anfangsüberlegungen der in §§ 9 VwVfG, 8 SGB X genannten „Prüfung der Voraussetzungen". Da die Zuständigkeit im Außenverhältnis gegenüber dem Bürger Bedeutung hat, soweit sie die ihm gegenüber handelnde Stelle festlegt, erfolgt die Regelung grundsätzlich durch Rechtsnorm, nur in wenig bedeutsamen Fällen durch Verwaltungsvorschrift (vgl. oben RdNr. 194).

2.2.1 Der Sinn der Zuständigkeitsregelungen liegt einerseits für die Verwaltungspraxis darin, Doppelarbeit, gegensätzliche Entscheidungen und Kompetenzprobleme der Behörden zu vermeiden, andererseits für den Bürger darin, ihm Gewissheit über den richtigen „Ansprech- bzw. Verfahrenspartner" zu verschaffen. Die Festlegung der Zuständigkeit erfolgt in zwei Schritten:

---

6 Schmitz NVwZ 2000, 1238 „Signalgesetzgebung"; vgl. auch Bonk, NVwZ 2001, 636, 639; zur prozessrechtlichen Relevanz des Zeitaspektes BVerwG NVwZ-RR 2002, 130.

624 – Zunächst muss der Verwaltungsträger (Bund, Land, Gemeinde, sonstige Körperschaft oder Anstalt) bestimmt werden (Bestimmung der **Verbandskompetenz**).

<small>Beispielsweise bei der Ausführung der StVO (z. B. Aufstellung von Verkehrszeichen) ist zunächst festzustellen, dass diese den Ländern obliegt (Art. 83 GG; § 44 Abs. 1 StVO). Die Länder haben entsprechend § 44 Abs. 1 StVO die Kreise und kreisfreien Städte als hierfür zuständige Körperschaften bestimmt (ausgenommen die Stadtstaaten). Damit liegt die Verbandskompetenz fest.</small>

– Danach muss geregelt werden, welche Behörde des Verwaltungsträgers diese Aufgabe wahrnimmt (Bestimmung der Behördenzuständigkeit).
Diese Behördenzuständigkeit ist in der Regel gemeint, wenn in Praxis und Ausbildung von Zuständigkeit gesprochen wird; sie soll nunmehr näher betrachtet werden.

2.2.2 Folgende **Arten von Zuständigkeiten** sind zu unterscheiden:

625 1. Die **sachliche Zuständigkeit** weist der Behörde eine vom Gegenstand her zu bestimmende Aufgabe zu. Handelt die Behörde nicht im Rahmen ihrer sachlichen Zuständigkeit, so führt das zur (schlichten) Rechtswidrigkeit.

<small>Liegen ausnahmsweise die besonderen Voraussetzungen der §§ 44 Abs. 1 VwVfG, 40 Abs. 1 SGB X, 125 Abs. 1 AO vor, kann sogar Nichtigkeit gegeben sein.</small>

626 Hierbei kann man zur Zuweisung der Aufgabe zwei Schritte unterscheiden: Zuweisung einer Gesamtaufgabe an einen bestimmten **Behördenzweig** und anschließend Aufteilung der einzelnen Aufgaben nach **instanzieller Zuständigkeit**.

<small>Beispiel: Für die Finanzverwaltung findet sich eine allgemeine Zuständigkeitszuweisung in Art. 108 GG, die instanzielle Aufteilung im FinanzVerwaltungsG (z. B. regelt § 8 die Aufgabe der Oberfinanzdirektionen, § 17 Abs. 2 die der Finanzämter). – Vgl. auch § 44 Abs. 3 StVO, § 73 Abs. 1 VwGO (zur Bestimmung der zuständigen Widerspruchsbehörde vgl. unten RdNr. 814).</small>

627 2. Die **örtliche Zuständigkeit** ist zu prüfen, wenn es Behörden gibt, die sachlich dieselbe Zuständigkeit haben, aber innerhalb verschiedener Verwaltungsbezirke tätig werden. Die örtliche Zuständigkeit ist in §§ 3 VwVfG, 2 SGB X, 17ff AO näher geregelt.

Ihre Verletzung führt in der Regel nicht zur Nichtigkeit sondern grundsätzlich zur Rechtswidrigkeit (§§ 44 Abs. 3 Nr. 1 VwVfG, 40 Abs. 3 Nr. 1 SGB X, 125 Abs. 3 Nr. 1 AO); bei Eingreifen der §§ 46 VwVfG, 42 SGB X, 127 AO bleibt sie sogar folgenlos.

<small>In der Verwaltungspraxis ist bedeutsam, dass die Frage der örtlichen Zuständigkeit nur bei Behörden desselben Verwaltungsträgers auftaucht; bei Behörden verschiedener Verwaltungsträger (z. B. verschiedener Bundesländer, verschiedener Gemeinden) handelt es sich um die der örtlichen Zuständigkeit vorgelagerte – bereits (oben RdNr. 624) angesprochene – Verbandskompetenz.[7]</small>

628 3. Durch die (in der Praxis seltene) Regelung der **funktionellen Zuständigkeit** wird eine Aufgabe einem bestimmten Organwalter (etwa dem Behördenleiter selbst oder einem besonders Beauftragten) zugewiesen.

<small>Beispiele: § 65 Abs. 5 VwVfG (Ersuchen an andere Behörde um Vernehmung eines Zeugen oder Sachverständigen); § 68 Abs. 2 SGB X (Entscheidung über Datenübermittlungsersuchen der Polizei,</small>

<small>[7] Zur örtlichen Zuständigkeit bei Aufhebung von VAen vgl. Müller JA 86, 564; bei Strafgefangenen BVerwG NVwZ-RR 97, 751. – Vgl. Hofmann/Muth/Theisen, Kommunalrecht in Nordrhein-Westfalen, 2.2.4 und 2.3.3.2.1.2 (Verbandskompetenz der Gemeinde als Voraussetzung für Bürgerbegehren). – Zur örtlichen Zuständigkeit bei Obdachlosigkeit VGH Kassel, DVP 2005, 125</small>

Das Verwaltungsverfahren

Staatsanwaltschaften, Gerichte u. s. w. an Sozialbehörden); § 31 Abs. 4 PolG NRW (Beantragung der Rasterfahndung). – Die Begriffe der funktionellen und instanziellen Zuständigkeit werden uneinheitlich verwendet[8].

Soweit eine solche (Ausnahme-)Regelung der funktionellen Zuständigkeit nicht vorliegt, sind innerbehördliche Aufgabengliederungen – etwa nach Abteilungen, Referaten, Dezernaten oder Ämtern – für die Behördenzuständigkeit ohne Relevanz. Eine derartige Geschäftsverteilung der zuständigen Behörde wirkt nur verwaltungsintern und hat daher grundsätzlich keine Rechtswirkung im Verhältnis zum Bürger.

Beispiele: Ob die auf Stilllegung eines Kraftfahrzeuges gerichtete Verfügung vom Ordnungsamt oder Straßenverkehrsamt der Kreisverwaltung erlassen worden ist, ist für die Frage der Behördenzuständigkeit ohne Bedeutung: Da beide Ämter zur selben Behörde (Landrat) gehören, ist die nach § 44 Abs. 1 StVO zuständige Behörde tätig geworden. – Hat der Bürger vom Tiefbauamt der Stadtverwaltung S einen Erschließungsbeitragsbescheid erhalten und richtet er seinen Widerspruch an das Rechtsamt der Stadt S, so ist der Widerspruch entsprechend § 70 VwGO bei der Behörde erhoben, die den VA erlassen hat – nämlich beim Ober-/Bürgermeister (als Stadtverwaltungsbehörde), wozu beide Ämter gehören.

2.2.3 Die Zuständigkeitszuweisung darf nicht zu eng verstanden werden: Wird den Polizei- und Ordnungsbehörden die Abwehr von Gefahren für die öffentliche Sicherheit oder Ordnung übertragen, so ist eine Zuständigkeit nicht erst dann gegeben, wenn eine solche Gefahr wirklich vorliegt, sondern es reicht aus, dass die Behörde aufgrund objektiver Umstände zu dem Zweck tätig werden will, Gefahren für die öffentliche Sicherheit oder Ordnung zu bekämpfen.

2.2.4 In der Verwaltungspraxis (ebenso wie in der Examens-/Prüfungspraxis) sind eingehende Ausführungen zu Zuständigkeitsfragen in der Regel nicht erforderlich. Eine gedankliche Zuständigkeitsprüfung muss allerdings jedem Behördenhandeln vorausgehen. Meist wird man auch in der Begründung eines schriftlichen VA auf den Hinweis, dass die den VA erlassende Behörde tatsächlich zuständig sei, verzichten können.   **629**

Vgl. obige Aufbaumuster im RdNr. 323ff und RdNr. 355ff. Nach BVerwG soll sogar die ausdrückliche Erwähnung einer „Fortführungsentscheidung" (gemäß § 3 Abs. 3 VwVfG) nach zwischenzeitlich entstandener örtlicher Unzuständigkeit entbehrlich sein[9].

In der Verwaltungspraxis bereitet vereinzelt die Behandlung von Anträgen Probleme, die der Bürger bei einer **unzuständigen Behörde** eingereicht hat. Theoretisch denkbar wäre zwar, dass die betroffene Behörde den Antrag „bearbeitet" und durch abschlägigen VA („wegen fehlender Zuständigkeit") bescheidet. Dies würde aber weder dem Zweckmäßigkeitsgebot (§§ 10 S. 2 VwVfG, 9 S. 2 SGB X) noch der Beratungspflicht der Behörde (§§ 25 VwVfG, 13ff SGB I, 89 AO) entsprechen.   **630**

Sachgerecht ist hier in erster Linie, den Antrag unmittelbar an die zuständige Behörde weiterzuleiten (unter Benachrichtigung des Antragstellers) oder aber, den Antragsteller über die zuständige Behörde (unter Rückgabe des Antrages) zu informieren. Vereinzelt wird ein solcher begrenzter „Bürger-Service trotz Unzuständigkeit" bereits durch Gesetz vorgeschrieben.

Beispiele: § 16 Abs. 2 SGB I, § 22 Abs. 1 und 3 GO NRW[10]

---

8 Wie hier: Maurer § 21 RdNr. 49, 50 und Bull RdNr. 147
9 BVerwG NVwZ 86, 126, 128
10 Zu letzterem Hofmann/Muth/Theisen 2.3.3.1.1.9

631 **2.2.5 Zuständigkeitsabweichungen** sind selten. Die Zuständigkeitsregelungen sind zwingendes Recht und stehen nicht zur Disposition der Verwaltung.

Demgemäss ist auch **kein** allgemeines **Selbsteintrittsrecht** der höheren (Aufsichts-)Behörde anzuerkennen. Die Befugnis der instanziell höheren Behörde zur Beaufsichtigung der nachgeordneten Behörde und zur Erteilung von Weisungen gibt ihr nicht zugleich die Zuständigkeit, die Aufgaben der nachgeordneten Behörde an sich zu ziehen und an deren Stelle selbst tätig zu werden.

Ein solches Selbsteintrittsrecht ist nur dort anzuerkennen, wo eine gesetzliche Regelung dies zulässt.

> Beispiele hierfür sind im Polizei- und Ordnungsrecht normiert für Eilfälle und bei Gefahr im Verzuge (z. B. § 6 OBG NRW § 14 POG NRW). – Im Hinblick auf die örtliche Zuständigkeit bestimmt § 3 Abs. 4 VwVfG, dass bei Gefahr im Verzug für unaufschiebbare Maßnahmen jede Behörde örtlich zuständig ist, in deren Bezirk Anlass für eine Handlung besteht. – Entsprechende Regelungen finden sich in § 44 Abs. 2 BGSG, § 29 AO, § 2 Abs. 4 SGB X ; dies drückt einen allgemeinen Grundsatz für unaufschiebbare Maßnahmen bei Gefahr im Verzug aus.
>
> Eine Selbsteintrittsregelung kann aber auch allgemein – also ohne Gefahrsituation – gesetzlich vorgesehen sein (§ 44 Abs. 1 S. 2 StVO „… die erforderlichen Maßnahmen selbst zu treffen") oder unter besonders aufgeführten Voraussetzungen, als Befugnis der Kommunalaufsichtsbehörden (§ 123 Abs. 2 GO NRW[11], § 10 OBG NRW).

632 Im Widerspruchsverfahren geht, wenn die Eingangsbehörde dem Rechtsbehelf nicht abhilft, die Entscheidungsbefugnis gemäß §§ 73 Abs. 1 VwGO, 85 Abs. 2 SGG auf die (in der Regel) nächsthöhere Behörde über (sog. Überwälzungs- oder **Devolutiveffekt**). Dementsprechend darf die gegen die Ablehnung einer Baugenehmigung angerufene Widerspruchsbehörde diese Baugenehmigung erteilen (kann aber auch „zurückverweisen").

> Beispiele für konkrete Formulierungen (sowohl für eigenständige Erteilung einer Erlaubnis durch die Widerspruchsbehörde als auch für „Zurückverweisung" an die Ausgangsbehörde: oben RdNr. 358, bei II 1 a + b und RdNr. 361 bei V 1 a + b.

633 Um eine Abweichung von der normalen Zuständigkeitsverteilung handelt es sich, wenn eine **Delegation** vorliegt. Delegation ist die gesetzlich zugelassene Übertragung der Zuständigkeit (Beispiele: § 203 BauGB, § 44 Abs. 3 S. 3 StVO). – Im Unterschied hierzu handelt bei einem bloßen **Mandat** der Beauftragte im Namen der beauftragenden Stelle, so dass die Zuständigkeitsordnung nicht berührt wird.

> Beispiel hierzu: Einleitung eines Disziplinarverfahrens durch den Präsidenten einer Landeszentralbank im Namen des Präsidenten der Deutschen Bundesbank[12].

634 Die **Amtshilfe** (Art. 35 Abs. 1 GG, §§ 4 ff VwVfG, 3 ff SGB X, 111 ff AO) bewirkt keine Verschiebung der Zuständigkeit im Außenverhältnis. Hier gehen einzelne Abschnitte eines Verwaltungsverfahrens aus besonderen Gründen des Einzelfalles von der zuständigen Behörde auf eine andere Behörde über. Der Erlass der abschließenden Entscheidung verbleibt der zuständigen Behörde.

> Beispiele zur Amtshilfe: Übersendung von Akten, Bereitstellung von Schreibkräften oder Räumlichkeiten, Vornahme von Ermittlungen für die ersuchende Behörde, Erteilung von Auskünften, Vernehmung von Zeugen[13].

---

11 Vgl. Hofmann/Muth/Theisen, Kommunalrecht 3.3.2.3.3. – Zur Zuständigkeit bei Obdachlosen: VGH Kassel, DVP 2005, 125
12 Nach BVerwGE 63, 258; vgl. auch BDiszG NVwZ 86, 866 und Horn NVwZ 86, 808
13 Beispielsfälle Nr. 189–194 bei Bovermann/Dünchheim, Examinatorium – Allgemeines Verwaltungsrecht

Eine Abweichung von der an sich gegebenen örtlichen Zuständigkeit bewirkt 635
die **Fortführungsbefugnis** des § 3 Abs. 3 VwVfG (vgl. § 2 Abs. 2 und 3 SGB
X; § 26 S. 2 AO). Hiernach kann bei Wohnsitzwechsel einer Person die bisher
zuständige Behörde ein laufendes Verwaltungsverfahren fortführen. Diese
Regelung dient der Verfahrensökonomie und vermindert die Gefahr gezielter
Verschleppung.

Fälle sich **überschneidender ("mehrfacher") örtlicher Zuständigkeit** regelt 636
§ 3 Abs. 2 VwVfG (vgl. § 2 Abs. 1 SGB X und § 25 AO). Dort wird zugleich die
Lösung von Kompetenzkonflikten (bezüglich der örtlichen Zuständigkeit) den
Aufsichtsbehörden übertragen.

2.2.6 Zuständigkeit (Aufgabenzuweisung) und Ermächtigung (Befugnisnorm)
können in derselben Vorschrift enthalten sein (Beispiel: § 45 StVO). Dennoch
sind beide zu unterscheiden. – Es besteht allerdings auch bei Plazierung in
getrennten Vorschriften ein Zusammenhang, da sowohl die Zuständigkeitsbestimmung als auch die Ermächtigung sich auf dieselbe Maßnahme beziehen
(und diese entweder ermöglichen oder verhindern wollen).

Zuständigkeitsvorschriften sind daher vielfach „mit Blick auf die Ermächtigung"
zu beurteilen. Nach Anwendung einer bestimmten Zuständigkeitsvorschrift
können die anwendbaren Ermächtigungen beschränkt sein.

Beispiel: Die nach § 44 StVO für zuständig erklärte Straßenverkehrsbehörde ist auf die Ausführung
der Vorschriften der StVO beschränkt. – Auch kann die Zuständigkeitsvorschrift mit zur Auslegung
der Ermächtigungsgrundlage herangezogen werden[14]. Der einfache Schluss von der Zuständigkeit
auf eine entsprechende Ermächtigung ist aber nicht zulässig[15]; Eingriffe in Rechte der Bürger
bedürfen immer (neben der allgemeinen Zuständigkeit für das Sachgebiet) einer auf die spezielle
Sachverhaltskonstellation bezogenen Ermächtigungsnorm (vgl. oben RdNr. 178–193 zum Vorbehalt
des Gesetzes[16]).

2.3 Unparteilichkeit der Amtsführung

Für die Behörde handeln im konkreten Einzelfall die nach Geschäftsverteilung 637
zuständigen „Amtswalter". Die im folgenden darzustellenden Vorschriften regeln Fälle, in denen Amtsträger, die an sich zuständig sind, von der Mitwirkung
im konkreten Verfahren ausgeschlossen sind oder ausgeschlossen werden
können. Dies kann erforderlich sein, wenn besondere persönliche Beziehungen (etwa Verwandtschaft oder Feindschaft) zwischen dem Amtswalter und
dem vom Verfahren Betroffenen bestehen, um eine unbefangene Amtsführung
zu garantieren.

Es soll schon der **„böse Schein" sachfremder Entscheidungseinflüsse** vermieden werden. Zweck der Vorschrift ist, einerseits dem Bürger Gewähr
zu bieten, dass seine Sache unparteiisch und uneigennützig behandelt wird,
andererseits dem Amtswalter selbst den Konflikt zwischen dienstlichen und
persönlichen Interessen zu ersparen oder auch zwischen dienstlichen Interessen in verschiedenen Funktionen.

---

14 Vgl. OVG Berlin NJW 80, 2484
15 Maurer § 21 RdNr. 53
16 Vgl. Wölfl, NVwZ 2002, 49

Beispiele zu letzterem ergaben sich aus der gleichzeitigen Mitwirkung leitender bayerischer Amtsträger in der Rhein-Main-Donau-AG bzw. der Flughafen-München-(II)-GmbH und den von diesen Gesellschaften beantragten Planfeststellungsverfahren[17]. – Ähnlich: Unvereinbarkeit der Tätigkeiten eines Landesverkehrsministers sowohl als Leiter der Planfeststellungsbehörde als auch als Verwaltungsratsmitglied der Betreibergesellschaften einer Berliner „Magnetbahn"[18].

Im Vordergrund der folgenden Darstellung stehen die für Verwaltungsverfahren iSd § 9 VwVfG relevanten §§ 20, 21 VwVfG.

Beispiele für entsprechende Regelungen finden sich in §§ 16, 17 SGB X; §§ 82–84 AO; §§ 35 Abs. 1, 36 BRRG; §§ 52 Abs. 1, 59 Abs. 1 BBG und den diesbezüglichen Vorschriften der Landesbeamtengesetze. – Entsprechendes findet sich auch in den Bestimmungen der Gemeindeordnungen für Ratsmitglieder und ehrenamtlich Tätige, z. B. §§ 43 Abs. 2, 31 GO NRW[19].

638 Der Gesetzeswortlaut („... tätig werden ...") verbietet nicht allein das Abfassen der Schlussentscheidung, sondern **auch bereits vorbereitende, ermittelnde und beratende Mitwirkung**.

Einschränkend ergibt sich jedoch aus dem Sinn der Vorschriften (als Schutzregelungen gegen sachfremde Entscheidungseinflüsse), dass das Mitwirkungsverbot nur dann eingreift, wenn der Amtsträger Einfluss auf das Entscheidungsergebnis haben kann; dies trifft **nicht zu bei entscheidungsunerheblichen Hilfstätigkeiten** (etwa manueller oder mechanischer Art).

Beispiele: So darf eine Schreibkraft durch das Schreiben des Erlaubnis-VA im Baugenehmigungsverfahren ihrer Freundin mitwirken; ebenso ein mit Zustellungen betrauter Mitarbeiter der Behörde bei der Übermittlung eines Bescheides an seinen Bruder.[20] – Streitig sind die Fälle eines „verwandten Protokollführers" oder eines „verfeindeten Wasseruhrablesers"[21].

639 Ein besonderes Spannungsverhältnis entsteht durch die Tendenzen zur „Genehmigungsbeschleunigung", die z. B. auch in den §§ 71 a ff VwVfG (vgl. unten RdNr. 766) ihren Niederschlag gefunden haben: Hier sieht das Gesetz für ein Genehmigungsverfahren, das einem „Vorhaben im Rahmen einer wirtschaftlichen Unternehmung des Antragstellers dient" eine verfahrensmäßig bevorzugte Behandlung vor; diese geht über das allgemeine Gebot des § 10 VwVfG hinaus, Verwaltungsverfahren „zügig durchzuführen". Auch in derartigen Verfahren ist aber das (in §§ 20, 21 VwVfG enthaltene) Neutralitätsgebot von den öffentlich-rechtlichen Entscheidungsträgern zu wahren; sie sind nämlich **Sachwalter von Allgemeininteressen** und dürfen sich deshalb **nicht einseitig zugunsten des jeweiligen Antragstellers „als dessen Dienstleister" verhalten**.

Die zügige Durchführung von Genehmigungsverfahren darf nicht zum Vorrecht für finanzkräftige Großkunden werden. Alle betroffenen Allgemeininteressen, wie etwa Umweltbelange, bedürfen auch in derartigen Genehmigungsverfahren einer sorgfältigen Berücksichtigung. Das Neutralitätsgebot sichert neben diesen Allgemeininteressen auch die Gleichbehandlung einzelner im Verfahren[22].

---

17 VGH München NVwZ 82, 508, 510 (hierzu Osterloh JuS 83, 314 sowie Scheuing NVwZ 82, 487); BVerwG NVwZ 84, 718, 720 (hierzu Geiger JA 85, 169).
18 BVerwG NVwZ 88, 527; vgl. Bonk, NVwZ 2001, 636, 640
19 Umfassend dazu: Hofmann/Muth/Theisen, Kommunalrecht 2.6.1.2.2
20 Vgl. Stüer/Hönig DÖV 2004, 642, 643 f
21 Nach Kopp/Ramsauer § 20 RdNr. 12 ist Ausschluss geboten; vgl. Schmitz in Stelkens/Bonk/Sachs § 20 RdNr. 25
22 Vgl. Steinbeiß-Winkelmann DVBl 98, 809, 819; Treutner, Kooperativer Rechtsstaat, 1998, S. 36 ff, 249 ff.

2.3.1 Ausgeschlossene Personen

Gleichgültig, ob im konkreten Fall tatsächlich Befangenheit gegeben ist oder nicht, ergibt sich bei den in §§ 20 VwVfG, 16 SGB X, 82 AO aufgeführten Ausschlussfällen ein **Mitwirkungsverbot** – schon zur Vermeidung von Konfliktsituationen. In einem Verwaltungsverfahren darf demnach nicht für die Behörde tätig werden, wer selbst Beteiligter, Angehöriger eines Beteiligten bzw. Beschäftigter eines Beteiligten ist oder sonst in einer der im Gesetz genannten Formen mit einem Beteiligten in engerer Beziehung steht. 640

<small>Zu den Beispielsfällen der Aufsichtsratszugehörigkeit gemäß § 20 Abs. 1 Nr. 5 hat das BVerwG einer Tendenz widersprochen, nach der diese Vorschrift wegen angeblicher Praxisprobleme einschränkend auszulegen sei. Wie dem Wortlaut und der Entstehungsgeschichte der Vorschrift zu entnehmen ist, stellt § 20 Abs. 1 Nr. 5 „nicht darauf ab, ob der Amtsträger dem Aufsichtsrat einer verfahrensbeteiligten Gesellschaft in privatem Interesse oder in amtlicher Eigenschaft angehört"[23].</small>

Die Ausschlusstatbestände sind abschließend aufgezählt und nicht durch Analogie erweiterungsfähig; so ist insbesondere nicht der in der Verwaltungswirklichkeit häufige Fall in den Ausschlusskatalog aufgenommen, dass ein Amtswalter, der bereits über den Erlass eines GrundVA entschieden hat, auch bei der anschließenden Abhilfeentscheidung im Rechtsbehelfsverfahren mitwirkt.

<small>Von § 20 VwVfG nicht erfasste Beziehungen können aber zum Anwendungsbereich des nachfolgend zu behandelnden § 21 VwVfG gehören (RdNr. 643).</small>

Besonders hinzuweisen ist auf den jeweiligen Satz 2 des Abs. 1 der §§ 20 VwVfG, 16 SGB X, 82 AO, wonach ein Amtswalter auch ausgeschlossen ist, wenn er selbst oder sein Angehöriger etc. durch das Verfahren oder die Entscheidung „ ... einen **unmittelbaren Vorteil oder Nachteil** erlangen kann". Das gilt gemäß S. 3 allerdings nicht, wenn er lediglich in seinem Interesse als Mitglied einer Berufs- oder Bevölkerungsgruppe berührt wird (z. B. Gruppeninteresse aller Hundehalter oder Grundstückseigentümer). Ausreichend für die von S. 2 erfassten Fälle ist die bloße Möglichkeit des unmittelbaren Vorteils oder Nachteils („... erlangen kann ..."). 641

In der Verwaltungspraxis bereitet die Entscheidung, ob ein Vorteil „unmittelbar" ist, immer wieder Schwierigkeiten. Als **Faustformel** kann folgende Frage dienen: Ist für den Eintritt des Vorteils noch das Hinzutreten eines weiteren Umstandes erforderlich (dann nur Mittelbarkeit) oder folgt der Vorteil aus der Tätigkeit oder Entscheidung selbst (dann Unmittelbarkeit)?[24] 642

2.3.2 Besorgnis der Befangenheit

Beziehungen wie Freundschaft oder Feindschaft, die nicht dem bisher behandelten automatischen, gesetzlichen Ausschluss unterfallen, werden von §§ 21 VwVfG, 17 SGB X, 83 AO erfasst. Diese Regelungen betreffen den Fall, dass ein Grund vorliegt, der geeignet ist, Misstrauen gegen eine unparteiische Amtsausübung zu rechtfertigen, oder dass von einem Beteiligten das Vorliegen eines solchen Grundes behauptet wird. Neben besonders guten oder 643

<small>23 Vgl. BVerwG NVwZ 84, 718, 720; Besprechung Geiger JA 85, 169
24 Vgl. Fälle Nr. 171 – 174 bei Bovermann/Dünchheim, Examinatorium – Allgemeines Verwaltungsrecht. – Zur Erosion des Kriteriums der Unmittelbarkeit in den (dem § 20 VwVfG ähnlichen) kommunalrechtlichen Befangenheitsregelungen: Hofmann/Muth/Theisen, Kommunalrecht 2.6.1.2.2.</small>

besonders schlechten persönlichen Beziehungen sind in der Praxis bedeutsam: unsachliche Bemerkungen des Amtswalters zu Antrag oder Person eines Beteiligten oder vorzeitige Festlegungen auf ein bestimmtes Resultat des Verwaltungsverfahrens.

Beispiel: Gibt ein Prüfungsvorsitzender während der noch andauernden Prüfung zu erkennen, die „Prüfung könne eigentlich sofort beendet werden, weil sich am Ergebnis auch bei ihrer Fortsetzung nichts ändern" werde, begründet dies die Besorgnis der Befangenheit[25].

644 Der betroffene Amtswalter hat den **Leiter der Behörde zu unterrichten** und sich (erst) auf dessen Anordnung der Mitwirkung zu enthalten. Damit soll erreicht werden, dass der Betroffene nicht selbst über seine weitere Tätigkeit in dem Verfahren entscheidet. Ein Ermessensspielraum soll dem Vorgesetzten dadurch nicht eingeräumt werden; vielmehr muss er bei tatsächlichem Vorliegen eines solchen im Gesetz genannten „ ... Grundes, der geeignet ist ... Misstrauen ... zu rechtfertigen ..." diese Anordnung treffen.

Eine „Selbstablehnung" des Amtswalters ist vom Gesetz ausgeschlossen[26]. Ein eigenständiges „Ablehnungsrecht" eines Verfahrensbeteiligten gegenüber einem Sachbearbeiter ist ebenfalls nicht vorgesehen.

Das bloße persönliche Misstrauen eines Bürgers, das allein in seiner subjektiven Vorstellungen wurzelt, oder die schlichte Behauptung, der Amtswalter sei befangen, führen nicht zu den Rechtsfolgen der §§ 21 VwVfG, 17 SGB X, 83 AO: Die Begriffe „Besorgnis" und „ ... Grund der geeignet ist, Misstrauen ... zu rechtfertigen ..." verlangen gegenständliche, vernünftige Kriterien, die sich auf objektiv feststellbare Tatsachen gründen müssen.

Beispiel: Haben Prüfer, die nach Prüfungsordnung über die vorgelegten (künstlerischen) Arbeiten zu befinden hätten, die Prüfung (ausdrücklich) allein aus Gründen ihrer „Einschätzung der Persönlichkeit des Prüflings und seiner in der Ausbildung gezeigten Arbeitshaltung" für nicht bestanden erklärt, so dürfen diese Prüfer (aufgrund der objektiven Tatsache dieser „prüfungsrechtlich willkürlichen" ersten Prüfungsentscheidung) in der Wiederholungsprüfung wegen Befangenheit nach § 21 VwVfG vom Prüfungsamt nicht wieder eingesetzt werden[27].

2.3.3 Rechtsfolgen

645 Ein förmliches Ablehnungsrecht steht dem betroffenen Bürger in den Normalfällen der „ausgeschlossenen Person" und der „Besorgnis der Befangenheit" nicht zu. Werden die Ausschlussregelungen verletzt, so ist der das Verfahren abschließende VA verfahrensfehlerhaft ergangen und damit **rechtswidrig**.

Nur in den Sonderfällen der (förmlichen) Verfahren vor Ausschüssen (§§ 71 Abs. 3 VwVfG und 84 AO) kann jeder Beteiligte ein Mitglied des Ausschusses ablehnen.

646 Wie aus dem jeweiligen Abs. 3 Nr. 2 der §§ 44 VwVfG, 40 SGB X, 125 AO abzuleiten ist, liegt im Regelfall bei Mitwirkung eines ausgeschlossenen oder befangenen Amtswalters bloße (schlichte) Rechtswidrigkeit (Anfechtbarkeit) vor. Nur im Spezialfall der Mitwirkung eines vom Verfahren selbstbetroffenen Amtswalters ist grundsätzlich **Nichtigkeit** anzunehmen, da (in Abs. 3 Nr. 2) die Nr. 1 der ersten Absätze der §§ 20 VwVfG, 16 SGB X, 82 AO gerade nicht aufgeführt ist.

Für die Verwaltungspraxis relevant ist, dass eine gesonderte Anfechtung der über das Eingreifen der §§ 21, 21 VwVfG ergehenden Verfahrensentscheidung wegen § 44 a VwGO nicht möglich ist:

---

25 So VGH Mannheim, NVwZ 2002, 235
26 Zu den Folgen einer solchen „Selbstablehnung" vgl. BVerwG NVwZ 85, 576
27 So OVG Münster VR 2001, 175

Das Verwaltungsverfahren

Hiernach können „Rechtsbehelfe gegen behördliche Verfahrenshandlungen" nur gleichzeitig mit den gegen die (Haupt-)Sachentscheidung zulässigen Rechtsbehelfen geltend gemacht werden.

Zusätzlich ist für die Praxis bedeutsam, dass nach § 46 VwVfG, § 42 SGB X die **Aufhebung eines VAs nicht beansprucht werden kann** „... wenn offensichtlich ist, dass die Verletzung ..." der Verfahrensvorschrift „... die Entscheidung in der Sache nicht beeinflusst hat." – Soweit nach § 127 AO noch die (früher auch im VwVfG und im SGB X enthaltene) Formulierung gilt, dass „... keine andere Entscheidung ... hätte getroffen werden können", besteht bei Ermessen oder Beurteilungsspielraum in der Regel immer die Möglichkeit einer „anderen Entscheidung in der Sache"[28]. 647

3. Die Verfahrenspartner der Behörde

Die VwVfG'e weisen den Beteiligten des Verwaltungsverfahrens spezielle Rechte und Pflichten zu (etwa Anhörungs- und Akteneinsichtsrechte, z. B. § 28, 29 VwVfG, Mitwirkungspflichten, z. B. §§ 60ff SGB I und §§ 90, 93, 97, 200 AO). Eine klare **Festlegung der Beteiligtenstellung** ist daher Voraussetzung für die praktische Anwendung der Verfahrensregelungen. Da die VwVfG'e dem Bürger eine tragende Rolle als selbstverantwortlicher Verfahrenspartner zuweisen, ist vorab sicherzustellen, dass er den ihm auferlegten Funktionen auch gerecht werden kann. Den Rahmen dafür stecken die Regeln über Beteiligungs- und Handlungsfähigkeit ab (§§ 11f VwVfG, 10f SGB X, 79 AO), die zusammen mit dem Beteiligtenbegriff im folgenden am Beispiel des VwVfG dargestellt werden sollen. 648

3.1 Die **Beteiligungsfähigkeit** umschreibt die Fähigkeit, überhaupt Subjekt eines Verwaltungsverfahrens sein zu können. Sie ist die verfahrensrechtliche Seite der Rechtsfähigkeit, gibt also die **Möglichkeit, Rechte und Pflichten zu haben**. Wer nicht beteiligungsfähig ist, kann im Verwaltungsverfahren keinen Antrag stellen (stellen lassen), hat kein Recht auf Anhörung; ihm gegenüber kann kein VA erlassen werden; er kann nicht Partner eines öffentlich-rechtlichen Vertrages sein. 649

Gemäß § 11 VwVfG (§ 10 SGB X) sind beteiligungsfähig:

1. natürliche und juristische Personen,

2. Vereinigungen, soweit ihnen ein Recht zustehen kann,

3. Behörden.

Zu **Nr. 1** ist darauf hinzuweisen, dass auch ein sechsjähriger Grundstückseigentümer Beteiligungsfähigkeit besitzt, da er „natürliche Person" ist und da es im Rahmen des § 11 VwVfG – anders als bei § 12 VwVfG (Handlungsfähigkeit) – auf Geschäftsfähigkeit nicht ankommt[29].

Auch soziale Gebilde, denen die Rechtsordnung keine (volle) Rechtsfähigkeit zuerkennt, können öffentlich-rechtliche Rechte und Pflichten haben und gemäß §§ 11 **Nr. 2** VwVfG (10 Nr. 2 SGB X) als „Vereinigungen" beteiligungsfähig sein. 650

Beispielsweise kann ein nicht rechtsfähiger Verein Inhaber einer Gaststättengenehmigung sein (§ 2 Abs. 1 S. 2 GastG). Den Gebietsverbänden einer politischen Partei sowie den Kreisverbänden einer Gewerkschaft kann die Erlaubnis für einen Informationsstand erteilt werden. Gegen einen nichtrechtsfähigen Verein oder gegen eine OHG (§ 105 HGB) kann eine Ordnungsverfügung ergehen.

---

28 Vgl. oben RdNr. 486; Bonk NVwZ 97, 320, 326 und NVwZ 2001, 636, 641
29 Vgl. Fall Nr. 161 bei Bovermann/Dünchheim, Examinatorium – Allgemeines Verwaltungsrecht

Da diesen sozialen Gebilden die Möglichkeit, Rechte und Pflichten zu haben, nicht schon grundsätzlich durch Zuerkennung der (vollen) Rechtsfähigkeit gegeben ist, sondern jeweils nach Rechtsgebiet und Eigenart des sozialen Gebildes begründet werden muss, spricht man hier von Teilrechtsfähigkeit.

Der Verwaltungspraxis bereitet die Abgrenzung des Begriffs „Vereinigung" zuweilen Schwierigkeiten: Hier ist ein Mindestmaß an Struktur erforderlich – aber auch ausreichend.

Beispielsweise ist einer körperschaftsähnlich organisierten Bürgerinitiative, die eine Mitgliederversammlung durchgeführt und einen Vorstand gewählt hat, das Antragsrecht auf Genehmigung eines Informationsstandes (Sondernutzung) zuzubilligen. – Einer unstrukturierten, spontanen Bürgerinitiative hingegen, die nur ein lockerer Zusammenschluss von Personen ist, die etwa (ohne organisatorische Verbindung) punktuell auf einen Missstand hinweisen wollen, wird in der Regel keine Beteiligungsfähigkeit iSd §§ 11 Nr. 2 VwVfG, 10 Nr. 1 SGB X zukommen; hier kann die Genehmigung nur von den einzelnen „Mitgliedern" beantragt werden.

651 Nr. 3 der §§ 11 VwVfG, 10 SGB X regelt die Beteiligungsfähigkeit von Behörden. Behörden und (sonstige) Organe – ähnliches gilt für die nichtrechtsfähigen Anstalten – können zwar Rechte und Pflichten haben. Diese sind ihnen aber nur zur Wahrnehmung übertragen (Wahrnehmungs-Rechtsfähigkeit). Letztlich sind Träger der Rechte und Pflichten die juristischen Personen, denen die Behörden u. s. w. angehören (End-Rechtsfähigkeit der juristischen Personen).

Beispiele für diese Rechtsträger, die durch die Behörden handeln: Bundesland, Kreis, Stadt, Gemeinde[30]. – Verwaltungsverfahren, bei denen auf „beiden Seiten" Behörden stehen (etwa als Antragsteller und Genehmigungsbehörde) sind insbesondere dort denkbar, wo eine Behörde fiskalische Interessen vertritt.

652 **3.2** Die in §§ 12 VwVfG, 11 SGB X, 79 AO geregelte **Handlungsfähigkeit** betrifft die Fähigkeit, **selbst Verfahrenshandlungen vornehmen zu können** – etwa Anträge zu stellen oder (andere) Erklärungen abzugeben. Während die (soeben unter RdNr. 649 ff) behandelte Beteiligungsfähigkeit die Frage regelt, ob jemand öffentlich-rechtliche Rechte und Pflichten haben kann, geht es bei der Handlungsfähigkeit um die Frage des Erwerbs von Rechten und Pflichten.

Beispielhaft lässt sich das Verhältnis zwischen Beteiligungsfähigkeit und Handlungsfähigkeit im Zusammenhang mit der juristischen Person erläutern. Diese ist zwar rechtsfähig (beteiligungsfähig), kann aber nicht handlungsfähig sein, weil sie nicht selbst handeln kann, sondern deshalb durch ihre Organe handelt (jeweils Abs. 1 Nr. 3 in den §§ 12 VwVfG, 11 SGB X, 79 AO). – So kann z. B. ein Sportverein zwar Inhaber einer Gaststättengenehmigung sein, den Antrag auf Erteilung der Genehmigung muss aber der Vorstand oder ein von ihm besonders Beauftragter stellen; an diese Person muss auch die Bekanntgabe der Genehmigung erfolgen.

653 Die verwaltungsrechtliche Handlungsfähigkeit entspricht der privatrechtlichen Geschäftsfähigkeit (§§ 104 ff BGB). – Gegenüber einem (etwa wegen Geisteskrankheit) Geschäftsunfähigen (Handlungsunfähigen) selbst kann z. B. die Entziehung der Fahrerlaubnis nicht wirksam erfolgen[31].

Im Verwaltungsverfahren handlungsfähig sind nach §§ 12 VwVfG, 11 SGB X, 79 AO in erster Linie natürliche Personen, die nach bürgerlichem Recht geschäftsfähig sind (Nr. 1), aber beispielsweise auch nach bürgerlichem Recht beschränkt rechtsfähige Personen – soweit sie für den Gegenstand des Verfahrens nach BGB als geschäftsfähig anerkannt sind oder soweit sie aufgrund öffentlichen Rechts als handlungsfähig anerkannt sind (Nr. 2).

---

30 Vgl. zu letzterem Hofmann/Muth/Theisen, Kommunalrecht, 2.3.2.1
31 VGH München NJW 84, 2845. Vgl. Fall Nr. 164 bei Bovermann/Dünchheim, Examinatorium – Allgemeines Verwaltungsrecht.

Im Regelfall tritt die Verfahrens-Handlungsfähigkeit eines Menschen gemäß Nr. 1 mit der Volljährigkeit ein (§§ 2, 104 ff BGB). – Ist eine natürliche Person nicht handlungsfähig, so handelt für sie ihr gesetzlicher Vertreter; für Kinder handeln die Eltern.

Beispiele zu den Sonderfällen der Nr. 2 sind neben §§ 112, 113 BGB zahlreiche Sondervorschriften, wonach Personen auch unter 18 Jahren öffentlich-rechtlich handlungsfähig sind,

z. B. ab 16 Jahren: Erhalt bestimmter Fahrerlaubnisse § 10 Abs. 1 Ziffer 4 und Abs. 4 FeV;

z. B. ab 15 Jahren: Antragstellung auf Sozialleistungen § 36 Abs. 1 SGB I;

z. B. ab 14 Jahren: Entscheidung über religiöses Bekenntnis § 5 RelKErzG.

3.3 Während die oben (RdNr. 649 ff) dargestellte Beteiligungsfähigkeit allgemein umschreibt, wer Subjekt eines Verwaltungsverfahrens sein kann, beantworten §§ 13 VwVfG, 12 SGB X, 78 AO die Frage, wer im konkreten Verfahren **Beteiligter** ist. Dabei zählt die Behörde als „aktiv Beteiligte" des von ihr durchgeführten Verfahrens nach fast einhelliger Meinung nicht zu den Beteiligten in diesem Sinne[32]. Die Begrenzung der genannten Vorschriften auf den Bereich der „Passivbeteiligten" ist für die Praxis sachgerecht, da die eigentliche Funktion dieser Definitionen darin besteht, die Beteiligten als Adressatenkreis der (nachfolgend behandelten) Verfahrensrechte und -pflichten zu bestimmen.

654

Hiernach sind Beteiligte iSd § 13 VwVfG, 12 SGB X (ähnlich § 78 AO) Antragsteller und Antragsgegner (Nr. 1), diejenigen, an welche die Behörde einen VA richten will oder gerichtet hat (Nr. 2), diejenigen, mit denen die Behörde einen öffentlich-rechtlichen Vertrag schließen will oder geschlossen hat (Nr. 3) und diejenigen, die von der Behörde zu dem Verfahren hinzugezogen worden sind, weil ihre rechtlichen Interessen berührt werden können (Nr. 4).

Zu dem in Nr. 1 verwendeten Begriff „Antragsgegner" ist darauf hinzuweisen, dass es sich hierbei nicht etwa um die Behörde handelt, sondern um gegebenenfalls drittbetroffene Personen, deren Rechte der vom Antragsteller angestrebte VA verändern könnte. Derartige Konstellationen sind in der Praxis selten.

Beispielsfälle, in denen neben dem Antragsteller auch Antragsgegner vorkommen, sind: Baugenehmigungsverfahren, in denen sich ein Nachbar des Bauwilligen gegen das Vorhaben wendet; Genehmigungsverfahren des Linienverkehrs, in denen sich ein vorhandene Unternehmer gegen eine Neuzulassung wenden. – Im Anwendungsbereich von § 12 Abs. 1 Nr. 1 SGB X: Zustimmungserfordernis des Integrationsamtes zur Kündigung eines Schwerbehinderten (nach § 85 ff SGB IX).

Die in **Abs. 1 Nr. 1–3** der §§ 12 VwVfG, 13 SGB X (vgl. § 78 AO) genannten Fälle erfassen die **kraft Gesetzes** beteiligten Personen.

Abs. 1 Nr. 4 bezieht sich auf die in Abs. 2 der §§ 13 VwVfG, 12 SGB X geregelten Fälle der Beteiligung kraft **Hinzuziehung** durch die Behörde. Die Hinzuziehung steht dann im Ermessen der Behörde, wenn (lediglich) „**rechtliche Interessen**" Dritter durch den Ausgang des Verfahrens berührt werden können.

655

---

32 Vgl. Maurer § 19 RdNr. 11

9. Abschnitt

Die Verwaltungspraxis lässt erkennen, dass dieser Ermessensspielraum „restriktiv gehandhabt" wird; zu vermutende Gründe dürften sein: Verlängerung des Verfahrens durch Hinzuziehung Dritter und problematischer Ausgleich der divergierenden Interessen[33].

656 Hat der mögliche Ausgang des Verfahrens dagegen **„rechtsgestaltende Wirkung"** für einen Dritten im Sinne des jeweiligen Satzes 2 des Abs. 2 der §§ 13 VwVfG, 12 SGB X, so muss dieser „auf Antrag als Beteiligter" hinzugezogen werden.

Beispielsweise ist dies der Fall, wenn eine Baugenehmigung, die der Bauwillige erstrebt, im Falle ihrer Erteilung in zugunsten des Nachbarn bestehende nachbarschützende Bestimmungen eingreift. – Zur „Beteiligung des Angrenzers" (also insbesondere der Eigentümer der Nachbargrundstücke) vgl. § 74 BauO NRW („ ... sind zu beteiligen ...").

Der in **Abs. 3** der §§ 13 VwVfG, 12 SGB X verwendete Begriff „anzuhören" darf nicht zu Verwechslungen mit den Fällen der §§ 28 VwVfG, 24 SGB X führen, in denen die Beteiligteneigenschaft bereits vorausgesetzt wird. Gemeint ist hier die Anhörung von Sachverständigen, Zeugen, Verbänden und Personalräten.

Für derartige Fälle stellen die Abs. 3 der §§ 13 VwVfG, 12 SGB X klar, dass solche Personen oder Vereinigungen durch die Anhörungsregelung nicht zu Beteiligten mit den entsprechenden Verfahrensrechten und -pflichten werden[34]. – Für abwesende Beteiligte und große Zahlen von Beteiligten gelten besondere Vertretungsregelungen (§§ 16ff VwVfG), die zu den nachfolgend zu behandelnden Vorschriften über Bevollmächtigte und Beistände gehören.

657 3.4 Beteiligte können sich durch einen **Bevollmächtigten** vertreten lassen (Abs. 1 der §§ 14 VwVfG, 13 SGB X, 80 AO) und zu Verhandlungen und Besprechungen mit einem **Beistand** erscheinen (jeweils Abs. 4).

Beispielsweise treten in der Verwaltungspraxis als Bevollmächtigte oder Beistände oft Familienangehörige auf, aber vor allem auch Rechtsanwälte, Steuerberater, Architekten oder sonstige Fachkundige (im Sozialverwaltungsverfahren Mitarbeiter von Gewerkschaften oder von Vereinigungen der Arbeitgeber).

Bevollmächtigte haben auf behördlichen Wunsch ihre Vollmacht schriftlich nachzuweisen (Abs. 1 S. 3). – Ungeeignete Bevollmächtigte und Beistände können (nach Abs. 6 S. 1) „ ... vom Vortrag zurückgewiesen werden." Dies gilt jedoch (nach Abs. 6 S. 2) nicht für Personen, die zur „ ... geschäftsmäßigen Besorgung fremder Rechtsangelegenheiten befugt sind".

Beispiele für diesen Personenkreis sind Rechtsanwälte, Wirtschaftsprüfer und Steuerberater. Diese genießen also gemäß Abs. 6 S. 2 – auch bei unsinnigem Vortrag – ein „Trottelprivileg"[35].

Beteiligte ohne Wohn- oder Geschäftssitz in der Bundesrepublik Deutschland haben einen Empfangsbevollmächtigten (§§ 15 VwVfG, 14 SGB X, 123 AO) zu benennen. – Für abwesende oder unbekannte Beteiligte sowie solche, die infolge geistiger oder körperlicher Gebrechen nicht in der Lage sind, im Verwaltungsverfahren selbst tätig zu werden, hat das Vormundschaftsgericht auf Ersuchen der Verwaltungsbehörde einen geeigneten Vertreter zu bestellen (§§ 16 VwVfG, 15 SGB X, 81 AO; vgl. auch § 207 BauGB).

658 Bei „gleichförmigen Eingaben" von mehr als 50 Personen oder bei Verfahren, an denen mehr als 50 Personen „im gleichen Interesse beteiligt" sind, ohne vertreten zu sein (§§ 17ff VwVfG), kommt ein **gemeinsamer Vertreter** in Betracht, der gegebenenfalls auch durch die Behörde von Amts wegen bestellt werden kann.

---

33 So auch Bonk NVwZ 2001, 636, 639
34 Vgl. BVerwGE 66, 291, 295
35 So Vahle, DVP 2004, 187, 188

Keine entsprechenden Regelungen zur Bewältigung von Massenverfahren finden sich im SGB X und in der AO, da in diesen Behördenbereichen solche Konstellationen in der Praxis kaum vorkommen. – Zu beachten ist, dass die §§ 17 ff VwVfG nur eingreifen, wenn die betreffende Personengruppe nicht bereits selbst eine beteiligungsfähige „Vereinigung" z. B. im Sinne des § 11 Nr. 2 VwVfG darstellt. Dies zeigt die enge Beziehung zwischen Beteiligungsfähigkeit und Vertretung sowie die Notwendigkeit, regelmäßig beides zusammen zu untersuchen.

Die Befugnis, sich durch einen Bevollmächtigten vertreten zu lassen oder mit einem Beistand zu erscheinen, gilt gemäß § 2 Abs. 3 Nr. 2 VwVfG nicht bei „Leistungs-, Eignungs- oder ähnlichen Prüfungen" und (nach LandesVwVfG) bei der „Besetzung von Professorenstellen" (z. B. § 2 Abs. 3 Nr. 2 VwVfG-NRW).

Nach Auffassung des BVerwGs soll der Ausschluss von Beiständen auch Einstellungsgespräche von Beamtenbewerbern erfassen[36]. Dies ist nicht unwidersprochen geblieben[37] und erscheint insbesondere fragwürdig, wenn man eine Parallele zur Vernehmung eines Zeugen zieht, der zwar – ähnlich wie der Beamtenbewerber – auch aus eigener Wahrnehmung nur selbst berichten kann, bei dem aber die Hinzuziehung eines Rechtsbeistandes unstreitig zulässig ist.

4. Verfahrensablauf

4.1 Über die **Einleitung** des Verwaltungsverfahrens enthalten die §§ 22 VwVfG, 18 SGB X, 86 AO allgemeine Bestimmungen. Diese sind aber insofern problematisch, als sie den Zusammenhang mit den sachlich-rechtlichen Bestimmungen, die den Erlass des VA regeln, nicht hinreichend deutlich zum Ausdruck bringen und auch den praktischen Erfordernissen nicht recht entsprechen. Abweichend vom Gesetzeswortlaut empfiehlt sich folgende Prüfung: **659**

1. In der überwiegenden Zahl der Fälle, in denen das Verwaltungsverfahren zu einem den Bürger belastenden VA führt, ist im Gesetz vorgeschrieben, unter welchen Voraussetzungen der VA ergehen muss (gebundene Verwaltung). In diesen Fällen muss ein Verfahren eingeleitet werden, wenn das Vorliegen der Voraussetzungen für den Erlass des VA in Betracht kommt (S. 2 Nr. 1 Fall 1).

2. Bei begünstigenden VAen ist in der Regel im Gesetz vorgeschrieben, dass dieser auf Antrag ergeht. Hier darf die Behörde ohne Antrag nicht tätig werden (S. 2 Nr. 2), während sie bei Vorliegen eines Antrags in aller Regel tätig werden muss (S. 2 Nr. 1 Fall 2).

3. In den übrigen Fällen wird über die Einleitung des Verfahrens nach pflichtgemäßem Ermessen entschieden (S. 1), **Opportunitätsprinzip** [38]. Das Opportunitätsprinzip gilt insbesondere für das Einschreiten gegen Gefahren im Polizei- und Ordnungsrecht. Dabei darf aber das Wortelement „opportun" (= zweckmäßig, passend, geeignet) nicht als Aufforderung zu „opportunistischem" (= anpasserischem, willkürlichem) Handeln missverstanden werden. Gemäß S. 1 der genannten Paragraphen darf die Behörde nach „pflichtgemäßem Ermessen" nur angemessene Maßnahmen ergreifen. In gravierenden Fällen (etwa bei Gefährdung von Gesundheit oder Leben)

---
36 BVerwGE 62, 169, 172
37 Vgl. Maurer § 19 RdNr. 24; Bull RdNr. 453, jeweils mit Nachweisen
38 Zum Opportunitätsprinzip in der Verwaltung Olivet ZRP 93, 167

kann sich das Ermessen auf Null reduzieren, so dass nur noch ein Ergebnis – nämlich das Einschreiten – rechtmäßig ist[39].

660 In der Verwaltungspraxis werden Verwaltungsverfahren oft ganz formlos dadurch eingeleitet, dass die Behörde eine bestimmte Angelegenheit aufgreift.

Dabei kann der „Antrag" in einem von Amts wegen einzuleitenden Verfahren auch „nur ein Weg oder ein Mittel ... (sein, der Behörde) ... die notwendige Kenntnis der Voraussetzungen ... zu verschaffen"[40]. – Andererseits können „Anträge nach § 22 VwVfG ... auch stillschweigend/konkludent gestellt werden"[41]. – Die bloße Schaffung eines genehmigungspflichtigen Tatbestandes ist jedoch keine Antragstellung[42].

661 Bei der **Auslegung von Anträgen** ist entsprechend § 133 BGB der wirkliche Wille zu erforschen. Auf die Verwendung des Begriffs „Antrag" kommt es nicht an. Darüber hinaus soll die Behörde die Stellung oder Berichtigung von Anträgen anregen, wenn eine Unkenntnis oder ein Versehen des Bürgers erkennbar ist (§§ 25 VwVfG, 89 AO; vgl. § 16 Abs. 3 SGB I). Der Antrag muss allerdings hinreichend bestimmt sein.

Beispiele: Nach BVerwG ist ein Schreiben, mit dem der Behörde zwei unterschiedliche Teilungspläne für ein Grundstück zur beliebigen Auswahl vorgelegt werden, kein ausreichend bestimmter Teilungsantrag iSd § 19 Abs. 3 BauGB[43]. – In einem Antrag auf ein „Mehr", dem nicht stattgegeben werden kann, steckt idR ein Antrag auf ein „Weniger": Kann einem Baugenehmigungsantrag für eine Werbeanlage mit beweglichen Leuchtbuchstaben nicht stattgegeben werden, so ist zu prüfen, ob nicht eine einfache Leuchtschrift oder eine indirekt beleuchtete, dezente Werbeanlage genehmigt werden kann.

662 Die VwVfG'e enthalten für Anträge des allgemeinen Verwaltungsverfahrens keine Formvorschriften. – Schriftformzwang, Erfordernis der Erklärung zur Niederschrift oder Formularzwang binden den Bürger nur dort, wo sie durch Spezialgesetz vorgeschrieben sind.

Beispiele für gesetzlich vorgesehene **Schriftform**: § 10 Abs. 1 S. 1 BImSchG (Genehmigungsantrag für umweltbelastende Anlagen), § 64 VwVfG (Antrag im förmlichen Veraltungsverfahren), § 70 VwGO (Widerspruch gegen VA) , § 69 Abs. 1 S. 1 BauO NRW (Bauantrag).

Beispiele für gesetzlich vorgesehene **Formularform**: § 60 Abs. 2 SGB I (Antrag auf Sozialleistung), § 150 Abs. 1 S. 1 AO (Steuererklärung), § 17 MeldeG NRW (Meldeschein).

Wendet sich ein Bürger an die Behörde, so kann dies ein förmlicher Antrag aufgrund einer gesetzlichen Antragsbefugnis sein. Fehlt die Antragsbefugnis, so ist zu erwägen, ob es sich nicht um eine „Bitte oder Beschwerde" iSd Art 17 GG handelt, also um eine Petition, die inhaltlich zu prüfen und deren Art der Behandlung dem Bürger mitzuteilen ist – bzw. auf kommunaler Ebene und eine „Anregung/Beschwerde" (z. B. gemäß § 24 GemeindeO-NRW[44]). Anderenfalls handelt es sich nur um eine für die Behörde nicht verbindliche Mitteilung.

---

39 Allgemein zur Ermessensreduzierung oben RdNr. 437. – Zur Ermessensreduzierung bei ordnungsbehördlichem Einschreiten vgl. Möller/Wilhelm 3. Abschnitt 5.2.2 und Habermehl Polizei- und Ordnungsrecht RdNr. 253 ff. – Zur Ermessensreduzierung beim Widerruf einer Subventionsbewilligung wegen Zweckverfehlung BVerwG DVBl 98, 145. – Zu Fällen des „intendierten Ermessens" vgl. oben RdNr. 415 und z. B. BSG NVwZ 91, 407; VGH München NVwZ 2001, 931, 933; OVG Münster, DVBl 2001, 1307.
40 OVG Koblenz NVwZ 85, 509, 510
41 VGH Kassel NVwZ 85, 498
42 OVG Koblenz NVwZ 86, 576
43 BVerwG NJW 84, 2481
44 Vgl. Hofmann/Muth/Theisen, Kommunalrecht 2.3.3.1.1.5

Zur Behandlung von Anträgen, die bei einer unzuständigen Stelle eingereicht worden sind, vgl. § 16 Abs. 2 SGB I, § 22 Abs. 1 und 3 GO NRW [45].

In Sonderfällen braucht die Behörde trotz Vorliegens eines Antrags keine Entscheidung in der Sache zu treffen, wenn der Antragsteller kein **Sachbescheidungsinteresse** hat. Das ist insbesondere der Fall, wenn er eine Genehmigung beantragt, aber klar auf der Hand liegt, dass er „an einer Verwertung der begehrten Genehmigung gehindert und deshalb die Genehmigung ersichtlich nutzlos wäre"[46]. 663

Beispiel: Grundstückseigentümer G beantragt bei der Verwaltung eine Bebauungsgenehmigung. Jedoch hat G das Grundstück von V gekauft und sich dabei verpflichtet, das Grundstück nicht zu bebauen; dieses Bauverbot ist durch rechtskräftiges Zivilurteil bestätigt.[47]

4.2 An sich ist es selbstverständlich, dass die Landessprache auch die Sprache der Behörden ist. Die Festlegung der **Amtssprache** in § 23 Abs. 1 VwVfG (§ 19 Abs. 1 SGB X, § 87 Abs. 1 AO) könnte somit – anders etwa als bei Nationalitätenstaaten wie der schweizerischen Eidgenossenschaft – als überflüssig erscheinen. Wegen der großen Zahl ausländischer Mitbürger in der Bundesrepublik Deutschland sowie der grenzüberschreitenden Wirtschaftsbeziehungen und der wachsenden internationalen Verflechtung sind Regelungen jedoch (zunehmend) erforderlich. 664

Das Thema „Sprache und Recht" besitzt zwar in Deutschland nicht die gleiche, hohe Brisanz und Konfliktträchtigkeit wie z. B. in Spanien[48], Belgien oder den Balkanstaaten, ist im Alltag der Sozial- oder Ausländerbehörden aber auch durchaus nicht unproblematisch.[49]

In der Verwaltungspraxis treten die Ausländer-, Finanz-, Gewerbeaufsichts-, Sozial- und Zollbehörden in vielfältigen Verwaltungskontakt zu Personen, die der deutschen Sprache nicht oder nur unvollkommen mächtig sind. Hierbei entstehen Probleme, die sich mit den teilweise angebotenen fremdsprachigen Merkblättern allein nicht lösen lassen. Vielmehr stellt sich dann die Frage, wie mit Anträgen und Erklärungen, die in fremder Sprache abgegeben werden, zu verfahren ist und ob etwa Fristen durch fremdsprachige Anträge gewahrt werden. 665

Hierzu sind zwei Extrempositionen denkbar: a) Jede (zuständige) Behörde hat jeden Antrag in jeder Sprache zu bearbeiten; b) Anträge oder Erklärungen in fremder Sprache werden von keiner Behörde entgegengenommen, haben keine Rechtsfolgen und sind nie fristwahrend. – Dass die Position a) in der Verwaltungswirklichkeit eine Stadtverwaltung, eine Oberfinanzdirektion und auch ein Ministerium überfordern könnte, bedarf keiner näheren Erläuterung. Die „ausländerunfreundliche" Gegenposition b) aber würde den Anforderungen eines fairen Verfahrens auch für fremdsprachige Beteiligte kaum gerecht.

Die Regelungen der §§ 23 VwVfG, 19 SGB X, 87 AO bieten eine ausgewogene Lösung. Sie kommt einerseits fremdsprachigen Antragstellern entgegen. Sie bleibt andererseits im Behördenalltag umsetzbar und entgeht damit der Gefahr, etwa wegen Überforderung der vorhandenen Verwaltungskraft ein bloßer Programmsatz ohne Praxisrelevanz zu werden[50]. 666

---

45 Vgl. zu letzterem Hofmann/Muth/Theisen, Kommunalrecht 2.3.3.1.1.9
46 BVerwGE 61, 128, 130; ferner 42, 115
47 Vgl. auch Ortloff NVwZ 84, 279, 282; VG Köln NVwZ 85, 217ff; Martens NVwZ 86, 533, 537
48 Zum Thema „Sprache und Recht" in Spanien: Vidal VR 2002, 55ff.
49 Zum Verhältnis der deutschen Amtssprache und der „fast regelmäßig überflüssigen Übernahme englischer Technikbegriffe": Wohlfarth VR 2002, 42, 46. – Zum „Niedergang der Verwaltungssprache Vahle DVP 2004, 411 und DVP 2005, 58
50 Anderer Ansicht: Bull RdNr. 424

Aus Abs. 2–4 der §§ 23 VwVfG, 19 SGB X, 87 AO ergeben sich für Ausländer ua günstige Rechtsfolgen, die bestimmte Härten der in Abs. 1 aufgestellten Grundregel („Die Amtssprache ist deutsch") ausschließen. Nach Abs. 2 sind fremdsprachige Anträge, Eingaben, Urkunden und sonstigen Dokumente jedenfalls von den Verwaltungen entgegenzunehmen. Die Behörden sollen unverzüglich die Vorlage einer Übersetzung verlangen, gegebenenfalls auf Kosten des Beteiligten selbst eine Übersetzung beschaffen.

Soll durch einen Antrag u. s. w. zugunsten des Beteiligten eine Frist gegenüber der Behörde gewahrt, ein öffentlich-rechtlicher Anspruch geltend gemacht oder eine Leistung begehrt werden, so gilt dieser – trotz Fremdsprachigkeit – gemäß Abs. 4 als zum Zeitpunkt des Eingangs abgegeben, falls der Behörde auf Verlangen nach angemessener Frist eine Übersetzung vorgelegt wird. Soll hingegen durch einen Antrag „eine Frist in Lauf gesetzt werden, innerhalb deren die Behörde ... tätig werden muss", so beginnt der Lauf der Frist gemäß Abs. 3 erst mit dem Zeitpunkt, in dem der Behörde eine Übersetzung vorliegt[51].

667 **4.3** Eine zentrale Voraussetzung für die Rechtmäßigkeit behördlichen Handelns ist die zutreffende **Ermittlung des Sachverhalts**[52]. Fragt man, wem das Zusammentragen der entscheidungserheblichen Tatsachen obliegt, so ist von der Grundüberlegung auszugehen, dass die Verwaltung ihre Aufgaben im öffentlichen Interesse erfüllt, gleich ob sie von Amts wegen tätig wird oder von einem Beteiligten durch einen (idR privatnützigen) Antrag zum Handeln veranlasst wird. Diesem Gedanken entspricht es, die Beschaffung der Entscheidungsgrundlagen im tatsächlichen Bereich nicht – wie im Zivilprozess – den Beteiligten zu überlassen, sondern die Sachverhaltsermittlung zur Aufgabe der Behörde zu machen.

668 **4.3.1** Demgemäss bestimmt der im Verwaltungsverfahren geltende **Untersuchungsgrundsatz** (Amtsermittlungsgrundsatz) der §§ 24 VwVfG, 20 SGB X, 88 AO, dass die Behörde den der Entscheidung zugrundezulegenden Sachverhalt von Amts wegen ermittelt. Sie bestimmt Art und Umfang der Ermittlungen und damit auch, ob und welche Beweise erhoben werden. An das Vorbringen und an Beweisanträge der Beteiligten ist sie nicht gebunden.

Der Untersuchungsgrundsatz gilt auch im Verfahren der Verwaltungsgerichte (§§ 86 Abs. 1 VwGO, 103 SGG, 76 Abs. 1 FGO). – Der Zivilprozess wird hingegen vom „Beibringungsgrundsatz" beherrscht, der auf der Annahme beruht, dass die (mit gegenläufigen Interessen) am Rechtsstreit beteiligten Parteien von sich aus die ihnen vorteilhaft erscheinenden Informationen (unter Beachtung der Pflicht zur Vollständigkeit und Wahrheit) zusammentragen.[53]

669 In der Verwaltungspraxis bestimmt sich der Umfang der gemäß §§ 24 VwVfG, 20 SGB X, 88 AO erforderlichen Ermittlungen durch Abwägung des Interesses an einer schnellen Erledigung einerseits und andererseits der Notwendigkeit, die Tatsachen umfassend und gründlich zusammenzutragen. Im Behörden-

---

51 Vgl. Fall Nr. 175 bei Bovermann/Dünchheim, Examinatorium – Allgemeines Verwaltungsrecht
52 Vgl. oben RdNr. 378
53 Kritisch sowohl zum Beibringungsgrundsatz als auch zum „Begriffskoloss Untersuchungsgrundsatz" Martens RdNr. 121 ff, 186. – Zum Umfang der behördlichen Untersuchungspflicht Sobota DÖV 97, 144 und VGH Mannheim DÖV 98, 297. – Vgl. zu rechtswidriger Sachverhaltsermittlung und rechtmäßiger Nachermittlung: Erfmeyer, VR 2000, 325. – Zur vereinfachten Sachverhaltsermittlung bei „intendiertem Ermessen": Borowski, DVBl 2000, 149 und oben RdNr. 415 ff. – Zur Sachverhaltsermittlung bei Schulverweisung: OVG Münster, NWVBl 2001, 36/37.

alltag schleicht sich dort, wo massenhaft VAe ähnlichen Inhalts erlassen werden müssen, nicht selten ein schablonenartiges Verfahren ein, in dem dann die Besonderheiten des Einzelfalles nicht mehr ausreichend berücksichtigt werden. Dies widerspricht dem in §§ 24 VwVfG, 20 SGB X, 88 AO enthaltenen Verbot der Schematisierung von Verwaltungsentscheidungen.

Die im jeweiligen Abs. 2 der genannten Paragraphen enthaltene Pflicht zur Neutralität bei Ermittlungen, wonach „auch die für die Beteiligten günstigen Umstände zu berücksichtigen" sind, ist aufgrund des Rechts- und Sozialstaatsgebots selbstverständlich und wird in der Verwaltungspraxis auch weitestgehend befolgt.

Aufgabe der Verwaltung ist es also nicht, als „Bedenkenträger" primär zu überlegen, was alles nicht möglich ist, sondern als „Dienst-Leistungsträger" zu prüfen, was möglich ist. Dies schließt allerdings immer die Pflicht ein, im öffentlichen Interesse dem Beteiligten nur solches zu gestatten, was für die Allgemeinheit (etwa für die Umwelt oder die Nachbarn) verträglich sein wird.

In der Verwaltungspraxis ergeben sich aus dem Spannungsverhältnis zwischen dem Ziel einer schnellen Verfahrenserledigung einerseits und andererseits der Notwendigkeit, die Tatsachen umfassend und gründlich zusammenzutragen, zahlreiche Probleme[54].

4.3.2 Als **Beweismittel,** deren sich die Verwaltung bei der Sachverhaltsaufklärung bedient, sind in §§ 26 Abs. 1 VwVfG, 21 Abs. 1 SGB X, 92 AO u. a. Auskünfte, Zeugenaussagen, Sachverständigengutachten, Urkunden und Augenscheinseinnahme genannt; diese Aufzählung ist, wie aus dem Wort „insbesondere" zu entnehmen ist, nicht abschließend. Die Behörde besitzt hinsichtlich der Beweismittel ein Auswahlermessen, das sich im wesentlichen einerseits an den Kriterien Tauglichkeit/Zweckmäßigkeit und andererseits Kosten/Verwaltungsaufwand orientiert. 670

Zu den datenschutzrechtlichen Grenzen (vgl. § 3 b VwVfG NRW) siehe unten RdNr. 711 ff.

Eine Pflicht, als Zeuge oder Sachverständiger auszusagen oder ein Gutachten zu erstatten, besteht gemäß § 26 Abs. 3 VwVfG nur, wenn dies durch Rechtsvorschrift besonders vorgesehen ist (vgl. z. B. nach §§ 93, 96 Abs. 3 AO oder § 65 Abs. 1 VwVfG für das förmliche Verfahren)[55].

Auch eine Versicherung an Eides statt darf nur kraft spezieller gesetzlicher Regelung und nur unter Beachtung besonderer Voraussetzungen (§ 27 VwVfG) verlangt werden (vgl. z. B. § 95 AO).

Wegen des Untersuchungsgrundsatzes gibt es im Verwaltungsverfahren keine formelle Beweisführungslast. Jedoch muss auch hier bestimmt werden, zu wessen Nachteil es ausschlägt, wenn sich eine Frage nicht aufklären lässt (sog. **materielle Beweislast**). Die Grundregel hierfür lautet: Eine Nichterweislichkeit von Voraussetzungen geht zu Lasten desjenigen, der aus der Voraussetzung positive Rechtsfolgen herleiten will. 671

---

54 Zur Abwägung zwischen dem Interesse an schneller Erledigung und Gründlichkeit der Ermittlungen vgl. den Kriterienkatalog bei Knack/Clausen § 24 RdNr. 13 a)–f). Zur problematischen Sachverhaltsermittlung bei der Frage, ob Ausländer eine Scheinehe eingegangen sind: Weichert NVwZ 97, 1053. Zur Frage, ob ein Beteiligter einen Anspruch haben kann, dass rechtmäßigerweise zu den Behördenakten genommene Unterlagen zu beseitigen sind: VG Lüneburg NVwZ 97, 205. Zur Zugrundelegung eines unzutreffenden Sachverhalts bei einer Prüfung: Vahle, DVP 2001, 40. Zum Umfang der Sachverhaltsermittlungspflicht bei verbotswidrig abgestelltem Fahrzeug bei Zettel mit Handynummer auf dem Armaturenbrett: VG Hamburg VR 2002, 107.
55 Zum Zeugen im nichtförmlichen Verwaltungsverfahren: Tiller, KommunalPraxisN 2001, 278

Beispielsweise trägt also die Behörde die materielle Beweislast bei einem Eingriff in die Rechte des Bürgers, dagegen trägt sie der Bürger, wenn er von der Behörde eine Leistung verlangt: Bleibt ein entscheidungserheblicher Umstand unaufklärbar, kann die angestrebte Regelung wegen der Nichterweislichkeit dieser Voraussetzung eben nicht getroffen werden.[56]

Fehler bei der Ermittlung des Sachverhalts sind nicht bloße Verfahrensfehler, sondern wirken sich in der Regel im materiellen Bereich der Entscheidung aus, etwa wenn infolge unzulänglicher Aufklärung die Voraussetzungen für den VA nicht festgestellt wurden und dieser daher zu Unrecht abgelehnt wurde (vgl. oben RdNr. 378).

672 **4.4** Betrachtet man den Bürger als „mündigen", selbstverantwortlichen Verfahrenspartner der Behörde, so ist es konsequent, von ihm grundsätzlich die eigenständige Erledigung seiner Angelegenheiten zu verlangen und ihm das Risiko eventueller Nachteile durch nicht sachgerechte Wahrnehmung seiner Interessen aufzuerlegen. Es ist jedoch zu berücksichtigen, dass es selbst gut informierten Bürgern kaum möglich ist, die große Zahl von Gesetzen und sonstigen Vorschriften zu überblicken.

Für ein faires Verwaltungsverfahren ist es deshalb notwendig, dass die Behörde die Beteiligten an ihrem idR vorhandenen Informationsvorsprung zu Rechts- und (teilweise auch) Tatsachenfragen teilhaben lässt. Nicht nur das Gebot der Bürgerorientierung, sondern auch das Sozialstaatsprinzip erfordern **Beratung und Auskunft** im Verwaltungsverfahren.

Die in §§ 25 VwVfG, 14 ff SGB I, 89 AO hierzu getroffenen Regelungen sollen sicherstellen, dass der Bürger ihm zustehende Rechte nicht wegen mangelnder Information oder wegen bloßer Versehen verliert. Dem gleichen Zweck dient die Hinweis- und Betreuungspflicht des § 68 Abs. 2 VwVfG in mündlichen Verhandlungen des förmlichen Verfahrens. Die Behörden sollen bei offensichtlichen Unkenntnissen oder Irrtümern der Bürger zu Anträgen, Erklärungen und gegebenenfalls zu Korrekturen anregen; sie erteilen, soweit erforderlich, Auskünfte über Verfahrensrechte und -pflichten.

Beispiele für spezielle, über §§ 25 VwVfG, 14 ff SGB I, 89 AO hinausgehende Informationsrechte, und -pflichten sind: der Umweltinformationsanspruch (vgl. unten RdNr. 695), die Beratungs- und Auskunftsregelungen zur Beschleunigung von Genehmigungsverfahren nach § 71 c VwVfG (vgl. unten RdNr. 767) und die Regelungen der Informationsfreiheitsgesetze (vgl. unten RdNr. 697).

In den Gemeindeordnungen der Länder gibt es weitergehende kommunalrechtliche Betreuungspflichten (etwa § 22 GO NRW)[57].

673 Die im Gesetzeswortlaut der §§ 25 VwVfG, 14 ff SGB I, 89 AO verwendeten Begriffe „soll" und „soweit erforderlich" ergeben praxisgerechte Eingrenzungen, durch welche die genannten Betreuungspflichten nicht entwertet werden. Auch hier gilt nämlich, dass die Soll-Vorschrift eine bindende Anweisung für den Regelfall enthält, also eine Pflicht zu Verfahrensanregungen u. s. w. Nur für atypische Fälle gestattet sie den Behörden ausnahmsweise eine Abweichung von der normalerweise gegebenen Pflicht.

Vgl. zur Soll-Vorschrift allgemein oben RdNr. 414.[58]

---

56 Vgl. Fall Nr. 176 bei Bovermann/Dünchheim, Examinatorium – Allgemeines Verwaltungsrecht und OVG Münster DVBl 97, 1225.
57 Umfassend dazu Hofmann/Muth/Theisen, Kommunalrecht 2.3.3.1.1.9
58 Zur Soll-Vorschrift in § 25 VwVfG Hill NVwZ 85, 449, 455

Das Verwaltungsverfahren

Aus §§ 25 VwVfG und 89 AO folgt allerdings nur eine das **konkrete Ver-** 674
waltungsverfahren des Beteiligten betreffende Aufklärungspflicht. – Über
das konkrete Verwaltungsverfahren des Beteiligten hinausgehende allgemeine Auskunftsansprüche können sich jedoch aus Spezialgesetzen ergeben.

Beispiele: für den Sozialleistungsbereich in § 13 SGB I normiert (siehe unten RdNr. 774) und in § 11 Abs. 2 SGB XII ; für Auskunft über gespeicherte Daten in §§ 19 Abs. 1 BundesdatenschutzG, 18 Abs. 1 LandesdatenschutzG NRW (s. unten RdNr. 715); für Informationsrechte der Presse gegenüber Behörden in § 4 PresseG NRW[59]; für Informationen über die Umwelt in § 4 UmweltinformationsG (vgl. unten RdNr. 695)[60]

Spezialbeispiele für umfassende Informationsansprüche ohne konkretes Verwaltungsverfahren ergeben sich aus den Informationsfreiheitsgesetzen, z. B. § 4 IFG NRW (vgl. unten RdNr. 697) [61].

Den Beteiligten eines Verwaltungsverfahrens gewähren die Auskunftsvor- 675
schriften auch einen Anspruch, über die für ihren Fall geltenden **Verwaltungs-**
vorschriften (etwa Ermessensrichtlinien) informiert zu werden[62]. Eine allgemeine, vom konkreten Verfahren unabhängige Auskunftspflicht der Behörde
über verwaltungsinterne Erlasse und Vorschriften ist von der Rechtsprechung
dagegen wiederholt abgelehnt worden. Dies soll selbst für einen Rechtsanwalt
gelten, der sich ständig mit einer bestimmten entsprechenden Materie des
Verwaltungsrechts (etwa Ausländerberatung) beschäftigt[63].

Besondere Beratungs- und Auskunftspflichten ergeben sich für Genehmi- 676
gungsverfahren aus § 71 c VwVfG: Abs. 1 verpflichtet die Genehmigungsbehörde, Auskunft über Möglichkeiten zur Verfahrensbeschleunigung zu erteilen,
einschließlich der damit verbundenen Vor- und Nachteile; aus der im Gesetzeswortlaut enthaltenen Einschränkung „soweit erforderlich" folgt, dass diese
über § 25 VwVfG hinausgehende Auskunftspflicht in erster Linie auf kleine
Unternehmen zielt, die nicht selbst über die erforderlichen Kenntnisse verfügen. Abs. 2 normiert für die Genehmigungsbehörde eine Pflicht, falls erforderlich, schon vor Antragstellung Verfahrensaspekte mit den Interessenten zu
„erörtern".

Beispiele zu den Beschleunigungsmöglichkeiten nach § 71 c) Abs. 1 VwVfG: die auf Verlangen des Antragstellers mögliche „Antragskonferenz" (§ 71 e) VwVfG); das „Sternverfahren", das „insbesondere auf Verlangen des Antragstellers" möglich ist (§ 71 d) VwVfG); Verwendung besonderer Vordrucke; prüfungserleichternde Gestaltung von Anträgen, Plänen oder Genehmigungsunterlagen (vgl. unten RdNr. 766)[64].

4.5 Anhörung

Die in § 28 VwVfG (ähnlich §§ 24 SGB X, 91 AO) geregelte Anhörung ist 677
unverzichtbarer Bestandteil eines fairen, demokratiewürdigen, rechtsstaatlichen Verfahrens. **Normzweck** ist, die Betroffenen vor Überraschungsentscheidungen zu schützen und ihnen Gelegenheit zu geben, vor Abschluss
des Verfahrens das aus ihrer Sicht Wichtige zum entscheidungserheblichen

---

59 Vgl. Groß DÖV 97, 133; OVG Münster NWVBl 98, 109
60 Vgl. Fluck/Theuer VR 95, 361; Heuer/Müller NVwZ 97, 930; BVerwG VR 97, 285 mit Anmerkung von Schmittmann und JuS 98, 87 mit Anmerkung von Murswiek
61 Bäumler, NVwZ 2000, 1982, 1986; Schmitz, NVwZ 2000, 1238, 1243; OVG Berlin DVP 2002, 85 mit Anm. von Vahle; Meier VR 2005, 13; VG Arnsberg NwVBl 2005, 114
62 BVerwGE 61, 15, 40
63 Vgl. z. B. BVerwG NJW 84, 2590; 85, 1234; kritisch zu dieser Rechtsprechung Bull RdNr. 452. – Zu Auskunftsansprüchen des Bürgers allgemein vgl. Grünning VR 91, 8 und Vahle DVP 90, 355. Zur Beratung grundsätzlich Oebbecke DVBl 94, 147.
64 Bonk NVwZ 97, 320, 327; Bonk NVwZ 2001, 636, 640

Sachverhalt vorzubringen[65]; außerdem vermindert die Anhörung für die Verwaltung das Risiko, fehlerhafte Entscheidungen wegen unzureichender Tatsachenkenntnis zu treffen.

Kurz: VAe dürfen nur auf solche Umstände gestützt werden, zu denen sich die Beteiligten vorher äußern konnten.

<small>Beispiele für ähnliche Regelungen in zahlreichen Spezialgesetzen: § 71 VwGO (Anhörung eines im Widerspruchsverfahren erstmalig Beschwerten), §§ 107 Abs. 1 S. 3 BauGB (Aufforderung zur Äußerung im Enteignungsverfahren); § 90 b BBG (Anhörungspflicht vor Aufnahme ungünstiger Bewertungen in die Personalakte).</small>

4.5.1 Der jeweilige Abs. 1 der §§ 28 VwVfG, 24 SGB X, 91 AO setzt voraus, dass das Verfahren einen VA betrifft, der „in die Rechte eines Beteiligten eingreift"; das Äußerungsrecht richtet sich auf die „für die Entscheidung erheblichen Tatsachen". Die tatbestandlichen **Voraussetzungen** „eingreift" und „Tatsachen" bereiten in der Praxis oft Schwierigkeiten:

678 Ein **Eingriff** in die Rechte eines Beteiligten ist jedenfalls bei einem belastenden VA gegeben, der also eine rechtliche Verpflichtung auferlegt, insbesondere ein Tun oder Unterlassen fordert. Typische Anwendungsfälle sind Ordnungsverfügungen sowie andere VAe auf dem Gebiet der Eingriffsverwaltung. Wenn hingegen einem Antrag auf Erlass eines begünstigenden VA in vollem Umfang stattgegeben wird, braucht eine Anhörung nicht zu erfolgen, da hierin kein Eingriff liegt.

679 Problematisch sind die Fälle vollständiger oder teilweiser **Ablehnung von Anträgen**. Nach Auffassung des BVerwGs ist hier eine Anhörung nicht erforderlich, da es nicht um Eingriffe, sondern um die Begründung von Rechtspositionen geht[66]. Die Auffassung ist zumindest dann problematisch, wenn die Versagung einer Erlaubnis wie ein Eingriff in Grundrechte wirkt (z.B. Versagung eines Reisepasses oder einer Gewerbeerlaubnis). Nach gegenteiliger Auffassung[67] soll die Anhörungspflicht auch für „die eine beantragte Begünstigung ablehnenden Akte" gelten.

Sachgerecht dürfte eine mittlere Auffassung sein, wonach die Anhörungspflicht davon abhängt, welche Begründung für die Ablehnung in Betracht kommt: Will die Behörde von den vom Antragsteller angeführten Tatsachen nicht abweichen und den Antrag lediglich aus Rechtsgründen zurückweisen, erübrigt sich eine Anhörung. Anhörung ist aber geboten, wenn die Behörde auf einer anderen tatsächlichen Grundlage entscheiden will oder die Antragsbegründung für nicht ausreichend hält.

In der Verwaltungspraxis haben Probleme der Anhörung vor Ablehnung eines VA nur eine begrenzte Bedeutung, weil die Anhörung oft schon durch die Antragsstellung selbst als erfolgt angesehen werden kann. Da die hier erforderlichen Abgrenzungen nicht immer eindeutig möglich sein werden und § 28 VwVfG ohnehin ein rechtsstaatliches Minimum umschreibt, empfiehlt es sich, in der Behördenpraxis bei der Gewährung des Anhörungsrechts nicht kleinlich zu verfahren. Eine Anhörung vermittelt in der Regel zusätzliche Tatsachen-

---

<small>65 Vgl. zur Anhörung allgemein: Stein VR 97, 238
66 BVerwGE 66, 184, 186; auch Knack/Clausen § 28 RdNr. 6; vgl. Vahle DVP 2004, 187, 190
67 So Maurer § 19 RdNr. 20; ähnlich Kopp/Ramsauer § 28 RdNr. 26</small>

oder Hintergrundkenntnisse; diese können die Entscheidung verbessern, so dass dadurch die Akzeptanz der Beteiligten erhöht wird oder – falls es zu Rechtsbehelfen kommt – dass die Entscheidung bei einer Überprüfung stabiler ist[68].

Das Recht des Bürgers, sich zu den entscheidungserheblichen **Tatsachen** 680 äußern zu dürfen, umfasst nach der Intention des Gesetzgebers[69] nicht eine Pflicht zum Rechtsgespräch für die Behörde. Es erscheint jedoch zweifelhaft, ob diese Auffassung haltbar und in der Verwaltungspraxis durchführbar ist: Tatsächliche und rechtliche Ausführungen lassen sich idR nicht völlig trennen; eine funktionsgerechte Anhörung zu Tatsachen setzt oft auch die Mitteilung voraus, zu welchem Zweck die Tatsachen ermittelt werden, also unter welchem rechtlichen Gesichtspunkt sie relevant sind. Von seinem Recht, angehört zu werden, kann der Bürger nur dann in sachdienlicher Weise Gebrauch machen, wenn er erstens weiß, auf welche Tatsachen es bei der Entscheidung ankommt, und wenn er zweitens die möglichen rechtlichen Auswirkungen der Tatsachen überblickt[70].

Manchmal argumentiert der Bürger auf einer gänzlich anderen „rechtlichen Schiene" als die Behörden, so dass auch sein Tatsachenvortrag an den Abwägungen und Überlegungen der Behörde vorbeigeht. Hier liegt es regelmäßig auch im Interesse der Verwaltung, in einen Austausch über die Rechtslage einzutreten – dies ist zulässig, auch wenn die Anhörungspflicht nach dem Gesetzestext an sich dazu dient, dem Bürger die Gelegenheit zu geben, sich zu den „ ... Tatsachen zu äußern".

In der Verwaltungspraxis werden Grenzen des Äußerungsrechts im Rahmen 681 der Anhörung ohnehin nur bedeutsam, wenn (ausnahmsweise) ein mündlicher Anhörungstermin stattfindet. Macht der Beteiligte von seinem Anhörungsrecht schriftlich Gebrauch, besteht für die Behörde keine Möglichkeit, das Vorbringen des Beteiligten zu begrenzen.

Eine umfassende Verpflichtung zur Anhörung von Beteiligten enthält für das förmliche Verwaltungsverfahren § 66 VwVfG, ohne die einengenden Begriffe „eingreift" und „Tatsachen" zu verwenden; nach Abs. 2 können hier die Beteiligten der Vernehmung von Zeugen beiwohnen und Fragen stellen; ein Gutachten, welches „ ... schriftlich oder elektronisch ..." vorliegt, „ ...soll ihnen zugänglich gemacht werden".

4.5.2 Für die **Durchführung der Anhörung** ist eine bestimmte Form nicht 682 vorgeschrieben. Typischerweise geschieht dies dadurch, dass der Betroffene die Möglichkeit erhält, schriftlich Stellung zu nehmen. Ebenso aber, wie ein VA nicht unbedingt schriftlich ergehen muss, ist auch eine mündliche – unter besonderen Umständen (Eilfälle) sogar telefonische – Anhörung zulässig.

In der Verwaltungspraxis findet die mündliche Anhörung oft im Zusammenhang mit einem Ortstermin statt.

Es reicht aus, dass die Behörde dem Betroffenen **Gelegenheit** zur Äußerung gibt. Nimmt er diese nicht wahr, so tut er das auf eigenes Risiko. Falls er sich äußert, hat die Behörde seine Ausführungen zur Kenntnis zu nehmen und in

---
68 Vgl. Fall Nr. 179 bei Bovermann/Dünchheim, Examinatorium – Allgemeines Verwaltungsrecht
69 Vgl. BT-Drucks 7/910 S. 51
70 Zur Wiedereinsetzung in den vorigen Stand bei unterbliebener Anhörung: BVerfG DVBl 2001, 1747; BGH DVP 2001, 81 (mit Anm. von Vahle).

9. Abschnitt

ihre Willensbildung einzubeziehen, was sich regelmäßig in der Begründung des Bescheides (zumindest mit einem kurzen Hinweis auf die durchgeführte Anhörung) niederzuschlagen hat[71].

Beispiele in den obigen Bescheidmustern unter RdNr. 340 und 344

683 Ein Anspruch des Bürgers auf mündlichen Vortrag oder Diskussion der Angelegenheit ist im Anhörungsrecht nicht enthalten. Die Behörden lassen sich jedoch häufig auf Gespräche mit den Beteiligten ein, was nicht allein Bürgerorientierung dokumentiert, sondern regelmäßig auch der gründlichen Sachaufklärung dient. Soweit hierbei „**Verhandlungen**" entstehen, birgt dieses Verfahren aber spezifische **Risiken einer Ungleichbehandlung**: Anwaltlich vertretene Bürger und Repräsentanten großer Unternehmen oder großer gesellschaftlicher Organisationen sehen in „Vereinbarungs-Lösungen" nicht selten eine Chance auf Bevorzugung.

Bei Gesprächen mit den Beteiligten sollte die Verwaltung Rechte und Pflichten, wie auch Ungewissheiten in der Sach- und Rechtsbeurteilung offen ansprechen, nicht unerfüllbare Erwartungen erwecken und **keine Verhandlungen oder Kompromisse „über klare Rechtsverhältnisse"**[72] zulassen. Vereinbarungs-Ergebnisse unterhalb der von den Parlamenten festgelegten gesetzlichen Anforderungen schaden in der Regel den Interessen der Allgemeinheit oder Dritter.

684 Im Folgenden findet sich ein **Muster für die Formulierung eines Anhörungsschreibens**.

Es basiert auf dem selben Sachverhalt, der den obigen Bescheidmustern (RdNr. 339 ff und 343 ff) zugrunde liegt.

„Anhörung gemäß § 28 Absatz 1 Verwaltungsverfahrensgesetz

Sehr geehrter Herr Wirt,

im Zusammenhang mit der Ihnen am 1. 4. ... erteilten Erlaubnis zum Betriebe einer Schankwirtschaft in Großdorf, Weingasse 3, ist mir bekannt geworden, dass Sie wiederholt (am 1. 6. ..., 2. 7. ..., 3. 8. ..., 4. 9. ... und 5. 10. ...) schon am späten Nachmittag volltrunken Ihre Gastwirtschaft geführt und dabei auch Alkohol an Minderjährige ausgeschenkt haben. Am 6. 12. ... sollen Sie am frühen Abend volltrunken während der Öffnungszeiten in Ihrer Gastwirtschaft auf dem Boden gelegen haben, was eine Gruppe minderjähriger Gäste ausgenutzt habe, sich mit Spirituosen „selbst zu bedienen" und in stark alkoholisiertem Zustand bis Mitternacht mit überlauter Musik ein „Nikolausfest" zu feiern. Diese Feier der Minderjährigen wurde erst kurz vor 24.oo Uhr durch eine von den Nachbarn herbeigerufene Polizeistreife beendet, wobei ein 12-jähriger Gast mit Anzeichen einer akuten Alkoholvergiftung ins xy-Krankenhaus gebracht werden musste ...

Diese Informationen deuten darauf hin, dass Sie die gemäß § 4 Abs. 1 Gaststättengesetz erforderliche Zuverlässigkeit nicht besitzen, da Sie unter Umständen alkoholkrank sind ...

Ich bin daher möglicherweise verpflichtet, die Erlaubnis zu Betrieb Ihres Gaststättengewerbes nach § 15 Gaststättengesetz zurückzunehmen (Absatz 1) bzw. zu widerrufen (Absatz 2); ich beabsichtige deshalb, dies zu tun und danach Ihren Betrieb zu schließen (gemäß § 31 Gaststättengesetz in Verbindung mit § 15 Absatz 2 Satz 1 Gewerbeordnung).

---

71 Vgl. BVerwGE 66, 111, 114
72 So auch Bull RdNr. 443

Nach § 28 Absatz 1 Verwaltungsverfahrensgesetz gebe ich Ihnen nunmehr die Möglichkeit, sich bis zum ... [angemessene Frist nach pflichtgemäßem Ermessen der Behörde] zu den für diese beabsichtigten Entscheidungen erheblichen Tatsachen zu äußern.

Mit freundlichem Gruß ... "

In jedem Anhörungsschreiben ist es erforderlich, den bisher bekannten Sachverhalt und den beabsichtigten VA nach Art und Inhalt so konkret zu umschreiben, dass für den Beteiligten hinreichend klar erkennbar wird, weshalb und wozu er sich äußern (können) soll und mit welcher Entscheidung er zu rechnen hat[73].

4.5.3 Abs. 2 der §§ 28 VwVfG, 91 AO (vgl. § 24 Abs. 2 SGB X) benennt **Ausnahmen**, in denen von einer Anhörung abgesehen werden kann. Diese sind zunächst generalklauselartig umschrieben („wenn ... nach den Umständen des Einzelfalles nicht geboten") und danach durch einzelne Beispiele (Nr. 1–5), die allerdings nicht abschließend sind, konkretisiert. Da in diesen Fällen von der Anhörung abgesehen werden „kann", ist eine dieser Ermächtigung entsprechende, fehlerfreie Ermessensausübung einschließlich einer (dem § 39 Abs. 1 S. 3 VwVfG genügenden) Begründung erforderlich. Wegen der Bedeutung der Anhörung für ein rechtsstaatlich geordnetes Verfahren ist im Rahmen der hier gebotenen Abwägung ein strenger Maßstab anzulegen[74].

685

Neben diesem rechtlichen Argument gibt es aber auch einen verwaltungsökonomischen Aspekt, welcher der Behörde der Zurückhaltung bei den Ausnahmen des Abs. 2 gebietet: In der Verwaltungspraxis ist in Einzelfällen zu beobachten, dass unverhältnismäßig viel Argumentations- und Zeitaufwand dafür aufgebracht wird, vorab (oder nach Klage des Bürgers) das Absehen von einer Anhörung zu rechtfertigen, während die Anhörung selbst nur einen Bruchteil des hierfür erforderlichen Arbeitsaufwandes gekostet hätte.

§ 24 Abs. 2 SGB X weicht u.a. insoweit von § 28 Abs. 2 VwVfG ab, als dort die Aufzählung der Ausnahmefälle abschließend ist (ohne „insbesondere")[75].

Die in § 28 Abs. 2 Nr. 1 VwVfG genannte „Gefahr im Verzuge" bezieht sich nur auf solche Fälle, in denen „durch eine vorherige Anhörung auch bei Gewährung kürzester Anhörungsfristen ein Zeitverlust einträte, der mit hoher Wahrscheinlichkeit zur Folge haben würde, dass die durch den VA zu treffende Regelung zu spät käme"[76]. Dabei kann erforderlich werden, dass eine telefonische Anhörung versucht werden muss oder zunächst nur vorläufige Maßnahmen ergriffen werden und erst nach Anhörung die endgültige Regelung getroffen wird.

Im Gegensatz zu **Abs. 2** des § 28 VwVfG, der es unter bestimmten Voraussetzungen in das pflichtgemäße Ermessen der Behörde stellt, von einer Anhörung abzusehen, normiert **Abs. 3** eine Pflicht, die Anhörung zu unterlassen, falls ihr „ein zwingendes öffentliches Interesse entgegensteht". Dies ist in der Praxis selten der Fall (z. B. im Zusammenhang mit Sicherheitsbelangen der Bundesrepublik Deutschland oder eines Bundeslandes). Aber selbst hier ist immer zu prüfen, ob die Anhörung schlechthin ausgeschlossen sein soll oder nur bestimmte Fragen betroffen sind.

---

73 So zusammenfassend Himmelmann/Höcker VR 2003, 79, 80
74 Vgl. OVG Weimar, NJ 97, 102
75 Vgl. Stein VR 97, 238, 239. – Kritisch zu den gesetzlichen Ausnahmeregelungen im VwVfG Bull RdNr. 440.
76 So BVerwG DVBl 84, 530

686 **4.5.4** Die **Folgen** einer unterlassenen Anhörung richten sich nach §§ 45 Abs. 1 Nr. 3 und 46 VwVfG (vgl. §§ 41, 42 SGB X, 126, 127 AO). Die Verletzung der Anhörungspflicht ist ein Verfahrensfehler, der zur Rechtswidrigkeit der Maßnahme führt. Dieser Fehler kann aber durch **Nachholen** der Anhörung geheilt werden und zwar nach § 45 Abs. 2 VwVfG, 42 Abs. 2 SGB X, 126 AO sogar noch im gerichtlichen Verfahren.

Beispiele zu der zu Recht vorgebrachten **Kritik** der Rechtswissenschaft an der zu weit gehenden (vgl. auch oben RdNr. 482ff) Heilungsmöglichkeit sind zahlreich[77].

Rechtsfolge der heilenden Nachholung ist, dass der VA insoweit rechtmäßig wird. Die Kostenfolgen eines eventuellen Widerspruchs, der zwar bei seiner Einlegung (wegen der fehlenden Anhörung) erfolgversprechend war, der aber im Ergebnis erfolglos ist, da durch die Heilung der Mangel zwischenzeitlich (etwa im Widerspruchsverfahren) beseitigt wurde, regelt § 80 Abs. 1 Satz 2 VwVfG: Hiernach trägt der Rechtsträger, dessen Behörde den angefochtenen VA erlassen hatte, die Kosten „auch, wenn der Widerspruch nur deshalb keinen Erfolg hat, weil die Verletzung einer Verfahrens- oder Formvorschrift nach § 45 unbeachtlich ist".

4.6 Akteneinsicht

687 In engem Zusammenhang mit der Anhörung steht das Recht auf Akteneinsicht durch Beteiligte. Effektiver Vortrag im Rahmen der Anhörung ist nur bei Kenntnis der entscheidungserheblichen Tatsachen möglich, die der Bürger am wirksamsten durch Einsicht in die Behördenakten erlangen kann. § 29 Abs. 1 S. 1 VwVfG (ähnlich § 25 Abs. 1 S. 1 SGB X; keine entsprechende Vorschrift in der AO[78]) normiert einen **Rechtsanspruch** der Beteiligten auf Einsichtnahme in die Verfahrensakten, „soweit deren Kenntnis zur Geltendmachung oder Verteidigung ihrer rechtlichen Interessen erforderlich ist".

Das Tatbestandsmerkmal „ihrer rechtlichen Interessen" stellt auf „eigene" Verfahren der betreffenden Personen, die Akteneinsicht wünschen, ab; die rechtliche Entwicklung ist in einigen Gesetzen der jüngeren Zeit über diese Begrenzung auf „eigene Verfahren" hinausgegangen[79]:

Beispiele: Eine darüber hinausgehende Befugnis: § 4 Abs. 1 UmweltinformationsG, wonach „jeder ... Anspruch auf freien Zugang zu Informationen über die Umwelt" hat, also unabhängig von einem eigenen Verfahren oder Vorhaben (vgl. unten RdNr. 695). – Für die Verwaltungspraxis bedeutsam ist

ebenfalls, dass der Akteneinsichtsanspruch datenschutzrechtlich ergänzt wird durch das Auskunftsrecht des § 19 BDSG (bzw. entsprechende Regelungen in Landesdatenschutzgesetzen, z. B. § 18 DSG NRW); hiernach ist dem Betroffenen auf Antrag Auskunft zu erteilen, insbesondere über die zu seiner Person gespeicherten Daten und den Zweck der Speicherung (vgl. unten RdNr. 714ff).

Beispiele für einen noch weiter gehenden, allgemeinen Informationsanspruch – ohne Begrenzung auf ein eigenes Verfahren – ergeben sich aus den Informationsfreiheitsgesetzen (vgl. hierzu unten RdNr. 697ff, insbesondere 708), z. B. § 4 IFG NRW[80].

---

77 Redeker NVwZ 97, 625; Hatje DÖV 97, 477; „... erhebliche Abwertung des Verwaltungsverfahrensrechts ..." so Schenke NJW 97, 81, 87; „... risikofreie Nichtanhörung ..." so Bonk NVwZ 2001, 636, 640; „... Bestimmungen über die Anhörung ... entwertet." so Möller in Möller/Wilhelm RdNr. 173
78 BFH NVwZ 2004, 382ff
79 So Bonk, NVwZ 2001, 636, 640
80 Vgl. Bäumler, NVwZ 2000, 1982, 1986; Schmitz, NVwZ 2000, 1238, 1243; OVG Berlin DVP 2002, 85 mit Anm. von Vahle; VG Arnsberg NWVBl. 2005, 114; Meier VR 2005, 13

Das Akteneinsichtsrecht ist unter den Gesichtspunkten der „Waffengleichheit" und Parteiöffentlichkeit des Verwaltungsverfahrens unverzichtbar, insbesondere dann, wenn sich in den Akten Photos, Pläne, EDV-Programme, Zeugnisse, Berichte oder andere Urkunden befinden, von denen nur dieses eine Exemplar vorhanden oder auffindbar ist.

Zum Spannungsverhältnis zwischen Geheimschutz bzw. Datenschutz und Publizitätserfordernis vgl. unten RdNr. 713.[81]

4.6.1 Da Abs. 1 S. 1 der §§ 29 VwVfG, 25 SGB X Einsichtnahme „in die das Verfahren betreffenden Akten" gestattet, zählt zu den **Voraussetzungen,** dass bereits ein laufendes Verwaltungsverfahren gegeben ist. Erfährt z. B. ein Bürger von einer ihn betreffenden (bloßen) Aktennotiz einer Behörde, so ergibt sich hieraus allein noch kein Einsichtsrecht. Auch während eines laufenden Verfahrens sind gemäß Abs. 1 S. 2 „Entwürfe" und Arbeiten zur „unmittelbaren Vorbereitung" von Entscheidungen nach dem Gesetzeswortlaut nicht vom Akteneinsichtsrecht umfasst. Sie dürfen also vor Einsichtnahme des Betroffenen der Akte entnommen werden.   688

Zweck dieser Regelung ist u. a., die Vollständigkeit und Unbefangenheit der Aktenführung zu gewährleisten. Weiter soll vermieden werden, dass Entscheidungsentwürfe, die – als bloß vorbereitende Arbeiten – später unter Umständen verworfen werden, Gegenstand irrelevanter Auseinandersetzungen zwischen Bürger und Verwaltung werden. Außerdem soll der Versuchung entgegengewirkt werden, derartige Unterlagen gar nicht erst in die Akten aufzunehmen, was bei späterem Sachbearbeiterwechsel zu Bearbeitungsproblemen führen könnte[82].

Ansonsten unterliegen die Akten jedoch vollständiger Einsicht durch die Beteiligten. Dies gilt auch hinsichtlich der darin enthaltenen Aktenvermerke[83], denn diese Vermerke gehören nicht zu den soeben benannten Entwürfen sondern halten in der Regel einen Verfahrensschritt urkundlich fest. Die Akteneinsicht umfasst auch Schriftsätze anderer Beteiligter, handschriftliche Eintragungen, Niederschriften über Beweisaufnahmen, Sachverständigengutachten und Stellungnahmen anhörungsberechtigter Dritter oder mitwirkender Behörden[84].   689

Zum Begriff „Akte" vgl. § 3 Abs. 3 BDSG (auch § 3 Abs. 6 DSG NRW).

Die gesetzliche Regelung begrenzt den **Umfang** des Einsichtsrechts in behördliche Akten durch die Formulierung „soweit deren Kenntnis ... erforderlich ist". Wegen der Bedeutung der Akteneinsicht für ein faires Verfahren darf der Begriff „erforderlich" nicht zu eng ausgelegt werden; ausgeschlossen sind nur solche Akten, die unter keinem denkbaren Gesichtspunkt entscheidungsrelevant sein können. Dies gilt insbesondere auch für „Parallelfälle" oder sog. „Mustervorgänge", da sie keinen unmittelbaren Bezug zu der konkreten Entscheidung des laufenden Verfahrens haben – soweit hier nicht Ansprüche aus dem Informationsfreiheitsgesetz eingreifen. Das Kriterium der „rechtlichen Interessen" wird regelmäßig schon aus der Beteiligtenstellung des Einsichtswilligen und dem Anhörungsrecht des § 28 VwVfG folgen.

In der Verwaltungspraxis wird oft um Fotokopien gebeten. Der Anspruch auf Akteneinsicht schließt die Befugnis ein, eigene Abschriften oder handschrift-   690

---

81 Zu den Kriterien der pflichtgemäßen Ermessensabwägung zwischen Steuergeheimnis und Akteneinsicht: FG Köln, NVwZ 2001, 477
82 Vgl. Fall Nr. 185 bei Bovermann/Dünchheim, Examinatorium – Allgemeines Verwaltungsrecht
83 So auch Vahle DVP 2004, 187, 191
84 Zur Akteneinsicht bei Prüfungsanfechtung: Steike NVwZ 2001, 868

liche Auszüge aus den Akten zu fertigen; die Behörde kann dem Beteiligten aber auch (gegen Kostenerstattung) Fotokopien übergeben.

Beispiel für einen gesetzlich festgeschriebenen Anspruch auf Fotokopien: § 25 Abs. 5 SGB X.

Wenn von dem Beteiligten „Einsicht" durch Übersendung einer bestimmten Zahl von Fotokopien gewünscht wird, kann dies auch für die Behörde sachgerechter sein, als die persönliche Einsichtnahme durch den Betroffenen in den Behördenräumen unter Aufsicht eines Bediensteten; eine solche „Akteneinsicht durch Übersendung bestimmter Kopien", die jedenfalls über bloße Einsichtnahme hinausgeht, ist zwar in §§ 29 VwVfG, 25 SGB X nicht erwähnt, aber als „wesensgleiches minus" von diesen Vorschriften mitumfasst. Die Behörde kann bei solchen Wünschen (nach pflichtgemäßem Ermessen) wählen, ob sie die bestimmten Kopien fertigen und übersenden will oder Einsichtnahme durch den Beteiligten in ihren Räumen vorzieht.

In der Verwaltungspraxis kann es durchaus Ermessensgesichtspunkte geben, die das Übersenden selbst von zahlreichen Kopien im Rahmen des Umweltinformations-Anspruchs (an Stelle einer Akteneinsicht in den Behördenräumen) nahelegen[85].

691 Soweit keine Kopien zur Verfügung gestellt werden, erfolgt die Einsichtnahme gemäß §§ 29 Abs. 3 VwVfG, 25 Abs. 4 SGB X grundsätzlich in den Amtsräumen der Behörde und unter ihrer Aufsicht. Nach pflichtgemäßem Ermessen kann die Behörde auch Einsicht an einem anderen Ort (beispielsweise bei wohnortnäheren Behörden, konsularischen Vertretungen, Anwaltskanzleien) gestatten; sie hat dabei auch das Risiko eines eventuellen Verlustes der Akten abzuwägen.

Die Überlassung an einen Rechtsanwalt[86] ist nach pflichtgemäßem Ermessen (analog § 100 Abs. 2 S. 3 VwGO) zulässig; dies nicht zuletzt im Hinblick darauf, dass Rechtsanwälten in einem eventuell nachfolgenden Prozess ohnehin die gesamten Gerichtsakten einschließlich der Behördenakten überlassen werden können[87].

692 **4.6.2** § 29 Abs. 2 VwVfG benennt **Ausnahmefälle,** in denen die Behörde zur Gestattung der Akteneinsicht nicht verpflichtet ist. Der Ausnahmekatalog soll drei Rechtskreise schützen: die ordnungsgemäße Aufgabenerfüllung der Behörde, das Wohl des Bundes oder eines Landes und Geheimhaltungsinteressen Beteiligter oder Dritter (anders: Abs. 2 und 3 des SGB X; vgl. unten RdNr. 779). In diesen Fällen besteht nach dem Gesetzeswortlaut kein Verbot der Akteneinsicht, sondern lediglich ein Verweigerungsgrund; hierzu hat eine pflichtgemäße Ermessensentscheidung zu erfolgen.

Für die Verwaltungspraxis ist zu dem Kriterium der „ordnungsgemäßen Erfüllung der Aufgaben" darauf hinzuweisen, dass der normale Geschäftsgang der Behörde durch die Akteneinsicht immer etwas belastet wird – zumal sie in den Amtsräumen und unter Aufsicht eines Bediensteten stattfindet – hierdurch allein wird jedoch nie die behördliche Aufgabenerfüllung iSd Wortlauts von

---

[85] Vgl. Fall bei BVerwG VR 97, 285 (mit Anmerkung von Schmittmann) und JuS 98, 87 (mit Anmerkung von Murswiek).
[86] Zum „ewigen Kampf des Rechtsanwalts um Akteneinsicht" Bohl NVwZ 2005, 133
[87] Vgl. §§ 99, 100 VwGO. – Zu dem Sonderfall des Einsichtrechts von Beamten in die Personalakten vgl. §§ 56ff BRRG und §§ 90ff BBG und die entsprechenden Regelungen der Landesbeamtengesetze. – Zur Einsicht in Prüfungsakten: Zimmerling/Brehm NVwZ 97, 451, 454 und Steike NVwZ 2001, 868.

§ 29 Abs. 2 „beeinträchtigt". Auch der Umstand, dass etwa die Akten gerade dem Behördenleiter vorliegen, ist kein Grund für die Verweigerung der Einsichtnahme, sondern hat allenfalls Bedeutung für den Zeitpunkt ihrer Ausübung.

Beispiele für „Nachteile ... für das Wohl des Bundes oder eines Landes" als Begründung für die Verweigerung der Akteneinsicht (i. S.v. § 29 Abs. 2 VwVfG) sind Aspekte der äußeren oder inneren Sicherheit; der Wunsch etwa, bloß mangelhafte Aktenführung, fehlerhaftes Verfahren oder inhaltlich falsche Entscheidungen „abzuschirmen", reicht hierfür keinesfalls.

Die Frage, wann „Vorgänge ... ihrem Wesen nach ... geheim gehalten werden müssen", führt in der Praxis nicht selten zu Streitigkeiten. Derartige Geheimhaltungsgründe sind beispielsweise: der Schutz der Menschenwürde, des Persönlichkeitsbereichs (insbesondere Krankenakten oder Akten aus dem sozialpsychiatrischen Bereich) und berechtigter Vermögens-, Geschäfts- oder sonstiger Schutzinteressen[88].

Beispiel für ein besonderes Praxisproblem ist der Schutz von Gewährspersonen und sonstigen Informanten: Bei der hier erforderlichen Abwägung ist zu berücksichtigen, dass die Behörden (etwa zum Schutze von Pflegekindern oder bei Sozialleistungsmissbrauch) teilweise auf Hinweise angewiesen sind, die nur nach Zusicherung der Vertraulichkeit gegeben werden[89].

Das Wort „soweit" in §§ 29 Abs. 2 VwVfG, 25 Abs. 3 SGB X verdeutlicht, dass das Verweigerungsrecht nur in dem Umfange besteht, in dem sich die entgegenstehenden Interessen auswirken. Enthält etwa eine Akte nur einzelne geheimzuhaltende Seiten, so muss die Behörde diese Seiten vorübergehend aus der Akte entfernen und hat im übrigen Akteneinsicht zu gewähren[90]. **693**

Beispiel für noch stärkere Begrenzungen des Akteneinsichtsrechts: Im Planfeststellungsverfahren wird gemäß § 72 Abs. 1 (letzter Halbsatz) VwVfG nur „Einsichtnahme nach pflichtgemäßem Ermessen" gewährt.

Angesichts der Bedeutung derartiger Verfahren liegt hierin eine bedenkliche Einschränkung. – Für den Bereich der Steuerverwaltung fehlt eine Vorschrift zum Akteneinsichtsrecht völlig[91]; der Auskunftsanspruch über die „Besteuerungsunterlagen" im Einspruchsverfahren (§ 364 AO) stellt keinen ausreichenden Ersatz dar. Dies wird zum Teil als „nur historisch zu erklärendes Defizit" gesehen, das „einer verfassungsrechtlichen Überprüfung ... heute nicht mehr standhält"[92].

Den Umgang mit der Akten-Hinterlassenschaft des ehemaligen Ministeriums für Staatssicherheit der DDR versucht das **Stasi-Unterlagen-Gesetz** zu regeln. Wegen der komplexen Zielkonflikte wird unter anderem unterschieden zwischen (mehrfach abgestuften) Einsichts- und Auskunftsrechten; daneben gibt es ein (uneingeschränktes) Auskunftsrecht darüber, ob Unterlagen über den Auskunftsuchenden vorhanden sind.[93]

4.6.3 Der **Rechtsschutz** gegen behördliche Entscheidungen über die Zulassung der Akteneinsicht ist – wie auch bei anderen Verfahrensentscheidungen – beschränkt. Eine ungerechtfertigte Verweigerung der Akteneinsicht kann wegen § 44 a VwGO grundsätzlich **nicht selbständig** klageweise geltend gemacht werden, sondern nur im Zusammenhang mit der Klage gegen den Sachentscheidungs-VA. Es handelt sich hier um einen Hauptanwendungsfall des § 44 a VwGO. **694**

---

88 Vgl Vahle DVP 2004, 187, 191
89 Zum Schutz von Informanten in der Finanzverwaltung gegenüber Akteneinsicht: FG Köln, NVwZ 2001, 477 und VerfGH Koblenz DVP 2001, 256 (mit Anm. von Vahle). – Zum Schutz einer Sozialbehörden-Informantin BVerwG NWVBl. 2004, 93
90 Vahle DVP 90, 355, 358; vgl. Fall Nr. 188 bei Bovermann/Dünchheim, Examinatorium – Allgemeines Verwaltungsrecht.
91 Vgl. BFH NVwZ 2004, 382
92 So Wimmer DVBl 85, 773, 777
93 Zu Einzelheiten Weberling DVBl 91, 681; Schmidt/Dörr Stasi-Unterlagen-Gesetz, Kommentar; Weichert ZRP 92, 241; Staff ZRP 92, 462

Unter besonderen Umständen kann die Anwendung des § 44 a VwGO bei Verwehrung von Akteneinsicht „das Grundrecht auf effektiven Rechtsschutz gem. Art. 19 Abs. 4 GG verletzen", wenn zwischenzeitlich unrevidierbare Nachteile entstehen (dann gesonderte Einklagbarkeit)[94].

695 **4.6.4** Einen über das Akteneinsichtsrecht der §§ 29 VwVfG, 25 SGB X hinausgehenden **Umweltinformations-Anspruch** enthält das Umweltinformationsgesetz (UIG): § 4 Abs. 1 UIG **eröffnet jedem freien Zugang zu Informationen über die Umwelt**, die bei einer Behörde vorhanden sind oder bei einer Privatrechtsperson, die öffentliche Aufgaben im Bereich des Umweltschutzes wahrnimmt[95].

Wenn der entsprechende Antrag hinreichend bestimmt ist (im Sinne von § 5 Abs. 1 UIG) und keine Gründe entgegenstehen, die nach §§ 7 oder 8 UIG den Informationsanspruch ausschließen oder beschränken, muss die Auskunft erteilt, die Akteneinsicht gewährt oder ein „Informationsträger in sonstiger Weise" zur Verfügung gestellt werden. „Anspruchsverpflichtete Behörde" des Umweltinformationsanspruchs ist „ ... die jeweils aktenführende Behörde ..."; dies gilt auch, wenn die Akten etc. zu einem vorübergehenden Zweck an eine andere Stelle, weitergegeben sind[96] (z. B. an die Aufsichtsbehörde zur dortigen Bearbeitung eines Widerspruchs).

696 Nach § 10 UIG erheben die auskunftspflichtigen Behörden **Gebühren** und verlangen Auslagenersatz; Maßstab der Gebühren sind die verursachten Kosten. Diese werden nach vom Kölner Stadtanzeiger und der Fachhochschule für öffentliche Verwaltung Nordrhein-Westfalen, Abteilung Köln, gesammelten Informationen, unterschiedlich (in einem Spektrum von ca. 35,- € bis ca. 325,- €) festgelegt.

Soweit die Auskunftsgebühren zu hoch angesetzt werden, könnte sich das als Anspruch für jeden Bürger konzipierte Umweltinformationsrecht reduzieren zu einem Privileg für finanzkräftige Interessenten, Verbände und Unternehmen; dies wäre mit dem Normzweck des § 4 UIG unvereinbar. Deshalb verlangt § 10 Abs. 1 S. 2 UIG, dass die Gebühren auch bei gegebenenfalls höherem Verwaltungsaufwand so zu bemessen sind, „dass der Informationszugang ... wirksam in Anspruch genommen werden kann".

Die Informationsansprüche des UIG sind unabhängig von einem aktuell laufenden Verwaltungsverfahren und bestehen unabhängig von eigenen rechtlichen Interessen des Anspruchsstellers.

Beispielsweise gehört zu den Berechtigten des Umweltinformationsanspruchs auch ein Ortsverband einer politischen Partei[97].

Während eines Gerichts- oder strafrechtlichen Ermittlungsverfahrens, eines Disziplinarverfahrens oder eines ordnungswidrigkeitenrechtlichen Verfahrens ist der Anspruch auf freien Umweltinformationszugang nach § 7 Abs. 1 Nr. 2

---

94 BVerfG NJW 91, 415. – Vgl. Steike, NVwZ 2001, 868, 871. – Kritisch zur Konzeption des § 44 a VwGO „gerade bei der Verweigerung der Akteneinsicht" Maurer § 19 RdNr. 26. – Vgl. auch Bohl NVwZ 2005, 133, 139 f
95 Vgl. Dünchheim VR 96, 182, 185; Breuer NVwZ 97, 839; Müller/Heuer NVwZ 97, 330; Röger NuR 97, 481; BVerwG VR 97, 285 (mit Anmerkung von Schmittmann) und JuS 98, 87 (mit Anmerkung von Murswiek); König DÖV 2000, 45
96 So OVG Münster DÖV 2004, 86
97 Nach BVerwG VR, 99, 438

UIG hinsichtlich aller Daten ausgeschlossen, die Gegenstand des anhängigen Verfahrens sind[98].

4.6.5 Die **Informationsfreiheitsgesetze** enthalten Informationsansprüche, die ebenfalls über das Akteneinsichtsrecht der §§ 29 VwVfG, 25 SGB X hinausgehen:

697

Beispielsweise[99] hat nach § 4 Abs. 1 **IFG NRW** jede natürliche Person gegenüber allen Stellen, die Aufgaben der öffentlichen Verwaltung wahrnehmen (§ 2 Abs. 1 und 4 IFG NRW) „... Anspruch auf Zugang zu den bei der Stelle vorhandenen amtlichen Informationen".

„Information" im Sinne der Informationsfreiheitsgesetze ist jedes in Schrift-, Bild-, Ton- oder Datenverarbeitungsform vorhandene Wissen, das im dienstlichen Zusammenhang erlangt wurde (vgl. § 3 IFG NRW). Durch den **Anspruch auf Zugang zu den** bei den öffentlichen Stellen vorhandenen **Informationen** soll nach dem Zweck des Gesetzes gewährleistet werden, dass die Bürger mit hinreichender Sachkenntnis am Entscheidungsprozess beteiligt sind. Die hierdurch hergestellte Transparenz wird verstanden als „Grundvoraussetzung bei der humanen Gestaltung der Informationsgesellschaft". Als allgemeine gesetzgeberische Leitlinie gilt**:** Das „Prinzip des freien Zugangs von Informationen ist wesentlicher Bestandteil des Demokratie- und Rechtsstaatsprinzips"[100].

Das Prinzip des „freien Zugangs" (§ 1 IFG NRW) zu Informationen erhöht die Transparenz der Verwaltung und auch die Nachvollziehbarkeit und Akzeptanz der einzelnen Entscheidungen. Dieses im Gesetzgebungsverfahren als „eigenständiger Bürgerrechtsanspruch" bezeichnete Informationsrecht soll die Idee einer offenen Verwaltung, die im Dienste der Bürgerschaft steht, dokumentieren[101].

698

Vorbild ist hierbei das Verwaltungsrecht der USA: Dort besteht als Folge verfassungsverankerter, demokratiestaatlicher Transparenzgebote seit 1966 ein „Freedom of Information Act". Hiernach besitzt grundsätzlich jedermann (any person) einen Anspruch auf Zugang zu jeder behördlichen Akte; ausgenommen sind z. B. Personalakten und solche Fälle, die einen Eingriff in die Privatsphäre darstellen würden.

Beispiele ähnlicher gesetzlicher Regelungen finden sich in: Dänemark, Finnland, Frankreich, Großbritannien, Kanada, Niederlande, Norwegen, Schweden und der Schweiz.

Vergleichbare Überlegungen hatten bereits Mitte der achtziger Jahre im nordrhein-westfälischen Landtag bestanden, waren jedoch damals gescheitert, da sie ihrer Zeit offenkundig zu weit voraus waren (vgl. NRW LT-Plenarprotokoll 10/22, 24. 4. 86, S. 1635).

Der Zugang zu den bei den öffentlichen Stellen vorhandenen Informationen wird auf **Antrag** gewährt; dieser muss hinreichend bestimmt sein und erkennen lassen, auf welche Informationen er gerichtet ist (§ 5 Abs. 1 IFG NRW).

699

---

98 Vgl. BVerwG DVBl 2000, 198
99 Vgl. zu den Informationsfreiheitsgesetzen der Länder Brandenburg, Berlin, Schleswig-Holstein: Bäumler, NVwZ 2000, 1982, 1986; Schmitz, NVwZ 2000, 1238, 1243; OVG Berlin DVP 2002, 85 mit Anm. von Vahle. – Vgl. auch Brückner/Breitrück DVP 2004, 397; Meier VR 2005, 13
100 Insoweit fast wortgleich sowohl der CDU-Gesetzentwurf vom 31. 10. 2000, LT-Drucks. 13, 321, A, als auch der (schließlich Gesetz gewordene) Gesetzentwurf der SPD und der Grünen zum IFG NRW vom 12. 6. 2001, LT-Drucks. 13, 1311, A
101 Nach § 14 IFG NRW ist eine erneute Überprüfung des Gesetzes nach einem weiteren Erfahrungszeitraum Ende 2009 vorgesehen (die erste Überprüfungsfrist endete am 31.12.2003; hiernach hatte die Landesregierung NRW einen Evaluierungsbericht vorgelegt).

9. Abschnitt

Beispiele für von der Rechtssprechung anerkannte Informationsansprüche: Information zur Geltendmachung eines Amtshaftungsanspruchs gegen die betreffende Stelle[102]; Einblick in Bautagebücher des öffentlichen Straßenbaus zur Durchsetzung einer Aufopferungsentschädigung[103].

Vom Informationsanspruch **ausgenommene Materien** sind u. a. Forschung, Lehre, Prüfungen, Gerichtsverfahren und staatsanwaltschaftliche Ermittlungsverfahren (§ 2 Abs. 2 und 3 IFG NRW).

Beispiel einer weiteren, vom Anwendungsbereich der Informationsfreiheitsgesetze ausgenommenen Materie – auch wenn sie im Gesetz nicht ausdrücklich benannt wird: die Tätigkeit der Petitionsausschüsse[104].

700 Die beantragte Information soll unverzüglich, spätestens **innerhalb eines Monats zugänglich** gemacht werden. Eine Ablehnung oder beschränkte Gewährung des Zugangs muss schriftlich erfolgen und ist zu begründen (§ 5 Abs. 2 IFG NRW). Für die Gewährung der Information werden **Gebühren** auf der Basis einer Rechtsverordnung (Gebührenordnung) erhoben[105]; die Ablehnung des Antrags auf Informationszugang ist gebührenfrei (§ 11 Abs. 1 IFG NRW).

Der Abwehr von querulatorischen Anfragen dient § 5 Abs. 4 IFGNRW, wonach Anträge abgelehnt werden können, wenn die Information bereits dem Antragsteller zur Verfügung gestellt worden ist oder in zumutbarer Weise aus allgemein zugänglichen Quellen beschafft werden kann.

Bei „gleichförmigen Anträgen" von mehr als 20 Personen gelten gemäß § 5 Abs. 5 IFG NRW die (oben unter RdNr. 658 behandelten) Regeln über „gleichförmige Eingaben" nach § 17 VwVfG.

701 Wenn auch der Anspruch auf Informationszugang prinzipiell ohne Bedingungen gewährt wird und ein „rechtliches" oder „berechtigtes Interesse" nicht Voraussetzung ist, kann ein solcher Anspruch dennoch nicht unbegrenzt gelten; er ist einerseits Gegenrechten etwaiger Betroffener, andererseits bestimmten Beschränkungen im öffentlichen Interesse ausgesetzt. Die sich hieraus ergebenden Ausnahme-§§ sind aber „entsprechend der Bedeutung des Informationszugangsanspruchs eng zu verstehen"[106].

702 Dem **Schutz öffentlicher Belange** dienen die §§ 6 und 7 IFG NRW: Hiernach muss bzw. soll ein Antrag auf Informationszugang aus Gründen des Schutzes wesentlicher öffentlicher Belange, der Rechtsdurchsetzung und des Schutzes der behördlichen Entscheidungsbildungsprozesse abgelehnt werden.

Beispielsweise ist ein Antrag (nach §§ 6 und 7 Abs. 1 IFG NRW) abzulehnen bei:

- Beeinträchtigung der Landesverteidigung oder der internationalen Beziehungen,
- Beeinträchtigung der Tätigkeit von Polizei, Verfassungsschutz, Staatsanwaltschaft,
- Erheblicher Beeinträchtigung eines anhängigen Verwaltungsverfahrens,
- Erheblicher Beeinträchtigung einer bevorstehenden behördlichen Maßnahme,
- Konkreten Anhaltspunkten, dass die Information zu einer Gefährdung der öffentlichen Sicherheit und Ordnung missbräuchlich verwendet werden soll,

---

102 VG Gelsenkirchen, NWVBl. 2002, 242
103 OVG Münster, NVwZ-RR 2003, 800
104 So OVG Berlin, DVP 2002, 85, mit Anm. von Vahle
105 Zu Gebühren und Gebührenfreiheit: VG Arnsberg, NWVBl 2005, 114
106 So die Begründung des Gesetzentwurfs, Allgemeiner Teil, Abs. 3, LT-Drucks. 13/1311 vom 12. 6. 2001

Das Verwaltungsverfahren

- Entwürfen für Entscheidungen,
- Protokollen vertraulicher Beratungen.

Beispielsweise soll der Antrag (nach § 7 Abs. 2 IFG NRW) abgelehnt werden wenn:

- sich der Inhalt auf den Prozess der Willensbildung bezieht,
- das Bekanntwerden die Funktionsfähigkeit und die Eigenverantwortung der Landesregierung beeinträchtigt,
- es sich um Vorentwürfe und Notizen handelt.

Dem **Schutz von Gegenrechten etwaiger Betroffener** dienen die §§ 8–10 des IFG NRW: Hiernach muss ein Antrag auf Informationszugang vor allem aus Gründen des Datenschutzes und zum Schutz von Betriebs- und Geschäftsgeheimnissen abgelehnt werden. 703

Beispielsweise ist ein Antrag (nach §§ 8 und 9 Abs. 1 IFG NRW) abzulehnen bei:

- Offenbarung von Betriebs- und Geschäftsgeheimnissen,
- Informationen, die wegen ihrer volkswirtschaftlichen Bedeutung im öffentlichen Interesse geheim zu halten sind,
- Personenbezogenen Daten, es sei denn, die betroffene Person hat eingewilligt oder die Offenbarung ist z. B. durch Gesetz erlaubt.

Gegebenenfalls hat die öffentliche Stelle einer Person, deren datenschutzrechtliche Belange beeinträchtigt werden können „vorher **Gelegenheit zur Stellungnahme** zu geben" (§§ 8 S. 4 und 9 Abs. 2 S. 2 IFG NRW) oder in anderen Fällen „unverzüglich die **Einwilligung** der betroffenen Person einzuholen" (§ 10 Abs. 1 IFG NRW). 704

In der Behördenpraxis kann sich hieraus ein nicht unerheblicher Aufwand ergeben: Schon die Prüfung, ob dem Informationsanspruch Ausnahmegründe entgegenstehen, ist mit gewissem Verwaltungsaufwand[107] verbunden; das Einholen einer (in der Regel schriftlichen) Stellungnahme anderer betroffener Personen gemäß § 9 Abs. 2 S. 2 IFG NRW bzw. einer Einwilligung gemäß § 10 Abs. 1 IFG NRW durch die Behörde (um dem Informationswunsch des Antragstellers eventuell entgegenstehende Gründe auszuräumen) stellt jeweils ein eigenes, zusätzliches Verwaltungsverfahren dar.

Eine gewisse Relativierung dieser Problematik folgt aus (§ 5 Abs. 3 IFG NRW), wonach die Einwilligung „als verweigert [gilt], wenn sie nicht innerhalb eines Monats … vorliegt".

Wenn auch punktuell starke Zusatzbelastungen einer betroffenen Verwaltungsbehörde (etwa nach entsprechenden Medienhinweisen) möglich sind, lehren die Erfahrungen mit dem IFG-NRW, dem UIG, mit dem kommunalen Anregungs- und Beschwerderecht und mit dem kommunalen Bürgerbegehren, dass die Befürchtungen, Verwaltungen könnten hierdurch gleichsam „lahmgelegt" werden, nicht realistisch sind[108].

Für die Verwaltungspraxis soll der Umgang mit den Ausnahmetatbeständen dadurch vereinfacht werden, dass § 10 Abs. 2 IFG NRW auf § 4 Abs. 6 DatenschutzG NRW verweist, wonach Vorkehrungen zu treffen sind, dass solche 705

---

107 Kritisch gegenüber dem „erheblichen bürokratischen Mehraufwand": Stellungnahme der Arbeitsgemeinschaft der kommunalen Spitzenverbände NRW zum Entwurf des IFG an den LT-Präsidenten vom 7. 3. 2001.
108 Zu den Erfahrungen mit dem kommunalen Anregungs- und Beschwerderecht vgl. Hofmann/Muth/Theisen, Kommunalrecht in Nordrhein-Westfalen, 2.3.3.1.1.5; und zum Bürgerbegehren ebenda 2.3.3.2.1.2

Informationen, die aus Gründen des Schutzes Betroffener geheimgehalten werden müssen, „möglichst ohne unverhältnismäßigen Aufwand abgetrennt werden können".

Ob eine solche Regelung wirklich der „Vereinfachung" dient oder nicht in der alltäglichen Praxis der Aktenführung Mehraufwand erzwingt, wird sich erweisen müssen[109].

706 Die „Sicherstellung des Rechts auf Information" soll der Landesbeauftragte für Datenschutz in einer zusätzlichen Funktion als der „**Beauftragte ... für das Recht auf Information**" gewährleisten; jeder hat das Recht, in Zweifels- oder Streitfällen zum IFG diesen Beauftragten anzurufen (§ 13 Abs. 1 und 2 IFG NRW).

Die gesetzlich vorgesehene Mitwirkung der Datenschutzbeauftragten im Rahmen der Informationsfreiheitsgesetze führt zu einer **strukturellen Interessenskollision**: Originäre Aufgabe der Datenschutzbeauftragten ist es, über die Weitergabe von Daten eher restriktiv zu wachen; mit den aus § 13 IFG NRW folgenden, zusätzlichen Aufgaben (als Beauftragte für das Recht auf Information) werden sie nach dem Normzweck des IFG im Zweifel eher für eine möglichst weite Anwendung einstehen müssen.

Im Hinblick auf dieses Spannungsverhältnis und die übrigen oben angesprochen Probleme erscheint es begrüßenswert, dass § 14 IFG NRW eine erneute **Überprüfung** des Gesetzes nach einem weiteren Erfahrungszeitraum Ende 2009 vorsieht (die erste Überprüfungsfrist endete am 31.12.2003; hiernach hatte die Landesregierung NRW einen Evaluierungsbericht vorgelegt).

707 Durch die Befugnis der Bürger, den Datenschutzbeauftragten als „Informationsbeauftragten" anzurufen wird die Möglichkeit, formelle Rechtsbehelfe einzulegen, nicht geschmälert: Die schriftliche Ablehnung des Informationsantrages (z. B. § 5 Abs. 2 S. 3 IFG NRW) ist ein VA (vgl. oben RdNr. 289ff) und ermöglicht einen Verpflichtungswiderspruch bzw. eine Verpflichtungsklage.

Die Einschränkung des § 44 a VwGO greift demgegenüber – anders als bei der Ablehnungsentscheidung zur Akteneinsicht in einem laufenden Verwaltungsverfahren (vgl. oben RdNr. 694) – nicht ein, da es bei der Ablehnung eines Antrags auf der Basis des Informationsfreiheitsgesetzes nicht um eine „Verfahrenshandlung" handelt, die (nur) gemeinsam mit einer zugrundeliegenden „Sachentscheidung" angegriffen werden könnte, sondern um eine eigene (Sach-)Entscheidung über den Informationszugangsanspruch.

708 **4.6.6** Die Informationsrechte nach UIG (vgl. oben RdNr. 6954) und IFG (oben RdNr. 697) weisen gegenüber den Akteneinsichtsrechten – der §§ 29 VwVfG, 25 SGB X (oben RdNr. 686–694) und der Spezialgesetze (z. B. § 61 Abs. 1 S. 3 PersonenstandsG, § 12 GrundbuchO) – erhebliche Abweichungen auf und enthalten mehrere **Systembrüche**.

Schon im Gesetzgebungsverfahren des IFG stellte sich die Frage, ob das allgemeine Informationszugangsrecht nicht in das VwVfG eingegliedert werden sollte, anstatt eigens ein (relativ kurzes) Spezialgesetz zu kreieren. Bereits hierbei wurden die unterschiedlichen Systemansätze der Regelungen erkennbar. Die Schaffung eines eigenständigen Gesetzes hat dann aus Gründen „der Geschlossenheit und Übersichtlichkeit" den Vorzug erhalten[110].

Die Informationsfreiheitsgesetze und das Umweltinformationsgesetz verlassen in mehrerer Hinsicht das bisherige System des Auskunfts- und Akteneinsichtsrechts:

1. Während die §§ 29 VwVfG, 25 SGB X mit der Formulierung „soweit ... erforderlich ist" einen von Bewertungen durch die Behörde abhängigen Einsichtsanspruch gewähren, normieren § 4 UIG und § 4 IFG NRW einen

---
109 Zur „Vereinfachung": Begründung des Gesetzentwurfs, Allgemeiner Teil, Abs. 4, LT-Drucks. 13/1311 vom 12. 6. 2001
110 So Einleitung „C" des Gesetzentwurfs zum IFG NRW, LT-Drucks. 13/1311 vom 12. 6. 2001

uneingeschränkten Anspruch auf freien Informationszugang, der seine Grenzen nur in den Ausschlussregelungen und Konkretisierungen der §§ 7 und 8 UIG bzw. der §§ 6 bis 9 IFG NRW findet.

2. Im Gegensatz zu den Informations- und Akteneinsichtsrechten des VwVfG und des SGB X, die Befugnisse nur im Rahmen eines konkret anhängigen Verwaltungsverfahrens (also bezogen auf einen VA oder einen öffentlich-rechtlichen Vertrag zu einem bestimmten Vorhaben) normieren, sind die Informationsansprüche des UIG und der Informationsfreiheitsgesetze unabhängig von einem aktuell laufenden Verwaltungsverfahren.

3. Nach den Grundsätzen des früheren deutschen Verwaltungsrechts knüpften die Verfahrens- und Einsichtsrechte regelmäßig an eine eigene, materielle Betroffenheit der Beteiligten an, welche die Rechte geltend machen[111]. 709

Beispielsweise setzen die §§ 29 VwVfG, 25 SGB X und § 61 Abs. 1 S. 3 PersonenstandsG eigene „rechtliche Interessen" für die Akteneinsicht voraus, § 12 GrundbuchO „berechtigte Interessen".

Das UIG und die Informationsfreiheitsgesetze vollziehen insoweit einen Systemwechsel und koppeln ihre (umfassenden) Informationsansprüche von jeder unmittelbaren Betroffenheit des Antragstellers ab.

Hierbei stellt sich die Frage nach der rechtssystematischen Abstimmung der Gesetze, da die §§ 29 VwVfG, 25 SGB X (mit der Formulierung „soweit ... erforderlich ist" und der Voraussetzung eigener „rechtlicher Interessen") für die Akteneinsicht bei einem konkret durch ein Verwaltungsverfahren betroffenen Bürger höhere Hürden aufstellen als das UIG und die Informationsfreiheitsgesetze. Konsequent wäre es, diese Tatbestandsvoraussetzungen für Verfahrensbeteiligte in §§ 29 VwVfG, 25 SGB X zu streichen. 710

So im Ergebnis § 4a) des VwVfG-Berlin (Abs. 1: „Die Behörde hat den Beteiligten Einsicht in die das Verfahren betreffenden Akten zu gestatten ..."; Abs. 4: „Für Nichtbeteiligte gilt das Berliner Informationsfreiheitsgesetz.")[112].

4.7 Geheimhaltung und Datenschutz

Im Laufe eines Verwaltungsverfahrens sammeln sich bei der Behörde zahlreiche Informationen; insbesondere ein Antragsteller muss zum Teil detaillierte Angaben über seine Verhältnisse machen, soll der Antrag Aussicht auf Erfolg haben. Rechtliche Gegenstücke zu derartigen Offenbarungsnotwendigkeiten sind der Geheimhaltungsanspruch der Beteiligten und der Datenschutz.

4.7.1 Die **Geheimhaltung** ist geregelt in § 30 BVwVfG (abweichend einige LandesVwVfGe, z. B.: § 3 b VwVfG NRW; weitergehend: §§ 35 SGB I, 67ff SGB X, vgl. § 30 AO). Die Beteiligten haben einen Anspruch darauf, dass ihre Geheimnisse des Privat- oder Geschäftslebens von den Behörden nicht unbefugt preisgegeben werden. 711

In der Verwaltungspraxis muss ein Antragsteller oder sonstiger Beteiligter, soweit es sich also nicht (ausnahmsweise) um Geheimnisse iSd § 30 BVwVfG bzw. § 3 b VwVfG NRW (vgl. § 29 Abs. 2 VwVfG) handelt, jederzeit damit rechnen, dass z. B. ein Bau-Nachbar oder Konkurrent als – gegebenenfalls hinzugezogener – Beteiligter (§ 13 Abs. 2 VwVfG) Akteneinsicht nimmt oder

---
111 Siehe oben RdNr. 239 und 654
112 Vgl. Schmitz, NVwZ 2000, 1238, 1243

die Informationsfreiheitsgesetze nutzt und dadurch von sämtlichen Eingaben, Gutachten oder Äußerungen Kenntnis erhält.

Beispiele für Geheimnisse iSd § 30 BVwVfG bzw. § 3 b VwVfG NRW: gesundheitliche, familiäre und wirtschaftliche Verhältnisse (Vermögen, Einkommen, Schulden) einer Person sowie etwa Geschäftsbücher, Kalkulationsunterlagen, technische oder geschäftliche Pläne und Produktionsverfahren eines Betriebes.

Die Geheimhaltungsvorschriften der Verfahrensgesetze werden ergänzt durch die Regelungen der Datenschutzgesetze, durch die beamtenrechtliche Verschwiegenheitspflicht (§ 39 Abs. 1 BRRG, § 61 Abs. 1 BBG; vgl. auch § 84 Abs. 1 VwVfG) und durch die Strafvorschriften des § 203 Abs. 2 StGB.

712 § 30 BVwVfG und § 3 b VwVfG NRW sollen verhindern, dass die Geheimnisse unbefugt weitergegeben werden. Das Tatbestandmerkmal **„unbefugt"** ist jedenfalls dann nicht gegeben, wenn die Betroffenen, deren Schutz die Geheimhaltungspflicht dient, zustimmen. Die Befugnis ist nach Güterabwägung in engen Grenzen auch dann anzunehmen, wenn die Offenbarung zur Wahrung eindeutig höherrangiger Rechtsgüter der Allgemeinheit oder Einzelner unerlässlich ist[113]. Schließlich ist eine Offenbarung dann befugt, wenn die Behörde durch Rechtsvorschrift dazu ermächtigt oder verpflichtet ist:

Beispiele für derartige Ermächtigungen: § 21 Abs. 4 SGB X (Auskunftspflicht der Finanzbehörden gegenüber den Sozialbehörden); § 68 SGB X (Übermittlung von Sozialdaten an Polizei, Staatsanwaltschaft, Gerichte u. s. w.); § 31 AO (Mitteilung von Besteuerungsgrundlagen durch Finanzbehörden an Träger der Sozialversicherung, Körperschaften des öffentlichen Rechts, Grundsteuerbehörden, Gerichte); §§ 6–10 Infektions-SchutzG (Meldepflichten der Krankenhäuser, z. B. über Cholera-, Milzbrand- und Salmonellenkranke an Gesundheitsämter); §§ 12ff EGGVG (Datenübermittlung durch Gerichte und Staatsanwaltschaften an andere Behörden[114].

713 Betrachtet man die Geheimhaltungsregelungen und den Datenschutz einerseits und das Bemühen um mehr Öffentlichkeit des Verwaltungshandelns andererseits, so wird ein erhebliches **Spannungsverhältnis zwischen dem Privat- bzw. Geheimschutz und dem Publizitätserfordernis** erkennbar. Ähnlich wie in der Verwaltungspraxis vereinzelte Versuche festzustellen sind, den Datenschutz nicht zum Schutze des Bürgers, sondern zur Verhinderung von Transparenz des Verwaltungshandelns zu nutzen, gibt es bei den Geheimhaltungspflichten der Verfahrengesetze auch bedenkliche Entwicklungen.

Beispielsweise kommt es in die Nähe eines (vom Normzweck nicht gedeckten) Missbrauchs der Geheimhaltungsregelung, wenn die Behörden solche Vorgänge als vertraulich behandeln, bei denen die Öffentlichkeit oder Dritte ein überwiegendes Interesse an Unterrichtung haben, wenn z. B. im Verwaltungsverfahren über die Genehmigung großtechnischer Anlagen (Atomreaktoren, chemische Produktionsanlagen) die Maßnahmen, mit denen Gefährdungen der Umwelt abgewehrt werden sollen, nicht bekannt gegeben werden, so dass das Ausmaß der verbleibenden Gefährdung nicht zutreffend abgeschätzt werden kann.

Das genannte Spannungsverhältnis bestimmt auch die Abwägung zwischen dem grundsätzlichen Informationszugangsanspruch der Informationsfreiheitsgesetze und den Gegenansprüchen etwaiger Betroffener bzw. bestimmten Beschränkungen im öffentlichen Interesse, so etwa §§ 5–9 IFG NRW (vgl. oben RdNr. 697).

In der Verwaltungspraxis ist beim Geheimschutz des § 30 BVwVfG, § 3 b VwVfG NRW das Verhältnis zur Amtshilfe problematisch[115] (ähnlich wie beim Datenschutz, s. u.). – Umstritten ist in der Praxis ebenfalls manchmal das Verhältnis des Geheimhaltungsanspruchs zum Auskunftsersuchen der

---

113 Kopp/Ramsauer § 30 RdNr. 16
114 Vgl. Wollweber NJW 97, 2488
115 Vgl. Bonk/Kallerhoff in Stelkens/Bonk/Sachs § 30 RdNr. 23

Presse (z. B. § 4 PresseG NRW – Abs. 1: „Die Behörden sind verpflichtet, den Vertretern der Presse ... Auskünfte zu erteilen." – Abs. 2: „Ein Anspruch auf Auskunft bestehet nicht, soweit ...".)[116].

4.7.2 Die oben behandelten Akteneinsichtsrechte (§ 29 VwVfG) und der Geheimschutz (§ 30 BVwVfG, anders § 3 b VwVfG NRW) beziehen sich nur auf papiergebundene Erkenntnisquellen (Akten einschließlich Fotos, Zeichnungen, Pläne – auch soweit mikroverfilmt). Für EDV-gestützte Informationssysteme enthalten die Datenschutzgesetze (BDSG und die Landesdatenschutzgesetze) die erforderlichen Regelungen (teilweise unter Einbeziehung traditioneller Akten). Dieser **Datenschutz** ist eine Materie mit erheblicher Bedeutung für die Verwaltungspraxis. 714

Der ungenaue Begriff „Datenschutz" legt die Vorstellung nahe, das geschützte Rechtsgut seien die „Daten"; der Normzweck erschöpft sich jedoch nicht im „Schutz von Daten gegen Weitergabe", sondern es geht um das individuelle Recht jedes einzelnen auf Achtung seiner persönlichen Privatsphäre. Das Bundesverfassungsgericht hat hierzu in seinem „Volkszählungsurteil"[117] das – aus Art. 1 Abs. 1 iVm Art. 2 Abs. 1 GG abzuleitende – Recht auf **„informationelle Selbstbestimmung"** in den Vordergrund gestellt. 715

Es folgte damit dem Weg des nordrhein-westfälischen Verfassungsgesetzgebers, der bereits mit Gesetz vom 19. 12. 1978 den Datenschutz Verfassungsrang eingeräumt hatte[118].

Die rechtspolitische Notwendigkeit des Datenschutzes ergibt sich daraus, dass die individuelle Sphäre des einzelnen wegen der rasanten Fortschritte der Computertechnik zunehmend verletzbar geworden ist: Solange früher einzelne personenbezogene Daten an einer bestimmten Stelle zur zweckgerechten Verwendung lagerten, war dies selten problematisch; heute können aber große Datenmengen beliebig übermittelt, miteinander verknüpft und für jeden denkbaren Zweck ausgewertet werden.

Beispielsweise könnte man etwa die schon recht erheblichen Informationen einer Bank über den Kunden zusammenfügen mit dem Melderegister der Kommune, den Personalinformationen des Arbeitgebers, ärztlichen Aufzeichnungen und den Daten der Sozialverwaltung; dann wären die Privatsphäre und damit die Persönlichkeitsrechte der betreffenden Person möglicherweise gefährdet – jedenfalls dann, wenn die Daten zu anderen als den ursprünglich vorgesehenen Zwecken ausgewertet würden oder in „unbefugte Hände" geraten würden: Der Betroffene stünde in Gefahr, nur noch Objekt fremdbestimmten Umgangs mit den (ihn höchstpersönlich betreffenden) Informationen zu werden. 716

Personenbezogene Daten sind also „ein Rohstoff", mit dem nicht beliebig verfahren werden kann, wenn man die persönliche Freiheit und Selbstbestimmtheit des einzelnen vor Beeinträchtigungen schützen will. Forderung für eine rechtspolitisch akzeptable Datenverarbeitung ist deshalb immer, dass sie grundgesetzkonform vom Einzelnen beherrscht wird und beherrschbar bleibt[119].

Das **BDSG** gilt im wesentlichen für die Bundesverwaltung und für private Stellen (z. B. Wirtschaftsunternehmen), soweit diese die Daten geschäftsmäßig oder für berufliche oder gewerbliche Zwecke verwenden (§ 1 Abs. 2 Nr. 3 717

---

116 Vgl. Staff ZRP 92, 384
117 BVerfGE 65, 1 ff
118 So auch zu Art. 4 Abs. 2 Verf NRW: Krumsiek DVBl 93, 1229
119 Vgl. zu Datenschutz und Datensicherheit: Blasweiler, VR 2000, 1 ff

iVm § 2 Abs. 4 BDSG). Die **Landesdatenschutzgesetze** gelten im wesentlichen für die Landesverwaltungen und die Gemeinden und Gemeindeverbände (vgl. § 2 Abs. 1 DSG NRW). Soweit Gesetze für einzelne Rechtsgebiete spezielle Datenschutzbestimmungen enthalten, gehen diese vor (§ 1 Abs. 3 BDSG; § 2 Abs. 3 DSG NRW).

Beispiele: Fahrzeugregister §§ 34, 35 StVG; Sozialdaten § 35 SGB I und §§ 68 ff SGB X; Steuerdaten §§ 30 ff AO; Meldedaten §§ 6 ff und 30 ff MeldeG NRW; Polizeidaten §§ 9–33 (!) PolG NRW.

718 Der **Normzweck** der Datenschutzgesetze besteht darin, das „informationelle Selbstbestimmungsrecht" des einzelnen derart zu gewährleisten, dass jeder selbst über die Preisgabe und Verwendung seiner personenbezogenen Daten entscheiden kann; vgl. § 1 DSG NRW: „*... Recht ... selbst ... zu bestimmen.*"

Die Datenschutzgesetze stellen hierzu Verbote mit Erlaubnisvorbehalt auf: Eine Verarbeitung personenbezogener Daten ist in jeder ihrer Phasen (Speichern, Verändern, Übermitteln, Sperren, Löschen) nur zulässig, wenn es dafür eine Rechtsgrundlage (Rechtsvorschrift oder Einwilligung des Betroffenen) gibt (§ 4 BDSG, vgl. § 4 DSG NRW). Der zusätzlichen Absicherung des „informationellen Selbstbestimmungsrechts" dienen darüber hinaus die **Rechte des Betroffenen auf Auskunft, Berichtigung, Löschung, Schadensersatz** und die Möglichkeit der Anrufung der Datenschutzbeauftragten (vgl. § 6 BDSG und § 5 DSG NRW).

Der Anspruch auf Akteneinsicht aus § 29 VwVfG und aus dem IFG einerseits und die Ansprüche aus den Datenschutzgesetzen andererseits schließen sich hierbei nicht aus, sondern ergänzen sich: Die Datenschutzrechte bestehen nur, soweit es bei den Akten um personenbezogene Daten geht, aber im Gegensatz zu § 29 VwVfG auch losgelöst von einem konkreten Verwaltungsverfahren – wie auch nach dem IFG.

719 Den für das „informationelle Selbstbestimmungsrecht" zentralen **Begriff der „personenbezogenen Daten"** definieren die Datenschutzgesetze (§ 3 Abs. 1 BDSG/DSG NRW) als „Einzelangaben über persönliche oder sachliche Verhältnisse eines bestimmten oder bestimmbaren" Betroffenen**:**

- „Einzelangaben" sind Informationen, die sich – im Gegensatz zu anonymen Daten – auf eine natürliche Person beziehen oder entsprechenden Rckschluss erlauben (z. B. Name, Ausweis-Nummer, Kfz-Kennzeichen);

- „persönliche Verhältnisse" betreffen Angaben, die personenbezogene Charakterisierungen vornehmen (z. B. Geburtsdatum, Konfession, Krankheiten);

- „sachliche Verhältnisse" betreffen sachbezogene Angaben zur Person (z. B. Eigentum an beweglichen Sachen, Grundbesitz, Vertragsbeziehungen).

Beispiele für weitere spezifische Definitionen (etwa zu den Begriffen öffentliche/nicht-öffentliche Stellen, Dateien und Verarbeiten) finden sich in §§ 2 und 3 BDSG, § 3 DSG NRW.

Die **Rechtsgrundlagen für die Verarbeitung** personenbezogener Daten und die entsprechende Zweckbindung enthalten für öffentliche Stellen die §§ 12 ff BDSG/DSG NRW, für Private (und öffentlich-rechtliche Wettbewerbsunternehmen) die §§ 27 ff BDSG.

720 Als Konkretisierung des allgemeinen Folgenbeseitigungsanspruchs stehen den von fehlerhafter Datenverarbeitung betroffenen Bürgern **Berichtigungs-, Sperrungs- und Löschungsansprüche** zu (§§ 20, 35 BDSG, ähnlich § 19 DSG NRW).

Darüber hinaus enthalten die Datenschutzgesetze bei unzulässiger oder unrichtiger automatischer Verarbeitung personenbezogener Daten durch öffentliche Stellen einen **verschuldensunabhängigen Schadensersatzanspruch**; in Fällen schwerer Verletzungen des Persönlichkeitsrechts kann der Betroffene sogar einen Schmerzensgeldanspruch geltend machen (§ 8 Abs. 2 BDSG; vgl. § 20 Abs. 1 S. 2 DSG NRW). Im nicht-öffentlichen Bereich (also für Privatunternehmen) besteht (nur) eine Verschuldenshaftung – allerdings mit Beweislastumkehr zugunsten des Geschädigten (§ 7 BDSG).

4.8 Verfahrenspflichten der Beteiligten

Nach § 26 Abs. 2 VwVfG „sollen die Beteiligten bei der Ermittlung des Sachverhalts mitwirken", insbesondere „ihnen bekannte Tatsachen und Beweismittel angeben". Eine weitergehende Mitwirkungspflicht (etwa zum persönlichen Erscheinen oder zur Aussage) besteht – vorbehaltlich einer anderweitigen Regelung durch spezielle Rechtsvorschrift – nicht. Die sich hieraus ergebende **Obliegenheit zur Mitwirkung** (Mitwirkungslast) verpflichtet die Beteiligten nicht zu einem zwangsweise durchsetzbaren Verhalten. 721

Die Behörde darf jedoch aus einer Weigerung oder einem Desinteresse des Beteiligten, an der Klärung des Sachverhalts mitzuwirken, auch negative Schlüsse ziehen. Sind die Erkenntnisquellen erschöpft, muss die Behörde nach Lage der Akten entscheiden. Der Betroffene hat dann eventuelle Nachteile hinzunehmen und verliert aufgrund der Verletzung seiner Obliegenheit das Recht, sich auf ungenügende Sachaufklärung zu berufen[120].

In der Verwaltungspraxis drängt sich diese Mitwirkungslast der Beteiligten zur Arbeitsteilung zwischen Bürger und Verwaltung auch aus sachlichen Gegebenheiten geradezu auf, da die Beteiligten „fast immer ... hauptsächliche Wissensträger" der verfahrensentscheidenden Umstände sind[121]. Die Behörde bleibt zwar auch bei Schweigen der Beteiligten gemäß § 24 VwVfG zur Sachaufklärung im Rahmen des Zumutbaren verpflichtet; eine reduzierte Untersuchungspflicht ist in der Behördenpraxis bei derartiger Verweigerung aber sachgerecht, da weitere Ermittlungen wegen der Masse der zu entscheidenden Fälle und aus Zeitmangel oft nicht angestellt werden können[122]. 722

Beispiel für eine im Gesetz ausdrücklich formulierte „eigenständige Sanktion" für die Verletzung der Mitwirkungspflichten (der §§ 60–62 SGB I) im Sozialleistungsbereich ist § 66 SGB I („... kann der Leistungsträger ohne weitere Ermittlungen die Leistung bis zur Nachholung der Mitwirkung ganz oder teilweise versagen oder entziehen ..."). – Andererseits formuliert § 65 SGB I auch die „Grenzen der Mitwirkungspflichten".[123]

Bei der vereinzelt anzutreffenden Behördenpraxis, Beteiligte zu persönlichen Gesprächen „vorzuladen", ist Zurückhaltung geboten. Zwar kann die Behörde die Betroffenen unverbindlich bitten, zu einem Gespräch zu erscheinen oder an einem Ortstermin teilzunehmen; oft werden sie hieran schon eigenes Interesse haben. Eine die Beteiligten verpflichtende Ladung bedarf jedoch einer gesetzlichen Ermächtigung.

---

120 VGH Mannheim DÖV 98, 298
121 Martens RdNr. 132 f
122 VGH Mannheim DÖV 98, 297
123 Zur Nichtmitwirkung trotz Aufforderung unter Fristsetzung vgl. BVerwG DVBl 97, 609. – Zur Nichtmitwirkung im Fahrerlaubnisentziehungsverfahren nach § 11 Abs. 4 FeV (Nichtvorlage eines medizinisch-psychologischen Gutachtens): OVG Münster NJW 2001, 3427.

9. Abschnitt

Beispiele: § 61 SGB I (Pflicht zum persönlichen Erscheinen beim Sozialleistungsträger), § 208 BauGB (Anordnungsrecht der Baubehörde zur Urkundenvorlage oder zum persönlichen Erscheinen eines Beteiligten).

Beispiele für darüber hinausgehende Befugnis zur zwangsweisen Durchsetzung auf Grund einer weiteren speziellen Ermächtigung: § 30 InfektionsSchutzG (Quarantäne-Befugnis zur „Absonderung" von Erkrankten), § 10 Abs. 3 PolG NRW (zwangsweise Vorführung, wenn der Betroffene einer Vorladung nicht folgt).

723 Zahlreiche **Spezialgesetze normieren erhebliche Mitwirkungspflichten** der Beteiligten, so dass sich in der Verwaltungswirklichkeit ein anderes Bild ergibt als das insoweit „zurückhaltende" VwVfG erwarten lassen könnte.

Beispielsweise können Antragsteller und sonstige Beteiligte verpflichtet sein:

- zur Erteilung von Auskünften (§ 29 Abs. 2 S. 3 InfektionsSchutzG, § 117 SGB XII, § 90 AO),

- zur Vorlage von Urkunden (§ 10 Abs. 1 S. 2 BImschG, § 208 S. 1 Nr. 2 und 3 BauGB, § 56 S. 1 Nr. 2 SGB II),

- zur Duldung behördlicher Augenscheinseinnahme (§ 41 Abs. 3 Nr. 3 LebensmitBedarfsgegenstG, §§ 98, 100 AO),

- zur Duldung des Betretens von Grundstücken (§ 14 Abs. 1 und § 30 KreislaufwirtschaftsAbfallG, § 22 Abs. 2 GastG, § 99 AO, § 209 Abs. 1 BauGB),

- zur Duldung einer Durchsuchung (§§ 39– 2 PolG NRW, § 399 Abs. 2 S. 2 AO),

- zum persönlichen Erscheinen (§ 6 Abs. 3 PassG, § 208 S. 1 Nr. 1 BauGB, § 82 Abs. 4 AufenthaltsG),

- zur Duldung einer ärztlichen Untersuchung (§ 62 SGB I, § 29 Abs. 2 S. 1 InfektionsSchutzG).

724 Vereinzelt bestehen sogar Verfahrens-**Mitwirkungspflichten für Dritte**; Voraussetzung dazu ist jedoch gemäß § 26 Abs. 3 S. 1 VwVfG stets eine besondere gesetzliche Grundlage (vgl. auch oben RdNr. 182 ff zum Vorbehalt des Gesetzes).

Beispiele: § 57 SGB II und § 117 Abs. 4 SGB XII (Auskunftspflichten von Arbeitgebern), § 65 Abs. 1 S. 1 VwVfG (Mitwirkungspflichten von Zeugen und Sachverständigen im förmlichen Verwaltungsverfahren), §§ 98–100 SGB X (Auskunftspflichten von Angehörigen, Arbeitgebern und Ärzten), § 96 Abs. 3 AO (Mitwirkungspflicht von Sachverständigen), § 97 Abs. 1 AO (Vorlagepflicht von Geschäftsunterlagen und Urkunden (auch) für „andere Personen"), § 52 Abs. 6 S. 1 BImschG (Zutrittsgestattungspflicht von Drittgrundstückseigentümern).

Soweit eine Verletzung der Mitwirkungsvorschriften als Ordnungswidrigkeit eingestuft ist, darf die Behörde die Verpflichteten darauf hinweisen. Hierdurch wird nicht etwa unzulässiger Druck ausgeübt, der einem bürgerorientierten Verwaltungsverfahren abträglich wäre, sondern solch ein Hinweis gehört zum Bereich der behördlichen Informationspflicht[124].

Zu den Beispielen von über das VwVfG hinausgehenden Mitwirkungspflichten des SGB und der AO (z. B. §§ 60 ff SGB I und §§ 90, 93, 137 ff, 140 ff, 149, 200 AO) vgl. unten RdNr. 772 ff und RdNr. 783 ff.

---

124 So auch Martens RdNr. 155

5. Verfahrensabschluss

Als Ziel und Endpunkt „schließt" das Verwaltungsverfahren „den Erlass des Verwaltungsaktes oder den Abschluss eines öffentlich-rechtlichen Vertrages ein" (§§ 9 VwVfG, 8 SGB X). Von diesen beiden im Gesetz genannten Möglichkeiten überwiegen in der Praxis der Zahl und der Bedeutung nach solche Verfahren, die durch VA enden. **725**

Verwaltungsverfahren finden ihr Ende manchmal auch dadurch, dass eine Angelegenheit sich von selbst erledigt[125], ein Antragsteller seinen Antrag zurücknimmt, die Behörde ein von Amts wegen eingeleitetes Verfahren einstellt oder die Beteiligten ihre auf einen öffentlich-rechtlichen Vertrag gerichteten Verhandlungen abbrechen. Die folgenden Ausführungen lassen derartige Fälle jedoch unberücksichtigt und konzentrieren sich auf den Abschluss des Verwaltungsverfahrens durch VA.

5.1 Während ein öffentlich-rechtlicher Vertrag gemäß §§ 57 VwVfG, 56 SGB X schriftlich zu schließen ist, sehen die §§ 37 Abs. 2 VwVfG, 33 Abs. 2 SGB X, 119 Abs. 2 AO eine bestimmte Form für den VA nicht vor. In diesem Grundsatz der **Formfreiheit des VA** spiegelt sich der Grundsatz der Nichtförmlichkeit[126] des Verwaltungsverfahrens (§§ 10 VwVfG, 9 SGB X) wider.

Der Grundsatz der Nichtförmlichkeit ermöglicht u. a. auch Anträge und Eingaben von Bürgern in elektronischer Form[127]. Die elektronische Kommunikation regeln § 3 a VwVfG, § 36 a SGB I, § 87 a AO, indem sie die „Übermittlung **elektronischer Dokumente**" für zulässig erklären (vgl. auch § 86 a VwGO[128]).

Voraussetzung ist nach diesen Vorschriften jedoch, dass der „Empfänger hierfür einen **Zugang eröffnet**". Bei Behörden erfolgt dies durch Bekanntmachung der E-mail-Adresse auf der Homepage oder im Briefkopf der Behördenschreiben; da auf Seiten der Bürger gegenwärtig noch von einer überwiegend privaten Nutzung elektronischer Medien auszugehen ist, genügt bei Privatleuten die bloße Angabe einer E-mail-Adresse im Briefkopf derzeit nicht als „Zugangseröffnung" in diesem Sinne[129]; bei geschäftlicher oder anwaltlicher Nutzung wird man demgegenüber bereits von „Zugangseröffnung" ausgehen können, wenn etwa auf der Firmen-Homepage, im Firmenbriefkopf oder im Rechtsanwaltsbriefkopf die E-mail-Adresse angegeben ist[130].

Eine durch Rechtsvorschrift angeordnete Schriftform kann nach § 3 a Abs. 2 S. 1 VwVfG, § 36 a Abs. 2 S. 1 SGB I, § 87 Abs. 3 S. 1 AO, soweit nichts anderes durch Rechtsvorschrift bestimmt ist, durch „elektronische Form ersetzt werden"; hierbei ist nach dem jeweiligen Satz 2 der genannten Vorschriften das Dokument mit einer **„qualifizierten elektronischen Signatur** nach dem Signaturgesetz zu versehen"[131]. **726**

Nach § 37 Abs. 2 BVwVfG (und nach entsprechenden Regelungen in den Landes VwVfGen, z. B. § 37 Abs. 2 VwVfG-NRW), § 33 Abs. 2 SGB X, § 119

---
125 Z.B. wegen Verstreichens eines Termins
126 Vgl. oben RdNr. 621
127 Roßnagel NJW 2003, 469, 472
128 Vgl. Schulz DVP 2005, 6
129 Ähnlich Skrobotz VR 2003, 397, 400; a.A. Kremer VR 2003,114, 116
130 So auch Rossnagel NJW 2003, 472; Dietlein/Heinemann, NWVBl. 2005, 53, 55
131 Zu den Abstufungen nach dem Signaturgesetz: Dietlein/Heinemann, NWVBl. 2005, 53, 56, 57

Abs. 2 AO sind auch **Verwaltungsakte in elektronischer Form** zulässig. Somit können nicht nur elektronische Formulare[132] Anwendung finden und elektronische Anträge gestellt werden, sondern ganze **Verwaltungsverfahren vollständig elektronisch** durchgeführt werden.

In der Verwaltungspraxis ergehen VAe **in aller Regel** bisher jedoch immer noch **schriftlich** – wegen der weitgehend auf Seiten der Bürger fehlenden „Zugangseröffnung" (im Sinne des jeweiligen Abs. 1 S. 1 der §§ 3 a VwVfG, 36 a SGB I, 87 a AO) und vor allem auch aus Gründen der traditionellen Aktenführung, Beweiserleichterung und Verwaltungsklarheit.

Beispiele der sondergesetzlichen Formvorschriften, durch die **VAe in elektronischer Form ausgeschlossen**[133] sind:

- für die Beamtenernennung: Aushändigung einer Ernennungsurkunde – die „Ernennung in elektronischer Form ist ausgeschlossen" (so § 5 Abs. 2 S. 3 BRRG);
- für die Einbürgerung: Aushändigung einer Einbürgerungsurkunde (§ 16 StAG) – die Ausstellung von Urkunden in Staatsangehörigkeitssachen „in elektronischer Form ist ausgeschlossen" (so § 38 a StAG);
- für die Baugenehmigung (§ 75 Abs. 1 S. 2 und S. 3 BauO NRW): „eine Ausfertigung der Bauvorlagen" mit Genehmigungsvermerk „ist zuzustellen";
- für die Fahrerlaubnis (§ 2 Abs. 1, S. 3 StVG, § 4 Abs. 2, § 25 FeV): Aushändigung des Führerscheins;
- Allgemeine Gebote und Verbote für den Straßenverkehr können nur in Form der Verkehrszeichen (gemäß § 41 StVO) erlassen werden.

727 Beispiele für **bestimmte Bereiche**[134], in denen die oben genannte Regelung (der §§ 3 a Abs. 2 S. 1 VwVfG, 36 a Abs. 2 S. 1 SGB I, 87 a Abs. 3 S. 1 AO nach der eine durch Rechtsvorschrift angeordnete Schriftform durch „elektronische Form ersetzt werden" kann – „soweit nicht durch Rechtsvorschrift etwas anderes bestimmt ist"), **gesetzlich umgekehrt** wird:

- Für den Bereich des Kreislaufwirtschafts-/AbfallG bestimmt dessen § 3 a, dass wenn hier „Schriftform angeordnet wird ... die elektronische Form ausgeschlossen" ist, „soweit diese Form nicht ausdrücklich zugelassen wird";
- für den Bereich des AtomG regelt dessen § 17, dass Genehmigungen „schriftlich, aber nicht in elektronischer Form zu erteilen" sind – „abweichend hiervon kann in ... Rechtsverordnungen vorgesehen werden, dass die Genehmigung ... auch in elektronischer Form ... erteilt werden kann".

728 Bei **Formfehlern** können **unterschiedliche Rechtsfolgen** eintreten:

- Wird eine vorgeschriebene Urkunde nicht ausgehändigt, ist der VA nach den §§ 44 Abs. 2 Nr. 2 VwVfG, 40 Abs. 2 Nr. 2 SGB X nichtig.
- Lässt ein schriftlicher oder elektronischer VA die erlassende Behörde nicht erkennen, ist er ebenfalls nichtig (jeweils Abs. 2 Nr. 1 der §§ 44 VwVfG, 40 SGB X, 125 AO).
- In Fällen zwingend vorgeschriebener Form ist der VA entweder mangels Bekanntgabe §§ 41 VwVfG, 37 SGB X, 122 AO, noch gar nicht erlassen oder wegen des Zwecks der Formvorschrift ebenfalls nichtig.

---

132 Vgl. Ernst/Schuster VR 2005, 41
133 Roßnagel NJW 2003, 469, 475
134 Vgl. Wüstenbecker AVR AT 1, S. 163

- Ist dagegen nur eine nicht zwingende Formvorschrift verletzt, so kann das nach §§ 46 VwVfG, 42 SGB X, 127 AO folgenlos bleiben.

  Beispielsweise ist ein an „Herrn XY und Ehefrau" ohne namentliche Benennung der Frau gerichteter Bescheid hinsichtlich der Ehefrau nichtig[135].

Für VAe, die schriftlich oder elektronisch ergehen, stellen die §§ 37 Abs. 3 VwVfG, 33 Abs. 3 SGB X und 119 Abs. 3 AO einige Mindestanforderungen auf: Der VA muss die erlassende Behörde erkennen lassen und die Unterschrift oder die Namenswiedergabe des Behördenleiters, seines Vertreters oder eines Beauftragten enthalten. Wird bei einem VA für den „durch Rechtsvorschrift die Schriftform" vorgesehen ist, die elektronische Form gewählt, so „muss auch das der Signatur zugrunde liegende **qualifizierte Zertifikat** ... die erlassende Behörde erkennen lassen" (§§ 37 Abs. 3 S. 2 VwVfG, 33 Abs. 3 S. 2 SGB X und 119 Abs. 3 S. 3 AO)[136]. **729**

Zur Zeichnung des bei den Akten bleibenden „Entwurfs" des Bescheides genügt eine abgekürzte Namenswiedergabe (die sog. Paraphe). Die Unterschrift auf dem an den Bürger zu sendenden Bescheid muss eigenhändig erfolgen; die alternativ zulässige „Namenswiedergabe" kann faksimiliert, maschinengeschrieben oder gedruckt sein.

Bestehen keine sondergesetzlichen Formerfordernisse, kann ein VA auch mündlich oder in anderer Weise erlassen werden (etwa durch Rundfunk-, Telefon-, Lautsprecherdurchsagen, Handzeichen eines Polizeibeamten, Sirenen). Ist der VA mündlich oder elektronisch ergangen, kann der Betroffene unter den Voraussetzungen des Abs. 2 S. 2 der §§ 37 VwVfG, 33 SGB X (vgl. § 119 AO) schriftliche Bestätigung verlangen[137], soweit hieran ein „berechtigtes Interesse besteht" und der Betroffene das „unverzüglich verlangt". **730**

In einigen Verwaltungszweigen ist das durch elektronische Datenverarbeitungsanlage gefertigte (Formular-)Schreiben inzwischen zur Regelform des Bescheides geworden (z. B. Rentenbescheide, Steuerbescheide). Hierzu enthalten § 37 Abs. 5 VwVfG, § 33 Abs. 5 SGB X, 119 Abs. 3 AO Sonderregelungen, welche die Bearbeitung derartiger Massen-Vorgänge erleichtern.

  Beispielsweise können hier Unterschrift und Namenswiedergabe fehlen, zur Inhaltsangabe können Schlüsselzeichen verwendet werden und es bedarf in der Regel keiner Begründung (vgl. dazu § 39 Abs. 2 Nr. 3 VwVfG).

Das Problem der **Archivierung** elektronischer Dokumente wird beispielhaft in den §§ 110 a–d SGB IV für den Bereich der Sozialversicherung geregelt[138]. **731**

5.2 Bekanntgabe

Ein VA muss den Betroffenen amtlich bekannt gegeben werden. Die Bekanntgabe ist Wirksamkeitserfordernis, also Voraussetzung für die rechtliche Existenz des VA. **732**

  Beispielsweise ist eine Fahrerlaubnis *vor* Aushändigung des Führerscheins nicht erteilt, eine Verkehrsregelung *vor* Aufstellung des Verkehrsschildes nicht wirksam geworden, ohne Beseitigung des

---

135 So VGH Mannheim NVwZ 86, 139; vgl. Kintz JuS 97, 1116. – Zu Formvorschriften, Rechtsfolgen und Berichtigungsmöglichkeiten im Steuerrecht: Schaller VR 98, 10. – Zur Zustellung an Eheleute Himmelmann/Höcker VR 2003, 79, 81
136 Rossnagel, NJW 2003, 469, 473
137 Dietlein/Heinemann, NWVBl. 2005, 53, 54
138 So auch Rossnagel, NJW 2003, 469, 475

Verkehrsschildes nicht wirksam aufgehoben. Bei (bloß) fehlerhafter Bekanntgabe ist dagegen grundsätzlich nur (schlichte) Rechtswidrigkeit/Aufhebbarkeit gegeben, jedoch können §§ 46 VwVfG, 42 SGB X, 127 AO eingreifen.

Zu unterscheiden sind gemäß §§ 41 VwVfG, 37 SGB X, 122 AO:

a) die individuelle Bekanntgabe gegenüber den Beteiligten ohne besondere Bekanntgabeform (jeweils Abs. 1 und 2),

b) die öffentliche Bekanntgabe (jeweils Abs. 3 und 4),

c) die förmliche Zustellung nach Verwaltungszustellungsgesetz (jeweils Abs. 5 und § 65 SGB X).

733 5.2.1 Im **Normalfall** (a) fragt sich zunächst, *wem* gegenüber bekannt zu geben ist. Das ist in erster Linie derjenige Beteiligte, für den der VA bestimmt ist, d. h. der Adressat. Zielt eine Verwaltungsentscheidung auf mehrere Personen, so ist jede/r von ihnen Adressat eines individuellen VA (sofern es sich nicht um den Sonderfall der Allgemeinverfügung handelt – dazu oben RdNr. 314 ff).

Eine Sonderregelung zur Bekanntgabe zusammengefasster schriftlicher Steuerbescheide an Ehegatten u. s. w. enthält die AO: Hier reicht es idR für die Bekanntgabe aus, wenn beiden eine Ausfertigung unter ihrer gemeinsamen Anschrift übermittelt wird (§ 122 Abs. 7 AO).[139]

Ferner ist eine Bekanntgabe erforderlich gegenüber einem (sonstigen) von dem VA Betroffenen, sofern dieser Beteiligter ist. Bei einem VA mit drittbelastender Wirkung ist das derjenige, der dadurch belastet wird und von der Behörde hinzugezogen worden ist.

Somit ist es möglich, dass – bei verschiedenen Bekanntgabezeitpunkten – ein VA für die Betroffenen zu unterschiedlichen Zeitpunkten wirksam wird; dies kann in der Verwaltungspraxis Probleme bereiten (etwa für die Widerspruchsfristen), ist aber unvermeidbar.

Beispielsweise kann sich dies ergeben bei einer Baugenehmigung mit späterer Hinzuziehung des Nachbarn (vgl. oben RdNr. 593 und 655).

In der Verwaltungspraxis stellt sich manchmal die Frage, an wen der VA bekannt zu geben ist, wenn für den Beteiligten (auch) ein **Bevollmächtigter** handelt. Gemäß dem jeweiligen Abs. 1 S. 2 der §§ 41 VwVfG, 37 SGB X, 122 AO „kann" der VA auch gegenüber einem Bevollmächtigten bekannt gegeben werden (Ermessen). Abweichend hiervon bestimmt § 8 Abs. 1 S. 2 VwZG, dass förmliche Zustellungen nach Vorlegung einer Vollmacht an den Bevollmächtigten zu richten „sind" (Pflicht).

734 Der **Zeitpunkt**, an dem die Bekanntgabe erfolgt, ist wichtig für den Beginn von Fristen, insbesondere für die Widerspruchsfrist. Zur Fristberechnung vgl. unten RdNr. 844.

Nach Abs. 2 der §§ 41 VwVfG, 37 SGB X, 122 AO gilt ein schriftlicher, durch die Post übermittelter VA „mit dem dritten Tag nach der Aufgabe zur Post als bekannt gegeben"; beim elektronisch übermittelten VA gilt dies für den dritten Tag nach der Absendung. Der Betroffene kann aber geltend machen, der VA

---

139 Vgl. ansonsten Kintz JuS 97, 1116; zur Bekanntgabe an Miteigentümer OVG Münster NVwZ-RR 97, 8

sei nicht (oder später) zugegangen; im Zweifel hat die Behörde Zugang und Zeitpunkt nachzuweisen.

In der Praxis führt diese Vorschrift vereinzelt zu Unsicherheiten: Es handelt sich nämlich bei Abs. 2 der §§ 41 VwVfG, 37 SGB X, 122 AO im Ergebnis nicht um eine Zugangsfiktion zu Gunsten der Behörde sondern nur zu Lasten der Behörde: Denn diese **Drei-Tages-Frist** ist (etwa bei der Berechnung von weiteren Fristen, wie der Widerspruchsfrist) auch dann zu Grunde zu legen, wenn die Sendung nachweislich bereits früher – also innerhalb der drei Tage[140] – zugegangen ist[141].

Ist aber andererseits der VA später als drei Tage nach der Aufgabe zur Post zugegangen (oder etwa gar nicht), wird nach Abs. 2 der §§ 41 VwVfG, 37 SGB X, 122 AO nicht etwa ein Zugang fingiert, sondern in Zweifelsfällen „ ... hat die Behörde ... den Zugang ... und seinen Zeitpunkt nachzuweisen". Deshalb empfiehlt es sich in der Praxis, falls es auf den genauen Zeitpunkt der Bekanntgabe ankommt, eine *förmliche* Zustellung vorzunehmen; dies ist auch dann zulässig, wenn sie nicht durch Gesetz vorgeschrieben ist (dazu unten RdNr. 736).

Praxisprobleme ergeben sich bei der Feststellung des Zeitpunktes der Bekanntgabe beim **elektronischen Verwaltungsakt:** Dabei ist nämlich erstens Voraussetzung, dass der Adressat „hierfür eine Zugang eröffnet" hat (§ 3 a VwVfG, § 36 a SGB I, § 87 a AO)[142]; zweitens stellen sich die Fragen, wie sich der Zugang des elektronischen Dokuments beim Bürger im Streitfall durch die Behörde beweisen lässt und drittens, was gelten soll, wenn der elektronische VA für den Adressaten nur mangelhaft elektronisch lesbar ist[143].

5.2.2 Ist durch Rechtsvorschrift eine **öffentliche Bekanntgabe (oben b)** zugelassen, gelten die Abs. 3 und 4 der §§ 41 VwVfG, 37 SGB X, 122 AO. Sie ist zulässig bei Allgemeinverfügungen (vgl. jeweils Abs. 3 S. 2), bei nicht erreichbarem Adressaten (§ 15 VwZG) und in „Massenverfahren" mit mehr als 50 Beteiligten (§§ 67 Abs. 1 S. 4, 69 Abs. 2 S. 3, 74 Abs. 5 VwVfG, vgl. § 10 Abs. 8 BImschG).[144]   735

5.2.3 Die **förmliche Zustellung (oben c)** besitzt in der Behördenpraxis eine erhebliche Bedeutung, die sich in der Existenz besonderer Verwaltungszustellungsgesetze der Länder und des Bundes (VwZG) widerspiegelt. Die Zustellung besteht in der „Übergabe eines Schriftstücks in Urschrift, Ausfertigung oder beglaubigte Abschrift, oder in dem Vorlegen der Urschrift" (§ 2 Abs. 1 VwZG).   736

Beispielsweise ist eine förmliche Zustellung vorgeschrieben für die Androhung von Zwang nach dem Verwaltungsvollstreckungsgesetzes (§ 13 Abs. 7 VwVG des Bundes, § 63 Abs. 6 VwVG NRW), für den Widerspruchsbescheid (§§ 73 Abs. 3 VwGO), für den Planfeststellungsbeschluss (§ 74 Abs. 4 VwVfG, § 17 Abs. 6 FStrG; vgl. auch § 65 SGB X).

---

140 Zur „Drei-Tage-Fiktion" bei Einlegung ins Postfach eines Anwalts: OVG Münster NVwZ 2001, 1171 und NWVBl. 2001, 429. – Zur Drei-Tags-Frist nach AO in dem Fall, dass das Fristende auf einen Sonn- oder Feiertag fällt: BFH Bundessteuerblatt 2003 , II, 898 ff
141 BVerwGE 22, 11; Kopp/Ramsauer § 41 RdNr. 44
142 Siehe oben RdNr. 726
143 Details zum Streitstand bei Dietlein/Himmelmann NWVBl. 2005, 53, 55
144 Vgl. OVG Hamburg DVBl 2001, 494; BFH NVwZ-RR 2001, 77

9. Abschnitt

Allein die Verwendung des Begriffs Zustellung bedeutet aber nicht unbedingt, dass die förmliche Zustellung gemeint ist, weil „Zustellung" auch im Sinne der bloßen Bekanntmachung eines Schriftstücks gebräuchlich ist; wenn allerdings in einem Gesetz „Zustellung" verlangt wird, ist die förmliche Zustellung verlangt.[145]

Beispielsweise kann der Widerspruchsbescheid wegen des Gebots der Zustellung in § 73 Abs. 3 VwGO nicht[146] als elektronischer VA bekannt gegeben werden (nach § 37 Abs. 2 VwVfG – und nach entsprechenden Regelungen in den Landes VwVfGen, z. B. § 37 Abs. 2 VwVfG-NRW – § 33 Abs. 2 SGB X, § 119 Abs. 2 AO): Da § 2 VwZG (und entsprechend die LandesVwZGe, z. B. § 1 Abs. 3 LZG-NRW) bei der Zustellung ausdrücklich an ein „Schriftstück" anknüpfen, ist der Widerspruchsbescheid als reales Schreiben (in einer der Formen des VwZG) förmlich zuzustellen:

Die im VwZG des Bundes genannten Zustellungsarten sind die Zustellung mit Zustellungsurkunde § 3, durch eingeschriebenem Brief § 4, gegen Empfangsbekenntnis §§ 5 und 10ff, durch Vorlegen der Urschrift § 6 oder durch öffentliche Zustellung § 15.

737 1. Unter ihnen zeichnet sich die Zustellung mit **Postzustellungsurkunde** (PZU) nach § 3 durch besondere Praxisvorteile aus. Hierbei wird das Schriftstück in einem verschlossenen Spezialumschlag versandt, der in einer offenen Seitentasche eine herausnehmbare Zustellungsurkunde enthält. Diese entnimmt der Postbote bei Zustellung, datiert und unterzeichnet sie und sendet sie an die Ausgangsbehörde zurück.

Muster der PZU als Nr. 2b der VwV-VwZG

Die besonderen praktischen Vorteile ergeben sich – neben der klaren Beweislage wegen der Rückkehr der unterzeichneten PZU zur Behördenakte – zusätzlich aus der Verweisung des § 3 Abs. 3 VwZG auf bestimmte Vorschriften der Zivilprozessordnung (ZPO); ist eine Übergabe des Schriftstücks an den Adressaten nicht möglich, so kann die Zustellungswirkung hiernach durch „Ersatzzustellung" eintreten:

738 Beispiele:

- Wird der Adressat in seiner Wohnung nicht angetroffen, kann Ersatzzustellung etwa an Familienangehörige oder Vermieter erfolgen (§ 181 ZPO).

- Wird ein Gewerbetreibender in seinen Geschäftsräumen nicht angetroffen, kann die Zustellung an einen anwesenden „Gewerbegehilfen" erfolgen (§ 183 ZPO). Die eingetretene Zustellungswirkung bleibt selbst dann unberührt, wenn die jeweilige Mittelsperson (Angehöriger, Vermieter usw.) das Schreiben nicht weiterreicht.

- Wird die Annahme grundlos verweigert, ist das Schriftstück „am Ort der Zustellung zurückzulassen", d. h. die Zustellung erfolgt dann durch beliebiges Hinterlegen des Schreibens (§ 186 ZPO) – z. B. auf der Fußmatte.

- Wird niemand angetroffen, kann Zustellung auch dadurch erfolgen, dass das Schreiben bei der Post oder einer Behörde (§ 182 ZPO) niedergelegt wird und eine Benachrichtigung hierüber etwa in den Briefkasten geworfen oder an der Wohnungstür befestigt wird; auch dadurch ist die Zustellung bewirkt.

Dies alles sind für die Verwaltungspraxis nützliche Hilfen, um einen Bescheid auch bei einem solchen Adressaten „unterzubringen", der sich verweigert, versteckt oder verleugnen lässt.

---

145 So auch Frings/Spahlholz RdNr. 387. – Zur Unwirksamkeit der gegenüber einem Bevollmächtigten erfolgten förmlichen Zustellung, nachdem dieser gegenüber der Behörde angezeigt hat, dass er sein Mandat niederlege, vgl. OVG Hamburg NVwZ 85, 350. – Allgemein zur Zustellung: BVerwG NVwZ 92, 565; Allesch NVwZ 93, 544; Vahle VR 93, 31; OVG Hamburg NJW 97, 2616; VGH Mannheim NVwZ-RR 97, 582. – Zur Zustellung an einen Lebensgefährten in der Wohnung: BVerwG DVBl 2002, 339.
146 So auch Dietlein/Heinemann NWVBl. 2005, 53, 59

Vgl. auch die (der Ersatzzustellung der PZU ähnliche) Ersatzzustellung bei Empfangsbekenntnis nach §§ 11 und 13 VwZG.[147]

2. Schwächer sind die Durchsetzungsmöglichkeiten der Behörde bei Zustellung mittels **eingeschriebenen Briefes** (§ 4 VwZG). Die Post bietet zwei Formen an: das „Einwurf-Einschreiben" und das „Übergabe-Einschreiben": Das „Einwurf-Einschreiben" genügt den Voraussetzungen einer formellen Zustellung nicht[148], da hier keine Übergabe beurkundet wird; es wird auch nichts übergeben, sondern das Schreiben wird wie bei der normalen Briefpost in den Hausbriefkasten des Empfängers eingeworfen. Der Postbote vermerkt lediglich – intern – den Einwurf[149]. 739

Nur das „Übergabe-Einschreiben" ist Einschreiben i. S. v. § 4 VwZG. Es wird von der Post an den Adressaten, seinen Ehegatten, seinen Postbevollmächtigten oder bestimmte Ersatzempfänger[150] ausgeliefert. Wird niemand angetroffen und deshalb ein Benachrichtigungsschein mit Aufforderung zur Abholung hinterlassen, so ist hierdurch – anders als bei der PZU – eine Zustellung noch nicht erfolgt; wird das Einschreiben nämlich nicht fristgerecht abgeholt, sendet es die Post an die Behörde zurück[151].

Deshalb bezeichnen Frings/Spahlholz die Zustellung mittels eingeschriebenen Briefes zu Recht als „die unsicherste Form der Zustellung" (RdNr. 398) und sie ist zudem auch nicht wesentlich preiswerter als die (wesentlich sichere) oben dargestellte PZU.[152]

3. Bei der Zustellung gegen **Empfangsbekenntnis** (EB) wird das Schriftstück dem Empfänger von einem Behördenbediensteten gegen Unterschrift auf dem EB ausgehändigt (§ 5 Abs. 1 VwZG). Dieses EB wird als Beweisurkunde ber die erfolgte Zustellung in die behördliche Akte aufgenommen. 740

Muster des Empfangsbekenntnisses als Anlage 4 der VwV-VwZG

Die Möglichkeiten der Ersatzzustellung und der Zustellung trotz Verweigerung der Annahme sind in §§ 11 und 13 VwZG ähnlich geregelt wie bei der oben dargestellten Zustellung durch Postzustellungsurkunde.

Gegenüber bestimmten in § 5 Abs. 2 VwZG aufgeführten Personen – z. B. „Mitglieder einer Rechtsanwaltskammer" – und Institutionen kann „auch auf andere Weise" mit EB übermittelt werden; die einfachste Form dieser „anderen Weise" ist die postalische Zustellung als „normaler Brief".

Dieses „vereinfachte Empfangsbekenntnis" ist in der Praxis insbesondere dann von Bedeutung, wenn z. B. **Rechtsanwälte** (oder Steuerberater) Widerspruch (oder Einspruch) für einen Mandanten einlegen: Hier kann der Widerspruchsbescheid der Behörde dann kostensparend (und in der Regel genauso sicher wie bei der teureren Zustellung per PZU) durch einfachen Brief mit Empfangsbekenntnis zugestellt werden. Bei den in § 5 Abs. 2

---

147 In der PZU über die Zustellung an eine juristische Person muss deren gesetzlicher Vertreter bezeichnet werden (VGH Kassel NJW 98, 920). – Zum weitergeltenden Beweiswert der PZU „auch nach Privatisierung der Deutschen Bundespost": OLG Düsseldorf, NJW 2000, 2831.
148 Zum nicht ausreichenden „Einwurf-Einschreiben": BVerwG DÖV 2001, 473.
149 Otto, KommunalPraxisN 98, 121 (zu „Übergabe-Einschreiben" und „Einwurf-Einschreiben" allgemein).
150 § 2 Abs. 4 Post-Universaldienstleistungsverordnung
151 § 4 Abs. 7 Allgemeine Geschäftsbedingungen der Deutschen Post, Brief national (AGB-Brief-National)
152 Zu der in der Praxis selteneren Zustellung mittels eingeschriebenen Briefes vgl. VGH Mannheim NVwZ 92, 799; BSG NVwZ 98, 109; Dübbers NJW 97, 2503; DVBl 2001, 477

VwZG genannten Empfängern kann davon ausgegangen werden, dass sie aufgrund von Dienst- oder sonstigen Pflichten (z. B. anwaltliche Standespflicht) das EB unterschrieben zurücksenden[153].

In der Verwaltungspraxis wird jedoch zum Teil in „eiligeren Fällen" wegen der mit dem EB verbundenen Zeitverzögerung (hier fallen zwei Wege per Briefpost an) auch bei Anwälten eine Zustellung durch Postzustellungsurkunde vorgenommen[154]. Der größte Beschleunigungseffekt wird in der Praxis jedoch dadurch erzielt, dass die Behörde die Zustellung durch einen eigenen Bediensteten selbst bewirkt[155], wobei das EB vom Empfänger unmittelbar zu unterzeichnen ist[156].

741 4. Für die Verwaltungspraxis hilfreich ist die Regelung zur **Heilung von Zustellungsmängeln** des § 9 VwZG: Wird beispielsweise Widerspruch erhoben gegen einen VA der (obwohl ausnahmsweise zustellungsbedürftig) fehlerhafterweise nicht (oder nicht ordnungsgemäß) zugestellt worden war, so gilt dieser Mangel als geheilt, da der Widerspruchsführer den von ihm angegriffenen VA ja offensichtlich „ ... nachweislich erhalten ..." (im Sinne von § 9 VwZG) haben muss, um dagegen Widerspruch einzulegen[157].

Diese Heilung erfolgt auch, wenn mit der Zustellung eine Frist für die Erhebung einer Klage etc. beginnt, also insbesondere für (fehlerhafterweise nicht zugestellte oder nicht ordnungsgemäß förmlich zugestellte) Widerspruchsbescheide.

Dass die frühere Regelung, die dies ausschloss (§ 9 Abs. 2 VwZG alt), aufgehoben worden ist, erleichtert in der Praxis bei behördlichen Versehen die Arbeit.

5.3 Begründung

742 Das formelle Erfordernis der Begründung des VA verfolgt im wesentlichen drei Zwecke:

- Erstens dient es der Selbstkontrolle der Behörde; in der Verwaltungspraxis werden bei der schriftlichen Abfassung der Gründe manchmal neue Aspekte erkannt, die zu Abweichungen des endgültigen VA vom Entwurf führen.

- Zweitens wird der vom VA Betroffene oft erst durch die schriftliche Begründung in die Lage versetzt, die Tragweite des VA zu überblicken, die Stichhaltigkeit der behördlichen Überlegungen zu prüfen und die Chancen eines Rechtsbehelfs zu beurteilen.

- Drittens erleichtert die schriftlich festliegende Begründung der Rechtsbehelfsbehörde eine sachgerechte Entscheidung und ermöglicht z. B. dem Verwaltungsgericht überhaupt erst, zu erkennen, ob etwa hinreichende Ermessenserwägungen stattgefunden haben.

5.3.1 Nach der **Ausgangsregelung** der §§ 39 Abs. 1 VwVfG, 35 Abs. 1 SGB X (vgl. § 121 Abs. 1 AO) ist ein schriftlicher, elektronischer (oder schriftlich

---

153 Zur Zustellung per Telefax „gegen Empfangsbekenntnis" OVG Hamburg NJW 97, 2616; zum Empfangsbekenntnis gegenüber Rechtsanwalt OVG Münster DÖV 2004, 86
154 Vgl. auch Himmelmann/Höcker VR 2003, 79, 83
155 Zum Behördenboten bei Abgabebescheiden OVG Frankfurt/Oder NVwZ 2004, 507
156 Beispiel zur besonderen Geschwindigkeit dieser Zustellung gegen EB: Frings/Spahlholz RdNr. 400.
157 Zur Heilung von Zustellungsmängeln gemäß § 9 VwVfG: Himmelmann/Höcker VR 2003, 79, 88; Hamb-OVG DÖV 2005, 216

bestätigter) VA mit einer Begründung zu versehen. Abs. 1 S. 2 und 3 der §§ 39 VwVfG und 35 SGB X präzisieren dies, indem sie die Mitteilung der wesentlichen, tatsächlichen und rechtlichen Gründe und bei Ermessensentscheidungen die Angabe der Ermessensgesichtspunkte vorschreiben.

Die **„tatsächlichen Gründe"** umfassen den von der Behörde festgestellten, dem VA zugrunde gelegten Sachverhalt. Zu den **„rechtlichen Gründen"** gehören Auslegung, Subsumtion, Bewertungsfaktoren[158], Abwägung und in Einzelfällen auch verfahrensrechtliche Erwägungen. 743

Beispiele zur Begründung in den obigen Aufbauschemata RdNr. 328 ff und 362 ff, mit ausformulierten Varianten unter RdNr. 336, 340, 344 f und 369 ff.

Die in § 39 Abs. 1 S. 3 VwVfG vorgeschriebene „Soll-Begründung" für Ermessensentscheidungen ist nach Art. 19 Abs. 4 S. 1 GG (und den Regeln über Soll-Vorschriften) im Normalfall als „muss" zu interpretieren. Ausnahmegründe[159], die über die in § 39 Abs. 2 VwVfG genannten Fälle hinausgehen, sind kaum ersichtlich. Insofern erscheint die Formulierung des § 35 Abs. 1 S. 3 SGB X („muss") vorzugswürdig.

Zu Soll-Vorschriften vgl. oben RdNr. 414

Neben der allgemeinen Begründungspflicht aufgrund der genannten VwVfGe verlangen zahlreiche spezialgesetzliche Vorschriften schriftliche Begründungen. 744

Beispielsweise:

- für den Widerspruchsbescheid § 73 Abs. 3 VwGO,
- für die Ablehnung des Antrags auf oder die beschränkte Ereilung des Informationszugangs § 5 Abs. 2 IFG,
- für die Anordnung der sofortigen Vollziehung § 80 Abs. 3 VwGO,
- für die immissionsschutzrechtliche Anlagengenehmigung § 10 Abs. 7 BImSchG,
- (zum förmlichen Verfahren vgl. § 69 Abs. 2 VwVfG).

§ 121 Abs. 1 AO weicht im Hinblick auf besondere „praktische Bedürfnisse der Finanzverwaltung"[160] von der Begründungsregelung der §§ 39 Abs. 1 VwVfG, 35 Abs. 1 SGB X ab: Hiernach ist ein VA (nur) zu begründen, „soweit dies zu seinem Verständnis erforderlich ist"[161].

5.3.2 In der Verwaltungspraxis[162] bereitet die **Frage**, was zu den „wesentlichen" Gründen iSd §§ 39 VwVfG, 35 SGB X gehört, also **wie eingehend** ein schriftlicher VA zu begründen ist, manchmal Umsetzungsprobleme. Die Begründung braucht nicht sämtliche erwogenen Umstände und jede im Laufe des Verfahrens aufgeworfene Einzelfrage wiederzugeben, sondern nur solche Feststellungen und Erwägungen, welche die Entscheidung tragen. Der kon- 745

---

158 Zur Begründungspflicht bei Beurteilungsspielraums-Entscheidungen Günther NWVBl 91, 181.
 – Vgl. Himmelmann/Höcker VR 2003, 79, 83
159 Ausnahmebeispiel: BVerwG DVBl 98, 145
160 So BT-Drucks. 7/4292 S. 27
161 Kritisch hierzu Fiedler NJW 81, 2093, 2095
162 Beispiele zur Begründung von Verwaltungsentscheidungen mit Ratschlägen: Foerster VR 84, 265; Hamann, Bescheidtechnik, RdNr. 142 ff; vgl. auch die Beispiele zur Begründung in den obigen Aufbauschemata RdNr. 328 ff und 362 ff, mit ausformulierten Varianten unter RdNr. 336, 340, 344 f und 369 ff.

krete Umfang „richtet sich nach den Besonderheiten des jeweiligen Rechtsgebietes und nach den Umständen des Einzelfalles"[163].

Beispielsweise gebietet die Begründungspflicht einerseits nicht, in einfach gelagerten Fällen etwa Selbstverständlichkeiten, die jedenfalls für die Beteiligten offen zu Tage liegen, breit abzuhandeln. – Andererseits besteht für Behördenbedienstete, die ständig vergleichbare Entscheidungen aufgrund von ähnlichen Sachverhalten zu treffen haben, die Gefahr, dass einstmals gut durchdachte Einzelfallabwägungen in Wiederholungsfällen zu (für den konkreten Fall nicht ausreichenden) Pauschalbegründungen gerinnen.[164]

Die Begründung kann unter Umständen sehr kurz sein. Andererseits kann es aber auch geboten sein (um dem Bürger einen belastenden VA akzeptierbar zu machen), in der Begründung sogar auf solches Vorbringen einzugehen, das an sich offensichtlich „neben der Sache liegt", das der Bürger aber nach seinem Vortrag erkennbar für entscheidungserheblich hielt (vgl. hierzu oben die Bescheidvariante III, RdNr. 350).

746 Die Angabe des Inhaltes der **tragenden Rechtsvorschriften** (Ermächtigungsnorm/Anspruchsnorm) ist für eine Begründung unerlässlich. Hier kann – zumindest bei Einsatz automatischer Schreibsysteme – sogar das wörtliche Zitieren der wesentlichen Rechtsvorschrift hilfreich sein[165].

In der Frage nach dem Begründungsumfang drückt sich ein grundsätzliches Spannungsverhältnis aus zwischen dem Erfordernis effizienten Verwaltungshandelns und dem berechtigten Interesse des Bürgers an umfassender Begründung[166].

Beispielsweise wird dem Begründungserfordernis nicht Genüge getan, wenn lediglich formelhafte, abstrakte oder nichtssagende Thesen niedergeschrieben werden. Das gleiche gilt, wenn sich die Begründung auf die bloße Wiedergabe des Gesetzes und/oder des Sachverhalts beschränkt.

Zulässig ist jedoch die Verwendung gleichlautender Begründungen bei einer Mehrzahl von identischen Fällen.[167]

747 **5.3.3** Die VwVfGe versuchen, das aufgezeigte Spannungsverhältnis zwischen Verwaltungseffizienz und Bürgerinteresse an möglichst umfassender Begründung mit Hilfe der **Ausnahmeregeln** des jeweiligen Abs. 2 der §§ 39 VwVfG, 35 SGB X, 121 AO zu lösen:

Beispielsweise bedarf es nach Abs. 2 Nr. 1 einer Begründung dann nicht, wenn die Behörde einem Antrag entspricht bzw. einer Erklärung folgt und der VA nicht in Rechte Dritter eingreift. Eine Begründung ist gemäß Abs. 2 Nr. 2 auch dann entbehrlich, wenn dem Betroffenen die Auffassung der Behörde bekannt oder ohne weiteres erkennbar ist.

In der Verwaltungspraxis sollte von diesen Ausnahmen nur sparsam Gebrauch gemacht werden, da das Weglassen der Begründung vermeidbaren Ärger und Mehrarbeit (durch Nachfragen, zusätzlichen Schriftverkehr, Widerspruch oder gar gerichtliche Auseinandersetzung) verursachen kann. Die Ausnahmemöglichkeit des Abs. 2 Nr. 3 für solche Fälle, in denen der VA „mit Hilfe automatischer Einrichtungen erlassen worden ist und die Begründung ... nicht geboten

---

163 BVerwG NVwZ 86, 374, 375
164 Zur Begründung beim „intendierten Ermessen" oben RdNr. 420f und Borowski, DVBl 2000, 149, 159. – Vgl. auch Himmelmann/Höcker VR 2003, 79, 83
165 Vgl. auch oben RdNr. 345
166 Zur Akzeptanzfunktion des VA vgl. oben RdNr. 283; zum praktischen Umgang mit dem genannten Spannungsverhältnis vgl. BVerwG DVBl 98, 145 (mit Anmerkung von Schwabe).
167 Vgl. Fall Nr. 88 bei Bovermann/Dünchheim, Examinatorium – Allgemeines Verwaltungsrecht

ist" greift zunehmend seltener ein, da hier – im Gegensatz zu der Zeit, in der diese Vorschrift konzipiert wurde – „der Aufwand für eine Begründung heute nicht mehr ins Gewicht" fällt[168].

<small>Beispiele für Ausnahmen vom Begründungsgebot, die sich iSd Abs. 2 Nr. 4 aus einer Rechtsvorschrift ergeben, gelten etwa für Prüfungsentscheidungen (dies ergibt sich aus der Nichterwähnung des § 39 VwVfG in § 2 Abs. 3 Nr. 2 VwVfG), für „Verteidigungsangelegenheiten" (§ 95 VwVfG des Bundes bzw. § 94 VwVfG NRW) oder nach landesrechtlichen Sondervorschriften (vgl. § 75 Abs. 1 S. 2 BauO NRW: „Die Baugenehmigung ... braucht nicht begründet zu werden").</small>

5.3.4 Bei der Regelung der §§ 39 VwVfG, 35 SGB X, 121 AO handelt es sich ausschließlich um das **formelle Beifügen einer Begründung**; dies folgt daraus, dass die Begründungspflicht gemäß Abs. 1 lediglich für schriftliche VAe gilt und dass in Abs. 2 Ausnahmen zugelassen sind. Einer materiellen Begründung – im Sinne objektiver Gründe, die eine Maßnahme „tragen" – bedarf jeder VA, um rechtmäßig zu sein und zwar ohne Ausnahme.   748

Für die Begründung als formelles Erfordernis kommt es nur darauf an, dass der Empfänger des VA diejenigen Tatsachen und rechtlichen Erwägungen erfährt, die für die Behörde maßgebend sind. Unerheblich ist in dieser – begrenzt formellen – Optik, ob die Gründe richtig sind, d. h. ob die richtig festgestellten Tatsachen unter das zutreffend ausgelegte Gesetz fehlerfrei subsumiert wurden; dies gehört zur materiellen Seite (vgl. oben RdNr. 386, 390 ff).

Eine fehlende Begründung kann nach § 45 Abs. 1 S. 2 VwVfG (§ 41 SGB X, 126 AO) innerhalb der Frist des jeweiligen Abs. 2 **nachgeholt** werden, insbesondere im Widerspruchsbescheid. Erst recht kann eine unvollständige Begründung ergänzt werden. Für belastende VAe folgt dies auch daraus, dass nach §§ 79 Abs. 1 Nr. 1 VwGO, 95 SGG, 44 Abs. 2 FGO ohnehin der Rechtsbehelfsbescheid maßgebend ist.   749

Ist die Begründungspflicht verletzt und liegt auch kein Nachholen der Begründung vor, so ist der VA (formell) rechtswidrig. Allerdings kann die Rechtswidrigkeit nach §§ 46 VwVfG, 42 SGB X, 127 AO folgenlos[169] bleiben (vgl. RdNr. 481, 486).

In der Praxis stellt sich manchmal das Problem, ob das **Nachschieben der Begründung** (im Sinne eines vollständigen oder teilweisen Auswechselns der zunächst gegebenen Begründung durch eine andere) zulässig ist.

<small>Beispielsweise kann das Fälle betreffen, in denen von der Behörde ursprünglich eine Begründung gegeben wurde, die nicht die wahren Gründe enthielten. In den anderen Fällen wurde die für die Behörde maßgebende Begründung mitgeteilt und damit zunächst dem § 39 Abs. 1 VwVfG Genüge getan. Gleichwohl können neue Erkenntnisse der Behörde Anlass geben, die Begründung auszuwechseln.[170]</small>

Die Ähnlichkeit dieser Situation mit dem Fall einer fehlenden oder unvollständigen Begründung muss dazu führen, dass die Behörde analog § 45 Abs. 1 Nr. 2 VwVfG die Begründung auswechseln darf mit der Folge, dass die neue Begründung nunmehr als formelle Begründung iSd § 39 VwVfG gilt[171]. Allerdings darf dabei weder der Ausspruch des VA noch sein Wesens-

---

<small>168 So auch Bull RdNr. 457
169 Vgl. Ziekow, NVwZ 2005, 263
170 Vgl. Brehm NVwZ 2001, 880
171 Vgl. auch Himmelmann/Höcker VR 2003, 79, 86</small>

gehalt geändert werden, da es sich andernfalls nicht mehr um ein bloßes Ändern der Begründung, sondern um einen „anderen VA" handeln würde.[172]

Beispiel: Die Rücknahme einer Baugenehmigung wurde zunächst mit der Änderung des Bebauungsplanes begründet. Im Widerspruchsverfahren stützt die Behörde die Rücknahme darauf, dass der Antragsteller die Baugenehmigung dadurch erschlichen habe, dass er das Einverständnis des Nachbarn vorgetäuscht habe. Darin liegt kein zulässiges Auswechseln der (formellen) Begründung. Vielmehr hätte hier eine neue Rücknahmeverfügung erlassen werden müssen.

750 Nach § 114 Satz 2 VwGO kann die Verwaltungsbehörde selbst **im Verfahren vor den Verwaltungsgerichten** die **Ermessensabwägungen** noch „... ergänzen". Der Begriff „ergänzen" legt fest, dass dies im gerichtlichen Verfahren nur noch dann in Betracht kommt, wenn in der ursprünglichen Begründung des angegriffenen VA Ermessensabwägungen bereits enthaltenen waren. Von einem solchen Ergänzen (im Sinne von Vervollständigung vorhandener Begründungselemente) ist jedoch der Fall zu unterscheiden, dass im VA ursprünglich gar keine Abwägungen erkennbar waren – was regelmäßig auf den materiellen Fehler des Ermessensnichtgebrauchs schließen lässt (vgl. oben RdNr. 434): Nach § 114 Satz 2 VwGO scheidet ein „erstmaliges Begründen" ebenso aus, wie etwa das komplette Auswechseln der Ermessenabwägungen oder eine „Ergänzung", welche die ursprüngliche Ermessensabwägung in ihrem Wesensgehalt ändert (also die tragenden Gründe austauscht)[173].

Da das Verwaltungsverfahrensrecht der Länder (und des Bundes) Heilungsvorschriften zwar für Verfahrens- und Formfehler, für Ermessensfehler aber gerade nicht vorsieht, scheidet es sowohl aus rechtssystematischen, als auch aus verfassungskompetenz-rechtlichen Gründen aus, dass der Bundesgesetzgeber in der Gerichtsordnungsregelung des § 114 S. 2 VwGO eine verwaltungsverfahrensrechtliche Norm einführt, nach der etwa auch das völlige Fehlen von Ermessensgesichtspunkten heilbar wäre[174].

751 5.4 Im Interesse des Bürgers ist es geboten, ihn darüber zu informieren, welche Rechtsbehelfe möglich sind und welche Vorschriften über Fristen und sonstige Voraussetzungen dabei zu beachten sind. Die Gesetzesregelungen hierzu sind uneinheitlich. Eine ausdrückliche Verpflichtung zur Erteilung einer **Rechtsbehelfsbelehrung** (RBB) enthalten z. B. die §§ 59 VwGO (für Bundesbehörden), 36 SGB X und 157 AO.

Die allgemeinen VwVfGe der Länder sehen eine derartige Pflichtregelung (bis auf Ausnahmen) nicht ausdrücklich vor. Aber auch in diesen Fällen von VAen der Landes- oder Kommunalbehörden verlangt ein der Demokratie würdiges, bürgerorientiertes Verwaltungsverfahren, die Beteiligten auch über die rechtsstaatlichen Überprüfungsmöglichkeiten zu informieren.

Beispiele zu Sonderregelungen in Landes-VwVfGen: § 3 VwVfG Berlin (als zwingende Vorschrift), § 108 Abs. 4 LVwG Schleswig-Holstein (als Soll-Vorschrift).

Beispiele für **Spezialvorschriften**, in denen für bestimmte Fälle eine Pflicht zur Rechtsbehelfsbelehrung vorgesehen ist:

---

[172] Vgl. auch BVerwG NVwZ 93, 976
[173] Vgl. BVerwG NVwZ 99, 425, 428; OVG Münster NVwZ 2001, 1424 – Vgl. zu den Grenzen der Ergänzung von Ermessenserwägungen OVG Münster, NVwZ 2002, 1424 und Himmelmann/Höcker VR 2003, 79, 88
[174] So auch Schenke NJW 97, 81, 88–90; vgl. Redeker NVwZ 97, 627. – Zur Besonderheit der Heilung von Begründungsmängeln nach § 80 Abs. 3 Nr. 1 VwGO: Tietje, DVBl 98, 124.

- §§ 73 Abs. 3 VwGO, 85 Abs. 3 SGG, 366 AO und 55 FGO für Widerspruchsbescheide bzw. Einspruchsentscheidungen nach AO,
- § 211 BauGB für bauplanungsrechtliche VAe,
- § 50 Abs. 2 OWiG für VAe der Verfolgungsbehörde im Ordnungswidrigkeitsverfahren,
- § 20 Abs. 2 OBG NRW für Ordnungsverfügungen.

752 Das Fehlen oder die unrichtige Erteilung einer Rechtsbehelfsbelehrung – sei sie ausdrücklich gefordert oder nicht – macht den VA nicht rechtswidrig, sondern hat (lediglich) zur Folge, dass die normale Rechtsbehelfsfrist nicht läuft; statt dessen ist für diese Fälle durch die §§ 58 Abs. 2 VwGO, 66 Abs. 2 SGG, 356 Abs. 2 AO, 55 Abs. 2 FGO eine besondere Rechtsbehelfsfrist vorgesehen, die idR ein Jahr beträgt.

An die **Richtigkeit und Vollständigkeit** der Rechtsbehelfsbelehrung sind auch bei einfach gelagerten VAen strenge Anforderungen zu stellen. In der Verwaltungspraxis treten bei streitigen Fällen nicht selten gerade Meinungsverschiedenheiten über die Einhaltung der Rechtsbehelfsfrist auf. Unrichtig ist eine Rechtsbehelfsbelehrung dann,

- wenn sie die in §§ 58 Abs. 1 VwGO, 66 Abs. 1 SGG, 356 Abs. 1 AO, 55 Abs. 1 FGO geforderten Mindestangaben nicht enthält,
- aber auch dann, wenn unrichtige oder unklare Zusätze angefügt oder im Gesetz nicht vorgesehene Anforderungen aufgestellt werden.

Beispiel für eine derartige (fehlerhafte) zusätzliche Anforderung ist es, wenn die Rechtsbehelfsbelehrung verlangt, dass der Widerspruch „zu begründen" oder „in doppelter Ausfertigung einzusenden" sei.

Beispiel für eine Unvollständigkeit ist es, wenn die Behörde oder das Gericht, bei dem der Rechtsbehelf einzulegen ist, nicht genannt wird.

Beispiel für eine sonstige Unrichtigkeit ist die Angabe einer „Vierwochenfrist" an Stelle der gesetzlichen Monatsfrist oder das Abstellen der Frist bei einem zuzustellenden VA auf den Zeitpunkt der „Bekanntgabe" anstatt auf den Zeitpunkt der Zustellung.[175]

753 Zum **Inhalt** der Rechtsbehelfsbelehrungen sei auch auf die jeweiligen Belehrungen in den obigen Bescheid-Aufbauschemata und in den Bescheid-Mustern (RdNr. 330, 346, 365, 371) verwiesen.

In der Verwaltungspraxis ist vereinzelt anzutreffen, dass die Rechtsbehelfsbelehrung in Problemfällen unter Inkaufnahme der Jahresfrist fortgelassen wird, „um keine unnötigen Widersprüche zu provozieren"; das ist nicht akzeptabel: Soweit eine Rechtsbehelfsbelehrung durch Gesetz vorgesehen ist, widerspricht dieses Verhalten der Rechtsbindung der Behörde. Aber auch, wenn es keine derartige zwingende Vorschrift gibt, ist ein solches Verhalten weder bürgerorientiert noch einer Verwaltung in einer Demokratie würdig.

Das gleiche gilt, wenn in der Praxis der Zusatz fortgelassen wird, dass und wie sich der Betroffene gegen die Anordnung der sofortigen Vollziehung wehren kann. Wer der Ansicht ist, dass das Recht nicht nur „den Wachen nützen" soll, die sich gegebenenfalls auch von Rechtskundigen beraten lassen, sondern allen, wird eine Rechtsbehelfsbelehrung nie fortlassen und in sie auch alle

---

[175] Vgl. VGH Kassel NVwZ 86, 1032; OVG Bautzen NVwZ 97, 802; BSG NVwZ 98, 109; OVG Münster, DVP 2001, 85 (mit Anm. von Vahle); Himmelmann/Höcker VR 2003, 79, 84

Hinweise aufnehmen, die es dem Bürger erleichtern, seine Rechte wahrzunehmen[176].

754 Der **Begriff „Rechtsbehelf"** ist ein Oberbegriff, der sowohl Überprüfungsersuchen gegen behördliche Entscheidungen als auch „Rechtsmittel" gegen gerichtliche Urteile umfasst. Der engere Begriff „Rechtsmittel" umfasst lediglich „Mittel" gegen eine gerichtliche (vorinstanzliche) Entscheidung. Widerspruch und Klage sind zwar Rechtsbehelfe, aber keine Rechtsmittel[177].

Dies ergibt sich aus der gesetzlichen Definition des Begriffs „Rechtsmittel" in der VwGO

– erstens unter Berücksichtigung der Überschrift zu Teil III (vor § 124 VwGO): „Rechtsmittel", mit den darunter fallenden gesetzlichen Abschnitten „12. Berufung, 13. Revision, 14. Beschwerde") und

– zweitens aus § 155 Abs. 2 VwGO („... eine Klage, ein Rechtsmittel oder ein anderer Rechtsbehelf ...").

Die Verwendung des Wortes „Rechts*mittel*belehrung" in § 73 Abs. 3 VwGO stellt ein redaktionelles Versehen des Gesetzgebers dar (gemeint ist „Rechts*behelfs*belehrung"). In einer anderen Vorschrift des selben Gesetzes, nämlich in § 59 VwGO, ist dem Gesetzgeber dieses redaktionelle Versehen nicht unterlaufen, sondern die Formulierung lautet dort korrekt: „Rechtsbehelf ... gegen den Verwaltungsakt".

755 Der Widerspruch bei der Verwaltungsbehörde und die Klage gegen die Entscheidung einer Behörde vor dem Verwaltungsgericht (erster Instanz) sind daher (nur) Rechtsbehelfe – und keine Rechtsmittel; die nach dem erstinstanzlichen Urteil mögliche Berufung (Oberverwaltungsgericht) und die Revision (Bundesverwaltungsgericht) – also zweite und dritte gerichtliche Instanz – sind Rechtsmittel (gegen das erstinstanzliche Urteil).

Vgl. zu den Rechtsmitteln im Verwaltungsrechtsweg unten RdNr. 1024.

6. Besondere Verfahrensarten

756 Neben dem bisher behandelten nichtförmlichen (normalen) Verwaltungsverfahren (§§ 10 VwVfG, 9 SGB X) gibt es besondere Verfahrensarten, von denen die wichtigsten in einem kurzen Überblick dargestellt werden sollen. Diese stärker formalisierten Verfahren betreffen vor allem die Errichtung von Großprojekten, die für die Umwelt, zahlreiche Betroffene und regelmäßig auch mehrere Behörden zugleich von Bedeutung sind.

Wegen der „immer stärker in den Vordergrund tretenden Grundrechtsrelevanz des Verwaltungsverfahrens" wurde den förmlichen Verfahrensarten „eine größere Bedeutung als bisher" vorausgesagt[178]; aber genau die gegenteilige Entwicklung hat sich in den Jahren nach dieser Prognose (rechts-)politisch durchgesetzt[179].

---

176 Vgl. Schweickhardt/Vondung/Joerger RdNr. 702, Nr. 23
177 So auch Pietzner/Ronellenfitsch § 48 RdNr. 2; Kopp/Schenke „vor" § 124 RdNr. 1; Redeker/von Oertzen § 124 RdNr. 1; Schmidt in Eyermann § 58 RdNr. 2
178 Bonk DVBl 86, 485, 495
179 Vgl. die Zusammenstellung bei Bonk NVwZ 97, 320ff

Zu den Folgen dieser Wende gehören unter anderem die:

- Reduzierung der Einwendungsmöglichkeiten im Planfeststellungsverfahren (vgl. unten RdNr. 760);
- Vermeidung der Öffentlichkeitsbeteiligung u. a. durch Plangenehmigung (vgl. unten RdNr. 764ff);
- Einschränkung der Umweltverträglichkeitsprüfung (vgl. unten RdNr. 769);
- [In diese genannte rechtspolitische Entwicklung gehört auch Ausweitungen der Unbeachtlichkeit und Heilungsmöglichkeiten von Verfahrensfehlern – sogar noch (nach Abschluss des VA- bzw. Widerspruchsverfahrens) im gerichtlichen Verfahren (vgl. oben RdNr. 477ff, insbesondere 480)].

757 Diese zum Teil recht weitgehenden Änderungen des im Nachkriegsdeutschland gewachsenen rechtsstaatlichen Verwaltungsrechts verfolgen das Ziel, bestimmte Projekte (wie Großbauten, Fernstraßen, Flughäfen, Deponie-, Atom-, Gentechnologie- oder Massentierhaltungsanlagen) beschleunigt und unter Zurückdrängung von Öffentlichkeitsbeteiligung durchzusetzen.

Die hierin erkennbare einseitige Betonung wirtschaftlicher Interessen unter Vernachlässigung der Bürgerbeteiligung, der Effektivität des Rechtsschutzes und der Umweltschutz-Staatszielbestimmung des Art. 20 a GG ist eine rechtspolitische Fehlentwicklung[180].

6.1 Förmliches Verwaltungsverfahren

758 Die §§ 63–71 VwVfG (ohne Entsprechung im SGB X und in der AO) enthalten für bestimmte Verfahren ein Regelungsmodell, das nur dann eingreift, wenn dies „ ... durch Rechtsvorschrift angeordnet ist" (§ 63 Abs. 1 VwVfG). Sein **Zweck** ist eine erhöhte Richtigkeitsgewähr und Legitimationskraft in Verfahren, bei denen es um schwerwiegende Eingriffe in die Rechtsstellung Beteiligter oder um besonders gewichtige allgemeine Belange geht.

In der Rechtswirklichkeit hat das förmliche Verfahren nur geringe Bedeutung gefunden, weil hierzu eine Anordnung durch spezielle Rechtsvorschrift erforderlich ist und der Bundes- bzw. die Landesgesetzgeber hiervon bisher nur zurückhaltend Gebrauch gemacht haben[181].

Beispiel: § 9 WHG iVm § 143 LWG NRW, die für die wasserrechtliche Bewilligung ein förmliches Verfahren nach §§ 63ff VwVfG vorschreiben. – Meist gelten allerdings noch Spezialvorschriften z. B. § 10 BImSchG (Anlagengenehmigungsverfahren), § 104ff BauGB (Enteignungsverfahren). – Die Bedeutung der §§ 63ff VwVfG liegt somit in erster Linie in ihrem Modellcharakter und der Möglichkeit, in künftigen Spezialgesetzen hierauf zu verweisen, um auf Sonderregelungen zu verzichten.

In der Verwaltungspraxis unterscheiden sich die förmlichen Verwaltungsverfahren nach VwVfG von den nichtförmlichen (nach § 10 VwVfG) durch:

- Erfordernis einer mündlichen Verhandlung (§§ 67ff),
- Mitwirkungspflicht von Zeugen und Sachverständigen (§ 65),
- ausnahmslose Pflicht zur Anhörung[182] von Beteiligten (§ 66),
- zuzustellende, in der Regel schriftlich begründete Entscheidung (§ 69).

---
180 So auch Schmalz AVR RdNr. 840; ähnlich Weinrich NVwZ 97, 949, 953; vgl. Schmitz NVwZ 2000, 1238; Bonk NVwZ 2001, 636, 640 („Die Rechtsstellung der Beteiligten hat sich insgesamt ... nachteilig verändert.")
181 Vgl. Bonk NVwZ 2001, 636, 642
182 Zum Anhörungsrecht im förmlichen Verwaltungsverfahren: Spranger NWVBl. 2000, 166

Dem Umfang dieses stark strukturierten, behördlichen Sonderverfahrens entsprechend, ist vor Erhebung einer verwaltungsgerichtlichen Klage kein Vorverfahren erforderlich (§ 70).

6.2 Planfeststellungsverfahren

759 Noch stärker formalisiert als das förmliche Verfahren ist das Planfeststellungsverfahren gemäß §§ 72 ff VwVfG (ohne Entsprechung im SGB oder in der AO). Es greift (nach § 72 Abs. 1 VwVfG) nur ein, wenn es ausdrücklich „... durch Rechtsvorschrift angeordnet" wird. Gegenstand dieser Verfahrensart sind Entscheidungen über die Genehmigung **raum- oder objektbezogener (Groß-) Vorhaben** (wie Straßen-, Fernmeldeanlagenbau oder Ausbau von Gewässern oder Flughäfen).

Zweck der starken, gerichtsverfahrens-ähnlichen Formalisierung ist es, diese Verwaltungsverfahren, welche komplexe, fast immer umstrittene Vorhaben und eine Vielzahl von Personen und Behörden betreffen, so zu strukturieren, dass die tatsächlichen Verhältnisse und die widerstreitenden öffentlichen oder privaten Interessen „möglichst vollständig jedenfalls bekannt" werden, „damit ein angemessener Ausgleich erreichbar ist"[183]. In der Verwaltungspraxis zeigt sich, dass bei diesen Vorhaben fast regelmäßig verwaltungsgerichtlicher Rechtsschutz in Anspruch genommen wird.

Beispiel für ein spezialgesetzlich geregeltes Planfeststellungsverfahren ist § 17 FernstrG (für den Bau von Bundesfernstraßen), §§ 8ff LuftVG (für das Anlegen von Flughäfen und Landeplätzen), § 9 b AtomG (für Anlagen zur Zwischenlagerung und Lagerung radioaktiver Abfälle). – In der Gesetzgebung des Bundes und der Länder sind Bestrebungen festzustellen, solche Sondervorschriften abzubauen und die allgemeinen Regelungen der §§ 72 ff VwVfG heranzuziehen. Beispiel: § 152 LWG NRW für Gewässerausbau, Deichbau u. s. w.[184]

760 Für das Planfeststellungsverfahren nach VwVfG sind folgende **Verfahrensschritte** wesentlich:

a) Der „Träger des Vorhabens" (Unternehmer, Antragsteller) arbeitet einen Planentwurf über das von ihm beabsichtigte Vorhaben aus und reicht ihn bei der Anhörungsbehörde ein (§ 73 Abs. 1 VwVfG).

b) Die „Anhörungsbehörde" holt Stellungnahmen anderer Behörden ein, deren Aufgaben durch das Vorhaben berührt werden (§ 73 Abs. 2 VwVfG), z. B. in bezug auf Natur- und Landschaftsschutz, Landesplanung, Gewerbeaufsichts-, Wasser-, Forstfragen oder Aufgaben der Kommunalkörperschaften oder der Industrie- und Handelskammern.

c) Der Planentwurf ist in den betroffenen Gemeinden einen Monat lang öffentlich auszulegen (§ 73 Abs. 3 VwVfG). Die betroffenen Behörden haben innerhalb einer Frist (von maximal drei Monaten) ihre Stellungnahme abzugeben; nach dem Erörterungstermin eingehende Stellungnahmen werden gemäß § 73 Abs. 3a VwVfG in der Regel nicht mehr berücksichtigt[185].

d) Vom Beginn der Auslegungsfrist bis zwei Wochen (BVwVfG) bzw. vier Wochen (VwVfG NRW) nach ihrem Ende kann jeder, dessen Belange durch

---

183 So Bull RdNr. 465
184 Zur Planfeststellung für privatnützige Vorhaben: Ramsauer/Bieback NVwZ 2002, 277. – Zu Schutzmaßnahmen und Ausgleichsentschädigung bei Planfeststellungen Jarass DÖV 2004, 633.
185 Zur „Behördenpräklusion" Siegel DÖV 2004, 589

das Vorhaben berührt werden, schriftlich (bzw. mündlich zur Niederschrift) Einwendungen gegen den Plan erheben (§ 73 Abs. 4 BVwVfG). Nach § 73 Abs. 4 S. 3 BVwVfG sind mit Ablauf dieser Frist alle Einwendungen ausgeschlossen, die nicht auf besonderen privatrechtlichen Titeln beruhen[186] oder „die das Verfahren verzögern" (letztes in § 73 Abs. 4 S. 3 VwVfG NRW).

e) Hiernach hat die Anhörungsbehörde die Einwendungen und die Stellungnahmen der anderen Behörden mit diesen, dem Träger des Vorhabens, den Betroffenen und den Einwendern mündlich zu erörtern (§ 73 Abs. 6 VwVfG).

f) Die Anhörungsbehörde gibt zum Ergebnis ihres Verfahrens eine Stellungnahme ab und leitet sie mit dem Plan, den Behördenstellungnahmen „ ... und den nicht erledigten Einwendungen der Planfeststellungsbehörde zu" (§ 73 Abs. 9 VwVfG).

g) Nach Abwägung[187] entscheidet diese Planfeststellungsbehörde über die Einwendungen, zu denen bei der Erörterung vor der Anhörungsbehörde noch keine Einigung erzielt worden ist und darüber, ob und mit welchem Inhalt und welchen Auflagen der Plan festgestellt wird, durch Planfeststellungsbeschluss (§ 74 Abs. 1 und Abs. 2 VwVfG). – Dieser ist ein VA, der

h) dem Träger des Vorhabens, den Betroffenen und den Einwendern zuzustellen und außerdem mit einer Ausfertigung des festgestellten Plans in den Gemeinden (nach ortsüblicher Bekanntmachung) mit Rechtsbehelfsbelehrung zwei Wochen zur Einsichtnahme auszulegen ist (§ 74 Abs. 4 VwVfG).

Der **Planfeststellungsbeschluss** (oben g) enthält gemäß § 75 Abs. 1 VwVfG die verbindliche Feststellung aller für die Durchführung des Vorhabens relevanten Rechte und Pflichten des Trägers des Vorhabens, der öffentlichen Rechtsträger und der durch das Vorhaben Betroffenen. Ist er unanfechtbar geworden, sind Ansprüche auf Unterlassung des Vorhabens bzw. seiner Benutzung und auf Beseitigung oder Änderung idR ausgeschlossen (§ 75 Abs. 2 VwVfG).

761

Neben dem Planfeststellungsbeschluss sind andere behördliche Entscheidungen wie Genehmigungen, Verleihungen, Erlaubnisse, Bewilligungen, Zustimmungen „nicht erforderlich" (§ 75 Abs. 1, vgl. auch § 78 VwVfG). In dieser „Genehmigungs-Bündelungsfunktion", die als **Konzentrationswirkung** bezeichnet wird, äußert sich der eigentliche Zweck der Planfeststellung, ohne die eine verfahrensrechtliche Bewältigung komplexer Großvorhaben in der Verwaltungspraxis kaum noch vorstellbar ist[188].

Abwägungsmängel sollen nur noch ausnahmsweise berücksichtigt werden: Sie sind nach § 75 Abs. 1a) S. 1 VwVfG (NRW) nur erheblich, wenn sie auf das Abwägungsergebnis von Einfluss gewesen sind. Im BVwVfG findet sich hier das zusätzliche Tatbestandsmerkmal „offensichtlich". Das schwerwiegende Tatbestandsmerkmal der Offensichtlichkeit, das kumulativ mit der Beeinflussung des Abwägungsergebnisses vorliegen muss, schraubt die Voraussetzungen für eventuelle Korrekturen in rechtsstaatlich bedenkliche Höhe (ähnlich § 214 Abs. 3 S. 2 BauGB).

762

---

[186] Kritisch gegenüber der in dieser Schärfe bedenklich rechtsschutzverkürzenden Regelung der Präklusion zu Recht: Brandt NVwZ 97, 233; Steinbeiß-Winkelmann DVBl 98, 809, 815. – Beispiel zum Einwendungsausschluss bei BVerwG NVwZ 2005, 218
[187] Zum Gegenstand der Abwägung OVG Hamburg ZUR 2005, 38
[188] Vgl. Faber § 31 II a; Bull RdNr. 467; Bonk, NVwZ 2001, 636, 643; BVerwG NVwZ 2002, 346.

Außerdem führen selbst hiernach doch noch erhebliche Mängel dann nicht zur Aufhebung, wenn sie „durch Planergänzung[189] oder durch ein ergänzendes Verfahren[190] behoben werden können" (§ 75 Abs. 1a) S. 2 VwVfG).

Beispielsweise kann demgemäss die Behörde „sich also sämtliche Planungsmängel leisten", selbst offensichtliche, „wenn sie nachher deren Kausalität in Abrede stellt"[191] und zusätzlich auch folgenlos alle Verfahrensfehler, die später – selbst noch im gerichtlichen Verfahren (nach § 45 Abs. 2 VwVfG) – geheilt werden können[192] oder nach § 46 VwVfG ohnehin ohne Folgen bleiben. Selbst eine Berichtigung des Planfeststellungsbeschlusses wegen „offenbarer Unrichtigkeit" nach § 42 VwVfG (vgl. oben RdNr. 476) soll „jederzeit" möglich sein[193].

Hiernach erscheint es durchaus nicht übertrieben, wenn die durch das Genehmigungsbeschleunigungsgesetz aus der Endphase der Ära Kohl (und die Nachfolgegesetze in den Ländern) eingeführten Änderungen im Planfeststellungsverfahren als **Horrorkatalog** ... unter dem Gesichtspunkt des Schutzes nachteilig betroffener Dritter" bezeichnet werden[194].

763   Insgesamt stellt die Regelung der Folgen von Abwägungsmängeln in § 75 Abs. 1a) VwVfG eine nicht unerhebliche Korrektur früherer Rechtsprechung der Verwaltungsgerichte dar und minimiert die Rechtserheblichkeit von Abwägungsfehlern im Planungsrecht[195].

6.3 Plangenehmigung

764   An Stelle eines Planfeststellungsbeschlusses kann gemäß § 74 Abs. 6 S. 1 VwVfG (ähnlich § 8 Abs. 2 LuftVG) eine Plangenehmigung erteilt werden, wenn Rechte anderer nicht entgegenstehen und „mit den Trägern öffentlicher Belange ... das Benehmen hergestellt worden ist".

Das nordrhein-westfälische VwVfG verlangt – über das BVwVfG hinausgehend – zusätzlich, dass ein Benehmen hergestellt worden ist „mit den nach § 29 Bundesnaturschutzgesetz anerkannten Verbänden" (§ 74 Abs. 6 S. 1 2 b VwVfG NRW); auf diese Weise soll in NRW „sichergestellt werden, dass einschlägige Naturschutzbelange stets in das Verfahren eingebracht und damit auch in die Abwägung einbezogen werden." [196]

765   Der Plangenehmigung kommt nach § 75 Abs. 6 S. 2 VwVfG die (oben dargestellte) **„Rechtswirkung der Planfeststellung"** zu, **obwohl gerade kein derartiges Verfahren stattgefunden hat**, das die verschiedenen Interessen bündelt und Publizität und Partizipation herstellt. Auch die förmliche Umweltverträglichkeitsprüfung (vgl. unten RdNr. 769), die beim Planfeststellungsverfahren erforderlich wäre, fällt weg.

Damit entfällt natürlich nicht die allgemeine Pflicht der Plangenehmigungsbehörde, die umweltrelevanten Auswirkungen des Vorhabens zu ermitteln und in der für die Genehmigung erforderliche Abwägung zu berücksichtigen[197].

---

189 Beispiele: BVerwG DVBl 2004, 1546; BVerwG DÖV 2005, 265
190 Vgl. BVerwG NVwZ 2005, 327
191 So Schmalz AVR RdNr. 631
192 Beispiel BVerwG DVBl 2004, 1546
193 So BVerwG NVwZ 2000, 553
194 Schließky DVP 96, 47, 49
195 Kritisch: Bonk, NVwZ 97, 320, 329/330; Steinbeiß-Winkelmann DVBl 98, 809, 815; vgl. Thiel, VR 2001, 295
196 So die Begründung des Gesetzentwurfs, Besonderer Teil, zu Nr. 12, LT-Drucks. 12/3730 vom 25.2.99.
197 Vgl. Knack/Dürr, § 74 RdNr. 162; Bonk NVwZ 97, 320, 329. – Zu Einzelheiten der Plangenehmigung vgl. Gassner NuR 96, 495; hinsichtlich einer Entwidmung durch Planfeststellungsbeschluss oder Plangenehmigung BVerwG NVwZ 97, 920. – Vgl. Thiel VR 2001, 295.

Das Verwaltungsverfahren

In „Fällen unwesentlicher Bedeutung" entfällt gemäß § 74 Abs. 7 VwVfG sogar die Plangenehmigung. Als unwesentlich gelten Fälle, in denen andere öffentliche Belange oder Rechte Privater nicht entgegenstehen; die Voraussetzungen des Fortfalls ähneln denen der in § 76 Abs. 2 VwVfG genannten „Planänderung[198] von unwesentlicher Bedeutung".

6.4 Genehmigungsbeschleunigung

Die in §§ 71 a) – e) VwVfG enthaltenen Sonderregelungen zur „Beschleunigung von Genehmigungsverfahren" stellen **keine eigene Verfahrensart** dar und sind damit im Teil V des Gesetzes („Besondere Verfahrensarten") falsch zugeordnet. Im Gegensatz zu § 63 VwVfG und § 72 VwVfG, die nur Anwendung finden, wenn dies durch gesonderte Rechtsvorschrift angeordnet ist, gelten sie allgemein.

766

Zweifelhaft ist, ob der Inhalt der §§ 71 a)–e) VwVfG insgesamt „normwürdig" ist: Die hier benannten Instrumente (etwa „Sternverfahren" oder „Antragskonferenz") sind schon länger bekannt und in der Verwaltungspraxis erfolgreich praktiziert; das „Sternverfahren" gehörte schon bisher zu den Standardmaßnahmen bestimmter Verfahrensarten. Sieht man einmal von dem Aspekt der „Signal-Gesetzgebung" ab, wäre inhaltlich der größte Teil der Genehmigungsbeschleunigungsvorschriften somit besser in VV niederzulegen gewesen[199].

Der Anwendungsbereich der Beschleunigungsvorschriften wird durch § 71 a) VwVfG begrenzt auf Genehmigungsverfahren für **Vorhaben „im Rahmen einer wirtschaftlichen Unternehmung"**. Es geht also um Erlaubnis-VAe zu Tun oder Unterlassen mit Gewinnerzielungsabsicht.

Beispielsweise gehören nicht dazu: Erteilung einer Fahrerlaubnis, Bauerlaubnis für privates Wohnhaus, Approbation für Arzt oder Apotheker. – Ob eine solche unterschiedliche Behandlung von Verfahren mit der Neutralitätspflicht der Verwaltung (§§ 20, 21 VwVfG) vereinbar ist, erscheint zweifelhaft[200].

Die **Beratungs- und Auskunftspflichten** des § 71 c) VwVfG gehen über § 25 VwVfG (vgl. oben RdNr. 672 ff) hinaus:

767

Abs. 1 verpflichtet die Genehmigungsbehörde, Auskunft über Möglichkeiten zur Verfahrensbeschleunigung zu erteilen, einschließlich der damit verbundenen Vor- und Nachteile; aus der im Gesetzeswortlaut enthaltenen Einschränkung „soweit erforderlich" ist abzuleiten, dass bei dieser Auskunftspflicht in erster Linie an kleinere Unternehmen zu denken ist, die nicht selbst über die erforderlichen Kenntnisse verfügen.

Abs. 2 normiert für die Genehmigungsbehörde eine Pflicht, falls erforderlich, schon vor Antragstellung Verfahrensaspekte mit den Interessenten zu „erörtern". In diesem **Vor-Antrags-Verfahren** berät die Behörde potentielle Antragsteller; dadurch kann einerseits die Einleitung aussichtsloser Verfahren vermieden werden und andererseits kann die Durchführung der späteren Genehmigungsverfahren sachgerechter und zügiger erfolgen.

Beispiele zu den Beschleunigungsmöglichkeiten nach § 71 b) Abs. 1 VwVfG: Verwendung besonderer Vordrucke; prüfungserleichternde Gestaltung von Anträgen, Plänen oder Genehmigungsunterlagen; die auf Verlangen des Antragstellers mögliche „Antragskonferenz" (§ 71 e) VwVfG).

---
198 Vgl. BVerwG NVwZ 2005, 330
199 Ähnlich: Schmitz, NVwZ 2000, 1283; Bonk NVwZ 2001, 636, 642
200 Vgl. auch Steinbeiß-Winkelmann, DVBl 98, 809, 819

768 Sind in einem Genehmigungsverfahren andere Behörden zu beteiligen, sollen diese gemäß § 71 d) Abs. 1 VwVfG gleichzeitig (im Sinne des in der Verwaltungspraxis gebräuchlichen „**Sternverfahrens**") und unter Fristsetzung zur Stellungnahme aufgefordert werden. – Bei der Entscheidung über die zu setzende Frist ist den Fachbehörden selbstverständlich die erforderliche Zeit zur ordnungsgemäßen Bearbeitung zu gewähren. Eine zu kurze Frist könnte dazu führen, dass die Genehmigungsbehörde bei ihrem Abwägungsvorgang nicht auf alle notwendigen Tatsachen zurückgreifen kann – was gegebenenfalls die Rechtswidrigkeit ihrer Entscheidung zur Folge hat (und damit gegebenenfalls Verzögerungen und Reibungsverluste).

Nach Ablauf der Frist eingehende Antworten werden nach § 71 d) Abs. 2 VwVfG „nicht mehr berücksichtigt", es sei denn, die vorgebrachten Aspekte waren „der Genehmigungsbehörde bereits bekannt oder hätten ihr bekannt sein müssen" oder sie „sind für die Rechtmäßigkeit der Entscheidung von Bedeutung". Somit darf also keinesfalls zur Verfahrensbeschleunigung (wegen der Verspätung der Antwort einer Fachbehörde) sehenden Auges eine rechtswidrige Genehmigung erteilt werden[201].

> Beispiele für den in der Verwaltungspraxis eher beschränkten Anwendungsbereich dieser Präklusionsregelung bei verspäteter Stellungnahme sind somit allenfalls Zweckmäßigkeitserwägungen der Fachbehörden oder Eigeninteressen der beteiligten Behörden[202].

6.5 Umweltverträglichkeitsprüfung

769 Normzweck des Umweltverträglichkeitsprüfungsgesetzes (UVPG) ist gemäß § 1 UVPG, dass die **Auswirkungen eines (Groß-)Vorhabens** auf die Umwelt frühzeitig erfasst und bewertet[203] werden, damit diese Erkenntnisse bei allen Zulässigkeitsentscheidungen der Behörden berücksichtigt werden können. Dabei ist die Umweltverträglichkeitsprüfung kein eigenständiges Genehmigungsverfahren, sondern ein „ ... unselbständiger Teil verwaltungsbehördlicher Verfahren, die der Entscheidung über die Zulässigkeit von Vorhaben dienen" (§ 2 Abs. 1 UVPG).

> Beispiel: für die Zulassung von Abfallbeseitigungsanlagen findet ein Planfeststellungsverfahren statt, in dem gemäß § 31 Abs. 2 KrW-/AbfallG eine Umweltverträglichkeitsprüfung durchzuführen ist[204]. – Umweltverträglichkeitsprüfung im Bauleitplanungsverfahren: § 1 a Abs. 2, Nr. 3 BauGB[205].

770 Der **Anwendungsbereich** des Gesetzes ergibt sich aus einer „**Liste**", die als Anlage zum Gesetz (gemäß § 3 UVPG) die zu prüfenden Vorhaben aufzählt.

> Beispiele: Kerntechnische Anlagen, Deponien, Abwasserbehandlungsanlagen, Umgestaltung eines Gewässers, Autobahnen, Eisenbahnanlagen, Flugplätze, Feriendörfer, Pipelines, Einkaufszentren, Kraftwerke, Anlagen zur Stahlerzeugung, Raffinerien, Geflügelfarmen, Mastschweinegroßbetriebe, Abfallbehandlungs- oder Entsorgungsanlagen.

Das UVPG findet allerdings gemäß § 4 UVPG nur insoweit Anwendung, als andere Bundes- oder Landesgesetze die Prüfung der Umweltverträglichkeit

---

201 Vgl. Bonk NVwZ 97, 320, 328
202 Ähnlich: Begründung zum Gesetzentwurf des 1. VerwaltungsModernisierungsG NRW, Besonderer Teil, zu § 71 d), LT-Drucks. 21/3730, vom 25.2.99, S. 124. – Zur Behördenpräklusion allgemein: Siegel DÖV 2004, 589
203 Umfassend Smeddinck DÖV 2004, 103
204 Vgl. Enders/Krings DVBl 2001, 1389, 1402
205 Vgl. Runkel, DVBl 2001, 1377, 1384 ff; BVerwG DVBl 2005, 386

nicht konkreter bestimmen; Rechtsvorschriften mit weitergehenden Anforderungen bleiben unberührt.

Beispiele: §§ 7, 9 b AtomG, § 10 BImschG[206] – Zu „bergbaulichen Vorhaben": § 18 UVPG. – Zum „Umweltbericht" bei Bebauungsplänen vgl. § 2 a BauGB[207].

Für Vorhaben, für die auf Grund Landesrechts eine Umweltverträglichkeitsprüfung durchzuführen ist, verweist beispielsweise das UVPG-NRW weitgehend auf das oben angesprochene UVPG (des Bundesrechts).

Der für die Verwaltungspraxis relevante Inhalt dieses Gesetzes, das auf entsprechenden EG-Richtlinien basiert, ist sowohl verfahrensrechtlicher als auch materiellrechtlicher Natur: 771

– praxisrelevante **Verfahrens**normen betreffen z. B. die Behördenbeteiligung (§ 7 UVPG) und die Einbeziehung der Öffentlichkeit (§ 9 UVPG), beides gegebenenfalls auch grenzüberschreitend (§§ 8, 9 a, 9 b UVPG); zusammenfassende Darstellung der Umweltauswirkungen (§ 11 UVPG);

– die **materiellrechtlich** bedeutsame Vorschrift des § 12 UVPG schreibt vor, dass die zuständige Behörde die **Umweltauswirkungen** auf der Basis einer zusammenfassenden Darstellung „**bewertet**" und diese Bewertung bei der Entscheidung über die Zulässigkeit des Vorhabens „**berücksichtigt**"[208].

7. Hinweise zum Verwaltungsverfahren nach SGB und AO

7.1 Einige **Besonderheiten** des Verfahrens nach dem Sozialgesetzbuch (SGB) 772

Die Regelungen zum Verwaltungsverfahren des SGB I/X ähneln denen des VwVfG so stark, dass dem Gesetzgeber teilweise vorgeworfen wird, er habe beim Abschreiben des VwVfG zu wenig die Besonderheiten des Sozialrechts bedacht. Trotz aller Ähnlichkeit ist aber festzustellen, dass die Verfahrensregelungen des SGB I/X von denen des VwVfG in zahlreichen Einzelheiten abweichen.

Zusätzlich darf nochmals darauf hingewiesen werden, dass die Anwendbarkeit der §§ des SGB X auf das besondere Sozialrecht begrenzt ist: Nach § 1 Abs. 1 Satz 2 SGB X gilt dies nur, soweit diese „besonderen Teile" des SGB die Vorschriften des SGB X „ ... für anwendbar erklären ...".

Beispiele solcher ausdrücklichen Regelung: § 40 Abs. 1 S. 1 SGB II; § 46 Abs. 2 S. 4 SGB XI; § 22 Abs. 1 BundeserzieungsgeldG

Weiter ist auch § 37 SGB I zu beachten, wonach „Das Erste und das Zehnte Buch ..." nur gelten, „ ... soweit sich aus den übrigen Büchern nichts Abweichendes ergibt."

---

206 Vgl. Sachs in Stelkens/Bonk/Sachs § 63 RdNr. 56 ff
207 Runkel, DVBl 2001, 1377, 1386; vgl. Krautzberger/Stüer DVBl 2004, 914
208 Umfassend zu Entwicklungstendenzen des UVPG: Erbguth, Die Umweltverträglichkeitsprüfung (2004). – Vgl. auch Schink DVBl 2001, 321; Battis/Krautzberger/Löhr NVwZ 2001, 961; Koch/Siebel-Huffmann NVwZ 2001, 1081; Runkel DVBl 2001, 1377; Enders/Krings DVBl 2001, 1389.

Beispiel: § 40 Abs. 1 SGB II erklärt zwar das SGB X in Satz 1 für anwendbar, weicht hiervon aber schon in Satz 2 ab, indem er mit der Verweisung auf das SGB III Sonderregelungen im Sinne von § 37 S. 1 SGB I enthält.

Im folgenden soll (neben den bereits oben unter RdNr. 573 ff dargestellten Aufhebungsregeln für VAe nach dem SGB X) ein Überblick über einige hervorhebenswerte Besonderheiten gegeben werden.

Zur speziellen Ausgangslage des Sozialrechts auf der Basis des bereits vor Inkrafttreten des SGB von der Rechtsprechung entwickelten „sozialrechtlichen **Herstellungsanspruchs**" vgl. RdNr. 775.

773 **7.1.1** § 18 SGB X regelt den **Beginn** des Verwaltungsverfahrens wortgleich mit § 22 VwVfG. – In der Verwaltungswirklichkeit ist für das Opportunitätsprinzip jedoch nur begrenzt Raum, da im Sozialleistungsrecht (meist antragsgebundene) Ansprüche einzelner Personen im Vordergrund stehen.

Für die Bereiche der gesetzlichen Unfallversicherung und der Sozialhilfe gilt ohnehin, dass die Behörde von Amts wegen tätig werden muss (vgl. § 18 SGB XII). Aber auch hier wird in der Verwaltungspraxis die Sozialhilfe meist ausdrücklich beantragt[209].

Beispiele für eine gewisse Relevanz des Antrags für die Einleitung des Verfahrens enthalten die Spezialregelungen über Vorschüsse, vorläufige Leistungen und Verjährung (§§ 42 Abs. 1 S. 2, 43 Abs. 1 S. 2, 45 Abs. 3 SGB I).

Für die Antragstellung enthält § 16 Abs. 1 und 2 SGB I insofern spezielle Erleichterungen, als Anträge auf Sozialleistungen z. B. auch bei unzuständigen Leistungsträgern und allen Gemeinden fristwahrend eingereicht werden können. – Eine zusätzliche Hilfe enthält § 18 Abs. 2 SGB XII: Soweit einem nicht zuständigen Träger bekannt wird, dass Sozialhilfe beansprucht wird, hat er das der zuständigen Stelle unverzüglich mitzuteilen und vorhandene Unterlagen zu übersenden.

Anträge können an sich formlos (also auch mündlich) gestellt werden. In der Praxis der Sozialleistungsverwaltung dominieren allerdings Formularvordrucke, um die Vollständigkeit der Angaben zu gewährleisten[210].

Eine weitere verwaltungsverfahrensrechtliche Besonderheit bei der Antragstellung ist, dass gemäß § 36 SGB I schon Minderjährige nach Vollendung des 15. Lebensjahres wirksam Sozialleistungen beantragen können. – Auch die Regelung des § 28 SGB X findet keine Entsprechung im VwVfG: Hiernach kann ein in Erwartung eines positiven Bescheides nicht gestellter Antrag auf eine andere Sozialleistung (rückwirkend) nachgeholt werden.

Dabei ist die Überschrift des § 28 SGB X („Wiederholte Antragstellung") missverständlich und verfehlt[211].

774 **7.1.2** Die Regelungen zu **Aufklärung, Beratung und Auskunft** (§§ 13–15 und 16 Abs. 3 SGB I) gehen deutlich über § 25 S. 2 VwVfG hinaus.

- Die Auskunftspflicht des § 15 SGB I verpflichtet die Leistungsträger „über alle sozialen Angelegenheiten nach" dem (gesamten) SGB „Auskünfte zu erteilen"[212]. Nach § 15 Abs. 2 SGB I beschränkt sich die Auskunftspflicht

---

209 Wahrendorf in Giese, § 16 SGB I, RdNr. 15
210 Zur Rechtsprechung im Zusammenhang mit § 16 SGB I Martens NVwZ 86, 533, 534 und Schulte NVwZ 86, 354, 358; Wahrendorf in Giese, § 16 SGB I RdNr. 10 ff.
211 So auch Krause NJW 81, 81, 85
212 Zu den Grenzen des allgemeinen Auskunftsrechts nach § 15 SGB I vgl. BSG NJW 86, 3105 und Meier VR 95, 433.

nicht auf die Benennung des zuständigen Leistungsträgers, sondern umfasst grundsätzlich „alle Sach- und Rechtsfragen".

- Einen – dieser Auskunftspflicht entsprechenden – subjektiven Beratungsanspruch des Bürgers gegenüber dem konkret zuständigen Leistungsträger „… über seine Rechte und Pflichten …" normiert § 14 SGB I.
- Noch darüber hinausgehend statuiert § 13 SGB I eine allgemeine, vom konkreten Verwaltungsverfahren unabhängige Informationspflicht, nach der die Leistungsträger gehalten sind, „die Bevölkerung über die Rechte und Pflichten nach diesem Gesetzbuch aufzuklären"[213].
- Für den in der Praxis wichtigen Bereich der Sozialhilfe schreibt § 10 Abs. I SGB XII Beratungspflichten „… in Fragen der Sozialhilfe und … in sonstigen sozialen Angelegenheiten" vor; diese werden konkretisiert und ergänzt durch § 11 Abs. 1, 2 (einschließlich „Budgetberatung") und 5 SGB XII.
- Im Bereich der Grundsicherung für Arbeitssuchende schreibt § 4 Abs. 1, Nr. 1 SGB II „… Information, Beratung und umfassende Unterstützung durch einen persönlichen Ansprechpartner mit dem Ziel der Eingliederung in Arbeit" vor.

Durch all diese recht weitgehenden Informationsregelungen trägt das SGB der Tatsache Rechnung, dass der Informationsstand der Bürger „meist im krassen Widerspruch zu dem an sich perfekten System unserer sozialen Sicherung" steht[214].

Die dargestellten Auskunfts- und Beratungsrechte sind auf dem Hintergrund des speziellen, von der Rechtsprechung entwickelten, **„sozialrechtlichen Herstellungsanspruchs"** zu sehen: Ähnlich, wie neben den Hauptpflichten im Rahmen zivilrechtlicher Schuldverhältnisse bestimmte Nebenpflichten bestehen, gibt es auch im Sozialrechtsverhältnis zwischen dem Leistungsträger und dem Leistungsberechtigten für beide Seiten neben den Hauptpflichten zahlreiche Nebenrechte und Nebenpflichten.

775

Beispielsweise gehören zu den Nebenpflichten des Leistungsberechtigten bestimmte Mitteilungs- und Mitwirkungspflichten (vgl. unten 7.3.1); auf Seiten des Leistungsträgers gehören hierzu Betreuungs-, Beratungs- und Auskunftspflichten.

Bei der Nichterfüllung von Hauptpflichten ergeben sich die Rechtsfolgen in der Regel unmittelbar aus dem betreffenden Gesetz. Werden dagegen Nebenpflichten – wie beispielsweise die Beratungspflicht nach § 14 SGB I – verletzt, so enthält das geschriebene Recht nur selten Regelungen darüber, wie die dadurch entstehenden negativen Folgen zu beseitigen sind.

Beispiele für derartige negative Folgen der Verletzung von Nebenpflichten (etwa durch unrichtige Auskünfte, falsche Beratung, unterbliebene Hinweise): Leistungsansprüche können deshalb nicht (mehr) oder nicht in voller Höhe durchgesetzt werden; Ausschlussfristen sind verstrichen; Beitragsnachentrichtungen können nicht (mehr) vorgenommen werden.

Die sozialgerichtliche Rechtsprechung hat (bereits vor Verabschiedung des SGB) zur Beseitigung derartiger Folgen der Verletzung von Nebenpflichten im Sozialrechtsverhältnis den „sozialrechtlichen Herstellungsanspruch" entwickelt, der nach allgemeiner Ansicht auch im Rahmen des SGB weiter gilt.

---

213 Vgl. Trenk-Hinterberger in Giese, §§ 13 – 15 SGB I; Kittner/Reinhard, §§ 13 – 15 SGB I
214 So Burdenski/v. Maydell/Schellhorn, Gemeinschaftskommentar SGB AT § 13 RdNr. 5 – Restriktiver BSG NZS 2004, 110 (Besprechung von Seibel JA 2004, 712)

Mit ihm soll der Bürger, dessen Anspruch durch Pflichtverletzung des Leistungsträgers vereitelt worden ist, so gestellt werden, als ob sich dieser Leistungsträger rechtmäßig verhalten hätte[215].

776 Beispielsweise ergibt sich bei einer fehlerhaften der unterlassenen Beratung für den Geschädigten aus dem „sozialrechtlichen Herstellungsanspruch" ein Recht gegen den Leistungsträger, **so gestellt zu werden, als wenn** er pflichtgemäß beraten worden wäre; der „sozialrechtliche Herstellungsanspruch" führt also dazu, dass im Wege der „Restitution" der primäre Sozialleistungsanspruch wiederhergestellt wird. Hat eine fehlerhafte Beratung etwa bei Gestaltungsrechten zur Folge, dass eine rechtzeitige Ausübung verhindert worden ist (bzw. das Recht nachteilig genutzt worden ist), so führt der Herstellungsanspruch dazu, dass das Gestaltungsrecht nachträglich noch ausgeübt werden kann (bzw. die nachteilige Nutzung rückgängig gemacht werden kann).

Beispielsfälle hierzu finden sich in der ständigen Rechtsprechung des Bundessozialgerichts[216].

777 **Voraussetzungen** für das Eingreifen des „sozialrechtlichen Herstellungsanspruchs" ist, dass folgende drei Merkmale (gemeinsam) erfüllt sind:

1. **Pflichtverletzung**: Der Leistungsträger hat eine Pflicht, die aus dem Sozialrechtsverhältnis gegenüber dem Anspruchsteller bestand, rechtswidrig nicht (oder unzureichend) erfüllt; ein Verschulden ist nicht erforderlich, der objektive Pflichtverstoß ist entscheidend und ausreichend.

2. **Nachteilsverursachung**: Die Pflichtverletzung ist „nicht hinwegdenkbare Bedingung" (kausal) dafür, dass dem Anspruchsteller ein Recht, das ihm im Sozialrechtsverhältnis zugestanden hätte, nicht mehr (bzw. nicht im vollen Umfang) zusteht.

3. **Schutzzweckzusammenhang** zwischen der Pflichtverletzung und dem Nachteil: Dieser ist gegeben, wenn der „Nachteil nach Art und Entstehungsweise aus einer Gefahr stammt, zu deren Abwendung die verletzte konkrete Pflicht dient"[217].

Für den Bereich der Sozialhilfe lehnt die verwaltungsgerichtliche Rechtsprechung die Übernahme des „sozialrechtlichen Herstellungsanspruchs" ab; hier gilt der Grundsatz, dass Hilfe für die Vergangenheit nicht begehrt werden kann; nach hM ist sie – gemäß dem Zweck der Sozialhilfe als Hilfe für gegenwärtige Not – nach Wegfall der Notlage grundsätzlich ausgeschlossen, so dass „nachträgliche Restitution" im Sinne eines Herstellungsanspruchs hier nicht in Frage kommt[218].

778 **7.1.3** Die Informationsmöglichkeiten der Behörde im sozialrechtlichen Verwaltungsverfahren sind aufgrund verschiedener **Mitwirkungspflichten bzw. -obliegenheiten** umfassender als nach den Regeln des VwVfG:

---

215 Vgl. Kittner/Reinhard § 2 SGB I RdNr. 5 und vor § 38 SGB I RdNr. 2ff; Trenk-Hinterberger in Giese, § 14 SGB I, RdNr. 67.3ff.
216 BSGE 51, 89; 59, 190ff; 61, 175, 178; 71, 17, 22 f; 79, 168
217 Vgl. Kittner/Reinhard vor § 38 SGB I, RdNr. 4.
218 Vgl. hierzu (für viele) Trenk-Hinterberger in Giese, § 14 SGB I, RdNr. 6.6 (mit zahlreichen Nachweisen).

Zeugen und Sachverständige sind nach § 21 Abs. 3 SGB X nicht nur zu Aussagen bzw. Gutachten verpflichtet, wenn dies durch Rechtsvorschrift vorgesehen ist, sondern auch, wenn dies zur Entscheidung über die Sozialleistung „unabweisbar ist".

Durch § 21 Abs. 4 SGB X wird in gleichem Zusammenhang das Steuergeheimnis eingeschränkt: Die **Finanzbehörden** haben, soweit das in einem Verfahren nach SGB erforderlich ist, „Auskunft über die ihnen bekannten Einkommens- und Vermögensverhältnisse ... zu erteilen".

Besondere Auskunftspflichten für **Arbeitgeber, Angehörige, Ärzte** oder vergleichbare Personen enthalten die §§ 98–100 SGB X; § 57 SGB II; § 117 SGB XII.

Für den in der Verwaltungspraxis bedeutsamen Bereich der Beantragung von Sozialleistungen erfährt die – dem § 26 Abs. 2 VwVfG entsprechende (bloße) Soll-Regelung – des § 21 Abs. 2 SGB X der **Verfahrensbeteiligten** durch §§ 60 ff SGB I erheblichen Abänderungen zu Mitwirkungsobliegenheiten:

- Beispielsweise ist hiernach ein Antragsteller verpflichtet, alle erheblichen Tatsachen anzugeben (§ 60);
- er soll gegebenenfalls zur mündlichen Erörterung persönlich erscheinen (§ 61),
- sich erforderlichen Untersuchungen oder Heilbehandlungen unterziehen (§§ 62, 63)
- und an berufsfördernden Maßnahmen teilnehmen (§ 64).

Verweigert der Leistungsberechtigte seine Mitwirkung, so kann sie zwar nicht mit Zwang erwirkt werden; nach der Spezialsanktion des § 66 Abs. 1 SGB I kann der Leistungsträger die Leistung dann jedoch ohne weitere Ermittlungen versagen oder entziehen, soweit hierauf vorab unter Fristsetzung schriftlich hingewiesen worden ist (§ 66 Abs. 3 SGB I).

7.1.4 Das **Anhörungsrecht** des SGB ist umfassender als das des VwVfG: Die Möglichkeiten, von einer Anhörung abzusehen, sind in § 24 Abs. 2 SGB X („wenn") abschließend aufgeführt, anders als in § 28 Abs. 2 VwVfG („insbesondere wenn"). Die Pflicht zur Unterlassung einer Anhörung des § 28 Abs. 3 VwVfG hat im SGB X keine Parallele.

Hinzu kommt, dass § 42 S. 2 SGB X (im Gegensatz zu § 46 VwVfG) die Möglichkeit einer Folgenlosigkeit bei unterlassener Anhörung ausdrücklich ausschließt. Demgemäss hat das Gericht einen angefochtenen Sozialleistungs-VA wegen fehlender (und nicht nachgeholter) Anhörung im Verwaltungsverfahren aufzuheben, ohne dass es darauf ankommt, ob „offensichtlich ist, dass die Verletzung die Entscheidung in der Sache nicht beeinflusst hat". Hierdurch wird der besonderen Bedeutung des rechtlichen Gehörs im Sozialrecht Rechnung getragen[219].

---

[219] Vgl. Wahrendorf in Giese, § 42 SGB X, RdNr. 5; Kittner/Reinhard § 42 SGB X, RdNr. 4; Rüping NVwZ 85, 304, 309; kritisch zu § 42 S. 2 SGB X Martens RdNr. 209. Vgl. zum Anhörungsrecht des § 24 SGB X Bialluch/Gunkel/Westerhelweg 2.3.1.4; Krasney NVwZ 86, 337, 342. – Zur Spezialregelung des § 24 Abs. 2 Nr. 5 SGB X und der Praxis der Anhörung im Bereich der Sozialhilfe vgl. Schulte/Trenk-Hinterberger 7.4.2 mwN.

781 **7.1.5** Die Regelung des **Akteneinsichtsrechts** in § 25 SGB X weicht von der des § 29 VwVfG unter anderem dadurch ab, dass gemäß Abs. 2 Angaben über gesundheitliche Verhältnisse unter bestimmten Voraussetzungen durch einen Arzt vermittelt werden können bzw. sollen.

> Beispielsweise ist hieran zu denken, wenn die Akten Gutachten über schwerste Erkrankungen oder Angaben über eine voraussichtlich kurze Lebensdauer enthalten. Eine ähnliche Sonderregelung enthält § 25 Abs. 2 S. 3 SGB X für den Fall, dass die Akte Angaben enthält, welche „die Entwicklung und Entfaltung der Persönlichkeit des Beteiligten beeinträchtigen können".

Der Ausnahmekatalog des § 25 Abs. 3 SGB X erlaubt eine Verweigerung der Akteneinsicht im Gegensatz zu § 29 Abs. 2 VwVfG nur, wenn berechtigte Interessen der Beteiligten oder Dritter Geheimhaltung verlangen. Über die Regelung des VwVfG hinausgehend normiert § 29 Abs. 5 SGB X einen Anspruch der Beteiligten, Auszüge zu fertigen oder (gegebenenfalls gegen Kostenersatz) Kopien zu verlangen.

782 **7.1.6** Die Regelung zum Schutz des **Sozialgeheimnisses** in § 35 SGB I ist (erheblich) umfangreicher als die der §§ 30 BVwVfG, 3 b VwVfG NRW; sie ist darüber hinaus in Verbindung zu lesen mit §§ 67 ff SGB X, die den Schutz der Sozialdaten konkretisieren. Mit diesen eingehenden Regelungen wird der Tatsache Rechnung getragen, dass der Bürger dem Leistungsträger in erheblichem Umfang Einzelheiten aus „sensiblen" Bereichen (wie z. B. Einkommen, Familienverhältnisse und Gesundheit) offenlegen muss.

Jeder hat deshalb einen unmittelbaren Anspruch darauf, „dass Einzelangaben über seine persönlichen und sachlichen Verhältnisse" (Sozialdaten, § 67 Abs. 1 S. 1 SGB X) und „Betriebs- und Geschäftsgeheimnisse" von den Leistungsträgern nicht unbefugt offenbart werden (§ 35 Abs. 1 und 4 SGB I; vgl. §§ 50 ff SGB II, einschließlich „Kundennummer" die jeder Person, die Leistungen nach dem SGB II bezieht, von der Bundesagentur für Arbeit bzw. vom kommunalen Träger zugeteilt wird nach § 51 a SGB II).

Eine Offenbarung ist gemäß § 35 Abs. 2 SGB I nur unter den abschließend aufgezählten Voraussetzungen der §§ 67 ff SGB X zulässig (z. B. soweit für die Erfüllung sozialer Aufgaben, für den Arbeitsschutz oder wegen Verletzung der Unterhaltspflicht erforderlich). Verstärkte Sicherung genießen dabei gemäß § 76 SGB X solche besonders schutzwürdigen Daten, die den Sozialleistungsträgern etwa von Ärzten zugänglich gemacht wurden.

Hervorzuheben ist auch die speziell normierte Zweckbindung des § 78 SGB X, wonach übermittelte Sozialdaten vom Empfänger nur zu *dem* Zweck verwendet werden dürfen, zu dem sie offenbart worden sind. Soweit die Leistungsträger die Angaben in Dateien verarbeiten, schaffen die § 79–85 a SGB X eine „bereichsspezifische Ergänzung des Bundesdatenschutzgesetzes"[220].

---

[220] Zu Einzelheiten der Offenbarungsbefugnis Bialluch/Gunkel/Westerhelweg 2.3.2.3. Zum Schutzbereich des Sozialgeheimnisses im strafrechtlichen Ermittlungsverfahren LG Braunschweig NJW 86, 2586. Vgl. auch den Fall 3 zu § 8 bei Bull und RdNr. 484. – Allgemein: Vgl. Krahmer/Giese in Giese, § 352 SGB 1, RdNr. 5 ff; Kittner/Reinhard § 42 SGB X, RdNr. 4 ff.

7.2 Einige Besonderheiten des Verwaltungsverfahrens nach Abgabenordnung (AO)

7.2.1 Allgemeines zu **Parallelen und Abweichungen:** Zahlreiche Verfahrensvorschriften der AO stimmen wörtlich oder fast wörtlich mit dem VwVfG überein, z. B. die Regelungen über die Beratungspflicht (§§ 25 VwVfG, 89 AO) oder die Handlungsfähigkeit (§§ 12 VwVfG, 79 AO); vgl. auch die Definition des VA (§§ 35 VwVfG, 118 AO). – Für manche Vorschriften des VwVfG gibt es hingegen in der AO keine Entsprechung, wie z. B. für die Abgrenzung des Begriffs des Verwaltungsverfahrens (§ 9 VwVfG), für die Nichtförmlichkeit (§ 10 VwVfG), für Vertreter bei Massenverfahren (§§ 17–19 VwVfG), für die Akteneinsicht (§ 29 VwVfG), für den öffentlich-rechtlichen Vertrag (§§ 54–62 VwVfG) oder für das förmliche Verfahren und das Planfeststellungs-/Plangenehmigungsverfahren (§§ 63–78 VwVfG).

783

In der Praxis komplizierter zu identifizieren als diese klaren Fälle der identischen oder fehlenden/abweichenden Regelungen sind die modifizierten Parallelvorschriften und die, hinter denen sich trotz gleichen oder ähnlichen Wortlauts unterschiedliche Inhalte verbergen (oder eine unterschiedliche Verwaltungspraxis).

784

Beispiele für das letztgenannte Problem im Verfahrensrecht: In § 86 AO (der § 22 VwVfG entspricht) läuft S. 1 für das Steuerrecht leer, da die Finanzbehörde entsprechend § 85 AO „tätig werden muss" (Legalitätsprinzip); S. 2 schafft hier an sich nur Verwirrung[221]. – Teilweise wird trotz wortgleicher Vorschrift zur Beratungspflicht (§§ 25 VwVfG, 89 AO) angenommen, dass die AO hier geringere Anforderungen stelle, da „die Steuerrechtsordnung" davon ausgehe, dass es „dem Steuerpflichtigen zuzumuten" sei, „auf eigene Kosten einen fachkundigen Helfer ... einzuschalten"[222].

Nachfolgend sollen (neben den bereits oben unter RdNr. 586 ff dargestellten Aufhebungsregeln für VAe gem. AO) einige Besonderheiten angesprochen werden:

7.2.2 Eine erhebliche inhaltliche Abweichung ergibt sich bei einem Vergleich der **Mitwirkungs- und Auskunftspflichten** der Verfahrensbeteiligten:

§ 26 Abs. 2 VwVfG normiert lediglich eine – nicht zwangsweise durchsetzbare – Obliegenheit zur Mitwirkung bei der Ermittlung des Sachverhalts („... sollen bei der Ermittlung des Sachverhalts mitwirken..."). Nach § 90 Abs. 1 AO „sind" die Beteiligten hingegen „zur Mitwirkung bei der Ermittlung des Sachverhalts verpflichtet ..."; bei Auslandsbeziehungen „haben die Beteiligten ... die erforderlichen Beweismittel zu beschaffen" (§ 90 Abs. 2 AO).

Zusätzlich enthält die AO – dem VwVfG fremde – recht eingehende Regelungen über Auskunftspflichten der Beteiligten und anderer Personen: Allgemeine Pflicht zur Auskunftserteilung (§ 93), Vorlagepflicht bei Urkunden (§ 97), Vorlagepflicht von Wertsachen, also von Geld, Wertpapieren und Kostbarkeiten (§ 100), Anzeigepflichten (§§ 137 ff), Buchführungspflichten (§§ 140 ff), Pflicht zur Abgabe einer Steuererklärung (§ 149), Mitwirkungspflichten bei der Außenprüfung (§ 200).

785

Mitwirkungsanordnungen, die auf Vornahme einer Handlung (z. B. Auskunftserteilung), auf Duldung oder Unterlassung gerichtet sind, können – abwei-

---
221 So auch Tipke in Tipke/Kruse § 86 AO, RdNr. 1
222 So Martens RdNr. 198

chend von der Konzeption des VwVfG – sogar mit Verwaltungszwang durchgesetzt werden (§§ 328 ff AO).

Beispiele: Erzwingung der Mitwirkung bei der Sachaufklärung; Erzwingung der Anordnung, die Betriebsaufnahme anzuzeigen oder Auskünfte zu erteilen oder Urkunden vorzulegen.

Zur Unterstützung der Wahrheitspflicht ist die Abnahme einer Versicherung an Eides Statt in § 95 AO (weitergehend als in § 27 VwVfG) selbst vorgesehen. – Über § 26 Abs. 3 VwVfG hinausgehend enthalten die §§ 93, 96 AO eine allgemeine Mitwirkungspflicht für Zeugen und Sachverständige. In bestimmten Fällen normiert die AO sogar Mitwirkungspflichten für (nicht beteiligte) Dritte.

Z. B. § 135 AO (Mitwirkungspflicht für Grundstückseigentümer und Wohnungsgeber); §§ 97, 100 AO (Pflichten nicht nur für Beteiligte sondern auch für „andere Personen").

U. a. der Bekämpfung der Schwarzarbeit und der Steuerverkürzung dient die Verordnungs-Regelung zur Auskunftspflicht (**Kontrollmitteilung**) anderer Behörden in § 93 a AO.

Beispiele der allgemeinen Mitteilungspflichten an die Finanzverwaltung („ohne Ersuchen") in „MitteilungsVO" zu § 93 a AO: z. B. über Zahlungen von Behörden, über Honorare von Rundfunkanstalten, über gewerberechtliche Erlaubnisse und Gestattungen.

786 7.2.3 In auffälligem Gegensatz zu den gegenüber dem VwVfG weitergehenden Mitwirkungspflichten der Verfahrensbeteiligten steht die Tatsache, dass einzelne Verfahrensrechte der Beteiligten nach AO hinter dem Standard des VwVfG zurückbleiben.

Dies betrifft insbesondere **die Anhörung und die Akteneinsicht:**

Während in § 28 Abs. 1 S. 1 VwVfG vor Erlass eines VA, der in die Rechte eines Beteiligten eingreift, eine grundsätzliche Anhörungspflicht normiert ist („... ist diesem Gelegenheit zu geben ..."), enthält § 91 Abs. 1 S. 1 AO nur eine „Soll-Bestimmung". Dieser Unterschied darf für die Verwaltungspraxis jedoch nicht überbewertet werden: In der Rechtswirklichkeit der Steueranlagung ist erstens rechtliches Gehör idR schon in der Steuererklärung des Pflichtigen zu sehen. Zweitens kommen „Soll-Vorschriften" rechtlich „Muss-Vorschriften" ohnehin sehr nahe und gestatten nur in atypischen Fällen ein Abweichen von der gesetzlichen Normalfallregelung.

Zu Soll-Vorschriften vgl. oben RdNr. 414. – Teilweise wird § 91 AO trotz des Wortlautes („Soll") sogar als zwingende Vorschrift verstanden[223].

Eine gesteigerte Form der Anhörung enthalten im Rahmen des Einspruchsverfahrens die §§ 364 a und 364 b AO: Hiernach hat die Finanzbehörde mit dem Einspruchsführer auf dessen Antrag „vor Erlass der Einspruchsentscheidung den Sach- und Rechtsstand zu erörtern"; sie kann den Einspruchsführer auch zu Erläuterungen und Angaben von Tatsachen unter Fristsetzung auffordern.

787 Ein allgemeines Akteneinsichtsrecht für Beteiligte, wie es in § 29 VwVfG geregelt ist, kennt die AO nicht. Die in § 364 AO der Finanzbehörde aufgegebene Pflicht, den Beteiligten „die Unterlagen der Besteuerung ... mitzuteilen", ist ein bloßes Auskunftsrecht im Einspruchsverfahren.

---

223 So Rüping NVwZ 85, 304, 309). – Kritisch auch Tipke in Tipke/Kruse § 91 AO, RdNr. 1.

Das Verwaltungsverfahren

Die Tatsache, dass der Gesetzgeber hinsichtlich der Akteneinsicht „bei der Fassung der AO bewusst hinter dem Standard des VwVfG zurückgeblieben" ist, wird als „wenig sinnvoll" bewertet, zumal die Beteiligten im Verfahren vor den Finanzgerichten gemäß § 78 FGO ohnehin die Gerichts- und die Behördenakten einsehen können[224]. – Das Fehlen eines Akteneinsichtsrechts in der AO wird zum Teil als „nur historisch zu erklärendes Defizit" bezeichnet, welches einer „verfassungsrechtlichen Überprüfung ... heute nicht mehr standhält"[225].

---

[224] Martens S. 93 FN 58
[225] Wimmer DVBl 85, 773, 777

10. Abschnitt: Die Kontrollen der Verwaltung

1. Allgemeine Bedeutung von Verwaltungskontrollen

788 Der Bürger ist des Öfteren Adressat oder Betroffener behördlicher Maßnahmen und Entscheidungen, mit denen er nicht einverstanden ist oder die er gar für rechtswidrig hält. Bürger zeigen sich betroffen durch Unzulänglichkeiten der Verwaltung bei der Bearbeitung ihrer Anliegen. Sie haben ein Recht darauf, dass die sie betreffenden Entscheidungen zum einen mit dem Gesetz im Einklang stehen und zum anderen auch wirtschaftlich und sozial vertretbar sind.

Deshalb gibt es eine Vielzahl von Möglichkeiten des Betroffenen, der Behörde seine abweichende Meinung mitzuteilen und auf ein anderes Ergebnis hinzuwirken. Auf diese Weise wird eine Einbeziehung von persönlichen Wünschen in behördliche Interessen erreicht.

Kontrollen mit der Möglichkeit der Korrektur einer einmal getroffenen Entscheidung sind unerlässlich, denn gesetzliche Ansprüche verwirklichen sich nun mal nicht von selbst.

Der Begriff „**Kontrolle**" ist vom lateinischen „**contra rotulus**"[1] abgeleitet. Kontrolle hängt mit „Gegen-Schriftstücken" (des Bürgers) zusammen, die das Verwaltungshandeln und seine Zielsetzungen prüfen und bewerten. Eine Kontrolle muss bereits im Vorfeld einer Entscheidung möglich sein, denn jede bereits durchlaufene Entscheidungsebene steigert das Beharrungsvermögen.

789 Die Kontrolle der öffentlichen Verwaltung ist Ausfluss sowohl des Rechtsstaats- als auch des Demokratieprinzips.

Das **Rechtsstaatsprinzip** bindet die Verwaltung in ihrer täglichen Arbeit an Gesetz und Recht[2]. Die Herrschaft des Rechtes ist auf diese Weise verbindlich. Das erfordert Kontrollmöglichkeiten, da anderenfalls nicht gewährleistet wäre, dass die Verwaltung die ihr gezogenen Grenzen nicht überschreitet.

Das **Demokratieprinzip** ist auf den **Konsens** zwischen Staat und Bürgern und auf die **Transparenz** behördlichen Handelns angelegt. Die Erhebung von Eingaben und Rechtsbehelfen mit der Möglichkeit der Kontrolle einer einmal getroffenen Entscheidung ist eine Form demokratischer Mitarbeit.

Die Zulassung von Kontrollmöglichkeiten eröffnet der Behörde bis dahin unbekannte Erkenntnisquellen und festigt das Vertrauen der Bürger. Das setzt allerdings voraus, dass die Behörden Kontrollen nicht als Lästigkeit empfinden, sondern sie sich hiermit umfassend sachlich auseinandersetzen.

790 Eine Kontrolle darf aber keine Totalkontrolle sein, denn das würde unweigerlich Widerstände des Kontrollierten zur Folge haben. Rechtssicherheit und Gerechtigkeit können nur durch eine ordnungsgemäße und vom Zweck beherrschte Kontrolle gewährleistet werden. Das verlangt die integrative und versöhnliche Zielsetzung einer Kontrollanregung.[3]

---

1 Gegen-Verzeichnis/Aktenverzeichnis/Zusammenfassung von Urkunden
2 Art. 20 Abs. 3 GG
3 BVerwG, NJW 91, 936

Die Kontrolle darf sich nicht nur auf ein Handeln beschränken, sondern sie muss auch das Nicht-Handeln (Unterlassen) umfassen. Die Verweigerung oder Verzögerung von Leistungen kann den Bürger genauso hart treffen wie Eingriffe in sein Eigentum oder in seine Freiheit.

Im Rahmen dieser bürgerschaftlichen Kontrollen ergeben sich folgende Arbeitsschritte:

1. Erledigung einer Verwaltungsaufgabe durch einen Sachbearbeiter   **791**
2. Kritik des Bürgers am Inhalt der Entscheidung oder an der Art und Weise der Aufgabenerledigung
3. Rechenschaft (dienstliche Erklärung) des handelnden Behördenmitarbeiter
4. Prüfung des Vorganges durch den Vorgesetzten
5. Entscheidung des Vorgesetzten
6. Mitteilung des Ergebnisses der Prüfung an den Bürger

Die Verwaltung wird auch **intern** kontrolliert: Vorgesetzte kontrollieren untergeordnete Bedienstete, übergeordnete Behörden kontrollieren nachgeordnete Behörden (Ministerium/Bezirksregierung), übergeordnete Rechtsträger kontrollieren nachgeordnete Rechtsträger (Land/Gemeinde). Behördeninterne Organisationseinheiten wie Rechtsamt oder Rechnungsprüfungsamt werden in eine Entscheidungsfindung mit einbezogen werden. Das geschieht durch Querinformationen oder die Durchführung von Koordinationsbesprechungen[4].

Im Rahmen einer Verwaltungskontrolle wird grundsätzlich sowohl die Rechtmäßigkeit als auch die Zweckmäßigkeit behördlichen Handelns kontrolliert[5]. Im Rahmen der Zweckmäßigkeit werden z. B. soziale, wirtschaftliche, aber auch politische Begründungen überprüft und auch ausgetauscht.

Die unabhängige **Verwaltungsgerichtsbarkeit** kontrolliert dagegen nur die Rechtmäßigkeit behördlichen Handelns.[6]

2. Formlose und förmliche Rechtsbehelfe

Die Möglichkeiten des Betroffenen zu Kontrollanregungen an eine Behörde   **792**
werden im wesentlichen nach formlosen und förmlichen Rechtsbehelfen unterteilt, wobei sich deren Unterscheidung schon aus der Wortbedeutung ergibt: formlose Rechtsbehelfe sind an keine Form und auch an keine Frist gebunden. Allerdings folgern sich hieraus auch keine unmittelbaren Rechtswirkungen wie z. B. den Aufschub einer behördlichen Entscheidung, dies kann nur von einem förmlichen Rechtsbehelf ausgehen.

---

[4] Zu den spezifischen behördlichen Eigenkontrollen durch hauptamtliche Frauengleichstellungsbeauftragte und die damit einhergehende (hinzunehmenden) Auswirkung auf die gemeindliche Organisationshoheit vgl. VerfGH, NRW, NWVBl. 02, 101
[5] im Rahmen der Wahrnehmung von Selbstverwaltungsaufgaben erstreckt sich die staatliche Kontrolle nur auf die Einhaltung der Rechtsordnung
[6] vgl. unten RdNr. 926 f

2.1 Formlose Rechtsbehelfe

792a Jedermann hat nach Art. 17 GG das Recht, formlose Rechtsbehelfe einzulegen. Diese formlosen Rechtsbehelfe können jederzeit, d. h. auch parallel zu einem etwa eingelegten förmlichen Rechtsbehelf erhoben werden.

Der große Vorteil eines formlosen Rechtsbehelfes gegenüber einem förmlichen Rechtsbehelf ist, dass es einer Behörde eher ermöglicht wird, eine einmal getroffene Entscheidung abzuändern und trotzdem „ihr Gesicht zu wahren". Das gilt ganz besonders dann, wenn das dienstliche Verhalten eines Mitarbeiters zu beurteilen ist. Unstimmigkeiten zwischen Bürger und Behörde können auf diesem Wege beseitigt werden.

Die vielfach geäußerten Unkenrufen, wonach formlose Rechtsbehelfe „form-, frist- und fruchtlos" genannt werden[7], müssen für den praktischen Verwaltungsalltag eher als boshaft bezeichnet werden. Sie unterstellen zudem zu Unrecht, dass die Verwaltung Kontrollanregungen nicht ernst nimmt.

2.1.1 Die Verwaltungspetition

Die Verwaltungspetition ist die Bitte jeder natürlichen oder juristischen Person an eine zuständige Behörde in ihrem Sinne zu verfahren. Das Petitionsrecht umfasst Bitten, Anregungen, Forderungen und Vorschläge für Verwaltungsinitiativen, Dienstaufsichts- und Verwaltungsbeschwerden. Die Petition muss sachlich geprüft und beschieden werden. Die Bescheidung ist kein Verwaltungsakt.[8] Der Verwaltungsrechtsweg ist nicht eröffnet.[9]

793 ### 2.1.2 Die Gegenvorstellung

Die Gegenvorstellung ist ebenfalls ein formloser Rechtsbehelf gegen ein Verhalten oder Unterlassen der Behörde. Sie ist eine Erscheinungsform des Petitionsrechtes. Sie kann formlos geltend gemacht werden und ist an keine Frist gebunden. Die Gegenvorstellung setzt keine persönliche Beschwer voraus und kann von jedermann erhoben werden.

Die Gegenvorstellung verfolgt das Ziel, dass die Stelle, die entschieden hat, ihre Entscheidung noch einmal überprüft. Es ist zulässig, anstelle eines förmlichen Rechtsbehelfes, z. B. Widerspruch, eine Gegenvorstellung zu erheben. Das könnte in den Fällen ratsam sein, in denen kein Präjudiz einer übergeordneten Behörde geschaffen werden soll.

794 Über die Gegenvorstellung muss entschieden werden. Darauf hat der Antragsteller einen Anspruch. Fraglich ist jedoch, ob die Verwaltung verpflichtet ist, zur Begründung einer abschlägigen Entscheidung auf das Vorbringen des Bürgers im einzelnen einzugehen.

Soweit diese Frage bejaht wird[10], wird darauf verwiesen, dass der Rechtsschutz des Petenten und der Bestand des Grundrechtes des Art 17 GG nur gesichert sei, wenn der Petitionsbescheid eine nachvollziehbare Begründung enthalte. Zudem vermöge nur eine Begründung den von Art 19 Abs. 4 GG bezweckten umfassenden Rechtsschutz sinnvoll zu garantieren. Ohne Begründung könne kein

---
7 Kratzer, BayVBl. 69, 189
8 OVG Berlin, DVBl. 01,313
9 Zu Parlamentspetitionen vgl. Rdnr. 801
10 v. Münch/Rauball, GG, Art 17, RN 14; Württemberger, Bonner Kommentar, Rdnr. 112

Petent erkennen, ob eine sachliche Auseinandersetzung oder warum keine sachliche Auseinandersetzung mit seinem Anliegen stattgefunden habe.

Teilweise wird die Auffassung einer begrenzten Begründungspflicht aus rechtsstaatlichen Erwägungen heraus vertreten.[11] Die Begründung müsse erkennen lassen, dass der Adressat der Petition seiner Erledigungspflicht nachgekommen sei, d. h. die Petition entgegengenommen und sachlich geprüft habe. Eine sachliche Auseinandersetzung mit dem Begehren sei nicht zu fordern, wohl aber eine erkennbare sachliche Prüfung. Dazu genüge es nicht, nur das Ergebnis der Prüfung mitzuteilen. Auch ein bloßer Hinweis, eine Überprüfung sei vorgenommen und Feststellungen seien getroffen worden, reiche nicht aus, da nicht nachvollziehbar. Die Tatsachenfeststellung „durch die Einholung von Stellungnahmen der beteiligten Senatsressorts" sah das Gericht allerdings als ausreichende Unterrichtung der Petenten an.

795 Die wohl überwiegende Meinung entbindet die Verwaltung von der Pflicht zur Begründung der Antwort[12]. Dem Bürger ist nur mitzuteilen, dass er mit seinem Anliegen Gehör gefunden hat und er darüber unterrichtet wird, ob und inwieweit seine Eingabe Erfolg hat.

Entscheidungen über Gegenvorstellungen sind keine Verwaltungsakte, sie dürfen daher auch keine Rechtsbehelfsbelehrung enthalten.

Sollte sich jedoch herausstellen, dass die Gegenvorstellungen von Bürgern begründet sind, so reicht es aus, wenn die Behörde ihnen mitteilt, sie werde dafür sorgen, die festgestellten Mängel zu beseitigen.

Mit einer Gegenvorstellung kann allerdings ein versäumtes rechtlichen Gehör nicht nachgeholt werden. Es sollen keine neuen Tatsachen in ein Verwaltungsverfahren eingebracht werden, sondern die Verwaltung soll mit einer Gegenvorstellung gebeten werden, bereits bekannte Tatsachen neu zu würdigen bzw. zu bewerten.

2.1.3 Die Fachaufsichtsbeschwerde

795a Die Fachaufsichtsbeschwerde ist ein weiterer formloser Rechtsbehelf gegen Maßnahmen der Behörden. Mit der Fachaufsichtsbeschwerde werden Mängel einer Verwaltungsentscheidung bei der Fachaufsichtsbehörde, d. i. die übergeordnete Behörde, angezeigt mit der Bitte der Änderung oder der Aufhebung der Entscheidung. Die Fachaufsichtsbehörde muss über diesen Rechtsbehelf entscheiden. Eine Begründung der Fachaufsichtsbehörde ist ebenfalls nicht erforderlich.

2.1.4 Die Dienstaufsichtsbeschwerde

796 Mit der Dienstaufsichtsbeschwerde wird das persönliche Verhalten eines Beamten bzw. eines Angestellten des öffentlichen Dienstes gerügt.

Sie ist an die Dienstaufsichtsbehörde bzw. an den Dienstvorgesetzten zu richten.

Der Beschwerdeführer hat einen Anspruch auf Erhalt einer Antwort, wie in der Sache entschieden ist und welche Maßnahmen auf die Beschwerde hin veranlasst worden sind, wobei eine nähere Begründung hingegen nicht verlangt werden kann[13].

---

11 OVG Bremen, JZ 90, 965 mit Anm. Lücke, JZ 90, 967
12 BVerwG NJW 91, 936; Maunz/Dürig, GG, Art 17, Rdnr. 9, 77
13 BVerfG, NJW 53, 817

Bei den behördlichen Antworten auf Beschwerden wird – anders als bei Widerspruchsbescheiden[14] – auf eine Untergliederung zwischend Tenor und Begründung verzichtet. Nach der persönlichen Anrede sollte kurz das Ergebnis der Überprüfung und daran anschließend die Begründung mitgeteilt werden. Stellt sich bei der Prüfung der Beschwerde heraus, dass die Vorwürfe begründet sind, so braucht dem Bürger der festgestellte Sachverhalt nicht in allen Einzelheiten dargelegt zu werden. Es genügt, wenn die Behörde ihm mitteilt, dass die festgestellten Mängel behoben werden und das Erforderliche veranlasst wird.

Formulierungsbeispiel:

796a *Auf Ihre Eingabe vom .... habe ich den Sachverhalt geprüft, jedoch keinen Grund für eine Beanstandung gefunden.*

Es hat sich folgendes herausgestellt: ....

Wenn Sie behaupten, dass .... , so ist dieser Vorwurf nicht berechtigt, denn nach den Aussagen des ....

Bei dieser Sachlage bitte ich um Verständnis, dass ich keine Veranlassung zu einem dienstlichen Einschreiten gegen die/den ....[15] sehe.

Grußformel

Es ist unbedingt darauf zu achten, dass bei der Beantwortung von Dienstaufsichtsbeschwerden scharfe Formulierungen vermieden werden, selbst wenn der Beschwerdeführer zu solchen Formulierungen gegriffen hat. Bis zu einer gewissen Grenze müssen Behördenmitarbeiter auch unsachliche Angriffe ertragen können.

Beachte: Die Entscheidungen über Aufsichtsbeschwerden sind keine Verwaltungsakte und sie enthalten demgemäß auch **keine Rechtsbehelfsbelehrung**.

Mit der Einlegung einer Dienstaufsichtsbeschwerde wird die Kommunikation mit einem Beamten meist erheblich gestört, Gelegenheiten zu persönlichen Gesprächen sind damit weitestgehend verbaut. Vor der Einlegung einer Dienstaufsichtsbeschwerde sollten daher informelle Möglichkeiten der Beschwerdeführung gesucht werden. Häufig hilft auch das direkte und offene Gespräch mit einem Sachbearbeiter mehr als der Weg über den Dienstvorgesetzten.

2.2 Förmliche Rechtsbehelfe

796b Zwischen Bürgern und Behörden gibt es immer wieder Meinungsverschiedenheiten, was die Durchführung von Verwaltungsverfahren anbelangt. Um sich als Bürger gegen behördliche Maßnahmen zu wehren, gibt es neben den formlosen Rechtsbehelfen noch die Möglichkeit, Widerspruch[16] und Klage vor dem Verwaltungsgericht[17] einzulegen. Das macht man mittels der so genann-

---

14 oben Rdnr. 892 f
15 hier erscheint Name und Dienstbezeichnung des Beamten bzw. bei einer Fachaufsichtsbeschwerde der Name der Behörde
16 Rdnr. 808 f
17 Rdnr. 926 f

ten **förmlichen Rechtsbehelfe**, die juristisch und klausurtechnisch die wesentlich größere Rolle als die formlosen Rechtsbehelfe spielen.

Die gerichtlichen Kontrollen der Verwaltung sind ausschließlich auf die **Rechtmäßigkeit des Verwaltungshandelns** begrenzt, sie erstrecken sich nicht auf die Zweckmäßigkeit von Verwaltungsentscheidungen. Durch die Gewährung eines unabhängigen gerichtlichen Rechtsschutzes soll die „Selbstherrlichkeit der vollziehenden Gewalt gegenüber dem Bürger beseitigt werden"[18].

Das Grundgesetz enthält in Art 19 Abs. 4 eine umfassende **Rechtsschutzgarantie** und in Art 95 Abs. 1 die Garantie einer Verwaltungsgerichtsbarkeit. Hierdurch wird die Bindung der Verwaltung an Gesetz und Recht kontrolliert.

3. Externe Kontrollen

Die Verwaltung wird extern kontrolliert:

1. durch besondere Beauftragte   **797**

2. durch das Parlament

3. durch Rechnungshöfe

4. durch die Öffentlichkeit, insbesondere die Medien

5. durch die Gerichte

3.1 Kontrollen durch besondere Beauftragte

Besondere Kontrollbeauftragte sind z. B. Datenschutzbeauftragte, der Wehrbeauftragte des Bundestages und besondere Bürgerbeauftragte.

Datenschutzbeauftragte sind unabhängige Kontrollorgane. Sie sind teilweise   **798** außerhalb der üblichen Behördenstrukturen angesiedelt und dem Parlament zugeordnet, teilweise sind sie allerdings auch als behördliche Selbstkontrollorgane eingerichtet. An den Datenschutzbeauftragten kann sich jeder wenden, der meint, die Verwaltung habe seine schutzwürdigen Rechte auf informationelle Selbstbestimmung missachtet.

In NW ist der Datenschutzbeauftragte Beamter auf Zeit (8 Jahre) und dem Innenministerium angegliedert. Er unterstützt den Landtag, den Petitionsausschuss des Landtages, den für Datenschutz zuständigen Landtagsausschuss und die Landesregierung bei der Wahrnehmung ihrer Aufgaben nach dem Datenschutzgesetz und legt dem Landtag und der Landesregierung jeweils für zwei Kalenderjahre einen Bericht über seine Tätigkeit vor. Jedermann kann sich an den Datenschutzbeauftragten wenden, wenn er der Ansicht ist, bei der Verarbeitung seiner personenbezogenen Daten durch Behörden oder andere öffentliche Stellen in seinen Rechten verletzt zu sein[19].

Zum Schutz der Grundrechte der Soldaten und als Hilfsorgan des Bundes-   **799** tages bei der Ausübung der parlamentarischen Kontrolle ist ein **Wehrbeauftragter**[20] bestellt. Er nimmt die Beschwerden von Soldaten entgegen, erfüllt Aufträge des Verteidigungsausschusses des Bundestages und greift unter

---

18 BVerfGE 10, 264, 267
19 § 25 DSG NRW
20 Art 45 b GG

bestimmten Voraussetzungen Probleme im Zusammenhang mit der inneren Führung der Bundeswehr auch selbst auf.

Besondere Kontrollfunktionen über die Verwaltung üben auch die **Bürgerbeauftragten** in Rheinland-Pfalz und die Bürgerbeauftragten für soziale Angelegenheiten in Schleswig-Holstein aus.

3.2 Parlamentarische Kontrollen

800 Die Kontrolle der Verwaltung durch das Parlament ist umfassend, sie ist rechtlicher, finanzwirtschaftlicher oder politischer Natur.

Beispiele für **rechtliche** Kontrolle: Organstreitigkeiten[21]; Ministeranklage[22]

Beispiel für **finanzielle** Kontrolle: Gestaltung des Haushaltsplanes (Budgetrecht des Parlamentes)[23]

Beispiele für **politische** Kontrolle: Frage-, Interpellations[24]- und Zitierrecht[25]; Einsetzung von Untersuchungsausschüssen[26]; Bildung von Enquete-Kommissionen; Misstrauensvotum[27]

Der Kanzler (Ministerpräsident) und die Minister als Dienstvorgesetzte ihrer Behördenmitglieder können „Weisungen" des Parlamentes arbeits- und beamtenrechtlich gegenüber den Mitarbeitern durchsetzen. Aus diesem Grundsatz folgt im übrigen, dass dieses hierarchische Prinzip, d. h. Weisungsgebundenheit „von oben nach unten", nur bei Vorliegen besonderer Gründe verlassen werden darf[28], etwa wenn unabhängiger Sachverstand gefordert ist oder die Mitarbeiter im Vorfeld gerichtlicher Entscheidungen tätig werden und damit eine gerichtsähnliche Funktion ausüben.

Zwar ist das Parlament als Verfassungsorgan für die Kontrolle der Verwaltung zuständig, zur Wahrnehmung dieser Aufgaben ist jedoch das Parlament als Ganzes in der Praxis kaum in der Lage. Diese Rechte werden daher von Petitionsausschüssen, Haushaltsausschüssen, Untersuchungsausschüssen usw. wahrgenommen.

Von besonderer Bedeutung sind insoweit die **Petitionsausschüsse** der Parlamente.

801 Nach Art 17 GG hat jedermann das Recht, sich einzeln oder in Gemeinschaft mit anderen schriftlich mit Bitten oder Beschwerden an die zuständigen Stellen und an die Volksvertretung zu wenden. In Deutschland ist dieses **Petitionsrecht** tief verwurzelt. Man kann das Petitionswesen als eine Art Notrufsäule bzw. als Kummerkasten verstehen. Schon die frühen Reichstage hörten sich Beschwerden an, gaben sie dann aber an die Fürsten und Monarchen weiter.

---

21 Art 93 Abs. 1 S. 2 GG
22 Art 63 LV NRW
23 Art. 110 GG; Art. 81 LV NRW
24 Anfragen, aktuelle Stunden
25 Art 43 GG; 45 LV NRW
26 Art 44 GG; 41 LV NRW
27 Art 67 GG; 61 LV NRW
28 BVerfGE 9, 268, 281

Die Kontrollen der Verwaltung

1758 schrieb Friedrich der Große an Voltaire[29]: „Ich für meinen Teil suche in meinem Land bloß zu verhindern, dass der Mächtige den Schwachen unterdrückt und **mildere zuweilen Urteile, die mir zu hoch erscheinen**. Jedermann hat Zutritt zu mir, alle Klagen werden entweder von mir selbst oder von anderen untersucht. Diese Revision macht die Richter aufmerksam und verhindert ein zu strenges Vorgehen."

Erst im 19. Jahrhundert entwickelte sich das Petitionsrecht in Deutschland aus einem mehr oder weniger willkürlich angewendeten Recht des Monarchen zu einem allgemeinen Freiheitsrecht. Erstmals formuliert war dies in § 159 der Paulskirchenverfassung.

Zuständig für die Entgegennahme von Petitionen sind in erster Linie die Petitionsausschüsse der Länderparlamente, denn die Verwaltung ist gem. Art. 84 GG überwiegend Ländersache. Es entspricht guter demokratischer Tradition und erhöht zudem die Kontrollbedeutung des Parlamentes, den Vorsitzenden des Petitionsausschusses aus den Reihen der größten Oppositionsfraktion zu bestimmen.

Der Petitionsausschuss des Bundestages ist nur in den Fällen zuständig, in denen man sich gegen Bundesgesetze wendet oder in denen die Bundesverwaltung betroffen ist, z. B. im Verteidigungsbereich.

Nach § 100 Abs. 1 und Abs. 6 GeschO des nordrhein-westfälischen Landtages überweist der Landtagspräsident Petitionen dem Petitionsausschuss. Mindestens vierteljährlich sind die Beschlüsse des Ausschusses in einer Übersicht dem Landtag zur Bestätigung vorzulegen. Beschlüsse müssen auf Antrag einer Fraktion oder eines Viertels der Mitglieder des Landtages besprochen werden. Die Wirksamkeit von Vorschlägen des Petitionsausschusses gegenüber der Verwaltung liegt dann auch in dieser Möglichkeit zu öffentlichkeitswirksamer Diskussion begründet. Petitionsentscheidungen ergehen in den allermeisten Fällen einstimmig, d. h. parteiübergreifend.

Reicht der Bürger eine Petition ein, fordert der Petitionsausschuß vom zuständigen Ministerium einen Bericht über den Vorgang an, welcher der Petition zugrunde liegt. Diese Berichtspflicht wird von den Behörden gefürchtet. In etwa 15 % der Fälle gibt die Behörde sofort nach und erfüllt den Wunsch des Petenten ganz oder teilweise (sog. „positive Erklärung")[30]. Der Petent wird davon benachrichtigt, und das Verfahren ist beendet.

Ergeht keine „positive Erklärung", so werden Petition und Bericht im Petitionsausschuss beraten. Der Ausschuss kann sich Akten vorlegen lassen, Ortsbesichtigungen durchführen, weitere Auskünfte ein- holen, Minister vorladen, wenn es sein muss. Alle Behörden und Gerichte sind verpflichtet, dem Petitionsausschuß Amtshilfe zu leisten. Ein Recht des Petenten auf Akteneinsicht oder auf Anwesenheit bei der Beratung besteht nicht. Wenn der Ausschuß den Wunsch des Petenten für berechtigt hält, so „überweist" er die Petition (mit unterschiedlichem Grad der Strenge) an die Regierung. Diese ist formal nicht verpflichtet, einer „überwiesenen" Petition auch nachzukommen, tut es aber in der Mehrzahl der Fälle.

Der Ausschuss teilt seine Entscheidung (überweisen/nicht überweisen) dem Petenten schriftlich mit. Führt die Regierung den Überweisungsbeschluss des Parlaments aus, so erhält der Petent darüber ebenfalls eine Mitteilung.

---

29 zitiert nach Schick, Petitionen, S. 15
30 Auskunft Landtagsverwaltung NRW

802 Dem staatlichen Petitionsrecht sind Regelungen in den Gemeindeordnungen der Länder, z. B. § 24 GO NW, nachgebildet[31]. Hiernach hat jeder das Recht, sich mit Anregungen und Beschwerden in Selbstverwaltungsangelegenheiten der Gemeinde an den Rat der Gemeinde zu wenden. Dieser kann zur Erledigung solcher Anträge einen **Beschwerdeausschuss** bilden.

Aus dem Petitionsrecht lassen sich allerdings keine Informationsansprüche an den Staat herleiten. Die zuständigen Petitionsausschüsse erfüllen auch keine Aufgaben „der Verwaltung", sondern sie überprüfen die Tätigkeit der Verwaltung. Petitionsausschüsse sind keine Behörden und ihre „Bescheide" treffen keine Regelungen und sind damit auch keine Verwaltungsakte[32].

Das Petitionsrecht ist zudem nicht unbegrenzt. Es ist allgemein anerkannt, dass mit einem solchen Bürgerantrag nicht in ein schwebendes gerichtliches Verfahren eingegriffen werden kann oder ein derartiger Antrag nicht zur Einholung von Rechtsauskünften verwendet werden darf.

Ist eine Petition für den Bürger nicht erfolgreich, dann gibt es für ihn auf Erden keinerlei Hilfe mehr; sofern sich der Sachverhalt ändert, kann er allerdings eine neue Petition einreichen.

3.3 Kontrollen durch Rechnungshöfe

804 Rechnungshöfe im Bund und in den Ländern prüfen, ob die Verwaltung wirtschaftlich gehandelt hat. Ihre Mitglieder genießen richterliche Unabhängigkeit. Sie überprüfen die Haushaltsrechnung des Finanzministers sowie die Wirtschaftlichkeit und Ordnungsmäßigkeit der Haushalts- und Wirtschaftsführung.

Der **Bundesrechnungshof** ist durch die Verfassungsreform im Jahre 1969 zu einem Verfassungsorgan geworden. Er nimmt damit eine selbständige Stellung ein und kann nicht mehr nur als Hilfsorgan des Parlaments oder als Teil einer der drei Staatsgewalten gesehen werden. Bedauerlicher Weise werden kritische Anregungen des Bundesrechnungshofes nur selten in der Praxis aufgegriffen.

Derzeit zeichnet sich z. B. ab, dass die schier unglaublichen Feststellungen zur Führung der Arbeitslosenstatistik in den Arbeitsämtern wohl eher zögerlich aufgegriffen werden.

Die Prüfungsfunktion der **Landesrechnungshöfe** ist in § 42 Abs. 1 HGrG geregelt und durch Landesrecht ausgefüllt[33].

Sie umfasst:

- die **haushaltsrechtliche** Prüfung, d. h. die Kontrolle, ob die Bestimmungen des Haushaltsgesetzes und der Haushaltsplan eingehalten worden sind,
- die **rechnerische** Prüfung, d. h. die mathematische (kalkulatorische) Kontrolle,
- die **förmliche** Prüfung, d. h. die Kontrolle, ob die Haushaltsrechnung sowie die Nachweisung des Finanzministers vollständig und formgerecht aufgestellt worden ist und ob alle mitgeteilten Zahlungen begründet und belegt worden sind,

---

31 hierzu näher: Hofmann/Muth/Theisen, KommR, Rdnr. 2.3.3.1.1.5
32 OVG Berlin, DVBl. 01, 313
33 z. B. §§ 88ff LHO NRW

- die **sachliche** Prüfung, d. h. die Kontrolle, ob die Verwaltung wirtschaftlich und sparsam verfahren ist und ob die Aufgaben mit dem geringsten Personal- und Sachaufwand effektiv erfüllt worden sind.

Die **Beratungsfunktion** des Rechnungshofes[34] umfasst die Befugnis, aufgrund von Prüfungserfahrungen den Landtag, die Landesregierung oder einzelne Minister zu beraten. Der Sinn dieser Vorschriften kann nur in einer Hinführung zu einer wirtschaftlichen und sparsamen Verwaltungsführung gesehen werden.

805

Die **Berichterstattung** des Rechnungshofes an das Parlament und die Landesregierung[35] erfolgt nach Beendigung der Prüfung. In aller Regel fasst der Rechnungshof sein Prüfungsergebnis in Jahresberichten zusammen, hierüber wird auch in den Medien berichtet. Bei Angelegenheiten von besonderer Bedeutung kommt eine aktuelle Berichterstattung in Betracht[36].

Prüfungsaufgaben des Landesrechnungshofes können auf Vorprüfungsstellen bei den Landesbehörden, die dem Behördenleiter unmittelbar unterstellt werden, übertragen werden[37].

Die Haushaltskontrollen auf kommunaler Ebene nehmen kommunale Rechnungsprüfungsämter (örtliche Prüfung) sowie die staatlichen Gemeindeprüfungsämter wahr (überörtliche Prüfung)[38].

3.4 Kontrollen durch die Öffentlichkeit, insbesondere die Medien

In einer demokratischen Gesellschaft gehört die Massenkommunikation durch Presse, Rundfunk, Fernsehen usw. zu einem wesentlichen Anliegen. Kommunikation zielt auf die Verbreitung und den Austausch von Informationen und ermöglicht Orientierung und Meinungsbildung, aber auch die Wahrnehmung von **Kontrollfunktionen**. Dieser Kommunikationsprozess muss frei von (staatlichen) Kontrollen und Sanktionen sein.

806

Damit die Presse diese ihr zukommende **öffentliche Aufgabe**[39] auch wirksam wahrnehmen kann, steht ihr gegenüber Behörden ein Recht auf Auskunft zu[40], z. B. wie hoch die Kosten für neu eingestellte Mitarbeiter sind. Diese Auskunft darf nur verweigert werden, soweit auf Grund beamtenrechtlicher oder sonstiger gesetzlicher Vorschriften eine Verschwiegenheitspflicht besteht, den Behörden steht insoweit ein Ermessensspielraum zu[41]. Die Vorschriften der Gemeindeordnungen der Länder, die nicht-öffentliche Sitzungen vorsehen, begründen jedoch keine behördlichen Verschwiegenheitspflichten[42].

---

34 § 42 Abs. 5 HGrG; §§ 88 ff LHO NRW
35 § 97 LHO NRW
36 § 99 LHO
37 § 100 LHO NRW
38 z. B. § 105 GO NRW
39 § 3 PresseG NRW
40 § 4 PresseG NRW (die Pressegesetze der übrigen Länder enthalten gleichlautende Bestimmungen)
41 Wenzel, in: Löffler, § 4 LPG, Rdnr. 90
42 VGH München, NJW 04, 3358

10. Abschnitt

Beispiel: Der Bürgermeister einer Gemeinde muss Redakteuren oder anderen ausgewiesenen (festen oder freien) Mitarbeitern[43] von Zeitungen Auskunft darüber erteilen, wieviele Mitarbeiter neu eingestellt werden sollen, welche Funktionen sie wahrnehmen sollen und welche Namen sie haben. Allerdings besteht kein Anspruch darauf, dass auch mitgeteilt wird, welche Kriterien der Auswahl der neuen Mitarbeiter zugrunde gelegt worden sind.

---

43 Wenzel, Rdnr. 43

11. Abschnitt: Das Widerspruchsverfahren

1. Gesetzliche Grundlagen des Widerspruchsverfahrens

Das Widerspruchsverfahren – auch Vorverfahren genannt – ist ein **förmliches Rechtsbehelfsverfahren**. Die Verwaltungsgerichtsordnung regelt nicht nur das verwaltungsgerichtliche Verfahren, sondern sie enthält auch Bestimmungen über das Widerspruchsverfahren. Im Widerspruchsverfahren wird ein erlassener und angegriffener Verwaltungsakt im Rahmen der Verwaltung überprüft, erst dann kann Klage vor einem Verwaltungsgericht erhoben werden.

808

Obwohl im Gesetz[1] von dem Widerspruch als „Rechtsmittel" die Rede ist, sind mit Rechtsmittel üblicher Weise nur die gerichtlichen Rechtsmittel der Berufung, Revision und Beschwerde gemeint[2].

Hinsichtlich der Zuständigkeiten und Aufgaben der beteiligten Verwaltungsbehörden wird zwischen **Ausgangs-** und **Widerspruchsbehörde** unterschieden. Ausgangsbehörde ist diejenige Behörde, die einen bestimmten Verwaltungsakt erlassen hat, Widerspruchsbehörde ist die Behörde, die über den Widerspruch zu entscheiden hat, nachdem die Ausgangsbehörde ihm nicht stattgegeben hat. In aller Regel ist die Widerspruchsbehörde die der Ausgangsbehörde organisatorisch übergeordnete Behörde[3].

Während ein von der Verwaltung unabhängiges Gericht nur prüfen kann, ob die Verwaltung rechtmäßig gehandelt hat, wird im Rahmen eines Widerspruchsverfahrens darüber hinaus zusätzlich die **Zweckmäßigkeit** des angefochtenen Verwaltungshandelns geklärt, d. h. die zuständige Widerspruchsbehörde kann aus sozialen, wirtschaftlichen, planerischen, aber auch aus politischen Gründen anderer Auffassung sein wie die Ausgangsbehörde.

Das Widerspruchsverfahren ist trotz seiner Regelung in der Verwaltungsgerichtsordnung nicht Teil eines Verwaltungsprozesses. Als Vorverfahren ist es einerseits ein **Verwaltungsverfahren**[4], d. h. die Grundsätze des Verwaltungsverfahrensrechtes sind anzuwenden, andererseits ist der Widerspruch **Prozessvoraussetzung** für eine Anfechtungs- oder Verpflichtungsklage, fehlt er, ist eine gerichtliche Klage unzulässig.

Im Unterschied zu einem Gerichtsverfahren handelt es sich bei dem Widerspruchsverfahren nicht um ein kontradiktorisches Verfahren, ein Verfahren also, in dem zwei Parteien sich widersprechen. Die Behörde, die den angegriffenen Verwaltungsakt erlassen hat, ist nicht Beteiligte des Widerspruchsverfahrens und damit eigentlich auch nicht die Widerspruchsgegnerin.

Die Bezeichnung der Ausgangsbehörde als „Widerspruchsgegnerin" ist daher durchaus zweifelhaft[5].

Die Ausgangsbehörde kann im Widerspruchsverfahren keine Anträge stellen, sondern sie kann nur über eine Abhilfe entscheiden und die Verwaltungsvor-

---

1 § 73 Abs. 3 S. 1 VwGO
2 vgl. RdNr. 757
3 § 73 Abs. 1 S. 2 Nr. 1 VwGO. Ausnahmsweise können gem. § 73 Abs. 1 S. 2, Nr. 2, 3 VwGO Ausgangs- und Widerspruchsbehörde zusammenfallen; in diesen Fällen sollte aber eine behördeninterne Trennung vorgenommen werden.
4 BVerwGE 82,338
5 P/R, § 1 Rdnr. 29, lehnen dies generell ab

11. Abschnitt

gänge mit einer Stellungnahme der Widerspruchsbehörde vorlegen, falls sie dem Widerspruch nicht stattgeben will.

Besteht die Aufgabenstellung in einer Klausur darin, einen Vorlagebericht an die Widerspruchsbehörde zu erstellen, so darf hierin kein Antrag formuliert werden. Der Verwaltungsvorgang kann der zuständigen Widerspruchsbehörde nur mit der Bitte um Überprüfung und erneute Entscheidung vorgelegt werden, wenn die Ausgangsbehörde unzweifelhaft erklärt hat, dass sie dem Widerspruch nicht abhilft.

Die Regelungen des Widerspruchsverfahrens in der VwGO sind notwendiger Weise lückenhaft, da der Bund nur zuständig ist, Sachurteilsvoraussetzungen für ein gerichtliches Verfahren zu regeln[6]. Sie werden ergänzt durch Ausführungsgesetze der Länder und durch Fachgesetze verschiedenster Art wie der Ausschluss des Widerspruchsverfahrens bei kommunalen Aufsichtsmaßnahmen[7] oder die Modifizierung des Vorverfahrens in beamtenrechtlichen Angelegenheiten[8].

809 Auch die **Verwaltungsverfahrensgesetze** der Länder sind im Widerspruchsverfahren anzuwenden. In der Verwaltungsgerichtsordnung[9] ist z. B. nur bestimmt, dass ein Widerspruchsbescheid ergeht, die wesentlichen inhaltlichen Anforderungen ergeben sich demgegenüber aus den Verwaltungsverfahrensgesetzen[10]; Verfahrensgrundsätze des Ausgangsverfahrens wie z. B. die Beteiligten- und Handlungsfähigkeit gelten auch im Widerspruchsverfahren. Über die Verteilung der anfallenden Kosten enthält § 80 VwVfG eine Regelung.

In der Praxis werden die Widerspruchsbescheide z. B. in Nordrhein-Westfalen und Niedersachsen regelmäßig im persönlichen Stil abgefasst, in Bayern und Baden-Württemberg dagegen eher in der dritten Person. In Rheinland-Pfalz und Hamburg erlassen Widerspruchsausschüsse die Bescheide, sie ergehen ähnlich wie gerichtliche Entscheidungen in Beschlussform.

Teilweise ist jedoch der **Vorrang** der bundesrechtlichen Verwaltungsgerichtsordnung zu beachten wie z. B. die Regelung der Wiedereinsetzung in den vorigen Stand bei Fristversäumnis[11] oder das Verbot von Rücknahme oder Widerruf eines Widerspruchsbescheides[12], da der Widerspruchsbehörde nach Abschluss des Widerspruchsverfahrens hierfür die Zuständigkeit fehlt.

Als Verwaltungsverfahren ist das Widerspruchsverfahren grundsätzlich an keine bestimmten Formen gebunden und möglichst einfach, zweckmäßig und zügig durchzuführen[13].

810 Im Einzelnen ergibt sich hieraus folgendes:
- Im Widerspruchsverfahren ermitteln die Behörden den Sachverhalt von Amts wegen[14]. Das schließt freilich nicht aus, dass der Widerspruchsführer an dem Verfahren konstruktiv mitwirken muss, um Rechtsnachteile zu vermeiden[15].

---

6 Art. 74 Abs. 1 Nr. 1 GG
7 z. B. § 123 GO NRW
8 § 126 BRRG
9 § 73 Abs. 1 VwGO
10 zu wesentlichen inhaltlichen Anforderungen: § 37 VwVfG
11 § 70 Abs. 2 VwGO gegenüber § 32 VwVfG
12 §§ 48, 49 VwVfG
13 § 10 VwVfG
14 § 24 VwVfG
15 § 26 Abs. 2 VwVfG

- Die Behörden müssen das Widerspruchsverfahren zügig durchführen und über den Widerspruch in angemessener Frist sachlich entscheiden[16]. Eine Dreimonatsfrist bei der Bearbeitung sollte nicht überschritten werden[17].
- Das Widerspruchsverfahren ist nicht öffentlich[18].
- Die Amtssprache im Widerspruchsverfahren ist deutsch[19].
- Der Widerspruchführer kann sich im Widerspruchsverfahren durch einen Bevollmächtigten vertreten lassen oder zu Verhandlungen und Besprechungen mit einem Beistand erscheinen[20]. Der Bevollmächtigte ist der Vertreter des Widerspruchführers und kann an seiner Stelle handeln, der Beistand tritt neben dem Widerspruchführer auf. Im Unterschied zum Gerichtsverfahren gibt es jedoch keine automatische Kostenerstattung.

2. Ziele des Widerspruchsverfahrens

Anders als das gerichtliche Verfahren dient das Widerspruchsverfahren nicht nur der Verwirklichung des Rechtsschutzes des Bürgers[21], sondern auch der **Selbstkontrolle der Verwaltung**, was zu einer Entlastung der Verwaltungsgerichtsbarkeit führt. Die Selbstkontrolle der Verwaltung findet nun aber nicht nach aufsichtsrechtlichen Regeln[22], sondern nach den Vorschriften der Verwaltungsgerichtsordnung statt. Und die sehen grundsätzlich ein zweistufiges Verfahren auf verschiedenen Behördenebenen vor, wobei die (meist übergeordnete) Widerspruchsbehörde nicht von sich aus tätig werden kann, sondern erst eine Entscheidung der (meist nachgeordneten) Ausgangsbehörde abwarten muss. Zudem darf die Ausgangsbehörde selbst dann noch zugunsten des Bürgers tätig werden, wenn sie die Verfahrensakten an die Widerspruchsbehörde abgegeben hat und die Widerspruchsbehörde bereits mit der Sache befasst ist[23]. Das Widerspruchsverfahren wird in diesem Fall durch die zuerst ergehende Entscheidung beendet[24]. Die Effizienz der verwaltungsinternen Selbstkontrolle verlangt, sämtliche Aspekte der Recht- und Zweckmäßigkeit der angegriffenen Verwaltungsentscheidung zu überprüfen, z. B. unterbliebene Ermessenserwägungen nachzuholen oder nicht hinreichend bestimmte Entscheidungen zu konkretisieren.

811

3. Die Auslegung der Eingabe des Bürgers

In der Verwaltungspraxis ist vielfach zunächst einmal zu klären, ob die Eingabe eines Bürgers überhaupt ein Widerspruch ist oder ob nur eine **sonstige Überprüfung** eines Verwaltungshandelns angestrebt wird. Vielfach fehlt es an

813

---

16 § 10 S. 2 VwVfG
17 arg. § 75 VwGO
18 arg. § 68 Abs. 1 VwGO, der nicht auf § 55 VwGO verweist
19 § 23 Abs. 1 VwVfG
20 § 14 Abs. 1, 4 VwVfG
21 Art. 19 Abs. 4 GG
22 z. B. §§ 116f GO NRW
23 BVerwGE 82, 336; a. A. Pache/Knauff, DÖV 04, 656 die mit einer negativen Entscheidung in Bezug auf die Abhilfe des Widerspruches die Selbstkontrolle der Ausgangsbehörde für abgeschlossen halten
24 Kopp/Schenke, RdNr. 2 zu § 72 VwGO

der Verwendung des Begriffes „Widerspruch", aber auch nicht jede von einem Bürger als „Widerspruch" bezeichnete Eingabe ist auch als Widerspruch zu werten.

Es ist nicht erforderlich, ein Schreiben zur Einlegung von Widerspruch ausdrücklich als „Widerspruch" zu bezeichnen. Der schriftlich eingelegte Widerspruch muss auch keine besonderen Anforderungen erfüllen, insbesondere muss er nicht begründet sein. Dennoch können sich im Einzelfall aber doch einmal Auslegungsprobleme hinsichtlich des konkrete gewollten Rechtsbehelfes ergeben. Ist nämlich zweifelhaft ist, ob ein Widerspruch überhaupt gewollt ist oder etwa ein nicht förmlicher Rechtbehelf wie Gegenvorstellung oder Fachaufsichtsbeschwerde, so muss die Eingabe **ausgelegt** und im Zweifel auch **umgedeutet** werden[25].

Entscheidender als die äußere Erklärung ist ihr wahrer Wille. Für die Bejahung eines Widerspruches genügt es, wenn sich aus dem Inhalt der Eingabe ergibt, dass der Bürger mit einer bestimmten Verwaltungsentscheidung nicht einverstanden ist und er eine Änderung erreichen möchte; denn der Widerspruch ist die effizienteste Form der Überprüfung einer Verwaltungsentscheidung. Im Zweifel verdient diejenige Interpretation einer Erklärung den Vorzug, die dem Bürger den Zugang zu den Gerichten eröffnet[26], und das ist nun einmal der Widerspruch als Vorstufe eines Gerichtsverfahrens.

Wäre eine als Widerspruch auszulegende Eingabe dagegen offensichtlich unzulässig, weil z. B. klar erkennbar zu spät eingelegt, muss die Verwaltung diese Eingabe in aller Regel in eine nicht förmliche **Fachaufsichtsbeschwerde** umdeuten, denn in diesem Fall wäre diese Umdeutung für den Bürger die effizienteste Möglichkeit einer Kontrolle, die ihn zudem nicht unnötig mit Kosten belastet.

4. Die Zuständigkeit zur Entscheidung über einen Widerspruch

814 Die Zuständigkeitsverteilung zwischen Ausgangs- und Widerspruchsbehörde ergibt sich allein aus den Regeln der Verwaltungsgerichtsordnung. § 73 Abs. 1 VwGO bestimmt ohne nähere Konkretisierung, dass die Widerspruchsbehörde *„einen Widerspruchsbescheid erlässt, wenn die Ausgangsbehörde dem Widerspruch nicht abhilft".*

Es ist also zunächst ein Abhilfeverfahren bei der Ausgangsbehörde durchzuführen. Sofern die Ausgangsbehörde den Widerspruch für begründet hält, erlässt sie einen Abhilfebescheid, der das Widerspruchsverfahren abschließt[27]. In dieser Phase des Widerspruchsverfahrens besitzt die Widerspruchsbehörde keine sachbezogenen Zuständigkeiten. Hilft die Ausgangsbehörde dem Widerspruch nicht ab und gibt sie dies auch deutlich zu erkennen, wird die Zuständigkeit der Widerspruchsbehörde begründet.

---

25 § 47 VwVfG, §§ 88, 122 VwGO,§§ 133, 140 BGB
26 BVerfGE 15,275,281
27 § 72 VwGO

4.1 Die Entscheidung der nächst höheren Behörde

Über einen Widerspruch entscheidet in aller Regel die nächsthöhere Behörde[28], denn das Widerspruchsverfahren kann seinen Zweck nur dann erfüllen, wenn die Zweitentscheidung grundsätzlich von einer übergeordneten Behörde erlassen wird[29].

815

Die nächst höhere Behörde ist die nach dem jeweiligen Landesorganisationsrecht unmittelbar übergeordnete Behörde. Gibt es eine solche Behörde nicht, so findet in der Regel kein Widerspruchsverfahren statt[30].

4.2 Die Entscheidung der Ausgangsbehörde

Ist der Ausgangsbehörde nur noch eine oberste Behörde übergeordnet, so entscheidet die Ausgangsbehörde selbst über den Widerspruch[31].

816

Oberste Behörden sind Behörden mit Verfassungsrang, denen keine anderen Behörden mehr vorgeordnet sind wie z. B. Bundeskanzler, Ministerpräsident, Fachminister, Rechnungshöfe. Vielfach üben sie eine Doppelfunktion als Verfassungsorgan und als Verwaltungsbehörde aus.

Oberste Behörden haben Koordinierungs- und Leitungsaufgaben zu erfüllen, die das gesamte Gebiet des Landes betreffen. Bei der Entscheidung über Widersprüche handelt es sich demgegenüber stets um Entscheidungen in Einzelfällen und davon sollen oberste Behörden freigehalten werden.

In Ländern mit einem dreistufigen Verwaltungsaufbau entscheiden damit die **Bezirksregierungen** als Landesmittelbehörden auch dann über den Widerspruch, wenn sie den angefochtenen Ausgangsbescheid erlassen haben.

Gem. § 185 Abs. 2 VwGO können einige Länder bestimmen, dass oberste Landesbehörden über Widersprüche entscheiden. Das ist z. B. in Bremen geschehen, hier entscheidet der zuständige Senator über Widersprüche.

Im **Beamtenrecht** gibt es abweichende Regelungen[32]. Danach erlässt den Widerspruchsbescheid grundsätzlich die oberste Dienstbehörde, also das jeweils zuständige Ressortministerium. Allerdings ist weitestgehend von der Delegationsmöglichkeit Gebrauch gemacht worden, so dass auch im Beamtenrecht häufig dieselbe Behörde zuständig ist, die es auch gem. § 73 VwGO wäre.

Über Widersprüche in **Selbstverwaltungsangelegenheiten** entscheidet die Selbstverwaltungsbehörde[33], z. B. die Gemeinde, selbst und erlässt auch den Widerspruchsbescheid, denn es gibt hier keine höhere Behörde. Selbstverwaltungsangelegenheiten sind diejenigen Bedürfnisse und Interessen, die in einer örtlichen Gemeinschaft wurzeln oder auf sie einen spezifischen Bezug haben[34]. Sie betreffen das Zusammenleben und -wohnen von Menschen, z. B. in einer Gemeinde. Der Kreis der Selbstverwaltungsangelegenheiten ist weder statisch noch für alle Gemeinden gleich. Einwohnerzahl, flächenmäßige Aus-

817

---
28 § 73 Abs. 1 S. 2 Nr. 1 VwGO
29 amtliche Begründung zu § 70 VwGO, BT-Drcks. III/55, S. 38
30 § 68 Abs. 1 S. 2 Nr. 1 VwGO
31 § 73 Abs. 1 S. 2 Nr. 2 VwGO
32 § 126 Abs. 3 Nr. 2 S. 1 BRRG
33 § 73 Abs. 1 S. 2 Nr. 3 VwGO
34 Hofmann/Muth/Theisen, 2.5.3 m. w. N.

dehnung und Struktur der Gemeinde sind begriffsbestimmend[35]. Keine Selbstverwaltungsangelegenheiten sind Aufgaben, die eine Gemeinde im übertragenen Wirkungskreis bzw. als Pflichtaufgabe zur Erfüllung nach (staatlicher) Weisung erledigt.

Beispiele: Der Oberbürgermeister der Stadt Köln verweigert die Zahlung von Sozialhilfe – über einen Widerspruch hiergegen entscheidet der Oberbürgermeister selbst. Er muss vor einer Widerspruchsentscheidung allerdings gem. § 116 Abs. 2 SGB XII sozial erfahrene Personen beteiligen.

Über einen Widerspruch gegen eine Ordnungsverfügung des Kölner Oberbürgermeisters entscheidet demgegenüber die Bezirksregierung Köln.

4.3 Die Entscheidung von Widerspruchsausschüssen

817a An die Stelle einer Widerspruchsbehörde können Widerspruchsausschüsse und -beiräte treten, die auch bei der Ausgangsbehörde gebildet werden können[36].

Beispiele: Widerspruchsausschüsse in Hamburg und Rheinland-Pfalz.

5. Die Zulässigkeit eines Widerspruches

818 Die Zulässigkeitsvoraussetzungen eines Widerspruches orientieren sich an denen der Anfechtungs- und Verpflichtungsklage. Die Reihenfolge der einzelnen Prüfungspunkte ist willkürlich und sollte sich nur an der jeweiligen Prüfungssituation orientieren.

Steht die Zulässigkeit eines Widerspruches außer Frage, genügt der feststellende Hinweis: *„Der Widerspruch ist zulässig"*. Gelegentlich wird aber auch heute noch bei Klausurbearbeitungen von einzelnen Prüfern – selbst im 2. juristischen Staatsexamen[37] – erwartet, dass die wichtigsten Zulässigkeitsfragen auch dann kurz angesprochen werden, wenn ihr Vorliegen unproblematisch ist. Dem sollte man „aus Sicherheitsgründen" Rechnung tragen.

Formulierungsvorschlag:

„Der eingelegte Widerspruch ist zulässig. Die Widerspruchsbefugnis gem. §§ 70, 42 Abs. 2 VwGO ist gegeben und der Widerspruch ist auch fristgemäß gem. § 70 VwGO innerhalb eines Monats nach seiner Bekanntgabe schriftlich erhoben worden."

5.1 Die öffentlich-rechtliche Streitigkeit

819 Nach der Generalklausel des § 40 Abs. 1 S. 1 VwGO ist *„der Verwaltungsrechtsweg in allen öffentlich-rechtlichen Streitigkeiten nicht verfassungsrechtlicher Art gegeben, soweit die Streitigkeit nicht durch Bundesgesetz einem anderen Gericht ausdrücklich zugewiesen ist."* Auf dem Gebiet des Landesrechtes kann eine Sonderzuweisung auch durch Landesgesetz geschehen[38].

Das Widerspruchsverfahren dient dazu, eine Klage vor dem Verwaltungsgericht vorzubereiten. Es ist daher geboten, diese Vorschrift analog auf das

---

35 BVerfGE 79, 127, 143
36 § 73 Abs. 2 VwGO
37 Ramsauer, Rdnr. 3.07
38 § 40 Abs. 1 S. 2 VwGO

Das Widerspruchsverfahren

Widerspruchsverfahren anzuwenden. Allerdings spielen die nur für Gerichtsverfahren geltenden §§ 17, 17 a GVG im Widerspruchsverfahren keine Rolle.

Öffentlich-rechtlich ist eine Streitigkeit dann, wenn sie sich unmittelbar aus dem öffentlichen Recht herleitet. Seit langem wird nun schon versucht, überzeugende Kriterien für die Abgrenzung von öffentlichem und privatem Recht zu finden[39]. 820

Die wahre Natur eines **behaupteten Anspruches** muss öffentlich-rechtlich sein. Zur Beantwortung dieser Frage wird man sich überwiegend auf die **Sonderrechtstheorie** beschränken, wonach eine Streitigkeit dann öffentlich-rechtlicher Natur ist, wenn eine Behörde als Beteiligte ihre Entscheidung aufgrund von Sonderrechten getroffen hat, die nicht für jedermann gelten. Das sind Berechtigungen und Verpflichtungen, auf die sich nicht jedermann berufen kann.

Formulierungsvorschlag:

Es gibt hier weder eine aufdrängende noch eine abdrängende Sonderzuweisung. Die Streitigkeit ist öffentlich-rechtlich, da nach den Vorschriften des Ordnungsrechtes allein ein Hoheitsträger berechtigt oder verpflichtet ist. Der Verwaltungsrechtsweg ist also eröffnet.

In der Praxis häufig anzutreffen sind die Fälle der Nutzung **gemeindlicher Einrichtungen**, die Vergabe von staatlichen **Subventionen** oder die Klage von privaten Konkurrenten gegen eine **wirtschaftliche Betätigung** der öffentlichen Hand.

In den beiden erst genannten Fällen greift die „**Zwei-Stufen-Theorie**" Platz[40]. 821

Hat sich eine Gemeinde entschlossen, eine öffentliche Einrichtung wie eine Stadthalle in rechtlich verselbständigter Form z. B. als GmbH zu betreiben, so bleiben auch in diesen Fällen Streitigkeiten über den Zugang zu der öffentlichen Einrichtung, also über das „ob" der Benutzung öffentlich-rechtlicher Natur, denn der Zulassungsanspruch richtet sich immer gegen die Gemeinde. Zu berücksichtigen bleibt aber in diesen Fällen, dass zwei juristische Personen über den Zugang entscheiden müssen, nämlich die Gemeinde und die GmbH. Die Gemeinde kann keinen Verwaltungsakt gegen die GmbH auf Zulassung vorschreiben, sie kann nur ihren Einfluss als Gesellschafterin der GmbH ausüben. Ein Zulassungsanspruch wandelt sich damit in einen Einwirkungsanspruch. Dies wäre allerdings nur im Rahmen einer allgemeinen Leistungsklage gegen die Gemeinde durchzusetzen, ein Widerspruchsverfahren wäre unzulässig[41].

Bei der **Vermittlung** von **öffentlichen Subventionen** durch **private Banken** 821a im Rahmen von staatlichen Projektförderungen kommt es jedoch immer wieder zu Abgrenzungsproblemen mit dem **Verwaltungsprivatrecht**. Die ministeriellen Vorschriften über die Gewährung von Zuwendungen zur Projektförderung können keine Grundlage für die Übertragung hoheitlicher Befugnisse sein, selbst wenn sie einer Darlehnsgewährung zugrunde gelegt werden. Die Hausbanken können nicht als sogen. Beliehene angesehen werden, da hierfür keine gesetzlichen Vorschriften vorliegen. Beide Parteien sind in diesen Fällen Privatrechtssubjekte, es liegt also auch keine öffentlich-rechtliche Verwaltungstätigkeit vor.

Dennoch müssen in diesen Fällen bestimmte öffentlich-rechtliche Bindung des **von der Verwaltung beherrschten Privatrechtssubjektes** (hier: die Haus-

---
39 Kopp/Schenke, VwGO, § 40, Rdnr. 12
40 BVerwG, DVBl. 90,154; oben Rdnr. 121
41 vgl. unten RN 992

bank) angewendet werden, nämlich das aus Art. 3 GG folgende **Willkürverbot**, das im Rechtsstaatsprinzip verankerte **Übermaßverbot** und das Grundrecht auf Gewährung **rechtlichen Gehörs**. Dies folgt entweder aus der Bindungswirkung des höherrangigen Verfassungsrechtes oder aus der Anerkennung eines allgemeinen Rechtsgedankens. Nicht anzuwenden sind in diesen Fällen aber die Regeln über die Bindung des Ermessens[42] oder die Regeln über den Vertrauensschutz beim Widerruf von Verwaltungsakten[43], denn sie sind nur auf die öffentlich-rechtlichen Verwaltungstätigkeiten von Behörden zugeschnitten[44].

822 Die öffentliche Hand ist bei einer **wirtschaftlichen Betätigung** ebenfalls an die allgemeinen Wettbewerbsbedingungen wie das Gesetz gegen den unlauteren Wettbewerb gebunden. Insoweit sind Streitigkeiten zivilrechtlich[45]. Geht es dagegen um einen Streit über spezielle kommunalrechtliche Bindungen wie z. B. das „OB" eines solchen Unternehmens, so wäre dieser Streit nach der Zwei-Stufen-Theorie öffentlich-rechtlicher Natur, da hier eine nur die Behörde bindende Sondernorm der Gemeindeordnung Gegenstand des Streites ist.

Über die Unterlassung einer wirtschaftlichen Betätigung entscheiden damit die Verwaltungsgerichte, über die Art und Weise einer wirtschaftlichen Betätigung, das „WIE" dagegen die Zivilgerichte.

823 Die Ausübung des **Hausrechtes** beruht auf der öffentlich-rechtlichen Sachherrschaft über ein Gebäude, z. B. ein Rathaus. Sie ist dann öffentlich-rechtlicher Natur, wenn sie öffentlich-rechtlichen Zwecken dient[46]. Wird das Hausrecht im Landtag ausgeübt, so ist ein Streit hierüber nicht verfassungsrechtlicher Natur[47].

824 Abwehransprüche des Bürgers gegen staatliche **Einwirkungen** z. B. von Sportplätzen oder Kläranlagen sind öffentlich-rechtlich, soweit damit öffentliche Aufgaben erfüllt werden[48].

824a Auch **verfassungsrechtliche Streitigkeiten** sind öffentlich-rechtlich, sie sollen jedoch in einem verwaltungsgerichtlichen Verfahren keine Rolle spielen; aus diesem Grunde sind sie ausgenommen worden. Ein Widerspruch wäre mithin nicht zulässig.

Verfassungsrechtlich sind Streitigkeiten dann, wenn Verfassungsorgane oder am Verfassungsleben beteiligte Organe über ihre Rechte und Pflichten aus der Verfassung streiten, wenn der Rechtsstreit also entscheidend vom Verfassungsrecht geformt wird, d. i. die sogen. „**doppelte Verfassungsunmittelbarkeit**"[49].

Beispiele für verfassungsrechtliche Streitigkeiten: Streit zwischen obersten Bundesorganen; Minister- und Präsidentenanklagen; Streitigkeiten über Status und Rechte von Abgeordneten; Wahlprüfungen.

Keine verfassungsrechtlichen Streitigkeiten sind dagegen Streitigkeiten über die Erstattung von Wahlkampfkosten; über das Hausrecht des Parlamentspräsidenten; über Abgeordnetendiäten.

---
42 § 40 VwVfG
43 § 49 VwVfG
44 BGH, NJW 03, 2451
45 OLG Düsseldorf, DÖV 01, 312; VG Gelsenkirchen, NWVBl. 05, 40
46 OVG NRW, NWVBl. 89,91
47 VG Düsseldorf, NWVBl. 01,69
48 Kopp/Schenke, VwGO, Rdnr. 12 zu § 40
49 BVerfG, NJW 89,1495

825 Selbst wenn alle vorgenannten Voraussetzungen vorliegen, ist der Verwaltungsrechtsweg nicht eröffnet, wenn ein Bundes- oder Landesgesetz die Streitigkeit einem anderen Gericht zur Entscheidung zuweist, das ist eine **abdrängende Sonderzuweisung**. In diesen Fällen findet ein Widerspruchsverfahren nach der Verwaltungsgerichtsordnung nicht statt.

825a In Bereichen des Sozialversicherungs- und Steuerrechtes entscheiden besondere Verwaltungsgerichte, nämlich **Sozial- und Finanzgerichte**. Die Sozialgerichte sind zuständig in Angelegenheiten der Sozialversicherung, bei Streitigkeiten über Arbeitslosengeld I und II sowie in den Bereichen der Kriegsopferversorgung[50]. Die Finanzgerichte entscheiden bei Steuerstreitigkeiten mit den Finanzämtern[51].

826 Überwiegend aus historischen Gründen liegt die Entscheidung bestimmter öffentlich-rechtlicher Streitigkeiten nach wie vor bei den **ordentlichen Gerichten**, nämlich z. B. Enteignungs- und Entschädigungsangelegenheiten gem. Art 14, 34 GG sowie bauplanungsrechtliche Angelegenheiten gem. §§ 217f. BauGB (Kammern für Baulandsachen).

827 Die Strafsenate der Oberlandesgerichte entscheiden über **Justizverwaltungsakte**[52]. Justizverwaltungsakte sind alle Maßnahmen – auch schlicht hoheitliche Handlungen – einer Justizbehörde im funktionellen Sinne auf dem Gebiet der Strafrechtspflege[53].

Dieser Rechtswegezuweisung liegt der Gedanke zugrunde, dass die ordentlichen Gerichte für Entscheidungen über die Rechtmäßigkeit von bestimmten Verwaltungsmaßnahmen auf dem Gebiet des bürgerlichen Rechtes und der Strafrechtspflege von der Sache her näher stehen als die Gerichte der allgemeinen Verwaltungsgerichtsbarkeit. Es soll verhindert werden, dass Gerichte zweier verschiedener Gerichtszweige Verwaltungsstreitigkeiten desselben Rechtsgebietes entscheiden können[54].

Als Justizbehörden gelten problemlos die Staatsanwaltschaften, denn sie sind schon organisationsrechtlich zur Justizverwaltung zu zählen und unterstehen dem Justizminister, hierzu zählen aber auch Polizeibehörden.

828 Für den Bereich des **Polizeirechtes** ergeben sich hierdurch jedoch wichtige Rechtswegfragen. Die Polizei wird nämlich sowohl zum Zwecke der Gefahrenabwehr (**präventiv nach den Polizeigesetzen der Länder**) als auch zur Strafverfolgung (**repressiv nach der Strafprozessordnung des Bundes**) tätig, dies ist die sogen. **Doppelfunktion** der Polizei. Die Polizei zählt organisationsrechtlich zur inneren Verwaltung und untersteht dem Innenministerium. Für die Klärung der Rechtmäßigkeit polizeilichen Handelns sind damit unterschiedliche Rechtswege angesprochen: Die repressiven Polizeiverwaltungsakte werden im Rechtsweg zu den ordentlichen Gerichten, die präventiven polizeilichen Verwaltungsakte dagegen werden im Verwaltungsrechtsweg überprüft.

---

50 § 51 Sozialgerichtsgesetz
51 § 33 Finanzgerichtsordnung
52 §§ 23, 25 EGGVG
53 OLG Karlsruhe, NStZ 88,184
54 BVerwGE 47,255

Bei einer **kombinierten Tätigkeit** der Polizei ergeben sich Rechtswegprobleme.

Beispiel: Mehrere Personen begannen im Münchener Liebfrauendom eine „Fastenaktion für den Frieden". Sie bauten im Dom ein Schlafzelt auf. Nachdem sie eine Aufforderung zum Verlassen des Domes unbeachtet lassen, nehmen Polizeibeamte die Demonstranten fest und tragen sie aus der Kirche. Die Polizei könnte hier sowohl zur Strafverfolgung (Hausfriedensbruch[55]) als auch zur Gefahrenabwehr tätig geworden sein.

828a Eine wohl noch überwiegende Meinung entscheidet danach, wo der **Schwerpunkt der Maßnahme** lag – bei der Gefahrenabwehr oder bei der Strafverfolgung[56]. Der Schwerpunkt richtet sich nach dem vorrangigen Zweck der Maßnahme. Zur Bestimmung dieses Zweckes müsste auf die subjektiven Vorstellungen des handelnden Beamten abgestellt werden. Die sind jedoch zum einen schwer zu ermitteln und sie liefern zum anderen wohl auch kaum saubere Abgrenzungsmöglichkeiten, denn der Beamte wird wohl in erster Linie effizient tätig werden wollen, und damit anstreben, sowohl repressiv als auch präventiv einzugreifen. Also kann der vorrangige Zweck nur objektiv ermittelt werden, es ist auf den „Gesamteindruck" der Maßnahme abzustellen. Dieses Kriterium ist nun aber außerordentlich unbestimmt und daher für die Praxis schwer zu verwenden.

Nach anderer Auffassung[57] liegt im Falle des Doppelcharakters einer polizeilichen Maßnahme der Schwerpunkt grundsätzlich auf der Prävention, da die zukunftsgerichtete Gefahrenabwehr Vorrang vor der auf die Vergangenheit bezogenen Strafverfolgung haben müsse.

Zutreffend dürfte sein, eine Polizeimaßnahme, die sowohl der Strafverfolgung als auch der Gefahrenabwehr dient, an beiden in Betracht kommenden Ermächtigungsgrundlagen zu messen, nämlich an den Vorschriften der Polizeigesetze der Länder und an der bundesrechtlichen Strafprozessordnung. Denn es ist nicht einzusehen, warum die Polizei sich nur auf ein Rechtsgebiet stützen können darf, wenn ihr sachlich beide Aufgabenbereiche eröffnet sind.

Kann die Polizei eine von ihr getroffene Maßnahme auf das Polizeirecht stützen, so bleibt diese Maßnahme selbstverständlich auch unter repressiven Gesichtspunkten rechtmäßig, es ist dann allenfalls eine weitere Befugnisnorm hinzugetreten. Der Bürger kann gegen die polizeiliche Maßnahme entweder die Verwaltungsgerichte[58] oder die Strafsenate des Oberlandesgerichtes[59] anrufen. Das ist auch **keine Rechtswegeverdoppelung**, denn das von dem Bürger angerufene Gericht entscheidet den Streit unter allen rechtlich in Betracht kommenden Gesichtspunkten[60].

Beispiele: Klagen auf Auskunftserteilung über gesammelte personenbezogene Daten[61]; Vernichtung erkennungsdienstlicher Unterlagen[62]; Presseerklärung der Staatsanwaltschaft[63]; Sperrerklärungen[64].

---

55 § 123 StGB
56 BayVGH, NVwZ 86,655
57 Tegtmeyer, Rdnr. 40 zu § 1 PolG NRW
58 § 40 VwGO
59 § 23 EGGVG
60 Ehlers in: Schoch pp., Rdnr. 607 zu § 40 VwGO
61 BVerwG, NJW 1990, 2765
62 OVG Koblenz, NJW 94, 2108
63 BVerwG NStZ 88,513; dagegen OLG Hamm, NStZ 95, 412
64 BGH, DVBl. 98,1016

Wegen des gewährleisteten Selbstbestimmungsrechtes der **Religionsgesell-** 829
schaften[65] ist staatlicher Rechtsschutz und damit auch ein Widerspruchsverfahren im religiösen internen Autonomiebereich ausgeschlossen, sofern die innerkirchlichen Angelegenheiten den staatlichen Rechtskreis nicht berühren. Den staatlichen Stellen kommt es nicht zu, Dezisionen über religiöse Fragen zu treffen.

Allerdings ist der Wirkungsbereich der Kirchen oder Religionsgemeinschaften der Zuständigkeit staatlicher Stellen nicht schlechthin entzogen[66].

Beispiele: Innerkirchliche Glaubens- und Kultusfrage ist z. B. die Verweigerung des Abendmahls. Die Errichtung eines Grabmals auf einem kirchlichen Friedhof ist dagegen kein den staatlichen Stellen entzogenes kirchliches Internum[67].

Wenn die Durchführung eines Widerspruchsverfahrens **ausdrücklich angeordnet** ist, z. B. bei einer Klage aus dem Beamtenverhältnis, auch wenn sie keinen Verwaltungsakt darstellt[68] oder gegen eine Disziplinarmaßnahme[69], dann entfällt eine gesonderte Prüfung der Zulässigkeitsvoraussetzung.

5.2 Die Statthaftigkeit

Der Widerspruch ist nicht gegen jegliche Verwaltungsentscheidung möglich 830
und nötig. Streitgegenstand in einem Widerspruchsverfahren muss ein **Verwaltungsakt** sein. Bei beamten- oder disziplinarrechtlichen Streitigkeiten ist ein Widerspruchsverfahren allerdings auch bei Realakten notwendig[70].

Richtet sich der Widerspruch gegen einen bereits erlassenen Verwaltungsakt, handelt es sich um einen **Anfechtungswiderspruch**. Wird dagegen im Widerspruchsverfahren der Erlass eines Verwaltungsaktes erst angestrebt, liegt ein **Verpflichtungswiderspruch** vor. Ein vorbeugender Anfechtungswiderspruch gegen einen erst zu erlassenden Verwaltungsakt wäre unzulässig.

Will ein Beamter sich gegen die erwartete Beförderung eines Kollegen wehren, kann er keinen Widerspruch einlegen, sondern muss eine vorbeugende Unterlassungsklage erheben.

Ob ein Anfechtungs- oder ein Verpflichtungswiderspruch vorliegt, ist aufgrund der rein tatsächlichen Sachlage zu beantworten. Es kommt nicht darauf an, ob die Behörde den Erlass eines Verwaltungsaktes gewollt hat oder ob sie aus Rechtsgründen gar keinen VA hätte erlassen dürfen. Entscheidend ist vielmehr, ob sowohl der Form als auch dem Inhalt nach ein VA vorliegt.

Hat sich ein Verwaltungsakt vor der Entscheidung über den Widerspruch 831
erledigt **(Fortsetzungsfeststellungswiderspruch)**, so hätte der Betroffene keinen Vorteil mehr davon, wenn der VA aufgehoben würde. Das ist unstreitig. Ein Widerspruchsbescheid ergeht in diesen Fällen nicht mehr.

Umstritten ist dagegen, ob es statthaft ist, ein Fortsetzungsfeststellungswiderspruchsverfahren einzuleiten bzw. weiterzuführen mit dem Ziel, festzustellen, dass der Verwaltungsakt bzw. seine Ablehnung rechtswidrig war[71].

---

65 Art. 140 GG i. V. m. Art. 137 Abs. 3 WRV
66 BGH, NJW 00,1555
67 BVerwG, NJW 90, 2079
68 § 126 Abs. 3 BRRG, BVerwG, DÖV 01, 1042
69 § 41 BDG
70 § 126 Abs. 3 BRRG, § 41 BDG
71 § 113 Abs. 1 S. 4 VwGO analog

Dagegen spricht, dass die verbindliche Entscheidung über die Rechtmäßigkeit eines im Verwaltungsverfahren erledigten Verwaltungsaktes nach Sinn und Zweck des Vorverfahrens nicht zu den Kontrollaufgaben der Verwaltung gehört[72].

Für einen etwaigen Amtshaftungsprozess hätte eine Widerspruchsentscheidung auch ein wesentlich geringeres Gewicht als eine rechtskräftige gerichtliche Entscheidung. In einer Feststellungsklage ist die Rechtmäßigkeit des Verwaltungsaktes von den Gerichten verbindlich zu klären. Wegen ihrer ursprünglichen Herleitung von der Anfechtungs- bzw. Verpflichtungsklage bleiben aber insbesondere die Vorschriften über die Klagefrist zu beachten. Ist die Erledigung erst nach Einlegung des Widerspruches eingetreten, so führt das dazu, dass mangels aufhebbaren Verwaltungsaktes eine Sachentscheidung über den Widerspruch unzulässig wird, das Widerspruchsverfahren ist vielmehr einzustellen[73]. Die Kosten hat derjenige zu tragen, der voraussichtlich unterlegen wäre, dies folgt aus allgemeinem Kostengrundsatz.

Sollte der Widerspruchsführer dennoch auf einer Entscheidung beharren, so wäre der Widerspruch als unzulässig zurückzuweisen.

Um die Bestandskraft des Verwaltungsaktes zu verhindern, muss der Betroffene aber in diesen Fällen Widerspruch einlegen, wenn der VA sich noch nicht erledigt hatte.

Für beamtenrechtliche Streitigkeiten stellt sich diese Frage nicht, da hier bei allen Klagen ein Widerspruchsverfahren durchzuführen ist, also auch vor einer Fortsetzungsfeststellungsklage[74].

832 Gem. § 68 Abs. 1 S. 2 VwGO kann das Gesetz eine Ausnahme von der Notwendigkeit des Vorverfahrens bestimmen. In diesen Fällen ist das Widerspruchsverfahren nicht statthaft.

Beispiele: §§ 70, 74 VwVfG für Planfeststellungsbeschlüsse und förmliche Verwaltungsverfahren; § 11 AsylVfG bei Maßnahmen und Entscheidungen der Asylbehörden; § 17 KDVG bei der Anerkennung als Kriegsdienstverweigerer; § 6 AGVwGO NRW, wenn im Ausgangsverfahren eine Kollegialbehörde in einem förmlichen Verfahren entschieden hat, z. B. ZVS; § 123 GO NRW bei Maßnahmen der allgemeinen Kommunalaufsicht.

Widerspruchsverfahren finden nicht statt, wenn der Verwaltungsakt von einer obersten Bundes- oder Landesbehörde erlassen wurde[75], z. B. durch das Innenministerium. Das gilt allerdings nicht in beamtenrechtlichen Fällen.

Ein Vorverfahren findet ebenfalls nicht statt, wenn ein Dritter durch einen Abhilfe- oder Widerspruchsbescheid erstmals beschwert wird[76], wenn z. B. auf einen Nachbarwiderspruch hin die dem Bauherrn erteilte Baugenehmigung aufgehoben wird.

833 Im Falle einer **Untätigkeitsklage** wird demgegenüber nicht auf das gesamte Widerspruchsverfahren verzichtet, sondern nur auf den Erlass eines Widerspruchsbescheides[77]. Wird nämlich der Widerspruch nicht fristgerecht eingelegt, wird der Verwaltungsakt bestandskräftig.

---

72 BVerwG, NVwZ 00,63; a. A. P/R § 31 Rdnr. 30, die ein Widerspruchsverfahren für erforderlich halten, um die realen Folgen des erledigten Verwaltungsaktes wie Wiederholungsgefahr, Diskriminierung usw. zu beseitigen
73 BVerwG, DVBl. 89,873
74 § 126 Abs. 3 BRRG
75 § 68 Abs. 1 S. 2 Nr. 1 (Absatz 2) VwGO
76 § 68 Abs. 1 S. 2 Nr. 2 (Absatz 2) VwGO
77 § 75 S. 1 VwGO

Der Widerspruch ist **entbehrlich**, aber nicht unstatthaft, wenn der Zweck des Widerspruchsverfahrens schon auf andere Art erreicht wurde bzw. nicht mehr erreicht werden kann, wenn sich z. B. die Widerspruchsbehörde als Beklagte vor Gericht sachlich auf eine Klage eingelassen und deren Abweisung beantragt hat[78].

5.3 Widerspruchsbefugnis

Das Widerspruchsverfahren dient der Verteidigung individueller Rechte und ist kein objektives Beanstandungsverfahren. Es ist nur derjenige berechtigt, sich gegen eine Verwaltungsentscheidung förmlich zur Wehr setzen, der hiervon auch betroffen ist. Für einen anderen Widerspruch einzulegen **(Popularwiderspruch)** ist damit nur dann möglich, wenn das ausdrücklich durch Sondergesetz zugelassen worden ist, z. B. das Widerspruchsrecht des Leiters des Kreiswehrersatzamtes[79]. In aller Regel muss gerade der Widerspruchsführer aber auch **widerspruchsbefugt** sein. 834

Widerspruch einlegen kann lediglich „*der Beschwerte*"[80]. Dieser Hinweis auf den Beschwerten ist nun keine Legaldefinition einer Widerspruchsbefugnis, sondern nur der Hinweis darauf, dass eine vorliegende Beeinträchtigung **eigener Rechte** fristgerecht geltend gemacht werden muss. Wirtschaftliche, kulturelle oder ideelle eigene Interessen fristgerecht geltend zu machen reicht nicht aus[81].

Gebundene Verwaltungsakte werden im Widerspruchsverfahren auf ihre Rechtmäßigkeit, nicht jedoch auch auf ihre Zweckmäßigkeit hin überprüft, denn für Ermessen besteht kein Raum. Wenn nun nicht offensichtlich und eindeutig eine Rechtsverletzung nach jeder denkbaren Betrachtungsweise ausgeschlossen ist, besteht in diesen Fällen auch die **Möglichkeit** der Verletzung eigener Rechte[82]. Allerdings setzt das voraus, dass die infrage stehende Rechtsvorschrift zumindest auch die Interessen des Widerspruchsführers schützen soll **(Schutznormtheorie)**. Rügt der Widerspruchsführer dagegen nur Rechtssätze, die ausschließlich allgemeinen oder anderen Interessen dienen, so besteht keine Widerspruchsbefugnis. 835

Beispiele: Die Vorschriften über das Beanstandungsrecht der Kommunalaufsichtsbehörde dienen der Gesetzmäßigkeitskontrolle und damit dem Schutz der staatlichen Ordnung, nicht jedoch der Wahrung der Rechte einzelner. Lehnt die Aufsichtsbehörde eine Beanstandung ab und teilt sie dies dem Bürger mit, so ist der nicht widerspruchsbefugt.

Polizei und Ordnungsbehörden schützen die „öffentliche" Sicherheit. Trotz dieser verwendeten Begrifflichkeit ergibt sich, das der gewollte Schutzzweck auch individuelle Interessen berücksichtigt. Die Ausübung des polizeilichen Entschließungsermessens kann daher auch Einzelinteressen verletzen. Die Ausübung des Auswahlermessens, d. h. die Klärung der Frage, gegen wen vorgegangen werden soll und welches Mittel hierbei einzusetzen ist, führt demgegenüber nicht dazu, dass der Einzelne einen Anspruch auch auf eine ganz konkrete Maßnahme hat.

Widerspruchsbefugnis im Baunachbarrecht besteht nur bei der möglichen Verletzung von eigentumsähnlichen Rechtspositionen, nicht dagegen für Mieter und Pächter[83].

---

78 BVerwG, NJW 89,1439
79 § 33 Abs. 2 S. 2 WPflG
80 § 70 Abs. 1 VwGO
81 Maurer, § 8 Rdnr. 2
82 Kopp/ Schenke, VwGO, Rdnr. 65 zu § 42
83 BVerwG, JuS 99,508

Der **Adressat** eines belastenden Verwaltungsaktes ist bei einer möglichen Rechtswidrigkeit des Bescheides immer widerspruchsbefugt, zumindest könnte sein Persönlichkeitsrecht[84] verletzt sein **(Adressatentheorie)**; dies bedarf keiner näheren Begründung.

Formulierungsvorschlag:

Der Widerspruchsführer kann geltend machen, als Adressat der belastenden Ordnungsverfügung zumindest in seinem Recht auf allgemeine Handlungsfreiheit gem. Art. 2 Abs. 1 GG verletzt zu sein, er ist damit widerspruchsbefugt.

Soll die Rechtmäßigkeit einer Genehmigung überprüft werden, die einem **Dritten** erteilt worden ist, z. B. eine Baugenehmigung, so muss sich der Dritte auf eigene Rechtspositionen berufen können. Das ist dann meist unproblematisch, wenn er Grundeigentum im Einwirkungsbereich der Genehmigung hat und durch die Genehmigung auch seine Interessen berührt sind.

Beispiel: Der Grundstücksnachbar

836 Bei **Ermessensentscheidungen** kann der Widerspruch gegen einen Verwaltungsakt nicht allein wegen der Rechtmäßigkeit der Verwaltungsentscheidung zurückgewiesen werden. Denn anders als eine Anfechtungs- oder Verpflichtungsklage ist der Widerspruch auch dann begründet, wenn der angefochtene Verwaltungsakt unzweckmäßig war, sofern die Ermessensentscheidung auch den Interessen des Betroffenen diente. Der Widerspruchsführer hat daher auch ein Recht auf einen zweckmäßigen Verwaltungsakt, der seine Rechte und Interessen berücksichtigt, z. B. müssen bei einer Straßenumbenennung die zwangsläufig anfallenden finanziellen Dispositionen wie die Änderung von Briefpapier oder das Anbringen einer neuen Hausnummer berücksichtigt werden[85]. Bei Ermessensentscheidungen ist die Widerspruchsbefugnis daher schon dann zu bejahen, wenn der Widerspruchsführer geltend macht, die Ausgangsbehörde habe möglicher Weise unzweckmäßig gehandelt.

Dieses Recht auf eine ermessensfehlerfreie Entscheidung besteht allerdings nur, wenn die Ermessensnorm zumindest auch den Interessen des Einzelnen dient. Die Verwaltung ist dann verpflichtet, bei ihrer Entscheidung die Interessen des Bürgers mit abzuwägen.

Zur Beantwortung der Frage der Widerspruchsbefugnis ist allein auf das Vorbringen des Widerspruchsführers abzustellen. Er muss seine Widerspruchsbefugnis allerdings nicht substantiiert darlegen.

Wegen dieser geringen Anforderungen an die Widerspruchsbefugnis dürfen bei einer Klausurbearbeitung nicht schon wesentliche Rechtsprobleme bei der Zulässigkeit diskutiert werden, die Bearbeitung würden dann „kopflastig", und das ist schlecht und führt zum Punktabzug.

5.3.1 Der Drittwiderspruch

836a Die Widerspruchsbefugnis ist zu bejahen, wenn es denkbar und möglich ist, dass der Widerspruchsführer durch den angefochtenen Verwaltungsakt in eigenen Rechten verletzt ist. Die mögliche Rechtsverletzung und damit Widerspruchsbefugnis kann sich auch aus der Verletzung einer **drittschützenden Norm** ergeben, z. B. wenn der Widerspruchsführer ein Nachbar ist (Verstoß gegen eine nachbarschützende Norm?) oder wenn der Widerspruchsführer

---
84 Art. 2 Abs. 1 GG
85 VGH BaWü NVwZ 92, 196, 197; dagegen: OVG Berlin, NVwZ 94, 922

der Träger eines Selbstverwaltungsrechtes ist (Verstoß gegen eine das Selbstverwaltungsrecht schützende Norm?). Eine Widerspruchsbefugnis aus diesen Überlegungen ist ausgeschlossen, wenn die Zustimmung des Nachbarn oder das Einvernehmen einer Gemeinde[86] fingiert werden.

In einer Klausur ist in diesen Fällen stets im Rahmen der Widerspruchsbefugnis eine drittschützende Norm zu nennen. Denn wird nicht geprüft, ob die Norm drittschützend ist, führt dies zu einem falschen Ergebnis; ist die Norm dagegen drittschützend und wird dies nicht angesprochen, fehlt es an der Erörterung der Widerspruchsbefugnis.

Erweist sich eine Norm nicht als drittschützend, so ist die Prüfung der Widerspruchsbefugnis negativ und der Widerspruch damit unzulässig. Auf die Frage, ob der Tatbestand der Norm erfüllt ist, kommt es dann allenfalls nur noch hilfsweise an.

5.4 Die formgerechte Einlegung des Widerspruches

Der Widerspruch kann nur **schriftlich** oder **mündlich zur Niederschrift** bei der Behörde erhoben werden[87]. Hierdurch soll sichergestellt werden, dass die Erhebung von Widerspruch eindeutig zugerechnet werden kann. Ein telefonisch eingelegter Widerspruch reicht nicht, auch wenn der zuständige Sachbearbeiter einen Aktenvermerk gefertigt hat. **837**

Besondere Anforderungen an den Inhalt der Widerspruchseinlegung bestehen nicht. Der Betroffene muss nur erkennen lassen, dass er die Änderung einer konkreten Behördenentscheidung anstrebt. Die Erklärung muss nicht ausdrücklich als „Widerspruch" bezeichnet sein. Der Widerspruch muss zwar nicht begründet werden, allerdings ist es durchaus empfehlenswert, wenn der Betroffene seine Kritik an der Behördenentscheidung auch formuliert, denn das erhöht die Erfolgsaussichten.

5.4.1 Die schriftliche Einlegung

Der Widerspruch ist eingelegt, wenn er der zuständigen Behörde schriftlich zugeht. Er muss in deutscher Sprache formuliert sein[88]. **838**

Schriftlich bedeutet eigentlich die eigenhändige Unterschrift des Verfassers[89]. Nun wird aber im Verfahrensrecht allgemein nicht auf diese Vorschrift zurückgegriffen[90], sondern auf den Sinn und Zweck der Anordnung der Schriftlichkeit, nämlich: die Ermittlung der **Urheberschaft** des Widerspruches. Und damit ist die eigenhändige Unterschrift unter die Widerspruchseinlegung dann entbehrlich, wenn sich aus dem Widerspruchsschreiben, aus sonstigen Unterlagen oder aus den besonderen Umständen des Einzelfalles ohne weitere Beweiserhebung zweifelsfrei ermitteln lässt, dass der Widerspruch vom Widerspruchsführer herrührt und mit seinem Willen in den Verkehr gelangt ist.

Im Rahmen der Entwicklung der Telekommunikation ist inzwischen auch die Einlegung von Widerspruch durch **Telefax**[91] oder mittels **Computerfax**[92] als

---
86 § 36 Abs. 2 S. 2 BauGB
87 § 70 Abs. 1 S. 1 VwGO
88 § 23 Abs. 1 VwVfG
89 § 126 Abs. 1 BGB
90 GemSOGH, NJW 00, 2340
91 BVerwGE 77,38
92 vgl. FN 51

schriftlich anerkannt, wenn sich aus den Gesamtumständen eine eindeutige Zurechenbarkeit des Schriftsatzes zum Widerspruchsführer ergibt.

5.4.2 Die mündliche Einlegung

839 Der Widerspruch kann auch mündlich eingelegt werden. Dazu muss der Widerspruchsführer oder sein Vertreter persönlich bei der Behörde erscheinen und seinen Widerspruch einem Bediensteten „zu Protokoll" geben. Der Widerspruch muss also schriftlich fixiert und diese Niederschrift muss von dem Bediensteten und/oder vom Widerspruchsführer selbst unterschrieben werden.

Niederschriften sind entsprechend den Vorschriften der Zivilprozessordnung[93] anzufertigen[94]. Die Aufnahme in Kurzschrift, Tonaufnahme, in verständlichen Abkürzungen oder mit einer Kurzschriftmaschine ist gestattet[95].

Die Niederschrift muss neben dem wörtlichen oder wesentlichen Inhalt der Erklärung persönliche Angaben der erklärenden Person enthalten. Sie muss mit dem Zusatz: „vorgelesen bzw. selbst gelesen, genehmigt und unterschrieben" mit Datumsangabe zur Unterschrift vorgelegt werden. Wird die Unterschrift verweigert, so ist das zu vermerken.

Niederschriften werden überwiegend in wörtlicher Rede abgefasst. Sie müssen von dem aufnehmenden Bediensteten unterschrieben werden.

Die Niederschrift muss mindestens enthalten:

- Tag und Ort der Abfassung
- Personalien des Erklärenden, d. h. Name, Vorname, Beruf, Wohnung
- die Feststellung dieser Personalien, z. B. „von Person bekannt" oder „ausgewiesen durch Bundespersonalausweis Nr...."
- Unterschrift des Erklärenden, des aufnehmenden Bediensteten und etwaiger Zeugen

---

[93] §§ 159–165 ZPO
[94] § 105 VwGO
[95] § 160 a ZPO

Beispiel für die Formulierung einer Niederschrift:

Stadt Köln

– Der Oberbürgermeister –

Vollzug der Bauordnung

Abrissverfügung an Herr Karl Schmitz vom .....

– 63.1.117/01 –

Niederschrift

Heute spricht Herr Karl Schmitz, geb. am 26. Nov. 1986, wohnhaft Schillerstr.707, 50668 Köln, ausgewiesen durch Bundespersonalausweis Nr. XX 9835262 (bzw.: persönlich bekannt) vor und erklärt:

Gegen den Bescheid des Oberbürgermeisters der Stadt Köln vom .... – 63.1.117/01 – erhebe ich hiermit Widerspruch.

Gleichzeitig beantrage ich, mir wegen der Versäumung der Widerspruchsfrist Wiedereinsetzung in den vorigen Stand zu gewähren.

Meinen Wiedereinsetzungsantrag begründe ich damit, dass ...[96]

Zur Sache selbst möchte ich vortragen, dass ...

Köln, den .....

Vorgelesen (oder: selbst gelesen) genehmigt und unterschrieben	Aufgenommen
Karl Schmitz	Meyer, Stadtamtmann

5.4.3 Die Nichtbeachtung der Form für die Widerspruchseinlegung

Wird der Widerspruch nicht schriftlich oder mündlich zur Niederschrift bei der zuständigen Behörde eingelegt, ist der dann fehlerhaft eingelegte Widerspruch kein Widerspruch im Rechtssinne[97]. Die Schriftform kann nach Ablauf der Widerspruchsfrist nicht mehr nachgeholt werden. Entscheidet eine Behörde gleichwohl über einen derartigen formfehlerhaften Widerspruch, wird der Rechtsweg nicht eröffnet.

840

Geht bei einer Behörde allerdings ein Widerspruch ein, der erkennbar die Form nicht beachtet, weil er z. B. nicht unterschrieben ist, so gebietet es die behördliche Fürsorgepflicht, den Widerspruchsführer aufzufordern, die Form innerhalb der Widerspruchsfrist nachzuholen.

---

96 Eine subjektive Wertung des Aufnehmenden und gefühlsmäßige Äußerungen des Erklärenden („Ich sehe nicht ein, dass ...") gehören nicht in die Formulierung eine Niederschrift. Sofern in einer Niederschrift auch Versicherungen an Eides Statt aufgenommen werden sollen, ist § 27 VwVfG zu beachten.
97 Kopp/Schenke, VwGO, Rdnr. 4 zu § 70

5.5 Die fristgerechte Einlegung des Widerspruches

841 Der Widerspruch muss innerhalb eines Monats nach ordnungsgemäßer Bekanntgabe des Verwaltungsaktes erhoben werden[98]. Die Bekanntgabe des Bescheides schließt die Zustellung[99] ein[100]. Ein Widerspruch, der nicht innerhalb dieser Frist eingelegt wird, ist verfristet und hat keine aufschiebende Wirkung. Daran ändert nichts, dass die Widerspruchsbehörde auch einen verfristeten Widerspruch sachlich bescheiden kann[101].

Widerspruch kann nicht vor der Bekanntgabe eines Bescheides eingelegt werden, denn er wendet sich dann ja gegen keinen Verwaltungsakt. Ein Verwaltungsakt ist dann dem Empfänger zugegangen, wenn unter gewöhnlichen Umständen nach der Verkehrsauffassung damit gerechnet werden kann, dass er ihn zur Kenntnis genommen hat, auf die tatsächliche Kenntnisnahme kommt es nicht an. Wenn z. B. die Poststelle der Deutschen Post AG samstags zeitweise geöffnet hat und ein Rechtsanwalt hat ein Postfach, so ist ein Bescheid bereits am Samstag mit dem Einwerfen in das Postfach dem Anwalt bekannt gegeben, denn ein Anwalt hat aufgrund seiner Berufsstellung eine gesteigerte Pflicht, für die Annahme von fristwahrenden Sendungen zu sorgen[102].

Zu beachten ist aber, dass ein Verwaltungsakt an **jeden einzelnen** der Betroffenen bekannt gegeben werden muss[103]. Geschieht das nicht, so ist der Bescheid diesem Betroffenen gegenüber nicht wirksam[104]. Kannte dieser Betroffene nun aber den Verwaltungsakt, so muss er sich allerdings so behandeln lassen, als wäre er ihm bekannt gegeben worden.

Wird der Betroffene durch einen Rechtsanwalt vertreten, so kann die **Bekanntgabe** an den Anwalt erfolgen[105]. Dies ist eine Sonderregelung, die § 14 Abs. 3 VwVfG verdrängt[106]. Der Behörde ist es also freigestellt, ob sie einen Bescheid dem Betroffenen oder seinem Rechtsanwalt bekannt gibt. Etwas anderes gilt für die **Zustellung**. Die Zustellung an einen Rechtsanwalt muss dann erfolgen, wenn der eine schriftliche Vollmacht vorgelegt hat[107].

Wird der Adressat nicht ausreichend bezeichnet, ergibt sich z. B. aus einem Abgabebescheid der Schuldner nicht eindeutig, so ist das keine fehlerhafte Bekanntgabe, sondern ein Mangel der Bestimmtheit des Bescheides, und das macht den Bescheid nichtig[108].

842 Die **öffentliche Bekanntgabe** ist gestattet, wenn eine Rechtsvorschrift dies zulässt[109]. Allgemeinverfügungen dürfen öffentlich bekannt gemacht werden, wenn eine Bekanntgabe an die Beteiligten untunlich ist[110]. Untunlich bedeutet,

---

98 § 70 Abs. 1 VwGO
99 RdNr. 843
100 BVerwGE 22,14,15
101 VGH BaWü, DVBl. 04, 1051
102 OVG NRW, NVwZ 01, 1171; a. A. Lechtleitner, AnwBl. 02, 725 (726)
103 § 41 Abs. 1 S. 1 VwVfG
104 § 43 VwVfG
105 § 41 Abs. 1 S. 2 VwVfG
106 BVerwG, NVwZ 98,1292
107 § 8 Abs. 1 S. 2 VwZG
108 BayVGH, BayVBl. 95,85
109 § 41 Abs. 3 VwVfG
110 § 43 Abs. 3 S. 2 VwVfG

dass die individuelle Bekanntgabe wegen der Natur des VA nicht möglich oder jedenfalls mit erheblichen Schwierigkeiten verbunden wäre[111].

Beispiel für öffentliche Bekanntgabe: Bekanntgabe der Umbenennung einer Straße, da eine solche Allgemeinverfügung nicht nur die Anlieger, sondern darüber hinaus auch die Straßenbenutzer, die Post, den Anlieferverkehr usw. betrifft.

Die Bekanntgabe ist auch möglich durch **Zustellung** eines Bescheides, z. B. durch Postzustellungsurkunde oder eingeschriebenen Brief[112]. Zustellung und Bekanntgabe fallen in diesen Fällen zusammen. Die Bekanntgabe beurteilt sich im Falle einer Zustellung nach den Vorschriften des Verwaltungszustellungsrechtes, bei **Landesbehörden** z. B. nach dem LZG NRW, bei **Bundesbehörden** nach dem VwZG.

843

Der Widerspruchsbescheid hingegen wird wegen der damit verbundenen Ingangsetzung einer Klagefrist einheitlich nach dem **Bundesverwaltungszustellungsgesetz** zugestellt.

5.5.1 Die Berechnung der Frist

Die Frist zur Einlegung des Widerspruches beträgt einen Monat. Eine Frist ist ein abgegrenzter rechtserheblicher Zeitraum[113].

844

Ein Termin dagegen ist ein bestimmter Zeitpunkt, an dem etwas geschehen soll.

Die relativ kurze **Monatsfrist** zur Einlegung von Widerspruch läuft aber nur, wenn der bekannt gegebene Bescheid eine richtige und vollständige Rechtsbehelfsbelehrung enthält. Fehlt die Rechtsbehelfsbelehrung oder ist sie fehlerhaft, dann verlängert sich die Frist zur Einlegung von Widerspruch auf ein Jahr[114]. Fehlerhaft ist eine Rechtsbehelfsbelehrung dann, wenn sie zwingend geforderte Mindestangaben nicht enthält[115] oder wenn diesen Angaben ein unzutreffender oder irreführender Zusatz beigefügt ist, der sich generell eignet, die Einlegung des Widerspruches nennenswert zu erschweren[116]. Wird dagegen fälschlicher Weise eine längere Frist als die Monatsfrist in der Rechtsbehelfsbelehrung benannt, so beginnt die genannte längere Frist zur Einlegung von Widerspruch zu laufen, da die unrichtige längere Frist auch die kürzere richtige Monatsfrist einschließt[117].

Beispiele für fehlerhafte Rechtsbehelfsbelehrung: Zusätze wie, der Widerspruch müsse begründet oder bei der Widerspruchsbehörde eingereicht werden; der Widerspruch müsse schriftlich eingelegt werden ohne Hinweis auf die Möglichkeit einer Einlegung auch zur Niederschrift; die Widerspruchsfrist betrage 4 Wochen; für die Einlegung des Widerspruches wird nur eine Postschließfachadresse mitgeteilt[118].

Formulierungsbeispiel:

Gegen diesen Bescheid können sie innerhalb eines Monats nach seiner Bekanntgabe/ Zustellung schriftlich oder zur Niederschrift bei der Bezirksregierung Köln, Zeughausstraße 2 – 10, 50667 Köln, Widerspruch erheben.

---

111 Kopp/Ramsauer, VwVfG, Rdnr. 44 zu § 41
112 § 41 Abs. 5 VwVfG
113 RGZ 120,362
114 § 58 Abs. 2 VwGO
115 § 58 Abs. 1 VwGO
116 BVerwG, NJW 91,508
117 P/R, § 48, Rdnr. 16
118 OVG Bautzen, NVwZ 97,802

Die in der VwGO genannten Fristen sind gesetzliche und können damit nicht von einer Behörde verlängert werden[119]. Nach Ablauf der Monats- oder Jahresfrist kann daher kein Widerspruch mehr eingelegt werden.

Bei der Berechnung der Widerspruchsfrist geht es immer um die Frage, ob der Widerspruch noch rechtzeitig eingelegt wurde oder nicht. Das Ende der Monatsfrist bestimmt sich entweder nach den §§ 57 Abs. 2 VwGO, 222 Abs. 1 ZPO, 188 Abs. 2 BGB oder den §§ 79, 31 Abs. 1 VwVfG, 188 Abs. 2 BGB. Beide Ansichten sind **ergebnisgleich**. Die Widerspruchsfrist endet mit Ablauf des Tages, der durch seine Zahl dem Tag entspricht, in dem das für den Fristbeginn maßgebliche Ereignis fällt. Das maßgebliche Ereignis gem. § 70 Abs. 1 S. 1 VwGO ist die Bekanntgabe des Verwaltungsaktes.

Wird ein Bescheid am 8. Februar bekannt gegeben, so endet die Widerspruchsfrist am 8. März um 24.00 Uhr, sofern dieser Tag kein Samstag, Sonntag oder Feiertag ist.

Der **Zeitpunkt der Bekanntgabe** richtet sich bei schriftlichen Verwaltungsakten nach § 41 Abs. 2 VwVfG. Danach gilt ein schriftlicher durch die Post übermittelter Verwaltungsakt grundsätzlich mit dem dritten Tag nach der Aufgabe zur Post als bekannt gegeben. Problematisch ist, ob diese **Zugangsfiktion** auch dann eingreift, wenn der dritte Tag auf einen Sonnabend, Sonntag oder Feiertag fällt. Nach § 31 Abs. 3 VwVfG endet eine Frist, deren Ende auf einen Sonnabend fällt, mit dem Ablauf des nächstfolgenden Werktages. Für eine Anwendbarkeit dieser Regelung müsste aber die Drei-Tages-Fiktion als „**Frist**" anzusehen sein, und das ist umstritten.

Für eine Anwendbarkeit spricht wohl der Wortlaut des § 31 VwVfG, der nicht nur für Fristen im engeren Sinne gilt, zudem enthält § 41 VwVfG auch keine Einschränkung hinsichtlich der Anwendbarkeit des § 31 VwVfG[120]. Wegen mitunter langer Postlaufzeiten mag auch ein Bedürfnis für diese Auslegung sprechen.

Nach anderer Auffassung ist § 31 Abs. 3 VwVfG dagegen auf die Fiktionsfrist nicht anwendbar[121]. Der dritte Tag markiert nach dieser Meinung nur den Beginn der Widerspruchsfrist, und das ist ein **Termin** und keine Frist. Aus dem Wesen einer Fiktionsfrist wird zudem geschlossen, dass ein Rückgriff auf Berechnungsregeln gerade vermieden werden soll.

Gegen eine Anwendung des § 31 Abs. 3 VwVfG auf die Fiktionsfrist spricht aber entscheidend, dass dafür keine Notwendigkeit besteht. Anders als beim Ende einer Frist ist der Adressat des Verwaltungsaktes innerhalb der drei Tage zu keinerlei Tätigkeit oder Erbringung einer Leistung verpflichtet, wie das innerhalb einer Frist immer der Fall ist. Das Ende der Drei-Tages-Fiktion ist für den Adressaten einzig für den Beginn einer Frist relevant. Die fingierte Bekanntgabe greift daher auch dann, wenn der 3. Tag nach der Aufgabe zur Post auf einen Sonnabend, Sonntag oder allgemeinen Feiertag fällt.

Beispiel: Aufgabe zur Post am 22. März 2005, die Fiktionsfrist beginnt am 25. März 2005 zu laufen, obwohl dies ein Feiertag (Karfreitag) ist.

---

[119] arg. § 31 Abs. 7 VwVfG
[120] Stelkens, in: Stelkens/Bonk/Sachs, § 41 Rdnr. 66; § 31, Rdnr. 35 m.w.N
[121] OVG NRW, NVwZ 01, 1171; BFH, NJW 00, 1742; Kopp/Ramsauer, § 41 Rdnr. 44 m.w.N

Die **Dreitagesfiktion gilt jedoch nicht**, wenn der Verwaltungsakt nicht oder zu einem späteren Zeitpunkt zugegangen ist.

845

Die Widerspruchsfrist kann bis zum letzten Moment ausgenutzt werden. Die Behörden müssen daher Vorsorge treffen, dass der Bürger den Widerspruch auch noch nach Dienstschluss bis 24.00 Uhr einlegen kann[122].

In der Praxis geschieht dies entweder durch die Anbringung von Nachtbriefkästen, in denen die vor und nach Mitternacht eingeworfene Post getrennt wird, oder auch vielfach dadurch, dass die gesamte Post, die sich morgens im Hausbriefkasten befindet, noch mit dem Datumsstempel des Vortages versehen wird.

Wer allerdings meint, die Frist „bis zur letzten Sekunde" in Anspruch nehmen zu müssen, der setzt sich auch erhöhten Sorgfaltspflichten aus, er muss die Möglichkeit einer Fristversäumnis vor Augen haben.

Das BAG[123] hatte einem Rechtsanwalt, dessen am letzten Tag um 20.31 Uhr per Telefax übermittelte Berufungsschrift wegen einer Störung nicht beim LAG eingegangen war, zugemutet, entweder ein Telegramm aufzugeben oder den Nachtportier telefonisch zu verständigen und eine Wiedereinsetzung in den vorigen Stand abgelehnt. Mit der Begründung, Störungen des Empfangsgerätes und der Übermittlungsleitungen lägen in der Sphäre des Gerichtes, hat das BVerfG[124] diese strenge Auslegung als verfassungswidrig angesehen[125].

Beim Tod des Widerspruchsführers wird die Frist zur Erhebung der Klage unterbrochen[126].

5.6 Die Wiedereinsetzung in den vorigen Stand

Im Rahmen eines Widerspruchsverfahrens können zum einen die **Monatsfrist** (Widerspruchsfrist) und zum anderen die **Jahresfrist** (Ausschlussfrist) versäumt werden. Es ist dann die Möglichkeit der Wiedereinsetzung in den vorigen Stand zu klären, und zwar bei der Versäumnis der Monatsfrist nach Maßgabe des § 60 Abs. 1 bis 4 VwGO[127] und bei der Versäumnis der Jahresfrist nach Maßgabe des § 58 Abs. 2 S. 2 VwGO[128]. Wird Wiedereinsetzung in den vorigen Stand gewährt, so ist die Fristversäumnis unschädlich.

846

Die Voraussetzungen für eine Wiedereinsetzung in den vorigen Stand bei Versäumnis der Widerspruchsfrist sind folgende:

847

1. Nachholungs-, Antrags- und Begründungspflicht[129]
2. Wiedereinsetzung von Amts wegen[130]
3. Verschulden[131]
   a) Verschuldensmaßstab
   b) Verschuldenszurechnung

---

122 BVerwGE 18, 51
123 NJW 95, 743
124 NJW 96, 2857
125 zu den Pflichtenanforderungen vgl. auch OVG Bautzen, NJW 96, 2251
126 §§ 74 VwGO, 239 ZPO–BVerwG, BayVBl. 01, 315
127 hierauf verweist § 70 Abs. 2 VwGO
128 Auf letztere Vorschrift wird in diesem Zusammenhang hier nicht eingegangen
129 § 60 Abs. 2 S. 1 und 3 VwGO
130 § 60 Abs. 2 S. 4 VwGO
131 § 60 Abs. 1 VwGO

- des gesetzlichen Vertreters[132]
- des Bevollmächtigten[133]

Die Wiedereinsetzung in den vorigen Stand ist nur möglich bei Versäumung einer gesetzlichen Frist, nicht dagegen bei Versäumung von behördlich oder gerichtlich gesetzten Fristen.

Die **Widerspruchsfrist** ist eine gesetzliche Frist. Fristen z. B. gem. § 87 b Abs. 3 VwGO werden dagegen von einem Gericht gesetzt.

848 Die Fristversäumnis muss unverschuldet sein. Das Verschulden ist ein Verschulden gegen sich selbst, es bezieht sich also auf eine **Obliegenheit**[134]. Ein Verschulden liegt vor, wenn der Betroffene nicht so sorgfältig gehandelt hat, wie man es von einem gewissenhaften, seine Rechte und Pflichten sachgerecht wahrnehmenden Beteiligten erwarten kann und was ihm nach den gesamten Umständen des konkreten Falles auch zuzumuten ist[135]. Es ist auf die Verhältnisse des Betroffenen und nicht auf eine allgemeine Verkehrsauffassung abzustellen. Allerdings sind bei einem Rechtsanwalt oder bei einer Behörde höhere Anforderungen an die Sorgfaltspflicht zu stellen als bei einem Bürger als juristischen Laien[136].

Beispiele für **unverschuldete Fristversäumnis**: während eines Urlaubs von nicht länger als rd. sechs Wochen[137] oder während eines Krankenhausaufenthaltes liegt grundsätzlich kein Verschulden vor, es sei denn, man muss wegen der besonderen Umstände mit dem Zugang eines Bescheides rechnen; bei Aufgabe eines Briefes bei normalem Postgang darf der Bürger darauf vertrauen, dass die von der Post für den Normalfall festgelegten Postlaufzeiten auch eingehalten werden, wer daher am vorletzten Tag einen Brief abschickt, muss keine besonderen Vorkehrungen wie z. B. Eilboten treffen, das gilt nicht, wenn der Betroffene mit Verzögerungen etwa wegen eines Poststreikes rechnen muss[138]; kein Verschulden liegt auch vor, wenn ein Dritter das Schreiben in Empfang nimmt und es nicht weiterleitet, es sei denn, der Dritte hat Empfangsvollmacht, in diesen Fällen wird dessen Verschulden gem. § 173 VwGO, § 85 Abs. 2 ZPO[139] dem Adressaten zugerechnet. Von § 85 Abs. 2 ZPO wird jedoch nicht das Verschulden von unselbständigen Hilfspersonen erfasst wie z. B. das Büropersonal eines Rechtsanwaltes. Auch eine Zurechnung gem. § 278 BGB ist in diesen Fällen nicht möglich, da diese Vorschrift nur das Innenverhältnis zwischen Mandant und Anwalt betrifft, nicht jedoch das Außenverhältnis gegenüber Gericht und Prozessgegner. Einen Anwalt kann jedoch ein eigenes Organisationsverschulden treffen, wenn er sein Personal nicht hinreichend schult und überwacht – in der Praxis dürfte dies schwer nachweisbar sein, ein Anwalt gibt hierzu schon fast standardisierte Erklärungen ab; die Fristversäumnis ist auch unverschuldet unter den Voraussetzungen des § 45 Abs. 3 VwVfG, wenn dem Verwaltungsakt die erforderliche Begründung fehlt[140] oder wenn die nach § 28 Abs. 1 VwVfG erforderliche Anhörung unterblieben und dadurch die rechtzeitige Anfechtung des Verwaltungsakte versäumt wurde; regelmäßig unverschuldet ist die Fristversäumnis auch, wenn (bei Klage) innerhalb der Klagefrist nur Antrag auf Prozesskostenhilfe gestellt wurde und die fristgerechte Klageerhebung unterbleibt, weil über den Antrag nicht fristgerecht entschieden wurde.

Beispiele für **verschuldete Fristversäumnis**: Der Sachbearbeiter einer Behörde hatte vor seinem Urlaub „Wiedervorlage nach Rückkehr aus dem Urlaub" vermerkt, für den Fall seiner verspäteten Rückkehr – was dann eintrat – aber keine Vorsorge getroffen[141]; Fehlleitung auf dem Postweg wegen falscher oder unvollständiger Adressierung, es sei denn, dass das Schreiben so frühzeitig abgesandt

---

132 § 173 VwGO, § 51 Abs. 2 ZPO
133 § 173 VwGO, § 85 Abs. 2 ZPO (vgl. auch § 32 Abs. 1 S. 2 VwVfG)
134 S/S/P-Bier, Rdnr. 18 zu § 60
135 BVerwGE 50, 240; Kopp/Schenke, § 60, Rdnr. 9, 10
136 BVerwG, NVwZ-RR 1996, 60
137 BVerfGE 41, 332
138 OVG Münster, NJW 96, 2809; BVerfG, NJW 99, 3701
139 § 14 VwVfG enthält insoweit keine vergleichbare Regelung, die in § 32 Abs. 1 S. 2 VwVfG enthaltene Regelung ist wegen § 70 Abs. 2 VwGO nicht anwendbar
140 § 39 VwVfG
141 BVerwG, NVwZ 01, 430

Das Widerspruchsverfahren

wurde, dass es trotzdem noch hätte rechtzeitig zugehen müssen; Verlängerung der Postlaufzeiten wegen fehlender oder überholter Postleitzahl; Unterfrankierung oder nicht ordnungsgemäße Befestigung der Briefmarke; bei einer Übermittlung per Telefax müssen bestimmte Sendeformen beachtet werden[142],z. B. muss die ordnungsgemäße Absendung anhand des automatisch ausgedruckten Sendeberichtes daraufhin kontrolliert werden, ob die dort protokollierte Anzahl der übermittelten Seiten mit dem Original übereinstimmt[143], im Telefaxverkehr kommt die Verwendung der richtigen Empfängernummer der Adressierung gleich, wer dies übersieht, den trifft ein Verschulden bei etwaiger Fristversäumnis; Absendung des Widerspruches zu einem so späten Zeitpunkt, dass nur bei besonders günstigen Umständen noch mit einem rechtzeitigen Zugang gerechnet werden konnte; die Fristversäumnis ist auch dann verschuldet, wenn der Betroffene die Rechtswidrigkeit des Bescheides zunächst nicht erkannt hat und deswegen ein Rechtsmittel eigentlich nicht einlegen wollte, nach Rücksprache mit einem Rechtsanwalt dies aber dann doch verspätet tut, denn fehlende Rechtskenntnis verpflichtet dazu, unverzüglich sachkundigen Rat einzuholen.

Die Wiedereinsetzung muss innerhalb einer Frist von zwei Wochen nach Wegfall des Hindernisses beantragt werden. Innerhalb dieser Frist müssen die tatsächlichen Gründe für die Fristversäumnis vorgebracht werden. Die Zwei-Wochen-Frist bezieht sich allerdings nur auf die einzelnen Gründe, sie können zwar noch ergänzt oder erläutert werden, weitere zusätzliche Wiedereinsetzungsgründe können nach Ablauf der Frist aber nicht mehr vorgebracht werden.

Es ist allerdings nicht erforderlich, die Wiedereinsetzung ausdrücklich zu beantragen. Ausreichend ist, wenn die Bitte um Wiedereinsetzung aus dem Vorbringen des Widerspruchsführers erkennbar wird.

Die Wiedereinsetzung kann auch ohne Antrag von Amts wegen gewährt werden, wenn innerhalb der Antragsfrist Widerspruch eingelegt wird, sofern nach Lage der Dinge offenkundig oder sonst glaubhaft ist, dass die Frist zur Einlegung von Widerspruch unverschuldet versäumt wurde[144]. Einen Ermessensspielraum hat die Widerspruchsbehörde nicht. Die Gewährung von Wiedereinsetzung in den vorigen Stand ist selbst dann möglich, wenn der Betroffene gar nicht wusste, dass die Frist für die Einlegung von Widerspruch versäumt worden war[145].

Die **Tatsachen** für die Begründung des Antrages auf Wiedereinsetzung müssen **glaubhaft** gemacht werden, man muss sie nicht beweisen[146]. Bei der Behörde findet keine Beweisaufnahme, etwa durch das Anhören von Zeugen, statt. Zur Glaubhaftmachung ist zweierlei erforderlich:

849

- **Schlüssiger Tatsachenvortrag**, der – seine Wahrheit unterstellt – den Antrag auf Wiedereinsetzung in den vorigen Stand rechtfertigt.
- Glaubhaftmachung dieses Tatsachenvortrages, z. B. durch eine eidesstattliche Versicherung[147]. Die Glaubhaftmachung ist nicht an die Zwei-Wochen-Frist gebunden, sie kann auch noch im weiteren Verfahren geschehen[148].

Innerhalb der Zwei-Wochenfrist muss auch die versäumte Rechtshandlung nachgeholt werden, d. h. es muss Widerspruch eingelegt werden. Das ist allerdings nicht erforderlich, wenn der Rechtsbehelf bereits vorher – an sich verfristet – eingelegt wurde, das gilt dann als konkludent gestellter Antrag.

---

142 Ebnet JZ 96,507
143 OVG Koblenz, NJW 94,1815
144 OVG NRW, NJW 96,2809
145 Kopp/Schenke, Rdnr. 24 zu § 60
146 Begriff der Glaubhaftmachung: § 23 Abs. 1 S. 2 SGB X
147 § 294 ZPO
148 BVerwG, NVwZ-RR 99, 472

Zuständig für die Entscheidung über den Wiedereinsetzungsantrag ist im laufenden Widerspruchsverfahren die Behörde, die über den Widerspruch zu entscheiden hat; also die Ausgangsbehörde, soweit ein Abhilfebescheid ergeht oder die Widerspruchsbehörde, soweit ein Widerspruchsbescheid ergeht. Da die Ausgangsbehörde auch teilweise abhelfen kann, ist eine Wiedereinsetzungsentscheidung auch für die Widerspruchsbehörde bindend[149]; die Befugnis zu einer aufsichtsbehördlichen Weisung bleibt allerdings unberührt, sofern die Widerspruchsbehörde zugleich Aufsichtsbehörde ist.

850 Sind die Voraussetzungen für die Wiedereinsetzung in die Widerspruchsfrist erfüllt, so muss sie gewährt werden. Wird die Wiedereinsetzung zu Unrecht abgelehnt und der Widerspruch deshalb von der Widerspruchsbehörde als unzulässig abgewiesen, so entscheidet das Gericht im Rahmen einer anschließenden Klage auch über die Wiedereinsetzung in die Widerspruchsfrist, denn dies ist eine rechtlich gebundene Entscheidung über eine Vorfrage, die aus Gründen des Sachzusammenhangs von der Instanz beurteilt werden soll, die mit der Hauptfrage befasst ist[150]. Zudem betrifft die Rechtzeitigkeit des Widerspruches und damit die Frage, ob Wiedereinsetzung zu gewähren ist oder nicht, die Zulässigkeit der Klage, die von Amts wegen zu prüfen ist. Dies ergibt sich auch aus dem Rechtsgedanken des § 44 a VwGO[151].

Das Verwaltungsgericht ist an eine Wiedereinsetzungsentscheidung der Behörde nicht gebunden, dies gilt sowohl für positive als auch für negative Wiedereinsetzungsentscheidungen[152], die Entscheidung der Behörde ist nicht unanfechtbar[153].

Im Widerspruchsverfahren kann die Entscheidung über die Wiedereinsetzung in den vorigen Stand entweder zusammen mit dem Widerspruchs- oder Abhilfebescheid als Nebenentscheidung ergehen oder auch durch eine vorangehende selbständige Entscheidung der Behörde.

Ein Ausspruch über die Wiedereinsetzung im Tenor des Widerspruchsbescheides ist weder erforderlich noch üblich, aber auch nicht schädlich. Die Wiedereinsetzung ist in den Gründen des Widerspruchsbescheides zu erwähnen.

851 *Formulierungsbeispiel:*

Der Widerspruch ist zulässig.

Sie haben zwar die Widerspruchsfrist nicht eingehalten, ihnen war aber Wiedereinsetzung in den vorigen Stand gem. §§ 70 Abs. 2, 60 VwGO zu gewähren, da sie ohne Verschulden gehindert waren, die gesetzliche Frist des § 70 Abs. 1 VwGO einzuhalten.

Der Bescheid des Oberbürgermeisters der Stadt Köln vom 15. Februar 2005 ist ihnen ordnungsgemäß nach § 41 Abs. 5 VwVfG i. V. m. § 1 LZG NW, § 4 Abs. 1 VwZG durch Einschreiben am 23. Februar 2005 zugestellt worden. Die Widerspruchsfrist war somit am 23. März 2005 abgelaufen.

An dem verspäteten Zugang ihres Widerspruchs bei dem Oberbürgermeister der Stadt Köln trifft sie jedoch kein Verschulden.

---

149 Kopp/Schenke, Rdnr. 4 zu § 72
150 §§ 70 Abs. 2, 60 Abs. 4 VwGO – P/R § 34 Rdnr. 8
151 Kopp/Schenke, Rdnr. 13 zu § 70
152 § 60 Abs. 5 VwGO
153 § 70 Abs. 2 VwGO erklärt nur § 60 Abs. 1 – Abs. 4 VwGO für anwendbar

Sie haben ihren Widerspruch einen Tag vor Ablauf der Frist ordnungsgemäß adressiert und frankiert zur Post gegeben. Für den verspäteten Eingang des Widerspruches am 26. März waren sie nicht verantwortlich. Sie durften darauf vertrauen, dass die normalen Postlaufzeiten eingehalten werden. In ihren Verantwortungsbereich fällt nur, dass ein Schriftstück so rechtzeitig und ordnungsgemäß zur Post geben, dass es bei normalem Verlauf der Dinge den Empfänger fristgerecht erreichen kann[154]. Danach beträgt die normale Postlaufzeit für eine Briefbeförderung innerhalb der Stadt Köln einen Tag. Folglich durften sie darauf vertrauen, dass der von ihnen am 22. März 2005 in den Briefkasten geworfene Widerspruch am darauf folgenden Tag bei dem Oberbürgermeister der Stadt Köln eingeht.

5.7 Verwirkung

Sowohl § 70 Abs. 1 als auch § 58 Abs. 2 VwGO knüpfen an eine **Bekanntgabe** des Verwaltungsaktes an. Die Widerspruchsfrist beginnt demzufolge nicht zu laufen, wenn die Bekanntgabe des Bescheides an den Widerspruchsführer unterblieben ist. Es genügt nicht, wenn der Betroffene einen Bescheid zufällig zur Kenntnis nimmt, es kommt allein auf eine von der Behörde veranlasste Übermittlung an.   852

Fehlt die Bekanntgabe, so kann das Recht zum Widerspruch grundsätzlich ohne Bindung an irgendeine Frist geltend gemacht werden.

Beispiel: Dem Nachbarn wird eine erteilte Baugenehmigung nicht bekannt gegeben. Er bekommt aber den Beginn von Bauarbeiten auf dem Grundstück mit.

In den Fällen der fehlenden Bekanntgabe kann grundsätzlich nicht auf die §§ 70, 58 Abs. 2 VwGO hingewiesen werden, denn diese Regelung bezieht sich ausdrücklich auf die Fälle der fehlenden oder fehlerhaften Rechtsbehelfsbelehrung und nicht darauf, dass der fragliche Verwaltungsakt überhaupt nicht bekannt gegeben worden ist. Daher läuft für einen übergangenen Nachbarn auch zunächst einmal überhaupt keine Widerspruchsfrist.

Wie jedes Recht, so unterliegt aber auch das Widerspruchsrecht der **Verwirkung**, hierunter versteht man eine **Rechtsvernichtung**, die im Grundsatz von **Treu und Glauben** wurzelt[155]. Ein Recht (hier: das Widerspruchsrecht) kann nicht mehr ausgeübt werden, wenn seit der Möglichkeit der Geltendmachung längere Zeit verstrichen ist und besondere Umstände hinzutreten, die die verspätete Geltendmachung des Rechts als Verstoß gegen Treu und Glauben erscheinen lassen.   853

Die Verwirkung setzt folgendes voraus:

1. Eine **Vertrauensgrundlage**, auf grund derer wegen eines bestimmten Verhaltens des Berechtigten davon ausgegangen werden darf, dass ein Recht (nach einer gewissen Zeit) nicht mehr geltend gemacht wird.

2. Ein **Vertrauenstatbestand**, wonach der eigentlich Verpflichtete darauf vertrauen durfte, dass das Recht nicht mehr ausgeübt werde.

3. Eine **Vertrauensbetätigung** durch Handlungen, aufgrund derer durch die verspätete Durchsetzung des Rechtes unzumutbare Nachteile entstünden[156].

---

154 BVerfG, NJW 99, 3701
155 vgl. § 242 BGB
156 OVG NRW, NVwZ-RR 99, 540

Besonders in einem nachbarschaftlichen Gemeinschaftsverhältnis besteht aus den Grundsätzen von Treu und Glauben für die Nachbarn die Verpflichtung zu einer gesteigerten Rücksichtnahme. Einwendungen z.B. gegen ein Bauvorhaben auf dem Nachbargrundstück müssen daher sobald wie möglich vorgetragen werden, um dadurch wirtschaftlichen Schaden für den Bauherrn zu vermeiden oder so gering wie möglich zu halten[157]. Wie lange der Berechtigte nun untätig bleiben darf, hängt von den Umständen des Einzelfalles ab. Die Verwirkungsfrist muss einerseits deutlich länger als die Monatsfrist zur Widerspruchseinlegung sein, andererseits kann sie aber auch schon bereits vor Ablauf der Jahresfrist eintreten[158]. Ist einem Nachbarn die erteilte Baugenehmigung nicht von Amts wegen bekannt gegeben worden, hat er aber zuverlässig davon erfahren – etwa durch den Beginn von Bodenarbeiten –, so muss er sich nach Treu und Glauben bezüglich der Widerspruchseinlegung so behandeln lassen, als sei ihm die Baugenehmigung amtlich bekannt gemacht worden[159].

Beachte: Die Anwendung des Verwirkungsgedankens bedeutet keine analoge Anwendung des § 58 Abs. 2 VwGO. Faktisch kommt man aber wohl zu ähnlichen Ergebnissen[160].

5.8 Einlegung des Widerspruches bei einer unzuständigen Behörde

854 Der Widerspruch kann nur bei der Ausgangsbehörde oder bei der Widerspruchsbehörde erhoben werden[161].

Legt der Bürger den Widerspruch bei einer anderen Behörde ein, so wird der damit zwar nicht unzulässig, es ergibt sich aber ein **Fristproblem**, wenn die unzuständige Behörde den Widerspruch nicht sofort weiterleitet.

Die Einlegung des Widerspruches bei einer anderen Behörde oder auch bei der obersten Aufsichtsbehörde wahrt oder verlängert die Monatsfrist nicht[162], es gibt insoweit keine „Einheit der Verwaltung". Ein etwaiger zusätzlicher Anknüpfungspunkt für eine Wiedereinsetzung in den vorigen Stand ergibt sich ebenfalls nicht.

Zwar gibt es interne Dienstvorschriften, die eine unzuständige Behörde verpflichten, den Widerspruch sofort weiterzuleiten; hierbei handelt es sich aber lediglich um Amtspflichten. Ob eine Weiterleitung tatsächlich erfolgt, ist das Risiko des Widerspruchsführers.

Mitunter erkennt die Posteingangsstelle schon, dass die Widerspruchsschrift offensichtlich an eine andere Stelle gerichtet werden sollte. Sie behandelt den Eingang als „Irrläufer" und gibt ihn ohne weiteren Zusatz an die andere Stelle weiter. Im übrigen erfolgt die Weitergabe „U" (= urschriftlich). Das mit diesem Vermerk versehene Original der Widerspruchsschrift wird an die zuständige Behörde versandt, die Abgabenachricht an den Einsender erfolgt per Vordruck ohne Durchschrift.

Unerheblich ist es hingegen, wenn der Widerspruch innerhalb der Behörde bei einer an sich unzuständigen Organisationseinheit eingelegt wird. Er wird dann ohne weitere Mitteilungen an den zuständigen Bediensteten weitergeleitet.

---

157 BVerwG, NVwZ 91, 1182
158 § 58 Abs. 2 VwGO
159 OVG Greifswald, NVwZ-RR 03, 15
160 Erichsen, Jura 92, 649
161 §§ 70 Abs. 1, 73 Abs. 1 VwGO
162 Kopp/Schenke, Rdnr. 16 zu § 70 VwGO

5.9 Sachentscheidung trotz Fristablaufs

Ist der Widerspruch verspätet eingelegt worden, so ist der Verwaltungsakt eigentlich bestandskräftig geworden.

855

Die Widerspruchsbehörde ist jedoch die Herrin des Widerspruchsverfahrens. Aus dieser **Sachherrschaft** heraus kann sie in der Sache jederzeit über einen Widerspruch entscheiden und dadurch den Verwaltungsrechtsweg neu eröffnen[163]. Aus welchem Grund dies geschehen ist, ist dabei unerheblich, selbst wenn die Widerspruchsbehörde zu Unrecht angenommen haben sollte, es lägen die Voraussetzungen für eine Wiedereinsetzung in den vorigen Stand vor. Eine Fristversäumnis im Widerspruchsverfahren wird damit in einem späteren Gerichtsverfahren unbeachtlich. Das Verwaltungsgericht darf die Klage gegen den Ursprungsbescheid nicht als unzulässig abweisen. Die Ausschlussfrist des § 70 VwGO ist keine vom Verwaltungsgericht von Amts wegen zu prüfende Sachurteilsvoraussetzung, die Frist muss nur dann vom Gericht geprüft werden, wenn die Behörde sich hierauf berufen hat.

Die relativ kurzen Fristen zur Einlegung von Widerspruch schützen nicht den Bürger, sondern die Behörde, und die kann hierauf grundsätzlich verzichten. Auch unter dem Aspekt des Widerspruchsverfahrens als Selbstkontrolle der Verwaltung käme man zu keinem anderen Ergebnis.

Dies kann allerdings dann nicht gelten, wenn ein Dritter infolge des verspätet erhobenen Widerspruches des Betroffenen bereits eine bestandskräftige Rechtsposition erlangt hat, z. B. hat der Bauherr bei einer erteilten Baugenehmigung bereits eine schützenswerte Position über die sich die Widerspruchsbehörde bei verspätetem Nachbarwiderspruch nicht hinwegsetzen darf.

Folgerichtig kann auch die Ausgangsbehörde unter den genannten Einschränkungen einem verspäteten Widerspruch abhelfen[164].

Die Möglichkeit der Ausgangs- bzw. Widerspruchsbehörde, auch über verfristete Widersprüche sachlich zu entscheiden, führt jedoch nicht dazu, dass dieser verspätete Widerspruch zunächst einmal aufschiebende Wirkung hat[165].

5.10 Beteiligten- und Verfahrensfähigkeit

Weitere Widerspruchsvoraussetzungen sind die Beteiligten- und die Verfahrensfähigkeit[166]. Dies ist in den meisten Fällen allerdings unproblematisch[167].

856

Beteiligtenfähig sind alle natürlichen und juristischen Personen sowie Behörden. **Juristische Personen** sind sowohl die des Zivilrechtes (rechtsfähige Vereine, Stiftungen) als auch die des öffentlichen Rechtes (Körperschaften, Stiftungen, Anstalten). Vereinigungen sind beteiligtenfähig, soweit ihnen ein Recht zustehen kann. **Vereinigungen** sind nicht rechtsfähige Personengruppen, ihre Organisation ist unerheblich. In einem Widerspruchsverfahren muss

---

[163] VGH BaWü, NVwZ-RR 02, 6
[164] § 72 VwGO
[165] VGH BaWü, DVBl. 04, 1051
[166] §§ 79, 11, 12 VwVfG
[167] Vgl. Rdnr. 649

es um Rechte oder Pflichten einer solchen Vereinigung gehen, z. B. um die Benutzung einer gemeindlichen Einrichtung oder die Wahrnehmung von gemeindlichen Befugnissen durch eine Fraktion in Gemeinderat.

Die Widerspruchsbehörde ist niemals Beteiligte, sie ist die Herrin des Widerspruchsverfahrens.

Bei rechtsgestaltenden Verwaltungsakten mit Drittwirkung, z. B. im Baunachbarrecht, sind Dritte (Nachbar) an dem Verfahren zu beteiligen, sofern sie einen Antrag gestellt haben. Haben sie keinen Antrag gestellt, kann die Behörde sie beteiligen. Dieses eingeräumte Ermessen dürfte jedoch im Fall des von einer Baugenehmigung betroffenen unmittelbaren Nachbarn auf Null reduziert sein.

Die **Verfahrensfähigkeit** orientiert sich an der **Geschäftsfähigkeit** des Privatrechtes. Es geht hierbei darum, das Widerspruchsverfahren selbst oder durch einen Bevollmächtigten zu führen. Sofern ein Beteiligter minderjährig ist, wird er durch seine Eltern gemeinsam vertreten.

Ausführungen zur Handlungs- und Beteiligungsfähigkeit sind in einer Klausur in aller Regel entbehrlich.

5.11 Das Widerspruchsinteresse

857 Das Widerspruchsinteresse fehlt, wenn das Ziel des Widerspruches auf andere Art und Weise bei gleicher Effektivität schneller, besser oder billiger erfüllt werden kann. Einen unnötigen Aufwand an Zeit, Kosten und Mühe würde die Widerspruchsbehörde dann betreiben, wenn sie eine offensichtlich nicht erforderliche oder offensichtlich nutzlose Widerspruchsentscheidung zu treffen hätte[168].

Bei einem **Anfechtungswiderspruch** ist das Widerspruchsinteresse wohl immer zu bejahen, denn die Aufhebung eines Verwaltungsaktes kann auf anderem Wege nicht effizienter erreicht werden.

Die Widerspruchsentscheidung muss für den Betroffenen von irgendeinem Nutzen sein. Daran fehlt es, wenn der Zweck des Widerspruchsverfahrens bereits erreicht ist oder nicht mehr erreicht werden kann.

Beipiele: vor Abschluss des Streites um eine (höchstpersönliche) Fahrerlaubnis verstirbt der Betroffene; die Behörde hebt die angefochtene Entscheidung außerhalb des Widerspruchsverfahrens auf.

Diese Regelung, die auf der Grenze zwischen den Erfordernissen effizienten Rechtsschutzes einerseits und einer raschen, einfachen und Kosten sparenden Erledigung von Verwaltungsaufgaben andererseits liegt, kann allerdings nur in wenigen Ausnahmefällen zu einer Verneinung des Widerspruchsinteresses führen.

5.12 Beendigung des Widerspruchsverfahrens

858 Wie jeder andere Rechtsbehelf kann auch der Widerspruch zurückgenommen werden. Das Widerspruchsverfahren endet dann, eine Weiterführung wäre unzulässig. Die Rücknahme kann nur schriftlich oder zur Niederschrift erklärt

---

168 VGH BaWü NJW 94, 211

werden. Eine Anfechtung der Rücknahmeerklärung ist nicht möglich, denn die Rücknahme eines Widerspruches ist eine prozessähnliche Handlung[169].

Der Widerspruch kann nur bis zur Bekanntgabe des Widerspruchsbescheides zurückgenommen werden[170].

Das Widerspruchsverfahren endet auch bei einer **Erledigung in der Hauptsache**, besteht hierüber Streit, muss das Widerspruchsverfahren allerdings durch einen besonderen Bescheid eingestellt werden.

Der Bürger kann auch auf die Weiterführung des Widerspruchsverfahrens **verzichten**, das Verfahren würde dann unzulässig.

6. Die Begründetheit des Widerspruches

Der Maßstab für die Prüfung der Begründetheit eines Widerspruches ist die **Recht- und Zweckmäßigkeit** des angefochtenen Verwaltungsaktes[171].

859

Die Widerspruchsbehörde überprüft die formelle und materielle Rechtswidrigkeit des angefochtenen Bescheides bzw. den Anspruch auf Erlass eines begehrten Bescheides[172]. Zur **Rechtmäßigkeit** (und nicht etwa zur Zweckmäßigkeit) gehört auch, **Ermessensentscheidungen** auf etwaige Ermessensfehler hin zu überprüfen.

Der **Rahmenaufbau** für diese Entscheidung ist immer eine **Dreischrittprüfung,** nämlich

1. Die – isolierte – Klärung der Eingriffsgrundlage für den zu überprüfenden Verwaltungsakt, aus der sich formelle Voraussetzungen hinsichtlich Zuständigkeit, Form, Verfahren ergeben.
2. Die Klärung der formellen Rechtmäßigkeit.
3. Die Klärung der materiellen Rechtmäßigkeit.

6.1 Die Klärung der Eingriffsgrundlage

Es ist notwendig, im Rahmen der Begründetheitsprüfung zunächst die in Betracht kommende Rechtsgrundlage zu klären. Häufig ergeben sich erst hieraus Hinweise auf die Zuständigkeit der handelnden Behörde sowie besondere Anforderungen an formelle Voraussetzungen eines Verwaltungsaktes, z. B. die Pflicht zur Anhörung der Industrie- und Handelskammer vor einer Gewerbeuntersagung[173].

860

Die jeweilige Rechtsnorm muss **präzise zitiert** werden, ggfls. mit Absatz, Satz oder Ziffer. Die Tatbestands- und Rechtsfolgeregelungen müssen zudem ihrem Inhalt nach wiedergegeben werden.

---

[169] Dolde, in: Schoch/Schmidt-Aßmann/Pietzner, VwGO, § 69 Rdnr. 6
[170] BVerwGE 44, 64
[171] § 68 Abs. 1 S. 1 VwGO
[172] § 113 Abs. 1 VwGO analog bei Anfechtungswidersprüchen bzw. § 113 Abs. 5 VwGO analog bei Verpflichtungswidersprüchen
[173] § 35 Abs. 4 GewO

Soweit sich Probleme bezüglich der **Abgrenzung** verschiedener Rechtsgrundlagen ergeben, muss dies – unabhängig von den Tatbestandsmerkmalen – vorab geklärt werden, z. B. ob das Abschleppen eines verbotswidrig abgestellten PkW`s eine Ersatzvornahme oder eine Sicherstellung ist[174].

6.2 Die formelle Rechtmäßigkeit des Ausgangsbescheides

861 Der angefochtene Ausgangsbescheid ist formell rechtmäßig, wenn ihn die zuständige Behörde unter Beachtung von einschlägigen Verfahrens- und Formvorschriften erlassen hat.

Die formelle Rechtmäßigkeit eines Bescheides spielt bei einem **Verpflichtungswiderspruch** allerdings keine Rolle, denn allein aus formellen Gründen heraus hat niemand einen Anspruch auf eine Verwaltungshandlung. Soweit dagegen im Widerspruchsverfahren eine Ermessensentscheidung zu überprüfen ist, muss allerdings auch bei einem Verpflichtungswiderspruch die formelle Rechtmäßigkeit geklärt werden, da dies Auswirkungen auf die Ausübung des Ermessens haben könnte.

Es empfiehlt sich, bei der Prüfung der formellen Rechtmäßigkeit von folgenden Fragestellungen auszugehen[175]:

- Liegt ein Verfahrensmangel vor?
- Ist der Fehler beachtlich?
- Ist der Fehler heilbar?
- Welche Behörde kann den Fehler heilen?
- Wurde die heilende Verfahrenshandlung wirksam durchgeführt?

In einer Klausur sind Ausführungen zur formellen Rechtmäßigkeit nur dann sinnvoll, wenn der Sachverhalt hierzu Veranlassung gibt. Ansonsten belässt man es bei der feststellenden Bemerkung: „Gegen die formelle Rechtmäßigkeit des angefochtene Verwaltungsaktes bestehen keine Bedenken".

Formelle Fehler machen einen Ausgangsbescheid rechtswidrig. Zu berücksichtigen ist allerdings, dass Form- und Verfahrensfehler nur in seltenen Ausnahmefällen zur Stattgabe des Widerspruches führen. Sie sind **bedeutungslos**, wenn sie keinen Einfluss auf die Sachentscheidung hatten[176] oder sie können in bestimmten Fällen **geheilt** werden[177]. Bedeutsam ist im Fall der Heilung (nicht: der Bedeutungslosigkeit eines formellen Fehlers) die Kostenfolge[178].

Die Heilung eines formellen Fehlers erfolgt, indem die fehlerhafte Verfahrenshandlung von der **Ausgangs- oder** von der **Widerspruchsbehörde** fehlerfrei nachgeholt wird.

Im Rahmen der formellen Rechtmäßigkeit ist zunächst die **Zuständigkeit**[179] der Behörde zum Erlass des angefochtenen Bescheides zu klären. Die sachliche Zuständigkeit ergibt sich wegen der Verwaltungshoheit der Länder meist

---

174 hierzu unten RN 925
175 Hufen, JuS 99,313
176 § 46 VwVfG
177 § 45 VwVfG, vgl. Rdnr. 476 ff
178 § 80 Abs. 1 S. 2 VwVfG; unten RN 888
179 vgl. Rdnr. 623 ff

Das Widerspruchsverfahren

aus einem **Landesgesetz**[180]. Verstöße gegen die sachliche Zuständigkeit führen in aller Regel „nur" zur Rechtswidrigkeit der Entscheidung. Nichtig ist ein Bescheid nur in den seltenen Fällen der „absoluten" Unzuständigkeit[181], wenn z. B. ein Forstamt einen Steuerbescheid erlassen hat.

Die **Anhörung**[182] ist aus rechtsstaatlichen Erwägungen erforderlich, bevor ein Verwaltungsakt erlassen wird, der **in Rechte** des Betroffenen **eingreift**, wenn dem Betroffenen also etwas genommen werden soll. Wird dem Betroffenen dagegen nur eine beantragte Vergünstigung nicht gewährt, so ist eine Anhörung nicht zwingend erforderlich. 862

Es reicht aus, wenn dem Betroffenen Gelegenheit zur Anhörung gegeben wird, unerheblich ist es, ob er davon auch Gebrauch gemacht hat.

Eine unterbliebene Anhörung stellt einen Verfahrensfehler dar[183], der allerdings durch **Nachholung**[184] geheilt werden kann[185]. Dies kann durch die Ausgangsbehörde geschehen, wenn sie die im Widerspruchsschreiben vorgebrachten Gesichtspunkte zum Anlass nimmt, die Sache nochmals neu und unvoreingenommen zu prüfen[186]. In den Akten ist dies zu dokumentieren. Die erneut zu treffende Entscheidung kann auch eine Abhilfeentscheidung sein[187]. Die unterbliebene Anhörung kann auch im Widerspruchsverfahren geheilt werden, wenn der Betroffene die Möglichkeit hat, seine Einwendungen hier vorzubringen und die Widerspruchsbehörde sie zur Kenntnis nimmt und sie bei ihrer Entscheidung auch in Erwägung zieht.

Von dieser verfahrensmäßigen Anhörung zu unterscheiden ist die notwendige zusätzliche Anhörung des erstmalig im Widerspruchsverfahren beschwerten Betroffenen und damit auch des Widerspruchsführers[188]. Diese zusätzliche Beschwer kann sich sowohl auf Tatsachen als auch auf Rechtsfragen beziehen[189].

Ein schriftlich erlassener Verwaltungsakt muss **begründet** werden[190]. Lag die Entscheidung im Ermessen der Behörde, muss sich aus der Begründung ergeben, dass die Behörde das Ermessen erkannt und ausgeübt hat. In den Fällen des **intendierten Ermessens**[191] ist diese Begründungspflicht allerdings weitestgehend eingeschränkt. 863

Einen Verwaltungsakt begründen heißt nur, dass die Behörde überhaupt irgendwelche Tatsachen anführt, die aus ihrer Sicht zum Zeitpunkt des Erlasses des Bescheides beachtlich waren (formelle Anforderungen). Es kommt nicht darauf an, dass die genannten Gründe auch zutreffend sind.

---

180 Art. 83 GG
181 BVerwGE 30,138
182 § 28 Abs. 1 VwVfG; vgl. auch oben RdNr. 329, 340, 677
183 § 28 Abs. 1 VwVfG
184 vgl. Rdnr. 482
185 § 45 Abs. 1 Nr. 3 VwVfG
186 Kopp/Ramsauer, VwVfG, § 45 Rdnr. 2
187 BVerwGE 66, 184
188 § 71 VwGO, § 28 VwVfG
189 Kopp/Schenke, VwGO, Rdnr. 3 zu § 71
190 § 39 VwVfG, vgl. Rdnr. 742
191 VGH München, NVwZ 01, 931

11. Abschnitt

Bei fehlender Begründung kann dieser formelle Fehler geheilt werden, auch durch die Widerspruchsbehörde[192]. Dabei geht es zunächst nur um die Heilung dieses **formellen Begründungsfehlers**, also um den Fall, dass eine Begründung ganz fehlt. Ist eine formell ordnungsgemäße Begründung inhaltlich unrichtig, so ist die Widerspruchsbehörde selbstverständlich nicht gehindert, die Begründung zu ergänzen, zu ändern oder den Bescheid insgesamt auf eine andere Rechtsgrundlage zu stützen, denn der maßgebliche Zeitpunkt für die Beurteilung einer Sach- oder Rechtslage ist die Entscheidung der Widerspruchsbehörde.

6.3 Die materielle Rechtmäßigkeit des Ausgangsbescheides

864 Die Prüfung der materiellen Rechtmäßigkeit des Ausgangsbescheides erstreckt sich bei gebundenen Entscheidung auf die Überprüfung der Tatbestandsvoraussetzungen. Die Prüfung der einschlägigen Rechtsnormen beginnt immer mit der speziellsten und geht dann zur allgemeineren über.

Beispiel: Wendet sich ein Beamter gegen die Ablehnung des beantragten Urlaubs, so ist die Prüfungsreihenfolge: Urlaubsverordnung – Beamtengesetz – Art. 33 Abs. 5 GG.

Bei Ermessensentscheidungen muss die Widerspruchsbehörde im Rahmen der **Rechtmäßigkeitskontrolle** klären, ob Ermessensfehler gemacht worden sind, ob also der eingeräumte Handlungsspielraum erkannt und sachgerecht ausgefüllt wurde. Dazu muss dargelegt werden, welche Gründe für die Entscheidung maßgebend waren. An die Bewertung der Ausgangsbehörde ist die Widerspruchsbehörde nicht gebunden.

Im Hinblick auf den umfassenden Kontrollzweck des Widerspruchsverfahrens darf sich die Widerspruchsbehörde grundsätzlich nicht darauf beschränken, in einem ablehnenden Widerspruchsbescheid nur die von der Ausgangsbehörde genannten Gründe zu überprüfen.

Die Überprüfung der maßgeblichen Sach- und Rechtslage muss klar gegliedert und **Tatbestandsmerkmal für Tatbestandsmerkmal** erfolgen.

6.4 Der Zeitpunkt für die Beurteilung der Rechtmäßigkeit

865 In den allermeisten Fällen ändert sich die Sach- und Rechtslage zwischen der Entscheidung der Ausgangs- und der Widerspruchsbehörde nicht. Geschieht das dennoch, so ist die Sach- und Rechtslage im Zeitpunkt der Widerspruchsentscheidung zugrunde zu legen[193], denn die verwaltungsbehördliche Entscheidung wird erst durch den Widerspruchsbescheid endgültig festgelegt[194]. Das gilt selbst dann, wenn ein bereits unanfechtbarer Verwaltungsakt durch einen gleichwohl noch ergehenden Widerspruchsbescheid wieder anfechtbar wird[195]. Eine Ausnahme hiervon gilt bei **Drittwidersprüchen**, z. B. im Baunachbarrecht. Ob eine erteilte Baugenehmigung den Nachbarn in seinen Rechten verletzt oder nicht, beurteilt sich nach der Rechtslage im Zeitpunkt der Erteilung der Baugenehmigung. Spätere Änderungen zu Lasten des Bauherrn bleiben außer Betracht. Dies ergibt sich aus der dem begünstigten

---

192 § 45 Abs. 1 Nr. 2 VwVfG
193 § 79 Abs. 1 Nr. 1 VwGO
194 VGH Ba Wü, DVP 04, 347
195 Kopp/Schenke, VwGO, Rdnr. 1 zu § 79

Bauherrn zustehenden Rechtsposition[196]. Diese Lage kann auch bei einer Änderung der Rechtslage dem Begünstigten nicht mehr entzogen werden, denn die §§ 68f VwGO enthalten hierzu keine Ermächtigungsgrundlage.

6.5 Der Prüfungsmaßstab

Der Verwaltungsakt der Ausgangsbehörde bekommt erst durch die Widerspruchsentscheidung seine endgültige Gestalt. Hieraus ergibt sich die volle Prüfungspflicht und Entscheidungsherrschaft der Widerspruchsbehörde in der Sache. **866**

Die zuständige Widerspruchsbehörde hat daher selbständig und umfassend zu prüfen und zu entscheiden, ob ein eingelegter Widerspruch zulässig und begründet ist. Der Widerspruchsbehörde steht die **ursprüngliche Entscheidungskompetenz** der Ausgangsbehörde zu.

Die Widerspruchsbehörde kann sich umfassend neue Erkenntnisse verschaffen und sie hat eine **eigene Ermessensentscheidung** zu treffen. Selbst wenn nur der Widerspruchsbescheid daraufhin ermessensfehlerhaft ist, so führt das im übrigen zur Aufhebung sowohl des Ausgangs- als auch des Widerspruchsbescheides[197].

Bei Verwaltungsakten mit **Beurteilungsermächtigung** darf die Widerspruchsbehörde ihre eigene Beurteilung an die Stelle der Ausgangsbehörde setzen, soweit es sich nicht um eine nur aus dem Einzelfall heraus erkennbare Wertungsentscheidung handelt wie z.B. bei Prüfungsentscheidungen und bei beamtenrechtliche Beurteilungen[198]. In diesen Fällen darf die Widerspruchsbehörde nur überprüfen, ob das richtige Verfahren eingehalten worden ist, ob der richtige Sachverhalt vollständig ermittelt wurde, ob sachfremde Erwägungen angestellt worden sind sowie ob allgemeingültige Bewertungsmaßstäbe beachtet worden sind.

Die Widerspruchsbehörde kann mithin auch einen an sich rechtmäßigen Verwaltungsakt abändern, wenn sie das Ermessen oder den Beurteilungsspielraum anders ausübt als die Ausgangsbehörde. Der Rechtsschutz, den eine Widerspruchsbehörde gewährleisten kann, geht also weiter als der Rechtsschutz durch die Verwaltungsgerichtsbarkeit. **867**

Da das Verwaltungsverfahren erst durch den Widerspruchsbescheid abgeschlossen wird, hat die Widerspruchsbehörde auch eine etwaige **Gesetzesänderung** von Amts wegen bei ihrer Entscheidung zu berücksichtigen. Eine Änderung der Gesetzesauslegung durch obere Gerichte wird sie berücksichtigen, um dem Widerspruchsführer keinen unnützen Anlass für eine Klage zu geben.

Auch soweit die Prüfungen der Ausgangsbehörde bzgl. **Form und Frist** der Widerspruchseinlegung zu dem Ergebnis gekommen sind, es sei zulässiger Weise Widerspruch eingelegt worden, ist dies von der Widerspruchsbehörde zu überprüfen.

---

[196] Art. 14 GG
[197] OVG Bautzen, NVwZ-RR 02, 409
[198] Dolde in: Schoch, Rdnr. 3 zu § 68 VwGO

Die Widerspruchsbehörde hat auch unstreitig die Befugnis, die Gültigkeit einer (gemeindlichen) Satzung zu überprüfen, dies folgt aus dem Rechtsstaatsgebot.

Beispiel: Die Gemeinde beschließt gem. § 10 Abs. 1 BauGB Bebauungspläne als Satzung. In einer Baurechtsangelegenheit kommt die Widerspruchsbehörde zu dem Ergebnis, dass der einschlägige Bebauungsplan nichtig ist.

868 Streitig ist jedoch, wie die Widerspruchsbehörde für den Fall vorzugehen hat, dass sie zu dem Ergebnis kommt, eine für ihre Entscheidung erhebliche Satzung sei unwirksam, ob sie also hinsichtlich der Satzung eine **Verwerfungskompetenz** hat. Dies ist eine dem Verfahrensrecht zuzuordnende Frage.

Überwiegend wird eine Verwerfungskompetenz abgelehnt[199]. Auch eine Behörde kann einen Normenkontrollantrag stellen. Und dies wäre sinnlos, wenn den Behörden eine eigene Verwerfungskompetenz zustände[200]. Demgegenüber verweist die Gegenmeinung[201] auf die Gesetzesbindung der Verwaltung[202], die zu einer Abweichung von untergesetzlichen Normen zwinge, wenn diese gegen geltendes Recht verstoßen.

Die Widerspruchsbehörde kann eine Satzung unbeachtet lassen, wenn sie in anderen Verfahren bereits von Gerichten inzident für unwirksam erklärt worden ist[203]. Liegen solche Entscheidungen nicht vor, wird man der Widerspruchsbehörde nur dann eine Normverwerfungskompetenz zubilligen können, wenn ein Gesetzesverstoß klar und eindeutig auf der Hand liegt. Ist ein Rechtsverstoß dagegen nicht evident, sondern ist es im Gegenteil eher zweifelhaft, ob eine Satzung rechtswidrig ist oder nicht, muss die Widerspruchsbehörde die endgültige Klärung dieser strittigen Frage den Gerichten überlassen.

Wenn die Widerspruchsbehörde Kommunalaufsichtsbehörde ist, könnte sie auch ein Aufhebungsverfahren einleiten und die Aufhebung der Satzung im Wege der Ersatzvornahme selbst veranlassen. Auch in diesen Fällen läge die letzte Entscheidung bei den Gerichten.

869 Eine Beschränkung des Prüfungsumfanges der Widerspruchsbehörde ergibt sich bei **Drittwidersprüchen**. Anders als bei einer Anfechtung durch den Adressaten eines Verwaltungsaktes, die zu einer umfassenden Rechtmäßigkeitskontrolle führt, ist die Widerspruchsbehörde bei Rechtsbehelfen Dritter darauf beschränkt, den angefochtenen Bescheid nur auf die Verletzung von **drittschützenden Vorschriften** hin zu überprüfen.

6.6 Aufsichtsrechtliche Einflussnahmen

870 In der Praxis ist die Widerspruchsbehörde häufig gleichzeitig auch die Aufsichtsbehörde der Ausgangsbehörde. Nach den Vorschriften des Organisationsrechtes[204], kann sie damit auch Einfluss auf die Erledigung des Widerspruches außerhalb des Widerspruchsverfahrens nehmen. Anstatt einen Wi-

---

199 unter Hinweis auf § 47 Abs. 2 S. 1 VwGO
200 Gerhardt in: Schoch, Rdnr. 10 Vorbem. § 47
201 OVG Lüneburg, DVBl. 00, 212
202 Art. 20 Abs. 3 GG
203 BVerwG, DVBl. 01, 931
204 z. B. § 13 LOG NRW

derspruchsbescheid zu erlassen, kann sie durch eine aufsichtsbehördliche Weisung die Ausgangsbehörde veranlassen, dem Widerspruch stattzugeben. Die Weisung der Aufsichtsbehörde führt dann zum Erlass eines Abhilfebescheides.

Bedenken gegen diese Auffassung bestehen allenfalls unter dem Gesichtspunkt, dass die VwGO hier bundesrechtlich die Durchführung eines Widerspruchsverfahrens und damit auch den Erlass eines Widerspruchsbescheides zwingend vorschreibt. Es ist jedoch nicht ersichtlich, dass die VwGO diese hergebrachten Befugnisse beschneiden wollte. Die Befugnisse aus der VwGO und die aufsichtsrechtlichen Ermächtigungen bestehen unabhängig voneinander.

6.7 Die Verschlechterung der Ausgangsentscheidung

Ändert die Widerspruchsbehörde einen angefochtenen Ausgangsbescheid zum Nachteil des Widerspruchsführers, so spricht man von einer „**Verböserung**" (reformatio in peius)[205]. 871

Beispiel: Auf einen Widerspruch hin wird eine Prüfungsarbeit schlechter bewertet.

Um eine solche reformatio in peius geht es jedoch nicht in den Fällen, in denen

– bei einem Drittwiderspruch der Verwaltungsakt verschärft wird, denn es geht hier nur um die Befugnis der Widerspruchsbehörde aufgrund eines zu entscheidenden Widerspruches,

– sich für den Widerspruchsführer eine zusätzliche Belastung durch ein von der Widerspruchsbehörde initiiertes neues Ausgangsverfahren ergibt, z. B. der Erlass einer zusätzlichen Zwangsgeldandrohung,

– die Widerspruchsbehörde die Begründung des Bescheides verschärft ohne den Tenor des Ausgangsbescheides zu verändern.

Die mögliche Verschlechterung der Ausgangsentscheidung im Widerspruchsverfahren ist im allgemeinen vom Gesetzgeber nicht ausdrücklich angesprochen worden. Hieraus kann aber weder etwas für noch gegen ihre Zulässigkeit gefolgert werden. Da auch an anderer Stelle kein gesetzgeberischer Hinweis zu dieser Problematik besteht, muss insoweit von einer Regelungslücke ausgegangen werden

Ausdrücklich **zugelassen** ist die Verschlechterung der Ausgangsentscheidung im Abgabenrecht[206], ausdrücklich **untersagt** ist eine Änderung zum Nachteil eines Beamten im Disziplinarrecht[207].

Das Verbot der reformatio in peius in einem Disziplinarverfahren wird allerdings dadurch relativiert, dass die oberste Dienstbehörde, der Widerspruchsbescheide unverzüglich zuzuleiten sind, innerhalb von drei Monaten nach der Zustellung des Widerspruchsbescheides grundsätzlich die Disziplinarmaßnahme nach Art und Höhe verschärfen oder Disziplinarklage erheben kann[208]. Diese allgemeine Änderungsbefugnis außerhalb eines Widerspruchsverfahrens ist zum Schutz der Beamten zeitlich begrenzt.

Die §§ 71–73 VwGO sprechen zwar nur von der „**Aufhebung**" des Ausgangsbescheides oder der „**Abweisung**" des Widerspruches, nicht aber von einer **Änderung**. Dies ist aber kein Hinweis darauf, dass die Verschlechterung vom 872

---

205 OVG Koblenz, DVBl. 04, 1051
206 § 367 Abs. 2 S. 2 AO
207 § 42 Abs. 2 S. 1 BDG
208 § 43 BDG

Gesetzgeber nicht gewollt ist, es besteht vielmehr eine Regelungslücke[209]. Ein Verwaltungsakt bekommt nämlich erst nach Abschluss des Widerspruchsverfahrens seine endgültige Gestalt[210]. Und das räumt der Widerspruchsbehörde auch Änderungsmöglichkeiten ein[211].

Die **Befugnis** der Widerspruchsbehörde, einen angefochtenen Verwaltungsakt zum Nachteil des Widerspruchsführers zu ändern ergibt sich nun nicht schon aus den §§ 68, 73 VwGO, sondern sie richtet sich nach dem jeweils anzuwendenden materiellen Bundes- oder Landesrecht einschließlich seiner Zuständigkeitsvorschriften[212].

873 Die **Zuständigkeit** der Widerspruchsbehörde zu einer verschärften Regelung im Widerspruchsbescheid ergibt sich aus dem Devolutiveffekt[213]. Hiernach verlagert sich die Entscheidungskompetenz auf die nächst höhere Widerspruchsbehörde[214]. Die zuständige Widerspruchsbehörde ist in der Regel zugleich auch die Fachaufsichtsbehörde. Sie könnte daher unter aufsichtsrechtlichen Gesichtspunkten die untergeordnete Behörde anweisen, einen Verwaltungsakt auch zum Nachteil des Betroffenen zu ändern. Nun spricht aber nichts dagegen, dieses Ergebnis auch auf den Fall zu übertragen, dass die Angelegenheit im Rahmen eines Widerspruchsverfahrens an die zuständige Widerspruchsbehörde herangetragen wird.

Das setzt natürlich voraus, dass die Widerspruchsbehörde sich noch im Rahmen desselben Verfahrensgegenstandes bewegt wie die Ausgangsbehörde. Sie darf also nicht nur „aus Anlass" eines Widerspruchsverfahrens in Wirklichkeit einen völlig neuen Verwaltungsakt erlassen, z. B. bei einem Widerspruch gegen eine ordnungsbehördliche Verfügung erstmals eine Zwangsgeldandrohung aussprechen. Das wäre ein Selbsteintritt, der eine spezielle Ermächtigung voraussetzt.

Das Widerspruchsverfahren ist außerdem kein reines Rechtsschutzverfahren. Es dient gerade auch der Selbstkontrolle der Verwaltung.

Schließlich hat ja auch der Betroffene selbst durch die Anfechtung des Verwaltungsaktes dessen Bestandskraft verhindert. Wer nun aber einen Bescheid anficht, der muss grundsätzlich auch die Verschlechterung seiner Position in Kauf nehmen. Er kann deshalb ein entgegenstehendes schutzwürdiges Vertrauen auf Grund dieses Bescheides nicht bilden[215].

Selbst in einem verwaltungsgerichtlichen Verfahren muss der Kläger gem. §§ 127, 141 VwGO mit Anschlussrechtsmitteln des Beklagten rechnen, die zu einer Verschlechterung seiner Lage führen können.

Eine Verböserung scheidet aus, wenn sie zu „nahezu untragbaren Verhältnissen für den Betroffenen" führen würde[216] oder wenn z. B. im Prüfungsrecht die Chancengleichheit materiell rechtlich eine Verschlechterung verbietet[217].

---

209 BVerwGE 14,175
210 § 79 Abs. 1 Nr. 1 VwGO
211 Jaroschek, JA 97,668 m.w.N.
212 VGH BaWü, NVwZ-RR 02,4 m.w.N.
213 § 73 Abs. 1 VwGO
214 BVerwG, NVwZ-RR 97, 26
215 BVerwGE 65,313,319
216 BVerwG, NVwZ 93, 686
217 Dolde, in: Schoch, Rdnr. 47 zu § 68 VwGO

Der Betroffene muss grundsätzlich **gehört** werden, bevor eine ihn schlechter stellende Entscheidung erwogen wird[218].

6.8 Die Entscheidungsreife des Widerspruches

Die Entscheidungsreife eines Widerspruches bedeutet, dass die entsprechende Behörde zu einer **abschließenden Entscheidung** über den Widerspruch überhaupt in der Lage ist. Gerade in der Praxis kommt es häufig vor, dass mehrere Behörden beteiligt sind. Wird der Widerspruch bei der Ausgangsbehörde eingelegt, dann darf über ihn erst entschieden werden, wenn die Ausgangsbehörde eine Abhilfe ablehnt und den Widerspruch an die Widerspruchsbehörde weitergeleitet hat. Wird der Widerspruch bei der Widerspruchsbehörde eingelegt, so darf letztere nicht sogleich hierüber entscheiden, sondern muss ihn zunächst der Ausgangsbehörde zur Durchführung eines (Nicht-) Abhilfeverfahrens vorlegen. Wird jemand durch das Abhilfe- oder Widerspruchsverfahren erstmals beschwert, so ist der Widerspruch erst entscheidungsreif, wenn im Normalfall der Betroffene angehört worden ist. Die Verletzung dieser Anhörungspflicht ist ein wesentlicher Verfahrensmangel des Widerspruchsverfahrens und berechtigt zu einer isolierten Klage[219].

7. Prüfungsschema für das Gutachten im Widerspruchsverfahren

874

I. Die **Auslegung** der Eingabe des Bürgers Was will der Betroffene? (§ 88 VwGO analog)

- Fachaufsichtsbeschwerde
- Dienstaufsichtsbeschwerde
- Gegenvorstellung
- Widerspruch (ist **im Zweifel** als der effektivste Rechtsbehelf anzunehmen, sofern Widerspruch nicht offensichtlich unzulässig ist, weil z. B. nicht fristgerecht erhoben)

II. Die **Zuständigkeit** der Widerspruchsbehörde (§ 73 Abs. 1 S. 2 VwGO)

- Die nächst höhere Behörde (Nr. 1)
- Die Ausgangsbehörde, wenn
  - die nächst höhere Behörde eine oberste Bundes- oder Landesbehörde ist (Nr. 2)
  - eine Selbstverwaltungsangelegenheit vorliegt (Nr. 3)

---

218 VGH BaWü, NVwZ-RR 02,4
219 Kopp/Schenke, § 71, Rdnr. 6

III. Die **Zulässigkeit** des Widerspruches

1. Eröffnung des Verwaltungsrechtsweges (§ 40 Abs. 1 VwGO analog)
   - Ausdrückliche Zuweisung
   - Generalklausel: öffentlich-rechtliche Streitigkeit nicht verfassungsrechtlicher Art
   - Abdrängende Verweisung
2. Statthaftigkeit (§ 68 VwGO)
   - spezialgesetzliche Regelung (z. B. § 126 Abs. 3 BRRG)
   - Verwaltungsakt i. S. des § 35 VwVfG ist Streitgegenstand (§ 68 VwGO)
   - Vorverfahren findet nicht statt
     - bei bundes- oder landesgesetzlicher Regelung
     - bei erstmaliger Beschwer durch Abhilfe- oder Widerspruchsbescheid
     - bei Erledigung des Verwaltungsaktes
3. Widerspruchsbefugnis (§ 42 Abs. 2 VwGO analog)
4. Form- und fristgerechte Einlegung des Widerspruches (§ 70 VwGO)
   - schriftlich oder mündlich zur Niederschrift
   - Monats- bzw. Jahresfrist (§§ 70 Abs. 1, 58 Abs. 2 VwGO)
   - Wiedereinsetzung in den vorigen Stand bei unverschuldeter Fristversäumnis (§§ 70 Abs. 2, 60 Abs. 1 – Abs. 4 VwGO)
   - keine Frist bei fehlender Bekanntgabe (evt.: Verwirkung)

- Heilung durch Sachentscheidung

Nur bei **entsprechender Sachverhaltsgestaltung** sind zu prüfen:
- Beteiligten- und Verfahrensfähigkeit (§§ 11, 12 VwVfG)
- Vertretungsmacht (§ 14 VwVfG)
- Widerspruchsinteresse (allgemeines Rechtsschutzbedürfnis)

- Rücknahme und Verzicht

IV. Die **Begründetheit** des Widerspruches

Der Anfechtungswiderspruch (§ 113 Abs. 1 analog)

1. Der Verwaltungsakt ist rechtswidrig
   a) Benennung der einschlägigen Ermächtigungsgrundlage

b) Formelle Rechtmäßigkeit
- Sachliche Zuständigkeit
- Örtliche Zuständigkeit
- Form und Verfahren

c) Materielle Rechtmäßigkeit
- Tatbestandliche Voraussetzungen der Ermächtigungsgrundlage (Auslegungsprinzipien)
- Allgemeine Rechtsgrundsätze, z. B. Vertrauensschutz, Ausstrahlungswirkung der Grundrechte, Willkürverbot, Folgenbetrachtung
- Ermessensfehler (§ 40 VwGO)
- Verhältnismäßigkeit (Art. 20 Abs. 3 GG)

2. Der rechtswidrige Verwaltungsakt verletzt den Widerspruchsführer in seinen Rechten
3. Der Ermessensverwaltungsakt ist zweckwidrig

Verpflichtungswiderspruch (§ 113 Abs. 5 VwGO analog)

---

1. Die Verweigerung des Verwaltungsaktes ist rechtswidrig, d. h. der Widerspruchsführer hat einen **Anspruch** auf einen konkreten Verwaltungsakt
2. Die Verweigerung des Verwaltungsaktes verletzt den Widerspruchsführer in seinen Rechten
3. Die im Ermessen der Behörde stehende Verweigerung des Verwaltungsaktes ist zweckwidrig

Beachte: Formelle Mängel des ergangenen Bescheides sind bei dem Verpflichtungswiderspruch (und auch bei der Verpflichtungsklage) ohne Bedeutung, denn sie können nicht dazu führen, dass ein geltend gemachter Anspruch erfolgreich durchgesetzt werden kann[220]. Allerdings muss die Widerspruchsbehörde im vollen Umfang über einen Anspruch entscheiden.

V. Die **Entscheidungsreife** des Widerspruches

---

1. Wenn der Widerspruch bei der Ausgangsbehörde eingelegt worden ist: Abhilfe oder Vorlage an die Widerspruchsbehörde?
2. Wenn der Widerspruch bei der Widerspruchsbehörde eingelegt worden ist: Weiterleitung an die Ausgangsbehörde zur Durchführungen eines (Nicht-) Abhilfeverfahrens
3. Anhörung eines Dritten erforderlich (§ 71 VwGO)?

---

[220] BVerwG, DÖV 85, 407; Gerhardt, in Schoch, § 113 Rdnr. 64

8. Die Wirkung der Widerspruchseinlegung

877 Der **Anfechtungswiderspruch** hat grundsätzlich aufschiebende Wirkung[221]. Dieser **Suspensiveffekt** erstreckt sich auf alle belastenden Verwaltungsakte, und zwar ohne Rücksicht darauf, ob sie verfügend, rechtsgestaltend oder feststellend sind.

Lehnt die Behörde dagegen den Erlass eines begünstigenden Verwaltungsaktes ab und legt der Bürger hiergegen Widerspruch ein, so strebt er nur eine Erweiterung seiner Rechtspositionen an (Verpflichtungswiderspruch), mit irgendwelchen Vollstreckungsmaßnahmen seitens der Verwaltung muss er nicht rechnen, so dass gedanklich in diesen Fällen des Verpflichtungswiderspruches auch keine aufschiebende Wirkung vorstellbar ist.

Beispiel: Ein Student wendet sich gegen eine Klausurbeurteilung, er strebt damit eine bessere an.

Durch die Einlegung des (Anfechtungs-)Widerspruches wird der erlassene Verwaltungsakt in einen **Schwebezustand** versetzt[222], und zwar rückwirkend vom Zeitpunkt seines Erlasses an. Aus dem mit Widerspruch angegriffenen Verwaltungsakt können zunächst weder nachteilige noch vorteilhafte Folgerungen gezogen werden. Auf diese Weise wird die Macht der Verwaltung, einseitig verbindliche Regelungen zu treffen und auch durchzusetzen, begrenzt und der Schutz des Widerspruchsführers erweitert. Vollendete Tatsachen kann die Behörde nicht schaffen.

Beispiel: Wird jemand rechtswidrig zum Wehrdienst eingezogen, so wäre es um seinen Rechtsschutz schlecht bestellt, wenn er erst einmal einrücken müsste und das Bundesverwaltungsgericht dann nach fünf Jahren feststellt, dass dies eigentlich nicht hätte geschehen dürfen. Ein finanzieller Ausgleich allein würde in diesem Fall schwerlich entschädigen.

878 Die **Wirksamkeit** eines Bescheides wird durch die Einlegung von Widerspruch allerdings nicht berührt, das ergibt sich aus dem insoweit eindeutigen Wortlaut des § 43 VwVfG, der die Wirksamkeit eines Verwaltungsaktes regelt und die aufschiebende Wirkung nicht anspricht.

Die aufschiebende Wirkung endet nach Maßgabe des § 80 b VwGO. Es soll verhindert werden, Rechtsmittel in der Hauptsache nur deswegen einzulegen, um die Vollziehung des angefochtenen Verwaltungsaktes hinauszuzögern.

In den Fällen des § 80 Abs. 2 VwGO besteht von Gesetzes wegen dagegen keine aufschiebende Wirkung, der Gesetzgeber misst den hier angesprochenen öffentlichen Interessen ein größeres Gewicht bei als dem privaten Interesse des Bürgers, durch die Einlegung von Widerspruch zunächst einmal von den Wirkungen eines Bescheides verschont zu bleiben.

879 Die aufschiebende Wirkung entfällt:

1. Bei der Anforderung öffentlicher Abgaben und Kosten.

2. Bei unaufschiebbaren Anordnungen und Maßnahmen von Polizeivollzugsbeamten.

3. Bei speziellen Regelungen durch Bundes- oder Landesgesetz.

4. Bei der Anordnung der sofortigen Vollziehung im Einzelfall.

---

221 § 80 Abs. 1 S. 1 VwGO
222 BVerwGE 66,222 st.Rspr

In diesen Fällen löst ein Widerspruch gegen einen entsprechenden Bescheid den Suspensiveffekt nicht aus. Entfällt aber die aufschiebende Wirkung des Widerspruches, so sind die dann vollziehbaren Verwaltungsakte auch während des Widerspruchsverfahrens so verbindlich als wären sie unanfechtbar. Dies gilt unabhängig davon, ob der Bescheid rechtmäßig oder rechtswidrig ist[223]. Erweist sich ein Bescheid nun als rechtswidrig, so ist er zwar im Widerspruchsverfahren aufzuheben, solange das aber nicht geschieht, behält er seine (vorläufige) Verbindlichkeit.

8.1 Die Anforderung von öffentlichen Abgaben und Kosten

Aus einleuchtenden Gründen können allgemein gültige und im voraus festgelegte Geldforderungen der öffentlichen Hand nicht erst mit zeitlicher Verzögerung am Ende von Rechtsstreitigkeiten in die öffentlichen Kassen gelangen. 880

Öffentliche Abgaben sind alle hoheitlich geltend gemachten öffentlich-rechtlichen Geldforderungen, die von allen erhoben werden und die der Deckung des Finanzbedarfs der öffentlichen Hand dienen[224]. Entscheidend ist der Gegenstand der Anforderung. Hierunter fallen in erster Linie Steuern, (Mahn-)Gebühren und Beiträge. Ob auch Säumniszuschläge hierunter fallen, ist zweifelhaft. Sieht man in Säumniszuschlägen neben dem Druckmittel auch eine nennenswerte Finanzierungsfunktion[225], so sind sie als öffentliche Abgaben einzustufen.

Öffentliche Kosten sind alle **Gebühren und Auslagen**, die in einem förmlichen Verwaltungsverfahren – und dazu gehört auch das Widerspruchsverfahren – für die behördliche Tätigkeit nach festgesetzten Tarifen anfallen[226]. Gegen Kostenanforderungen im Widerspruchsverfahren haben daher Rechtsbehelfe keine aufschiebende Wirkung, und zwar unabhängig davon, ob es sich dabei um eine isolierte Kostenanforderung oder um eine Kostenanforderung als Nebenentscheidung zu einer Sachentscheidung handelt[227]. 881

Unter diesen Kostenbegriff fallen damit z. B. nicht die Kosten für eine rechtmäßig durchgeführte behördliche Ersatzvornahme[228]. Sieht man allerdings als Bezugspunkt für den Kostenbegriff die „Amtshandlung" und nicht das „Verwaltungsverfahren", dann ist auch der gesetzliche Ausschlusstatbestand des § 80 Abs. 2 Nr. 1 VwGO in den Fällen der Kostenerstattung für eine Ersatzvornahme zu bejahen[229].

Folgt man in den Fällen der Kostenanforderung für eine durchgeführte Ersatzvornahme der erstgenannten Auffassung, so bleibt es bei der Regel des § 80 Abs. 2 S. 1 VwGO, wonach einem Widerspruch gegen eine Zahlungspflicht aufschiebende Wirkung zukommt. Hält man dagegen den Ausschlusstatbestand des § 80 Abs. 2 Nr. 1 VwGO für erfüllt, muss man einen Antrag auf Wiederherstellung der aufschiebenden Wirkung des Rechtsbehelfes gem. § 80 Abs. 5 VwGO stellen, ein sofortiger Antrag an das Gericht wäre allerdings unzulässig, da es zunächst eines an die Behörde gerichteten Aussetzungsantrages bedarf[230].

---

223 BVerwG, NVwZ 83, 472
224 Kopp/Schenke, Rdnr. 57 zu § 80
225 VGH Kassel, NVwZ-RR 95,158
226 VGH BaWü, DÖV 96,425; OVG Koblenz, NVwZ-RR 92, 221
227 Beckmann, VR 03, 182
228 OVG Koblenz, NVwZ-RR 99,27
229 BayVGH, NVwZ-RR 94,471
230 § 80 Abs. 6 VwGO

11. Abschnitt

Es kommt allerdings nicht darauf an, ob die in einem Bescheid festgesetzten „Abgaben und Kosten" die Haupt- oder die Nebensacheentscheidung dieses Bescheides sind. Der Widerspruch gegen eine Sachentscheidung entfaltet jedenfalls keine aufschiebende Wirkung gegenüber der mit der Sachentscheidung verbundenen oder von ihr abhängigen (Verwaltungs-)Kostenentscheidung[231], der Wortlaut des § 80 Abs. 2 S. 1 Nr. 1 VwGO ist insoweit eindeutig und insbesondere das geschützte Finanzierungsinteresse des Staates lässt keinen Raum für eine teleologische Reduktion.

8.2 Die Anordnungen von Polizeivollzugsbeamten

882 Gegen Anordnung und Maßnahmen von **Polizeivollzugsbeamten** hat ein Widerspruch ebenfalls keine aufschiebende Wirkung[232]. Damit sind Verfügungen gemeint, die dem Organisationsbereich der – zumeist uniformierten – Polizei zuzuordnen sind (**institutioneller Polizeibegriff**). Nicht hierunter fallen Entscheidung von Ordnungsbehörden, selbst wenn sie materiell-rechtlich ebenfalls der Gefahrenabwehr dienen.

Wegen der bestehenden Funktionsgleichheit gilt diese Regelung für **Verkehrszeichen** entsprechend[233], und zwar nicht nur bei der Aufstellung, sondern – als actus contrarius – auch bei der Entfernung[234].

8.3 Spezielle bundes- und landesgesetzliche Regelungen

883 Gesetzlich ausgeschlossen ist der Suspensiveffekt in einer Reihe von Gesetzen, z. B. bei der Ablehnung eines Antrages auf Erteilung oder Verlängerung der Aufenthaltserlaubnis[235]; für Einberufungs- bzw. Musterungsbescheide[236]; bei der Abordnung bzw. Versetzung von Beamten[237]; bei bauaufsichtlichen Zulassungen[238]. Für Landesgesetze besteht eine Öffnungsklausel.

Von der eingeräumten Möglichkeit zum Ausschluss des Suspensiveffektes im Rahmen der **Verwaltungsvollstreckung**[239] haben die Länder Gebrauch gemacht[240].

Maßnahmen „in" der Verwaltungsvollstreckung sind nur die im Rahmen des sogen. Vollstreckungs-(zweier) bzw. -dreiersatzes anfallenden behördlichen Entscheidungen, nämlich: Androhung, (Festsetzung) und Vollzug von Verwaltungszwang. Nicht hierunter fallen z. B. die für eine Ersatzvornahme anfallenden Kosten, denn bei einer solchen Kostenanforderung nach einer abgeschlossenen Ersatzvornahme handelt es sich nicht mehr um eine Maßnahme „in" der Verwaltungsvollstreckung, da die Erzwingungsfunktion der Kostenanforderung entfällt und die Kosten der Ersatzvornahme in diesem Fall – nur noch – Gegenstand eines allgemeinen Erstattungsanspruches sind. Eine

---

231 OVG NRW, VR 04, 250; Emrich, NVwZ 00, 163, 165; a. A Schoch/Schmidt-Aßmann/Pietzner, § 80, Rdnr. 119
232 § 80 Abs. 2 Nr. 2 VwGO
233 BVerwG, NJW 88, 2814
234 OVG NRW, NJW 98, 329
235 § 72 Abs. 1 AuslG
236 § 35 Abs. 1 S. 1 WehrpflG
237 § 126 Abs. 3 Nr. 3 BRRG
238 § 212 a BauGB
239 § 80 Abs. 2 S. 2 VwGO
240 z. B. § 8 AG VwGO NRW

abweichende Auffassung wird dem Sinn des Vollstreckungsrechtes, nämlich: die Ausübung von Zwang, nicht gerecht[241].

8.4 Die Anordnung der sofortigen Vollziehung

Für die Verwaltungspraxis besonders wichtig ist die der Behörde eingeräumte Befugnis, die sofortige Vollziehung eines Verwaltungsaktes im öffentlichen Interesse oder im überwiegenden Interesse eines Beteiligten, d. h. eines durch den Verwaltungsakt Begünstigten, besonders anzuordnen. **884**

Die **Anordnung** kann bereits beim Erlass des Verwaltungsaktes getroffen werden und hat dann zur Folge, dass die aufschiebende Wirkung eines etwaigen Widerspruches erst gar nicht eintritt und dass der Verwaltungsakt sofort vollstreckbar wird. Sie ist aber auch als Reaktion auf Widerspruchseinlegung oder Klageerhebung möglich.

Die behördliche Anordnung der sofortigen Vollziehung setzt voraus, dass ein Verwaltungsakt vorliegt, der noch nicht bestandskräftig geworden ist und der sich auch nicht erledigt hat.

Die Anordnung ist kein eigenständiger Verwaltungsakt[242]. Sie ist eine unselbständige Verfahrenshandlung der Behörde, die kein Verwaltungsverfahren[243] abschließt und die auch nicht bestandskräftig werden kann. Die Anordnung der sofortigen Vollziehung ist zudem nicht selbständig anfechtbar. Eine gesonderte vorherige Anhörung[244] ist damit nicht erforderlich.

Die selbst in Klausuren zum 2. juristischen Staatsexamen immer wieder breit diskutierte Frage, ob der Betroffene vor Anordnung der sofortigen Vollziehung gehört werden muss oder nicht, hat keine praktische Bedeutung, sie ist eher ein Scheinproblem[245].

Die Anordnung des Sofortvollzuges muss durch die **zuständige** Behörde geschehen. Das ist die Ausgangsbehörde oder die Widerspruchsbehörde. Liegt eine Entscheidung der Widerspruchsbehörde vor, so bindet diese organisationsrechtlich auch die – nachgeordnete – Ausgangsbehörde.

Die Behörde muss das – ausnahmsweise bestehende – besondere Interesse an der sofortigen Vollziehung **schriftlich** begründen[246]. Die Begründung muss das **besondere Vollzugsinteresse** schlüssig darlegen. Der **Ausnahmecharakter** der Vollziehungsanordnung muss deutlich werden. Die Begründung muss auf den Einzelfall bezogen sein und darf nicht nur aus formelhaften Wendungen bestehen. Das besondere Vollzugsinteresse muss über das behördliche Interesse hinausgehen, das den Verwaltungsakt selbst rechtfertigt[247]. Die Gründe dürfen grundsätzlich nicht dieselben sein, die schon für den Erlass des Verwaltungsaktes benutzt worden sind. Davon kann abgewichen werden, wenn das besondere öffentliche Interesse und das Interesse an einem Sofortvollzug **erkennbar identisch** sind.

---

241 OVG NRW, NJW 84,2844; VGH BaWü, DÖV 96,425
242 streitig, vgl. Kopp/Schenke, VwGO, Rdnr. 82 zu § 80
243 § 9 Abs. 1 VwVfG
244 § 28 Abs. 1 VwVfG
245 Proppe, JA 96,334
246 § 80 Abs. 3 VwGO
247 BVerfG, NVwZ 96, 58

Die Gefahr der Nachahmung einer illegalen Situation kann z. B. ein solches sofortiges Vollziehungsinteresse begründen. Allerdings könnte die Behörde einer solchen negativen Vorbildfunktion auch durch verstärkte Überwachungstätigkeiten, behördliche Presseerklärungen usw. entgegenwirken.

Es kommt allein und ausschließlich darauf an, ob das besondere Vollzugsinteresse von der Behörde schlüssig begründet worden ist oder nicht. Es ist an dieser Stelle nicht zu klären, ob die mitgeteilten Gründe zutreffend sind oder nicht.

Eine fehlende Begründung kann noch bis zum Abschluss des gerichtlichen Verfahrens nachgeholt werden[248], so dass dieser formelle Mangel dann geheilt ist[249]. Dieser Möglichkeit steht die § 80 Abs. 3 VwGO zugrunde liegende **Warnfunktion** nicht entgegen, denn die Behörde bleibt verpflichtet, ihre Entscheidung für die sofortige Vollziehung zu überdenken und zu begründen. Der Überprüfungsumfang des Gerichtes ändert sich nicht. Der Antragsteller wird eine für ihn günstige Kostenentscheidung erlangen[250].

Wenn die Behörde bei **Gefahr im Verzug** den sofortigen Vollzug als **Notstandsmaßnahme** bezeichnet, dann bedarf die sofortige Vollziehung keiner Begründung[251].

Ergibt sich das besondere öffentliche Interesse an einer sofortigen Vollziehung allerdings offenkundig schon aus der Art der getroffenen Verwaltungsentscheidung, weil z. B. erhebliche und gegenwärtige Gefahren von der Allgemeinheit abgewehrt werden sollen, so könnte eine besondere Begründung im Einzelfall nur Allgemeinplätze wiederholen. In solchen Fällen reicht es aus, wenn die Begründung der Vollziehungsanordnung auf die Gründe des zu vollziehenden Verwaltungsaktes verweist, denn hierdurch wird die behördliche Interessenabwägung klar erkennbar[252].

Beispiele: Entschärfung eines bei Bodenarbeiten freigelegten Blindgängers aus dem 2. Weltkrieg; Maulkorbverfügung gegen den Halter eines bissigen Hundes; Entziehung der Fahrerlaubnis wegen Trunkenheit am Steuer mit 2,8%o.

Im Gesetz ist klargestellt[253], dass die Anordnung der sofortigen Vollziehung sowohl die Ausgangs- als auch die Widerspruchsbehörde treffen kann.

Die Anordnung der sofortigen Vollziehung muss bereits im **Tenor eines Bescheides** geschehen[254]. Besteht die Entscheidung aus mehreren Verwaltungsakten und sollen nicht alle davon für sofort vollziehbar erklärt werden, so muss dies deutlich zum Ausdruck gebracht werden.

9. Die Kostenentscheidung im Widerspruchsverfahren

886 In dem Widerspruchsbescheid muss auch *„über die Kosten"* entschieden werden[255]. Zu den Kosten des Widerspruchsverfahrens gehören in erster Linie die notwendigen Aufwendungen der Ausgangsbehörde und des Wider-

---

248 § 45 Abs. 1 Nr. 2, Abs. 2 VwVfG analog
249 OVG Greifswald, NVwZ-RR 99,409
250 § 155 Abs. 5 bzw. § 161 Abs. 2 VwGO
251 In § 80 As. 3 S. 2 VwGO
252 OVG NRW, NWVBl. 98, 64; VG Freiburg, GewArch 03, 487
253 § 80 Abs. 2 Nr. 4 VwGO
254 RdNr. 893
255 § 73 Abs. 3 VwGO

Das Widerspruchsverfahren

spruchsführers. Aber auch die Widerspruchsbehörde hat in vielen Fällen einen Anspruch auf Erstattung ihrer Kosten.

Gegenstand dieser Kostenentscheidung ist nur die Frage, wer dem Grunde nach die Kosten des Widerspruchsverfahrens zu tragen hat (**Kostenlastentscheidung**). Hierauf beruht dann ein gesonderter Widerspruchsgebührenbescheid, der eine öffentliche Zahlungsverpflichtung auslöst.

Die im Widerspruchsbescheid zu treffende Kostenentscheidung ist allerdings nur dann von Bestand, wenn der Widerspruchsbescheid unanfechtbar wird. In allen anderen Fällen entscheidet das Verwaltungsgericht auch über die Kosten des Widerspruchsverfahrens[256], und es ist hierbei selbstverständlich nicht an die Entscheidung der Widerspruchsbehörde gebunden.

Bei der Kostenentscheidung im Widerspruchsverfahren sind **zwei Ebenen** zu unterscheiden, nämlich

1. Die **Kostenlastentscheidung** über die Kostenhöhe als solche[257]. Nur hierüber ist im Widerspruchsbescheid zwingend eine Aussage zu treffen.
2. Die **Kostenfestsetzung**, aus der sich die **konkrete Höhe** der zu erstattenden Kosten bzw. Aufwendungen ergibt[258].

Wird die Entscheidung über die Kostenfestsetzung bereits im Widerspruchsbescheid getroffen, ist zu berücksichtigen, dass es sich hierbei um einen neuen Verwaltungsakt handelt, gegen den zunächst Widerspruch eingelegt werden muss.

Sowohl die Kostenlastentscheidung als auch die Kostenfestsetzung beziehen sich nur auf die Kosten bzw. Aufwendungen des Widerspruchsführers und der Ausgangsbehörde. Nicht hiervon erfasst werden die **Aufwendungen der Widerspruchsbehörde**. Ob und inwieweit die Widerspruchsbehörde für ihre Tätigkeit Gebühren und Auslagen erheben kann, richtet sich nach den jeweiligen Verwaltungskosten- bzw. Gebührengesetzen. Und dies ist in den Ländern sehr unterschiedlich geregelt[259]. Teilweise werden Kosten für jeden Widerspruchsbescheid erhoben, und zwar bei Misserfolg beim Widerspruchsführer und im Falle des Obsiegens bei der Ausgangsbehörde; teilweise werden Kosten nur für erfolglose Widersprüche erhoben; teilweise nur dann, wenn die erfolglosen Widersprüche gegen kostenpflichtige Verwaltungsakte gerichtet waren.

9.1 Die Kostenlastentscheidung beim Erlass eines Widerspruchsbescheides

Die Verteilung der Kosten des Widerspruchsverfahrens richtet sich nach § 80 Abs. 1, 2 VwVfG. Diese recht bürgerfreundliche Regelung ist allerdings nur dann anwendbar, wenn auch das Gesetz als solches anwendbar ist. Von erheblicher praktischer Bedeutung ist in einigen Ländern der Ausschlussgrund des § 2 Abs. 2 Nr. 1 VwVfG. Hiernach gilt das Gesetz nicht für Verwaltungsverfahren, in denen Vorschriften der Abgabenordnung anzuwenden sind. Bei

887

---
[256] § 162 Abs. 1 VwGO
[257] § 80 Abs. 1, 2 VwVfG
[258] § 80 Abs. 3 S. 1 VwVfG
[259] Übersicht bei P/R, § 45

11. Abschnitt

Widersprüchen gegen Beitragsbescheide nach den Kommunalabgabengesetzen oder gegen die Festsetzung von Erschließungsbeiträgen führt dies dazu, dass auch bei einem erfolgreichen Widerspruch kein Erstattungsanspruch besteht[260], sofern nicht das Landesrecht hier eine andere Regelung trifft.

Diese Verteilungsregelungen gelten nur für den Fall der Beendigung des Widerspruchsverfahrens durch einen **Bescheid** der Widerspruchsbehörde. Endet das Widerspruchsverfahren dagegen

- durch Erledigung des Widerspruches vor Erlass des Widerspruchsbescheides,
- durch Rücknahme des Widerspruches,
- durch Abschluss eines Vergleiches

so sind diese Regelungen nicht unmittelbar anwendbar.

888 Die Kosten des Widerspruchsverfahrens sind grundsätzlich nach dem **Erfolg des Widerspruches** zu verteilen. Ob ein Widerspruch erfolgreich ist oder nicht, entscheidet sich dabei allein nach einer rein formalen Betrachtungsweise[261], aus welchen Gründen auch immer einem Widerspruch stattgegeben worden ist.

1. Bleibt der Widerspruch **erfolglos**[262], weil er unzulässig oder unbegründet ist, so hat der Widerspruchsführer der Ausgangsbehörde die zur zweckentsprechenden Rechtsverfolgung oder Rechtsverteidigung notwendigen Aufwendungen zu erstatten[263].

Dies gilt jedoch nur in den Fällen, in denen die Widerspruchsbehörde eine Kostenlastregelung zwischen einem Widerspruchsführer und einer fremden Ausgangsbehörde trifft, also in einem dreigliedrigen Verfahren[264]. War die Widerspruchsbehörde dagegen auch die Ausgangsbehörde, wie z. B. bei überprüften Entscheidungen der Mittelinstanz, so lassen sich die Aufwendungen der dann mit der Ausgangsbehörde identischen Widerspruchsbehörde nicht von dem allgemeinen Verwaltungsaufwand trennen. In einem nur zweigliedrigen Verfahren wird daher kein Erstattungsanspruch gewährt. Kosten können in diesen Fällen nur nach dem Gebührenrecht ersetzt verlangt werden.

2. War der Verwaltungsakt formell und materiell **rechtswidrig**, so trägt der Rechtsträger der Ausgangsbehörde die gesamten Kosten[265].

Der Widerspruch war auch dann erfolgreich, wenn die Behörde sich entschließt, von ihrer Wahlmöglichkeit Gebrauch zu machen und den angefochtenen Bescheid zurücknimmt, anstatt ihn im Widerspruchsverfahren aufzuheben. Das verlangen die Grundsätze einer fairen Verfahrensgestal-

---

260 OVG NRW, NWVBl. 92, 69
261 BVerwG, NVwZ 97, 272
262 vgl. Rdnr. 359, 895, 896
263 § 80 Abs. 1 S. 3 VwVfG
264 P/R, § 44 Rdnr. 22, vgl. Rdnr. 357, 358
265 § 80 Abs. 1 S. 1 VwVfG

Das Widerspruchsverfahren

tung und die Prinzipien von Treu und Glauben, denn die Behörde wird nur so gestellt, wie sie eigentlich bei sachgerechter Verfahrensweise stände.

3. War der Verwaltungsakt **teilweise** formell und materiell **rechtswidrig**, so findet eine verhältnismäßige Kosten**quotelung** statt, dies folgt aus der Formulierung „*soweit*" in § 80 Abs. 1 S. 1 VwVfG.
Im Widerspruchsverfahren dürfen im Gegensatz zum gerichtlichen Verfahren wegen fehlender entsprechender Regelung keine Kosten gegeneinander aufgehoben werden[266].

4. Bleibt der Widerspruch erfolglos, so hat der Widerspruchsführer einen Anspruch auf Erstattung seiner notwendigen Aufwendungen, wenn ein Verstoß gegen eine Verfahrens- oder Formvorschrift im Widerspruchsverfahren **geheilt** wurde[267]. Bei der Heilung eines Fehlers war der Ausgangsbescheid zunächst rechtswidrig. Er hätte den Widerspruchsführer in seinen Rechten verletzt, diese Rechtswidrigkeit ist erst durch nachträgliches behördliches Handeln beseitigt worden.
Dies gilt nicht in den Fällen, in denen ein Verfahrens- oder Formfehler bzw. die Verletzung der örtlichen Zuständigkeit **keinen Einfluss auf die Sachentscheidung** hatte[268].

5. Bei **Verschulden** besteht eine Selbsttragungspflicht[269].

6. Aufgrund ausdrücklicher gesetzlicher Entscheidung[270] gehört die Notwendigkeit der Zuziehung eines **Bevollmächtigten** zur Kostengrundentscheidung, obwohl dies sachlich eine Frage des Kostenfestsetzungsverfahrens wäre[271].

Tenorierungsbeispiele:

„*Die Kosten des Widerspruchsverfahrens tragen Sie als Widerspruchsführer*".

„*Die Kosten des Widerspruchsverfahrens trägt die Stadt Köln. Die Hinzuziehung eines Bevollmächtigten durch den Widerspruchsführer war – nicht – notwendig*".

„*Die Kosten des Widerspruchsverfahrens tragen Sie als Widerspruchsführer zu 1/4, die Stadt Köln zu 3/4*".

„*Für das Widerspruchsverfahren werden keine Kosten erhoben*".

„*Etwaige Kosten des Widerspruchsverfahrens werden Ihnen nicht erstattet.*"

9.1.2 Die Hinzuziehung eines Bevollmächtigten

In einem Verwaltungsprozess sind die Gebühren und Auslagen eines Rechtsanwaltes stets erstattungsfähig[272]. Im Widerspruchsverfahren dagegen gilt dies nur dann, wenn die Zuziehung eines Bevollmächtigten „*notwendig*" war[273].

889

---

[266] Kosten gegeneinander aufzuheben heißt, die Gerichtskosten werden geteilt, die außergerichtlichen Kosten trägt jeder Beteiligte selbst
[267] §§ 45, 80 Abs. 1 S. 2 VwVfG
[268] § 46 VwVfG
[269] § 80 Abs. 1 S. 4 VwVfG
[270] § 80 Abs. 3 S. 2 VwVfG
[271] P/R, § 44, Rdnr. 6, vgl. Rdnr. 357, 358
[272] § 162 Abs. 2 S. 1 VwGO
[273] § 80 Abs. 2 VwVfG

11. Abschnitt

Die Erstattung von Anwaltskosten im isolierten Widerspruchsverfahren setzt voraus:

1. Für den Widerspruchsführer ist eine positive Kostenlastentscheidung getroffen worden[274].
2. Nach der Entscheidung der Widerspruchsbehörde war die Hinzuziehung eines Rechtsanwaltes oder sonstigen Bevollmächtigten notwendig[275].
3. Die zu erstattenden Aufwendung sind festgesetzt worden[276].

Alle drei Entscheidungen sind Verwaltungsakte und können mit einer Verpflichtungsklage erstritten werden.

Maßstab für die Frage, ob die Hinzuziehung eines Rechtsanwaltes notwendig war oder nicht, ist aus der Sichtweise eines verständigen, nicht rechtskundigen Widerspruchsführers zu entscheiden[277]. Maßgeblicher Zeitpunkt für die Beurteilung der Frage, ob es dem vernünftigen Bürger zuzumuten war, das Widerspruchsverfahren selbst zu führen oder nicht, ist der Zeitpunkt der Beauftragung eines Rechtsanwaltes.

BVerwG, NVwZ 87, 883, 884: „... das ist vom Standpunkt einer verständigen Partei aus zu beurteilen. Dabei ist zu berücksichtigen, dass der Gesetzgeber davon ausgegangen ist, dass im Vorverfahren eine Bevollmächtigung Dritter nicht üblich und in der Regel auch nicht notwendig ist.... Vor diesem Hintergrund ist für die Beantwortung der Frage, ob die Hinzuziehung eines Rechtsanwaltes im Vorverfahren ausnahmsweise notwendig war, abzustellen darauf, ob sich ein vernünftiger Bürger mit gleichem Bildungs- und Erfahrungsstand bei der gegebenen Sach- und Rechtslage eines Rechtsanwaltes bedient hätte. Das ist nur anzunehmen, wenn es der Partei nach ihren persönlichen Verhältnissen nicht zuzumuten war, das Vorverfahren selbst zu führen ..."

Die besonders angesprochene Kostenregelung zeigt, dass der Gesetzgeber im Widerspruchsverfahren gerade nicht davon ausgeht, dass Rechtsanwaltskosten grundsätzlich erstattungsfähig sind, wie es im gerichtlichen Verfahren angeordnet ist, denn sonst hätte dies nicht der besonderen Prüfung bedurft. Auch das Gericht muss nach Klageerhebung über die Notwendigkeit der Hinzuziehung von Anwälten im Vorverfahren besonders entscheiden[278].

Geht es im Widerspruchsverfahren nur darum, Tatsachen zu klären, dürfte die Hinzuziehung eines Rechtsanwaltes nicht notwendig sein.

Die Hinzuziehung eines Rechtsanwaltes im Widerspruchsverfahren durch die Ausgangsbehörde ist in aller Regel nicht notwendig, sie sollte über ausreichende Sachkunde verfügen.

Über die Hinzuziehung eines Anwaltes muss die Widerspruchsbehörde ausdrücklich entscheiden.

Formulierungsbeispiel:
Die Hinzuziehung eines Rechtsanwaltes im Widerspruchsverfahren war notwendig. Im Hinblick auf die schwierige rechtliche Problematik des vorliegenden Verfahrens war es dem Widerspruchsführer nicht zuzumuten, das Verfahren selbst zu führen.

---

274 § 80 Abs. 1 S. 1 VwVfG
275 § 80 Abs. 2, Abs. 3 S. 2 VwVfG
276 § 80 Abs. 3 S. 1 VwVfG
277 BVerwG, BayVBl. 96, 571
278 § 162 Abs. 2 S. 2 VwGO

9.2 Die Kostenentscheidung bei anderweitiger Erledigung des Widerspruches

Über die Kosten ist nur in den Fällen zu entscheiden, in denen das Widerspruchsverfahren **durch Bescheid** abgeschlossen wird. Erledigt sich der Widerspruch auf andere Weise als durch Bescheid, kann nicht auf die vorgenannten Regelungen zurückgegriffen werden. 890

Beispiele für die Beendigung des Widerspruchsverfahrens auf andere Weise: Rücknahme des Widerspruches; Erledigung vor Erlass des Widerspruchsbescheides (kein Fortsetzungsfeststellungswiderspruch); Beendigung des Verfahrens durch Vergleich.

Wird der Widerspruch **zurückgenommen**, so ergibt sich für die Kostenfolge[279]:

— Erfolgt die Rücknahme des Widerspruches noch vor Zustellung des Widerspruchsbescheides, so ergibt sich die Kostenregelung aus dem Grundgedanken des § 80 VwVfG[280], d. h. es ist auf den bisherigen Sach- und Streitstand abzustellen.

— Erfolgt die Rücknahme nach Zustellung des Widerspruchsbescheides aber vor Klageerhebung, so ergibt sich die Kostenregelung aus dem Bescheid.

— Erfolgt die Rücknahme nach Klageerhebung, so ergibt sich die Kostenregelung aus § 161 Abs. 1 VwGO.

Sieht man dagegen den Widerspruch als mit Zustellung des Widerspruchsbescheides verbraucht an[281], kann der Betroffene ihn von diesem Zeitpunkt an nicht mehr zurücknehmen, denn er wäre dann ja in der Tat gegenstandslos geworden. Diese Meinung übersieht jedoch, dass der Widerspruch selbst noch nach seiner Zustellung Rechtswirkungen im Hinblick auf den Suspensiveffekt entfaltet, denn sonst könnte die Behörde ja bereits zwischen Zustellung und Klageerhebung Vollstreckungsmaßnahmen einleiten.

10. Die Verwaltungskostenentscheidung

Die Entscheidung über einen Widerspruch ist eine Amtshandlung. Damit ist ein behördlicher Aufwand verbunden, der **Kosten** verursacht. 891

Für die Erhebung von Verwaltungskosten, das sind **(Verwaltungs-)Gebühren und Auslagen**, gibt es bundes- und landesrechtliche Rechtsgrundlagen, z. B. das Verwaltungskostengesetz des Bundes oder das Gebührengesetz des Landes NRW.

Ob und in welcher Höhe für eine Widerspruchsbearbeitung Kosten fällig werden, ist recht unterschiedlich geregelt. In NRW richtet sich die Höhe der Gebühr nach der Gebühr für die Sachentscheidung, d. h. wenn die Ausgangsentscheidung gebührenfrei war, dann kann für den Widerspruchsbescheid keine Gebühr erhoben werden. Die Gebührenfreiheit entbindet jedoch nicht davon, Auslagen, z. B. Portokosten, zu erstatten.

Verwaltungskosten werden für Amtshandlungen erhoben. Der Erlass eines Widerspruchsbescheides ist eine solche Amtshandlung, da eine hoheitliche Entscheidung getroffen wird.

Der Kostenanspruch entsteht mit der Beendigung der kostenpflichtigen Amtshandlung. Muss die Amtshandlung bekannt gegeben werden, so ist sie damit

---
[279] Schildheuer, NVwZ 97, 637 m.w.N.
[280] ebenso: § 161 Abs. 2 VwGO
[281] Artzt, NVwZ 95,666 m.w.N., der auf den Erlass des Widerspruchsbescheides abstellt

beendet. Wird der Widerspruch zurückgenommen oder erledigt er sich, so entsteht der Kostenanspruch mit der Rücknahme oder Erledigung.

Die Widerspruchsbehörde ist verpflichtet, Einnahmen **rechtzeitig** und **vollständig** zu erheben[282]. Daraus folgt, dass in den Fällen, in denen eine Amtshandlung kostenpflichtig ist, auch über die Kostenfrage entschieden werden muss. Die Kosten werden von Amts wegen festgesetzt[283]. Zuständig für die Kostenentscheidung ist die Behörde, die die kostenpflichtige Amtshandlung vornimmt oder vorgenommen hat, also die Widerspruchsbehörde.

Die Kostenentscheidung ist ein abgaberechtlicher Verwaltungsakt[284]. Sie ist zudem ein **Leistungsbescheid**. Die förmliche Zustellung der Kostenentscheidung ist nicht vorgeschrieben.

Kosten werden mit der **Bekanntgabe der Kostenentscheidung** fällig, wenn nicht die Behörde einen späteren Zeitpunkt bestimmt[285]. Fälligkeit mit Bekanntgabe dürfte bei einer Widerspruchsentscheidung aber wohl nicht in Betracht kommen, sie wird vielmehr von der Widerspruchsbehörde bestimmt.

Die Fälligkeit der Kosten ist **Vollstreckungsvoraussetzung**[286].

Die Kostenentscheidung kann zusammen mit der Hauptsache oder selbständig mit Widerspruch und Anfechtungsklage **angefochten** werden.

Bei einer Kostenentscheidung im Widerspruchsbescheid ist auf die Abfassung der Rechtsbehelfsbelehrungen zu achten, nämlich: Klagemöglichkeit gegen die Widerspruchsentscheidung und Widerspruchsmöglichkeit gegen die Kostenentscheidung.

Ist in der Hauptsache ein Vorverfahren ausgeschlossen, so betrifft das nicht die Kostenentscheidung, d. h. hinsichtlich der Kostenentscheidung ist der Widerspruch statthaft.

Wird nur die Kostenentscheidung angefochten, so führt das allerdings nicht zur Überprüfung der Hauptsacheentscheidung.

Nach dem Haushaltsrecht[287] dürfen Zahlungen nur von der Kasse angenommen werden. Die Stelle, die den Kostenfestsetzungsbescheid erlässt, hat mit der Überwachung und Buchung des Zahlungseinganges nichts zu tun, das ist allein Sache der Kasse. Die Kasse mahnt auch oder zieht den festgesetzten Betrag notfalls zwangsweise ein.

Zahlungen darf die Kasse aber nur aufgrund schriftlicher Anordnung annehmen. Die zuständige Stelle muss eine **Annahmeanordnung** erteilen. Da Einnahmen rechtzeitig und vollständig zu erheben sind[288], muss der Kasse die Annahmeanordnung gleichzeitig mit dem Erlass des Kostenfestsetzungsbescheides erteilt werden. In der Praxis werden hierzu Formulare verwendet.

---

[282] § 34 BHO, § 34 LHO NRW, § 25 GemHVO NW
[283] § 14 Abs. 1 S. 1 GebG NRW
[284] § 35 VwVfG
[285] § 17 GebG NRW
[286] § 6 VwVG NRW
[287] § 70 BHO, § 70 LHO NRW
[288] § 34 LHO NRW

12. Abschnitt: Der Widerspruchsbescheid

Über die Entscheidung der Widerspruchsbehörde ergeht gem. § 73 Abs. 1 S. 1 VwGO ein Widerspruchsbescheid. Eine andere Entscheidung, die das Widerspruchsverfahren abschließt und den Weg zu den Verwaltungsgerichten eröffnet, kennt das Gesetz nicht.

892

Über Form und Inhalt des Widerspruchsbescheides bestimmt § 73 Abs. 1 VwGO nur, dass ein Widerspruchsbescheid ergeht. Er besteht aus einem **Eingangsteil**, einem **Tenor**, gem. § 73 Abs. 3 VwGO, einer **Begründung** und einer **Rechtsbehelfsbelehrung**[1].

In den Ländern besteht eine unterschiedliche Verwaltungspraxis hinsichtlich der formalen Gestaltung von Widerspruchsbescheiden[2]. Im wesentlichen werden Widerspruchsbescheide aber in zwei Formen abgefasst, nämlich in **Bescheidform** in einem persönlichen Stil oder ähnlich wie ein gerichtliches Urteil in **Beschlussform**.

1. Der Widerspruchsbescheid in Bescheidform

Der Widerspruchsbescheid enthält:

893

1. Absender (Bezeichnung und Anschrift der Widerspruchsbehörde[3]; empfehlenswert, aber nicht zwingend auch Benennung der Dienststelle[4] und des Aktenzeichens)[5]

2. Ort und Datum

3. Zustellungsvermerk[6]

4. Postanschrift des Empfängers

5. Betreff[7]

6. Bezug[8]

---

1 § 73 Abs. 3 VwGO
2 Übersicht bei P/R, § 41, Rdnr. 8, vgl. Rdnr. 355ff
3 z. B. Bezirksregierung Köln, Landrat des Rhein-Erft Kreises, Oberbürgermeisterin der Stadt Bonn
4 z. B. Dezernat 54, Ordnungsamt, Amt für Wohnungswesen
5 § 37 Abs. 3 VwVfG; ist die Widerspruchsbehörde nicht zu erkennen, ist der Widerspruchsbescheid gem. § 44 Abs. 2 Nr. 1 VwVfG nichtig
6 Nur eine wirksame Zustellung setzt die Klagefrist in Gang. Die Zustellungsart gehört mit in das Anschriftenfeld. Die Zustellung von Widerspruchsbescheiden ist gem § 73 Abs. 3 VwGO gesetzlich vorgeschrieben. Als Zustellungsarten kommen in Betracht: Postzustellungsurkunde; Einschreiben; Empfangsbekenntnis.
Wird der Widerspruchführer durch einen Rechtsanwalt vertreten und hat der eine schriftliche Vollmacht vorgelegt, so muss der Widerspruchsbescheid gem. § 8 Abs. 1 S. 2 VwZG an den Rechtsanwalt zugestellt werden.
7 Betreff bezeichnet den Sachbereich und weist auf den konkreten Vorgang pp. hin, mit dem sich die Widerspruchsbehörde in dem Bescheid befasst, Bezug sowie eine Überschrift sollen es dem Widerspruchführer erleichtern, sofort zu erkennen, worum es geht. In der „Betreff-Zeile" ist das Leitwort „Betreff" allerdings entbehrlich, es reicht aus, wenn der Wortlaut entweder unterstrichen oder in Fettschrift erfolgt, jedenfalls wird dadurch eine Signalwirkung erzeugt.
8 Bezug bezeichnet den konkreten Anknüpfungspunkt

7. Anlagen[9]
8. Überschrift[10]
9. Anrede[11]
10. Hauptsacheentscheidung[12]
11. Kostenentscheidung[13]
12. Gebührenentscheidung[14]
13. Begründung[15]
14. Rechtsbehelfsbelehrung[16]
15. Grußformel[17]
16. Zeichnungsform[18]

Formulierungsbeispiel:

Bezirksregierung Köln   *50667 Köln, den 14. Aug. 2005*
Dezernat 27   *Zeughausstraße 2–10*
Postzustellungsurkunde

Herrn

Lars-Erik M e i e r
Goethestr. 7

50354 H ü r t h

Durchführung des Ordnungsbehördengesetzes

         W i d e r s p r u c h s b e s c h e i d

Sehr geehrter Herr Meier!

(a): Hauptsacheentscheidung bei erfolglosem Widerspruch

---

9 z. B.: ein Ordner mit Bauzeichnungen
10 Überschriften sind: Widerspruchsbescheid; Ordnungsverfügung; Bewilligungsbescheid; Erlaubnis usw.
11 Selbstverständlich ist es, dass im persönlichen Stil erlassene Bescheide eine Anrede und eine Grußformel enthalten
12 Die Hauptsacheentscheidung gibt dem Empfänger im Wesentlichen bekannt, wie die Widerspruchsbehörde entschieden hat. Die Formulierung hängt davon ab, ob und wenn ja in welchem Umfang der Widerspruch Erfolg hatte
13 § 80 VwVfG
14 Die Gebührenentscheidung setzt voraus, dass in den einschlägigen Rechtsvorschriften (Gebührengesetz, Gebührensatzung) die Erhebung einer Gebühr vorgesehen ist
15 Die Begründung soll dem Widerspruchsführer die Entscheidung verdeutlichen und ihm die Prüfung ermöglichen, ob er den Klageweg beschreiten will. Der Sachverhalt wird dargestellt, die wesentlichen rechtlichen Gründe für den konkreten Widerspruchsbescheid werden mitgeteilt
16 Fehlt eine Rechtsbehelfsbelehrung, so wird damit die Rechtmäßigkeit der Widerspruchsentscheidung nicht berührt, in diesem Fall wird nur eine Klagefrist nicht in Gang gesetzt.
Sollte die sofortige Vollziehung angeordnet worden sein, empfiehlt sich auch ein Hinweis auf die Möglichkeiten des einstweiligen Rechtsschutzes nach Einlegung von Widerspruch
17 Üblich ist es, den Widerspruchsbescheid mit der Grußformel „mit freundlichen Grüßen" abzuschließen
18 Aus der Zeichnungsform lässt sich auf die Stellung des Unterzeichners in der Behörde schließen. Der Behördenleiter unterzeichnet ohne Zusatz nur mit seinem Namen; sein Stellvertreter zeichnet „in Vertretung". Alle übrigen Bediensteten mit Zeichnungsbefugnis unterschreiben „im Auftrag".

Ihren Widerspruch vom .... gegen den Bescheid des Oberbürgermeisters der Stadt Köln vom 5. Juni 2005 weise ich zurück.

(b): Nebenentscheidungen

Ich ordne die sofortige Vollziehung an bzw. ihren Antrag auf Aussetzung der sofortigen Vollziehung weise ich zurück.

(c): Kosten-last-entscheidung

Die Kosten des Widerspruchsverfahrens tragen Sie.

Aufwendungen Verfahrensbeteiligter werden nicht erstattet.

(d): Gebührenentscheidung

Für diese Entscheidung wird eine Gebühr in Höhe von ..... erhoben. Der Betrag ist innerhalb von .... (Frist) an ...(Stelle) zu zahlen.

(e): Begründung

- Sachverhaltsdarstellung und rechtliche Würdigung –

(f): Rechtsbehelfsbelehrung

Gegen den Bescheid des Oberbürgermeisters der Stadt Köln vom 5. Juni 2005 können Sie nunmehr innerhalb eines Monats nach Zustellung dieses Widerspruchsbescheides Klage vor dem Verwaltungsgericht in Köln, Appelhofplatz, 50667 Köln, erheben.

Die Klage ist schriftlich beim Verwaltungsgericht einzureichen oder zur Niederschrift des Urkundsbeamten der Geschäftsstelle zu erklären.

Mit freundlichen Grüßen
Im Auftrag
gez. Schmitz

2. Der Widerspruchsbescheid in Beschlussform

Der Widerspruchsbescheid in Beschlussform wird ähnlich unpersönlich wie ein gerichtliches Urteil abgefasst. Diese Form drängt sich nahezu auf, wenn der Widerspruchsbescheid gem. § 73 Abs. 2 VwGO von einem Ausschuss erlassen wird. **893a**

Formulierungsbeispiel:

Bezirksregierung Köln   50667 Köln, den 14. Aug. 2005
Zeughausstraße 2–10

W i d e r s p r u c h s b e s c h e i d

In dem Widerspruchsverfahren

des Herrn Lars-Erik Meier, Schillerstr. 9, 50354 Hürth

– Widerspruchsführer –

Prozessbevollmächtigter: – Rechtsanwalt Dr. Klug, Lange Str. 7, 50354 Hürth

gegen

den Oberbürgermeister der Stadt Köln, Postfach 103564, 50475 Köln,

– Widerspruchsgegner –

wegen Erteilung einer Baugenehmigung

ergeht folgender Widerspruchsbescheid:

— **Eingangsteil, Gründe, Rechtsbehelfsbelehrung, Unterschrift**[19] —

3. Der Tenor des Widerspruchsbescheides

894 Widerspruchsbescheide werden üblicher Weise so abgefasst, dass nach der persönlichen Anrede ein Entscheidungstenor an den Anfang gesetzt wird.

Der Tenor des Widerspruchsbescheides ist die **Essenz der Sachentscheidung** der Widerspruchsbehörde. Der Widerspruchsführer erkennt hieraus, was aus seinem Widerspruch „geworden" ist. Entweder er hat bekommen, was er wollte, er hat das was er wollte teilweise bekommen oder es ist ihm verweigert worden.

Der Tenor der Entscheidung muss den Gegenstand und den Inhalt der Entscheidung der Widerspruchsbehörde ohne jeglichen Zweifel erkennen lassen.

3.1 Die Entscheidung bei unzulässigem Widerspruch

895 Kommt die Widerspruchsbehörde zu dem Ergebnis, dass eine Zulässigkeitsvoraussetzung des Widerspruches nicht erfüllt ist, so weist sie den Widerspruch als unzulässig zurück. Die Gründe hierfür sind im einzelnen darzulegen. Bei Versäumung der Widerspruchsfrist kann die Widerspruchsbehörde durch eine Entscheidung in der Sache die Fristversäumnis heilen[20]. Sie wird in diesen Fällen also abzuwägen haben, ob sie der Rechtssicherheit oder der materiellen Gerechtigkeit den Vorzug gibt. Entscheidend für diese Abwägung dürfte sein, ob es sich nur um einen Einzelfall handelt und ob der Widerspruch in der Sache offensichtlich begründet ist.[21]

Formulierungsbeispiel:

„Sehr geehrte(r) ....:

Ihren Widerspruch vom ... gegen den Bescheid/die Ordnungsverfügung/ des ..... vom ..... weise ich hiermit zurück. :

Sie tragen die Kosten des Widerspruchsverfahrens":

Eine zusammengefasste Sachentscheidung *„... weise ich als unzulässig zurück"*, enthält Angaben zu den Gründen der Zurückweisung, und das gehört nicht in den Tenor eines Widerspruchsbescheides[22].

Aus stilistischen Gründen empfehle ich dringend, sprachlich das **Aktiv** und nicht das **Passiv** zu verwenden[23]. „Man" muss sich nämlich nicht sprachlich hinter einer Entscheidung verstecken, für die „man" sachlich verantwortlich ist. Das Passiv soll wohl vielfach Autorität und Unangreifbarkeit suggerieren. Wer das Passiv verwendet, lässt das Subjekt eines Satzes – das ist der Autor des Bescheides – weg, das geht aber nur, wenn das Satz-Subjekt völlig unwichtig

---

[19] vom Aufbau her keine Abweichung zu den Bescheiden in Bescheidform
[20] außer bei Drittwidersprüchen, vgl. oben Rdnr. 840
[21] vgl. Rdnr. 357
[22] P/R § 41 Rdnr. 21; oben RdNr. 374
[23] z. B.:„Der Widerspruch wird zurückgewiesen"; die Kosten des Widerspruchsverfahrens „sind von Ihnen zu tragen"

ist, natürlich ist das bei einem Entscheidungstenor nicht der Fall. Erstaunlicher Weise formuliert die Verwaltung positive Entscheidungen nun meist im Aktiv[24].

War zugleich Antrag auf **Wiedereinsetzung in den vorigen Stand** gestellt und hält die Widerspruchsbehörde ihn für unbegründet, so muss dieser Antrag vorrangig vor der Entscheidung zur Sache abgelehnt werden. Wird dem Antrag auf Wiedereinsetzung in den vorigen Stand dagegen stattgegeben, so ist dies nur in den Gründen darzulegen, eine Entscheidung im Tenor ist weder notwendig noch üblich.

3.2 Die Entscheidung bei unbegründetem Widerspruch

Hält die Widerspruchsbehörde den Widerspruch für unbegründet, so weist sie ihn ebenfalls zurück. Die Gründe der Zurückweisung, z. B. „weise ich als unbegründet zurück" gehören ebenfalls nicht in den Tenor. **896**

Hatte der Widerspruchsführer gleichzeitig beantragt, die angeordnete sofortige Vollziehung auszusetzen, so muss die Widerspruchsbehörde hierüber ebenfalls im Tenor zusammenfassend entscheiden. Die Widerspruchsbehörde kann aber auch die sofortige Entziehung des Ausgangsbescheides selbst anordnen[25], in diesem Fall ist im Tenor der Entscheidung ein Zusatz aufzunehmen.

Formulierungsbeispiel:

Zunächst ist die Formulierung wie bei der Zurückweisung eines unzulässigen Widerspruches[26].

„Den Antrag auf Wiederherstellung der aufschiebenden Wirkung des Widerspruches lehne ich ab/die sofortige Vollziehung der Entziehung der Fahrerlaubnis ordne ich an."

3.3 Die Entscheidung bei Heilung eines Form- oder Verfahrensfehlers

Hat der Widerspruch nur deswegen keinen Erfolg, weil die Verletzung einer Form- oder Verfahrensvorschrift gem. § 45 VwVfG im Widerspruchsverfahren geheilt worden ist, so wird dem Begehren des Widerspruchsführers zwar nicht nachgegeben, die Kosten des Widerspruchsverfahrens muss er aber nicht tragen. **897**

War der formelle Fehler dagegen unbeachtlich gem. § 46 VwVfG, so bleibt es bei der Verpflichtung des Widerspruchsführers, die Kosten des Widerspruchsverfahrens zu tragen.

Formulierungsbeispiel:

„Sehr geehrte(r) ....

Ihren Widerspruch vom ... gegen den Bescheid/die Ordnungsverfügung/ des ..... vom ..... weise ich hiermit zurück.

Sie tragen die Kosten des Widerspruchsverfahrens.

Die Kosten des Widerspruchsverfahrens trägt die Stadt Köln.

Es war (nicht) notwendig, einen Rechtsanwalt einzuschalten."

---

24 z. B.:„Ich bewillige Ihnen Wohngeld in Höhe von monatlich 800,– Euro"
25 das stellt § 80 Abs. 2 Nr. 4 VwGO ausdrücklich klar
26 vgl. oben RdNr. 895.

3.4 Die Entscheidung bei zulässigem und begründetem Widerspruch

898 Ist der **Anfechtungswiderspruch** zulässig und begründet, hebt die Widerspruchsbehörde den angefochtenen Verwaltungsakt auf. Es reicht nicht aus, im Tenor nur festzustellen, dass der Widerspruch begründet war. War gleichzeitig ein Antrag auf Aussetzung der angeordneten sofortigen Vollziehung gestellt, so erübrigt es sich, hierüber zu entscheiden, denn mit der Aufhebung des Verwaltungsaktes entfällt auch sein Vollzug[27].

Formulierungsbeispiel:

Sehr geehrte(r) ....

„Auf ihren Widerspruch vom ... hebe ich die Ordnungsverfügung/die Anordnung/den Bescheid des .... vom .... auf.

Die Kosten des Widerspruchsverfahrens trägt die Stadt ..... .

Es war (nicht) notwendig, einen Rechtsanwalt hinzuzuziehen."

Dagegen darf **keinesfalls** der Tenor so formuliert werden:

„..... gebe ich ihrem Widerspruch statt".

Ist der **Verpflichtungswiderspruch** begründet, ist es zwar nicht zwingend erforderlich, aber aus Gründen der Rechtssicherheit ratsam, den ablehnenden Bescheid aufzuheben. Die Widerspruchsbehörde kann den begehrten Verwaltungsakt selbst erlassen oder aber die Ausgangsbehörde verpflichten, dies entsprechend ihren Vorgaben zu tun. Die Widerspruchsbehörde ist nicht verpflichtet, den Verwaltungsakt selbst zu erlassen[28]. Letzteres wäre im Ermessensbereich auch nicht ratsam[29].

Formulierungsbeispiel:

Sehr geehrte(r) ....

„Auf ihren Widerspruch vom .... hebe ich den Bescheid des .... vom ... auf.

Der Bürgermeister der Stadt .... wird verpflichtet, gegen ihren Nachbarn ... eine bauordnungsrechtliche Nutzungsuntersagungsverfügung zu erlassen.

Die Kosten des Widerspruchsverfahrens trägt die Stadt ..... .

Es war (nicht) notwendig, einen Rechtsanwalt hinzuzuziehen."

3.5 Die Entscheidung bei teilweise begründetem Widerspruch

899 Hebt die Widerspruchsbehörde den Ausgangsbescheid nur teilweise auf, darf sie nicht vergessen, den Widerspruch im übrigen zurückzuweisen. Die Kosten des Widerspruchsverfahrens sind in diesem Fall zu „quoteln", das folgt aus der Formulierung *„soweit"* in § 80 Abs. 1 VwVfG.

Formulierungsbeispiel:

Sehr geehrte (r) ....

„Auf ihren Widerspruch vom .... hebe ich den Bescheid des .... vom .... hinsichtlich der

---

27 das kann allenfalls klarstellend festgestellt werden, vgl. Rdnr. 357
28 P/R, § 42, RdNr. 18
29 sollte die Widerspruchsbehörde sich dennoch entschließen, den beantragten Verwaltungsakt zu erlassen, wäre selbstverständlich darauf zu achten, dass auch evt. fällig werdende Verwaltungsgebühren erhoben werden. Vgl. Rdnr. 358

Entziehung der Fahrerlaubnis der Klasse „T" auf.

Im übrigen weise ich Ihren Widerspruch zurück.

Die Kosten des Widerspruchsverfahrens tragen die Stadt .... zu 1/3 und sie zu 2/3.

Es war (nicht) notwendig, einen Rechtsanwalt einzuschalten."

3.6 Die Entscheidung bei zurückgenommenem oder sonst erledigtem Widerspruch

Nimmt der Widerspruchsführer seinen Widerspruch zurück oder erledigt er sich auf andere Weise, z. B. indem der Widerspruchsführer und die Ausgangsbehörde einen Vergleich schließen, so ist das Widerspruchsverfahren einzustellen und nur noch über die Kosten zu entscheiden[30]. In diesen Fällen ist die Einstellungsentscheidung rein deklaratorisch, da § 161 VwGO im Widerspruchsverfahren nicht entsprechend angewendet werden kann. Die notwendige **Kostenentscheidung** dagegen hat **Regelungscharakter** und ist mithin ein Verwaltungsakt.

Wird das Widerspruchsverfahren **formlos eingestellt**, so ergeht auch eine Kostenentscheidung[31].

Formulierungsbeispiele:

„Sehr geehrte(r) ...

Das Widerspruchsverfahren stelle ich ein.

Die Kosten des Widerspruchsverfahrens tragen sie als Widerspruchsführer."

Sehr geehrte(r) ....

„Es wird festgestellt, dass die Ordnungsverfügung/der Bescheid des .... vom .... rechtswidrig war.

Die Stadt ... trägt die Kosten des Widerspruchsverfahrens.

Es war (nicht) notwendig, einen Rechtsanwalt einzuschalten."

4. Die Begründung des Widerspruchsbescheides

Der Widerspruchsbescheid muss gem. § 73 Abs. 3 S. 1 VwGO begründet werden. Aus den Gründen muss sich der Tenor des Bescheides für die Beteiligten nachvollziehbar herleiten lassen. Die Beteiligten müssen der Begründung entnehmen können, von welchen tatsächlichen und rechtlichen Voraussetzungen und Überlegungen die Behörde ausgegangen ist[32]. Es muss deutlich werden, warum der Tenor der Entscheidung so und nicht anders lautet. Bestehen unterschiedliche Begründungen von Ausgangs- und Widerspruchsbescheid, z. B. bei der Darlegung von Ermessenserwägungen, so sind die **Gründe des Widerspruchsbescheides maßgebend**, dies folgt aus § 79 Abs. 1 Nr. 1 VwGO, wonach der Verwaltungsakt seine maßgebliche Fassung durch den Widerspruchsbescheid erhält.

---

30 Engelbrecht, JuS 97,550
31 VG Karlsruhe, VBlBW, 02, 81
32 § 39 VwVfG

Die Begründung eines Widerspruchsbescheides gliedert sich üblicher Weise in eine **Sachverhaltsdarstellung** und in eine **rechtliche Würdigung**. Anders als bei einem gerichtlichen Urteil werden Tatbestand und Entscheidungsgründe nicht getrennt und voneinander abgesetzt. Natürlich dürfen tatsächliche und rechtliche Gründe aber auch in einer Widerspruchsbegründung nun nicht wechselnd ineinander überfließen[33].

4.1 Die Sachverhaltsdarstellung

902 Im Anschluss an die Formulierung des Tenors folgt die Wiedergabe der **Gründe** für die Entscheidung. Das beginnt mit der Überschrift „**Begründung**" oder „**Gründe**".

In dem Widerspruchsbescheid ist zunächst auf den **tatsächlichen Sachverhalt** einzugehen. Die Sachverhaltsdarstellung beschreibt Gegenstand und Ursache des Widerspruchsverfahrens. Sie beginnt mit einem kurzen **Einleitungssatz**. Dieser Einleitungssatz soll in den Gegenstand des Widerspruchsverfahrens möglichst umfassend und erschöpfend einführen.

Die Sachverhaltsdarstellung soll neben dem unstreitigen Sachverhalt auch etwaige Tatsachenbehauptungen und Rechtsauffassungen der Beteiligten enthalten. Das Widerspruchsverfahren ist allerdings kein kontradiktorisches Verfahren und es ist zu berücksichtigen, dass die Widerspruchsbehörde einen Sachverhalt grundsätzlich solange von Amts wegen ermitteln muss, bis er „unstreitig" geworden ist. Soweit das Vorbringen der Beteiligten für die Widerspruchsentscheidung erheblich ist, sollte es ausführlich wiedergegeben werden, soweit es für die Entscheidung nicht erheblich ist, reicht eine verkürzte und zusammenfassende Darstellung.

Insgesamt gilt, dass die Sachverhaltsdarstellung eine gedrängte Darstellung des Sach- und Streitstandes, den die Widerspruchsbehörde bei ihrer Entscheidung zugrunde gelegt hat, ist. Alle Erkenntnisquellen, die der Widerspruchsbehörde zur Verfügung gestanden haben, müssen angegeben werden. Der Widerspruchsführer muss den Eindruck haben, dass die Widerspruchsbehörde seine Gründen beachtet und verstanden hat, dafür werden seine wesentlichen Argumente gedrängt wiedergegeben. Üblicher Weise endet die Sachverhaltsschilderung damit, dass darauf hingewiesen wird, dass die Ausgangsbehörde dem Widerspruch nicht von sich aus abgeholfen hat.

Rechtliche sowie subjektive Wertungen der Widerspruchsbehörde gehören nicht in den Sachverhalt, sondern in die rechtliche Würdigung. Tatsachen werden behauptet, Rechtsansichten dagegen werden vertreten bzw. geltend gemacht.

Es ist selbstverständlich, dass Namen, persönliche Daten usw. des Bürgers unbedingt richtig aufgenommen sein müssen.

---

33 vgl. Rdnr. 362ff

Für die Sachverhaltsdarstellung im Widerspruchsbescheid ergibt sich folgender Aufbau: **903**

1. Einleitungssatz im Präsens, Indikativ.
2. Der feststehende und unstreitige Sachverhalt des Ausgangsverfahrens wird im Imperfekt oder auch im Präsens, Indikativ, dargestellt, und zwar in Form einer Geschichtserzählung.
3. Das wesentliche Vorbringen der Beteiligten und die wichtigen Gründe des Ausgangsbescheides werden im Imperfekt, evt. im Plusquamperfekt, Konjunktiv, dargestellt.
4. Der Hinweis auf das Einlegen des Widerspruchs erfolgt im Perfekt. Gibt es dabei Besonderheiten, z. B. das Beschränken des Widerspruchs auf Teilbereiche, so werden die wörtlich wiedergegeben, und zwar im Präsens, Indikativ.
5. Das Vorbringen des Widerspruchsführers, geordnet nach Tatsachenbehauptungen und Rechtsansichten wird im Präsens und in indirekter Rede geschildert. Da das Widerspruchsverfahren kein kontradiktorisches Verfahren ist, wird ein Antrag, etwa auf Aufhebung des Ausgangsbescheides nicht aufgeführt.
6. Sofern die Ausgangsbehörde im Vorlagebericht neue Gesichtspunkte angeführt hat, werden auch die in indirekter Rede, Präsens, mitgeteilt.
7. Etwaige neue Sachverhaltsermittlungen der Widerspruchsbehörde werden im Perfekt wiedergegeben.
8. Sofern es zum Verständnis der Sache notwendig ist, muss auch die Verfahrensgeschichte erwähnt werden, und zwar: Gegenwärtiges im Präsens, Indikativ; Vergangenes im Perfekt, Indikativ und Überholtes im Plusquamperfekt, Indikativ[34].

Formulierungsbeispiel (persönlicher Stil):[35]

Begründung:

Sie wenden sich mit ihrem Widerspruch gegen die Untersagung von Gotcha Veranstaltungen.

Mit Ordnungsverfügung vom 1. Febr. 2005 hat ihnen der Oberbürgermeister der Stadt Köln mit sofortiger Wirkung die Durchführung von Gotcha Spielen auf dem Grundstück …. untersagt.

Zur Begründung seiner Entscheidung hat er ausgeführt, dass neben der Gefährdung der Gesundheit von Mitspielern und dem Verstoß gegen das Waffengesetz auch die das Rechtsgut der öffentlichen Ordnung prägenden Begriffe der Ethik, des Anstandes, der Moral und der Religion durch die Spielabläufe in erheblicher Weise verletzt würden. Das Ziel des Spiels bestehe darin, mit Waffen auf Mitspieler zu feuern, damit die mittels Farbkugeln Markierten oder Getroffenen aus dem Spiel ausscheiden müssen, dadurch werde nicht der Wettkampf, sondern eine kriegsähnliche Tötung simuliert. Die Hemmschwelle des Tötens werde herabgesetzt, da die Grenze zwischen Realität und Spiel verschwimme.

---

34 vgl. Rdnr. 362
35 vgl. Rdnr. 369

12. Abschnitt

Gegen diese Ordnungsverfügung haben sie unter dem 15. Febr. 2005 Widerspruch erhoben, mit dem sie geltend machen, dass die Mitspieler zum Schutz vor Gesundheitsgefahren Gesichtsmasken trügen und ein „Marshall" auf die Einhaltung von Spielregeln achte. Außerdem sei dieses Spiel in Großbritannien, einem Mitgliedsstaat der Europäischen Union, staatlich lizensiert, das müsse damit automatisch auch für Deutschland gelten.

Der Oberbürgermeister der Stadt Köln hat ihrem Widerspruch nicht abgeholfen.

4.2 Die rechtliche Würdigung

904 Nach der Darstellung des unstreitigen Sachverhaltes und des Vorbringens der Beteiligten folgt die **rechtliche Begründung**. Die rechtliche Würdigung ist nach **Zulässigkeit** und **Begründetheit** des Widerspruches zu **trennen**. Das Ergebnis ist zu Beginn voran zu stellen.

Die Frage der Zulässigkeit des Widerspruches ist – im Gegensatz zum gutachtlichen Vermerk – im Widerpsruchsbescheid grundsätzlich dann nicht näher zu behandeln, wenn die **Zulässigkeit bejaht** wird. Für den Widerspruchsführer ist es unerheblich zu wissen, dass die Frage der Zulässigkeit seines Widerspruches vielleicht zweifelhaft gewesen ist, z. B. hinsichtlich der Einhaltung der Frist[36].

Ist der Widerspruch nach dem Ergebnis der gutachtlichen Erwägungen dagegen wegen Fristversäumnis, wegen mangelnder Beschwer oder aus sonstigen Gründen **unzulässig**, so ist eine detaillierte Begründung auf jeden Fall notwendig. Dann ist auch bereits in der Sachverhaltsdarstellung darauf zu achten, dass entscheidende Daten usw. wiedergegeben werden.

Ist der Widerspruch zulässig aber nicht begründet, was in der Praxis häufig der Fall ist, so muss die Rechtmäßigkeit des angefochtenen Ausgangsbescheides im einzelnen umfassend dargelegt werden.

Unbestimmte Rechtsbegriffe müssen ausgelegt werden und Überlegungen, die zu einer bestimmten Ermessensentscheidung geführt haben, müssen umfassend dargelegt werden. Im Rahmen von Ermessensentscheidungen sind häufig Abwägungen zwischen den öffentlichen Interessen und den Privatinteressen vorzunehmen. Die richtige Handhabung des Gleichheitssatzes und des Grundsatzes der Verhältnismäßigkeit sind häufig ausführlich mitzuteilen. Da die Widerspruchsbehörde die Ausgangsentscheidung nicht nur auf Ermessensfehler hin überprüft, sondern eine neue Zweckmäßigkeitsentscheidung zu treffen hat, sind im Widerspruchsbescheid eigene Ermessensüberlegungen der Widerspruchsbehörde auszuführen. Auf die vom Widerspruchsführer vorgetragenen Einwände gegen den Ausgangsbescheid muss gewissenhaft eingegangen werden.

Bei der rechtlichen Begründung kommt es auch darauf an, sich mit den wesentlichen Einwänden des Widerspruchsführers auseinander zu setzen. Dies ist für den Betroffenen besonders wichtig, weil sonst der Eindruck entsteht, sie seien nicht hinreichend beachtet worden. Bei der Abfassung der

---

36 aus diesem Grunde kann man in einem Widerspruchsbescheid auch auf die Darstellung von Daten weitgehend verzichten, wenn die entsprechenden Fristen eingehalten worden sind. Zahlen und Fakten belasten den Leser, wenn es darauf im Ergebnis nicht ankommt. Allerdings kann es in Klausuren gelegentlich ratsam sein, auch im Widerspruchsbescheid kurze Ausführungen zur Zulässigkeit zu machen, wenn hier ein Schwerpunkt der Klausur liegt.

rechtlichen Begründung eines Widerspruchsbescheides ist stilistisch umgekehrt zu verfahren wie beim Gedankengang des gutachterlichen Vermerkes:
Das Ergebnis wird an den Anfang gestellt und dann begründet.

Die einzelnen Tatbestandsmerkmale der Rechtsgrundlage müssen unter vollständiger Ausschöpfung des Sachverhaltes im **Bescheidstil** abgehandelt werden[37]. Der Bescheidstil ist die sprachliche Form, in der das Ergebnis begründet wird. Die **Verknüpfung** des einleitenden **Ergebnissatzes** mit den (nachfolgenden) Begründungssätzen geschieht mit den Begriffen „also", „deshalb", „da", „nämlich", „weil" usw. Die Formulierung erfolgt durchgängig im **Indikativ**. Dabei sollte bedacht werden, dass ein Ergebnis ohne überzeugende Begründung nichts wert ist[38].

Der Bearbeiter sollte sich unbedingt bemühen, sprachlich verständlich und überzeugend zu formulieren. Auf ein gewisses Maß an rechtstechnischer Sprache kann wohl nicht verzichtet werden. Bescheide, die sich an den Bürger wenden, müssen aber für ihn verständlich sein, denn sonst kann er sie nicht beachten.

Die **Verwaltungssprache** ist **deutsch,** nicht **Jura.** Der **Widerspruchsbescheid** ist zwar **„von Verwaltungsbeamten"** aber nicht **„für Verwaltungsbeamte"** zu formulieren.

905

Die Sprache ist das Skalpell des Verwaltungsbeamten. Wer es falsch ansetzt, schadet sich und seiner Sache[39]. Im anglo-amerikanischen Rechtskreis gibt es eine „plain-language-movement", die sich zum Ziel setzt, rechtliche Entscheidungen verständlicher zu machen. An law schools finden Veranstaltungen wie drafting, legal writing und style statt[40]. Sprachliche Mängel in Klausuren können ohne weiteres zu einem Punktabzug führen[41].

Ein klarer Stil im Widerspruchsbescheid spricht den Bürger an, selbst schwierige Rechtsprobleme lassen sich so darstellen, dass auch juristische Laien die Entscheidung nachvollziehen können. Die Sätze müssen kurz – nicht mehr als 20 Wörter – und grammatisch einfach sein, sie dürfen sich nicht gar zu weit von

---

37 Im **Unterschied** dazu ist der **Gutachtenstil** ein gedankliches Vorwärtsschreiten zu einem noch unbekannten Ergebnis. Der Gutachtenstil kennt – im Unterschied zum Bescheidstil – die Lösung noch nicht. Der Gutachtenstil geht also von einer Hypothese aus, die dann gedanklich bestätigt oder verworfen werden muss. Sprachlich erfolgt das im Konjunktiv mit den Begriffen „könnte", „müsste" usw. oder im Indikativ mit entsprechenden Formulierungen, z. B. „fraglich ist, ob", „in Betracht kommt". Damit die gutachtliche Gedankenführung auch logisch nachvollziehbar bleibt, müssen zwingend gewisse Arbeitsschritte beachtet werden:
   1. Aufstellen einer Hypothese
   2. Nennung der Voraussetzungen der Hypothese
   3. Klarstellen der einzelnen Voraussetzungen, d. h. definieren von Tatbestandsmerkmalen
   4. Subsumtion der einzelnen Tatbestandsmerkmale, d. h. Prüfung, ob ein mitgeteilter Sachverhalt unter die definierten Tatbestandsmerkmale „passt"
   5. Feststellung des Ergebnisses (bezogen auf die Hypothese) als Schlussfolgerung
   Kein Verwaltungsbeamter und auch kein Richter kennt die Lösung eines Falles, bevor er ihn gründlich durchdacht hat.
38 Die häufige Kritik der rechtswissenschaftlichen Literatur auch an höchstrichterlichen Urteilen zeigt, wie relativ ein juristisches Ergebnis sein kann. Auch Abweichungen von Ober- und Untergerichten liegen in aller Regel daran, dass zwei Gerichte bestimmte Rechtsfragen anders werten – kein Gericht hat „mehr" Recht, keine Entscheidung ist „richtig" oder „falsch".
39 Möllers, Juristische Arbeitstechnik und wissenschaftliches Arbeiten
40 www.bartleby.com
41 VGH BaWü, NJW 88,2633

der **Alltagssprache** entfernen. Zwischen wesentlichen und unwesentlichen Gründen muss deutlich erkennbar unterschieden werden. Eine typische **Verwaltungssprache** mit Leerformeln, weitschweifenden Formulierungen und Schlagworten muss vermieden werden, hiermit kann der Bürger nichts anfangen. Aus Verben und Adjektiven dürfen keine Substantive gemacht werden, der Nominalstil mit Endungen wie -ung, -keit und -heit klingt ungeschickt und hölzern[42]. Abkürzungen dürfen nur verwendet werden, wenn sie allgemein üblich und verständlich sind.

Das Passiv verzichtet auf das persönliche Subjekt, das geht aber schon sprachlich eigentlich nur dann, wenn das Satz-Subjekt völlig unwichtig oder bekannt ist. Das Passiv wird wohl auch besonders deswegen gern verwendet, weil es Autorität und Unangreifbarkeit suggerieren soll, das ist recht durchsichtig.

Im alten Testament heißt es: „Am Anfang schuf Gott Himmel und Erde." Und nicht: Anfänglich wurde seitens Gottes der Himmel und die Erde geschaffen.

Zusammenfassend lässt sich feststellen: der Verfasser eines Widerspruchsbescheides sollte seine Worte so wählen, dass der betroffenen Bürger den Inhalt des Bescheides ohne größere Schwierigkeiten verstehen kann. Abstrakte und theoretische Wendungen, die in einem gutachterlicher Vermerk durchaus Sinn machen können, sind in einem Bescheid fehl am Platze. Der Verfasser sollte sich – so gut es eben geht – in die Lage des betroffenen Bürgers versetzen.

Komplizierte Sachverhalte und Rechtslagen einfach und klar darstellen zu können, ist eine Kunst, die man oft erst nach jahrelanger Erfahrung beherrscht.

Auch der Umfang eines Widerspruchsbescheides sollte grundsätzlich begrenzt bleiben. Aufgabe des Verfassers eines Widerspruchsbescheides ist es nicht, ein Gerichtsurteil nachzuahmen, das allen rechtlichen Gesichtspunkten Rechnung trägt. Die tragenden Gesichtspunkte sollen in einer dem Bürger verständlichen Form mitgeteilt werden.

906 Die Darstellung der Begründetheitsprüfung folgt den üblichen Schemata der Rechtmäßigkeitsprüfung von Verwaltungsakten[43] im Bescheid- bzw. Urteilsstil. Insoweit ergibt sich folgende Reihenfolge:

1. Evt.: Auslegung eines unklaren Antrages

2. Bekanntgabe des Ergebnisses

3. Zuständigkeit der Widerspruchsbehörde

4. Zulässigkeit des Widerspruches

5. Begründetheit des Widerspruches

   – Ermächtigungsgrundlage

   – formelle Rechtmäßigkeit

   – materieller Rechtmäßigkeit

6. Zweckmäßigkeitskontrolle (soweit zulässig)

---

42 Negatives Beispiel: BGHZ 11, 151, 153: Im Verhältnis zum Geschäftsherrn ist aber die Ausübung der Aufsicht die Ausführung der Verrichtung, zu der der Ausführende bestimmt ist.
43 vgl. Rdnr. 363, 364, 875

7. Begründung etwaiger Nebenentscheidungen

8. Begründung der Kostenlastentscheidung

Formulierungsbeispiel:

Ich bin gem. § 73 Abs. 1 Nr. 3 VwGO zuständig für die Entscheidung über ihren Widerspruch.

Ihr Widerspruch ist zulässig, aber nicht begründet.

Gem. § ..... (Anschließend erfolgt die Subsumtion des Sachverhaltes unter die genannte Ermächtigungsgrundlage)

Ihr Einwand konnte keinen Erfolg haben, weil ....

Sie können sich auch nicht darauf berufen, dass ..... , denn diese Bestimmung setzt voraus, dass ..... . Diese Voraussetzung erfüllen sie aber nicht, wie sich aus .... ergibt.

5. Die Rechtsbehelfsbelehrung

Gem. § 73 Abs. 3 S. 1 VwGO muss der Widerspruchsbescheid eine Rechtsbehelfsbelehrung enthalten[44]. Es ist darauf zu achten, dass in dieser Rechtsbehelfsbelehrung kein unzutreffender oder irreführender Zusatz gemacht wird. Die Belehrung würde unrichtig, wenn Zusätze geeignet sind, die Einlegung des Rechtsbehelfs nennenswert zu erschweren.

907

Gem. § 58 Abs. 1 VwGO reicht für Behördenbezeichnungen die bloße Ortsangabe (ohne nähere Anschrift) aus. Es wäre keine nennenswerte Erschwerung, wenn das nur aus dem Bescheid – und nicht aus der Rechtsbehelfsbelehrung – zu entnehmen wäre. Allerdings ist eine Formulierung, der Widerspruch sei schriftlich zu erheben, geeignet, die Einlegung des Widerspruches zu erschweren, denn es wird nicht auf die Erhebung mittels Niederschrift gem. § 70 Abs. 1 S. 1 VwGO verwiesen. Der Zusatz, der Widerspruch sein zu begründen und in zweifacher Ausfertigung einzureichen, erweckt den unzutreffenden und irreführenden Eindruck, es handele sich um obligatorische Voraussetzungen dieses Rechtsbehelfes.

Ist die Rechtsbehelfsbelehrung unrichtig, gilt die Jahresfrist gem. § 58 Abs. 2 VwGO[45].

Formulierungsvorschlag:

Innerhalb eines Monats nach Zustellung dieses Widerspruchsbescheides können sie gegen den Bescheid des Oberbürgermeisters der Stadt Köln vom 24. Juni 2005 verwaltungsgerichtliche Klage erheben. Die Klage kann bei dem Verwaltungsgericht in Köln, Appellhofplatz, 50667 Köln, erhoben werden.

Sofern im Widerspruchsbescheid die sofortige Vollziehung angeordnet wird, ist es zwar nicht erforderlich[46], aber doch empfehlenswert, den Bürger über vorläufige Rechtsschutzmöglichkeiten zu informieren.

---

44 In einer Klausur wird aber in aller Regel nicht erwartet, dass der vollständige Text einer Rechtsbehelfsbelehrung niedergeschrieben wird, es genügt der Hinweis: „*Rechtsbehelfsbelehrung: Klage zum Verwaltungsgericht Köln gem. §§ 73 Abs. 3, 58 Abs. 1, 74 VwGO"* – vgl. P/R, § 48, RdNr. 1
45 vgl. Rdnr. 365, 371
46 Nds. OVG, NVwZ-RR 95,176; a. A. Schoch, in Schoch pp.: Rdnr. 327 zu § 80

Formulierungsvorschlag:

Eine etwaige Klage hätte wegen der angeordneten sofortigen Vollziehung keine aufschiebende Wirkung. Das Verwaltungsgericht kann jedoch auf Antrag die aufschiebende Wirkung einer etwaigen Klage ganz oder teilweise wieder herstellen. Dieser Antrag wäre ebenfalls bei dem Verwaltungsgericht in Köln zu stellen.

6. Die Zustellung des Widerspruchsbescheides

908 Der Widerspruchsbescheid muss den Beteiligten[47] zugestellt werden. Die Zustellung erfolgt stets – auch bei Bescheiden von Landesbehörden – nach den Vorschriften des **Bundes**verwaltungszustellungsgesetzes, denn durch den Widerspruchsbescheid wird eine einheitliche Frist zur Klageerhebung in Gang gesetzt. Die Zustellung des Widerspruchsbescheides ist deswegen bereits Bestandteil eines gerichtlichen Verfahrens[48].

Voraussetzung für eine wirksame Zustellung ist, dass

1. die Behörde den Willen hat, eine Zustellungshandlung vorzunehmen,

2. das Schriftstück dem Empfangsberechtigen übergeben wird,

3. das Schriftstück zustellungsfähig ist.

Für den Zustellungswillen der Behörde reicht es aus, wenn sie das Schriftstück dem Empfänger zuleitet. Es ist nicht erforderlich, dass der behördliche Zustellungswille auch die Form der Zustellung umfasst.

Der Empfänger hat ein Schriftstück erhalten, wenn es ihm ausgehändigt wurde und er die Möglichkeit hatte, den Inhalt zur Kenntnis zu nehmen. Es ist nicht erforderlich, dass er es im Alleinbesitz hatte. Soll der Widerspruchsbescheid allerdings an mehrere Adressaten zugestellt werden, z. B. an Eheleute, so muss er jedem Ehepartner gesondert zugestellt werden[49]. Die Übergabe gem. § 2 Abs. 1 VwZG kann nicht dadurch bewirkt werden, dass mehreren Adressaten nur eine Ausfertigung des Widerspruchsbescheides „zugestellt" wird. Etwas anderes gilt nur für den Fall einer gegenseitigen Zustellungsbevollmächtigung, allerdings gibt es hierfür auch bei Eheleuten keine Vermutung[50].

909 Zustellungsfähig sind die **Urschrift**, eine **Ausfertigung** oder eine **beglaubigte Abschrift** des Widerspruchsbescheides.

Zugestellt wird entweder durch die **Post** mit Zustellungsurkunde oder mittels eingeschriebenem Brief oder durch die **Behörde** gegen Empfangsbekenntnis oder mittels Vorlegen der Urschrift.

Daneben gibt es noch Sonderarten der Zustellung, z. B. die öffentliche Zustellung[51] oder die Zustellung ins Ausland[52].

Neben der Post ist gem. § 33 Abs. 1 PostG auch ein Lizenznehmer, der Briefzustelldienstleistungen erbringt, verpflichtet, Schriftstücke unabhängig von

---

47 § 13 VwVfG, vgl. Rdnr. 736 ff
48 BVerwGE 39, 257, 259
49 Engelhardt/App, Rdnr. 6 zu § 2 VwZG m.w.N
50 BVerwG, NJW 93, 2884
51 § 15 VwZG
52 § 14 VwZG

ihrem Gewicht nach den Vorschriften der Prozessordnungen und der Gesetze, die die Verwaltungszustellung regeln, förmlich zuzustellen.

Die Zustellung ist an dem von dem Bediensteten beurkundeten Tag bewirkt[53]. Die Zustellung an einen **Ersatzempfänger** richtet sich nach den §§ 178 – 181 ZPO. Hat ein Zustellungsempfänger keine Wohnung oder keinen Geschäftsraum und verweigert er die Annahme, so wird das Schriftstück zusammen mit der ausgefüllten und vollzogenen Zustellung dem Auftraggeber, d. i. die Widerspruchsbehörde, zurück gesandt, das Schriftstück enthält den Zustellungsvermerk und gilt als zugestellt. Der Leiter einer Gemeinschaftseinrichtung darf die Annahme nicht verweigern. Ist eine Auslieferung des Bescheides nicht möglich, weil z. B. der Empfänger nicht angetroffen wurde und kein Hausbriefkasten oder kein Ersatzempfänger vorhanden war, so wird der Bescheid vom Zusteller niedergelegt und dieses **Niederlegung** wird beurkundet, die Zustellung ist dann mit der Abgabe einer schriftlichen Benachrichtigung erfolgt.

Die Postzustellungsurkunde ist eine **öffentliche Urkunde**. Sie begründet gem. § 418 Abs. 1 ZPO den vollen Beweis der darin bezeugten Tatsachen; gem. § 418 Abs. 2 ZPO ist allerdings der Beweis der Unrichtigkeit möglich.

Der eingeschriebene Brief gilt mit dem **dritten Tag** nach der Aufgabe zur Post als zugestellt[54]. Dies gilt auch dann, wenn der Widerspruchsbescheid früher zugegangen ist oder wenn dieser dritte Tag auf einen Sonnabend, Sonntag oder gesetzlichen Feiertag fällt. Der dritte Tag gilt nicht als der Tag der Zustellung, wenn der Brief dem Empfänger nicht oder zu einem späteren Zeitpunkt zugegangen ist. Maßgeblicher Zeitpunkt ist der Tag, an dem der Empfänger den Brief bei der Post tatsächlich in Empfang nimmt[55].

Bei der Zustellung mit eingeschriebenem Brief gibt es zwar eine Zustellung an den Ersatzempfänger, aber keine Ersatzzustellung.

Die von der Deutschen Post AG im privaten Briefverkehr angebotenen „Einwurfeinschreiben" und das „Übergabeeinschreiben" ist keine Zustellung im Sinne des VwZG.

Bei der Zustellung gegen **Empfangsbekenntnis** ist vor allem an die Möglichkeit des § 5 Abs. 2 VwZG zu denken. Zugestellt werden darf nur an die dort ausdrücklich genannten Empfänger. Diesem Empfängerkreis kann der Widerspruchsbescheid auch auf „andere Weise" übermittelt werden, z. B. durch Telefax[56]. Die Zustellung ist an dem Tag bewirkt, an dem der in § 5 Abs. 2 VwZG benannte Empfänger den Empfang bestätigt, das kann auch ein Sonnabend, Sonntag oder Feiertag sein; auf den tatsächlichen Eingang beim Adressaten kommt es nicht an. Weigert sich z. B. der Rechtsanwalt, der Widerspruchsbehörde den Tag der Entgegennahme des Bescheides mitzuteilen, so ist der Tag als Zustellungstag anzusehen, an dem nach dem normalen Lauf der Dinge der Bescheid erstmals in die Hände des Rechtsanwaltes gelangt ist[57].

Die Widerspruchsbehörde entscheidet nach pflichtgemäßem Ermessen, welche Zustellungsart sie wählt[58].

---

53 § 3 Abs. 2 S. 1 VwZG
54 § 4 Abs. 1 S. 1 HS 1 VwZG
55 BVerwG, BayVBl. 83, 664
56 OVG Hamburg, NJW 96, 1226
57 BFH, BayVBl. 90, 699
58 § 2 Abs. 2 VwZG

6.1 Fehler bei der Zustellung

909a Ist die Zustellung eines Widerspruchsbescheides von der Behörde gar nicht gewollt gewesen, so spricht man von einer fehlenden Zustellung, dieser Fall ist von einer fehlerhaften Zustellung deutlich zu unterscheiden.

Von Fehlern bei der Zustellung spricht man dann, wenn bei einer – an sich wirksamen – Zustellung Mängel aufgetreten sind. Der Adressat hat dann den Bescheid zwar erhalten, der Zustellungsvorgang war aber fehlerhaft, einem Bediensteten der Post oder der Behörde ist ein Fehler unterlaufen.

Beispiel: Übergabe eines an den Vater gerichteten Bescheides an das minderjährige Kind, das den Bescheid weitergibt.

Bloße Zustellungsmängel machen die Zustellung eines Bescheides nicht unwirksam[59], sie stehen auch der ordnungsgemäßen Bekanntgabe des Verwaltungsaktes und damit seiner Wirksamkeit gem. § 43 VwVfG nicht entgegen[60].

Mängel bei der Zustellung eines Widerspruchsbescheides bleiben gem. § 9 VwZG dann folgenlos, wenn der Zweck der Zustellung trotzdem erreicht wurde, nämlich: der unstreitige Zugang des Widerspruchsbescheides und insbesondere der Zeitpunkt des Zugangs. § 9 VwZG fingiert dann nicht die Zustellung als solche, sondern deren Zeitpunkt. Die Klagefrist beginnt zu dem Zeitpunkt zu laufen, zu dem der Widerspruchsführer den Widerspruchsbescheid nachweislich erhalten hat.

7. Die Begleitverfügung

910 Zum **üblichen Verwaltungsgang** gehört ein Schreiben an die Ausgangsbehörde, mit dem dieser eine Abschrift des Widerspruchsbescheides sowie die möglicher Weise überlassenen Verwaltungsvorgänge übersandt werden. Eine derartige Begleitverfügung muss immer an die Behörde, z. B. „Oberbürgermeister der Stadt Köln" gerichtet werden, niemals an einen Bediensteten der Behörde. Sie enthält keine Anrede und – als dienstliches Schreiben – auch keine Höflichkeitsformeln. In dieses Schreiben können Rechtsausführungen und Anregungen an die Ausgangsbehörde über ein weiteres vorgehen aufzunehmen, die nicht im Widerspruchsbescheid formuliert worden sind. Hält z. B. die Widerspruchsbehörde die Androhung von Verwaltungszwang für notwendig, so durfte sie das zwar im Hinblick auf die Zuständigkeitsregelungen nicht im Widerspruchsbescheid selbst tun, sie kann aber die Ausgangsbehörde hierzu auffordern und – sofern sie weisungsbefugt ist – auch durchsetzen[61].

---

59 GSOGB, NJW 77,621
60 P/R, § 49, Rdnr. 4
61 im Rahmen einer Klausurbearbeitung können in eine solche Begleitverfügung auch alle rechtlichen Erwägungen des Bearbeiters aufgenommen werden, die weder in einem Aktenvermerk (hier bitte beachten: Gutachtenstil) noch im Widerspruchsbescheid festgehalten worden sind.

Formulierungsvorschlag:

Verfügung an:
Oberbürgermeister der Stadt Köln

Anliegenden Widerspruchsbescheid übersende ich zur Kenntnisnahme und Beachtung. Ihren übersandten Verwaltungsvorgang füge ich bei. Sollte der Widerspruchsführer Klage erheben, bitte ich, mich zu unterrichten.

Außerdem weise ich noch auf folgendes hin:

Es erscheint mir sinnvoll und notwendig, zur Durchsetzung ihres Bescheides ein geeignetes Zwangsmittel gem. § 63 VwVG NRW anzudrohen. Ich bitte daher, dies in einer gesonderten Verfügung nachzuholen. Meines Erachtens kommt hier nur die Androhung von unmittelbarem Zwang durch Versiegelung der Räumlichkeiten in Betracht, da der Widerspruchsführer sich bei dem Ortstermin sehr uneinsichtig gezeigt hat und auch sehr deutlich zum Ausdruck gebracht hat, dass er trotz der Untersagungsverfügung die für das Wochenende geplanten Gotcha Spiele nicht absagen wird. Da nur der Veranstalter in der Lage ist, die Anordnung zu befolgen und damit eine nicht vertretbare Handlung gegeben ist, kommt das Zwangsmittel der Ersatzvornahme nicht in Betracht. Um den Spielbetrieb mit Sicherheit zu unterbinden, kommt daher nur die Androhung von unmittelbarem Zwang in Betracht.

Im Hinblick auf die erheblichen Beeinträchtigungen von Rechtsgütern sollte dem Veranstalter gem. § 57 Abs. 3 S. 2 VwVG NRW zusätzlich ein Zwangsgeld in Höhe von 5.000 Euro für jeden Fall der Nichtbefolgung des Spieleverbotes angedroht werden. Dies ist die Summe der durchschnittlichen Tagesumsätze. Nur durch ein entsprechend hohes Zwangsgeld kann ihm die Dringlichkeit des Verbotes verdeutlicht werden, denn es darf sich für den Veranstalter auf keinen Fall lohnen, gegen die Verfügung zu verstoßen.

Als Widerspruchsbehörde habe ich nur die Sachherrschaft über den angefochtenen Verwaltungsakt, mir fehlt die Zuständigkeit zur selbständigen Androhung dieser Zwangsmittel.

Ich bitte sie, mir bis zum …. zu berichten, was sie veranlasst haben.

Im Auftrage

8. Aktenvermerke

Bei der Begründung des Widerspruchsbescheides soll sich die Widerspruchsbehörde gem. § 39 Abs. 1 S. 2 VwVfG auf die **wesentlichen** Erwägungen beschränken. Das bringt es mit sich, dass für den Bescheidempfänger unwesentliche, für die Behrde aber durchaus wichtige Erkenntnisse im Verwaltungsvorgang festgehalten werden müssen. Hierüber muss ein Vermerk gefertigt werden. In diesem Vermerk werden z. B. Fragen der Zulässigkeit des Widerspruches festgehalten. Dient die Einräumung von Ermessen nur den Interessen der Allgemeinheit und nicht auch denen des Bescheidempfängers, werden ermessensleitende Gesichtspunkte ebenfalls in diesem Vermerk festgehalten, damit auf sie für künftige vergleichbare Fälle zurückgegriffen werden kann.

Es ist aber darauf zu achten, dass in einem Aktenvermerk nicht noch einmal dargelegt wird, was in dem Bescheid an den Antragsteller ohnehin auftaucht.

910a

9. Geschäftsvermerke

911 Der Behördenleiter ist angesichts des umfangreichen Schriftverkehrs nicht in der Lage, alle Schriftstücke zu unterschreiben. Die Zeichnungsberechtigung ist weitestgehend auf Mitarbeiter übertragen worden. Neben sogen. Vorbehaltskatalogen können sich der Behördenleiter oder sonstige Vorgesetzte allerdings in jedem Einzelfall die **Schlusszeichnung** von Schriftstücken vorbehalten oder sich ein Schriftstück vor oder nach der Schlusszeichnung durch den Sachbearbeiter zur **Kenntnis** vorlegen lassen. In diesen Fällen will der Vorgesetzte das Zeichnungsrecht unberührt lassen und – bei Vorlage nach Schlusszeichnung – auch keinen Einfluss auf die Entscheidung nehmen.

Sicht- und Arbeitsvermerke von Vorgesetzten bringen ein derartiges Verlangen zum Ausdruck. Das geschieht durch Farbstifte, deren Farbe nur bestimmten Vorgesetzen vorbehalten ist. Dies ist in der Geschäftsordnung geregelt.

In NRW benutzt z. B. der Regierungspräsident den Rotstift und sein allgemeiner Vertreter den Blaustift[62].

Sichtvermerke sind Striche oder Namenszeichen mit Datum, sie sagen aus, dass der Eingang dem entsprechenden Vorgesetzen vorgelegen hat. **Arbeitsvermerke** sind Bearbeitungshinweise von Vorgesetzten.

Beispiele: „farbiges Kreuz" bedeutet: Schlusszeichnung vorbehalten; „R" bedeutet: Rücksprache, d. i. eine kurze Erörterung der Sache mit dem Vorgesetzten.

In der **vertikalen Kommunikation**, d. i. der Dienstverkehr zwischen Vorgesetzten und Bediensteten und umgekehrt, ist grundsätzlich der **Dienstweg** einzuhalten. Unmittelbare Vorgesetzte dürfen nicht übergangen werden. Kann der Dienstweg ausnahmsweise einmal nicht eingehalten werden, so ist der Übergangene unverzüglich zu benachrichtigen.

In der **horizontalen Kommunikation**, d. i. der Dienstverkehr zwischen gleichgeordneten Organisationseinheiten, z. B. zwischen zwei Städten, brauchen Vorgesetzte nur eingeschaltet zu werden, soweit dies zur Wahrnehmung ihrer Leitungsaufgaben erforderlich ist. Sie müssen allerdings stets über wichtige Angelegenheiten informiert werden.

In vielen Fällen ist in den Ländern mit einem dreistufigen Verwaltungsaufbau die Bezirksregierung die Widerspruchsbehörde. Zur Erfüllung der **Bündelungs- und Koordinierungsfunktionen** einer Bezirksregierung sollen die Organisationseinheiten und Bediensteten eng zusammenarbeiten und auf einheitliche Entscheidungen hinwirken. Bei der Abfassung von Widerspruchsbescheiden werden daher mitunter andere Dezernate oder Bedienstete zu beteiligen sein. Dies geschieht durch **Mitzeichnen.** Damit wird die Verantwortung für die Entscheidung mit übernommen und zum Ausdruck gebracht, dass z. B. bei der Verweisung eines Schülers von der Schule juristische und pädagogische Belange berücksichtigt worden sind. Dokumentiert wird die Mitzeichnung in der Weise, dass der Entwurf des Widerspruchsbescheides ebenfalls abgezeichnet wird, ggfls. werden Bearbeitungsvermerke hinzugefügt. Um nun wortreiche Begleitvermerke zu ersparen, werden für die Mitzeichnung „Käsekästchen" am Schluss des Entwurfes vorgesehen, z. B.

---

[62] § 34 GeschO BezReg NRW

```
RP  /  RVP  /  11  /  25
```

Die Mitarbeiter und Vorgesetzten zeichnen in dem für sie durch das Organisationseinheitszeichen vorgesehenen Kästchen mit Datum und Namenszeichen ab. Sie bekunden damit ihre Kenntnisnahme.

10. Schlussverfügungen

Von jedem Widerspruchsbescheid muss im Verwaltungsvorgang ein Entwurf verbleiben, der immer mit der Überschrift „E" bzw. „Entwurf" versehen wird. **912**

Am Ende des Entwurfes muss darüber entschieden werden, wie mit dem Aktenstück weiter verfahren werden soll. **Wiedervorlage** ist zu verfügen, wenn der Fall noch nicht abschließend bearbeitet werden kann. Es ist zweckmäßig, den Zweck der Wiedervorlage durch ein Stichwort zu kennzeichnen (z. B. Anhörung beantwortet? Vollstreckung?). Bei einem Widerspruchsbescheid ist das jedoch in aller Regel nicht der Fall, der Eingang des Zustellungsnachweises etwa muss nicht überwacht werden.

Wiedervorlage muss z. B. immer angeordnet werden, wenn ein Verwaltungsakt noch vollstreckt werden muss.

Wenn weitere Aktivitäten in einer Sache nicht mehr erforderlich sind, wenn nichts mehr veranlasst werden muss, lautet die Schlussverfügung **„zu den Akten"** bzw. **„z.d.A."**. Der Verwaltungsvorgang wird dem Bearbeiter dann nur noch auf besondere Anforderung wieder vorgelegt. Nach Ablauf einer Aufbewahrungsfrist von in der Regel 30 Jahren wird der Vorgang vernichtet oder dem Archiv zur Aufbewahrung angeboten.

Abgeschlossen wird der Vorgang dann mit **Namenszeichen** und **Datum** des Verfassers. Die Unterschrift mit vollem Namen ist unüblich.

13. Abschnitt: Der Abhilfebescheid

1. Allgemeines

913 Wird Widerspruch eingelegt, so hat zunächst die Ausgangsbehörde darüber zu entscheiden, ob sie dem Widerspruch abhilft oder nicht[1]. Diese Entscheidung über die Erfolgsaussichten des eingelegten Widerspruches ist Teil des Widerspruchsverfahrens und kein selbständiges Verwaltungsverfahren. Die Ausgangsbehörde, gegen deren Bescheid Widerspruch erhoben wurde, ist verpflichtet, ihren Bescheid noch einmal umfassend zu kontrollieren. Diese Überprüfung umfasst die **Zulässigkeit** des eingelegten Widerspruches, die **Rechtmäßigkeit** und die **Zweckmäßigkeit** der getroffenen Entscheidung[2].

In den Fällen, in denen es sich um eine Selbstverwaltungsangelegenheit handelt oder wenn die nächst höhere Behörde eine oberste Bundes- oder Landesbehörde ist, sind Ausgangs- und Widerspruchsbehörde identisch. Ein Abhilfeverfahren ist im Falle einer negativen Entscheidung nicht sinnvoll und es ergeht unmittelbar ein zurückweisender Widerspruchsbescheid[3].

Die Abhilfebehörde hat umfassende Entscheidungsbefugnisse[4]. Sie kann z. B. bei Fristversäumnis Wiedereinsetzung in den vorigen Stand gewähren oder auch zur Sache entscheiden. Sie ist jedoch nur befugt, eine positive Entscheidung zugunsten des Widerspruchsführers zu treffen. Hält sie den Widerspruch für **zulässig und begründet**, so hilft sie ihm ab und hebt ihren angefochtenen Bescheid auf oder erlässt den beantragten Verwaltungsakt. Sie entscheidet über die Kosten.

914 Will die Ausgangsbehörde den Bescheid nur teilweise abhelfen, so hat sie ein **Wahlrecht**. Sie kann entweder einen Teilabhilfebescheid erlassen oder auch hiervon absehen und den gesamten Vorgang der Widerspruchsbehörde zur Entscheidung vorlegen. Die Pflicht zur Abhilfe besteht nur in den Fällen der **Vollabhilfe**, dies ergibt sich aus einem Vergleich des Wortlautes des § 72 VwGO mit § 113 Abs. 1 S. 1 VwGO, letzterer sieht eine Teilabhilfe („*soweit*") vor.

Bei **Teilabhilfe** wird der Widerspruch auch nicht teilweise „verbraucht". Bedeutsam ist dies wegen der Kostenentscheidung, denn wegen des Prinzips der Einheitlichkeit der Kostenentscheidung ist nur eine Kostenentscheidung im Widerspruch zulässig.

Bleibt die Ausgangsbehörde dagegen bei ihrer bisherigen Rechtsauffassung, ergeht ein Widerspruchsbescheid. Der Vorgang muss der Widerspruchsbehörde zur Entscheidung vorgelegt werden, die allein eine **Verwerfungskompetenz** hat.

915 Mit der Vorlage der Sache an die Widerspruchsbehörde endet die Zuständigkeit der Ausgangsbehörde allerdings nicht, denn das Widerspruchsverfahren wird dadurch nicht beendet. Die Vorlage führt zu einer **Zuständigkeitskonkurrenz** zwischen der Abhilfe- und der Widerspruchsbehörde. Vor Bekannt-

---
[1] § 72 VwGO
[2] Der Wortlaut des § 72 VwGO ist ungenau („*begründet*").
[3] § 72 VwGO setzt von Sinn und Zweck her einen **mehrstufigen Behördenaufbau** voraus.
[4] Kopp/ Schenke, VwGO, Rdnr. 4 zu § 72

gabe der Widerspruchsentscheidung kann daher noch ein Abhilfebescheid ergehen. Der beendet dann die Zuständigkeit der Widerspruchsbehörde, selbst wenn sich der Widerspruchsvorgang noch in ihrem Geschäftsbereich befindet.

Beispiel: Bevor die Widerspruchsbehörde über den Widerspruch gegen einen Kostenentscheid entschieden hat, entschließt sich die Ausgangsbehörde, die Kosten zu begrenzen (die Teil-(!)abhilfe beendet in diesem Fall allerdings nicht die Zuständigkeit der Widerspruchsbehörde, denn es steht noch eine Gesamtentscheidung aus).

Abgeholfen ist dem Widerspruch dann, wenn seinem Begehren nachgekommen wird und der angefochtene Bescheid „aus der Welt geschaffen" wird. Aus Gründen der Abgrenzbarkeit muss dabei auf eine rein formelle Betrachtungsweise abgestellt werden[5].

Beispiel: Die Behörde erlässt einen Beitragsbescheid über 1.000,- Euro. Auf den Widerspruch hin hebt sie diesen Bescheid auf und fordert gleichzeitig 500,– Euro.

Bei wirtschaftlicher Betrachtungsweise könnte man hier zu dem Ergebnis kommen, es liege nur eine Teilabhilfe vor, weil der Widerspruchsführer ja tatsächlich noch 500,– Euro zahlen soll. Das verbietet sich jedoch wegen der vorzunehmenden rein formellen Sichtweise. Der Bescheid über 1000,– Euro wird aus der Welt geschaffen; gleichzeitig ergeht allerdings ein neuer Bescheid über einen Betrag von 500,– Euro, der auch neu angefochten werden kann.

Keine Abhilfe, sondern Aufhebung eines Bescheides liegt vor[6], wenn die Behörde einen Bescheid aus anderen als im Widerspruch genannten Gründen aufhebt. Entscheidend für die Abgrenzung zwischen § 72 VwGO und den §§ 48, 49 VwVfG ist die **Widerspruchsbezogenheit**. Gibt die Behörde im Endeffekt dem – zulässigen und statthaften – Widerspruchsbegehren statt, dann gibt sie damit zu erkennen, dass sie sich wegen des eingelegten Widerspruches so entschieden hat. Gibt die Behörde hingegen zu erkennen, dass sie sich aus übergeordneten politischen, sozialen oder wirtschaftlichen Erwägungen heraus zu einer neuen Entscheidung veranlasst gesehen hat, so spricht das für eine Rücknahme- oder Widerrufsentscheidung. Enthält die Entscheidung einen Ausspruch über die Verfahrenskosten, so spricht das in der Regel für eine Abhilfeentscheidung[7].

916

Der Abhilfebescheid beendet das Widerspruchsverfahren. Er muss daher dem Widerspruchsführer bekannt gegeben werden. Die Ausgangsbehörde ist jedoch nicht verpflichtet, die (stattgebende) Abhilfeentscheidung zu begründen[8]. Die Kostenlastentscheidung wird regelmäßig zugunsten des Widerspruchsführers ausfallen[9].

Enthält der Abhilfebescheid für einen Dritten erstmals eine Beschwer, so entfällt ein erneutes Widerspruchsverfahren[10]. Der Abhilfebescheid muss in diesen Fällen unmittelbar mit der Klage angegriffen werden.

---

5 BVerwG, JuS 92, 971
6 §§ 48, 49 VwVfG
7 Im Unterschied zu § 72 VwGO, der eine Kostenlastentscheidung bei Stattgabe des Widerspruches ausdrücklich vorschreibt, ist dies für eine Rücknahme- oder Widerrufsentscheidung gem. §§ 48, 49 VwVfG unbekannt.
8 § 39 Abs. 2 Nr. 1 VwVfG
9 § 80 VwVfG ; vgl. hierzu oben RN 888
10 § 68 Abs. 1 S. 2 Nr. 2 VwGO

2. Der Abhilfebescheid im Einzelnen

917 Für die Abfassung und den Aufbau des Abhilfebescheides gelten ähnliche Grundsätze wie für den Widerspruchsbescheid. Zum **Bescheideingang** gehören:

1. Briefkopf mit Bezeichnung und Postanschrift der Ausgangsbehörde
2. Name und Postanschrift des Widerspruchsführers
3. Betreff
4. Bezugszeichenzeile
5. Anlagen
6. Überschrift
7. Anrede

Abhilfebescheide sind **keine Widerspruchsbescheide**, sie müssen daher von der Behörde nicht zugestellt werden; denn es fehlt – anders als bei Widerspruchsbescheiden – eine ausdrückliche gesetzliche Anordnung zur Zustellung[11]. Es liegt allerdings im Ermessen der Ausgangsbehörde, ob sie den Abhilfebescheid durch einfachen Brief bekannt gibt oder ob sie seine Zustellung veranlasst. Bei Landesbehörden richtet sich die etwaige Zustellung nach dem jeweiligen Landeszustellungsrecht[12].

Hält die Ausgangsbehörde einen **Anfechtungswiderspruch** für zulässig und begründet, so hebt sie im **Tenor** den angefochtenen Bescheid auf oder ändert ihn ab.

918 *Formulierungsbeispiele:*

Sehr geehrte(r) …

Meinen Abgabescheid vom … hebe ich auf / Meinen Abgabebescheid vom … ändere ich antragsgemäß dahin ab, dass ein Betrag von 10.000 Euro festgesetzt wird.

Die stattgebende Sachentscheidung muss nicht begründet werden[13].

Wurde der angefochtene Bescheid auf Antrag eines Dritten erlassen, so reicht es nicht, ihn nur aufzuheben, es muss auch noch über den Antrag entschieden werden.

Formulierungsbeispiel:

Sehr geehrte(r) …

Die Baugenehmigung vom … hebe ich auf.

Den Bauantrag des Herrn Karl Schulze vom … lehne ich ab.

919 Bei einem begründeten **Verpflichtungswiderspruch** muss der ablehnende Bescheid aufgehoben und der beantragte Verwaltungsakt erlassen werden. In

---

[11] BVerwGE 39, 257, 259 – Die Pflicht zur Zustellung ergibt sich auch nicht aus § 56 Abs. 1 VwGO, denn diese Vorschrift gilt nur für die Zustellung im Gerichtsverfahren, aber nicht für die Zustellung von Verwaltungsakten im Verwaltungsverfahren
[12] Im Unterschied dazu werden Widerspruchsbescheide gem. § 73 Abs. 3 VwGO nach dem Bundes-Verwaltungszustellungsgesetz zugestellt.
[13] § 39 Abs. 2 Nr. 1 VwVfG

diesen Fällen muss selbstverständlich auch die für eine Amtshandlung zu zahlende Gebühr erhoben werden.

Formulierungsbeispiel:

Sehr geehrte(r) ...

Meinen Bescheid vom .... hebe ich auf.

Ich erteile ihnen die Genehmigung, ...

Die Kosten für die Baugenehmigung betragen 1.000 Euro.

Wird einem Widerspruch nur teilweise abgeholfen, so kann der ursprüngliche Bescheid nur geändert werden, denn die Aufhebung wäre eine umfassende Abhilfe. Über den gesamten Verfahrensgegenstand entscheidet dann noch die Widerspruchsbehörde, so dass auch keine Kostenlastentscheidung im Abhilfebescheid getroffen werden kann. Es ist jedoch in aller Regel zweckmäßiger, keine Teilabhilfe vorzunehmen und den Vorgang mit einer entsprechenden Stellungnahme an die Widerspruchsbehörde weiterzuleiten.

Formulierungsbeispiel (für Teilabhilfe): **920**

Sehr geehrte(r) ...

Meinen Bescheid vom ... ändere ich dahin ab, dass ich ihnen Wohngeld in Höhe von 380 Euro monatlich bewillige.

Ihrem weitergehenden Widerspruch kann ich nicht abhelfen. Hierüber wird die zuständige Bezirksregierung Köln entscheiden.

Der Abhilfebescheid muss eine **Kostenlastentscheidung** enthalten. Eine **Rechtsbehelfsbelehrung** ist im Abhilfebescheid regelmäßig entbehrlich, da der Bürger sein Rechtsschutzziel ja erreicht hat.

14. Abschnitt: Der Vorlagebericht

1. Allgemeines

921 Hält die Ausgangsbehörde einen Widerspruch für unzulässig und/oder unbegründet, muss sie ihn der Widerspruchsbehörde zur Entscheidung vorlegen, denn sie darf in diesen Fällen nicht selbst über den eingelegten Widerspruch entscheiden. Die Ausgangsbehörde legt dann in einem „Anschreiben" an die – übergeordnete – Widerspruchsbehörde ihre Rechtsauffassung dar.

Traditionell werden dienstliche Schreiben immer noch auf die hierarchische Einstufung der absendenden oder der empfangenden Behörde abgestellt. Schreiben von nachgeordneten Behörden an vorgeordnete Behörden werden als **Bericht** bezeichnet. Das ist zwar nicht mehr zeitgemäß, es spricht aber auch nichts dagegen, hier traditionell und üblich weiterhin von einem „Vorlagebericht" auszugehen.

922 Die Darlegung der Ausgangsbehörde ist von der Gestaltung her dem Widerspruchs- bzw. dem Abhilfebescheid ähnlich, es handelt sich hierbei jedoch um ein **innerbehördliches Schreiben** bei dem gewisse Besonderheiten zu beachten sind. Der Vorlagebericht ist mit einfachem Brief an die zuständige Widerspruchsbehörde und nicht an einen dortigen Sachbearbeiter zu richten. Jede Form der Zustellung unterbleibt. Persönliche Anreden und Höflichkeitsformeln sind unüblich.

Zum Eingang des Vorlageberichtes gehören:

– Briefkopf mit Benennung der Ausgangsbehörde

– Postanschrift der Ausgangsbehörde

– Postanschrift der Widerspruchsbehörde

– Betreffzeile (bzw. Fettdruck ohne Leitbegriff „Betreff")

– Bezugszeichenzeile

– Anlagen

Der Vorlagebericht ist kein Bescheid, denn er enthält keine Regelung. Damit die Widerspruchsbehörde über den Inhalt des Schreibens sofort informiert ist, empfiehlt es sich, eingangs darauf hinzuweisen, dass ein Widerspruchsvorgang nach negativ verlaufener Abhilfeprüfung zur Entscheidung vorgelegt wird.

Formulierungsvorschlag:

Anliegenden Widerspruchsvorgang lege ich gem. § 73 Abs. 1 VwGO zur Entscheidung vor. Ich kann dem Widerspruch nicht abhelfen.

Der Vorlagebericht ist ein Schreiben von Behörde zu Behörde. Der Sachverhalt ist dem Bearbeiter bei der Ausgangsbehörde in aller Regel vertraut. Um auch die Widerspruchsbehörde schnell zu informieren, sollte auch im Vorlagebericht eine Sachverhaltsdarstellung erfolgen[1]. Die Daten der Bekanntgabe

---

1 a. A. Volkert, 5. Kapitel, Rdnr. 34, der dies für verzichtbar hält

des Bescheides sowie der Widerspruchseinlegung werden im Perfekt, Indikativ, dargestellt.

Sofern der Widerspruchsführer neue Tatsachen vorgetragen hat, muss die Ausgangsbehörde darauf eingehen. Etwaige neue Sachverhaltsermittlungen und das Nachholen von Verfahrenshandlungen nach der Widerspruchseinlegung werden im Präsens oder Perfekt dargestellt.

Juristische Zweifelsfragen können kontrovers dargestellt werde, etwa zur Zulässigkeit und/oder Begründetheit des Widerspruches, denn es handelt sich ja nicht um einen an den Bürger gerichteten Bescheid. Dies geschieht im Präsens.

Im Vorlagebericht kann die typische **Verwaltungssprache** beibehalten werden.

Am Schluss darf die Ausgangsbehörde keinen Antrag, etwa auf Zurückweisung des Widerspruches, stellen. Sie kann allenfalls einen Entscheidungsvorschlag unterbreiten. Es muss aber deutlich werden, dass die Ausgangsbehörde auf den Widerspruch hin die streitige Angelegenheit nochmals überprüft hat. Die Entscheidung der Ausgangsbehörde über die Nichtabhilfe wird im Präsens oder im Perfekt mitgeteilt.

923

Dem Vorlagebericht muss der gesamte entstandene Verwaltungsvorgang im Original beigefügt werden. Zum Verwaltungsvorgang gehören alle Schriftstücke, die im Zusammenhang mit dem anhängigen Verwaltungsverfahren entstanden sind, nicht nur die zufällig abgehefteten Schreiben. Nicht zum Verwaltungsvorgang gehören z. B. Notizzettel des Sachbearbeiters. Die Widerspruchsbehörde muss aufgrund des zu übersendenden Verwaltungsvorganges in der Lage sein, sich ein eigenständiges Urteil über einen Streitgegenstand zu bilden, besonders bei der Ausübung von Ermessen.

Die Entscheidung, dem Widerspruch nicht abzuhelfen, ist eine unselbständige Verfahrensentscheidung, sie braucht den Beteiligten nicht bekannt gegeben zu werden[2]. Teilweise wird jedoch die Auffassung vertreten, die Mitteilung über die Nichtabhilfe und die Weiterleitung des Widerspruches an die Widerspruchsbehörde entspreche „gutem Stil"[3].

Hat die Ausgangsbehörde einen Verfahrensmangel, z. B. eine fehlende Anhörung gem. § 45 Abs. 1 Nr. 3 VwVfG nachträglich geheilt, so ist es aus Gründen der Rechtssicherheit ratsam, wenn die Beteiligten auch über die Nichtabhilfe und Weiterleitung des Widerspruches unterrichtet werden. Die Benachrichtigung ist auch in den Fällen empfehlenswert, in denen von vornherein absehbar ist, dass die Bearbeitung des Widerspruches bei der Widerspruchsbehörde eine unerwartet lange Zeit in Anspruch nehmen wird.

924

In den übrigen Fällen sollte die Ausgangsbehörde jedoch darauf verzichten, dem Widerspruchsführer mitzuteilen, sein Widerspruch sei der Widerspruchsbehörde zur Entscheidung vorgelegt worden. Das ist überflüssig und „ermuntert" den Widerspruchsführer allenfalls, einen weiteren Schriftwechsel zu starten.

---

[2] Kopp/Schenke, VwGO, § 72 Rdnr. 3
[3] Eyermann, VwGO, § 72 Rdnr. 12

Unterrichtet die Ausgangsbehörde allerdings den Widerspruchsführer von der Abgabe der Sache, muss sie die Widerspruchsbehörde darauf hinweisen.

925

2. Formulierungsvorschlag für einen Vorlagebericht:

Der Oberbürgermeister der Stadt Köln   Köln, den ….

Bezirksregierung Köln

Zeughausstr. 2–10

50667 K ö l n

Vollzug des Ordnungsbehördengesetzes

Widerspruch der Frau Juliane Meier vom …. gegen meinen Bescheid vom …., Az.: ….

Anlage: Verwaltungsvorgang

Anliegenden Verwaltungsvorgang lege ich gem. § 73 Abs. 1 VwGO vor. Die Widerspruchsführerin wendet sich gegen die angeforderten Kosten für das Abschleppen ihres Kraftfahrzeuges.

Gegen meinen Kostenbescheid vom ….. – 32–324/23 – hat Frau Meier, vertreten durch ihre Bevollmächtigte, Widerspruch eingelegt. Auch nach erneuter Prüfung der Angelegenheit kann ich dem Widerspruch nicht abhelfen.

Dem Widerspruchsverfahren liegt folgender Sachverhalt zugrunde:

Das Kraftfahrzeug der Widerspruchsführerin stand am ….. in Köln in der „Schildergasse" unmittelbar neben dem Verkehrszeichen 242 zu § 41 Abs. 2 Nr. 5 StVO (Beginn eines Fußgängerbereiches). In der Nähe des Fahrzeuges gab sich niemand als dessen Fahrer oder Halter zu erkennen. Das Fahrzeug ist im Auftrage der Bediensteten der Stadt Köln gegen 14.00 Uhr aus diesem Bereich von der Firma Colonia abgeschleppt und auf deren Verwahrplatz gebracht worden.

Ich habe die Widerspruchsführerin mit Bescheid vom …. zur Erstattung der mir hierdurch entstandenen Kosten in Höhe von 120,– Euro aufgefordert.

Die Widerspruchsführerin hat diesen Betrag unter Vorbehalt gezahlt und gegen meinen Bescheid fristgerecht Widerspruch eingelegt. Sie verlangt den gezahlten Betrag zurück. Zur Begründung beruft sie sich darauf, es sei zu keiner Behinderung von Fußgängern gekommen. Außerdem sei der Bescheid widersprüchlich begründet, da er sich nicht eindeutig auf eine Ersatzvornahme oder Sicherstellung festlege. Das Fahrzeug sei im übrigen von Herrn … gefahren worden und der Fahrer sei ihrer Meinung nach vorrangig in Anspruch zu nehmen.

Ich habe meine Entscheidung noch einmal überprüft und kann keinen rechtlichen Fehler erkennen.

Zu dem Widerspruch nehme ich wie folgt Stellung:

Der Widerspruch ist zulässig.

Es handelt sich hier um einen Anfechtungswiderspruch, § 68 Abs. 1 S. 1 VwGO. Zwar verlangt die Widerspruchsführerin die von ihr gezahlten 120,– Euro zurück, dieser geltend gemachte öffentlich-rechtliche Erstattungsanspruch hätte aber nur dann Aussicht auf Erfolg, wenn zuvor mein Kostenbescheid aufgehoben würde.

Mein Kostenbescheid hat sich auch nicht infolge der Zahlung des geforderten Betrages erledigt (zur Unzulässigkeit eines Fortsetzungsfeststellungswiderspruches neuerdings zweifelnd BVerwG, NVwZ 00,63). Er ist weiterhin der Rechtsgrund für die durchgeführte

Vermögensverschiebung. Im übrigen hat die Widerspruchsführerin unter Vorbehalt gezahlt. Dies deutet darauf hin, dass sie im Grunde unfreiwillig gehandelt hat und sie wohl nur eine vermeintliche Zwangsvollstreckung abwenden wollte.

Der Widerspruch ist nicht begründet.

Die Kostenerstattungspflicht der Widerspruchsführerin ergibt sich aus § 77 Abs. 1 VwVG NW i. V. m. § 11 Abs. 2 S. 1, 2 Nr. 7 oder Nr. 8 KostO NW. Hiernach hat der Vollstreckungsschuldner der Vollzugsbehörde Auslagen zu ersetzen, die bei der Ersatzvornahme oder bei der Anwendung unmittelbaren Zwanges an Beauftragte zu zahlen sind. Die „Amtshandlung" i. S. d. § 77 Abs. 1 VwVG NW ist das Abschleppen des Kraftfahrzeuges.

Weil das Fahrzeug der Widerspruchsführerin nach dem Abschleppen auf einen Verwahrplatz gebracht wurde, ließe sich die Maßnahme ebenso als Sicherstellung begreifen. Die Kostenerstattungspflicht ergäbe sich dann aus § 24 OBG NW, §§ 43 Nr. 1, 46 Abs. 3 PolG, der auf § 77 VwVG NW verweist.

Es kann nach meiner Auffassung jedoch offen bleiben, ob das Abschleppen des Fahrzeuges der Widerspruchsführerin rechtlich eine Sicherstellung (§ 24 OBG NW i. V. m. § 43 PolG NW) oder eine Ersatzvornahme im Rahmen des Sofortvollzuges (§§ 55 Abs. 2, 57 Abs. 1 Nr. 1, 59 Abs. 1 VwVG NW) war, denn für die Rechtmäßigkeit des Kostenbescheides ist dies ohne Belang (vgl. hierzu auch OVG NW, NWVBl. 01,181).

Die allgemeinen Vollstreckungsvoraussetzungen sind im vorliegenden Fall erfüllt, weil gegen das aus einem vollziehbaren Verwaltungsakt folgende Verbot verstoßen worden ist; dies beinhaltet auch eine „gegenwärtige Gefahr" i. S. des § 43 Nr. 1 PolG NW. Die von mir angeordnete Maßnahme war verhältnismäßig.

Das Abschleppen des Fahrzeuges der Widerspruchsführerin ist die Vollstreckung eines vollziehbaren Verwaltungsaktes. Es war ein sofortiges Handeln geboten.

Eine (gegenwärtige) Gefahr für die öffentliche Sicherheit als Voraussetzung für mein Eingreifen lag vor. Das Verkehrszeichen Nr. 242, in dessen Geltungsbereich das Fahrzeug der Widerspruchsführerin geparkt war, besagt nicht nur, dass andere Verkehrsteilnehmer als Fußgänger den Fußgängerbereich nicht benutzen dürfen, es enthält zugleich das analog § 80 Abs. 2 Nr. 2 VwGO vollziehbare und damit vollstreckbare Gebot, ein vorschriftswidrig abgestelltes Kraftfahrzeug alsbald zu entfernen (BVerwG, NJW 97, 1021 zum Halteverbotsschild). Im Hinblick auf die Leichtigkeit und Sicherheit des Straßenverkehrs ist es zudem unerheblich, ob die Widerspruchsführerin das Verkehrsschild wahrgenommen hat oder nicht (BVerwG, aaO.; OVG NW NWVBl. 95,476).

Das Abschleppen war notwendig und entsprach dem Grundsatz der Verhältnismäßigkeit. Es ist belanglos, ob Fußgänger konkret behindert wurden, denn es ist generell zu verhindern, dass Fußgängerzonen zu Parkplätzen umfunktioniert werden und dadurch der Fußgängerbereich verengt wird. Fußgängerzonen dienen der Verbesserung der Lebensqualität und der Wiederbelebung des öffentlichen Verkehrsraumes in Innenstädten. Es sind Ruhezonen, die Fußgänger zum Aufenthalt und zum Verweilen einladen und ihnen eine ungestörte Kommunikation ermöglichen sollen. Fahrzeuge in der Fußgängerzone beeinträchtigen diesen Zweck. In Fußgängerbereichen rechnen Fußgänger nicht mit Autos.

Weniger beeinträchtigende Mittel zur Beseitigung der (gegenwärtigen) Gefahr standen nicht zur Verfügung. Das Abschleppen konnte auch nicht darauf beschränkt werden, das Fahrzeug der Widerspruchsführerin auf einen in der Nähe gelegenen Parkplatz umzusetzen, weil ein solcher nicht zur Verfügung stand.

Das Abschleppen war auch angemessen, weil sie gem. § 15 Abs. 2 OBG NRW nicht erkennbar unverhältnismäßig war. Ein handgreifliches Missverhältnis der Wertigkeit zwischen dem geschützten und dem nachteilig betroffenen Rechtsgut bestand nicht. Eine Halterfeststellung und Nachforschungen nach dem Aufenthalt des Halters oder Fahrers waren z. Zt. der Abschleppmaßnahme nicht zumutbar, denn bei den sehr ungewissen Erfolgsaussichten hätte dies zu nicht hinnehmbaren Zeitverzögerungen geführt.

Der mir von der Widerspruchsführerin später benannte Fahrer, Herr Anton Karl, hat auf mein Anhörungsschreiben hin telefonisch kurz mitgeteilt, dass er es ablehne, Kosten zu tragen. Er habe nur kurz angehalten, um an einen nahen Geldautomaten zu gehen.

Die Auswahl zwischen mehreren Verantwortlichen erfolgt aufgrund einer Ermessensentscheidung. Im Gesetz ist ein Vorrang der einen oder anderen Form der Verantwortlichkeit nicht geregelt. Zwar spricht für die Inanspruchnahme des Fahrers vor der Widerspruchsführerin als Entleiherin, dass er letztlich die Gefahr gesetzt hat und der Gefahrverwirklichung näher steht als der Halter, dagegen spricht aber, dass es bei der Kostenerstattung gegenüber der Gefahrbeseitigung nur um die Sekundärebene geht, hinter der die Verhaltensverantwortlichkeit zurücktritt. Sieht man in der Maßnahme eine Sicherstellung, bestünde gem. § 46 Abs. 3 S. 1 PolG NRW ein Gesamtschuldverhältnis.

(Evt.: Ich habe die Widerspruchsführerin davon unterrichtet, dass ich den Vorgang an Sie zur Entscheidung weitergeleitet habe.)

Im Auftrage

Schneider

Städt. Verwaltungsrat

15. Abschnitt: Verwaltungsgerichtlicher Rechtsschutz

1. Einführung

Die Aufgabe der Verwaltungsgerichtsbarkeit ist es, dem Bürger Rechtsschutz gegen Maßnahmen zu gewähren, die die öffentliche Verwaltung ihm gegenüber ergreift. Die öffentliche Hand muss ihre Entscheidungen einem unabhängigen Richterspruch unterwerfen und ist damit ganz erheblich in ihrer Macht begrenzt. Aus heutiger Sicht erscheint das fast selbstverständlich. Vergessen wird dabei, dass dies das Ergebnis eines langen Prozesses ist, der erst mit dem Inkrafttreten des Grundgesetzes abgeschlossen wurde.

926

2. Die geschichtliche Entwicklung des Verwaltungsrechtschutzes

Bis zum Inkrafttreten des Grundgesetzes hatte der Bürger nur in bestimmten, gesetzlich aufgezählten Fällen **(Enumerationsprinzip)** das Recht, eine Kontrolle der Behördenentscheidung zu verlangen.

927

Beispiele: Gewerberechtliche Verfügungen nach § 20 GewO i.d.F. vom 21.6.1869; polizeiliche Verfügungen nach der Teil-Generalklausel der §§ 127f des preußischen Gesetzes über die allgemeine Landesverwaltung vom 30.7.1883[1].

Die Kontrolle von Verwaltungsentscheidungen lag dabei bei – mehr oder weniger befangenen – Verwaltungsmitarbeitern. Erstmals sah § 142 der Paulskirchenverfassung eine Begrenzung dieser Befugnisse vor und bestimmte: „*Die Verwaltungsrechtspflege hört auf, über alle Rechtsverletzungen entscheiden die Gerichte*".

Streitig wurde darüber diskutiert, ob mit einer unabhängigen richterlichen Kontrolle von Verwaltungsentscheidungen die bereits bestehenden ordentlichen Gerichte betraut werden sollten oder ob es sinnvoller sei, eine besondere Verwaltungsgerichtsbarkeit einzuführen. Während der Kasseler Richter Otto Bähr für die Zuständigkeit der ordentlichen Gerichte plädierte, sprach sich der Staatsrechtler Rudolf von Gneist für eine besondere Verwaltungsgerichtsbarkeit aus.

928

Auf dem 12. Deutschen Juristentag 1875 in Nürnberg fasste v. Gneist seine Forderung „neben den ordentlichen Gerichten eine ergänzende Verwaltungs-Jurisdiction" für alle Fälle zu schaffen, in denen die Staatsgewalt „rechtswidrig oder parteiisch durch Entscheidungen oder Verfügungen der Verwaltungsbehörden angewandt wird" in einem Referat zusammen[2].

Gerichten wurde die Verwaltungskontrolle erstmals 1863 in Baden übertragen, allerdings entschieden nur in der letzten Instanz unabhängige Richter, die unteren Instanzen waren mit – nicht weisungsgebundenen – Verwaltungsbeamten und Laienbeisitzern besetzt. Andere Länder folgten, in Preußen erging das Gesetz über die Verfassung der Verwaltungsgerichte und das Verwaltungsstreitverfahren vom 3. Juli 1875[3]. Hier hatte das Berliner Oberverwal-

---
1 Pr. GS S. 195
2 zitiert nach v. Unruh, Jura 1982, 113
3 Pr. GS S. 327

tungsgericht einen entscheidenden Anteil an der Entwicklung des deutschen Verwaltungsrechtes. Verwaltungsgerichtlicher Rechtsschutz war aber nach wie vor nur in den ausdrücklich im Gesetz aufgezählten Situationen möglich.

Art. 107 der Weimarer Reichsverfassung bestimmte: *„Im Reich und in den Ländern müssen nach Maßgabe der Gesetze Verwaltungsgerichte zum Schutze der einzelnen gegen Anordnung und Verfügungen der Verwaltungsbehörden bestehen"*. Es entwickelte sich daraufhin eine unabhängige Verwaltungsgerichtsbarkeit auch auf der unteren Ebene, überwiegend blieb aber das Enumerationsprinzip bestehen.

Während der Zeit des Nationalsozialismus kam es zu einem schrittweisen Abbau der Verwaltungsgerichtsbarkeit[4], die Kompetenzen Verwaltungsgerichte wurden stetig abgebaut. 1941 wurde das Preußische Oberverwaltungsgericht mit anderen Sonderverwaltungsgerichten zum „Reichsverwaltungsgericht" zusammengefasst[5]. Die Richter wurden vom „Führer" ernannt. Durch die „Verordnung über die Aufhebung der verwaltungsgerichtlichen Rechtsprechung" vom 7. April 1944 kam die Verwaltungsgerichtsbarkeit völlig zum Erliegen. Zuvor hatte sich Adolf Hitler durch Erlass als „oberster Gerichtsherr" in Deutschland eingesetzt und damit **alle drei Teile der Staatsgewalt** auch formal in seiner Hand gebündelt.

929 Nach Ende des zweiten Weltkrieges wurde in Deutschland das **Enumerationsprinzip** abgeschafft und die verwaltungsgerichtliche **Generalklausel** eingeführt. Hiernach können alle (nicht verfassungsrechtlichen) Streitigkeiten zwischen Bürger und Staat durch unabhängige Gerichte geklärt werden. Verfassungsrechtlich abgesichert ist das durch die **Rechtsschutzklausel** des Art. 19 Abs. 4 GG: *„Wird jemand durch die öffentliche Gewalt in seinen Rechtes verletzt, so steht ihm der Rechtsweg offen"*. Das darf nun aber nicht wörtlich verstanden werden, denn man kann nicht erst klagen, wenn feststeht, dass man in seinen Rechtes verletzt ist; es genügt, wenn man dies behauptet und nicht von vornherein offensichtlich feststeht, dass dies nicht der Fall sein kann. Die Verwaltungsgerichtsordnung gewährleistet heute ein **lückenloses Rechtsschutzsystem**.

Die Kontrolle der Verwaltung durch unabhängige Richter gehört heute zum rechtsstaatlichen Kernbestand, der gem. Art. 79 Abs. 3 GG nicht verändert werden darf. Dies ist ein Wert an sich. Durch die Gewährung eines unabhängigen gerichtlichen Rechtsschutzes soll „die Selbstherrlichkeit der vollziehenden Gewalt gegenüber dem Bürger" beseitigt werden[6].

Ausnahmen von dieser Rechtsschutzgarantie sieht Art. 10 Abs. 2 GG für Maßnahmen geheimer Nachrichtenbeschaffung vor[7]. Gegen Gnadenentscheidungen schließt Art. 60 Abs. 2 GG eine gerichtliche Nachprüfbarkeit aus[8]. Eine Gnadenentscheidung kann ohne Antrag und sogar gegen den Willen des Begünstigten ergehen. Ein Recht auf einen Gnadenerweis des Staates besteht nicht, folglich kann ein solches Recht auch nicht verletzt werden.

---

4 Erdelt, VR 03, 403 m. w. N.
5 „Führererlass" vom 3.4.1941, RGBl. I S. 201
6 BVerfGE 10, 264, 267
7 BVerfGE 30, 1
8 BVerfG, NJW 01, 3771

3. Der Aufbau der allgemeinen Verwaltungsgerichtsbarkeit

Die allgemeine Verwaltungsgerichtsbarkeit ist dreistufig aufgebaut: 930
1. Verwaltungsgerichte.
2. Oberverwaltungsgerichte bzw. Verwaltungsgerichtshöfe[9] in jedem Land.
3. Das Bundesverwaltungsgericht in Leipzig[10].

Die Verwaltungsgerichte und die Oberverwaltungsgerichte sind Gerichte der Länder. Das Bundesverwaltungsgericht ist ein Gericht des Bundes.

Bei den Verwaltungsgerichten bestehen **Kammern**. Sie entscheiden aufgrund einer mündlichen Verhandlung in der Besetzung von drei (Berufs-) Richtern und zwei ehrenamtlichen Richtern, soweit nicht ein Einzelrichter entscheidet[11]. Die ehrenamtlichen Richter wirken bei Beschlüssen außerhalb der mündlichen Verhandlung und bei Gerichtsbescheiden nicht mit. 931

Der **Vorsitzende** einer Kammer wird vom Präsidium eines Gerichtes bestimmt[12]. Der Vorsitzende stellt eine Klage zu, veranlasst die Bearbeitung im Rahmen eines im vorhinein festgelegten Geschäftsverteilungsplanes, leitet die mündliche Gerichtsverhandlung, verkündet das von der Kammer gefasste Urteil und begründet es mündlich; schließlich unterzeichnet er das schriftlich begründete Urteil mit. Der Vorsitzende muss an mindestens 75% der Entscheidungen der Kammer beteiligt sein[13].

Der Vorsitzende der Kammer bestimmt einen Berufsrichter zum **Berichterstatter** oder übernimmt diese Aufgabe selbst[14]. Der Berichterstatter ist der „Sachbearbeiter" eines konkreten Falles mit Entscheidungsbefugnissen[15]. Der dritte Berufsrichter ist der **Beisitzer**, er entscheidet wie die ehrenamtlichen Richter aufgrund seines Eindruckes aus der mündlichen Verhandlung.

Allerdings finden bei den Verwaltungsgerichten zur Vorbereitung der mündlichen Verhandlung meist Vorberatungen der Berufsrichter statt, in denen der Berichterstatter schriftlich ausgearbeitete Voten vorbereitet hat.

Die Oberverwaltungsgerichte sind sowohl 1. Instanz als auch Berufungsinstanz. Es entscheiden hier **Senate** in der Besetzung mit drei Berufsrichtern. Die Länder können bestimmen, dass die Senate nach mündlicher Verhandlung mit fünf Richtern, bei Großvorhaben mit sieben Richtern, von denen jeweils zwei ehrenamtliche sein können, entscheiden[16]. Auch beim Oberverwaltungsgericht können Entscheidungen auf den Einzelrichter übertragen werden[17]. 932

Das nordrhein-westfälische Oberverwaltungsgericht in Münster entscheidet regelmäßig nach mündlicher Verhandlung in der Besetzung von drei Berufsrichtern und zwei ehrenamtlichen Richtern[18].

---
9 so die traditionelle Bezeichnung in Bayern, Baden-Württemberg und Hessen
10 § 2 VwGO
11 § 5 Abs. 3 VwGO
12 § 21 e GVG
13 BGHZ 37,210
14 § 82 Abs. 2 S. 2 VwGO
15 er entscheidet z. B. in den in § 87 a VwGO genannten Fällen
16 § 9 Abs. 3 VwGO
17 §§ 125 Abs. 1 S. 1, 87 a VwGO
18 § 10 AG VwGO NRW

933 Beim Bundesverwaltungsgericht entscheiden derzeit elf **Revisionssenate** in der Besetzung mit fünf Berufsrichtern. Bei Grundsatzentscheidungen entscheidet ein **Großer Senat** in der Besetzung mit sieben Richtern. Bei Beschlüssen außerhalb der mündlichen Verhandlung entscheiden drei Richter.

Besondere Disziplinargerichte gibt es zwar nicht mehr, in der ersten und zweiten Instanz sind jedoch spezialisierte Kammern und Senate für **Disziplinarsachen** einzurichten[19]. In den Spruchkörpern müssen ehrenamtliche **Beamtenbeisitzer** mit entscheiden.

Vor dem Bundesverwaltungsgericht und dem Oberverwaltungsgericht muss sich jeder Beteiligte durch einen Rechtsanwalt oder Rechtslehrer mit der Befähigung zum Richteramt an einer Hochschule nach dem HRG vertreten lassen. Für juristische Personen des öffentlichen Rechtes und Behörden sowie für Gewerkschafts- und Interessenvertreter bestehen Ausnahmeregelungen[20].

4. Grundsätze des verwaltungsgerichtlichen Verfahrens

935 Das Verfahren vor dem Verwaltungsgericht wird **von Amts wegen** betrieben. Jeder Beteiligte hat Anspruch auf **rechtliches Gehör**[21]. Das Verfahren ist **mündlich**[22] und **öffentlich**[23]. Seine Entscheidungsgrundlagen muss sich das Gericht selbst und unmittelbar beschaffen[24]. Selbstverständlich ist das Gericht bei der Rechtsfindung an die vorgebrachten Einschätzungen der Beteiligten nicht gebunden.

4.1 Der Verfügungsgrundsatz

936 Im Unterschied zur Verwaltung, die eine Angelegenheit auch von sich aus aufgreifen kann, liegt die Einleitung eines verwaltungsgerichtlichen Verfahrens allein in der Hand der Beteiligten. Dieser sog. **Verfügungsgrundsatz** besagt, dass die Beteiligten die Herrschaft über das gerichtliche Verfahren und den Streitgegenstand haben.

Im einzelnen heißt das:

- die Verwaltungsgerichte werden nur auf Antrag tätig[25]
- der Kläger bestimmt den Streitgegenstand, nur hierüber darf das Verwaltungsgericht entscheiden. Das Gericht darf über den Antrag des Klägers nicht hinausgehen[26]
- der Kläger kann die Klage jederzeit ändern[27]

---

19 § 45 S. 2 BDG
20 § 67 Abs. 1 VwGO
21 Art. 103 GG
22 § 101 Abs. 1 VwGO
23 § 45 VwGO, § 169 GVG
24 §§ 86 Abs. 1, 96 Abs. 1 VwGO
25 §§ 42 Abs. 1, 47 Abs. 1, 80 Abs. 5, 80 a, 123 Abs. 1 VwGO
26 § 88 VwGO
27 § 91 Abs. 1 VwGO

- die Beteiligten können jederzeit Einfluss auf das Gerichtsverfahren nehmen, etwa durch Klagerücknahme[28]; durch gerichtlichen Vergleich[29] oder durch Erledigungserklärung[30]
- die Beteiligten können Rechtsmittel einlegen[31]

Das Verwaltungsgericht erforscht den Sachverhalt von Amts wegen[32], dabei ist es an Anträge der Beteiligten nicht gebunden. Dieser auch schon im Verwaltungsverfahren geltende **Untersuchungsgrundsatz**[33] ist aus rechtsstaatlichen Gründen notwendig, um die Gesetzmäßigkeit des Verwaltungshandelns zu garantieren. Zur Anwendung dieses Grundsatzes kann das Gericht sämtliche Verfahrensakten der Ausgangs- und der Widerspruchsbehörde heranziehen[34] sowie von sich aus eine Beweisaufnahme anordnen[35].

937

Der Kläger muss also dem Gericht keine Tatsachen vortragen und seine Klage hiermit begründen, der Beklagte ist nicht verpflichtet, die Klage zu bestreiten und Gegengründe zusammenzutragen.

Eine Einschränkung dieses Amtsermittlungsgrundsatzes ergibt sich aus § 87 b Abs. 3 VwGO, hiernach ist es dem Verwaltungsgericht möglich, Beteiligtenvorbringen auszuschließen.

Erforderlich ist allerdings, dass sich aus dem Vorbringen des Klägers schlüssig ergibt, dass eine Rechtsverletzung möglich ist, denn der Kläger muss eine Rechtsverletzung *„geltend machen"*[36]. Aus seiner Klage muss sich also erkennen lassen, worin eine mögliche Rechtsverletzung besteht[37].

Aufklärungsbedürftig sind alle Tatsachen, die auch nach dem Vorbringen der Parteien noch nicht als feststehend angesehen werden können und die – nach Überzeugung des Gerichtes – für die Entscheidung wesentlich sind. Das Verwaltungsgericht ist wegen des bestehenden Untersuchungsgrundsatzes weder an ein Geständnis noch an ein übereinstimmendes Vorbringen der Beteiligten gebunden.

Für eine notwendig werdende Beweisaufnahme gilt der Grundsatz der **Unmittelbarkeit** und der **Parteiöffentlichkeit**, d. h. die zur Entscheidung berufene Kammer muss grundsätzlich Zeugen selbst vernehmen, um sich ein genaues Bild machen zu können. Für die Glaubwürdigkeit von Zeugen ist häufig auch die Art und Weise, wie sie ihre Aussage machen, von erheblicher Bedeutung. An dieser Zeugenvernehmung können die Prozessbeteiligten teilnehmen.

Im einstweiligen Anordnungsverfahren muss der Antragsteller allerdings einen Schritt weiter gehen, er muss für seinen Antrag *„Tatsachen glaubhaft machen"*[38].

Eine Beweisführungslast wie im Zivilprozess gibt es im Verwaltungsprozess grundsätzlich nicht. Gleichwohl garantiert der Amtsermittlungsgrundsatz keine lückenlose Aufklärung, es sind immer wieder Situationen denkbar, in denen

---

28 § 92 Abs. 1 VwGO
29 § 106 VwGO
30 § 161 Abs. 2 VwGO
31 §§ 126, 127, 140 VwGO
32 § 86 Abs. 1 VwGO
33 § 24 VwVfG
34 § 99 Abs. 1 VwGO
35 §§ 96, 98 VwGO
36 § 42 Abs. 2 VwGO
37 BVerwG, NVwZ 93, 63
38 § 123 Abs. 3 VwGO i.V.m. §§ 920 Abs. 2, 294 ZPO

Tatsachen unaufklärbar sind. In diesen Fällen gilt auch im Verwaltungsprozess der allgemeine Beweisgrundsatz, dass jeder das beweisen muss, was für ihn günstig ist, **worauf er sich beruft**[39].

<small>Die Behörde muss beweisen, dass die Voraussetzungen für eine belastende Maßnahme vorliegen, z. B. die Dienstunfähigkeit eines Beamten; der Bürger muss dann beweisen, dass die Voraussetzungen für eine beantragte Ausnahmegenehmigung vorliegen.</small>

938   Im Verwaltungsprozess gilt der sogen. **Amtsbetrieb**. Ladungen der Beteiligten, Zustellungen von Klagen oder Urteilen usw. geschehen ausnahmslos durch das Gericht.

Verwaltungsgerichtliche Entscheidungen ergehen in aller Regel aufgrund einer mündlichen Gerichtsverhandlung[40], die allerdings schriftlich vorbereitet wird[41]. Damit auch die zu entscheidenden Tatsachen nicht verloren gehen, muss zu Beginn der mündlichen Verhandlung der wesentliche Akteninhalt vorgetragen werden[42]. Die Beteiligten können auf eine mündliche Verhandlung verzichten[43]. Gerichtsbescheide ergehen ohne mündliche Verhandlung[44].

In der mündlichen Verhandlung haben alle Beteiligten den Anspruch auf rechtliches Gehör, d. h. sie können sich zu allen tatsächlichen oder rechtlichen Fragen des Verfahrens äußern.

5. Der Ablauf eines Verwaltungsgerichtsverfahrens

939   Die Klage bei einem Verwaltungsgericht muss entweder schriftlich bei dem zuständigen Gericht oder mündlich zur Niederschrift der Geschäftsstelle des Gerichtes erhoben werden[45]. Beim OVG (VGH) und beim BVerwG kann eine Klage nur schriftlich durch **besondere Bevollmächtigte** erhoben werden.

Die **Klageschrift** muss mindestens drei Bestandteile enthalten[46], nämlich:

1. die Bezeichnung des Klägers,

2. die Bezeichnung des Beklagten[47],

3. die Bezeichnung des Streitgegenstandes.

Liegt eine dieser Voraussetzungen nicht vor, führt das zur Klageabweisung durch **Prozessurteil**. Maßgebend ist der Zeitpunkt der gerichtlichen Entscheidung. Eine zunächst unzureichend erhobene Klage kann also noch zulässig werden.

Die Klage „soll" einen bestimmten Antrag enthalten und die zur Begründung dienenden Tatsachen und Beweismittel angeben. Der angefochtenen Verwaltungsakt und der Widerspruchsbescheid sollen der Klage beigefügt werden.

<small>39 BVerwG, NJW 94, 468
40 § 101 Abs. 1 VwGO
41 § 86 Abs. 4 VwGO
42 § 103 Abs. 2 VwGO
43 § 101 Abs. 2 VwGO
44 § 84 Abs. 1 VwGO
45 § 81 VwGO
46 § 82 Abs. 1 S. 1 VwGO
47 wobei gem. § 78 Abs. 1 Nr. 1 VwGO die Angabe der Behörde genügt</small>

Mit der Einreichung der Klage wird der Streitgegenstand **rechtshängig**[48]. **940** Damit ist jedes anderweitige Gerichtsverfahren über diese Sache ausgeschlossen[49]. Die Rechtshängigkeit endet mit dem Abschluss dieses Klageverfahrens.

<small>Die Zuständigkeit einer Kammer ergibt sich aus dem Geschäftsverteilungsplan des Gerichtes. Die Geschäftsstelle der Kammer registriert die Klage und legt sie dem Kammervorsitzenden vor.</small>

Die **Klageschrift** besteht üblicher Weise aus einem **Eingangsteil** und aus einer **Klagebegründung**.

Für die Formulierung des Eingangsteils ist eine Anlehnung an das Urteil gebräuchlich, d. h. nach Absenderangabe und Anschrift des angerufenen Gerichtes folgt die Überschrift „Klage", die Bezeichnung der Beteiligten, die Benennung des Streitgegenstandes und die Formulierung eines bestimmten Sachantrages. Ist die Frist für die Klageerhebung abgelaufen, enthält der Klageantrag auch einen Antrag auf Wiedereinsetzung in den vorigen Stand.

Die Begründung der Klageschrift besteht in einer Sachverhaltsdarstellung und einer rechtlichen Würdigung.

Formulierungsbeispiel für Klageschrift: **941**

Juliane Maier   *50354 Hürth, den 24. Febr. 2005*

Verwaltungsgericht Köln

Appellhofplatz

50667 Köln

K l a g e

der Frau Juliane Maier, Lange Str. 14, 50354 Hürth

– Klägerin –

g e g e n

den Bürgermeister der Stadt Hürth, 50351 Hürth

– Beklagter –

wegen Erhebung von Grundsteuern

Hiermit erhebe ich Klage gegen den Beklagten und bitte um Anberaumung eines Termins zur mündlichen Verhandlung, in dem ich beantragen werde zu erkennen:

Der Steuerbescheid des Beklagten vom …. und der Widerspruchsbescheid des Beklagten vom … werden aufgehoben.

Vorab fordere ich den Beklagten auf, zur Vermeidung eines Antrages auf einstweiligen Rechtsschutz die Vollziehung des Steuerbescheides bis zur Rechtskraft des Urteils auszusetzen.

Begründung:

Der Klage liegt folgender Sachverhalt zugrunde:

……….

In rechtlicher Hinsicht ist folgendes auszuführen:

……….

Der Klage wird daher antragsgemäß stattzugeben sein.

<small>48 § 90 VwGO
49 §§ 17 Abs. 1, 17 b Abs. 1 GVG</small>

Der Bescheid des Beklagten vom ... sowie sein Widerspruchsbescheid vom ... sind in Fotokopie beigefügt.

Juliane Maier

942 Der Vorsitzende der zuständigen Kammer des Verwaltungsgerichtes bestätigt den Eingang der Klage gegenüber dem Kläger und stellt dem Beklagten eine Durchschrift der Klageschrift zu. Der Vorsitzende trifft die Entscheidungen zur Vorbereitung der mündlichen Verhandlung[50].

Für die weiteren Prüfungen der Klage ist die **Kammer** zuständig, die die Angelegenheit an einen **Einzelrichter** zur Erledigung verweisen kann[51]. Bei Beschlüssen außerhalb der mündlichen Verhandlung und bei Gerichtsbescheiden entscheiden nur die Berufsrichter. Bei Urteilen wirken zwei ehrenamtliche Verwaltungsrichter mit, soweit nicht ein Berufsrichter allein entscheidet[52].

6. Zulässigkeitsvoraussetzungen für eine verwaltungsgerichtliche Klage

943 Ähnlich wie bei einem Widerspruch müssen auch bei der Erhebung einer Klage eine Reihe von Zulässigkeitsvoraussetzungen erfüllt sein, die im gerichtlichen Verfahren **Sachurteilsvoraussetzungen** genannt werden.

Auch hier gilt, dass sie in einer Klausur nur dann zu prüfen sind, wenn sich echte Probleme hinter ihnen verbergen. Überflüssige Ausführungen zur Zulässigkeit wirken nicht nur anfängerhaft, es ist sogar fehlerhaft, Prüfer ohne sachliche Notwendigkeit über theoretisches Wissen zu belehren[53]. In vielen Fällen ist also die schlichte Formulierung „Die Klage ist zulässig" ausreichend.

Bei den Klagezulässigkeitsvoraussetzungen ist zwischen allgemeinen und besonderen Sachurteilsvoraussetzungen zu unterscheiden. Allgemeine Sachurteilsvoraussetzungen sind Voraussetzung für die Einschaltung eines Verwaltungsgerichtes, sie müssen bei jeder Art von Klagen oder Anträgen gegeben sein, besondere Sachurteilsvoraussetzungen hingegen beziehen sich nur auf bestimmte Klagen.

Sachurteilsvoraussetzung ist bei **allen Klagearten**:

- Eröffnung des Verwaltungsrechtsweges[54]
- Statthafte („richtige") Klageart[55]
- Ordnungsgemäße Klageerhebung
- Klagebefugnis[56]
- Rechtsschutzbedürfnis

Aus Gründen der Übersichtlichkeit wird hier bewusst auf Sachurteilsvoraussetzungen verzichtet, die selten eine Rolle spielen, wie das Bestehen der deutschen Gerichtsbarkeit, das Fehlen anderweitiger Rechtshängigkeit, Streitgenossenschaft, Beiladung, ordnungsgemäße Vertretung, Beteiligungs- und Prozessfähigkeit.

---

50 §§ 87, 87 a, 87 b VwGO
51 § 6 VwGO
52 § 5 Abs. 3 VwGO
53 Lemke, JA 99,887
54 § 40 Abs. 1 VwGO
55 §§ 42, 43 VwGO
56 § 42 Abs. 2 VwGO (analog)

6.1 Die Eröffnung des Verwaltungsrechtsweges

Die allgemeinen Verwaltungsgerichte können „in allen öffentlich-rechtlichen Streitigkeiten nicht verfassungsrechtlicher Art" angerufen werden, falls nicht die Zuständigkeit anderer Gerichte gesetzlich vorgesehen ist (**verwaltungsgerichtliche Generalklausel**)[57].

944

Bei der Zuständigkeitsabgrenzung geht es in den meisten Fällen darum, den Verwaltungsrechtsweg vom ordentlichen Rechtsweg[58] sowie vom Verfassungsrechtsweg[59] abzugrenzen, aber auch um den Ausschluss der staatlichen Gerichtsbarkeit im Rahmen des Selbstbestimmungsrechtes der Religionsgemeinschaften, auch wenn kirchliche Maßnahmen in den gesellschaftspolitischen Bereich „hinübergreifen", z. B. bei der Versetzung eines Geistlichen in den Ruhestand[60]. Grundsätzlich ist die gesamte **Tätigkeit der Kirchen** als öffentlich-rechtlich zu behandeln[61], der „Kernbereich" kirchlichen Wirkens kann jedoch nicht von der staatlichen Gerichtsbarkeit überprüft werden[62].

Nach der Änderung des Gerichtsverfassungsgesetzes[63] kann eine Klage, mit der ein falscher Rechtsweg beschritten wird, nun aber nicht mehr als unzulässig abgewiesen werden. Der Streit wird vielmehr von Amts wegen an das zuständige Gericht verwiesen. Die Eröffnung des Verwaltungsrechtsweges ist daher **keine Zulässigkeitsvoraussetzung** für eine verwaltungsgerichtliche Klage mehr.

In einer Klausurbearbeitung ist die Eröffnung des Verwaltungsrechtsweges nun allerdings in den meisten Fällen nicht problematisch. Man sollte dann nicht diskutieren, sondern nur feststellend formulieren:

„*Der Verwaltungsrechtsweg gem. § 40 Abs. 1 VwGO ist eröffnet. Es handelt sich hier um eine ordnungsrechtliche Streitigkeit. Die streitentscheidenden Normen des OBG NRW sind solche des öffentlichen Rechtes, denn sie berechtigen oder verpflichten ausschließlich den Oberbürgermeister der Stadt Köln als Ordnungsbehörde. Eine Zuweisung zu einem anderen Gericht besteht nicht.*"

Entscheidend für die Klärung dieser Tatbestandsvoraussetzungen ist das **Klagebegehren**, d. h. der Antrag des Klägers.

6.1.1 Ausdrückliche Zuweisungen an die Verwaltungsgerichtsbarkeit

In einigen Fällen ist der Verwaltungsrechtsweg spezialgesetzlich für zuständig erklärt worden, z. B. für Klagen aus dem Beamtenverhältnis[64] oder für disziplinarrechtliche Streitigkeiten[65]. In diesen Fällen ist eine besondere Prüfung der öffentlich-rechtlichen Natur einer Sache entbehrlich.

945

---

57 § 40 Abs. 1 VwGO
58 § 13 GVG
59 § 13 BVerfGG
60 BVerwG, NJW 03, 2112
61 BayVGH, BayVBl. 04, 472
62 BVerwG, NJW 97, 2396
63 §§ 17, § 17 a GVG
64 § 126 Abs. 1 BRRG
65 § 45 BDG

15. Abschnitt

6.1.2 Öffentlich-rechtliche Streitigkeit

946 Bei der Frage der **öffentlich-rechtlichen Streitigkeit** ergibt sich kein Unterschied zum Widerspruchsverfahren[66].

6.1.3 Abdrängende Verweisungen

947 Ausnahmen von der Zuständigkeit der (allgemeinen) Verwaltungsgerichte bestehen in zahlreichen durch Gesetz geregelten Fällen[67].

Sofern unzulässiger Weise Klage vor dem Verwaltungsgericht erhoben worden ist, verweist das Gericht den Rechtsstreit nach Anhörung der Beteiligten an das örtlich zuständige Gericht[68].

6.2 Die ordnungsgemäße Klageerhebung

948 Das Verfahren vor einem Verwaltungsgericht kann grundsätzlich nur durch die Einreichung einer Klage in Gang gebracht werden. Die Klage muss schriftlich oder mündlich zur Niederschrift des Urkundsbeamten der Geschäftsstelle des Gerichtes erhoben werden. Wegen der Eigenständigkeit des Verwaltungsprozessrechtes wird wegen der Einhaltung der Schriftform nicht auf § 126 BGB zurückgegriffen. Die Klage ist auch dann schriftlich erhoben worden, wenn sie zwar nicht unterschrieben, aber eindeutig zuzuordnen ist. Entscheidend ist, dass die Beteiligten hinreichend individualisiert werden können, um Verwechslungen zu vermeiden. Bei natürlichen Personen muss dazu die Wohnanschrift angegeben werden, die Angabe eines Postfaches reicht nicht[69].

Die Schriftform ist beachtet worden bei einer Klageerhebung durch Telegramm, Telefax oder Computerfax, wenn der Schriftsatz eindeutig zuzuordnen ist[70]. (Noch) nicht ausreichend dagegen ist die Einreichung der Klage per E-Mail[71].

Die Klage soll einen **sachdienlichen Antrag** enthalten[72]. Der sachdienliche Antrag entspricht dem der Klage stattgebenden Urteil und umfasst

- den **Sachantrag**, d. h. das was der Kläger von dem Beklagten begehrt und
- die zutreffende **Rechtsschutzform**, d. h. das was der Kläger von dem Gericht begehrt.

Formulierungsbeispiel:

Es wird beantragt, den Bescheid des Oberbürgermeisters der Stadt Köln vom .... und den Widerspruchsbescheid der Bezirksregierung Köln vom ..... aufzuheben und den Beklagten zu verpflichten, dem Kläger die Baugenehmigung gemäß Bauantrag vom .... zu erteilen.

Die zur Begründung dienenden Tatsachen und Beweismittel sollen angegeben, die angefochtene Verfügung und der Widerspruchsbescheid sollen beigefügt sein[73].

---

66 oben RdNr. 819 f
67 oben RdNr. 825 f
68 § 83 VwGO i. V. m. § 17 a GVG: BVerwG, Buchholz 310, § 60 VwGO, Nr. 244, S. 40
69 BVerwG, DVBl. 99, 989
70 GemSOGB, NJW 00, 2340
71 KG, KGR 01, 389
72 §§ 88, 86 Abs. 3 VwGO
73 § 82 VwGO

Eine beim zuständigen Gericht erhobene Klage hat Erfolg, wenn sie **entscheidungsreif**, **zulässig** und **begründet** ist.

6.3 Die statthafte Klageart

Die Verwaltungsgerichtsordnung kennt zwar nur „eine" öffentlich-rechtliche Streitigkeit, die gerichtlichen Rechtsschutzmöglichkeiten können aber nur durch statthafte Klagearten wahrgenommen werden. Statthafte Klageart bedeutet „richtige" Klageart. 949

Die richtige und damit statthafte Klageart beurteilt sich allein nach dem **Begehren des Klägers**. Das Gericht ist an seinen Antrag gebunden. Ein Kläger kann beantragen:

- die Aufhebung eines erlassenen Verwaltungsaktes
- den Erlass eines Verwaltungsaktes
- die Feststellung, dass ein Rechtsverhältnis (nicht) besteht
- die Auszahlung staatlicher Förderungsgelder
- die Unterlassung einer Ehrverletzung durch den Bürgermeister
- die Wiederherstellung seines durch fehlerhafte Straßenbaumaßnahmen beschädigten Vorgartens
- die Überprüfung eines Bebauungsplanes auf seine Gültigkeit

Der von einem Kläger geltend gemachte Anspruch wird zur Klärung der richtigen Klageart nur seiner Art nach bestimmt, es wird insoweit nicht geprüft, ob der Anspruch auch tatsächlich besteht oder nicht.

Die **wesentlichen Klagearten** sind: 950

Anfechtungsklage	§ 42 I 1. Alt.	Aufhebung eines VA
Konkurrentenklage (Drittanfechtungsklage)	§ 42 I 1. Alt.	Beamtenrecht, Wirtschaftsverwaltungsrecht (Zulassungsbeschränkungen, Subventionierungen)
Verpflichtungsklage, Untätigkeitsklage	§ 42 I 2. und 3. Alt.	Erlass eines unterlassenen oder abgelehnten VA
Feststellungsklage, Fortsetzungsfeststellungsklage	§ 43 I § 113 I 4 (analog)	Feststellung, ob ein Rechtsverhältnis besteht oder nicht besteht; ob ein VA nichtig ist
Allgemeine Leistungsklage	§ 43 II	Vornahme eines Verwaltungshandelns (Auskunft, Folgenbeseitigung, Geldzahlung, wenn kein VA vorausgehen muss)
Normenkontrollklage	§ 47 I	Überprüfung von Normen unterhalb des Landesrechtes, insbesondere Bebauungspläne
Gestaltungsklage	§ 43 II	Klage auf Aufhebung eines Ratsbeschlusses

6.4 Die Klagebefugnis

951 Art. 19 Abs. 4 GG garantiert dem Bürger nur dann gerichtlichen Rechtsschutz, wenn er in *„eigenen Rechten"* betroffen ist, nur dann ist er klagebefugt. **Popularklagen** sind damit ausgeschlossen.

Die Klagebefugnis fehlt, wenn eine Rechtsverletzung des Klägers unter keinem denkbaren rechtlichen Gesichtspunkt möglich erscheint[74]. Diese Klagebefugnis muss bei **allen Klagearten**, auch bei allgemeinen Leistungsklagen und auch bei Feststellungsklagen[75] vorliegen. Das berechtigte Interesse für eine Feststellungsklage[76] allein reicht nicht aus[77].

Ein Ratsmitglied kann z. B. die Feststellungsklage auf Rechtswidrigkeit eines Ratsbeschlusses nicht allein damit begründen, ein befangenes Ratsmitglied habe mitgewirkt.

Auf eine Klagebefugnis ist gelegentlich durch Gesetz verzichtet worden.

Beispiele: Verbandsklagen von Naturschutzverbänden[78], Behindertenverbänden[79], Verbraucherschutzverbänden[80].

6.5 Die Klagefrist

951a Eine Klage ist fristgerecht erhoben, wenn sie formgerecht und in deutscher Sprache abgefasst ist, als Prozesshandlung wirksam ist und innerhalb der Frist bei einem empfangszuständigen Gericht eingegangen ist.

Als Klagefristen sind insbesondere die Monats- oder Jahresfrist bei Anfechtungs- oder Verpflichtungsklagen zu nennen. Das Fristende berechnet sich in diesen Fällen nach § 57 Abs. 2 VwGO, § 222 ZPO, §§ 187, 188 Abs. 2 BGB. Für bestimmte Klagearten, z. B. die allgemeine Leistungsklage gibt es keine Klagefrist; hier kann bis zur Grenze der Verwirkung Klage erhoben werden.

Die Gerichtssprache ist deutsch[81].

Eine Klage vor dem Verwaltungsgericht muss schriftlich oder zur Niederschrift[82] erhoben werden und unterschrieben sein[83] und einen bestimmten Mindestinhalt[84] enthalten.

Prozesshandlungsvoraussetzungen sind die Prozessfähigkeit des Handelnden[85] sowie die Beteiligtenfähigkeit des Klägers[86].

6.6 Das Rechtsschutzbedürfnis

952 Die Justiz soll nicht für unnötige, nutzlose oder missbräuchliche Klagen zur Verfügung stehen. Nur derjenige, der mit seinem Antrag ein **rechtsschutz-**

---
74 Kopp/ Schenke, VwGO, Rdnr. 59 zu § 42
75 BVerwG, NJW 96, 2046
76 § 43 Abs. 1 VwGO
77 a. A. Schmitt Glaeser/Horn, Rdnr. 341
78 § 33 BNatSchG
79 § 13 Behindertengleichstellungsgesetz
80 § 4 UKlaG
81 § 55 VwGO, § 184 GVG
82 § 81 Abs. 1 VwGO
83 § 173 VwGO, § 130 Nr. 6 ZPO
84 § 82 Abs. 1 S. 1, § 78 Abs. 1 Nr. 1 HS 2 VwGO
85 § 62 Abs. 1 und 2 VwGO
86 § 61 VwGO

würdiges Interesse verfolgt, hat einen Anspruch auf eine gerichtliche Sachentscheidung. Dieses allgemeine Rechtsschutzinteresse ist **Sachentscheidungsvoraussetzung für alle Klagearten**, es wird auch aus dem im Prozessrecht geltenden Grundsatz von Treu und Glauben abgeleitet[87] und vom Gericht in jeder Phase eines Prozesses geprüft. Dies bedeutet, dass eine zunächst zulässig erhobene Klage unzulässig wird, wenn sich während eines Verfahrens herausstellt, dass kein Rechtsschutzbedürfnis (mehr) besteht, wenn sich z. B. ein angefochtener Verwaltungsakt während des Verfahrens erledigt.

Das Rechtsschutzinteresse fehlt, wenn der Kläger seine Rechtsstellung mit der begehrten Klage nicht verbessern kann und sich die Inanspruchnahme des Gerichtes deshalb für ihn als nutzlos erweist. Wann das der Fall ist, richtet sich im wesentlichen nach den jeweiligen Verhältnissen im Einzelfall[88], wenn z. B. die Festsetzungen eines Bebauungsplans schon vollständig verwirklicht sind, dann kann keine reale Chance mehr bestehen, die Beseitigung der schon bestehenden Bebauung zu erreichen; gleiches gilt für eine isolierte Anfechtungsklage gegen einen Zurückstellungsbescheid im Baurecht[89] oder für das Erstreiten einer Baugenehmigung ohne das ein vertragliches Recht auf Nutzung des Grundstückes besteht[90]. Aber auch eine Behörde hat kein Rechtsschutzbedürfnis, wenn sie Leistungsklage erhebt, anstatt gegen den Bürger einen Leistungsbescheid zu erlassen.

Fehlt ein Rechtsschutzbedürfnis, ist die Klage durch Prozessurteil als unzulässig abzuweisen.

Bei einer Verpflichtungsklage gibt es regelmäßig keinen einfacheren und billigeren Weg, das gleiche Ziel – den Erlass eines Verwaltungsaktes – zu erreichen. Denkbar wäre allenfalls, dass das Rechtsschutzinteresse deshalb fehlt, weil der Kläger mit einem der Klage stattgebenden Urteil nichts anfangen kann.

Bei Feststellungs- und Fortsetzungsfeststellungsklagen ist ein „*berechtigtes Interesse*" an der Feststellung eines Rechtsverhältnisses bzw. der Nichtigkeit oder Rechtswidrigkeit eines (erledigten) Verwaltungsaktes erforderlich[91]. Es handelt sich hierbei um ein besonderes Rechtsschutzinteresse.

7. Durchführung und Ablauf der mündlichen Gerichtsverhandlung

Der Kammervorsitzende bestimmt den Termin zur mündlichen Verhandlung. Hieraufhin veranlasst der Urkundsbeamte der Geschäftsstelle der Kammer die Ladung der Beteiligten.

953

Die Berufsrichter der Kammer führen ein oder zwei Tage vor dem Termin der mündlichen Verhandlung eine **Vorbesprechung** durch, zu der der Berichterstatter eine Sachverhaltszusammenfassung und ein schriftliches Votum zur Rechtslage vorbereitet.

---

87 Kopp/Schenke, Vorb. § 40, Rdnr. 30
88 OVG NRW, NWVBl. 04, 98, 99
89 VGH BW, DÖV 03, 555 (§ 15 BauGB)
90 BVerwG, NVwZ 94, 482
91 §§ 43 Abs. 1, 113 Abs. 1 S. 4 VwGO

Die **mündliche Verhandlung** wird vom Kammervorsitzenden eröffnet. Nach Feststellung der Anwesenheit trägt der Berichterstatter den wesentlichen Inhalt der Akten vor. Nach Beendigung des Sachvortrages beginnt die Erörterung der Sach- und Rechtslage mit den Beteiligten. Ist die Streitsache in tatsächlicher und rechtlicher Hinsicht mit den Beteiligten erörtert worden und ist die Kammer der Ansicht, dass eine weitere Erörterung nicht erforderlich ist, so schließt der Vorsitzende die mündliche Verhandlung[92].

Es folgt nun die **Beratung** des Gerichtes. Die Entscheidung kommt durch Beratung und Abstimmung zustande. Der Vorsitzende leitet die Beratung. In der Regel erteilt er zu Beginn der Beratung dem Berichterstatter das Wort für einen Entscheidungsvorschlag und die dazu erforderliche Begründung. Danach haben alle Richter Gelegenheit, sich zur Sache zu äußern. Am Ende der Beratung wird über die zu erlassende gerichtliche Entscheidung abgestimmt, wobei sich keiner der Richter der Stimme enthalten darf.

Das getroffene **Urteil** wird in der Regel sogleich verkündet, und zwar durch Verlesen der Urteilsformel[93]. Der Vorsitzende trägt den wesentlichen Inhalt der Entscheidung mündlich vor. Möglich ist aber auch, das Urteil zuzustellen, indem es zwei Wochen nach Schluss der mündlichen Verhandlung der Geschäftsstelle übergeben wird. Der Tag der Verkündung oder Zustellung wird auf dem Urteil vermerkt[94].

8. Das verwaltungsgerichtliche Urteil

954 Die mündliche Bekanntgabe der Urteilsgründe im Anschluss an die Verlesung der Urteilsformel ist nur unvollständig. Eine besondere Bedeutung kommt daher dem schriftlich abgesetzten Urteil zu. Es hat folgende Bestandteile:

1. **Rubrum**[95], es enthält

- die Angabe des Gerichtes und des Aktenzeichens
- den Hinweis, dass das Urteil „IM NAMEN DES VOLKES" erging
- die Bezeichnung aller am Verfahren Beteiligten
- die Bezeichnung des Streitgegenstandes
- die Bezeichnung des Gerichtes (einschl. der Kammer) und die Namen der Richter, die bei der Entscheidung mitgewirkt haben

2. **Urteilstenor**[96]

Besondere Bedeutung bei allen Entscheidungen hat die gerichtliche Entscheidungsformel, der **Tenor**.

Besteht ein Widerspruch zwischen dem Tenor und den Entscheidungsgründen, dann ist der Tenor vorrangig zu beachten[97]. Der Tenor eines gerichtlichen Urteils muss sich inhaltlich am Antrag des Klägers orientie-

---

92 § 104 Abs. 3 S. 1 VwGO
93 § 116 VwGO
94 § 117 Abs. 6 VwGO
95 § 117 Abs. 1 Nr. 1, Abs. 2 Nr. 1, 2 VwGO
96 § 117 Abs. 2 Nr. 3 VwGO
97 Jakob, VBlBW 95,35

ren, das Gericht darf nichts zusprechen, was der Kläger nicht beantragt hat[98].

Im Anschluss an die Entscheidung in der Hauptsache folgen die **Kostenentscheidung**[99], die Entscheidung über die **vorläufige Vollstreckbarkeit der Kostenentscheidung**[100] und evt. die Entscheidung über die **Berufungszulassung**.

3. **Tatbestand**[101]

a) Einleitungssatz im Präsens, der den Kern des Streites widergibt

b) Darlegung der **Ausgangslage des Verwaltungsverfahrens**
- Antrag auf begünstigenden Verwaltungsakt
- Ausgangsbescheid
- Widerspruch
- Widerspruchsbescheid
- Argumente der Behörden

c) Darlegung des **Klageverfahrens**
- Klageerhebung
- Klagebegründung
- Klageantrag
- Abweisungsantrag
- Klageerwiderung
  - des Beklagten
  - des Beigeladenen, wenn er einen Antrag gestellt hat
- Beweisaufnahme
- Bezugnahme auf einzelne Schriftsätze

---

98 § 88 VwGO
99 §§ 154f VwGO
100 § 167 VwGO
101 § 117 Abs. 2 Nr. 4, Abs. 3 VwGO

4. **Entscheidungsgründe**[102]

- Besonderheiten zur Entscheidungsform
  - Entscheidung ohne mündliche Verhandlung[103]
  - Entscheidung durch Einzelrichter[104]
- Evt. Auslegung des Klagebegehrens (Gegenstand der Klage)[105]
- Erfolg der Klage[106]
  - Zulässigkeit der Klage
  - Begründetheit der Klage
- Begründung der Nebenentscheidungen
  - Kosten[107]
  - Vorl. Vollstreckbarkeit der Kostenentscheidung[108]
  - Evt. Berufungszulassung[109]

5. Rechtsmittelbelehrung[110]
6. Unterschriften[111]

Der Beschluss über den **Streitwert** gehört nicht mehr zum Urteil, er wird aber in aller Regel zusammen mit dem Urteil verkündet.

---

[102] §§ 117 Abs. 2 Nr. 5, 108 Abs. 1 S. 2 VwGO: Das Gericht ist verpflichtet, in dem Urteil die Gründe anzugeben, die für seine Überzeugung maßgebend gewesen sind. Es muss sichergestellt sein, dass alle wesentlichen Gesichtspunkte aus dem Akteninhalt, dem Vorbringen der Beteiligten und etwaigen Beweiserhebungen wirklich berücksichtigt worden sind. Das Vorbringen der Beteiligten muss gewürdigt werden. Alle im Tenor getroffenen Entscheidungen müssen – im Urteilsstil – erläutert werden. Dabei ist besonders darauf zu achten, dass der Beteiligte sich in den Gründen wiederfindet, dem das Gericht im Ergebnis nicht gefolgt ist.
Ausnahmsweise darf das Gericht zur Begründung seiner Entscheidung auf die Gründe des Widerspruchsbescheides verweisen.
[103] § 101 Abs. 2 VwGO
[104] §§ 6, 87 a Abs. 2, 3 VwGO
[105] §§ 88, 86 Abs. 3 VwGO
[106] Differenzieren bei Haupt- und Hilfsantrag oder bei Klagehäufung, § 109 VwGO
[107] §§ 154 – 162 VwGO; die Entscheidung umfasst auch die Kosten des Widerspruchsverfahrens und die Entscheidung hinsichtlich der Notwendigkeit der Hinzuziehung eines Rechtsanwaltes im Widerspruchsverfahren
[108] § 167 VwGO, §§ 708f ZPO
[109] § 124 a Abs. 1 S. 1 VwGO
[110] § 117 Abs. 2 Nr. 6 VwGO – die Rechtsmittelbelehrung ist damit Teil des Urteils. Aus der Belehrung muss sich ergeben, ob und ggfls. welches Rechtsmittel gegen das Urteil möglich ist, wo es in welcher Frist anzubringen ist und welche Formvorschriften zu beachten sind, letzteres insbesondere im Hinblick auf den Antrag auf Zulassung der Berufung bzw. Beschwerde bei Nichtzulassung
[111] § 117 Abs. 1 S. 2, 3, 4 VwGO

Formulierungsbeispiel für ein verwaltungsgerichtliches Urteil:

Verwaltungsgericht Münster
– 3 A 127/01 –

IM NAMEN DES VOLKES

URTEIL!

In dem verwaltungsgerichtlichen Verfahren
des Studenten Lars-Erik Maier, Lange Str. 7, ... Münster
Prozessbevollmächtigte: Rechtsanwälte Dr. Meier & Schmitz, Münster

– Kläger –

gegen

den Oberbürgermeister der Stadt Münster, Rathaus, 48147 Münster,

– Beklagter –

wegen Wohngeldes
hat die 3. Kammer des Verwaltungsgerichtes Münster
aufgrund der mündlichen Verhandlung
in der Sitzung vom ....
durch

den Vorsitzenden Richter am Verwaltungsgericht Dr. Meier
die Richterin am Verwaltungsgericht Dr. Müller,
den Richter am Verwaltungsgericht Schulze,
die ehrenamtliche Richterin Hesse und
den ehrenamtlichen Richter König

für R e c h t erkannt:

1) Die Klage wird abgewiesen.

2) Die Kosten des Verfahrens trägt der Kläger.

3) Das Urteil ist wegen der Kosten vorläufig vollstreckbar.

Tatbestand:

Der Kläger wendet sich gegen die von dem Beklagten abgelehnte Bewilligung von Wohngeld. Er ....

Entscheidungsgründe:

Die zulässige Klage ist nicht begründet. ....

Der Bescheid des Beklagten vom .... und der Widerspruchsbescheid der Bezirksregierung Münster vom ... sind rechtmäßig und verletzen den Kläger nicht in seinen Rechten[112].

Die Kostenentscheidung folgt aus § 154 Abs. 1 VwGO.

Rechtsmittelbelehrung:
....

gez. Dr. Meier   gez. Dr. Müller   gez. Schulze

---

112 § 113 Abs. 1 S. 1 VwGO

9. Die Anfechtungsklage

959 Mit der Anfechtungsklage erstrebt der Kläger, einen ihm gegenüber erlassenen Verwaltungsakt zu beseitigen.

Gegenstand der Anfechtungsklage ist in der Regel der ursprüngliche Verwaltungsakt in der Gestalt, die er durch den Widerspruchsbescheid erhalten hat. Abhilfebescheid und Widerspruchsbescheid können isoliert angefochten werden, wenn sie einen Dritten erstmalig beschweren oder wenn er gegenüber dem ursprünglichen Bescheid eine selbständige Beschwer enthält[113].

Beispiele für isolierte Anfechtung eines Widerspruchsbescheides:

Die Widerspruchsbehörde verpflichtet die Ausgangsbehörde, eine Baugenehmigung zu erteilen, dagegen wendet sich der Nachbar.

Die Widerspruchsbehörde macht von der reformatio in peius Gebrauch.

960 Ob ein Verwaltungsakt vorliegt oder nicht, entscheidet sich entweder nach dem **äußeren Erscheinungsbild** der behördlichen Entscheidung, z. B. aufgrund der von der Behörde gewählten Bezeichnung als „Verfügung", der Beifügung einer Rechtsbehelfsbelehrung oder nach dem **Inhalt der Entscheidung** im Hinblick auf § 35 VwVfG.

9.1 Die Zulässigkeit der Anfechtungsklage

961 Zur Zulässigkeit einer Anfechtungsklage gehört insbesondere:

– ein bereits erlassener und noch wirksamer Verwaltungsakt[114]

– die Verletzung des Klägers in eigenen Rechten[115]

– die Durchführung eines Widerspruchsverfahrens[116]

– die Einhaltung einer Klagefrist[117]

9.1.1 Statthaftigkeit der Anfechtungsklage

962 Die Anfechtungsklage ist nur dann statthaft, d. h. die „richtige" Klage, wenn es darum geht, einen Verwaltungsakt zu beseitigen. Der Verwaltungsakt darf sich noch nicht erledigt haben, d. h. seine Regelungswirkung darf noch nicht endgültig weggefallen sein.

Gegenstand der Anfechtungsklage ist der Ausgangsverwaltungsakt in der Gestalt des Widerspruchsbescheides[118]. Dabei ist zu berücksichtigen, dass bis zum Abschluss des Gerichtsverfahrens Verfahrens- und Formfehler geheilt werden können[119].

Beschwert der Widerspruchsbescheid einen Dritten erstmalig oder ist der ursprüngliche Bescheid zu ungunsten des Betroffenen abgeändert worden

---

113 § 79 Abs. 1 Nr. 2 VwGO
114 § 42 Abs. 1 VwGO
115 § 42 Abs. 2 VwGO
116 §§ 68f VwGO
117 §§ 74, 58 VwGO
118 § 79 Abs. 1 Nr. 1 VwGO
119 § 45 Abs. 2 VwVfG

(reformatio in peius), so richtet sich die Anfechtungsklage gegen den Widerspruchsbescheid[120].

9.1.2 Klagebefugnis

Wer vor einem Verwaltungsgericht Klage gegen einen Verwaltungsakt erheben will, der muss die Verletzung **eigener Rechte** geltend machen können. Die Klagebefugnis ist nach der **Möglichkeits-** und **Schutznormtheorie** dann zu bejahen, wenn eigene (subjektive) Rechte geltend gemacht werden, die nicht „nach jeder Betrachtungsweise ausgeschlossen" sind[121], z. B. kann eine Gemeinde aus ihrem Recht der Finanzhoheit eine Klagebefugnis gegen die von der Widerspruchsbehörde vorgenommene Kürzung von Gebühren geltend machen[122].

963

Soweit sich der Bürger gegen einen an ihn gerichteten Verwaltungsakt wendet, ist die Klagebefugnis unproblematisch und bedarf keiner näheren Erörterung **(Adressatentheorie)**. Allerdings ist darauf zu achten, dass auch in diesen Fällen immer „eigene" Rechte betroffen sein müssen, d. h. Vereinigungen dürfen keine Rechte ihrer Mitglieder, Gemeinden keine Bürgerrechte wahrnehmen, das wäre eine Prozessstandschaft.

Geht es nun um die Rechtmäßigkeit einer Genehmigung, die einem Dritten zur Durchführung eines bestimmten Vorhabens erteilt worden ist, z. B. um eine Baugenehmigung oder um einen Planfeststellungsbeschluss, so setzt die Klagebefugnis voraus, dass der Dritte von dem Verwaltungsakt betroffen ist. Das ist meist dann unproblematisch zu bejahen, wenn er Grundeigentum im Einwirkungsbereich hat und dadurch eine räumliche Nähe **(Nachbarschaft)** zu der in einem Verwaltungsakt getroffenen Regelung besteht. Diese eigentumsgestützte Klagebefugnis vermittelt die Möglichkeit zu einer umfassenden gerichtlichen Kontrolle.

964

Naturschutzverbände erwerben mitunter „Sperrgrundstücke" in Planungsgebieten, das ist grundsätzlich nicht zu beanstanden[123].

Eine Klagebefugnis scheidet jedoch dann aus, wenn die Eigentümerstellung in **rechtsmissbräuchlicher Absicht** begründet wurde, nämlich allein zu dem Zweck, um dadurch die formalen Voraussetzungen für eine Prozessführung zu schaffen[124].

965

Beispiel (BVerwG, aaO): Im unmittelbaren zeitlichen Zusammenhang mit der Durchführung des Planfeststellungsverfahrens für die Autobahn Schweinfurt – Erfurt erwarb der Kläger eine Streuobstwiese, die für den Autobahnausbau in Anspruch genommen werden sollte. Die bisherigen Eigentümer behielten lebenslang ein unentgeltliches Nießbrauchsrecht, gleichzeitig war vereinbart, dass eine etwaige Enteignungsentschädigung an die bisherigen Eigentümer weiterzuleiten sei.

Der Nachbar im Bau- und Immissionsschutzrecht ist allerdings nur dann klagebefugt, wenn er sich auf eine **drittschützende Rechtsvorschrift** berufen kann. Spricht die Rechtsordnung die Rechtssphäre des Klägers dagegen gar nicht an, besteht auch keine Klagebefugnis.

---

120 § 79 Abs. 1 Nr. 2, Abs. 2 VwGO
121 Happ, in: Eyermann, VwGO, § 42, Rdnr. 93
122 OVG NRW, NWVBl. 05, 36
123 BVerwGE 104,236; BVerwG, NVwZ 01, 322
124 BVerwG, NVwZ 01,427

Viele Vorschriften im öffentlichen Recht sprechen nur die Allgemeinheit, nicht aber konkrete Interessen Einzelner an. Nun schließen sich aber öffentliche und individuelle Interessen nicht gegenseitig aus. Ob eine Vorschrift nur den Allgemeininteressen oder auch Individualinteressen dient, muss im Einzelfall durch Auslegung ermittelt werden. So schützt z. B. die „öffentliche" Sicherheit im Ordnungsrecht auch Einzelinteressen, das Immissionsschutzrecht umfasst nicht nur die Umwelt „als solche".

9.1.3 Vorverfahren

966 Eine Anfechtungsklage kann grundsätzlich erst dann erhoben werden, wenn im Zeitpunkt der letzten mündlichen Verhandlung ein Widerspruchsverfahren erfolglos durchgeführt worden ist[125].

9.1.4 Klagefrist

967 Die Anfechtungsklage muss innerhalb eines Monats nach ordnungsgemäßer Zustellung des Widerspruchsbescheides erhoben werden[126]. Die Einhaltung der Klagefrist ist eine zwingende Sachurteilsvoraussetzung, die von den Beteiligten nicht beeinflusst werden kann[127].

Die Frist berechnet sich nach § 57 Abs. 2 VwGO, § 222 Abs. 1 ZPO, §§ 187ff. BGB[128]. Die Frist kann bis zur letzten Minute ausgeschöpft werden, d. h. bis 24.00 Uhr. Bei einer **unverschuldeten Fristversäumnis** ist Wiedereinsetzung in den vorigen Stand zu gewähren[129].

Die Monatsfrist beginnt nur zu laufen, wenn der Widerspruchsbescheid ordnungsgemäß zugestellt worden ist. bzw. Mängel bei der Zustellung geheilt worden sind und wenn die Rechtsbehelfsbelehrung im Widerspruchsbescheid richtig erfolgt ist[130].

Die Rechtsbehelfsbelehrung des Widerspruchsbescheides ist fehlerhaft, wenn sie einen Hinweis enthält, der die Klageerhebung nennenswert erschwert oder wenn ihr etwas Unrichtiges oder Irreführendes hinzugefügt worden ist.

9.2 Exkurs: Der Konkurrenzstreit

967a Im Beamten- und Wirtschaftsverwaltungsrecht kommt auch einmal eine **Drittanfechtungsklage** in Betracht, wenn z. B. im Beamtenrecht ein Kläger eine geplante Stellenbesetzung für rechtswidrig hält, und er der Meinung ist, er hätte die Stelle eigentlich erhalten müssen.

Im **Wirtschaftsverwaltungsrecht** ist Konkurrenzschutz in aller Regel nicht gewährt. Etwas anderes gilt nur, wenn eine Rechtsnorm dies ausnahmsweise auch einmal im Individualinteresse einräumt, z. B. § 13 Abs. 2 Nr. 2 PersbefG[131]. Außerhalb dieses engen Rahmens kommt eine Drittanfechtungsklage

---

125 oben, 11. Abschnitt
126 §§ 74, 58 VwGO
127 BVerwG, BayVBl. 98,374
128 vgl. RdNr. 844
129 § 60 VwGO
130 § 9 VwZG
131 BVerwGE 30, 347

nur in Betracht bei **Zulassungsbeschränkungen** und bei **Subventionierungen.**

Hält ein **Beamter** eine (geplante) Stellenbesetzung für rechtswidrig, so kann er hiergegen nur im Wege der Drittanfechtungsklage sinnvoll vorgehen, denn allein Verpflichtungs-/Bescheidungsklage zu erheben, würde die Schaffung vollendeter Tatsachen durch Stellenbesetzung nicht verhindern.

Die Klagebefugnis ergibt sich aus dem Umstand, dass der jeweils am **besten qualifizierte Bewerber** eine ausgeschriebene Stelle erhalten soll[132]. Für den einzelnen Beamten ergibt sich darüber hinaus aus der **Fürsorgepflicht** ein Anspruch auf ermessens- und beurteilungsfehlerfreie Auswahl aus dem Bewerberkreis[133]. Der unterlegene Mitbewerber muss, um eine Erledigung seines Verpflichtungs- bzw. Neubescheidungsantrages zu vermeiden, auch die Ernennung des erfolgreichen Konkurrenten mit Widerspruch und Anfechtungsklage angreifen[134]. Unterbleibt dies, so kann eine Ernennung nur noch unter den engen Voraussetzungen der beamtenrechtlichen Rücknahmegründe aufgehoben werden.

Ein berechtigtes Interesse an der Durchführung einer **Fortsetzungsfeststellungsklage** (zur Vorbereitung einer Amtshaftungsklage) nach Ernennung des Konkurrenten setzt voraus, dass der Dienstherr **rechtswidrig und schuldhaft** gehandelt hat, d. h. dass voraussichtlich der Bewerber hätte ernannt werden müssen und die für den Dienstherrn tätigen Bediensteten dies schuldhaft nicht erkannt haben[135].

9.3 Die Begründetheit der Anfechtungsklage

Die Anfechtungsklage ist begründet, wenn der Verwaltungsakt rechtswidrig ist und der Kläger hierdurch in seinen Rechten verletzt ist[136]. **968**

Wie bei der Widerspruchsprüfung ist auch bei der Anfechtungsklage der Rahmenaufbau für die Begründetheitsprüfung immer eine **Dreischrittprüfung,** nämlich[137]:

1. Die – isolierte – Klärung der Ermächtigungsgrundlage für den zu überprüfenden Verwaltungsakt, aus der sich weitere Voraussetzungen hinsichtlich der Zuständigkeit oder weiterer formeller Voraussetzungen ergeben können.
2. Die Klärung der formellen Rechtmäßigkeit des VA.
3. Die Klärung der materiellen Rechtmäßigkeit des VA.

9.3.1 Der maßgebliche Zeitpunkt der Entscheidung

Aus der VwGO ist nicht zu entnehmen, auf welchen Zeitpunkt das Gericht bei der Beurteilung der Rechtmäßigkeit abzustellen hat. Unzweifelhaft ist nur, dass dies spätestens der Zeitpunkt der letzten mündlichen Verhandlung sein muss, denn danach ergeht ja das Urteil. **969**

---

132 Art. 33 Abs. 2 GG; § 8 Abs. 1 S. 2 BBG
133 BGH, DVBl. 95, 922
134 OVG NRW, NVwZ-RR 03, 881
135 BVerwGE 80, 127
136 § 113 Abs. 1 S. 1 VwGO
137 oben RdNr. 859

Bei **Anfechtungsklagen** ist in aller Regel auf den Zeitpunkt der letzten Behördenentscheidung abzustellen[138]. Es muss aber auch das materielle Recht einbezogen werden, z. B. bei Verwaltungsakten, die ein **einmaliges Tun** wie die Ausreise eines Ausländers oder die Baubeseitigung verlangen, hier kann es zu Differenzierungen kommen[139].

Bei **Verpflichtungsklagen** ist grundsätzlich die Sach- und Rechtslage zum Zeitpunkt der letzten mündlichen Verhandlung in der Tatsacheninstanz maßgeblich[140], allerdings ist eine Rechtsänderung auch noch in der Revisionsinstanz zu berücksichtigen[141], eine Gemeinde kann daher z. B. noch im Revisionsverfahren eine Veränderungssperre oder einen Bebauungsplan erlassen, was sich auf die Verpflichtung zur Erteilung einer Baugenehmigung auswirkt[142]. Eine Gemeinde hat sogar das Recht, der Vollstreckung aus einem rechtskräftigen Verpflichtungsurteil mit einem nachträglich geänderten Bauleitplan oder durch eine Veränderungssperre entgegenzutreten[143], denn *„erst die erteilte Baugenehmigung gibt dem Bauherrn eine Rechtsposition, die sich auch gegenüber Rechtsänderungen durchsetzen kann"*[144]. Im Hinblick auf das Verständnis von Inhalt und Schranken des Eigentums erscheint diese Auffassung allerdings bedenklich.

Zunehmend sind in diesem Zusammenhang auch **europarechtliche Aspekte** zu berücksichtigen, denn eine innerstaatliche Gerichtspraxis, die z. B. bei der Anfechtung der Ausweisung eines EU-Bürgers nur die Sach- und Rechtslage zum Zeitpunkt der letzten Behördenentscheidung, nicht aber spätere Änderungen zu Gunsten des Betroffenen berücksichtigt, verstößt gegen Art. 3 RiL 64/221/EWG[145].

Bei **Dauerverwaltungsakten** wie Verkehrszeichen ist die Rechtslage in der mündlichen Verhandlung entscheidend, bei einer Baugenehmigung muss dagegen auf den Zeitpunkt der letzten Behördenentscheidung (= Widerspruchsentscheidung) abgestellt werden, es können nur noch Rechtsänderungen zu Gunsten des Bauherrn berücksichtigt werden, aber nicht mehr solche zu seinen Lasten. Bei **Gebührenentscheidungen** müssen rückwirkende Satzungsänderungen noch bis zur mündlichen Verhandlung vor Gericht berücksichtigt werden[146].

9.3.2 Der Umfang der gerichtlichen Überprüfung

970 Für die Rechtmäßigkeitsprüfung ausschlaggebend ist, ob der zu überprüfende Verwaltungsakt eine gebundene oder eine Ermessensentscheidung der Verwaltung ist.

---

138 Gerhardt in: Schoch/Schmidt-Aßmann/Pietzner, § 113, Rdnr. 21
139 BVerwGE 97,79
140 BVerwG, NVwZ-RR 03, 218, 221
141 BVerwGE 119, 245
142 bei einer Veränderungssperre könnten sich allerdings Probleme wegen einer „faktischen" Zurückstellung gem. § 14 Abs. 1 S. 2 BauGB ergeben.
143 BVerwGE 117, 44, 46
144 BVerwGE 70, 227, 230
145 EuGH, NVwZ 04, 1099, 1101
146 BayVGH, BayVBl. 82, 307

Bei einer **gebundenen Entscheidung**[147] ist „nur" zu klären, ob die Tatbestandsvoraussetzungen des Gesetzes erfüllt waren und die Behörde die zutreffende Rechtsfolge gewählt hat und ob allgemeine Rechtsgrundsätze wie z. B. der Grundsatz der Verhältnismäßigkeit beachtet worden sind.

Bei einer **Ermessensentscheidung**[148] der Verwaltung hingegen darf das Gericht seine Zweckmäßigkeitserwägungen nicht an die Stelle der von der Verwaltung angestellten Überlegungen setzen. Die Überprüfung von Ermessensentscheidungen ist auf **Ermessensfehler** begrenzt[149]. Bedeutsam ist, dass die Verwaltungsbehörde ihre Ermessenserwägungen hinsichtlich des Verwaltungsaktes auch noch im verwaltungsgerichtlichen Verfahren ergänzen kann. **971**

Die verwaltungsgerichtliche Kontrolle umfasst nur die Prüfung, ob

- die Verwaltung das ihr eingeräumte Ermessen **überschritten** hat, indem sie die vom Gesetz gezogenen Grenzen verlassen hat,
- die Verwaltung von dem ihr eingeräumten Ermessen **fehlerhaft Gebrauch** gemacht hat,
- die Verwaltung den ihr eingeräumten Ermessensspielraum vernachlässigt (**unterschritten**) hat.

Die häufgsten Ermessensfehler kommen im Rahmen des **Ermessensfehlgebrauches** vor. Um dies zu klären, ist im Einzelfall zu analysieren, welchen Zweck eine kgesetzliche Ermächtigung hat und danach sind die von der Behörde vorgenommenen und mitgeteilten Erwägungen daraufhin zu untersuchen, ob sie von dem Ermächtigungszweck gedeckt werden. Das ist nicht der Fall, wenn z. B. von falschen Tatsachen ausgegangen wurde oder sachfremde Erwägungen angestellt worden sind. Damit dies überhaupt überprüfbar ist, sind die Behörden verpflichtet, die Gesichtspunkte für die Ausübung des Ermessens **schriftlich** darzulegen[150].

Eine fehlerhafte Ermessensentscheidung liegt z. B. auch vor, wenn die Behörde eine unverhältnismäßige oder eine gegen den Gleichheitssatz verstoßende Maßnahme anordnet.

Die Prüfung der Verhältnismäßigkeit ist zwar eine **Rechtsprüfung**, die auch das **Verwaltungsgericht umfassend vornimmt**, im Einzelfall ist es aber schwer möglich, Ermessenserwägungen von Angemessenheitserwägungen im Rahmen der Verhältnismäßigkeit zu trennen.

Besonderheiten gelten für die Fälle des „**intendierten Ermessens**".[151] Für die Ermessensbetätigung bedarf es in diesen Fällen keiner Abwägungen durch die Verwaltung, denn die Richtung der Entscheidung ist durch das Gesetz vorgezeichnet. **Kann-Vorschriften** werden damit **wie Soll-Vorschriften** behandelt.

Beispiele für solche ermessenslenkenden Vorschriften sind §§ 48, 49 VwVfG und § 15 Abs. 2 GewO. Sofern die hiernach zu entscheidenden Fälle keine außergewöhnlichen Besonderheiten aufweisen, kann die Behörde in ihrem Bescheid auf Ermessenserwägungen verzichten, eine Einzelfallprüfung

---

[147] vgl. oben RdNr. 410
[148] vgl. oben RdNr. 412 f
[149] § 114 VwGO
[150] § 39 Abs. 1 S. 3 VwVfG
[151] BVerwGE 105, 57; ThürOVG, ThürVBl. 99,161; kritisch Maurer, § 7, Rdnr. 12; vgl. auch oben RdNr. 415 f

erübrigt sich daher im Normalfall und die Ermessensbetätigung braucht auch nicht schriftlich dargelegt zu werden.

9.3.3 Aufhebung eines Verwaltungsaktes ohne Entscheidung in der Sache

973 Dem Gericht ist es in Anfechtungssachen grundsätzlich verwehrt, anstelle eines aufgehobenen Verwaltungsaktes einen neuen zu erlassen oder die Behörde hierzu zu verurteilen. Steht allerdings fest, dass der angefochtene Verwaltungsakt fehlerhaft ist, zur Feststellung des genauen Umfanges der Rechtswidrigkeit aber noch umfangreiche Ermittlungen notwendig sind, kann das Gericht die Sache faktisch an die Behörde zurückgeben[152]. Voraussetzung ist jedoch, dass zwischen dem Eingang der Behördenakten bei Gericht und der Entscheidung nicht mehr als sechs Monate vergangen sind[153]. Einer neuen Behördenentscheidung steht die Rechtskraft dieses Urteils nicht entgegen.

Hält das Gericht einen Verwaltungsakt für teilweise zu weitgehend, so kann es die Verfügung nicht auf das seiner Meinung nach zulässige Maßnahme zurückführen, sondern es muss die Verfügung ohne Einschränkung aufheben und es der Verwaltung überlassen, eine neue Verfügung zu erlassen. Bei Verwaltungsakten, die auf Geldbeträge bezogen sind, durchbricht § 113 Abs. 2 VwGO diesen Grundsatz.

Formulierungsbeispiele für den Tenor eines Urteils:

974 **– Die Anfechtungsklage ist unzulässig oder unbegründet –**

1) Die Klage wird abgewiesen.

2) Der Kläger trägt die Kosten des Verfahrens einschließlich der außergerichtlichen Kosten des Beigeladenen.

3) Das Urteil ist wegen der Kosten vorläufig vollstreckbar.

– Die Anfechtungsklage ist erfolgreich –

1) Der Bescheid des Oberbürgermeisters der Stadt Köln vom …. – Az.: ... – und der Widerspruchsbescheid der Bezirksregierung Köln vom …. werden aufgehoben.

2) Der Beklagte trägt die Kosten des Verfahrens. Die Hinzuziehung eines Bevollmächtigten im Widerspruchsverfahren war – nicht – notwendig.

3) Das Urteil ist wegen der Kosten vorläufig vollstreckbar. Der Beklagte kann die Vollstreckung durch Sicherheitsleistung in Höhe von 200 Euro abwenden, wenn nicht der Kläger vorher in gleicher Höhe Sicherheit leistet.

– Die Anfechtungsklage ist teilweise erfolgreich –

1) Der Bescheid des Oberbürgermeisters der Stadt Köln vom …. – Az.: 32/2 – und der Widerspruchsbescheid der Bezirksregierung Köln vom ….. – Az.: 21.10.52 – werden insoweit aufgehoben, als ein Zwangsgeld in Höhe von 5.000,- Euro festgesetzt worden ist.

Der Beklagte wird verurteilt, die Vollziehung durch Rückzahlung von 5.000,- Euro rückgängig zu machen.

Im übrigen wird die Klage abgewiesen.

2) Die Kosten des Verfahrens werden gegeneinander aufgehoben.

---
152 § 113 Abs. 3 S. 1 VwGO
153 § 113 Abs. 3 S. 4 VwGO

Im Verwaltungsprozess ist – im Unterschied zum Zivilprozess – kein Gerichtskostenvorschuss zu zahlen. Auf der Klägerseite fallen daher in der Regel nur Gebühren und Kosten eines Rechtsanwaltes an. Da Behörden sich meist durch eigene Bedienstete vertreten, fallen keine Kosten an. Eine Sicherheitsleistung ist daher zumeist nicht vorzusehen, da Wertgrenzen[154] selten überschritten werden. Es ist nur die Abwendungsbefugnis zuzulassen[155].

10. Die Verpflichtungsklage

Mit der Verpflichtungsklage erstrebt der Kläger den Erlass eines erwünschten Verwaltungsaktes. Der maßgebende **Entscheidungszeitpunkt** für die Rechtmäßigkeit eines Verwaltungsaktes ist in aller Regel die Sach- und Rechtslage in der letzten mündlichen Verhandlung vor Gericht[156]. Allerdings gibt es auch hierüber sehr viel streitige Diskussionen, insbesondere im Hinblick auf Ermessensentscheidungen.

975

Bei den **Zulässigkeitsvoraussetzungen** der Verpflichtungsklage gibt es keine nennenswerten Unterschiede zur Anfechtungsklage[157].

Bei der **Klagebefugnis** ist aber darauf zu achten, dass der Kläger durch die Ablehnung seines Antrages möglicher Weise in „seinen" – subjektiven – Rechten verletzt sein kann, die „Adressatentheorie" kann natürlich nicht herangezogen werden, denn der Kläger strebt ja einen Verwaltungsakt erst an.

Für eine Verpflichtungsklage auf Erlass eines Widerspruchsbescheides dürfte dem Kläger regelmäßig das **Rechtsschutzbedürfnis** fehlen, denn er hat ja die Möglichkeit, eine Untätigkeitsklage zu erheben, dadurch bekommt er ja eine gerichtliche Sachentscheidung[158].

Für die **Begründetheit** der Verpflichtungsklage ist zu unterscheiden, ob es sich bei der begehrten Verfügung um eine gebundene Entscheidung oder um eine Ermessensentscheidung handelt.

Bei einer **gebundenen Entscheidung** ist die Verpflichtungsklage begründet, wenn der Kläger einen **Anspruch** auf den begehrten Verwaltungsakt hat.

Die formelle Rechtswidrigkeit eines versagenden Bescheides muss bei gebundenen Entscheidungen nicht geprüft werden, denn hierauf allein kann niemand einen Anspruch gegen die Verwaltung stützen. Über einen Anspruch des Klägers hat das Gericht ohne Rücksicht auf etwaige Mängel des Verwaltungsverfahrens zu entscheiden[159].

Verlangt der Kläger eine Entscheidung, die im **Ermessen** der Behörde steht, z. B. eine Gaststättenerlaubnis, kann das Gericht nur überprüfen, ob das Ermessen fehlerhaft ausgeübt worden ist oder nicht, denn das Verwaltungsgericht ist keine „Oberverwaltungsbehörde". Das Gericht würde unberechtigt in die Kompetenzen der Verwaltung eingreifen und Verwaltungstätigkeiten ausüben, wenn es den Ermessensspielraum der Verwaltung nicht beachtete.

---

154 §§ 167 Abs. 1 VwGO, 708 Nr. 11 ZPO
155 § 711 ZPO
156 BVerwGE 82,260; OVG NRW, NVwZ-RR, 98,627
157 oben RdNr. 961 f
158 § 75 VwGO
159 BVerwG, DÖV 85,407

Von den wenigen Fällen der Ermessensreduzierung auf Null einmal abgesehen, kann das Gericht der Verwaltung nur vorzuschreiben, in welchem Rahmen sie ein bestehendes Ermessen auszuüben und dann den Kläger neu zu bescheiden hat. Es kommt dann zu einem **Bescheidungsurteil**.

Formulierungsvorschläge für den Tenor einer Verpflichtungsklage

Es besteht Spruchreife, d. h. alle rechtlichen und tatsächlichen Voraussetzungen für den Verwaltungsakt sind geklärt[160].

1) *Der Bescheid des Oberbürgermeisters der Stadt Köln vom .... – Az.: ... – und der Widerspruchsbescheid der Bezirksregierung Köln vom .... werden aufgehoben.*

Der Beklage wird verpflichtet, dem Kläger eine Aufenthaltserlaubnis vom .... bis .... zu erteilen.

2) *Der Beklagte trägt die Kosten des Verfahrens.*

– Spruchreife fehlt –

1) *Der Bescheid ... (wie vor).*
Der Beklagte wird verpflichtet, über den Antrag des Klägers auf Erteilung einer Aufenthaltserlaubnis unter Beachtung der Rechtsauffassung des Gerichtes erneut zu entscheiden.

2) *Die Kosten des Verfahrens werden gegeneinander aufgehoben.*

11. Die Abgrenzung von Anfechtungs- und Verpflichtungsklagen

976 In der Praxis ist mitunter nicht sofort zu erkennen, ob das Ziel des Klägers eine Anfechtungs- oder eine Verpflichtungsklage ist.

Beispiel: Der Kläger hat eine Ausnahmebewilligung beantragt, wonach er auch ohne Ablegung einer Meisterprüfung selbständig einen Handwerksbetrieb führen darf[161]. Die zuständige Behörde hat diesen Antrag abgelehnt und den Widerspruch zurückgewiesen. Hiergegen richtet sich die Klage.

Einerseits will der Kläger den für ihn negativen Bescheid beseitigt haben, andererseits will er aber auch, dass die Behörde ihm eine Ausnahmegenehmigung erteilt.

In diesen Fällen der **kombinierten Anfechtungs- und Verpflichtungsklage** wird darauf abzustellen sein, ob die Anfechtungsklage zur endgültigen Streitbereinigung ausreicht oder ob sich auch nach einer Entscheidung über die Anfechtungsklage wegen neuer Streitpunkte eine weitere Inanspruchnahme des Gerichtes abzeichnet. Im letzten Fall wäre ein Rechtsschutzinteresse für eine (isolierte) Anfechtungsklage zu verneinen[162].

Im Beispielsfall führt die reine Anfechtung der ablehnenden Behördenentscheidung nicht zu einer endgültigen Streitbereinigung. Der Kläger muss vielmehr versuchen, die Erteilung einer Ausnahmegenehmigung durch die Behörde zu erstreiten.

---

160 Der Amtsermittlungsgrundsatz gem. § 86 VwGO zwingt das Verwaltungsgericht grundsätzlich dazu, eine Sache spruchreif zu machen – BVerwG NVwZ 99,65
161 § 8 HandwO
162 BayVGH, BayVBl. 90, 312

12. Zusammenfassung: Anfechtungs- oder Verpflichtungsklagen

Nur bei **entsprechenden Sachverhaltsgestaltungen** sind zu prüfen[163]: **976a**
- Deutsche Gerichtsbarkeit
- Örtliche und sachliche Zuständigkeit des angerufenen Gerichtes[164]
- Beteiligtenfähigkeit[165]
- Prozessfähigkeit[166]
- Ordnungsgemäßer Klageantrag[167]
- Richtiger Klagegegner[168]
- Keine anderweitige Rechtshängigkeit und entgegenstehende
- Rechtskraft[169]
- Allgemeines Rechtsschutzbedürfnis

I. Der Rechtsschutz vor dem Verwaltungsgericht

1. Ausdrückliche Zuweisungen, z. B.
   - § 126 Abs. 1 BRRG
   - § 45 BDG
   - Umkehrschluss § 40 Abs. 2 S. 1 VwGO
2. Generalklausel: Öffentlich-rechtliche Streitigkeit nicht verfassungsrechtlicher Art nach dem Klagebegehren[170]
3. Abdrängende Zuweisungen, z. B.
   - Finanz- und Sozialgerichtsbarkeit[171]
   - Justizverwaltungsakte[172]
   - Enteignungs- und Entschädigungsangelegenheiten[173]

Verweisung von Amts wegen beim Fehlen der Voraussetzungen[174]

---

163 ansonsten ist auf diese Punkte bei einer Klausurbearbeitung nicht einzugehen
164 §§ 45, 52 VwGO
165 § 61 VwGO, § 5 Abs. 1 AGVwGO NRW
166 § 62 VwGO
167 §§ 81, 82 VwGO
168 § 78 Abs. 1 Nr. 2 VwGO i.V.m. Landesrecht, z. B. § 5 Abs. 2 AGVwGO NRW
169 § 121 VwGO
170 § 40 Abs. 1 VwGO
171 FGG und SGG
172 § 23 EGGVG
173 Art. 14, 34 GG
174 §§ 17, 17 a GVG

II. Die Zulässigkeit der Anfechtungs- oder Verpflichtungsklage

- Statthaftigkeit der Anfechtungs- oder Verpflichtungsklage[175]
  - Bestimmung des Rechtsschutzzieles
  - Vorliegen eines Verwaltungsaktes[176]
- Klagebefugnis[177]
- Erfolglose Durchführung eines Widerspruchsverfahrens[178]
- Klagefrist[179]

III. Die Begründetheit der Anfechtungs- oder Verpflichtungsklage

- **Anfechtungsklage**[180]
  1. Der Verwaltungsakt in der Gestalt des Widerspruchsbescheides ist rechtswidrig
     - Benennung der einschlägigen Ermächtigungsgrundlage
     - Formelle Rechtswidrigkeit des Verwaltungsaktes (Zuständigkeit, Form und Verfahren)
     - Materielle Rechtswidrigkeit des Verwaltungsaktes (Tatbestandliche Voraussetzungen der Ermächtigungsgrundlage, allgemeine Rechtsgrundsätze, Ermessensfehler)
  2. Der erlassene rechtswidrige Verwaltungsakt verletzt den Kläger in seinen Rechten
- **Verpflichtungsklage**[181]
  1. Der Kläger hat Anspruch auf den begehrten Verwaltungsakt
     - Versagung des VA ist rechtswidrig
     - In der Regel Bescheidungsurteil bei Ermessensentscheidung
  2. Die Versagung des Verwaltungsaktes verletzt den Kläger in seinen Rechten

13. Die Fortsetzungsfeststellungsklage

977 Mit der Fortsetzungsfeststellungsklage kann sich der Kläger gegen einen ursprünglich erlassenen Verwaltungsakt wenden, der sich in einem laufenden Klageverfahren erledigt hat. Die Möglichkeit, einen an sich erledigten Anfech-

---

[175] § 42 Abs. 1 VwGO)
[176] § 35 VwVfG
[177] § 42 Abs. 2 VwGO
[178] §§ 68,75 VwGO
[179] §§ 74, 58 Abs. 2 VwGO
[180] § 113 Abs. 1 S. 1 VwGO
[181] § 113 Abs. 5 VwGO

tungsprozess weiterzuführen, ist sinnvoll und zweckmäig, weil dadurch den Beteiligten der prozessuale Besitzstand nicht verloren geht. Eine **Erledigung** des Verwaltungsaktes liegt vor, wenn der nicht mehr vollstreckt werden kann oder wenn dem Kläger aus anderen Gründen mit der Aufhebung eines Bescheides nicht mehr gedient ist[182].

Beispiel: Die Behörde gibt sichergestellte Sachen zurück.

Das Gesetz regelt unmittelbar nur den Fall, dass sich ein Verwaltungsakt **nach Klageerhebung** erledigt[183]. Wegen der identischen Interessenlage gilt die Vorschrift analog für die Erledigung **vor Klageerhebung**[184] und für **Verpflichtungsklagen**[185].

13.1 Klagefristen

Ob die Fortsetzungsfeststellungsklage nur innerhalb einer bestimmten Frist erhoben werden kann, ist nicht unmittelbar im Gesetz geregelt.

978

Sieht man in der Fortsetzungsfeststellungsklage einen engen systematischen Zusammenhang mit der Anfechtungsklage, so kommt man zu einer für beide Klagearten einheitlichen Frist, denn eine verfristete und damit unzulässige Anfechtungsklage kann nicht bloß aufgrund eines erledigenden Ereignisses in Form der Fortsetzungsfeststellungsklage zulässig werden[186]. Dem steht gegenüber, dass der Gesichtspunkt der Rechtssicherheit, der hinter der Fristbindung von Rechtsbehelfen steht, nach Erledigung eines Verwaltungsaktes in den Hintergrund tritt; für die Klage gilt daher keine Klagefrist, § 74 Abs. 1 S. 2 VwGO ist nicht analog anzuwenden[187].

13.2 Feststellungsinteresse

Zur Erhebung der Fortsetzungsfeststellungsklage wird ein besonderes Feststellungsinteresse verlangt[188]. Für dieses Interesse haben sich in der gerichtlichen Praxis drei Fallgruppen herausgebildet[189], nämlich:

979

- die Wiederholungsgefahr,
- die Vorbereitung eines (nicht völlig aussichtslosen) Amtshaftungs- oder Entschädigungsverfahres,
- das Rehabilitationsinteresse des von einem Verwaltungsakt Betroffenen.

Während die Voraussetzungen für eine Wiederholungsgefahr oder den beabsichtigten Amtshaftungsprozess relativ klar umrissen sind, macht die Abgrenzung der dritten Fallgruppe, das Rehabilitationsinteresse, schon Schwierigkeiten.

---

[182] BVerwG, NVwZ-RR 95, 172
[183] § 113 Abs. 1 S. 4 VwGO: *„vorher"*
[184] Kopp/Schenke, VwGO, § 113, Rdnr. 99
[185] OVG NRW, NVwZ 04, 508
[186] Kopp/Schenke, § 74, Rdnr. 2
[187] BVerwGE 109, 203, 208
[188] § 113 Abs. 1 S. 4 VwGO: „ ... *wenn der Kläger ein berechtigtes Interesse an dieser Feststellung hat*". Dieses berechtigte Feststellungsinteresse kann neben dem Kläger allerdings auch der Beklagte haben.
[189] Kopp/Schenke, Rdnr. 129 zu § 113

13.2.1 Wiederholungsgefahr

980 Ein erforderliches berechtigtes Interesse liegt vor, wenn der Gefahr der Wiederholung gleichartiger Verwaltungsentscheidungen vorgebeugt werden soll.

Nun gibt es aber keine in jeder Hinsicht identischen Entscheidungssituationen. An die Wiederholungsgefahr dürfen daher keine überspannten Anforderungen gestellt werden, sie ist zu bejahen, wenn in einem künftigen Verfahren vergleichbare tatsächliche und rechtliche Verhältnisse vorliegen würden wie hinsichtlich des erledigten Verfahrens[190]. Die lediglich theoretisch denkbare Möglichkeit, dass die zu entscheidende Frage irgendwann in der Zukunft wieder einmal bedeutsam werden könnte, reicht nicht aus.

Beispiele: In einer Ratssitzung wird ein Spruchband mit politischer Aufschrift, das ein Ratsmitglied entfaltet, sichergestellt. Diese Situation ist eher singulär und begründet damit keine Wiederholungsgefahr. Bei der Sicherstellung von Filmen, die Demonstranten aufgenommen haben, begründet allein der Hinweis auf weitere Teilnahme an Demonstrationen in der Regel ebenfalls keine Wiederholungsgefahr[191].

Die allgemeine Befürchtung eines Bürgers, ihm könnten wegen seiner politischen Aktivitäten erneut vergleichbare behördliche Maßnahmen widerfahren, begründet ebenfalls keine Wiederholungsgefahr. Es müssen schon konkrete Anhaltspunkte dafür bestehen, dass auch in Zukunft mit weiteren, wesentlich gleichgearteten Konfliktsituationen zu rechnen ist.

13.2.2 Vorbereitung eines Amtshaftungs- oder Entschädigungsverfahrens

981 Ist ein Schadensersatz- oder Entschädigungsanspruch vorhanden, so liegt ebenfalls ein berechtigtes Interesses vor. Die Beurteilung eines möglichen Anspruches setzt aber eine zumindest **überschlägige Prüfung** der in Betracht kommenden Anspruchsgrundlagen voraus, denn die Geltendmachung von Schadensersatz oder Entschädigung darf **nicht offensichtlich aussichtslos** sein[192].

Außerdem darf der Verwaltungsakt sich erst nach Klageerhebung erledigt haben. Bei einer Erledigung vor Klageerhebung müssen die Ansprüche unmittelbar vor den Zivilgerichten geltend gemacht werden[193].

13.2.3 Rehabilitationsinteresse des vom Verwaltungsakt Betroffenen

982 An einer Feststellung der Rechtswidrigkeit einer erledigten Verwaltungsmaßnahme kann auch ein **ideelles Interesse** bestehen (Rehabilitationsinteresse), nicht ausreichend ist aber allein der Wunsch nach Genugtuung[194].

Ein solches schutzwürdiges Interesse kommt unproblematisch dann in Betracht, wenn abträgliche Nachwirkungen der Verwaltungsentscheidung fortbestehen, wenn z. B. gegenüber einem Gewerbetreibenden der Vorwurf der

---

190 OVG NRW, NJW 99,2202
191 OVG NRW, aaO
192 BVerwG, NVwZ 98,1295
193 BVerwGE 106,295,297 f
194 BVerwGE 53, 134, 137

Unzuverlässigkeit erhoben[195], die Arbeit eines Künstlers abqualifiziert[196] oder ein Normalbürger von der Polizei „wie ein Terrorist" behandelt worden war. In diesen Fällen wirkt der Verwaltungsakt immer noch im Sinne einer Ehrverletzung oder Rufschädigung nach oder es besteht jedenfalls diese Möglichkeit.

Demgegenüber wird neuerdings ein Feststellungsinteresse nicht mehr allein an den fortbestehenden Nachwirkungen eines Verwaltungsaktes orientiert, sondern mehr an der **Intensität des erfolgten Eingriffes**, insbesondere in grundrechtlich geschützte Bereiche[197].

Beispiele: Festhalten eines farbigen Studenten über viele Stunden fest, um seine Identität zu überprüfen[198]; Ausschluss von Parteien von Wahlsendungen in Funk und Fernsehen[199]; Freiheitsentziehungen zur Durchsetzung eines Platzverweises[200]. Wohnungsdurchsuchungen[201] ; Einsatz verdeckter Ermittlern zur Datenerhebung in der Privatsphäre[202]; Einsatz von Wasserwerfern gegen Teilnehmer einer aufgelösten Versammlung[203]; Verbot gegenüber einer Partei, ihren Bundesparteitag abzuhalten[204].

Das Grundrecht auf effektiven gerichtlichen Rechtsschutz gebietet es, dass in Fällen, in denen die Verwaltung in Freiheit und Ehre des Betroffenen eingegriffen hat[205], der Bürger auch dann Gelegenheit erhält, die Rechtmäßigkeit des Eingriffes gerichtlich klären zu lassen, wenn die direkte Belastung durch die angegriffene Maßnahme sich typischer Weise auf eine Zeitspanne beschränkt, in der der Betroffene eine gerichtliche Entscheidung kaum erlangen kann. Dies auf Fälle folgenschwerer Grundrechtseingriffe zu begrenzen[206], erscheint nicht (mehr) sachgerecht. Insoweit reicht schon die Möglichkeit eines relevanten Grundrechtseingriffes[207]. Hier kann nur der im gesamten Recht geltenden Grundsatz der Geringfügigkeit bzw. der Belanglosigkeit des Eingriffes ein Feststellungsinteresse entfallen lassen.

13.3 Klagebefugnis

Da die Fortsetzungsfeststellungsklage eine ursprünglich mögliche Anfechtungsklage nur fortsetzt, müssen grundsätzlich auch alle besonderen Sachurteilsvoraussetzungen der Anfechtungsklage analog erfüllt sein[208]. Zur Erhebung der Klage ist daher nur derjenige **befugt**, der geltend machen kann, durch den (erledigten) Verwaltungsakt in seinen Rechten verletzt worden zu sein.

983

13.4 Vorverfahren

Ist das erledigende Ereignis erst nach dem Ablauf der Widerspruchsfrist eingetreten, ist auch die fristgerechte Erhebung des Widerspruches als Zulässig-

984

---

195 BVerwGE 81, 74
196 OVG NRW, NVwZ 93, 75.
197 BVerfGE 96, 27, 41; BVerwG, NVwZ 99, 991
198 OVG Hamburg, NVwZ-RR 03, 276
199 OVG Hamburg, NVwZ 04, 117
200 VG Neustadt, NVwZ 03, 277
201 VGH BaWü, NVwZ 03, 368
202 BVerwG, NJW 97, 2534
203 BVerG, NVwZ 99, 290
204 BVerwG, NVwZ 99, 991
205 BVerwG, NVwZ-RR 02, 323
206 Nds. OVG, NVwZ-RR 98, 236
207 OVG Bautzen, NVwZ-RR 02, 53
208 Kopp/Schenke, § 113, Rdnr. 99

keitsvoraussetzung erforderlich, denn zu diesem Zeitpunkt wäre auch die Erhebung einer Anfechtungsklage ohne Durchführung eines Widerspruchsverfahrens nicht zulässig gewesen[209].

Ist die Erledigung innerhalb der Widerspruchsfrist eingetreten, ist umstritten, ob die Durchführung eines Widerspruchsverfahrens dann noch zulässig ist. Unter Hinweis auf die Entlastung der Gerichte und die Selbstkontrolle der Verwaltung wird es als sinnvoll angesehen, wenn die Widerspruchsbehörde Feststellungen über die Rechtmäßigkeit des Verwaltungsaktes treffe, nach dieser Auffassung ist die Klage ohne Durchführung eines Widerspruchsverfahrens nicht zulässig[210]. Dem wird aber entgegengehalten, dass in diesen Fällen ein Vorverfahren entbehrlich und damit unzulässig ist, da im Streitfall eh die Beteiligten auf eine gerichtliche Entscheidung drängen werden[211].

Formulierungsbeispiel für den Tenor bei einer erfolgreichen Fortsetzungsfeststellungsklage:

Es wird festgestellt,

- dass der Bescheid des Oberbürgermeisters der Stadt Köln vom ... in der Gestalt des Widerspruchsbescheides der Bezirksregierung Köln vom ... rechtwidrig war[212].
- dass der Beklagte verpflichtet war, dem Kläger eine Aufenthaltserlaubnis zu erteilen[213].
- dass die Nichterteilung eines Bescheides auf den Antrag des Klägers vom ... rechtswidrig war.
- dass der Beklagte verpflichtet war, über den Antrag des Klägers auf Erteilung einer Aufenthaltserlaubnis unter Beachtung der Rechtsauffassung des Gerichtes zu entscheiden[214].

14. Die allgemeine Feststellungsklage

985 Eine gerichtliches Feststellungsurteil enthält keinen Befehl und kann mithin auch nur wegen der Kosten vollstreckt werden. Aus der **Rechtsbindungspflicht** der öffentlichen Hand folgt jedoch, dass sie entsprechende Urteile beachten muss.

Zu beachten ist z. B. in NRW, dass eine Feststellungsklage nicht gegen eine Behörde gerichtet werden kann, weil dies ausnahmsweise nur bei Anfechtungs- und Verpflichtungsklage gestattet ist[215]. Feststellungsklagen müssen gegen den Rechtsträger gerichtet werden[216].

Die Gültigkeit einer Rechtsnorm kann nicht mit einer Feststellungsklage geklärt werden, hierfür gibt es das Normenkontrollverfahren als speziellen Rechtsschutz.

---

209 BVerwGE 21, 161, 167
210 P/R, § 68, Rdnr. 34
211 BVerwGE 26, 161, 166
212 § 113 Abs. 1 S. 4, S. 1 VwGO, d. h. es ist ein Widerspruchsbescheid ergangen
213 § 113 Abs. 1 S. 4 VwGO
214 § 113 Abs. 5 S. 2 VwGO
215 § 5 Abs. 2 AGVwGO
216 § 78 Abs. 1 Nr. 1 VwGO.

14.1 Das festzustellende Rechtsverhältnis

Gegenstand einer Feststellungsklage ist das Bestehen („positive" Feststellungsklage) oder Nichtbestehen („negative" Feststellungsklage) eines Rechtsverhältnisses oder die Nichtigkeit eines Verwaltungsaktes[217].

986

Ein **Rechtsverhältnis** liegt dann vor, wenn sich aus einer Rechtsnorm des öffentlichen Rechtes rechtliche Beziehungen zwischen einer Person zu einer anderen Person oder zu einer Sache ergeben, wonach eine Person etwas Bestimmtes tun oder unterlassen darf[218].

Beispiele: Kommunalverfassungsstreitverfahren; Feststellung der Genehmigungsfreiheit bestimmter Bauvorhaben; Festlegung von verkaufsoffenen Sonntagen in einer Gemeinde[219].

Das allgemeine Unterworfensein unter das Gesetz reicht nicht aus, um ein Rechtsverhältnis zu begründen, es muss vielmehr zu einer Konkretisierung bzw. Verdichtung der Beziehungen zwischen einer Behörde und einem Bürger gekommen sein. Dies kann durch den Erlass eines Verwaltungsaktes oder durch die Inanspruchnahme konkreter Rechte geschehen.

Eine einfache Anfrage bei einer Behörde und die hierauf ergehende negative Stellungnahme, die noch kein VA ist, reicht zur Konkretisierung i. S. eines Rechtsverhältnisses nicht aus. Ausreichend ist hingegen, wenn eine Behörde eine bestimmte Tätigkeit als verboten, strafbar oder polizeiwidrig bezeichnet oder gar androht, im Falle einer Wiederholung Strafanzeige zu erstatten (**„Damokles-Schwert-Rechtsprechung"**). In diesem Fall ist nämlich die rechtliche Einstellung der Behörde zu einem bestimmten, tatsächlich feststehenden Sachverhalt so eindeutig klargestellt und kundgetan worden, dass das Vorliegen eines Rechtsverhältnisses nicht geleugnet werden kann[220].

Wer also anstrebt, eine Feststellungsklage zu erheben, darf sich nicht mit einer einfachen negativen Auskunft einer Behörde zufrieden geben. Er muss sich schon gegenüber einem Beamten „aufregen", damit dieser ihm droht und Zwangsmaßnahmen ankündigt, erst dann besteht ein Rechtsverhältnis.

Das festzustellende Rechtsverhältnis kann auch in der Vergangenheit oder in der Zukunft liegen, wenn es noch immer oder schon jetzt Auswirkungen auf die Rechte des Klägers hat.

14.2 Die festzustellende Nichtigkeit eines Verwaltungsaktes

Ein nichtiger Verwaltungsakt entfaltet keinerlei Rechtswirkungen und begründet damit auch kein Rechtsverhältnis. Durch die ausdrückliche Erwähnung im Gesetz wird für Zwecke einer Feststellungsklage der nichtige Verwaltungsakt einem Rechtsverhältnis gleichgestellt.

987

Ein Verwaltungsakt ist nichtig, wenn er unter einem **schwerwiegenden Mangel** leidet[221]. Die Nichtigkeit muss nur plausibel geltend gemacht werden, ob ein Verwaltungsakt dann tatsächlich nichtig ist oder nicht, muss im Rahmen der Begründetheit der Klage geklärt werden.

---

217 § 43 Abs. 1 VwGO
218 Kopp/Schenke, VwGO, § 43, Rdnr. 11
219 Normerlassklage, OVG NRW, NWVBl. 98,110
220 BVerwGE 89,331
221 § 44 VwVfG

15. Abschnitt

Ein nichtiger Verwaltungsakt kann auch Gegenstand einer Anfechtungs- oder Verpflichtungsklage sein; die Zulässigkeit einer Nichtigkeits-Anfechtungs-/Verpflichtungsklage setzt allerdings voraus, dass die oben genannten Sachurteilsvoraussetzungen für Anfechtungsklagen[222] eingehalten worden sind.

14.3 Klagebefugnis

988 Auch bei Feststellungsklagen gilt der allgemeine Grundsatz, dass Popularklagen auszuschließen sind und die Rechtsschutzgarantie nur bei der Verletzung „eigener Rechte" eingreift[223]. Aus diesem Grunde muss auch bei Feststellungsklagen eine Klagebefugnis vorliegen[224].

14.4 Das berechtigte Feststellungsinteresse

989 Der Kläger muss ein berechtigtes Interesse an der baldigen gerichtlichen Feststellung haben. Hierunter fällt jedes schutzwürdige Interesse rechtlicher, wirtschaftlicher, ideeller, kultureller oder religiöser Art[225].

Beispiele: Bei unklarer Rechtslage hat der Bürger ein berechtigtes Interesse an der Feststellung, er benötige keine behördliche Erlaubnis; ein Beamter hat ein Interesse an der Feststellung, wonach ein bestimmtes Verhalten kein Dienstvergehen ist; droht dem Bürger eine Strafanzeige oder eine Geldbuße, so hat er ein Interesse an einer Vorab-Klärung[226].

Kein berechtigtes Interesse liegt vor, wenn die Rechtslage eindeutig ist, z. B. beinhaltet das Recht der Versammlungsfreiheit unstreitig, sich ohne behördliche Erlaubnis versammeln zu dürfen, das braucht sich niemand gerichtlich feststellen zu lassen; wenn zur Vorbereitung eines Amtshaftungsprozesses lediglich eine öffentlich-rechtliche Vorfrage geklärt werden soll, so kann das der Zivilrichter selbst klären, eines verwaltungsgerichtlichen Verfahrens bedarf es nicht.

14.5 Die Subsidiarität der allgemeinen Feststellungsklage

990 Die allgemeinen Feststellungsklage ist gegenüber anderen Klagearten nachrangig[227]. Das macht in erster Linie Sinn im Hinblick auf die für Anfechtungs- und Verpflichtungsklagen geltenden Prozessvoraussetzungen.

Wenn eine an sich statthafte Gestaltungsklage nur deswegen nicht mehr zulässig ist, weil der Verwaltungsakt wegen Versäumung von Widerspruchs- oder Klagefrist bestandskräftig geworden ist, dann kann dies nicht durch die Erhebung einer Feststellungsklage umgangen werden. Kommt dagegen keine Umgehung von Fristen oder Vorverfahren in Betracht, steht die Subsidiaritätsklausel der allgemeinen Feststellungsklage sinnvoller Weise nicht entgegen[228].

---

222 Widerspruch, Frist usw.
223 Art. 19 Abs. 4 GG
224 § 42 Abs. 2 VwGO analog: BVerwG, NJW 96, 2046, 2048
225 BVerwG, NJW 96, 1046 st. Rspr.
226 „Damokles-Schwert-Rechtsprechung", BVerwGE 77,213
227 § 43 Abs. 2 S. 1 VwGO
228 BVerwG, NJW 97, 2534

Sofern also eine streitige Frage vollständig und sachgerecht durch ein Feststellungsurteil geklärt werden kann, ist kein Grund erkennbar, warum auf eine vorrangige Gestaltungs- oder Leistungsklage verwiesen werden sollte.

Beispiel: Ein verdeckter Ermittler der Polizei filmt bei einer Versammlung einen Demonstranten. Das ist kein Verwaltungsakt. Will der Demonstrant nun die Rechtswidrigkeit feststellen lassen, kann er nicht darauf verwiesen werden, die Rechtmäßigkeit des Einsatzes des verdeckten Ermittlers zunächst in einem getrennten Verfahren über die Löschung gespeicherter personenbezogener Daten klären zu lassen.

Die Subsidiaritätsregel ist auch infrage zu stellen bei **Kommunalverfassungsstreitverfahren**[229] und ähnlichen Streitverfahren zwischen Organen einer Körperschaft. Aufgrund der Gesetzesbindung der Verwaltung dürfte außer Frage stehen, dass etwa Organe einer Gemeinde aus einem gerichtlichen Feststellungsurteil die entsprechenden Konsequenzen ziehen und es keines gerichtlichen Gestaltungsausspruches bedarf, z. B. der ausdrücklichen Aufhebung eines Ratsbeschlusses. Ein Feststellungsurteil greift nun aber deutlich geringer in die Handlungskompetenz eines gemeindlichen Organs ein als ein kassatorisches Urteil eines staatlichen Gerichtes, denn dem Gemeindeorgan wird so die Möglichkeit der **Selbstkorrektur** eingeräumt. Der Verweis auf die Subsidiaritätsklausel wäre in einem solchen Fall nicht sach- bzw. verfassungsgerecht. 991

Das nordrhein-westfälische Kommunalrecht gestattet der staatlichen Aufsichtsbehörde dann auch folgerichtig in erster Linie nur die Anweisung an den Rat einer Gemeinde, einen rechtswidrigen Beschluss selbst aufzuheben und erst bei einer Weigerung des Rates, dies im Wege der Kommunalaufsicht zu tun[230].

Die Subsidiaritätsklausel gilt von Gesetzes wegen nicht, wenn die Nichtigkeitsfeststellung eines Verwaltungsaktes begehrt wird[231], denn die Abgrenzung zwischen anfechtbarem und nichtigem Verwaltungsakt lässt sich in vielen Fällen nicht hinreichend sicher im vorhinein bestimmen.

Die Feststellungsklage ist begründet, wenn der Verwaltungsakt nichtig ist oder das zwischen den Parteien streitige Rechtsverhältnis nicht besteht.

Formulierungsbeispiele für den Tenor einer – erfolgreichen – Feststellungsklage:

1) Es wird festgestellt,

- *dass der Oberbürgermeister der Stadt Köln verpflichtet ist, den Rat der Stadt Köln zu einer Sitzung mit dem Tagesordnungspunkt . . . bis zum . . . . einzuladen,*

- *dass der Kläger berechtigt ist, ohne Sondernutzungserlaubnis in der Fußgängerzone „Schildergasse" der Stadt Köln zu den üblichen Geschäftszeiten zu musizieren,*

- *dass der zwischen dem Kläger und dem Beklagten abgeschlossene öffentlich-rechtliche Vertrag vom . . . . durch die Kündigung vom . . . . nicht beendet wurde,*

- *dass der Bescheid des Oberbürgermeisters der Stadt Köln vom . . . nichtig ist.*

---

229 Vgl. Hofmann/Muth/Theisen 2.8.4
230 § 119 GO NRW
231 § 43 Abs. 2 S. 2 VwGO

15. Die allgemeine Leistungsklage

992 Die allgemeine Leistungsklage ist im Gesetz nicht ausdrücklich geregelt, sie ist aber inzwischen anerkannt. Sie ist eine Auffangklage mit der ein schlichtes Verwaltungshandeln verlangt wird. Die Leistung der Behörde besteht in Abgrenzung zur Verpflichtungsklage gerade nicht im Erlass eines Verwaltungsaktes.

Die allgemeine Leistungsklage ist üblich:

- bei Zahlungsansprüchen, insbesondere öffentlich-rechtlichen Erstattungsansprüchen, sofern der Anspruch nicht zuvor durch einen Verwaltungsakt festzusetzen ist,
- bei Ansprüchen auf Beseitigung rechtswidriger Zustände (Folgenbeseitigungsansprüche),
- bei Widerruf oder Unterlassung von Äußerungen,
- bei Ansprüchen auf Erteilung von Auskünften sowie die Vornahme sonstiger Realakte,
- bei Ansprüchen aus öffentlich-rechtlichen Verträgen.

Nach allgemeiner Meinung muss auch zur Erhebung einer allgemeinen Leistungsklage eine **Klagebefugnis** bestehen, um auf diese Weise Popularklagen auszuschließen[232].

Durch Gesetz kann angeordnet sein, dass vor der Erhebung einer allgemeinen Leistungsklage ausnahmsweise ein **Widerspruchsverfahren** durchzuführen ist, z. B. hinsichtlich der Überprüfung von Realakten gegen Beamte[233].

Auch eine Behörde kann gegen den Bürger die allgemeine Leistungsklage vor dem Verwaltungsgericht erheben, allerdings gilt das dann nicht, wenn die Behörde ihre Ansprüche durch einen Bescheid geltend machen kann. In diesen Fällen fehlt der Behörde das Rechtsschutzbedürfnis[234].

Die allgemeine Leistungsklage ist begründet, wenn der Kläger gegen die öffentliche Hand einen Anspruch auf eine schlicht hoheitliche Handlung hat.

Formulierungsbeispiele für den Tenor einer – erfolgreichen – Leistungsklage:

1) Der Beklagte wird verpflichtet, seine am …. gemachte Äußerung über die wirtschaftliche Situation des Klägers zu widerrufen.

2) Der Beklagte wird verpflichtet, 10.000,- Euro nebst 4 v.H. Zinsen seit Rechtshängigkeit an den Kläger zu zahlen.

16. Die verwaltungsgerichtliche Normenkontrolle

993 Die bisher dargestellten Klagearten hatten **Einzelentscheidungen** der Verwaltung zum Gegenstand. Demgegenüber ist die verwaltungsgerichtliche Normenkontrolle darauf gerichtet, bestimmte untergesetzliche Rechtsvorschriften durch das Oberverwaltungsgericht überprüfen zu lassen.

---

[232] § 42 Abs. 2 VwGO analog
[233] § 126 Abs. 3 BRRG
[234] BVerwGE 80, 164

Im Unterschied zu einer **inzidenten** Normenkontrolle, in der ein Verwaltungsakt Streitgegenstand ist und bei der aus diesem Anlass eine Rechtsvorschrift auf ihre Gültigkeit im Einzelfall überprüft wird, ist bei einer abstrakten Normenkontrolle die Rechtsnorm selbst Streitgegenstand.

NRW, Berlin und Hamburg haben von der Ermächtigung zur Einführung eines allgemeinen Normenkontrollverfahrens bislang keinen Gebrauch gemacht. In diesen Ländern kann eine untergesetzliche Rechtsnorm nur im Einzelfall als Vorfrage inzident geprüft werden. Eine Entscheidung ist hier nicht allgemeinverbindlich.

Bundeseinheitlich findet das verwaltungsgerichtliche Normenkontrollverfahren bei **baurechtlichen Satzungen** statt, z. B. bei Bebauungsplänen[235], bei Veränderungssperren[236], bei Erschließungsbeitragssatzungen[237].

Bei anderen unter dem Landesgesetz stehenden Rechtsvorschriften wie kommunale Gebührensatzungen, Polizeiverordnungen, Biergartenverordnungen[238], Geschäftsordnungen eines kommunalen Vertretungsorgans[239], Schul- und Prüfungsordnungen usw. ist die Normenkontrolle in NRW, Berlin und Hamburg nicht statthaft.

Die Entscheidung des OVG, durch die eine Satzung für nichtig erklärt wird, ist **allgemein verbindlich** und damit gegenüber jedermann wirksam. Jede Behörde und auch jedes Gericht ist an die Entscheidung gebunden. Soweit bereits unanfechtbare Verwaltungsakte oder rechtskräftige Urteile aufgrund der nichtigen Satzung ergangen sind, bleiben sie bestehen. Eine Vollstreckung scheidet dann jedoch aus[240].

Ein Antrag auf gerichtliche Normenkontrolle entfaltet keine aufschiebende Wirkung.

16.1 Die Zulässigkeit des Normenkontrollantrages

Antragsberechtigt sind natürliche und juristische Personen sowie Behörden. Sie können sich aber vor dem OVG nur mit Hilfe eines Vertreters äußern (postulieren)[241].

994

Der Antragsteller muss wie bei einer Anfechtungsklage plausibel geltend machen können, durch die angegriffene Rechtsvorschrift in eigenen subjektiven Rechen verletzt zu sein oder (und das ist gegenüber der Anfechtungsklage eine Erweiterung) in absehbarer Zeit verletzt zu werden. Das ist nur dann der Fall, wenn die Rechtsvorschrift Festsetzungen trifft, die sich auf subjektive Rechte des Antragstellers auswirken können. Geht es um einen Bebauungsplan, trifft dies regelmäßig zu, wenn der Antragsteller **Eigentümer** oder **Pächter**[242] eines Grundstückes ist, dass im Planbereich liegt. **Nachbarn** eines beplanten Gebietes sind ebenfalls antragsberechtigt, da das Abwägungsgebot des § 1 Abs. 6 BauGB drittschützende Wirkung hat und dement-

---

235 § 10 BauGB
236 §§ 14, 16 Abs. 1 BauGB
237 § 132 BauGB
238 BVerwG, NVwZ 99, 2201
239 BayVGH, BayVBl. 94, 530
240 § 183 VwGO
241 § 67 Abs. 1 VwGO
242 BVerwG, NVwZ 00, 806

sprechend auch den Trägern privater Belange und Interessen ein subjektives Recht auf gerechte Abwägung vermittelt[243]. Für **Gemeinden** kann sich die Antragsbefugnis aus der Möglichkeit der Verletzung ihres Selbstverwaltungsrechtes ergeben, da Gemeinden bauplanungsrechtlich befugt sind, eine gemeindliche Verkehrspolitik zu betreiben[244]. Auch **Nachbargemeinden** sind aus dem in § 2 Abs. 2 BauGB verankerten **interkommunalen Abstimmungsgebot** heraus bei einer Berührung gewichtiger Planungsauswirkungen antragsbefugt, z. B. bei der Ansiedlung von Factory-Outlet-Centern, Multiplex-Kinos usw.

Die Verletzung privater Interessen allein reicht nicht aus.

Der Mieter eines Grundstückes ist lediglich vertraglich zur Nutzung berechtigt, er kann die Gültigkeit eines Bebauungsplanes nicht durch einen Normenkontrollantrag überprüfen lassen[245]. Auch ein Nacherbe ist nicht antragsberechtigt, denn vor Eintritt des Nacherbfalles ist er weder Eigentümer der zum Nachlass gehörenden Gegenständen noch steht ihm hieran ein Nutzungsrecht zu; es könnte zudem zu einem Interessenwiderstreit mit dem Vorerben kommen[246].

Der Normenkontrollantrag kann nur innerhalb von zwei Jahren nach Bekanntmachung der Rechtsvorschrift gestellt werden[247]. Diese Frist ist eine echte Ausschlussfrist, eine Wiedereinsetzung in den vorigen Stand kommt damit nicht in Betracht[248].

16.2 Die Begründetheit des Normenkontrollantrages

995 Im Normenkontrollverfahren überprüft das OVG die angegriffene Rechtsvorschrift unter jedem formellen und materiellen Aspekt bundes- und landesrechtlicher Art. Auch das europäische Gemeinschaftsrecht ist Prüfungsmaßstab[249].

Der Normenkontrollantrag ist begründet, wenn die angegriffene Rechtsvorschrift nichtig ist. In Betracht kommt

- eine Verletzung von Form- und Verfahrensvorschriften
  - örtliche und sachliche Zuständigkeit des Normgebers
  - ordnungsgemäße Beschlussfassung
  - Einhaltung von zwingenden Verfahrensvorschriften
  - Ausfertigung der Norm, insb. bei Bebauungsplänen
  - Bekanntmachung
- eine fehlende oder fehlerhaft angewendete Ermächtigung,
- eine Verletzung des Verhältnismäßigkeitsgrundsatzes,
- ein Verstoß gegen höherrangiges Recht.

---

243 BVerwG, JuS 99,717
244 BVerwG, NVwZ 01,1280
245 OVG NRW, NWVBl. 98,22
246 OVG NRW, NWVBl. 98,27
247 § 47 Abs. 2 S. 1 VwGO
248 Kopp/Schenk, VwGO, § 47, Rdnr. 65
249 Dünchheim, VR 03, 361

Fehler können in einem ergänzenden Verfahren geheilt werden[250], sofern der Fehler nicht so gravierend ist, dass das ursprüngliche Verfahren zumindest teilweise noch verwertbar ist[251].

Eine Nichtigkeitserklärung des Bebauungsplanes dürfte damit nur noch äußerst selten vorkommen. Kann der Fehler in einem weiteren Verfahren behoben werden, wird ein Bebauungsplan „nur" für nicht wirksam erklärt.

Formulierungsbeispiele für einen Tenor im Normenkontrollverfahren:

1) Der Antrag, den Bebauungsplan „ Am Burgpark" der Stadt Hürth für nichtig zu erklären, wird abgelehnt.

1) Der Bebauungsplan „Hürtherberg" der Stadt Hürth wird für nicht wirksam erklärt. Im übrigen wird der Antrag abgelehnt[252].

2) Die Kosten des Verfahrens trägt der Antragsteller/die Antragsgegnerin.

3) Das Urteil ist wegen der Kosten vorläufig vollstreckbar. Der Antragsgegnerin wird nachgelassen, die Vollstreckung durch Sicherheitsleistung in Höhe der festzusetzenden Kosten abzuwenden, wenn nicht der Antragsteller vor der Vollstreckung Sicherheit in gleicher Höhe leistet.

4) Die Revision wird – nicht – zugelassen.

17. Der einstweilige Rechtsschutz

Die von der Verwaltungsgerichtsordnung bereitgestellten Klagemöglichkeiten garantieren eine umfassende Kontrolle der Verwaltung und stellen so den Grundsatz der Gesetzmäßigkeit der Verwaltung sicher. Wegen der mitunter langen Verfahrensdauer bis zur Entscheidung in der Hauptsache hat der einstweilige Rechtsschutz inzwischen eine große Bedeutung gewonnen. Hierdurch wird verhindert, dass vor einer endgültigen gerichtlichen Klärung vollendete Tatsachen geschaffen werden können. Was nutzt z. B. einem Bewerber um einen Studienplatz, wenn er nach frühestens fünf Jahren vom Bundesverwaltungsgericht bestätigt bekommt, dass die Nichtzulassung zum Medizinstudium für ihn nicht rechtens war? **997**

Die Gerichte sind gehalten, bei der Prüfung des einstweiligen Rechtsschutzes sowohl der besonderen Bedeutung der betroffenen Grundrechte als auch den Erfordernissen eines effektiven Rechtsschutzes Rechnung zu tragen[253].

Der einstweilige Rechtsschutz in Normenkontrollverfahren[254] sowie der einstweilige Rechtsschutz im Rahmen der Zwangsvollstreckung aus verwaltungsgerichtlichen Urteilen[255] ist von eher untergeordneter Bedeutung.

In der Praxis regelmäßig zu klären ist, ob einem Antragsteller einstweiliger Rechtsschutz nach §§ 80, 80 a oder nach § 123 VwGO zu gewähren ist. Während in den Fällen der §§ 80, 80 a VwGO auch eine Behörde einstweiligen **998**

---

250 § 47 Abs. 5 S. 4 VwGO
251 OVG NRW, NVwZ 99,79
252 Ein Bebauungsplan wird nur dann für nichtig erklärt, wenn ein ausdrücklicher Antrag auf Nichtigkeitserklärung gestellt worden ist
253 BVerwG, NVwZ 97,480
254 § 47 Abs. 6 VwGO; vgl. hierzu Nds. OVG, DVBl. 01,1779
255 § 167 Abs. 1 VwGO, §§ 719, 769 ZPO

Rechtsschutz einräumen kann, kommt das in den Fällen des § 123 VwGO nur dem Gericht zu.

Die Abgrenzung ergibt sich aus der **Kollisionsnorm** des § 123 Abs. 5 VwGO. Hiernach ist den §§ 80, 80 a VwGO ein Vorrang eingeräumt. In den Fällen, in denen nach diesen Bestimmungen vorläufiger Rechtsschutz gewährt wird, gehen diese als Spezialregelung vor, während § 123 VwGO ein **Auffangtatbestand** ist.

Grundsatz: Ist in der Hauptsache die Anfechtungsklage statthaft, richtet sich der vorläufige Rechtsschutz nach §§ 80, 80 a VwGO („**Anfechtungssachen**"), in allen übrigen Fällen („**Vornahmesachen**") nach § 123 VwGO.

Dennoch sind die Fallgestaltungen sehr vielfältig und es fehlt auf dem Gebiet des vorläufigen Rechtschutzes die prägende Kraft des Bundesverwaltungsgerichtes, denn gegen erstinstanzliche Entscheidungen der Verwaltungsgerichte gibt es nur die Möglichkeit der Beschwerde zum jeweiligen Oberverwaltungsgericht.

999 Für die Praxis wichtige Fallgestaltungen sind wie folgt aufgelöst worden:

- bei selbständig anfechtbaren Nebenbestimmungen eines begünstigenden Verwaltungsaktes richtet sich der vorläufige Rechtsschutz nach § 80 Abs. 5 S. 1 VwGO, bei unselbständigen Nebenbestimmungen und bei modifizierenden Auflagen dagegen nach § 123 Abs. 1 VwGO,

- im Schul-, Hochschul- und Prüfungsrecht richtet sich der einstweilige Rechtsschutz nach § 123 VwGO,

- im Beamtenrecht wird vorläufiger Rechtsschutz gegen eine Versetzungs- oder Abordnungsverfügung nach § 80 Abs. 5 S. 1 1. Alt. VwGO gewährt[256], gegen eine Umsetzung dagegen nach § 123 Abs. 1 VwGO, letzteres gilt auch für beamtenrechtliche Konkurrentenstreitigkeiten,

- im Kommunalverfassungsstreitverfahren ist ebenfalls eine einstweilige Anordnung gem. § 123 VwGO zu beantragen,

- im Baurecht wird vorläufiger Rechtsschutz des Nachbarn gegen eine Baugenehmigung grundsätzlich gem. § 80 a VwGO gewährt,

- verzichtet die Bauordnung des Landes auf das Erfordernis einer Baugenehmigung, indem bestimmte Bauvorhaben genehmigungsfrei sind, kann die Baubehörde nur durch eine einstweilige Anordnung gem. § 123 VwGO zum Einschreiten veranlasst werden,

- bei der Verweigerung einer Aufenthaltsgenehmigung muss wegen der fehlenden aufschiebenden Wirkung des Widerspruches[257] einstweiliger Rechtsschutz gem. § 80 VwGO beantragt werden,

- angesichts der grundsätzlich bestehenden Versammlungsfreiheit bedarf die Durchführung einer Versammlung keiner staatlichen Genehmigung; um eine Versammlung durchzuführen reicht es daher aus, eine für sofort vollziehbar erklärte Verbotsverfügung gem. § 80 Abs. 5 VwGO anzufechten,

---

256 Widerspruch hat gem. § 126 Abs. 3 Nr. 3 BRRG keine aufschiebende Wirkung
257 § 72 AuslG

- wird die Nutzung öffentlicher Einrichtungen verweigert, kann einstweiliger Rechtsschutz gem. § 123 VwGO beantragt werden,
- in den Fällen der sogen. **faktischen Vollziehung**, d. h. eine Behörde vollzieht eine Entscheidung trotz eingelegter Rechtsmittel, ist § 80 Abs. 5 VwGO entsprechend anzuwenden. Das Gericht kann dann allerdings nur **feststellen**, dass eine aufschiebende Wirkung besteht.

Welchen einstweiligen Rechtsschutz ein Antragsteller begehrt, ergibt sich nicht aus der gewählten Formulierung, sondern aus der sorgfältigen Auslegung seines Gesuches[258].

Formulierungsvorschlag für die Auslegung eines Antrages auf einstweiligen Rechtsschutz:

Der Antragsteller hat beantragt, ihm durch einstweilige Anordnung zu gestatten, am ... zwischen 17.00 und 19.00 Uhr in ... eine Protestveranstaltung durchzuführen.

1000

Dieser Antrag ist gem. §§ 88, 122 VwGO dahin auszulegen, dass der Antragsteller gem. § 80 Abs. 5 VwGO die Wiederherstellung der aufschiebenden Wirkung seines Widerspruches gegen die Verbotsverfügung des Polizeipräsidenten Köln begehrt. Die von dem Antragsteller beabsichtigte Versammlung bedarf angesichts der grundsätzlich bestehenden Versammlungsfreiheit keiner behördlichen Erlaubnis, so dass die Anfechtung der Verbotsverfügung ausreicht, um die Versammlung durchzuführen.

18. Der einstweilige Rechtsschutz nach § 80 Abs. 5 VwGO

Widerspruch und Anfechtungsklage haben grundsätzlich **aufschiebende Wirkung**[259]. Diese aufschiebende Wirkung kann durch **Gesetz**[260] oder durch eine **behördliche Entscheidung**[261] ausgeschlossen sein. Dementsprechend kann das Gericht[262] entweder

1001

- die aufschiebende Wirkung des Widerspruches **anordnen** (1. Alternative) oder
- die aufschiebende Wirkung des Widerspruches **wiederherstellen** (2. Alternative).

Voraussetzung ist in beiden Fällen, dass Widerspruch eingelegt worden sein muss, denn welche aufschiebende Wirkung ließe sich sonst anordnen bzw. wiederherstellen? Das Vorverfahren braucht nicht abgeschlossen zu sein, da der Antrag schon vor Erhebung der Anfechtungsklage zulässig ist[263].

18.1 Die Zulässigkeit des Antrages

Die Zulässigkeit des Antrages nach § 80 Abs. 5 VwGO beurteilt sich nach den gleichen Merkmalen wie das Verfahren zur Hauptsache, denn einstweiliger

1002

---
258 §§ 88, 122 VwGO
259 § 80 Abs. 1 VwGO. Zunehmend in den Blickpunkt gerät jedoch, inwieweit dieser grundsätzliche nationale Grundsatz mit dem Gemeinschaftsrecht vereinbar ist. Die Durchsetzung des Gemeinschaftsrechtes kann die Überwindung des Suspensiveffektes zwingend notwendig machen, vgl. EuGH Slg. 1990, I – 2879, 2905 (Tafelweindestillation).
260 § 80 Abs. 2 Nr. 1–3 VwGO
261 § 80 Abs. 2 Nr. 4 VwGO
262 § 80 Abs. 5 S. 1 VwGO
263 § 80 Abs. 5 S. 2 VwGO

Rechtsschutz kann nicht zulässig sein, wenn die Hauptsache nicht zulässig ist. Bei einem **Antrag auf Wiederherstellung der aufschiebenden Wirkung** ist also in erster Linie zu klären[264]:

- Eröffnung des Verwaltungsrechtsweges
- Statthaftigkeit des Antrages
  - Belastender Verwaltungsakt
  - fristgerechter Widerspruch
  - Vollziehbarkeitsanordnung
- Antragsbefugnis
- Allgemeines Rechtsschutzbedürfnis
  - Vorherige Einlegung eines Widerspruches bzw. Erhebung einer Anfechtungsklage
  - Vorheriger Antrag an die Behörde bei der Anforderung von öffentlichen Abgaben und Kosten

Ein Antrag auf Gewährung einstweiligen Rechtsschutzes durch das Verwaltungsgericht ist nur zulässig, wenn im Hauptsacheverfahren der **Verwaltungsrechtsweg** eröffnet wäre. Sofern weder eine aufdrängende noch eine abdrängende Sonderzuweisung vorliegt, ist der Verwaltungsrechtsweg eröffnet, wenn die streitentscheidenden Rechtsnormen dem öffentlichen Recht zuzuordnen sind, d. h. wenn sie ausschließlich Träger öffentlicher Hoheitsgewalt berechtigen und verpflichten[265].

Der Antrag ist **statthaft**, wenn er sich gegen einen belastenden Verwaltungsakt richtet, welcher der Überprüfung im verwaltungsgerichtlichen Anfechtungsverfahren unterliegt. Zusätzlich dürfen Widerspruch und Anfechtungsklage keine aufschiebende Wirkung haben.

Zur Vermeidung von Popularanträgen muss der Antragsteller **antragsbefugt** sein, d. h. er muss die Möglichkeit geltend machen, in eigenen Rechten verletzt zu sein[266].

Der Antragsteller muss auch ein **allgemeines Rechtsschutzbedürfnis** an der gerichtlichen Wiederherstellung der aufschiebenden Wirkung von Widerspruch oder Anfechtungsklage haben. Hieran bestehen im allgemeinen keine Bedenken, es entfällt aber, wenn ein einfacherer, schnellerer oder kostengünstigerer Weg offenstünde, um das erstrebte Ziel zu erreichen.

Zur Bejahung des Rechtsschutzbedürfnisses ist es aber erforderlich, vor Stellung des gerichtlichen Antrages auf Wiederherstellung der aufschiebenden Wirkung einen Widerspruch gegen den zugrunde liegenden Verwaltungsakt einzulegen bzw. nach Erlass eines Widerspruchsbescheides Anfechtungsklage zu erheben[267].

---

[264] auf Beteiligten- und Prozessfähigkeit; Ermittlung des zuständigen Gerichtes; Bestimmung des Antraggegners wird nur hingewiesen
[265] Überwiegend angewendete modifizierte Subjektstheorie
[266] § 42 Abs, 2 VwGO analog
[267] P/R, § 57 II, Rdnr. 18

Verwaltungsgerichtlicher Rechtsschutz

Ein vorheriger Antrag bei der Behörde, die aufschiebende Wirkung wiederherzustellen, ist nur bei der Anforderung von öffentlichen Abgaben und Kosten erforderlich[268], geschieht dies nicht, entfällt in diesen Fällen das allgemeine Rechtsschutzbedürfnis. Aus einem argumentum e contrario ergibt sich, dass dies in allen anderen Fällen nicht notwendig ist.

18.2 Die Begründetheit des Antrages

Aus dem Gesetz lässt sich nicht entnehmen, unter welchen Voraussetzungen ein Antrag auf Anordnung der aufschiebenden Wirkung eines Rechtsbehelfes begründet ist[269]. Dies kann zum einen bereits durch Nichteinhaltung der insbesondere durch § 80 Abs. 3 S. 1 VwGO vorgegebenen **formellen Kriterien** der Fall sein, im übrigen trifft das Gericht in materieller Hinsicht zwar eine Ermessensentscheidung, dies ist aber **keine originäre Ermessensentscheidung** des Gerichtes, sondern sie ist aufgrund einer **Interessenabwägung** zu treffen, bei der das Hauptgewicht in der Beurteilung der Begründetheit des Widerspruches liegt und nur ausnahmsweise bei geringen Erfolgsaussichten des Widerspruches wegen einer **besonderen Vollzugshärte** die sofortige Vollziehung gestoppt wird.

1003

Bei einem Antrag auf Wiederherstellung der aufschiebenden Wirkung ist also zu klären:

- **Formelle Rechtmäßigkeit** der Vollziehbarkeitsanordnung
  - Zuständigkeit der erlassenden Behörde
  - Eine auf den Einzelfall eingehende schriftliche Begründung
  - Eine gesonderte Anhörung vor Erlass der Vollziehbarkeitsanordnung ist **nicht erforderlich**
- **Interessenabwägung** (und nicht etwa die materielle Rechtmäßigkeit der Vollziehbarkeitsanordnung)
  - Hauptgewicht: Erfolgsaussichten (**Begründetheit**) des Widerspruches
  - Ist der Verwaltungsakt formell rechtswidrig und verletzt er die Rechte des Widerspruchsführers? (nicht wenn Heilung oder Unbeachtlichkeit)
  - Ist der Verwaltungsakt materiell rechtswidrig?
  - Wenn geringe Erfolgsaussichten des Widerspruches bestehen: besteht ausnahmsweise eine besondere Vollzugshärte?

Im Rahmen der Überprüfung der **formellen Rechtmäßigkeit** einer Vollziehungsanordnung ist die **Zuständigkeit** der anordnenden Behörde zu klren. Eine **Anhörung** vor Erlass der Vollziehungsanordnung ist nicht erforderlich, da die Anordnung keine eigenständige Regelung enthält und damit kein Verwaltungsakt ist, es handelt sich lediglich um den Annex eines Verwaltungsaktes[270].

---

268 § 80 Abs. 6 VwGO
269 Für den Fall der Hauptsacheentscheidung enthält § 113 Abs. 1 VwGO hingegen einen Maßstab
270 Teilweise streitig, vgl. Bonk/Kallerhoff, in: Stelkens/Bonk/Sachs, § 28 Rdnr. 11

Für eine Klausurbearbeitung gilt allerdings der Grundsatz, dass von einer Anhörung auszugehen ist, falls keine entgegenstehenden Hinweise aus dem Sachverhalt erkennbar sind.

Als sonstige wesentliche Förmlichkeit der Vollzugsanordnung ist die ausdrückliche Anordnung und die **einzelfallbezogene schriftliche Begründung** zu beachten[271], die allerdings noch während des Verfahrens nachgeholt werden kann[272].

1004 Im Rahmen der Interessenabwägung ist das **Aussetzungsinteresse** des Antragstellers gegen das **Vollzugsinteresse** der Behörde **abzuwägen**. Entscheidungskriterien sind die **Gewährleistung effektiven Rechtsschutzes**[273] einerseits und das geschützte öffentlichen Interesse, **unaufschiebbare Maßnahmen rechtzeitig in die Wege zu leiten**[274] andererseits.

1007 Im Rahmen dieser Interessenabwägung sind die **Erfolgsaussichten einer Hauptsacheklage** zu berücksichtigen[275].

- Ergibt eine Überprüfung des Verwaltungsaktes, dass dieser **offensichtlich rechtswidrig** ist, so ist die aufschiebende Wirkung des Widerspruches wiederherzustellen, denn an der Vollziehung eines derartigen Verwaltungsaktes kann kein öffentliches Interesse bestehen.

  Im Rahmen einer Klausurbearbeitung sind an dieser Stelle umfangreiche Rechtmäßigkeitsüberlegungen notwendig.

- Erweist sich der Verwaltungsakt als **offensichtlich rechtmäßig**, wird in der Regel das öffentliche Interesse an der sofortigen Vollziehung zu bejahen sein[276].

- Soweit sich die Rechtmäßigkeit im Rahmen der im vorläufigen Rechtsschutz allein gebotenen und möglichen summarischen Prüfung nicht feststellen lässt, ist aufgrund einer **weiteren allgemeinen Interessenabwägung** zu entscheiden.

  In Klausuren kommt diese Situation nicht vor, da der Bearbeiter regelmäßig zu einem eindeutigen Ergebnis kommen muss. Im übrigen ist in der Klausur für eine „summarische Prüfung" auch kein Raum, da sie grundsätzlich nur den im einstweiligen Rechtsschutz in aller Regel einer Beweisaufnahme nicht zugänglichen Sachverhalt betrifft und Sachverhalte sind in einer Klausur unstreitig.

  Nach der vom Gesetzgeber in § 80 Abs. 1 S. 1 VwGO angeordneten Wertung haben Widerspruch und Anfechtungsklage auch bei offensichtlich rechtmäßigen Verwaltungsakten aufschiebende Wirkung und die Anordnung der sofortigen Vollziehung erfordert ein „**besonderes**" Vollzugsinteresse[277]. Dies setzt auch bei einem offensichtlich rechtmäßigen Verwaltungsakt eine weitere Interessenabwägung voraus.

  Der Rechtsschutzanspruch des Bürgers ist dabei um so stärker und darf um so weniger zurückstehen, je einschneidender die ihm auferlegte Maßnahme ist[278]. In diese Interessenabwägung sind daher auch die Folgen einer Voll-

---

271 § 80 Abs. 3 VwGO; oben Rdnr. ....
272 § Kopp/Schenke, § 80, Rdnr. 149
273 Art. 19 Abs. 4 GG
274 § 80 Abs. 2 VwGO
275 OVG NRW, NWVBl. 02, 34
276 Redeker/v. Oertzen, § 80 Rdnr. 46
277 § 80 Abs. 3 S. 1 VwGO
278 BVerfG, NVwZ 96,58

ziehung angefochtener Bescheide einzubeziehen, ob sie in einem Hauptsacheverfahren wieder rückgängig gemacht werden können oder nicht[279], z. B. bei der sofortigen Vollziehung einer Ausweisungsverfügung.

Beispiele: Ohne behördliche Genehmigung[280] errichtet jemand eine Reklametafel. Die Behörde verfügt die sofortige Beseitigung. Müsste hier mit der Beseitigung der Werbetafel bis zum rechtskräftigen Abschluss eines verwaltungsgerichtlichen Verfahrens abgewartet werden, könnten wirtschaftliche Vorteile über Jahre unberechtigt in Anspruch genommen werden. Zudem wäre nicht auszuschließen, dass die von einer illegalen Werbeanlage ausgehenden Nachahmungseffekte weitreichend sind[281].

Nach einem nicht genehmigten Ausbau eines Wohnhauses im Innenbereich, wird die sofortige Rekonstruktion des früher gegebenen Gebäudezustandes verlangt. Dem Hinweis auf eine negative Nachahmungswirkung hätte die Behörde hier im Vorfeld durch eine selbstverständliche effiziente bauaufsichtliche Überwachungstätigkeit[282] und den Erlass einer Stilllegungsverfügung zuvorkommen können. Das Interesse des Bauherrn an der Erhaltung des Suspensiveffektes seines Widerspruches überwiegt hier[283]. Anders wäre der Fall wohl zu beantworten, wenn eine Einsturzgefahr bestanden hätte[284].

In einem Mietshaus sollten elektrische Nachtspeicheröfen ausgetauscht werden. Entgegen einer Empfehlung der Stiftung Warentest wurden sie in den Wohnungen zerlegt, um sie leichter abtransportieren zu können. Mieter beklagten sich über weiße Staubablagerungen, Schleimhautreizungen, geröteten Augen, Kratzen im Hals und Schluckbeschwerden. Messungen des Gesundheitsamtes ergaben recht hohe Asbestbelastungen. Unter Anordnung der sofortigen Vollziehung wurde dem Eigentümer aufgegeben, die Wohnungen durch eine Fachfirma reinigen zu lassen – angesichts der von Asbest ausgehenden erheblichen Gesundheitsgefahren bestehen hiergegen keine Bedenken[285].

Das überwiegende öffentliche Interesse bei der – sofortigen – Entlassung von Schülern aus der Schule wird unterschiedlich beantwortet: der Verkauf von Rauschgift auf dem Schulgelände und die Verleitung von Mitschülern zum Rauschmittelkonsum sowie das Mitführen einer Signalpistole mit Leuchtspurmunition führt zur Bejahung; die – zweifelhafte – Erpressung von Schutzgeld führt bei einem disziplinarisch bislang unauffälligen Schüler dann zur Verneinung, wenn der Schüler durch eine bloße Androhung zu beeinflussen gewesen wäre[286].

Ein Fackelaufzug der NPD am 26. Januar unter Mitführen schwarz-weiß-roter Fahnen weckt starke Assoziationen an die „Machtergreifung" der Nazis am 30. Januar 1933, denn am 26. Jan. 1933 verweigerte Hindenburg dem damaligen Reichskanzler Kurt von Schleicher die geforderten Vollmachten und machte damit den Weg frei für Adolf Hitler. Ein Verbot dieser Versammlung unter Anordnung der sofortigen Vollziehung der Verbotsverfügung ist nicht zu beanstanden, wenn die Veranstalter einer Bitte auf Verschiebung nicht nachgekommen sind[287]; materiell ist allerdings zu beachten, dass ein Totalverbot in aller Regel nicht auf die „öffentliche Ordnung" gem. § 15 I VersG gestützt werden kann[288].

Bei der Prüfung der Begründetheit eines gegen die Anforderung von öffentlichen **Kosten** oder **Abgaben** gerichteten Antrages findet aufgrund der speziellen Regelung[289] **keine Interessenabwägung** statt, das Gericht entscheidet nur danach, ob ernstliche Zweifel an der Rechtmäßigkeit des angefochtenen Verwaltungsaktes bestehen oder ob die Vollziehung für den Abgaben- bzw. Kostenpflichtigen eine unbillige, nicht durch überwiegende öffentliche Interessen gebotene Härte zur Folge hätte. Bloße Bedenken gegen die Rechtmäßigkeit des Abgabenbescheides reichen für eine Aussetzung nicht aus, es

1008

---

279 BVerfG, NVwZ-RR 99,217
280 § 13 BauO NRW
281 OVG NRW, OVGE 17, 304
282 § 81 BauO NW
283 OVG NRW, NVwZ 98,977
284 VG Meiningen, NVwZ 97,97
285 VG Düsseldorf, NWVBl. 01,152
286 OVG NRW, NWVBl. 01,36
287 OVG NRW, NWVBl. 01,223
288 BVerfG, DVBl. 01, 1056
289 § 80 Abs. 4 S. 3 VwGO

müssen schon **gewichtige Gründe** vorliegen. Diese **Sonderregelung** ist auf die übrigen Fälle nicht übertragbar, das zeigt insbesondere der Vergleich mit der Regelung in der Finanzgerichtsordnung.

Die Wiederherstellung der aufschiebenden Wirkung wirkt auf den Zeitpunkt des Erlasses des Verwaltungsaktes zurück. Das Gericht kann neben der Wiederherstellung bzw. Anordnung der aufschiebenden Wirkung anordnen, eine bereits vorgenommene Vollziehung rückgängig zu machen[290]. Dies ist eine weitere Ermessensentscheidung.

1009 Setzt sich die Behörde erkennbar über die aufschiebende Wirkung eines eingelegten Rechtsmittels hinweg, weil etwa nicht zweifelsfrei feststeht, ob ein Rechtsbehelf aufschiebende Wirkung hat oder nicht, und leitet sie die Vollziehung ein **(faktische Vollziehung)**, so ist gleichfalls einstweiliger Rechtsschutz nach § 80 Abs. 5 VwGO möglich, obwohl in der Hauptsache ein Unterlassungsanspruch geltend zu machen wäre. In diesen Fällen findet keine Interessenabwägung statt, es ist lediglich zu klären, ob ein eingelegter Rechtsbehelf die aufschiebende Wirkung herbeigeführt hat. In dem Tenor der zu treffenden Entscheidung kann dann allerdings keine aufschiebende Wirkung angeordnet oder wiederhergestellt werden, denn die besteht ja bereits. Es wird in diesen Fällen **festgestellt**, dass Widerspruch oder Klage aufschiebende Wirkung haben. Aus der Rechtsbindung der Behörde folgt dann, dass sie den festgestellten Suspensiveffekt beachtet und von einem Vollzug absieht.

1010 Der Suspensiveffekt einer Anfechtungsklage fällt nach der Abweisung in der ersten Instanz und dem Ablauf der Frist gem. § 80 b VwGO weg. Aus Sinn und Zweck der gesetzlichen Regelung, nämlich: bei aussichtslosen Rechtsmitteln keinen weiteren Suspensiveffekt zu gewähren, steht dem OVG bei der Entscheidung über einen Antrag auf Fortdauer der aufschiebenden Wirkung jedoch nur einen eingeschränkter Prüfungsmaßstab zu[291]. Eine umfassende Abwägung wie in den Fällen des § 80 Abs. 5 VwGO findet nicht statt. Der Antrag ist an den Erfolgsaussichten eines Antrages auf Zulassung der Berufung zu orientieren.

1011 *Formulierungsbeispiele für den Tenor einer verwaltungsgerichtlichen Entscheidung (Beschluss) gem. § 80 Abs. 5 VwGO:*

- *Der Antrag wird abgelehnt.*
- *Die Anordnung der sofortigen Vollziehung der Schließungsanordnung der Imbissstube wird aufgehoben.*
- *Die aufschiebende Wirkung des Widerspruches gegen die Ordnungsverfügung des Oberbürgermeisters der Stadt Köln vom ... wird wiederhergestellt.*
- *Die aufschiebende Wirkung des Widerspruches des Antragstellers gegen die dem Beigeladenen erteilte Baugenehmigung wird angeordnet.*
- *Die aufschiebende Wirkung der Klage gegen den Bescheid des Oberbürgermeisters der Stadt Köln vom ..., in der Gestalt des Widerspruchsbescheides der Bezirksregierung Köln wird wiederhergestellt.*
- *Die aufschiebende Wirkung des Widerspruches gegen den Gebührenbescheid des Oberbürgermeisters der Stadt Köln vom ... wird insoweit angeordnet, als darin ein*

---
[290] § 80 Abs. 5 S. 3 VwGO
[291] OVG NRW, DVBl. 01, 1227

Betrag von mehr als 5.000,- Euro festgesetzt worden ist. Im übrigen wird der Antrag abgelehnt.

- Es wird festgestellt, dass der Widerspruch des X gegen den Bescheid des Oberbürgermeisters der Stadt Köln vom ... aufschiebende Wirkung hat.

Gegen Beschlüsse des Verwaltungsgerichtes ist die **Beschwerde** gem. § 146 VwGO möglich. Hat der Kammervorsitzende eine Eilentscheidung getroffen (§ 80 Abs. 8 S. 2 VwGO), kann hiergegen innerhalb von zwei Wochen nach Bekanntgabe das Gericht angerufen werden. Eine Beschwerde ist daneben nicht möglich.

19. Der Antrag nach § 80 a VwGO

§ 80 a VwGO ergänzt den zuvor genannten einstweiligen Rechtsschutz in den Fällen, in denen ein Verwaltungsakt **Doppelwirkung** hat, d. h. durch einen Bescheid wird eine Seite begünstigt, die andere wird belastet.   1012

Beispiel: Baugenehmigung

§ 80 a Abs. 1, Abs. 2 VwGO enthält drei Fallkonstellationen, dabei wird grundsätzlich unterschieden, ob es sich um einen begünstigenden Verwaltungsakt mit drittbelastender Wirkung oder um einen belastenden Verwaltungsakt mit drittbegünstigender Wirkung handelt.

1. Ein zugunsten eines Begünstigten ergehender Verwaltungsakt wird von einem Dritten angefochten. Der Begünstigte möchte nunmehr die Anordnung der sofortigen Vollziehung erreichen.

    Beispiel: Der Nachbar legt gegen eine Baugenehmigung Widerspruch ein, der Bauherr möchte sofort mit dem Bau beginnen.

2. Ein Dritter greift einen an einen anderen gerichteten sofort vollziehbaren Verwaltungsakt an und möchte die Wiederherstellung der aufschiebenden Wirkung erreichen.

    Beispiel: Der Nachbarwiderspruch hat aufgrund des § 212 a BauGB keine aufschiebende Wirkung, die möchte der Nachbar erreichen.

3. Ein Verwaltungsakt belastet seinen Adressaten, er begünstigt aber gleichzeitig einen Dritten. Der Dritte beantragt, den belastenden VA für sofort vollziehbar zu erklären.

    Beispiel: Auf Antrag eines Nachbarn erlässt die Behörde gegen einen Bauherrn eine Nutzungsuntersagungsverfügung. Der Nachbar beantragt, die sofortige Vollziehung anzuordnen.

In diesen Fällen trifft das Gericht eine eigenständige Ermessensentscheidung[292], die sich an den Grundsätzen des Verfahrens nach § 80 Abs. 5 VwGO orientiert.

20. Die einstweilige Anordnung

Die einstweilige Anordnung als Verfahren des vorläufigen Rechtsschutzes kommt gem. **§ 123 Abs. 5 VwGO** dann in Betracht, wenn der Antragsteller   1013

---

[292] § 80 a Abs. 3 VwGO

keinen vorläufigen Rechtsschutz nach §§ 80, 80 a VwGO beanspruchen kann, weil im Hauptsacheverfahren eine Verpflichtungs-, Feststellungs- oder allgemeine Leistungsklage die richtige Klageart wäre.

Beispiele: Beamtenrechtlicher Konkurrentenstreit; Zugang zu öffentlichen Einrichtungen der Gemeinden; Kommunalverfassungsstreitverfahren.

Es gibt zwei Formen der einstweiligen Anordnung:

1. Die **Sicherungsanordnung**[293] dient der Sicherung eines bestehenden Zustandes, d. h. die Erhaltung des status quo und damit der Abwehr von Änderungen. Sie setzt also eine bereits eingenommene und ausgeübte Rechtsposition voraus. Es handelt sich bei der Sicherungsanordnung um eine **vorbeugende Gefahrenabwehr**.

Beispiele: Der beamtenrechtliche Konkurrentenstreit; die Entziehung des Rederechtes im Rat einer Gemeinde.

2. Die **Regelungsanordnung**[294] zielt dagegen auf eine Änderung des status quo ab. Mit ihr kann auch die Erweiterung der bestehenden Rechtsposition begehrt werden. Gegenüber der Sicherungsanordnung ist die Regelungsanordnung die engere Regelung.

Beispiele: Zulassung als Schausteller auf gemeindlicher Kirmes; Überlassung einer gemeindlichen Einrichtung.

Die **Sicherungsanordnung** kommt für **zustandssichernde Maßnahmen** in Betracht, die **Regelungsanordnung** für **zustandsverändernde Maßnahmen**, m. a. W.: die Sicherungsanordnung setzt voraus, dass ein subjektiv-öffentliches Recht des Antragstellers durch eine Zustandsveränderung gefährdet wird und dadurch die Rechtsverwirklichung vereitelt oder wesentlich erschwert wird, während die Regelungsanordnung voraussetzt, dass für ein streitiges Rechtsverhältnis eine Regelung notwendig ist.

In der Praxis findet eine genaue Unterscheidung aber selten statt, da jedenfalls dann, wenn eine Sicherungsanordnung möglich ist, auch eine Regelungsanordnung getroffen werden kann[295]. Die Rechtsprechung greift meist auf § 123 Abs. 1 S. 2 VwGO zurück oder verzichtet auf eine nähere Bezeichnung und nennt als Rechtsgrundlage nur § 123 Abs. 1 VwGO. Diese praktische Handhabung darf jedoch nicht darüber hinwegtäuschen, dass die Voraussetzungen von Sicherungs- und Regelungsanordnung zum Teil unterschiedlich sind[296].

20.1 Die Zulässigkeit des Antrages

1016 Der zulässige Antrag auf Erlass einer einstweiligen Anordnung verlangt:

- Eröffnung des Verwaltungsrechtsweges
- Statthaftigkeit des Anordnungsverfahrens
- Antragsbefugnis
- Richtiger Antragsgegner
- Allgemeines Rechtsschutzbedürfnis

---

293 § 123 Abs. 1 S. 1 VwGO (vgl. § 945 ZPO)
294 § 123 Abs. 1 S. 2 VwGO (vgl. § 940 ZPO)
295 Redeker/v. Oertzen, Rdnr. 5 zu § 123
296 das ergibt sich aus dem Gesetzestext

Der Antrag auf Erlass einer einstweiligen Anordnung ist **nicht statthaft**, wenn ein belastender Verwaltungsakt Gegenstand des Streites ist, gegen den in der Hauptsache mit der Anfechtungsklage vorzugehen ist.

Obwohl § 123 VwGO keine besonderen Sachurteilsvoraussetzungen vorsieht, gilt der Rechtsgedanke des § 42 Abs. 2 VwGO auch für das Verfahren auf Erlass einer einstweiligen Anordnung[297]. Das bedeutet, dass der Antragsteller **antragsbefugt** sein muss, es muss zumindest möglich erscheinen, dass er in eigenen Rechten verletzt ist. Bei der Ablehnung eines begehrten Verwaltungsaktes ist das nur dann der Fall, wenn der Antragsteller möglicher Weise einen Anspruch auf Erlass des beantragten Verwaltungsaktes hat[298]. Bei Ermessensentscheidungen hat der Betroffene zumindest einen Anspruch auf eine ermessensfehlerfreie Entscheidung[299], das behördliche Ermessen kann sich unter bestimmten Voraussetzungen – etwa bei der Gefährdung eines besonders hochrangigen Rechtsgutes – auf Null reduzieren; es kann also auch eine Rechtspflicht zum Handeln bestehen, wenn eine Vorschrift behördliches Ermessen vorsieht und die infrage stehende Vorschrift auch Individualinteressen schützt.

1017

Hinsichtlich des richtigen **Antragsgegners** ist zu beachten, dass es in den Ländern unterschiedlich geregelt ist, ob sich der Antrag gegen eine Behörde oder gegen deren Rechtsträger, z. B. die Stadt, richten muss[300].

An eine **Frist** ist die Stellung eines Antrages nicht gebunden.

Der Antragsteller muss ein **allgemeines Rechtsschutzbedürfnis** haben. Daran fehlt es, wenn er den (gerichtlichen) Rechtsschutz anderweitig einfacher und schneller erlangen kann. Für die Wahrung des Rechtsschutzbedürfnisses ist es erforderlich, dass zunächst bei der zuständigen Behörde erfolglos ein Antrag gestellt wurde[301].

1018

20.2 Die Begründetheit des Antrages

Ein Antrag auf Erlass einer einstweiligen Anordnung ist begründet, wenn ein **Anordnungsanspruch** und ein **Anordnungsgrund glaubhaft** gemacht sind und wenn das grundsätzliche Verbot der Vorwegnahme der Hauptsache nicht entgegensteht. Es ist streitig, aber in einer Klausur nicht zu begründen, welche Gesichtspunkte beim Anordnungsanspruch und welche beim Anordnungsgrund zu prüfen sind. In der neueren Rechtsprechung[302] zeichnet sich die Tendenz ab, bei der Prüfung des Anordnungsanspruches die Rechtsprüfung des Hauptsacheanspruches zu klären.

1019

---

297 Finkelnburg/Jahn, Rdnr. 103
298 Redeker/v. Oertzen, § 42 Rdnr. 15
299 Tettinger, Rdnr. 549
300 In NRW muss sich der Antrag bei in der Hauptsache mit der Leistungsklage geltend zu machenden Ansprüchen gegen den Rechtsträger richten, § 5 AG VwGO
301 OVG NRW, NWVBl. 01, 390; Kopp/Schenke, § 123, Rdnr. 22
302 Vgl. z. B. OVG Schleswig, NJW 00, 3440; OVG NRW, DVBl. 95, 433, 434

20.2.1 Die Glaubhaftmachung eines Anordnungsanspruches

1020 Ein Anspruch ist glaubhaft gemacht, wenn **überwiegende Erfolgsaussichten** in der Hauptsache bestehen[303]. Beim Anordnungsgrund ist dann nur noch zu prüfen, ob die begehrte Regelung für den Antragsteller dringlich ist.

Dies setzt zweierlei voraus, nämlich:

- einen **schlüssigen Tatsachenvortrag**, der – seine Wahrheit unterstellt – den mit dem Antrag geltend gemachten Anspruch rechtfertigt[304] und
- die **Glaubhaftmachung** dieses Tatsachenvortrages[305]. In der Praxis des Verwaltungsprozesses ist dieser Teilaspekt jedoch häufig entbehrlich, da meist erst dann entschieden wird, wenn die Behörde die Akten vorgelegt und schriftlich zur Sache Stellung genommen hat.

20.2.2 Die Glaubhaftmachung des Anordnungsgrundes

1021 Aus dem Antrag muss sich wiederum **schlüssig** ergeben, dass – seine Wahrheit unterstellt – eine vorläufige Regelung durch das Gericht nötig erscheint und dies muss ebenfalls glaubhaft gemacht werden.

20.2.3 Grundsätzliches Verbot der Vorwegnahme der Hauptsache

1022 Durch eine einstweilige Anordnung darf die Hauptsacheentscheidung nicht vorweggenommen werden, das Gesetz spricht ausdrücklich von der Regelung eines *„vorläufigen"* Zustandes[306]. Eine Entscheidung in der Hauptsache darf nicht insgesamt gegenstandslos werden[307], das ist schon immer dann zu verneinen, wenn eine **Leistung nur für eine bestimmte Zeit** beantragt wird, denn dann bleibt die gewährte Leistung hinter einem Hauptantrag zurück.

Allerdings ist die Vorwegnahme der Hauptsache zur Gewährung eines **effektiven Rechtsschutzes** gelegentlich unerlässlich, damit keine schlechterdings unzumutbaren Nachteile erwachsen, z. B. bei der vorläufigen Zulassung zum Studium in einem Numerus-clausus-Fach, da anderenfalls der mit hoher Wahrscheinlichkeit bestehende Studienplatz durch Zeitablauf unwiederbringlich verloren geht oder bei der Gewährung von Hilfe zum Lebensunterhalt für nicht erwerbsfähige Personen.

20.2.4 Entscheidung

1022 a Das Gericht entscheidet nach seinem Ermessen, ob und mit welchem Inhalt es eine einstweilige Anordnung erlässt[308]. Die von der Entscheidung betroffenen öffentlichen und privaten Interessen mssen berücksichtigt werden[309]. Die Bedeutung und die Dringlichkeit der Angelegenheit für den Antragsteller muss gegen die Zumutbarkeit, eine Entscheidung in der Hauptsache abzuwarten, abgewogen werden.

---

303 § 23 Abs. 1 S. 2 SGB X
304 BGH, NJW 00, 3287
305 § 294 ZPO
306 § 123 Abs. 1 S. 2 VwGO
307 Schoch/Schmidt-Aßmann/Pietzner-Schoch, § 123, Rdnr. 156
308 BayVGH, BayVBl. 98, 209 m.w.N
309 BayVGH, BayVBl. 01, 501

Bei **behördlichen Ermessensentscheidung** ergibt sich die **Besonderheit**, dass das Gericht durch einstweilige Anordnung mehr gewähren werden kann wie durch ein Verpflichtungsurteil möglich wäre: in der Hauptsache könnte in aller Regel nur ein Bescheidungsurteil ergehen, im Rahmen des vorläufigen Rechtsschutzes hingegen kann die Behörde zum Erlass eines Verwaltungsaktes verpflichtet werden, ggfls. allerdings mit Einschränkungen.

Erweist sich eine einstweilige Anordnung später als von Anfang an unbegründet, so hat der Antragsteller dem Antragsgegner den durch die Vollziehung entstandenen Schaden ohne Rücksicht darauf zu ersetzen, ob ihn ein Verschulden trifft oder nicht[310].

Gegen die Ablehnung des Antrages und gegen die einstweilige Anordnung selbst ist die Beschwerde möglich, da die Entscheidung stets als Beschluss ergeht[311].

Formulierungsbeispiele für den Tenor einer einstweiligen Anordnung:

- Der Antrag wird abgelehnt.
- Der Antragsgegner wird verpflichtet, den Antragsteller ab .... zum Studium der Medizin vorläufig zuzulassen.
- Der Antragsgegner wird verpflichtet, dem Antragsteller vorläufig Fördermittel in Höhe von 80 v.H. des vorgesehenen Höchstbetrages zu gewähren.

21. Einstweiliger Rechtsschutz gegen EU-Recht

Auch das Gemeinschaftsrecht kennt die Möglichkeit, vorläufigen Rechtsschutz vor dem Europäischen Gerichtshof zu erlangen. Das ist besonders deswegen von großer Bedeutung, weil das Gemeinschaftsrecht bei einer Klageerhebung keinen Suspensiveffekt kennt[312].

1023

Beispiele: Einstweiliger Rechtsschutz gegen Marktordnungen oder Kommissionsentscheidungen.

Anträge müssen zulässig und begründet sein. Die Zuständigkeit des Gerichtes ergibt sich aus dem Ratsbeschluss Nr. 88/591, danach entscheidet immer das Gericht der Hauptsache über den Antrag auf einstweiligen Rechtsschutz.

Zur Zulässigkeit des Antrages gehört:

- Anhängigkeit des Hauptsacheverfahrens,
- unmittelbarer Zusammenhang zwischen dem Antragsgegenstand und dem Streitgegenstand in der Hauptsache,
- Antragsbefugnis[313],
- Bestehen eines Rechtsschutzinteresses.

Eine Antragsfrist gibt es nicht.

---

310 § 123 Abs. 3 VwGO, § 945 ZPO
311 § 146 VwGO
312 Art. 185 Abs. 1 EGV
313 Art. 185 EGV

Der Antrag ist begründet,

- wenn bei summarischer Prüfung der Hauptsache die beantragte Anordnung notwendig erscheint,

- wenn die Anordnung zur Abwendung eines persönlichen schweren und nicht wiedergutzumachenden Schadens auf Seiten des Antragstellers notwendig und erforderlich ist[314],

- wenn eine Interessenabwägung ergibt, dass die mit dem sofortigen Vollzug der angefochtenen Maßnahme drohenden Nachteile größer sind als das Interesse der Gemeinschaft an der sofortigen Durchführung der Maßnahme.

22. Rechtsmittel

1024 Rechtsmittel dienen der Überprüfung einer gerichtlichen Entscheidung, die den Antragsteller belastet. Rechtsmittel sind die Berufung, die Revision und die Beschwerde.

Berufung und **Revision** kann man gegen gerichtliche Urteile einlegen, **Beschwerde** gegen sonstige gerichtliche Beschlüsse.

Die Berufung gegen End- oder Teilurteile des Verwaltungsgerichtes ist nur statthaft, wenn sie vom Verwaltungsgericht oder vom Oberverwaltungsgericht zugelassen wird[315]. Die Begründung des Antrages auf Zulassung der Berufung ist beim Oberverwaltungsgericht einzureichen, wenn sie nicht bereits mit dem Zulassungsantrag beim Verwaltungsgericht vorgelegt worden ist[316]. Der Rechtsstreit wird dann noch einmal in **rechtlicher und tatsächlicher** Hinsicht umfassend überprüft, das Gericht entscheidet durch Urteil.

Gegen Berufungsurteile des Oberverwaltungsgerichtes kann beim Bundesverwaltungsgericht **Revision** eingelegt werden, wenn sie zugelassen worden ist. Die Revision ist ein reines **Rechtsprüfungsverfahren**. Im Unterschied zur Berufung wird der Sachverhalt als richtig und umfassend aufgeklärt zugrundegelegt, das Berufungsurteil wird nur noch rechtlich überprüft.

Das Bundesverwaltungsgericht legt bei seinen Entscheidungen i. d. R. nur Vorschriften des Bundesrechtes zugrunde[317]. In Fällen, in denen die Länder das abschließende Recht der Gesetzgebung haben wie z. B. beim Polizei-, Schul- und Kommunalrecht, ist damit gegen eine Entscheidung des Oberverwaltungsgerichtes keine Revision möglich.

Gegen gerichtliche Beschlüsse im Rahmen des einstweiligen Rechtsschutzes kann **Beschwerde** beim Oberverwaltungsgericht eingelegt werden. In diesem Beschwerdeverfahren wird ein Fall tatsächlich und rechtlich überprüft. Eine weitere Beschwerde zum Bundesverwaltungsgericht gibt es nicht.

Vor dem **Bundesverwaltungsgericht** und dem **Oberverwaltungsgericht** muss sich ein privater Beteiligter, soweit er einen Antrag stellt, durch einen

---

314 EuGH RS 351/85 Slg. 1986, 1307
315 Kuhla/Hüttenbrink, DVBl. 02, 85
316 § 124 a Abs. 4 S. 5 VwGO
317 zu Ausnahmen vgl. § 137 VwGO

Rechtsanwalt oder Rechtslehrer an einer deutschen Hochschule im Sinne des Hochschulrahmengesetzes mit Befähigung zum Richteramt als Bevollmächtigten vertreten lassen, dies gilt auch für Beschwerden und sonstige Nebenverfahren[318]. Fehlt es hieran, ist die Einlegung des Rechtsmittels unwirksam[319].

---

318 § 152 VwGO, das sind auch Fachhochschullehrer, BGH, NJW 03, 3573
319 OVG NRW, NWVBl. 04, 469

16. Abschnitt: Die Verwaltungsvollstreckung

1. Allgemeines

1025 Verlangt jemand von einem anderen etwas, was dieser ihm nicht freiwillig geben will, muss der Anspruch zwangsweise durchgesetzt werden.

Sowohl im öffentlich-rechtlichen als auch im privatrechtlichen Bereich ist der Staat allein befugt, Gewalt anzuwenden. Dies folgt aus dem dem Rechtsstaatsprinzip entnommenen staatlichen **Gewaltmonopol**. Selbsthilfe[1] ist im Falle einer Vollstreckung regelmäßig auszuschließen, denn obrigkeitliche Hilfe ist in aller Regel rechtzeitig zu erlangen, so dass keine Gefahr besteht, die Verwirklichung des Anspruches würde vereitelt oder wesentlich erschwert werden.

Die **Zwangsvollstreckung** ist ein Instrument zur Durchsetzung von Ansprüchen mittels staatlicher Zwangsmittel.

2. Die Durchsetzung privatrechtlicher Forderungen

1026 Die öffentliche Hand hat vielfach privatrechtliche Ansprüche. Aber auch bei der Durchsetzung öffentlich-rechtlicher Verträge ist sie nicht ohne weiteres befugt, solche Verträge ohne richterliche Genehmigung zu vollstrecken. Bei der Zwangsvollstreckung in Grundstücke schließlich wird zudem vielfach nicht zwischen öffentlich-rechtlichen und privatrechtlichen Forderungen unterschieden[2].

Zur Durchsetzung privatrechtlicher Ansprüche oder von öffentlich-rechtlichen Verträgen ohne abweichende Klausel muss auch eine Behörde gerichtliche Hilfe in Anspruch nehmen und z. B. ein Mahnverfahren einleiten oder eine Klage einreichen, um nach rechtskräftigem Abschluss dieser Verfahren einen **Vollstreckungstitel** zu besitzen.

In bewegliche Sachen erfolgt die Zwangsvollstreckung durch Pfändung und Versteigerung. Bei Geldforderungen wird ein Pfändungs- und Überweisungsbeschluss von einem Rechtspfleger erlassen.

Bei der Vollstreckung in Grundbesitz (**Immobiliarvollstreckung**) gibt es drei Möglichkeiten, nämlich:

1. die Eintragung einer Sicherungshypothek,

2. die Zwangsverwaltung,

3. die Zwangsversteigerung.

1027 Die Eintragung einer **Sicherungshypothek** ist die mildeste Zwangsvollstreckungsmaßnahme. Der Grundstückseigentümer verliert hierdurch nicht die Verfügungsgewalt über sein Eigentum. Unter dem Gesichtspunkt der Forderungseinbringung ist die Eintragung einer Sicherungshypothek allerdings auch eine unvollständige Vollstreckungsmaßnahme, da sie lediglich das Recht zur

---

[1] § 229 BGB
[2] § 51 Abs. 1 VwVG NRW

Forderungsverwirklichung bei einer späteren Verwertung des Grundstückes sichert. Die Sicherungshypothek entsteht mit der Eintragung im Grundbuch[3].

Die **Zwangsverwaltung** ist nur sinnvoll, wenn bei der Bewirtschaftung eines Grundstückes ein Profit erzielt werden kann. Der Anordnungsbeschluss gilt als Beschlagnahme, wodurch dem Schuldner grundsätzlich die Verwaltung und Benutzung des Grundstückes entzogen wird[4]. Der vom Gericht bestellte Verwalter hat dafür zu sorgen, dass das Grundstück in seinem wirtschaftlichen Bestand ordnungsgemäß erhalten bleibt und die angemeldeten Ansprüche erfüllt werden können.

Die **Zwangsversteigerung** wird vom Vollstreckungsgericht durchgeführt, das einen Versteigerungstermin festsetzt[5]. Mit dem wirksamen Zuschlag wird der Ersteher Eigentümer des Grundstückes[6]. Der Erlös wird entsprechend der Rangfolge der zu befriedigenden Forderungen verteilt.

3. Die Durchsetzung öffentlich-rechtlicher Forderungen

Hat eine Behörde einen öffentlich-rechtlichen Anspruch und ist sie damit „Gläubigerin", kann sie sich durch den Erlass eines Verwaltungsaktes auch ohne Anrufung eines Gerichtes selbst einen „Titel" schaffen (**Selbsttitulierung**) und diesen Titel überdies auch eigenständig vollstrecken (**Selbstvollstreckung**). 1028

Rechtsstaatlich rechtfertigen lässt sich dieses Privileg der öffentlichen Hand nur im Hinblick auf das oben dargestellte umfassende Rechtsschutzsystem gegen erlassene Verwaltungsakte mit seiner grundsätzlich aufschiebenden Wirkung im förmlichen Verfahren.

Vollstreckungsmaßnahmen sind belastende Verwaltungsakte, die einer gesetzlichen Grundlage bedürfen. Diese besteht in den Verwaltungsvollstreckungsgesetzen des Bundes und der Länder. Maßnahmen von Behörden der Europäischen Union werden durch die Mitgliedsstaaten vollstreckt.

Zudem gibt es für einzelne Verwaltungszweige eine Reihe von vollstreckungsrechtlichen Sonderregelungen, wie z. B. die Abschiebung von Ausländern[7], die Unterbindung einer unerlaubten Gewerbeausübung[8], einer unzulässigen Handwerksausübung[9] oder die Zwangsanwendung durch Polizeibeamte nach den Polizeigesetzen der Länder.

Im Rahmen der Verwaltungsvollstreckung sind zwei verschiedene Vollstreckungsarten zu unterscheiden

1. die Vollstreckung von Geldforderungen (sog. **Beitreibung**)

2. die Vollstreckung von sonstigen Handlungen, Duldungen oder Unterlassungen (**Verwaltungszwang**).

---

3 § 867 ZPO
4 §§ 148, 20 ZVG
5 § 36 ZVG
6 § 90 ZVG
7 §§ 49f AuslG
8 § 35 Abs. 5 GewO
9 § 16 Abs. 4 HandwO

1029 Übersicht Verwaltungsvollstreckung wegen Geldforderungen

VV in bewegliches Vermögen	VV in unbewegliches Vermögen
	Sicherungshypothek Zwangsverwaltung
	Zwangsversteigerung
VV in Sachen	VV in Forderungen und andere Vermögensrechte
– Pfändung durch – Inbesitznahme oder – Anlegen eines Spiegels	Pfändung durch Zustellung der Pfändungsverfügung an Drittschuldner Mitteilung an Schuldner
– Pfändung bewirkt ein Pfändungspfandrecht, d. h. – öffentlich-rechtliche Verstrickung – Pfandrecht	– Pfändung bewirkt – Drittschuldner kann mit befreiender Wirkung nur noch an Verwaltung leisten – Verbot an Schuldner, über die Forderung zu verfügen
– Verwertung durch Versteigerung	– Verwertung durch Einziehung
– Schuldnerschutzvorschriften[10]	– Schuldnerschutzvorschriften[11]

4. Die Vollstreckung von Verwaltungsakten mit denen eine Geldleistung gefordert wird

1030 Jede öffentlich-rechtliche Geldforderung, die durch einen Verwaltungsakt festgesetzt worden ist, kann im Wege der Verwaltungsvollstreckung durchgesetzt werden. Der **Leistungsbescheid** ist die Grundlage der Vollstreckung.

In neuerer Zeit sind Bedenken an **Effizienz der Vollstreckung** von Geldforderungen wegen der mitunter filigranen Regelungsdichte in den bundes- und länderrechtlichen Gesetzen erhoben worden[12]. Es wird auf die wesentlich kostengünstigere und vor allem wirkräftigere Vollstreckung nach der Abgabenordnung verwiesen.

4.1 Vollstreckungsorgane

1030 a Die Verwaltung hat eigene Vollstreckungsorgane. Die Aufgaben der Vollstreckungsbehörde werden in NRW vornehmlich durch staatliche und gemeindliche Kassen wahrgenommen[13]. In den Gemeinden ist die Gemeindekasse allerdings keine selbständige Behörde, sondern ein unselbständiger Teil des Bürgermeisters als Behörde[14].

Nach außen hin tritt die Gemeindekasse daher auch stets nur unter der Behördenbezeichnung „Stadt X – Der Bürgermeister – Stadtkasse als Vollstreckungsbehörde" auf.

---

10 §§ 811 – 813 a ZPO
11 §§ 850 – 852 ZPO
12 Pump, VR 03, 418
13 § 2 Abs. 1 VwVG
14 OVG NRW, Städte- und Gemeinderat 1986, 124

Die Gemeindekasse entscheidet über Umfang und Gegenstand der Vollstreckung sowie über die beteiligten Personen. Die eigentliche Vollstreckung wird dann aufgrund dieser internen Weisung, die nicht angefochten werden kann, von eidlich verpflichteten Vollziehungsbeamten durchgeführt[15]. Sie sind der verlängerte Arm der Vollstreckungsbehörde und werden in der Praxis auch als „Geldabholer" bezeichnet.

4.2 Vollstreckungsschuldner

Öffentliche Abgaben werden zwar nicht im Rahmen eines Schuldverhältnisses abgewickelt[16], gleichwohl werden die dort entwickelten Begriffe des Gläubigers, des Schuldners und des Drittschuldners in der Verwaltungsvollstreckung entsprechend angewendet.

Vollstreckungsschuldner ist derjenige, gegen den sich ein Vollstreckungsverfahren richtet, an den der zu vollstreckende Leistungsbescheid gerichtet war[17]. Dies sagt allerdings noch nichts darüber aus, ob die entsprechende Person als Vollstreckungsschuldner auch in Anspruch genommen werden darf.

Als Vollstreckungsschuldner kann in Anspruch genommen werden[18]:

1. Wer die Leistung als **Selbstschuldner** zu erbringen hat. Selbstschuldner ist der Adressat eines Leistungsbescheides, aber auch dessen Rechtsnachfolger.

2. Wer für eine Leistung, die ein anderer schuldet, persönlich haftet **(Haftungsschuldner)**. Haftungsschuldner ist, wer für die Leistung eines anderen haftet, z. B. der Arbeitgeber für die Steuern seiner Beschäftigten oder der Gesellschafter einer OHG. Der Haftungsschuldner muss für die Schuld aber nur subsidiär einstehen, d. h. die Vollstreckung in das Vermögen des Erstschuldners ist erfolglos oder aussichtslos.

3. Wer verpflichtet ist, eine Schuld zu erfüllen oder die Zwangsvollstreckung zu dulden **(Duldungsschuldner)**, z. B. bei privater Vermögensübernahme. Der Duldungsschuldner ist verpflichtet, die Verbindlichkeit eines anderen aus von ihm verwalteten Mitteln zu erfüllen und die Vollstreckung zu dulden, z. B. der Testamentsvollstrecker[19].

Der Vollstreckungsschuldner haftet grundsätzlich mit seinem gesamten Vermögen, also mit allen seinen beweglichen und unbeweglichen Sachen. Wer eine Vollstreckung lediglich zu dulden hat, haftet dagegen nicht mit seinem eigenen Vermögen.

4.3 Vollstreckungsvoraussetzungen

Für die Vollstreckung müssen bestimmte Voraussetzungen erfüllt sein, erst dann ist sie zulässig. Wird bereits vorher vollstreckt, so liegt hierin eine zum Schadensersatz verpflichtende Amtspflichtverletzung[20].

---

15 § 11 Abs. 1, 2 VwVG NRW
16 i. S. des § 241 BGB
17 § 253 AO
18 §§ 4, 10 VwVG NW
19 §§ 2205, 2213 BGB
20 BGH, KKZ 93,14

4.3.1 Vollstreckungsanordnung

1032 Die Zwangsvollstreckung wird mit einer **Vollstreckungsanordnung** eingeleitet[21]. Die Vollstreckungsanordnung ist der Auftrag der Anordnungsstelle, z. B. des Steueramtes an die Vollstreckungsbehörde (Gemeindekasse), die Vollstreckung durchzuführen. Die Vollstreckungsanordnung ist kein Verwaltungsakt.

4.3.2 Leistungsbescheid

1033 Mit dem Leistungsbescheid wird der Schuldner zur Zahlung aufgefordert. Der Leistungsbescheid muss **wirksam** sein, das setzt voraus, dass er bekanntgegeben worden und nicht nichtig ist.

Der Leistungsbescheid muss weiterhin entweder unanfechtbar geworden sein oder aber noch mögliche Rechtsbehelfe dürfen keine aufschiebende Wirkung haben.

Ein Leistungsbescheid ist nicht erforderlich für die Vollstreckung von Nebenforderungen wie Säumniszuschläge, Zinsen, Kosten und bei Selbstberechnungserklärungen wie die Steueranmeldung des Schuldners.

4.3.3 Fälligkeit

1034 Eine Leistung ist fällig, wenn sie von dem Schuldner verlangt werden kann, wenn er also ohne weitere Aufforderung zur Zahlung verpflichtet ist. Die Fälligkeit ergibt sich nicht aus dem Vollstreckungsrecht, sondern aus den für die betroffenen Forderungen bestehenden Gesetzen. Ergibt sich aus dem Gesetz kein besonderer Zeitpunkt, so wird ein Anspruch fällig, sobald er entsteht, d. h. sobald er bekanntgegeben worden ist[22].

Vollstreckt werden kann erst nach Ablauf des Fälligkeitstages.

4.3.4 Schonfrist

1035 Vor Einleitung der Vollstreckung wird dem Schuldner grundsätzlich eine einwöchige „Schonfrist" eingeräumt[23]. Diese Frist beginnt mit der Bekanntgabe des Leistungsbescheides oder mit dem Zeitpunkt der Fälligkeit der Forderung. Dem Schuldner soll hierdurch die Gelegenheit gegeben werden, freiwillig zu zahlen. Der Fälligkeitstermin der Leistung wird hierdurch jedoch nicht hinausgeschoben.

4.3.5 Mahnung

1036 Nach Ablauf der Schonfrist soll der Schuldner vor Erlass der Vollstreckungsanordnung noch einmal gemahnt werden. Die Mahnung ist die (nochmalige) Aufforderung an den Schuldner, eine bereits fällige Forderung innerhalb einer bestimmten Frist an die Kasse zu zahlen, um die zwangsweise Beitreibung zu vermeiden. Die Mahnung ist wegen fehlender Regelung kein Verwaltungsakt, sie kann damit auch nicht mit Rechtsbehelfen angegriffen werden.

---

21 so ausdrücklich § 3 Abs. 1 BVwVG
22 § 220 Abs. 2 AO, § 271 Abs. 1 BGB
23 § 6 Abs. 1 Ziff. 3, Abs. 4 VwVG NRW

In NRW ist die Mahnung keine zwingende Vollstreckungsvoraussetzung, anders z. B. in Niedersachsen.

Die – gebührenpflichtige – Mahnung ist möglich durch einfachen Brief, überwiegend auf vorgedruckten Mahnschreiben, durch Postnachnameauftrag oder durch öffentliche Erinnerung.

Die Mahnung kann unterbleiben, wenn ansonsten durch die Mahnung ein Misserfolg der Vollstreckung zu befürchten ist, indem der Schuldner lediglich gewarnt würde.

5. Die Durchführung der Vollstreckung

Die Vollstreckungsbehörde (Kasse) ist die „Herrin des Vollstreckungsverfahrens". Sie hat das Vollstreckungsverfahren anzuordnen, zu leiten und durchzuführen. Dabei muss sie strikt auf den Grundsatz der Verhältnismäßigkeit achten. Eine Vollstreckung darf nicht durchgeführt werden, wenn zu erwarten ist, dass die Verwertung der Gegenstände noch nicht einmal die Kosten der Vollstreckung deckt[24]. 1037

Die Vollstreckungsbehörde nimmt bei der Vollstreckung in bewegliche Sachen eigene Vollziehungsbeamte als verlängerten Arm in Anspruch und erteilt ihnen einen Vollziehungsauftrag. Zahlt der Vollstreckungsschuldner nicht freiwillig, beginnt der Vollziehungsbeamte mit der Vollstreckungshandlung. Der Vollziehungsbeamte hat dabei grundsätzlich die gleichen Befugnisse wie der Gerichtsvollzieher. Verwehrt der Schuldner ihm etwa das Betreten seiner Wohnung, so muss die Vollstreckungsbehörde – außer bei Gefahr im Verzuge – bei dem Amtsgericht, in dessen Bezirk die Wohnung des Schuldners liegt, eine richterliche Durchsuchungsanordnung beantragen. Gefahr im Verzuge liegt dann vor, wenn durch die Verzögerung, die mit der Einschaltung eines Richters verbunden ist, die Durchführung der Vollstreckungshandlung gefährdet würde.

Der Vollziehungsbeamte kann z. B. bei dem Schuldner eine Leibesvisitation vornehmen, um eine Taschenpfändung durchzuführen.

Die Zwangsvollstreckung in das bewegliche Vermögen des Schuldners erfolgt in zwei Schritten, nämlich durch Pfändung und anschließend durch Verwertung.

Die **Pfändung** ist ein Verwaltungsakt. Sie bewirkt ein Pfändungspfandrecht an der Sache. Hierdurch wird eine öffentlich-rechtliche Verstrickung der gepfändeten Sache herbeigeführt, d. h. dem Schuldner wird die Verfügungsgewalt über seine Sache entzogen. Über diese Sache wird eine staatliche Herrschaftsgewalt begründet[25], die unter Strafrechtsschutz steht[26]. 1038

Mit der Pfändung erwirbt die Verwaltung zudem ein Pfandrecht[27]. Die Vollstreckungsbehörde hat damit alle Rechte eines Pfandgläubigers. Im Verhältnis zu anderen Gläubigern gilt das Prioritätsprinzip, d. h. spätere Pfandrechte sind nachrangig.

---

24 Carl, Gemeindehaushalt 93,13
25 BGHSt 5, 155
26 § 136 StGB
27 §§ 1204 f BGB

Die Pfändung geschieht dadurch, dass der Vollstreckungsbeamte die Sache in Besitz nimmt und ein Pfandsiegel („**Kuckuck**") anlegt.

In der Praxis kommt es häufig vor, dass Ehegatten Mitgewahrsam an Sachen in einer Ehewohnung haben. In diesen Fällen greift die gesetzliche Gewahrsamsvermutung ein[28]. Zugunsten der Gläubiger wird vermutet, dass die sich im Gewahrsam (Besitz oder Eigentum) eines Ehegatten oder beider Ehegatten befindlichen beweglichen Sachen dem Ehegatten gehören, der Schuldner ist. Diese Vermutung ist widerlegbar, sie gilt nicht bei getrennt lebenden Ehegatten.

Die gepfändeten Sachen werden in der Regel durch öffentliche Versteigerung verwertet. In einer Versteigerung soll dem **Zuschlag** an den Meistbietenden ein dreimaliger Aufruf vorausgehen. Der Zuschlag darf nur auf ein Gebot erteilt werden, das mindestens die Hälfte des gewöhnlichen Verkaufswertes einer Sache erreicht (**Mindestgebot**)[29]. Alle beteiligten Gläubiger und der Schuldner können auf diese Schutzvorschrift verzichten.

Bei der Pfändung von Geld entfällt die Verwertung, denn die Wegnahme des Geldes gilt als Zahlung.

1039 Bleibt die Vollstreckung bei einem Schuldner ganz oder teilweise ergebnislos, so kann die Vollstreckungsbehörde bei dem Amtsgericht des Ortes, in dessen Bezirk der Schuldner seinen Wohnsitz hat, das Verfahren zur Abnahme einer **eidesstattlichen Versicherung** einleiten. Zweck dieses Verfahrens ist es, das Vermögen des Schuldners offenzulegen, damit geprüft werden kann, welche Vollstreckungsmöglichkeiten sich gegen ihn ergeben. In diesem Verfahren wird der Schuldner verpflichtet, ein Verzeichnis seines Vermögens vorzulegen und auch seine Forderung bekannt zu geben.

Bei einer für jedermann zugänglichen und öffentlich bekanntgemachten Versteigerung erwirbt der gutgläubige Ersteigerer Eigentum selbst an den Sachen, die abhandengekommen sind oder an denen der Vollstreckungsschuldner gar kein Eigentum hatte[30]. Ist eine im Eigentum eines Dritten stehende Sache verwertet worden, hat der bisherige Eigentümer gegen den Vollstreckungsgläubiger lediglich einen Anspruch aus ungerechtfertigter Bereicherung[31].

6. Der Verwaltungszwang

1040 Im Rahmen des Verwaltungszwanges setzt die Behörde Pflichten des Bürgers zwangsweise durch. Dabei wird unterschieden zwischen dem **Normalvollzug** und dem **Sofortvollzug**. Der Sofortvollzug ist eine Ausnahme von dem regulären Verwaltungszwangsverfahren. Beim Sofortvollzug fallen i. S. einer juristischen Fiktion alle Rechtshandlungen, die ansonsten im Normalvollzug auseinander zu halten sind, in einen Akt zusammen.

Um den Gegensatz zu verdeutlichen, bezeichnet man den Normalfall des Vollstreckungsverfahrens auch als **gestrecktes Verfahren**, bestehend aus dem Erlass eines Grundverwaltungsaktes, der Androhung eines Zwangsmittels sowie der Festsetzung und Anwendung des angedrohten Zwangsmittels. Den Sofortvollzug hingegen könnte man auch als **Überfallverfahren** bezeichnen. Es ist dadurch gekennzeichnet, dass die Behörde selbst oder durch

---

[28] § 263 AO; § 739 ZPO; § 1362 BGB
[29] § 817 a ZPO
[30] § 935 Abs. 2 BGB; BFH KKZ 90,70
[31] § 812 BGB

Beauftragte auf den Bürger einwirkt, ohne dass überhaupt irgendwelche Verfügungen zuvor an ihn ergangen sind. Entscheidet sich die Behörde für Sofortvollzug, so ergibt sich dadurch ein beachtliches Risiko für den Betroffenen, denn der Zwang könnte ja rechtswidrig sein.

Beispiel für gestrecktes Verfahren: Die Behörde ordnet den Abriss eines Gebäudes an. Macht der Betroffene das nun nicht freiwillig, droht sie ihm an, das auf seine Kosten zu tun, sie setzt das dann fest und lässt den Abbruch durch einen Bauunternehmer durchführen.

Beispiel für Sofortvollzug: Ein Sondereinsatzkommando der Polizei erschießt einen Geiselnehmer ohne vorherige Ankündigung.

Die Anwendung von Zwang setzt in aller Regel bei dem Betroffenen einen entgegenstehenden Willen voraus. Nun gibt es aber Situationen, in denen der Verantwortliche nicht erreicht werden kann.

Beispiele: Der Fahrer, der sein Auto im Halteverbot abgestellt hat, macht einen Einkaufsbummel. Der Wohnungsinhaber, aus dessen Wohnung Schreie dringen, ist nicht erreichbar.

In diesen Fällen kann gegen den Verantwortlichen kein VA erlassen werden, die zuständigen Behörden, die z. B. das Auto abschleppen oder die Wohnung öffnen lassen, handeln selbst oder lassen das von anderen Personen (Abschleppunternehmen, Schlüsseldienst) tun. Solche Maßnahmen bezeichnet man als **unmittelbare Ausführung** einer Maßnahme.

In vielen Gesetzen werden solche Maßnahmen besonders geregelt, so dass die Frage auftaucht, ob es sich hierbei überhaupt tatsächlich um Verwaltungszwang handelt. Wo insoweit keine speziellen Regelungen bestehen wie z. B. in NRW, zeigen die Regelungen über die Möglichkeit von Verwaltungszwang ohne vorausgehenden Verwaltungsakt[32] sowie die Möglichkeit der Ersatzvornahme durch behördliche Selbstvornahme[33], dass die Bestimmungen über den Verwaltungszwang auch für die unmittelbare Ausführung gelten. Die unmittelbare Ausführung wird dann wie der Sofortvollzug des Verwaltungszwanges behandelt.

1041

Die Abgrenzung zwischen unmittelbarer Ausführung und Sofortvollzug ist allerdings nicht eindeutig[34].

Bei unmittelbarer Ausführung besteht eine **sachliche**, beim Sofortvollzug besteht eine **zeitliche Notlage**[35]. Bei normaler Gefahrenanforderung ist bei der unmittelbaren Ausführung kein Störer vorhanden bzw. gegen ihn ist keine sinnvolle Verfügung möglich.

Beim Sofortvollzug hingegen besteht eine an sich normale Verfügungssituation, in der auch ein Störer anwesend ist, dieser hat jedoch keine rechtzeitige Handlungsmöglichkeit bzw. lehnt sie ab.

Beispiel: Wird ein Nichtschwimmer durch die rasche Hilfe eines Polizeibeamten vor dem Ertrinken gerettet, so ist das kein Verwaltungszwang, sondern eine unmittelbare Ausführung. Anders, wenn der Ertrinkende ein Selbstmörder ist, der sich mit letzter Kraft und Entschlossenheit gegen seine Rettung wendet.

---

32 § 55 Abs. 2 VwVG NRW
33 § 59 Abs. 1 VwVG NRW
34 Denninger in: Lisken/Denninger, Kap. E, Rdnr. 132
35 Nds. OVG, NVwZ 90, 786

7. Allgemeine Vollstreckungsvoraussetzungen für den Verwaltungszwang

1042 Voraussetzung für die Durchführung von Verwaltungszwang ist in der Regel ein Verwaltungsakt, der von dem Betroffenen verlangt, eine Handlung vorzunehmen, ein fremdes Handeln zu dulden oder der ihm aufgibt, ein Handeln zu unterlassen. Dieser Verwaltungsakt wird auch **Grundverfügung** genannt.

Öffentlich-rechtliche Verträge kommen nur dann als Vollstreckungsgrundlage in Betracht, wenn der Vertragspartner der Behörde sich der sofortigen Vollstreckung unterworfen hat[36].

An die Grundverfügung sind drei Voraussetzungen geknüpft:

1. sie muss wirksam sein,

2. sie muss einen vollstreckbaren Inhalt haben (materielle Vollstreckbarkeit),

3. sie muss vollstreckbar sein (formelle Vollstreckbarkeit).

7.1 Die Wirksamkeit der Grundverfügung

1043 Zur Wirksamkeit eines Verwaltungsaktes zählt in erster Linie, dass er dem Betroffenen bekannt gegeben wurde. Denn es ist schwer vorstellbar, gegenüber einem Bürger einen VA zu vollstrecken, von dem der nichts weiß.

Ein nichtiger Verwaltungsakt dagegen wird nicht wirksam, ihn kann jeder ignorieren[37].

Herkömmlich wird nach innerer und äußerer Wirksamkeit eines Verwaltungsaktes unterschieden[38]. Die äußere Wirksamkeit beginnt mit der Bekanntgabe an irgendeinen Betroffenen, damit ist der Verwaltungsakt „in der Welt". Für die Vornahme von Vollstreckungshandlungen ist grundsätzlich die innere Wirksamkeit erforderlich, der konkret Betroffene muss in den **Wirkungsbereich** der Regelung kommen. Allerdings wird dieser Grundsatz nach „Treu und Glauben" mitunter durchbrochen.

Beispiel: Jemand hatte sein Auto an einer Straße abgestellt und war für drei Wochen in Urlaub gefahren. Wegen eines Straßenfestes wurde in der Zwischenzeit ein Halteverbotsschild aufgestellt und nach zwei Tagen wurde der PkW abgeschleppt – der Betroffene muss sich so behandeln lassen, als sei das Verbot ihm gegenüber wirksam gewesen.

Die Differenzierung zwischen innerer und äußerer Wirksamkeit ist für Verkehrsregelungen inzwischen aufgegeben worden. Nach den bundesrechtlichen Vorschriften der StVO, die dem § 41 VwVfG vorgehen, gilt ein Verkehrsschild schon dann als bekannt gegeben, wenn es aufgestellt wird[39]. Es kommt nicht darauf an, dass der Verkehrsteilnehmer das Verkehrszeichen auch tatsächlich wahrgenommen hat. Das rechtfertigt sich aus dem Grundprinzip des Straßenverkehrsrechtes, wonach nämlich für alle Verkehrsteilnehmer einheitliche Verkehrsregelungen zu treffen sind. Die Anforderungen an die Sicherheit und Leichtigkeit des Straßenverkehrs lassen eine Aufspaltung der Wirksamkeit von Verkehrszeichen nicht zu[40].

---

36 § 61 Abs. 1 VwVfG
37 § 43 Abs. 3 VwVfG
38 Maurer, Rdnr. 66, § 9
39 BVerwG, NJW 97,1021
40 OVG NRW, NWVBl. 95,475

Für Beurteilung der **Rechtmäßigkeit** einer **Vollstreckungsmaßnahme** kommt es nicht auf die Rechtmäßigkeit der Grundverfügung, sondern nur auf die **Wirksamkeit** der **Grundverfügung** an[41].

Beispiel: Die Polizei löst eine Versammlung auf und teilt dies den Versammlungsteilnehmern über Lautsprecher mit. Nachdem die meisten Versammlungsteilnehmer allerdings den Versammlungsort nicht verließen, setzte die Polizei Wasserwerfer ein.

Tragender Grundsatz der Verwaltungsvollstreckung ist nämlich, dass die Wirksamkeit und nicht etwa die Rechtmäßigkeit vorausgegangener Verwaltungsakte Bedingung für die Zulässigkeit der Anwendung von Zwang ist. Den vom Zwang Betroffenen bleibt lediglich die Möglichkeit, die Rechtswidrigkeit von Vollstreckungsmaßnahmen nachträglich gerichtlich feststellen zu lassen. Die hieraus folgende Beeinträchtigung des Rechtsschutzes ist unvermeidlich, wenn die vom Staat zu gewährleistende Sicherheit anderer Rechtsgüter nicht hintangestellt werden soll. Der Vollzug staatlicher Entscheidungen kann vielfach nicht bis zur verbindlichen oder auch nur vorläufigen Klärung der Rechtsfrage aufgeschoben werden.

7.2 Die materielle Vollstreckbarkeit der Grundverfügung

Die Grundverfügung muss einen vollstreckbaren Inhalt haben. Vollstreckbar sind daher nur „**befehlende Verwaltungsakte**", die ein Ge- oder Verbot enthalten[42].   **1045**

Nicht vollstreckungsfähig sind feststellende oder gestaltende Verwaltungsakte, denn sie verwirklichen sich von selbst und brauchen nicht vollstreckt zu werden. Feststellende Verwaltungsakte legen lediglich ein Recht oder eine rechtlich erhebliche Eigenschaft einer Person oder Sache fest; gestaltende Verwaltungsakte begründen, verändern oder beseitigen aus sich heraus ein konkretes Rechtsverhältnis, und zwar unmittelbar ohne weitere Vollstreckungsmaßnahme.

Beispiel für feststellenden Verwaltungsakt: Festsetzung des Besoldungsdienstalters.

Beispiele für gestaltende Verwaltungsakte: Beamtenernennung, Einbürgerung, Widmung einer Straße.

Auch der Widerruf einer Gaststättenerlaubnis wirkt aus sich selbst heraus und ist damit ein rechtsgestaltender Verwaltungsakt[43]. Wenn nun ein Gastwirt trotz dieses Widerrufes den Betrieb der Gaststätte fortsetzt, so ist der Widerruf allein nicht mit Zwangsmitteln vollziehbar. Zwangsweise durchzusetzen wäre nur eine selbständig neben dem Widerruf erlassene Schließungsanordnung[44].

7.3 Die formelle Vollstreckbarkeit der Grundverfügung

Die Grundverfügung muss außerdem formell vollstreckbar sein. Das ist der Fall, wenn sie entweder unanfechtbar ist oder ein Rechtsmittel keine aufschiebende Wirkung hat.   **1046**

Die Grundverfügung ist unanfechtbar **(bestandskräftig)**, wenn sie nicht mehr mit förmlichen Rechtsmitteln angefochten werden kann, weil z. B. die Widerspruchs- oder Klagefrist abgelaufen ist. Derjenige, der es innerhalb der vor-

---

41 BVerfG, NVwZ 99, 290
42 Schoch, JuS 95, 309
43 § 15 Abs. 2 GastG
44 § 15 Abs. 2 GewO, § 31 GastG

gesehenen Rechtsbehelfsfristen versäumt hat, die Rechtmäßigkeit eines Verwaltungsaktes überprüfen zu lassen, kann sich nachträglich nicht mehr auf dessen Rechtswidrigkeit berufen.

Ist die Grundverfügung dagegen noch anfechtbar, so ist nur dann eine Vollstreckung zulässig, wenn ein mögliches Rechtsmittel gegen die Grundverfügung keine aufschiebende Wirkung hat. Der Vollzug eines Verwaltungsaktes soll solange ausgesetzt sein, bis in einem Widerspruchs- oder Gerichtsverfahren entschieden worden ist. Solange ist der Verwaltungsakt **„schwebend unwirksam"**.

Gelegentlich entfällt die aufschiebende Wirkung eines Rechtsbehelfes gegen Verwaltungsakte[45], z. B. bei unaufschiebbaren Anordnungen und Maßnahmen von Polizeivollzugsbeamten oder in den Fällen, in denen die Behörde die sofortige Vollziehung ihrer Entscheidung begründet angeordnet hat.

Verkehrszeichen sind funktionsgleich mit verkehrsregelnden Einzelanordnungen von Polizeibeamten, auf sie ist daher § 80 Abs. 2 Nr. 2 VwGO entsprechend anzuwenden[46].

8. Zwangsmittel

1047 Zwangsmittel haben die Aufgabe, einen zukünftigen Erfolg zu erzwingen. Sie sind damit **Beugemittel** ohne jeglichen Buß- oder Strafcharakter. Sie können bei Geboten wiederholt und bei Verboten für jeden Fall der Nichtbefolgung festgesetzt werden. Ist die auferlegte Verpflichtung erfüllt, ist die weitere Anwendung eines Zwangsmittels unzulässig.

Beispiel: Gleichzeitig mit dem angeforderten Abschleppfahrzeug erscheint der Halter des PkW, um seinen verbotswidrig abgestellten PkW selbst wegfahren zu können.

Bei einem auf Duldung oder Unterlassung gerichteten Verwaltungsakt ist der Zweck erreicht und das Zwangsverfahren einzustellen, wenn keine Wiederholungsgefahr mehr besteht.

Zwangsmittel können parallel zu Geldbußen oder Strafen angewendet werden[47].

Beispiele: Nichtbeachtung der Auflösung einer Versammlung[48] oder die Nichtbeachtung eines wirksamen Hausverbotes für ein Rathaus[49].

Soweit alle Voraussetzungen vorliegen, stehen der Vollstreckungsbehörde mindestens drei Zwangsmittel zur Verfügung, nämlich:

1. Ersatzvornahme

2. Zwangsgeld

3. unmittelbarer Zwang

---

45 § 80 Abs. 2 VwGO; RdNr. 879
46 BVerwG, NJW 78, 656
47 § 57 Abs. 3 VwVG NRW
48 § 29 VersG
49 § 123 Abs. 1 StGB

Einige Bundesländer kennen darüber hinaus noch weitere Zwangsmittel wie die Wegnahme beweglicher Sachen, die Zwangsräumung oder die Vorführung als besondere Formen des unmittelbaren Zwanges[50].

Die Zwangshaft[51] ist kein selbständiges Zwangsmittel, sondern die Fortsetzung des Zwangsgeldverfahrens in den Fällen, in denen das Zwangsgeld „uneinbringlich" ist.

8.1 Die Ersatzvornahme

Die Ersatzvornahme dient dazu, eine vertretbare Handlung auf Kosten des Pflichtigen auszuführen. Vertretbar ist eine Handlung, wenn sie nicht nur von dem Betroffenen persönlich, sondern ohne Änderung ihres Inhaltes auch von einem anderen wahrgenommen werden kann[52]; es macht also keinen Unterschied, ob der Pflichtige oder ein anderer die Handlung vornimmt. 1048

Beispiel: Illegale Müllablagerungen kann die Behörde entweder durch einen Privatunternehmer oder durch Mitarbeiter des Bauamtes beseitigen lassen.

Angeordnete Unterlassungen oder Duldungen sind immer höchstpersönliche Pflichten und damit nicht vertretbar, sie können nicht im Wege der Ersatzvornahme durchgesetzt werden. Erscheint z. B. eine vorgeladene Person nicht auf der Dienststelle, scheidet eine Durchsetzung der Vorladung durch Ersatzvornahme aus.

Die Ersatzvornahme besteht darin, dass die Vollstreckungsbehörde die angeordnete Handlung entweder von einem Unternehmer ausführen lässt **(Fremdvornahme)** oder sie selbst vornimmt **(Selbstvornahme)**. 1049

Beispiel: Beim Öffnen einer Wohnung kann die Behörde entweder einen Schlüsseldienst beauftragen oder die Tür selbst öffnen.

Die Ersatzvornahme erfolgt ohne jede aktive Mitwirkung des Pflichtigen. Der Zwangscharakter liegt darin begründet, dass der Pflichtige die Durchführung der Maßnahme dulden und die entstehenden Kosten übernehmen muss.

Beauftragt die Behörde einen Unternehmer zu Ausführung der Ersatzvornahme, so schließt sie mit ihm einen privatrechtlichen **Werkvertrag** ab[53]. Vertragliche Beziehungen zwischen dem Unternehmer und dem Pflichtigen werden nicht begründet. Kommt es zu Schäden, so können die bei der Behörde oder bei dem Unternehmer zivilrechtlich im Rahmen der Drittschadensliquidation geltend gemacht werden[54].

Alle durch die Ersatzvornahme entstehenden Kosten werden durch einen **Leistungsbescheid** festgesetzt, der mit Widerspruch und Klage angefochten werden kann. Damit die voraussichtlich entstehenden Kosten nicht aus Steuergeldern vorfinanziert werden müssen, kann die Vollzugsbehörde sie durch einen selbständigen Bescheid über Durchführung der Ersatzvornahme geltend machen und wie eine Geldforderung beitreiben[55].

Geht es in einer Klausur um die Erfolgsaussichten eines Widerspruches gegen die Kostenforderung, so kann eine Behörde selbstverständlich nur die Kosten für eine rechtmäßige Ersatzvornahme

---

50 Engelhardt/App, Rdnr. 3, Vorbem. § 6
51 § 61 VwVG NRW
52 Nr. 52.1 VV PolG NRW
53 § 631 BGB
54 Engelhardt/App Anm. 3 b zu § 10
55 § 59 Abs. 2 VwVG NRW

fordern. Die Rechtmäßigkeit der Ersatzvornahme ist ein ungeschriebenes Tatbestandsmerkmal und als Vorfrage zu klären.

Es besteht **kein Vorrang** des Zwangsmittels der Ersatzvornahme vor dem des Zwangsgeldes, etwa das die Höhe des Zwangsgeldes nicht die bei einer Ersatzvornahme zu erwartenden Kosten übersteigen darf[56].

8.2 Das Zwangsgeld

1050 Das Zwangsgeld ist ein Druckmittel, das den Pflichtigen „**in die Knie zwingen**" soll, d. h. es soll zur Ausführung einer Handlung führen oder eine weitere Zuwiderhandlung verhindern[57]. Mit Hilfe des Zwangsgeldes können sowohl Gebote als auch Verbote vollstreckt werden.

Zwangsgeld ist keine Strafe, mit der ein in der Vergangenheit liegendes Unrecht gesühnt werden soll, sondern ein Beugemittel zur Durchsetzung eines Verwaltungsaktes. Zwangsgeld ist damit auch nicht vom Verschulden des Pflichtigen abhängig. Die Beitreibung von Zwangsgeld ist dann zu stoppen, wenn der Betroffene die von ihm verlangten Handlungen selbst vornimmt oder die Duldung zulässt.

Mit der Zahlung des Zwangsgeldes erfüllt der Pflichtige die ihm auferlegte Handlung noch nicht. Aus der im Gesetz genannten Reihenfolge der Zwangsmittel (systematische Interpretation) und insbesondere aus Gründen der Effizienz und der Verhältnismäßigkeit wird die Vollstreckungsbehörde daher zu prüfen haben, ob in den Fällen der vertretbaren Handlungen Zwangsgeld gegenüber der Ersatzvornahme nicht subsidiär anzuordnen ist.

1051 Die Höhe des Zwangsgeldes richtet sich nach den jeweiligen gesetzlichen Bestimmungen. Die Behörde muss die Höhe des Zwangsgeldes innerhalb dieses Rahmens unter Berücksichtigung der Verhältnismäßigkeit so bemessen, dass der Pflichtige sich voraussichtlich veranlasst sieht, die von ihm verlangte Handlung freiwillig zu erfüllen[58].

Bei der **Höhe des Zwangsgeldes** sind die Hartnäckigkeit des pflichtwidrigen Verhaltens, z. B. ein Wiederholungsfall, die finanzielle Leistungsfähigkeit des Betroffenen und die von ihm billigerweise zu erwartende Initiative zu berücksichtigen[59]. Die Höhe des Zwangsgeldes ist von der Häufigkeit der Zuwiderhandlung, ihrer Intensität und eventuellen sonstigen äußeren Umständen abhängig zu machen.

Die wirtschaftliche Leistungsfähigkeit des Bürgers spielt eine wichtige Rolle, aber auch der Verhältnismäßigkeitsgrundsatz, der in aller Regel bei der erstmaligen Festsetzung des Zwangsgeldes die Inanspruchnahme des Höchstbetrages verbietet[60]. Aus Gründen der Verhältnismäßigkeit kann die Höhe der Zwangsgeldandrohung zu beanstanden sein, wenn sie die erwarteten Kosten einer Ersatzvornahme übersteigt[61].

---

56 VGH BaWü, DVBl. 04, 1122
57 Götz, Rdnr. 397
58 OVG NRW, NVwZ-RR 93,671
59 Nr. 60.3 VV VwVG NRW
60 OVG NRW, NWVBl 93, 194
61 VGH BaWü, DVBl. 04, 1122

Enthält ein Bescheid mehrere vollzugsfähige Regelungen, so gilt der Höchstbetrag für jede Einzelregelung gesondert[62].

Die Vollzugsbehörde kann das Zwangsgeld beliebig oft festsetzen. Erkennt sie dabei, dass der Pflichtige sich von einem zuvor festgesetzten Zwangsgeld nicht hat beeindrucken lassen, so kann das folgende Zwangsgeld höher sein als das vorausgehende.

Die Vollstreckung des Zwangsgeldes richtet sich nach den Bestimmungen über die Vollstreckung von Geldforderungen, eine Mahnung ist allerdings nicht erforderlich. Scheitert die Vollstreckung, so kann das zuständige Verwaltungsgericht auf Antrag der Vollzugsbehörde Ersatzzwangshaft anordnen, sofern der Pflichtige bei Androhung des Zwangsgeldes auf diese Möglichkeit hingewiesen worden ist. Die Anordnung der Ersatzzwangshaft ist das letzte Mittel des Staates, um seine Anordnungen gegen uneinsichtige Bürger durchzusetzen. Sie ist eine Vollstreckung mit anderen Mitteln[63]. Die Zahlungsunfähigkeit muss nicht verschuldet worden sein.

Im Hinblick auf den schwerwiegenden Eingriff, den die Verhängung von Ersatzzwangshaft bedeutet, muss die Uneinbringlichkeit des Zwangsgeldes im strengen Sinne feststehen, es reicht nicht aus, wenn sie nur wahrscheinlich ist. Das setzt in aller Regel einen erfolglosen Pfändungsversuch z. B. beim Arbeitgeber oder bei dem Betroffenen voraus. Eine etwaige Mittellosigkeit des Pflichtigen müsste offensichtlich sein, um hierauf verzichten zu können.

Das Verwaltungsgericht entscheidet unter Berücksichtigung der Umstände des konkreten Falles, insbesondere unter Beachtung der Grundsätze der Verhältnismäßigkeit[64]. Die Dauer der Ersatzzwangshaft ist gesetzlich begrenzt, sie beträgt z. B. in NW mindestens einen Tag, höchstens jedoch zwei Wochen[65]. Ordnet das Verwaltungsgericht Ersatzzwangshaft an, muss im Tenor der Entscheidung zur Vollstreckung der Ersatzzwangshaft Haftbefehl gegen den Pflichtigen erlassen werden[66].

8.3 Der unmittelbare Zwang

Der unmittelbare Zwang ist gekennzeichnet durch die Einwirkung auf Personen bzw. auf Sachen durch **körperliche Gewalt**, durch **Hilfsmittel körperlicher Gewalt** oder durch **Waffen**.

1052

Beispiele: Auflösung von Demonstrationen, Räumung besetzter Häuser, Befreiung von Geiseln, Versiegelung von Gewerbebetrieben.

Körperliche Gewalt ist „*jede*" unmittelbare körperliche Einwirkung auf Personen oder Sachen[67]. Es kommt nicht auf eine größere Kraftanstrengung an. Nicht erforderlich ist, dass ein Widerstand durch Körperkräfte überwunden wird. Dies wird zwar häufig notwendig sein, aus Gründen der Verhältnismäßigkeit wäre es jedoch widersinnig, nur dann einschreiten zu können, wenn körperlicher Widerstand zu brechen wäre, nicht aber, wenn schon eine geringere Einwirkung genügt.

---

62 OVG NRW, NVwZ-RR 92,517
63 Drews/Wacke/Vogel/Martens, S. 541
64 OVG NRW, NWVBl. 90,19,20
65 § 61 VwVG NRW
66 § 908 ZPO
67 § 67 Abs. 2 VwVG NRW

Beispiele: Wegführen einer Person am Arm; Wegtragen einer Sache; Eintreten einer Tür.

Aber auch die Versiegelung eines Hauses ist Ausübung unmittelbaren Zwanges[68]. Auf das Haus wird durch das Anbringen eines Siegels körperlich eingewirkt, das führt das auch zu einer Veränderung der Sache[69]. Hieran ändert sich nichts im Hinblick darauf, dass ein Siegel ohne größeren physischen Aufwand beseitigt werden kann.

1053 **Hilfsmittel der körperlichen Gewalt** sind im Gesetz nicht abschließend genannt.

Beispiele: Wasserwerfer, Fesseln, Eisenstangen, Diensthunde, Dienstfahrzeuge, Reiz- und Betäubungsstoffe, Sprengmittel, Absperrgitter, Hubschrauber.

Der Einsatz von Waffen kommt nur in einer **äußersten Zwangslage** in Betracht, wenn alle anderen Mittel als nicht wirksam genug ausscheiden.

Beispiele für Waffen: Schlagstock, Pistole, Revolver, Maschinenpistolen, Handgranaten.

Auf Personen darf nur mit dem Ziel geschossen werden, sie **angriffs- oder fluchtunfähig** zu machen. Das Ziel des Schusswaffengebrauch zur Angriffsunfähigkeit soll es nicht sein, diejenigen Körperzonen zu treffen, deren Verletzung schnellstmöglich zum Tode führt. Allerdings kann es Situationen geben, in denen dies nicht ausgeschlossen ist. Die Fluchtunfähigkeit lässt sich jedoch niemals durch einen Todesschuss erreichen, denn deren Ziel kann nur sein, den Betroffenen daran zu hindern, sich dem staatlich Gewahrsam zu entziehen. Bei einem Fliehenden ist also mit der Schusswaffe auf die Beine zu zielen[70].

In manchen Polizeigesetzen ist die Befugnis für einen gezielten Todesschuss (**finaler Rettungsschuss**) ausdrücklich enthalten[71].

Der unmittelbare Zwang ist das schärfste Zwangsmittel, es darf nur angewendet werden, wenn Ersatzvornahme und Zwangsgeld nicht in Betracht kommen. Unmittelbarer Zwang ist im Verhältnis zu den beiden primären Zwangsmitteln subsidiär, der Verhältnismäßigkeitsgrundsatz muss strikt beachtet werden. Es ist jedoch nicht erforderlich, dass andere Zwangsmittel vorher vergeblich angewandt wurden.

Der Pflichtige soll gezwungen werden, die ihm aufgegebenen Handlungen selbst vorzunehmen. Ebenso wie beim Zwangsgeld wird durch die Anwendung unmittelbaren Zwanges der Erfolg nicht selbst herbeigeführt, sondern es wird versucht, den entgegenstehenden Willen des Pflichtigen zu brechen.

Wird die Anwendung unmittelbaren Zwanges erforderlich, so ist dies von der Polizei oder von besonderen Vollzugsdienstkräften auszuführen. Die Polizei leistet in diesen Fällen **Vollzugshilfe**[72]. Die Polizei ist insoweit nur für die Art und Weise der Durchführung des unmittelbaren Zwanges verantwortlich, Vollzugsbehörde bleibt die ursprüngliche Behörde.

---

68 OVG Greifswald, NVwZ 96,488
69 im Hinblick auf die Strafvorschrift des § 136 StGB
70 Nr. 63.21 VV PolG NRW
71 § 41 Abs. 2 S. 2 ME PolG: *„Ein Schuss, der mit an Sicherheit grenzender Wahrscheinlichkeit tödlich wirken wird, ist nur zulässig, wenn er das einzige Mittel zur Abwehr einer gegenwärtigen Lebensgefahr oder der gegenwärtigen Gefahr einer schwerwiegenden Verletzung der körperlichen Unversehrtheit ist"*.
72 § 47 PolG NRW

Muss die Polizei dagegen unmittelbaren Zwang anwenden, um etwa einen Gerichtsvollzieher bei der Vornahme seiner Vollstreckungshandlung (Pfändung) zu schützen[73], so tut die Polizei dies aus Gründen der Gefahrenabwehr, damit ist die Polizei auch für die Zwangsanwendung zuständig[74].

8.4 Abgrenzung von Ersatzvornahme und unmittelbarem Zwang

Bei einer Einwirkung auf Sachen ist die Abgrenzung zwischen unmittelbarem Zwang und Ersatzvornahme mitunter zweifelhaft. Dies hat aber Auswirkungen auf den Verhältnismäßigkeitsgrundsatz.   **1055**

Beispiel: Aus einer Wohnung dringen Hilfeschreie. Nachdem die Tür trotz Aufforderung der Polizei nicht geöffnet wird, tritt ein Polizeibeamter gegen die Wohnungstür und bricht sie auf. Die Pflicht bestand hier nur im Öffnen der Tür (und nicht in deren Aufbrechen). Es handelt sich folglich um unmittelbaren Zwang[75].

Eine **Ersatzvornahme** liegt vor, wenn die auferlegte Handlung **durch die Behörde selbst** erledigt wird[76]. Die „geschuldete" Maßnahme und die „behördliche" Maßnahme sind identisch.

Beispiele: Abriss eines baufälligen Hauses; Wegfahren (Abschleppen) eines Autos.

Unmittelbarer Zwang dagegen liegt vor, wenn die „**Einwirkung**" dazu führt, dass der Pflichtige selbst die „geschuldete Handlung" vornimmt, die „Einwirkung" der Polizei bringt ihn zum Nachgeben[77].

Beispiele: Einsatz von Wasserwerfern, um Platzverweis gegen Demonstranten durchzusetzen; Schuss auf Fluchtauto, um Bankräuber anzuhalten.

Wirkt die Vollzugsbehörde auf Personen ein, so ist das immer unmittelbarer Zwang. Ebenfalls liegt bei einem Einsatz von Waffen immer unmittelbarer Zwang (gegen Sachen) und nicht Ersatzvornahme vor, denn sonst würde der Schutzzweck der besonderen waffenrechtlichen Regelungen unterlaufen[78].

9. Die Arten des Verwaltungszwanges

9.1 Der Normalvollzug

Voraussetzung für den Normalvollzug (gestrecktes Verfahren) ist ein unanfechtbarer und vollstreckbarer Verwaltungsakt[79]. Ausnahmsweise ist eine noch nicht unanfechtbare Grundverfügung bereits vollstreckbar, wenn ihre sofortige Vollziehung angeordnet worden ist[80] oder wenn ein Rechtsbehelf keine aufschiebende Wirkung hätte[81].   **1057**

Ist ein Verwaltungsakt unanfechtbar, spielt seine Rechtmäßigkeit für die Vollstreckung keine Rolle mehr.

---

73 § 758 Abs. 3 ZPO
74 Tegtmeyer, Rdnr. 3 zu § 47 PolG NRW
75 Ersatzvornahme wäre zu bejahen gewesen, wenn die Tür mit einem Nachschlüssel geöffnet worden wäre
76 § 59 Abs. 1 VwVG NRW
77 § 58 Abs. 1 PolG NRW
78 Tegtmeyer, Rdnr. 10 zu § 52 PolG NRW
79 RdNr. 1042
80 § 80 Abs. 2 Nr. 4 VwGO
81 § 80 Abs. 2 Nr. 1–3 VwGO

Der Einsatz des Verwaltungszwanges setzt im gestreckten Verfahren drei Verfahrensstufen voraus:

1. Androhung des Zwangsmittels
2. Festsetzung des angedrohten Zwangsmittels
3. Anwendung des angedrohten und festgesetzten Zwangsmittels

9.1.1 Die Androhung des Zwangsmittels

1058 Die Androhung eines Zwangsmittels leitet den Beginn der Verwaltungsvollstreckung ein. Bei der Androhung handelt es sich um einen **aufschiebend bedingten Verwaltungsakt** mit einer **Anfangsfrist**[82]. Es muss daher zwischen den Rechtmäßigkeitsanforderung bei Erlass der Androhung und den Wirksamkeitsbedingungen bei Ablauf der Erfüllungsfrist unterschieden werden.

Die Androhung ist das **Kernstück** des Verwaltungszwanges[83]. Die Androhung eines Zwangsmittels ist nur zulässig, wenn auch dessen Anwendung im konkreten Fall erlaubt ist[84].

Die **Zwangsgeldandrohung** ist ein aufschiebend bedingter Leistungsbescheid[85]. Der Leistungsbescheid ist die Anordnung zu zahlen. Die Anordnung enthält die bestandskraftfähige Feststellung, dass der geltend gemachte Zahlungsanspruch besteht; sie enthält außerdem einen vollstreckungsfähigen Leistungsbefehl (Vollstreckungstitel).

Die Androhung der **Ersatzvornahme** und die Androhung des **unmittelbaren Zwanges** sind aufschiebend bedingte Duldungsbescheide[86]. Eine Duldungsanordnung ist eine Anordnung, eine bestimmte Handlung zu dulden. Die Anordnung enthält die bestandskraftfähige Feststellung, dass der geltend gemachte Anspruch besteht; sie enthält außerdem einen vollstreckungsfähigen Leistungsbefehl. Mit der Androhung der Ersatzvornahme wird (aufschiebend bedingt) angeordnet, die ersatzweise Vornahme der Handlung zu dulden. Mit der Androhung des unmittelbaren Zwangs wird (aufschiebend bedingt) angeordnet, die Anwendung des unmittelbaren Zwangs zu dulden.

Durch die Androhung soll psychologisch auf den Pflichtigen eingewirkt werden, um seinen aktiven oder passiven Widerstand gegen die Verwirklichung der behördlichen Maßnahme nach Möglichkeit zu überwinden und den Verwaltungszwang abzuwenden. Außerdem soll auch die Behörde sich so weit festlegen, dass ein geeignetes Zwangsmittel avisiert wird. Mit der Androhung erhält der Pflichtige schließlich eine weitere Rechtsschutzmöglichkeit.

Von der Androhung kann ausnahmsweise einmal abgesehen werden, wenn die Umstände sie nicht zulassen, wenn sie sinnlos ist oder wenn auf diese

---

82 BVerwG, NVwZ 98,393
83 Nr. 63.1 VV VwVG NW
84 Nr. 61.11 VV PolG NW
85 BayVGH, NVwZ-RR 02, 608
86 Ein aufschiebend bedingter belastender Verwaltungsakt wird mit seiner Bekanntgabe existent und damit äußerlich wirksam, er ist innerlich aber zunächst schwebend unwirksam. Fällt die Bedingung aus, oder kann sie nicht mehr eintreten, wird der Verwaltungsakt endgültig unwirksam. Tritt die Bedingung ein, wird er wirksam, § 43 Abs. 1 S. 1 VwVfG.

Weise das Überraschungsmoment verloren ginge und dadurch schärferer Zwang nötig würde.

Beispiele: Schaulustiger steht einem Sanitäter im Weg, Polizeibeamter zieht ihn weg; der Betroffene ist taub oder betrunken; wegen ohrenbetäubenden Lärms fände eine Androhung ohnehin kein Gehör. Die überraschende Räumung eines besetzten Hauses verhindert, dass sich die Besetzer gezielt verbarrikadieren.

Bei der Androhung eines Zwangsmittels müssen die Form- und Inhaltsvorschriften besonders deswegen strikt beachtet werden, weil ein Verstoß hiergegen auch die spätere Festsetzung und Anwendung des Verwaltungszwanges rechtswidrig macht.

9.1.1.1 Formelle Rechtmäßigkeitsvoraussetzungen der Zwangsmittelandrohung

Die Behörde, die die Androhung erlässt, muss hierfür **zuständig** sein[87]. Eine **vorherige Anhörung** ist nicht erforderlich[88].

Die Androhung erfolgt in der Regel **schriftlich**, sie kann mit der Grundverfügung verbunden werden[89]. Die Androhung muss dann auch **begründet** werden, wobei Gesichtspunkte des Ermessens dem Pflichtigen mitgeteilt werden müssen[90]. Ungeeignet ist die Schriftform bei unaufschiebbaren Maßnahmen der Polizei, hier kann die Androhung von Zwang auch auf andere Weise zum Ausdruck gebracht werden.

1059

Beispiele: Freimachen des Schlagstockes, Abgabe eines Warnschusses.

Das vorgesehene Zwangsmittel muss **hinreichend bestimmt** sein, z. B. die Höhe des Zwangsgeldes. Möglich ist allerdings, in einer Verfügung unterschiedliche Zwangsmittel für unterschiedliche Regelungen anzudrohen. Werden mehrere Zwangsmittel angedroht, muss eine Reihenfolge der Anwendung angegeben werden, die Behörde darf sich eine Wahl zwischen mehreren Zwangsmitteln nicht vorbehalten[91].

Um Verbote zwangsweise durchzusetzen, ist die Androhung eines Zwangsgeldes „für jeden Fall der Zuwiderhandlung" nur dann hinreichend bestimmt, wenn das Landesrecht dies ausdrücklich zulässt[92]. Ansonsten sind Androhungen auf Vorrat nicht rechtmäßig. Dies folgt auch aus dem Grundsatz, dass Zwangsmittel nur aufgrund einer erneuten selbständigen Androhung wiederholt und gegebenenfalls gesteigert werden können.

In der älteren Literatur und Rechtsprechung[93] wurde in einer solchen Androhung auch kein Verstoß gegen den Bestimmtheitsgrundsatz gesehen, weil dem Pflichtigen für jeden Fall der Nichtbeachtung immer nur ein Zwangsgeld in bestimmter Höhe angedroht würde.

Nicht erforderlich ist es dagegen, dass die Behörde in der Androhung die Art und Weise der Durchführung des von ihr benannten Zwangsmittels mitteilt. Bei der Androhung von unmittelbarem Zwang genügt die Ankündigung, es werde

---

[87] § 56 VwVG NRW
[88] § 28 Abs. 2 Nr. 5 VwVfG
[89] § 63 Abs. 1 S. 1 VwVG NRW
[90] § 39 VwVfG
[91] Götz, Rdnr. 386
[92] BVerwG, NVwZ 98, 393; OVG Bremen, NVwZ 99, 314
[93] OVG NRW, OVGE 22, 144

unmittelbarer Zwang angewendet[94]. Eine weitergehende Konkretisierung der geplanten Maßnahme ist nicht erforderlich; dies könnte sogar unzweckmäßig sein, weil der Betroffene sich dann auf den unmittelbaren Zwang einstellen und gegen ihn eine stärker belastende Maßnahme ergriffen werden müsste.

1060 In der Androhung muss dem Pflichtigen eine kalendermäßig eindeutig bestimmte **Frist zur Erfüllung** der von ihm verlangten Handlung genannt werden. Die Verpflichtung zu einem „unverzüglichen Handeln" reicht nicht[95]. Die Bemessung der Frist bestimmt sich nach dem Einzelfall.

Unterbleibt die Fristsetzung, so ist die Androhung nichtig, weil das Verstreichen der Frist als Vollstreckungsvoraussetzung nicht festgestellt werden kann.

Eine Fristsetzung ist nicht erforderlich in gesetzlich geregelten Ausnahmefällen.

Beispiele für verzichtbare Fristsetzung: Androhung der Abschiebung von inhaftierten Ausländern[96]; Androhung der Erzwingung von Duldungen und Unterlassungen, da dies Dauerpflichten sind[97].

Eine Fristsetzung ist weiterhin entbehrlich bei Unterlassungspflichten[98].

Beispiel: Verbot, Wiesengelände zum Zwecke der landwirtschaftlichen Bearbeitung zu zerstören.

Bei der Androhung von Ersatzvornahme *„soll"*[99] bzw. *„muss"*[100] der voraussichtliche Kostenbetrag angesetzt werden, mit dem der Pflichtige zu rechnen hat. Dadurch soll dem Pflichtigen das Kostenrisiko vor Augen geführt werden, das auf ihn zukommt, wenn er seine Pflicht nicht freiwillig erfüllt und es auf die Ersatzvornahme ankommen lässt[101]. Die spätere Durchführung der Ersatzvornahme wäre rechtswidrig, wenn dem Pflichtigen keine Kostenschätzung mitgeteilt worden wäre.

9.1.1.2 Materielle Rechtmäßigkeitsvoraussetzungen der Zwangsmittelandrohung

1060a Die zu vollstreckende Grundverfügung muss **wirksam** (nicht: rechtmäßig) sein[102]. Dem Betroffenen muss eine **zumutbare Erfüllungsfrist** genannt werden. Das angedrohte Zwangsmittel muss **verhältnismäßig** sein und Insbesondere bei der Androhung von Zwangsgeld ist zu beachten, dass die angedrohte Höhe **angemessen** sein muss.

Bei der Androhung von **Zwangsgeld** ist weiterhin zu beachten, dass grundsätzlich ein „**Koppelungsverbot**" besteht, d. h. zur Durchsetzung ganz unterschiedlicher Anordnungen darf kein einheitliches Zwangsgeld angedroht werden. Hängen allerdings mehrere Maßnahmen tatsächlich und rechtlich zusammen und ist das angedrohte Zwangsgeld auch im Hinblick auf die geringste der zu vollstreckenden Anordnungen angemessen, dann ist eine derartige Zwangsgeldandrohung nicht zu beanstanden[103].

---

94 BGH, MDR 75, 1006
95 OVG Greifswald, NVwZ-RR 97,762
96 § 50 Abs. 5 AuslG
97 § 63 Abs. 1 S. 2 2. HS VwVG NW
98 OVG Koblenz, GewArch 98,337
99 § 63 Abs. 4 VwVG NRW
100 § 13 Abs. 4 S. 1 VwVG (Bund)
101 Engelhardt/App Anm. 3 d zu § 13 m.w.N.
102 oben Rdnr. 1043
103 OVG NRW, DÖV 04, 86 = NVwZ-RR 04, 316, 317

9.1.1.3 Wirksamkeitsbedingungen der Zwangsmittelandrohung

Die Androhung eines Zwangsmittels ist ein **aufschiebend bedingter Verwaltungsakt** mit einer **Anfangsfrist**. Er wird erst mit Ablauf der Erfüllungsfrist[104] wirksam, wenn zu diesem Zeitpunkt **Bedingungen** erfüllt sind. 1061

Die Androhung muss dem Pflichtigen **zugestellt** werden[105]. Das gilt auch dann, wenn das durchzusetzende Ge- oder Verbot selbst nicht zugestellt zu werden braucht. Fehlt die Zustellung, so macht das die Androhung allerdings weder formell noch materiell rechtswidrig, es fehlt dann nur eine **Wirksamkeitsbedingung**.

Der Mangel einer fehlenden oder fehlerhaften Zustellung wird allerdings in dem Zeitpunkt geheilt, in dem der Empfangsberechtigte die Androhung nachweisbar erhalten hat[106].

Die **allgemeinen Vollstreckungsvoraussetzungen**, nämlich die Unanfechtbarkeit oder die sofortige Vollziehbarkeit der zu vollstreckenden Anordnung gegeben sind weitere Voraussetzung für die Wirksamkeit der Androhung, sofern also die sofortige Vollziehung nicht ausnahmsweise angeordnet worden ist, muss sich die **zumutbare Erfüllungsfrist** auf einen Zeitraum nach Unanfechtbarkeit der Grundverfügung erstrecken..

Im Zeitpunkt des Ablaufes der Erfüllungspflicht dürfen **keine Vollstreckungshindernisse** vorliegen, z. B. darf die Verpflichtung nicht offensichtlich erloschen oder der zu vollstreckende Verwaltungsakt rechtskräftig aufgehoben worden sein; die Androhung wird ebenfalls unwirksam, wenn die zu vollstreckende Anordnung **vollständig erfüllt** worden ist.

9.1.1.4 Formulierungsbeispiele

„Ich gebe Ihnen auf, Ihre Imbissstube sofort zu schließen. 1062

Im öffentlichen Interesse ordne ich die sofortige Vollziehung dieser Verfügung an, weil …

Die Anordnung der sofortigen Vollziehung hat zur Folge, dass Sie meiner Schließungsanordnung sofort nachkommen müssen und ein von Ihnen etwa erhobener Widerspruch keine aufschiebende Wirkung hätte.

… Für den Fall, dass Sie der Schließungsanordnung nicht sofort nachkommen, drohe ich Ihnen unmittelbaren Zwang durch Versiegelung der Imbissstube an.

… Für den Fall, dass Sie Ihre Imbissstube nicht sofort schließen, drohe ich Ihnen ein Zwangsgeld in Höhe von 5.000,- Euro an."

9.1.2 Die Festsetzung des Zwangsmittels

In einigen Bundesländern, z. B. NRW, muss die Zwangsmittelandrohung 1063
festgesetzt werden, bevor sie durchgesetzt werden kann. Die ursprünglich nur als Verwaltungsinternum gedachte Festsetzung[107] erfüllt alle Vorausset-

---

104 § 36 Abs. 2 Nr. 2 VwVfG
105 § 63 Abs. 6 S. 1 VwVG NRW
106 § 9 VwZG: „ … gilt als in dem Zeitpunkt zugestellt, in dem es der Empfangsberechtigte nachweislich erhalten hat."
107 in der amtlichen Begründung zu § 18 Abs. 1 S. 1 VwVG hieß es (BT-Drcks. I/3981, S. 9): *„Die Festsetzung eines Zwangsmittels und der Vollzug selbst können nicht als Verwaltungsakte angesehen werden, so dass es sich erübrigt, hier Rechtsmittel vorzusehen."*

zungen eines Verwaltungsaktes und kann damit auch selbständig angefochten werden. Das macht das Vollstreckungsverfahren unnötig kompliziert und schwerfällig, dies kann aber nur vom Gesetzgeber korrigiert werden[108]. In den Bundesländern, in denen ein Zwangsmittel vor der Anwendung festgesetzt werden muss, wird mit der Festsetzung eines Zwangsgeldes festgestellt, dass es fällig geworden ist.

1064 *Formulierungsbeispiel:*

„Aufgrund des § 64 des Verwaltungsvollstreckungsgesetzes für das Land Nordrhein-Westfalen in der derzeit gültigen Fassung setze ich das Ihnen in der Ordnungsverfügung vom …. angedrohte Zwangsgeld in Höhe von 5.000,- Euro hiermit fest.

Der Betrag ist bis zum …. an die Stadtkasse … zu zahlen.

Gem. § 11 der Kostenordnung zum Verwaltungsvollstreckungsgesetz werden folgende Auslagen erhoben: 42,- Euro.

Sollte der Betrag in Höhe von 5.042,- Euro nicht fristgerecht gezahlt werden, werde ich ihn im Verwaltungszwangsverfahren einziehen, wodurch ihnen weitere Kosten entstehen.

Sollte das Zwangsgeld uneinbringlich sein, kann das Verwaltungsgericht Köln die Erzwingungshaft anordnen. Sie beträgt mindestens einen Tag, höchstens zwei Wochen. Ich weise sie darauf hin, dass durch die Festsetzung der Erzwingungshaft die Verpflichtung zur Zahlung des Zwangsgeldes nicht entfällt.

Ein etwaiger Widerspruch gegen diese Festsetzung hätte keine aufschiebende Wirkung[109]. *Das Verwaltungsgericht Köln könnte auf Antrag die aufschiebende Wirkung ganz oder teilweise wiederherstellen."*

Bis auf die Festsetzung von Zwangsgeld braucht dem Bürger grundsätzlich keine weitere Frist mehr eingeräumt zu werden, die Anwendung kann der Festsetzung „auf dem Fuße" folgen[110].

9.1.3 Die Anwendung des Zwangsmittels

1065 Im letzten Schritt des gestreckten Verfahrens kann der Grundverwaltungsakt zwangsweise durchgesetzt werden. Das steht im Ermessen der Vollzugsbehörde[111]. Dadurch bekommt auch die Anwendung von Zwang einen eigenständigen Regelungscharakter, das spricht für einen Verwaltungsakt, dem wird aber teilweise entgegengehalten, die Anwendung der Zwangsmittel seien nur Tatmaßnahmen, d. h. Realakte[112].

Die Anwendung geschieht:

1. durch Einziehung und Beitreibung des Zwangesgeldes, wobei weder Schonfrist noch Mahnfrist eingehalten zu werden brauchen,
2. durch Vornahme der Handlung bei der Ersatzvornahme, entweder durch Beauftragung eines Unternehmers oder durch eigene Kräfte der Behörde,
3. durch „jede" unmittelbare körperliche Einwirkung auf Personen oder Sachen bei unmittelbarem Zwang.

---

[108] BVerwG, NVwZ 97, 381, 382: *„eine weitere Verfahrenshürde"*, von der allerdings in besonderen Ausnahmefällen einmal abgesehen werden darf.
[109] § 8 des Gesetzes zur Ausführung der Verwaltungsgerichtsordnung NRW
[110] Nr. 63.4 VV VwVG NW
[111] BayVGH, BayVBl. 02, 437
[112] RdNr. 1076

Die Verwaltungsvollstreckung

Angewendet werden darf im Rahmen des gestreckten Verwaltungszwanges nur das Zwangsmittel, das zuvor angedroht und festgesetzt worden ist. Die Vollzugsbehörde kann das angedrohte und festgesetzte Zwangsmittel auch eingeschränkt anwenden. Der Bürger ist verpflichtet, die Durchführung des Zwanges zu dulden.

Beispiel: Das Betreten des Grundstückes zum Abriss des Hauses muss gestattet werden.

9.2 Prüfungsschema für die Anwendung von Verwaltungszwang im gestreckten Verfahren

1066

1. Ermächtigungsgrundlage[113]

2. Formelle Rechtmäßigkeit

1. Zuständige Vollzugsbehörde[114]
2. Form und Verfahren[115]

3. Materielle Rechtmäßigkeit

1. Allgemeine Vollstreckungsvoraussetzungen
   - Wirksame Grundverfügung
     – auf die Rechtmäßigkeit kommt es nicht an
   - Materielle Vollstreckbarkeit der Grundverfügung
     – befehlender Verwaltungsakt
   - Formelle Vollstreckbarkeit der Grundverfügung
     – unanfechtbarer Verwaltungsakt
     – sofortige Vollziehung des Verwaltungsaktes ist angeordnet
     – Rechtsbehelf hat keine aufschiebende Wirkung
2. Ordnungsgemäße Durchführung der Verwaltungsvollstreckung
   - Richtiges Zwangsmittel
     – Ersatzvornahme nur bei vertretbarer Handlung
     – Zwangsgeld und Ersatzzwangshaft bei höchstpersönlicher Handlung
     – Unmittelbarer Zwang als ultima ratio

---

[113] z. B. § 55 Abs. 1 VwVG NRW; § 50 Abs. 1 PolG NRW
[114] Gem. § 56 Abs. 1 VwVG NRW ist die Behörde Vollzugsbehörde, die den Verwaltungsakt erlassen hat
[115] Gem. § 28 Abs. 2 Nr. 5 VwVfG ist eine Anhörung grundsätzlich entbehrlich

- Zwangsverfahren
  a) Androhung des Zwangsmittels
    – Schriftform und damit Begründungspflicht
    – Verbindung mit Grundverfügung, falls Rechtsmittel keine aufschiebende Wirkung hat
    – Zustellung nach Landeszustellungsrecht
    – Beachtung strikter inhaltlicher Vorgaben
    – bestimmtes Zwangsmittel benennen
    – angemessene Frist zur Erfüllung der Grundverfügung
    – falls Zwangsgeld: Höhe beziffern
    – falls Ersatzvornahme: Angabe der voraussichtlichen Kosten
  b) Festsetzung des Zwangsmittels[116]
    – nur das zuvor angedrohte Zwangsmittel darf festgesetzt werden
  c) Anwendung des Zwangsmittels
    – tatsächliche Ausführung des Zwangsmittels nur entsprechend der Androhung und Festsetzung
    – richtiger Adressat
    – bei Zwangsgeld: Einziehung nach allgemeinen Bestimmungen über die Vollstreckung von Geldforderungen
    – bei Ersatzvornahme: Beauftragung eines Unternehmers oder eigener Kräfte
    – bei unmittelbarem Zwang: Einwirkung auf Pflichtigen oder dessen Sachen
- Beachtung allgemeiner Rechtsgrundsätze
  – fehlerfreie Ermessensbetätigung
  – Geeignetheit des Zwangsmittels?
  – Erforderlichkeit des Zwangsmittels?
  – Angemessenheit des Zwangsmittels?
- Keine Vollstreckungshindernisse
  – Vollstreckung ist einzustellen, sobald ihr Zweck erreicht ist oder sich zeigt, dass Zweck nicht (mehr) erreicht werden kann

9.3 Der Sofortvollzug

1067 Das mehrstufige Verwaltungsvollstreckungsverfahren mit Grundverfügung, Androhung, Festsetzung und Anwendung eines Zwangsmittels ist recht zeitaufwändig. Es gibt nun aber immer wieder konkrete Situationen, in denen

---

[116] In NRW, aber nicht im Bund und in allen Ländern

sofort eine Gefahr wirksam beseitigt werden muss. Wegen der sachlich bestehenden Dringlichkeit der Einleitung notwendiger Maßnahmen wäre das gestreckte Vollstreckungsverfahren nicht angemessen.

Beispiele: Verbraucherschutz im Rahmen der Lebensmittelüberwachung; Überwältigung eines Geiselnehmers; Beseitigung auslaufenden Öls.

In diesen Fällen müssen staatliche Maßnahmen entweder durch Ersatzvornahme oder durch unmittelbaren Zwang verwirklicht werden, ohne dass zuvor der Wille einer Behörde in einem Verwaltungsakt zum Ausdruck gebracht werden kann. Das Zwangsgeld kommt in diesem Verfahren naturgemäß nicht in Betracht.

In das Verwaltungsvollstreckungsrecht eingegliedert ist der **Sofortvollzug** als Grundlage für die Anwendung der Zwangsmittel Ersatzvornahme oder unmittelbarer Zwang.

Dieser Sofortvollzug ist nicht mit der **sofortigen Vollziehung** eines Verwaltungsaktes zu verwechseln[117]. Die Anordnung der sofortigen Vollziehung hat zur Folge, dass die Grundverfügung trotz eines dagegen erhobenen Widerspruches schon vor Eintritt der Unanfechtbarkeit vollzogen werden kann, und zwar im Rahmen des gestreckten Verwaltungszwanges.

Beim Sofortvollzug fehlt ein zu vollstreckender Verwaltungsakt als Vollstreckungstitel. Sofort vollzogen wird daher nicht ein Verwaltungsakt, sondern die Norm, auf der ein entsprechender Verwaltungsakt beruhen könnte. Zwischen materieller Rechtslage und Vollstreckung besteht beim Sofortvollzug im Unterschied zum gestreckten Verfahren daher eine Einheit. Androhung und Festsetzung des Zwangsmittels fallen beim sofortigen Vollzug weg. Das schließt allerdings nicht aus, in geeigneten Fällen auf die beabsichtigten Maßnahmen hinzuweisen, z. B. durch Lautsprecher[118].

Abzugrenzen ist der Sofortvollzug vom **abgekürzten Vollstreckungsverfahren**. Es gibt Situationen, in denen eine Behörde zunächst eine Verfügung erlässt, die zwar noch nicht vollstreckbar ist, die aber wegen zwischenzeitlich eingetretener Dringlichkeit sofort vollzogen werden muss. 1068

Beispiel: Eine Behörde ordnet das Fällen eines großen, morschen Baumes an. Eine Baumsanierung ist nicht mehr möglich. Hiergegen legt der Betroffene Widerspruch ein. Kurze Zeit später sagt das Deutsche Wetteramt einen orkanartigen Sturm voraus. Der Eigentümer des Baumes ist verreist und kann nicht erreicht werden. Um ein Auseinanderbrechen des Baumes bei dem erwarteten Sturm zu verhindern, beauftragt die Behörde eine ortsansässige Gartenbaufirma, den Baum zu beseitigen, was auch sofort geschieht.

Das abgekürzte Vollstreckungsverfahren ist nicht ausdrücklich im Gesetz geregelt ist. Das entscheidende Merkmal dieses Verfahrens ist nicht das Fehlen eines Verwaltungsaktes, sondern das Ausbleiben der Androhung und Festsetzung von Verwaltungszwang.

Wenn nun aber nach den Regelungen des Sofortvollzuges auf einen Grundverwaltungsakt ganz verzichtet werden kann, so ergibt sich daraus, dass der Grund-VA keine Rechtmäßigkeitsvoraussetzung für den Sofortvollzug ist. Daraus ist zu folgern, dass dies **erst recht** für die Fälle gelten muss, in denen die Behörde dem Pflichtigen gegenüber bereits mit einem – noch nicht durch-

---

117 § 80 Abs. 2 Nr. 4 VwGO
118 Vgl. Nr. 55.3 VV-VwVG NRW

setzbaren – Verwaltungsakt eingegriffen hat und dann die Voraussetzungen für einen Sofortvollzug eintreten[119].

9.3.1 Ursachen des Sofortvollzuges

1069 Befugnisnormen für den sofortigen Vollzug sind in Verbindung mit den jeweils einschlägigen Zwangsmitteln anzuwenden[120].

Beim Sofortvollzug kommt es nicht zum Erlass eines befehlenden Verwaltungsaktes. Zuständig ist die Behörde als Vollstreckungsbehörde, die nach ihrer Aufgabenzuweisung eine entsprechende Grundverfügung hätte erlassen dürfen.

Die Voraussetzungen des Sofortvollzug sind[121]:

1. es liegt eine gegenwärtige, d. h. akute Gefahr vor,

2. das behördliche Vorgehen ist zur Abwehr dieser Gefahr notwendig,

3. die Behörde handelt innerhalb ihrer Befugnisse,

4. Bedenken gegen die durchzuführende Ersatzvornahme oder den anzuwendenden unmittelbaren Zwang bestehen nicht.

9.3.1.1 Eilfall

1070 Es gibt Fälle in der tagtäglichen Verwaltungspraxis, in denen aufgrund der Dringlichkeit ein rasches staatliches Handeln unabweisbar ist und es nicht angemessen wäre, wenn die Behörde erst ein gestrecktes Verfahren einleiten müsste, um einer Gefahr zu begegnen.

Beispiel: Ein Tanklastzug mit Öl beladen ist umgekippt. Das auslaufende Öl droht das Grundwasser zu gefährden.

Liegt ein solcher **Eilfall** vor, ist der Erlass eines Verwaltungsaktes nicht möglich oder nicht erfolgversprechend, der eintretende Zeitverlust würde die Maßnahme mit großer Wahrscheinlichkeit gefährden.

1071 Ein solcher Eilfall liegt vor, wenn eine **akute Gefahrenlage** besteht. Eine einfache bzw. konkrete Gefahr im Sinne des Polizei- und Ordnungsrechtes reicht für eine Maßnahme im Sofortvollzug nicht aus, die Gefahr muss gegenwärtig sein. Eine gegenwärtige Gefahr ist gegeben, wenn ohne ein sofortiges Einschreiten der Behörden nach der allgemeinen Lebenserfahrung mit an Sicherheit grenzender Wahrscheinlichkeit der Eintritt eines Schadens unmittelbar bevorstünde[122].

Die Prognose über die Wahrscheinlichkeit eines Schadenseintrittes ist aufgrund der behördlichen Erkenntnisse im Zeitpunkt der Entscheidung zu treffen. Maßgeblicher Zeitpunkt für die Beurteilung der Rechtmäßigkeit der Eingriffshandlung ist also die Anordnung der Maßnahme („ex ante"). Hat der handelnde Beamte die Lage zutreffend eingeschätzt und bestehen keine Möglichkeiten für die weitere Aufklärung eines Verdachtes, so wird die ge-

---

119 Rachor, Abschn. F Rdnr. 520
120 § 6 Abs. 2 VwVG (Bund), § 55 Abs. 2 VwVG NRW i. V. m. ....
121 § 55 Abs. 2 VwVG NRW
122 BVerwGE 45,51

troffene Maßnahme nicht dadurch rechtswidrig, dass die Situation anders als vorausgeschätzt verlaufen ist. Es ist nicht erforderlich, dass ein konkretes Schadensereignis auch eintritt. Es kommt also auf die Schutzwürdigkeit eines möglicher Weise gefährdeten Rechtsgutes aus der Sicht eines **besonnen handelnden Beamten** an.

Im Ausgangsbeispiel ändert sich also nichts an der Rechtmäßigkeit des Sofortvollzuges, wenn der angesagte Sturm ausgeblieben ist und der Baum mithin gar nicht hätte sofort umstürzen können. Es geht hier auch nicht um einen Gefahrenverdacht[123].

Eine akute Gefahrenlage liegt aber auch dann vor, wenn jemand im Begriff ist, einen **Straf- oder Bußgeldtatbestand** zu verwirklichen. In diesen Fällen muss der zur Strafbarkeit führende Wille sofort gebeugt werden.

Beispiel: Jemand rast auf eine Grenzkontrolle zu, um die zu durchbrechen. Hier kann unmittelbarer Zwang im Rahmen des Sofortvollzuges angewendet werden und der LkW durch Schuss in den Reifen zum Stehen gebracht werden.

Schließlich muss ein Eilfall wohl auch in problematischen Fällen anerkannt werden, in denen ein Betroffener ohne Vorwarnung von der staatlichen Gewalt **überrascht** werden soll (muss), z. B. bei einem unangekündigten Schuss auf einen Geiselnehmer.

9.3.1.2 Notwendigkeit der Maßnahmen

Das behördliche Vorgehen im Rahmen des Sofortvollzuges muss auch zur Abwehr der akuten bzw. gegenwärtigen Gefahr notwendig sein. Das ist der Fall, wenn eine überwiegende Wahrscheinlichkeit dafür besteht, dass die gefährliche Situation auf normalem Wege , d. h. durch Erlass eines Verwaltungsaktes gegen den Verantwortlichen[124], nicht zu bereinigen wäre. Zwischen dem Zeitpunkt der Feststellung einer Gefahr und der Anordnung von Ersatzvornahme oder unmittelbarem Zwang im Rahmen des Sofortvollzuges darf also kein Zeitraum liegen, in dem ein reguläres Verwaltungszwangsverfahren noch hätte durchgeführt werden können. Allerdings dürfen insoweit keine lebensfremden Anforderungen gestellt werden.

1072

Als typischen Fall für die Notwendigkeit eines Sofortvollzuges nennt dann § 50 Abs. 2 PolG NW auch die **Unmöglichkeit**, eine entsprechende Grundverfügung an den infrage kommenden Adressaten zu richten, weil dies nicht oder nicht rechtzeitig möglich ist. Das kann verschiedene Ursachen haben:

1. Es steht noch gar nicht fest, ob überhaupt ein Störer vorhanden ist, das Hindernis auf einer Straße kann auch von einem Naturereignis herrühren.

2. Es steht noch nicht fest, wer als Verantwortlicher in Betracht kommt; es steht zwar fest, dass das Hindernis auf einer Straße von einer LkW-Ladung herrührt, Halter oder Fahrer des LkW sind aber noch nicht bekannt.

3. Der Verantwortliche steht zwar fest, er kann aber nicht erreicht werden, z. B. bei einem verbotswidrig abgestellten PkW

---

123 Schoch, JuS 94, 667
124 mit Anordnung der sofortigen Vollziehung

9.3.3.3 Handeln innerhalb der Befugnisse

1073 Schließlich muss die Behörde auch im Rahmen ihrer Befugnisse handeln. Da aber keine Grundverfügung gegen den Betroffenen erlassen wird, ist die hypothetische Frage zu klären, ob die Behörde berechtigt gewesen wäre, eine Verfügung gegen denjenigen zu erlassen, gegen den vollstreckt wird. Es ist also auf einen **fiktiven Grundverwaltungsakt** abzustellen. Denn eine Behörde kann nichts mit Zwang durchsetzen, was sie nicht auch durch einen einfachen Verwaltungsakt verlangen drfte.

In den Fällen des abgekürzten Verfahrens, wenn also bereits vor Anordnung des Sofortvollzuges eine Grundverfügung ergangen ist, muss der erlassene Verwaltungsakt auf seine Rechtmäßigkeit hin untersucht werden.

Die vollziehende Behörde müsste für den Erlass der (hypothetischen) Grundverfügung **zuständig** gewesen sein und die **tatbestandlichen Voraussetzungen** der Befugnisnorm müssten erfüllt sein.

Der Sofortvollzug muss sich an den korrekten **Adressaten** richten. Sind für den ordnungsgemäßen Zustand einer Sache allerdings mehrere Eigentümer verantwortlich, so setzt die Rechtmäßigkeit von Sofortvollzug gegen einen Eigentümer nicht voraus, dass gegen die anderen Eigentümer eine Duldungsanordnung ergangen ist, denn das würde der Unaufschiebbarkeit des Sofortvollzuges widersprechen[125].

Der Sofortvollzug kennt in der Regel keinen vorausgegangenen Verwaltungsakt. Ein rechtlich kontrolliertes **Auswahlermessen** kann daher erst nachträglich bei der Bestimmung des Kostentragungspflichtigen stattfinden. Das kommt durch die Wahl des Adressaten eines Leistungsbescheides zum Ausdruck[126].

Auch im Rahmen des Sofortvollzuges muss eine Vollstreckung in ordnungsgemäßer Art und Weise durchgeführt werden. Es muss das richtige Zwangsmittel angewendet werden. Damit verbietet sich z. B. die „überfallartige" Durchsetzung einer Ersatzvornahme zur Erfüllung höchstpersönlicher Pflichten.

9.4 Kosten für die Durchführung des Sofortvollzuges

1074 Für die Beurteilung der Frage, wer etwaige Kosten eines Sofortvollzuges zu tragen hat – Sekundärebene –, ist im Gegensatz zur Beurteilung der Eingriffsmaßnahme selbst auf die objektive Sach- und Rechtslage abzustellen, die sich bei späterer rückschauender Betrachtung („ex post") ergibt[127].

Die Grenzen der Verhältnismäßigkeit wären überschritten, wenn der Betreffende in einem solchen Fall endgültig mit den Kosten der Maßnahme belastet bliebe. Hierin läge eine aus Gründen der effektiven Gefahrenabwehr nicht gebotene Abwälzung der Kostentragungspflicht des tatsächlich Verantwortlichen oder des Kostenrisikos der Allgemeinheit auf denjenigen, der objektiv Nichtstörer ist. Wie bei der Frage der Entschädigung, ist daher bei der Frage der Kostentragungspflicht für eine Vollzugsmaßnahme nicht die Sicht im Zeit-

---

125 Jahn, JA 00,86
126 Nds. OVG, NVwZ 90,786
127 OVG NRW, NWVBl. 96,340

punkt des Eingriffes maßgeblich, sondern die wirkliche Sachlage, wie sie sich bei rückschauender Betrachtung objektiv darstellt[128].

Es ist anerkannt, dass eine endgültige Kostenfreistellung bei Verdachtsmaßnahmen unter dem Vorbehalt steht, dass der in Anspruch Genommene die Umstände, die den Verdacht der Gefahrenlage begründet und zum behördlichen Einschreiten geführt haben, nicht zu **verantworten** hat. Nicht endgültig geklärt ist allerdings, welcher Maßstab für diese Verantwortlichkeit zugrunde zu legen ist. Es wird sowohl von einer verschuldensunabhängigen Zuordnung nach Verantwortungs- und Risikobereichen als auch von verschuldensbezogenen Aspekten gesprochen.

Die besseren Gründe dürften dafür sprechen, nach einer am **Verschuldensmaßstab** orientierten Betrachtungsweise zu entscheiden. Die Anwendung des Verschuldensmaßstabes[129] für die Frage der endgültigen Belastung des Anscheins- und Verdachtstörers mit den Kosten behördlicher Maßnahmen führt zu einer sachgerechten Gleichbehandlung mit den gesetzlich geregelten Entschädigungsansprüchen bei der Inanspruchnahme eines Nichtstörers. Hier wird nämlich ebenfalls hinsichtlich der Höhe eines Ersatzanspruches auf einen Verschuldensmaßstab Bezug genommen[130]. Das Argument der Effektivität behördlicher Maßnahmen, mit dem auf der Eingriffsebene eine weite und verschuldensunabhängige Zurechnung erfolgt, hat demgegenüber für die Kostenfrage keine erhebliche Bedeutung mehr. Hier ist es nämlich ohne weiteres möglich, die Sachlage zu ermitteln und im einzelnen aufzuklären.

9.5 Prüfungsschema für die Anwendung von Sofortvollzug

1. Ermächtigungsgrundlage[131]

1075

2. Formelle Rechtmäßigkeit

1. Zuständige Behörde[132]
2. Form und Verfahren[133]

3. Materielle Rechtmäßigkeit

1. Zulässigkeit des Sofortvollzuges
   – Erlass einer Grundverfügung ist nicht möglich
   – (hypothetische) Ge- bzw. Verbotsverfügung hätte rechtmäßig ergehen dürfen
   – akute Gefahrenlage rechtfertigt das sofortige Vorgehen der Behörde

---

128 §§ 39f OBG NW
129 § 276 Abs. 1 BGB (Vorsatz und Fahrlässigkeit)
130 § 40 Abs. 4 OBG NRW
131 § 55 Abs. 2 VwVG NRW
132 Gem. § 56 Abs. 1 VwVG NRW ist Vollzugsbehörde die Behörde, die den Verwaltungsakt erlassen dürfte
133 Gem. § 28 Abs. 2 Nr. 5 VwVfG ist eine Anhörung grundsätzlich entbehrlich

2. Einsatz des Sofortvollzuges ist ordnungsgemäß erfolgt
   – Befugnis für Ersatzvornahme oder unmittelbaren Zwang
     – vertretbare Handlung bei Ersatzvornahme
     – Erforderlichkeit bei unmittelbarem Zwang
     – besondere Voraussetzungen für Fesselung oder Schusswaffengebrauch
   – Androhung des Zwangsmittels
     – bei Ersatzvornahme entbehrlich
     – bei unmittelbarem Zwang ist Verzicht auf Androhung Ermessensentscheidung
   – Festsetzung des Zwangsmittels ist entbehrlich
     – rechtmäßige Anwendung des Zwangsmittels
     – allgemeine Vorschriften für Schusswaffengebrauch
     – allgemeine Vorschriften für den Einsatz besonderer Waffen und Sprengmittel

3. Beachtung der fehlerfreien Ermessensbetätigung einschließlich des Grundsatzes der Verhältnismäßigkeit in jeder Lage des Verfahrens
   – Geeignetheit des Zwangsmittels?
   – Erforderlichkeit des Zwangsmittels? Allerdings: keine Doppelprüfung
   – Angemessenheit des Zwangsmittels?

4. Keine Vollstreckungshindernisse
   – Vollstreckung ist einzustellen, sobald ihr Zweck erreicht ist oder sich zeigt, dass Zweck nicht (mehr) erreicht werden kann

10. Der Rechtsschutz gegen Vollstreckungsmaßnahmen

Streitigkeiten über die Rechtmäßigkeit der Verwaltungsvollstreckung werden im Verwaltungsrechtsweg ausgetragen. Der statthafte Rechtsbehelf ergibt sich dabei aus der Qualifizierung der behördlichen Vollstreckungsmaßnahme.

10.1 Rechtsschutz gegen das gestreckte Verfahren

1076 Die Androhung und Festsetzung von Zwangsmitteln sind unstreitig als Maßnahmen der Vollstreckungsbehörde Verwaltungsakte. Aber auch die Anwendung von Zwang weist einen eigenen Regelungscharakter auf und ist damit ein Verwaltungsakt und nicht nur ein Realakt, der keine weitere Regelung enthält[134].

---

134 a. A. Brühl, JuS 97,1023 m.w.N

Die Verwaltungsaktsqualität der Anwendung von Verwaltungszwang bestätigt sich zunächst einmal schon aus dem **Gegenschluss** der verschiedenen gesetzlichen Regelungen[135]. Hierin wird für Maßnahmen der Vollstreckungsbehörden der Suspensiveffekt im Rechtsbehelfsverfahren ausgeschlossen. Und das geschieht vor dem Hintergrund, dass eine derartige aufschiebende Wirkung **nur bei Verwaltungsakten** eintreten kann[136]. Die Anwendung von Verwaltungszwang ist nun unstreitig eine solche Maßnahme der Vollstreckungsbehörde, so dass aus dem Umkehrschluss der gesetzlichen Regelung zu folgern ist, dass auch die Anwendung von Verwaltungszwang ein Verwaltungsakt ist.

Der Betroffene kann Widerspruch, Anfechtungsklage oder ggfls. Fortsetzungsfeststellungsklage erheben. Zu berücksichtigen ist, dass die Anwendungsverfügung sich nicht immer mit der Durchführung erledigt, weil sie die Grundlage für die getroffenen Maßnahmen ist. Die aufschiebende Wirkung entfällt allerdings fast immer, eine gesonderte Anordnung der sofortigen Vollziehung von Vollstreckungsmaßnahmen ist damit nicht erforderlich.

10.2 Rechtsschutz gegen den Sofortvollzug

Die Anwendung von Zwang im Rahmen des Sofortvollzuges weist ebenfalls einen Regelungscharakter auf. Diese Maßnahme ist nicht nur ein Verwaltungsrealakt, weil die Zwangsanwendung lediglich darauf gerichtet ist, einen tatsächlichen Erfolg zu bewirken.

1077

Der verwaltungsrechtliche Begriff der Regelung muss immer vor dem Hintergrund der rechtlichen Wirkung gesehen werden, die mit der betreffenden Maßnahme einer Behörde erzielt werden soll[137]. Wenn nun die Anordnung, eine behördliche Zwangsmaßnahme zu dulden, wegen der darin enthaltenen Regelung des Eingriffs in die allgemeine Handlungsfreiheit zweifelsfrei ein Verwaltungsakt ist, so kann auch die unter Verzicht auf eine solche Duldungsanordnung unmittelbar durchgeführte Zwangsmaßnahme, die direkt grundrechtsrelevant wird, rechtlich nicht anders beurteilt werden.

Die Verwaltungsaktsqualität der Anwendung von Ersatzvornahme oder unmittelbarem Zwang im Rahmen des Sofortvollzuges bestätigt sich zudem auch aus dem Gegenschluss der gesetzlichen Regelungen[138].

Rechtsschutz gegen die Anwendung von Ersatzvornahme oder unmittelbarem Zwang im Rahmen des Sofortvollzuges wird daher nach dem Drum und Dran einer Anfechtungsklage gewährt. Die Anwendungsverfügung erledigt sich auch nicht immer mit der Durchführung, weil sie die Grundlage für die getroffenen Maßnahmen ist. Hat sich die Anwendung des Zwangsmittels dagegen durch Zeitablauf vor Klageerhebung vollständig erledigt, wäre Fortsetzungsfeststellungsklage zu erheben[139].

---

135 z. B. § 8 AG VwGO NRW
136 § 80 Abs. 1 VwGO
137 Knemeyer, Rdnr. 364 m.w.N.
138 RdNr. 1076
139 § 113 Abs. 1 S. 4 VwGO analog

11. Die Beendigung des Verwaltungszwanges

1078 Verwaltungszwang endet bei Ersatzvornahme und unmittelbarem Zwang mit der Durchführung der Maßnahme. Beim Zwangsgeld hingegen endet das Verfahren nicht mit der Beitreibung, die Behörde kann vielmehr ein neues Zwangsgeld androhen, festsetzen und einziehen.

Die Verwaltungsvollstreckung ist einzustellen, sobald sie ihren Zweck erreicht hat. Das gilt für jeden Abschnitt des Verfahrens[140]. Bei einem auf Duldung oder Unterlassung gerichteten Grund-VA ist der Zweck erreicht, wenn keine Wiederholungsgefahr mehr besteht. Dies gilt auch dann, wenn der Zweck des Vollzuges nicht mehr erreicht werden kann.

Beispiele: Pflichtiger stirbt; abzureißendes Haus brennt ab.

Der Vollzug ist weiterhin einzustellen, wenn der zu vollziehende Verwaltungsakt aufgehoben wird oder seine Vollziehung aus anderen Gründen unzulässig geworden ist.

Beispiele: Aufhebung der sofortigen Vollziehung; Änderung der Sach- oder Rechtslage.

12. Die Heranziehung zu den Kosten des Verwaltungszwanges

1079 Die durchgeführte Verwaltungsvollstreckung ist eine **„Amtshandlung"**, für die Kosten erhoben werden. Die Höhe der Kosten richtet sich nach der jeweiligen landesrechtlichen Kostenordnung.

Insbesondere die Vorschriften über die Ersatzvornahme sehen nach rechtmäßiger Ausführung die Befugnis zum Erlass eines Kostenbescheides an den Pflichtigen vor. Dabei ist landesrechtlich unterschiedlich geregelt, ob der Kostenbescheid ergehen muss oder ob er in das Ermessen der Behörde gestellt ist.

In NRW haben die Behörden bei der Inspruchnahme eines Verantwortlichen zur Kostenerstattung nach der Kostenordnung keinen Ermessensspielraum, sie müssen grundsätzlich Kostenerstattung für eine Ersatzvornahme verlangen[141].

Stellt sich allerdings heraus, dass der – aufgrund des sofortigen Vollzuges eines Verwaltungsaktes – durchgeführte Verwaltungszwang rechtswidrig war, weil der Verwaltungsakt später aufgehoben wird (und damit entfällt auch dessen vollstreckungsrechtliche Titelfunktion), so entsteht für den Bürger ein Folgenbeseitigungsanspruch. Er muss schadlos gestellt werden[142].

Neben den für die „reine" Ersatzvornahme anfallenden Kosten, die sich vielfach aus einer Unternehmerrechnung ergeben, sieht das Landesrecht auch die Erhebung von – zusätzlichen – Verwaltungsgebühren und behördlichen Sachkosten für den bei einer Behörde entstandenen Aufwand vor.

Insbesondere für das Abschleppen von Kfz, das entweder als Ersatzvornahme oder als Durchführung einer Sicherstellung eingeordnet werden kann[143], ergeben sich Kosten für die zeitliche Inspruchnahme von Bediensteten vor

---
140 § 65 Abs. 3 VwVG NRW
141 OVG NRW, NWVBl. 95,475; bestätigt durch BVerwG, NJW 97,1021
142 zu den Voraussetzungen im einzelnen vgl. RdNr. 1144
143 OVG NRW, NWVBl. 01,181

Ort, in der Leitstelle sowie im Innen- und Schreibdienst, sowie Kosten für den behördlichen Einsatz, von technischen Hilfsmitteln wie z. B. für Fahrzeughaltung und -wartung, Treibstoff, Computer, Drucker, Funkgeräte, Telefon. Der durchschnittliche Aufwand wird dabei pauschaliert.

In NRW wird ein Personalaufwand von 1,5 Personen und ein Zeitaufwand von 85 Minuten angenommen. 40% werden für den mittleren Dienst, die restlichen 60% für den gehobenen Dienst gewertet. Bei einem durchschnittlichen Stundensatz von 47 Euro für den gehobenen und 37 Euro für den mittleren Dienst ergeben sich pro Abschleppfall durchschnittlich 61 Euro für den Personalaufwand. Nicht beanstandet wurden angesetzte Sachkosten in Höhe von 15 Euro.

Ist gegen einen Kostenbescheid ein Rechtsmittel eingelegt worden, so entfaltet das aufschiebende Wirkung, denn die Kosten einer Ersatzvornahme fallen weder unter den Kostenbegriff des § 80 Abs. 2 Nr. 1 VwGO noch werden sie von dem landesrechtlich angeordneten beschränkten Suspensiveffekt für das Vollstreckungsverfahren erfasst.

Bei einer Kostenanforderung nach einer abgeschlossenen Ersatzvornahme handelt es sich nicht mehr um eine Maßnahme in der Verwaltungsvollstreckung, da die Erzwingungsfunktion der Kostenanforderung entfallen ist. Die Kosten der Ersatzvornahme sind in diesem Fall nur noch Gegenstand eines allgemeinen Erstattungsanspruches. Dem Kostenbegriff des § 80 Abs. 2 Nr. 1 VwGO unterfallen Kosten der Ersatzvornahme nicht, weil von dieser Vorschrift nur Auslagen umfasst werden, die bei Durchführung eines förmlichen Verwaltungsverfahrens angefallen sind[144]. 1080

Demgegenüber wird teilweise an den herkömmlichen Kostenbegriff des Verwaltungskostenrechtes angeknüpft, dessen Bezugspunkt die „Amtshandlung" und nicht das „Verwaltungsverfahren" sei. Dies führt dazu, dass auch die für eine Ersatzvornahme entstandenen Auslagen vom Kostenbegriff des § 80 Abs. 2 Nr. 1 VwGO umfasst würden. Für eine einengende Auslegung des Kostenbegriffes bestehe keine Notwendigkeit[145].

13. Verwaltungszwang gegen Behörden

Gegen Behörden und juristische Personen des öffentlichen Rechtes kommt nur dann Verwaltungszwang in Betracht, wenn dies gesetzlich zugelassen ist. Dies gilt unabhängig davon, ob die Vollstreckung im Wege des Sofortvollzuges oder des gestreckten Vollzuges durchgesetzt wird. Gesetzlich zugelassen ist der Verwaltungszwang gegen Behörden z. B. bei der Vollstreckung eines vom Gericht festgesetzten Zwangsgeldes[146]. 1081

Hiervon unberührt bleibt die Möglichkeit der Zwangsvollstreckung wegen einer Geldforderung gegen juristische Personen des öffentlichen Rechtes, z. B. eine Gemeinde; hierfür sehen die Landesgesetze allerdings Sonderregelungen vor[147].

Beispiel: Ein der Stadt A in NRW gehörender Papierkorb brennt. Eine zufällig vorbeikommende Polizeistreife löscht das Feuer unter Zuhilfenahme des Autofeuerlöschers. Für das Wiederauffüllen des Feuerlöschers entstehen Kosten in Höhe von 30,- Euro, die die Polizeibehörde bei dem zuständigen Oberbürgermeister geltend macht.

---
144 OVG NRW, NJW 84,2844; VGH BW, DÖV 96,425
145 BayVGH, NVwZ-RR 94,471
146 § 172 VwGO
147 § 125 GO NRW

Es ist grundsätzlich anerkannt, dass aus dem Rechtsstaatsprinzip des Art 20 Abs. 3 GG auch eine materielle Bindung von Behörden an die Gesetze besteht; aus dem grundsätzlichen Verbot der Anwendung von Zwangsmitteln gegen juristische Personen des öffentlichen Rechtes ist aber zu folgern, dass das Löschen des Papierkorbes durch die Polizei nicht als (rechtmäßige) Ersatzvornahme zu qualifizieren ist und damit Erstattungsansprüche nicht ausgelöst werden[148].

14. Ordnungsbehördliche bzw. polizeiliche Standardmaßnahmen

1082 Die Standardmaßnahmen des Polizei- und Ordnungsrechtes regeln behördliche Eingriffsmöglichkeiten in nahezu tagtäglich vorkommenden Situationen, die aus dem Anwendungsbereich der polizeirechtlichen Generalklausel herausgenommen worden sind[149]. Liegen die Voraussetzungen einer Standardmaßnahme nicht vor, kann nicht subsidiär auf die Generalklausel zurückgegriffen werden. Standardmaßnahmen sind sowohl von der Polizei als auch von den Ordnungsbehörden anzuwenden. Das führt dazu, dass die polizei- bzw. ordnungsrechtliche Generalklausel für die alltägliche Praxis keine allzu große Bedeutung mehr hat.

Beispiele: Sicherstellung, Ingewahrsamnahme, Wohnungsdurchsuchung, Platzverweis.

Sind Standardmaßnahmen zwangsweise durchzusetzen, stellt sich die Frage, ob die Vorschriften des Verwaltungszwanges als **zusätzliche Befugnisnormen** mit herangezogen werden müssen oder ob in der Standardmaßnahme auch die Befugnis zur Durchsetzung der jeweiligen Maßnahme durch unmittelbaren Zwang gesehen wird wie dies z. B. im Strafverfahrensrecht vertreten wird[150].

Beispiel: Trotz Aufforderung verlässt ein Schaulustiger eine Unfallstelle nicht und behindert damit die Rettungsfahrzeuge.

1083 Ausgehend vom Wortlaut bestimmter Standardmaßnahmen lässt sich in Erwägung ziehen, dass neben der Tathandlung, z. B. das „in Gewahrsam nehmen" bei der Ingewahrsamnahme[151] auch der mit dieser Standardmaßnahme „typischer" Weise oder „untrennbar" verbundene Zwang, z. B. die Anwendung des „Polizeigriffes"[152] vom Ermächtigungsumfang gedeckt ist[153]. Soweit nur eine reine **Eigenhandlung** der Polizei infrage steht, dürfte dies noch von der Standardermächtigung umfasst sein. Aber selbst in diesen scheinbar eindeutigen Fällen wird schon zweifelhaft, ob denn auch weitergehende Vollstreckungsmaßnahmen mit gedeckt sind, wenn z. B. der Betroffene aktiv Widerstand leistet und eine gewaltsame Abführung erforderlich ist.

Bei anderen Standardmaßnahmen ist die Problematik der Ermächtigung für eine Zwangsanwendung schon vom Wortlaut her längst nicht so eindeutig. Bei einer Sicherstellung z. B. ist unklar, ob auch die Besitzbegründung an der

---

148 OVG NRW-7 A 634/84
149 Götz, Rdnr. 366
150 Kleinknecht/Meyer-Großner, Rdnr. 29 zu § 81 a StPO
151 § 35 PolG NRW
152 Arme auf den Rücken biegen, damit der Betroffene nicht handgreiflich werden kann
153 Pieroth/Schlink/Kniesel, § 17, Rdnr. 32

Sache eingeschlossen ist[154] oder ob das Vollzugselement der Sicherstellung lediglich die Obhutsausübung über die einmal in Besitz genommene Sache umfasst[155].

Im Unterschied zum Strafverfahrensrecht existieren im Polizeirecht Vorschriften, die die besonderen Voraussetzungen und insbesondere die **Grenzen** der Anwendung von Verwaltungszwang regeln. Diese besonderen gesetzlichen Vorschriften würden nun aber unterlaufen, wenn es bei der Beurteilung des **zwangsweisen Handelns** von Polizeibeamten nicht auf die Vorschriften über den Verwaltungszwang ankäme. Das Recht der Vollstreckung ist aus gutem Grund gesondert und unter strengen Voraussetzungen geregelt. Und diese Voraussetzungen würde man unterlaufen, wollte man auch für den Einsatz von Zwang ausschließlich auf die Standardermächtigung abstellen.

Standardermächtigungen geben daher nur die Befugnis zu tatsächlichen Handlungen (der Polizei) bis zu der Grenze, wo persönlicher Widerstand überwunden werden muss. Jenseits dieser Grenze muss auf die besonderen Befugnisse des Verwaltungszwanges zurückgegriffen werden[156].

15. Die Rechts- bzw. Pflichtennachfolge im öffentlichen Recht

Verstirbt der Pflichtige, so stellt sich die Frage, ob und inwieweit das bereits durchgeführte Verfahren des Verwaltungszwanges auf seinen Rechtsnachfolger übergeht oder ob es von Anfang an wieder neu eingeleitet werden muss. Bei einer Rechtsnachfolge besteht ein verfahrens- und prozessökonomisches Bedürfnis, die bisher eingeleiteten Maßnahmen auch gegen den Rechtsnachfolger wirksam werden zu lassen, zumal dann, wenn sie bestandskräftig geworden sind.

1084

Beispiel: Kosten für eine Ersatzvornahme sind unanfechtbar festgesetzt, der Adressat verstirbt vor der zwangsweisen Beitreibung.

Die Frage der Rechts- und Pflichtennachfolge im öffentlichen Recht ist selten ausdrücklich geregelt[157]. Waren die begründeten Pflichten **höchstpersönlich**, so kommt eine Rechtsnachfolge nicht in Betracht, waren sie dagegen **sachbezogen**, so tritt eine **Pflichtennachfolge kraft Dinglichkeit** ein.

Beispiele: die Zustandshaftung im Polizei- und Ordnungsrecht ist sachbezogen, die noch nicht konkretisierte Verhaltenshaftung personenbezogen. Der Beamtenstatus ist höchstpersönlich, überzahlte Beamtenvergütung dagegen sachbezogen.

Dies gilt unabhängig davon, ob eine **Gesamt- oder Einzelrechtsnachfolge** vorliegt[158]. Unterschiedlich ist nur die heranzuziehende Rechtsgrundlage: Tritt der **Erbe** die Zustandshaftung an, so gilt § 1922 BGB (unmittelbar oder analog), liegt eine **Einzelrechtsnachfolge** vor, so ist auf die **Dinglichkeitstheorie** abzustellen[159].

---

154 so Tettinger, BesVR, Rdnr. 412; Schmitt-Kammler, NWVBl., 95,168
155 so wohl die überwiegende Meinung, vgl. Klenke, NWVBl. 94,289 m.w.N
156 Finger, JuS 05, 119
157 Etwas anderes gilt inzwischen für die Gesamtrechtsnachfolge in eine abstrakte Verhaltensverantwortlichkeit für schädliche Bodenveränderungen und Altlasten gem. § 4 Abs. 3 S. 1 BBodSchG
158 BVerwG, NJW 71, 1624
159 es wäre verfehlt, die §§ 414f BGB heranzuziehen

Beispiel: Gegen den Grundstückeigentümer E ist eine – bestandskräftig gewordene – Verfügung ergangen, in der ihm unter Androhung eines Zwangsgeldes untersagt worden ist, Teile seines Grundstückes als Gaststätte zu nutzen. K hat das Grundstück erworben und setzt die untersagte Nutzung fort. Er ist verpflichtet, das Zwangsgeld zu zahlen, da er als Rechtsnachfolger eine sachbezogene Zustandshaftung übernommen hat.

Ersteigert jemand ein Grundstück im Rahmen der **Zwangsversteigerung** und weiß er nichts von einem haftungsbegründendem Sachverhalt, so hat er auch keine Gewährleistungsansprüche[160]. In diesem Fall kommt er auch nicht als Rechtsnachfolger in Betracht[161].

Beispiel: G erwarb ein Grundstück mit Baumbestand. Er begann damit, Bäume abzuholzen. Der Bürgermeister erließ darauf hin gegen ihn einen Bescheid und setzte entsprechend der Baumschutzsatzung eine Ausgleichszahlung fest. G meldete Konkurs an und X ersteigerte das Grundstück. Den festgesetzten Ausgleichsbetrag braucht er nicht zu zahlen.

---

160 § 56 S. 3 ZVG
161 VG Berlin, NVwZ-RR 04, 838

17. Abschnitt: Der öffentlich-rechtliche Vertrag

1. Allgemeines

Bei einem öffentlich-rechtlichen Vertrag handelt es sich um ein inzwischen allgemein anerkanntes Rechtsinstitut zum **einverständlichen Handeln** der Verwaltung mit dem Bürger bei der Wahrnehmung öffentlich-rechtlicher Verwaltungstätigkeit. Die Behörde kann sich in einem öffentlich-rechtlichen Vertrag sowohl zum Erlass eines Verwaltungsaktes als auch zu einer schlichten Leistung verpflichten. Kommt es dann zum Streit, so wäre entweder die allgemeine Leistungsklage (bei schlichter Leistungsgewährung) oder die Verpflichtungsklage (bei dem Verlangen auf Erlass eines Verwaltungsaktes) die richtige Klageart.

1088

Ein Verwaltungsvertrag kommt – ebenso wie ein zivilrechtlicher Vertrag – durch die **übereinstimmenden Willenserklärungen** der Vertragsparteien zustande. Die Willenserklärungen müssen auf einen **gemeinsamen Rechtserfolg** gerichtet sein.

Entschließt sich die Behörde, mit dem Bürger einen Vertrag abzuschließen, so gibt sie dadurch viele ihrer Privilegien auf.

- Es besteht der Zwang zur Schriftform.
- Die Grenzen der Nichtigkeit des Vertrages sind wesentlich enger gezogen als die des Verwaltungsaktes.
- Rücknahme oder Widerruf des Vertrages kommen nicht in Betracht.
- Zur Durchsetzung des Vertrages muss die Behörde in der Regel gerichtliche Hilfe in Anspruch nehmen.

Aus diesem Grunde erscheint es nicht verwunderlich, dass das verwaltungsrechtliche Denken lange Zeit von dem am Polizei- und Ordnungsrecht orientierten Eingriffsdenken beherrscht war. In diesen Denkstrukturen gab es nur den Verwaltungsakt, mit dem eine Behörde kurzer Hand gebietet oder verbietet.

Für Otto Mayer war dann auch ein Handeln der Verwaltung in Vertragsform ausgeschlossen[1].

Bei den bestehenden gesetzlichen Regelungen[2] handelt es sich um eine mehr oder weniger sporadische Ansammlung von **Vorsichtsmaßregeln** zur Verhinderung des Missbrauches des öffentlich-rechtlichen Vertrages als Handlungsform der Verwaltung. Ergänzend ist auf die Vorschriften des allgemeinen Verfahrensrechtes und vor allem auf die entsprechende Anwendung des Vertragsrechtes des BGB verwiesen worden[3].

Der Gesetzgeber wollte nicht nur eine elastischere und aufgelockertere Gestaltungsmöglichkeit seitens der öffentlichen Verwaltung zum Ausdruck bringen, sondern auch deutlich machen, dass der Bürger nicht mehr nur bloßes Verwaltungsobjekt ist. Die Regelungen über den öffentlich-rechtlichen Vertrag dienen dem Rechtsfrieden, der Rechtssicherheit und der Effektivierung der Verwaltung. Die Verwaltung soll in die Lage versetzt werden, schwierige Sachverhalte und Rechtsprobleme „elegant" lösen zu dürfen. Ist der Bürger in eine

---

[1] AöR 3 (1888) 3, 42
[2] §§ 54 – 62 VwVfG
[3] § 62 VwVfG

von der Verwaltung getroffene Regelung vertraglich eingebunden, wird dies mit Sicherheit auch die Akzeptanz dieser Regelung erhöhen.

Das heißt jedoch nicht, dass die Verwaltung bei dem Abschluss öffentlich-rechtlicher Verträge völlig freie Hand hat. Sie bleibt auch insoweit dem Grundsatz der Gesetzmäßigkeit der Verwaltung verpflichtet. Vertragsfreiheit wie im Privatrecht kann die öffentliche Hand nicht für sich beanspruchen, denn zum einen ist die mit einem Vertrag vorausgesetzte Gleichordnung zwischen Staat und Bürger in vielen Fällen nur eine trügerische und zum anderen darf der Staat nicht mit dem Bürger über die Anwendung und Durchsetzung geltender Gesetze verhandeln.

Durch Vertrag begründete Pflichten dürfen nicht durch den Erlass eines Verwaltungsaktes durchgesetzt werden, sofern insoweit keine ausdrückliche Ermächtigungsgrundlage besteht, z. B. kann eine vertraglich gewährte Beihilfe nach europarechtlichen Vorschriften im Falle einer nicht vertragsgemäßen Nutzung nicht durch Bescheid zurückgefordert werden[4].

1089 In der Praxis kommen öffentlich-rechtliche Verträge vor als

- **Verwaltungsrechtliche** Verträge, die (meist) von Behörden geschlossen werden
- **Völkerrechtliche** Verträge, die internationale Beziehungen regeln.
- **Kirchenrechtliche** Verträge, die das Verhältnis Staat/Kirche betreffen[5].
- **Verfassungsrechtliche** Verträge, die sich auf die Grundordnung des Staates wie die Regierungsbildung aufgrund einer Koalitionsvereinbarung beziehen.
- **Staatsverträge** zwischen den Bundesländern wie z. B. der Rundfunkstaatsvertrag über den NDR als Mehrländer-Rundfunkanstalt oder der Vertrag über die ZVS mit der Regelung der zentralen Studienplatzvergabe.

Verwaltungsrechtliche Verträge kommen häufig in folgenden Bereichen vor, teilweise sind sie ausdrücklich spezialgesetzlich angesprochen:

- Verträge zum Vollzug öffentlich-rechtlicher Rechtsnormen wie z. B. der Vermeidung der Enteignung[6] oder der Beseitigung eines Schwarzbaus anstelle einer Beseitigungsanordnung[7].
- Städtebaurechtliche Verträge: Erschließungsvertrag[8]; Entschädigungsvereinbarungen[9]; Ordnungsmaßnahmeverträge[10]; Sanierungsverträge[11].

---

4 VG Frankfurt, NVwZ-RR 03, 69
5 Verträge mit der katholischen Kirche werden Konkordat genannt (von concordatum: Übereinkunft, Vereinbarung)
6 § 110 BauGB
7 VG Gießen, NVwZ-RR 03, 211
8 § 124 Abs. 1 BauGB
9 §§ 18 Abs. 2 S. 4, 28 Abs. 6 S. 3, 43 Abs. 1 S. 1, 43 Abs. 2 S. 1 BauGB
10 § 146 Abs. 3 BauGB
11 § 159 Abs. 2 BauGB

- Verträge, die durch Gesetz begründete öffentlich-rechtliche Pflichten des Bürgers konkretisieren wie die Straßenreinigungspflicht oder die Pflicht zur Schaffung von Einstellplätzen[12].
- Verträge im Beamtenrecht, z. B. Berufungsvereinbarungen mit Professoren.
- Subventionsverträge.
- Sponsoring-Verträge im Rahmen der „Public Private Partnership".

2. Der öffentlich-rechtliche Vertrag als Abgrenzung zum Verwaltungsakt

Der öffentlich-rechtliche Vertrag ist eine **abgesprochene Problemlösung** zwischen Bürger und Behörde, der Verwaltungsakt wird hingegen **einseitig durch die Behörde** ohne das für den Vertrag erforderliche Einvernehmen erlassen.

1090

Schwierigkeiten kann die Abgrenzung zum **zustimmungsbedürftigen Verwaltungsakt** bereiten. Hier ist entscheidend, dass die Zustimmung des Bürgers nur dazu dient, dass die Behörde ihm keinen **nicht erwünschten Verwaltungsakt aufdrängen** darf, für die eigentliche Regelung hingegen ist die Zustimmung des Bürgers **nicht mitentscheidend**. Ausschlaggebend ist auf den **Willen** der Beteiligten abzustellen, der mitunter durch Auslegung des Gesamtzusammenhanges der abgegebenen Erklärungen ermittelt werden muss. Wichtiges Indiz ist, ob der Bürger auf die inhaltliche Gestaltung der Regelung Einfluss nehmen konnte (dann Vertrag) oder ob er lediglich die Möglichkeit hatte, durch Verweigerung der Zustimmung den Erlass der Regelung (dann Verwaltungsakt) zu verhindern[13].

Beispiel: Die Ernennung zum Professor ist ein zustimmungsbedürftiger Verwaltungsakt; es kann niemand ohne seine Zustimmung ernannt werden, die durch eine Beamtenernennung entstehenden Rechte und Pflichten werden aber einseitig vom Staat festgelegt; werden gleichzeitig noch Dinge festgelegt wie z. B. die Zahl der zur Verfügung zu stellenden Krankenhausbetten und Assistenten, so ist letzteres ein öffentlich-rechtlicher Vertrag.

3. Der öffentlich-rechtliche Vertrag als Abgrenzung zum zivilrechtlichen Vertrag

Die Abgrenzung erfolgt nach dem **Vertragsgegenstand**, nicht nach den am Vertrag beteiligten Parteien[14]. Insoweit gelten also nicht die sonst für die Abgrenzung zwischen öffentlichen und privatem Recht maßgebenden Grundsätze bzw. Theorien. Der öffentlich-rechtliche Vertrag wird dadurch gekennzeichnet, dass er sich auf **Gegenstände des öffentlichen Rechtes** bezieht. Der öffentlich-rechtlich zu beurteilenden Gegenstand wird sich häufig aus dem Zweck der Leistungsbeziehung oder aus dem Gesamtcharakter des Vertrages heraus ermitteln lassen. Typisch für einen öffentlich-rechtlichen Vertrag zwi-

1091

---

12 § 51 Abs. 5 BauO NRW
13 Maurer, § 14 Rdnr. 19
14 BVerwG, JA 01, 200; BGHZ 32, 250

schen einer Behörde und einer Privatperson ist, dass der Vertrag an die Stelle der sonst möglichen Regelung durch Verwaltungsakt tritt[15].

Es ist gleichgültig, wer als **Partner** auftritt. In der Praxis sind allerdings häufig nur auf einer Seite des Vertrages Privatpersonen beteiligt, sofern der Vertragsgegenstand öffentlich-rechtlich ist, können aber auch **auf beiden Seiten Privatpersonen** stehen, z. B. bei Verträgen nach dem Personenbeförderungsgesetz[16].

Diese Regelung über die Abgrenzung von der Sache her, erfassen aber nur den **Normalfall**. Im Einzelfall kann es durchaus sein, dass ein Vertrag zwar einen dem öffentlichen Recht unterfallenden Sachverhalt betrifft, eine Privatperson aber **zusätzlich** zu bestehenden öffentlich-rechtlichen Pflichten noch eine privatrechtliche Verpflichtung übernimmt, z. B. kann der Anlieger **privatrechtlich die Reinigung des Bürgersteiges** übernehmen, gleichzeitig aber besteht die öffentlich-rechtliche Verpflichtung weiter[17]. Umgedreht kann eine Behörde **öffentlich-rechtliche Angelegenheiten** mit den **Mitteln des Privatrechtes** wahrnehmen, dann liegt kein öffentlich-rechtlicher Vertrag vor über den im Streitfall die Verwaltungsgerichte zu entscheiden haben, z. B. kann eine Gemeinde bauplanerische Zielsetzungen privatrechtlich regeln, soweit keine Rechtsgrundsätze entgegenstehen[18].

Nun gibt es aber auch noch Verträge, die **sowohl privatrechtlich als auch öffentlich-rechtlich geprägte Regelungen** enthalten.

Beispiel: Grundstückskaufvertrag zwischen einer Behörde und einem Privaten, in dem der Private auch städteplanerische Aufgaben übernimmt.

1092 Für die Rechtswegabgrenzung bei Streitigkeiten kann man abstellen:

1. Auf den **Schwerpunkt der gesamten Vereinbarung**, und zwar ist dann entscheidend, welcher Teil dem Vertrag das **entscheidende Gepräge** gibt[19]. Hiernach findet keine Aufspaltung des Vertrages statt. Ein Vertrag mit Schwerpunkt im öffentlichen Recht ist auch dann im Streitfall von den Verwaltungsgerichten zu entscheiden, wenn der geltend gemachte Anspruch ausschließlich auf einen Teil des Vertrages gestützt wird, der – isoliert betrachtet – nach Gegenstand und Zweck ausschließlich oder ganz überwiegend durch Normen des Zivilrechtes geprägt wird.
Für diese Auslegung bei „gemischten" Verträgen spricht der Vorteil der **einfachen Anwendbarkeit**, denn in aller Regel kann man in der Praxis recht klar beurteilen, wo das entscheidende Gepräge des Vertrages liegt. Verträge mit gleichwertigen Regelungselementen kommen selten vor.

2. Für die Rechtswegabgrenzung wird demgegenüber darauf abgestellt, **auf welchen Teil des Vertrages** ein Kläger seinen Anspruch stützt[20].
Diese Abgrenzung hat den **Vorteil**, dass in einem konkreten Streitfall das **sachkundige Gericht** entscheidet. Sie hat den **Nachteil**, dass mehrere Rechtsstreitigkeiten aus unterschiedlichen Anlässen trotz Vorliegens eines einheitlichen Gesamtvertrages vor Gerichten verschiedener Gerichtsbar-

---

15 § 54 S. 2 VwVfG; § 53 Abs. 1 S. 2 SGB X
16 §§ 32, 22 PBefG
17 BGHZ 22, 250
18 BGH, DVBl. 85, 794
19 BGH, NJW 85, 1892, 1893; BverwGE 92, 56, 59; OLG Schleswig, NJW 04, 1052
20 BGH, NJW 98, 909; OVG Schleswig, NordÖR 02, 309

keiten geführt können, was natürlich auch zu unterschiedlichen Auslegungen führen kann. Die Aufspaltung der rechtsprechenden Gewalt in fünf verschiedene Gerichtsbarkeiten[21] spricht wohl deutlich dafür, dass die Verfassung einen zweckmäßigen und sicheren Rechtsschutz garantieren will und deswegen die Abgrenzung nach dem Gesichtspnkt der **Sachnähe** vorgenommen wird[22].

Aus meiner Sicht ist die „**Geprägetheorie**" vorteilhafter, denn sie vermeidet in aller Regel langwierige Auseinandersetzungen über die Prozessvoraussetzung des richtigen Rechtsweges. Im übrigen zeigt § 17 Abs. 2 S. 1 GVG[23], dass der Gesetzgeber von einer **rechtswegeüberschreitenden Sachkompetenz aller Gerichtsbarkeiten** ausgeht und Zuständigkeitsstreitigkeiten in den Hintergrund treten sollen.

4. Die Arten verwaltungsrechtlicher Verträge

Die verwaltungsrechtlichen Verträge werden nach der **Art der Vertragsbeteiligten** typisiert. **Koordinationsrechtlich** sind Verträge, die zwischen grundsätzlich gleichen Vertragspartnern abgeschlossen werden[24]. **Subordinationsrechtlich** sind alle Verträge zwischen einer Privatperson und einem Träger der öffentlichen Verwaltung auf einem Gebiet, auf dem ein hoheitliches Verhältnis der Über- und Unterordnung besteht. Es kommt hierbei nicht darauf an, ob der konkrete Gegenstand der vertraglichen Vereinbarung „sonst" durch Verwaltungsakt geregelt werden könnte[25].

1093

Beispiele für koordinationsrechtliche Verträge: Verträge zwischen Land und Gemeinde über die Abordnung eines Proberichters; Verträge zwischen mehreren Nachbargemeinden über die Intensivierung der Zusammenarbeit; Verträge zwischen Kirche und Kommune über die Verwaltung eines Friedhofes.

Beispiel für subordinationsrechtlichen Vertrag: Vertrag mit einem Angestellten über die spätere Ernennung zum Beamten.

Koordinationsrechtliche Verträge sind schon seit eh und je üblich, sie sind unproblematisch. Regelungsbedürftig sind dagegen die subordinationsrechtlichen Verträge zwischen einer Behörde und einem Bürger.

Zwei Vertragsvarianten subordinationsrechtlicher Verträge sind im Gesetz ausdrücklich angesprochen, der **Vergleichsvertrag**[26] und der **Austauschvertrag**[27].

4.1 Vergleichsverträge

Ein Vergleichsvertrag bereinigt offene Fragen zwischen Behörde und Bürger über tatsächliche und rechtliche Konstellationen. **Beide Seiten** müssen „**einlenken**", wobei die Zugeständnisse nicht gleichgewichtig zu sein brauchen, man muss sich nicht „irgendwo in der Mitte" treffen.

1094

---

21 Art. 95 GG
22 Zöller/Gummer, ZPO, RdNr. 21 zu § 13 GVG
23 vgl. oben Rdnr. 944
24 § 54 S. 1 VwVfG
25 § 54 S. 2 VwVfG; BVerwGE 111, 162, 165
26 § 55 VwVfG
27 § 56 VwVfG

In der Praxis werden solche Vergleichsverträge häufig vor dem Verwaltungsgericht geschlossen[28]. Die Behörde erklärt sich bereit, einen Bescheid mit einem bestimmten Inhalt zu erlassen, während der Bürger sich bereit erklärt, hiergegen kein Rechtsmittel einzulegen. Die Behörde erklärt sich bereit, wie in einem Parallelverfahren zu entscheiden, der Kläger nimmt seine Klage zurück[29].

Eine Sachlage ist ungewiss, wenn die für eine Sachentscheidung maßgebenden Tatsachen nur mit einem unvertretbaren Aufwand geklärt werden könnten.

Beispiel: Zeugen sind bis auf weiteres nicht erreichbar.

Eine Rechtslage ist ungewiss, wenn die Vertragsparteien gemeinsam zwar von einem unstreitigen Sachverhalt ausgehen, aber über die sich daraus ergebenden Rechtsfolgen im Ungewissen sind[30].

Beispiel: Widersprechende Urteile von Obergerichten.

Solange sich Übereinkünfte noch innerhalb der objektiven Rechtslage bewegen, sind sie unproblematisch. Allerdings besteht der Reiz zum Abschluss eines Vergleichsvertrages eher in **Grauzonen**. Dies darf aber nun nicht dazu führen, die Gesetzesbindung der Verwaltung, den Amtsermittlungsgrundsatz sowie die behördliche Pflicht zu sorgfältiger Rechtsauslegung zu unterlaufen[31].

Die **Behörde** kann nachgeben, indem sie

- einen an sich beabsichtigten Verwaltungsakt nicht erlässt,
- einen bereits erlassenen VA ganz oder teilweise aufhebt,
- einen zunächst abgelehnten begünstigenden VA erlässt,
- einen inhaltlich gleichen VA wie in einem Parallelverfahren erlässt,
- eine sonstige Leistung gewährt.

Der **Bürger** kann nachgeben, indem er

- Widerspruch oder Klage zurücknimmt,
- auf Schadensersatzforderungen ganz oder teilweise verzichtet,
- bei einer dem Inhalt und der Höhe nach umstrittenen Forderung ihre grundsätzliche Berechtigung anerkennt.

In kommunalen Abgabesachen ist das VwVfG nicht anwendbar; für einen öffentlich-rechtlichen Vergleichsvertrag über eine kommunale Gebühr gilt mithin auch nicht die Schriftform[32].

4.2 Austauschverträge

1095 Thema eines Austauschvertrages ist das gegenseitige Versprechen von Leistungen („do ut des" – ich gebe, damit du gibst)[33]. Dies sind aber nicht nur Verträge, in denen jedem Vertragspartner auf der Grundlage der Gegensei-

---

28 § 106 VwGO
29 BSG NJW 89, 2565; BVerwG DVBl. 94,211
30 BverwG, DÖV 90,929
31 BVerwGE 49,359
32 VGH Kassel, NVwZ 97,618
33 § 56 VwVfG

tigkeit ein Rechtsanspruch auf die Leistung der anderen Vertragspartei eingeräumt wird, sondern auch die **unvollständigen ("hinkenden") Austauschverträge**, in denen die Leistung der Behörde Bedingung oder Geschäftsgrundlage für die vertraglich vereinbarte Gegenleistung des Bürgers ist[34].

Beispiele für Austauschverträge: Garagen- und Stellplatzverträge; Baudispensverträge; Folgelastenverträge bei Ausweisung neuer Baugebiete.

Beispiel für hinkenden Austauschvertrag: Gemeinde vereinbart mit einem Bürger, einen Bebauungsplan aufzustellen, wenn der bestimmte Folgekosten übernimmt.

Damit eine Behörde einerseits ihre Überlegenheit gegenüber dem Bürger nicht ausnutzt andererseits aber auch nicht staatliche Hoheitsrechte „verkauft", bedarf gerade der Austauschvertrag besonderer rechtlicher Vorgaben.

BVerwGE 42, 331, 342: „*Verwaltungsrechtliche Verträge sind stärker als privatrechtliche anfällig dafür, dass ein dem Vertrag vorgegebenes Machtgefälle ausgenutzt wird . . . Verträge, die unter Missbrauch der Überlegenheit des einen oder anderen Vertragsteiles zustande kommen, sind ohne verpflichtende Wirkung.*"

Der **Ausgleich** des **Bürgers** für ein behördliches Versprechen muss:

1. für einen bestimmten Zweck vereinbart worden sein,

2. einen sachlichen Zusammenhang zur Leistung aufweisen,

3. der Erfüllung öffentlicher Aufgaben dienen,

4. insgesamt angemessen sein.

Hat der Bürger einen Anspruch gegen die Behörde auf die vertraglich vereinbarte Leistung, so muss die Behörde diesen Anspruch eigentlich vorbehaltlos erfüllen, daher kann auch nur eine solche Gegenleistung vereinbart werden, die Gegenstand einer Nebenbestimmung sein könnte[35].

Beispiel: Eine Gemeinde kann ihre Zustimmung zu einer Außenbereichsbebauung von der Regelung von Folgelasten abhängig machen[36].

Hat der Bürger keinen Anspruch auf die vertraglich vereinbarte Leistung der Behörde, dann muss für seine Leistung ein konkreter Zweck im Vertragstext vereinbart worden sein.

Beispiele: Kommunale Wirtschaftsförderung gegen vorbeugende Immissionsschutzmaßnahmen[37]; Einvernehmen mit einer Baumaßnahme gegen Zahlung von Geld für den Ausbau eines Kindergartens.

Die Leistung ist **angemessen**, wenn sie dem Grundsatz der Verhältnismäßigkeit entspricht, der Bürger also nicht übermäßig benachteiligt wird. Seine Gegenleistung muss bei wirtschaftlicher Betrachtungsweise adäquat zu der Leistung der Behörde sein. In der Regel wird man davon ausgehen dürfen, dass die Vertragspartner selbst am besten einzuschätzen wissen, was für sie unter wirtschaftlichen Gesichtspunkten ausgewogen ist und sie dies auch vereinbart haben.

---

34 BVerwG, DVBl. 00,1853
35 § 56 Abs. 2 i.V.m. § 36 VwVfG
36 § 36 BauGB
37 BverwG, DVBl. 90,376

Die Gegenleistung des Bürgers muss in einem sachlichen **Zusammenhang** mit der Leistung der Behörde stehen muss. Durch einen verwaltungsrechtlichen Vertrag darf nichts miteinander verknüpft werden, was nicht ohnedies schon in einem inneren Zusammenhang zueinander besteht. Hoheitsakte dürfen nicht „verkauft" werden[38].

Beispiele für unzulässige Koppelung: Einstellung eines Familienmitgliedes gegen Abtretung eines Grundstückes zum Bau einer Straße; Ausnahme von der Stellplatzpflicht gegen Zahlung eines Kulturbeitrages.

Beispiel für zulässige Koppelung: Ausnahme von Stellplatzpflicht gegen Zahlung eines Betrages für die Errichtung eines Parkhauses.

4.3 De lege ferenda: Kooperationsverträge

1096 Zunehmed arbeiten die Behörden von Bund und Ländern **bei der Erledigung öffentlicher Aufgaben** mit Privaten zusammen, z. B. versuchen Gemeinden auf diesem Wege, ihre Innenstädte zu revitalisieren, nach dem diese ja immer mehr der „Aldisierung" zum Opfer zu fallen drohen. Das hängt natürlich zum einen mit den maroden öffentlichen Kassen zusammen, liegt aber zum anderen in einem sich zunehmend verändernden Staat-Bürger-Verhältnis. Wo die Grenzen dieser Trends der „Privatisierung öffentlicher Aufgaben" liegen, bedarf der abschließenden Klärung. Dies wird dazu führen müssen, Regelungen über **Kooperationsverträge** ins Leben zu rufen[39].

5. Die Rechtswidrigkeit des Vertrages

Ist ein verwaltungsrechtlicher Vertrag fehlerhaft, dann ist er nichtig[40].

5.1 Die Nichtigkeitsgründe des § 59 Abs. 2 VwVfG

1100 Für Verträge zwischen Bürger und Behörde (**subordinationsrechtliche Verträge**) sind **spezielle Nichtigkeitsgründe** benannt worden[41], die den allgemeinen Nichtigkeitsgründen des Absatzes 1 vorgehen.

1. Wäre ein Verwaltungsakt mit einem entsprechendem Inhalt nichtig, so ist das auch der Vertrag. Man muss sich also hypothetisch vorstellen, der Vertrag sei ein Verwaltungsakt und dann die Regelungen des § 44 VwVfG überdenken. Dies wird aber recht selten festzustellen sein.

2. Wäre ein Verwaltungsakt mit entsprechendem Inhalt hingegen „nur" rechtswidrig, müsste die Rechtswidrigkeit allen Vertragsparteien zum Zeitpunkt des Vertragsschlusses bekannt gewesen sein, Behörde und Bürger dürfen also nicht rechtswidrig zusammenarbeiten (Kollusion).

3. Nichtig ist der Vertrag auch, wenn der Bürger eine unzulässige Gegenleistung versprochen hat, hier ist insbesondere das Koppelungsverbot von Bedeutung[42].

---

38 BVerwG, DVBl. 00, 1853
39 Schuppert, Gutachten für Bundesinnenministerium, 2002
40 § 59 VwVfG
41 § 59 Abs. 2 VwVfG
42 Nr. 4

4. Ein Vergleichsvertrag zwischen Behörde und Bürger ist nichtig, wenn es in Wahrheit gar kein gegenseitiges Einlenken gegeben hat oder wenn der eingegangene Vergleich bei pflichtgemäßer Ermessensbetätigung unzweckmäßig wäre[43].

5.2 Die Nichtigkeitsgründe des § 59 Abs. 1 VwVfG i. V. m. den Vorschriften des Bürgerlichen Gesetzbuches

Verträge sind ebenfalls nichtig bei entsprechender Anwendung von Vorschriften des BGB. Diese mögliche Nichtigkeitsfolge ist erst dann zu untersuchen, wenn keine speziellen Nichtigkeitsgründe vorliegen[44].

1101

Hiermit sind unstreitig die Regeln über die Geschäftsfähigkeit[45], die Minderjährigkeit[46], die Vertretungsbefugnis[47] und die Willens- und Formmängel[48] gemeint.

Zweifelhaft ist jedoch die entsprechende Anwendung des § 134 BGB, d. h. die Nichtigkeit von Verträgen bei Verstößen gegen **gesetzliche Verbote**. Zum einen würde dies die Aufzählung des § 59 Abs. 2 VwVfG überflüssig machen und zum anderen kennt das öffentliche Recht eine Vielzahl eigener Maßstäbe.

Gesetzliche Verbote, die zur Nichtigkeit eines verwaltungsrechtlichen Vertrages führen, können daher nur solche sein, die auch gegen anerkannte Grundsätze des öffentlichen Rechtes verstoßen, hier wäre in erster Linie ein Verstoß gegen Grundrechte zu nennen.

Nicht jeder rechtswidrige öffentlich-rechtliche Vertrag ist damit auch nichtig.

5.3 Die Nichtigkeitsgründe des § 58 VwVfG

Greift ein Vertrag in die Rechte Dritter ein, z. B. in die Mitwirkungsrechte anderer Behörden, so ist er zunächst schwebend unwirksam. Wird die erforderliche Zustimmung nicht erteilt, ist der Vertrag nichtig.

1102

Beispiel: Eine Behörde vereinbart einen Baudispens, der Nachbarrechte betrifft[49].

6. Die Abwicklung verwaltungsrechtlicher Verträge

Auf den öffentlich-rechtlichen Vertrag sind ergänzende Vorschriften des Bürgerlichen Gesetzbuches anzuwenden[50], etwa die Regeln über die ergänzende Vertragsauslegung[51].

1103

Wegen spezieller Regelung[52] sind die zivilrechtlichen Grundsätze der **Störung der Geschäftsgrundlage**[53] nicht anzuwenden. Es kommt eine Anpas-

---

43 Nr. 3
44 im Sinne des § 59 Abs. 2 VwVfG
45 § 105 BGB
46 § 108 BGB
47 §§ 177, 185 BGB
48 §§ 116 S. 2, 117 Abs. 1, 125 S. 1 BGB
49 OVG NRW, NWVBl. 98,331
50 § 62 S. 2 VwVfG
51 § 157 BGB, vgl. hierzu BVerwG, BayVBl. 97,90
52 § 60 Abs. 1 S. 1 VwVfG
53 § 313 BGB)

sung des Vertrages bzw. – soweit das nicht möglich oder zumutbar ist – eine Kündigung des Vertrages in Betracht. Die **Anpassung** des Vertrages bedarf einer Vereinbarung der Parteien[54]. Verweigert eine Partei dieses Verlangen zu Unrecht, so muss Leistungsklage erhoben werden, das Gerichtsurteil ersetzt dann die Erklärung der Vertragspartei[55].

Der Hinweis auf die privatrechtlichen Regelungen betrifft in entscheidendem Maße das Recht der **Leistungsstörung**.

1104 Der Anspruch auf eine vertragliche Leistung ist ausgeschlossen, soweit diese für eine Vertragspartei (den „**Schuldner**") oder für jedermann (d. h subjektiv oder objektiv) unmöglich ist.[56] Das betrifft sowohl die anfängliche als auch die nachträgliche **Unmöglichkeit**. Allerdings bleibt der Vertrag auch im Fall der Unmöglichkeit wirksam[57]. Ist eine Erbringung der Leistung theoretisch noch möglich, aber faktisch unmöglich oder persönlich unzumutbar, so kann der Schuldner die Leistung verweigern[58]. Die andere Vertragspartei (der „**Gläubiger**") wird in diesen Fällen von seiner Verpflichtung befreit, die vereinbarte Gegenleistung zu erbringen[59], es sei denn, er hat den Umstand der Leistungsbefreiung beim Schuldner vorsätzlich oder fahrlässig zu vertreten, z. B. wegen Annahmeverzuges[60].

Verletzt der Schuldner vorsätzlich oder fahrlässig[61] eine vertragliche oder vorvertragliche Pflicht, kann der Gläubiger **Schadensersatz** verlangen[62].

Schadensersatz **statt der Leistung**[63] kann der Gläubiger nur dann verlangen, wenn eine fällige Leistung trotz Nachfristsetzung durch den Gläubiger ausbleibt[64], wenn der Schuldner die Leistung zwar an sich erbringen kann und will, er aber eine Pflicht verletzt[65], wodurch die Leistung durch ihn dem Gläubiger nicht mehr zuzumuten ist und wenn der Schuldner nicht mehr zu leisten braucht[66], also in den Fällen der objektiven und subjektiven Unmöglichkeit.

Schadensersatz wegen **Verzögerung der Leistung** kann der Gläubiger nur unter den Voraussetzungen des Verzuges verlangen[67], d. h. bei Fälligkeit und nach Mahnung[68].

1105 Bleibt eine vertraglich vereinbarte Leistung nur teilweise aus, so kann der Gläubiger grundsätzlich nur Schadensersatz statt des versäumten Teils verlangen **(kleiner Schadensersatz)**, Schadensersatz statt der ganzen Leistung **(großer Schadensersatz)** kann er hingegen nur verlangen, wenn er an der Leistung kein Interesse mehr hat[69].

---

54 § 60 VwVfG: „*verlangen*"
55 § 173 VwGO i. V. m. § 894 ZPO – vgl. BVerwGE 97, 331, 340
56 § 275 Abs. 1 BGB
57 § 311 a Abs. 1 BGB
58 § 275 II 1 BGB
59 § 326 I 1 BGB
60 §§ 293, 326 II BGB
61 § 276 BGB
62 § 280 Abs. 1 BGB
63 § 280 III BGB
64 § 281 I 1 BGB
65 § 241 Abs. 2 BGB
66 § 275 Abs. 1, 2 BGB
67 § 280 II BGB
68 § 286 I BGB
69 § 281 I BGB

Bei einer Pflichtverletzung des Schuldners steht dem Gläubiger neben dem Anspruch auf Schadensersatz/Aufwendungsersatz als zweiter Rechtsbehelf auch ein Rücktrittsrecht zu[70].

Über **Klagen** aus einem verwaltungsrechtlichen Vertrag entscheiden die Verwaltungsgerichte. Als richtige Klageart kommt die **allgemeine Leistungsklage** in Betracht. Die Verwaltungsgerichte entscheiden auch über **Schadensersatzansprüche** aus der Verletzung **öffentlich-rechtlicher Verträge**[71]. Dies gilt auch für Schadensersatzansprüche wegen Verschuldens bei Abschluss eines öffentlich-rechtlichen Vertrages[72]. Beruht der Schadensersatzanspruch jedoch nur allgemein auf der Verletzung öffentlich-rechtlicher Pflichten (die nicht auf einem öffentlich-rechtlichen Vertrag beruhen), so entscheiden hierüber die Zivilgerichte[73].

Soweit nicht eine Unterwerfung unter die sofortige Vollstreckung vereinbart worden ist[74], ist für eine Vollstreckung ein **gerichtlicher Titel** erforderlich[75].

Zusammenfassung öffentlich-rechtlicher Vertrag:

I. Der öffentlich-rechtliche Vertrag als Handlungsform der Verwaltung

1106

1. Zuordnung eines Vertrages zum öffentlichen Recht
   - Vertragsgegenstand nach dem Schwerpunkt der Vertragsbestimmungen („Geprägetheorie")
2. Abgrenzung zum zustimmungsbedürftigen Verwaltungsakt

II. Die Arten des öffentlich-rechtlichen Vertrages

1. Koordinationsvertrag
2. Subordinationsvertrag
3. De lege ferenda: Kooperationsvertrag

III. Zustandekommen des öffentlich-rechtlichen Vertrages

1. Vertragsschluss
2. Zuständigkeit der Behörde
3. Schriftform[76]
4. Zustimmung von Dritten und Behörden[77]

---

70 §§ 323 I, 326 V BGB
71 § 40 Abs. 2 S. 1 HS 1 3. Alt. VwGO
72 BVerwG, NJW 02, 2894
73 BVerwG, NVwZ 03, 1383
74 § 61 VwVfG
75 BVerwGE 50, 171
76 § 57 VwVfG
77 § 58 VwVfG

IV. Inhaltliche Gestaltung des öffentlich-rechtlichen Vertrages

1. Vorrang des Gesetzes
2. Angemessenheit der Gegenleistung
3. Koppelungsverbot

V. Nichtigkeit öffentlich-rechtlicher Verträge

1. Spezielle Nichtigkeitsgründe[78]
2. Allgemeine Nichtigkeit nach den Bestimmungen des BGB[79]

VI. Die Abwicklung öffentlich-rechtlicher Verträge

1. Verträge sind zu halten („pacta sunt servanda")
2. Ergänzende Vertragsauslegung[80]
3. Leistungsstörungen
4. Anpassung und Kündigung in besonderen Fällen[81]
5. Vollstreckung
   – falls keine sofortige Vollstreckung vereinbart, ist ein Titel erforderlich

---

[78] § 59 Abs. 2 VwVfG
[79] § 59 Abs. 1 VwVfG
[80] § 62 VwVfG, § 157 BGB
[81] § 60 VwVfG

18. Abschnitt: Öffentliche Sachen

1. Staatliches Vermögen

Die öffentliche Hand hat in beachtlichem Umfang Vermögen. Dieses Vermögen war übrigens beim Inkrafttreten des Grundgesetzes meist schon vorhanden; Art 134, 135 GG haben insoweit einen entschädigungslosen Übergang des ehemaligen Reichs- und Ländervermögens angeordnet[1].

1107

Das Vermögen der öffentlichen Hand wird herkömmlich in **Verwaltungs-** und in **Finanzvermögen** eingeteilt. Es wird dabei jeweils nur einer Vermögensart zugeordnet. Diese Unterscheidung geht auf Laband[2] zurück.

Verwaltungsvermögen ist danach ein „wesentliches, durch den Staatszweck schlechthin erfordertes Vermögen des Fiskus."

Beispiele: Verwaltungsgebäude, Schulen, Museen, Krankenhäuser, Kasernen, Dienstwagen.

Das **Finanzvermögen** ist demgegenüber ein „zufällig durch die historische Entwicklung der Finanzwirtschaft dem Fiskus überliefertes Vermögen. Als Subjekt des Finanzvermögens erscheint der Staat als Kapitalist, der sein Vermögen zu seinem pekuniären Vorteil ausbeutet, als Subjekt des Verwaltungsvermögens stellt der Fiskus sein Vermögen dem öffentlichen Dienst zu Gebot."

Beispiele: staatliche Landwirtschaftsbetriebe, Wälder, Staatsunternehmen, Kapitalbeteiligungen bei Industrieunternehmen wie VW oder RWE.

Fiskus hat dabei die Wortbedeutung wie Geldkorb oder Staatsschatz. Geschichtlich war der Fiskusbegriff deswegen von großer Bedeutung, weil man früher Entscheidungen des Landesherren (das war der Erlass von Verwaltungsakten nach heutigen Maßstäben) nicht überprüfen lassen konnte. Man war vielmehr angewiesen auf Entschädigungsansprüche gegen den Fiskus.

2. Eigentum an Sachen

Entsprechend den privatrechtlichen Regeln gibt es Eigentum an beweglichen Sachen und an Grundstücken. Sachen sind im Privatrecht körperliche Gegenstände[3]. Diese Begrenzung auf körperliche Gegenstände gilt im öffentlichen Recht allerdings nicht. Zu Sachen im öffentlichen Recht zählen daher z. B. auch der Luftraum und das offene Meer.

1108

Auf Sachen im öffentlich-rechtlichen Sinne sind die Vorschriften des BGB über wesentliche Bestandteile und Scheinbestandteile nicht anzuwenden. Eine öffentlich-rechtliche Sachherrschaft kann sich auch auf einzelne wesentliche Bestandteile einer Sache oder auf Sachgesamtheiten beziehen.

Beispiel: Verkehrsschild, das auf privatem Grund und Boden steht.

---

1 BVerfG, NJW 91, 1597
2 Staatsrecht III, S. 202
3 § 90 BGB

3. Die öffentlichen Sachen

1109 Sachen, die dazu bestimmt sind, von der Allgemeinheit benutzt zu werden, sowie Sachen, die der Verwaltung zur Erfüllung ihrer öffentlichen Aufgaben dienen, sind öffentliche Sachen.

Beispiele: Parks, Wege, Flüsse, Rathäuser, Schulen, Kasernen.

Manche öffentliche Sachen werden schon seit eh und je durch die Allgemeinheit genutzt, z. B. der Meeresstrand[4]. Die meisten Sachen werden aber erst durch eine hoheitliche Entscheidung zu einer öffentlichen Sache. Diese hoheitliche Entscheidung nennt man **Widmung**.

Durch die Widmung wird zum Ausdruck gebracht, dass die Sache künftighin einem bestimmten öffentlichen Zweck dienen soll. Das private Eigentum wird zurückgedrängt und durch eine öffentliche Sachherrschaft überlagert. Es wird eine Art öffentlich-rechtlicher Dienstbarkeit begründet. Im Kollisionsfall hat das öffentliche Sachenrecht Vorrang.

Die Widmung kann durch einen Verwaltungsakte oder durch eine Rechtsnorm erfolgen.

Beispiele: Luftraum[5]; Flüsse[6]; Straßen, gemeindliche Einrichtungen[7].

Häufig erfolgt die Widmung durch eine **Allgemeinverfügung**[8]. Die Form der Widmungsverfügung hängt von deren rechtlicher Funktion ab. Straßen werden durch die Widmung aus dem Rechtssystem des bürgerlichen Rechtes in das öffentliche Sachenrecht überführt. Die Widmung muss daher für alle Beteiligten erkennbar geschehen und auch bekannt gemacht werden. Bei öffentlichen Einrichtungen der Gemeinden hingegen umschreibt die Widmung lediglich den Nutzungszweck, das kann auch stillschweigend erfolgen[9]. Das gleiche gilt für z. B. Büromaterial, das angeschafft, inventarisiert und in Gebrauch genommen wird.

3.1 Sachen im Verwaltungsgebrauch

1110 Öffentliche Sachen, deren Zweckbestimmung darin liegt, dass sie von der Verwaltung selbst dazu benutzt werden, um die ihr anvertrauten öffentlichen Aufgaben zu erfüllen, werden als Sachen im Verwaltungsgebrauch bezeichnet. Sie dienen damit zwar unmittelbar nur der Verwaltung, aber mittelbar auch dem Bürger.

Beispiele: Rathaus, das die Beamten benutzen, um ihre Pflichten zum Wohle der Allgemeinheit erfüllen zu können; Handschellen, die Polizeibeamte verwenden, um Straftäter dingfest zu machen.

3.2 Straßen

1111 Eigentümer von Straßen sind in der Regel der Bund, das Land, der Kreis, die Gemeinde oder ein öffentlich-rechtlicher Verband. Der Eigentümer einer Stra-

---

4 BGH, DÖV 65, 568
5 § 1 Abs. 1 LuftVerkehrsG
6 §§ 5, 6 BWasserStG
7 § 8 GO NRW i. V. m. einer entsprechenden gemeindlichen Satzung
8 § 35 S. 2 VwVfG
9 Hofmann/Muth/Theisen 2.3.4.1.2

ße ist auch der **Träger der Straßenbaulast**, er ist für die Unterhaltung der Straße verantwortlich ist.

Es ist zwischen dem **Straßenrecht** und dem **Straßenverkehrsrecht** zu unterscheiden. Das Straßenverkehrsrecht ist Bundesrecht, während das Straßenrecht – bis auf die Regelung der Bundesfernstraßen – Landesrecht ist. Das Straßenrecht reglementiert den Verkehr auf Straßen unter dem Gesichtspunkt, dass öffentliche Straßen bereitgestellt werden und Rechtsverhältnisse an öffentlichen Straßen geschaffen werden, während das Straßenverkehrsrecht den Verkehr ermöglicht unter dem Gesichtspunkt ordnungsrechtlicher Belange für die Sicherheit und Leichtigkeit.

Öffentliche Straßen sind Sachen im **Gemeingebrauch**. Der Gemeingebrauch beschreibt eine besondere Art der Benutzung. Das Straßenrecht bestimmt den Umfang des Gemeingebrauches, während sich die Ausübung des Gemeingebrauches nach dem Straßenverkehrsrecht richtet. Beide Aufgabenbereiche werden durch den wegerechtlichen Grundsatz der Gemeinverträglichkeit verklammert: *„Jeder Verkehrsteilnehmer hat sich so zu verhalten, dass kein anderer geschädigt, gefährdet oder mehr als nach den Umständen unvermeidbar behindert oder belästigt wird"*[10]. Im **Kollisionsfall** geht das Straßenverkehrsrecht dem Straßenrecht vor.

3.2.1 Der Gemeingebrauch an Straßen

Von Gemeingebrauch spricht man, wenn der Gebrauch der öffentlichen Straße ohne vorherige Erlaubnis jedermann gestattet ist und dies im Rahmen der Widmung und der verkehrsrechtlichen Vorschriften liegt[11]. Hierzu gehört unzweifelhaft die Transportfunktion der Straße für den fließenden Verkehr, aber in gewissen Grenzen auch der ruhende Verkehr, weil z. B. beim Parken und Abstellen von Pkw (Laterngaragen) noch ein innerer Zusammenhang mit Verkehrsvorgängen besteht[12]. Zum Gemeingebrauch an Straßen gehört es aber nicht, die Straßen auch unentgeltlich nutzen zu dürfen. Allerdings muss die Erhebung von Gebühren für die Ausübung des Gemeingebrauches an Straßen gesetzlich besonders geregelt sein[13].

1112

Wer sich über die Grenzen der StVO hinwegsetzt, indem er etwa eine Einbahnstraße in falscher Richtung befährt, übt den Gemeingebrauch an dieser Straße zwar in unzulässiger Weise aus, sein Verhalten bleibt aber noch im Rahmen des Gemeingebrauches und wird nicht etwa zu einer Sondernutzung.

Mit der Bezugnahme auf den Widmungszweck hat sich der Gesetzgeber für einen **weiten Verkehrsbegriff** entschieden. Danach dienen die öffentlichen Straßen und Wege nicht nur der Fortbewegung, sondern sie sind auch Stätten kommunikativer Begegnung, dienen der Pflege menschlicher Kontakte sowie des Informations- und Meinungsaustausches.

Allerdings kann diese Form **kommunikativen Verkehrs** nicht unbegrenzt dem Gemeingebrauch zugerechnet werden. Als Ausgleich muss die Grenze der Gemeinverträglichkeit und der Verkehrsüblichkeit herangezogen werden, wo-

1113

---
10 § 1 Abs. 2 StVO
11 § 7 Abs. 1 FernStrG, § 14 Abs. 1 S. 1 StrWG NRW
12 BVerwGE 34, 320
13 § 14 Abs. 4 StrWG NRW

bei auf das **äußere Erscheinungsbild** der Nutzung abzustellen ist[14]. Nach dem äußeren Erscheinungsbild ist entscheidend, ob das Auftreten auf einer öffentlichen Straße als gewerbliche Betätigung erscheint oder nicht. Dementsprechend dürfte das Verteilen von Flugblättern und Handzetteln, aber auch der Verkauf von Handzeitungen als Benutzung im Rahmen des Gemeingebrauches anzusehen sein, soweit nicht das werbende Verhalten in besonders aufdringlicher oder aggressiver Weise erfolgt.

Auch der Bücherverkauf z. B. für die Hare-Krishna-Bewegung dürfte noch dem Gemeingebrauch zuzurechnen sein, denn hierbei steht die Werbung für das Gedankengut der Bewegung und möglicher Weise auch das Sammeln von Spenden im Vordergrund, nicht jedoch ein typischer gewerblicher, auf Gewinn ausgerichteter Verkaufsvorgang.

Das kann aber nun nicht bedeuten, dass jegliche kommunikative Aktivität unter den so verstandenen Begriff des Gemeingebrauches fällt, denn in Wahrheit wird mitunter ein anderer Zweck verfolgt. Wird die Verkehrsfläche mit Plakaten, Tischen, Stühlen oder ähnlichen anderen Gegenständen in Anspruch genommen, so gehört das nicht zum Gemeingebrauch.

Beispiele: Werbung mit Hilfe abgestellter Fahrzeuge; Verteilung von Handzetteln und Prospekten gewerblichen Charakters; Einsatz von Lautsprechern

Bei der Würdigung des Spannungsfeldes zwischen erlaubnisfreiem Gemeingebrauch und erlaubnispflichtiger Sondernutzung[15] sind auch tangierte Verfassungspositionen zu gewichten, wenn die Straße zu politischen, künstlerischen oder religiösen Zwecken in Anspruch genommen wird[16]. Dabei darf aber nicht übersehen werden, dass Straßen und insbesondere Fußgängerzonen in erster Linie eine Verkehrseinrichtung für den ungehinderten Verkehr sind und bleiben und sie erst sekundär ein Kommunikationsmedium sind.

Beispiele: Straßenkunst sowie die Verteilung von Flugblättern mit meinungsäußerndem Inhalt ist Gemeingebrauch, der Verkauf von Zeitungen oder sonstigen Bauchladenartikeln dagegen ist Sondernutzung. Die entgeltliche Abgabe von religiösen Schriften, wenn damit keine Gewinnerzielung verbunden ist, ist Gemeingebrauch[17]. Der Alkoholverzehr auf Straßen ist dann Sondernutzung, wenn mehrere Personen regelmäßig in einer Fußgängerzone „lagern" oder sich „so ausbreiten", dass andere Verkehrsteilnehmer beeinträchtigt werden[18], das gelegentliche „niederlassen" zum Essen oder Trinken dagegen ist Gemeingebrauch. Das „stille Betteln" gehört ebenfalls noch zum Gemeingebrauch[19].

3.2.2 Der Anliegergebrauch

1114 Grundstückseigentümer haben in der Regel ein besonderes Interesse daran, die Straße über den Gemeingebrauch hinaus ohne Genehmigung zu nutzen, denn sie sind auf das Vorhandensein und die Benutzung einer Straße in besonderer Weise angewiesen. Dieses Recht auf einen **Anliegergebrauch**[20]

---

14 Nds. OVG, NVwZ-RR 96,247; nach anderer Auffassung (VGH BW, NVwZ 98, 91) ist auf die Motivation des Veranstalters abzustellen
15 unten RN 1115
16 Art. 4, 5, 21 GG
17 OLG Düsseldorf, NJW 98,2375
18 OLG Saarbrücken, JuS 98,696
19 VGH BW, VBlBW 98,428
20 früher: gesteigerter Gemeingebrauch

Öffentliche Sachen

beruht auf einer verfassungskonformen Auslegung der Eigentumsgarantie zugunsten des Anliegers[21].

Der Anliegergebrauch reicht jeweils nur so weit, wie das für den verkehrsmäßigen Kontakt des Grundstücks nach außen zwingend geboten ist und soweit der Grundsatz der Gemeinverträglichkeit berücksichtigt wird, d. h. die Ausübung des Anliegergebrauches muss mit den rechtlich geschützten Interessen anderer Anlieger und den Anforderungen der Sicherheit und Leichtigkeit des Straßenverkehrs vereinbar sein. Gemeint ist in erster Linie der Zugang des Grundstücks zur Straße und seine Zugänglichkeit von der Straße her[22].

Beispiele: Das Abstellen von Mülltonnen, das Aufstellen von Baugerüsten, die Belichtung und Belüftung durch einen in den Gehweg hineinragenden Kellerschacht werden vom Anliegergebrauch umfasst. Nicht mehr hierunter fällt das Anbringen von Zigarettenautomaten am Zaun oder an der Hauswand oder das Aufstellen von Tischen und Stühlen vor einer Gaststätte.

Bei erheblicher Beeinträchtigung des Anliegergebrauches hat der Anlieger einen Ersatz- oder Entschädigungsanspruch[23]. Bei der Planung und Ausführung von Straßenbaumaßnahmen hat der Anlieger ein Recht auf gesetzmäßiges Vorgehen, auf fehlerfreie Ermessensausübung und auf Wahrung des Grundsatzes der Verhältnismäßigkeit. Der Anlieger hat allerdings kein Recht auf Veränderung oder Einziehung einer Straße.

3.2.3 Sondernutzung an Straßen

Wer die Straße nicht vorwiegend zum Verkehr, sondern zu anderen Zwecken benutzt, überschreitet den Gemeingebrauch. Das ist Sondernutzung und hierfür ist eine besondere Erlaubnis der Straßenbehörde erforderlich. Es handelt sich hierbei um ein Verbot mit Erlaubnisvorbehalt. Durch dieses präventive Verbot erhält die Erlaubnisbehörde die Gelegenheit, im konkreten Fall zu prüfen, ob Rechtsgüter anderer verletzt werden.

1115

Beispiel für Sondernutzung: Werbeplakate an Brückenpfeilern[24].

Schwierig ist mitunter die Abgrenzung der Sondernutzung zum Gemeingebrauch, denn Verkehr ist ja nicht nur die Ortsveränderung, sondern auch der kommunikative Verkehr.

Die **Sondernutzungserlaubnis** ist ein begünstigender Verwaltungsakt. Ihre Erteilung steht im Ermessen der Behörde, da die Sondernutzung über das verfassungsrechtlich geschützte Teilhaberecht am Gemeingebrauch hinausgeht. Die Behörde hat die verschiedenen grundrechtlichen Belange, die durch die Straßennutzung in Konflikt geraten können, in Einklang zu bringen. Dafür ist eine einzelfallbezogene Abwägung vorzunehmen. Sofern keine ernstlichen Beeinträchtigungen hinsichtlich der Rechte anderer Verkehrsteilnehmer[25] oder der Rechte des Anliegergebrauches[26] vorliegen, dürfte ein Anspruch auf Erteilung der Erlaubnis bestehen.

Die Sondernutzungserlaubnis wird befristet und unter dem Vorbehalt des Widerrufes erteilt. Der Widerrufsvorbehalt entfällt bei Erlaubnissen auf Zeit

---

21 Art. 14 Abs. 1 GG
22 BVerwGE 54,1
23 § 20 Abs. 5 StrWG NRW
24 VGH Kassel, NVwZ 02, 540
25 Art. 2, 3 GG
26 Art. 14 GG)

für eine aufwändige Unternehmung. Die Erlaubnis kann mit bestimmten Pflichten und Einschränkungen verbunden werden wie z. B. die Pflicht zur ordnungsgemäßen Errichtung und Unterhaltung von Anlagen oder die Leistung von Kostenersatz für Aufwendungen, die dem Träger der Straßenbaulast für die Sondernutzung entstehen.

Sofern ein sachlicher Grund vorliegt (insoweit gelten die gleichen Grundsätze wie bei einer Erteilung), ist die Erlaubnis widerrufbar.

Die Erlaubnis ist höchstpersönlich, sie ist nicht übertragbar.

Beispiel: Fliegende Händler

1116 Für häufig vorkommende Sondernutzungen, die allerdings nicht zu einer Umstrukturierung des gesetzlichen Systems des Sondernutzungsgebrauches führen dürfen, können aus Gründen der Verwaltungsvereinfachung allgemeine satzungsrechtliche Regelungen ergehen[27].

Beispiele: Regelung des ortsüblichen Gebrauchs; Befreiung von Erlaubnispflicht für Werbeanlagen, Verkaufseinrichtungen.

Es gibt spezialgesetzlich geregelte Sondergebrauchsrechte.

Beispiele: Versammlungsgesetz, StVO.

In Planfeststellungs- oder Flurbereinigungsverfahren können Sondernutzungserlaubnisse auch durch andere Behörden als die Straßenbehörde erteilt werden.

Für die mit der Sondernutzung verbundene Beeinträchtigung des Gemeingebrauchs an öffentlichen Straßen muss eine **Sondernutzungsgebühr** bezahlt werden. Die Sondernutzungsgebühr ist keine Benutzungsgebühr im abgabenrechtlichen Sinne[28], sondern eine besondere Form eines öffentlich-rechtlichen Entgeltes. Der Kostendeckungsgrundsatz gilt nicht, denn der Erlaubnisnehmer verfolgt überwiegend private Interessen.

Es können mit der Gebühr auch politische Zielsetzungen verbunden werden (Lenkungs- oder Drosselungsgebühr).

Beispiel: Hohe Gebühren für das Aufstellen von Zigarettenautomaten zur Verfolgung gesundheitspolitischer Zielsetzungen.

Die Gebühr kann aber auch zum Schutz eventuell mit der Sondernutzung verbundener Beeinträchtigungen des Ortsbildes dienen.

Die Höhe der Gebühr richtet sich nach landesrechtlichen Gebührenordnungen oder kommunalen Satzungen. Sie setzt sich zusammen aus einer Verwaltungsgebühr für den Erlaubnisbescheid und der Benutzungsgebühr für den Sondergebrauch. Bei der Höhe der Benutzungsgebühr darf die meist bestehende Monopolstellung der öffentlichen Hand nicht sittenwidrig ausgenutzt werden.

Beispiel: Jährliche Sondernutzungsgebühren für bestimmte Sachen dürfen nicht ohne einleuchtende Gründe erheblich voneinander abweichen

Die Gebühr wird auch dann fällig, wenn die Sondernutzung ohne förmliche Erlaubnis erfolgt ist oder wenn die unerlaubte Sondernutzung als Ordnungs-

---

[27] §§ 18, 19, 19 a StrWG NRW
[28] z. B. im Sinne des § 6 KAG NRW

Öffentliche Sachen

widrigkeit geahndet worden ist, denn die Gebühr wird für die Sondernutzung als solche geschuldet.

Gebührenschuldner ist, wer die Sondernutzung ausübt, Gebührengläubiger ist der Träger der Straßenbaulast.

Bei unerlaubter Sondernutzung können entweder die zuständige Straßenbehörde nach den straßenrechtlichen Vorschriften[29] oder die Ordnungsbehörden entsprechend den ordnungsbehördlichen Generalklauseln[30] nach pflichtgemäßem Ermessen einschreiten.

Voraussetzung ist, dass eine öffentlich-rechtliche Sondernutzung ohne Sondernutzungserlaubnis vorliegt bzw. Verpflichtungen aus einer bestehenden Erlaubnis (Bedingung, Auflage) nicht erfüllt werden, dass ein Benutzer sich weigert, einen entsprechenden Antrag zu stellen oder dass bei pflichtgemäßer Sachverhaltsprüfung eine Sondernutzungserlaubnis nicht in Betracht kommt. 1117

Die zuständige Behörde kann in diesen Fällen eine Beseitigungs- oder eine Anordnungsverfügung zur Erfüllung der Verpflichtung unter Zwangsandrohung erlassen. Ist der Störer nicht bekannt und ein sofortiges Einschreiten notwendig, kommt ein Sofortvollzug in Betracht. Die Behörde kann insoweit selbst tätig werden oder einen Dritten beauftragen.

Beispiel: Beseitigung eines Autowracks.

Neben diesen Anordnungen können Schadensersatzansprüche, z. B. bei Schäden an der Straße[31], geltend gemacht werden bzw. es kann ein Ordnungswidrigkeitenverfahren eingeleitet werden[32].

Eine Sondernutzung gibt es übrigens auch nach Privatrecht. Bei unerlaubter Sondernutzung bestehen Abwehransprüche[33].

4. Öffentliche Einrichtungen

Öffentliche Einrichtungen sind Sachen, die z. B. von einer Gemeinde im Bereich der Daseinsvorsorge für bestimmte Aufgaben der Leistungsverwaltung gewidmet worden sind und deren Nutzung eine Zulassung voraussetzt[34]. 1118

Die Widmung bei öffentlichen Einrichtungen hat eine ganz andere Funktion wie bei Straßen. Bei Straßen dient sie der Überführung einer Sache in das öffentliche Sachenrecht, sie hat damit eine „dingliche" Wirkung und muss dementsprechend deutlich erkennbar durchgeführt werden, sie muss eine gesetzliche Grundlage haben. Bei öffentlichen Einrichtungen dagegen umschreibt die Widmung den Nutzungszweck der Einrichtung, die öffentliche Einrichtung bleibt weiterhin dem Sachenrecht des BGB unterstellt. Die Widmung kann in jeder Form, auch konkludent, erfolgen, sie unterliegt nicht dem Gesetzesvorbehalt. Der Umfang der Widmung kann ebenso formlos geändert werden.

---

29 § 8 Abs. 7a BFernStrG, § 22 StrG NRW
30 z. B. § 14 OBG NRW
31 § 823 BGB
32 § 23 BFernStrG, § 59 StrWG NRW
33 §§ 1004, 985, 862, 812, 823 BGB
34 VGH BW, VBlBW 98,145

Beispiele: Profanierte Kirchen, Badeanstalten, Sportplätze, Kirmesplätze, Kindergärten, Theater, Museen, Bibliotheken, Friedhöfe, Altenheime[35].

Im Unterschied zu den öffentlichen Sachen im Gemeingebrauch, die von jedermann ohne Erlaubnis benutzt werden können, ist für die Nutzung von öffentlichen Einrichtungen eine besondere **Zulassung** erforderlich. Von den Sachen im Verwaltungsgebrauch unterscheiden sich öffentliche Einrichtungen dadurch, dass sie von Bürgern unmittelbar benutzt werden – und nicht nur von Bediensteten für die Einwohner.

Jede Nutzung einer öffentlichen Einrichtung über die Widmung hinaus ist eine Sondernutzung. Die Gestattung steht im pflichtgemäßen Ermessen der zuständigen Behörde. Dabei muss der Gleichheitssatzes beachtet werden.

Beispiel: Die Stadt Köln gestattet dem Zirkus „Roncalli" häufig, auf dem Neumarkt zu gastieren. Andere interessierte Zirkusunternehmen kann sie dann nicht einfach ausschließen. Der Hinweis allein auf die besondere Bindung des Zirkus „Roncalli" an die Stadt Köln ist jedenfalls nicht ausreichend, um eine Differenzierung zu ermöglichen.

Im Rahmen der Nutzung öffentlicher Einrichtungen kommt es immer wieder zu **Konkurrenzkonflikten**.

Beispiele: Eine städtische Badeanstalt soll an einem Tag der Woche nur für die Mitglieder von örtlichen Schwimmvereinen geöffnet werden, andere Einwohner bleiben dann ausgeschlossen; wegen beengter Platzverhältnisse können nicht alle interessierten Schausteller für eine Kirmes zugelassen werden. In einer profanierten Kirche finden seit eh und je nur klassische Konzerte statt, nunmehr wird die Durchführung eines Rockkonzertes beantragt.

Im Hinblick auf die bei einer Ablehnung zu rechtfertigenden Eingriffe in das Grundrecht der Berufsfreiheit (Schausteller) und den Gleichheitssatz muss der **Verteilungsmodus** von vernünftigen Gründen des Gemeinwohls getragen sein. Unzweifelhaft macht das Gemeinwohl eine Zuteilung erforderlich, wenn die Aufnahmekapazität einer Einrichtung erschöpft ist. Bei der Gestaltung des Zulassungsmodus hat der Betreiber einen **Gestaltungsfreiraum** bei der Konzeption der Veranstaltung und ein **Verteilungsermessen**. Allerdings erfordert die Chancengleichheit gem. Art. 3 GG dafür einen sachlich gerechtfertigten **Verteilungsmaßstab**[36]. Es können nur solche Kriterien sachgerecht sein, die sich an der **Marktfreiheit** und dem **Willkürverbot** orientieren[37]. Allerdings steht der Behörde hier ein weiter Beurteilungsspielraum zu[38].

Nicht sachlich gerechtfertigt bei einer solchen Verteilung ist z. B. das Kriterium der Ehegatteneigenschaft, da es insoweit in keinem sachlichen Zusammenhang steht[39]. Auch das Merkmal „seit langem bekannt und bewährt" als ausschließliches Auswahlkriterium erfüllt diese Voraussetzungen nicht, weil Neubewerber und Wiederholungsbewerber, die nicht kontinuierlich vertreten sind, auf unabsehbare Zeit keine Zulassungschance hätten[40].

Als **sachgerechte Kriterien** werden dagegen u. a. die Attraktivität des Betriebes; die Ausgewogenheit des Veranstaltungsangebotes; der Bekanntheitsgrad; das rollierende System; das Losverfahren; eingesetzte Attraktionen unter dem Gesichtspunkt: neu/älter; Musikauswahl, Beleuchtung, Lautstärke

---

35 Aufzählung in §§ 37 Abs. 1 Nr. a, 107 Abs. 2 Nr. 1 GO NRW
36 BVerfGE 33, 303, 345
37 Nds. OVG, GewArch 02, 428
38 VG Lüneburg, NVwZ-RR 04, 256 m.w.N.
39 BVerwG, NVwZ 84, 585, 586
40 VGH München, NVwZ-RR 98, 193

bei einer Kirmes; sichere Anlage für die Benutzer sowie das Prioritätsprinzip anerkannt.

Zudem muss die Auswahlentscheidung **hinreichend begründet** werden, damit der Adressat seine Rechte effektiv wahrnehmen kann; hierdurch wird auch jedem Verdacht auf Korruption vorgebeugt.

4.1 Entgelte und Benutzungsgebühren

Für die Benutzung von öffentlichen Sachen können Entgelte und Gebühren erhoben werden. 1119

Für die Bemessung der Gebühren ist das gebührenrechtliche **Äquivalenzprinzip** zu beachten, d. h. zwischen der geforderten Gebühr und dem Wert der Nutzung der Einrichtung für den Bürger muss ein angemessenes Verhältnis bestehen. Solange aber bestimmte Einrichtungen wie Schwimmbäder, Museen, Kindergärten usw. von der öffentlichen Hand soweit subventioniert werden, dass allenfalls der geringere Teil der entstehenden Aufwendungen durch Gebühren gedeckt wird, ist das Äquivalenzprinzip ohne Bedeutung.

Für die rd. vierwöchige Teilnahme am Weihnachtsmarkt am Kölner Dom zahlen Händler 4500 Euro für den laufenden Frontmeter ihrer Buden, Gastronomen 6000 Euro[41].

Die Gebühr ist weiterhin nach dem Grundsatz der speziellen Entgeltlichkeit festzulegen, d. h. sie ist nach Inanspruchnahme der Einrichtung oder Anlage zu bemessen (**Wirklichkeitsmaßstab**). Falls ein solcher Wirklichkeitsmaßstab fehlt oder wirtschaftlich nicht vertretbar ist, darf ein Wahrscheinlichkeitsmaßstab gewählt werden.

Ein Kirmesplatz kann von den einzelnen Schaustellern sehr unterschiedlich genutzt werden, auch die Intensität der Nutzung variiert stark. Es ist deshalb besonders schwierig, einen einheitlichen Maßstab zu finden, der Rückschlüsse auf die wirkliche Nutzung zulässt. Deshalb kann als Bemessungsgrundlage für die Gebühr ein Wahrscheinlichkeitsmaßstab gewählt werden. Allerdings lässt die alleinige Orientierung am Gewerbeertrag keinen Rückschluss darauf zu, in welchem Maß die Einrichtung in Anspruch genommen wird. Der erwirtschaftete Ertrag ist nicht gleichbedeutend mit dem Umfang der Nutzung. Bei der Berechnung von Standgebühren dürfte hierauf nicht allein abgestellt werden.

5. Verkehrssicherungspflichten

Bei der Benutzung öffentlicher Sachen passieren täglich Unfälle, sei es auf Straßen, sei es in Badeanstalten, Kindergärten, Schulen. 1120

Beispiele: In einer Badeanstalt ist der Sprungturm defekt; auf einem Spielplatz verletzt sich ein Kind beim Schaukeln schwer, als es auf betonierten Boden unter der Schaukel fällt; in einem Schlachthof verenden angelieferte Schweine wegen des schlechten Zustandes der Aufbewahrungsboxen; auf einer Straße kommt es bei Glatteis zu schweren Unfällen.

Grundsätzlich muss jeder Rücksicht darauf nehmen, dass er keinen anderen gefährdet oder schädigt. Das gilt selbstverständlich auch für die öffentliche Hand, die durch ihre Widmung Sachen für die Benutzung durch die Allgemeinheit ja erst zur Verfügung gestellt hat.

---

41 Rheinischer Merkur Nr. 49/01

Wenn die öffentliche Hand also durch die Bereitstellung von öffentlichen Sachen Gefahrenquellen schafft, muss sie auch zumutbare Vorkehrungen dagegen treffen, dass Dritten Gefahren drohen (Verkehrssicherungspflicht). Für den Umfang der Verkehrssicherungspflicht an Straßen bestimmt z. B. § 9 a Abs. 2 S. 1 StrWG NW, dass sie *"so herzustellen und zu unterhalten (sind), dass sie den Erfordernissen der Sicherheit und Ordnung genügen"*.

Die Rechtsprechung steht seit jeher auf dem Standpunkt, dass die Verkehrssicherungspflicht der öffentlichen Hand privatrechtlich wahrgenommen wird. Begründet wird dies damit, dass die Verkehrssicherungspflicht nicht aus dem Eigentum oder der Aufsicht folgt, sondern aus einem allgemeinen, aus den §§ 823, 836 BGB abzuleitenden Rechtsgrundsatz.

Soweit öffentliche Straßen in Frage stehen, haben allerdings die meisten Länder die Verkehrssicherungspflicht durch Gesetz als **öffentliche Aufgabe** deklariert[42]. Kommt es zu Schäden durch Verletzung der Verkehrssicherungspflicht, ist damit ein Ersatzanspruch nach den Grundsätzen der Amtspflichtverletzung zu prüfen, das Privileg der Subsidiaritätsklausel[43] lässt die Rechtsprechung in diesen Fällen jedoch nicht gelten.

Der Umfang der Verkehrssicherungspflicht bestimmt sich danach, was ein vernünftiger Benutzer an Sicherheit erwarten darf. Aus der Verkehrssicherungspflicht folgt nicht, dass Einrichtungen schlechthin gefahrlos und frei von allen Mängeln sein müssen. Die öffentliche Hand muss allerdings dann tätig werden, wenn Gefahren bestehen, die auch für einen sorgfältigen Benutzer nicht oder nicht rechtzeitig erkennbar sind und auf die er sich nicht oder nicht rechtzeitig einzurichten vermag, d. h. niemand muss bei einer öffentlichen Sache mit versteckten oder tückischen Mängeln rechnen.

6. Das Hausrecht

1121 Das **privatrechtliche Hausrecht**[44] kann im Rahmen der §§ 1004, 859f BGB verteidigt werden. Insoweit kommt auch Notwehr[45] in Betracht. Verstöße gegen das Hausrecht werden als **Hausfriedensbruch** bestraft[46].

Das Hausrecht im räumlichen Bereich der öffentlichen Verwaltung ist teilweise in Spezialvorschriften geregelt, z. B. das Hausrecht des Präsidenten des Bundestages im Gebäude des Reichstages[47]; das Recht des Vorsitzenden im Zivil- oder Strafprozess[48], im Verwaltungsprozess[49] oder im förmlichen Verwaltungsverfahren[50]; das Hausrecht des Vorsitzenden im Stadt- oder Gemeinderat[51]; das Sicherungsrecht der Bundespolizei für ihre Einrichtungen[52].

---

42 z. B. § 9 a Abs. 1 S. 2 StrWG NRW
43 oben RN 1132
44 § 903 BGB
45 § 227 BGB
46 § 123 StGB
47 Art. 40 Abs. 2 S. 1 GG
48 § 176 GVG
49 § 55 VwGO
50 § 68 Abs. 3 S. 1, 2 VwVfG
51 z. B. § 51 Abs. 1 S. 1 GO NRW
52 § 5 BGSG

Öffentliche Sachen

Fehlt eine Spezialregelung hinsichtlich der Ausübung des Hausrechtes, so muss unterschieden werden:

1. Im Rahmen des sogen. **Anstaltsrechtes** sind Eingriffe auch ohne eine genaue gesetzliche Ermächtigung zulässig, sofern sie geeignet, erforderlich und nicht unverhältnismäßig sind, um den Zweck der rechtmäßig errichteten Anstalt zu erreichen oder zu sichern. Das Hausrecht kann sich dann aber immer nur gegen **Personen** richten, die der sogen. **Anstaltsgewalt** unterworfen sind, also nicht gegen **Dritte**.

2. Bei **Sachen im Verwaltungsgebrauch**, z. B. Rathäusern, richtet sich die Rechtsgrundlage für die Inanspruchnahme des Hausrechtes nach dem Zweck, zu dem jemand ein Verwaltungsgebäude betreten will.
Die Zweckbestimmung eines Behördengebäudes besteht darin, dass Bedienstete ihre Tätigkeiten im Interesse der Bürger wahrnehmen können. Soweit der Besucher eines Rathauses privatrechtliche Rechtsbeziehungen anbahnen oder abwickeln will, ist das Hausrecht den privatrechtlichen Regelungen zu entnehmen[53], ein etwaiger Streit wird von den Zivilgerichten entschieden[54].

   Beispiel: Zulassung von Fotografen im Standesamt.

   Soll der Bürger hingegen an der Besorgung öffentlich-rechtlicher Angelegenheiten in einer Behörde gehindert werden, so ist das Hausrecht als Annexkompetenz aus der ffentlich-rechtlichen Sachkompetenz zu folgern und sachgerecht auszuüben[55].

   Beispiel: Betretungsverbot für eine Bibliothek für einen Besucher, der zuvor Jugendliche sexuell belästigt hatte.

3. Im Schrifttum hingegen wird die Ausübung des Hausrechtes als **Annexkompetenz** der öffentlichen Verwaltung als **stets öffentlich-rechtlich** gesehen, und zwar ohne Rücksicht darauf, ob der Hausbesucher öffentliche oder private Interessen wahrnimmt. Begründet wird das damit, dass der Hoheitsträger die Befugnis habe, sich in seinem Bereich aufzuhalten und die öffentlichen Aufgaben zu erledigen. Die rechtswidrige Störung des Dienstablaufes stelle danach stets eine Störung der öffentlichen Sicherheit und Ordnung dar[56], und zwar unabhängig davon, ob ein Hausbesucher öffentliche oder private Interessen verfolge.

---

53 §§ 903,1004 BGB
54 BayObLG, JZ 77,311
55 OVG NRW, JMBl. NW 89,47
56 Drews/Wacke/Vogel/Martens, § 3 S. 35

19. Abschnitt: Staatshaftung

1. Allgemeines

1122 Nimmt ein Hoheitsträger wie eine Privatperson am Rechtsverkehr teil, kauft z. B. eine Gemeinde ein Auto, dann haftet die Gemeinde für ihre Bediensteten wie ein Privater. Handelt der Bürgermeister für die Gemeinde, dann trifft auf ihn auch die besondere – privatrechtliche – **Organhaftung** zu[1].

Demgegenüber bestimmt sich die Haftung der öffentlichen Hand im öffentlich-rechtlichen Tätigkeitsbereich nach eigenen Regeln. Für einen Rechtsstaat ist es aus heutiger Sicht selbstverständlich, dass er für ein Fehlverhalten seiner Bediensteten einzustehen hat, dass er bestimmte Einbußen oder Nachteile seiner Bürger ausgleichen und die Folgen rechtswidrigen Verwaltungshandeln rückgängig machen muss.

Es fehlt allerdings an einer zusammenhängenden gesetzlichen Regelung öffentlich-rechtlicher Ausgleichs- und Wiederherstellungspflichten[2], und es bleibt zunächst bei der nur bruchstückhaften gesetzlichen Regelung dieser Materie in den verschiedensten Gesetzen und vor allem bei der für die Praxis eigentlich wesentlicheren Ausformung durch die Rechtsprechung, die traditionsgemäß bei den **Zivilgerichten** verblieben ist[3].

1123 Für staatliche Ausgleichsleistungen ist folgende Zuordnung möglich:

- Bei einem rechtswidrigen und schuldhaften Verwaltungshandeln besteht ein **Schadensersatzanspruch**, das ist ein **umfassender Schadensausgleich**.

- Bei einem rechtmäßigen oder rechtswidrig schuldlosen Verwaltungshandeln besteht ein **Entschädigungsanspruch**, das ist ein **angemessener Ausgleich**.

- Bei einem rechtswidrigen Verwaltungshandeln besteht ein **Folgenbeseitigungsanspruch**, das ist die **Wiederherstellung eines ursprünglichen Zustandes** durch Beseitigung einer rechtswidrigen Beeinträchtigung gerichtet ist.

- Die Verletzung **gemeinschaftsrechtlicher Pflichten** durch einen Mitgliedstaat der Europäischen Union kann ebenfalls zu einer Staatshaftung führen[4].

---

1 §§ 89, 31, 823, 826 BGB; instruktiv hierzu: BGH NJW 00, 2810
2 § 1 des Staatshaftungsgesetzes aus dem Jahre 1981 (nichtig wegen damals fehlender Gesetzgebungskompetenz des Bundes) bestimmte: „*Verletzt die öffentliche Gewalt eine Pflicht des öffentlichen Rechtes, die ihr einem anderen gegenüber obliegt, so haftet ihr Träger dem anderen für den daraus entstehenden Schaden nach diesem Gesetz.*"
3 Art. 34 GG
4 EuGH, NJW 92,165 – Rechtssache Francovich; EuGH, NJW 96,3139 – Rechtssache Dillenkofer betr. Nichtumsetzung einer Pauschalreiserichtlinie

Auf die Fälle des **Regresses**, nämlich des möglichen Rückgriffs auf einen Beamten[5], Angestellten[6] oder Arbeiter[7], dessen Handeln der Auslöser für Ausgleichsleistungen des Staates war, wird nur hingewiesen.

2. Voraussetzungen der Amtshaftung

Die finanzielle Haftung der öffentlichen Hand gegenüber dem Bürger bei der Wahrnehmung öffentlich-rechtlicher Aufgaben wird als **Amtshaftung** bezeichnet. Im Kern übernimmt die öffentliche Hand die Verantwortung ihrer Bediensteten für den Augleich von Schäden, die sie dem Bürger schuldhaft zugefügt haben. 1124

Voraussetzungen und Umfang dieser Amtshaftung bestimmen sich nach § 839 BGB i. V. m. Art. 34 GG. Während § 839 BGB die (persönliche) Haftung des Beamten begründet, leitet Art. 34 GG diese Haftung auf die öffentliche Hand über, das ist für den handelnden Beamten eine **befreiende Schuldübernahme**. Der Staat tritt damit als Schutzschild vor seine Amtsträger und leistet dem betroffenen Bürger Schadensersatz. Dies soll die Entscheidungsfreudigkeit der Beamten im Interesse der Allgemeinheit erhöhen. Eine persönliche Haftung des Beamten fällt damit weg.

Gleichzeitig enthält Art. 34 GG aber auch **modifizierende Regelungen** zu den Anspruchsvoraussetzungen. Er bestimmt, dass die öffentliche Hand „*grundsätzlich*" verantwortlich ist für das Verhalten ihrer Beamten. Die Haftung des Staates ist ausgeschlossen für hoheitlich handelnde sogen. „Gebührenbeamte", z. B. die Bezirksschornsteinfegermeister bei einer Bauabnahme in NRW.

Eine eigenständige persönliche Haftungsregelung gilt für Notare[8]; der Notar ist ein unabhängiger Träger eines öffentlichen Amtes[9]. Eine Staatshaftung kommt in diesen Fällen nur in Betracht, wenn die Dienstaufsicht verletzt worden ist[10].

Die **Amtshaftung** setzt voraus, dass ein „Beamter" sich gegenüber einem Bürger schuldhaft unrechtmäßig verhalten hat und dem Bürger hierdurch ein Schaden entstanden ist.

2.1 Die Ausübung eines öffentlichen Amtes

§ 839 BGB verlangt, dass ein „Beamter" dem Bürger einen Schaden zugefügt hat[11]. Allerdings stellt Art. 34 GG modifizierend klar, dass jeder die Haftung auslösen kann, dem die „Ausübung öffentlicher Gewalt anvertraut" ist. Damit ist zum Ausdruck gebracht, dass die Amtshaftung keine **Statushaftung**, sondern eine **Funktionshaftung**[12] ist. Es kommt also nicht darauf an, auf welche Weise einem Bediensteten ein öffentliches Amt anvertraut worden ist, sondern entscheidend ist allein, welche Aufgaben der Bedienstete wahrnimmt. 1125

---

5 § 46 BRRG; § 84 LBG NRW
6 § 14 BAT
7 § 11 a Manteltarifvertrag
8 § 19 BNotO
9 § 1 BNotO
10 BGH, NJW 96,300
11 § 839 Abs. 1 BGB
12 Windthorst, JuS 95,793

Und die Ausübung öffentlicher Gewalt anvertraut ist z. B. allen Bediensteten einer Behörde, Ministern, Abgeordneten, kommunalen Mandatsträgern[13], Amtsärzten, Bezirksschornsteinfegern[14], Gerichtsvollziehern[15], Zivildienstleistenden (unabhängig vom Träger der Beschäftigungsstelle, also auch bei Privaten)[16].

Eine Haftung für Bundestagsabgeordnete kann sich z. B. aus dem Gesichtspunkt der Verletzung europäischen Rechtes ergeben, wenn etwa eine Richtlinie nicht rechtzeitig oder unrichtig umgesetzt wird.

1126 Auch **Privatpersonen**, denen die Erfüllung von Verwaltungsaufgaben übertragen worden ist, können eine Amtshaftung auslösen, wenn der Staat sie zur Erledigung von Verwaltungsaufgaben heranzieht (**Beliehene** – Personen mit eigenem Entscheidungsspielraum – oder **Verwaltungshelfer** – Personen ohne eigenen Entscheidungsspielraum –), denn für den geschädigten Bürger ist es gleichgültig und zudem rein zufällig, ob die öffentliche Hand selbst oder ein beauftragter Privater tätig geworden ist[17]. Je stärker der hoheitliche Charakter einer Aufgabe in den Vordergrund tritt, je enger die Verbindung zwischen der übertragenen Tätigkeit und der von der Behörde zu erfüllenden hoheitlichen Aufgabe und je begrenzter der Entscheidungsspielraum des Privaten ist, desto näher liegt es, ihn als „*Beamten*" anzusehen[18],

Beispiele für Beliehene: amtlich anerkannte Sachverständigen der technischen Prüfstellen für den Kraftfahrzeugverkehr, z. B. TÜV oder DEKRA; Jagdaufseher.

Beispiele für „bloße" Verwaltungshelfer: Schülerlotsen; private Abschleppunternehmer; Labors, die Schnelltests zur Erkennung von BSE vornehmen.

Bei einem Abschleppunternehmer kommt die besondere Beziehung schon dadurch zum Ausdruck, dass stets ein Beamter oder eine Politesse beim Abschleppvorgang zugegen ist (und hierfür stellt der Staat Verwaltungsgebühren in Rechnung). Allerdings handelt der Private nur bei dem eigentlichen Abschleppvorgang als Werkzeug der Behörde. Entsteht später, etwa auf dem Verwahrplatz, ein Schaden an dem abgeschleppten Fahrzeug, so fällt das nicht mehr hierunter. Der Unternehmer handelt dann in eigener, selbstständiger Verantwortung.

Muss die öffentliche Hand für Verwaltungshelfer Schadensersatz wegen Amtspflichtverletzung leisten, so besteht für einen **Rückgriff** allerdings keine Beschränkung auf Vorsatz oder grobe Fahrlässigkeit[19].

Der geltend gemachte Schaden muss „*in Ausübung*" eines öffentlichen Amtes entstanden sein[20]. Zwischen der Amtshandlung und dem eingetretenen Schaden muss ein innerer Zusammenhang bestehen. Das ist abzugrenzen zu einem Schaden, der nur „**bei Gelegenheit**" einer amtlichen Tätigkeit entstanden ist, z. B. würde das Land NRW für einen Polizeibeamten nicht haften, der bei der Festnahme einer Person in der Wohnung des Festzunehmenden einen Diebstahl begeht.

---

13 BGH, NVwZ-RR 03, 403
14 LG Arnsberg, NVwZ-RR 03, 545
15 AG Mönchengladbach, NVwZ-RR 03, 405
16 BGH, DVBl. 00, 1290
17 BGHZ 121,161; BGHZ 147, 169
18 OLG Hamm, NJW 01,375
19 BGH, DVBl. 05, 247
20 Wortlaut § 839 BGB

2.2 Die Verletzung einer Amtspflicht

Der Beamte muss eine **Amtspflicht** verletzt haben, die zumindest auch den Schutz **Privater** bezweckt, die also nicht nur im öffentlichen Interesse besteht. 1128

Nun enthalten allerdings weder § 839 BGB noch Art. 34 GG Aussagen über Inhalt und Umfang dieser Amtspflichten. Sie werden durch Rechtsvorschriften, Verwaltungsvorschriften, allgemeine Dienstanweisungen, Dienst- und Arbeitspflichten begründet. Die Palette denkbarer Amtspflichten ist nahezu unüberschaubar.

Die wichtigsten Fallgruppen von Amtspflichten sind: 1129

- Verpflichtung zu zügiger Bearbeitung von Anträgen, Anfragen und dgl.[21]
- Verpflichtung zu sorgfältiger und umfassender Sachverhaltsermittlung[22]
- Verpflichtung zu sachlichen und unvoreingenommenen Entscheidungen
- Verpflichtung zur Beachtung des Gleichbehandlungsgrundsatzes, besonders bei Personalentscheidungen
- Verpflichtung zu konsequentem Verhalten[23]
- Verpflichtung zu vollständiger Auskunftserteilung und Belehrung
- Verpflichtung zur Beachtung höchstrichterlicher Rechtsprechung
- Verpflichtung zur Beachtung dienstinterner Weisungen[24]
- Verpflichtung zum Schutz des allgemeinen Persönlichkeitsrechtes (Mobbing)[25]

Amtspflichten dienen zunächst einmal dem Interesse der Allgemeinheit an einer geordneten und funktionierenden Verwaltung. Soweit sich die Amtspflichten darin erschöpfen, diesem Allgemeininteresse zu dienen, kommen bei einer Verletzung dieser Amtspflichten für außen stehende Dritte auch keine Schadensersatzansprüche in Betracht.

2.3 Die einem Dritten gegenüber obliegende Amtspflicht

Die Amtspflichtverletzung muss gegenüber einem „**Dritten**" begangen worden sein. Das ist dann der Fall, wenn die Amtspflicht den Zweck hat, die Interessen desjenigen zu schützen, der einen Schadensersatzanspruch geltend macht. Anderen gegenüber ist keine Ersatzpflicht begründet, selbst wenn die Amtspflichtverletzung sich für sie nachteilig ausgewirkt hat. Es muss mithin eine **besondere Beziehung** zwischen der verletzten Amtspflicht und dem geschädigten „Dritten" bestehen[26]. 1129a

---

21 § 10 S. 2 VwVfG; BGH, NVwZ 02, 124
22 § 24 VwVfG; BGH, NJW 91, 2696
23 BGH, NVwZ 01, 709
24 OLG Nürnberg, NJW 00, 3075
25 BGH, NJW 02, 3172
26 BGHZ 140, 380, 382

Beispiele: Bei der **Erteilung** einer Baugenehmigung sind möglicher Weise auch die Interessen des Rechtsnachfolgers wahrzunehmen, da eine Baugenehmigung für und gegen den Rechtsnachfolger wirkt – anders ist dies bei der **Versagung** einer Baugenehmigung. Diese entfaltet keine materielle Bestandskraft gegenüber Personen, die am formellen Antragsverfahren nicht beteiligt waren; diese Personen sind daher auch nicht „Dritte" im Sinne des Amtshaftungsrechtes[27]. Die Pflicht des Deutschen Wetterdienstes, Seefahrt und Luftfahrt vor Unwetter zu warnen, ist keine Amtspflicht gegenüber den einzelnen See- und Luftfahrern[28]. Auch die Aufsicht übergeordneter Behörden liegt allein im öffentlichen Interesse.

Die Verkehrssicherungspflicht dagegen soll die Benutzer öffentlicher Straßen vor Schäden schützen, die von der Beschaffenheit der Straße ausgehen (können), sie ist damit drittbezogen. Das gilt auch für die Vorsorge gegen Hochwasserschäden[29] oder die Sicherung gegen Überschwemmungen bei kommunalen Erschließungsmaßnahmen[30].

Die Staatsanwaltschaft darf keine schlechterdings unvertretbare Anklage erheben, das dient auch den (Vermögens-)interessen des Bürgers, dessen Versicherung bei einer (unzulässigen) Anklage wegen Brandstiftung nicht zahlt[31]. Das Opfer von Straftaten, die ein Gefangener im gelockerten Strafvollzug begeht, ist Dritter[32]. Die Richtlinien des Landes NRW über die polizeiliche Aufnahme von Bagatellunfällen begründen dagegen keine Schutzpflichten zugunsten geschädigter Unfallteilnehmer[33].

Sperrzeitverkürzungen für eine Gaststätte berühren das Individualinteresse von Nachbarn, die eine enge räumliche und zeitliche Beziehung zu der Gaststätte haben, denn die Regelungen des GastG, die den Schutz gegen schädliche Umwelteinwirkungen bezwecken, dienen auch den Individualinteressen Dritter, die von den Auswirkungen qualifiziert betroffen sind[34].

Die Bauleitplanung liegt grundsätzlich im Interesse der Allgemeinheit und nicht im Interesse einzelner Privater. Soweit die Gemeinden Bebauungspläne aufstellen, haben sie jedoch gem. § 1 Abs. 5 BauGB insbesondere

- die allgemeinen Anforderungen an gesunde Wohn- und Arbeitsverhältnisse und
- die Sicherheit der Wohn- und Arbeitsbevölkerung zu berücksichtigen.

Insoweit beziehen sich die Pflichten der Gemeinde ausdrücklich auf den Schutz der Bevölkerung und sind damit drittschützend[35].

Gesetze und Verordnungen enthalten durchweg generelle und abstrakte Regeln, die keine Belange bestimmter Einzelner unmittelbar berühren. Grundsätzlich scheidet damit eine Staatshaftung für sogen. **legislatives Unrecht** aus[36]. Bei Maßnahme- oder Einzelfallgesetzes hingegen werden Belange bestimmter Personen unmittelbar berührt, so dass in diesen Fällen auch eine Drittbezogenheit angenommen werden kann[37]. Diese strenge Rechtsprechung ist dann schwer nachvollziehbar, wenn durch ein Gesetz unmittelbar Grundrechte verletzt werden, sachgerechter wäre daher eine Koppelung der Drittbezogenheit an Grundrechtsverletzungen[38], wenn z. B. das Parlament ein Gesetz beschlösse, wonach die Nutzung von Windkraft auch für bereits bestehende Anlagen verboten würde. Die mangelhafte Umsetzung von Richt-

---

27 BGH, NJW 91, 2696; anders ist das nur in den Fällen, in denen der Käufer aufgrund eines notariell beurkundeten Vertrages bereits einen Anspruch auf Übertragung des Eigentums hatte (Anwartschaftsrecht), in diesen Fällen ist auch der formell am Baugenehmigungsverfahren nicht Beteiligte „Dritter" (BGH, NJW 85, 2817)
28 BGH, NJW 95,1828
29 OLG Koblenz, NVwZ-RR 03, 617
30 BGH, NVwZ 02, 1143
31 BGH, NJW 00, 2672
32 OLG Karlsruhe, NJW 02, 445 mit Anm. Ullenbruch, NJW 02, 416
33 OLG Hamm, NZV 00, 414
34 BVerwG, DVBl. 96, 1192
35 BGH, NVwZ 98,318
36 BGHZ 134, 30, 32
37 BGH aaO (FN 36)
38 Papier, in: Maunz/Dürig, GG, Art. 34, Rdnr. 179

linien des europäischen Gemeinschaftsrechtes kann eine Staatshaftung begründenLG Bonn, NJW 00, 815.

2.4 Das Verschulden

Der Amtswalter muss schuldhaft gehandelt haben, das setzt **Vorsatz** oder **Fahrlässigkeit** voraus.

1130

Vorsatz ist zu bejahen, wenn der Beamte weiß, dass er pflichtwidrig handelt, wenn er sich also bewusst über bestehende Gesetze oder Amtspflichten hinwegsetzt. Ein **Irrtum des Beamten** schließt den Vorsatz aus[39].

Fahrlässig handelt der Beamte, der die übliche Sorgfalt nicht beachtet[40]. Maßstab ist dabei ein **pflichtgetreuer Durchschnittsbeamter**, wobei eine Amtspflichtverletzung ein Verschulden indiziert. Das Verschulden ist allerdings dann auszuschließen, wenn ein Beamter nach sorgfältiger Prüfung der Sach- und Rechtslage zu einer vernünftigen und rechtlich vertretbaren Entscheidung gekommen ist.

Jeder Beamte muss die für sein Amt erforderlichen Rechts- und Verwaltungskenntnisse besitzen. Übliche Hilfsmittel wie Standardkommentare oder die Sammlung von Gerichtsentscheidungen muss er zu Hilfe nehmen[41]. Wie jeder Mensch muss der Bedienstete auch einschätzen können, wann er überfordert ist. Eine erhöhte Sorgfalt trifft den Beamten, wenn er erkennen muss, dass seine Auskunft für einen Rat suchenden Bürger von erheblicher Bedeutung und wirtschaftlicher Tragweite ist[42].

In aller Regel scheidet ein Verschulden des Beamten dann aus, wenn ein **Kollegialgericht** seine Auffassung geteilt hat[43].

2.5 Kausal verursachter Schaden

Ein Ersatzanspruch besteht nur dann, wenn die Amtspflichtverletzung in zurechenbarer Weise einen Schaden verursacht hat, zwischen der **Pflichtverletzung** und dem **Schaden** muss also ein **Ursachenzusammenhang** bestehen[44]: das ist z. B. der Fall, wenn ein Polizeibeamter eine Personalienfeststellung verweigert und ein Geschädigter seine privatrechtlichen Ansprüche deswegen nicht durchsetzen kann[45] oder wenn nicht sachgerecht gegen den Halter eines gefährlichen Hundes vorgegangen wird[46].

1131

Ob ein **Schaden** vorliegt, das ergibt eine Gegenüberstellung der Vermögenssituation bei dem Betroffenen vor und nach dem Handeln des Bediensteten.

---

39 BGHZ 120, 176, 181
40 § 276 BGB
41 OLG Koblenz, NVwZ-RR 03, 168
42 OLG Zweibrücken, NVwZ-RR 01, 79
43 BGH, NVwZ 98, 878
44 BGH, DVBl. 04, 948
45 LG Hagen, NVwZ 00, 479
46 LG Köln, NVwZ 99, 1027

2.6 Die Subsidiarität

1132 Wird eine Amtspflichtverletzung nur fahrlässig begangen – wovon im Regelfall ausgegangen werden dürfte – so haftet die öffentliche Hand nur, wenn der Geschädigte nicht auf andere Weise **Ersatz „*erlangen*"** (und nicht „verlangen") kann[47]. Das setzt voraus, dass der Anspruch auch tatsächlich realisierbar ist.

Aus den Gesetzesmaterialien zum BGB ergibt sich, dass der Gedanke der Entlastung der Staatsfinanzen für die Subsidiaritätsklausel keine Rolle spielte, sondern es sollte hiermit lediglich einer Überängstlichkeit des Beamten vorgebeugt werden[48].

Diese Subsidiaritätsklausel („**Fiskalprivileg**") ist nicht anzuwenden:

1. Wenn sich Ersatzansprüche gegen einen anderen Verwaltungsträger richten, in diesen Fällen wird die öffentliche Hand als Einheit gesehen.

2. Wenn Schadensersatzansprüche wegen Amtspflichtverletzung aus der dienstlichen Teilnahme am allgemeinen Straßenverkehr bzw. bei der Verletzung öffentlich-rechtlicher Verkehrssicherungspflichten entstanden sind. Hier geht es um den Grundsatz der haftungsrechtlichen Gleichbehandlung aller Verkehrsteilnehmer[49]; die Subsidiaritätsklausel ist dagegen anwendbar, wenn der Staat sich auf Wegerechte berufen kann, z. B. bei einer Einsatzfahrt der Polizei mit Blaulicht und Martinshorn[50].

3. Wenn der Geschädigte die *„anderweitigen"* Ersatzmöglichkeiten durch eigene Leistungen erlangt hat, z. B. aus abgeschlossenen Versicherungen[51].

2.7 Die fehlende Rechtsmitteleinlegung

1133 Die Amtshaftung entfällt, wenn der Geschädigte es versäumt hat, den Schaden durch die rechtzeitige Einlegung von Rechtsmitteln abzuwenden. Rechtsmittel sind nicht nur die förmlichen wie z. B. Widerspruch oder Klage, sondern auch die **nicht förmlichen** wie Dienstaufsichtsbeschwerde oder Gegenvorstellung. Auch die Möglichkeit von **einstweiligem Rechtsschutz** muss der Betroffene wahrnehmen[52]. Allerdings ist es nicht erforderlich, dass z. B. ein Bauherr, der gegen eine Baustilllegungsverfügung Widerspruch eingelegt hat, aufgrund des dann eintretenden Suspensiveffektes die bereits begonnenen Bauarbeiten fortsetzt[53].

Die Einlegung des Rechtsmittels muss zumutbar und die Nichteinlegung schuldhaft gewesen sein. Auf die Belehrung eines Beamten über die Möglichkeiten der Einlegung von Rechtsmitteln darf der Bürger grundsätzlich vertrauen.

---

47 § 839 Abs. 1 S. 2 BGB
48 Bender, NJW 75, 1818
49 BGHZ 75, 134
50 § 38 StVO, BGH NJW 91, 1171
51 BGHZ 62, 380
52 BGHZ 130, 332
53 BGH, DVBl. 01, 1439

2.8 Die Verjährung

Der Amtshaftungsanspruch verjährt in drei Jahren[54]. Die Frist beginnt zu laufen, wenn der **Anspruch entstanden** („*fällig*") ist und der Verletzte von den den Anspruch begründenden Umständen sowie der Person des Ersatzpflichtigen Kenntnis hatte oder eine gleichsam auf der Hand liegende Erkenntnismöglichkeit nicht wahrgenommen hat (Unkenntnis wegen grober Fahrlässigkeit)[55]. Wegen des Abstellens auf die „Fälligkeit" beginnt die Verjährung hinsichtlich etwaiger Spätfolgen einer Amtspflichtverletzung erst dann zu laufen, wenn diese Spätfolgen auch sichtbar werden.

1134

Damit sich der Eintritt der Verjährung nicht auf unabsehbare Zeit hinausschieben kann, verjähren Sach- und Vermögensschäden einer Amtspflichtverletzung spätestens zehn Jahren nach ihre Entstehung[56], sonstige Schäden nach dreißig Jahren[57].

Die Verjährung wird entweder durch privatrechtliche Klage auf den Amtshaftungsanspruch oder durch Widerspruch und verwaltungsgerichtliche Klage gegen den amtspflichtwidrigen Verwaltungsakt **gehemmt**[58].

Herausgabeansprüche aufgrund einer Amtspflichtverletzung verjähren ebenfalls[59].

2.9 Das Spruchrichterprivileg

Ein Richter haftet für ein Fehlurteil nur, wenn der Erlass des Urteils eine Straftat ist, z. B. Rechtsbeugung[60]. Hierdurch soll weniger der Richter als vielmehr die Aufrechterhaltung von rechtskräftigen Urteilen geschützt werden, auch grob rechtswidrige Urteile haben Bestand und können nicht über den Umweg der Amtshaftung kontrolliert werden.

1135

Zum Schutz der **richterlichen Unabhängigkeit** haftet ein Richter auch bei sonstigen Tätigkeiten nur eingeschränkt, i. d. R. nur bei Vorsatz oder u. U. bei grober Fahrlässigkeit[61].

2.10 Sonstige Haftungsbeschränkungen

Die Staatshaftung für Amtspflichtverletzungen besteht nur „*grundsätzlich*"[62]. Sie kann damit in Einzelfällen durch formelle Gesetze ausgeschlossen werden, z. B. ist dies geschehen für Notare[63].

1136

Ein Haftungsausschluss durch gemeindliche Satzung ist nur möglich, wenn hierzu eine ausdrückliche staatliche Ermächtigung besteht. Die allgemeine

---

54 § 195 BGB
55 § 199 BGB
56 § 199 Abs. 3 BGB
57 § 199 Abs. 2 BGB
58 § 204 BGB
59 § 852 BGB
60 § 339 StGB
61 BGH, NJW 03, 3052
62 Art. 34 S. 1 GG
63 § 19 BNotO

Ermächtigung zum Erlass von Satzungen ist insoweit keine ausreichende Grundlage[64].

2.11 Der Umfang des Anspruches

1136a Der Amtshaftungsanspruch ist auf **Geldersatz** beschränkt, er umfasst auch einen entgangenen Gewinn[65] und Schmerzensgeld[66], wenn Gesundheit, Persönlichkeit oder dgl. Verletzt worden sind[67].

2.12 Anspruchsgegner

1137 Der Schadensersatzanspruch wegen Amtspflichtverletzung ist grundsätzlich gegen die Körperschaft zu richten, die dem Bediensteten das Amt anvertraut hat, die ihn **angestellt** hat[68]. Hat ein Beliehener einen Schaden verursacht, so haftet grundsätzlich die Körperschaft, die dem Beliehenen die amtliche Anerkennung erteilt hat[69].

Der Anspruch auf Staatshaftung von den Zivilgerichten zu entscheiden[70], und zwar immer ohne Rücksicht auf die Höhe des Streitwertes in erster Instanz vom Landgericht[71], dort besteht Anwaltszwang.

2.13 Zusammenfassung: Prüfungsschema für einen Amtshaftungsanspruch

1138 1. Ausübung eines anvertrauten öffentlichen Amtes

2. Pflichtverletzung

3. Drittbezogenheit der Amtspflicht

4. Ursachenzusammenhang zwischen der Pflichtverletzung und dem Schaden

5. Vorsätzliche oder fahrlässige Verletzung der Amtspflicht

6. Kein Haftungsausschluss und keine Haftungsbeschränkung

3. Europarechtliche Aspekte der Amtshaftung

1139 Das bisher dargestellte Staatshaftungsrecht sanktioniert Fehler der deutschen öffentlichen Gewalt. Schäden, die jemandem durch ein gemeinschaftswidriges Verhalten eines Mitgliedstaates entstanden sind, können nach einem vom EuGH entwickelten gemeinschaftsrechtlichen Staatshaftungsrecht geltend gemacht werden[72].

---

64 BGHZ 61, 7
65 § 252 BGB
66 § 847 BGB
67 BGHZ 78, 274
68 BGHZ 99, 326, 330
69 BGH, NVwZ-RR 03, 543
70 Art. 34 S. 3 GG
71 § 71 Abs. 2 Nr. 2 GVG
72 Gromitsaris, SächsVBl. 01, 157 m.w.N.

Staatshaftung

Die Regelungen des europäischen Gemeinschaftsrechtes haben eine eigene Rechtsordnung geschaffen, die sowohl die Mitgliedstaaten als auch die einzelnen Bürger als Rechtssubjekte berühren. Rechte entstehen nicht nur, wenn die Verträge dies ausdrücklich bestimmen, sondern auch aufgrund von eindeutigen Verpflichtungen, die die Verträge dem einzelnen wie auch den Mitgliedstaaten und Organen der Gemeinschaft auferlegen[73].

Die volle Wirksamkeit der gemeinschaftlichen Bestimmungen wäre beeinträchtigt und der Schutz der durch sie begründeten Rechte gemindert, wenn der Einzelne nicht die Möglichkeit hätte, für den Fall eine Entschädigung zu verlangen, dass seine Rechte durch einen Verstoß gegen das Gemeinschaftsrecht verletzt werden, die einem Mitgliedstaat zuzurechnen sind.

Es ist ein Grundsatz des Gemeinschaftsrechtes, dass die Mitgliedstaaten zum Ersatz der Schäden verpflichtet sind, die dem einzelnen durch Verstöße gegen das Gemeinschaftsrecht entstehen und die den Staaten zuzurechnen sind, und zwar sowohl wegen administrativen als auch wegen legislativen Unrechtes[74]. Dies ist Ausfluss des Effizienzgebotes, des Grundsatzes des **„effet utile."**

Der Haftungsanspruch des Einzelnen ist an vier Voraussetzungen geknüpft, nämlich[75]:

1. die Richtlinie, gegen die verstoßen worden ist, muss den Einzelnen begünstigen,

2. der Inhalt der Richtlinie muss unbedingt und hinreichend bestimmt anwendbar sein, d. h. der Umfang der Rechte muss sich allein aus der Richtlinie ergeben,

3. zwischen dem Verstoß gegen die Richtlinie und dem der geschädigten Person entstandenen Schaden muss ein unmittelbarer Kausalzusammenhang bestehen,

4. der Verstoß gegen die Richtlinie muss hinreichend qualifiziert sein, d. h. der Mitgliedstaat muss offenkundig und schwerwiegend gegen das Gemeinschaftsrecht verstoßen haben.

Beispiel: Ein deutsches Reiseunternehmen wurde im Sommer 1993 zahlungsunfähig, viele Urlauber mussten auf eigene Kosten vom Urlaubsort zurückfliegen. Eine EG-Richtlinie, die für solche Fälle einen Versicherungsfonds vorsah, war von Deutschland nicht rechtzeitig umgesetzt worden.
Der EuGH[76] hat eine Schadensersatzpflicht der Bundesrepublik mit folgenden Gründen bejaht:
- Deutschland habe erheblich und offenkundig gegen die Richtlinie Nr. 90/314/EWG des Rates vom 13. 6. 1990 verstoßen, da es innerhalb der festgesetzten Frist keinerlei Maßnahmen getroffen habe,
- Art. 7 der Richtlinie sollte Pauschalreisende vor dem Konkursrisiko einzelner Reiseunternehmen schützen,
- Inhaber des Rechtes aus Art. 7 der Richtlinie seien Pauschalreisende, aus der Richtlinie ergebe sich zudem das Recht der Verbraucher,
- der Kausalzusammenhang verstehe sich von selbst, da die in der Richtlinie gesetzte Frist verstrichen sei,

---

73 EuGH, NJW 64,2371 – Costa/ENEL
74 EuGH, NJW 92,167 – Francovich/Italien; EuGH, NJW 96,1267 – Brasserie du pecher und Factortame III
75 EuGH, DVBl. 97,112
76 DVBl. 97,111 – Dillenkofer u. a

– die Haftung Deutschlands wegen dieses Verstoßes gegen Gemeinschaftsrecht folge aus dem Wesen der mit dem Vertrag geschaffenen Rechtsordnung.

1141 Die erforderliche **Begünstigung des Einzelnen** kann sich zunächst aus dem EG-Vertrag selbst ergeben, z. B. durch die Bestimmungen über den freien Personenverkehr. Den Schutz des Einzelnen bezwecken aber auch die Vorschriften, die den Mitgliedsstaaten klare und eindeutige Verpflichtungen unmittelbar zugunsten des Einzelnen auferlegen, z. B. das Verbot, auf Waren aus anderen Mitgliedstaaten höhere inländische Abgaben zu erheben[77]. Schließlich können sich Rechte des Einzelnen auch aus dem Sekundärrecht der Gemeinschaft (Richtlinien, Verordnungen) ergeben.

Von besonderer Bedeutung ist in jedem Einzelfall die Frage des **qualifizierten Verstoßes** gegen Gemeinschaftsrecht. Ein Verstoß ist dann hinreichend qualifiziert, wenn ein Mitgliedsstaat die Grenzen, die das Gemeinschaftsrecht seinen Handlungsbefugnissen setzt, **offenkundig** und **erheblich** überschritten hat. Die Beantwortung dieser Frage hängt weitestgehend von dem Gestaltungsspielraum des Mitgliedsstaates ab[78].

Beispiel: Einer französischen Brauerei war durch den EuGH[79] bestätigt worden, dass deutsche Einfuhrbeschränkungen im Hinblick auf das Reinheitsgebot für Bier nicht berechtigt gewesen seien. Unter Hinweis darauf, dass das Verbot der Einfuhr von Bier mit Zusatzstoffen sei im Hinblick auf den verbleibenden deutschen Ermessensspielraum kein hinreichend qualifizierter Vertragsverstoß, hat der BGH[80] sowohl nach nationalem als auch nach europäischem Gemeinschaftsrecht einen Schadensersatzanspruch verneint.

Die Voraussetzungen der Staatshaftung sind gemeinschaftsrechtlich geregelt, während die Folgen des verursachten Schadens im Rahmen des nationalen Haftungsrechtes zu beheben sind. Das gemeinschaftsrechtliche Haftungsrecht tritt damit neben die Haftungsinstitute des nationalen Rechtes.

Der Anspruch richtet sich in erster Linie gegen die Körperschaft, die den handelnden Bediensteten **angestellt** hat[81], hilfsweise gegen die Bundesrepublik als Mitgliedsstaat der EU.

4. Öffentlich-rechtliche Entschädigungsansprüche

1142 Die Amtshaftung bezweckt den vollständigen Ausgleich für erlittene Schädigungen. Demgegenüber sollen Entschädigungsansprüche dem Bürger aus Gründen der Gerechtigkeit dann einen angemessenen Ausgleich gewähren, wenn er etwas zugunsten der Allgemeinheit eingebracht hat. Der Gedanke der Entschädigung wegen Aufopferung ist erstmals im Preußischen Allgemeinen Landrecht aus dem Jahre 1794 formuliert worden.

Die beiden entscheidenden §§ 74 und 75 der Einleitung lauteten: *„Einzelne Rechte und Vorteile der Mitglieder des Staates müssen den Rechten und Pflichten zur Beförderung des gemeinschaftlichen Wohls, wenn zwischen beiden ein wirklicher Widerspruch (Kollision) eintritt, nachstehen."* *„Dagegen ist der Staat denjenigen, der seine besonderen Rechte und Vorteile dem Wohle des gemeinen Wesens aufzuopfern genötigt wird, zu entschädigen gehalten."*

---

77 EuGH, NJW 66, 1630 – Lütticke
78 Fischer, JA 00, 351
79 NJW 96, 1267
80 NJW 97, 123
81 BGHZ 99, 326, 330

Greift der Staat aus Gründen des öffentlichen Wohls in das Eigentum eines Bürgers ein, spricht man von **Enteignung**[82]. Treffen den Bürger Einwirkungen, die auf von der öffentlichen Hand verursachte Eigentumseingriffe zurückgehen, z. B. als Geschäftsinhaber, der bei Straßenbauarbeiten vor seinem Geschäft deutliche Umsatzeinbußen hat, so kommen Ansprüche aus **enteignendem Eingriff** in Betracht[83].

Von einem **enteignungsgleichen Eingriff** spricht man, wenn ein Hoheitsträger unmittelbar und in **rechtswidriger Weise** das Eigentum beeinträchtigt[84].

Greift der Staat in nicht vermögenswerte Rechtsgüter wie Leben, Gesundheit, Freiheit ein, spricht man von **Aufopferung**. War das Verlangen rechtswidrig, besteht „erst recht" ein Anspruch aus **aufopferungsgleichem Eingriff**.

5. Der öffentlich-rechtliche Erstattungsanspruch

Der öffentlich-rechtliche Erstattungsanspruch ist darauf gerichtet, dass rechtsgrundlos erlangte Leistungen ausgeglichen werden, und zwar sowohl im Verhältnis **Staat – Bürger** als auch im Verhältnis **Bürger – Staat**.

1143

Beispiele: Rückzahlung von Subventionen; Rückerstattung überzahlter Steuern.

Der eigenständige öffentlich-rechtliche Erstattungsanspruch regelt im Prinzip nichts anderes als der zivilrechtliche Bereicherungsanspruch[85]. Es geht es um die Rückabwicklung von Leistungsbeziehungen[86].

Hat der Bürger einen Anspruch gegen den Staat, so kann der mit der allgemeinen Leistungsklage vor dem Verwaltungsgericht durchgesetzt werden. Da der Erstattungsanspruch die **„Kehrseite"** eines Leistungsanspruches ist, kann die Behörde einen Erstattungsanspruch auch dann durch Leistungsbescheid geltend machen, wenn dies nicht – wie im Fall des § 49 a Abs. 1 S. 2 VwVfG – ausdrücklich gesetzlich geregelt ist[87].

6. Der Folgenbeseitigungsanspruch

Der Folgenbeseitigungsanspruch ist zwar gesetzlich nicht geregelt, aber inzwischen allgemein anerkannt[88], denn das Verwaltungsgericht kann anordnen, *„dass und wie die Verwaltungsbehörde die Vollziehung rückgängig zu machen hat"*[89].

1144

Beim Folgenbeseitigungsanspruch geht es nur um die – statische – Wiederherstellung eines früheren Zustandes und nicht um einen allgemeinen **Folgenentschädigungsanspruch**. Ein rechtswidriges Verwaltungshandeln wird aus der Welt geschaffen. Irgendwelche hypothetischen – dynamischen – Entwick-

---

82 Art. 14 Abs. 3 GG
83 BGHZ 140, 285, 298; OLG Hamm, NVwZ 04, 1148
84 Maurer, § 27, Rdnr. 88 f
85 §§ 812f BGB
86 Im Einzelnen vgl. Hüttenbrink/Windmöller, SächsVBl. 01, 133 m.w.N
87 BVerwGE 40, 85, 90
88 Bumke, JuS 05, 22
89 § 113 Abs. 1 S. 2 VwGO

lungen wie bei der Naturalrestitution im Rahmen des Schadensersatzes[90] werden nicht berücksichtigt.

Der Folgenbeseitigungsanspruch setzt voraus:

1. Hoheitliches Handeln
2. Eingriff in ein Recht des Betroffenen
3. Schaffung eines rechtswidrigen Zustandes, der von dem Betroffenen nicht geduldet werden muss, z. B. nach dem Immissionsschutzrecht

Liegen diese Voraussetzungen vor, kann der Betroffene **Wiederherstellung des ursprünglichen Zustandes** verlangen[91], sofern der **Anspruch nicht** – ausnahmsweise einmal – **ausgeschlossen** ist.

Der Folgenbeseitigungsanspruch knüpft nicht unmittelbar an den hoheitlichen Eingriff selbst, sondern an dessen Folgen an. Selbst wenn der Eingriff rechtmäßig war, kann Beseitigung verlangt werden, wenn der Zustand, der geschaffen wurde, mittlerweile rechtswidrig ist.

Beispiel: Die (rechtmäßige) Einweisung eines Mieters in seine bisherige Wohnung trotz eines Räumungsurteils im Rahmen der Obdachlosenunterbringung wird spätestens nach sechs Monaten rechtswidrig. Der Vermieter kann dann von der Behörde die Räumung der Wohnung verlangen.

Die Wiederherstellung des ursprünglichen Zustandes muss **möglich**, **zulässig** und **zumutbar** sein[92].

Hinter der **Zumutbarkeit** verbirgt sich der auch im öffentlichen Recht anzuwendende Grundsatz von Treu und Glauben. Eine Folgenbeseitigung ist dann ausgeschlossen, wenn sie mit unverhältnismäßigen, nach den Interessen der Beteiligten und allen sonstigen Umständen unbilligen Aufwendungen verbunden wäre[93].

Beispiel für Unmöglichkeit: Beleidigungen können nicht durch nachträgliches Handeln aus der Welt geschaffen werden.

Beispiel für Unzulässigkeit: Bürger stimmt einer rechtswidrigen Maßnahme nachträglich zu.

Beispiel für Unzumutbarkeit: Die Beseitigung einer rechtswidrigen Hausentwässerung würde das gesamte Kanalnetz der Gemeinde lahm legen.

1145 Nur die **unmittelbar** verursachten Folgen des rechtswidrigen Verwaltungshandelns müssen beseitigt werden.

Beispiel: Es kann nur die Exmittierung eines zu unrecht eingewiesenen Obdachlosen verlangt werden, nicht jedoch auch Ersatz für das beschädigte Mobiliar[94].

War der Betroffene mit für die Umstände verantwortlich, die zu dem Folgenbeseitigungsanspruch geführt haben, so mindert sich der Anspruch.

Beispiel: Ein Grundstückseigentümer beeinträchtigt mit dem Bau einer Grenzmauer auch das anliegende Straßengrundstück. Es werden Aufschüttungen mit negativen Folgen auf das Eigentum vorgenommen.

Erfüllt die Behörde einen Folgenbeseitigungsanspruch nicht, so macht sie sich unter Amtshaftungsgesichtspunkten schadensersatzpflichtig[95].

---

90 § 249 BGB
91 BVerwG, NJW 01, 1878, 1882
92 BVerwG, DVBl. 04, 1493
93 BGHZ 62,388
94 insoweit kommt ein Amtshaftungsanspruch in Betracht
95 BGHZ 130, 332 , Anm. Rüfner, JuS 97, 309

Beispiel: Behörde lehnt ein Tätigwerden nach Ablauf der Einweisungszeit eines Obdachlosen ab.

Da hinsichtlich der **Verjährung** des Folgenbeseitigungsanspruches keine Sonderregelungen bestehen, verjährt dieser Anspruch innerhalb von drei Jahren ab Fälligkeit und Kenntnis bzw. grob fahrlässiger Unkenntnis[96], spätestens aber in zehn Jahren[97], da eine Verletzung der in § 199 Abs. 2 BGB genannten Rechtsgüter nicht vorstellbar ist.

1146

Der Folgenbeseitigungsanspruch muss mit einer **allgemeinen Leistungsklage** vor dem Verwaltungsgericht geltend gemacht werden. Die Klagebefugnis ergibt sich aus der schlüssigen Behauptung eines Anspruches auf Folgenbeseitigung. Ein Widerspruchsverfahren findet nicht statt.

---

96 §§ 195, 199 BGB
97 § 199 Abs. 3 BGB

Stichwortverzeichnis

(Die Zahlen verweisen auf die Randziffern)

A

Abgabenordnung 216, 586, 783
Abgabenverwaltung 21
abgekürztes
　Vollstreckungsverfahren 1068
Abgrenzung des öffentlichen
　Rechts 107
Abhilfe 808
abstrakt-generelle Regelung 313
Abwägungsmängel 762
Abzudrängende
　Sonderzuweisung 825
Adressatentheorie 835, 963
Akteneinsicht 687
Akteneinsichtsrecht 781, 787
Aktenführung 803
Aktenvermerke 910
Akzeptanzfuntkion 283
allgemeine Feststellungsklage 985
allgemeine Leistungsklage 992
allgemeines Gewaltverhältnis 257
allgemeines Verwaltungsrecht 216
Allgemeinverfügung 314
Amtsbetrieb 938
Amtshaftung 981, 1124
Amtshaftungsanspruch 1124
Amtshilfe 634
Amtssprache 664
Amtswalter 64
Änderung der Sachlage 545
Androhung des Zwangsmittels 349
anfechtbar 517
Anfechtungsklage 441, 465, 959
Anfechtungssachen 998
Anfechtungswiderspruch 357, 830,
　875, 917
Anfertigung von Bescheiden 322
Angemessenheit 405
Anhörung 677, 786, 862
Anhörung, Durchführung 682
Anhörung, Nachholen 482, 685
Anhörungsrecht 779
Anliegergebrauch 1114
Annahmeanordnung 891
Anordnungsanspruch 1019
Anordnungsgrund 1021
Anspruch auf ermessensfehlerfreie
　Entscheidung 209
Anstalten des öffentlichen Rechts 43
Antwortspielraum 452
Aufbauschema zur VA-
　Rechtmäßigkeitsprüfung 385
Aufbauschemata zum
　(Erst-)Bescheid 324, 326
Aufbauschemata zum
　Widerspruchsbescheid 353, 355
Aufbauschema zum
　Anhörungsschreiben 684
Aufhebbarkeit 465
Aufhebung 508
Aufhebung von VAen nach AO 586
Aufhebung von Verwaltungsakten
　nach dem SGB X 573
Aufklärung/Beratung/Auskunft 774
Auflage 544, 608
aufschiebende Wirkung 877, 1001
Aufsicht 67
Auftragsangelegenheiten 79
ausgeschlossene Personen 640
Ausgleichsanspruch 527
Auskunft/Beratung 672, 767
Auskunftspflichten 785
Auslagen 891
Auslegung von Anträgen 661
Ausnahmebewilligung 598
Außenwirkung 304
Aussparungs-Regelung 584
Austauschmittel 394
Austauschvertrag 1093, 1095
Auswahlermessen 423

B

baurechtliche Nachbarklage 244
beamtenrechtliche
　Konkurrentenklage 245
Beauftragte 65, 706
Bedarfsdeckungs-Verwaltung 126

521

Stichwortverzeichnis

Bedingung 606
Befangenheit 643
Befristung 605
Befugnis zu einseitigen
 Regelungen 105
Beginn des
 Verwaltungsverfahrens 773
Begleitverfügung 910
Begründung 328, 340, 342, 350,
 362, 369, 742
begünstigender VA 388
begünstigender VAe 520
Begünstigte VAe 542
Behörde 292
Behörden 48
Behördenbegriff 53
Behördenbezeichnungen 62
Behördenprinzip 219
Beihilfen 532
Beistand 657
Bekanntgabe 732, 841
belastende VA 387
belastender VA 556
Beliehene 94, 1126
Beratung/Auskunft 672, 767
berechtigte Interessen 709
Berichtigung 511
Berufung 1024
Bescheid 320, 326
Bescheidform 893
Bescheid-Aufbau 324
Bescheid-Stil 366, 904
Bescheid-Technik 320
Bescheidvarianten 331, 335, 339,
 343, 367
Beschwerde 998, 1010, 1024
Beschwerdeausschuss 802
besonderes Gewaltverhältnis 257
besonderes Verwaltungsrecht 215
Bestandkraft 495, 499
Bestandskraftfunktion 280
Bestimmtheitsgebot 391
Beteiligtenfähigkeit 856
Beteiligter 654
Beteiligungsfähigkeit 649
Beugemittel 1047
Beurteilungsermächtigung 866
Beurteilungsspielraum 444
Beurteilungsspielraum,
 Fallgruppen 448
Bevollmächtigter 657, 733
Beweismittel 560, 670

Beweislast 671
Bewertungsspielraum 452
Bezirksregierungen 816
Bindungswirkung 500
Bundesrechnungshof 804
Bundesstaatsprinzip 35
Bürgerbeauftragte 799
Bürgermeister 49

D

Datenschutz 714
Datenschutzbeauftragte 798
Delegation 633
Demokratieprinzip 789
Deutsche Rentenversicherung 1
Devolutiveffekt 632
Dezentralisation des Verwaltung 34
Dienstaufsicht 69
Dienstaufsichtsbeschwerde 796
Dienstleister 639
dingliche Rechte 273
dingliches Rechtsverhältnis 260
Drei-Tages-Frist 734
Dreiteilung der Gewalten 6
drittbegünstigende Wirkung eines VA
 594
drittbelastende Wirkung eines VA
 593
Drittbeteiligungsfälle 243
Drittwirkung 593, 1012
Duldungsschuldner 1031
Duldungsverfügung 397

E

effet utile 533
EG-Vertrag 88
eidesstattliche Versicherung 1019,
 1039
Eignungsbeurteilung 453
Eilfall 1070
Eingriffsgrundlage 860
Eingriffsverwaltung 17, 189
Einheit der Verwaltung 66
Einleitung des
 Verwaltungsverfahrens 659
Einschreiben 739
einstweiliger Rechtschutz 997
Einvernehmen 309

Einwirkungen 824
Einzelfallregelung 310
Einzelnachfolge 271
Empfangsbekenntnis 740
Entbehrlichkeit des
    Widerspruches 833
Entschädigung 549
Entschädigungsanspruch 1123
Entscheidungsgründe 954
Entscheidungsspielraum 407
Entschließungsermessen 423
Enumerationsprinzip 927
elektronische Dokumente 726
elektronischer VA 293, 726, 734
Erforderlichkeit 404
ergebnisneutrale Formverstöße 487
Erlaubnis 597
Erledigung 977
Erlöschensgründe 263
Ermächtigung 377
Ermessen 412
Ermessensentscheidungen 836
Ermessensabwägung 750
Ermessensakt 612
Ermessensfehler 427
Ermessensfehlgebrauch 429
ermessensfreie Entscheidung 242
Ermessensreduzierung auf Null 437
Ermessensrichtgebrauch 750
Ermessensrichtlinien 196
Ermessensüberschreitung 428
Ermittlung des Sachverhalts 667
Ersatzvornahme 1048
Ersatzzustellung 738
Erstattung 551, 585
EuGH 90, 532
Europäische Gemeinschaft 88
Evidenztheorie 471
evidenzunabhängige Nichtigkeit 469
Exekutive 15

F

Fachaufsicht 68
Fachaufsichtsbeschwerde 814
Fachausdrücke 348
Factory-Outlet-Center 994
Fahrlässigkeit 1130
faktische Vollziehung 999, 1009
Fehlerfolgen 461

Feststellung einer Rechtslage 297
Feststellungsinteresse 979, 989
Feststellungswirkung 505
Finanzvermögen 1107
Fiskus 1107
Folgenbeseitigungsanspruch 1123,
    1144
formelle Gesetze 134, 165
formelles Recht 228
Formfreiheit des VA 726
förmliche Zustellung 736
förmliches
    Verwaltungsverfahren 758
Formvorschriften 727
Fortsetzungsfeststellungsklage 977
Fortsetzungsfeststellungswider-
    spruch 831
Fotokopien 690
Freedom of Information Act 698
Fremdverwaltungsaufgaben 77
Fremdvornahme 1049
Frist 479, 530, 577, 844
funktionelle Zuständigkeit 628
Funktionsbezeichnung 54
Funktionshaftung 1125

G

Gebietskörperschaften 41
Gebühren 696, 700, 891
gebundene Entscheidungen 410
Geeignet 403
Gegenvorstellung 793
Geheimhaltung 711
Geldleistung 521
Geltungsvorrang 171
Gemeingebrauch 1111
gemeinsamer Vertreter 658
Gemeinschaftsrechtswidrige
    Subventionen 539
gemeinschaftsrechtswidriger
    Verwaltungsakt 532
Gemeinverträglichkeit 1111
Genehmigungsbeschleunigung 766
Generalklausel 929, 944
generelle Regelung 312
Gesamtnachfolger 272
Gesamtrechtsnachfolge 272
Geschäftsvermerke 911
Geschäftsverteilung 55, 63

523

Gesetze 100
Gesetzesvorbehalt 178, 180
Gesetzesvorbehalt,
 Anwendungsbereich 183
Gesetzgebung 8
gestrecktes Verfahren 1040
Gewaltenteilungslehre 6
gewerberechtliche
 Konkurrentenklage 245
Gewohnheitsrecht 157
Glaubhaftmachung 1019
Gleichbehandlungsgrundsatz 433
grobe Fahrlässigkeit 522, 535
grobes Verschulden 561
Grobschema für
 Widerspruchsbescheid 353
Grobschemata für
 (Erst-)Bescheid 324

H

Haftungsbeschränkungen 1136
Haftungsschuldner 1031
Handlungsfähigkeit 652
Hausrecht 823, 1121
Heilung 477
Hilfstätigkeiten 638
hinkender Austauschvertrag 1095
Hinzuziehung 655, 889

I

immissionsschutzrechtliche
 Nachbarklage 245
Immobiliarvollstreckung 1026
in-der-Regel-Vorschriften 414
individuelle Regelung 312
informationelle
 Selbstbestimmung 715
Informationsfreiheitsgesetz 697, 803
Informationsgesellschaft 697
Innenrecht 201
Inpflichtnahme Privater 97
instanzielle Gliederung 56
instanzielle Zuständigkeit 626
intendiertes Ermessen 415, 443, 972
Interessenabwägung 1007
Interessentheorie 108

J

Jahresfrist 529, 537
juristische Fachausdrücke 338, 905
juristische Person des öffentlichen
 Rechts 31
Justizverwaltungsakte 827

K

Kammern 931
Klage gegen
 Prüfungsentscheidung 458
Klageschrift 939
Klausuren 450
Kollisionsnorm 998
Kommunalaufsicht 71
kommunale Selbstverwaltung 36
Kommunalverfassungsstreitver-
 fahren 991
Kommunalverwaltung 4, 221
Kompetenzverteilung 81
konkret-individuelle Regelung 313
Konkretisierungsfuntkion 279
Kontrollen 788
Kontrollerlaubnis 597
koordinationsrechtlich 1093
Koppelungsverbot 125
Körperschaften des öffentlichen
 Rechts 39
Kostenentscheidung 885, 954
Kostenfestsetzung 886
Kostenlastentscheidung 887

L

Landesdatenschutzgesetz 717
Landesrechnungshöfe 804
Leistungsverhältnis 118
Leistungsverwaltung 18, 21
Leitsätze 160
Löschungsansprüche 720

M

Mandat 633
Maßnahme 293

materielle Beweislast 671
materielle Fehlerquelle 390
materielles Gesetz 167
materielles Recht 227
mehrstufige VAe 309
mehrstufiger VA 596
mittelbare Bundesverwaltung 83
mittelbare Landesverwaltung 85
mittelbare Staatsverwaltung 74
Mittelbehörden 60
Mittel-Zweck-Relation 402
mitwirkungsbedürftiger VA 595
Mitwirkungslast 721
Mitwirkungspflichten 723, 778, 784
Mitwirkungsverbot 640
modifizierende Auflage 609, 616
Möglichkeitstheorie 963
Multiple-Choice-Test 450
Multiplexkino 994
Muster eines Anhörungs-
  schreibens 683
Muster eines (Erst-)Bescheides 339
Muster eines Widerspruchs-
  bescheides 367

N

nachbarschützender Charakter 244, 964, 965
Nachholen der Anhörung 482
Nachholen der Begründung 481, 749
Nebenbestimmung 603
Nebenentscheidungen 955
Neuantrag 571
Neuregelung 510
Nicht-Akt 468
Nichtaufhebung 486
Nichtbeeinflussung, offensicht-
  liche 488
Nichtförmlichkeit 621, 726
Nichtgebrauch des Ermessens 434
Nichtigkeit 467, 646
Norm mit Schutzzweck 241, 963
Normalvollzug 1057
Normenkonkurrenz,
  Normenkollisionen 174
Normenkontrolle 993

O

Oberbehörden 59
oberste Behörden 58
objektive Unmöglichkeit 395
objektives Recht 232
Obliegenheit zur Mitwirkung 721
offenbare Unrichtigkeit 476
Offenkundigkeit 473
öffentliche Abgaben 880
öffentliche Bekanntgabe 735
öffentliche Kosten 881
öffentliche Sachen 1109
öffentliche Verwaltung, Arten 16
öffentliche Verwaltung, Aufgaben 24
öffentliche Verwaltung, Begriff 3
öffentliche Verwaltung,
  Organisation 27
öffentliche Verwaltung 1
öffentliches Interesse 101
öffentliches Recht 102, 294
öffentliches Recht/Privatrecht 102
öffentlich-rechtliche Streitigkeit 820
öffentlich-rechtliche
  Verwaltungstätigkeit 220
öffentlich-rechtlicher Vertrag 1088
ordnende Verwaltung 20
Organe 46
Organisation des Staates 34
Organisationsakte 93
Organisationsform 117
Organisationsgewalt 92
Organisationsrecht 28
Organleihe 80
Organstreitverfahren 252
Organwalter 47, 64
örtliche Behörden 61
örtliche Zuständigkeit 627, 636

P

Paraphe 729
parlamentarische Kontrollen 800
Parlamentsvorbehalt 187
Personalkörperschaften 40
personenbezogene
  Allgemeinverfügung 315
personenbezogene Daten 719
Petitionsausschüsse 800
Petitionsrecht 801
Pfändung 1038

Pflichtaufgabe (zur Erfüllung) nach Weisung 78
Pflichtennachfolge 267
Planfeststellungsbeschluss 761
Planfeststellungsverfahren 757, 759
Plangenehmigung 764
Polizeivollzugsbeamte 882
Popularklagen 951
Popularwiderspruch 834
Postzustellungsurkunde 737
Präjudizinteresse 983
primäres Gemeinschaftsrecht 141
Prinzip von Treu und Glauben 153
Privatisierung 25
privatrechtgestaltender VA 555
privatrechtliche Befugnisse 129
privatrechtliche Gesellschaften 98
Prognoseentscheidungen 455
prozessrechtliche Funktion 284
Prüfungsentscheidungen 448
Prüfungsentscheidungen 457
Prüfungsmaßstab 866
Publizitätserfordernis 713
örtliche Zuständigkeit 627, 636

Q

qualifizierte elektronische Signatur 726

R

Rangordnung der Rechtsnormen 170
Realakt 299
Rechenfehler 476
Rechnungshöfe 804
Recht 100
Recht der Europäischen Gemeinschaft 141
Rechtbehelfsbelehrung 751
rechtliche Gründe 743
rechtliche Interessen 709
rechtliche Unmöglichkeit 396
rechtmäßig 232, 807
Rechtmäßigkeit 859
Rechtmäßigkeit des VA 384
Rechtmäßigkeitsprüfungsschema für VA 385
Rechtmäßigkeitskontrolle 864

Rechtsaufsicht 67
Rechtsbefehlsverfahren 807
Rechtsbehelf 754
Rechtsbehelfsbelehrung 330, 365, 371, 376, 751, 907
Rechtsfolgeermessen 411
Rechtsgrundlage 386
Rechtskraftwirkung 506
Rechtslagenänderung 546, 559, 583
Rechtsmittel 754
Rechtsmittelbelehrung 754, 956
Rechtsnachfolger 268
Rechtsnorm 131, 162, 310
Rechtsnorm, Rechtmäßigkeit 168
Rechtsnormen, Arten 132
Rechtsprechung 8
Rechtsprinzipien 148
Rechtsquellen 130
Rechtsschutzbedürfnis 952
Rechtsschutzgarantie 806
Rechtsstaatsprinzip 789
Rechtsverordnung 135
rechtswirksam 172
reformatio in peius 871
Regelung 296
Regelung der Sacheigenschaft 317
Regelung der Sachnutzung 318
Regelungsanordnung 1014
Regierung 14
Regressfälle 276
Rehabilitationsinteresse 982
Revision 1024
Religionsgesellschaften 829
Richterrecht 159
Richtlinien/Erlasse 197
Rubrum 954
Rücknahme 515, 574, 858

S

Sache, öffentliche 1109
Sachbescheidungsinteresse 663
sachfremde Erwägung 430
Sachlagenänderung 545, 559
sachliche Zuständigkeit 625
Sachurteilsvoraussetzungen 943
Sachverhaltermittlung 378, 419, 667
Sachverhältnisänderung 582
Sachverständige 778
Satzung 136, 166

schlichtes Verwaltungshandeln 299, 992
Schlussverfügung 912
schriftliche Begründung 744
Schutznormtheorie 241, 835
Schutznormtheorie 963
Schutzwürdigkeit des Vertrauens 521, 534
sekundäres Gemeinschaftsrecht 142
Selbstbindung 207
Selbsteintrittsrecht 631
Selbstkontrolle 811
Selbstkorrektur 991
Selbstschuldner 1031
Selbsttitulierung 1028
Selbstverwaltungsangelegenheiten 817
Selbstverwaltungsaufgaben 76
Selbstverwaltungsrecht der Gemeinden 251
Selbstverwaltungsträger 74
Selbstvollstreckung 1028
Selbstvornahme 1049
Senat 932
Sicherungsanordnung 1014, 1015
Sicherungshypothek 1027
Signatur, elektronische 726, 729
sofortige Vollziehung 884
Sofortvollzug 1003, 1067
Soll-Vorschriften 414
Sondernutzungserlaubnis 1115
Sondernutzungsgebühr 1116
Sonderrechtstheorie 113
Sonderverhältnisse 257
Sonderverhältnisse, verwaltungsrechtliche 193, 257, 305, 382
soziale Gerechtigkeit 151
Sozialgeheimnisse 782
Sozialgesetzbuch 216, 573, 772
Sozialleistungen 190
sozialrechtlicher Herstellungsanspruch 775
Spezialitätsprinzip 176
Spruchreife 975
Spruchrichterprivileg 1135
Staat 30
staatliche Ebenen 81
staatliche Verwaltung 4
Staatshaftung 1122
Stasi-Unterlagen-Gesetz 693
Statthaftigkeit 830

Sternverfahren 768
Steuerbescheide 589
Stiftung des öffentlichen Rechts 45
subjektive Rechte 235
subordinationsrechtlich 1093
Subordinationstheorie 110
Subsidiarität 1131
Subsidiaritätsprinzip 222
supranationales Recht 140
Suspensiveffekt 877

T

Tarifvertrag 147
Tatbestand 954
Tatbestandwirkung 503
tatsächliche Gründe 743
tatsächliche Unmöglichkeit 395
technische Anleitung 213
Teilanfechtung 613
Teilerfolg 360
Teilgenehmigung 601
Teilnichtigkeit 475
Teilvorbehalt 181
Tenor 288, 324, 327, 353, 356, 374, 954
Träger öffentlicher Verwaltung 38

Ü

Überdenken der Prüfungsentscheidung 459
Überfallverfahren 1040
Übergang von Rechten 267
Überschrift 373
Übersichten zum Verwaltungsaufbau 86
überstaatliche Rechtsquellen 138
Umdeutung 492
Umweltinformation 695
Umweltschutzgebote 154
Umweltverträglichkeitsprüfung 769
Unanfechtbar 466, 517
Unanfechtbarkeit 557
Unanfechtbarkeit des VA 499
Unbestimmt 393
unbestimmte Rechtsbegriffe 408, 444
unmittelbare Ausführung 1040
unmittelbare Bundesverwaltung 82

Stichwortverzeichnis

unmittelbare Landesverwaltung 84
unmittelbare Staatsverwaltung 73
unmittelbarer Vorteil 641
unmittelbarer Zwang 1052
Unmöglichkeit 395, 396
Unparteilichkeit der
　Amtsführung 637
Unrichtigkeit, offenbare 476
Untätigkeitsklage 833
Untersuchungsgrundsatz 668, 937
unvertretbare Entscheidungen 454
Unzumutbarkeit 399
Urteilsformel 954

V

VA mit Dauerwirkung 515, 575, 518
VA mit Drittwirkung 554
VA, Bestimmtheit 391
VA, elektronischer 293, 726
VA, Nichtigkeit 466
VA, privatrechtgestaltender 555
VA, Rechtmäßigkeitsprüfungs-
　schema 385
VA, Rücknahme 518
VA, Widerruf 540
VA-Befugnis 379
VA-Begriff 286
Verbandsklage 238
Verbandskompetenz 38, 624
Verbrauchsteuern 589
Verfahrensablauf 659
Verfahrensabschluss 725
Verfahrensarten, besondere 756
Verfahrensbeteiligte 778
Verfahrensfähigkeit 856
Verfahrenspflichten 721
verfahrensrechtliche Funktion 282
Verfassungsrecht 133
Verfügungsgrundsatz 936
Vergleichsvertrag 1093, 1094
Verhältnismäßigkeit 400
Verhandlungen 683
Verjährung 264, 1134
Verkehrssicherungspflichten 1120
Verkehrszeichen 319
Verkündung 169
Verordnung 135
Verpflichtungsklage 442, 975
Verpflichtungswiderspruch 358,
　830, 876, 919

Verschlechterung 871
Versetzung 305, 308
Vertragsformverbot 1097
Vertragstypen 1092
Vertrauen 521
Vertrauensschutzprinzip 152
Verwaltung, Begriff der 7
Verwaltung, Geschichte 26
Verwaltungsakt 277
Verwaltungsakt mit Drittwirkung 592
Verwaltungsakt,
　Rechtmäßigkeit 377
Verwaltungsaktsakzessorietät 503
Verwaltungsbehörde 49
verwaltungsexterne Kontrollen 797
Verwaltungsgebrauch 1110
Verwaltungsgerichte 926, 934
Verwaltungsgerichtsordnung 225
Verwaltungshelfer 96, 1127
verwaltungsinterne
　Maßnahmen 305
Verwaltungskosten-
　entscheidung 891
Verwaltungsorgane 13
Verwaltungsorganisation 194
Verwaltungsprivatrecht 123
Verwaltungsrecht 1, 214
verwaltungsrechtliche Sonderver-
　hältnisse 193, 257, 305, 382
verwaltungsrechtliche
　Willenserklärung 262
Verwaltungsrechtsverhältnis 254
Verwaltungsrechtsverhältnisse,
　Arten 256
Verwaltungssprache 905
Verwaltungsträger 56
Verwaltungsverfahren 616, 617
Verwaltungsverfahren, Arten 620
Verwaltungsverfahren, Begriff 618
Verwaltungsverfahrensgesetz 216,
　809
Verwaltungsverfahrensrecht 617
Verwaltungsvermögen 1107
Verwaltungsvorschriften 195, 675
Verwaltungszwang 1040
Verwerfungskompetenz 868, 914
Verwirkung 266, 852
Verzinsung 553
Völkerrecht 139
vollstreckungsrechtliche
　Funktion 285
Vollstreckungsvoraussetzung 891

Vollzuginteresse 1004
Vorbehalt des Gesetzes 178
Vorbescheid 602
Vorlagebericht 921
vorläufige Steuerfestsetzung 588
Vornahmesachen 998
Vorprüfungsstellen 805
Vorrang des Gesetzes 177
Vorsatz 1130

W

Warnfunktion 1005
Wegfall der Bereicherung 538
Wehrbeauftragter 799
Wertungen,
  prüfungsspezifische 449
Wesentlichkeitstheorie 184
Widerruf 515, 541, 579
Widerruf für die Vergangenheit 550
Widerrufsvorbehalt 543, 607
Widerspruch, Begründetheit 363
Widerspruchsbescheid 355, 368, 372, 551, 892
Widerspruchsbescheid-Aufbau 353
Widerspruchsinteresse 857
Widerspruchsverfahren 807
Widmung 317, 1109
Wiederaufgreifen 557
Wiedereinsetzung in den vorigen Stand 846

wiederholende Verfügung 566
Wiederholungsgefahr 980
Wirksamkeit des VA 496
Wirkung für die Vergangenheit 524
wirtschaftliche Betätigung 822

Z

Zeugen 778
Zölle 589
Zugangseröffnung, elektronische 726
Zugangsfiktion 845
Zusage 599
Zusicherung 599
Zuständigkeit 623
Zuständigkeitsabweichungen 631
Zuständigkeitskonkurrenz 915
Zustellung 729, 841
Zustellungsmängel 741
Zustimmung 309
Zwangsgeld 1050
Zwangsmittel 1047
Zwangsversteigerung 1027
Zwangsverwaltung 1027
Zwangsvollstreckung 1025
Zweckmäßigkeit 364, 807
Zwei-Stufen-Theorie 121, 821
Zweitbescheid 568

Dreyhaupt/Frechen

Volkswirtschaftslehre
Theorie und Politik

7. Auflage 2005
292 Seiten. Kart. € 28,–
ISBN 3-555-01347-5

Der vorliegende Band vermittelt die Grundlagen der Volkswirtschaftslehre, unter besonderer Berücksichtigung der Bezüge zur öffentlichen Verwaltung. Ausgehend von den dadurch gewonnenen Erkenntnissen werden aktuelle wirtschaftspolitische Fragestellungen und neue ökonomische Rahmenbedingungen in einen nachvollziehbaren Zusammenhang gebracht.

Der zunehmende Einfluß wirtschaftlicher Zwänge auf die öffentliche Hand erfordert eine gründliche volkswirtschaftliche Ausbildung des Nachwuchses in Verwaltung und Rechtspflege; diesem Umstand trägt der Aufbau des Werkes Rechung durch Vorgabe von Lernzielen am Anfang und Vertiefungsfragen am Ende eines jeden Abschnitts.

In der nunmehr 7. Auflage weckt das Buch bei Studentinnen und Studenten der Rechts- und Verwaltungswissenschaften erfolgreich das Verständnis für das ökonomische Umfeld ihres zukünftigen Arbeitsplatzes.

▶ www.kohlhammer.de

Deutscher Gemeindeverlag GmbH · 70549 Stuttgart
Tel. 0711/7863-7280 · Fax 0711/7863-8430

Jürgen Gerke

Strafrecht
mit den Grundzügen des Strafverfahrens

4. überarb. und erw. Auflage 2004
XXV, 527 Seiten. Kart.
€ 42,–
ISBN 3-555-01332-7

In diesem Lehrbuch werden wichtige Grundlagen sowohl des materiellen Strafrechtes als auch des Strafverfahrensrechtes in einem Band dargestellt. Das zwingt naturgemäß dazu, Schwerpunkte zu setzen und auf eine wissenschaftlich vertiefte Darstellung der vielfältigen Strafrechtstheorien bewusst zu verzichten, die das an sich klar strukturierte Strafrecht inzwischen nahezu unüberschaubar machen. Die Darstellung orientiert sich an der Linie der Rechtsprechung. Dem Studenten der Rechtswissenschaft und dem Polizeibeamten in der Ausbildung werden viele Aufbauschemata, Übersichten, Fallbeispiele, Ablaufmuster von Vernehmungen, Inhalte von Anklageschrift und Strafurteil usw. zum besseren Verständnis der wesentlichen strafrechtlichen Regeln angeboten.

▶ www.kohlhammer.de

Deutscher Gemeindeverlag GmbH · 70549 Stuttgart
Tel. 0711/7863 - 7280 · Fax 0711/7863 - 8430

Peter Schwacke
Juristische Methodik
mit Technik der Fallbearbeitung

4., neu bearb. Auflage 2003
XIV, 174 Seiten mit 4 Abb. Kart.
€ 19,–
ISBN 3-555-01311-4

Alle wesentlichen Aspekte der Rechtsanwendung werden ausführlich und anschaulich dargestellt. Neben der juristischen Methodik ist der Technik der Fallbearbeitung nach wie vor ein umfangreicher Abschnitt gewidmet. Dabei wird sowohl auf klausur- wie auch auf bescheidtechnische Fragen eingegangen. Die Darstellung ist nicht nur Arbeitsmittel für die Ausbildung des Nachwuchses in der öffentlichen Verwaltung, sondern wird ebenso dem angehenden Juristen von Nutzen sein. Der Band empfiehlt sich als Einstieg in die vielschichtige Problematik juristischer Entscheidung.

▶ www.kohlhammer.de

Deutscher Gemeindeverlag GmbH · 70549 Stuttgart
Tel. 0711/7863-7280 · Fax 0711/7863-8430